〔明〕程良孺 撰

張厚知 整理

程良孺集

（上）

荆楚文庫編纂出版委員會

武漢大學出版社

程良孺集

CHENGLIANGRU JI

圖書在版編目（CIP）數據

程良孺集：全 3 册／〔明〕程良孺撰；張厚知整理.
—武漢：武漢大學出版社，2024.9
ISBN 978-7-307-23898-5

Ⅰ.程…
Ⅱ.①程… ②張…
Ⅲ.程良孺—文集
Ⅳ.Z424.8

中國國家版本館 CIP 數據核字（2023）第 147441 號

責任編輯：蔣培卓
整體設計：范漢成　曾顯惠　思　蒙
責任校對：汪欣怡
出版發行：武漢大學出版社
地址：武昌珞珈山
電話：(027)87215822　　　郵政編碼：430072
錄排：武漢大學出版社
印刷：湖北新華印務有限公司
開本：720mm×1000mm　　1/16
印張：77.5　插頁：18
字數：1076 千字
版次：2024 年 9 月第 1 版　2024 年 9 月第 1 次印刷
定價：358.00 元(上、中、下册)

ISBN 978-7-307-23898-5

9 787307 238985 >

出版説明

湖北乃九省通衢，北學南學交會融通之地，文明昌盛，歷代文獻豐厚。守望傳統，編纂荆楚文獻，湖北淵源有自。清同治年間設立官書局，以整理鄉邦文獻爲旨趣。光緒年間張之洞督鄂後，以崇文書局推進典籍集成，湖北鄉賢身體力行之，編纂《湖北文徵》，集元明清三代湖北先哲遺作，收兩千七百餘作者文八千餘篇，洋洋六百萬言。盧氏兄弟輯録湖北先賢之作而成《湖北先正遺書》。至當代，武漢多所大學、圖書館在鄉邦典籍整理方面亦多所用力。爲傳承和弘揚優秀傳統文化，湖北省委、省政府決定編纂大型歷史文獻叢書《荆楚文庫》。

《荆楚文庫》以"搶救、保護、整理、出版"湖北文獻爲宗旨，分三編集藏。

甲、文獻編。收録歷代鄂籍人士著述，長期寓居湖北人士著述，省外人士探究湖北著述。包括傳世文獻、出土文獻和民間文獻。

乙、方志編。收録歷代省志、府縣志等。

丙、研究編。收録今人研究評述荆楚人物、史地、風物的學術著作和工具書及圖册。

文獻編、方志編録籍以 1949 年爲下限。

研究編簡體橫排，文獻編繁體橫排，方志編影印或點校出版。

《荆楚文庫》編纂出版委員會
2015 年 11 月

前　言

　　程良孺，字穉脩，湖北孝感人，以孝友著于鄉，擅古文詞，受知于督學董其昌、葛寅亮，稱其爲博雅君子。崇禎中以恩選貢，戊辰歲授行唐知縣，歷仕至戶部員外郎。其家藏書甚富，平生嗜書好學，自稱“茹古氏”，著述頗豐，有《讀書攷定》《茹古畧集》二書行世，另有《韻樓詩集》已佚。

　　《讀書攷定》是一本史料筆記性質的書，分爲天象、時令、地輿、人物、仕籍、行誼、肖貌、人事、書籍、法教、方伎、宮室、飲食、服飾、器用、花木、品彙共十七類，三十卷，所記皆録自經史及筆記如《容齋隨筆》《夢溪筆談》《癸辛雜識》《齊東野語》《野客叢書》《雲麓漫鈔》等書，亦有出於己意而加以考訂者，如《左傳·成公二年》晉人逐齊師“三周華不注”，《左傳正義》祇言“華不注，山名”，而《讀書攷定》卷二十八“鄂不”條引伏琛《三齊記》説“不”作“柎”，因“此山孤秀，如花柎之注于水”而名“華不注”，可謂深得其義。此書因雜採衆書，内容豐富，可廣博見聞，被視爲“《容齋隨筆》之支流”（《四庫全書總目·讀書攷定三十卷提要》）。

　　《茹古畧集》的主要特點是“以賦學爲類書”（陳繼儒《茹古畧集序》），作者從《太平御覽》《天中記》《文苑英華》《太平廣記》《古今合璧事類備要》《古今事文類聚》等類書中分門別類抄録編撰成三十卷，共三百九十四篇。在編撰過程中，既有全文抄録他人文章，如《文苑英華》或其他別集中的相關段落者；亦有剪裁提煉隱括大義者，如第一卷“天”條“四以立名”，即是概括《爾雅·釋天》“春爲蒼天，夏爲昊天，秋爲旻天，冬爲上天”四句而來。全書每篇都以藻麗之詞，用對仗句式加以整齊編排，讀起来琅琅上口，便於記誦，呈現出類書的另一種風貌。

　　《茹古畧集》所録的内容都注明了來源的書名，使整理工作變得較爲複雜：其一，在這些所注明的來源書名中有頗多訛誤，如第二卷"秋"條"美盛事于朱公，冠加兩翼"，《茹古畧集》據《太平御覽》卷二十四引作《梁書》，而此句當見於《南史·朱異傳》"（朱異）除中書郎，時秋日，始拜，有飛蟬正集異武冠上，時咸謂蟬珥之兆"，并不見於《梁書·朱異傳》；又第二卷"社"條"開聰者而係之竹"注引自《北史》，而此句本出自《荆楚歲時記》"社日，小兒以葱係竹竿，于窗中撼之，曰開聰明"，因《天中記》卷四引前句"設黍"條出自《北史》而誤注。其二，所注書名亦頗隨意，如《杜陽雜編》作《杜陽》或《杜陽編》，《海録碎事》作《海録》或《碎事》，《北夢瑣言》作《北夢》或《瑣言》，此其較爲明晰者；另有書異而省作同名者，如劉向《列女傳》、《後漢書·列女傳》、《晉書·列女傳》皆省作《列女》，裴啓《語林》與《唐語林》皆省作《語林》等，則須細緻查對方可辨識。此外，所引文獻有些已經亡佚，如第一卷"風"條"寧庶女之冤未洗"注引自"記"，《太平御覽》卷九引《史記》"庶女者，齊之寡婦，養姑。姑女利母財而殺母，以告寡婦，婦不能自解。以冤告天，而大風襲於齊殿"，此段并不見於今本《史記》，疑爲《史記》佚文，難以處理，故祗好仍其舊注作"記"。

　　《讀書攷定》僅有故宮博物院圖書館藏明萬曆刻本，《茹古畧集》有中山圖書館藏明崇禎韻樓自刻本，二書皆收入《四庫全書存目叢書·子部》。康熙六十年，程良孺之孫大畢依《茹古畧集》崇禎本重刻并略有校改，現藏于哈佛大學漢和圖書館。本次整理，《讀書攷定》以萬曆本为底本；《茹古畧集》以康熙本爲底本，崇禎本爲校本。在整理過程中，不僅參考二書編撰所用的類書、筆記文獻等資料，還盡可能逐一檢索每條的原文出處作为校勘依據。由於整理者水平有限，查閱的資料尚有闕漏，書中錯誤之處仍然較多，敬請專家學者批評指正。

總 目 録

荆楚文庫

讀書攷定

叙

　　夫人各有嗜，曰曾皙之羊棗也，右軍之牛心也，此可語于嗜者也。乃有嗜瘡痂、嗜蟠蟲，見人爪甲輒往往垂涎，豈性與人殊哉。余墨莊三棟，累十數萬卷，悉先大人所收藏，而余裝褫詮次，日取而賞鑑之。偃臥不盈尺，一榻、一几、一琴、一劍、一博山、一丹鉛之缶，遞與周旋。而因是坐榻隱几、說劍鼓琴、焚香研朱，誦之以當呼吸，服之以當綺紈，飲之以當醍醐，食之以當海錯山珍，其亦津津云爾。而奈何有名山奧窟，如委宛石簣、禹穴洞庭，爲造物之所悋惜，而人間之積有困於竹簡漆書者乎？則亦安所用吾饜殰矣。余舊識茹古，因類拈事，就事褒貶，其裁製在賦史離合之間，似之而非也。歲月既苦，毛髮何甘，亦自知其非是，而天寔不弔，藐然苦處，別有《攷定》一書，以當烏泣，且鷄肋之矣。《攷定》者何，余不欲以疑傳疑，誤轉誤，而旁引支疏，隨丹鉛之所至，而搜吾腹笥之存語，有說鈴議不築舍，即用脩、元美、伯晦諸先各持寸鐵，互有短長。書成，疥吾之案牘，夫亦瘡痂爪甲乎哉！昔人有言，仰眠牀上，看屋梁而著書，千穐萬歲，誰傳此者。《經》云"玩人喪德，玩物喪志"，則聚書而淫者，且得爲博奕之賢乎？余疾夫童子逡遁，洞開小樓，樓中喀喀似向主人有聲，主人攘臂而前，取《讀書攷定》，走筆叙之。

時萬曆癸丑之二月茹古樓
居士程良孺題

目　録

三卿　閣下　僕射　使相　尚書令　六尚　又　樞密　麟趾　官府稱寺
九寺皆爲棘卿　殿學士　翰林學士　唐翰林署　又　探花郎　褎然
唐三院　御史臺北向　風聞論事　黃門　又　又　螭首　伯牧　紫微
觀察　刺史太守　五馬　稱使稱官　屏星　理官　明府　令尹　又
又　少仙　牛馬走　冷官　戊己校尉　檢校　勳官階祿爵　銀青階官
王儉紅蓮　綠野蓮社　權行守試　除授　推恩制　兼領　官稱假　又
官稱攝　寓直　豹直　印綬　前席　星履　建麾　導官　鷖爵　告假
左官右職　押牙　復復　牽絲　官年實年　白者　自宮求進

鬢始　黃眉　掃眉　修緩　面飾　點脣　穿耳　弓足　又

乾没　下榻　毛得　併當　媒糵　施舍　底事　放字所起　質劑　流落
廢著廢居　盜械頌繫　打十三　謁者　匭頌　天刑　録囚　明器

第一卷　天象

天地全體

　　《河圖括地象》注：“天不滿西北，地不滿東南。”余閲古《志》《記》，見有崑崙山四水分流四海，色亦四異，其黄河流入中國者，四偏之一也。崑崙如覆斗，處天地之中，漢唐人所不①到者，不過偏西一面耳。在中國則稱爲西極，在本山實是爲東方，天何不滿西北之有？自崑崙水四面而流住②四海，四隅皆大水，地又何不滿東南之有？佛家缺舀世界，因不滿之説而演之。至渾儀家言天地如雞卵，此大得天地全體，崑崙正黄之上面耳。至於五行家以亥爲天門，在西北隅；巳爲地户，在東南隅，此又因《緯書》而誤。西北天門，正崑崙之東面；東南地户，正東海之西方。天地何以一偏，爲門户料在中央耳，所謂地與天通者近是。

堪輿

　　今人稱地理士曰堪輿家，非也。《文選》楊雄③《甘泉賦》“屬堪輿以璧壘兮”注：“堪輿，天地之神也。”又《韻會》：“堪輿，天地總名。”《説文》：“堪，天道；輿，地道。”又相如賦“扶輿綺靡④”注：“扶輿，佳

---

① “不”疑爲衍文。
② “住”疑作“往”或“注”。
③ 楊雄即揚雄，下不另注。
④ 《文選》司馬相如《子虚賦》“綺靡”作“猗靡”。

氣。"《説文》:"扶,佐也,相也,扶持也。"辟如天地之無不持載,持即扶,載即輿也。則堪輿總言天地也明矣,獨加之地理士,豈不大謬!

太一紫宫

太一紫宫,紫言此,宫言中,言天神轉運陰陽開閉皆在此中,非紅紫之謂也。或云赤火、黑水兩色之合爲紫,陰陽之中也。予謂紫之名義亦與玄同,《太玄經》曰"天以不見爲玄",《莊子》曰"天之蒼蒼,其正色耶"。

丹霄絳霄

天之色蒼蒼然也,而前輩曰丹霄、曰絳霄。河漢曰銀河可也,而曰絳河,蓋觀天者以北極爲標準,所仰視而見者,在北極之南,曰丹、曰絳,借南之色以爲喻也。

沆瀣

沆瀣,氣也。《韻會》:"海氣。"王逸《楚辭》"六氣"注:"春食朝霞。日欲出時黄氣;秋食淪陰,日没時赤黄氣;冬食沆瀣,北方夜半氣;夏食正陽,南方日中氣;並天元地黄之氣。"《文選》相如《大人賦》"呼吸沆瀣兮飡朝霞"注:"上胡切,下音瀣。"

閶闔

楚人名門曰閶闔,按:《楚辭》"叫帝閽使①開關兮,倚閶闔而望

---

① 《楚辭·離騷》"叫"作"令","使"爲衍文。

予"，《文選》潘岳賦"夢良人兮來遊，若閶闔兮洞開"，此則通名爲閶闔，今人但謂天門閶闔，誤矣。

華漢

詩人稱天河曰銀河、銀潢、銀漢，皆常語也。李賀曰"銀灣"，江淹曰"繩河"，《緯書》云"王者有道，則河直如繩"。謝朓詩"華漢淳虛"，用《詩·雲漢》"昭回"之意。陸龜蒙云"繩河裏，扇月旁"。

旁羅

《史記》黃帝"順天地之紀"，"旁羅日月星辰"；《文選·新刻漏銘》"俯察旁羅，登臺升庫"。《尚書·考靈耀》："冬至日月在牽牛一度，求昏中者取六項加三，旁蠡順餘之。"蠡，猶羅也，據此則"旁羅"乃測天度之器，可補記注之遺。

旁暈

暈音運，日月旁氣也，本作"煇"，《周禮·春官》"有眡祲掌十煇之法，以觀妖祥，辨吉凶。一曰祲，二曰象，三曰鑴，四曰監，五曰闇，六曰瞢，七曰彌，八曰叙，九曰隮，十曰想"，皆用以視日。故《晉書·天文志》日暈五色以爲吉祥。《禮緯·斗威儀》"君乘土而王，其政平"，則日圓而多暈。《淮南子》"畫隨灰而月暈闕"，許慎注："有軍事相圍守，則月暈。以蘆灰環月，闕其一面，則月暈亦缺于上。"又《魏書》晁崇爲太師①令，天興五年，月暈左角，崇云"角蟲將死"，是歲天下牛死十七八，麋鹿亦多死。黃山谷詩"虎乳月生暈"，世俗不知暈字，見以爲日月院，

---

① "師"當作"史"。

又以爲風雨之占，殊爲未考。

日蟠

《漢・天文志》“晷長爲潦，短爲旱，奢爲扶”注：“鄭氏曰：‘扶當爲蟠，齊魯之間聲如酺。酺、扶聲近。蟠，止不行也。’”

羲和女子

《廣雅》“日御曰羲和”；《楚詞》“吾令羲和彌節兮，望崦嵫而勿迫”；虞世南、徐堅引《淮南子》“爰止羲和，爰息六螭，是謂懸車”；《山海經》“東南海外有羲和國，有女子名曰羲和，是生十日，常浴日於甘淵”注：“羲和，天地始生，主日月者也，故堯因是立羲和官以主四時。”左思《蜀都賦》“羲和假道於峻岐”；晉皇甫謐“羲和促轡，大火西頹”；張華《招隱士詩》“羲和策六龍，彌節越崦嵫”。

日

日亦可曰羲和，漢崔篆《慰志賦》“氛霓鬱以横厲兮，羲和忽以潛暉”；王符《愛日篇》“化國之日舒以長”，“舒長者，非謂羲和安行”，注：“羲和，日也。”魏卞蘭《許昌宫賦》“望舒凉室，羲和温房”；《抱朴子・什滯篇》“羲和外景而熱”。

扶桑

《離騷》“飲馬咸池，總轡扶桑”；《東京賦》“登天光於扶桑”，謝莊《月賦》“擅扶桑於東沼，嗣若英於西冥”；張衡《思玄賦》“憑雲遐逝，夕宿扶桑”；東坡“一醉扶桑暾”“半夜扶桑開”；《淮南子》“日出暘谷，拂於扶桑"注："東方之野"；《山海經》"暘谷有扶桑，十日所浴，九日居於下枝，一日居於上枝，皆戴烏"，如此則扶桑在沉寥之表。及觀《南齊·扶桑傳》沙門慧深來說云："扶桑在大漢東二萬里，土多扶桑木，葉似桐，初生如笋，國人食之，實如梨，績其皮爲布錦及紙。"其地乃在中國東。或謂日出扶桑，以日自東方出耳。《山海》多不足據。楊炯《渾天賦》謂"扶桑臨於大海"；李白詩謂"西海栽若木，東溟植扶桑"，竟以扶桑爲日。《西京賦》復與濛汜對說。

燭龍

《山海經》："鍾山之神，名曰燭陰，視爲晝，瞑爲夜，吹爲冬，呼爲夏，不飲不食，不喘不息，身長千里，人面蛇身赤色。"注："即燭龍也。"又云："西北海之外，赤水之北，有章尾山。有神，其瞑乃晦，其視乃明，視燭九陰，是謂燭龍。"《詩含神霧》："天不足西北，無陰陽消息，故其龍銜火精以照天門。"《天問》："日安不到，燭龍何照?"《雪賦》："爛兮若燭龍，銜耀照崑山。"《淮南》："燭龍在鴈門北，蔽于委羽之山，不見日，其神人面龍神①而無足。"張說賦："南窮火鼠之譯，北盡燭龍之會。"

倒景

"景"音"影"，古無"影"字，後人俗書爲"影"也。《漢書·大人賦》"貫列缺之倒景兮"，服虔注："列缺，天閃也。人在天上，下向視日月，故倒景在下。"谷永曰"登遐倒景"，魏瓘賦"凌倒景而將起"，皆同此意。今人詩乃以落日返照爲倒景，殊爲未考。

---

① 《淮南子·墜形訓》，"神"作"身"。

夜半日

《漢封禪記》：“泰山東山名曰日觀，雞一鳴時，見日始出。”近閱《島夷志》：“琉球國有大崎山，極高峻，夜半登之，望暘谷日出，紅光燭天，山頂爲之俱明。”又《宋學士集》：“補怛落迦山，在東大洋海中，雞初號，遙見東方日出，輪赤如火，流光燭海波，閃爍不定。”唐人詩“海岸夜深嘗見日”，非虛語也。

白駒

《史記·魏豹傳》“人生一世間，如白駒過隙”，顏師古注：“白駒，日景也。”自有此注，文人遂以日景爲白駒。其實不然，秦二世謂趙高曰：“人生居世間，譬如騁六驥過決隙也。”梁劉孝標《答劉紹書》曰“隙駟不留”，李善注：“《墨子》：‘人之生乎地上無幾何也，譬如駟之過隙。’”則白駒仍是比喻。

射九烏

用修云：“傳言羿射日落九烏，烏最難射，一日得九，射之捷也。後世遂以爲日，大謬。”夫羿射日烏，景純《山海經》詳辨之矣。王弇州曰：“羿能射日，獨不能射月耶?”因作詩。按：瞿宗吉曰：“后羿空能殘九日，不知月裏却容私。”王長公之意本此。

白分黑分

月行至滿謂之白分，月虧至晦謂之黑分，白前黑後，合爲一月。又曰：日隨月後，月至十五日覆月都虧，是名黑半；日在月前，行至十五日俱足圓滿，是名白半。

月影

宋人記王荆公云："月中彷彿有物，乃山河影也。"按：《酉陽雜爼》佛言"月中所有，乃大地山河影"，或言"月中蟾桂，地影；空處，水影也"。荆公説實出此，東坡詠月："正如大圓鏡，寫此山河影。妄云桂兔蟆，俗説皆可屏。"然亦非是。假如挂一團鏡在屋，其屋下所有必收照在裏，即掩却一半未嘗不全收。宋儒即曰："山河大地之影，則月是流動活潑的，如月未滿時，則山河大地之影，亦當全收在半月之内，乃今看上弦之月則影缺其東，下弦之月則影缺其西，正如一物部位已定，毫不活動流轉，可見月如有一斑竅軒轅鏡，其黑影處是其斑也，是其竅也，日光所不能借爍也。"唐大和中鄭仁本表弟游嵩山迷路，遇二神人問之，二神笑曰："君知月有七寶合成乎，月勢如丸，其光則日爍其凸處也，嘗有八萬二千户修之，子今去當修月也。"夫修月固爲怪誕，然日爍其凸處成光，意甚有理，其凹處是日所不能爍，是黑影也，即余所謂斑竅，是月之虚處耳。夫乾坤定理，陽實而陰虚，陽一而陰二，陽施而陰受，月屬陰，宜其有虚而爲之納受者耳。

月宫

明皇遊月宫一事，所出亦數處，《異〔聞録〕①》："開元中明皇與申天師、洪都客夜遊月中，見所謂廣寒清虚之府，下視玉城嵯峨，若萬頃琉璃田，翠色冷光，相射炫目，素娥十餘，舞於廣庭，音樂清麗，遂歸，製《霓裳羽衣曲》。"《唐逸史》則以爲羅公遠有擲杖化銀橋之事。《集異記》則以爲葉法善有過潞州城，奏玉笛、投金錢之事。《幽怪録》則以爲游廣陵，非潞州。要皆荒唐之説，不足問也。

---

① 據《癸辛雜識》補"聞録"二字。

月中桂子

宋之問《靈隱寺》詩："桂子月中落，天香雲外飄。"白樂天詩："偃蹇月中桂，結根依青天。天風繞月起，吹子下人間。"《本草圖經》："江東岐路多拾得桂子，破之辛香，相傳是月中下也。"杭州靈隱寺僧種得一株。《漢武帝洞冥記》："有遠飛雞，朝往夕來，嘗含桂子落於南土，北方無之者，以不當月路也。"月路之説甚怪，唐垂拱四年三月，天台雨桂子旬餘，司馬孟詵、冬官侍郎狄仁傑以聞。夫謂之旬餘，則晝夜偕落；謂之以聞，則實有是事。天台、靈隱地又相近，宋之問，唐武后時人，詠其本朝故事，是未可知也。

娑羅樹

世俗多指言月中桂爲娑羅樹，不知所起。按：《酉陽雜俎》："巴陵有寺，僧房床下忽生一木，隨伐而長。外國僧見曰：'此娑羅也。'元嘉中出一花如蓮。唐天寶初安西進娑羅枝，狀言：'臣所管四鎮，拔汗郍國有娑羅樹，特爲奇絕，不比凡草，不止惡禽，近來得樹枝三百莖以進。'"予比得楚州淮陰縣唐開元十一年海州刺史李邕所作《娑羅樹碑》云："非中夏物土所宜有者，娑羅十畝，蔚暎千人，惡禽翔而不集，好鳥止而不巢。隨所方面，頗證靈應，東瘁則青郊苦而歲不稔，西茂則白藏泰而秋有成。嘗有三藏義净還自西域，齋戒瞻嘆，於是邑宰張松質詣邕述文建碑。"觀邕所言"惡禽不集"，正與上説同。又有松質一書答邕云："此土玉像，爰及石龜，一離淮陰，百有餘載，前後抗表，尚不能稱，賴公威德備聞，所以遠歸故里。謹遣僧三人，父老七人，齋狀拜謝。"宣和中向子諲過淮陰見此樹，今有二本，方廣丈餘，蓋非故物。蔣穎叔云："玉像石龜，不知今安在？"然則娑羅之異，世間無別種也。吳興芮燁有《從沈文伯乞娑羅樹碑》古風一首云："楚州淮陰娑羅樹，霜露榮悴今何如？能令草木死不朽，當時爲有北海書。荒碑雨侵澁苔蘚，尚想墨本傳東吳。”正賦此也。歐陽公有《定力院七葉木》詩：“伊洛多佳木，娑羅舊得名。常於佛家見，宜在月宫生。鈿砌陰鋪静，虚堂子落聲。”亦此樹耳，所謂七葉者未詳。

常娥

“月中常娥”説，《學齋佔畢》嘗論其妄，其説云《漢志》黄帝使羲和占日，常儀占月；《周官注》儀、羲二字古皆音俄；《毛詩》“實惟是儀”，叶“在彼中阿”；《太玄》“各遵其儀”，叶“不編①不頗”。以是例之，儀、俄二字本同音，所謂常娥即常儀也。予謂“儀”作“俄”，此誠可據，推原誤始或傳寫爲“娥”，竊藥奔月之説從而傅會；談者又胥贊月娥之美，不知實妄説也。又嘗考《通鑑前編》，常儀乃帝嚳之四妃，是後人謂爲月娥者，以有常儀占月之事，而又感於帝妃之文，遂承謬耳。

中秋翫月

中秋翫月不知起于何時，考古人賦詩起于子美，而戎昱《登樓望月》、冷朝陽《與空上人宿華嚴寺對月》、陳羽《鑑湖望月》、張南史《和崔中丞望月》、武元衡《錦樓望月》，皆在中秋。則是子美已前，班班篇什，第以賦詠不著見耳。江左如梁元帝《江上望月》、唐太宗《遼城望月》、朱超《舟中望月》，庾肩吾《望月》，其子信《舟中望月》，雖各有詩，皆爲中秋宴賞而作。然則翫月盛於中秋，其在開元之後，至今則不問華夏②，所在皆然。

---

① “編”當作“偏”。
② 《曲洧舊聞》卷八“夏”作“夷”。

分野

分去聲，扶問切。《周禮·天官·保章氏》："以星土辨九州之地，所封封域皆有分星，以觀妖祥。"唐僧一行以天地山河之象分爲兩戒，以星辰河漢別其陰陽升降，配以古今輿地，是曰分野。分野者，分內之野，或繫北斗，如魁主雍；或繫二十八宿，如星紀主吳越；或繫五星，如歲星主齊吳之類。又有月建分野，十干分野，十二支分野，說各有謂。然分皆音忿，故唐王維詩："分野中峰變，陰晴衆壑殊。"李毅詩："照耀文星吳分野，留連花月晉名賢。"皆不誤，今讀爲平聲，謬甚。

華夏分野

鄭樵《通志略》按："天之所覆者廣，而華夏所占者，牛女下十二國耳。牛女在東南，故釋氏謂華夏爲南贍部州，其二十八宿所管者，多十二國之分野，隨其所隸耳。"《文獻通考》以十二次言之，牛女雖屬揚州華夏之地，所謂十二國者，則不特揚州而已。又揚州雖可言東南，牛女在天則北方宿也，與南贍部州之說有異。且北斗七星，其次舍自張而至於角，《星書》以爲一主秦、二主楚、三主梁、四主吳、五主趙、六主燕、七主齊。五車五星，其次舍在畢，《星書》以爲西北一星主秦、東北一星主趙燕、東南一星主魯衛、中央一星主楚、西南一星主魏。然則北斗五星所主者亦此十二國，此二星初未嘗屬乎牛女也，謂牛女專主華夏可乎？《癸辛雜志①》"世以二十八宿配十二州分野，最爲疎誕，中間僅以畢、昂二星管異域諸國"，鄭夾漈云云，趙普有疏："五星二十八宿在中國，不在四夷。"此言信矣。

---

① "志"當作"識"。

宿字解

《釋名》："宿，宿也，言星各止住其所也。"《説苑·辨物篇》："二十八星所謂宿者，日月五星之所宿也。"王充《論衡》："二十八宿爲日月舍，猶地有郵亭爲長吏廨。"《晉·天文志》："四布于方各七，爲二十八舍。"觀此，則宿止當讀如本音。《吳都賦》"窮飛走之棲宿"，叶"披重霄而高狩"，借韻耳，未可固執宿爲"秀"音也。

象緯

《象緯考》"鉤上五鴉字造父"注："傳舍南河中五星曰造父，御官也，一曰司馬。"又"五箇吐花王良星"注："王良五星在奎北，居河中，天子奉車御官也。其四星曰天駟，旁一星曰王良，亦曰天馬。其星動爲策馬，故曰王良策馬，車騎滿野。"嘗考孫陽善相馬，號爲伯樂，星之主馬者，今王良、造父皆人名，豈亦以其善御故耶。又考《中興天文志》，瑞星十有二，其二曰周伯，其四曰王蓬芮。周伯、王蓬芮皆古者高世不仕之人，其精爲星。然則星本無名，以人名之之故。鶉首、鶉尾之類，則以鳥名星；天狼天狗之類，則以獸名星；箕斗之類，則以器名星；帝師帝友、三公博士大夫之類，則以官名星，可參考也。他如軒轅、傅説、奚仲，社稷之類，皆是以人名星，故曰天象。

九宮

曆中九宮，天蓬星太一坎水白，天内星攝提坤土黑，天衡星軒轅震木碧，天輔星招摇巽木緑，天禽星天符中土黄，天心星青龍乾金白，天柱星咸池兑金赤，天任星太陰艮土白，天英星天乙離火紫。見《唐會要》九宮七色之説，出於《乾鑿度》，伏羲時龍馬出河戴九履，一左三右，七二四爲肩，六八爲膝，五居其中，謂之九宮。其色則一六八爲白，二黑，三緑，四碧，五黃，七赤，九紫，今《大統曆》中每月列於下方，謂之飛九宮。

哀烏

《史記·天官書》"五帝座後聚十五星，蔚然，曰郎位"，《漢書》"蔚然"作"哀烏"，《甘氏星經》作"依烏"，亦音"哀"也。注云："哀烏、蔚然，皆星之貌狀爾。"武功縣刻儲光羲詩，首一篇以"哀烏"即作"衰烏"，"衰"字即誤，"依"亦音"哀"，如白樂天詩"坐依桃葉妓"，自注："'依'音'哀'。"曹子建詩"君懷良不開，賤妾當何依"，此俱可證。

中宮宿

余嘗疑天有五行，星有五緯，地有五嶽，人有五事，二十八宿，何獨無中央之宿也？後觀《石氏星經》，中央黃帝，其精黃龍，爲軒轅，首枕星、張，尾掛柳、井，體映三台，司四季，司中嶽，司中土，司黃河、江、漢、淮、濟之水，司黃帝之子孫，司倮蟲三百六十，則固有所謂中宿矣。又按：張衡《靈憲賦》"蒼龍連蜷於左，白虎猛據於右，朱雀奮翼於前，靈龜圈脊於後，軒轅黃龍於中"，則是軒轅一星與蒼龍、白虎、朱雀、玄武四獸爲五矣，世之言星者惟知四獸，不知黃龍，是求之未盡也。亦猶民俗惟知四時，不知夏之後有土位，《素問》所謂長夏，《月令》所謂中央，五時取火，季夏取槐檀之火也。軒轅本天市垣之星，在張宿之分野，分爲土德，寄王鶉火，亦猶是也。張衡又云，軒轅如龍之體，主雷雨之神，後宮之象焉。陰陽交合，盛爲雷，激爲電，和爲雨，怒爲風，亂爲霧，凝爲霜，散爲露，聚爲雲，立爲虹霓，離爲背霱，分爲抱珥，此十四變皆軒轅主之，正猶土無定位，金木水火賴以成輿。

客星

嚴子陵足加帝腹，感動星象，是謂客星。然客星有五：曰周伯，曰老子，曰王蓬絮，曰國皇，曰溫星，凡有所犯，無不菑凶。瑞星中有王道芮，疑即王蓬絮也；老人非李耳也；國皇者，國姓也；溫星者，溫其姓也。皆古有德行不仕，老而有壽之人，然或客或瑞，何無定論？《後漢·天文志》客星居周野，光武崩，應之於此。不書，似因子陵而諱，且犯帝座，與劉聰時入紫微同。其太史康相以爲大變，聰遂滅亡。世常擬子陵爲客星，蓋于其名不于其實矣。

又

《意林》：“神農稽首再拜，問于泰一小子曰：‘上古之時，人壽過百，無殂落之咎，獨何氣之使耶？’泰一小子曰：‘天有九門，中道最良，日月行之，名曰國皇，字曰老人，出見西方，長生不死，衆曜同光。’”神農乃稽太史說《玉册》。

渡河

《續齊諧》記武丁有仙道，常在人間，忽謂其弟曰：“七月七日織女當渡河，諸仙悉還宮，吾向已被召，不得停與爾別矣。”弟問曰：“織女何事渡河，云當何還？”答曰：“織女暫詣牽牛，吾後三年當還。”明日失武丁，至今云織女嫁牽牛，云烏鵲填河而渡始此，人多詠之。劉孝儀詩“欲待黃昏去，含嬌淺渡河”；杜詩“牛女漫愁思，秋期猶渡河”，又“牛女年年渡，何曾風浪生”。皆牽俗詞之過其實，非也。故老杜又有《牽牛織女》詩云：“牽牛出河西，織女處其東。萬古永相望，七夕誰見同。神光竟難候，此事終蒙朧。颯然精靈合，何必秋遂通。”似爲確當。

織女

《古樂府》："迢迢牽牛星，皎皎河漢女。纖纖擢素手，札札弄機杼。終日不成章，泣涕零如雨。河漢清且淺，相去復幾許。盈盈一水間，脉脉不得語。"余按：天孫織紝之星，世人乃爲此媟嫚語，不經甚矣。海上浮槎之客謂見一丈夫牽牛飲河，見織女與以支機之石，今其石安在，君平之言，亦甔言耳。小説謂後漢董永至孝，織女降而爲妻生子董仲，此吾鄉故事，誣又甚焉。李元①《獨異志》謂秦時太白星竊織女侍兒梁玉清逃入衛城小仙洞，數日不出，天帝怒命五丁搜捕，太白歸位，玉清謫于北斗下，有子名子休，配於河北行雨，每至小仙洞，恥母淫奔，輒返，故其地少雨。則又誣及織女侍兒，甚無謂也。

又

《猗覺寮雜言②》："牽牛，牛星也；織女，非女星也。織女三星，在牛之上，主金帛；女四星，在牛之東，是須女也。須，婢之賤稱，詩人往往誤以織女爲女星，子美云：'牽牛出河西，織女處其東。'亦誤矣。"余考《天文圖》，織女在河南而東，牛宿在河北而西，以河爲界，子美詩是也。張子賢謂女星在牛東爲須女，考《天文圖》，須女在牛西，一名婺女，不在東，亦不隔河，但牽牛婺女二十八宿之一，而織女非宿中星也。謂織女非女星，誠是。又考《爾雅》，牽牛謂之河鼓，河鼓十二星在牽牛北，實非牽牛。《漢·天文志》牽牛爲犧牲，其北河鼓是也。白詩"黃姑織女時相見"，牽牛誤爲河鼓，河鼓訛爲黃姑，七夕良會，乃使河鼓冒此虛名矣。

---

① "元"當作"亢"。
② "言"當作"記"。

牽牛

《天文》曰河鼓在牽牛南①，又止三星。今牽牛謂之河鼓，後人訛其聲爲黄姑。潘子直云：亦猶是"桑落"之語，轉呼爲"索郎"耳。李後主詩："迢迢牽牛星，杳在河之陽。粲粲黄姑女，耿耿遥相望。"則又誤以"黄姑"爲"織女"，"鼓"音訛而爲"姑"，"姑"字訛而爲女人，可笑。

牽牛之誤

再考《爾雅》"星紀，斗，牽牛也"，注："斗，牽牛者，日月五星之所終始，故謂之星紀。"是牛即牽牛星矣。又云河鼓謂之牽牛，則又以河鼓爲牽牛，何自相矛盾耶？豈一名而二星耶？則七夕相會之牽牛，又不知爲河鼓、爲牛星矣？竊謂曰牛，則牛之類，故《天文志》有犧牲之説，似難以"牽"字加其上。然則織女固非女星，牽牛亦非牛星，或後世抄寫《爾雅》，誤加一"牽"字耳。或曰《月令》中星，多舉二十八宿，牽牛凡兩見，豈皆誤耶？余謂《月令》亦有不言二十八宿者，如弧建是也。建星亦兩見，安知《月令》所謂牽牛非河鼓耶？《夏小正》多以參星紀月令，而十月云織女正北向則旦，《夏小正》之言織女，猶《月令》之言牽牛乎？筆以俟明天文者考焉。

注張

武廟嘗閲《文獻通考》，天文星名有"注張"，因命内閣取秘書《通考》別本又作"汪張"，顧問欽天監，亦不知爲何星也。内使下問翰林院，同館相視愕然。楊慎曰：蓋柳星也。《周禮》"以注鳴者"注："注，味也，鳥喙也，音咒。南方朱雀七宿，柳爲鳥之味也。"《史記·律書》"西至於

---

① "南"當作"北"，見《晉書·天文志》："河鼓三星，旗九星，在牽牛北。"

注、張”，《漢書·天文志》“柳爲鳥喙”，因取《史記》《漢書》二條，示内使以復。余考《史記·律書》：“已者，言陽氣之已盡也。西至於七星，陽數成於七，故曰七星。西至於張，張者，言萬物皆張也。西至於注，注者，言萬物之始衰，陽氣下注。”又考《漢書·天文志》：“柳爲鳥喙，主草木，七星。頸爲員宮，主急事。張，嗉，爲厨，主觴客。”按：此《律書》言“陽氣下注”，不以注作咮，《天文志》謂“柳爲鳥喙”，亦未嘗以柳作注，惟《史記索隐》云：“注，音丁救反，咮也。”《天官書》“柳爲鳥喙”，則注“柳星也”，蓋司馬貞附會之談耳。然注與張自是兩星，即據貞説注爲柳，張爲張；柳爲咮，張爲嗉，並列于二十八宿，用修合而爲一，恐未精。

妖星

妖星曰孛星、彗星、長星，亦曰攙搶，《天文録①》：“孛星者，彗之屬，偏指曰彗，芒氣四出曰孛，孛謂孛孛然也，灾甚於彗。”《爾雅》“彗星爲攙搶”，司馬相如《大人賦》“攬攙搶以爲旌”，後漢崔篆《慰志賦》“運攙搶以電掃兮，清六合之土宇”，謝瞻《張子房詩》“鴻門銷薄蝕，垓下隕攙搶”注：“喻羽也。”後漢杜篤論高祖“奮彗光，掃項軍”注：“彗，除舊布新，故曰埽。”

騎箕

《觀象賦》注：“傅説一星在尾後”，“乘尾，在龍馴之間”，石氏云：傅説一名太祝，鄭樵《通志》：“謂之傅説者，古有傅母，傅而説者，謂傅母喜之也，偶商之傅説與此同音，諸家不詳審其義，則曰説騎箕尾，殊不知箕尾專主後宫之事，故有傅説之佐焉。”余按：在天爲星辰，在人

---

① “録”當作“志”，見《晉書·天文志》。

爲聖賢，理固然者。乃變古而曲爲之説，則造父、奚仲、王良，皆古人也，將何説乎。

乘槎

乘槎之事，自唐詩人以來，皆爲張騫，雖老杜用事，不免有"乘槎消息近，無處問張騫"之句，按：騫本傳止曰"漢使窮河源"而已，張華《博物志》：舊説天河與海通，有人齎糧乘槎而去，還至蜀，問嚴君平。亦未嘗指爲張騫也。梁〔宗〕懍作《荊楚歲時記》：乃言武帝使張騫使大夏尋河源，乘查見織女牽牛，不知何據？又《拾遺記》：堯時有巨查浮于西海，查上有光，若星月，查浮四海十二月一周天，名貫月。查又名桂星查，羽仙棲息其上。然則自堯時有此查乎？

白蜺嬰茀

《楚辭·天問》："白蜺嬰茀，胡爲此堂？安得夫良藥，而不能固藏？"舊注云："蜺，雲之有色似龍者也。茀，白雲透迤若虵者也。"

神瀵

陳希夷詩："倏爾火輪煎地脉，愕然神瀵湧山椒。"神瀵字甚奇，不知出于《列子》，即《易〔參同契〕》所謂"山澤氣相蒸，雲興而爲雨"也。

青雲

《史記·伯夷傳》"閭巷之人，欲砥行立名者，非附青雲之士，惡能施於後世哉？"《南史》陶弘景年十四五歲，見葛洪方書曰："仰青雲，睹白日，不爲遠矣。"梁孔稚圭隱居多搆山泉，衡陽王鈞往遊之曰："身處朱門而情遊滄海，形入紫闥而意在青雲。”晉阮籍詩“抗身青雲中，網羅孰能施”。觀此則稱青雲者，非聖賢玄語，即仙隱蹤跡，後世乃謂登科入仕路爲青雲，大誤。

白雲

白雲一也，而有數義。郯子以秋官爲白雲；《類要》白雲司職，人命是懸。皆言官名也。陶洪①景詩“山中何所有，隴②上多白雲”，白樂天詩“清光莫獨占，亦對白雲同”，指秋也，狀景也。狄仁傑見白雲孤飛，曰“吾親舍其下”，人以爲思親事。梁璟不歸，弟瓘每見東南白雲，即立望，慘然久之，復以爲思兄事。

香雲香雨

用修云：“雨未嘗有香也，而李賀詩‘依微香雨青氛氳’，元微之詩‘雨香雲淡覺微和’。雲未嘗有香，而盧象詩云‘雲氣香流水’。”余考《拾遺記》：員嶠之山名環丘，有雲石，如錦川，扣之則片片翁翁然雲出，俄而遍潤天下。西有星池，水色隨四時變化，有神龜出爛石之上，此石常浮于水邊，其色多紅，質虛似肺，燒有煙，香升天則成香雲，遍潤則成香雨。此謂雲雨無香，誤。

雲露

《詩》“英英白雲，露彼菅茅”，《毛傳》云：“雲亦有露。”孔穎達《正義》：“有雲則無露，無雲則有露。毛言雲亦有露者，露，雲氣微不映日

---

① “洪”當作“弘”。
② “隴”當作“嶺”。

月，不得如雨之雲耳，非無雲也。若露濃霧合，則清旦爲昏，是亦露之
雲也。"

石尤風

郎士元《留盧秦卿詩》云："知有前期在，難分此夜中。無將故人酒，
不及石尤風。"用修云：石尤風，打頭逆風也。刻作古淳風，可笑。然
《古樂府》宋武帝《丁都護歌》詩云："願作石尤風，四面斷行旅。"似非打
頭風也，又可爲用修一証。

又

石尤風者，傳聞爲石氏女嫁爲尤郎婦，爲商遠行，妻憶之病卒，曰：
"吾當作大風，以爲天下婦人阻之。"自後商旅發船，值打頭逆風，則曰
"石尤風"也。婦人夫姓爲名，故曰"石尤"。近有人自言奇術曰：吾能返
此風，乃密書"我爲石娘喚尤郎歸也，須放我舟行"十四字沉水中耳。其
説誠異，然婦人以夫姓爲名，非也。衛夫人自稱李衛，管仲姬小印曰
"魏國夫人趙管"，彼石氏婦亦當言尤石耳。

孟婆

俗謂風曰"孟婆"，蔣捷詞："春雨如絲，繡出花枝紅裊，怎禁他孟
婆合早。"宋徽宗詞："孟婆好些方便，吹箇船兒倒轉。"江南七月間有大
風，甚於舶䑲，野人相傳以爲孟婆發怒。按：北齊李騊駼聘陳，問陸士
秀："江南有孟婆，是何神也？"士秀曰："《山海經》，帝之女遊於江中，
出入必以風雨自隨，以帝女故曰孟婆，猶《郊祀志》以地神爲泰媼。"此言
雖鄙俚，亦有自來矣。

黴雨

南人謂夏至前後雨爲梅雨，四五月衣物濕敗爲上梅，相沿久矣。及觀《楚詞·九嘆》有云"顔黴黧以沮敗兮"注："音眉，面黑也。"又觀《説文》"物中久雨青黑曰黴"，則"梅"字當爲"黴"。然亦有霉字解義同此，第詩文中不見用。

瓊樹

謝惠連《雪賦》"庭列瑤階，林挺瓊樹"，善注："瓊，赤玉也。"瓊樹恐誤。《困學紀聞》載之。按：《詩·木瓜》"報之以瓊琚"，傳："瓊，玉之美者。琚，佩玉名。"疏云："言琚是玉名，則瓊非玉名。故云：瓊，玉之美者。"言瓊是玉之美名，非玉之名也。陳張正見詩"睢陽生玉樹，雲夢起瓊田"；隋王衡詩"璧臺如始搆，瓊樹似新栽"；李賀詩"白天碎碎墮瓊芳"；李義山詩"已隨江令誇瓊樹，又入盧家妬玉堂"。

雌雄

虞喜《天文論》漢太初曆十一月甲子夜半冬至云："歲雄在閼逢，雌在攝提格。月雄在畢，雌在觜，日雄在子。"又云："甲，歲雄也。畢，月雄也。陬，月雌也。"大抵以十干爲歲陽，故謂之雄；十二支爲歲陰，故謂之雌。但畢、觜爲月雄雌不可曉。今之言陰陽者，未嘗用雌雄二字也。《郎顗傳》引《易雄雌秘曆》，今亡此書。宋玉《風賦》有雄風、雌風之説，沈約有"雌電①連蜷"之句。師曠占雄雷、雌雷，見《法苑珠林》。予家有故書一種，曰《孝經雌雄圖》，云出《京房易傳》，亦日星占相書也。

---

① 沈約《郊居賦》"電"作"霓"。

天笑

《神異傳》：東王公與玉女投壺而不勝，天爲之大笑。杜詩多用此事，言雖不經，亦可資笑。但謂電爲天開口流光，此解非也。今人在高山絶頂，見雷電尚在山腰，惟久旱天暗，或見天開一口如流光，頃時復合，俗語謂之"天開門"，此或得當耳。

五帝

魏鶴山云：自五帝之説興，而上帝之尊稱不明，後人輒撰名號以褻天。自秦創西畤，有白帝之説，浸淫爲四，而漢高又增黑帝爲五帝。又有新垣平之五帝，又有謬忌之五帝，又汶上明堂之五帝，此五帝所由起。《詩》《書》不言五帝，此出於劉歆、鄭康成之附會，陳祥道從而强爲之説耳。然五帝者，當是五行也，畤之所祭也。漢言畤而不言郊，則五帝何曾與上帝並哉？《莊子》不云乎，是時爲帝者也。《易》不云乎，帝出乎震云云。以五行爲五帝，而以天爲上帝，此或出于《周禮》之義，惜乎鶴山未之考也。

五行之序

五行，人恒言金木水火土爲序。《大禹謨》"水火金木土穀惟修"，則以五行相剋者言之。《洪範》"一水二火三木四金五土"，則以五行生數言之。（五行以質而論其生之序。）《月令》春木夏火中央土秋金冬水，則以五行相生之序言之。（此乃五氣順布四時五行之序。）六十甲子，惟金木有自然納音，水火土必相假而後爲納音。六十甲子，曆也。納音，律也。支壬，納音之別也。此天地自然之數也。《河圖》，生數也，生者左旋；《洛書》，剋數也，剋者右轉。故不同義。

六十花甲子

六十花甲子，未知始於何人。或曰婁景，或曰東方朔。予因思五行之中，干支配合，干寓其氣，支寓其位，所理生焉。是故甲乙爲氣之始，丙丁爲氣之壯，戊己爲氣之化，庚辛爲氣之成，壬癸爲氣之終。子丑幽陰，寅卯生發，辰巳長養，午未高明，申酉死絕，戌亥休息。錯綜配合，以成花甲子之名。其間旁引例，則又存乎權，但歸於理，不可一途而取也。

支干

十干十二支，本作"幹枝"，後人省文爲"干支"，非也。

孤虛

《龜策傳》"辰不全，故有孤虛"，注：《六甲孤虛法》，甲子旬中無戌亥，戌亥爲孤，相對者辰巳也，爲虛。甲戌旬中無申酉，申酉爲孤，相對者寅卯也，爲虛。以此例推之，蓋以六甲配支干，支所無者爲孤，無相對者爲虛也。《隋志》有《遯甲孤虛記》一卷。伍子胥①《吳越春秋》計硯②曰："孤虛謂天門地戶也。"《後漢·方術傳》注："孤謂六甲之孤辰，對孤爲虛。"趙彥徵爲宗資陳孤虛之法以討賊，從孤擊虛。

納音原起

《鬼谷子》作納音，其法以支干行數合之，以五數除之，零數爲納音，火一土二水五互用，木三金四不移，蓋納者，受也；音其③，感物

---

① "伍子胥"當爲"趙曄"。
② 計硯，即計然，《吳越春秋》作"計硯"。
③ "其"疑作"者"。

助聲也。五行中火本無聲，借水擊則火拂；金本無聲，借火煆則剛；水本無聲，借土壅皆發聲也。惟木有自然之聲，不擊而響，故曰納音。又納音相生，惟徵羽不得居首。

百六陽九

每見史傳稱"百六陽九"，而不得其說。洪景盧《續筆》以曆志考之，其名有八，初入元百六曰陽九，次曰陰七，又有陰七、陽七、陰五、陽五、陰三、陽三，皆謂之災歲。大率經歲四千五百六十，而災歲五十七。以數計之，每及八十歲，則值其一。然則陽九即當承百六而言，所謂災歲，蓋不止陽九也。及考張世南《遊宦紀聞》所載：王湜《太乙肘後備檢》則云，四百五十六年爲一陽九，二百八十八年爲一百六。陽九，奇數也，爲陽數之窮。百六，偶數也，爲陰數之窮。與景盧所記不同而甚有理。

又

《靈寶經》："陽九百六，劫之大者也，陽極於九，故云陽九，陰極于六，故云百六，即陰六也，小則三千三百年，次則九千九百年，大則九九八十一萬年，爲劫終也。"又《洞玄運會經》："天厄謂之陽九，地虧謂之百六。"《遁跡經》言："陽九者天旱，海涌而陸焦。百六者大水，海陸而陵淵。"按：《道經》所載"陽九百六"，又稍不同，附記於此。

元二

"元二之厄"不可曉。或云即"元元"也，訛而爲二耳。楊孟文《石門頌》："中遭元二，西夷虐殘。"《孔龢碑》："元二坎軻，人民相食。"趙明誠云："若作元元，不成文理，然徧考曆數書無之。"愚竊謂恐即入元百六而爲陽九，次爲陰九。詞人深晦陽九陰九之語爲元二耳。姑記以俟知者。

又

《容齋隨筆》"鄧隲爲大將軍，時遭元二之災"，注即"元元也"，"二"字，二點也。疑當時實有此語。余按：王充《論衡·恢國篇》："今上嗣位，元二之間，嘉德布流。三年零陵生芝草，四年甘露降，五年芝復生，六年黄龍見。"則元二者，謂建初元年、二年也。安帝永初元年、二年郡國地震大水，鄧隲以二年十一月拜大將軍，則元二者謂永初元年、二年也。《陳忠傳》"自帝即位以後，頻遭元二之戹"云云，蓋信。又按：忠仕於永初中，則所謂"元二"之時，正與鄧隲之時甚合，益知《隨筆》所考爲有驗矣。

第二卷　時令

太歲

用修云：歲，古遂字，今文從步從戌，年至戌而終，秦以十月爲歲首故也。前此未有也，余按：《爾雅》"夏曰歲，取歲星行一次"也。從步者，其虞度可推步也。從戌者，木星之精生於亥，自亥行至戌而周天也。謂其始於秦，蓋誤。

月將日神

陰陽家説：又有十二月將，十二日時所直之神，若天乙、天罡之類。名不經見，唐宋不載祀典。

歲祀年載

《爾雅》言："夏曰歲，商曰祀，周曰年，唐虞曰載。"按：《堯典》"以閏月定四時，成歲"，《舜典》曰"歲二月，東巡狩"，則唐虞不特曰"載"也。《太甲》曰"三年復歸於亳"，則商不特曰"祀"也。《洪範》"惟十有三祀"，《周禮》"三歲計群吏"，則周不特曰"年"也。

人日登高

九日登高，晉李充有《正月七日登剡山寺》詩："命駕升西山，寓目眺原野。"桓温参軍張望亦有《七日登高》詩。唐中宗景龍三年正月七日御清暉閣登高遇雪，因令學士賦詩，宗楚客有"九重中禁啓，七夕早春還。太液天爲水，蓬萊雪作山"之句。又《石虎鄴中記》正月十五亦有登高之戲。《隋書》文帝嘗于正月十五日與近臣登高，時元冑不在，上令馳召之，冑見，上謂曰："公與外人登高，未若就朕也。"

正月祓

《玉燭寶典》："元日至月晦，人並爲酺食度水，士女悉湔裳，酹酒于水湄，以爲度厄。"今世人惟晦日臨河解除，婦人或湔裙。《隋志》："北齊，正月晦日，中書舍人奏祓除"，"汎舟，則皇帝乘輿，鼓吹至行殿，升御座，乘板輿，以與王公登舟"。《景龍文館記》景龍四年正月晦，上幸渥水，宗楚客應制詩"御輦出明光，乘流汎羽觴"，則正月祓除汎觴，亦與上巳同。

正月乞巧

《續博物志》："山東風俗，正月，取五姓女，年十餘歲，共臥一榻，覆之以衾，以箕扇之，良久如夢寐。或欲刺文繡，事筆硯，理管絃，俄頃乃寤。謂之扇天卜，以乞巧。"是正月亦有乞巧事。然不如七夕瓜果陳列、穿針弄絲爲有致耳。

紀元

《漢〔書·武帝〕紀》武帝"建元元年"注："古帝王未有年號，始起于此。"按：古以一字紀元者，始於漢文帝後元年，景帝中元年；以二字紀元者，始于漢武帝建元元年；以三字紀元者，始于梁武帝中大通元年；以四字紀元者，始于漢哀帝大初元將元年。今詳立號紀元，當始于文景也。

兼稱代魏

元魏石刻有《大代修華嶽廟碑》，歐公《集古録跋》云："魏自天興元年議定國號，群臣欲稱代，道武不許，乃仍稱魏，是後無改國稱代之事，今魏碑數數有之，碑石當時所刻，不應妄，但史失其事耳。由是言之，史家闕謬多矣。"余按：崔浩曰："昔太祖應天受命，兼稱代、魏，以法殷商。"則當時二號固嘗並稱，歐公豈未之考與。

括閏歌

古有數九九之語，蓋自至後起，數至九九，則春已分矣，正如至後一百六日爲寒食之類。然凡推算皆有約法，《推閏歌括》云："欲知來歲閏，先算至之餘，更看小大盡，決定不差殊。"謂如來歲合置閏，正①以今年冬至後餘日爲率。餘一日則閏正月，餘二日則閏二月，至十三日則不閏。若冬至在上旬，則以望日爲斷，十二日足，則復起一數焉。《推節氣歌括》云："中氣與節氣，但有半月隔。若要知仔細，兩時零五刻。"如正月甲子日子時初刻立春，則數至己卯日寅時正一刻，則是雨水節也。《推立春歌括》云："今歲先知來年春，但隔五日三時辰。"謂如今年是甲子日子時立春，則明年合是己巳日卯時立春。若夫刻數，則用法推之。凡朔、望、大小盡算，悉有歌括，惜乎不能盡記，此亦曆家之淺事耳。

十干戊字

十干"戊"字只與"茂"同音，俗輩呼爲"務"，非也。吳中術者又稱爲

---

① 《齊東野語》卷十五"正"作"止"。

"武"，偶閱《舊五代史》，梁開平元年，司天監上言：日辰内"戊"字請改爲"武"，乃知亦有所自。今北人語多曰"武"，朱温父名誠，以"戊"類"成"字，故司天謟之。

巳爲矣音

鄭玄夢孔子告之曰："起，起，今年歲在辰，明年歲在巳。"《博雅》云："巳，以也。"《釋名》云："巳，已也。如出有所爲，畢已復還而入也。"是"辰巳"字不特書作"巳"，古亦讀如"已矣"之"已"也。毛氏曰"象陽氣既極回復之形"，故又爲"終巳"字。《漢·律法①志》："振美于辰，巳盛于巳。"今俗以有鉤挑者爲"已巳"字，無鉤挑者爲"辰巳"字，是蓋未知義者。

祭日用辛丁

郊天用辛，新也。釋奠于夫子，用丁。大明之方也，不用丙。丙乃陽干之終，丁乃陰干之始也。如祭祀用戊，戊乃陽土故也。《禮》：大祥後卜祭不曰丁，即云亥，取陰干之始，陽干之終，事死之道也。又見《月令》。

三澣

俗以上澣、中澣、下澣爲上旬、中旬、下旬，蓋本唐制十日一休沐。故韋應物詩曰"九日驅馳一日閒"，白樂天詩"公假月三旬"，然此乃唐制，而今猶襲用之，則無謂。

---

① "法"當作"曆"。

月雙

十五夜爲半月，兩半月爲一月，三月爲一時，兩時爲一行，兩行爲一季，二年半爲一雙，此由閏故，以閏月兼本月。此謂月雙，非閏雙也，以五年再閏爲閏雙。

明月

歲月之月謂"明月"，《左傳》"齊燕平之月"注：此年正月。"公孫段卒，國人愈懼。其明月"注：此年二月，子産立公孫洩。古書傳"明年""明日"則有之矣，"明月"僅此。

提月

《公羊傳》："提月，六鷁退飛，過宋都。"提月者何？僅逮是月晦日也。何宋①休注："提，月邊也，魯人語也，在是月之幾盡。"

月忌

俗以每月初五、十四、二十三日爲月忌，出行必避之，其説不經。後見衛道夫云：聞前輩之説，謂此三日即河圖數之中宮五數耳，五爲君象，故民庶不可用。此説有理。

日子

俗有云"日子"者，按：《文選》陳孔璋《檄吳將校文》"年月朔日子"②，

① "宋"爲衍文。
② 陳孔璋《檄吳將校部曲文》："年月朔日，子尚書令或"，則此以"日子"連讀爲誤。

《南史》劉之遴與張纘等參校古本《漢書》，稱"'永平十六年五月二十一日己酉，郎班固'，而今本無上書年月日子①"。隋袁充上表："賓②曆之年改元仁壽，歲月日子，還共誕聖之時。"日十二時，每日必起子，日子之稱其是乎。

居諸

《詩‧柏舟篇》"日居月諸"，《傳》云：助語辭，蓋猶"緑兮衣兮""兮"字耳，不應作實字用，而今人作詩作書簡，直以"居諸"代日月記，唐詩有"爲爾惜居諸"之句，則知訛謬非一日矣。

他日

他日、異日，常談止以爲後日，而不知亦皆可以言前日。《史記‧秦紀》"他時秦地不過千里"，又《始皇紀》"異日，韓王納地效璽"，《漢書‧食貨志》"異時算軺車"，杜詩"今日江南老，他時渭北童""令節成吾老，他時見汝心"，皆指前日也。又杜詩"客愁殊未已，他日始相辭""他時如按縣，不得慢陶潛"，唐彦謙詩"異日誰知與仲多"，溫庭筠詩"還恐添成異日愁"，皆指後日也。

外後日

今又謂"後三日"爲"外後日"，意其俗語耳。偶讀《唐逸史‧裴老傳》乃有此語，裴大曆中人也，則亦久矣。

---

① 《南史‧劉之遴傳》"子"作"字"。
② 《隋書‧袁充傳》"賓"作"寳"。

另日

俗謂"異〔日〕①"曰"另日"，"另"字音"命令"之"令"，然其字《説文》《玉篇》無有也，只當作"令"。《戰國策》趙燕拜武靈王胡服之賜，曰"敬循衣服以待令日"，"令日"即"異日"也，注謂"令"爲"善"，非也。

百二十刻

鍥漏箭以候日晷曰刻，故因謂晷度曰刻。《書正義》："天之晝夜以日出入爲分，人之晝夜以昏明爲限，日未出前二刻半爲明，日入後二刻半爲昏，損夜五刻以裨於晝，則晝多於夜五刻，夏至晝六十五刻，夜三十五刻，冬至晝三十五刻，夜六十五刻，春秋分晝五十五刻，夜四十五刻，從春分至夏至增九刻半，夏至至秋分減亦如之，從秋分至冬至減十刻半，從冬至至春分增亦如之。漢初大率九日增減一半，至和帝時待詔霍融始請改之。"日晝夜百刻爲正，百二十刻，出後漢厭勝，夏賀良説哀帝，行僅兩月而廢。而韓退之《記夢》乃用百二十刻作句，何也？百刻布十二時，每時得八刻三分刻之一，今曆家初一、二、三、四刻上立"初初刻"，正一、二、三、四刻上立"正初刻"，各得六分刻之一。總而計之，一時八刻外有二小刻，二十四小刻共爲四刻，始合百刻。折而數之，二十四小刻各九十六刻，以成百二十刻，如此，然後除分平爾。

朝夕

月初生則暮見西方，故半月爲夕。又朝見曰朝，暮見曰夕，《詩》"莫肯朝夕"，《國語》"大采朝日，少采夕月"，《禮記·禮器》云"爲朝夕必放於日月"，注云："謂祭祀。"疏云："爲夕，謂天子秋分之夕，祝②

---

① 據《楊升庵集》卷七五補"日"字。
② 《禮記正義》"祝"作"祀"。

月於西門之外，月爲陰，故夕晚用事。"《周禮·考工記》匠人"夜考之極星，以正朝夕"，疏云："言'朝夕'，即東西也。"

五夜

《漢舊儀》"中黃門持五夜之法"，謂甲乙丙丁〔戊〕①也。宋子京《夜緒》詩云"宵開甲乙遲"。又謂之五鼓，亦謂之五更，皆五爲節。假令正月寅，斗柄夕則指寅，曉則指午矣。自寅至午，凡歷五辰，冬夏之月，雖復長短參差，常在五者之間也。又《嘉話》韋絢曰："今惟言乙夜、子夜何也？"按：《漢·天文志》"六月戊戌甲夜，客星居左右角間""正月戊午乙夜，月蝕熒惑"，崔豹《古今注》云："建武八年三月庚子，日②星不見，丙夜乃解。"又蔡質《漢隊③》曰："衛士甲乙徼相傳，丙④夜畢，又乙夜，相傳盡五更。"《晉·天文志》："懷永嘉五年三月丙夜月蝕既，丁夜又蝕既。"《夏統傳》云："甲夜之初撞鐘擊鼓。"又《〔南史·〕宋諸王傳》云："前一日甲夜，太史奏'東方有急兵'。"《梁本紀》中大通五年正月丙夜，南郊所忽聞異香，又云"帝燃燭則光常至戊夜"，豈止言"乙夜"而已哉。韋絢獨不見漢晉諸史邪。

子夜

其曰"子夜"，韋絢以爲五更之數，蓋晉時有子夜者善歌，故李義山云"鸞能歌子夜"，又云曰⑤"心酸子夜歌"，沈文季歌《子夜來》，又太白《春子夜歌》。或有謂之午夜者謂半夜時，如日之午也，故李長吉

---

① 據《漢舊儀》補"戊"字。

② 《後漢書·五行志六》注引崔豹《古今注》"日"作"月"。

③ "隊"當作"儀"。

④ 《後漢書·百官志三》注引蔡質《漢儀》"丙"作"甲"。

⑤ "曰"疑爲衍文。

《七夕》詩"羅緯①午夜愁"，杜少陵所謂"五夜漏聲催曉箭"，正謂戌夜耳。

五更點

夜漏，五五相遞爲二十五，唐李郢詩"二十五聲秋點長"，韓退之詩"雞三號更五點"是也。至宋世國祚長短讖有"寒在五更頭"之忌，宮掖及州縣更漏，皆去五更後二點，又並初更去其二以配之，首尾止二十一點，非古也。

六更

楊誠齋詩"天上歸來已六更"，固是宋事，不知何有六更也？後見一書云："宋内五鼓絶，柳鼓避作②，謂之蝦蟆更。"其時禁門開而百官入，所謂六更也，如方外之攢點，即今之發擂耳。

嚴更

《西都賦》"衛以嚴更之署"注："嚴更，督夜行鼓也。"鹵簿中所謂嚴更警長也，"嚴"與"發嚴"及"中嚴外辦"同。唐制：日未明七刻，搥一鼓爲一嚴，侍中奏開宮門城門；未明五刻，搥二鼓爲再嚴，侍中版奏請中嚴群臣五品以上俱集朝堂；未明一刻，搥三鼓爲三嚴，侍中中書令以下俱詣西閤奉迎。嚴即嚴肅之義，今以辦嚴爲辦裝，因諱而改，恐難例論。

---

① "緯"當作"幃"。
② 《七修類稿》"柳鼓避作"作"栁鼓遍作"。

登春臺

《道德經》"如春登臺",春登臺含如許景,輒今用者皆作"如登春臺"。

夜未央

今人詩句多用未渠央事,"渠"字作平聲用,按:《庭燎詩》"夜未央"注云:"夜未渠央,渠,其據切。"當呼"據",只此一音,謂夜未遽盡也。古樂府王融《三婦艷》詩"丈人且安坐,調絃未遽央",又《長安狹斜行》"丈夫且徐徐,調絃詎未央"。淵明詩"壽考豈渠央",魯直詩"木穿石槃未遽透",並合呼"遽"。《史記》尉陀曰:"使我居中國,何渠不若漢。"班史作"何遽不若漢",益可驗也。

豈弟

《詩》"齊子豈弟",疏引鄭箋云:"此'豈弟'猶言'發夕'也。'豈'讀爲'闓'。弟,《古文尚書》以'弟'爲'圛'。圛,明也。"然則郭云:"發,發行也。"是用鄭箋爲說。孔穎達曰"此'豈弟'猶'發夕'",言與餘"豈弟"不同。"愷"讀爲"闓",《易》稱"闓物成務",《說文》曰:"闓,開也。"《洪範》論"卜兆有五曰圛",注云:圛者,色澤光明。上云"發夕"謂初夜即行,此云"闓明"謂侵明而行,與上文相通。

旦明

古文"晨"字作"旦",從日,出地上。一,地也。日出一上爲"旦",日入一下爲"百",古"昏"字,故旦明即辰明,辰又借作神,今隴蜀呼辰與"神"同,蓋古音也。

犁明

《史記·呂后紀》："趙王不能蚤起，太后聞其獨居，使人持酖飲之。犁明，孝惠還，趙王已死。"徐廣注曰："犁猶比也，將明之時也。"此解近似，而世俗見"犁"字乃謂駕牛犁田之際，殊大謬。蓋犁、黎字古通用，黎，黑也，黑與明相襍，欲曉未曉之交，猶曰昧爽也。若遲明，未及乎明，厥明、質明，則已曉矣。

昏旦

斗柄建寅爲正月，然必以初昏爲定。自初昏以至丑時，皆作今日之夜，寅時乃作明日之旦。故上古造曆之始，十一月甲子朔夜半冬至爲曆元，夜半子時仍屬甲子朔日。言夜半者，明全夜皆係是日，而子時居其半也。今曆家節氣遇子時曰"某日夜子時"，猶有此意。但以前二刻屬今日，後二刻屬明日，於理未盡，必子丑二時俱作今日之夜，乃合《月令》昏旦之義，而于歲月又相胐合。今言命者于子月則作今年，于子時則作明日，吾故知其不准。

十辰十二日

鄭樵曰："十辰十二日，甲本戈甲。乙本魚腸。丙本魚尾。丁本薑尾。戊本武。己本凡。庚，扄也。辛，被罪也。壬，懷妊也。癸，草木實也。子，人之子也。丑，手械也。寅，臏也。卯，門也。辰未詳。巳，虵屬也。午未詳。未，木之滋也。申，特簡也。酉，卤也。戌，與戚同意。亥，豕屬也。"惟亥、巳有義，餘並假借。予謂《禮記》"魚去丑[①]乙"，謂魚骨似乙字，非乙爲魚骨；魚尾似丙字，非丙爲魚尾；薑尾似

① 據《禮記·內則》"丑"爲衍文。

丁字，非丁爲蠆尾；邜，從二户開闢之形，爲日出物生之義，取象於門，非以爲門也，樵言可盡從乎！

建除十二辰

《史》《漢·曆書》皆不載，《日者列傳》但有“建除家以爲不吉”一句，惟《淮南·天文訓篇》：“寅爲建，卯爲除，辰爲滿，巳爲平，主生。午爲定，未爲執，主陷。申爲破，主衡。酉爲危，主杓。戌爲成，主少德。亥爲收，主大德。子爲開，主太歲；丑爲閉，主太陰。”今《會元官曆》，每月遇建、平、破、收日，皆不用。以建爲月陽，破爲月對，平收，隨陰陽月遞互爲魁罡也。《酉陽雜俎·夢篇》云：“《周禮》以日月星辰各占六夢，謂日有甲乙，月有建破，今注無此語。”《正義》曰：“四月陽建於巳，破於亥；陰建於未，破於癸。”是爲陽破陰，陰破陽，今不知何書所載，且又以十干爲破，未之前聞也。

迎春

古者迎春東郊，與土牛原是二事，迎春以迎陽氣，出土牛以送陰氣。出土牛在季冬，與儺同時，迎春在立春之日。《月令注》引《逸禮·王居明堂禮》曰《古禮》“出十五里迎歲”，周五十里，天子親帥三公，門下祭蒼帝。今迎春之禮皆付之有司，而土牛在其中，不知起于何時也。然古人四時皆迎，又不知廢在何時。

十三月

《後漢·陳寵傳》云：“十三月陽氣已至，天地已交，物皆出，蟄蟲始振，人以爲正，夏以爲春。”又《隋書·牛弘傳》云：“今十一月不以黄鐘爲宫，〔十三月不以太簇爲宫，〕①便是春木不旺，夏土不相。”則正月亦可稱十三月。

正月

秦始皇名政，以正月朔旦生，故避諱者以“正”音“征”，相沿不改。予所簡閲，見晉王沈《正會賦》“伊月正之元吉兮，應三統之中靈”，又唐高適《十月朝宴》詩“歲時當正月，甲子入初寒”，真有獨見。他詩如嚴維“海上新正逢故人”，皇甫冉“客裏新正阻舊歡”，孟浩然“新正柏酒傳”，杜審言“欲向正元歌萬壽”。其餘不可盡舉，似猶畏秦政者也。

三長月

釋氏以正、五、九月爲“三長月”，奉佛者皆茹素。官司謂之“斷月”，俗謂之“惡月”，士大夫赴官者輒避之。或人以謂唐日藩鎮苴事必大享軍，屠殺羊豕至多，故不欲以其月上事，今之他官，不當爾也。此説亦無所經見，予讀《晉書·禮志》，穆帝納后，欲用九月九日，是“忌月”。《北齊書》高洋謀篡魏，其臣宋景業言：“宜以仲夏受禪。”或曰：“五月不可入官，犯之，終于其位。”景業曰：“王爲天子，無復下期，豈得不終于其位乎？”乃知此忌相承，由來已久，竟不曉其義及出何典。

屠蘇之誤

正月旦日，世俗皆飲屠蘇酒，自幼及長，或寫作“屠蘇”，《千金方》云：“屠蘇之名，不知何義。”按：梁宗懍《荆楚歲時記》：“是日進椒栢酒，飲桃湯，服却鬼丸，敷于散，次第從小起。”注云：“以過臘日。”故

① 據《隋書·牛弘傳》補“十三月不以太簇爲宫”九字。

崔實《月令》："過臘一日，謂之小歲。"又曰："小歲則用之漢朝，元正則行之晉世。"蓋漢嘗以十月爲歲首也。又云"敷於散"，即"山赤散"，則知"敷於"音訛轉而爲"屠蘇"，"小歲"訛而爲"自小起"云。

屠蘇從小起

今人元日飲屠蘇酒，自小者起，相傳已久，然固有來處。後漢李膺、杜密以黨人同繫獄，值元日，於獄中飲酒，曰："正旦從小起。"《時鏡新書》，晉董勛云："正旦飲酒，先從小者何也？勛曰：'俗以小者得歲，故先酒賀之。'"《初學記》載《四民月令》："正旦進酒次第，當從小起。"唐劉夢得、白樂天元日舉酒賦詩，劉云："與君同甲子，壽酒讓先杯。"白云："與君同甲子，歲酒合誰先？"白又有《歲假内命酒》一篇："歲酒先拈辭不得，被君推作少年人。"顧況云："不覺老將春共至，更悲携手幾人全。還丹寂寞羞胡鏡，手把屠蘇讓少年。"裴夷直云："自知年幾偏應少，先把屠蘇不讓春。倘更數年逢此日，遠①應惆悵羨他人。"成文幹云："戴星先捧祝堯觴，鏡裏堪驚兩鬢霜。好是燈前偷失笑，屠蘇應不得先嘗。"方干云："纔酌屠蘇定年齒，坐中皆笑鬢毛斑。"然則尚矣，東坡亦云："但把窮愁博長健，不辭醉後飲屠蘇。"其義亦然。

五夜元宵

上元張燈，《太平御覽》所載《史記·樂書》"漢家祀太一以昏時祠到明，今人正月望日夜遊觀燈，是其遺事"。今《史記》無此文。唐韋述《兩京新記》："正月十五日夜，勅金吾弛禁，前後各一日以看燈。"本朝京師增爲五夜。俗言錢忠懿納土，進錢買兩夜，初用十二、十三夜，至崇寧初以兩日皆國忌，遂展至十七、十八夜。余按：《國史》，乾德五年正月

---

① 裴夷直《戲唐仁烈》"遠"作"還"。

詔以朝廷無事，區寓乂安，令開封府更增十七、十八兩夕。然則俗云因錢史及崇寧之展日，皆非也。太平興國五年十月下元，京城始張燈如上元之日，至淳化元年六月始罷。然則張燈又不獨上元也。

耗磨日

正月十六，古謂之耗磨日，張説《耗磨日飲酒》詩："耗磨傳兹日，縱橫道未宜。但令不至醉，翻是樂無爲。"又云："上月今朝減，流傳耗磨辰。還將不事事，同醉俗中人。"此日謂之耗日，官司不令開倉庫也。

迎紫姑

正月十五日其夕則迎紫姑以卜。劉敬叔《異苑》云："紫姑本人家妾，爲大婦所妬，正月十五日感激而死，後人作其形于厠間迎之。卜祝云：'子胥不在，（云是其壻。）曹夫人已行，（云是其姑。）小姑可出。'"平昌孟氏嘗以此日迎之，穿屋而去，自爾厠中着以敗衣，蓋爲此也。《洞覽》云："是帝嚳氏女，將死，云平生好樂，至正月半可以衣見迎。"又其事也。《雜五行書》：厠神名後帝。《異苑》：陶侃如厠見人，自云後帝，着單衣，平上幘，謂侃曰："三年莫説，貴不可言。"將後帝之靈憑紫姑而言矣。俗云溷厠之間必須净，然後能致紫姑。

又

《異苑》："世人以十五日迎紫姑於厠間，或猪欄邊迎之，捉者覺重，便是神來。奠設酒果，亦覺面貌輝輝有色，即跳躁不住。能占衆事，卜將來蠶桑。又善射釣，好即大躍，惡則仰眠。平昌孟氏恒不信，躬試往捉，便自躍穿屋頂而去，永失所在也。一曰：世俗元宵請戚姑之神，蓋漢時戚夫人死於厠，故凡請之者必詣其中召之。唐紫姑神，萊陽人也，姓何氏，名媚，字器卿，自幼讀書辨利，唐垂拱三年，壽陽刺史李景納爲妾，妻妬殺之于厠，時正月十五日也，後遂顯靈云。

寒食日

今之人謂寒食爲"一百五日"，以其自冬至之後至清明，歷節氣五，凡爲一百七日，先兩日爲寒食，故云。杜老有《一百五日夜對月》一篇，江西宗派詩云："一百五日足風雨，三十六峰勞夢魂""一百五日寒食雨，二十四番花信風"之類是也。桓談《新論》：太原民爲子推故，隆冬不火。《琴操》：介子綏焚死，文公哀之，令民五月五日不得發火。所謂"隆冬"及"五日"者，恐記聞之誤，今以百五日爲正。

禁烟

陸翽《漢中記》並云，寒食斷火起于子推。《琴操》所云"子綏"，即推也。按：《左傳》及《史記》並無介子推被焚之事，《周禮》"司烜氏仲春以木鐸狗[①]火禁於國中"，注云："爲季春將出火也。"今寒食準節氣是仲春之末，清明是三月之初，然則禁火並皆周制。

新火

寒食禁烟之説，子美《清明》詩云："朝來新火起青烟"，又"家人鑽火用青楓"，皆在寒食三日之後，則知禁烟止于三日也。韓翃有《寒食即事》詩，乃云："春城無處不飛花，寒食東風御柳斜。日暮漢宮傳蠟燭，青烟散入五侯家。"不待清明而已傳新火，何耶？元微之《建昌宮詞》：

---

① 《周禮·秋官·司烜氏》"狗"作"修"。

"初過寒食一百六，店舍無烟宮樹緑。念奴覓得又連催，特勒宮中許然燭。"一百六在清明前、寒食後，是時店舍無烟，而宮燭得然，乃一時之權宜爾。

上巳

《癸辛雜志》"上巳"當作十干之"己"，蓋古人用日例以十干，如上辛、上戊之類，無用支者，若首牛①尾卯，則上旬無巳矣。故王季夷嵎《上巳詞》"曲水湔裙三月二"。

重三

今言五月五日曰"重五"，九月九日曰"重九"，則三月三日亦宜曰"重三"。觀《張説文集·三月三日詩》"暮春三月日重三"，《曲水侍宴詩》"三月重三日"，爲可據。

曲水

三月曲水會禊，祭也。《漢儀》"濯東流水上"，不見東流爲何水。晉中朝公卿庶民皆禊洛水之側，趙王倫篡位，三日，會天淵池誅張林。懷帝亦會天淵池賦詩。陸機云"天淵池南石溝，引御溝水，池西積石爲禊堂，跨水，流杯飲酒"，亦不言曲水。案：禊與曲水，其義參差。舊言陽氣布暢，萬物訖出，姑洗潔之也。巳者，祉也，言祈介祉也。或云漢世郭虞生三女，二以月上辰，一以上巳，並不育，時俗以爲大忌。是日適東流水上爲祈禳，謂之禊祠，分流行觴，遂成曲水。按：高后被霸上，

---

① "牛"當作"午"。

馬融《梁冀西第賦》云："西北戌亥，玄石承輸。蝦蟇吐寫，庚戌之域。"
即曲水之象也。今據禊爲曲水事，應在永壽之前已有祓除，不容在高后
之後，祈豐①之説，於事爲當。

漢祓日

《漢書》"八月祓於灞上"，故劉楨賦："素秋二七，天漢指隅。人胥
祓除，國子水嬉。"是又用七月十四日，不必春暮也。

正陽月

先儒以日食正陽之月止謂四月，不然也。正、陽乃兩事，正謂四月，
陽謂十月。歲月陽正是也。《詩》有"正月繁霜""十月之交，朔日辛卯。
日有食之，亦孔之丑"，二者，此先王所惡。蓋四月純陽，不欲爲陰所
侵；十月純陰，不欲過而干陽耳。

五午字通用

古篆"五"字爲義，象陰陽六爻之義，"午"字亦取此義。《周禮》"壺
涿氏掌除水蟲，以牡橭午貫象齒而沉之，則其神死"，鄭氏注曰："午"，
故書爲"五"。杜子春注：五，貫爲午，蓋用象齒交五貫於橭木之上也。
別本《周禮》故書作"五"，則午、五通用明矣。史言旁午者四方八達皆
通，亦縱橫交五之義。"端五"或作"端午"，亦見通用。《資暇録》按：
"仲夏端五，烹鶩角黍。端，始也。謂五月初五日也。元和中'端五'詔
書並無作'午'字者。"誤。

---

① 《南齊書·禮志上》"庚戌"作"庚辛"，"祈豐"作"祈農"。

鬬百草

《荆楚記》有端午四民鬬百草之言，未知其始。昨讀劉禹錫詩曰："若共吳王鬬百草，不如應是欠西施。"

辟兵

《後漢書》："五月五日朱索五色印爲門户飾，以辟止惡氣。"《風俗通》："五月五日以五色絲綵繫臂，辟兵鬼，令人不病，一名長命縷，一名續命縷，一名辟兵繒，一名五色縷，一名五色絲，一名百索①。"裴玄《新語》"五月五日集五色繒辟兵"。余問伏君，君曰："青赤白黑以爲四方，黄居中央，名曰襞方，綴于胸前，以示婦人蠶功也。織麥䌶懸于門以示農工成。"則傳者誤以"襞方"爲"辟兵"，何也？

帖子用鏡事

唐世五月五日揚州於江心鑄鏡以進，故宋朝翰苑撰端午帖子詞多用其事，然遣詞命意，工拙不同。王禹玉云："紫閣曈曨隱曉霞，瑶池九御薦菖華。何時又進江心鑑，試與君王郤衆邪。"李邦直云："艾葉成人後，榴花結子初。江心新得鏡，龍瑞護仙居。"趙彦若云："揚子江中方鑄鏡，未央宫裡更飛符。菱花欲共朱靈合，驅盡神姦又得無。"又："揚子江中百煉金，寶奩疑是月華沉。争如聖后無私鑑，明照人間善萬心。"又："江心百煉青銅鏡，架上雙紉翠縷衣。"李士美云："何須百煉鑑，自勝五兵符。"傅墨卿云："百煉鑑從江上鑄，五時花向帳前施。"許仲②元云："江中今日成龍鑑，苑外多年廢鷺陂。今③照乾坤共作鏡，放生江海

---

① 《風俗通義》"百索"作"朱索"。
② "仲"當作"冲"。
③ "今"當作"合"。

盡爲池。"蘇子由云："揚子江中寫鏡龍，波如細縠不搖風。宮中驚捧秋天月，長照人間助至公。"大概如此。唯東坡不然，曰："講餘交翟轉回廊，始覺深宮夏日長。揚子江中空百鍊，只將《無逸》監興亡。"其輝光氣焰可畏而仰也。若白樂天諷諫百鍊篇，用意正與坡合。予亦嘗有一聯："願儲醫國三年艾，不博江心百鍊銅。"然去之遠矣。端午故事，莫如吾楚竞渡之的，以非吉祥，故必用鏡事云。

分龍日

吴越俗以五月二十日爲分龍日，不知何據。前此夏雨時行，所及必廣，自分龍後則有及有不及，若有命而分之者。故五六月間每雷起雲簇，忽然而作，不過移時，謂之過雲雨。或濃雲中見，若尾墜地，蜿蜒曲伸，謂之龍掛尾。深山大澤，龍虵所居，其久而有神，無足怪。屋廬林木之間，時有震擊而出，往往隙穴見其出入之迹，或曰此龍之懶而匿藏者也。佛老書多言龍行雨甚苦，是以有畏而逃者。

伏日萬鬼

《漢官舊儀》：伏盡日萬鬼行，故不干它事。按：漢和帝六年初令伏閉盡日，蓋伏盡在三伏後也，正在七月之中，今俗以七月祀鬼，謂鬼盡歸來，皆酒食紙鏹以爲俗，起於佛氏浴蘭之會，實不然也。漢初已有此萬鬼之説，蓋七月四陰盛長，鬼屬陰故耳。

伏日

《曆忌》曰：四季相代，推以相生。獨秋金代夏火，金必畏之，故逢庚金必伏藏也。余按：土旺四季，長夏之日正是戊己，其氣正盛，土之生金，是亦以生交代金，何故伏乎？謂之伏，是陰陽偏枯之説也。若曰二氣消長，陽已盛而必退，陰久伏而將長，則可耳。

七夕

太平興國三年七月詔：七日爲七夕嘉辰，著於甲令。蓋前此習俗固用六日者，且名爲"七夕"而用六，不知何始？然唐無此説。

盂蘭盆

《盂蘭盆經》爲目連救母，後世因之廣爲華飾，乃至刻木割竹，飴蠟剪綵，模花葉之形，極工妙之巧。《寺院記》①："七月十五日僧尼道俗悉營盆供諸寺院。"按：《歲時記》《盂蘭盆經》云，有七葉功德並幡花歌鼓果食送之，蓋由此。《唐六典》中尚署七月十五日進盂蘭盆，天竺云"盂蘭"，此云"倒懸救器"，謂目連救母飢厄，如解倒懸之具也。今人飾食味於盆，蓋誤。

端正月

中秋月爲端正月，昌黎詩："三秋端正月，今夜出東溟。"又前輩詩云："去年中秋端正月，照我衣襟萬條血。"

汃月朽月

秋分後遇壬謂之"入霶"，吳下曰"入液"。宋黄仁傑《夔州苦雨》詩"九月不虛爲朽月，今年賴得是豐年"，"汃"音讀爲"帕"，平聲。《東方朔傳》諧語云："令壺齟，老柏塗。""塗"與"汃"同，注云："丈加切。"其

---

① "《寺院記》"未詳，見《荆楚歲時記》。

下解云："塗者，漸洳徑也。"亦雨濕泥濘之義。《爾雅》十二月爲畢，塗月、汎月之諺雖俗，其音義字形亦退而尚矣。

凡月五日

《容齋隨筆》唐玄宗以八月五日爲千秋節。張説《上大衍曆序》云："謹以開元十六年八月端午獻之。"《唐類表》有宋璟《請八月五日爲千秋節表》云："月惟中秋，日在端午。"然則凡月五日皆可稱端午也。余觀《續世説》，齊映爲江西觀察使，因德宗誕日端午，爲銀缾高八尺以獻，是亦有端午之説。

重陽改日

唐文宗開成元年，歸融爲京兆尹，時兩公主出降，近上巳曲江賜宴，奏請改日。上曰："去年重陽取九月十九日，未失重陽之意，今改取十三日可也。"且上巳、重陽皆有定日，而至展一旬，乃知鄭谷所賦《十日菊》詩云："自緣今日人心別，未必秋香一夜衰。"亦爲未盡。唯東坡有"菊花開時即重陽"之語，故記其在海南藝菊九畹，以十一月望，與客泛酒，作"重九"云。

九日茱萸

劉夢得云："詩中用茱萸字者凡三人，杜甫'醉把茱萸子細看'，王維'遍插茱萸少一人'，朱放'學他年少插茱萸'，三君所用，杜公爲優。"予觀唐人七言，用此者又十餘家，王昌齡"茱萸插鬢花宜壽"，戴叔倫"插鬢茱萸來未盡"，盧綸"茱萸一朵映華簪"，權德輿"酒泛茱萸晚易曛"，白居易"舞鬟擺落茱萸房""茱萸色淺未經霜"，楊衡"强插茱萸隨衆人"，張諤"茱萸凡作幾年新"，耿湋"髮希那敢插茱萸"，劉商"郵筒不解獻茱萸"，崔櫓"茱萸冷吹溪口香"，周賀"茱萸城裏一尊前"，比之杜句，真不侔矣。

玄月

九月爲玄，注引《國語》"至於玄月"是也。孫炎曰："物衰而色玄也。"然《爾雅》月名從未有以草色者。

陽月

十月純陰，嫌于無陽，故以陽稱。然則四月純陽，又何以稱乎。蓋陽氣始于亥，生於子，十月建亥，故十月純陰而稱陽月，凡草木發萌謂之荄，人始生謂之孩，此取義於亥，可類推矣。

十六日

《路史》盤古氏神靈，一日九變，《真源賦》謂元始應世，萬八千年爲一甲子。今以十月十六日爲盤氏生日，以候月之陰晴，云其頭化之所宜有以也。

賀冬

冬至賀，夏至不賀，昔人亦有說。然賀冬非古禮也，考《漢雜事》及沈約《〔宋〕書》："魏晉冬至日，受萬國及百寮稱賀，其儀亞於歲朝。"自是歷代行之不廢。

長至

《月令》："仲夏月日長至，仲冬月日短至。"今世率稱冬至爲"長至"，曹子建《冬至獻襪頌表》："伏見舊儀，國家冬至獻履貢襪，所以迎福踐長。"崔浩《女儀》："近古婦人常以冬至上履襪於舅姑，踐長至之義。"《玉燭寶典》："冬至日極，南景極長，陰陽日月萬物之始，律當黃鐘，其管最長，故有履長之賀。"蓋《周禮》冬至日在牽牛，景長一丈三尺，日短而景長也。黃鐘之律九寸，於十二律爲最長。履長者，景之長，琯之長也。雖所指不同，當以《月令》爲正。

冬至子時

冬至，歲十一月中氣。邵康節詩"冬至子之半"，謂子月之半，乃是冬至。不謂"其日，子時之半也"。冬至交氣，亦有在白日及夜他時者。子月之半爲冬至，前半月屬舊歲，後半月屬新歲。夜之半爲子時，前四刻屬昨日，後四刻屬今日。冬至既分舊歲新歲，故遁甲未交，冬至前日時作陰遁，逆行交；冬至後日時作陽遁，順行。四刻既分屬昨日今日，故曆法子前四刻交，節氣作其日夜子時初幾刻，子後四刻交，節氣作其日子時正幾刻。大抵子位正北於時爲冬。《月令》言數將幾終，歲且更始，有終陰始陽之義。

書雲

冬至日爲"書雲"，至用之表啓。按：《左氏傳》："凡分、至、啓、閉，必書雲物，爲備故也。"則四時八節，其禮並同。漢明帝永平二年春正月辛未，崇祀光武畢，登靈臺觀雲物，尤可爲證。今太史局官每至此八日則爲一狀，若立春則曰"風從艮位上來"，春分則曰"風從震位上來"，它皆做此。則古"書雲"意也。

駿狼

郭璞《客傲》云："青陽之翠秀，龍豹之委穎，駿狼之長暉，玄陸之短景。"言著生于微，盛生于衰也。駿狼、長暉，言冬至之日也。《淮南子》冬至日在駿狼山，餘不可曉。

行衰爲臘

蔡邕《獨斷》："殷曰清紀①，周曰蜡②，秦曰嘉平，漢曰臘。"臘，合也。合祭諸神也。《禮記·月令》注：臘，謂以田獵所得禽獸祭也。《增韻》：歲終祭，象神之明也。曆家以墓運爲臘，如漢火運火墓於戌，故以大寒後戌日爲臘。按：《月令》"孟冬"云："是月也，臘門閭及先祖、五祀則騰。"自昔有之，非自漢始。

儺

世俗歲將除，鄉人相率爲儺，俚謂之"打野胡"。按：《論語》"鄉人儺"注："大儺，驅逐疫鬼也。"亦呼爲"野雲戲"，今人又訛。

爆竹

歲旦爆竹于庭，世謂起于庭燎之禮，非也。《神異經》：西方山中有人長尺餘，人見之即病寒熱，名曰山臊，以竹著火中，爆㶷有聲，則驚遁遠去。

俗語數九

一九二九，扇子不離手；三九二十七，冰水甜如蜜；四九三十六，拭汗如出浴；五九四十五，樹頭秋葉舞；六九五十四，乘涼不入寺；七

---

① "紀"當作"禩"。
② "蜡"當作"臘"。

九六十三，牀頭尋被單；八九七十二，思量蓋夾被；九九八十一，家家打炭墼。

一九二九，相喚不出手；三九二十七，籬頭吹觱篥；四九三十六，夜眠如露宿；五九四十五，太陽開門户；六九五十四，貧兒爭意氣；七九六十三，布被兩頭擔；八九七十二，猫兒尋陰地；九九八十一，犂耙一齊出。人知冬至而不知夏至，故拈出之。

冬住

陳師錫《家享儀》謂："冬至前一日爲'冬住'，與歲除夜爲對，蓋閩音也。"予讀《太平廣記》三百四十卷，有《盧項傳》云"是夕，冬至除夜"，乃知唐人冬至前一日亦謂之除夜。《詩·唐風》"日月其除"，"除"音直慮反。則所謂冬住者，冬除也。陳氏傳其語而失其字。

小歲

淮人歲莫家人宴集曰"潑散"，韋蘇州云："田婦有佳獻，潑散新歲餘。"子美有《小至》詩，説者謂冬至前一日爲小至。《歲時襍詠》盧照隣《年日述懷》云："人歌小歲酒，花舞大唐春。"是以元日爲小歲。以此觀之，子美小至即冬至也。周甸曰：冬至陰極，故曰小至。

十九月

《商雒鼎》"十有四月"，蔡君謨以問劉原父，不能對。吕氏考古圖器銘，有"十三月""十九月"，《卮言》云：十三月，或是閏月。余按：《史記·曆書》注："歲十有二月，閏則云十三月。"其説亦通，若"十四月""十九月"則不可知。有謂嗣王踰年未改元，故以月數，理或然耶。古器銘又有云"正月乙子"，或云"丁子"者，然乙子即甲子，丁子即丙子，世質人淳，取其同類，今存之以俟博古者。

黑白月

　　僧尼誡諜云"知月黑白大小"及"解結夏之制"，皆五印度法。中國以月晦爲一月，天竺以月滿爲一月。《唐西域記》："月生至滿謂之白月，月虧至晦謂之黑月。"又十二月所建，各以所直二十八宿名之，如中國建寅之類。故夏三月，自四月十六日至五月十五日，爲額沙荼月，即鬼宿星名；自五月十六日至六月十五日，謂室羅代拏月，即柳星名；自六月十六日至七月十五日，謂婆達羅鉢陀月，即翼星名。中國節氣與印度遞争半月，小盡在十四日黑月。以此結夏制，宜如《西域記》用四月十六日，蓋是日屬逝瑟吒月，乃印度三月盡日也。

古今年號

　　昔人云，年號毋論正統僭僞，自漢至晉大都承襲，劉宋以後間亦有之。自乾德後及于胡元，皆前代所未有，而實不然。余嘗總考之漢武建元，安建元①，晉康建元，劉總僭號建元，苻堅僭號建元，蕭齊高建元。漢武太始、晉武太始、張玄靚僭號太始。漢宣甘露，孫皓甘露，劉堅僭號甘露。漢宣黃龍，孫權黃龍。漢元永元，和永元，張茂僭號永元。漢成永始，高雲僭號永始。漢哀建平，石勒、慕容盛、慕容德皆僭號建平。光武建武，石虎僭號建武，蕭齊明建武。漢明永平，拓拔恪永平，王建僭號永平。漢章建初，西涼李暠、後蜀李特俱僭號建初。漢章元和，唐憲元和。漢和永元，蕭齊東昏永元，張茂僭號永元。漢和元興，晉安元興。安永初，南宋武永初。漢安永寧，晉惠永寧，石祗僭號永寧。漢順永建，李恂僭號永建。漢順永和，晉穆永和，牧犍僭號永和，姚泓僭號

---

① "安建元"誤，漢安帝年號無"建元"而有"建光"。

永和。漢冲永嘉，晉懷永嘉。漢桓建和，利鹿孤僭號建和。漢桓元嘉，南宋文元嘉。漢桓永興，晉惠永興，苻秦、拓拔嗣皆僭號永興。漢桓永康，晉惠永康，慕容寶、乞伏熾盤皆僭號永康。漢靈、元中和①，唐僖中和。漢後主建興，孫亮建興，燕容垂、李雄皆僭號建興。晉武太康，遼道宗弘基太康。晉惠永安，孫休永安，張軌、拓拔攸、沮渠蒙遜皆僭號永安。晉帝奕太和，曹叡太和，禿髮烏孤、石勒、拓拔宏、李勢、楊溥皆僭號太和，又唐文和。晉孝武太元，張駿僭號太元。晉恭元熙，劉淵僭號元熙。蕭齊和中興，拓拔郎中興。蕭梁敬太平，孫亮太平，馮跋、隋末林上張、遼隆緒皆僭號太平。陳後主至德，唐肅至德。石晉天福，劉漢天福。宋太祖乾德，王衍乾德。輔公拓反江東亦號乾德。張重華、五季蠻賊張遇賢及方臘皆偽號永樂，隋翌衛郭子和反，亦稱永樂王。元太子阿速吉八改元天順，西夏王乾順改元正德，以上皆歷歷可考。我朝襲之何也？明昌二年太后不豫，上侍疾，隆慶辛酉，太后崩而穆廟襲。朱泚僭號改元應天，而南京亦襲之何也？昔盧多遜素與趙韓王不協，韓王為樞密，多遜為翰林學士，一日偶同奏事，上初改元德，因言此號從古未有，韓王從旁稱贊，盧曰此偽蜀時號也，帝大驚，遽令檢史視之，果然，遂怒以筆抹韓王面，曰汝爭得如它多遜。韓王經宿不敢洗面，翌日奏對，帝方命洗。今如我朝年號使宋祖見之，不知塗幾斗墨矣。

---

① 漢靈、元帝年號無"中和"。

第三卷　地輿上

廣運

《國語》"廣運五①里"注："東西爲廣，南北爲運。"與《書》"帝德廣運"互考。

郡國志

漢有《輿地圖》，晉有《太康地記》，隋有《區宇誌》，唐有《括地誌》，宋有《疆域誌》，元有《方輿要覽》，皆總天下而誌之者也。自常璩叙蜀事撰《華陽國志》而設郡邑，亦皆有誌矣。

縣異名

"船司空"注："主船之官，因以爲縣。"屬京兆尹。郁夷，《韓詩》"四牡騑騑，周道郁夷"，言使臣乘馬行於此道，即以爲名，屬右扶風。頓丘，以丘名縣，謂一頓而成也。尉氏，古獄官曰尉氏，鄭之別獄也，屬陳留。不夜，《齊地記》古有日夜出，見於東萊，故名，屬東萊。計斤，即《春秋傳》所謂"介杞"也，語有輕重耳，屬琅邪。青衣，《禹貢》蒙山谿大渡水，東南至南安入渽，屬蜀郡。朱提音"銖"，時北人名匕曰匙，屬犍爲。收靡，靡音麻，即升麻，屬益州。鸞鳥，屬武威。

---

① 《國語·越語上》"五"作"百"。

異字

狐讘，音之涉反，屬河東。莜人，"莜"音"璪"，屬太原。瀙彊，"瀙"音於謹反，屬汝南。"邔"音"忌"，屬南郡。"軑"音"汰"。沙羨，"羨"音"夷"。"䣄"音"育"，俱屬江夏。崈高，古"崇"字，屬潁川。"稬"音"如"，屬濟陰。"酂"音"嵯"，屬沛郡。即裴，"裴"音"非"，屬魏郡。鉅鹿，鹿，林之大者也。南欒，音良全反。厀，若么反，俱屬鉅鹿。茦題，古"莎"字，屬清河。逎，古"道"字，屬涿郡。猇，蔡謨音"由"，屬濟南。"茬"音"淄"，又仕疑反。"觓"即"執"字，屬北海。"慳"音"堅"，"襄賁"音"肥"，屬東海。甸氏道，"甸"音"朕"，屬廣漢。允街，"允"音"鉛"，屬金城。"樸劙"音"蒲環"，屬武威。"䚐得"音"鹿"；"驪軒"音"遲虔"，俱屬張掖者，張國臂掖也。烏氏，"氏"音"支"，屬安定。大要即古"要"字，屬北地。狋氏音"權精"，屬代郡。氏字同也，一音"支"，一音"精"，餘皆本音。屖奚，屖辛①題，屬漁陽。詪邯，"邯"音"男"，黏蟬、蟬提，俱屬樂浪。"羸婁"音"蓮受"；苟屚，與漏同；"麊泠"音"螟蛉"，俱屬交趾。

三吳三晉三秦

蘇州，東吳也；潤州，中吳也；湖州，西吳也。見《地理指掌圖》。魏斯、趙籍、韓虔共滅范、中行氏，分其地，今爲山西、北直、河南三處，三晉也。見《資治〔通〕鑑》。章邯爲雍王，王咸陽以西；司馬欣爲塞王，王咸陽以東；董翳爲翟王，王上郡，三秦也。見《史·項羽本紀》。今試錄序及策文中往往用之。然謂蘇爲三吳，湖廣爲三楚，山西爲三晉，則太大；至謂陝西爲三秦，則縱廣不三百里，似太小。

---

① "辛"疑作"音"。

三楚

《史記·貨殖傳》："淮以北，沛、陳、汝南、南郡，西楚；彭城以東，東海、吳、廣陵，東楚；衡山、九江、江南、豫章、長沙，南楚。"孟康曰："舊名江陵爲〔南楚，吳爲〕①東楚，彭城爲西楚。"文穎曰："彭城，故東楚也。項羽都之，謂之西楚。"《漢書注》："江陵南楚，彭城西楚，西吳東楚。""西吳"注："三楚，楚文王都郢，昭王都鄀，考烈王都壽春。"則諸家之載，三楚何靡定也！

荆楚

《毛傳》："荆，謂楚也。"《疏》《正義》："以楚居荆州，故或以州言之。"《春秋經》賈氏訓詁："秦始皇父諱楚，改爲荆州。"亦有本自作"荆"者。《春秋公羊》《穀梁》皆言州不若國，賤楚，故以"荆"言之。彼自《春秋》例，其外《書傳》，或州或國，自從時便，非褒貶也。《殷武》"維汝荆楚"，則又並言之。

蜀

《爾雅·釋山》云："獨者，蜀。"蜀，蟲名，好獨行，故山獨曰蜀。汶上之有蜀山，維揚之有蜀岡，皆獨立之山也。今或指山似巴中，或云脉從巴來，未讀《爾雅》乎？又《管子》云："抱蜀不言，而廟堂既修。"蜀音猶，祠器也。甚不然，謂山如祠器尚可，不勝於似巴之陋耶。

七閩

閩，蠻之別也。《國語》"閩，芈蠻也。"又叔熊避難於濮蠻，隨其俗

---

① 據《史記·貨殖列傳》補"南楚吳爲"四字。

分爲七種，故云。《周禮注疏》："八蠻在南方，閩其別也。"

又

今之言區域者，湖廣稱楚，南直隸稱吳，浙江稱越，福建稱閩，東西廣稱粵，畫然不紊矣。第余按寢丘者，今名固始縣也。孫叔敖曰："有寢丘者，其地确石而名陋，荆人鬼，越人禨①，人莫之利也。"則固始與越隣矣。固始今與鳳陽、黄州界，是濠稱越也。傅亮《從宋武帝平閩中》詩"鞠旅揚城，大蒐徐方"，是徐、揚爲閩中矣。梁元帝《去丹陽尹②尹荆州》詩"分符蒞閩越，終然慚勵精"，是荆州爲閩越也。劉長卿《酬李郎中夜登蘇州城樓見寄》詩"日照閩中夜，天凝海上寒"，是蘇爲閩中也。太伯逃之荆蠻，一作荆閩，是姑蘇爲荆、爲閩也。《華陽國志》稱哀牢、歸義"其地東西三千里，南北四千六百里，有穿胸、儋耳種，閩越、濮、鳩獠"。哀牢，今雲南之永昌也。是永昌至交趾、西越皆爲閩越矣。見古之閩越地方遼闊，不獨一福建也。

六詔

滇域未通中國之先，有低牟苴者，居永昌哀牢之山麓（今金齒地）。有婦曰沙壹，浣絮水中，觸沉木，若有感，是生九男，曰九隆族。種類滋長，支裔蔓衍，竊據土地，散居谿谷，分爲九十九部。其渠酋有六，各號爲詔，夷語謂詔爲王。其一曰蒙舍詔（今蒙化府），其二曰浪施詔（今浪穹縣），其三曰鄧賧詔（今鄧川州），其四曰施浪詔（今浪穹縣蒙次和之地），其五曰摩紫詔（今麗江府），其六曰蒙儁詔（今建昌）。

---

① "禨"當作"機"，見《淮南子·人間訓》。
② "尹"爲衍文。

姑蘇

王順伯、高德基謂"姑蘇"乃"姑胥"也，凡山與臺皆以伍胥得名。吳人鄉語以"鬚"爲"蘇"，故誤曰"姑蘇"，後遂爲蘇州。余按：《續圖經》紀姑蘇臺，一名姑餘。《史記正義》云："在吳縣西南三十里姑蘇山上。"《山水記》云闔閭作，又云夫差作。《越絕書》云"闔閭造九曲路以游姑胥之臺"，然則姑蘇或謂姑胥，或謂姑餘，不可知。而始於闔閭，成於夫差，豈得云因伍胥而誤也。姑蘇自是故名。

錢唐

《希通録》云："塘，《史》《漢》但作'唐'字，今以'唐'爲'塘'，非也。"其失本於《世説注》："晉人沈姓而令其縣者，詭令致土云云。"不知秦漢已有此名。余按：《世説》褚哀送人投錢唐亭住，爾時吳興沈充爲縣令，遇之云云。注云："錢塘近海，爲潮漂没，縣諸豪姓歛錢雇人輦土爲塘，因以爲名。"沈令未詳，今謂以"唐"爲"塘"，其失本於《世説注》，且云晉人沈姓而令其縣者爲之，句義俱差矣。

雲夢

舊《尚書·禹貢》"雲夢土作乂"，古本作"雲土夢作乂"。按：孔安國注"雲夢之澤在江南"，不然。據《左傳》："吳子入郢，楚子涉睢，濟江，入于雲中。王寢，盜攻之，以戈擊王，王奔郢。"楚子自郢西走涉睢，則當出於江南；其後涉江入雲中，遂奔郢，郢則今之安陸州。涉江而後至雲，入雲然後至郢，則雲在江北也。《左傳》"鄭伯如楚，……王以田江南之夢"，杜預注："楚雲夢跨江南北。"故曰"江南之夢"，則雲在江北明矣。

鄢郢

今郢州本謂北郢，亦非古之楚都。或曰楚都至①今宜城界中，有故墟尚在，此鄢也，非郢也。據《左傳》楚成王使鬬宜申"爲商公，沿漢泝江，將入郢，王在渚宮，下見之"。沿漢至於夏口，然後泝江，則郢當在江上，不在漢上也。又在渚宮下見之，則渚宮蓋在郢也。郢本楚都，在江陵北十二里紀南城，所謂南郢也，《陽春》《白雪》之倡在是矣。今承天初爲安陸，蕭梁唐宋爲郢州，所謂北郢也。其在楚，非都會地，然則郢曲仍當歸之江陵爲當。

章華乾谿

楚章華臺，亳州城父縣、陳州商水縣、荊州江陵、監利縣皆有之。乾谿亦有數處。據《左傳》楚靈王七年"成章華之臺，與諸侯落之"，杜預注：章華臺在華容城中。華容即今之監利縣，非岳州之華容也。至今有章華故臺，在縣郭中，與杜預之説相符。亳州城父縣有乾谿，其側亦有華臺，故基臺下往往得人骨，云楚靈王戰死於此。商水縣章華之側亦有乾谿，薛琮注張衡《東京賦》引《左氏傳》乃云"楚子成章華之臺于乾溪"，皆誤説也。《左傳》實無此文，章華與乾溪，元非一處。

洋縣

按：羊②，《字書》"從水從羊"，本盛大之義，故曰汪洋。《莊子》曰"望洋"，上海東臨巨海之上，故亦曰"上洋"，不知山中有何取名也。閩中凡山之險峻者亦曰"某洋某洋"，今洋縣在漢中府東，居萬山中。宋文與可守洋州即此地。篔簹谷與園池舊跡，東坡所寫題味者，尚有可考。

---

① "至"疑作"在"。
② "羊"當作"洋"。

雍州

雍州、雍門，"雍"字並去聲，今人讀作平聲，如辟廱之雍，非也。《尚書》"黑水、西河惟雍州"，陸釋"雍"，於用切，故孟浩然《登安陽城》詩"江嶂開成南雍州"。

朝陽夕陽

《詩·卷阿》"梧桐生矣，於彼朝陽"，《篤①公劉》"度其夕陽，豳居允荒"，"朝"音"潮"。《爾雅詁》"山東曰朝陽，山西曰夕陽"，蓋山東迎日，山西送日，非旦暮之謂也。自晉張華有"鳳鳴朝陽"之説，後遂指爲曉日；唐人詩紛紛用夕陽，後遂指爲日暮，訛謬久矣。

歷山

歷山有三：《一統志》濟南城南五里有歷山，即舜耕處。鄭康成謂歷山在河東，曾子固辨其非，子固似未讀《水經》也。按：酈道元注，河東郡南有歷山，謂之歷，觀舜所耕處有舜井，嬀汭二水出焉，南曰嬀，北曰汭，逕歷山下，上有舜廟。又周處《風土記》云：舊説舜葬上虞。又記云：耕於歷山，始寧、剡二縣界上，舜所耕田於山下，多柞樹，吳越間名柞爲櫪，故曰歷山。道元謂周處此志殊爲彊引，安可假木異名以附山乎？然則寧、剡尚在，《傳》疑濟南猶似無據。

夷山

尼，一作"𡰥"，古"夷"字。《祖庭廣記》孔子之母禱於尼丘山，因生

---

① "篤"爲衍文，"公劉"爲詩名，"篤公劉"爲詩首句。

焉，故名丘，字仲尼，在今山東尚呼爲夷丘山。不知何以稱仲尼，堅不可易。

谷口

《蜀記》："三皇乘祇車出谷口。"秦宓曰："今之斜谷也。"及武王伐紂，蜀亦從行。《史記》：周貞王十六年，秦厲公城南鄭。此谷道之通久矣，世以爲蜀王因石牛始通，誤。

酇鄼

蕭何封酇侯，今《世家》作鄼侯，字相似之誤也。酇，七何切。班孟堅《十八侯銘》："文昌四友，漢有蕭何。序功第一，受封於酇。"又唐詩"麒麟閣上識酇侯"。按：酇在沛，鄼在南陽，何起沛，封邑必近之，且孟堅去何未遠，所聞必真。師古云，何封南陽之鄼，疑未深考也。

東山

會稽、臨安、金陵，三郡皆有東山，俱傳爲謝安携妓之所。謝安本傳：初，安寓居會稽，與王羲之、許珣①、支遁遊處，被召不至，遂栖遲東土。唐裴冕與吕謂等《鑑湖聯句》，有"興衰還尋載②，東山更問東"，此會稽之東山也。本傳又云：安石嘗往臨安山中，坐石室，臨濬谷，悠然嘆曰：此與伯夷何遠！今餘杭縣有東山，東坡有《遊餘杭東西巖》詩："獨携縹緲人，來上東西山。"注：即謝安東山。此臨安之東山也。本傳又謂，及登台輔，於土山營墅，樓館林竹甚盛，每携中外子姓

---

① "珣"當作"詢"。
② "載"當作"戴"。

游集，今土山在建康上元縣崇禮鄉，載《建康事迹》，云"安石於此據①會稽之東山"，亦號東山，此金陵之東山也。李白有《憶東山》二絕："不到②東山久，薔薇幾樹花？白雲他自散，明月落誰家？""我今携謝妓，長笑③絕人群。欲報東山客，開關掃白雲。"不知所賦者何處。陳軒乃錄此詩於《金陵集》中，將別有所據也。《南史》載宋劉勔經始鍾嶺以爲栖息，亦號東山，金陵遂有兩東山矣。

康山

杜子美贈李太白詩，"康山讀書處，頭白好歸來"，説者以爲即廬山也。吳曾《能〔改〕齋漫録》内引《杜詩補遺》注："白本宗室子，厥先避仇客蜀，居蜀之彰明，太白生焉。彰明，綿州屬邑，有大小康山，白讀書於大康山，其堂尚存。其宅在青蓮鄉，後廢爲僧房，稱隴西院，蓋以太白得名。"院有太白像，以是證杜句之康山在蜀，而非廬山也。

赤壁

東坡遊赤壁者三。今人知其二，由其有二賦也。余嘗讀其《跋龍井題名記》云："余謫黃州，參寥使人示以題名，時去中秋十日，秋濤方漲水面十里，月出房、心間，風露浩然，所居去江無十步，獨與兒子邁棹小舟至赤壁，望武昌山谷，喬木蒼然，雲濤際天，因録以寄。元豐三年八月記。今古文《赤壁賦》注，謂指赤壁者三，非此之謂乎？據二賦在六年，此則第一遊也。則④賦情景，不過衍此數語，少增其事。

---

① "據"疑作"擬"。
② "到"當作"向"。
③ "笑"當作"嘯"。
④ 郎瑛《七修續稿卷四·辯證類·東坡赤壁考》"則"作"且二"。

煮棗

《樊噲傳》攻項籍，屠煮棗。晉灼曰："《地理志》無，今清河有煮棗城，《功臣表》有煮棗侯。"顏師古曰："既云攻項籍，屠煮棗，則其地當在大河之南，非清河之城明矣，但未詳其處耳。"考《後漢·地里[①]志》濟陰郡有煮棗城，此正在大河南，可補《漢》注之闕。

千里末下

《晉書》載陸機造王武子，武子置羊酪，指示陸曰："卿吳中何以敵此？"陸曰："千里蓴羹，末下鹽豉。"或者謂千里、末下皆地名，蓴、豉所出之地。而《世説》載此語，則曰："千里蓴羹，但未下鹽豉耳。"觀此語，似非地名。東坡詩"每憐蓴菜下鹽豉"，又曰"未肯將鹽下蓴菜"，坡意正恊《世説》。然杜子美詩"我思岷下芋，君思千里蓴"。張鉅山詩"一出修門道，重嘗末下蓴"，觀二公所云，是又以千里、末下爲地名矣。前輩諸公之見不同如此。

又

千里，地名，在建康境，其地所産蓴菜甚佳，計"末下"亦必地名。《緗素雜記》《漁隱叢話》皆引《世説》之言，以謂"末下"當云"未下"。《漁隱》謂"千里"者湖名，且引《酉陽雜俎》"酒食亦有千里之蓴"句。《南〔史〕》《北史》載沈文季謂崔祖思曰："千里蓴羹，非關魯衛。"梁太子《啓》："吳愧千里之蓴，蜀慚七菜之賦。"吳均移曰："千里蓴羹，萬丈名膾。""千里蓴"見稱如此。

---

① "里"當作"理"。

龍門

龍門有二，世以洛陽北伊闕爲龍門，非也。按：《水經》伊水"東北過伊闕中"注："昔大禹疏以通水，兩出相對，望之若闕，伊水歷其間北流，故謂伊闕。東巖西嶺，並鐫石開軒，高甍架峰，西側靈巖下，泉流東注，入於伊。"傅毅賦："因龍門以暢化，開伊闕以達聰。"又《水經》河水"又南出龍門口，汾水從東來注之"注："大禹導河積石者，此即《經》所謂龍門矣。《魏土地記》：梁山北有龍門山，大禹所鑿，通孟津河口，廣八十步，巖際鐫迹，遺功尚存。岸上並有祠廟，祠前有石碑三所，二碑文字裦滅，不可復識，一碑是太和中立。"《三秦記》："河津，一名龍門，江海大魚集門下數十不得上，上即爲龍。"以此觀之，河津龍門其來舊矣。伊闕緣傅毅一語，遂亦名以龍門，其寔不是。蓋伊闕當河洛孔道，人所常見，河津龍門僻在韓城縣，路遠山深，人多未之至耳。

雁塞

雁門紫塞，地皆在北，今稱北爲雁塞，非也。《荆州記》："雁塞北接梁州汶陽郡，其東西嶺插天無際，雁飛翯至此即回，惟一處稍下，每雁飛達，則矯翮裁度下處而過，故名雁塞。"

疆埸

"場"音"亦"，從土從易，《説文》："疆也。""塲"音"長"，從土從易。《説文》注：祭神道，田不耕，治穀田也。經傳中"疆埸"甚多，絕無"疆場①"。《左》桓"疆埸之事，慎守其一而備其不虞"，莊"疆埸無主，則啓戎心"，昭"疆埸之事，一彼一此，何常之有"，定"夷德無厭，若隣

---

① "場"疑作"塲"。

于君，疆埸之患也"。"埸"皆音"亦"，皆言邊境。今論邊事多以爲疆埸，豈不悖謬。然唐駱丞詩有"膂力風塵倦，疆埸歲月窮"；明李于鱗詩有"盡道疆埸懸節鉞，猶能書札滿漁樵"，則古今名士亦有誤者矣。

邊徼

"徼"音"叫"，循也，境也。《漢書·百官志》"中尉，掌徼循"，師古注："徼謂遮繞。"又相如使蜀，"南至牂牁爲徼"，又"盜出徼外鑄錢"，顏注曰："徼猶塞也。東北謂之塞，西南謂之徼。"本自明白，而今人讀如曒，或如檄，謬矣。又土色紫曰紫塞，色丹曰丹徼，見《風俗通》。

築長城

古來築長城以扞北虜者四世，燕、趙、秦、隋也。秦制多勝①燕趙，隋氏不盡因秦也。《史記》燕起於造陽，至襄平遼陽。造陽者，上谷地也。襄平者，遼東縣也。遼陽者，遼水之北也。皆燕國邊胡之地，故其建築亦在此地。趙之城則自代地，而西蜀②于高闕。代者，雁門郡也。高闕者，靈州北流河之西，陰山之上游也。趙武靈王國于雲代，故其備胡之城，但能並河而西以極乎趙境耳。至秦併六國，西自上郡北地，東至遼東西，悉爲秦有，故蒙恬之致役也，西起臨洮，北屬遼東，中國之極，自東迄西，殆萬餘里。無論燕趙之與岷蘭，蓋無一地而無長城矣。於是會合三制，要其所宿，則秦城之長固盡乎中國之北。長城豈皆秦築哉？秦但補築使足耳。《元和志》曰：開皇長城，自代之繁峙縣，北經蔚州北十里，入飛狐縣。夫其自代而蔚州，則極北而與虜邊，中國之地不出此外。秦人爲城，以城中夏勝地固當在此矣。《志》又曰：開皇城起嵐州合河縣，經幽州，皆因古跡修築。夫嵐州，樓煩郡也。初爲胡地，後

---

① 陳全之《蓬窗日録》"勝"作"承"。
② 陳全之《蓬窗日録》"西蜀"作"因屬"。

為燕惠文所取，則合河縣固可立城矣。幽州者，戰國時屬燕地，則非趙人所得有，何由可施版築也？是前乎燕趙別有築之者，史所不傳，故概言因古迹修築。以此知古事湮落無載者尤多。《元和志》又有大業城在靈州懷遠縣界，河外則越積石河而北，秦無此迹矣。

二庭

唐詩"二庭歸望斷，萬里客心愁"，二庭者，沙鉢羅可汗建庭于淮①合水，謂之南庭；吐陸建牙於鏃曷山，謂之北庭。二庭以伊列水爲界，所謂南單于、北單于也。近有注唐詩者云"二庭未詳"，如此未核，何以注爲？

度索尋橦

《西域傳》有度索尋橦之國，《後漢書》"跋涉懸度"注："溪谷不通，以繩索相引而度。"唐獨孤及《招北客辭》："筰復引一索，其名爲筰。人懸半空，度彼絶壑。"余按：今蜀松、茂之地皆有此橋，其河水險惡，既不可舟楫，乃植兩柱於兩岸，以繩絙其中，繩上有一木筒，所謂橦也。欲度者則以繩縛人於橦上，人自以手緣索而進，行達彼岸，復有人解之，所謂尋橦也。獨孤及以十七字形容之，《西域傳》只四字書之，可謂工妙。

紫濛

宋人送使契丹詩，以"青璅"對"紫濛"，人多不知。按：《晉書》慕容氏邑于紫濛之野，蓋以慕容比遼，是時宋遼方結好，故臣僚送別紀行之

---

① 《舊唐書·突厥傳下》"淮"作"睢"。

詩，略不譏刺，此用"紫濛"字，亦隱而妙矣。方虛谷注：紫濛，虜中館名。當是妄猜語。

靺鞨

靺鞨，國名，古肅慎地。其地産寶石，大如石①，中國謂之靺鞨。文與可《朱櫻歌》："金衣珍禽弄深樾，禁籞朱櫻斑若纈。上幸離宮促薦新，藤籃寶籠貂璫發。凝霜作丸珠尚軟，油露成津蜜初割。君王午坐鼓猗蘭，翡翠一盤紅靺鞨。"葛魯卿《西江月》詞工②："靺鞨斜紅帶柳，琉璃漲綠平橋。人間花月見新妖，不數江南蘇小。恨寄飛花籤籤，情隨綠水迢迢。鯉魚風送木蘭橈，迴棹荒雞報曉。"二公詩詞皆用靺鞨事，人罕知者，故詳疏之。

藁街

胡邦衡乞斬秦檜疏："區區之心，願斷三人頭，竿之藁街，然後拘留虜使，責以無禮。"按：《三輔黃圖》藁街在長安城南門内，舊有蠻夷邸，若今之鴻臚館，然邦衡時以虜使在邸，故請斷檜首懸之彼所，于以伐其狡謀而絕其和，因引藁街爲言。然則藁街非尋常梟首之市也。程克勤《平逆頌》云："吉祥就磔，欽首懸竿。藁街闤闠，都人快觀。"若尋常亦藁街之文，未免用事之誤。

城墉

城，古云鯀作也。《吳越春秋》鯀築城以衛君，造郭以居人。《淮南

---

① 楊慎《詞品》"石"作"巨棗"。
② "工"疑作"云"。

子》"鯀作九仞之城，諸侯倍之，禹壞城平地①，而海外濱②服。"《博物志》又云：禹作三城，城郭自禹始也。茂先果於何據？《鴻烈解》所謂禹壞城平地③者，恐非。

都雉

城高一丈曰堵，三堵曰雉。《禮記・坊記》"都城不過百雉"注："雉，度名，高一丈長三丈。"《春秋正義》："五版而堵，五堵而雉，堵四十尺，雉二百尺。"《公羊傳》"百雉而城"注："二萬尺，周十一里三十二步二丈④，高二雉，公侯之制。天子千雉，高七雉。伯七十雉，高五雉。子男五十雉，高三雉。胡氏曰："雉飛不過二丈，曰雉者，取其飛之遠近爲喻。"葉氏曰："雉守死而不犯分，有自衛之道，故云。"

都鄙

"都"何以訓"美"？"都"者，"鄙"之對也。《左傳》"都鄙有章"，《淮南子》"始乎都者，常卒⑤乎鄙"，蓋天子所居，輦轂之下，聲名文物之所聚，故其士女雍容閑雅之態生。今諺云"京樣"，即古之所謂"都"。《相如傳》"車從甚都"是也。邊氓所居蕞爾之邑，狐狸豺狼之所嗥，故其閭閻吝嗇村陋之狀出，今諺云"野樣"，即古之所謂鄙。老子云"衆人皆有以，而我獨頑似鄙"，是也。

---

① 《淮南子・原道訓》"地"作"池"。
② "濱"當作"賓"。
③ "地"當作"池"。
④ 《春秋公羊注疏》"丈"作"尺"。
⑤ 《淮南子・詮言》"卒"作"大"。

京師

京師者，千里之邑號也，法日月之徑千里。《王制》"天子之田方千里"，或曰：夏曰夏邑，殷曰商邑，周曰京師。《爾雅》"丘之絕高大者爲京"，《左傳》"莫之與京"，《國語》"趙文子與叔向游于九京"。今稱京師，其義本此。

輦轂

《前·元后傳》王鳳疏"臣當靡骨輦轂下"，曹植《表》"至止之日，馳心輦轂"，《漢書》谷永疏"薛宣爲御史中丞，執憲轂下"。胡廣《漢官解詁》："轂下，喻在輦轂之下，京城之中也。"任彦升《竟陵王狀》"神皋載〔穆〕①，轂下以清"。潘安仁《懷縣》詩"自我違京輦，四載迄于斯"。

郡縣

郡縣之設始于秦，非也。《國策》城渾出周，至楚新城，説其令曰："王何不以新城爲主郡也？邊邑其②利之。"又甘茂曰："宜陽，大縣也，上黨、南陽，積之久矣，名爲縣，其實郡也。"《大事記》春秋時郡屬於縣，趙簡子所謂"上大夫受縣，下大夫受郡"是也。戰國時縣屬於郡，所謂"上郡十五縣者"是也。《穀梁傳》"寰內諸侯"注："古縣字。"

方城

《水經注》："《春秋》昭公十五年，許遷于業③，楚盛，周衰，控霸

---

① 據《文選》任彦昇《齊竟陵文宣王行狀》補"穆"字。
② 《戰國策·楚策一》"其"作"甚"。
③ 《水經注》"業"作"葉"。

南土，欲爭强于中國，多築列城于北方，以逼華夏，故號此城爲萬城，或作方字。唐勒《奏上論》曰：‘我是楚也，世霸南土，自越以至葉，弘境萬里，號曰萬城。’余按：屈完云‘楚國方城以爲城’，杜預曰‘方城，山名也，在葉南’。”服虔曰：“方城山在漢南。”楊用修云：“左方城，古本‘方’本‘萬’字，‘萬’亦作‘万’，字訛耳。”陳晦伯云：“夫齊師至陘，退次召陵，潁川至葉，相去無幾，則服虔所謂‘方城在漢南’是也。元覬似爲少誤。”楚威王時，越非楚屬，威王强盛，不過五千，則自越至葉，弘境萬里者，非也。乃用修假古本以欺人，何耶？

又

王元美云：“用修以方城爲萬城，其可笑不待言。伯晦引《史記》‘阻之以鄧林，緣之以方城’，又‘我悉方城外’，及服虔、杜預之説以闢之，似矣。然不如宋弘之《荊州記》之明切也，其云葉東界有故城始犨，然東至瀙水，達泚陽縣界，南北聯數百里，號爲方城，一謂之長城，南北雖無基築，皆連山相接，而漢水流其南，故屈完云云。何其易曉也。”《郡國志》：“葉縣方城。”郭仲産曰：“苦業①、於東，俱有方城。”又楚狂接輿耕於方城之南，蓋皆傍此長山方城而名者也。

秦城

《三輔皇②圖》長安故城城南爲南斗形，城北爲北斗形，故號斗城。何遜咸陽詩“城斗疑連漢”。老杜“秦城近斗杓”“秦城北斗邊”“北斗故臨城”，皆用此。而秦中詩“春城依③北斗，郢樹發南枝”，“春”無義，且不可對“郢”，當是“秦城”耳。

---

① 《水經注》“業”作“菜”。
② “皇”當作“黃”。
③ 杜甫《元日寄韋氏妹》“依”作“迴”。

臺城

晉宋時謂朝廷禁省爲臺，故稱禁城爲臺城。官軍爲臺軍，使者爲臺使，卿士爲臺官，法令爲臺格。需利則曰臺有求，須調發則曰臺所遣兵。劉夢得賦《金陵五詠》，故有《臺城》一篇，今人於他處指言建康爲臺城，則非也。

山陽水陽

"山南爲陽，水北爲陽"，《穀梁傳》之語也。若山北水南則爲陰，故郡縣及地名多用之。今①山水之稱陽者多，至陰字則甚少，蓋面勢皆在②，自難立國邑耳。若樂陽、南陽、合陽、彼陽、富陽(屬泰山者)，昌陽、建陽(屬東海者)，武陽之類，尚多有之，莫能知其爲山爲水。

猦狪

今人巷道名爲胡洞，《字書》不載，或作"衖衖"，又作"猦狪"，皆無據也。《南齊書》"蕭鸞弑其君昭於西弄"注："弄，巷也。"南方曰"弄"，北曰"猦狪"。弄，之反切，爲猦狪也，蓋方言耳。

市虛

嶺南謂村市爲虛。柳子厚《童區乙③傳》云"之虛所賣之"，又詩云

---

① 《容齋隨筆》"今"作"合"。
② 《容齋隨筆》"皆在"作"在背"。
③ "乙"當作"寄"。

"青茗①裹鹽歸峒客，緑荷包飯趁虛人"，即此也。蓋市之所在，有人則滿，無人則虛，而嶺南村市滿時少，虛時多，謂之爲虛不亦宜乎？

三農

《周禮·天官》："以九職任萬民，一曰九農，生三穀②。"鄭司農衆曰："平地、山、澤也。"鄭玄曰："原、隰及平地。"司農之説未爲不當，而玄必欲易之，觀《地官·司徒》"以時徵絺綌之材于山農，徵草貢之材于澤農"，是山農、澤農，《周禮》本有，而玄之原、隰亦何所本乎？

袗眠

《楚辭》"遠望兮阡眠"，吕延濟曰："原野之色也。"按：《説文》，則"阡眠"字當從"袗眠"。

亭堠

用修《紀行詩》"山遮延鷺堠，江繞畫烏亭"，用事甚僻，而不知出處。按：元魏改官制，以候望官爲白鷺，取延望之意，其時亭堠多刻鷺像也。上句用此。《漢明帝起居注》："帝巡狩過亭障，烏鳴，亭長引弓射中之，奏曰：'烏鳥啞啞，引弓射左腋，陛下壽萬年，臣爲二千石。'帝悦，令天下亭障皆畫烏。"下句用此。

棧道

顔師古曰：棧即閣也。劉禹錫有《山南西道新修驛路記》，有云：

---

① 柳宗元《柳州峒氓》"茗"作"箬"。
② 《周禮·天官》"一曰九農生三穀"作"一曰三農生九穀"。

"我之提封距①右扶風，觸劍閣千一百里。自散關抵褒城，次舍十有五；自褒而南，踰利州至於劍門，十有七道塗，次舍可見。"於此又云："棧閣凌虛，下臨唅呀。層崖峭絶，枘木垣鐵。因而廣之，限以鈎闌。狹徑深陘，從而拓之，方駕從容。"棧閣之制，亦可想也。歐陽詹《棧道銘》有云："秦之坤，蜀之艮，連高夾深，九州險也。"大抵漢中雖是平川，東北入長安，西南出劍門，皆有棧閣之路，惟今洋州子午谷南北正對長安，王莽所開。唐明皇荔枝路，老杜云："百馬死山谷，至今耆舊悲。"信爲險絶。

畦稜

杜詩"瀝抵公畦稜"，注云：農人指田遠近，多云"幾稜"。

莊馗

王仲宣《從軍詩》："館宇充廛日，士女滿莊馗。自非聖賢國，誰能享兹休？""馗"音"逵"，從九從首。九逵，道也。似龜背，故曰"馗"，從九首，一道爲一首，與"逵"同義而異音。馗從首，逵從辵，今人不識"馗"字，皆從首，誤矣。《爾雅》"九馗謂之逵"注："四道交出，復有旁通者。"《左》隱"及大逵"，桓"焚渠門，及大逵"，宣"入自皇門，至于逵路"，莊"楚伐鄭，入自純門及逵"，杜預皆以爲逵"並九軌"。按：《周禮》"經途九軌"，不名"逵"，杜意蓋以鄭之城內不應有九出之道，故以爲"並九軌"，于《爾雅》則不合也。

開阡陌

《孟子》"任土地"，朱注謂："如商鞅開阡陌之類。"《大全》又引朱子

---

① "距"當作"踞"。

"阡陌之外有地，只閒在那裏，商鞅却破開了，遇可做田處便做田，更不要齊整"。自有此説，世俗遂誤以開阡陌爲開廣民田矣，不知開猶除也。開除阡陌，并其經界而去之，正是廢壞井田者，不然，何以《史記·蔡澤傳》商君爲秦孝公"決裂阡陌"乎？"決裂"，正"開除"之義。

藉田

"藉"音"借"，漢應劭《風俗通》："孝文帝二年正月詔曰：'農者，天下之本，其問①藉田，朕躬帥耕，以給宗廟粢盛。'古者使民如借，故曰藉田。"鄭玄曰："藉之言借也。"從草作"藉"。今人讀以爲"藉"，大謬。而《名義考辨》謂當作"籍"，音"瘠"，即《説文》有之，予終不敢以爲然。

轅田

《晉語》"作轅田"注："賈侍中云：'轅，易也。爲易田之法，賞衆以田，易疆界也。'或云：轅，車也，以田出車賦。昭謂：此欲賞以説衆，而言以田出車賦，非也。"

甽田

《漢·食貨志》"后稷始甽田，以二耜爲耦，廣大②深尺爲甽。"顏籀云："甽者，田中溝也。田溝之法，耜廣五寸，二耜相耦，一耦之法，廣尺深尺謂之甽，六甽而爲一畝。"甽即畝也。《吕覽》引《后稷書》曰："能使吾土靖而甽浴土乎？"又曰："上田棄畝，下田棄甽。"又："耜博八寸，所以成甽也。"又曰："畝欲廣以平，甽欲小以深。"以此證之，則《漢志》

---

① "問"當作"開"。
② "大"當作"尺"。

言甽田始於后稷，有徵。《齊民要術》又載伊尹甽田法制，大抵從后稷，其稱伊尹者，豈尹嘗用后稷之法以訓民乎？

夷庚

《文選·補亡詩》"蕩蕩夷庚"，李善注："夷，常也。"《辨亡論》"旋皇輿於夷庚"，注引繁欽《辨惑》："吳人以船檝爲輿馬，以巨海爲夷庚。"夷庚者，藏車之所。《左傳》成十八年，"按①其地，以塞夷庚"，《正議②》謂"平道也"。二字出於此，《選注》誤。

瓠蘆河苜蓿烽

岑參《塞上》詩："苜蓿烽邊逢立春，瓠蘆河上淚沾巾。"《西域記》云："塞外無驛郵，往往以烽代驛，玉門關外有五烽，苜蓿烽其一也。"又云："瓠蘆河下廣上狹，洄波甚急，深不可渡。上置玉門關，即西境之咽喉也。"

罜芷

《荀子·正論篇》"曼而饋，代罜而食"注："罜，當爲澤。傳寫遺其水旁耳。澤，澤③蘭也。"《士虞禮》"茵著，用茶，實綏澤焉。"代罜而食，謂焚香氣歇，歇即更以新者代之。又曰"乘大路越席以養安，側載罜芷以養鼻"注："罜芷，香草也。"《禮論》又曰："側載罜芷，所以養鼻也。"凡三見"罜"字，爲香無疑。賈誼《新書》"從容澤燕，夕時開北房，從薰服之樂"是也。但謂澤即澤蘭，恐非。按：佛書以乳香、楓香爲天澤香，椒蘭、芷蕙爲天末香，蓋乳、楓皆潤澤也。澤字如此爲解乃通。《史記》

---

① 《左傳·成公十八年》"按"作"披"。
② "議"當作"義"。
③ 第二"澤"字爲衍文。

"羅襦襟解，微聞香①澤"可證。

町疃

《詩》"町疃鹿場"，毛萇云："鹿跡也。"《説文》云："町疃，禽獸所踐處。"漢儒解經如此可笑。原詩人之意，謂征夫不歸，町疃之地踐爲鹿場，非謂町疃即鹿場也。按：《左傳》"町原防，井衍沃"，干寶注："平川廣澤可井者則井之，原阜堤坊不可井者則町之。"町，小頃也。町疃皆説田野。

菑畬新

《詩·采芑》："于彼新田，于此菑畝。"毛云："田一歲曰菑，二歲曰新，三歲曰畬。"又《詩·臣工》"如何新畬"，毛云："二歲曰新，三歲曰畬。"唯《禮記》引《易》云："不菑畬。"鄭云："田一歲曰菑，二歲曰畬，三歲曰新。"孔疏云："當是傳②寫之誤。"《詩詁》按：《爾雅》孫炎曰："菑，始殺草木也。新田，新成柔田也。畬，和也，田舒緩也。"郭璞曰："江東呼初耕地反草爲菑。"今詳田一歲曰菑，始反草也；二歲曰畬，漸和柔也；三歲曰新田，謂已成田而尚新也；四歲則田矣。若二歲曰新，田三歲則爲田矣，何名爲畬。鄭注《坊記》之説爲是，但於《采芑》《臣工》不暇辨耳。《爾雅》既從毛注之失，孔疏又言鄭注傳③寫之誤，皆非也。

凸凹

土窟曰凹，土高曰凸，古之象形字也。周伯溫乃曰："凹當作坳，

---

① 《史記·滑稽列傳》"香"作"薌"。
② 《毛詩正義》"傳"作"轉"。
③ 《毛詩正義》"傳"作"轉"。

凸當作垤，俗作凸凹。"非是，反以古字爲俗字也。東方朔《神異經》："大荒石頭①，千里無凹凸，平滿無高下。"《畫地②》云："張僧繇畫一乘寺壁，遠望如凹凸，近視則平，名曰凹凸花。俗呼一乘寺爲凹凸寺云。"江淹《青苔賦》"悲凹險兮，惟流水而馳騖。"《高僧傳》："俗③之應聲，語雄而響屬；鏡之鑒像，形曲而影凹。"字皆名人文士所用，其來久矣。

方上

方〔上〕，中壙也。④《前·田延年傳》："方上事暴起。"《張湯傳》注："《漢法⑤》：陵方中用地一頃，深十二丈。"師古曰："謂掘土爲阬曰方，今吾楚俗土功築作等程課者，猶以方計。"

甌窶污邪

《史記》"甌窶滿溝⑥，污邪滿車"注："甌窶，猶培塿⑦也。"《左傳》"培婁⑧無松柏"。《荀子》注引《説苑》："蠏螺者宜禾，污邪者滿車。"蠏螺之背微高，原田之形似之。班固所謂累隰，龍鱗也。污邪，隰田也。《荀子·大略篇》"流丸止於甌、臾"，注："地之坳坎如器之甌臾。甌臾，窊下之地。"《史記》："甌窶滿溝，污邪滿車。"甌窶，傾側之地。污邪，下地也。"邪"與"臾"聲相近，蓋同也。余詳録此，愛二句用韻之玅。窶

---

① "頭"當作"湖"。
② "地"當作"記"。
③ "俗"當作"谷"。
④ 《漢書·田延年傳注》"中壙"作"壙中"，並據補"上"字。
⑤ 《漢書·張湯傳注》"法"作"注"。
⑥ 本條目中兩"滿溝"《史記·滑稽列傳》皆作"滿籅"。
⑦ 《史記·滑稽列傳》注"培塿"作"杯樓"。
⑧ 《左傳·襄公二十四年》"培婁"作"部婁"。

叶溝，邪叶車，一音也。蠨螺叶禾，污臾叶車（音居），又一音也。事雖一事，而所聞異辭，故書之。異字而文藻各妙，甌如甌臾之甌，窶如窶藪之窶，當是傾側窊下之地，故曰滿溝。培塿之説，非是蠨螺自是高地，故曰宜禾，乃可以培塿原田解之，各自不妨。所謂合之則兩傷，離之則雙美也。原蠨可對地蚍，見《莊子》。

區丘

顏師古曰：“古語區、丘二字，其音不別，今讀則異。”按：陸士衡詩“普厥區宇”作“丘”字，又《晉宮閣名》所載，若干區者列爲若干丘，今江淮田野人猶謂田丘爲區，亦古之遺也。今之儒者或云丘，區是聲相近；或言區丘是別音，並爲不諳。

二十雙

溫庭筠詩“招客先開二十雙”，此句不解。雙，五畝也。末句云“四十雙”，蓋二百畝也。見《唐書·南詔傳》。官給田四十雙，爲二百畝。陶南村《輟耕録》則謂一雙爲四畝。

一抔

駱賓王《檄》“一抔之土未乾，六尺之孤安在”，“一抔”字正用張釋之盜長陵一抔土事，據注，步侯切，乃“裒”字。今人讀爲“杯盞”之“杯”。余觀《歐陽行周集》，有“或掬一抔土焉，或剪一枝材焉”。劉禹錫詩“血污城西一抔土”。歐陽詢《類聚》於抔門編入長陵一抔土事，是知明以爲“抔”字爲“杯盞”字用矣。又考古詞中有以“酒杯”字作“抔土”字押者，如《隴西行》是也。因知古人嘗以此二字通用。

漢田畝價

東方朔："豐鎬之間號爲土膏，其價畝一金。"杜篤曰："厥土之膏，畝價一金。"費鳳碑曰："祖業良田，畝直一金。"按：漢金一斤爲錢十斤，是知漢田每畝十千，與今大率相似。

五嶽

《詩》"崧高維嶽"，《詩詁》云："山高而尊者嶽，唐虞有四嶽，至周始有五嶽，四鎮、九鎮，故五嶽之祭視三公。"然岱宗之外，他亦無名，而衡山則爲鎮，不謂之嶽。至《爾雅》則曰："泰山爲東嶽，華山爲西嶽，霍山爲南嶽，恒山爲北嶽，嵩山爲中嶽。"郭注："霍山即天柱山，灊水所出也。"又云："河南華，河西嶽，河東岱，河北恒，江南衡。"注云：河西嶽，吳嶽；衡山，南嶽。是霍、衡俱爲南嶽也。然自秦漢來，並以灊之天柱爲衡山，如《史記》秦始皇西南渡淮水之衡山，至隋唐始以江南之衡山爲南嶽。一説吳嶽爲西嶽，華山爲中嶽，而嵩高不爲嶽。

第四卷　地輿下

崧嵩

嵩獨加"高"字，中央在四方之中可高，故曰"嵩高"。《詩》"嵩高維嶽"，嶽，四嶽也。孔云：堯時止有四嶽，不主中嶽，故山之高大者自名崧，俗謂中岳崧山者，非也。《後·郡國志》潁川陽城有嵩高山，或謂崇嵩者亦誤，崇亦音"嵩"。

鳥鼠

《禹貢》"導渭自鳥鼠同穴"，孔疏云："鳥鼠共爲雌雄，同穴而處。"蔡九峰謂其説不經，不足信。按：《爾雅》："鳥鼠共穴，其鳥名鵌，其鼠名鼵。"沈約《鮮卑傳》亦云："甘谷嶺北有雀鼠同穴。"或在平地，雀色白，鼠色黃，地生黃紫花草，便有雀鼠同穴。今臨洮渭源縣西二十里有鳥鼠山，俗呼青雀山，其土人親見鳥與鼠共處一穴，相親如匹偶，則孔説不誣。《地志》乃析爲二山，云鳥鼠山乃同穴之枝山，可謂謬矣。

空桑

伊尹，空桑所生，知有《列子》語耳。及閲《楚辭·九歌》"踰空桑兮從女"，《九嘆》"考玄冥于空桑"，王注：空桑，俱山名。此山在冀北，一云在陳留南十五里，一云在魯南山之空竇中，伊尹所生，或是此地。

岌垣宫霍

《爾雅》："小山岌，大山垣。"邢昺疏："言小山與大山相並，而小山高過於大山者名垣。非謂小山名岌，大山名垣也。"又"大山宮，小山霍"，疏云："宮猶圍繞也。謂小山在中，大山在外圍繞之，若此者名霍。非謂小山名宮，大山名霍也。"《爾雅》文既奧妙，而邢疏解之具析其微，所以兩發其義。

山嶺

王逸少"崇山峻領"，"登汝領峨眉"，不用"山"字，則從省也。《張耳傳》"南有五領之戍"，《真誥》中亦云"領"，注曰："山領，凡山有長脊，有路可越，如馬之項領。"若以此解"領"，原不必加"山"也。

翠微

用修云：《爾雅》"山未及上曰翠微"，《詩》曰"陟彼崔嵬"，"崔嵬"，即"翠微"也。《詩》《傳》授字，各不同爾。然"崔嵬"字不及"翠微"之工，凡山遠望則翠，近之則翠漸微也，故云。陸佐公《石闕銘》云："旁映重叠，上連翠微。"濟曰翠微，天邊氣也。《爾雅》云："石山戴土謂之崔嵬。"使[①]"崔嵬"即"翠微"，《爾雅》何爲重出。

左擔

"葭萌氏種迴，左擔犬羊屯。"解者多不知"左擔"之説。按：《華陽國志》"自楚[②]道至朱提有水、步道。水道有黑水及陽官水，至險難行。步

---

① "使"疑作"是"。
② "楚"當作"僰"。

道渡三津，亦艱阻。行人爲語曰：'猶溪、赤木，盤虵七曲；盤羊、烏櫳，氣與天通。庲降賈子，左擔七里。'""左擔"纔見此耳。用修引《太平御覽》引李充《蜀記》：蜀山自綿谷葭萌，道徑險窄，北來擔負者不容易肩，謂之"左擔道"。解者數十家，無一知者。又妄易"左"作"立"，可笑。

軷涉

《周禮》"大馭掌犯軷"，注："行山曰軷，犯之者，封土爲山象，以菩芻棘柏爲神主，既祭以車，轢之而去，喻無險難。"《詩·泉水正義》云："《春秋傳》曰：'軷涉山川'，然則軷，山行道之名也。以祭道路之神，求無險難，故取名焉。是以委土爲山，或伏牲其上。"

三遠

郭氏云："山有三遠：自山下而仰，背後有淡山者，謂之高遠。自前山而窺後山者，謂之深遠。自近山而至遠山者，謂之平遠。又謂論三遠者：有山根邊岸水波亘望而遥，謂之闊遠。有野霞溟漠，四野水隔而彷彿見者，謂之迷遠。景物生極而微茫縹緲者，謂之曠遠。

鬱蔥

《光武紀》有望春陵氣者曰："噫，佳哉！氣鬱鬱蔥蔥。"陸佃曰："鬱鬱，塞也。蔥蔥，通也。言其氣塞而通矣。"《列子》："美哉國乎！鬱鬱芊芊。"鬱鬱，森幽也。芊芊，茂盛也。

乘石

今之上馬臺，古之乘石也。《周禮》隸僕，下士二人，"王行，洗乘石"，鄭司農注："王登上車之石也。"《詩》"有扁斯石，履之卑兮"，乘車之得履石，惟王爲〔然〕①。王行洗乘石，致其潔也。《淮南子》"周公履乘石"，《尸子》"周公踐東宫，履乘石"，唐王起《洗乘石賦》："承玉趾以增麗，拂衣衮而更妍。洗列《周經》，履合《詩雅》。"

天涯海角

今之遠官及遠服賈者，皆曰"天涯海角"，蓋俗談也。頃考《成都志》有天涯地角石，乃知天涯石在中興寺。《耆老傳》云："人坐其上，則脚腫不能行。"至今，人不敢踐履及坐其上。又有天牙石，在大東門，對昭覺寺，高六、七尺，有廟。今石②市人湯家園。地角石舊有廟，在羅城内西北角，高三尺餘。王均之亂，爲守城者所壞，今不復存矣。欽州有天涯亭，廉州有海角亭。二郡蓋南轅窮途也。

四海

海一而已，地之勢西北高而東南下，所謂東、北、南三海，其實一也。北至于青、滄，則云南③海，南至于交、廣，則云北④海，東漸吴、越，則云東海，無由有所謂西海者。《詩》《書》《禮》經所載四海，蓋引類而言之。《漢·西域傳》所云蒲昌海，疑一⑤淳居一澤爾。班超遣甘英往條支，臨大海，蓋即南海之西云。

西海

李卓吾曰："丘文莊謂自南越入中國，始有南海，而西海竟不知所

---

① 據《升庵文集》補"然"字。
② 《游宦紀聞》"石"作"在"。
③ "南"疑作"北"。
④ "北"疑作"南"。
⑤ "一"疑作"亦"。

在。"余謂今唯薊、遼隣山東，始有海。山東爲東方海，山東抵淮、揚、蘇、松以至錢唐、寧、紹等處，爲正東海。東甌至福建、廣東可稱東南海矣，今廣東稱南海，亦非正南也。由此觀之，正西無海也，正北無海也，正南無海也，西北、西南以至東北皆無海，則僅僅正東與東南角一帶海耳，豈但不知西海所在耶？蓋天下之勢西極高，水皆從西出。故江有四，有從岷來者，有從沱來者，有從黑、白二水來者。漢有二，有從墦塚來者，有從西河①徼外來者，此皆川中之水，所謂正西也。黃河經過崑崙，崑崙乃西蕃地，是亦西也。雖雲南之地，今皆指以爲西南，然雲南之水，盡流從川中出，則其地高于川中矣。雲南、川、陝之外，其地更高，又可知也。不然，則江、漢、黃河何不順流西下，乃迢遞逶迤盡向東南行耶？然則丘文莊欲祀北海于京之東北，楊升菴欲祀西海於西②滇之西南，皆無義矣。

潮水

江海之有潮，辰刻不移，《山海經》則以爲海鰌出入穴之度。《浮屠書》以爲神龍之變化。竇叔蒙《海嶠志》以謂水隨月之盈虧。盧肇《海〔潮〕賦》以爲日出於海，衝繫③而成。王充《論衡》以水者地之血脈，隨氣進退。獨徐明叔、傅墨卿《高麗録》云："天包水，水承地，而一元之氣升降於大空之中，地乘水力以自峙，且與元氣升降互爲抑揚，而人不覺，亦猶坐於船中者不知船之自運也。計日十二辰，由子至巳，其氣爲陽，而陽之氣又自有升降，以運乎夜④；〔由午至亥，其氣爲陰，而陰之氣

---

① 李贄《焚書》卷六"河"作"和"。
② 李贄《焚書》卷六無"西"字。
③ "繫"當作"擊"。
④ 《雲麓漫鈔》卷七"夜"作"晝"。

又自有升降，以運乎夜。〕①一晝夜合陰陽之氣，凡再升再降；故一日之間，潮汐皆在②焉。然晝夜之晷，繫乎日；升降之數，應乎月。日臨于子，則陽氣始升；月臨乎午，則陰氣始升，故夜潮之期，月皆臨子；晝潮之期，月皆臨午焉。又日行遲，月行速，應遲二十九度半而月行及之。日月之會，謂之合朔，故月朔之夜潮，日亦臨子；月朔之晝潮，日亦臨午焉。且晝即天上③而言之，天體西轉，日月東行，自朔而往，月速漸東。至午漸遲，東而潮亦應之以遲於晝，故晝潮自朔後迭差而入于夜，此所以一日午時，二日午末，三日未時，四日未末，五日申時，六日申末，七日酉時，八日酉末也。夜即海下而言之，天體東轉，日月西行，自朔而往，月速漸西，至子漸遲，西而潮亦應之以遲於夜，故夜潮自朔後迭差而入于晝，此所以一日子時，二日子末，三日丑時，四日丑末，五日寅時，六日寅末，七日卯時，八日卯末也。且以時有交變，氣有盛衰，而潮之所至，亦因之爲大小；當卯酉之月，則陰陽之交也，氣以交而盛出，故潮之大也異於餘月；當朔望之後，則天地之變也，氣以變而盛出，故潮之大也異於餘日。"

海濤

傳書言：吳王殺子胥投之於江，是矣，恨恚驅水爲濤，豈其然乎？屈原懷恨，自投湘江，江不爲濤；申徒狄蹈河而死，河水不爲濤。夫地之有百川也，猶人之有血脈也。血脈流行，汎揚動靜，自有節度。其朝夕往來，猶人之呼吸，氣出入也。俗人云濤是子胥所作，子胥始死耳，天地開闢已有濤水奈何。

---

① 據《雲麓漫鈔》卷七補"由午至亥，其氣爲陰，而陰之氣又自有升降，以運乎夜"二十一字。
② 《雲麓漫鈔》卷七"在"作"再"。
③ 《雲麓漫鈔》卷七"天上"作"上天"。

歸墟

《楚辭·天問》："東流不溢，孰知其故？"柳子之對，朱子之注，大抵以歸墟爲説。余謂水由氣而生，亦由氣而滅。今以氣噓物則得水，又以氣吹水則即乾，由一滴可知其大也。歸墟、尾閭，是水之大窮盡，氣之大升降處，化氣而升，不必至歸墟也。又《莊子》云："日之過河也有損焉，風之過河也有損焉。"風日皆能損水，但甚微，而人不知覺，若襮衣于日中，摽濕于風際，此隨時而消息也。覆杯水于坳堂，灑激泉于焦原，此隨地而消息也。蓋二氣迭運，五行更勝，一極不俱催，一物不過息，端指何地爲歸墟，可乎？

河清

春秋以來，未有河清之説。河者諸侯位，清屬陽，濁屬陰，河當濁反清，陰欲爲陽，侯欲爲帝也。惟《京房易傳》云："河水清，天下平。"

九曲

黄河出星宿海，在中國西南，直四川馬湖府之正西三千餘里，雲南麗江府之西北一千五百里。自西而東，合諸流水，其流漸大，行二十日至崑崙，繞崑崙西南折而東而北而西，又繞崑崙之北，又轉而東北行二十餘日，歷雲中、九原，至大寧始入中國，道崑崙山名地首，上爲權勢星，一曲也；東流千里，至規共山地①名地契，上爲距樓，二曲也；邠南千里，至積石山名地肩，上爲別符星，三曲也；邠南千里入隴首，抵龍門名地根，上爲營室星，四曲也；南流千里，至卷重山名地咽，上爲卷舌星，五曲也；東流貫砥柱，觸淤流山名地喉，上爲樞星，以運七政，

---

① "地"字爲衍文。

六曲也；西距卷重山千里，東至雒會名地神，上爲紀星，七曲也；東流
至大伾，名地肱，上爲輔星，八曲也；東流至絳水千里，至大陸名地腹，
上爲虛星，九曲也。元學士潘昂霄《志》："黃河九折，胡地二折，蓋乞
兒馬出，反必赤里也。"以《禹貢》參考《絳象河圖》及《河源志》，一一
皆合。

白河

《援神契》："黃河者，水之北①，上應天河。"酈元《水經》"河源出崑
崙之墟"，《山海經》"崑崙縱橫萬里，高一萬一千里，有青、白、赤、黑
河環其墟，其泉出東北陬，屈向東南流，爲中國河。百里一小曲，千里
一大曲。"《爾雅》："河出崑崙墟，色白。"由此言之，今之黃河，所謂白
河也。《物理論》乃云河色黃赤。

無定河

《輿地廣記》："唐銀州東北有無定河，即圓水也。"後人因漬沙急流，
淺深不定，故更今名。唐陳祐詩"無定河邊暮笛聲，赫連臺畔旅人情。
函關歸路千餘里，一夜秋風白髮生。"又陳陶詩："誓掃匈奴不顧身，五
千貂錦喪胡塵。可憐無定河邊骨，猶是春閨夢裏人。"

荷澤

案：淮泗入河，必導于汴。世謂汴是隋煬帝始通，而疑《禹貢》"浮
于淮、泗，達于河"之文，說者牽合傅會，或指鴻溝引河水入泗，安知
非禹之迹？或謂當世必有可達之理。今按：《說文》"荷"字音"柯"，注引

---

① "北"當作"伯"。

《禹貢》"浮于淮泗，達于荷"，與"導荷澤"同，則是達于荷，非達于河也。許慎所見《古文尚書》，後人不知從草，例《禹貢》上下文，"達于河"爲句，改"荷"爲"河"。陸德明又以河音如字，遂啓後人淮泗不能達河之疑。然陸氏于"荷澤"下注音"柯"，又工可切；於"浮于淮泗，達于河"下亦注云："《説文》作菏，工可切，水出山陽胡陵南。"則非九河之河明矣。如字之音，陸氏誤也。近新安王氏曰："滂入河，益爲滎，會于菏，注于泗。"則菏①爲菏益明矣。

三江

《尚書·禹貢》有"三江既入"，又有"南入于江，東爲北江""東爲中江"之文，解者紛紛。郭璞謂岷江、松江、浙江爲三江。韋昭爲②松江、錢唐、浦陽爲三江。唐仲初謂婁江、東江、松江爲三江。朱仲晦以"東匯澤爲彭蠡"爲多句。鄭漁仲以"東爲北江，入於海"爲羡文，金履祥以爲"匯"字或因上文而誤。中江、北江，或當時方言，自有此名，以識江漢合流之別。王樵以中江爲大江，以南江爲松江，惟北江不可考。其異如此。

又

黃潤玉曰："凡江自澧以西名上江，東陵以東名中江，彭蠡而下名北江。"《書叙》江漢皆曰東者，主岷嶓居西而言，非指曲折所向爲文也。亦可備考。

曲江

曲江三：枚乘《七發》"觀于廣陵之曲江"，蘇州也。廣東有曲江，今

---

① "菏"當作"河"。
② "爲"當作"謂"。

韶州也。司馬相如《吊二世賦》"臨曲江之隑州"，即長安也。按：唐劉餗《傳記》，京師芙蓉苑本名曲江園，隋文帝以名不正改之。杜子美詩"曲江翼①幟排銀榜"，又云"春日潛行自曲江②"，《七發》所謂曲江肩"弭節五子之山"，今胥山也，在蘇州。

濫觴

"江始出于岷山，其源可以濫觴"，言其始出之微也。唐明皇《孝經序》："泯絶丁秦，得之者皆煨燼之末。濫觴于漢，傳之者皆糟粕之餘。"用"濫觴"甚善。近世乃指爲末流之弊，直登于奏疏，如云至今日而濫觴極矣。又有作《秋圃撷餘》者云："我朝豪傑得使事三昧，第恐後有厭而掃除者，則濫觴末弩爲之也。"又云："詩首句出韻者，晚唐作俑，宋人濫觴。"如此之類，未可悉舉。

邗溝

"邗"音"寒"，《左》哀公九年，"秋，吳城邗，溝通江淮"，杜預注："於邗江築城穿溝，東北通射陽湖，西北至宋口入淮，通糧道也。今廣陵韓江是。"蓋"城邗"句，"溝通江淮"自爲句，今誤讀"邗溝"爲句，而遂稱揚州邗江爲"邗溝"，多於詩文中用之，殊未深考。

盧罜

吳起云："夏桀之國，盧罜在其北，伊雒出其南。"注云："盧罜，地名。"按：北方謂水黑曰盧，罜即古"阜"字，"盧罜"即"盧溝"也。"溝"與"阜"音相近，桀都安邑，盧溝正在其北，盧罜、盧龍皆北方水名。

---

① 杜甫《樂游園歌》"翼"作"翠"。
② 杜甫《哀江頭》"自曲江"作"曲江曲"。

又：湛盧，劍名，言湛然如水黑也。盧橘亦以色黑名之。可以互證。

帶礪

漢高帝封諸功臣，刑白馬而盟曰："黃河如帶，泰山若礪，國以永存，爰及苗裔。"帶，衣帶。礪，砥石。言山河即微小至此，此盟不改。今用者若爲張大之辭，若爲堅固之義，皆失本旨。

康浪

甯戚《飯牛歌》："康浪之水白石爛。"康浪水在今山東，見《一統志》。今《樂府》誤作"滄浪之水"，滄浪在楚，與齊何干涉也？駱賓王文云："觀《梁父》之曲，識臥龍于孔明；聽康浪之歌，得飯牛于甯戚。"此可以證。近書坊刻《駱集》，又妄改"康浪"作"康衢"，自是堯時事，與甯戚何干？

九年水

鯀治水九載，禹乃嗣興八年，是禹父子爲堯水十七年矣。

水步

韓退之《羅池廟碑》言"步有新船"，或以"步"爲"涉"，誤也。蓋嶺南謂水津爲步，言步之所及。故有會①步，即漁者施罾者；有船步，即人渡船處。然今亦謂之步，故揚州有瓜步，洪州有觀步，閩中謂水涯爲溪步。

---

① "會"疑作"罾"。

陂陁

《刊謬正俗》："《漢記》光武作壽陵云：'爲山陵陂池，裁令流水而已。'按：'陂池'讀如'陂陁'，猶言'靡迤'，自言不湏高作山陵，但令小隆起陂陁然，裁得流洩水潦耳。今讀者謂爲陂池，令得流水，此讀非也。"

三泠

金山中泠泉，又曰龍井，《水經》品爲第一。舊嘗波險，中汲者患之，僧于山西北下穴一井以給遊客。又大徹堂前一井，與今中泠相去又數十步，而水味迥異。按：泠，一作"零"又作"灠"。《太平廣記》李德裕使人取金山中泠水。蘇軾、蔡肇並有"中泠"之句。《雜記》石碑山北謂之北灠，鈞者餘三十丈，則中泠之外似又有南灠北灠者。《潤州類集》江水至金山分爲三泠，今寺中亦有三井，其水味各別，疑似三泠之説。

九淵

《莊子》載壺子見季咸事云："鯢旋之潘爲淵，止水之潘爲淵，流水之潘爲淵，淵有九品，此處三焉。"其詳見于《列子·黃帝篇》："鯢旋之潘爲淵，止水之潘爲淵，流水之潘爲淵，濫水之潘爲淵，沃水之潘爲淵，汎水之潘爲淵，雍水之潘爲淵，汧水之潘爲淵，淝水之潘爲淵，是爲九淵。"《淮南子》有"九璇①之淵"，許叔重云："至深也。"賈誼《吊屈賦》"襲九淵之神龍"，顏師古曰："九淵，九旋之川，言至深也。"與此不同。

---

① 《淮南子·兵略訓》"璇"作"旋"。

温泉寒火

邵康節曰："世有温泉，無寒火。"昭德晁氏解曰："陰能順陽，而陽不能順陰也。水爲火爨，則沸而熟物；火爲水沃，則滅矣。"今湯泉往往有之，獨未見所謂寒火。《西京雜記》載董仲舒曰："水極陰而有温泉，火至陽而有凉燄。"然則火寒①亦有之矣。又有曰："海水以杖擊之，火星勃然；腐草化而爲螢，光可照物，非寒火乎!"又《抱朴子》："火體熾，有蕭丘之寒燄。"

烽燧

《漢書》文穎注："邊方避寇，作高土櫓，櫓上作桔皐，桔皐頭兜零，以薪草置其中，常低之，有寇即火然舉之以相告，曰烽。又多積薪，寇至則即然之，望其烟曰燧。"師古曰："晝則燔燧，夜則舉烽。"或作燌，《楊雄傳》"舉燌烈火"。

火傳

傳，平聲。《莊子·養生主》結云："指窮於爲薪，火傳也，不知其盡也。"郭象注已妙，而佛典有解此者尤妙，曰："火之傳於薪，猶神之傳於形；火之傳異薪，猶神之傳異形。前薪非後薪，則知指窮之術妙，前形非後形，則悟情數之感深。"可謂精且明矣。近刻《講義》曰"火傳"，正義取此。而人多讀爲去聲，如"傳注"之"傳"，悲乎。

冰脂

《爾雅》："冰，脂也。"舊注引《莊子》"肌膚若冰雪"，是以爲"冰"

---

① 《齊東野語》卷一"火寒"作"寒火"。

字，非也。冰得冷而凝，熱而銷，脂膏亦然，與"脂"同意，故曰"冰脂"。

井幹

幹音寒，在寒韻。《漢書》武帝"立井幹，樓高五十丈"，師古注："井幹，井上木欄也。"楊子《重黎篇》："或問：'茅焦歷井幹之死。'"司馬注："始皇殺諫者二十七人，積之闕下，如井幹之狀。"枚乘《諫吳王書》"單①極之綆斷幹"，其音並同。今人讀爲"幹"音者謬。

川穿

《北山經》"倫有獸如麋，其川在尾上"，注云："川，竅也。"則水之稱川，非以其竅地而出乎。而川亦可爲穿矣，泗水縣泉林有碣云"子在川上處"。孔子之在川上，即未必此，然泗源竅地，與川義合，亦見碣之不苟立也。

醴泉

陶元亮曰："芝草無根，醴泉無源。"今人皆謂醴泉從地中出，即漢已有此說矣。王充嘗引《爾雅》以辨之曰："'甘露時降，萬物以嘉，謂之醴泉。'謂醴泉乃甘露也。"即今稱甘露爲天醴可證。世以甘泉爲醴泉，不知曷始，遂譌以傳譌至是。

丼春

丼音膽，姓也。古有"丼春"，今失一點，以爲"井春"。

---

① 枚乘《上書諫吳王》"單"作"殫"。

井觀

坐井觀天，蓋出于韓退之云："坐井而觀天，曰天小者，非天小也，所見者小也。"不知《尸子》有云："自井中視星，所見不過數星；自丘山以望，則見始出也。非明益也，勢始然也。私心，井中也；公心，丘上也。"《尸子》較韓更近古，而世無有用井觀星者。

第五卷　人物上

姓紀

蜀人多奇姓，今《百家姓》出於宋朝，故首以趙、錢、孫、李，尊國姓。我朝《千家姓》亦以"朱奉天運"起文，然未見有天〔姓〕①者，蜀姓或有出於二家外。自魏晉以來，取才門閥，故姓氏尤重。唐重八姓，論相於此，至不許與他姓為婚姻。自八姓而下，凡有三百五十姓。宋嘉祐中亦有《千姓編》。鴈門邵思撰《姓解》，則分為一百七十門，至有二千五百六十八氏。漢穎川太守聊氏復有《萬姓譜》，古姓之存於今者鮮矣。

九族

《虞書》"以親九族，九族既睦"，孔傳謂"睦高祖玄孫之親"，陸氏《釋文》謂"九族，上自高祖，下至玄孫，凡九族"。世儒泥于此說，遂謂九族專論本宗。按：《書·疏》《正義》《禮記·喪服小記》云："親親以三為五，以五為九。"又《異義》、夏侯、歐陽等以為九族者，父族四、母族三、妻族二。此可補蔡傳之遺。

周親

至親為周親，本朱《注》解《論語》："周，至也。"古注疏實不如此。

---

① 據《蜀都雜抄》補"姓"字。

孔曰："親而不賢不忠則誅之，管、蔡是也。仁人，謂箕子、微子，來則用之。"則周乃國號，似不應以"至"訓。

漢高祖父母姓名

《史》《漢》高祖父曰太公，母曰媼，如是而已。皇甫謐、王符始撰爲奇語云：太公名執嘉，媼姓王氏。唐司馬正①作《史記索隱》："母溫氏。是時打得班固泗水亭長古石碑文，其字分明作'溫'"云。予竊謂固果有此明證，何不載於《漢·紀》。又康州龍媼廟碑，亦云姓溫氏，則指媼爲溫者不一也。唐小説《纂異記》載三史王生醉入高祖廟，見高祖云："朕之中外，泗州亭長碑昭然具載外族溫氏。"蓋不根誕妄之説。

老子父

老子父字元果，本少昊青陽氏之後。《玄妙内篇》"老子母無壻"。范祖禹曰：老子父，書傳無見，非也。娶洪氏，曰嬰敷，感飛星而震，名之曰玄禄，是爲伯陽。後又名耳，字儋(即太史儋，非二人也)。

東方生父

朔父張夷，母田氏，遺腹生之，三日母卒，隣母養之，時東方始明，因爲姓，故世謂朔無父母。《洞冥記》曰："朔母田寡，夢太白臨之而娠，羞之曰'人將棄我'，乃向代郡之東方里以五月朔旦生，因名朔。"然《列仙傳》不載。

---

① "正"當作"貞"。

名考

《藝苑卮言·餘冬序録》考姓名頗詳，然亦有未備者，因增記如此。倉頡，姓侯剛氏（見《古篆文注》）。許由，字武仲（見《莊子釋文》）。堯，姓伊祁。少昊，名摯，字青陽。帝嚳，名夒①。成湯，字高密（見《帝王世紀》）。皋陶，字庭堅。孤竹君，姓墨，名古②（見《孔叢子注》）。伯夷，名允，一名元，字公信。叔齊，名智，字公達（見《論語疏》）。中子，名伯遼（見周曇《詠史詩》），當作仲遼（見《帝王世紀》）。彭祖，姓籛（音箋），名鏗（見《論語疏》）。箕子，名胥餘（見《莊子》司馬彪注）。老子父，名乾，字元杲③（見《前涼録》）。老子初生時，名玄録（見《玄妙内篇》）。管叔，名度（見《史記注》）。易牙，名亞（見孔穎達疏）。逢蒙之弟，名鴻超。楊朱之弟，名布（見《列子》）。伯樂，姓孫，名陽。師曠，字子野（見《莊子疏》）。公孫弘，字次卿（見《鄒長蒨書》）。子産，一名美（見《左傳注》）。杜康，字仲寧（見魏武《短歌行》注）。孟軻，字子輿，又字子居（見《聖證論》）。莊周，字休（見《列子注》）。孫叔敖，名饒（見孫叔碑）。計然，一名研，一名倪；又姓辛，字子文（見《史記索隱》）。文種，字子禽（見《吳越春秋》）。陳仲子，字子終（見皇甫謐《高士傳》）。漢高祖兄仲，名喜。曹參，字敬伯。申公，名培（見《史記注》）。項伯，名纏，字伯（見《漢書注》）。叔孫通，名何（見《楚漢春秋》）。壺關三老，茂姓令狐（見荀悦《漢紀》）。楊王孫，名貴（見《西京雜記》）。次④非，亦名荆軻（見《續博物志》）。伏生，名勝，字子賤（見西漢碑）。文翁，名党，字仲翁（見張崇文《歷代小誌》）。張宗，字諸君。杜茂，字諸公（見《陳忠傳記》注）。楊子雲所稱李士元者，名弘（見《蜀·秦宓傳》）。鄭子真，名朴。嚴君平，名遵（見《王貢兩龔傳》注）。施延，

---

① "夒"疑作"夒"，帝嚳名俊（一作夋，夒）。
② "古"當作"台"。
③ "杲"當作"果"。
④ "次"當作"伙"。

字君子(見《後漢書》注)。田生，字子春(見《楚漢春秋》)。侯芭，字鋪子(見《論衡》)。丁公，名固(見《楚漢春秋》)。衛夫人，名鑠，字茂漪(見《翰墨志》)。綠珠，姓梁，白州人(見《〔綠珠〕①小傳》)。吕安，字仲悌(見《文選注》)。花卿，名驚定(見《舊唐書》)。僧一行，姓張，名璲(見《續博物志》)。竇滔，字連波(見《武后紀》)。失馬塞翁，姓李(見《高谷詩序》)。

姓名隱僻

《序録卮言》又載古人隱僻姓名已詳，偶有所得補之。天皇氏，姓望，名獲，字子閏。地皇氏，姓岳，名鑑，字子元。泰皇氏，姓愷，名胡洮，字文生。黄帝母，曰附寶。(俱見《路紀》)堯母，曰陳豐(見《律曆志》)。伶倫，號洪崖先生，姓張氏(見《列仙傳》)。鼓瞍妻，曰握登(亦見《路紀》)。異説云：瞽瞍夫婦凶頑而生舜。叔梁紇，淫夫也，徵在，失行也，加又野合而生仲尼，烏在其有胎教也。余謂野合事不必辯，若舜母囂，乃是後娶，今曰生舜，不幾誣握登耶。舜妹，名敤手(見《漢表》)。舜三妃，名少匽。羅泌云：舜三妃，癸比氏生二女，一曰宵明，一曰燭光。鯀，一名白馬(見《山海經》)。稷，名棄，字度辰(見《路紀》)。商均，名義均。召公，一名奭，或曰“奭”乃其字。夷齊之名，其父名初，字子朝。中子名遠，字公望(見《夷齊志》)。《卮言》云：字伯達(見周曇《詠史詩》)。又，夷齊，姓墨台氏，故父爲墨台初。《卮言》云：姓墨名台(見《孔叢子》注)。似誤。伍子胥，亦曰申胥(見《左傳》)。申包胥，亦曰棼冒勃蘇(見《戰國策》)。徐偃王，初名偃，後名弓。文種，字禽(見《吕覽》高誘注)。子路之子，仲子崔(見師覺授《孝子傳》)。申棖，字子續。林放，字子企(見《孔子通紀》)。朱張，字子弓(王弼注)。曾子之子元、申。子張之子祥。子游之子思〔俱見《檀弓》〕。王吉曰：吾

---

① 據《夜航船》補“綠珠”二字。

非曾參，子非華元，豈華即申字乎？抑曾子有三子也？南宮适，一名絛，又名閲，閲或作"説"（見《論語疏》）。王良，字子期（見《韓非子》）。杜預注《左傳》，以良爲郵無恤。顔師古曰："郵無恤、郵良、劉無止、王良，總一人也。"（見《王褒傳》注）張晏曰：王良，字伯樂。隋侯入齊救虵得珠者姓祝，名元暢（見《孟子》疏）。田文，號孟嘗君，孟，字；嘗，邑名（見《讕言》）。孟母姓仉氏，父名彥璞（見《瓦釜漫記》）。孟子字，《孔叢》云"子車"，注，一作子居，居貧坎軻，故名軻，字子居。《傅子》云：字子輿。穀梁子，或以爲名赤，或以爲名俶（見《困學紀聞》）。翁仲，姓阮，始皇時交趾人（見《近峰聞略》）。又謝承《後漢書》云"銅人翁仲"，其名也。田生，字子春（見《楚漢春秋·劉澤傳》）。見謁者張卿諷后立澤爲琅邪王者是也。漢武帝，初名吉，王夫人十四月而生武帝，景帝曰："吾夢紫氣化爲赤龍。"占者以爲吉，可名之吉（見《漢武內傳》）。然則徹，又其改名也。人知昭帝十四月生，不知武帝亦然。蕭何夫人封侯者名禄母（同見《年表》）。北地都尉印，姓孫，徐廣云：姓段。丁外人，字少君（俱見《漢書注》）。王莽，天水人，字稚叔，非新莽也（見《讕言》）。龍伯高，名述，京兆人。范丹，初名冉（見本傳）。華佗，一名旉（見《方術傳》）。楊太真，名玉環。安禄山，本名軋犖山。楊國忠，本姓張，易之子也（見《楊妃外傳》）。房玄齡，名喬。高士廉，名儉（見《大唐新語》）。李陽冰，字少温（見《宣和書譜》）。吳子行云：陽冰，乃李潮之字，非也。顔師古名籀。姚令威《西溪叢語》："師古《考①謬正俗》云：'或問：有稱字而不稱名者何也？'曰：'考諸典故，以名稱爲是。'師古立論如此，乃以字行，所不可曉。"

改姓

戴仲培曰：世之改姓氏，如莊爲嚴，殷爲戴，恒爲元，奭爲盛，以

---

① "考"當作"匡"。

義改也。

理爲李，求爲仇，舅爲咎，籍爲席，弘爲洪，朝爲晁，以音改也。

棘爲棗，疎爲束，仲爲种，椠爲暨，熊爲能，鄫爲曾，慎爲真，劉爲金，胙爲作，敬爲文、爲苟，以字改也。

蔓、落、似、莘、橋、邾、郳、鄶、郭、鄁、郕、邵、隨、藤，爲萬、洛、似、莘、橋、朱、兒、會、章、背、成、召、隋、滕，合音與字而改也。

亦有因一事爲萬世不易之姓，田千秋乘小車，改爲車。謝服出征，改射氏。儀以民無上，改爲是。劉遵考以忠諫比伍員，改爲員。猶有源流可考。逃難山谷强氏曰潛，遂失本姓。一姓改爲數姓者，後漢有炅橫被誅，子守墳墓者爲炅，居徐者爲呑，居幽者爲桂，居華陰者爲炔，此四姓同一炅也。勾姓，避高祖諱而爲勾、爲鈎、爲絇、爲苟、爲句、爲勾龍、六姓同一勾也。又有因二音而訛者，員音運。俞，勑救反。葉音攝，今從正音。甄音堅，宣和唱名，〔以堅呼之，不應，〕①訛爲真。繆或爲穆，遂成二姓。豈源流之固異耶？複姓多北人，而中國望族不可以義通者，豈因所居而增？諸葛則諸縣之葛，申屠則屠原之申，毋胡則毋丘之胡，閭丘則頓丘之閭，所謂同門而異户也。

又

費補之曰：氏族之譌久矣，凡蔣、邢、茅、胙、祭，周公之胤也，此三者實一姓也，自分爲三派，寖遠寖忘，則爲三姓矣。退之所謂徐與秦俱出韓、與何同姓之類是也。揚子云於蜀無他揚，今此揚姓不復見，亦皆雜於楊矣。錢鏐有吳越，越人避其諱，割②去偏傍而爲金。王審知據閩，閩人避其諱，洗③去水而爲尤，二姓實一姓也。今之稱複姓者皆

---

① 據《鼠璞》補"以堅呼之不應"六字。
② 《梁溪漫志》"割"作"劉"。
③ 《梁溪漫志》"洗"作"沈"。

從省文，如司馬則曰馬，諸葛則曰葛，歐陽則曰歐，夏侯則曰侯，鮮于則曰于，如此相承，複姓又將混於單姓矣。唐永貞元年十二月淳于姓改爲于，以音與憲宗名同也。至今二于無復可辨。如豆盧，蓋唐大族，欽、望、琢、革，皆嘗爲相，而此姓今不復見，其殆混於盧邪。

詹姓

按：詹字姓祝，別駕野記楊太史《希姓録》俱作"詹"，皇甫録《紀略》作"筥"，蓋録者誤也。鄭氏《通志略》彡且氏，彡音陝，且音子且反，今合二字爲詹，音陝。唐上元中有左金吾大將軍關西節度詹復及其弟震賁，此詹姓之據也。筥音妲，建州多此姓，宋筥深舉進士，建平人；又有筥揆，廣濟人，此筥姓之據也。又《韻書》彡，先廉切，當作平聲，鄭氏音陝，豈陝有平聲讀者邪。

顧

顧，姓也。《風俗通》漢有太守顧先。今姓顧者直作賴。

姓氏重出

羅泌曰：姓氏重出，亦多有之。如賀氏楚出，而慶亦爲賀。來，本勑後而來，纖亦爲來。孔氏宋後，而孔達出于衛，孔張出于鄭，陳又有孔寧，齊有孔虺。孫氏晉出，而一出于商，一出于衛，漢荀卿又曰孫。楚、宋皆有司馬，楚、衛皆著子南。周、楚之王孫，既異於衛；秦、宋之巫臣，復別於楚。諸國之分侯姓，三代之殊，王氏不可勝數。至於後世兵火飢蕩，又有違諱避仇，隨母假養寄冒之類，紛然而出，不可考也。

姓音考

漢有甄邯、甄逸，《南史》有甄恬、甄法崇，唐有甄濟，俱呼堅，音"徹"，不識本姓，訛爲"真"音。楊用修曰：複姓有毋丘氏，《索隱》音"貫"，漢有毋丘興、毋丘長、毋丘毅，魏有毋丘儉，皆同族也。今分爲二姓，曰母曰丘，而母爲父母之母，不惟士人不知，而母氏子孫亦不自知。再考鄭樵《氏族志》，則又音"真"，以爲虞舜陶甄河濱，因以爲氏，然則堅也、真也，竟誰是耶？郗氏自太尉鑒後爲江左名族，其姓讀如絺繡之絺，世人以俗書郗字作郄，因讀爲郤詵之郤，非也。郤詵乃春秋晉大夫郤縠，郗鑒乃漢御史大夫郗慮之後，姓原既異，音讀迥殊，後世因俗書相亂，郗、郤二姓遂不復辨，亦近代氏族及小學不講之故。陸魯望博古矣，其詩有云"一段清香染郗郎"，亦誤讀也。

又

用修云，吞姓音他前切，《氏族書》有吞景雲，晉有吞道元與吞公賤者，今類書引之，改"吞"作"查"，蓋不知古有吞姓也。《書叙指南》所引，猶是"吞"字。

祖孫同名

魏安童之父名屈，子亦名屈。周厲王名胡，而僖王名胡齊。衛穆公名遫，而成侯亦名遫。鄭武公名掘突，而厲公名突。湯名乙，玄孫之孫亦名乙。蔡文侯名申，昭侯亦名申。若商巫咸之子名賢，則所謂不諱嫌名也。

又

史趙曰："自幕至於瞽瞍，無違命。"韋昭注："幕，舜之後虞思也。

爲夏諸侯。"《鄭語》："虞幕能聽協風以成樂。"注亦以爲"舜後虞思"。觀此，豈虞氏祖孫皆名幕耶？

父子同名

隋處士羅靖，父亦名靖。唐陸元初，子名景初。

世代同名

《巵言》云，王胡之五世仍之字，胡之、茂之、裕之、瓚之、秀之。余考《南史》王裕之字敬弘，避武帝諱，以字行。裕之三子：長恢之，次瓚之，次昇之，瓚之子秀之，昇之子延之。昇歷官爲尚書左僕射、江州刺史，延之子綸之，歷侍中、都官、尚書。自敬弘至綸之，皆方嚴，並剋日乃見子孫，蓋家風也。按此，則胡之亦六世仍"之"字矣。三世仍"之"字者，又有王韶之，父偉之，祖羡之；王鎮之，父隨之，祖耆之。見《南史》。王歆之，父肇之，祖尋之。見《宋書》。二世仍之字者，《宋書》劉穆之，子憲之。《齊書》褚秀之，子湛之。劉績曰：孔氏字子思，以下同用"子"字，子思之子子上，子上之子子家，子家之子子京，子京之子子高，子高之子子慎，子慎之次子子襄。然則王氏之"之"奚足訝哉！餘並載《巵言》，不述。

君臣同名

周襄王名鄭，衛成公與之同時，亦名鄭。晉定公名午，同時邯鄲大夫亦名午。衛侯名惡，其臣亦名惡。宋武帝名裕，謝景仁、張茂度皆名裕，褚叔度、王敬弘皆名裕之。宋明帝名彧，王景文亦名彧。《春秋》昭元年"宋向戌、衛石惡會于澶"，《公羊傳》注："戌、惡皆與君同名。"王伯厚曰："《公羊》以衛石惡爲惡人，劉原父非之曰：董賢可謂賢人乎？"

後先慕名

劉損字子騫，何憲字子思，一慕閔子騫，一慕原子思。王維字摩詰，范啓字榮期，一慕維摩詰，一慕榮啓期。顔之推字介，顧野王字希馮，一慕介之推，一慕馮野王。庾鴻字伯鸞，元彧字文若，荀粲初名愍孫，後名粲，字景倩，一慕梁伯鸞，一慕荀文若，一慕荀奉倩。范仲淹字希文，慕文中子。北魏李預字元凱，慕杜預。

又

司馬長卿慕藺相如，因名相如。顧雍少從蔡伯喈學琴，伯喈曰："卿必有成，吾以名與卿。"故雍與蔡同名。魏協律杜夔所造鍾律不能考之典禮，徒依時之尺寸而制之，此姓字異而名同者也。乃若宋翟潁改名馬周，以媚李昉，小人險誕之爲不足言者。吾獨怪夫夔者一足之獸與魖象爲類，而陶唐之臣名之，後人因有一足之疑。鑿齒食人之物，爲羿所殺，而習鑿齒以爲名，何耶？吾又怪宋齊丘字超回，胡旦字周父，儼然以聖人之名自命，而卑大賢爲不足擬者，何耶？

弇州述同姓名

弇州述同姓名，其姓字亦有先之者，《洞微志》：王處厚，益州華陽人，與老僧論浮世若空事，字元美。

三字名

用修云，戰國人有董之繁菁，董姓之繁菁，三字其名也。複姓古有之，三字始見此。余考春秋戰國時人名多用之字，如宮之奇、燭之武、南之威、介之推，不一而足，原非名也，特取其便於讀耳。董之繁菁或者亦此類歟。《莊子》"厲之人夜半生子"，又以"驪姬"作"驪之姬"，地名"南沛"作"南之沛"；《呂覽》於"丹姬"作"丹之姬"；《家語》"江津"作"江之津"；《樂府》"桂樹"作"桂之樹"，中皆用一"之"字，可互相發。其實三字名亦不始此，令尹子文姓鬬名穀於菟，則春秋時人也。《左傳》"介之推"，杜預注云："之，語助。"

一名一字

古人一名一字者，紂名辛字受，伊尹名摯，屈平字原，曾晳名點，樊遲名須，劉邦字季，項籍字羽，枚乘字叔。

二名一字者，張九齡字壽，鄭當時字莊，李適昌字季，天寶元年代牛仙客爲相者。

婦人名如男子者，蔡琰、薛濤。

女人連名者，鶯鶯、好好、簡簡、紅紅、賽賽、楚楚、盼盼、翠翠、卿卿、小小、愛愛、東東、當當、真真。李當當，元敬坊名妓。真真，唐進士趙顏於畫障上呼名一婦人名真真。又英英，劉賓客有《和楊師皋給事傷小姬英英》三律。李端端，崔涯有詩曰"善和坊裏取端端"。又狐名"紫紫"。

徵名

風雲中徵人名，如朱雲、斛律明月；

禽獸中徵人名，如魏豹、扁鵲；

草木中徵人名，如鄧艾、越椒；

布帛中徵人名，如季布、袁絲；

顏色中徵人名，如魏青、李白；

形體中徵人名，如張耳、伯牙；

親族中徵人名，如王郎、衛子夫；

家具中徵人名，如劉盆子、公孫杵臼；

州郡中徵人名，如馮唐、孔光。

掩名

漢有劉箕子、朱孫卿、許顏回，晉有王彭祖，梁有庾晏嬰、庾黔婁、祖孫登，又孫權女孫魯班，宋翟馬周，皆掩古人姓名。

名嗤

柳子厚記李赤死厠鬼事，以爲其人慕李白，故名赤，已可笑矣。《霏雪録》所載慕太白者張碧，字太碧；慕樂天者黃居難，字樂地。又富家子杜四郎自號荀鴨，以比杜荀鶴者，尤可笑也。

複名非古

《漢·匈奴傳》莽令中國不得有二名，因使使者諷單于宜上書慕化爲一名。按：《公羊傳》哀公十三年，“晉魏多帥師侵衛，蓋晉魏曼多也，曷爲謂之晉魏多，譏二名。二名，非禮也”。然則複名原非古制，《漢紀》昭帝名弗陵，後改名“弗”。張宴曰：“以二名難諱故。”則前漢已重一名矣。宋人云：後漢無複名，然附傳多有之，如孔僖二子長彥、季彥是也。余謂不止此，若廖扶二子孟舉、偉舉亦是。又按：魏多，《左傳》原作魏曼多。

又

張清源漢①《雲谷雜紀》辨歐陽《集古録目》，謂後漢人亦有複名者，

---

① “漢”疑作“渼”，張清源名渼。

然僅載蘇不韋、孔長彥兄弟、劉騊駼、丘季智、張孝仲、范特祖、召公子、許偉康、司馬子威十人而已。考之范曄書，蓋不止此。如延岑護軍鄧仲況，見《蘇竟傳》。鄭玄師事京兆第五元先，又從東郡張恭祖。玄之子名益恩。桓榮族人桓先諱①。陳忠薦士，其一曰成翊世，翊世字季明。見《杜根傳》。《後·陳敬王曾孫寵傳》注引謝承書"袁術使將張闓陽殺陳相駱俊"。梁冀之弟名不疑。越嶲太守李文德素善延篤。《黨錮傳·序》有"渤海公族進階"，注云："公族，姓也，名進階。"李膺欲按宛陵大姓羊元群。《孔融傳》有太傅馬日磾。皇甫嵩子名堅壽。《酷吏·李章傳》有安丘大姓夏長思。宦者曹節弟名破石。王逸子名延壽，字文考。《方術傳》謝夷吾字堯卿之類，清源皆未及也。他尚有之，猶恨不能盡記。

名與字同

晉安帝名德宗，字德宗；恭帝名德文，字德文；會稽王名道子，字道子。《北史》慕容紹宗、馮子宗，魏蘭根，唐辛京杲、戴休顏、張孝宗、尚有②孤、田承嗣、張嘉貞、宇文審、李嗣業，皆以名爲字。

又

張巡字巡。孔安國字安國。殷仲文字仲文。劉孝綽字孝綽，初名冉。王僧孺字僧孺。郭子儀字子儀。孟浩然字浩然。蔡興宗字興宗。惟宋未有考。

男子雙名

《巵言》夏主赫連勃勃，吐番將乞藏遮遮，國相尚婢婢，唐琵琶客羅黑黑，樂工紀孩孩，劍客精精兒、空空兒，李懷光外孫燕八八，元學士

---

① 《賓退録》卷九"先諱"作"元卿"。
② "有"當作"可"，唐有將領名"尚可孤"。

承旨巙巙，平章政事回回，右丞相脱脱，太傅王保保（即擴廓帖木兒），學士馬馬。又有別號雙字者，金趙學士、元吳真人俱間間，馮山人存存，近有裴謙謙。

又

男子雙名者甚多，偶又得一二人。黑黑，唐太宗時西域進一胡，善琵琶，上每不欲番人勝中國，乃置酒高會，使羅黑黑隔帷聽之。

和和，唐代國公主適滎陽鄭萬鈞，無子，僧和和謂萬鈞曰："遺我三十匹絹，主當生兩男。"

開元時有僕僕先生者，自言姓僕名僕，東坡有《僕僕先生贊》。

陶八八以碧霞丹授顏魯公曰："七十上有厄，如有即吉。"後魯公爲盧杞所陷，縊死，希烈敗，返葬，貌如生，遍身金色。

飛飛，建中初士人，韋生遇一僧于汝州，呼其子飛飛出見。

落落，李克用子。（見《梁祖傳》）

張大覺詩"土木形容殷七七，水雲情性許閒閒"，殷七七名文祥[1]，嘗自稱七七。

元丞相答麻弟雪雪爲御史大夫。張三丰字玄玄，又武夷山雲窩有一隱者，自稱吳借借，借借之名亦佳。

名誤

杜伯度名操，曹魏時避武帝諱，故隱操字，則知度非名也。韓愈《諱辨》稱"杜度"，誤。祖士稚，祖逖字也。作"士雅"者誤。秦方士徐市，又作徐福，"市"乃古"韍"字。疑福爲別名者誤。

---

① 《太平廣記》"文祥"作"天祥"。

古今避諱

古今避諱之事，雜見諸書，今漫集數條於此。蓋殷以前尚質，不諱名。至周始諱，然猶不盡諱。如穆王名滿，定王時有王孫滿之類。至秦始皇諱政，乃呼"正月"爲"征月"，《史記·年表》作"端月"。盧生曰："不敢端言其過。"秦頒端正法度曰"端直"，皆避"政"字。漢高祖諱邦，舊史以邦爲國。惠帝諱盈，《史記》以萬盈數作滿數。文帝諱恒，以恒山爲常山。景帝諱啓，《史記》微子啓作微子開。《漢書》啓母石作開母石。武帝諱徹，以徹侯爲通侯，蒯徹爲蒯通。宣帝諱詢，以荀卿爲孫卿。元帝諱奭，以奭氏爲盛氏。光武諱秀，以秀才爲茂才。明帝諱莊，以老、莊爲老、嚴，莊助爲嚴助，卞莊爲卞嚴。殤帝諱隆，以隆慮爲林慮。安帝父諱慶，以慶氏爲賀氏。魏武帝諱操，以杜操爲杜度。蜀後主諱宗，以孟宗爲孟仁。晉景帝諱師，以師保爲保傅，京師爲京都。文帝諱昭，以昭穆爲韶穆，昭君爲明君，《三國志》韋昭爲韋耀。愍帝諱業，以建業爲建康。康帝諱岳，以鄧岳爲鄧岱，山岳爲山岱。齊太祖諱道成，師道淵但言師淵。梁武帝小名阿練，子孫皆呼練爲絹。隋祖諱忠，凡郎中皆去"中"字，侍中爲侍內，中書爲內史，殿中侍御爲殿內侍御，置侍郎不置侍中，置御史大夫不置中丞，以侍書御史代之，中廬爲次廬。至唐又避太子諱，亦以中郎爲旅賁郎將，中舍人爲內舍人。煬帝諱廣，以廣樂爲長樂，廣陵爲江都。唐世祖諱丙，故以景字代之，如景科、景令、景子之類是也。唐祖諱虎，凡言虎率改爲猛獸或爲武，如武賁、武林之類。李延壽作《南〔史〕》《北史》，易石虎爲石季龍，韓擒虎爲擒武。高祖諱淵，趙文淵〔爲趙文深，淵字〕①盡改爲"泉"。劉淵爲元海，〔戴淵爲〕②戴若思。太宗諱世民，《唐史》，凡言"世"皆曰"代"，"民"皆曰

---

① 據《齊東野語》卷四補"爲趙文深，淵字"六字。
② 據《齊東野語》卷四補"戴淵爲"三字。

“人”，如蒸①人、治人、生人、富人侯之類，民部曰“户部”。高祖②諱治，凡言治皆曰“理”，如“至理之主，不代出者”，章懷避當時諱也。陸贄曰“與理同道罔不興”“脅從罔理”，韓文《策問》“堯、舜垂衣裳而天下理”，又“無爲而理者，其舜也歟”。睿帝③諱旦，張仁亶改仁愿。玄帝④諱隆基，太一君基、臣基，並改爲崇，隆州爲閬中，隆康爲普康，隆龕爲崇龕，隆山郡爲仁壽郡。代宗諱豫，以豫章爲鍾陵，蘇預改名源明，以薯預⑤爲括州山藥⑥。德宗諱适，改括州爲處州。憲宗諱淳，淳州改爲巒州。韋純改名貫之，之純改名處厚，王純改名紹，陸純改名質，柳純改名澶，嚴純改名休復，李行純改名行諶，崔純亮改名行範，程純改名弘，馮純〔敏〕⑦改名約。敬宗諱弘，徐弘敏改名有功。鄭涵避文宗舊諱，改名澣。武宗諱炎，賈炎改名嵩。宣宗諱忱，韋諶改名損，穆諶改名〔仁〕⑧裕。

梁太祖父烈祖名誠，遂改誠⑨曰“墻”。晉高祖諱敬瑭，析敬字爲文氏、苟氏，至漢乃復舊。宋避翼祖諱復析爲文、爲苟。

高宗諱構，避嫌名者，仍其字更其音，曰勾金⑩是也；加金字，鈎高祖是也。加絲字，絢紡是也；加草頭者，苟諶是也；改爲句者，〔句〕⑪思是也；增勾龍者，如淵是也。勾龍去上一字者，大淵是也。已上，皆臣避君諱也。

---

① 《齊東野語》卷四“蒸”作“烝”。
② “祖”當作“宗”。
③ “帝”當作“宗”。
④ “帝”當作“宗”。
⑤ 《齊東野語》卷四“預”作“蕷”。
⑥ 《齊東野語》卷四“括州山藥”作“薯及山藥”。
⑦ 據《齊東野語》卷四補“敏”字。
⑧ 據《齊東野語》卷四補“仁”字。
⑨ 《齊東野語》卷四“誠”作“城”。
⑩ 《齊東野語》卷四“勾金”作“勾濤”。
⑪ 據《齊東野語》卷四補“句”字。

吴太子諱和，以嘉禾①爲嘉興。唐高宗太子弘，爲武后所酖，追尊爲孝敬帝，廟曰義宗，弘文館改爲昭文，弘農縣爲恒農，韋弘機但爲機，李含光本姓弘，易爲李，曲阿弘氏易爲李②，温彦弘遂以大雅字行于世。以上則皆避王世子之諱也。

吕后諱雉，《封禪書》謂野鷄夜雊。武后諱曌（音照），以詔書爲制書，鮑照爲鮑昭。改懿德太子重照爲重潤，劉思照爲思昭。簡文鄭后諱阿春，以《春秋》爲《陽秋》，富春爲富陽，蘄春爲蘄陽。此避后諱也。

元后父諱禁，以禁中爲省中。武后父諱華，以華州爲太州。韋仁約避武后家諱，改名元忠。竇懷貞避韋后家諱，而以字行。劉穆之避王后〔家〕③諱，以憲祖字行，後復避桓温母諱，遂稱小字武生。虞茂避穆后母諱，改名預。宋章憲④太后父諱通，嘗改通直郎爲同直郎，通州爲崇州，通判爲同判，通進司爲承進司，通奉爲中奉，通事舍人爲宣事舍人，至明道間，遂復舊。此則避后家諱也。

錢王鏐，以石榴爲金櫻，改劉氏爲金氏。楊行密據揚州，州人呼蜜爲蜂糖。趙避石勒諱，以羅勒爲蘭香。高祖父名誠，以武成王爲武明王，武成縣爲武義縣。羊祜爲荆州，州呼户曹爲辭曹之類，皆避國主、諸侯諱也。

《詩》《書》則不諱。若文王諱昌，而箕子陳《洪範》曰："使羞其行，而邦其昌。"厲王諱胡，而宣王時《詩》曰"胡不相畏""胡爲虺蜴""胡然厲矣"。《周禮》有"昌本之菹"，《詩》有"鬋發之詠"。《大誥》"弗棄基"，不諱后稷棄字。孔子父叔梁紇，而《春秋》時⑤臧孫紇。成王諱誦，而"吉甫作誦"之句，正其時是也。

廟中則不諱。《周頌》祀文、武之樂歌，〔《雝》〕⑥曰"克昌厥後"，

---

① 《齊東野語》卷四"嘉禾"作"和興"。
② 《齊東野語》卷四"李"作"洪"。
③ 據《齊東野語》卷四補"家"字。
④ 《齊東野語》卷四"憲"作"獻"。
⑤ 《齊東野語》卷四"時"作"書"。
⑥ 《齊東野語》卷四補"雝"字。

《噫嘻》曰"駿发爾私"是也。

臨文則不諱。魯莊公名同，而《春秋》書同盟。襄公名午，而書陳侯午卒。僖公名申，書戊申。定公名宋，書宋人、宋仲幾。《漢書·祀①》元封詔書有啓母石之言，《刑法志》"建三典以刑邦國"，與"萬邦作孚"字。韋孟詩"總齊郡②邦"，皆不避高祖諱。魏太祖名操，而陳思王有"造日"之句。曹志，植之子，奏議"幹植不强"。三國吳時有"言功以權成"，蓋斥孫權之名。《南史》有"寧逢五虎"及"虎視"之語，則虎字亦不盡避。

文《潮州上表》云"朝廷治平日久"，曰"政治少懈"，曰"巍巍治功"，曰"君臣相戒，以致至治"。《舉張行素》曰"文學治行衆所推"，亦不避高宗之諱。又《袁州上表》曰"顯榮頻煩"，《舉韋顗》曰"顯映班序"。柳文《樂曲》曰"羲和顯耀乘清芬"，皆不盡避中宗之諱。韓《賀即位表》曰"以和萬民"，亦不諱民字，如此類甚多。

胡翼之侍講延英日，講《乾卦》元、亨、利、貞，上爲動色，徐曰："臨文不諱。"伊川講"南容三復白圭"，内侍告曰："'容'字，上舊名也。"不聽。講畢曰："昔仁宗時，宮嬪謂正月爲初月，餅之蒸者爲炊，天下以爲非。嫌〔名、〕③舊名，請勿諱。"邦國有不諱者，襄王名鄭，而鄭不改封。至於出居其國，使者告於秦、晉曰："鄙在鄭地。"受晉文公朝，而鄭伯傳。漢和帝名肇，而郡有京兆是也。

嫌名則有避有不避者。韓退之《辯諱》："桓公名白，傳有五皓之稱；厲王名長，琴有修短之目。不聞謂布帛爲布皓，腎腸爲腎修。漢武名徹，不聞諱轍之轍。"然《史記·天官書》"謂之車通"，〔此非諱車轍之轍乎？若晉康帝名岳，鄧岳改名爲嶽，此則不諱嫌名也。〕④

----

① "祀"當作"紀"，見《漢書·武帝紀》。
② 韋孟《諷諫詩》"郡"作"群"。
③ 據《齊東野語》卷四補"名"字。
④ 據《齊東野語》卷四補"此非諱車轍之轍乎？若晉康帝名岳，鄧岳改名爲嶽，此則不諱嫌名也"二十七字。

〔若北齊熊安生者，將通名見徐之才、和士開，二人相對。以之才〕①諱雄，士開諱安，乃稱觸觸生，群公哂之。蔡京在相位日，權勢甚盛，内外官司公移皆避其名，如京東、京西並改爲畿左、畿右之類。薛②門下昂避之尤謹，併禁其家人，犯者有答責。昂嘗自誤及之，家人以爲言，乃舉手自擊其口。蔡經國聞〔京〕③閩音，稱京爲經，乃奏乞改名純臣。此尤可笑。紹聖間，安惇爲從官，章惇爲相，安見之，但稱享而已。又方巨山名岳，或謗其爲南仲丞相幕賓，趙父名方，乃改姓爲万。既而又爲丘山甫端明，屬丘名岳，於是復改名爲巨山，遂指以爲過焉。善乎！胡康侯之論曰："後世不明《春秋》之義，有以諱易人姓者，易人名者。愚者迷禮以爲孝，諂者獻佞以爲忠。忌諱繁，名實亂，而《春秋》之法不行矣。"

杜甫諱父名

老杜家諱閑，詩中有"翩翩戲蝶閑過幔"，或云，恐傳者謬；又有"泛愛憐霜鬢，留歡半夜閑"，蓋臨文自不諱也。然蜀本舊杜詩《寒食》云"隣家閑不違"，後王祺本作"隣家問不違"，其又云"曾閃朱旗北斗閑"，後見趙仁約説薛問家本作"北斗殷"，杜甫固不用"閑"字耶。

呼小字

周宇文護與母閤書曰："受形稟氣，皆知母子，誰知薩保如此不孝。"此乃對母自稱小名。南齊武帝崩，鬱林王即位，明帝謀廢立，右僕射王晏盡力助之。從弟思遠謂晏曰："兄荷武帝厚恩，一旦贊人如此事，

---

① 據《齊東野語》卷四補"若北齊熊安生者，將通名見徐之才、和士開，二人相對。以之才"二十四字。
② "薛"當作"蔡"。
③ 據《齊東野語》卷四補"京"字。

何以自立?"因勸之引決,及晏拜驃騎,謂思遠兄思徵曰:"隆昌之末,阿戎勸吾自裁。若用其語,豈有今日!"思遠曰:"如阿戎所見,猶未晚也。"此乃對兄自稱小名。畢景儒《幕府燕閒録》載:"蘇易簡初及第時,與母書,自稱岷岷。"亦小名也。從伯父右司,小名馬哥,在京師省祖母楚國夫人。出上馬矣,楚國偶有所問,自出屏後呼"馬哥"。親事官聞之,白伯父曰:"夫人請吏部。"蓋此輩亦習聞之也。今吳人子弟稍長,便不欲人呼其小名,雖尊者亦以行第之。風俗日薄,如此奈何。

古今小字

晉王敦曰可兒,司馬高曰羅兒,唐白居易曰龜兒,是皆小字也。後賈復稱其子曰大宛兒,崔暹曰懶兒。

人稱者漢東方朔曰偷桃小兒,金日磾其子曰弄兒,曹操呼孫策曰猘兒,呂布呼先主曰大耳兒,蜀譙周曰長兒,晉王衍呼裴逸曰白眼兒,山濤稱王衍曰寧馨兒,後魏長孫業諸子曰鐵小兒,祖瑩曰聖小兒。唐揚儉、蘇特曰黃面兒,五季李業曰傴僂兒,李存信曰牧羊兒。

又

晉桓嗣曰豹奴,王濛曰阿奴,石崇曰齊奴,潘岳曰檀奴,陳任中曰蠻奴,北齊孫騰曰僧奴,亦皆小字也。晉陸機人罵曰駱奴,明帝人號曰鮮卑奴,宋廢帝稱父武帝曰驢奴,後漢古弼帝稱曰筆頭奴,唐顏杲卿罵安禄山曰牧羊羯奴,宋梅聖俞呼謝師直曰錦衣奴。

小名小字

古人有小名必有小字,《離騷》:"皇覽揆予於初度兮,肇錫予以嘉名。名予曰正則兮,字予曰靈均。"蓋屈原字平,而正則、靈均,則其小名小字也。予嘗見《宋進士同年録》皆書小名小字，猶存古意。亦有不盡然者，如司馬相如小名"大"，揚雄小字"童烏"，相如未聞其小字，揚氏子未聞其小名也。今人生子亦有小名，而無所謂小字。唐陸魯望有《小名録》，宋陳思有《小字録》。又有所謂《侍兒小名録》，豈小名小字固可互稱邪。

之字

荀悦云：高祖諱邦之字曰國，惠帝諱盈之字曰滿，文帝諱恒之字曰常。此"之"字却非助語。《示兒編·之字訓變》謂：君諱，臣下所避者，變以相代也。謂諱邦變國字以代之，如《左傳》遇《觀》之《否》，謂《觀》變爲《否》也。今以盈之、恒之爲名，而以滿、常爲字者，蓋非。

父用甫

甫者，男子之美稱，古書多假借爲"父"字，北人遂無一人呼爲"甫"者，唯管仲、范增之號，須依字讀耳。

三言字

古人一字多矣，如爰絲、房喬、顔籀之類。三字無之，宋有劉伯貢父、劉中原父，或云二人本字貢甫、原甫，以犯高魯王諱，故去"甫"而加"伯""仲"，時人因併三字呼之，此説非也。六一先生作《原甫墓誌》："公諱敞，字中原父，姓劉氏。"又錢穆甫以避諱，人呼爲錢穆，或呼爲穆四，遂併二劉，失之誤矣。

一言字

《檀弓》："幼名冠字，五十以伯仲，周道也。"古人命字，初曰子，已而爲仲、爲伯，又爲叔、爲季，其考而尊者爲甫，蓋無以兩言相連取義。若屈原《離騷經》"名余曰正則兮，字余曰靈均"，按：《史記》原字平，所謂"靈均"者，釋"平"之義，以緣飾詞章耳。若陳勝字涉，項籍字羽，彭越字仲，張歐字廣，枚乘字叔，楚元王字交，朱雲字游，爰盎字絲，張釋之字季，鄭當時字莊，劉德字路，眭弘字孟，迨東漢以下則不盡然。

稱字

凡人皆可稱字。昔人有父字其子者，曹操每下教稱"子桓"，右軍與人書謂"子敬飛白大有勢"。子字其父者，胡母謙之見父輔之暑月搖扇視事，呼之曰："彥國胡爲自貽伊慼。"從子字其叔父者，袁種謂盎曰："南方卑濕，絲能日飲，亡何，説王毋反而已。"有臣字其君者，光武幸章陵，宗室諸母酣悦相謂曰："文叔少時謹信，與人不款曲，惟直柔耳。今乃能如此。"

字用孟伯

《左》隱元年《傳》注疏："孟、伯俱長也。《禮緯》'庶長稱孟'，然則適妻之子長子①稱伯，妾子長於適妻子，則稱孟，所以別適庶也。杜注〔文〕②十五年及《釋例》皆云：'慶父爲長庶，故或稱孟氏。'按《傳》知氏常爲適而稱伯，趙氏恒爲庶而稱孟，蓋趙氏趙盾之後，盾爲庶長，故子孫恒以孟言之，與慶父同。知氏荀首之後，中行伯之季弟，俱是適妻之子，故子孫亦得從適長稱伯。"

---

① 《春秋左傳正義》"長子"作"長者"。
② 據《春秋左傳正義》補"文"字。

古人取字

《史記》注“仲雍字熟①哉”，“哉”字取字，僅見此。隋人魏鸞字雙和，崔挺字雙根，“雙”字取字僅見此。隋宗室楊綸字斌籀，楊温字弘籀，“籀”字取字仅見此。《唐登科記》“韓湘，字北渚”，此又似今人之號。

字考

王楙曰，歐公《後漢楊震碑陰》，此碑謂“賈伯錡、劉顯祖之類，凡若干人，疑其所書皆〔是〕②字，蓋後漢時人見於史傳者無兩字名”。此歐公不深考爾。余博考之，王延壽字文考，謝夷吾字堯卿，郭延年字公游，分明知爲二名。又如薊子訓、許子勳、費長房，皆非字也。《梁武碑》言：“孝子仲章、季孫立，孫子僑躬修孝道。”安有子孫于父祖墓碑中稱字者。

字異

《漢書》許峻字秀山，李南字孝山，有似今人之號者。楊由字哀侯，則似謚矣。魏文帝郭后少時，父奇之曰：“此女中王也。”遂字“女王”。吉水彭氏兄弟敬占道術，教以主一、用二、貴三、崇四、敷五爲字。又有張用也，孫繼兮，險怪甚矣。

---

① 《史记》三家注“熟”作“孰”。

② 據歐陽修《集古録跋》補“是”字。

第六卷　人物中

押

唐人初未有押字，但草書其名以爲私記，故號"花書"，韋陟"五雲體"是也。今人押字，或多押名，猶是此意。宋王安石押石字，初橫一畫，連左引脚，中爲一圈。其性急，作圈往往窩匾不圓。外議其押反字，安石知之，加意作圈。或復不圓者，塗以濃墨於旁，別作一圈焉。今溧水白府君廟有紹興封勑，其中書省等簽名，俱行草字。

名諱

今御祭文曰皇帝，御名及廟號則曰廟，諱曰御諱，試塲中諱號，凡在天諸聖及宗藩皆曰諱。今上見在諸王皆曰名字，了然易知。今乃問人曰尊諱，自道曰賤諱，至作生祠、去思碑，送行、上壽，有稱公諱某者，是以死待之也。烏乎可然。余又考之，《樊毅西嶽廟碑》"弘農太守河南樊君諱毅"，毅時在也。趙明誠録漢碑，生而稱諱者甚衆，則漢時已然矣。

死謚

蘇老泉云："婦人有謚，自周景王之穆后始；匹夫有謚，自東海①漢

隱者始；宦官有謚，自東漢之孫程始；蠻夷有謚，自夷妻①之莎車始。"
然黔婁之謚，即匹夫之謚也，不始于東漢矣。

婦從夫謚

春秋婦人有謚，晉之聲子、敬嬴，〔魯〕②之哀、聲、穆諸姜，齊、
宋兩共姬，此國君夫人之得謚者。穆伯之妻敬姜，此大夫妻之得謚者。
鄭武姜、秦穆姬、晉懷嬴、衛之宣莊二姜、宋威、許穆、晉悼，此因國
君之謚而名之者。魯人哀此姜謂之哀姜，此私謚也。謚以表德，婦人以
三從爲德，故禮從夫謚，是以《舜典》言瀉汭釐降之事，則二妃所觀之刑
可見。《周誥》著文武之烈，則大姒所嗣之音可傳。

后土

《書》云"皇天后土"，皇者，大也；后者，厚也。古字后、厚通用。
揚州后土夫人祠，塑后土爲婦人像，謬也。《月令》其"后土"注："顓帝
之子孫。"《祭法》："共工氏之霸九州也，其子曰后土，能平九州，故祀
以爲社。"《左氏傳》："共工氏有子勾龍，爲后土。"此豈婦人哉？古者天
子稱元后，諸侯則爲群后，若以后土爲婦人，則后夔、后稷亦可謂婦
人乎？

女媧

女媧氏繼伏羲氏王天下，後世以女媧爲古聖女，乃伏羲之妹，顓頊
之母，豈其然乎？且夫氏名女夫③，國名公女，《左傳》所謂女艾，《莊

---

① "夷妻"當作"東漢"，見蘇洵《上六家謚法議》。
② 據《隨隱漫録》卷四補"魯"字。
③ 《席上腐談》"夫"作"媧"。

子》所謂女偊、女商，《孟子》所謂馮婦，果皆婦人乎？余令涉即媧皇故蹟，今祠塑以女像，題曰"聖母廟"，可笑。即余亦不能正之也（女讀汝）。

縣官

《前漢·東平王傳》"今暑熱，縣官年少"，注："謂不敢指斥成帝，故謂之縣官。"《霍光子禹傳》"縣官非我家將軍不得至是"，注"謂天子"。又《漢文紀》詔曰："民謗①作縣官及貸種米者皆赦之。"《武帝紀》："關東貧民〔徙〕②隴西者，縣官衣食不足，請造白金以足用。"又天漢二年"初榷酒酤"注："縣官自酤賣也。"《哀帝紀》："請③田、畜、奴婢過品者，皆没入縣官。"《食貨志》："募豪民田南夷，入粟縣官，而内受錢於都内。"《卜式傳》："會渾邪王等降，縣官費衆，貧民大徙，皆仰給縣官。式持錢二十萬與河南太守，以給徙民。"《孫寶傳》："南郡太守李尚墾田百頃，上書願入縣官"，"武帝時縣官嘗自捕海魚，魚不出，後復與民，魚乃出"。（《食貨注④》）又《聖宋拾⑤遺》："太祖御樓，御史中丞劉温叟奏云：故事，非大眚不御樓，今陛下無故御之，軍庶或聞有恩給之，望上遽給内帑三千緡，付縣官以自罰。"此類甚多。

六尺之孤

《〔論〕語》曰："可以託六尺之孤。"《周禮》："鄉大夫之職，以歲時登其夫家之衆寡，辨其可任者。國中自七尺以及六十，野自六尺以及

① "謗"當作"謫"。
② 據《漢書·武帝紀》補"徙"字。
③ 《漢書·哀帝紀》"請"作"諸"。
④ "注"當作"志"。
⑤ "拾"疑作"掇"。

六十五，皆征之。"《韓詩外傳》"國中二十行役"，然則七尺者二十歲也。其升降皆以五年爲率，則六尺者十五歲也。孔穎達、鄭氏云："六尺之孤，年十五以下。"漢明帝詔"高密侯禹、東平王蒼，並可以受六尺之託"，注曰"六尺謂十五以下者"，皆以六尺該之也。

崖公

《萬花谷前集》"散樂呼天〔子〕①爲'崖公'"，出《教坊記》。按：《唐語林》《教坊記》，玄宗宴蕃客，唐崇勾當音聲，言甚明辨，上極歡，長入。又許小客一日過崇曰："今日崖公甚蜆斗。"散樂呼天子爲"崖公"，以歡爲"蜆斗"，以每日在至尊左右爲"長入"，則《萬花》誤矣。

主

大夫古者稱主，《左傳》"事吳敢不如〔事〕②主"，《魯語》："季康子問於公父文伯之母曰：'主亦有以語肥也。'"注："大夫稱主，妻亦如之。"《晉語》"陽子剛而主能"，注："上也。"又魏舒之子戊爲梗陽大夫，曰："主以不賄聞于諸侯。"謂舒也。則子稱父亦可言主。

東閣

今人以宰相子爲東閣。按：公孫弘爲丞相，開東閣，不過招延賓客之地，於子弟初無預。今之引用，乃李商隱《九日》詩："郎君官貴施行馬，東閣無由再得窺。"上言"郎君"乃令狐綯，下言"東閣"猶是令狐楚之舊館。東坡《九日》詩因引此事合而言之："聞道郎君閉東閣，且容老子上南樓。"此雖使令狐綯絕義山故事，然東閣之開閉於郎君何預？又云：

---

① 據下文補"子"字。
② 據《左傳·襄公十九年》補"事"字。

"南屏老宿閑相過，東閣郎君懶重尋。"以"郎君"加于"東閣"，下猶言宰相子也。與汪龍溪云：東閣郎君之未有用之，皆無病。今竟以東閣呼郎君，豈爲父者不能頿招賢之責，子得以盜其權耶？

措大

代稱士流爲醋大，言其峭醋而冠四人之首。一説衣冠儼然，黎庶望之，有不可犯之色，犯必有驗，比於醋而更驗，故云。或云往有士人，貧居新鄭之郊，以驢負醋巡邑而賣，復落魄不調，邑人指其醋駄而號之。新鄭多衣冠所居，因總被斯號。亦云鄭有醋溝，士流名家，其州溝之東尤多甲族，以甲乙叙之，故曰措大。愚以爲四説皆非也。醋宜作"措"，止言其能舉措大事而已。

寧馨

"馨"字，晉人以爲語助辭。《王衍傳》："何物老嫗，生此寧馨兒。"《世説》劉真長語桓温曰："使君如馨地，寧或鬭戰求勝？"王導與何次道語，舉手指地曰："正自爾馨。"王胡之雪中詣王螭，撥其手曰："冷如鬼手馨，强來捉人臂。"劉惔譏殷浩云："田舍兒强學人作爾馨語。"合此觀之，其爲語辭了然。唐劉禹錫詩"幾人猛省得寧馨"，得晉人語意。

阿買

晉宋人多稱"阿"，如云阿戎、阿連之類。或者謂此語起於曹操稱阿瞞。余觀漢武帝呼陳后爲阿嬌，知此語尚矣。設謂此婦人之稱，則問①以男子者如《漢殽阮碑陰》有阿奉、阿買、阿興等名？韓退之詩"阿買不

---

① "問"疑作"何"。

識字”，知“阿”字之語有自。

坐草

《世説》陳仲弓爲太丘長，民有在草不起子者，回車往治之。在草者，昔人謂生産曰坐草。

予余

《禮記·曲禮》“予一人”，鄭康成注云：“予、余古今字。”因鄭此説，學者遂皆讀“予”爲“余”。按：《爾雅》：“卬、吾、台、予、朕、身、甫、余、言，我也。”此則“予”之與“余”，音義皆訓我，非同字也。許慎《説文》：“予，相推予也。”“余，語之舒也。”各有意義，本非古今字別也。《詩》云：“徹彼桑土，綢繆牖户。今女下民，或敢侮予。”又：“其車既載，乃棄爾輔。載輸爾載，將伯助予。”又：“將恐將懼，惟予與汝。將安將樂，女轉棄予。”又：“羣公先正，則不我助。父母先祖，胡寧忍予。”《楚詞》云：“帝子降兮北渚，目眇眇兮愁予。”又：“總總兮九州，何壽夭兮在予。”又：“芳菲兮襲予孫，何以兮愁苦。”歷觀詞賦並無餘音。若以《書》云“予一人”，《禮》曰“余一人”，便以爲古今字。至如《夏書》云“台小子”，《禮》曰“予小子”，豈得便言台、予古今字耶。

居士

居士之號，釋氏用之，非始于釋也。《禮·玉藻》“居士錦帶”，注“謂道藝處士也”。《韓非子》“太公封於齊，東海上有居士任矞、華士兄弟，二人立議曰：‘吾不臣天子，不友諸侯，耕食掘飲，無求於人。’”是居士之名，三代有之矣。

傖父

《晉·左思傳》陸機入洛，欲爲《三都賦》，聞思作之，撫掌而笑，與弟書曰：'此間有傖父，欲作《三都賦》，須其成，當以覆醬①瓿耳。'"《漢書·賈誼傳》注："傖，仕庚反。晉灼曰：'吳人罵楚人之辭。'"

鯫生

《張良傳》："沛公曰：'鯫生說我，距關，毋納諸侯。'"服虔注曰："鯫生，小人也。"

小生

"小人"二字見於《左傳》。若"小生"則《漢書·朱雲傳》："小生欲相吏耶?"《張禹傳》"新學小生"，皆是責人之語。若自稱"小生"，則始于韓退之，《與孟東野寄孟幾道聯句》云："小生何足道?"又《酬司馬盧四兄雲夫院長望秋作》云："嗟我小生值強伴。"又呂和叔謂《海昏集序》云："不遠數千里，授簡小生。"

黃門

世有男子雖娶婦而終身無嗣育者，謂之天閹，世俗命之曰黃門。晉海西公嘗有此疾，北齊李庶生而天閹。《大般若經》載五種黃門云：梵言扇掃②半釋迦，唐言黃門。其類有五：一曰半釋迦，總名也，有男根，用而不生子。二曰伊利沙半釋迦，此云妬，謂行欲即發，不見即無，亦具男

---

① 《晉書·左思傳》"醬"作"酒"。
② "扇掃"當爲"扇搋"。

根，而不生子。三曰扇攄①半釋迦，謂本來男根不滿，亦不能生子。四曰博義②半釋迦，謂半月能男，半月不能男。五曰留挐半釋迦，此云割，謂被割刑。曰此五種黃門名，爲人中惡趣受身處。然《周禮·閹③人》鄭氏注云："閹，真氣〔閉〕藏者，④ 今謂之宦人。"是皆真氣不足所致耳。

鰥寡

《孝經注》："丈夫六十無妻曰矜，婦人五十無夫曰寡。"《詩》"至於矜寡"，又《詩》"何人不矜"，通作"鰥"。《釋名》云"愁悒不能寐，目常鰥鰥然，其字從魚，魚目恒不閉也。"

人物以義爲名

人物以義爲名者，其別最多。仗正道曰義，義師、義戰，是也。眾所尊戴者曰義，義帝是也。與眾共之曰義，義倉、義社、義田、義學、義役、義井之類是也。至行過人曰義，義士、義俠、義姑、義夫、義婦之類是也。自外入而非正者曰義，義父、義兒、義兄弟、義服之類是也。衣裳器物亦然，在首曰義髻，在衣曰義襴、義領，合中小合子曰義子之類是也。合眾物爲之，則有義漿、義墨、義酒。禽畜之賢，則有義犬、義烏、義鷹、義鶻。

男子稱寡

《白虎通》云："寡者少也，言少匹對耳。"《詩·鴻雁》毛傳"偏喪曰

---

① "扇攄"當爲"扇搋"。
② 《齊東野語》"義"作"又"。
③ 《周禮注疏》兩"閹"字皆作"奄"。
④ 《周禮注疏》"真"作"精"，并據補"閉"字。

寡”，此對例也。婦人無稱鰥之文，其男子亦稱寡，襄二十七年《左傳》曰：“崔杼生成及强而寡。”故《爾雅》：“無夫無婦並謂之寡。”

男子稱窈窕

自《詩》以“窈窕”詠淑女，遂止用于婦人，不知男子亦可稱窈〔窕〕①。《古樂府》焦仲卿妻“還家十餘日，縣令遣媒來。云有第三郎，窈窕世無雙”，可證已。

佋穆

佋穆，今文作昭〔穆〕②，《禮記·王制》“三昭三穆”，《大傳》“序以昭穆”，《孝經注疏》云：“昭，明也。穆，敬也。故昭南面，穆北面，孫從父坐。”《決疑要録》：“父南面曰昭，明也。子北面曰穆，順也。”或云：晉文帝名昭，故讀爲“韶”，《集韻》或作“玿”。又按：《説文》徐曰：“説者多言晉以前言昭，自晉文帝諱昭，故改‘昭穆’爲‘佋穆’。然據《説文》則爲‘韶’，又書作‘佋’。”則非晉以後改明矣。又毛氏曰：“李涪説，昭本如字，爲晉諱昭，改音‘韶’。”《佩觽集》曰：“按：《説文》自有佋穆字，以‘昭’爲‘佋’，蓋借音耳。”

考妣

《爾雅》：“父爲考，母爲妣。”郭璞既引《禮記》“生曰父、母、妻，終曰考、妣、嬪。”復援諸書以爲非生死之異稱，猶今謂兄爲晜、妹爲娓耳。筆此以俟考。

---

① 據文例補“窕”字。
② 據文例補“穆”字。

大人

今人自稱其父曰"大人"，然疏受對疏廣曰："從大人議。"則叔父亦可稱"大人"。滂將就誅，與母訣曰："大人割不忍之愛。"則母亦可稱"大人"。

俗稱

爹，徒可反，吳人謂父爲奢，却後復收入陟邪反，云巴人呼父爲爹。今吳人實稱爹，不稱奢也。按：唐中宗稱竇從一爲國奢，則京師人稱乳媼父實爲奢耳，豈吳音前後耶？閩人謂子曰囝，爲父曰郎罷。江右謂子曰崽崽，子改切。西南夷女人自稱曰娚徒，娚音陽。巴人自稱曰阿陽（陽者，我也）。

皇考

父没稱皇考，于《禮》本無見。《王制》言：天子五廟，曰考廟、王考廟、皇考廟、顯考廟、祖考廟。則皇考，曾祖之稱也。自屈原《離騷》稱"朕皇考曰伯庸"，則以皇考爲父。故晉司馬機爲《燕王告祔廟文》稱"敢昭告于皇考清惠亭侯"，後世遂因不改。漢議宣帝父稱，蔡義初請謚於悼，曰悼太子；魏相以爲宜稱尊號曰皇考。則皇考乃尊號之稱，非後世所得通用。然沿習已久，雖儒者亦不能自異也。

先子先君大人

今人稱先子、先君、先人爲父。然不獨父也，如曾西稱曾子曰："吾先子之所畏也。"則稱祖爲先子。子順曰："吾先君之相魯。"則稱六世祖爲先君。孔安國曰"先君孔子"，又曰"我先人用藏其家書于屋壁"，則

〔稱〕①十一世祖爲先君，五世祖子襄爲先人也。

家嚴主器

稱父曰“家嚴”，稱人長子“主器”，謂皆本于《易》。按：《易》《家人》之《象》曰：“家人有嚴君焉，父母之謂也。”則父雖稱嚴，母亦可以嚴稱矣。《序卦》於《震》之後曰：“主器者莫若鼎，故授之以鼎。”謂震爲長子可以主祭，非謂長子爲主器也。

桑梓

《詩·小弁》“維桑與梓，必恭敬止”，注疏及諸家皆謂父母所植。《野客叢書》則曰：“桑梓，人賴其用，故養而成之，莫肯殘毀，尚寓恭敬之道②，況父子相與。”豈特如人之親桑梓哉。經文解注義止於此，自宋至今，以父母之邦稱桑梓，不省所謂。

跨竈

子過其父爲跨竈，解者紛紛。聞邊檄中相馬者言：馬前蹄之上有兩空處名曰竈門，凡善走之馬，前蹄之痕印地，則後蹄之痕反在前蹄之先，故軍中人謂之跨過竈門。考之東西南北，率同此稱。夫跨從足，後步過前，似後人追過前人之意。以擬子父，於義爲協。

嶺南稱呼

嶺南風俗，相呼不以行第，唯以各人所生男女小名呼其父母。元豐

---

① 據文例補“稱”字。
② 《野客叢書》“道”作“意”。

中，賓州奏案，有民韋超，男名首，即呼韋超作父首，韋遨男名滿，即呼韋遨作父滿，韋全男①女名插娘，即呼韋全作父插，韋庶女名睡娘，即呼庶作父睡，妻作孀睡。

駙馬

皇女爲公主，其夫必拜駙馬都尉，故謂之駙馬。宗室女封郡主者，謂其夫爲郡馬，縣主者爲縣馬，不知何義。

尊號

尊號起於唐中宗稱應天神龍皇帝，後明皇稱開元神武皇帝，自後率如之。陸贄嘗以諫德宗。宗袞著《尊號録》一篇，繫以贊云："損之又損，天下歸仁。"蓋託諷焉。上即位，群臣凡再上尊號，率不許。

古諸侯

漢制：皇子封爲王者，其實古諸侯也。周末諸侯或稱王，而漢天子自以皇帝爲稱，故以王號加之，總名諸侯王。子弟封爲侯者，謂之諸侯。群臣異姓有功封者，謂之徹侯。後避武帝諱，改曰通侯。法律家皆曰列侯，功德優盛朝廷所異者賜位特進，位在三公下。其次朝侯，位次九卿下。皆平冕文衣，侍祠郊廟，稱侍祠侯。其次下士，但侍祠，無朝位。次小國侯，以肺腑宿衛親，公主子孫奉墳墓在京者，亦隨時見會，謂之猥朝侯也。

---

① "男"疑爲衍文。

譯者

譯者之稱，見《禮記》云：東方曰寄，言南方曰象，言西方曰狄鞮，北方曰譯。今北方謂之通事，南蕃海舶謂之唐帕，西方蠻猺謂之蒲乂（去聲），皆譯之名也。

札八

曹詠爲浙漕，一日問“汪王若爲對”，有唐永夫者曰：“可對曹漕。”詠以爲工。曾覬字純甫，偶歸正官蕭鸇巴來謁，既退，復一客至，其所狎也，因問曰：“蕭鸇巴可對何人？”客曰：“正可對曾鶉脯。”覬以爲嫚己，大怒，與之絶。然“鸇巴”，北人實謂之“札八”。

兒人通用

晉語“兒”“人”二字通用。《世説》載桓温行經王大將軍墓，望之曰：“可兒，可兒。”蓋謂“可人”也。故《晉書》及孫綽《與庾亮牋》皆以爲“可人”。又陶淵明不欲束帶見鄉里小兒，亦是以“小人”爲“小兒”耳，故《宋書》云“鄉里小人”。

子姓

今稱人子姪及自稱其子姪，非也。《禮·玉藻》：“縞冠玄武，子姓之冠也。”《注疏》《正義》：“姓，生也。孫是子之所生，故云子姓。”《漢書·田蚡傳》：“蚡爲諸曹郎，未貴，往來侍酒嬰所，跪起如子姓。”師古注曰：“姓，生也。言同子禮，若己所生。”經史不同，若此第無以爲子姪解者。又《左·昭》：“叔孫豹遇庚宗婦人，問其姓，對曰：‘余子長矣。'”注：“問有子否。”又孫皓弟瑾①，瑾母，李膺之姑也，瑾好學慕古言②，與膺齊名，膺祖修嘗言瑾，稱“我家姓③”。則又稱女之子爲姓矣。

兄伯

《爾雅》云：“《玉篇》妐音鍾，注：夫之兄也。”又夫之兄爲兄公，夫之姊爲女公。”郭璞注：“公④俗呼兄鍾，語之轉耳。”後注直“音鍾”。《禮記》兄公，于弟之妻則不能也。音鍾。⑤《容齋隨筆》云：“婦人呼夫之兄爲伯，於書無所載。”

阿茶

公、郡、縣主，官禁呼爲“宅家子”。蓋至尊以天下爲宅，四海爲家，不敢斥呼，故曰“宅家”，亦猶“陛下”之義。至公主已下則加“子”字，亦猶“帝子”也。又爲“阿宅家子”，阿，助詞也，急語乃以“宅家子”爲“茶子”。既亦云“阿茶子”，或削其“子”，遂曰“阿家”、曰“阿茶”。一說漢魏已來，宮中尊美之，呼曰“大家子”，今急，訛以“大”爲“宅”焉。

舍弟

兄稱弟曰舍弟，亦有所本。魏文帝《與鍾繇書》：“是以今舍弟子建，因荀仲茂，時從容喻鄙旨。”

---

① 《後漢書·鍾皓傳》“孫皓弟瑾”作“皓兄子瑾”。
② “言”爲衍文。
③ 《後漢書·鍾皓傳》“姓”作“性”。
④ “公”當作“今”。
⑤ “音鍾”二字疑爲衍文。

么豚

《文選》陸機賦："絃么徽急。"注："小也。"《爾雅·釋獸》云："么，幼。"注："最後生者，俗呼爲么豚也。"《前漢書》："么麽尚不及數子。"

雙生

雙生男女，或以後生者爲長，謂受胎在前；或以先生者爲長，謂先後當有序。然固有先兄一日，先兄一時者。按：《春秋公羊傳》隱公元年"立嫡立子"之説，何休注云："子，謂左右媵及姪娣之子，質家親親先立娣，文家尊尊先立姪。其雙生也，質家據見在立先生，文家據本意立後生。"乃知長幼之次，自商、周以來不同如此。

生子紿

俗生男，必紿云女，女紿云男。意者以其形新魄怯，慮鬼物知而必攝，不欲誠告耳。遡其由，高齊斛律皇后生女，苟欲悦后兄光意，詐稱生男，大赦。後大臣家效之，漸至成風，今爲忌諱也。

常棣

"常棣之華"，《小雅》第四篇，燕兄弟詩也。"唐棣之華"，逸詩也。今人論兄弟事，多引常棣爲言。而因"常"誤"唐"，有書爲"唐棣"者，不知常棣，棣也，子如櫻桃，可食；唐棣，栘也，似白楊。凡木之華，皆先合而後開，惟此華先開而後合，故曰"偏其反"，而反則不相親矣，豈可比兄弟？

庶子言公

《儀禮·喪服傳》："諸侯之子稱公子，公子之子稱公孫。"注疏："諸侯之子，適適相承象賢，旁支庶已下，並爲諸侯，所絕〔不得稱諸侯子，〕①故變名公子。按：《檀弓》注：'庶子言公，卑遠之。'是以子與孫皆言公，見疏遠之義也。"

姑侄

侄本妻兄弟之女，古者諸侯之女，嫁與諸侯，以娣侄從。《左傳》云"侄其從姑"是已。今人稱兄弟之子爲侄，不知誤自何時？唐狄仁傑諫武后云："姑侄與母子孰親？"姑侄〔始〕②見於此，然猶稱武姓之子爲侄，對姑而言之耳。此字隨俗稱呼則可，若施之文，不若稱從子、族子爲愈。

公主稱妾

唐公主《表》稱"妾李"，是可笑矣。嘗見宋馮翊郡君速氏、德妃苗氏《表》，皆稱"妾逮侍先朝"，或言備數先朝，以先朝嬪御稱妾於嗣主，蓋仍唐舊也。

良人

古今婦人稱夫曰"良人"。先秦之世，固爲君子通稱，不獨可施於夫人也。《呂氏·紀·序意》曰："秋甲子朔，朔之日，良人請問《十二紀》。"注："良人，君子也。"

---

① 據《儀禮注疏》補"不得稱諸侯子"六字。
② 據《菽園雜記》補"始"字。

丈夫

《禮》："十尺曰丈，男子成人之極也。"夫者，膚也，言其智膚敏弘教[1]也。愚思"丈"字訓在先，"膚"字訓在後，未必爾也。

藁砧

《古樂府》："藁砧今何在，山上更安山。何時大刀頭，破鏡飛上天。"此秦漢間隱語，唐宋所謂謎。自元人詞曲以"藁砧"爲夫，今稱夫曰"藁砧"，殊晦。況言"砧"必言"鈇"，鈇，本鈇鑕，而借爲夫，意尤不美。

渭陽

徵舅氏事必用"渭陽"，考之齊楊愔幼時，其舅源子恭問讀《詩》至《渭陽》未，愔便號泣。又"思戀"字亦不可輕用。其義類此，故附說之，亦見《詩》矣。

先輩

今人"先輩"誤作"前輩"，非也。後試稱先試而得第者爲"先輩""前進士"云者，猶曰早得進士，其輩行在先也。此《演繁露》語。按：《澠水燕談》："蘇德詳，漢相禹珪之子，建隆四年進士第一人登第，伶人作致語曰：'昔年隨侍，嘗爲宰相郎君；今日登科，又是狀元先輩。'"又溫公《勸學歌》："一朝雲路果然登，姓名亞等呼先輩。"先輩，猶前名也。又王直方《詩話》："蕭貫嘗夢至宮庭中賦詩，有一人曰：先輩異日必貴。"

---

① 《風俗通》"教"作"毅"。

又《春渚紀聞》載棋待詔劉仲甫聞祝不疑先輩名品高，着人傳今秋來試南省。若以二家所載觀之，則以先輩爲稱呼，決非前輩之比。又韋莊《浣花集》有《癸丑年不第獻新先輩》詩，又《墨客揮犀》言今人於榜下擇壻，號曰“臠壻”，有一新先輩少年爲貴家所慕。又彭應來有《賀新先輩及第》詩：“回頭應念差池者，重待陽和振羽毛。”若以爲長上先生，則安得加一“新”字？又《摭言》載牛僧孺應舉時，韓愈、皇甫湜見之，稱牛爲即①先輩。又田表聖錫《咸平集·與胡旦書》云：“秀才即先輩。”乃即日可爲先輩也，其義甚明。

秀才

漢吳公聞賈誼秀才名，召置門下，“秀才”之名始此。光武名秀，改爲“茂才”。用修引趙武靈王議胡服云：“俗辟民易，則是吳越無秀才也。”不知元本作“秀士”。

先生

先生亦有單稱一字者。叔孫通與諸弟子共爲朝儀，曰：“叔孫生，聖人也。”梅福曰：“叔孫先，非不忠也。”《張釋之龔遂等傳》所謂王生結襪，公卿數言鄧先、張談先，皆此意。賈誼《新書》載，懷王問賈君曰：“人謂知道者爲先生，何也？”賈曰：“此博號也。上者在主，中者在卿大夫，下者在布衣之士，乃其正名。或②爲先生，爲先醒也。”取其俱醉獨醒之義。

足下

士人相呼足下。按：嵇含《草木狀》：“木履起于晉文公時，介之推

---

① “即”當作“鄉”。
② 賈誼《新書·先醒》“或”作“非”。

逃禄自隱，抱樹而死。公撫木哀嘆，遂以爲履。每思從亡之功，輒俯視其履曰：'悲乎足下！'足下之稱，亦自此始。"

不佞

書尺稱"不佞"，意謂不敢諂佞，非也。《左》"臣不佞"，漢文帝"寡人不佞"，注："才也。"《論》"祝鮀之佞"亦然，蓋古字通用。

丈人

呼丈人爲"泰山"，或謂泰山有丈人峰，故云。據《雜俎》載，唐明皇東封，張説其壻鄭鎰因説遷五品，黄番綽曰："泰山之力也。"其説如此。後山《送外舅》詩"丈人東南英"，〔"丈人"〕①字，俗以爲婦翁之稱。余觀《三國志》裴松之注，"獻帝舅車騎將軍董"句下，謂"古無'丈人'之名，故謂之舅"。則"丈人"之稱，已見宋元嘉時矣。孫持正云："泰山有丈人峰。"似亦有理。呼妻母爲"泰水"，何義耶？晉樂廣，衛玠妻父也，所謂"嶽丈"，或當云"樂丈"耳。

父客

父之友爲"執"，則父之賓客宜何稱？按《史記·張耳傳》："外黄女亡其夫，去抵父客。"《漢·吴王濞傳》"周亞夫父絳侯客"。東坡贈王定國詩"西來故父客"，正用此耳。父客字新。

惡客

酣飲盛食者爲惡客，非也。古人飲必盡懽，政以不飲爲惡客耳。唐

---

① 據《野客叢書》補"丈人"二字。

元次山惡人不飲酒者，以詩罵之曰："將船何處去，暫送小回南。有時逢惡客，還家亦少酣。"宋黃魯直贈人不飲酒詩云："破卯扶頭把一杯，燈前風味喚人①回。高陽社裏如相訪，不用閒携惡客來。"古今人不相及，觀此可知。

東道主人

《左傳》有"倚②鄭爲東道主"之言。後漢光武謂耿弇、鄧晨等皆曰"北道主人"。《北史》魏孝武謂咸陽王曰："昨得汝主簿爲南道主人。"於是又有"南道主人"之説。史傳之間獨未聞"西道主"之説耳。又觀《趙肅傳》，獨孤信東討，肅監督糧儲，軍用不竭，魏③文帝謂人曰："趙肅可謂洛陽主人也。"又有"洛陽主人"之説。

化益

《世本》云："化益作井。"宋衷曰："化益，伯益也。"

庭堅

庭堅，皋陶字也。《左》曰："皋陶庭堅不祀，忽諸。"既曰"皋陶"，又曰"庭堅"，似兩人矣。注："蓼爲皋陶後。"

孔廟弟子

孔廟弟子配享，隋以前惟顏子一人。東漢時雖嘗祀七十二弟子，不

---

① "黃庭堅《戲招飲客解酲》"人"作"仍"。
② 《左傳·僖公三十年》"倚"作"以"。
③ 《北史·趙肅傳》"魏"作"周"。

出闕里。唐開元中追贈十哲及七十子爵號，天下自是始並從祀。按：《史記·仲尼弟子列傳》："受業身通者七十有七人。"《索隱》曰："《家語》亦有七十七人。"《史記》有公伯寮、秦冉、鄡單，《家語》不載，別有琴牢、陳亢、懸豐，當此三人之數，然今世傳《家語》止得七十五人。《史記》所有鄭國、申黨、顏何，《家語》不載，而載薛邦、申續。又《史記》之所無者，杜佑《通典》載開元贈典，自《史記》七十七人外，又有蘧瑗、林放、陳亢、申根、琴牢、琴張六人。宋祥符大觀中加封從祀，除去琴牢，餘並因之。懸豐，今《家語》作"懸亶"，字子象。《禮記·檀弓篇》"縣子"疑即其人，而祀典今不及焉。《家語》薛邦字子徒，申續字子周，與《史記》載鄭國、申黨同字，此則邦即國也，續即黨也，與琴張自是一人，傳者之訛爾。《論語釋文》"申根"，鄭康成云："蓋孔子弟子申續。"《史記》云申棠字周，《家語》云申續字同[①]，今《史記》以"棠"爲"黨"，以"續"爲"績"，其爲訛寫無疑。後漢王政云："有羔羊之潔，無申棠之欲。"是以根爲棠也。《史記索隱》謂文翁圖有申根，今圖有黨無根，是以黨爲根也。唐宋加封，申黨、申根俱列從祀，一人而爲二人。薛邦之爲鄭國，姓氏猶頗相遠，二申猶二琴也。不祀薛邦而二申復並祀焉，不已瀆乎。

公輸子

自注《孟子》者曰"公輸子名班，魯之巧人也"，世盡以爲一人耳。後閱《太平廣記》載：魯班，燉煌人，莫詳年代，巧侔造化於涼州，造浮圖作木鳶，每擊楔三下，乘之以歸。又六國時有公輸班爲木鳶，以窺宋城。似若兩人，未敢決。及讀古樂府《艷歌行》："誰能刻鏤此，公輸與魯班。"則以爲一人者誤矣。

---

① "同"當作"周"，《孔子家語·七十二弟子解》"申續，字子周"。

段干

《唐書·宗室世系表》叙"李耳字伯陽，一字聃，其後有李宗者，魏封於段干"，按：《史記》老聃之子宗爲魏將，封於段干。《抱朴子》亦云。審此段干，乃邑名耳。然《孟子》有段干木，《列子》有段干生，《史記·魏世家》有段干子，《田敬仲世家》有段干朋，《戰國策》有段干綸、段干崇、段干越人，意者因邑以爲姓，故木與朋，綸與崇、越人，皆其名，而子與生，則男子之通稱耳。《風俗通·姓氏注》以爲姓段名干木，恐或失之。蓋戰國時，自有段規。疑段與段干自别。若是《唐史》之説，則段干木姓李名宗，爲魏將有功，封於段干。若如史遷、葛洪之言，則段干木之言①，魏文侯所以師而敬之者，恐别一人耳。

計然

《貨殖傳》："粤②王用范蠡、計然，遂報彊吴。"孟康注："姓計名然，越臣也。"蔡謨曰："'計然'者，范蠡所著書篇名耳，非人也。"顔師古曰："一名計研，班固《賓戲》'研、桑心計于無垠'，用此。"《吴越春秋》及《越絶書》並作"計倪"。又馬總《意林》："計然者，葵丘濮上一人，姓辛，字文子。"

百里奚

《路史》注曰："子牙之後，井氏。晉滅虞，執其大夫井伯，奚媵於虞，邑于百里也。"此百里奚又一異聞。

---

① 《齊東野語》卷一"言"作"賢"。
② "粤"當作"越"。

項伯

魏垍山溪得一磚刻云："項伯無子，七女造槨。"酈道元云："世人疑是項伯冢。"按：《史記》："項伯名纏，封射陽侯，子睢封，後以罪除；平皋侯名它，碭郡長，至曾孫勝罪除；桃侯襄最後，封子舍爲丞相。"四侯中玄武侯者，《史記》《漢書·年表》俱遺之，然則所謂"項伯無子，七女造冢"，皆妄也。班《表》以桃侯爲桃安侯，不言項伯名纏。應劭《風俗通》謂六年封楚令尹項纏射陽侯，碭郡長項他爲邢丘侯。邢丘、桃安，恐不如《史記》之的。

張良

漢張良本姬姓，因始皇索之急，改張氏，見《氏族考》，而《史》不載。黄初平易姓爲赤，號赤松子，非子房願遊之赤松也。今金華有石刻赤松子像，甚奇，正初平叱羊處。

又

張子房之字也，予以爲是馬之良而上應房之宿也。曾見一先輩言是良禾之房。孫仲謀之字，非權謀之謂也，權屬冬作，謀爲《洪範》之數，見《律曆志》。若漢孟縱之字河洛，周儀之字帛民，歐陽公亦疑之矣。

四皓黄綺

漢刻四皓神像，一曰園公，二曰綺里季，三曰夏黄公，四曰角里先生，自畢文簡，謂綺里季夏當爲一人，黄公則別一人。杜詩云"黄綺終辭漢"，王逸少有《想黄綺帖》，陶詩云"黄綺之南山"，又云"且當從黄綺"，《南史》記李①緒辭梁武之召云："周德雖興，夷齊不厭薇蕨；漢道方盛，黃綺無間②山林。"蓋各以首一字呼之，於是後皆以文簡爲據。

又

昔人論四皓，或云園、綺，或云綺、夏，亦未必盡舉首一字。淵明自讀作綺里季、夏，不可知。周燮曰："追綺季之迹。"又有曰綺里先生，季其字也。則是爲夏黃公，益可信也。

園公

《風俗通》紀楚鬻熊之後爲圈。鄭穆公之子圈，其後爲姓。至秦博士逃難，乃改爲園。《陳留風俗記》乃圈稱所撰，蓋圈公自是秦博士。周庚以嘗居圈中，故謂之圈公。③《陳留志》謂圈公名秉，字宜明。蔡伯喈集有圈典，魏有圈文生，皆其後也。

禄里

古字"禄"與"角"字通用，故《樂書》作"觮"，鄭康成于《禮書》"角"皆作"禄"，《陳留志》則又作"角"，唐李涪嘗辨之矣。

董仲舒

世謂董仲舒爲董永子。永，千乘人，奉父避亂安陸，仲舒廣川人，兩不相涉，豈以永子名仲而誤耶。董仲善道術，雲杜多虵，仲書符於石

---

① "李"當作"孝"，見《南史·隱逸傳》。
② "間"當作"悶"，見《南史·隱逸傳》。
③ 《齊東野語》卷五"圈中"作"園中"，"謂之圈公"作"謂之園公"。

以鎮之，遂絶。人謂爲織女生，故多靈異。

范丹

范丹，《滕誌》作"范冄"（音枏）。焦弱侯亦曰：觀其字史雲，則名丹無疑。

萬石君

石奮號萬石君。馮揚，宣帝時爲弘農太守，八子皆二千石，號萬石君。東漢秦彭與群從同時爲二千石者五人，三輔號萬石秦氏。唐張文瓘，高宗時爲侍中，四子皆至三品，人謂之萬石張家。又西漢嚴延年兄弟五人皆至大官，東海號其母曰萬石嚴嫗。

干于

干，本姓邗，周叔王邗叔之後。作《搜神記》者乃干，非于也。

宋衷

宋衷，晉人也。宋音森，李鼎祚《易解》引之，今《易解》刻本作宋衷。

蔡襲

昔人謂蔡邕無子，《邕傳》亦不言有子無子，書悉以授王粲。按：《羊祜傳》，祜，蔡邕外孫，景獻皇后同母弟，祜討逆有功，將進爵土，乞以賜舅子蔡襲，詔封襲關內侯，然則邕實有子，其女亦不止文姬，可補《傳》缺。

禹名

《史記》"禹名文命"。孔安國曰"名禹"。張晏曰"字禹"。《世本》"鯀娶有辛氏女，謂之曰女志，是生高密"，則高密又爲禹之名矣。宋忠曰："高密，禹所封國。"《世紀》"鯀妻修己吞神珠薏苡而生禹，名文命，字密。"《藝苑卮言》又云"成湯字高密"，見《帝王世紀》。未知孰是。

彭祖

《卮言》"彭祖姓籛名鏗"，見《論語疏》。按：《史記注》"名翦，爲彭姓"，則是彭祖以彭爲姓，而籛鏗爲名也。籛即翦，音同。

接輿

接輿，人言陸通，愚以爲非也。漢有接昕，接固姓耳。長沮，余亦以爲姓長名沮也。《高士傳》言張良錐擊始皇改姓爲長，當時必有長姓，故良變之，如無其姓，則創姓爲長，是自明也。又按：接姓不始於漢，《莊子》有云："季真之末①爲，接子之或使。"則戰國時已有此姓，何獨於輿而疑之。

柳下惠

柳下惠，姓展名獲字禽，注《國語》者作名禽字季，誤。

---

① 《莊子·則陽》"末"作"莫"。

墨台

《餘冬序録》孤竹君姓墨名台，見《孔叢子》注。伯夷名允，一名元，字公信，叔齊名智，字公達，見《論語疏》。仲子名伯遼，見周曇《詠史詩》，當作仲遼。考《路史》："伊列舟駘淳戲怡、向州、薄原①、隋紀，皆姜國也。禹有天下，封怡以紹列山，是爲默台。成湯之初，析之離支，是爲孤竹。"本此，則默台在禹時已封，不應至周時尚在，爲夷齊父也。及考《韓詩外傳》，二子父名初，字子朝。《路史》亦曰"父初"，則墨台爲複姓，而夷齊父自名初耳，何子容已失考。《卮言》亦不是正，何也？又羅萃云："叔齊名致字公遠。"與《春秋少陽篇》"名智，字公達"不同。仲子，據《路史》名馮，據《夷齊志》名遠字公望，亦與周曇《詠史詩》異。

子産

《卮言》："子産一名'美'"。嘗讀《梁溪漫志》東坡《和潛師放魚》詩："況逢孟簡對盧仝，不怕校人欺子美。"或云：子産非子美也。《左氏》杜預：子産一字子美。然則名"美"亦誤。《仲長統傳》"國子流遺愛之涕"，注："國子即子産也。鄭穆公子國之子，因以爲姓。"據此，則子産可稱國子美矣。

揚雄

《華陽國志》傳楊子雲姓從才，不從木。常璩以蜀人談蜀，故必有據。余讀班固書，原從才，觀者忽之耳。《後漢書》於《楊震傳》注內有揚雄從才之説。

---

① 《路史》"原"作"甘"。

童烏

童烏，舊説謂揚子雲小名。一説謂"吾家之童"爲一句，"烏"連"乎"字讀，謂嘆聲也，似亦有理。按：後漢《鄭固碑》："大男有揚烏之才，年七歲而夭。"蘇順賦："童烏何壽之不將。"是時去子雲未遠，所舉想不謬。又《南史》王詢亦小字"童烏"。

二十八將

後漢二十八將名次不可曉，第一人鄧禹，顯者也；第二人馬成，無聞焉；第三人吳漢，顯者也；第四人王梁，無聞；第五人賈復，顯者也；第六人陳俊，無聞；第七人耿弇，顯者也；第八人杜茂，無聞。首尾皆然，立功次序不應相間襍如此。薛伯宣常州云："舊本《漢書》兩重排列，上一重鄧禹居首，次吳漢，次賈復，次耿弇；下一重馬成，次王梁，次陳俊，次杜茂。後人重刊，遂錯誤。"此極有理。范曄論云："其外又有王常、李通、竇融、卓茂，合三十二人。"今本乃以王常、臧宮、李通、馬武、竇融、卓茂爲序，則將上下重誤合而爲一矣。

何次公

《筆談》云："景祐中，審刑院斷獄，有使臣何次公具獄。上忽曰：此人名'次公'何義？龐莊敏公對曰：《前漢書》黃霸字次公，蓋以'霸'次'王'也。"然蓋寬饒字次公，魏丞相所謂"次公醒而狂"。又有張次公、桓次公者，奚獨伯哉。大都如仲卿、次君云云。龐謂"伯"次"王"，鑿矣！

張長公

唐詩中多用張長公事，如陳子昂詩："世道不相容，嗟嗟張長公。"

此蓋言張釋之子耳。釋之子名摯，字長公，隱而不仕，見推於時。據《南史》，又有一張長公，簡文帝開文德省，置學士，以吳郡張長公與庾肩吾充其選，則是有兩張長公矣。長公者，猶言長卿、長君耳，前漢人往往如此。張長公之名，自陶淵明發之。

鍾元常

晉鍾繇字元常，繇字音遥，取《皋繇謨》"彰厥有常"之義。故《世説》庾公謂鍾會曰："何以久望卿遥遥不至。"蓋舉其父諱戲之。今論法帖者通作"由"，謬矣。繇，音胄。《韻會》注："占辭，謂卦兆辭也。"《左傳》用"繇曰"甚多。《漢書》"大橫"，占曰："大橫庚庚。"注："占，謂其繇也。本作籀。籀，書也，謂讀卜詞。"今人不知有繇字，謬書爲繇，又謬。

沙陀

李克用出於西突厥，本號朱耶，更號沙陀，而以朱耶爲姓，父名赤心。唐宣宗賜姓李，預①鄭王屬籍。沙陀者，北庭之大磧也。石敬塘②本出西夷，其父臬捩雞從朱耶入唐，而妄祖石碏、石奮，與朱温之祖虞臣朱虎，皆何據焉。劉智遠亦自沙陀，然則五代之君多胡人也。

三蘇李四李杜

蘇武、李陵，世稱蘇李。唐蘇味道、李嶠，蘇頲、李乂，當時亦皆稱蘇李，是三蘇李也。李白、杜甫，世稱李杜。漢李固、杜喬，李雲、杜衆，李膺、杜密，當時亦皆稱李杜，是四李杜也。

---

① 《新唐書·宰相世系表》"預"作"附"。
② "塘"當作"瑭"。

五寶

五寶。在唐則左拾遺叔向子：國子祭酒，常；司業，牟；容管經略，群；婺州刺史，庠；武昌節度使，鞏。在宋則諫議大夫禹鈞子：端明學士，儀；禮部侍郎，儼；起居郎，侃；參知政事，偁；補闕，僖。今但知燕山事。

三明

漢名士稱“涼州三明”：太尉段熲，紀明；度遼將軍皇甫規，威明；大司農張奐，然明也。出一時，以為奇矣。晉南渡而後，瑯邪諸葛恢，潁川荀闓，陳留蔡謨，俱字道明，而皆有名，號“中興三明”。人之為語曰：“京都三明各有名，蔡氏儒雅諸葛清。”然則前後有兩“三明”，而後則字俱同，前則同郡，各奇也。

十八學士

閻博陵畫唐秦府十八學士，各有真贊，亦唐人書，多與舊史不同。姚東，字思廉，舊史姚思廉字簡之。蘇臺、陸元明、薛莊，《唐書》皆以字為名。李元道、蓋文達、于志寧、許敬宗、劉孝孫、蔡允恭，《唐書》皆不書字。房玄齡字喬年，《唐書》乃房喬字玄齡。孔穎達字穎達，《唐書》字仲達。蘇典籤名從日，《唐書》乃從日從助。許敬宗、薛莊，官皆直記室，《唐書》乃攝記室。蓋《唐書》成於後人之手，所傳容有訛謬，此乃當時所記也。以舊史考之，魏鄭公對太宗云：“目如懸鈴者佳。”則玄齡果名，非字也。蘇世長，太宗召對真武門問云：“卿何名長意短？”後乃為學士，似為學士時，方更名耳。

員半千

《古姓纂·員半千狀》云："本姓劉氏，彭城興星[①]人，宋宗室營陵侯劉遵考，子起部郎中凝之。後宋之禪，因留北，魏太武以忠諫比伍員，改姓員氏，〔賜名〕[②]懷遠，六代孫半千。"《姓譜》："《南史》宋有劉凝之，因留北魏，慕伍員忠烈，改姓員氏，太武帝賜名懷遠。"按：《宋書》營浦侯遵考，武帝族弟，非營陵也。子澄之、琨之，亦無凝之。魏太武燾終于文帝元嘉二十八年，齊受禪在順帝昇明三年，魏孝文之太和三年也，相去已二十九年矣。《南史·隱逸傳》劉凝之答臨川、衡陽二王書曰：頓首稱僕，不修民禮。卒於元嘉二十五年，其史具在可考也。乃《姓纂》謂太武以忠諫比伍員，《姓譜》謂凝之慕員改姓，著述之家俱相承而辨焉。然則姓氏之書，詎可憑耶？鄭樵《通志·氏族略》前涼有安夷人員半千，不及唐之半千，豈其誤耶？

杜文貞

元美云："偶閱張伯禹《贈紐憐太監詩跋》云：曾疏請以蜀文翁之石室，楊雄之墨池，杜甫之草堂，皆列祀典。又爲甫請得賜謚曰'文貞'。"《虞奎張[③]集》紀其事。按：《元史》有《紐憐傳》，不載此事。又杜甫謚"文貞"，亦出奇聞。

李拾遺

李白在翰林裏供奉如待詔之，云非有官也。上嘗三欲命白官，爲中官所捍而止。宋中丞薦于聖真二年："一命不霑，四海稱屈，得非命

---

① 《元和姓纂》"興星"作"綏興里"。
② 據《元和姓纂》補"賜名"二字。
③ "張"當作"章"。

歟。"代宗廣拔淹瘁，時白亦拜拾遺，聞命之後，白亦逝矣。然則李、杜皆拾遺也。

池魚

城門火而池魚禍。以意推之，當是城門失火，以池水救之，池竭而魚死也。白樂天詩："火發城頭魚水裏，救火竭池魚失水。"然《廣韻》池字韻注云："池，水沼也。"古有姓池名仲魚者，城門失火燒死，諺曰"殃及池魚"，此當有據。

涪翁

《復齋漫録》山谷謫涪州別駕，自號涪翁。按：《耆舊傳》廣陵有老翁釣於涪水，自號涪翁。然則古有之矣。

東坡

今世稱"三蘇"，曰老泉、東坡、潁濱。《石林燕語》則云："蘇子瞻謫黃州，號'東坡居士'，東坡其所居地也。晚又號'老泉山人'，以眉山先塋有老翁泉，故云。"

第七卷　人物下

王姬

周，姬姓，故皇女皆稱姬。南朝人士皆謂姬人，如蕭綸《見姬人》詩：“狂夫不妬妾，隨意可①還家。”劉孝綽《詠姬人未出》詩：“帷開見釵影，簾動聞釧聲。”梁王僧孺《爲姬人怨》詩：“憑君與妾扇，歸妾與君裘。”江總《爲姬人怨服》詩云：“妾家邯鄲好輕薄，特忿仙童一丸藥。”乃後世相承，遂以姬爲婦人通稱。以戚夫人爲戚姬，虞美人爲虞姬，則自漢以來失之矣。

公主

天子不親主婚，故謂之公主。諸王即自主婚，故其女曰翁主，亦曰王主。葉石林曰：“自六朝以後，侯有封縣主、郡主者，則主非主婚之名，蓋尊稱，猶言縣君、郡君爾。”劉攽曰：“公主之稱，本出秦舊，男爲公子，女爲公主。古者大夫妻稱主，故以公配之。若謂同姓主之，故謂之公主，古之嫁女當如周使大夫主之，何不謂之夫主乎？然則王主者，猶言王子也。翁主者，緣公而生耳。”

婕妤

婕妤，《史記索隱》訓婕爲承，妤爲佐，字本皆從人。大抵古人取

---

① “可”當作“晚”。

訓，各以其意適然者，而字多從省。蓋倢，捷也，乃相承敏捷之意，字從省，去才①。伃爲相予，則訓佐理亦宜。後以爲婦職，因易人爲女。

士女

《詩·既醉》之章"釐以士女"，注云："女有士行也。"今世俗語，凡畫美婦皆曰士女。

阿環

楊太真小字玉環，故古今詩人多以阿環稱之。按：李義山："十八年來墮世間，瑤池歸夢碧桃閑。如何漢殿穿針夜，又向窻中覰玉②環。"荆公詩云："瑤池森③漫阿環家。"又云："且當呼阿環，乘興④弄滇渤。"則是以西王母爲阿環也。按：西王母降漢庭，遣侍女與上元夫人，答云："阿環再拜上問起居。"然則上元婦人亦名阿環耶。

阿婦

古人多言"阿"字，如秦皇阿房宮，漢武阿嬌金屋。晉尤甚，阿戎、阿連等語極多。唐人號武后爲"阿武婆"。婦人無名，第以姓加"阿"字，今之官府婦人供狀皆云。

阿負

《高帝紀》"常從武負貰酒"，如淳曰："武，姓也。俗謂老夫⑤母爲

---

① "才"當作"扌"。
② 李商隱《曼倩辭》"玉"作"阿"。
③ 王安石《讀眉山集次韻雪詩》"森"作"淼"。
④ 王安石《古意》"興"作"輿"。
⑤ "夫"當作"大"。

阿負。"師古曰："古語謂老姥爲負。"又《周亞夫傳》"許負相之"，應劭曰："許負，河内老嫗也。"

細君

妻曰細君，本自《東方朔傳》"歸遺細君"之語，不知顏師古注：東方朔妻名細君也。又有烏孫公主劉細君，漢樊崇字細君，唐博士姓細名君。細君多矣，俱不以爲名稱。

媽媽

北地馬群，每一牡將十餘牝而行，牝皆隨牡而不入它群。《易》之《坤卦》云："利牝馬之貞。"蓋謂此也。今人稱婦人爲媽媽，亦是此意。螳亦不入他群，故呼爲馬螳。

泰夫人

漢碑有書"太夫人"爲"泰夫人"。余謂漢人多書"太"爲"泰"，如《前漢書》泰平、泰一、泰甚之類是也。范曄避家諱，故《後漢書》皆書"泰"爲"太"，如郭泰、鄭泰爲郭太、鄭太是也。漢碑以此。

封母

政①事：臣僚封贈母、祖母，不問生殁，並加"太"字，曰太夫人、太君。政和間，待制劉安上建言："太者，事生之尊稱也。封母而別之，

---

① 《却掃編》"政"作"故"。

所以致別於其婦。既殁，並祭于夫，若加之尊稱，則是以尊臨其夫也。"
於是追封始不復稱"太"云。按：帝者之祖〔母〕①稱太皇太后，稱世皇
太后。既升祔，止稱皇后，正此。

女稱公子

女稱公子。莊元年《公羊傳》説"築王姬之館"云："於群公子之舍，
則以卑矣。"是諸侯之女稱公子也。又女稱童女②，《喪服小記》注云：
"女子子在室，亦童子也。"

嬸妗

嬸妗字非古，吳音世母合而爲嬸，舅母合而爲妗耳，此説最是。
今吳中鄉婦呼阿母，聲急則合而爲黪，輕疎之子呼先生二字，合而爲
襄，但未有此字耳。又如前人謂語助"爾"，即而已字反切。《楚辭》
"些"，即娑訶字反切。以類推之，蜀人以筆爲不律，吳人以孔爲窟嚨，
皆然。

娣姒

世以兄妻呼弟婦爲娣，弟婦呼兄妻爲姒，非也。《公羊傳》："娣者
何？弟也。"是以"弟"解"娣"，自當以"長"解"姒"。長謂身之年長，非
夫之年長也。《左》成十一年穆姜謂申③伯之母爲"姒"，昭八年叔向之嫂
謂叔向之妻爲"姒"，二者豈計夫之長幼乎？

---

① 據文義補"母"字。
② "女"當爲衍文。
③ 《左傳·成公十一年》"申"作"聲"。

姐

婦女以姐爲稱，記曰："女①"字或作"姐"，古字價②借也。子也切。近世多稱女兄爲姐，蓋尊之也。

萱堂

母爲北堂萱，蓋祖《毛詩·伯兮》詩"焉得諼草，言樹之背"，按：《注》："諼草，令人忘憂。背，北堂也。"北堂幽陰之地，可以種萱，不知何以遂相承爲母事。《儀禮·昏禮》"婦洗在北堂"，何獨母哉？至詩人用萱，如江淹、何遜、聶夷中，又別有義。

兩莫愁

莫愁者，郢州石城人，今郢有莫愁村。《唐書·樂志》："《莫愁樂》者，出於石城，石城有女子名莫愁。"是也。李義山詩："如何四紀爲天子，不及盧家有莫愁。"此莫愁者，洛陽人，梁武帝《河中之歌》曰"河中之水向東流，洛陽兒女名莫愁"者是也。近世周美〔成〕樂府《西河》一闋，專詠金陵，所云"莫愁艇子曾擊③"之語，豈非誤指石頭城爲石城乎？

毛嬙西施

注《莊子》云："毛嬙、麗姬，人之所美也。"《釋音》注司馬彪云："毛嬙，古美女，一云越王美姬也。麗姬，晉獻公嬖之以爲夫人。"崔譔本作"西施"。又《慎子》云："毛嬙、西施，天下之至姣也。"按：《左氏

① 《能改齋漫録》卷二"女"作"嬬"。
② "價"當作"假"。
③ "擊"當作"繫"。

傳》越之滅吳，在魯哀公二十二年。《史記·表》晉獻公五年，伐驪戎，得驪姬，是歲己酉也，至魏惠王之元年三百七年。若以毛嬙爲越王美姬，又與驪姬非同時，而崔譔以驪姬爲西施，故以爲近。又西施，人皆謂越之獻吳者，然予讀《管子·小稱篇》有云："毛嬙、西施，天下之美人也。"自管子至吳越，計二百一十三年，如果一西施，不應先及。

曹大家

《後漢書》："曹世叔妻，班彪之女，名昭，字惠姬，和帝數召入宮，令皇后、貴人師事之，號曰大家。""家"音"姑"，家者，尊長之稱，如婦于姑之義也。稱"家"爲"姑"，一見于此，再見於唐，即"大家"耳。田藝衡《日札》乃謂"大家"有五，附會其不似者何必爾。

少艾

艾，美好之貌，今以幼而美者曰少艾，徧考經籍及字書，俱無此訓。《説文》："艾，老也，長也。"《曲禮》："五十曰艾。"則艾誠長老之稱矣。宋人《示兒編》原孟子之言，即《荀子》"妻子具而孝衰于親"之義。人少，少去聲；慕少，少當上聲。艾讀如"來夜未艾"之"艾"，止也。又程氏《考古》亦曰："艾當爲乂，何等痛快。"

三老五更

《史正義》《百官表》："十里一亭，亭有長，十亭一鄉，鄉有三老掌教化。"皆秦制也。漢立三老五更，當別有見。用修引《列子》云："禾生、伯子出行，經坰①外，宿于田更。"更訓老，老而更事也。漢立三老五更，

---

① 《列子·黄帝》"伯子"作"子伯"、"坰"作"垌"。

義取此。張湛注《列子》乃云"更"當作"叟"，誤。然蔡邕云："'更'當爲'叟'，老人之稱也。"已先言之矣。

老皤

蜀人謂老爲"皤"，音"波"，取"皤皤黃髮"義。後有賊王小皤作亂，今國史乃作"小波"，非是。

捭闔

"捭"音"擺"，《韻會》注："闔也。"《廣韻》："撥也。"《鬼谷子》書三卷，首有《捭闔篇》，戰國捭闔揣摩。捭之者，開也。闔之者，閉也。本作捭讀，今人不知，書作捭，遂讀爲捭闔，誤甚。

糯人

稻、粱、黍、稷皆有糯者，以其味甜愞柔膩也。今人柔糯者亦謂之糯人，其想象也妙矣。軟棗亦名糯棗。

稗子

不肖子弟名曰"敗子"，"敗"字誤。佛藏《寶積經》說僧之無行者，譬如"麥田中生稗子"。人家有此子弟，正是稗草之"稗"。

檗

《禮記·玉藻》君之適①公子曰"檗"，鄭注："檗，當爲栚，聲之

---

① "適"爲衍文。

誤。"顏氏《刊謬》："蘖者，庶蘖也。既非嫡子，故自云蘖，不當言栖。栖者，斷而復生，豈人子之字宜稱乎?"

無賴

《史記》"無賴"注："江湖①間小兒無利入於家，曰'亡賴'。"利即贏也。又《張釋之傳》"尉亡賴"注："尉窘亡聊賴，自以不當上意故耳。"一曰："江淮間謂小兒多詐狡獪爲'亡賴'。"

倚人

《莊子》"南方有倚人焉"，《荀子·修身篇》"倚魁之行"，倚，讀"奇偶"之"奇"。注引《方言》"秦晉間，凡物體全而不具者謂之倚，亦作"踦"。《後②段會宗傳》"亦足以復鴈行③之踦"，應劭曰："隻也。"揚雄《太玄》"《踦》《嬴》二贊以象閏"，通作"觭"。《漢·五行志》"匹馬觭輪無反"，注："一隻之輪也。"

蘧蒢

籧篨，本疾名。《晉語》："籧篨不可使俯，戚施不可使仰。"口柔者必仰面觀人之顏色而爲辭，似不能俯者，因名。

五伯

每見人稱前導者"伍伯"。《晉書》賈充戲庾純云："君行常在人前，

---

① 《史記注》"湖"作"淮"。
② "後"疑作"漢"，見《漢書·段會宗傳》。
③ 《漢書·段會宗傳》"行"作"門"。

今何以後?"蓋純之先人有爲伍伯者。按:《古今注》:"一伍之長也,五人爲伍,曰伍伯。"一曰户伯。漢制:兵吏五人一户一竈,每竈四直一伯,故曰户伯,又曰大伯,諸王公行户,服赤幘繹衣常韎,率其伍,以導引也。

彤騧

諸①亮詩"彤騧出禁中",蓋五伯戴紅帽以唱騧,自唐已然。宋人《賀甲科歸第》:"黄榜開天上,彤騧出禁中。"本此。

矇瞍

《周禮·樂師》有"瞽矇",目不明也。《詩》"矇瞍奏公",注疏:矇,即今"盲"。《字林》云:"有眸無珠子。"《周禮·春官》"瞽矇"鄭注:"無目眹謂之瞽,有目眹而無見謂之矇。"

龍鍾

《丹鉛録》"龍鍾",竹名,年老曰龍鍾,言如竹之枝葉搖曳,不能禁持也。《卮言》:"'龍鍾'二字尚不得解。"《南越志》:"羅浮竹每節一二丈曰龍鍾,爲喻抑何遠也,且竹名本自曰鍾籠。"余按:《洞冥記》陽關之外花牛津時得異石,長十丈,高三丈,立於望仙宫,因名龍鍾石。武帝末此石自陷入地,唯尾出土上,今人謂爲龍尾墩也。則石亦名龍鍾,且無枝葉搖曳如老人之狀。又李濟翁《資暇録》謂鍾即滂耳,滂與鍾並蹄足所踐處,則龍之致雨,上下所踐之,鍾固淋漓瀸瀙矣。此説更迂。又裴

① "諸"當作"褚"。

度未遇時過天津橋，二老人倚柱愕然曰："蔡州未平，須得此人爲將。"僕聞之，告公，公曰："見我龍鍾，故相戲耳。"大抵相傳鄉語，必强而解之，誤矣。《廣東通志》《南越志》《一統志》俱言羅浮有籠蔥竹，一名"龍鍾"，在第三十一嶺，杜詩注："蜀有竹名籠鍾。"蓋蜀竹，非羅浮竹也。杜詩"籠竹和烟滴露梢"。

又

《蘇林演義》：龍鍾，不昌檥、不翹首、髮鬖鬆、縣柢拾之類。黄朝英曰："古語有二聲合爲一字者，如'不可'爲'叵'，'何不'爲'盍'，從西域二合之音切字之元也。龍鍾，潦倒，正如二合之音。龍鍾切癃字，潦倒切老字，老羸癃疾，即以龍鍾潦倒目之者，正此義。《湘素雜記》龍鍾爲字母，龍靈連癃，潦倒爲字母，潦靈連老。

妍蚰

或問妍蚰之義，曰：妍，螢類，身有光彩。蚰，蟲也，其形蠢蠢然。妍蚰之義見矣。

豬伯

《晉中興書》："太山羊曼，常頹縱任俠，飲酒誕節，兗州號爲豬伯。"此字更無音訓。梁孝元帝曰："由來不識。唯張簡憲見教，呼爲'噎羹'之'噎'，自爾便遵承之，亦不知所出。"簡憲是湘州刺史張纘謚也。俗間又有豬豬語，蓋無所不施，無所不容意。顧野王《玉篇》誤爲黑傍沓。顧雖博物，猶出簡憲、孝元之下，二人皆云"重"邊。吾所見數本，並無作黑者。重沓可作多饒積厚之解，從黑更無義旨。

泠人

《左傳》"泠人"注："樂官也。"《正義》:《簡兮序》:"衛之賢者仕於伶官。"蓋泠氏世掌樂官而善焉，故後世名之。字從水，亦作"伶"。《呂氏春秋》稱：皇①帝使伶倫自大夏之西、崑崙之陰，取竹斷兩節而吹之，以爲黃鍾之宮。昭三十一年《左傳》景王鑄無射，泠州鳩藏之。《周語》云景王鑄鍾成，泠人告知②。《魯語》:"泠簫③詠歌及《鹿鳴》之三。"此稱"泠人"，《詩》稱"泠官"，是泠爲樂官之名也。僖十年《左傳》"秦伯使泠至報問"注，不言"伶"，當別有本。

逋峭

魏收有"逋峭難爲"之語，人多不知其義。熙寧間，文潞公以問蘇子容，子容曰："聞之宋元憲，事見《木經》，蓋梁上小柱名，取其有折勢之義耳。"乃就用此事作詩爲謝："自知伯起難逋峭，不及淳于善滑稽。"魏、齊間，以人有儀〔矩〕可喜者，謂之庯峭。《集韻》曰："庯〔庩，屋不〕平也。〔庯，〕奔模反。〔庩，〕同都反。④ 今造曲⑤勢有曲折者，謂之庯峭。"二字與前義近似。又京師指人有風措⑥者爲波峭。雖轉〔庯〕⑦爲波，豈亦此義耶！

---

① 《呂氏春秋·古樂》"皇"作"黃"。
② 《國語·周語下》"知"作"和"。
③ 《國語·魯語下》"泠簫"作"伶簫"。
④ 據《齊東野語》卷八補"矩""庩屋不""庯""庩"六字。
⑤ 《齊東野語》卷八"曲"作"屈"。
⑥ 《齊東野語》卷八"措"作"指"。
⑦ 據《齊東野語》卷八補"庯"字。

長人

孔子曰："樵蕘①氏三尺，短之極也。長者不過十之，數之極也。"蓋言三丈。著《錦繡萬花谷》者謂十丈，弇州則謂一丈，皆於"十之"二字訛其一字。愚謂一丈恐不足謂之長極，防風姑勿論，即如長狄兄弟三人，各三丈，載之史册，可信者則夫子所謂三尺而十之，得其似矣。

長流

古呼治獄參軍爲長流。按：《帝王紀》："少昊崩，神降于長流之山，於祀主秋。"《秋官》司寇，主刑罰也。故取秋帝所居爲嘉名。

篙師

川峽呼梢工篙手爲長年三老，杜詩"長年三老長歌裏，白晝攤錢高浪中"，得名舊矣。

沙塊

廛②俗呼野人爲"沙塊"，未詳其義，士大夫亦頗道之。永叔戲長文賢良之選："既披沙而揀金。"吳頗憾之，遷怒於原父云："某沙於心，不沙於面；君侯沙於面，而不沙於心。"沙字奇。

蒼赤黔黎

唐虞三代曰黎民、曰赤子、曰蒼生，戰國曰蒼頭，秦曰黔首。古人

---

① 《史記·孔子世家》"樵蕘"作"僬僥"。
② 《醴泉筆錄》"廛"作"塵"。

作文隨便稱引，第絶無止用上一字者。近時士子多以蒼赤黔黎爲對，不惟語事重複，兼亦文義欠通。蓋必青天白日可以言"青白"，黄童白叟可以言"黄白"，然後此語可相匹耳。

黄幼丁

律文有言"黄幼丁"者，實本於《禮經》弱、幼、壯、艾之説。今人不習句讀，將"幼學""弱冠"兩句作一句讀，誤矣。《禮》曰"人生十年曰幼，學"，亦兩句讀，論年則幼，在《禮》則當學矣。"二十曰弱，冠"，年雖幼，在《禮》當冠矣。"三十始壯"，在《禮》當有室矣。"四十曰强，而仕"矣。"五十曰艾"，在《禮》則"服官政"矣。"六十曰耆"，在《禮》可以指使人矣。"七十曰老"，"八十九十曰耄，在《禮》不加刑矣"。作兩句點，于義始協。

丁口

男稱丁，女稱口，分陰陽字義考之，嚴安曰："丁男被甲，丁女轉輸。"晉武帝時司徒石苞奏："丁男秉田五十畝，丁女秉田二十五畝。"晉，蜀李雄賦："男丁歲秉三斛，女丁一斛五斗，疾病半之。"是女亦可稱丁也。漢武征伐四夷，財用不足，令民産男三歲以下出口錢，民苦多不舉男。至元帝始令民七歲以下出口錢，是男亦可稱口也。

里長

里長，隋高帝從蘇威議："以百家爲里，置里長一人。"

使信

晉武帝炎報帖末云："故遣信還。"《南史》："晨起出陌頭，屬與信會。”古謂使者曰信。《真誥》云：“公至山下，又遣一信見告。”《謝宣城傳》云：“荆州信去倚待。”陶隱居帖云：“明旦信還，仍過取反。”虞永興帖云：“事以信人口具。”凡言信，皆謂使也。王右軍《十七帖》：“往得其書，信遂不取答。”世俗以“書信”連讀，“遂不取答”爲一句，誤矣。《古樂府》“有信數寄書，無信心相憶。莫作瓶墜井，一去無消息。”包信詩：“去札頻逢信，回帆早挂空。”此二詩尤可證。

白箸

清江浦鈔關門前書“司察白箸”，或問“白箸”之義。曰：高云有《白箸歌》“江淮之人多白箸”，大抵謂額外無名之征。出《劉晏傳》。又《春明退朝録》所載謂：“世人謂酒酣爲白箸，其意以人不堪其困，必顛沛酩酊。”其説尤新。

經紀

唐人稱人善營生曰經紀。《唐書》滕王元嬰與蔣王皆好聚歛，太宗嘗賜諸王帛，勅曰：“滕叔、蔣兄，自能經紀，不须賜物。”韓昌黎作《柳子厚墓誌》，“舅弟盧遵又能經紀其家”，皆無有以稱牙儈者。

中人

《穀梁》“紀姜歸於京師”，“王姬歸于齊”，《傳》：“謂①之中者歸之也。”注：“中，謂關與婚事。”疏云：“中，丁仲反，又如字。”今俗語交易有中人，作如字者是。又俚語。

---

① 《穀梁傳·桓公九年》“謂”作“爲”。

外郎

吏人稱外郎者，古有中郎、外郎，皆臺省官，故僭擬以尊之。他若醫人稱郎中，鑷工稱待詔，木工①稱博士，師巫稱大師②，茶酒稱院使，皆然。此胡元名分不明之舊習也。

門子

束皙《補亡詩·白華篇》"粲粲門子，如磨如錯"，注曰"嫡子之將代父當門者"，蓋公子也。唐文人入太學門下，亦稱門子。儲光羲《貽太學張筠》詩"璧池忝門子"，《韓非》"門子好辯"，此是門徒也，若今時官衙門子，爲應門之鄙稱矣。

奚奴

古者男女沒入縣官爲奴，其少才智者以爲奚。今之侍史、官婢或曰奚，官③女則今所稱奚奴者本此。

胞人

館陶公主贊謁董偃稱"胞人"。《禮記·祭統》云："煇、胞、翟、閽。胞者，肉吏之賤者也。"漢少府官屬有胞人，"胞"即"庖"也。"煇""韗"同，後名閑涼官曰"韠官"。

---

① 《菽園雜記》"木工"作"磨工"。

② 《菽園雜記》"大師"作"太保"。

③ 《周禮注疏》"官"作"宦"。

將軍

《隨筆》云：今人呼蒼頭爲"將軍"，其事本彭寵爲奴所縛，謂妻曰："趣爲將軍治裝。"注：呼奴爲將軍，欲其赦己也。余謂此說固是，然觀《陳勝傳》"將軍吕臣爲蒼頭軍"，是則語蒼頭爲將軍，亦已久矣。又衛青爲奴，後爲大將軍。唐至德後，官爵虛濫，大將軍告身纔易一醉，至有朝士僮僕衣金紫，而身執賤役者，故岑參歌："紫綬金章左右趨，問着即是蒼頭奴。"李商隱詩"厮養爲將軍"，則知蒼頭奴爲將軍事甚多。又按：《前漢·鮑宣傳》"蒼頭廬兒"注："漢名奴爲蒼頭。"知此名起於漢。觀《後漢注》，秦人呼爲黔首，謂奴爲蒼頭者，以別於良人，又知蒼頭之名，自秦已然。又讀《戰國策》，魏有蒼頭軍二十萬，又知蒼頭之名不但秦也，他國亦然。"蒼頭廬兒"解在《鮑宣傳》，顔師古注《蕭望之傳》，謂在《貢禹傳》，誤矣。

奴爲邦

呼奴爲邦者，蓋舊謂僮僕之未冠者曰竪人，不能直言其奴，因號奴爲竪。高歡東魏用事時，相府法曹卒子炎誤犯歡奴，杖之，歡諱"樹"，郡寮以"竪"同音，因目奴爲邦，義取"邦君樹塞門"。句内有"樹"字，故歡後爲言。今兼删去"君"字呼之。一説"邦"字類"拜"字，言奴非唯郎主，是賓則拜。

臏黥

臏，五刑中去膝蓋骨之名。齊將孫子爲龐涓斷其足，故稱孫臏，其名逸不可考，臏非名也。黥，墨刑在面之名，漢英布嘗坐法黥，故人稱曰黥布，黥非姓也。今人稱薦武官有"娩臏並黥"之語，豈不大謬。

妾媵

《江有汜·序》有嫡媵之説。考經傳：媵，特送昏之名，猶喪之賵與賻。《史記》載伊尹爲有莘媵臣，古史載湯婚有莘，以伊尹爲媵。《春秋》載公子結媵陳婦于鄄，與執虞公及井伯以媵秦穆姬，晉將嫁女于吳，齊侯使析歸父媵之，是諸公皆嘗爲媵。初不言某國女爲某國媵妾也，古者一娶九女，事不可知，斷不以妾訓媵。《楚辭·九章》云："波滔滔兮來迎，魚鱗鱗兮媵予。"晦庵注："媵，送也。波來迎，魚來送。"《易·咸卦》象曰："咸其輔頰，舌，媵口説也。"《釋文》云："媵，達也。"鄭康成、虞翻作"媵"，亦訓爲送，以此相證，益明。又《毛詩》"求爾新特"，由不以禮嫁，故父母之家，男子婦人皆莫肯媵之，獨自而來，故謂新特。

桑雍

《戰國·趙策》曰："燕郭之法，有所謂桑雍，王知之乎？"曰："未之聞也。""所謂桑雍者，便辟左右之人，及夫人優愛孺子。此皆能乘王之醉昏，而求所欲於王者也。是能得之於内，則大臣爲之枉法于外矣。"注云："雍與癰同，桑中有蠹，則膏液流外，如人之癰。"又云：一作"柔雍"。予以爲趙客之言不見與"桑雍"類，或"柔雍"者似是。而近日試録論策，直用"桑癰"字，終是可疑。

娛侍

士大夫採拾娛侍名目，有所謂身邊人、本事人、供過人、針線人、堂前人、雜劇人、折洗人、琴童、碁童、厨娘，等級截乎不紊，就中厨娘最爲下色。然非極富貴家不可用也，國憲家猷載之極詳。

歷代美人

先秦以前美人，則有少昊之皇娥，赤帝女之瓊樹，桀之妹喜，紂之妲己，有莘氏，周穆王之盛淑人，昭王之延娟、延娛，幽王之褒姒，楚王之息嬀，晉獻公之驪姬，秦穆之女弄玉，惠文之華陽夫人，莊襄王之邯鄲姬，吳王之西施(即夷光)、鄭旦(即修明)，楚王之鄭袖、南威、陽文、李園妹，梁惠王之閭婤，趙氏①靈王之吳姚，燕昭王之旋娟、提嫫，中山侯之陰后、江姬，皆在宮掖者也。

有仍氏、青琴、毛嬙、孔父妻、徐吾犯妹、夏徵舒母、邾婁顏夫人，皆在下者也。

漢宮掖則戚夫人(高祖)、慎夫人(文帝)、陳后阿嬌、衛后子夫、邢夫人、尹夫人、李夫人、王夫人、鉤弋夫人、麗娟(武帝)、王昭君(元帝)、趙后飛燕、趙婕好合德(成帝)、陰后麗華(光武)、甄后、郭后、薛靈芸(即夜來)、莫瓊樹、陳尚衣、陳巧笑(皆魏文帝)、趙夫人、潘夫人(吳主權)、鄧夫人(吳主和)、朝姝、麗居、洛珍、潔華(吳主亮)、二喬(孫策、周瑜)、兩楊后、胡嬪考②(晉武)、殷淑儀(宋孝武)、潘妃、玉兒(東昏侯)、馮小憐(北齊後主)、張麗華、孔貴嬪(陳後主)、陳宣華、蔡容華(隋文帝)、朱貴兒、侯夫人、袁寶兒、吳絳仙(俱煬帝)、武惠妃、楊太真(唐玄宗)、王才人(武宗)、兩周后(李後主)、兩劉妃(宋徽)。

閨閣則秦羅敷、顧夫人(張玄妹)、江無畏(臨江王宏妾)、曹洪女(荀奉倩婦)、李勢女(桓温妾)、樂昌公主(徐德言婦)、無雙(王仙客妻)。

失行則卓〔文〕君、鶯鶯、非烟、虢國夫人、狄夫人、達奚盈盈。

姬侍則馮方女(袁術)、絳樹(魏)、翾風、綠珠、宋偉③(石崇)、張

---

① "氏"當作"武"。
② "考"當作"芳"，《晉書·後妃傳上》："(晉武帝)胡貴嬪名芳。"
③ "偉"當作"褘"。

静琬、孫荆玉(羊侃)、徐月華、修容、艷姿(元雍)、雪兒(李密)、阿劉
(羊鑑)、紅拂(李靖)、紅絹(崔生)、薛瑤英(元載)、寵姐(寧王憲)、
紫雲(李聰)、女寶(罕愿)、解愁(滿①炕)。

名伎則霍小玉、李娃、楚娘、夜來、杜韋娘、史鳳、楚蓮香、劉採
春、皆灼灼有名者。若退之之桃柳、樂天之蠻素，雖見詞章酸士所獲，
豈堪上駟哉。

女官

女子爲女官者：女侍中，後魏元乂妻胡氏，齊高岳母山氏，趙彦深
母傅氏，南漢盧瓊仙。女尚書，魏明帝選知書女子爲之。女學士，唐德
宗朝貝州宋氏五女，若萃、若昭、若華、若倫、若憲，陳後主時宮人袁
大捨等。女博士，宋孝武朝韓蘭英。

又

女子爲男官者：女將軍，晉王廞起兵，顧深②母孔氏年百餘，以爲
軍司馬，廞復以己女爲貞烈將軍。唐行營節度計叔冀以衛州女子侯氏、
滑州女子唐氏、青州女子王氏歃血赴義，奏授爲果毅。陳女白頸鴉，爲
契丹懷化將軍，侍夫數十人。

女子執國政者，齊陸太姬。

司綸綍者，唐上官婕妤。

司史事者，漢曹大家。

主兵者，唐平陽公主，冼夫人。

女子詐爲男子而有官位者，齊揚州議曹録事婁逞，唐昭義軍兵馬使
國子祭酒石氏，朔方兵馬使御史大夫孟氏，蜀司户參軍黃崇嘏。《升菴

---

① "滿"當作"潘"。

② "深"當作"琛"。

詩話》又有女校書薛濤、女進士林妙玉，濤乃稱謂之詞，妙玉，宋女童應試封孺人。

女異

女子化爲丈夫者：漢末女子徐登化爲丈夫，有幻術。晉安豐女周世寧，八歲漸化爲男，至十七八遂能御女。寧康初，江陵女唐氏、劉聰時內史女人、唐光啓二年郿縣女子、宋乾道三年永州支氏女、慶元三年袁州黃念四女、《括異志》廣州蕭氏女大娘子，並化爲男。

又

丈夫化爲女子者：《華陽國志》武都丈夫化爲女子，蜀王寵之至亡國。漢哀帝建平中，豫章男子化爲女，嫁人生一子。建安七年，越巂男子劉曜時、武功男子蘇撫、陝男子伍長平，並化爲女。

宦官妻

《水東日記》載宣德中賜瑺陳蕪兩夫人，天順初賜故瑺吳誠妻、兩京第宅莊田。按：《高力士傳》，河南男子呂玄晤吏京師，女國姝，力士娶之，玄晤擢自刀筆吏至少卿。《李輔國傳》，帝爲娶元擢女爲妻，擢以故爲梁州刺史。《朱子語類》梁師成妻死，蘇叔黨、范溫皆衰絰臨哭。由是觀之，椓人有妻，古人所有也。

婦人雙名

侍姬雙名者，隋煬帝宮婢羅羅，元微之傳崔鶯鶯，又范十郎女鶯鶯，張建封妾盼盼，開元中宮伎薛瓊瓊，宋宣仁太后小名滔滔，朱端朝取妓馬瓊瓊，杜牧之所狎妓張好好，元微之所歡錢唐妓謝好好，畫中美人真真。又沈將軍妾真真，又元名趙真真，同時馮鸞子妻趙真真，錢唐妓蘇小小，私藏千牛女達奚盈盈。又王山所接仙女吳盈盈，錦官城妓灼灼，翟素死節婢青青，常青姬紅紅，朱虞部姬寵寵，北里妓王蘇蘇、鄭舉舉、王蓮蓮、張住住，錢唐倡楊愛愛，善和坊妓端端，武氏妓賽賽，張虞卿妓英英。又楚州官妓王英英，秦州妓香香，范十郎女燕燕，宋善畫婦人任才仲妾豔豔，徽宗幸妓李斯斯①，義妓毛惜惜。又張幼謙妻羅惜惜，成都角妓丁怜怜，又湖州妓丁怜怜，魏鵬妻賈娉娉，榴花女石醋醋，劉諷遇鬼仙女翹翹。又理宗宫人翹翹，元名妓荆堅堅、李心心、顧山山、馮六六、辛棄疾妾田田、錢錢。

又

五色名者，前青青、紅紅，又紅綃、紅線、紅拂、紅鸞、紅娘、紅兒、輕紅、飛紅、絳仙、絳樹、絳桃、絳真、丹霞、紫光、紫綬、碧玉、綠珠、素女、素娥，又仙女青童，相如賦美人有青琴。

又《卮言》所遺

女子又有張紅紅善歌舞，每聽歌聲一遍即記節奏，入宫號記曲娘。

樂天詩“蘇家小女名簡簡”，張祐妾亦名燕燕，東坡詩“公子歸來燕燕忙”。

《卮言》，張虞卿妓英英，按：英英，楊虞卿小妓，曰“張”，誤。徽宗義妓毛惜惜，按：《一統志》，毛，高郵妓也。

陶館②公主名施施，宣帝長女、成帝姑，尚于定國子永，見本傳。

① “斯斯”當作“師師”。
② “陶館”當作“館陶”。

李翱文有高妹妹七歲死節，太常謚之曰愍妹妹，父濮陽守彥昭也。詳翱碑中。弇州于女子雙名載之詳矣，乃施施，帝女；妹妹，烈女，而不及何耶。

元余忠宣女安安，同母蔣氏死于井。

唐李當當，名妓也，姿藝超流，翻然若有所悟，遂着道士服，有段天祐贈詩曰："歌舞當年第一流，洗粧拭面別青樓。便隨南岳夫人去，不與蘇州刺史留。璚館月明蕭鳳下，綺寮雲散鏡鸞收。却嫌癡絶潯陽婦，嫁得商人已白頭。"

真真，《卮言》云沈將軍妾，不知所出。《麗情集》有柳將軍妓，唐太常博士鄭還古寓東都，與柳將軍同巷，鄭調西都，柳設宴餞行，出家妓歌樂以送。内有一妓嬌美，鄭視之眷戀不息。柳謂鄭曰："此沈真真，本良家女，頗能文辭，請公一詩，以定情好。候公拜命，即當送賀。"公欣然賦之云："洞房出神仙，清聲當管絃。詞輕白苧調，歌揭碧雲篇。既未生裴秀，何妨乞鄭玄。不堪金谷水，橫過墜樓前。"柳公大喜，俾真真拜謝。鄭公至京，拜伊闕命，乃書寄柳，柳即送真真赴約。鄭既見，執手而喜曰："柳公，信人也。"長吁一聲，絶然而卒。不得合好，真真守節終身。《卮言》豈因沈姓而誤耶？抑別有沈將軍耶？

樂天侍姬

世言白樂天侍兒唯小蠻、樊素二人，予讀集中《小庭亦有月》一篇："菱角執笙簧，谷兒抹琵琶。紅綃信手舞，紫綃隨意歌。"自注："菱、谷、紫、紅，小臧獲名。"若然，則紅、紫二綃亦女奴也。然樂天之妓，又不止此，劉夢得《贈小樊》詩："花面丫頭十三四，春來綽約向人時。終須買取名春草，處處將行步步隨。"又《同州與樂天詩》注："春草，白君之舞妓也。"則知樂天姬侍，又有本集所不言者。白詩："小奴捶我足，小婢捶我背。"又不知小奴、小婢何名。

重臺

婢之婢謂之重臺，评書者謂羊欣書似婢學夫人。米芾學欣書，故高宗謂米字爲重臺。今有人以非道進身，而人又求出其門，于重臺何似。

求食

《左傳》稱三叛人以土地出求食而已，賤而書名，蓋甚之，則以其無廉恥之至也。故今倡家謂之求食，本此。

娼鴇

古優女曰娼，後稱娼老婦曰鴇。考之鯧魚爲衆魚所淫，鴇鳥爲衆鳥所淫，相傳老娼呼鴇，意出于此。

蘇杭妓名

蘇杭妓名，見於樂天詩中，姑録出以資好事者一笑。其詩曰："移領錢塘第二橋①，始有心情問絲竹。瓏瓏箜篌謝好箏，陳寵觱篥沈平笙。"又曰："長洲茂苑緑萬樹，齊雲樓高酒一杯。李娟張態一春夢，周五殷三歸夜臺。"又曰："李娟張態君莫嫌，亦儗②隨宜且教取。"又曰："花前置酒誰相勸，容坐唱歌滿起舞。"又曰："黄菊繁時佳客到，碧雲合處美人來。"注："謂遣英、倩二妓與舒員外同游。"又曰："真娘墓頭春草碧，心奴頭上秋霜白。就中惟③有楊瓊在，堪上東山伴謝公。"又曰："心

---

① 白居易《霓裳羽衣歌》"橋"作"年"。
② 白居易《霓裳羽衣歌》"儗"作"擬"。
③ 白居易《寄李蘇州兼示楊瓊》"頭"作"鬢"、"惟"作"猶"。

容①已死胡容老，後輩風流是阿誰。"又《憶杭州因叙舊游》有曰"沈謝雙飛出故鄉"。又有《九日代羅、英二妓招舒著作詩》。則所謂瓏瓏、謝好、陳寵、沈平、李娟、張態、真娘、心奴、楊瓊、容、滿、英、倩、羅、英等，皆當時妓姓名。黃四娘之名，因子美而著，信哉。

鄭櫻桃

古樂府有《鄭櫻桃篇》，極言石虎以妓女爲后。按：《晉書·載記》，櫻桃是優童也。虎溺嬖之，信其讒至殺妻。至考《十六國春秋》則云：櫻桃是冗從僕射鄭世達妓也，太妃給虎，虎嬖之，立爲后。又《二石僞事》，虎攻中山，得鄭略妹爲妾，信其讒，射殺妻崔氏。則又與歌辭合矣。

娼妓之始

《越絶》云："獨婦山去會稽四十里，勾踐將伐吳，徙寡婦至獨山者以爲死事，示得專一也。"《吳越春秋》作"獨女山"，勾踐以"諸寡婦淫泆犯過，皆踰②山上，士有憂思者，令遊山上，以喜其意"。按：二事，《吳越春秋》所載近是。又《齊記》云："齊有女閭七百，徵其夜合之資，以充國用。"《論語》有"歸女樂"之文，亦出于齊，其女閭之餘乎。

十家

唐梨園弟子，以置院近於禁院之梨園也。女妓入宜春院，謂之"內人"，亦曰"前頭人"，謂在上前也。骨肉居教坊，謂之"內人家"，有請

---

① 白居易《長洲曲新詞》"容"作"奴"。
② 《吳越春秋》"踰"作"輸"。

俸，其得幸者，謂之十家。故鄭嵎《津陽門詩》"十家三國争光輝"，蓋家雖多，亦以十家呼之。三國，秦、韓、虢國也。

録事

蘇叔党政和中至東都，見妓稱"録事"，太息語廉宣仲曰："今世一切變古，唐以來舊語盡廢，此猶有①唐舊爲可喜。"前輩謂妓曰"酒糾"，蓋録事也。相藍之東有録事巷，傳爲朱梁時名妓崔小紅所居。

爆炭廟客

妓之母多假母也，俗呼爲"爆炭"，不知其因，應以難姑息之故也。亦妓之衰退者爲之。諸母亦無夫，其未甚衰者，悉爲諸邸將輩主之，或私蓄侍寝者，亦不以夫禮待。多有游惰者，于三曲中爲諸倡所豢養，又號爲廟客。

冤家

唐人有小詞："門外猧兒吠，知是蕭郎至。剗襪下香堦，冤家今夜醉。扶得入羅幃，不肯脱羅衣。醉則從他醉，猶勝獨睡時。"今人男女有情者必稱冤家，至於因緣，則每稱惡因緣。陶學士郵亭詞是也。冤家二字其來亦久，余想《關雎》詩："窈窕淑女，君子好仇。"《傳》："怨偶曰仇。"好匹而借怨偶爲義，意可見。已筆之，以發一笑。

四夷

會意：南蠻從虫，北狄從犬，西羌從羊，唯東夷從大從弓，俗仁而

---

① 《老學菴筆記》"有"作"存"。

壽，有君子不死之國。一曰朝鮮，箕子所封之地，今高麗也。《風俗通》："東方人好生，萬物觝觸地而出。夷者，觝也，其類有九。"《後漢·東夷傳》："夷九種：畎夷、於夷、方夷、黃夷、白夷、赤夷、玄夷、風夷、陽夷，夫子欲居九夷是也。"一曰東夷九類：玄菟、樂浪、高驪、滿飭、鳧臾、索家、東屠、倭人、天鄙也。又《漢書·東夷傳》"藍夷作寇"，注云：《竹書紀年》"仲丁即位，征于藍夷"也。此又在九種、九類之外。《周禮·考工記》"酋矛夷矛"注："酋、夷，長短名，酋近夷長矣。"疏云：此言柄之長短。按：上注以酋夷爲發聲，夷爲長，故開口引聲而言，酋爲短，故合口促聲。

可寒

鮮卑言"處可寒"。漢言"爾官家也"。與"可汗"音近，而"可汗"自音"克欵"。宋元昊以"兀卒"爲稱，識者云："猶言吾祖，蓋以侮宋也。"今夷人稱中國大官曰"那顏"，予知其稱老爺矣。向者所謂"俺嘛咪叭呢吽"爲"俺把你哄者"，或亦然也。

第八卷　仕籍

別稱

《全唐詩話》：“大順中，王渙自左史拜考功員外，同年李德隣自右史拜小戎，趙光胤自補袞拜小儀，王極自小版拜小勳。”此官名之異稱者。用修云，唐人謂中書舍人爲小鳳，翰林學士爲大鳳，丞相爲老鳳，蓋以中書省有鳳池耳。又謂儀部之長曰大儀，員外曰中儀，主事曰小儀，見《鄭谷集》，宋人猶襲稱之。

古今官異

古官名有極賤而極貴者僕射，有極貴而極賤者太師（樂官之長也）。以文名武者，漢昭文將軍、儒林校尉；以武名文者，唐有武學博士。今名有俗而官則雅者，庶子洗馬。名有武而官則文名者，兵馬指揮；名有文而官則武者，留守。大而小者、大使小而大者副使。名與實不相蒙者祭酒。古貴而今賤者，宣撫招討巡簡；古賤而今貴者侍郎（漢趙后通宮奴侍郎）。

稱卿字

《晉·百官志》：“古者天子諸侯皆名執政大臣曰正卿，自周後始有三公九卿之號。”九卿本無“卿”字，至梁始加“卿”。《晉書》乃唐初重撰，或有加“卿”字者。又秦漢以來君呼臣以卿，凡敵體相呼亦爲卿，蓋貴之也。隋唐以來，儕輩下已則稱卿，宋景卿呼張易之。又《前漢》"卿子冠軍"，注："文穎曰：卿子，時人褒尊之稱，猶言公子也。"

稱大夫

大夫有單稱一字者，昔人謂大與"夫"同音，亦可單稱，如楊行密父名怤，與"夫"同音，改文散諸大夫爲大卿，御史大夫爲御史大卿①，至有興唐寺鐘題誌，云金紫光禄大、兼御史大及銀青光禄大，皆直去"夫"字，尤爲可怪。此與先生單稱一字者皆此意，甚奇。

官制取義

古官制取義皆有所主，非徒名也。後世或訛其音，音雖訛義則不訛，如僕射，秦官，僕，主也。古者重武事，每官必有主射以督課之。射音神夜反，關中人訛爲寅詐反。《韻書》止收在寅詐反下。尚書亦秦官，尚，猶主也，如尚書、尚醫、尚衣、尚冠、尚浴、尚席之"尚"，並音時亮反，後世乃訛爲辰羊反，陸德明亦作平聲，《韻書》遂兩收之。洗馬，《前漢志》"太子大傅、少傅屬官有先馬"，張晏曰："先馬員十六人，秩比謁者。"如淳曰："前驅也。"《國語》載勾踐親爲夫差先馬，先，先之也。從先見反，今《韻書》作蘇典反，字作"洗"。愚意此類並當從其正義，今人則反致異矣，何也？

官名偶見

漢官名有不書於《百官表》而因事乃見者，如行冤獄使者，因張敞殺絮舜而見；美俗使者，因何並代嚴翊而見；河隄使者，因王延世塞决河

---

① 《容齋隨筆·三筆》卷十"卿"作"憲"。

而見；直指使者，因暴勝之而見。豈〔非〕①因事置官，事已即罷乎？

又

《五代史》所記官名有牛羊使、司天鷄、叫學生，見鬼人、學鹿叫人及後主犬馬等號，不可勝記。

相國

相國自呂不韋、蕭、曹後罷不設，至司馬昭父子以此篡魏，後遂因之。東漢有三公無丞相，曹操父子以此篡漢，亦遂少置。渡江之後，惟王導、會稽王昱以序遷者三師，惟太師爲尊。魏避司馬師諱改爲太宰。高齊並置，以太宰位太師上，左右丞相位太宰上。然董卓以相國遷太師，孔光以丞相、宇文泰以大丞相遷太師、大冢宰，則又以太師爲尊也。元帥即漢太尉，晉都督中外諸軍職也，今爲都元帥，權甚重，位在三公丞相下；元帥至輕，僅若今之指揮使耳。至加以"天下"爲稱，恐非人臣所敢當也。

三卿

漢以司徒、司馬、司空爲宰相，蓋六國時有三卿，漢採用之，但改司馬曰太尉。殊不知周制：天子六卿、大國三卿。〔三卿〕②蓋諸侯之制，漢祇采六國之舊，不知周家天子故事，失之矣。

閣下

古者三公開閣，而郡守比古諸侯，亦有閣，故有"閣下"之稱。前輩

---

① 據《容齋隨筆》卷九補"非"字。
② 據《雲麓漫鈔》補"三卿"二字。

與大官書，多呼"執事"與"足下"，劉子元與宰相書曰"足下"，韓退之與張僕射書曰"執事"，即其例也。記室本王侯賓佐之稱，他人不可通用，惟執事則指左右之人，尊卑皆可通稱。及自卑達〔尊〕①，如云"座前"，尤非也。閣下降殿下一等，座前降几前一等，豈可僭用？

僕射

《漢官儀》僕射，秦官，僕，主也。古者重武事，每官必有主射課督之，關中語轉爲此音。又朱《語録》引《禮》云："僕人師扶左，射人師扶右，即周官大僕之職。"僕射之名，蓋起于此。

使相

葉石林云："唐制，節度使加中書門下平章事爲使相，自郭元振始，李光弼等继之。蓋平章事，宰相之名，以節度使兼，故云爾也。元豐官制，罷平章事名，以開府儀同三司易之，亦帶節度使，謂之使相。則又以儀同爲相也。"

尚書令

尚書令本執政官，至隋而重，大業初僅楊素一人，武德中册拜，太宗後絶不復設。代宗朝加郭子儀，固辭不敢當。後邠寧帥王行瑜欲得之，以子儀例不予，加尚父太師，賜鐵券。然自是行瑜及李茂貞、錢鏐、王鎔、馬殷、高季興、錢元瓘、錢俶得爲之，皆藩鎮也。楚王元佐、鎮王元偓、周王元儼，皆宗室也。

---

① 據《談苑》補"尊"字。

六尚

漢有尚冠、尚衣等六尚書。如淳謂：掌天子之物曰"尚"，"掌"字之義也。然"尚"字皆作"上"音，至六曹尚書，"尚"字又作"常"音。按：《周官》有司服，中士掌王之服，辯其名物，即尚衣也。《周禮》有掌舍，掌行所解止之處，辯其名物帷幕幄帝之事，即尚舍也。《周官·小司徒》：中大夫掌六畜車輦；又《宗伯》：巾車：下大夫掌王后之五輅、輦車組輓、有翟羽蓋，即尚輦也。

又

秦置六尚，有尚席，而尚書亦預焉。則"尚書"之名起于秦也。宋大明中，改"尚書"曰"左右尚方"，則"尚方"之名，又起于宋也。《宋·百官志》秦世遣吏四人在殿中主發書，故謂之尚書，尚猶主也。夫秦、漢、魏、宋以來，皆有六局，皆以尚爲名，即今六曹之尚，特所掌之事稍異，而皆主發書耳。故古字少，多省文，以轉注爲義。合《周禮》之言，諸"尚"字皆古"掌"字省文無疑。今人或從去聲讀爲"常"[①]。如淳知解"尚"字之義，《宋·百官志》知"尚"猶"主"也。然皆不知從省文，而讀爲"長"[②]，是承譌習舛而不悟矣。

樞密

樞密使，《唐書》《五代史》皆不載其創使之因，蓋在唐本宦者之職。唐中世後，宦人使名如是者多，殆不勝記，本不係職官重輕，五代特因唐名而增大之，故史官皆不暇詳考。據《續事始》："代宗永泰中，以中

---

① 《焦氏筆乘》"今人或從去聲讀爲'常'"作"今人或從去聲而讀爲'上'，或從平聲而讀爲'常'"。
② 《焦氏筆乘》"長"作"掌"。

人董秀管樞密，因置内樞密使。"

麟趾

今稱宗寺曰麟寺，玉牒曰麟牒，宗英曰麟趾之秀，蓋本於《詩序》，言衰世公子信厚如麟趾耳。亦是忌語。

官府稱寺

東漢以來，九卿官府皆名曰"寺"，與臺省並稱，鴻臚其一也。本以待四夷賓客，故摩騰、竺法蘭自西域以佛經至，舍于鴻臚。今洛中白馬寺，或云即漢鴻臚舊地，僧居槩稱寺，本此。愚又按：摩騰真身至今不朽，漆棺石室扃鐍甚固。楊衒之《洛陽伽藍記》載當時經函放光事，而不及摩騰，所不可解。

九寺皆爲棘卿

九寺皆曰"棘卿"，《周禮》"三槐九棘"，皆三公九卿之任。近代唯大理得言棘卿，下寺則否。九卿皆樹棘木，大理則於棘下訊鞫其罪，所謂"大司寇聽刑於棘木之下"也。

殿學士

唐制：弘文館、集賢院置學士，宰相得兼，他官未有兼者，亦別無學士之名，如翰林學士、侍講學士、侍讀學士、侍書學士，乃是職事之名爾。自後唐安重誨爲樞密使，明宗以其不通文義，始置端明殿學士。又改端明爲文明，又避真宗謚號改紫宸，又以紫宸非人臣所稱，改觀文，則端明、文明、紫宸本一殿，觀名雖異，而創職之意則同。

翰林學士

唐翰林院，本内供奉藝能技術雜居之所，以詞臣所書詔其間，乃藝能之一爾。開元以前，猶未有學士之稱，或曰“翰林待詔”，或曰“翰林供奉”，如李太白猶稱“供奉”，自張垍爲學士，始別建學士院于翰林院之南，則與翰林院分而爲二，然猶冒翰林之名。蓋唐有弘文館學士、麗正殿學士，故此特以翰林別之，其後遂以名官，訖不可改。然院名至今但云學士而不冠以翰林，則亦自唐以來沿襲之舊也。

唐翰林署

唐翰林院在禁中，乃人主燕居之所，玉堂、承明、金鑾殿皆在其間。應供奉之人，自學士已下，工伎群官司隸籍其間者，皆稱翰林，如今之翰林醫官、翰林待詔之類是也。唯翰林茶酒司止稱“翰林司”，蓋相承闕文。

又

唐制：學士宣召，蓋學士院在禁中，非内臣宣召，無因得入，故院門別設複門，亦以其通禁庭也。又學士院北扉者，爲其在浴堂之南，便於應召。至如挽鈴故事，亦緣其在禁中，雖學士院吏，亦止於玉堂門外，則其嚴密可知。如今學士院在外，與諸司無異，亦設鈴索，悉皆文具故事而已。

探花郎

《摭言》載：唐進士賜燕曲江，年最少者爲探花郎。宋太宗賜馮拯詩曰：“二三千客裏成事，七十四人中少年。”蔡寬夫《詩話》亦言：“期集，擇少年爲探花，是杏園賞花之會，使少年者探之耳。"今以稱鼎魁，不知何義。再考《東軒筆録》謂期集，選年少三人爲探花，使賦詩。熙寧余中爲狀元，乞罷宴席、探花以厚風俗。從之，恐因此訛爲第三人耳。

裦然

董子"裦然爲舉首"，裦音佑。《詩》"實穎實裦"，裦，禾之先出者，故稱爲舉首。今用之者或作"裦然"，或解"裦"爲"褒"，沿訛而不考耳。

唐三院

唐三院御史，謂侍御史與殿中侍御史、監察御史也。侍御史所居曰"臺院"，殿中曰"殿院"，監察曰"監察院"，此其公宇之號，非官稱也。侍御史自稱"端公"，知雜事則稱"雜端"；殿中、監察稱曰"侍御"，近世殿院、察院，乃以名其官，蓋失之矣。侍〔御〕①史復不稱"臺院"，止曰"侍御"；"端公""雜端"但私以相號，不見於通稱，各從其所沿襲也。

御史臺北向

京師省、寺皆南向，惟御史臺北向，自唐以來如此。説者〔以〕②爲隋建御史臺，取其與尚書省便道相近，故唐因之。或云御史彈治不法，北向取肅殺之義，莫知孰是。然今臺門下③獨設鴟吻，亦非他官局所有也。

---

① 據《石林燕語》補"御"字。
② 據《石林燕語》補"以"字。
③ 《石林燕語》"下"作"上"。

風聞論事

御史許風聞論事，自晉、宋以下如此。齊沈約爲御史中丞，奏彈王源曰："風聞東海王源。"蘇冕《會要》云："故事，御史臺無受詞訟之例，有詞狀在門，御史採收有可彈者，即略其姓名，皆云風聞訪知。其後疾惡公方者必[1]，遞相推倚，通狀人頗壅滯。開元十四年，始定受事御史，人知一日收[2]狀，遂提告事人名，乖自古風聞之義。"二字見《尉佗傳》。

黃門

《漢書·輿服志》："禁門曰黃門[3]，中人主之，故曰黃門。"《百官公卿表》："中書謁者令，中黃門屬焉。"顏師古注："黃門，謂奄人居禁中給事者也。"佛典《優婆娑論》般茶迦注此云："黃門，謂去勢及天奄者。"其出處如此，今稱給事中爲黃門，豈以唐諫議大夫隸門下省，開元間改省爲黃門省之故乎？不知開元改省，乃諫議而非侍中。若漢唐以來，中黃門、內給事，實皆奄人耳。

又

《漢書》言位次，中常侍、侍中（句），黃門有給事黃門，馬貴與以"黃門"屬上讀，非也。黃門非官，乃官署耳。田延年、魏相等，史志及《通考》俱不引，故此秩無明文。

---

① 《容齋隨筆》"必"作"少"。
② 《容齋隨筆》"收"作"劾"。
③ "門"當作"闈"。

又

漢爲莽置使家中黄門。晉王丞相導密營別館，羅列衆妾，曹夫人命車，將黄門及婢二十人，人持食刀，自出尋討。又石崇燕客，令美人行酒，客不盡者，使黄門交斬美人。則人臣亦得有之矣。

螭首

唐制：起居郎、起居舍人在紫宸内閣，則夾香案立殿下，直第一螭首，和墨濡筆皆即坳處，時號螭頭，所謂螭首者，蓋殿陛間壓階石上鐫鑿之餘，今僧寺佛殿多有之。

伯牧

周之制，使伯佐牧。《春秋傳》"五侯九伯"，侯爲牧也。《正義》："五侯爲州牧也。"知侯爲牧伯者，《周禮》上公九命作伯，則東西二伯，上公爲之。八命作牧，非上公也，公下唯侯耳。且《傳》當言五牧，而云五侯，明牧於外曰侯，故《曲禮下》云："九州之長，入天子之國曰牧，于外曰侯。"是牧本侯爵也。侯既爲牧，其佐自然伯矣。

紫微

《唐書》："開元元年，改中書省曰紫微省，中書令曰紫微令。"但微本微顯之微，而今爲薇蕨之薇，殊不可曉。

觀察

唐世於諸道置按察使，後改爲採訪處置使，治於所部之大郡。既又改爲觀察，其有戎旅之地，即置節度使。分天下爲四十餘道，大者十餘州，小者二三州，但令訪察善惡，舉其大綱。然兵甲、財賦、民俗之事，無所不領，謂之都府。權勢不勝其重，能生殺人，或專私其所領州，而虐視支郡，然每道不過一使臨之耳。今之州郡控制按刺者，率五六人，而臺省不預，毀譽善否，隨其意好，又非唐一觀察使比也。

刺史太守

刺史、太守不同，今混呼爲一，非也，觀《後漢‧郡國志》可見。漢制：自三輔外分九州，九州控郡國，州部有刺史，郡國有太守。如豫州刺史部，則潁川、汝南六郡國；冀州刺史部，則魏郡而下九郡國；畿內則河南尹、京兆尹，而以司隸校尉部之，外則刺史部之，郡國則太守治之。益州部自京兆、河南兩尹至豫、冀、兗、徐、青、荊、益、梁、并、幽、交爲尹。二刺史十一郡國，自河南至日南爲郡國，凡一百一十二，太守亦百一十二。嚴能鷹揚，有督察之才，刺史之職也。安靜寬仁，有愷悌之德，太守之職也。

五馬

世謂太守爲五馬，人罕知其故事。或言：《詩》云：“孑孑干旄，在浚之都。素絲組之，良馬五之。”鄭注謂：“《周禮》，州長建旗。”漢太守比州長法御五馬，故云。後見龐幾先朝奉云：“古乘駟馬車，至漢時，太守出則增一馬，事見《漢官儀》也。”

稱使稱官

唐人多稱使，郡守一職也，以其領兵則曰節度，治財賦則兼觀察，以至河堤、處置等名。故楊國忠領四十餘使，下逮州郡，莫不然，其名猥雜。宋多稱官，如提領官、參謀官、檢討官、參議考校官、覆考官、詳定官、參詳官、判官、推官；下至吏胥，則有通引官、專知官、孔目官、直省官；走卒則有散從官；流外有剋梓①官、陰陽官；軍校有輦官、天武官之號。推其原，亦本於唐也。

屏星

車上竹席障塵者，前曰藩，後曰屏，旁曰翰，總曰茀，通作屏星。孔恂為別駕，車舊有屏星，如刺史車。案篹篁刺史車，非特別駕也。俗專以為別駕事，誤。或作星屏，益誤。

理官

《管子》"黃帝得六相，辨北方為李"，獄官。然則理官之字可稱"李"也。《唐宗室表》"皋陶世為大理，以官命族為理氏。"《管子》"皋陶為李"，《天文志》"左角李、右角將"注，師古曰："李，法官之號，故稱其書為《李法》。"然《唐史·世系表》謂"皋陶世為理氏"，紂時有避難者食李得全，故改李也，謬矣哉。

明府

唐人稱縣令曰明府，漢人謂之明庭。

令尹

邢昺疏曰："令尹，宰也。《周禮》六卿，大宰為長，遂以宰為上卿

---

① 《雲麓漫鈔》"梓"作"擇"。

之號。楚臣令尹爲長，從他國之言，或亦謂之宰。宣十二年《左傳》"蒍敖爲宰"是也。令，善也。尹，正也。言用善人正此官也。楚官多以尹爲名，皆取其正直也。"又劉向《列仙傳》"關令尹喜"，又"尹喜亦自著書九篇，號曰《關令子》"，贊曰："尹喜抱關，含德爲務。"則是函谷關令姓尹名喜也。今人不知令尹之尊，稱縣令爲令尹，又不知尹爲喜姓，稱關令尹，皆誤。

又

宋人言縣令名位雖卑，其臨民行政，與知縣等，乃卑趨伏謁，體統相懸，何以視士民而行其志乎。然則今知縣稱令，亦自貶也。

又

唐制：縣令闕，佐官攝令曰"知縣事"。李翱《任工部誌文》曰"攝富平尉知縣事"是也。宋差京官曰知縣，初選人爲縣，則曰"令"。王荊公即中縣令，經三轉後得差知縣是也。唐諸道判官資歷未至，第曰"簽書某軍節度判官廳公事"，宋則差京官曰"簽判"，亦相反也。

少仙

唐人呼縣令爲明府，丞爲贊府，尉爲少府。《李太白集》有《餞陽曲王贊公賈少公石艾尹少公序》，蓋陽曲丞、石艾尉也。洪《容齋隨筆》載晏幾道《與通曳原少公》，亦用此。杜詩有《野望因過常少仙》一篇，蜀士注："少仙應是言縣尉。"縣尉謂之少府，而梅福爲尉，有神仙之稱，故稱少仙。

牛馬走

"太史公牛馬走"，予嘗疑之。《淮南子》曰"先馬走"，古人多有先馬之儀，蓋僕御之事，自謙之詞也。予以"太史公"三字亦不是對其父言。如今章奏言"某官某臣"，則以爲某官之臣乎。太公《六韜》曰"賞及牛豎馬洗"，《國語》"勾踐爲夫差先馬"，《周官》有"齊右、前馬"，秦漢有洗馬之職，亦名先馬，蓋冗職也。即郡太守亦有之，所以備前驅者，如宋之孔目、里長之役耳，五代則爲行軍官，古今不同如此。

冷官

杜少陵詩："諸公袞袞登臺省，廣文先生官獨冷。"非以學館爲冷淡，以臺省爲進用也。《唐書·文藝傳》："鄭虔坐謫還京師，玄宗愛其才，欲置左右，以不事事，更爲置廣文館，以虔爲博士。虔聞命，不知廣文曹司何在，訴宰相，宰相曰：'上增國學，置廣文館以居賢者，令後世言廣文博士自君始，不亦美乎?'虔乃就職。"觀此，則杜之意正謂諸公日日奔走趨局，獨廣文安坐無事耳。今乃憐教官曰"冷官"，甚至變其文曰"寒官"，意正相反。

戊己校尉

漢西域督護有戊己校尉，主屯田。顔師古曰："鎮安西域，無常治處，猶戊己土德，季王四時。"《漢官儀》：處西域之中，如戊己土居中。一説專主屯田，故取戊己土以爲名。夫專主屯則有常治，況車師王廷亦非西域之中，則戊己主土爲可從也。再考東漢耿宫①爲戊己校尉屯，後關籠②爲戊己校尉屯，前是一職分爲二官。一説諸子皆正位，惟戊己寄

---

① "宫"當作"恭"。
② "籠"當作"寵"。

治西域，無定居。夫戊己在中，何無定位，且漢官不見有甲、乙、丙、丁校尉者。《漢官儀》曰"戊己中央，鎮覆四方"，以漢制解漢官，諸說爲添足矣。

檢校

東晉時，有檢校御史，專掌行馬外事，以吳混爲之。沿襲至唐，有檢校官，即檢點之義，蓋未與正官，且令檢點其事，故杜子美有"圈①官檢校"之語。

勳官階禄爵

唐制：有勳、有官、有階、有爵。爵以定尊卑，官以分職務，階以叙勞，勳以叙功，四者各不相蒙。有官卑而勳階高者，亦有勳階卑而官爵高者。宋朝列銜，凡階高官卑則稱行，官高階卑則稱守，官與階同則無"行""守"字。今制，惟以官爲定，爲是官，則勳階爵隨之。顏魯公謂："開府特進，並是勳官，用蔭，則有高卑，會燕合，依次序。"然則唐之勳官，惟以定蔭而已。

銀青階官

石林云：唐以金紫、銀青光禄大夫爲階官，此沿漢制金印紫綬、銀印青綬之稱也。《夏侯勝傳》"取青紫如拾芥"，青紫謂綬耳。顏師古以青紫爲卿大夫之服，師古但據當時所見耳。余按：揚雄《解嘲》"紆青拖紫"，注："謂綬之色。"然所謂服者，佩服云爾。漢人亦有以綬言服，如蔡邕章疏曰"命服銀青"，曰"命服金紫"，曰"金龜紫綬之飾，非臣容體

---

① 《雲麓漫鈔》"圈"作"圖"。

所當佩服”，以是觀師古之注，未爲謬也。

王儉紅蓮

庾杲之爲王儉衛將軍長史，蕭緬與儉書曰：“盛府元僚，實難其選。庾景行泛綠水，依芙蓉，何其麗也。”今臺郡幕客多用紅蓮故事，始此。

綠野蓮社

閑居用綠野，乃裴度於文宗時留守東都治堂，雖野服蕭散，不問事。時尚保釐留臺，是見任事。宮觀用蓮社，乃白居易致仕，與僧如滿在香山修净土，號白蓮社，是致仕後事。

權行守試

宋朝職事官並以寄禄官品高下爲權行守試。侍郎、尚書始必除權，即真後始除試守行。余考之漢試守即權也。《年紀》：令吏二百石以上滿秩如真。如淳曰：“諸官吏初除皆試守，一歲爲真，食全俸。”趙廣漢守京兆，韓延壽守馮翊，尹翁歸守扶風，皆滿歲爲真。是守試即權，未得爲真也。“權”字唐始用之，韓愈權知國子博士，三歲爲真。今以“權”與“守試”分真假，全無意義。

除授

俗吏非調選得官者，皆曰：“我乃堂除。”亦有隨俗語新拜官者曰：“某乙除某官。”至有遺賀書題之，此乃詛語耳。如晉王導《讓中書監請爲三司表》云“臣乞得除中書監，竭誠保傅”是也。又漢王彭祖每二千石至其國，則迎之除舍，注云：“初除所至之舍。”若以初到之舍，乃州宅也。

蓋初除贊移出之館亭爾。除之義如此，可不悟哉！授、代無新拜之官者云"有除無授"，唯此語允當。

推恩制

南郊推恩制："朕布神之惠，陪隸與焉。有中書勾當人，五院正名驅使官、學士院勸留官、朝堂驅使官、都省驅使官，皆授縣尉等。曰名者，先王所慎以與人也。往思淑慎，以稱之可。又大臣所奏人，並授國子四門助教，不理選限。""不理選限"者，猶今遙授也。

兼領

漢制以本官任他職者曰兼，常惠以右將軍兼典屬國是也。以高官攝卑職者曰領，劉向以光禄大夫領校書是也。唐制有曰攝者，如侍中之攝吏部是也。又有行守試之別，職事高者為守，職事卑者為行，未正名命者為試。宋制則高一品為行，下一品為守，下三等為試。元祐以後又置權官，如以侍郎權尚書之類。漢以趙充國為假司馬，則又有假職矣。

官稱假

"假"字甚古，吳廣為楚假王，韓信自立為假齊王，曹參為假左丞相，項羽為假上將軍、會稽假守，班超假司馬皆是。元祐法，尚書侍郎資淺者權字。唐亦有之，楊嗣復不欲越父於陵當國，遂為權知禮部侍郎是也。唐尚書資淺者又為尚書裏行，太宗時張昌齡勅於通事舍人裏供奉，肅宗時元結為監察御史裏行。宋御史資淺亦為裏行。我朝署員外郎試御史，即假與權類也。陸冢宰完以璫瑾不悅，授試都御史，初又有試給事中。

又

官爵有假，秦漢時事也。則自假守、假王，而外至于小者，《晁錯傳》："五家爲伍，伍有長；十長一里，里有假士；四里一連，連有假五百；十連一邑，邑有假候。"蓋漢時用人必求其稱，故雖里胥之儔，不輕以真與之。至於王莽謀篡，先自稱爲假皇帝。皇帝而可假耶，逆臣不足道也。

官稱攝

沈存中曰："唐制：官序未至，以他官攝者爲直官，許敬宗爲直記室是也。宋朝學士、舍人皆置直院，但以資淺爲之，實正官也。"

寓直

常見直宿公署，咸云寓直。徒以"當直"字。案：《字書》："寓，寄也。""寓直"二字，出潘岳爲武賁中郎將。晉朝未有將校省，故寄直散騎省。今百官各當本直，乃以云"寓"，何異坐居第而稱僑僦耶？

豹直

新官併宿本署曰"爆直"，僉作"爆迸"之字。有云合作"武豹"字。豹性潔，善服氣，雖雲雨霜霧，伏而不出，慮污其身。《列女傳》有"南山文豹"之説，小謝詩："雖無玄豹姿，終隱南山霧。"《南華》亦云："豹棲於山林，伏於嵓穴。"則併宿公署，雅是豹伏之儀①。宜作"豹直"，固不疑也。

---

① 《資暇集》"儀"作"義"。

印綬

《孔氏雜説》漢時印綬，非若今之金紫銀緋，長使服之也。蓋居是官則佩是印綬，罷則解之，故三公上印綬也。後漢張奐云："吾前後十要銀艾。"銀即銀印，艾即緑綬。十要者，一官一佩之耳。印不甚大，淮南王曰"方寸之印，丈二之組"是也。晉時婦人亦有印綬，虞談母賜金章紫綬是也。

前席

今人用前席，若以爲尊寵之意，本旨不然。《史記·商君傳》："鞅復見秦孝公，公與語，不自知䣛之前于席也。"《賈誼傳》："漢文帝問鬼神事，賈生具道所以，至夜半，文帝前席。"蓋古者坐地以莞蒲爲席，天子諸侯則有黼黻純飾，坐則居中。遜避不敢當，則却就後席；喜悦不自覺，則促近前席耳。《史記》二語皆自喜意。

星履

六曹尚書用星履、曳履，熟事也，二出處皆不可用。漢鄭崇爲尚書僕射，曳革履，上曰："我識鄭尚書履聲。"乃僕射事。唐韋見素爲吏部侍郎，杜詩："持衡留藻鑑，聽履上星辰。"乃吏部侍郎事。

建麾

今守郡謂之"建麾"，蓋用顏延年詩"一麾乃出守"，誤也。"一麾"乃指揮之麾，如武王"右秉白旄以麾"，非旌麾也。延年《阮始平》詩："屢薦不入官，一麾乃出守。"則又延年被擯，以此自託。自杜牧爲《登樂游原》詩："擬把一麾江海去，樂遊原上望昭陵。"謬用"一麾"，自此遂爲故事。

導官

《前漢·百官》有"導官"，掌米穀。學者多疑"導"字之義。考《唐·百官志》導官令"掌導擇米麥，凡九穀，皆隨精麤，考其耗損而供。"然《漢》導字下從寸，《唐》䆷字下從禾。今按：《韻略》："瑞禾一莖六穗謂之䆷。"恐唐以瑞禾名官也。《封禪書》云："導一莖六穗於包。"注云："導，擇也。一莖六穗，謂加禾之米也。"後人誤以瑞禾爲䆷，遂併官名，失之。

鬻爵

鬻爵者多咎晁錯之作俑。余謂今之弊非鬻爵也，鬻官也。鬻爵所鬻者虛，利歸于上；鬻官所鬻者實，利歸于下。蓋晁錯令募天下入粟得以拜爵，一虛名耳，初非任以事官也。文帝時張釋之以貲爲郎，武帝令吏入穀補官，即至六百石，則鬻官矣。至靈帝鴻都榜賣公卿，及州郡黃散、段熲、張溫、崔烈，雖有功勳名譽，亦以賄得之。晁錯復生，必大爲笑。

告假

在官以事求歸曰"告假"，非也。"告"與"假"原自二事，《漢書·高帝紀》"高祖嘗告歸之田"注：李斐曰："休謁之名，吉曰告，凶曰寧。"孟康曰："古者名吏休假曰告。漢律：吏二千石有予告，有賜告。予告者，在官有功最，法所當得也。賜告者，病滿三月當免，天子優賜其告，使得帶印綬將官屬歸家治病也。至成帝時，賜告不得歸家。和帝時，予賜皆絕。"師古曰："告者，請謁之言，謂請休耳。或謂之謝，〔謝〕①亦告也。"又《晉書》令急假者五日一急，一年以六十日爲限，曰取急長假併假，後世誤爲給假矣。

左官右職

漢官閑不調者曰左官，摘②者曰左遷。《禹貢③傳》："郡國擇便巧史書習計簿能欺上府者，以爲右職。"按：如今以能幹吏參美缺耳，漢尚右，故爲美稱。

押牙

武職令有"押衙"之目，"衙"宜作"牙"，此職名非押其衙府也，蓋押牙旗者。今又有押節者。案：《兵書》："牙旗者，將軍之旌。"故必竪牙旗於門。是以史傳咸作"牙門"字。今者"押牙"即作"押衙"，而"牙門"亦爲"衙門"乎？

復復

"何武爲九卿時，奏言宜置三公官，又與翟方進共奏罷刺史，更置州牧，後皆復復故。"注云："依其舊也。下復夫目反。"上音服，下音福。

牽絲

謝靈運詩："牽絲及元興，解龜在景平。"李善注："牽絲，初任也。

---

① 據《漢書·高帝紀》顏師古注補"謝"字。
② "摘"當作"讁"。
③ "禹貢"當作"貢禹"。

解龜，去任也。"

官年實年

宋士大夫叙官閥，有所謂實年、官年，大抵布衣應舉，必減歲數；至公卿任子，率增攙庚甲，然亦未嘗明言。其後朝臣屢言，年及七十者不許任監司、郡守，縉紳多引年以決去就。江東提刑李信甫七十而損其五，堅乞致仕，有旨官年未決，與之外祠。知房州章騆六十八歲，而增其三，亦求罷去。諸司援實爲請，聽終仕。知嚴州秦熺乞祠之疏曰："實年六十五，而官年已踰七十。"齊慶胄寧國乞歸，亦曰實年七十，官年六十七。於是實年、官年之字，形於制書，是君臣上下相爲欺也。我朝減年者常多，增年者絕少，惟選館及臺省乃有限年之例。

白者

閹兒，今謂之净身人，猶唐之所謂白者。

自宮求進

《綱目分注》記南漢宦官之橫云："凡群臣有才能及進士狀頭，皆先下蠶室，然後得進。亦有自宮以求進者，由是宦者近二萬人。貴顯用事，大抵皆宦者也。"王行卿《集覽》解"自宮"，引《吕刑》"宮辟"爲據，云："己自割勢求爲宦官也。"近時陳伯載作《正誤》，乃破其説，謂："自宮以求進用，非求爲宦官也。"予按：《通鑑》"自宮求進者"下云："亦有免死而宮者。"又按：齊桓公曰："竪貂自宮以近寡人。"管仲以爲"其身之忍，又將何有于君"。今《分注》先言"群臣皆下蠶室"，後言"宦者近二萬人"，則《集覽》之説是矣。

第九卷　行誼

孔子稱號

　　魯哀公誄孔子爲尼父，西漢平帝謚孔子爲褒成宣尼父，東漢和帝封爲褒尊侯，隋文帝贈爲先師尼父，唐太宗升爲先聖，高宗贈爲太師，玄宗謚爲文宣王，宋真宗謚爲玄聖文宣王，繼改至聖文宣王，元武宗封爲大成至聖文宣王，我朝爲至聖先師孔子，的爲定論。再按：《文王世子》“天子視學，命有司行事，祭先聖先師”，則先聖先師之稱，其來已久。

神禹鄉邦

　　成都學宮前綽楔題曰“神禹鄉邦”。昔堯舜禹嗣興，冀爲中州兩河之間，聲教暨焉，興地尚未拓也。後千餘年，周始有江漢之化。至秦盛强，蜀始通焉。彼所謂蠶叢、魚鳧、鼈靈、望帝者，文物未備，且在衰周之世，蜀世之先可知也。禹都在今安邑，鯀實四嶽，封爲崇伯，崇，今之鄠縣，其地遼絕，何得禹生於此乎？問之人士，皆曰禹生於汶川之石紐村，禹穴在焉。唐《元和志》“廣柔縣有石紐村，禹所生也，以六月六日爲降誕”云。宋計有功作《禹廟碑》，大書曰：“崇伯得有莘氏女，治水行天下，禹生於此。”有莘氏於鯀亦不經見。果爾，《蜀都賦》止云禹治其江，左思《三都賦》人物並列，獨不及禹生耶？宋王騰亦云岷山導江，歷經營於禹蹟。《華陽國志》禹治水，命巴蜀以屬梁州，娶於塗山，今江州之塗山是，俱不云禹所生也。今徒以石紐有“禹穴”二字證之，禹穴實在今之會稽，窆石在焉。古稱穴居，衆詞也。禹平水土時已爲司空，恐不穴居，言穴，蓋葬處，非生處也。《古今集記》岷山水源分爲二派，正南入溢村，至石紐，此誠禹蹟之始耳。孔安國曰：塗山，國名，非山也。《史記》載：啓，禹之子，其母塗山氏之女，又似姓氏，並附疑于此。

禹化黄熊

《述異記》："堯殛鯀於羽山，化爲黄能，入於羽泉。今會稽祭禹廟不用熊，曰：黄能即黄熊也。陸居曰：'熊，水居曰能。'"按：鱉三足曰能，與熊殊不類，鯀之化熊乎、能乎。《淮南子》："禹娶塗山氏，治洪水，通轘轅山，化爲熊，謂塗山氏曰：'欲餉，聞鼓聲乃來。'禹跳石誤中鼓，塗山氏往，見禹作熊，慙而去。至嵩高山下化爲石，禹曰：'歸我子。'石破而生啓。"然則禹亦嘗化熊矣。會稽之祭廢熊，殆爲此乎。

傅説

《尚書》"説築傅巖之野"，《孟子》"傅説舉于版築之間"，墨翟書"傅説衣褐帶索，傭築於傅巖"，賈誼賦"傅巖"，孔安國《書傳》"虞虢①之間水壞道，常使胥靡刑人築之，説代胥靡築以供食"，孔子所謂代，緣墨之所謂傭也。《史記索隱》引《漢書》注："胥，相也。靡，隨也。古者相隨坐輕刑之名。"考《漢書》此注在《楚元王傳》中。賈誼賦，《漢》注張晏曰："胥靡，刑名。傅説被刑，築於傅巖，武丁以爲己相。"就賈賦意，不當作説代人築，墨之謂傭，寧知非謂説身被刑而傭作於官耶？胥靡之刑，古記無考，莊周書"胥靡登高而不懼，遺死生也"，是刑使人不聊于生如此，非輕刑矣。以説之賢而被此刑，吾不敢信。或訓："築，居也。"取卜築義，又與《孟子》所云"版築"不合。竊意伊耕、傅築，第以明其窮居光景乎？不必泥也。

---

① 《尚書正義》"虢"作"虩"。

邵伯甘棠

後人見《焦氏易林》有"邵伯游暑①"之句，又古語有"游暑憩甘棠"之句，遂意料邵伯爲周之伯，豈有於樹下聽訟，如後世老人里長樹下爭鬭鷄者，蓋邵伯偶行暑荫于樹下，後人遂不伐耳，非常所居也。其理近似。劉向《説苑》邵伯分陝，當桑蠶之時，不欲變民之結②，乃束髮總角，亦是如此。

孔子師老聃

孔子師老聃之説，肇於《莊子》。莊子師老子，故其讥侮聖賢，獨推老子，甚至假説③孔子言論譽之。後來漢儒輯《禮記》，承其言曰"聞諸老聃"。《史記·孔子傳》後增許多老子訓誨孔子語，孔鮒作家記，著孔子事實，因據以爲證，奈何。

鮑叔先管仲而死

《管子書》："管仲寝疾，桓公往問之，曰：仲父之疾甚矣，不幸而不起此疾，彼致④我將安移之？管仲未對。桓公曰：鮑叔之爲人何如？對曰：鮑叔，君子也。然不可爲政。"云是管仲之死先鮑叔也。劉向《説苑》："鮑叔牙死，管仲舉上袂而哭之，泣下如雨，從者曰：非君臣父子也。管仲曰：非夫子所知也。"云則是鮑叔先管仲而死也。當考。

---

① 據《焦氏易林》"游暑"作"避暑"，後同。
② 《説苑·貴德》"結"作"事"。
③ 羅璧《識遺》"説"作"借"。
④ 《管子·戒》"致"作"政"。

淵明非柴桑翁

王①子多認柴桑翁爲淵明，不知劉遺民曾作柴桑令也。樂天《宿西林寺》有詩云："木落天晴山翠開，愛山騎馬入山來。心知不及柴桑令，一宿西林便却迴。"柴桑令，劉遺民也。

子思年月

《家語》記孔子年二十而生伯魚，伯魚卒時年五十，記其年當在顔子之後。《論語》顔路請車時，孔子言鯉死，則《家語》誤矣。鯉死既在回前，孔子亦當六十以降，子思生又不知前此幾年，則孔子卒時，子思應不甚幼。《孔叢子》有子思與孔子問答語，其證也。《史記·年表》孔子卒在周敬王四十一年，魯繆公立在威烈王十九年，上下相去七十一年，而子思之壽止六十有二，宜不及見繆公之立。然孔子在②繆公夢時，子思居衛，《孟子》亦屢言繆公之於子思，此兩人同時，則《年表》亦誤矣。宋景濂云："子思壽六十二，魯繆公同時人。"繆公之立，距孔子之没七十年，當是時子思猶未生，問答之事安得有之？余謂既信壽六十二之説，即不當信相去七十年之説。以七十年之説爲可，則子思之生當在孔子夢奠之後矣。伯魚先孔子而卒，子思又安後孔子而生哉？此理甚明，而不能察何也？《書傳》年月牴牾如此者甚多，不可勝舉。

宰我作亂

蘇子瞻嘗病太史公言宰我與田常作亂夷其族，使吾先師之門乃有叛臣。天下通祀者容叛臣其間，以爲千載不蠲之惑。乃引李斯諫二世書，有"田常布惠施德，陰取齊國，殺宰予於庭"之言，以明其不叛，真一快

---

① 《侯鯖録》"王"作"士"。
② 《焦氏筆乘》"孔子在"作"《孔叢子》載"。

也。然不如司馬貞所辨爲長。《史記索隱》："《左氏》無宰我與田常作亂之文，而有闞止以争寵爲陳恒所殺，止字子我，字與宰予相涉，因誤云。"然貞此言足以蠲千載之惑矣，坡公豈未之見耶。

冶長通鳥語

用修云："世傳公冶長通鳥語，未見所出。"然宋之問詩："不如黃雀語，能免冶長災。"樂天《禽蟲詩序》："子非冶長，不能通其意。"則似實有之矣。按：冶長辨鳥雀云："唶唶嘖嘖，白蓮水邊，有車覆粟。車脚淪泥，犢牛折角。收之不盡，相呼共啄。"人驗之果然。此具《論語疏》，豈用修未之見耶？《左傳》："介葛盧辨牛鳴。"《史記》："秦仲知百鳥之音，與之語，皆應。"《論衡》："廣漢陽翁偉，能聽百鳥音。"世間自有此等奇事，未可臆斷其無也。

魏文侯師

魏文侯以卜子夏爲師。案：《史記》所書，〔子夏〕①少孔子四十四歲，孔子卒時，子夏年二十八矣。是時，周敬王四十一年，後一年元王立，歷至威烈王二十三年，魏始爲侯，去孔子卒時七十五年。文侯爲大夫，二十二年而爲侯，又十六年而卒。姑以始侯之歲計之，則子夏已百三歲矣。

百里奚五羖

王應麟云："《秦本紀》載穆公五羊皮贖百里奚，《商鞅傳》又載穆公舉之牛口之下，《史記》所傳自相矛盾如此。"余按：《吕氏春秋》："百里

---

① 據《容齋續筆》卷二補"子夏"二字。

奚未遇時，飯牛於秦，〔傳〕①鬻以五羊之皮，公孫枝得之，獻諸穆公，請屬事焉。"據此，則奚飯牛而秦以五羊皮贖之，正舉於牛口之下也。

子胥濤

儒書言：吳王夫差殺伍子胥，煮之於鑊，盛以囊，投之於江。子胥恚恨，臨水爲濤，以溺殺人。夫言吳王殺子胥，投之於江，實也。言其恚恨臨水爲濤，虛也。衛菹子路，漢烹彭越，二人尚不能發怒於鼎鑊之中，胥亦自先入鼎鑊，後乃入江，在鑊之時，其神豈怯，而勇於江也哉？何怒氣之前後不相副也。

淵明種秫

淵明之爲縣令，蓋爲貧爾，非爲酒也。蓋欲得公田之利，以爲三徑閑居之資用耳，非旋創田園也。舊本云：公田之利，適足爲潤。後人以其好酒，遂有公田種秫之説。且仲秋至冬，在官八十餘日，非種秫時也。可爲淵明解嘲。

何曾日食萬錢

何曾日食萬錢，猶云無下筯處。子何邵倍之，日二萬錢。至《任愷傳》又曰："愷極奉養，初，何邵以公子奢侈，每食極四方珍，愷乃踰之，一食萬錢，猶曰無可下筯處。"按：序何曾父子事及任愷承之，語事何相雷同也。且何邵之侈倍父，已食二萬錢，愷乃踰之，一食萬錢，是減於邵，非踰於邵矣。

---

① 據《呂氏春秋·慎人》補"傳"字。

張什之爲郎

《漢書》紀、傳、志、表，矛盾不同非一，然唯張什之爲甚。本傳云："釋之爲騎郎，事文帝十年不得調，亡所知名，欲免歸，中郎將袁盎惜其去，請徙補謁者。後拜爲廷尉，逮事景帝，歲餘，爲淮南相。"《百官公卿表》所載文帝即位三年，什之爲廷尉，至十年書廷尉昌、廷尉嘉，又二人，凡歷十三年，景帝乃立，而張歐爲廷尉。則是什之未嘗十年不調，又未嘗以廷尉事景帝也。

張網①埋輪

張網埋輪曰："豺狼當道，安問狐狸。"一朱遵字孝仲，蜀人，當公孫述僭號時，爲犍爲郡功曹，領軍拒戰於六水門，兵少，乃埋車輪絆馬，以示必死。述殺之，光武追贈漢將軍，爲立祠。按：此事則死封疆者，亦可用埋輪故事。再考《華陽志》："漢安六②年，與侍中杜喬巡行州郡，出宮垣埋車，先奏太尉焉桓、司徒劉壽尸素出城，又奏司隸校尉趙峻、河南尹梁不疑、汝梁③太守梁乾贓罪，檻車送廷尉。天子以乾，梁冀叔父，貶秩，免峻等。又奏魯相寇儀，儀自殺。郡縣莫不肅懼，冀恨之，出爲廣陵太守。"按：《漢書》數語而盡，事則若虛，此序詳而近實，綱奏梁乾，非奏梁冀也。

嚴光非會稽人

《〔後〕④漢書》："嚴光，會稽人。"考《任延傳》："天下新定，道路

---

① 本條兩"網"字當作"綱"。
② 《華陽國志》"六"作"元"。
③ 《華陽國志》"梁"作"南"。
④ 據《後漢書·嚴光傳》補"後"字。

未通，避亂江南者皆未還中土，會稽頗稱多士，延爲〔會〕①稽都尉，如董子儀、嚴子陵，皆待以師友之禮。"以此證之，子陵避亂會稽耳，自新野人也。

雁帛書

蘇武雁帛致書事，乃漢偵得武所在，故神其説以駭虜耳。乃元朝實有是事，元使郝經來宋，館之眞州，時南北隔絶，郝經獲雁畜之，雁鼓翼引吭，似有欲訴。經感之，率從香案，北向再拜，手書五十九字，繫帛雁足以放之。元虞人獲之，苑中以聞，元主曰："四十騎留江南，不如一雁乎。"遂進師南伐，越二年亡宋。秘監帛書尚存經之書，曰："零落風高恣所如，歸期回首是春初。上林天子援弓繳，窮海纍臣有帛書。中統十五年九月一日放雁，獲者勿殺，國信大使郝經書於眞州忠勇軍營新館。"經仍不知元已改至元十一年也。右《掇②耕録》載本朝事如此，豈雁眞可傳書乎？

仗馬奏事

立仗馬，據顏魯公疏，以爲起自太宗。其《門司③式》曰："無門籍有急奏，令仗家引對。"其立仗馬二，須乘者聽。李林甫所云"一鳴輒斥"，即今仗馬制也。按：此馬及仗當在外朝，人主行幸它所，或深宮而所謂急奏者，必上變告警之類耳。若方御朝，豈有乘馬徑入理，且必不以是待上言時事者也。白虎樽尚有發者，竟太宗朝不聞乘仗馬奏事人，恐亦無據。

---

① 據《後漢書·任延傳》補"會"字。
② "掇"當作"輟"。
③ 《新唐書·顏真卿傳》"門司"作"司門"。

韓文公故里

修武縣東北三十里曰南陽，韓文公故里，居人呼其地曰"韓莊"，又曰"韓村"，愈自上世居此。按：李韓爲愈作《形狀》①曰："昌黎人愈，亦嘗自稱昌黎。"又皇甫湜爲愈作《墓志銘》，不言鄉里。李白作愈父《仲卿碑》曰"南陽人"。嗣後劉煦《舊唐書·列傳》亦曰"昌黎人"，蓋本諸《行狀》。歐、宋《新書》乃增曰"鄧州南陽人"，蓋本愈父碑，誤加"鄧州"二字也。昌黎，古韓氏通稱，如李必曰隴西，崔必曰博陵，孫必曰樂安耳。今修武韓莊有愈墓存焉，此爲的據。

與大顛書

朱《語録》謂《與大顛書》乃昌黎平生死案，晦翁之言抑何秋霜烈日耶。余考《大顛書》刻於靈山禪院，乃僧徒妄撰，假重名以尊其道，亦猶懷素假李白歌稱其"草書獨步"也。《草書歌》人皆信非白作，獨以《大顛書》爲出於韓，何哉？李不足損名，韓則所損多矣。卓哉！李漢之先見乎序，"公之文總其目以七百正"，慮後人屬入。以此證之，死案猶可翻也。

退之絶筆

韓退之《南溪詩》，據張籍祭文，蓋絶筆於此。當時同集者，賈島集中有《同韓侍郎泛南溪》詩，集籍詩"坐有賈秀才"，蓋島也。二公實同爲此遊，可以互證。

---

① "李韓"當作"李漢"，"形狀"當作"行狀"。

孟東野附傳

《退之列傳》："從愈遊者，若孟郊、張籍，皆有名於時。"以余觀之，郊、籍非輩行也。東野，退之友；張籍，退之爲觀察推官所進士，李翺、皇甫湜，則從退之學問者也。故詩云："東野觀①禹穴，李翺觀濤江。"又云："東野動驚俗，天葩吐奇芬。"惟弟子則稱名耳。唐史乃使東野與群弟子同附退之傳後，遂皆稱爲韓門弟子，誤甚。

朱買臣廟

嚴州壽昌縣有朱買臣廟，其地有朱池、朱村，乃檇李東塔寺後，買臣墓在焉，不知當時何以葬此。又《魏地志》載："虹縣朱山，會稽朱翁子之舊里，朱山廟即其別業，墓在山北麓。河南夏邑縣有朱買臣墓，河南府有朱買臣廟。"又《隋唐嘉話》："東野之歲，洛陽平鄉路北市東南陷②，得漢丞相朱買臣墓。及考宦游僑寓，皆未曾有，不知何自得俎豆于梁也。"《中都志》按：《漢書·列傳》："買臣，吳人，爲會稽太守。"漢會稽乃今蘇州嘉興縣，故屬吳，當以嘉興爲是。《崇文總目》載名賢姓字相同，錄有兩朱買臣，豈相傳之訛歟？

何遜在揚州

杜甫詩："東閣觀③梅動詩興，還如何遜在揚州。"多不詳遜在揚州之説。以本傳考之，遜天監中爲尚書水部郎，南平王引爲賓客，掌書記室。薦之武帝，與吳均俱進，後稍失意，帝曰："吳均不均，何遜不遜。"卒於盧陵王記室，亦不言在揚州也。及觀遜有《梅花》詩，見《藝文類聚》

---

① "觀"當作"窺"。
② 《隋唐嘉話》"東野"作"東封"，"平鄉"作"平御"，"南陷"作"南隅"。
③ "觀"當作"官"。

《初學記》：“兔園標節物，驚時最是梅。銜霜當路發，映雪擬寒開。枝橫却月觀，花遶凌風臺。朝灑長門泣，夕注臨邛杯。應知早凋落，故逐上春來。”①余後見别本云：“遜，東海剡人，舉本州秀才，歷官奉朝請。時南平王分庭接士，故引爲水部，行參軍事。”乃知遜嘗在揚州，本傳略去爾。然東晉、宋、齊、梁、陳皆以建業爲揚州，則遜所在乃建業耳，非今之廣陵也。

李白《蜀道難》

史稱嚴武爲劍南節度使，放肆不法，李白爲作《蜀道難》。按：孟棨所記，白初至京師，賀知章聞其名，首詣之，白出《蜀道難》，讀未畢，稱嘆數四，時乃天寶初也。嚴武爲劍南，乃在至德後肅宗時，年代甚遠。蓋小説所記，各得于一時見聞，率多舛誤，此類耳。李白集稱“刺章仇兼瓊”，與《唐書》所載不同，則又《唐書》之誤也。

李白出處

《南部新書》：“李白，山東人，父爲任城令，因家焉。少與魯人隱徂徠山，號‘竹溪六逸’。天寶游會稽。”唐范傳正誌其墓曰：“白，涼武昭王九世孫，隴西人。隋末子孫以罪徙西域，神堯時，白父客自西域逃居綿之巴西山，生白焉。”唐魏顥、李陽冰序其文，劉全白碣其墓，皆曰廣陽人。故論白者，或隴西，或山東，或蜀也。陽冰曰：“李翰林浪跡從酒，詠歌之際，屢稱山東李白。”②白亦以張洎讒逐，游海岱。子美詩“汝與山東李白好”，蓋因白自號也。又東蜀楊天惠《彰明逸事》云：“白本逸③邑人，微時募縣小吏，入令卧内，嘗驅牛經堂下，令妻怒，詰之，

---

① 何遜《詠早梅》“節物”作“物序”，“夕注”作“夕駐”，“凋落”作“飄落”。
② 李陽冰《草堂集序》“神堯”作“神龍”，“從酒”作“縱酒”，“山東”作“東山”。
③ 據《唐詩紀事》“逸”爲衍文。

太白亟以詩謝：‘素面猗①欄鈎，嬌聲出外頭。若非是織女，何得問牽牛。’令驚異，後屢屬和，令忌之，去隱于大匡山。往來旁郡，依潼江趙徵君蕤爲縱橫學。歲餘，遊成都，始與杜甫相遇，久乃〔去〕②，客魯居徂徠山。甫從嚴武寓成都，白益流落不能歸，故甫詩云："匡山讀書處，頭白好歸來。"余玩此二記，白畢竟是隴西人，蹤跡浮浪，文人傳記引之爲重耳。如唐元稹《子美墓》云："是時山東人李〔白〕③，以奇文見稱，時謂李杜。"稹，本朝人，撰述先輩猶然隨俗相稱如此。

杜子美牛炙

元禎④作《墓誌》，謂甫"扁舟下荆楚，意以寓卒，旅殯岳陽"。其後遷祔偃師。唐史氏乃乘⑤小説"牛炙白酒，大醉，一夕卒"之語。信哉，史氏之誣也。

韓壽偷香

《郭子》謂與韓壽通者，乃是陳騫女，即以妻壽，未婚而女亡。壽因娶賈氏，故世因傳是充女。《晉諸公贊》曰："壽字德真，敦家風，性忠厚。"豈有若斯之事，《世説》亦未可信耳。

呂蒙正饋瓜亭

呂蒙正父龜圖，多内寵，與其母劉氏不協，並蒙正出之，頗淪躓窘

---

① 《唐詩紀事》卷十八"猗"作"倚"。
② 據《唐詩紀事》卷十八補"去"字。
③ 據元稹《唐檢校工部員外郎杜君墓係銘并序》補"白"字。
④ "禎"當作"稹"。
⑤ 《新唐書·杜甫傳》"乘"作"因"。

乏。劉誓不嫁，及蒙正登仕，乃迎二親，同堂異室奉養之。近世傳奇《饁瓜亭》，亦緣此附會也。

爲僧

嘗見野史云，駱賓王爲僧於杭之靈隱，以其有宋之問詩，之問又識之也。黃巢爲僧，以其有"鐵衣著盡著僧衣"之詩，張全義識之也，《癸辛雜志》載即明明山靈竇①禪師是也。徐敬業爲僧於衡山，《野客叢書》載其更名住括者是也，北朝姚弘《叢書》又載其爲南岳僧，年九十，自言其名。蜀賊李順已正典刑，《辛志》亦云景祐中廣州巡檢陳文璉捕得，真李順乃僧也。意皆素養②貌相似者，急則詭充其名耳。

西子出處

西子事其説不一。《吳越春秋》吳王西子被殺，則西子在當時固已死矣。宋之問詩："一朝還舊都，豔③粧尋若耶。鳥驚入松網，魚畏沉荷花。"則西子嘗復還會稽矣。杜牧之詩："西子下孤④蘇，一舸逐鴟夷。"則西子嘗心於隨蠡矣。及觀東坡《范蠡》詩："誰⑤遣姑蘇有麋鹿，更憐夫子得西施。"則又以爲蠡竊西子，而隨蠡者或非其本心也。

感甄

曹植初求甄女不遂，後爲文帝所得。黃初中入朝，甄已爲郭后譖死。

① "明明山靈竇"當作"四明山雪竇"。
② "養"當爲"樣"。
③ "豔"當作"靚"。
④ 杜牧《杜秋娘詩》"孤"作"姑"。
⑤ "誰"當作"却"。

帝以后所遺金縷帶枕賚植，歸有感而入夢，因作賦曰《感甄》。後明帝因其所託名，改曰《洛神》。明帝，甄所生也，夫甄既后矣，而帝有此賚，植有此賦，燃豆之郤可辭誅乎。甄亦何人，致其父子兄弟多慚德也。但觀《洛神賦序》曰："余朝京師，還濟洛川。古人有言：斯水之神，名曰宓妃，感宋玉神女之事，遂作斯賦。"植旨微矣，豈待明帝之改名耶。

紅葉詩

楊太真擅宮，宮多怨女，有題紅葉詩曰："舊寵悲秋扇，新恩寄早春。聊題一片葉，將去接流人。"顧況著作聞而和之，曰："愁見鶯啼柳絮飛，上陽宮女斷腸時。君恩不禁東流水，葉上題詩寄與誰？"既達宸聰，遣出禁內者不少。而宣宗時，盧渥搴得"流水何太急"者特聞，豈以偶合奇耶？抑後來者詞雅過之耶？盧渥，一云于祐，僖宗時人。若宋官所傳，結來生緣者，詞事俱不逮。

又

御溝流葉，《本事詩》載爲盧渥，《唐詩紀事》以爲顧況，張子京以爲于祐，《北夢瑣言》以爲李茵，皆一事美談也。余見五溪論事，蜀尚書侯繼圖偶于大慈悲寺倚欄，秋風飄一桐葉詩云："拭翠斂雙蛾，爲鬱心中事。若管下庭除，書作相思字。此字不書名，此字不書紙。書向秋葉上，願逐秋風起。天下有心人，盡解相思死。天下負心人，不識相思意。有心與負心，不知落何地。"侯得葉藏之，凡五六年，方卜任氏爲妻，較任字跡，與葉上點畫不殊。按：此等事，或文人寄思，偶然漫録，遂爲好事者寔其人，可爲一噱。

第十卷　肖貌

魁梧

東坡和劉貢父詩：“青派連淮上，黄樓冠海隅。此詩尤偉麗，夫子計魁梧。”趙次公引《前漢·張良傳贊》注：“梧，音悟。魁，大貌，〔梧者，〕①言其可驚悟，今人讀爲吾，作平聲，非也。”按：《後漢》臧洪“體貌魁梧”，注：“〔梧〕②音吾。”杜子美詩曰“魁梧秉至③尊”，杜正用《後漢》意。又按：《史記·張良世家》曰“余以爲其人計魁梧”，後曾文清詩“乃翁容貌計魁梧”，是又用《史記》意也。二事皆有所祖。

骯髒

《後漢·趙壹傳》“伊優北堂上，骯髒依門邊④”注：“骯髒，高亢訐⑤直之貌。”

容頌

“容”或作“頌”，《説文》“貌也”。徐曰：“此容儀字。歌頌者，美盛

---

① 據《漢書·張良傳》顏師古注補“梧者”二字。
② 據《後漢書·臧洪傳》注補“梧”字。
③ 杜甫《贈比部蕭郎中十兄》“至”作“哲”。
④ 《後漢書·趙壹傳》“骯髒依門邊”作“抗髒倚門邊”。
⑤ 《後漢書·趙壹傳》注“訐”作“婞”。

德之形容，故通作"頌"。後人因爾亂之，以此爲歌頌字。"《前漢》"魯徐生善爲頌"，蘇林曰："《漢〔舊〕①儀》有二郎爲容貌威儀。"《前·惠紀》"頌繫"，師古曰："〔'頌'〕②與'容'同。"謂寬容不桎梏。《魯仲達③傳》"世以鮑焦無從頌而死"，音從"容"，與"容"同。

斯首

《詩》"有兔斯首"，箋云："白也。齊、魯之間聲近'斯'，今俗謂白首之字作'斯首'。"

角羈

《禮記·内則》："翦髮爲鬌，男角女羈。"注："夾囟曰角，午達曰羈。"疏云：《儀禮》注："一縱一橫曰午。"今女翦髮留其頂上，縱橫各一，相交通達，故曰"午達"。不如兩角相對，但縱橫各一在頂上，故曰"羈"。羈者，隻也。

宣蒜④

考古⑤"車人之事，半矩謂之宣"，注："頭髮顥⑥落曰宣。"《易》："《巽》爲宣髮。"宣字本或作寡。《周易》："《巽》爲寡髮。"《釋文》："本又作宣，黑白雜爲宣髮。"二字甚奇。又唐詩注白髮、箒髮，言多箒傷心而髮白也。

---

① 據《漢書·儒林傳》注補"舊"字。
② 據《漢書·惠帝紀》注補"頌"字。
③ "達"當作"連"，見《史記·魯仲連列傳》。
④ 據文義"蒜"當作"髮"。
⑤ "考古"誤，見《周禮·考工記》。
⑥ 《周禮·考工記注疏》"顥"作"皓"。

濡節

《荀子》"不沐則濡櫛三律而止"，注："〔律，〕①理髮也。今秦俗猶以枇髮爲栗。"

髡耏

《漢書注》："應劭曰：'輕罪不至於髡，完而耏鬢，故曰耏。'《功臣表》'宣曲侯耏而鬼薪'。"又《字書》"耏，多須貌。"《後·章紀》"冒耏之類，跋涉懸度"，謂："須鬢多，蒙冒其面也。"班《集韻》"或作耐"，《高紀》"有罪耐以上，請之"，杜林以法度字宜從寸，改爲"耐"，音"能"。如淳曰："耐猶任也。"《漢書集注》宋祁曰："耐"無"而"音，止於乃代一音，古者皆"能"作"耐"。後世以鼈三足之能爲能，故今書無"能"作"耐"字者。《説文》訓"而"爲頰毛，至"耐"字直云"罪不至髡"，則顏氏誤，《説文》明矣。

顏行

《嚴助傳》"如使越人蒙死徼幸，以逆執事之顏行"，注："顏行，猶鴈行在前也。"余以爲前導之飾，羽旗之屬，有顏色者也，如人書居第之區頗亦曰顏，如人之顏貌可望而辨耳。《莊子》"車馬殊無行色②"，"顏"與"色"一也。

顏面

今稱人面貌通曰"顏面"，不知顏、面原自有別。顏，《説文》注：

---

① 據《荀子·禮論》注補"律"字。
② 《莊子·盗跖篇》"殊無行色"作"有行色"。

"眉目之間也。"《增韻》"額角曰顏",《方言》湘江間謂之顙,中夏謂之額,東齊謂之顙,汝穎淮泗之間謂之顏面。《説文》注:"顏,前也,象人面形。"即櫱用不妨,而義不可混。

䩉

古文《易》"咸其䩉",今文《易》作"輔",注云:"馬上頷。"虞云:"耳目之間稱䩉。"《集韻》亦作"頗",《左傳正義》:"《易·咸卦》:'上九,咸其輔、頰、舌。'三者並言,則各爲一物。《廣雅》云:'輔,頰也。'則輔、頰爲一。《釋名》曰:'頤,或曰輔車,其骨彊,可以輔持其口。或謂牙車,牙所載也。或謂頷車也。'《衛風·碩人》'巧笑倩兮',毛傳云:'好口輔也。'如此諸文,牙車、頷車,牙下骨之名也。頰之與輔,口旁朋①之名也。蓋輔車一處,分爲二名耳。輔是外表,車是内骨,故云相依。"又車兩旁木曰輔,《詩》"毋棄爾輔"注:"孔疏:'輔是可解脱物,如今縛杖於輻以防輔車也。'"

幣帑

於陵子云:"臣之首逢胡,而宜臣幣帑。"帑字訛。按:《方言》:"陳、潁之間,大巾謂之帑。"又《廣雅》:"頭帑,幧頭也。"必此兩字而幣字尤順,幣音"蕢"。

面覿

《禮記·玉藻》"惟君面尊",注云:"向也。"又《小儀》云"申之面",注:"前也。"《漢注》如淳曰:"君臣位南北面,賓主位東西面。"凡物皆有

---

① 《春秋左傳正義·僖公五年》"朋"作"肌"。

面，又相背曰面。《項羽傳》"馬童面之"，師古曰："面謂背之，〔不〕西①向。又：面縛，亦反偝而縛之。杜預以爲但見其面，非也。"劉攽《刊誤》曰：面謂直向之耳，後世以相向爲當面，相背爲背面。杜詩"當面論②心背面笑"。又《曲禮》"爲人子者，出必告，反必面"，告、面同耳。又《儀禮·聘禮》"賓奉束錦請覿"，又云"賓面如覿幣"，注："面，亦見也。"又：於君謂之覿，于卿謂之面，覿、面別。《周禮·司儀》"私面"注："私覿也。"疏云："此私面主於君。"以此文不見有私覿，散文面亦爲覿。《左》昭六年傳："楚公子棄疾如晉，過鄭，以乘馬八匹私面鄭伯，如見王。"是也。有方面，當四方之一面也。

半面

《東觀漢記》應奉嘗詣袁賀，賀時將出行閉門，造車匠於閣內開扇出半面視，奉去，後數十年於路，是車匠識而呼之。今人云"半面之識"，本此。

抑揚

《詩》"抑若揚兮"，《毛傳》："抑，美色。"《正義》云："揚是顙之別名，抑爲揚之貌故。"

裸體

《管子》"裸體紉胸稱疾"，紉胸，應是束胸。觀吳均詩："輕雲紉遠岫，細雨沐山衣。"意自見。注云："紉，靡也。"謂自摩其胸，不知何所據。

---

① 據《漢書·項羽傳》師古注補"不"字，"西"作"面"。
② 杜甫《莫相疑行》"論"作"輪"。

婉娩

《禮記·內則》"姆教，婉娩聽從"，注："婉謂言語也。娩之言媚也，媚謂容貌也。"又《周禮》："九嬪以教九御，婦德、婦言、婦容、婦功。"注："婦容謂婉娩。"疏釋曰："案：《內則》注不同者，以彼經無四事之言，故分婉娩爲二事，以充四德，此有四事之言，故並婉娩爲容貌，別以辭令解婦言。然彼以婉娩亦兼婦言者，以其言語婉順，亦得爲容貌故也。"

貌不揚

今謂人容貌猥鄙曰"不揚"。字無所出，當是"颺"字，古揚、颺通，《左傳》："籧篨薳惡，叔向執其手曰：'今子少不颺。'"

黄垢

人老髮黄而膚爲垢，故曰黄耇，見王充《論衡》。今《韻略》"耇"字下亦注："老人面。"

眥頭

眥，疾智切，目匡也。又目際，又睚，皆舉目相忤貌。又衣交衽處曰眥，《爾雅》"衣眥①謂之襟"，言衽交處如人眼、脣、眥、頭。《集韻》或書作"眦"，前相如賦"中必決眦"。

闌干

《韻府群玉》以闌板間曰"闌干"，又眼眶謂之"闌干"，古亦有如此

用者。及讀曹子建詩"〔月〕落①參橫，北斗闌干"，薛令之詩"苜蓿長
闌干"，劉方平詩"北斗闌干南斗斜"，權德輿詩"銅壺漏滴斗闌干"，
曹唐詩"南斗闌干北斗稀"，則又皆有橫斜殘謝之意，固知《韻府》所引
未善。

垂青

　　今求人盼睞輒曰垂青，蓋本《晉書》："阮籍能爲青白眼，見禮俗之
士，以白眼對之。及嵇喜來吊，籍作白眼，喜不懌而退。弟康聞之，乃
齎酒挾琴造焉，籍大悦，乃見青眼。"是青眼雖美，白處不甚美，況乃增
一"垂"字。

清揚

　　《詩》"子之清揚"，《毛傳》："揚，廣揚而顏角豐滿。"《正義》："揚
者，眉上之美名，故《猗嗟》'美目揚兮'，《傳》'好目揚眉'是也。既名
眉爲揚，因謂眉之上、眉之下皆曰揚。又《野有蔓草》'清揚婉兮'，
《傳》：'清揚，眉目之間。'"

顧盼

　　《餘冬序録》吾子行謂宋儒不識"顧盻"字（盻音洫），皆讀爲"美目盼
兮"之"盼"。又不識"盼"字，而寫"使民盼盼然"之"盼"（音覕），又不識
此"盻"字，而讀爲"盼"，今詳之，從丏者音"洫"，從分者音"攀"（去
聲），從兮者音覕。按：《朱子語録》張以道曰："眄庭柯以怡顔"，"眄"
讀如"俛"，讀作"盻"者非。

---

　　①　"曹植《善哉行》"落"作"没"，并補"月"字。

廉察

《周禮》"廉能"之類，諸家雖訓"廉"爲"察"，常疑理不相附。因閱《漢·高帝紀》詔："廉問，有不如吾詔者，以重論之。"顏氏曰："廉字本作覝，其音同。"乃知廉之爲察，有覤視之義。

目涕

《詩傳》"自目曰涕"。《詩·燕燕》"泣涕如雨"，注："泣無聲出涕。"又《素問》云："涕之與泣，譬人兄弟，急則俱死，生則俱生。"據此則泣爲淚，涕爲鼻液。今俗謂鼻液爲涕。

泣血

泣，哭之細也。微子過于殷墟，欲哭則不可，欲泣則以其似婦人。《詩》"鼠思泣血"，《毛傳》："無聲曰泣血。"孔《正義》："無聲謂之泣。連言血者，以淚出於目，猶血出於體，故以淚比血。"《禮記·檀弓》："子皋執親之喪，泣血三年。"注："無聲而血出。"今人或以眼真出血，又曰淚即血也，誤矣。

寐囈

今人謂寐中有言爲囈語。唐元結有《囈論》，譏諫官不言。又《莊子》："不得寢，必且囈焉①。"

———————

① 《莊子·天運》"不得寢，必且囈焉"作"不得夢，必且數眯焉"。

鬚眉髮

人之鬚、眉與髮，皆毛類也，而鬚下生，眉橫生，髮上生。或問予，亦有説乎？予曰：鬚，腎屬也，腎爲水，水潤下，故鬚下生。眉，肝屬也，肝爲木，木旁敷，故眉橫生。髮，心屬也，心爲火，火炎上，故髮上生。

人中

鼻之下、口之上曰"人中"。趙孟頫云：自此而上，眼、耳、鼻皆雙竅；自此而下，口暨二便皆單竅。三畫陰、三畫陽，成《泰卦》也。余戲謂此語亦有理，但以婦人宮之下有雙乳，奈何！

眉糜

《王莽傳》"赤糜"，荀子、伊尹之狀，面無須糜，然則眉與糜可通用。

隆準

《漢書·高帝紀》："高祖爲人，隆準而龍顏。"注：服虔曰："準音拙。"應劭曰："隆，高也。準，頰權準也。顏，額額也。"李裴曰："準，鼻也。"雖文穎、師古亦嘗論辨，而《韻會》則已收入入聲，九屑韻矣。今人讀作上聲，音準者誤。

噴嚏

人噴嚏不止者，必噀唾祝云"有人説我"，婦人尤甚。予按：《終風詩》：“寤言不寐，願言則嚏。”輔氏箋云：“寤則憂而不能寐，思之則感傷氣閉而成疾也。”今俗人嚏云“人道我”，此古之遺語。

叩齒

人之叩齒，將以收召神觀，辟除外邪。其說出於道家，故修養者皆叩齒，不聞以是爲恭敬也。今人往往入神廟叩齒，何爲？

酳漱

“酳，漱口也。以酒曰酳，以水曰漱。”疏云：“演也。言食畢以酒演養其氣。”《儀禮·士昏禮》“酌酳主人”注：“漱也。酳之言演也，安也。漱，所以潔口，且演安其所食。”疏云：案《特牲》“酳尸”注：“猶衍也。”又《少牢》“酳尸”注：“猶羨也。”《士虞》亦是“酳尸”，注直云：“酳，安食也。”不言養樂及羨者，喪故略之。

鬚髯

《漢書注》：師古曰：“在頤曰鬚，在頰曰髯。”《復古編》今以須爲所須字，而鬚毛字別作鬚，俗又傳寫作“髭”，《吳都賦》“旗魚須”注：“謂取魚之髭鬚以爲旗竿也。”《子虛賦》：“靡魚鬚之曲旃。”案：《說文》“須”，本須鬢之須，已從彡矣，俗又加彡作“鬚”，何也？

先聖異質

傳稱：“先聖生有異質，凡四十九表。”事舉甚悉，特未及舌與髮鬚耳。舌內藏，不得爲表，《緯書》乃云：“仲尼舌理七重。”餘如“鉤①文在

---

① “鈎”疑作“鉤”。

手"，及"胸應矩"等處。檠之四十九表，言亦多異，亦不記及鬚也。今世傳遺象頜頰間鬚髯甚盛，聖人儀觀，果誠有之紀，記不應獨遺。

韓退之像

人世畫韓退之，小面而美髯，著紗帽，此乃江南韓熙載耳。尚有當時所畫，題誌甚明。熙載諡文靖，江南人謂之韓文公，因此遂謬以爲退之。〔退之〕①肥而寡髯。元豐中，以退之從享文宣王廟，郡縣所畫，皆是熙載，後世不復可辯。

骨鯁

按："骨鯁"字，《漢·成②平傳》至諸史中五六處字皆從魚。《廣韻》"刺在喉"，蓋以骨鯁謇謂之臣如骨之咈咽也。歐陽氏"骨鯁"二字，或作"骨骾"，說者多誤以骨刺喉爲說。宋景文以骨强，四支冠其上，以骨書之，又於本贊尾後正鯁一語，蓋欲見二字通，用訓堅强、正直之義。骨鯁猶言骨立耳。

五扶

側手曰扶，《禮記·投壺》"室中五扶"，注云："鋪四指曰扶。按指曰寸。"《公羊》僖三十一年傳"膚寸而合"，注："側手曰膚，按指曰寸。"

手拇

《說文》："拇，將指也。"余按："闔閭傷將指而卒"，《書傳》謂大拇

---

① 據《夢溪筆談·辨証》補"退之"二字。
② "成"當作"陳"。

爲將指，次頭指爲鹽豉。將指者，謂爲諸指之帥也。

肯綮

肯綮，肋肉結處也。(《莊子》)

沫沫

《漢·郊祀歌》"霑赤汗，沫流赭"，李奇："〔沫〕①音靧。"師古曰："沫、沫兩通。沫者，言被面如靧②也，字從水旁未。沫者，言汗流沫出，字從水旁末。"

指之異名

《招手令》云："亞其虎膺(謂手掌)，曲其松根(謂指節)。以蹲鴟間虎膺之下(蹲鴟，大指也)。以鉤戟差玉柱之傍(鉤戟，頭指；〔玉〕③柱，中指也)。潛虬闊玉柱三分(潛虬，無名指也)，奇兵闊潛虬一寸(奇兵，小指也)。死其三洛(謂鞸其腕)，生其五峰(通呼五指也)。

齼字音

"齼"字，《玉篇》不載，齒怯也，音"楚"，去聲，今京師語謂怯皆曰"齼"，不獨齒怯也。曾茶山《和曾宏父餉柑》詩："莫向君家樊素口，瓠犀微齼遠山顰。"黃山谷《和人送梅子》云："相如渴病應須此，莫與文君

---

① 據《漢書·禮樂志注》補"沫"字。
② 《漢書·禮樂志注》"靧"作"頮"。
③ 據文義補"玉"字。

蹙遠山。"茶山之詩全效之。方秋崖《詠梅》詩："併與文園消午渴，不禁越女蹙春山。"

揎字義

東坡詩"玉腕半揎雲碧袖"。"揎"字，《説文》所無，惟《玉篇》有之，注："捋衣。"《廣韻》："揎，手撥衣也。"《左傳》①"攓衣出其臂"。攓亦可借，但古今音微不同。又按：《博雅》作"㩃"，手循。又按：頭圓曰"顝"，面圓曰"團"，則"㩃"字元有"宣"音也。

五音

五音，宫、商、角爲從聲，徵、羽爲變聲。從謂律從律、吕從吕，變謂以律從吕、以吕從律。故從聲以配君、臣、民，尊卑有定，不可相踰；變聲以爲事、物，則或遇於君聲無嫌。（六律爲君聲，則商、角皆以律應，徵、羽以吕應。六吕爲君聲，則商、角皆以吕應，徵、羽以律應。）加變徵，則從、變之聲已瀆矣。隋爲新聲，自後又有犯聲、側聲、正殺、寄殺、偏字、傍字、雙字、半字之法。從、變之聲，無復條理矣。外國之聲，前世自别爲四夷樂。自唐天寶十三載，始詔法曲與胡部合奏，自此樂奏全失古法，以先王之樂爲雅樂，前世新聲爲清樂，合胡部者爲宴樂。古詩皆詠之，然後以聲依詠以成曲，謂之協律。詩之外又有和聲，則所謂曲也。古樂府皆有聲有詞，連屬書之。如曰賀賀賀、何何何之類，皆和聲也。今管絃之中纏聲，亦其遺法。唐人乃以詞填入曲中，不復用和聲。此格雖云自王涯始，然正②元、元和之間，爲之者已多，亦有在涯之前者。又小曲有"咸陽沽酒寶釵〔空"之句，云是李白所制，然李白

---

① "左傳"誤，見《禮記·王制正義》。
② 《夢溪筆談·樂律一》"正"作"貞"。

集中有《清〔平樂詞》四首，〔獨欠是詩，〕①《花間集》云是張泌所爲，
莫知孰是。

郢歌

世稱善歌者皆曰"郢人"，郢州至今有白雪樓，殊不考其義。其曰
"客有歌於郢中者"，則歌者非郢人也。其曰："《下里》《巴人》，國中屬
而和者數千人；《陽阿》《薤露》，和者數百人；《陽春》《白雪》，和者不
過數十人，引商刻羽，雜以流徵，則和者不過數人而已。"以楚之故都，
人物猥盛，而和者止於數人，則爲不知歌甚矣。《陽春》《白雪》，郢人所
以不能也，以所不能者名其俗，豈非大誤。

些欸乃

蜀人見驚異者必曰"噫吁嘻"，晉音尊者曰"咄"，左右應曰"喏"。故
太白《蜀道難》、表聖《休休亭記》用之。宋玉之"些"，子雲之"欸乃"，
皆方音也。"欸乃"音"襖藹"，湘中人泣舜之餘聲。

又

欸乃，棹船相應聲，又本音，別出"乃"字。引太史黃氏曰："'欸
乃'，湖中節歌聲，元結有《欸乃曲》，'欸乃'音'襖靄'。"案：《説文》
"欸"字，元無"襖"音。又案：《項氏家説》：《劉蜕文集》有《湖中靄迺
歌》，劉言史《瀟湘詩》有"閑歌曖迺深峽裏"，元次山有《湖南欸乃歌》，
三者皆一事，但用字異爾。"欸"本音"哀"，亦作上聲讀。後人因柳子厚
集中有注者云："一本作'襖靄'。"遂欲音"欸"爲"襖"，音"乃"爲"靄"，

---

① 據《夢溪筆談·樂律一》補"空之句，云是李白所制，然李白集中有清""獨欠是
詩"二十字。

不知彼注自謂別本作"襖靄"，非爲"欸乃"當音"襖靄"也。黃山谷不知深考，遂從而實之，是特未見劉蛻、劉言史之詩耳。"靄迺""襖靄"，不妨兩本並行，豈必比而同之。

白紵舞

《白紵舞》，案：辭有中抱①之言，紵本吳地所出，宜是吳舞也。晉《徘徊②歌》曰："交交③爲緒，節節爲雙。"吳音呼"緒"爲"紵"，擬④白緒即白紵也。

舞妓着靴

唐舒元輿《贈妓女從良》詩："湘江舞罷忽成悲，便脫鸞靴出鳳幃。誰是蔡邕琴酒客，曹公懷舊嫁文姬。"古者女妓皆着靴，按：《説文》："鞮，四夷舞人所着屨也。"《周禮》"鞮鞻氏掌四夷之舞"，盧肇《柘枝舞賦》："靴瑞錦以雲匝，袍蹙金而鴈欹。"杜牧之《贈妓》詩："舞腰一任傍人着，笑臉還須待我開。"毛澤民⑤詩"錦靴玉帶舞回雪"，宋時猶有此制。

蛙聲

"蛙"，通作"鼃"，《王莽傳》顔注云："鼃，邪也。"又六樂之淫聲，近世學者謂爲鼃之鳴，失其義矣。

---

① 《晉書·樂志下》"中抱"作"巾抱"。
② 據《晉書·樂志下》"徊"爲衍文。
③ 《晉書·樂志下》"交交"作"皎皎"。
④ 《晉書·樂志下》"擬"作"疑"。
⑤ "澤民"當作"滂"，毛滂字澤民。

卮言

"卮言日出"，注："酒器，滿則傾，空則仰，比之于言，因物隨變。"李軌讀《集韻》，或作"螔"，通作"㪍"。㪍器，宗廟宥食之器，虛則㪍者也。

於戲

《刊謬正俗》：嗚呼，歎辭也。或嘉其美，或傷其悲，末代文士輒爲體例，若哀誄祭文即爲嗚呼，封邦册命即爲於戲。謂"嗚呼"爲哀傷，"於戲"爲歎美，妄爲穿鑿。按：《詩》："於乎小子，未知臧否。"豈非傷王不知善否乎？"於乎前王不忘"，非美先王之見稱頌乎！《書》云："嗚呼！曷歸？予懷之悲。"此即哀傷之語。"嗚呼！威克厥愛，允濟。"此即褒贊之辭。倘《古文尚書》悉爲"於戲"字，《今文尚書》字悉爲"嗚呼"字，而《禮記》爲"於戲"，《詩》爲"於乎"字矣。

阿阿

世俗以"阿阿""則則"爲歎息之聲。李端叔云："楚令尹子西將死，家老則立子玉爲之後，子玉直'則則'，於是遂定。"

絶倒

《瑣言》有丞郎急詣穆優空室，慚謝，優曰："他日内逼，但請光訪。"人聞之莫不絶倒。《五代史》李濤答弟婦拜，作㪍後語，聞者莫不絶倒。《飛燕外傳》："成帝服昭儀脊呬膠，陰精流輸不禁，有頃，絶倒。"《世說》："《玠別傳》：'王澄每聞衛玠語議，至於理會之間，要妙之際，輒絶倒於坐。前後三聞，爲之三倒。時人遂曰：'衛君談道，平子三

倒。'"王敦鎮豫章，衛玠避亂投敦，相見欣然，談話彌日，于時謝鯤爲
長史，敦謂鯤曰："不意永嘉之中，復聞正始之音。阿平若在，當復絶
倒。"《冤魂志》宋陶繼之枉殺大樂伎，後陶夢伎入其口，仍落腹中，陶即
驚癘，俄而絶倒，狀若風顚，良久方醒。《四公子記》梁仉臂與張敏□爲
主客，立談絶倒。《魏書》："李苗，梁李膺子也。每覽《周瑜傳》，未嘗
不咨嗟絶倒。"《北史》："北齊崔瞻聘陳，行過彭城，讀道傍碑文未畢而
絶倒，從者遙見，以爲中惡，此碑乃瞻父徐州時所立，故哀感焉。"隋陳
孝意爲侍御史，以父憂去職，復起爲鴈門郡丞，在郡朝夕哀臨，每一夜
聲未嘗不絶倒。《舊唐》："則天初時，特進蘇良嗣於殿庭因拜跪便絶
倒。"《通幽録》貞元中，盧頃家婢小小爲一婦所批，絶倒于地。《玉泉子》
崔鉉與妻李觀家僮戲爲妬狀，大笑幾至絶倒。前人所云"絶倒"如此，後
遂誤以爲笑，相承不改。《韻府》衛玠下云"極笑"，更誤。

咄嗟

劉貢父以司空圖詩中"咄嗟"二字，辨《晉書》石崇豆粥咄嗟爲誤。叶
石林謂孫楚詩有"咄嗟安可保"之語，又豈是以"嗟"爲"嗟"？自晉以前，
未見有言"咄嗟"，殷浩謂咄咄逼人，蓋拒物之聲，"嗟"乃嘆聲，"咄嗟"
猶呼吸，疑晉人一時語耳。魏陳暄賦"漢帝咄嗟"，《抱朴子》"不覺咄嗟
復彫枯"，李白詩"臨岐胡咄嗟"，王績詩"咄嗟建城市"，張説詩"咄嗟長
不見"，陳子昂詩"咄嗟吾何歎"，司空圖詩"笑君徒咄嗟"，此詩花字韻
押，是亦以爲"咄嗟"。余案：此語自古而然，《前漢書》"項羽意烏猝
嗟"，李奇注："猝嗟，猶咄嗟也。"後漢何休注《公羊》曰："噫，咄嗟
也。"此"咄嗟"已明驗漢人語矣。又《戰國策》有叱咄、叱嗟等語，咄咄逼
人，乃殷仲堪語，石林謂殷浩，誤。殷浩語乃咄咄書空。

成心

《莊子·齊物論》："隨其成心而師之，誰獨且無師乎？"郭象注云：

"心之足以制一身之用者，謂之成心。人自師其成心，則人各自有師矣。"本自美談，而今以人先定主張者謂"有成心"何？

搖搖

《詩》"中心搖搖"，《毛詩》云："憂無想。"疏：《正義》云："中心憂思，搖搖然而無所告訴。"又引《戰國策》云："楚威王謂蘇秦曰：'寡人心搖搖然如懸旌。'"然則搖搖是心憂無所附著之意。

意行

《列子》："管夷吾曰：'恣意之所欲行。'"劉禹錫《蠻子歌》曰："腰斧上高山，意行無舊路。"此借用其字。

腹背

李嶠《内制集》："鏘金鳴玉，坐榮枯株。擊水搏風，顧愧腹背。"蘇頲表："駑駘獲薦於九方，腹背可儔於六翮。"又云："坐擁股肱之任，顧慚腹背之毛。"腹背，事見《韓詩外傳》。

腹腴

杜詩"偏勸腹腴愧少年"，坡詩亦云"更洗河豚烹腹腴"，黄詩亦云"故園溪友膾腹腴"，又云"飛雪堆盤膾腹腴"。按：腴，腹下也。《周禮疏》："燕人膾魚方寸，切其腴以啗所貴。"膴膴，亦腹腴，《前漢》"九州膏腴"，師古注云："腹下肥曰腴。"

手弓

《檀弓》："工尹商陽與陳棄疾追吳師，及之。陳棄疾謂左尹商陽曰：'王事也，子手弓，而可手弓。''子射諸。'"疏云："子手弓而可手弓"者，棄疾謂商陽射吳之奔者，云子是手弓之人，謂是能弓之手。而可手弓者，謂其堪可稱此能弓之手，謂宜須射也。又《家語》云："楚伐吳，工尹商陽與棄疾追吳師，及之。棄疾曰：'王事也，子手弓而可。'商陽手弓。棄疾曰：'子射諸。'射之，斃一人，韔其弓。"則此分句爲異，解義亦別。言"手弓"者，令其彀弓而射之也。

巨擘

《孟》："吾必以仲子爲巨擘。"蓋齊地有蟲，類大蚯蚓，人謂之巨擘，善擘地以行。巨擘即蚯蚓之大者，今注以爲大指，非也。

手抓

"覆手曰爪"，謂以手，抓也；爲物，爪也。按：《說文》"爪"本爲"抓"，"爪"之"爪"，非手足甲也。《增韻》亦作"蚤"，誤。

股弁

《嚴延年傳》"吏皆股弁"，注："股戰若弁。弁謂撫手也。"

寸關尺

醫書論人脉有寸、關、尺三部，手掌後高骨下爲寸，寸下爲關，關下爲尺。自高骨下至切寸脉指盡處，得寸爲寸。則自切尺脉指盡處，上至中指尖，豈非尺乎？古人以身爲度，故寓於脉以言之。今醫家但屈中指，以兩紋盡處爲寸；或側手論。夫長短雖不相遠，至問寸、尺何以名脉，則不能答。

右袒

“爲呂氏右袒，爲劉氏左袒”，昔人頗有以絳侯爲失計者。王應麟則曰：考之《儀禮·鄉村①》疏：凡事無問吉凶，皆左袒。是以《士喪禮》及《大射》皆袒左，惟受刑則袒右，故《覲禮》云：“右肉袒。”注云“刑宜施於右”是也。以是考之，勃誅諸呂之計生②已定，若爲呂氏則有刑，故以右袒令之耳。吳興陳霆則云：“淖齒弑齊王，王孫賈入市呼曰：‘淖齒亂齊國，弑湣王，欲與我誅淖齒者，袒右。’市人從者四百。”是勃之先已有以袒右令衆者，今以袒右當受刑，則市人從討者當刑否耶？應麟之考據自以爲得情，而不能不屈於陳氏矣，然皆未得其情者也。勃，老將也，已預知衆心之歸劉氏，而不能無疑於呂氏之有黨。蓋令一下，而或間有右袒者，或遲疑未左者，立誅之，以令衆，如楊素、朱滔之舉耳。豈至此而始覘人心之向背哉。

負劍辟咡

《曲禮》記童子事，曰“負劍辟咡詔之”，鄭氏注云：“負，謂置之於背。劍，謂挾之於旁。辟咡詔之，謂傾頭與語，口旁曰咡。”歐陽公作其父《瀧岡阡表》云：“回顧乳者劍汝而立於旁。”本此，今廬陵石刻由③存，衢州所刊《六一集》已得其真，或者不曉，遂易“劍”爲“抱”，可歎也。

———————————

① “村”當作“射”。
② “生”疑爲衍文。
③ “由”疑作“猶”。

細腰

"楚王好細腰，宮中多饑死"，漢章帝時馬廖疏中語也。今世相沿，盡以細腰指婦人矣。

努力

努力，本當作"奴力"。《光武紀》："滹沱河冰合，過未畢，數車而陷。有白衣老父在道旁，指曰：'努力！信都爲長安守，去此千里。'"①又："軍中不見光武，諸將不知所爲。吳漢曰：'卿曹努力。'"又齊高祖用桓②崇祖修理芍波③屯田，曰："卿努力營田，自然平殄虜寇④。"此或弩、弩⑤通用，抑刊本有差。又戮力，或用戮力，從力從戈，比之弩從力從弓，皆義可相貫。

太瘦生

"借問別來太瘦生，只⑥爲從前作詩苦。"太瘦生，唐人語也。至今尤以"生"爲語助，所謂"可憐生""作么生""何似生"之類是也。陶穀有詩云："尖檐帽子卑凡廝，短勒靴兒末厥生⑦。"亦當時語。

---

① 《後漢書·光武紀》"滹沱"作"呼沱"，"千里"作"八十里"。
② "桓"當作"垣"，見《南齊書·垣崇祖傳》。
③ 《南齊書·垣崇祖傳》"芍波"作"芍陂"。
④ 《南齊書·垣崇祖傳》"虜寇"作"殘醜"。
⑤ 第二"弩"字疑作"努"。
⑥ 李白《戲贈杜甫》"只"作"總"。
⑦ 《歐陽詩話》"生"作"兵"。

欸喈呃

欸也、喈也、呃也，皆嘆辭，如"噫吁"之類。《後漢書·光武紀》：舂陵有望氣者曰："喈！佳哉，鬱蔥蔥。"《商君書》多用"呃"字，"欸"與"欸①"同。《史記》范增曰："欸！孺人不足與圖大事。"②楊子《法言》或問王蟒曰："始皇方獵六國，而蟒于③欸。"《史記》用之句首，楊子用之句末，皆奇。

傲骨

唐人言李白不能屈身，以腰間有傲骨，今言傲骨本此。予觀世俗如脂如韋之人，亦本氣質之自然。《詩》曰：籧篨，口柔也，不能俯；戚施，面柔也，不能仰；夸毗，體柔也，卑屈以柔順人。

擘蹶

《漢·申屠嘉傳》"材官蹶張"注："材官多力，能踏強弩張之，故曰'蹶張'。"師古曰："以手張弩曰擘張，以足蹋曰蹶張。"

一足

傳謂"夔一足"，而《莊子》又有"夔憐蚿，蚿憐風"。世人真以夔一足矣，可嘆。

---

① 據文義，"疑"疑作"喈"。
② 《史記》作"唉！豎子不足與謀。"
③ 《法言》"于"作"牙"。

重足

《漢書》稱人畏懾者曰"重足"，又曰"一跡"，蓋"祇載見瞽叟，夔夔齊慄"之意耳。夔，獸也，常以一足行。莊立不倚，人之畏懾者並足而立，如是一足。

跬步

跬，一舉足也(音"奎"，上聲)。倍跬謂之步。四尺謂之仞，倍仞謂之尋，舒兩肱也。倍尋謂之常，然則八尺曰尋，丈六尺曰常。五尺謂之墨，倍墨謂之丈。又云：一手之盛謂之溢，兩手謂之掬。掬，一升也。古人飲酒不過三升，噉飯止數升，乃謂少耳。

跤盩

《前·賈誼傳》"又苦跤盩"注："古蹠字。足下曰蹠，今俗呼腳掌。言足蹠反戾，不可反①。"

潃瀡

《禮記·內則》"潃瀡以滑之"，注云："秦人溲曰潃。"又"溺"也。其漸之潃，或作"糔"。《禮記·內則》"爲稻粉糔溲之以爲酏"，注云："糔溲，亦《博異》語。"

脛股

脛本曰股，輔下體者。《周禮·考工記》"參分其股圍"注：鄭司農

---

① 《漢書·賈誼傳》顏師古注"反"作"行"。

云："股謂近轂者也。若人髀股言股，以喻其豐。"又"磬氏爲磬，其博爲一，股爲二，鼓爲三"，注："股，磬之上大者也。"

交趾

劉欣欺①《交州記》云："交阯之人卧者更扶始得起。"郭璞云："腳脛曲戾相交，所以雕題交阯。"《輿地志》云："其夷足大趾開拆②，並立指則相交。""阯"與"趾"同，古字通用。

武

足大指謂之"敏"，《詩》"履帝武敏歆"。《爾雅》："拇也。"注："拇，迹大指處。"

髀

《説文》："髀，股也。"在下之稱。《增韻》："股，骨也。"又：髖髀，股外曰髖，髖下曰髀。

朘

《説文》："赤子陰曰朘。"《詩》"昏椓靡共"，箋云："昏椓皆奄人也。昏，其官名也。椓，椓毀陰者也。"《正義》："謂犯淫罪而刑之。"《秋官·司刑》注："丈夫則割其勢，女子閉於宮中。"此毀陰即割勢矣。

---

① "欺"當作"期"。
② 《後漢書·光武紀》注引《輿地志》"拆"作"析"。

矢勢

吳①人以糞爲矢，今以却以屎爲矢，爲屎自音斯，呻吟聲也。男子之陰曰勢，又曰陽。今吳中人却以鳥卵之“卵”呼之，而遂多諱其字。通海內名鳥卵曰“彈”(去聲)，何也？

弱水

溺曰“房中弱水”，見道書。溺器曰“夜醋②”，見唐人文集。

溺

溺，古吊切，即“尿”字。《史記·韓長孺傳》：安國曰：“死灰獨不復然乎？”田甲曰：“然即溺之。”居無何，安國拜梁內史，甲因肉袒謝。安國笑曰：“可溺矣。”溺，注皆音“尿”。史傳諸書凡尿皆溺字，即佛經亦然。

髻始

髻始自燧人氏以髮相纏而無繫縛。女媧氏以竹爲笄，赫胥氏以木爲梳，堯以銅爲笄，舜以牙玳瑁爲梳。周文王加珠翠翹花，名曰“鳳髻”，又名“步搖髻”。秦始皇有望仙髻、參鸞髻、凌雲髻。漢有迎春髻、垂雲髻。王母降武帝宮，從者有飛仙髻、九環髻。漢元帝宮中有百合分髾髻、同心髻。魏武帝宮有反綰髻，又梳百花髻。晉惠帝宮有芙蓉髻。陳後主宮有隨雲髻。隋文帝宮有九貞髻。煬帝宮有迎唐八鬟髻，又梳翻荷髻、坐愁髻。唐高祖宮有半翻髻、反綰樂遊髻。明皇帝宮中雙鐶望仙髻、迴

---

① “吳”當作“古”。
② 《清異錄》“醋”作“溺”。

鶻髻。貴妃作愁來髻。貞順中有歸順髻，又有鬧掃粧髻。漢梁冀妻作墮馬髻。長安城中有盤桓髻、驚鵠髻，又作抛家髻、倭鬌髻。王憲亦作解散髻、斜插簪。周弘文少時著錦絞髻。二公皆男子，尤可笑也。

黃眉

《丹鉛録》稱後周静帝令宮人黃眉墨粧，引"蘂黃無限當山額"，又"額黃無限夕陽山"語爲証，謂唐尚然。又引荆公詩"漢宮嬌額半塗黃"，以爲漢已有之。詳語意，乃是額間小黃靨耳，非黃眉也。若周天元帝禁天下婦人不得施粉黛，自非宮人，皆黃眉墨粧。蓋眉不用黛而止用黃，不欲其飾之美上等宮掖耳。全非額黃意也。

掃眉

漢武帝令宮人爲八字眉。梁冀妻孫壽改翠眉爲愁眉。卓文君眉色如遠山，人效之爲遠山眉。魏武帝令宮人掃青黛眉，連心細長，謂之蛾眉粧。五代宮中畫開元御愛眉、小山眉、五岳眉、垂珠眉、月稜眉、分梢眉、涵烟眉。鳳池院尼童有淺文殊眉。唐明皇令畫工畫十眉圖，一曰鴛鴦眉，又名八字眉；二曰小山眉，又名遠山眉；三曰五岳眉；四曰三峰眉；五曰垂珠眉；六曰月稜眉，又名却月眉；七曰分梢眉；八曰涵烟眉；九曰拂雲眉，又名橫烟眉；十曰倒暈眉。東坡詩："成都畫手開十眉，橫雲却月争新奇。"

修緩

憬藏曰："夫人目修緩，法曰'豕視淫'。又曰：'眼有四白，五夫守宅。'"按：《字〔書〕①》修訓長，若曰修緩，於相法爲佳，非有淫佚之

---

① 據《靖康緗素雜記》補"書"字。

義。字當作"攸"，"攸"字以攸以目。《玉篇》湯勞切，昳，達結切，目不正也。字當以"攸"爲是。

面飾

今婦人面餙用花子，起自昭容上官氏所製，以掩點跡。大曆已前，士大夫妻多妬悍者，婢妾小不如意，輒印面，故有月點、錢點。

點脣

唐末點脣，有胭脂暈品：石榴嬌、大紅春、小紅春、嫩吳香、半邊嬌、萬金紅、聖檀心、露珠兒、内家圓、天宫巧、洛兒殷、淡紅心、猩猩暈、小朱龍、格雙唐、眉花奴。

穿耳

有戒婦人不穿耳者，《莊子》曰："天子之侍御，不義揃①，不穿耳。"則穿耳自古已然。

弓足

《墨莊漫録》考媦女弓足起於李後主。按：《樂府·雙行纏》知其起於六朝。張禹山曰：《史記》云"臨淄女子，彈弦躡屣"，又云"摇修袖，躡利履"，意古已有之。再考《襄陽耆舊傳》：盜發楚王冢，得宫人玉履。張平子賦"金華之舄，動趾遺光"②，又"履躡華英"，又"羅襪躡蹀而容

---

① 《莊子·德充符》"義揃"作"爪翦"。
② "張平子"誤，見曹植《七啓》。

與"。曹子建賦"羅襪生塵"。《焦仲卿妻詩》"足躡花文履[1]"。繁欽詩："何以釋憂愁[2]，足下雙遠遊。"梁武帝《莫愁歌》"足下絲履五文章"。卞蘭《美人賦》"金藻承華足"。陶潛賦："願在絲而爲履，附素足以周旋。"崔豹《古今注》：晉世履有鳳頭、重臺、分稍之制。唐詩"使脱鴛靴出翠帷"。又《麗情集》載章仇公鎮成都有真珠之惑，或上詩以諷云："神女初離碧玉階，彤雲猶擁牡丹鞋。應知子建憐羅襪，顧步褰衣拾墜釵。"李義山詩："浣花牋紙桃花色，好好題詩詠玉鈎。"陶南村謂唐人題詠略不及之，蓋亦未之考也。

又

六朝樂府《雙行纏》其辭云："新羅繡行纏，足趺如春妍。他人不言好，獨我知可憐。"唐杜牧詩云："鈿尺裁量減四分，碧琉璃滑裹春雲。五陵年少欺他醉，笑把花前出畫裙。"段成式詩云："醉袂幾侵魚子纈，影纓長戛鳳皇釵。知君欲作閑情賦，應願將身脱錦鞋。"《花間集》詞云"慢移弓底繡羅鞋"，則此飾不始於五代也明矣，或謂起于妲己，亦非。

---

[1] 《樂府詩集》"足躡花文履"作"足下躡絲履"。
[2] 繁欽《定情詩》"釋憂愁"作"消滯憂"。

第十一卷　人事上

生誕

《玉篇》："誕，大也。天子生曰降誕。"夫謂生爲降，似矣。乃曰降誕謂天子之生之大耶？《書·多方》："乃大降罰，崇亂有夏"，"乃大降顯休命於成湯。"亦可云誕降耶？謝宣遠答靈運詩："華宗誕吾秀，之子紹前胤。"《南齊·紀》："天誕叡聖，河嶽炳靈。"魏高允《房氏頌》："誕兹令胤，幽感孔昭。"以誕爲生，此外無多見。左思《贈妹詩》："峨峨令妹，應期誕①生。"陸機詩："誕育洪胄，纂戎②干魯。"左九嬪《誄》："篤生公主，誕膺休禎。"若以誕爲生，則重矣。《詩》《書》中凡云誕者，乃也，闊也，欺也。《生民》詩上文明言"載生載育"，故下文云"誕彌厥月"、"誕寘之隘巷"，誕皆訓大，非訓生育也。今人直謂慶生爲慶誕，生辰爲誕節，是爲慶大與大節矣。又按：《大禹謨》"帝乃誕敷文德"，則訓乃亦非。《書·武成》云"誕育天命，以撫方夏"，又云"惟九年，大統未集"。《大誥》云"有大艱于西土，殷小腆誕敢紀其序"，又云"天降戾于周邦，惟大艱人誕隣胥伐於厥室"。《康誥》云"天乃大命文王，殪戎殷，誕受厥命。"《多士》云"誕淫厥泆，罔顯于天。惟時上帝不保，降若兹大喪"。《多方》云"有夏誕厥逸，乃大淫昏，不克終日"，又云"誕作民主，罔可念聽。惟求爾多方，大動以威"。《康王之誥》云"改大邦殷之命，惟

---

① "誕"當作"挺"。
② 陸機《答賈謐》"戎"作"戎"。

周文武誕受羑若”。按：《書》“大”“誕”多連言之，則“誕”字訓“大”，似不可拘拘如孔《傳》、毛鄭所云也。《呂氏讀詩記》朱氏曰：“《生民之什》多‘誕’字，皆訓‘大’，後有不甚通者，疑但發語詞。”按：此說似是，“誕先登于岸”，依毛鄭注則牽強矣。張衡語“上靈不替朕命，誕敢不祗承”，《書·無逸》云“乃諺，既誕”，孔安國曰：“欺誕也。”《荀子·修身篇》曰“匿行曰詐，易言曰誕”，《淮南·說林》“管子以小辱成大榮，蘇秦以百誕成一誠”，許慎《說文》“詞誕也”，袁宏《〔後〕漢紀》“西方有神，其名曰佛”。世俗之人以爲虛誕。劉〔琨〕《答盧諶書》：“然後知聃周之爲虛誕，嗣宗之爲妄作。”《义士傳》：“阮籍放誕，有傲世情。”《晉中興書》：“孫承公少誕任不羈。”《晉陽秋》：“羅友誕肆，非治民才。”孫楚《莊周贊》：“謾吊鼓缶，放此誕言。”《世說》有《任誕篇》。《宋·符瑞志》：“武帝少時，誕節嗜酒。”《魏大武紀》：“沙門之徒，假西戎虛誕，坐①致妖孽。”此誕字正解也，習非不悟，特詳正之。

寤生

《左傳》“鄭莊公寤生，驚姜氏”，解者武姜寤②時生莊公，至寤始覺其生也。夫如此，則生產遲遲亦常事耳，何以曰“驚”？應劭以兒墮地能開目視爲寤生，然視亦常事耳。余以爲寤，悟也，忤也，皆逆生之謂，故《史記》曰“寤生之難，夫人勿愛”，則於驚姜之文合矣。

誕賀

唐穆宗即位之初年，詔曰：“七月六日，是朕載誕之辰，其日，百寮命婦宜於光順門進名參賀，朕於門内與百寮相見。”明日，又勑受賀儀

---

① 《魏書·世祖太武紀》“坐”作“生”。
② 《春秋左傳正義》“寤”作“寐”。

宜停。先是左丞韋綬奏行之，宰臣以古無降誕受賀之禮，奏罷之，然次年復行賀禮。誕節之制，起於明皇，令天下宴集休假三日，肅宗亦然，代、德、順三宗，皆不置節名，及文宗以後，始置宴如初。則受賀一事，蓋自長慶年，至今用之也。

初度

《離騷經》：“皇覽揆予於①初度兮，肇錫予以嘉名。”注：初度，猶言初節也。古者子生三月，父名之，謂命名之初節，非謂生也。今自少至壯至老，但遇生辰即云初度，是期頤皆三月時矣，豈不大謬。

爲壽

古人爲物結納人，必曰爲壽。《史記》：“平原君乃置酒，酒酣起前，以千金爲魯仲連壽。”又《刺客傳》：“酒酣，嚴仲子奉黃金百鎰，前爲聶政母壽。”皆非以生日故，今必用之生日，太拘。

年幾秩

賀壽者七十曰“七襄”，八十曰“八襄”，於古無考，獨《莊子》有“墮其天襄”語。及閱《長慶集》，見白公詩：“已開第七秩，飽食仍安眠。”又：“年開第七秩，屈指幾多人。”是年六十二，元日詩也。又：“行開第八秩，可謂盡天年。”注：“俗謂七十以上爲開第八秩。”蓋以十年爲一秩云。司馬溫公作《慶文潞公八十會致》語“歲曆行看九帙新”，然則秩、帙、襄，古字通用，不拘拘當句也。

---

① “於”爲衍文。

吏隱

　　吏隱，《文選注》鄭欽，余考《汝南先賢傳》，鄭欽去吏，隱居蟻陂之陽，與同郡鄧敬折荂爲坐，以荷荐肉，瓠瓢盈酒，琴書自娛。則是去吏而隱，非吏隱也。白樂天"不如作中隱，隱在留司間①"，東方朔"避世金馬門"，此則真吏隱也，然無"吏隱"字。孫綽嘗謂山濤"吏非吏，隱非隱，吾所不解"，"吏隱"二字或本於此。偶讀《釋氏稽古略》："伯陽年二十三，仕周簡王，爲守藏吏，十三年遷柱下史，自是五十四年不遷，時人目爲吏隱。"此則二字相連，然則始於伯陽也乎。

隱異

　　隱，一也，昔之人謂有天隱、有地隱、有人隱、有名隱，又有所謂充隱、通隱、仕隱，其說各異。天隱者，無往而不適，如嚴子陵之類是也。地隱者，避地而隱，如伯夷、太公之類是也。人隱者，詭跡混俗，不異衆人，如東方朔之類是也。名隱者，不求名而隱，如劉遺民之類是也。他如晉皇甫希之人稱"充隱"。梁何點人稱"通隱"。唐唐暢爲江西從事，不親公牘，人稱"仕隱"。弇州山人曰東方曼倩"陸沈金馬"，爲"大隱朝市"之說，其流弊至於無所底止。有所謂通隱者何點也(見本傳)。充隱者皇甫希之也(見《桓玄傳》)。黃扉隱士者許寂也，仕蜀，好修煉(見《蜀檮杌》)。隨駕隱士者盧藏用也，舉進士不調，始隱終南，有意當世(見本傳)。游俠隱士者，前何點與弟胤也，遨遊人間(見本傳)。

喬松

　　古今言壽者必曰喬松，謂赤松、王喬也。王喬，周太子晉也。按：

《汲冢書》師曠見周太子晉，太子曰："聞汝知人年壽，幸以告我。"師曠曰："汝色赤，汝聲清，火色，不壽。"太子曰："余後三年，當上賓於帝，汝慎無言，殃將及汝。"時太子年十五，後三年而卒。計其年，曾不得爲長殤，而神仙家以爲最始得仙者。古詩云："仙人王子喬，難可與等期。"豈其然乎？

奠鴈

奠鴈，古禮也。《詩》云："雝雝鳴鴈，旭日始旦。士如歸妻，迨冰未泮。"親迎執鴈，先儒謂取不再偶之義，竊恐未然。蓋古人重冠、昏，皆以士而用大夫車服，不以爲僭。大夫相見執鴈，昏禮既以士而服大夫之公服，乘大夫之墨車，則見婦翁不得不用大夫之贄禮矣。士宜執雉，奚執大夫之雁，取其攝盛也。若謂親迎之始，遂期其將來如孤鴈失不再偶，可謂祥乎？冠禮三加幞頭，服公服革帶，納靴執笏，與此同義。

宴爾

《詩·邶·谷風篇》"宴爾新昏，以我御窮"，爲淫新昏而棄舊室者作。今賀人初娶稱"宴爾"，《詩》意不合，且詞大不美。

新婦轉席

今新婦轉席，唐人已爾。樂天《春深娶婦家》詩云："青衣轉氈褥，錦繡一條斜。"

嫁娶

古以財遣嫁曰陪門，龍氼圖云："以賣馬錢娶婦，多惡病，主離別。"《荆楚歲時記》："牽牛娶織女，借天帝錢二萬下禮，久不還，被驅在營室。"中世但知織女嫁牽牛，不知牽牛之取親負債也。

昏禮九事

昏禮納采，有合驩、嘉禾、阿膠、九子蒲、朱葦、雙石、綿絮、長命縷、乾漆九事，皆有取義。

漢時科目

漢時科目，人知有甲科、乙科，而不知又有丙科。《儒林傳》："歲課甲科爲郎中，乙科爲太子舍人，景科補文學掌故。"景即丙也。

宋制科五等

故事，制科分五等，上二等皆虛，惟以下三等取人。然中選者亦皆第四等，獨吳正肅入第三等。至嘉祐中，蘇子瞻、子由乃始皆入第三等。已而子由以言太真，爲考官胡武平所駁，欲黜落，復降爲第四等。設科以來，止正肅與子瞻入第三等而已。故子瞻《謝表》云："誤占久虛之等。"其後有范伯禄、李垕亦皆入三等。楊用修曰："制科入三等者終宋世僅五人，而蜀居其四。"蓋二蘇、李、范皆蜀人也。

父子狀元

《卮言》云："父子狀元者，惟宋梁顥及固耳。"余讀諸翌《雜言》云："本朝父子作狀元者，有安德裕與其子守亮，張去華與其子師德。其後狀元之子登科者極少，從葉祖洽至沈晦十九牓，六十餘年，俱無子登科。"然則父子狀元宋有三氏，而《卮言》獨舉梁氏何耶？真宗東封六月，放梁固以下及第；祀后土於汾陰，放張師德以下及第。魏野以詩和之：
"封禪汾陰連歲榜，狀元俱是狀元兒。"

四元

元美："唐有四元，崔延翰又爲制科首也。宋三元則王丞相曾、楊學士寊、馮樞使京。金孟學士宗獻。元王憲僉宗哲。"我明商少保輅。若歐陽少師修，則本州及大學禮部稱"三元"，而廷試乃第五。

特奏

開寶二年三月壬寅朔，詔禮部閱貢士十五舉以上曾經冬①場者，具名以聞。庚戌，詔曰："貢士司馬浦等一百六人困頓風塵，潦倒塲屋，學固不講，業亦難專，非有特恩，終成遐棄，宜各賜本科出身。"此特奏所由始也。自是士之潦倒不第者，皆覬覦一官，老死不止。至景德二年三月丁巳，因賜李迪等進士第，賜特奏名：五舉以上本科六十四人，《三傳》十八人，同學究二十二人，《三禮》四十四人，年老授將作監主簿三十一人。此特奏之名所由立也。至景祐元年正月癸未，詔："進士、諸科十取其二。進士三經殿試、諸科五經殿試，或進士五舉年五十、諸科六舉年六十，雖不合格，特奏名。"此特奏名所以漸多也。至大中祥符八年二月丙子，則命進士六舉、諸科九舉特奏名，並赴殿試裁之。

唐制科目

考唐制舉科，載正史者凡八十有餘。世以唐爲詞賦取士，可笑。有

---

① 《燕翼詒謀録》"冬"作"終"。

志烈秋霜科、幽素科、詞殫文律科、岳牧舉詞摽文苑科、蓄文藻之思科、抱儒素之業科、臨難不顧狥節寧邦科、長才廣度沉迹下僚科、文藝優長科、絕倫科、拔萃科、疾惡科、龔黃科、才膺管樂科、才高位下科、才堪經邦科、賢良方正科、抱器懷能科、茂才異等科、文以經國科、藏名負俗科、文經邦國科、藻思清華科、寄以宣風則能興化變俗科、道侔伊呂科、手筆俊拔起越流輩科、直言極諫科、哲人奇士逸倫屠釣科、良材異等科、文史兼優科、文儒異第科、博學通議科、文詞雅麗科、將帥科、武足邊科、皋澤自舉科、才高未達沉迹下僚科、博學宏詞科、多才科、王霸科、知謀將帥科、文詞秀逸科、風雅古調科、詞藻宏麗科、樂道安貧科、諷諫主文科、賢良方正能直言極諫科、文詞清麗科、經學優深科、高蹈丘園科、軍謀越象科、博通文典達于教心科、諳洞韜略堪任將帥科、清廉守節正直可稱堪任縣令科、孝悌力田聞于鄉閭科、博通墳典達於禮教科、詳明正術可以理人科、才識廉茂明于體用科、達于吏理可以從政科、軍謀宏遠材任將相科、博通墳典達于教化科、詳明吏禮達于教化科、軍謀宏達材任邊將科、軍謀宏遠堪任將帥科。

制科事始

開寶元年，因徐士廉訴知舉李昉不公，帝御講武殿覆試，親試自此始。及第人皆賜綠袍、靴、笏，賜宴賜詩，自興國八年呂蒙正榜始。武后以吏部選人多不試，乃令試日自糊其名，糊名自武后始。分甲賜同進士出身，自興國八年宋王世則榜始。其封印試卷，自咸平二年始。置謄錄院、彌封官、覆考、編排，皆自祥符始。唐制：禮部試舉人，夜以三皷爲限。宋朝率用白晝，不復繼燭。宋進士過省赴殿試，尚有被黜者，遠方寒士殿試不第，貧不能歸，多至失所，有赴河而死者，仁宗時不復黜落，則殿試盡收，自仁宗始。

龍虎榜

今中式榜必畫龍虎于前，而賀人得舉者曰登龍虎榜，殊覺無謂。《唐書·陸贄傳》贄主試，得韓愈、歐陽詹、賈稜、陳羽等，皆天下孤儁偉杰之士，號"龍虎榜"，遂以槩稱。他榜殆于不可。

桃李

稱薦用人謂之桃李，皆本唐人狄梁公"天下桃李皆在公門"之說。此說恐非首創，唐詩"滿門桃李屬春官"，豈即用當時事耶？或本漢《李廣傳贊》"桃李不言，下自成蹊"之說，然旨殊不類。

書進士

唐宋人無有書進士於官銜之上者，逮元猶然。獨楊維禎廉夫當元季世，書"李黼榜進士"至刻之印章，蓋黼死節之臣，廉夫欲以自附。後人有効爲故事，則失之遠矣。

大比

今三年一鄉試，謂之"大比"。按：《禮記》①"小司徒三年則大比，使天下簡閱民數財物"，豈是校士。

臚傳

叔孫通起朝儀，設九賓臚句傳，上傳語告下曰臚，下告上曰句。九

① "《禮記》"誤，見《周禮注疏·小司徒》。

賓，謂公、侯、伯、子、男、孤、卿、大夫、士也。又言"句"字衍文，臚傳，即傳臚，殿榜唱名，其本于此。

鴈塔

賀登第曰"題名鴈塔"，然長安鴈塔題名石刻，凡僧道士庶留題姓名，前後不一，非止新進士也。特唐制進士大宴曲江後，復有此會，若以爲榮稱，殊大不類。

釋褐

宋太宗賜諸科進士俱及第，吕蒙正以下緑袍、靴、笏，非常例也。御前釋褐自此始。國朝拜謁先師後，始于文廟中釋褐，猶有前代遺意焉。

青雲

用修駁"青雲"字云：自宋人誤用于登科詩中，至今不改。考《史記》須賈見范睢，頓首言死罪，曰："賈不言君死，自致于青雲之上。"楊雄《解嘲》云："當途者升青雲，失路者委溝渠。"《宋書》劉瑀答何偃云："一麾直①造青雲，何至與駑馬爭路。"《晉書·載記》史臣曰："劉元海人傑，必致青雲之上，是以策馬騫鳴②，乘機豹變，五部高嘯，一旦推雄。"唐僧廣宣寄賀王起放第二榜詩"便向青雲領貢賓"，則用"青雲"亦已久矣。

折桂

世以登科爲折桂，此謂郄詵對策東堂，自云桂林一枝也。自唐以來

---

① 《南史·劉瑀傳》"直"作"自"。
② 《晉書·載記》"騫鳴"作"鴻騫"。

用之，温庭筠詩：“猶喜故人新折桂，自憐羈客尚飄蓬。”其後以月中有桂，故謂月桂。又言月中有蟾，又改爲蟾，沿襲之〔弗〕①悟也。

座主宗師

座主宗師之名，皆起和尚家，今人以稱柄文者，不知所自起也。

傳衣鉢

宋姚寬《西溪叢話》：“五代時和凝嘗以宰輔自期，登第之日，名在第十三。後覽范質文，尤加賞歎，即以第十三處之。塲屋間謂之傳衣鉢，若禪宗之相傳授也。其後，質果繼凝登相位，亦至太子太傅，縉紳以爲美談。”今門生於師有衣鉢相傳語，不知名次未必同，官位未必同而謬焉，稱引似與原旨有戾。

金花帖子

金花帖子報進士之名，亦始於唐。至文宗時革之，宋則復用也，似在南宋不用。然考其制，用黄帛塗金，大書姓名於上，下有兩知舉官花押，仍用白帛貯之，亦題姓名於上，登第者隨附家書於中云。

曳白

《通鑑》唐天寶元年冬選，六十四人判入等，時御史中丞張奇②男奭在高等，下第者以其事白安禄山，禄山奏之。來年正月，玄宗親重試，唯十二人稍優，張奭不措一詞，時人謂之“曳白”，蓋以其全無一字。而

---

① 據《避暑録話》補“弗”字。
② “奇”當作“倚”。

今乃以寫字越幅者爲曳白，殊不類。

孫山

孫姓山名，宋時人，應制舉名綴榜末，朋儕以書戲問山得失，山答詩曰："解名盡處是孫山，餘人更在孫山外。"是孫山已經中第者，今人用之若未第，已誤。而又以爲山名，尤誤。

梁灝登第

父子狀元者，獨宋梁灝及固耳。本傳止言甲科，考《登科錄》記之。按：《遯齋閒覽》："梁灝八十二歲，雍熙二年狀元及第，其《謝啓》云云。"《容齋四筆》云："以國史考之，梁公雍熙二年廷試甲科，景德元年以翰林學士知開封府，暴卒，年四十二。"《朝野雜記》謂灝登第年才二十二。胡鴻臚《真珠船》謂《宋史》灝卒九十二，溯其登第時乃七十三，非八十二。又謂《雜記》乃固登第之年，此大可笑。非《宋史》"九"字爲"四"字之誤，則狃於《遯齋閒覽》之説也。按：雍熙二年乃太宗太平興國八年，以後改號也。據本傳，父文度早世①，灝養於叔父。時王禹偁舉鄉貢，灝依以爲學，嘗以疑義質於禹偁，禹偁拒之不答，灝發憤讀書，不期月，復有所質，禹偁大稱賞之。禹偁以太平八年舉進士，於灝差爲前輩。今據《閒覽》《真珠船》所云，則灝之少孤，當在沙陀石晉之際，而長於禹偁且四十餘年矣，其不相應一也。灝若果九十有二，豈使之爲翰林學士，又使之權知開封而暴卒耶，其不相應二也。子固以大中祥符元年甲第，僅二十三，灝卒時十八耳，而又有弟述及適，相仁宗朝，至熙寧三年卒，年七十，去景德元年灝卒時仅三歲耳，灝七十五而得固，九十而始得適，其不相應三也。灝以四十二歲卒，固以三十三歲卒，於事理

---

① "世"當作"逝"。

甚明，中間灝所歷官皆繁劇，其上封事無老人意，史又稱其美風姿，强力少疾，於《遯齋》之説，有毫髮類耶？洪文敏在内制久，其見國史甚真，與《朝野雜記》之言同，《真珠船》又似夢中説夢矣。

扈從

從駕謂之扈從，始司馬相如《上林賦》"扈從横行，出乎四校之中"。晉灼以"扈"爲"大"，張揖謂"跋扈從横，不安①鹵簿"。故顔師古因之亦以爲"跋扈恣縱而行"。果爾，從蓋作平聲，侍天子而言跋扈可乎？唐封演以爲"扈養以從，猶之僕御"，此或近之。然不知通用此語，自何時也。

祭戟拜節

《禮》曰："君有賜，則拜而受之。"賜莫重於九錫，衣服、朱户、納陛、乘輿、樂縣、虎賁、弓矢、鈇鉞、秬鬯。遍詳禮文，未有拜衣服、虎賁者，是物也，故不宜拜，若拜朱户、渠門，宜謂之神。《禮記·祭法》累代祭名不聞有戟神，是知無拜祭之禮。

韶傳

《前·平〔帝〕紀》"駕一封韶傳"，如淳曰："律，諸乘傳及發駕置傳者，皆持尺五〔寸〕木傳信，封以御史大夫印。其乘傳者參封之。有期會者累封兩端，〔端〕各兩封，凡四封。乘置傳者五封之，兩端各二，中央一也。韶傳〔兩馬〕②再封之，一馬一封。"然唐以前馬驛並給傳信木，開元中務從簡便，方給驛券，驛之給券自此始也。

---

① 《文選·上林賦注》"安"作"案"。
② 據《漢書·平帝紀》注補"寸""端""兩馬"四字。

騎馬

孔穎達曰：古人不騎馬，故經典不見。至趙武靈王謀胡服騎射以教百姓，李牧日殺牛饗士習騎射，始見於此。又宋劉炫謂《左氏》"左師展將以公乘馬而歸"，此騎射之漸。余按：古者服牛乘馬，馬以駕車，不單騎也。單騎自六國時始。

封贈

封贈先世，自晉、宋以來有〔之〕①，迨唐始備。然唐制：封贈雖宰相，止及其父；若以恩回贈，不但其祖，雖異姓亦及之。如權德輿以檢校尚書恩乞及其祖贈禮部郎中，户部尚書楊於陵請回贈祖贈吏部郎中。又如劉總外祖故瀛洲刺史張懿贈工部尚書，制曰：有外孝孫爲吾賢帥，自義率祖，推恩外族外祖母李氏贈趙國夫人。制曰：段公威德當流慶於外孫，令伯孝心願推恩於祖母。是以恩回贈其外祖者也，亦足異矣。

告命

唐人重告命，故顏魯公自書告身，今猶有存者。韋述《集賢注記》記一事尤著，漫載於此："開元二十三年十月制：加皇子榮王已下官爵，令宰相及朝官工書者，就集賢院寫告身以進。於是宰相張九齡、裴耀卿、李林甫，朝士肖太師蒿②、李尚書曷、崔少保琳、陳黃門希烈、嚴中書挺之、張兵部均、韋太常陟、褚諫議庭誨等十三人，各寫一通，裝縹進内。上大悦，賜三相絹各三百匹，餘官各二百匹。"以《唐書》考之，是時十三王並授開府儀同三司，詔詣東宮、尚書省，上日百官集送，有司供

---

① 據《容齋隨筆·四筆卷十三》補"之"字。

② 《容齋隨筆》"肖太師蒿"作"蕭太師蒿"。

帳設樂，悉拜王府官屬，而不書此事。

宋封贈

宋李昉爲宰相，上言：“臣叔父超、叔母謝氏，是臣本生父母，臣不報罔極之恩，爲名教罪人，今郊祀覃思，望與追榮。”太宗嘉之，遂從其請。真宗天禧初，詔文武陞朝官，父不在，爲①嫡母、繼母者，許叙封本生父母。仁宗朝王曾爲參知政事，改葬叔父宗元、叔母嚴氏，自言幼孤，叔父母育之。詔准贈官，宗元贈工部員外郎，嚴氏懷仁縣太君。我朝本生父母有移封，若叔父母則未聞也。

燒尾

《唐書》言大臣初拜官，獻食天子，名曰“燒尾”。蘇環爲相，以食貴，百姓不足，獨不進。然唐人小説所載與此不同，乃云：士子初登科，及在官者遷除，朋僚慰賀，皆盛置酒饌、音樂宴之，爲“燒尾”。何子容曰：“燒尾”之義，或謂虎化爲人，唯尾不化，須爲焚除乃得成人；或謂魚躍龍門，唯尾不化，必雷火燒之乃成爲龍；或又謂新羊入群，爲諸羊所觸，火燒其尾則定。

曲江宴

曲江宴會，今人但知唐進士故事，不知始乃是下第舉人之會，後爲上列所占。遇大會，則先牒教坊請奏，上御紫雲樓，垂簾觀焉。曹松詩云：“追遊若遇三清樂，行從應妨一日春。”勑下後，人置皮袋，例以圖帳、酒器、錢絹實其中，逢花即飲。故張籍詩：“無人不借花園宿，到

---

① 《燕翼詒謀録》“爲”作“無”。

處皆携酒器行。"公卿家率以是日揀選東床，遂成佳會。

同年

　　曹操《令》"同歲舉者"，即今同年之説也。於時誼高，尤莫如太學同舍生。

第十二卷　人事中

誥敕書名

唐誥敕宰相，複名者皆不出姓，惟單名則出姓。宋誥敕宰相，雖單名亦不出姓。我朝誥敕，俱無宰相姓名，外各衙門題奏本皆書姓名。文淵閣諸閣老每有封擬題本揭帖進御，雖官至師保、尚書，亦不具僉于其上，但僉大學士臣某，臣某小録，序文内亦不出姓，僅存〔名〕①，古制者此耳。

移文中字

移文中字，有日用而不知所自，及因襲誤用而未能正者。姑舉一二：如查字音義與槎同，水中浮木也。今云查理、查勘，有稽考之義。吊，本傷也，愍也。今云吊卷、吊册，有索取之義。"票"與"標"同，本訓急撫②，今以爲票帖。綽本訓寬緩，今以爲巡綽。盔本盂也，今以名鍨胄。鐲本鉦也，今以名釧屬。又如開朝、開辨③課程，其義者皆未曉，亦始於方言也歟？價直爲價值，足穀爲足勾，斡運爲乞運。此類尤多，甚者施之奏章，刻之榜文矣，可笑。

---

① 據文義補"名"字。
② 《菽園雜記》"撫"作"疾"。
③ 《菽園雜記》"辨"作"班"。

塗歸

唐德宗欲相裴延齡，李藩在瑣闥以筆塗詔，謂之"塗歸"，是不特封還而已，然事在傳宣，封還可耳。詞頭寧可塗耶，無益非體，正史不載，蓋好事者欲甚藩之直耳，且塗歸之名於何倣乎？

仰字

今公家文字用仰字，《北史》時已有此語，《北齊·孝昭皇帝紀》："語定三略祀儀體式①，亦仰議之。"

飲章

《蔡邕傳》"當爲楚毒所迫，趣以飲章"，注曰："趣，促也。飲猶隱却告人姓名，無可對問。章，表也。"注又曰："按：俗本不解'飲'字，或解②改爲'報章'，或改爲'疑'③，非也。"今按：隱却告姓名，漢自名飛文，且獄官自有列名，何得言隱名？蓋飲者或如今強坐迫人以招情耳。

籤押

《梁書》馬仙琕籤求應赴，李延壽《南史》故事，府州部論事皆籤前直叙所論之事，後云謹籤具日，下又云某官籤此，即近日僉押之僉，古今字變爾。

---

① 《北齊·孝昭皇帝紀》"語定三略祀儀體式"作"詔定三恪禮儀體式"。
② "解"疑爲衍文。
③ 《後漢書·蔡邕傳注》"疑"作"款"。

約法三章

後人有解"約"字爲"期約"之"約"，因點其句曰："與父老約（句），法三章耳（句）。"此解殊簡古，然史意實以爲省約之法三章耳。《後漢·楊終傳》曰："高祖平亂，法約三章；太宗至仁，除去收孥。"《應劭傳》："高祖入關，雖尚約法，然殺人者死。"觀此文意可見。

行香

自後魏以及江左齊梁間，每遇燃香，先熏其手，或以香末散行，謂之行香。《西溪叢語》與《石林燕語》並載，唐以後間有設齊①行香者。

左右

漢制以右爲尊，以貶秩爲左，居高位爲右職，仕諸侯爲左官。陳平以右丞相遜周勃，位第一；平爲左丞相，位第二。周昌相趙，高帝曰："吾極知其左遷。"凡謂左戚右賢、居客之右、朝廷無出其左②、右文之世，並用此意。今稱貶官猶曰左遷，稱尚文猶曰右文，合于古旦，亦雅馴。

起居

今代謁見尊崇，皆謹祇候起居。起居者，動止理固不乖。近者復云，謹祇候起居某官，其義何在？

---

① "齊"當作"齋"。
② "左"當作"右"。

謁見

《説文》："謁，白也。"《增韻》："訪也。"古者請見必有辭，書之方策，使將命者通名。故漢有謁者，《袁盎傳》"上謁"，注："若今通名也。"《史記》婁敬欲見漢王，或使之易衣，敬曰："敬本衣帛，則衣帛見；敬本衣褐，則衣褐見。今舍褐褐、假鮮華，是矯常也，不敢將命。"謁者驚而失謁。謂失其通名之刺。

游偵

《吳語》"罷弊楚國，以閒陳、蔡"，注："閒，候也，候其隙而取之。"又《爾雅》"倪也"，郭璞曰："《左傳》謂之諜，今謂之細作。"亦曰游偵。《魯語》"齊人閒晉之禍"，注："候也。"即游偵之義。

書某

今人書"某"爲"厶"，皆以爲俗從簡便，其實古字也。《穀梁》桓二年："蔡侯、鄭伯會于鄧。"范甯注曰："鄧，厶地。"陸德明《釋文》曰："不知其國，故云厶他①，本又作某。"

書題籤

大僚題上紙籤，起於丞相李趙公也。元和中，趙公權傾天下，四方緘翰日滿闇者之袖，而潞帥郤士美時有珍獻，趙公喜，而回章盈幅，曲敘殷勤，誤卷入振武封内以遣之，而振武別紙則附於潞。時阿跋光進帥

---

① 《老學庵筆記》卷六"他"作"地"。

麟，覽盈幅手字，知誤，即時飛還趙公。趙公因命書吏，凡有尺題，各令籤記以送，故于今成風。

勝常

王廣津《宮詞》云："新睡起來仍①舊夢，見人忘却道勝常。"勝常，猶今婦人言萬福也。前輩尺牘有云"尊侯勝常"者，"勝"字當平聲讀。

不宣

近世書問，自尊與卑即曰"不具"，自卑上尊即曰"不備"，朋友交馳即曰"不宣"。三者義皆同，而例無輕重之説，不知何大，世莫敢亂，亦可怪也。

行李

世言"行李"出《左氏》，杜預注云："使人也。"唐李濟翁云："當作行使。"予以謂《史記》皋陶爲"大理"，一本作"大李"。《天官書》曰："熒惑爲李。"徐廣注曰："外則理兵，內則理政。"又黃帝有《理法》一篇，顏師古注曰："李者，法官之號，總兵刑政，故其書曰《理②法》。"則"理"與"李"其義自通。蓋人將有行，必先治裝，如孟子之言"〔治〕③任"，鄭當世④之言"治行"，皆治裝之意。然則理亦治也，今以行李名裝，何爲不可？

---

① 《老學庵筆記》卷五"仍"作"思"。
② 《漢書·胡建傳》顏師古注"理"作"李"。
③ 據《孟子·滕文公》補"治"字。
④ "世"當作"時"，見《史記·鄭當時列傳》。

束脩

《唐六典》：“國子生初入，置束帛一篚、酒一壺、脩一案，爲束脩之禮。”束脩乃見於此，然不獨弟子之於師也，《檀弓》曰：“古之大夫，束脩之問不出境。”《少儀》曰：“其以乘壺酒、束脩、一犬賜人。”《穀梁傳》曰：“束脩之問①不行境中。”《後漢·第五倫傳》：“大夫無境外之交，束脩之饋。”嵇叔夜《家人誡》云：“壺榼之意，束脩之好，人道所通，不須逆也。”凡人交際，皆可言束脩矣，至解爲檢束脩飭，則又鑿甚。

敖曹

敖曹，見弇州《説苑》及《石溪閒筆》，晉灼注《霍去病傳》“廘”字曰：“廘糟，盡殺死人也。”《北史》高昂以“昂藏敖曹”作此。

每生

賈誼曰：“衆庶每生。”“每”當作“挴”，貪也，字從手。《天問》曰：“穆王巧挴。”殆與駢挴義同。《莊子》曰：“媒媒晦晦。”

興生

興生，猶言興販也。後魏封回責鄭雲事。

九拜儀

按：《太祝》：“辨九擇（古拜字），一稽首、二頓首、三空首、四振

---

① 《春秋穀梁傳注疏·隱公元年》“問”作“肉”。

動、五吉撵、六凶撵、七奇撵、八哀拜、九肅拜。"注："以拜頭至地爲稽首，撵頭叩地爲頓首，拜頭至手爲空手①。"今《荀子》："平衡曰拜，下衡曰稽首，至地曰稽顙。"蓋謂兩手拱至地如衡然，故謂之衡。下衡者，首下手而稽留也。稽首、稽顙，則首至地而稽留也。頓首者，首頓于手而即起，如叩物然也。空首者，手雖至地，頭不至手，但空其首而已也。《禮》注似未盡，"振動"注："戰慄變動之拜。"《記》《疏》謂敬懼故爲振動，蓋是感恩、服罪、倉卒、致謝之狀。鄭注謂"王動色變"爲振動，非也。吉拜、凶拜皆喪拜，據《記》《注》："拜而後稽顙爲吉拜，謂齊衰不杖期以下"者言。"稽顙而後拜爲凶拜，謂三年服"者言。奇，讀爲"奇耦"之"奇"，一拜也，如《儀禮》賓"拜洗""拜，告旨""拜，執爵興"，不言"再拜"者，及"士見大夫，於其入也，一拜"，"嘗爲臣者奠摯，再拜，主人答一拜"之類，皆奇拜也。鄭氏"哀"讀爲"拜"，謂"再拜"，義未詳。肅拜，一跪拜也，手不至地，頭不至手爾。《左傳》"却至三肅使者"，《少儀》"婦人吉事，雖有君賜，肅拜"是也。鄭注謂特擅，非是。蓋拜也者，服也，服而免仗，以致敬順也。稽首、頓首、空首、肅拜，以淺深言者也；振動者，以形狀言者也。吉凶者，以節度言者也；奇哀者，以數言者也。

拜四

郊天祭地，止於再拜，其禮至重。今婦謁姑章，其拜必四，何也？蓋婦初、再拜，次則跪獻衣服，文史承其筐篚，則跪而受之，嘗於此際授受，多誤，故四拜相屬。又婦拜夫家長老，長老答之，則又再拜。《周禮》婦拜插地，元美引李涪云云，然則彼時不行四拜也。若方干處士，每拜必三，時謂"方三拜"。宋朱元晦孫爲廣東提刑，與顯者書，必云"萬拜"，時謂之"朱萬拜"，可稱人妖。

---

① 《周禮注疏》"手"作"首"。

唱喏

揖，相傳曰"唱喏"，想古人相揖必作此聲，不默然於參會間也。唱喏者，引氣之聲。宋人記《虜庭事實》，虜揖不作聲，名曰"啞揖"，不如是者爲山野不知禮法，衆所嗤笑。契丹人〔交〕①手於胸前，亦不作聲，是謂相揖，宋人以爲恠。即宋以前，中國之揖作聲可知，今日承元後，揖不作聲久矣。其名"唱喏"，猶存官府，升堂公座、輿皁排衙，獨引聲稱揖，其唱喏之謂乎？

揖擪

《儀禮·鄉飲酒》入門之法："推手曰揖，引手曰擪。"《左傳》"肅，手至也②，注：若今之'擪'。"《周禮》"肅拜"注："鄭司農云：但俯下手，今時擪是也。介者不拜，故曰爲事故，敢肅使者。"一説引手曰厭。今詳上手曰厭，謂手厭于胸也。又《周禮》"諸侯土揖庶姓，時揖異姓，天揖〔同姓〕③"注："土揖，推手〔小〕④下之也。時揖，手⑤推手也。天揖，推手小舉之。"

婦人拜

婦人以肅拜爲正。《古樂府》詠婦人云："伸腰再拜跪，問客今安否？"伸腰亦是頭不下也。周宣帝令命婦相見皆跪，如男子儀，不知婦人變爲今之拜者何始？程泰之謂始于武后。余觀王建《宮詞》："射生宮女

---

① 據《虜庭事實》補"交"字。
② 《春秋左傳正義·成公十六年》"也"作"地"。
③ 據《周禮·秋官》補"同姓"。
④ 據《周禮注疏》補"小"字。
⑤ 《周禮注疏》"手"作"平"。

盡紅粧，請得新弓各自張。臨上馬時齊賜酒，男兒跪拜謝君王。”則唐時婦女拜不跪可證。

又

婦人立拜，男子長揖，非禮之正者。按：《少儀》婦人有肅拜、有手拜。肅拜者，兩膝齊跪，手不下[1]地，頭低俯而不至手也。手拜者，手至地，而頭在手上也。《婚禮》“婦拜扱地”是也。蓋娪人以肅拜爲常，雖君賜，亦止肅拜而授。《婚禮》“拜手扱地”，以其新婦初見舅姑，盡禮也。惟爲喪主、爲尸，坐則不拜，若檗云不跪拜，則尸坐字説不通矣。王貽録曰：古詩“長跪問故夫”，即婦人亦跪也。

僧尼不拜

趙彦衛《雲麓漫抄[2]》：“《唐書·至[3]》：道士、女冠、僧、尼見天子必拜。”今之不拜，未知起於何時。按：唐傅奕奏：“不忠不孝，削髮而揖君親。”則不拜其來久矣。

籹妝粧

今人書“梳妝”字，類作“籹”字，而不知其誤。按：“籹”音“米”，宋玉《招魂》云：“秬籹蜜餌，有餌[4]餭。”注：“秬籹，即環餅也。”唐詩“重九作搥籹”，然則與梳籹何與，而渾作耶？蓋“妝”“粧”二字通用既誤，其庄旁米又誤，其爿旁女遂混而書作“籹”耳。其實“籹”自“籹”，

---

① 據文義，“下”當作“至”。
② “抄”當作“鈔”。
③ “至”當作“志”，見《新唐書·百官志三》。
④ 《楚辭·招魂》“餌”作“餦”。

"妝"自"妝"也。

陟方

《舜典》"五十載陟方乃死",孔氏《傳》:"方,道也。舜在位五十年,升道南方巡守,死于蒼梧之野而葬焉。"《立政》曰:"其克詰爾戎兵,以陟禹之迹,方行天下,至于海表,罔有不服。"周公正用陟方字教成王整頓六師,巡守方國,則陟方爲巡狩何疑,而蔡《傳》必以陟方爲升遐,猶堯之殂①落。至今文人作《大行皇帝挽詞》,遂用其字,誤矣。夫堯舜非諱死者,史臣獨異其詞,又涉隱語何也?況既已升遐,又言乃死,於詞句亦複。

萬歲夜

楚王遊雲夢,謂安陵君曰:"樂矣!今日之遊,寡人千秋萬歲,誰與樂此?"安陵君泣下數行,曰:"萬歲夜願以身試黃泉,蓐螻蟻。""夜",如《左傳》注"宛岁,厚夜"之"夜",最見人臣不敢斥言之意。今改"夜"作"後",不見古人立言之妙矣。

屬負茲

《公羊傳》"屬負茲",〔注:〕②天子有疾稱不豫,諸侯稱負茲,大夫稱犬馬,士稱負薪。此皆漢禮之名。按:茲,新生草也,從艸從絲,艸一年一生,故古人以茲爲年,《呂氏春秋》"今茲美禾,來茲美麥",古詩"爲樂當及時,何能待來茲",茲字皆訓"年",則負茲者,言年老有疾耳。一説《史記》叙武王入商,"康叔封布茲",注:"茲,蓐蓆。"然則有

---

① "殂"當作"殂"。
② 據《春秋公羊傳注疏·桓公十六年》補"注"字。

疾而負蓐，如所謂伏枕也。

虺頽

徒回切，“虺尵”，馬病，通作“隤”。《詩》“我馬虺隤”，亦通作“頽”，《爾雅》：“虺頽，病也。”郭璞注：“虺頽、玄黄，皆人病之通名。而説者便謂之馬病，失其義。”

招魂

《喪禮》有“復”，説者以爲招魂復魄，楚俗仍以是施之生人，宋玉《招魂》，景差《大招》是也。予按：《韓詩》，鄭國之俗，三月上巳之溱、洧兩水之上，招魂續魄，秉蘭艸，拂不祥。則非特楚俗爲然。

承重

《檀弓》曰：“重，主道也。殷主綴重焉，周主重徹焉。”注云：士重木長三尺，始死，作重以依神。殷禮，始殯時置重於殯廟之庭，及成主，則懸於新死者所殯之廟。周人則徹而埋之。此承重之義。

揚聲

喪筵之室，俾妓婢唱悲切聲，以助主人之哀者，謂之“揚聲”。不知起自何代，案其嗚嗚然，宜呼爲“羊聲”，義取羔羊之跪乎？

樂喪

死者作伎樂，名爲樂喪。魌頭所以存亡者之魂氣也，一名蘇衣被，蘇蘇如也。一曰狂阻，一曰觸壙。四目曰方相，兩目曰僛。據費長房識李娥(一曰娥①)藥丸，謂之方相腦，則方相或鬼物也。

喪祭

今士庶家有喪者，其靈座前皆設肴果。其祭祀，則必焚楮錢及金銀楮錠。陶穀《清異録》載周祖靈前看②果，皆雕香爲之，形色如生。則肴果五代時已有之矣。《唐書・王璵傳》載漢以來皆有瘞錢，後里俗稍以紙寓錢，璵乃用於祠祭。則焚楮錢蓋始於璵。又《清異録》載周世發引之日，金銀錢寶皆寓以形，而楮泉大若盞口，其印文，黄曰"泉臺上寶"，白曰"冥遊亞寶"。則亦始於五代矣。

禘祭

經、傳之文，稱禘非一。《爾雅》："禘，大祭也。"《爾雅》：〔《論語》〕③云"禘自既灌"及《春秋》"禘於太廟"，謂太廟之祭也。《禮記・祭法》"有虞氏禘黄帝而郊嚳"，謂祭昊天於圜丘也。以比餘處爲大祭，總得稱禘。《周禮》"大司樂"注疏云："不辨天神、人鬼、地祇，則皆有禘稱。"非止如《禮記・大傳》"禮不王不禘，王者禘其祖之所自出"而已也。

喪弔

哭亡爲喪，貫弓爲弔。古之葬者裹以白茅，故弔者貫弓矢以防鳥獸之害。

---

① 《酉陽雜俎・尸疫》"娥"作"俄"。
② "看"當作"肴"。
③ 據《爾雅注疏》補"《論語》"二字。

窀穸窆

今人每於葬事，連用“窀窆”。按：《釋名》曰：“下棺曰窆。”又《左傳》：“趙子病，告太夫人①曰：‘唯是春秋窀穸之事。’”注：窀，厚。穸，夜。厚夜，長夜也。然則“窀穸”可連用，而乃連用“窀窆”，當云厚下棺，則不通矣。

殉葬

以人殉葬，見於《黃鳥》之詩。《史記·秦本紀》武公葬雍之平陽，以人從死者六十六人。又曰：“至獻公元年方止。”則知武公而下十有八君皆言殉焉，其來遠矣。惟《黃鳥》彰彰者，為惜三良，且殉者百七十七之多故也。後世帝王意亦有之，或宮人一二，少而無聞焉。

石誌

齊太子穆妃將葬，議立石誌，王儉曰：“石誌不出《禮經》，起顏延之為王彌作墓誌②，以其素族無銘誄故也，遂相祖習。魏侍中繆製③埋文父母墓下，將以千載之後，陵谷遷變，欲後人聞知。但記姓名、歷官、祖、父、姻婭而已。若有德業，則為銘文。王戎墓銘有數百字，然則魏晉以來有墓誌也。漢杜子夏臨終作文，命刊石埋墳前，厥後墓誌恐因此始。

行狀

自唐以來，未為墓誌銘，必先有行狀，蓋南朝以來已有之。按：梁

---

① 《左傳·襄公十三年》“趙子”作“楚子”，“太夫人”作“大夫”。
② 《封氏聞見記》“為王彌作墓誌”作“為王球作石誌”。
③ 《封氏聞見記》“製”作“襲”。

江淹爲宋建〔平王〕①太妃周氏行狀，任昉、裴〔子〕②野皆有行狀。

挽歌

今喪有挽歌者，蓋高帝召齊橫至於尸鄉亭，自刎奉首，從者挽至於宮，不敢哭而不勝哀，故爲歌以寄哀音。《莊子》"紼謳以生，必於斥苦"，司馬彪注："紼，引柩索也。斥，疏妥也。苦，用力也。引紼所以有謳歌者，爲人有用力不齊，故促急之。"《春秋左傳》曰："魯哀公會吳伐齊，其將公孫更③命歌《虞殯》。"杜預曰："《虞殯》，送葬歌，示必死也。"《史記·絳侯世家》曰："周勃以吹簫樂喪。"然則挽歌之來久矣。

墳墓字異

《方言》："凡葬，無墳者謂之墓，有墳者謂之撫④。"《檀弓》"古者墓而不墳"也。邯鄲淳《曹娥碑》"丘墓起墳"，蓋言丘其平，墓而爲高墳也。後世以墳、墓混爲一，遂疑其重複，改爲立墓起墳，非是。

墓祭

《周禮》不言墓祭者，或制之未備。殊不知《周禮·冢人》"凡祭於墓尸"，則墓祭之禮，周公已立之矣。又曰漢之時已有墓祭，殊不思孔子葬泗，子貢廬塚三年，魯世以歲時祠孔子塚，則春秋以來有之矣。况《開元禮》第七十八云："昔者宗子去在他國，庶子無廟，孔子許望墓爲

---

① 據《能改齋漫録》補"平王"二字。
② 據《能改齋漫録》補"子"字。
③ 《世說新語·任誕》注引"更"作"夏"。
④ "撫"當作"塋"。

壇，如〔时〕①祭祀。"則是孔子亦有墓祭之說矣。

生祠

于定國爲東海郡曹，決獄平，郡中爲立生祠。秦始王②自立祠廟，漢諸王生自立廟，觀賈誼對文帝曰："顧成之廟，號爲大宗。"則生祠始此。

出城儀

寒食拜掃，按：《開元禮》第七十八云："昔者宗子去在他國，庶子無廟，孔子許望墓爲壇，以時祭祀，今之上墓，或有憑焉。"又司③："主人去塋百步下馬，公服，無者常服。"則是吉禮分明矣。其上饌與時饗何殊？今多白衫麻鞋者大誤。且春、秋二仲月，公卿拜陵，並具公服，則四時之例。又按：《唐禮》，凡參辭並是公服，四時之享布素，暫去襴板④即可矣。

起復

起復者，喪制未終，勉其任用，所謂奪情起復者也。如歐公《晏元獻神道碑》："明年，遷著作佐郎。丁父憂，去官。已而眞宗思之，即其家起復爲淮南發運使。"及史嵩之喪父，經營起復是也。今人不考，例以服闋爲起復，誤矣。

---

① 據《七修類稿》卷十七補"時"字。
② "王"當作"皇"。
③ 《資暇集》"司"作"云"。
④ 《資暇集》"板"作"衫"。

尋常

《小爾雅》：“四尺謂之仞，倍仞謂之尋，倍尋謂之常。”常一丈六尺也。今人謂人之無位者曰“尋常人”，謂事之不緊者曰“尋常事”，殊無取義，當是“平常”字誤耳。若以杜詩“酒債尋常行處有”爲據，終不免俗。

不作

謝萬往王恬許，王入內，沐頭散髮而出，據胡牀，了無酬對意。萬還，安曰：“阿螭不作爾。”今秣陵猶謂不貴重曰“不作”。

若干

“若干”二字出古禮，“射箅”云：“若干純、若干奇。”若，如也。干，求也。言事本不定，常①如此求之。又《曲禮》：“問天子之年，服衣若干尺。”《前漢·食貨志》顏注云：“設數之言也。亦曰如干。”《文選》竟陵王“食邑如干②户”。然又爲覆③姓，後周有若干鳳，及右將軍若干惠。若，音人者反。《釋文》云：“以國爲姓。”然則若干又國名也。

數奇

《李廣傳》：“廣數奇，毋令當單于。”數，音身④角切。奇，居宜切。宋景文以爲〔數〕⑤所具切，“角”字乃“具”字之誤耳。因考《馮敬通集》

---

① 《齊東野語》卷十三“常”作“嘗”。
② 《文選》沈約《齊竟陵文宣王行狀》“如干”作“若干”。
③ 《齊東野語》卷十三“覆”作“複”。
④ 《齊東野語》卷十四“身”作“所”。
⑤ 據《齊東野語》卷十四補“數”字。

“吾數奇命薄”，徐敬業詩“數奇良可歎”，王維詩“衛青不敗由天幸，李廣無功緣數奇”，杜詩“數奇謫關塞，道廣存箕穎”，羅隱詩“數奇當自愧，時薄欲何干”，坡詩“數奇逢惡歲，計拙集枯梧”，觀其偶對，則疏非疏數之數①，音所具切明矣。

四伯屈

梁劉享②孝威謝公官賜交州米餅四伯屈，屈豈今之數乎？

諺有自來

諺云“遠水不救近火”，出《韓非子》。以干求諸託爲鑽，出班固《答賓戲》“商鞅挾三術以鑽孝公”。以見陵于人爲欺負，此出《漢書·韓延壽傳》：“待下吏恩施厚而約誓明，或欺負之者，延壽痛自免③責。”曰“不中用”，出《史記·始皇紀》：“吾前收天下書不中用者盡去之。”罵人曰“老狗”，出《漢武故事》：“上嘗語栗姬怒服肯膺④，又罵上老狗。”曰“小家子”，出《漢書·霍光傳》：“使樂成小家子得幸大將軍，至九卿封侯。”曰“子細”，本《北史·源思禮傳》：“爲政當舉大綱，何必太子細也。”罵人爲“獠奴”，本《南史》王琨獠婢所生。曰“附近”，古作“傅近”，仲長統《昌言》：“寓⑤竪傅近房卧之内，交錯婦人之間。”形容短矮者俗謂之蓮，《文選》有“蓮脆”之語，《唐書·王仛傳》“形容蓮陋”，蓋里巷常談，其所從來遠矣。

---

① 《齊東野語》卷十四“疏非疏數之數”作“數爲命數，非疏數之數”。
② “享”爲衍文。
③ 《漢書·韓延壽傳》“免”作“刻”。
④ 《漢武故事》“服肯膺”作“弗肯應”。
⑤ “寓”當作“宦”。

音韻之謬

今天下音韻之謬者，除閩、粵不足較已。如吳語黃王不辨，北人每笑之，殊不知北人音韻不正者尤多。如京師人以步爲布，以謝爲卸，以鄭爲正，以道爲到，皆謬也。河南人以河南爲渴南①，以妻弟爲七帝。北直隸山東人以屋爲烏，以陸爲路，以閣爲果②，無入聲韻。入聲內以緝爲妻，以葉爲夜，以甲爲賈，無合口字。山西人以聰爲村，無東字韻。江西、湖廣、四川人以情爲秦，以姓③爲信，無清字韻。歙、睦、婺三都④人以蘭爲郎，以心爲星，無寒、侵二字韻。又如去字，山西人爲庫，山東人爲趣，陝西人爲氣，南京人爲可去聲，湖廣人爲處。此外如山西人以坐爲剉，以青爲妻。陝西人以鹽爲年，以咬爲裏。台、溫人以張敞爲漿槍之類。如此者不能悉舉，蓋習染之久，非用心於韻書者，不能自拔於流俗也。

事類

天下之事有絕相類者，如沈瘦事，前有約，後有昭略。望塵之潘，前有黨，後有岳。書紅葉之鄭，前有虔，後有谷。致冰鱗之王，前有祥，後有延。他如雪中高臥，人知有袁安，而不知有胡定。看竹事，人知有王猷，而不知有袁粲。啖炙⑤炙事，人知有顧榮，而不知有何遜。若是者又不可以悉數也。

事誤

潘輿事，今將母者通用之，不知潘以石崇事見法，其母固同與其禍

---

① 《菽園雜記》卷四"渴南"作"喝難"。
② 《菽園雜記》卷四"爲果"作"爲杲"。
③ 《菽園雜記》卷四"以姓"作"以性"。
④ 《菽園雜記》卷四"三都"作"三郡"。
⑤ "炙"爲衍文。

也。及瓜事，今以爲得代之期，不知瓜期不得代，連稱、管至父緜此爲亂也。含雞舌香，乃侍中刁存以年老口臭，令含之。墓碑生金，在賈梁道廟，以爲晉中興之兆，而庾氏爲滅族之候，俱不爲佳事。

俗諱

民間俗諱各處有之，吳中爲甚，如舟行諱"住"、諱"翻"，以"箸"爲"快兒"，"幡布"爲"抹布"。諱"離散"，以"梨"爲"圓果"，"傘"爲"竪〔笠〕①"，諱"狼籍"，以"郎②槌"爲"興歌"。諱"惱躁"，以〔"謝竈"爲〕③"謝歡喜"，此皆俚俗可笑處。

紀俗語

《宋景文筆記》："孫炎作反切，語本出於俚俗。謂'就'爲'鯽溜'，謂凡人不慧者曰'不鯽溜'，謂'團'曰'突欒'，謂'精'曰'鯽令'，謂'孔'曰'窟籠'，唐盧仝詩云"不鯽溜鈍漢"，林逋詩云"團欒空繞百千回"，是不曉俚人反語，逋雖變'突'爲'團'，亦其謬也。"又《唾玉集》："俗語切腳字，勃籠，蓬字；勃蘭，盤字；突落，鐸字；窟陁，窠字；鱉賴，壞字；骨露，錮字；屈攣，圈字；鶻盧，蒲字；突郎，堂字；突欒，團字；矻落，角字；只零，精字；不可，叵字。即釋典所謂二合字也。"朱或④《可談》："都邑市井謂不循理者爲'乖角'，謂作事無據者曰'沒雕當'（入聲）。"《後山詩話》蘇長公嘗戲一書生，書云："有甚意頭求富貴，沒些巴鼻便⑤奸邪。""有甚意頭""沒些巴鼻"皆俗語也。戴埴《鼠璞》：

① 據《菽園雜記》卷一補"笠"字。
② 《菽園雜記》卷一"郎"作"榔"。
③ 據《菽園雜記》卷一補"謝竈爲"三字。
④ "或"當作"彧"，宋朱彧有《蘋洲可談》。
⑤ 《後山詩話》"便"作"使"。

"俗字皆有所出，予嘗得數字，晉摯虞較古尺曰'度量之由生，皆絓閡而不通'，即今'絓閡'字。《禮儀志》有《懊憹歌》，即今之'懊憹'字。衞坦説字勢曰或鞠黵點黮，狀似連珠，即今之'鞠點'字。王沉《釋時論》曰'鼻鬡齁而刺天'，成公綏《嘯賦》曰'訇礚勞曹'，即今之'鬡齁勞曹'字，古人用此等字，不見其俗，何耶?"《劉貢父詩話》:"今人呼禿尾狗爲厥〔尾〕①，衣之短後者亦曰厥，故歐公記陶尚書詩語末厥兵，則此兵正謂末賊爾(末厥對卑凡字)。世語'虛偈'爲'何樓'，蓋國初京師有何家樓，其下賣物皆行濫稱也。世語優人爲'何市樂'，説者謂南都石駙馬家樂甚盛，詆誚南市中樂人，非也。蓋唐元和時《燕吳行役記》中語也。布②'河市'字，大抵不隸名軍籍，而在河市者，散樂名也。世謂事之陳久爲瓚，蓋五代時有馬瓚，爲府幕，其人愚③戇，有所聞見，他人已厭熟，而甫以爲新奇道之，故今稱瓚爲厭熟爾。"朱文公謂古之方言、俗語載書傳中，而今之注解家至有繆不通者，觀於此，其弗信矣夫。

緣木魚

《孟子》曰:"緣木求魚，雖不得魚，無後災。"人以爲緣木必無魚矣，不知水挨④自有緣木之魚。按:《東齋記》云:"蜀有魶魚，性善緣木，聲如兒啼。"

男子入學

男子入學，多用七歲、五歲，蓋俗有"男忌雙、女忌隻"之説，至冠

---

① 據《中山詩話》補"尾"字。
② 《中山詩話》"布"作"有"。
③ 《中山詩話》"愚"作"魯"。
④ "挨"疑作"涘"。

箅亦然。按:《北齊》:"李渾弟繪六歲願入學,家人以偶年俗忌緋①,約弗許,伺其伯姊筆牘之便,輒竊用,未幾,通《急就章》。"則其來久矣。

磯感

今人書感激曰"磯感",蓋磯者石不隱於水中,激水使湍急有聲。孟子曰:"是不可磯也。"注云:"磯,激也。"即此義。

教學半

塾師授徒稱爲教學者,非是授徒者自謙。曰惟教學半,亦原於《書·説命》爲傳誤者。《孔傳》:"斅,教也。教然後知所困,是學之半。"《蔡傳》謂"兼體用,合内外,而後聖學可全"。又引"或曰"一段以爲險巧,予皆疑之。後見王耕野《讀書管見》曰:"《傳》謂教人所得居自學之半,蓋教學相長,理固有之,但傳說此言爲高宗而發,不知高宗學成之後,使之對教何人,方可足成那一半;若不教人,則高宗所學終是不全矣。以此觀之,則教者止纔得一半,學者用功當自得一半,如'舉一隅能以三隅反'之類,未見其爲險巧也。"此説優於舊傳,可破俗談之誤。

領

受人儀物謙謂"拜領",相傳久矣。然"領"字不獨我受,望人受亦言"領",趙松雪與人柬云:"輒有絲紬一疋表意,冀笑領。"又云:"輒有瘠羋一邊,青鵪一雙,拜手特納,伏冀笑領。"蓋即"納"字之類,可以兼用。

---

① 據《北史·李繪傳》"緋"爲衍文。

愛憎

憎音“曾”，《説文》“惡也”，載下平十一侵中，絶無轉入他韻者，而今人誤作去聲，如《論語》“屢憎於人”，《孟子》“士憎兹多口”，朱注：“愛憎取舍，一以至公而無私。”皆讀如“錚”，訛謬甚矣。

度曲

《漢元帝贊》“自度曲，被歌聲”，應劭注：“自隱度作新曲。”瓚注“謂歌終更授其次”，引張平子《西京賦》“度曲未終”之語爲證。師古曰：“應説是也。大各切。”余觀《西京賦》復引元帝自度曲爲證，正如瓚之失，是不深考耳。二者各有意義，元帝度曲乃“隱度”之“度”，音釋如應劭所注、師古所音是也。《西京賦》乃“度次”之“度”耳，音杜，豈元贊之意哉？注但見此贊有此二字，故引爲證，不知其意自別。古文有宋玉《笛賦》“度曲羊腸”，此語却可以爲證，又在漢贊之先，注者不知之。近觀《藝苑雌黃》辨此二者頗與余意合，然亦不推原宋玉之語，夫豈未之考乎？今之詞中用“度曲”二字，類謂祖元贊，非也。

擊打

《北史·張彝傳》“擊打其門”，有《觀打魚歌》“棗熟從人打”，《項氏家説》曰：“俗間字語多與本辭相反，其於‘打’字用之者多，凡打叠、打聽、打請、打量、打睡，無非打者。”不但擊打之義而已。

擊壤

迎春日鄉民以三尺木作籧，聚土實其中，使堅而擊之，爲村歌且舞，曰此古擊壤遺法也。按：周處《風土記》："以木爲之，前廣後銳，長尺三寸，形如履，先側一壤於地，遥於三十四步，以手中壤擊之，中者爲上。"按：壤之爲字從土，且一中則已，何所取節奏而歌乎？周所記，恐亦非是。

悲歌

《卮言》云："古樂府'悲歌可以當泣，遠望可以當歸。'二語紗絶。老杜'玉珮仍當歌'本此。用修引孟德'對酒當歌'云：'得子美一闡明之。不然，讀者以爲該當之當矣。'大瞆瞆可笑。孟德正謂遇酒即當歌也，若以'對酒當歌'作去聲，有何趣味？"元美此言誤會用修之意矣。用修正讀當爲平聲，如"當時"之"當"，言人生對酒與當歌之時無幾矣，何嘗作去聲，如"當泣""當歸"之"當"哉？子美詩當亦作平聲，若如元美讀，不成詩矣。

坑儒

人皆知秦坑儒，不知何以坑之。按：衛宏《古文奇字序》，秦始皇密令人種瓜于驪山硎谷中温處，瓜實成，使人上書曰瓜冬實。有詔下博士諸生説之，人人各異，則皆使往視之，而爲伏機，諸儒生皆至，方相難不決，因發機從上填之以土，皆壓死。

分疏

今人爲人誣搆，自辨白其是非曰分訴，非也。"訴"當作"疏"，平聲，讀轉去聲者亦非。《漢書·袁盎傳》"以不①親爲解"，顏師古注曰：
"解者，若今分疏。"《北齊書·祖珽傳》"高元海奏珽不合作領軍，並與廣
寧王孝珩交結，珽亦求面見，帝令引入，珽自分疏"，皆音爲疎。

---

① 《漢書·袁盎傳》"以不"作"不以"。

第十三卷　人事下

杜撰

“包彈”對“杜撰”爲甚的。包拯爲臺官，嚴毅不恕，朝列有過，必須①彈擊，故言事無瑕疵者曰“没包彈”。杜默爲詩，多不合律，故言事不合格者爲“杜撰”。世言杜撰、包彈本此。然又觀俗有杜田、杜園之説。杜之云者，猶言假耳。如言自釀薄酒，則曰“杜酒”。子美詩有“杜二②遍勞勸”之句，子美之意，蓋指杜康，意與事適相符合，有如此者，此正與“杜撰”之説同。《湘山野録》載，盛文肅公③撰《文節神道碑》，石參政中立急問曰：“誰撰？”盛卒曰：“度撰。”滿堂大笑。文肅在杜默之前，又知杜撰之説，其來久矣。

肉好

《爾雅》：“肉倍好謂之璧，好倍肉謂之瑗，肉好若一謂之環。”郭璞注：“好音耗，肉，邊也。好，禮④也。”《禮記·樂記》“寬裕、好肉⑤、順成、和動之音作，而民慈愛”，輔氏注曰：“肉好，猶俗言美滿也。”肉，而救切。近世有用“肉好”作“柔好”者，余大笑之。

---

① 《宋稗類鈔·詼諧》“須”作“力”。
② 杜甫《題張氏隱居》“二”作“酒”。
③ 《湘山野録》“公”作“度”。
④ 《爾雅注疏》“禮”作“孔”。
⑤ 《禮記正義》“好肉”作“肉好”。

惕厲

憂勤惕厲，文人常用語也。而"惕厲"實本《周易·乾》"九三：君子終日乾乾，夕惕若厲"，古注疏如此句亦如此解，故漢唐引用者如《淮南·人間訓》"夕惕若厲，以陰息也"。《漢書》張竦爲陳崇奏莽功德："夕惕若厲，公之謂矣。"張衡《思玄賦》"夕惕若厲以省諐兮"，唐白居易《賀雨表》："發於若厲之誠，散作如膏之澤。"皆歷歷可證。及宋程、朱兩公並以"夕惕若"爲句，而以"厲"屬下文，士子尊承，幾失古義。至于文人措語，未有不言"惕厲"者，則讀《易》謬而用事是矣。

鞅掌

《詩》"王事鞅掌"，毛傳："鞅掌，失容也。"箋："鞅，猶荷也。掌，謂捧之也。負荷捧持以趨走，言促遽也。"正義云："促遽亦是失容。"詩疏："煩勞狀。"鄭云："鞅如馬鞅之鞅，掌以手拘物。"《詩補傳》："鞅掌皆所以拘物，謂王事所拘耳。"

纂暮

三山老人云：楊子雲《法言》"鴻飛冥冥，弋人何慕焉"，一本作"纂"，故退之詩云："肯效屠門嚼，久嫌弋者纂。"《後漢·逸民傳·序》云：楊子曰："鴻飛冥冥，弋者何纂焉？"注："纂，本作慕。"《法言》"纂"，宋衷注曰："纂，〔取也〕[①]。"

---

① 據《野客叢書》補"取也"二字。

經怪

策題用"經怪"二字，讀《後漢·蔡邕傳》、晉嵇康書，皆用此二字。又觀唐人文集，如劉禹錫、皇甫湜書中亦多用之。經，常也。《漢書》"常"字多作"經"，如曰"難以爲經"云爾。

縱臾

《史記·衡山王傳》："日夜從容王密謀反事。"《漢書》傳云："日夜縱臾王謀反事。"如淳注曰："臾讀曰勇，縱臾，猶言勉强也。"顔師古注："縱，音子勇反。縱臾，謂獎勸也。"今人不知"縱臾"之爲"慫慂"字，而謬謂"從臾"若"從人"之諂諛然，豈不大誤。

風流

今謂人輕俊者曰"風流"。按：《後漢書·列傳》載諸高士者曰："若二三子，可謂識去就之義①，余故列其風流，區而載之。"注："言清潔之風，各有條流也。"晉謝安矯情鎮物，繫天下蒼生之望，則所云江左風流宰相者，豈專輕俊已哉。

捭闔

"捭"音"擺"，《韻會》注："闔也。"《廣韻》："撲也。"《鬼谷子》書三卷，首有《捭闔篇》，《戰國》"捭闔揣摩"。捭之者，開也。闔之者，閉也。本作"捭"讀，今人不知，書作"捭"，遂讀爲"捭闔"，誤甚。

---

① 《後漢書·周黄徐姜申屠列傳》"義"作"概"。

景行

山谷云：俞清老作景陶軒，自魏晉間所謂景莊、景儉等，從一人差誤，遂相承謬。余謂此謬自漢已然，觀東漢《劉愷傳》"今愷景仰前修"，則知此謬其來尚矣。如東坡作孫巨源景疏樓詩："不獨二疏爲可慕，他時當有景孫樓。"

胭合

今人謂不謀而合者曰"胭合"，殊謬。出處《莊子·齊物論篇》"奚旁日月，挾宇宙，爲其胭合"，郭象注："故爲胭然自合之道，莫若置之勿言，委之自尔也。胭然，無波際之謂。"亦有造化爲徒之意，豈可輕用。

心織

張著《翰林盛事》云："王勃能文，請者甚衆，金帛盈積，人謂心織而衣，筆耕而食。"今人但知用"筆耕"，而不知"心織"之語猶新。

容易

《漢書·東方朔傳》：《非有先生論》曰"談何容"，猶言"豈可"也，則"容"字不連"易"字讀。今人稱事之易舉者曰"容易"，相沿日久。

忌諱

《周禮·春官》"小史詔王之忌諱"，鄭氏曰："先王死日爲忌，名爲諱。"《禮記·王制》"太史典禮，執簡記，奉諱惡"，注云："諱者先王名，惡者忌日，若子卯。惡，烏路反。"《左傳》："叔弓如滕，子服椒爲介。及郊，遇懿伯之忌，叔弓不入。"懿伯，椒之叔父。忌，怨也。"椒曰："'公事有公利，無私忌，椒請先入。'"觀此，乃知忌諱之明文，漢人表疏，如東方朔有"不知忌諱"之類，皆戾本旨。今俗語言多云"無忌諱"及"不識忌諱"，蓋非也。

觖望

《漢書》注："薛瓚曰：謂相觖而怨望。如淳曰：觖，謂①辭別之決同，臣謂觖者缺也。觖望，不滿所望而怨耳。"

絢絲

俗諺云：一絢絲能得幾時絡，以諭小人逐目前之樂也。然"絢"字當作"繬"，《太玄經》"絡②"之"次五"曰："蜘蛛之務，不如蠶一繬之利。"繬，音七候反，與"絢"同音。今以《太玄》證之，故"絢"當作"繬"。

讎對

《詩》"無言不讎"，毛傳："用也。"《正義》："相對謂之讎。"鄭箋以"用"非正訓。《漢·霍光傳》"皆讎有功"，謂成事如其所言也。又《前·郊祀志》"其方盡，多不讎"，師古注："讎應當也。不讎，不驗。"一曰"仇"也。於文言讎爲"讎"，讎，鳥之雙也。人之讎怨，不顧禮義，則如禽鳥之爲。兩怒而有言在其間，必溢惡之言，若禽鳥之聲也。

---

① "謂"當作"與"。
② 《太玄》"絡"作"務"。

無鹽

《漢·谷永傳》"閻妻驕扇，日惟不滅①"，"閻"即"艷"，近作"鹽"，無鹽之女，或作"不艷"之稱乎。又小妻曰"嫛"，般樂之意也。"廝留"二字見漢武帝。

竭來

《呂氏春秋》膠鬲見武王於鮪水，曰："西伯竭來？無欺我也。"武王曰："不子欺，將伐殷也。"膠鬲曰："竭至？"武王曰："將以甲子日至。"注："竭，何也。"《楚辭》"車既駕兮竭而歸"，注："回逝言邁，欲反故國。"解雖不同，大都皆"盍"字意，故顏延年秋胡妻詩曰"竭來空復辭"，已作"盍來"用矣。今人用"竭來""聿來"，若爲發語辭者，似誤。

鑽術

《漢書》載《〔答〕賓戲》曰："商鞅挾三術而鑽孝公。"應劭注："謂王、伯、富國强兵，爲三術。"鑽者取必人之義。張曲江詩曰："既聞持兩端，復見挾三術。"又曰："雖致負乘器，初無挾術鑽。"正用此事。今人懷所製求上官知者目曰"鑽具"，正此義。

蜂午

《史記索隱·項羽紀》："凡物交橫爲午，如蜂之交橫毛②聚也。"《劉向傳》注："蜂午，雜沓也。"鄭玄云："一縱一橫爲午。"

---

① 《漢書·谷永傳》"日惟不滅"作"日以不臧"。
② "毛"當作"屯"。

干預

干，亦通作"忓"，《〔新〕唐·萬壽公主傳》"無忓時事"，謂干預也。又通作"竿"，《後·董卓傳》："僭擬車服，乘金華青蓋，爪畫兩轓，時人號'竿摩車'，言其服飾近天子。"〔注〕①：謂相逼近也。竿摩，猶干劇也。今俗以事干人，亦謂"相竿摩"。

抽豐

俗以自遠投人，干求錢物者曰"打秋風"。予見郎瑛《七修類稾》載："米芾書札中有'抽豐'二字，蓋彼處豐稔，米糧有餘，因往抽而分之耳。"

榷貨

宋王安石時商稅一百文，外取事例錢十文，以爲專欄食錢，後雖不及百錢者亦取事例十錢矣。"事例"，亦云"市利"，聲相近耳。鄭監門以爲取賤丈夫罔市利之名，是也。今俗語"大吉利市"，《左傳》子産曰："爾有利市寶賄。"

姑息

世俗謂憐惜人者曰"姑息"，出於《禮記·檀弓》，而注則異此。曾子曰："君子之愛人也以德，細人之愛人也以姑息。"鄭注："姑，且也。息，休也。"用爲憐惜者，誤矣。

---

① 據《後漢書·董卓傳》注補"注"字。

點污

"點"作去聲，讀與"玷"同。束〔晳〕《補亡詩》："鮮侔晨葩，莫之點辱。"陸厥《答內兄希叔》詩"既叨金馬署，後點銅駝①門"，杜子美"幾回青瑣點朝班"，皆如"玷"。即作上聲讀，亦有指點、點污二義。故讀"點污"字當去聲，作上聲讀亦有指點，謬矣。如聖門三點，《史記》聖賢贊皆"蒧"字，曾蒧、公西蒧、奚容蒧，譌傳爲"點"，由後人不辨字義耳。蓋"蒧"字美，"點"字不美，不可不知。

重違

《孔叢子》載孔子高謂平原君曰："重違公子盛旨。"《漢書·孔光傳》"重違大臣正議"，東坡《晁錯論》又"重違其意"，〔重，難也。言難違其意〕②而勉從之也。近世不達此語，以"重"爲"重大"之"重"，失之矣。

完趙

今人以物還人曰"完趙"，本《史記·廉藺傳》："相如度秦王雖齋，決負約不償城，乃使其從者衣褐，懷其璧，從徑道亡，歸璧於趙。"則用"歸璧"爲是，用"完趙"者，頗不雅觀。

主臣

書簡末多有用"無任主臣"者，《史記·陳丞相世家》漢文帝問陳平決獄、錢穀幾何？平曰："有主者。"上曰："君所主者何事也？"平謝曰："主臣。"《馮唐傳》文帝聞廉頗、李牧爲人，良曰："嗟乎！吾獨不得頗、

---

① 《文選》陸厥《奉答內兄希叔》"既叨"作"屬叨"，"銅駝"作"銅龍"。
② 據陳耀文《正楊》補"重，難也。言難違其意"八字。

牧爲將，吾豈憂匈奴哉！"唐曰："主臣。"《漢書》並同。張晏曰："若今人
謝曰'惶恐'也。"文穎曰："'惶恐'之辭，猶今言死罪也。"晉灼曰："主，
擊也。臣，服也。言其擊服，'皇恐'也。"此解或有知者，不知當用於開
口處，於義始得。

逡巡

逡巡，行不進貌。《爾雅》："愧，慚也。"注疏："體慚曰逡。"又
《前·公孫弘傳》："有功者上，無功者下，則群臣逡。"李奇曰："言有次
第也。"或作"俊"，《前·王莽傳》"俊儉隆儉①"，師古曰："俊，退也。"
亦作遁，《前·項籍傳》"遁巡而不敢進"，通作"蹲循勿爭"，與"逡巡"
同。《刊謬正俗》："賈誼《過秦論》：'九國之師，遁巡而不敢進。''遁'
者，蓋取'循'聲，以爲'逡'字。"當音七鈞切。學者既不知"遁"爲"逡"
字，遂改"巡"爲"逃"，潘安仁《西征賦》云："或開關而延敵，競遁逃而
奔竄。"斯爲誤矣。

僂儸

僂儸，演義謂幹辦集事之稱。《海篇》訓"儸"字曰"健而不德"。據是
二説，皆狡猾能事意也。然未見其出處，昨讀《五代史·劉鏃傳》，有
曰："諸君可謂僂儸兒。"兹演義曰"世曰'嫂'曰'甘羅'"，非也。

健羨

《史記·司馬遷自叙傳》："至於大道之要，去健羨，黜聰明。"如淳
注："'知雄守雌'，是去健也。'不見可欲，使心不亂'，是去羨也。"蓋

---

① 《漢書·王莽傳》"儉"作"約"。

《説文》"健"訓"伉","羨"訓"貪欲"故耳。今乃以爲稱羨之詞，而批評文章曰"健羨"，殊失之。

録録

毛遂云："公等録録。"今作"碌碌"，本出《老子》云："不欲碌碌如玉。"孫愐《唐韻》引此句作"娽娽"，王弼別本作"琭琭"。《肖①何贊》"録録未有奇節"，顔師古注："録録，猶鹿鹿，言在凡庶之中也。"《馬援傳》："今更共陸陸。"《莊子·漁父》："禄禄而受變于俗。"七字之義一也。

八歌

唐莊宗伶人景進呼"八歌"，宋相賈似道亦云"八歌"。今人呼鸚鵒曰"八歌"，豈皆以其佻巧歟。

伶俐

稱人伶俐每曰"乖覺"，非也。見韓偓《香奩集》有詠焚書坑詩："祖龍算事渾乖角，將爲②詩書活得人。"則"乖角"爲是，俗作"覺"者誤矣。

悃愊

愊，音"逼"，《漢書·宣帝紀》"悃愊無華"，《劉向傳》"發憤悃愊"，張晏注："悃，誠也。愊，致密也。"顔師古曰："悃愊，致③誠也。"今人讀"悃愊"如"福禄"之"福"也，誤。而又有從巾，書爲"悃幅"者尤誤。

---

① "肖"當作"蕭"。
② "爲"當作"謂"。
③ 《漢書·楚元王傳》顔師古注"致"作"至"。

醫濁

今世俗謂人不明曰"醫濁"，以酒爲喻也。《字書》"醫"音"解"，
"濁"音"獨"。《孺子之歌》以"濁"叶"足"，古樂府"獨漉水深泥濁"，
《漢書》"穎水濁，灌氏族"，讀皆同"獨"，特人未習見之耳。作"鶻突"，
或作"糊塗"者皆非。

任誕

世謂任誕起於江左，非也，漢末已有之矣。仲長統《見志詩》："寄
愁天上，埋憂地下。叛散五經，撥滅風雅。"鄭泉嗜酒，臨卒，謂同類
曰："必葬我陶家之側，庶千歲化而成土，幸見取爲酒甕，實獲我心
矣。"二子蓋劉、阮之先著鞭者也。

隕穧

《儒行》"不隕穧于貧賤"，晏氏曰："隕如籜之隕而飄零，穧如禾之
穧而枯槁。"穧之從禾是矣，而隕之爲籜，則何取乎？隕，從阜員聲，從
高而下也。《易》曰"有隕自天"，《公羊》"星霣如雨"，此"隕"字之義也。
若曰如阜之隕而頽落，斯得其義矣。

壹妄妄壹

景公籍重而獄多，晏子諫，不聽。景公曰："獄，國之重官，願託
之夫子。"晏子曰："君使嬰勒其功乎？則嬰有壹妄①能書，足以治之
矣。"《漢書》曰：千秋相，匈奴聞之曰："漢之得相，非用賢也，妄壹

---

① 《晏子春秋》"妄"作"妾"。

男子上書即得之也。"觀此妄者，取草略之謂。"壹妄""妄壹"，二書語義同。

跋扈

跋，蒲撥切。跋扈，猶疆梁也。《後漢》："質帝少而聰慧，嘗因朝會，目梁冀曰：'此跋扈將軍也。'冀聞，深惡之。"胡三省注："《爾雅》：'山卑而大曰扈。'跋者不由蹊徑而行，言疆梁之人行不由正路。山卑而大，且欲跋而踰之，故曰'跋扈'。"今人用"跋扈"不差，而不知其義，有讀"跋"爲"跋"者，予往往見之。

通方

隨波逐流，世俗目爲"通方"，非也。按：《論語》"且知方也"，孔注："方，義方。"《禮記》曰："隆禮由禮，謂之有方之士。"《漢書·儒林傳》："詳延天下方聞之士。"又曰："通方之士，不可以文亂。"皆謂聞道與有道博文之士也。隨波逐流，焉得稱此。

潦倒

世俗以言行煩瑣爲"潦倒"，又以偃蹇不偶爲"潦倒"，皆無出處。《南史》云："宋武帝舉止行事似劉穆之，此非醞籍潦倒士耶？"又《北史·崔瞻列傳》云："自太①保以後重吏事，謂容止醞藉者爲潦倒，而瞻終不改焉。"則"潦倒"，蓋有醞籍意矣。

① "太"當作"天"。

偃蹇

《離騷經》"何瓊珮之偃蹇兮"，王注："衆盛貌。"《九歌》"靈偃蹇兮姣服"，王注："舞貌。"《遠遊》"服偃蹇以低昂兮"，王注："馴馬駮騾，而鳴驥也。"《漢書》：相如《大人賦》"指①指橋以偃蹇兮"，張揖注："偃蹇，委曲貌。"世人乃專以"偃蹇"爲失意，何見之不廣也。

厮竉

兩人作事爭勝曰"厮竉"。《古琴操》云："從他楊學士，竉殺鮑參軍。"又楊補之小詞云："和天也來厮竉。"今人不知其字，或曰"厮別"、曰"拗別"，皆非。

徘徊

"徘徊"二字始于漢人，《高后紀》"徘徊往來"，《思玄賦》"馬倚輈而徘徊"，息夫躬辭"鸞徘徊兮"，注："徘徊，不得其所也。"茂陵書，"屋皆徘徊重屬，行之移晷不能遍"，是也。徐鉉注《説文》乃云："徘徊，寬衣之貌，字當作'裴回'。"誤矣。宋賞花釣魚和詩，優人有徘徊太多之謔，當時諸公遽謂無別押，亦未之考耶。

遷移

移，禾相依倚也。今遷徙之"迻"，借作"移"。《禮記·大傳》"絶族無移服"，《釋文》："移，猶旁也。"疏："在旁而及曰'移'，言不延移及

---

① 《漢書·司馬相如傳》"指"作"掉"。

之。"《禮記・玉藻》:"疾趨則欲發,而手足無移。"注:"移之言靡迆也。"疏:"謂靡迆搖動也。"至若韓愈詩"拜疏移閤門",張安世"移病",劉歆"移書太常",則官府所爲"移",箋、表之類耳。

離會

《禮記・曲禮》"離坐離立",鄭注:"兩也。"《易》《象》云'明兩作離'",是"離"爲"兩"也。《公羊傳》二國會曰"離會",桓二年《經》:"蔡侯、鄭伯會於鄧。"《傳》:"離不言會,此其言會何?蓋鄭與會爾。"注:"二國會曰離,二人議各是其所是,非其所非,所道不同,不能決事,定是非,立善惡,不足采取,故謂之離會。"五年《經》:"齊侯、鄭伯如紀。"《傳》:"外相如不書,此何以書?離不言會也。"注:"時紀不與會,故略言如也。"

徂

《書》"汝徂征",《詩》"我徂東山",又"六月徂暑",箋云:"猶始也。"《爾雅》:"存也。"郭璞注:"以徂爲存,猶以亂爲治,以曩爲曏,以故爲更①今,此皆詁訓義有〔反覆〕②旁通。"《詩》"匪我思且",鄭箋云:"猶'匪我思存'也。"往也,死也,存也,各有其義,勿泥可也。

纔至

《晁錯傳》:"遠縣纔至,則胡以③已去。"師古注:"纔,淺也。"《説

---

① "更"爲衍文。
② 據《爾雅注疏》補"反覆"二字。
③ 《漢書・晁錯傳》"以"作"又"。

文》徐注：“古亦用‘才’爲‘纔’，始字。”《晉·謝鯤①傳》“才小富”，亦通作“裁”。《後·馬援傳》“裁知書”“但食裁足”“裁封數百户”。又通作“財”，《漢文紀》：“其罷衛將軍軍，太僕見馬遺財足。”

只

《説文》：“只，語已詞，從口，象氣下引之形。”按：《詩》：“母也天只！不諒人只！”今試言“只”，則氣下引也。又《詩》“樂只君子”，箋云：“只之言是也。”《佩觿集》：“‘渠只’之‘只’，本之耳切，今讀若‘質’。”孫氏曰：“‘只’字，《韻書》皆音之移、之爾二切，俗讀作‘質’者誤。”按：杜詩：“只益丹心苦”“只想竹林眠”“塞②花只暫香”“閨中只獨看”“憶渠愁只睡”之類，但當讀作“止”。

庇蔭

入陰景曰“蔭”。《左傳》“趙孟視蔭”，《唐書》“桑蔭未徙而大功立”，《荀子》“木成蔭而衆鳥息焉”，《左傳》“本根無所庇蔭”，《禮記·祭義》“陰爲野土”，注：“讀爲‘依廕’之‘廕’。”《詩·桑柔》“既之陰女”，注：“覆廕。”又《左傳》“鹿死不擇音”，杜曰：“所茠蔭之處，古字借用。”

餘慶

《易》“必有餘慶”，《詩》“農人③之慶”，並讀如“羌”。《急就章》：

---

① “鯤”當作“混”。
② 杜甫《薄游》“塞”作“寒”。
③ 《詩·甫田》“人”作“夫”。

"所不侵，龍未央。伊嫛齊，翟回慶。"蕭該讀《漢書音義》曰："'慶'音'羌'。"今《漢書》亦有作"羌"者，是發語之辭，非訓爲賀與福也。

臭蘭

《易》"巽爲臭""其臭如蘭"，《禮記》"臭陰""臭陽""無聲無臭"，《月令》"其臭羶"，注疏："通於鼻者謂之臭。"《荀子》"香臭"注："氣之應鼻者爲臭，故香亦謂之臭。"《內則》"容臭"，注疏："庾氏曰：'以臭物可以修飾形容，故謂之容臭。'"

俛仰

《晁錯傳》"在俛仰之間"，《韓信傳》"俛出跨下"，《東方朔傳》"鶴俛啄也"，師古注："俛，古俯字。"李肩吾曰："古音流變，字亦隨異。如'俯仰'之'俯'，本作'俛'，今文皆作'俯'，而'俛'音'免'，不復音'俯'矣。"

行色

今見將就途者多云"車馬有行色"。按：《莊子》稱，柳下季逢夫子自盜跖所回，云此也。意者以其車有塵而馬意殆。今有涉遠而來者用此宜矣。

不當如是

今指云引喻非理，或自認已過，輒曰"不當如是"，是漢語而誤用之者。《史記·張釋之傳》文帝問上林尉諸禽獸簿，不能對，虎圈嗇夫從旁代尉對甚悉，帝曰："吏不當如是邪？"《漢書·薛廣德傳》元帝欲御樓船，廣德免冠頓首曰："宜從橋。"且有血汙車輪之訐。張猛進曰："乘船危，就橋安，聖主不乘危。”上曰：“曉人不當如是耶？”師古解：“謂諫争之言當如猛之詳善也。”按：兩帝語並是褒嘉之詞，猶云“獨不當如是乎”。

一切

《前·平帝紀》：“元始元年，詔賜天下民爵一級，吏在位二三百①以上，一切滿秩如真。”師古注曰：“一切，如以刀切物，取整齊，不顧長短縱横，故曰‘一切’。”《李斯傳》謂“一切逐客”，《貨殖傳》曰“一切用文持之”，《太史公自序》曰“唯一切嚴削”，《趙廣漢傳》曰“一切治理”，《路温舒傳》曰“一切不傳②國患”，《王莽傳》曰“設此一切之法”，《光武紀》曰“罪非犯死，一切勿按”，《明帝紀》曰“殊死者一切募下蠶室”，《唐·僕固懷恩傳》曰“其他一切赦之”，凡此言“一切”者，皆音千結切，唯佛書音“切”爲“砌”，儒家不當襲其音。

宿留

世言遲久有待者曰“宿留”，自漢即有此語。二十八星謂之“舍”，或謂之“宿”，宿者止其所居也，“留”作去音。古一字而分二義者多以音别之，如自食爲食，食人則音“伺”。自飲爲飲，飲人則音“廕”之類是矣。蓋“應留而留”則爲去音，“逗遛”亦同此義。

者箇

案：《説文》從白，白音“自”，當作“者”。今作“者”，毛氏曰：“凡稱‘此箇’爲‘者箇’，‘此回’爲‘者回’，今俗多改用‘這’字。”“這”字乃魚戲切，迎也。《佩觿集》曰：“迎這之‘這’，爲者回之‘者’，其順非有

---

① 《漢書·平帝紀》“二三百”作“二百石”。
② 《漢書·路温舒傳》“傳”作“顧”。

如此。"

乾没

今人侵牟財物盡入于己，世皆名之曰"乾没"，非是。蓋"乾没"有"射利成敗"之意。《史記·酷吏傳》："張湯始爲小吏，乾没。"如淳注曰："豫居物以待之，得利爲乾，失利爲没。"義可見矣，如師古之説，頗費轉折。

下榻

陳蕃懸榻下榻事，在本傳止言刺青州日，爲東珍孟玉也。在《徐稚傳》則言蕃刺豫章，爲徐孺子。

毛得

《增韻》："耗，無也，盡也。"《漢書》"靡有孑遺，耗矣"，孟康曰："音毛，謂無有毛米在者也。"師古曰："孟音是也，而解非也。孑然，獨立貌，言無有獨存者，至於耗盡也。今俗語猶謂'無'爲'耗'，通作'毛'。"《後·馮衍傳》"飢者毛食"，《佩觿集》曰："河朔謂'無'曰'毛'。"則吾鄉之土音近雅者也。

併當

"併當"去聲，二字俗訓"收拾"，然晉已有此語。按：《世説》："長豫與丞相語，常以謹密爲端。丞相還臺，及行，未嘗不送至車後，爲①

---

① 《世説新語·德行》"爲"作"與"。

曹夫人併當箱篋。"

媒蘗

《漢書・李陵傳》言："全軀保妻子之臣隨而媒蘗其短"，孟康注以酒教爲媒，麴爲蘗。師古引"齊人名麴餅爲媒"，謂若釀成其罪者。宋景公好造語，《唐新史》記程元振惡李光弼，言"媒蝎以疑之"，不知別有據耶？抑以意自爲也。《春秋外傳》有云"蝎譖焉避之"者，蝎音曷，木蠧也。言譖由中出，如蠧然。或謂取諸此，然亦奇矣。

施舍

查《左傳》"施舍"字，凡屢見。晉悼公即位"施舍、已責"，又"魏絳請施舍"，又叔向言齊桓公"施舍不倦"，又士會搆楚"旅有施舍"，又平王"施舍寬民"，解各有異，大都"施"皆施恩惠，"舍"有舍勞役、舍逋負二種。其見於《國語》《周禮》《楚辭》者又各不同，然皆兩字兩義，如漢言"復除"，國朝言"優免"之類。今通以物與人曰"施舍"，於古不合。

底事

師古《正謬》："底義訓何，此本言何等物，其後遂省，促言直云等物耳。"音都禮切，又轉音丁見切。

放字所起

今人出本錢以規利入，俗語謂之放債，又名生放。予考之亦有所來。《漢書・谷永傳》云："至爲人起責，分利受謝。"顏師古注："言富貴有錢，假託其名，代之爲主，放於①他人，以取利息而共分之。"此放字所起。

質劑

《周禮·司市》云："以質劑結信而止頌②。"鄭康成云："長曰質，短曰劑，皆今之券書也。"

流落

《霍去病傳》"諸宿將常流③落不耦"，注："留謂遲留，落謂墜落。"今世多"流落"，據出處，合作"留"字。

廢著廢居

《史記·貨殖傳》"子貢仕於衛，廢著鬻財於曹、魯之間"，又"子貢好廢舉，與時轉貨資④"，注："廢舉，停貯也。物賤則買停貯，貴則轉易貨賣。"又《平準書》"富商大賈廢居之邑"，注："貯蓄之名。"然則所謂廢舉、廢居、廢著，其義皆同。

盜械頌繫

《漢紀》："爵五大夫、吏六百石以上及宦皇帝而知名者有罪者盜械者，皆頌繫。"注："盜，逃也，防其逃，故著械。頌，容也。寬解其

① 《漢書》顏師古注"富貴"作"富賈"，"放於"作"放與"。
② "頌"當作"訟"。
③ 《漢書·霍去病傳》"流"作"留"。
④ 《史記·仲尼弟子列傳》"資"作"貲"。

繫。"按：劉向識"盜械之尸"，《山海經》"二負之尸""相柳之尸"，皆去盜械。可見古有此語。

打十三

今人戲言"打十三"，蓋古人笞打十三爲最輕者。《玉臺》詩："入門時左顧，但見雙鴛鴦。鴛鴦七十二，羅列自成行。"孟東野《和薔薇歌》："仙機軋軋飛鳳凰，花開七十有二行。"詩皆用七十二，不知何所祖。《輟耕録》元人"自七下至五十七用笞"，則笞之輕者至七而止。又鄙語謂"杖"爲"殣"。

謁者

漢謁者初上官曰"灌"，明、章二帝令謁者灌柏也。或曰漢初灌嬰爲大謁者。

匪頒

時儀常用"匪頒"，不知當讀曰"分頒"也。"公旬"，不知當讀云"公均"也（俱見《周官》）。"茅靡波流"，不知當讀云"頹靡"（見《列子》壺丘子事）。

天刑

《易》"其人天且劓"，程朱以爲髠首之刑，虞翻云黥額之刑，袁坤儀云去須之刑。然三説《字書》皆不載。朱爵儀云："其人而且劓"，而者，須也，頰不至髠曰耏。耏、而同，蓋去須之刑也。小篆與天不遠，以此訛乎。

録囚

録，良豫切，與“慮”同，寬省之意。《漢書》“録囚徒”，《太玄》“蹣於狴獄，三歲見録”，《雋不疑傳》“行縣録囚徒”，史作“慮囚”，師古注：“謂省録之，知其情狀有冤抑與否也。”正《書》所云“服念要囚”之義。今人讀爲“審録”，若“紀録”之“録”，而又曰“審某處録”，謬矣。

明器

《禮·檀弓》曰：“孔子謂爲明器者，知喪道乎？其曰明器，神明之也。蓋塗車、芻靈，自古有之，明器之道也。謂爲明器者善，爲俑者不仁，爲其像人而用之也。”俑者是偶人，有面目，似生人者。孔子善古而非周。蓋《周官·冢人》“反①葬，言鸞車、像人”，其事始于周也。今直以俑號爲明器，誤矣。又有誤以“明”爲“冥”者，則尤可笑。

---

① “反”當作“及”。

第十四卷　書籍上

《周易》

"三《易》"之名，一曰《連山》，二曰《歸藏》，三曰《周易》，皆以兩字爲義，今人但稱《周易》曰《易》，非也。夏曰《連山》，其卦以純《艮》爲首，《艮》爲山，山上山下，雲氣出内於山，故名。商曰《歸藏》，以純《坤》爲首，《坤》爲地，萬物莫不歸而藏於中，故名。周曰《周易》，以純《乾》爲首，《乾》爲天，天能周匝於四時，故名。又大簇爲人統，寅爲人正。夏以十三月爲正，人統，人無爲卦首之理，《艮》漸正月，故以《艮》爲首。林鍾爲地統，未之衡①丑，故爲地正，商以十二月爲正，地統，故以《坤》爲首。黃鍾爲天統，子爲天正，周以十一月爲正，天統，故以《乾》爲首。此本出唐賈公彦《周禮正義》之説，予整齊而紀之，十三月者，承十二月而言耳。

爾摩

《易》："鳴鶴在陰，其子和之；我有好爵，吾與爾摩之。"相觀而善之謂摩，鳴鶴以相和成聲，好爵以相摩成德，子夏《易説》如此。今本作"縻"，縻，牛縺也，取繫戀之義，然不如"摩屬"之説爲長，以韻讀之，又叶也。或作"靡"，靡、劘與摩通，《漢·賈山傳》"自下劘上"，注："音摩，屬也，劘切之也。"與《易》爻"摩"義合。

---

① 《周禮注疏》"衡"作"衝"。

詩什

《詩》《二雅》及《頌》前三卷，每卷首俱題"某詩之什"。陸德明釋曰："王者統有四海，歌詠之作，非止一人，篇數既名，故以十篇編爲一卷，名之爲什。"今人以詩爲"篇什"，或稱人爲"佳什"，皆非也。如元美《風》《雅》詩，每篇首題曰"上帝之什""皇帝之什""東門之什"，似爲不妥。

《詩》有《南》《雅》

程大昌《詩議①》：《國風》非古也。夫子嘗曰"《雅》《頌》"，又曰"《周南》《召南》"，未嘗有言《國風》者。《左氏》記季札觀樂，其名稱與今無異，至列國自邶至豳，率皆單記國土，無今《國風》，以此知古固如此。蓋《南》《雅》《頌》，樂名也，若今樂曲之在某宮者也。《南》有《周》《召》，《頌》有《周》《魯》《商》，本其所從得而還以繫其國土也。二《雅》獨無所繫，以其純當周世，無用標別，均之爲《雅》。音類既同，又自別爲大小，則聲度必有豐殺廉肉，亦如十二律然，既有大吕，又有小吕也。若夫邶、鄘等十三國者，《詩》皆可采，而聲不入樂，則直以徒詩著之本土。故季札所見，與夫周工所歌，單擧國名，更無附語。

又

春秋戰國，諸侯、卿、大夫、士賦詩見志者，凡《詩》雜取〔無〕②擇，至考其入樂，則自《邶》至《豳》，無一詩在。獻享之用《鹿鳴》，鄉飲《由庚》《鵲巢》《騶虞》《采蘋》，諸如此類，未有或出《南》《雅》外者。然後知《南》《雅》《頌》之爲樂詩，而諸國之爲徒詩也。《鼓鐘》之詩："以

---

① "議"當作"論"。
② 據程大昌《考古編》補"無"字。

《雅》以《南》，以籥不僭。"季札觀樂，有舞《象箾》《南籥》者，詳而推之，《南籥》，二《南》之籥也；《箾》，《雅》也；《象舞》，《頌》之《維清》也。其在當時親見古樂府①，凡舉《雅》《頌》，率參以《南》，其後《文王世子》又有所謂"胥鼓《南》"者，則《南》之爲樂古矣。

《柏舟》

"汎彼柏舟"，古注謂"汎汎然流水中"，蓋言寡婦無夫可依，故汎汎然如河中不繫之舟，無所倚恃，誠嫠居之善自況者也。《列女傳》云"以柏舟之堅自比"，則非矣。孔子讀《柏舟》，"見匹夫執志之不可奪"，此詩之妙旨也。

抑之

《詩序》以《抑》爲衛武公刺厲王，亦以自警。予考《史記·諸侯年表》，宣王十六年，衛武公共和元年，在位五十五年，平王十四年卒。《衛世家》釐侯二十八年，周宣王立，四十二年，武王②立，平戎③殺幽王，武公將兵佐平戎，命爲公，五十五年卒。溫公《稽古錄》悉用《史記》紀年，劉恕《通鑑外紀》用《汲冢紀年》，以爲武公宣王十五年立，平王十三年卒，前後止差一年，以此考武公即位，宣王之十三年，中間又有共和之十四年，是厲王之後二十七年公即位也。《國語》云：武公年九十五猶箴於國，作懿詩以自警。注曰："懿詩，《大雅·抑篇》也。"武公之自警在於耄年，去厲王之世凡九十載，謂此詩爲刺厲王，深所未曉。

---

① 程大昌《詩論》"府"作"者"。
② 《鼠璞》"武王"作"武公"。
③ 《鼠璞》"平戎"作"犬戎"。

《檀弓》逸句

　　《禮記·檀弓》子貢曰："泰山其頹，則吾將安仰？梁木其壞，哲人其萎，則吾將安做？"有古本《禮記》"梁木其壞"之下，有"則吾將安仗"五字。

壁經

　　魯恭王壞孔子宅，得《禮記》《尚書》《春秋》《論語》《孝經》，今何得獨稱《尚書》爲壁經？又何得言《禮記》漢儒所集？豈非以《書》承孔刪，其言百篇，秦坑儒禁學，《書》文道廢，漢遣晁錯口授之於秦故博士伏勝，纔得二十九篇。至孔壁《書》出，博士孔安國校定，以古文字寫之，增伏生所授者又二十五篇，遂以壁經目之乎？如此則自《易》之外皆可稱壁經，不獨《尚書》也。古書皆漢儒校集，已非科斗籀文之舊篇章，豈無錯亂遺逸，又不獨《禮記》爲漢儒書也。

二典

　　《書序》"伏生又以《舜典》合於《堯典》"，觀《史記》載：釐降二女於嬀汭，嬪於虞帝，曰欽哉。即接"慎徽五典"，此乃伏生本文，蓋二典堯舜事相連，虞朝方成，書故曰《虞書》，則知今《舜典》孔安國所分無疑。《舜典》曰："虞舜側微，堯聞之聰明，將使嗣位，歷試諸難，作《舜典》。曰若稽古，帝舜重華，協于帝，睿哲文明，温恭允塞，玄德升聞，乃命以位。"皆依做《堯典》文爲之。詳味其文，與《堯典》不類。安國雖分爲二典，卒不行於世。至隋始得於航頭，遂與《堯典》並行，《史記》多載《尚書》語，不爲無補。

詩書篇名

《書》篇名所謂分《大禹》《皋陶》《益稷》爲三，特竹簡不能多載，不得不分。以有"暨益""暨稷"之辭，名曰《益稷》，猶《論語》《孟子》篇名。孔以不忘益稷之功，則求文義太過。《詩》篇名其例不一，《關雎》《葛覃》之類，取其首章；《權輿》《騶虞》之類，取其末章；《召旻》《韓奕》之類，取一章之義合而成文；《氓》與《豐》、《蕩》與《綿》之類，取章中一字；《維天之命》《昊天有成命》則取章中一句；惟《雨無正》《酌》《賚》於《詩》無所取，毛氏强爲之辭，曰"雨自上下"，曰"賚，予也"，曰"酌先祖之道"，中心不安，雖支辭强辨，與《詩》絶不類。亦有例同而名異者，"綿綿瓜瓞"與"綿綿葛藟"同，一取"綿綿"之義，一以"葛藟"爲名；"綿蠻黄鳥"與"交交黄鳥"同，一取"綿蠻"之義，一以"黄鳥"爲名，意編《詩》者謾取以爲名耳。

《月令》

《月令》，陸德明以爲《吕氏春秋》後人删爲此《記》，蔡邕、王肅以爲周公所作，先儒以贊桀俊，遂賢良，舉長大，行爵出禄，非太尉之職，太尉秦官，決非周公之書。予謂不然，《月令》之書，自太撓作甲子，占斗所建，伶倫制十二律，以節四時之度，堯命羲和，敬授人時，此夏時之所由起。《夏小正》之書固已備《月令》之體，太尉固秦官，所命冢宰、司徒、司空、司徒①與太史、樂正、樂師、澤人、虞人、四監之類，皆周官也。予意不韋不過改司馬爲太尉耳。大率周公增益《夏小正》，不韋增益周公之書，其間豈得無改竄？《淮南·時則訓》比《吕氏》十二紀又有異同，此可爲證。

---

① "司徒"當作"司馬"。

左氏筮易

《易》説變卦起於《左氏》，如鄭伯廖論公子曼爲卿，自《豐》上六變爲《離》。晉師救鄭，自《師》初六變《臨》。子展論楚子之死，自《復》上六變爲《頤》。蔡墨論龍見於絳，自《乾》初九變爲《姤》，曰"潛龍勿用"；九二變爲《同人》，曰"見龍在田"；九五變爲《大有》，曰"飛龍在天"；上九變爲《夬》，曰"亢龍有悔"；純《乾》變純《坤》，曰"見群龍無首，吉"；《坤》上六變爲《剥》，曰"龍戰於野"。其説變卦，往往不過一爻及一卦，泛立議論，固可。若以筮法言，自六爻皆有變動。《左氏》所載占筮，悉不出一爻之變。陳敬仲之筮，《觀》六四變《否》；畢萬之筮，《屯》初九變《比》；季友之筮，《大有》六五變《乾》；晉伯姬之筮，《歸妹》上六變《睽》；卜偃勤王之筮，《大有》九三變《睽》；齊棠姜之筮，《困》六三變《大過》；魯穆子之筮，《明夷》初九變《謙》；婤始生之筮，《屯》初九變《比》；南蒯叛之筮，《坤》六五變《比》；晉救鄭之筮，《泰》六五變《需》，此十事更無重爻。以上變者，惟晉伐鄭之筮遇《復》，以全卦言。而季武子報聘之筮，《艮》八之《隨》以六二不變爻，取義豈一卦與一爻變與不變者，其象純一，可以立論，姑假是致附會之言。不然，《春秋》二百四十二年之間，筮占之應，何無兩爻以上變者可書耶？《左氏》失之誣，予於此得之。

家語

《孔子家語》如孔衍言，則壁藏之餘，實孔安國爲之。王肅代安國《序》未始及焉，不知何謂？此書源委流傳，肅《序》詳矣。愚考《漢書·藝文志》載《家語》二十七卷，顏師古曰："非今所有《家語》也。"《唐書》志"藝文"有王肅注《家語》十卷，然則師古所謂"今之《家語》"者歟？班、史所志大都劉向較録已定之書，肅《序》稱四十四篇乃先聖二十二世孫猛之所傳者，肅闢鄭氏學，猛嘗學於肅，肅從猛得此書，遂行于世。然則肅之所注《家語》也，非安國之所撰次及向之所較者明矣。虞舜《南風》之詩，玄注《樂記》云"其辭未聞"，今《家語》有之，馬昭謂"王肅增加（蓋取諸《尸子》），非鄭玄所見"，其言豈無據耶？肅之誇異於玄，蓋每如此。既於《曾子問篇》不錄，又言諸弟子所稱引皆不取，而胡爲贅此？此〔自〕①有爲云耳。肅之注，愚不獲見，而見其《序》，今世相傳《家語》殆非肅本，即師古所謂"今之所有"者。安國本世遠不復可得，惜哉！

《周禮》

《周禮》一書世謂周公所作，非也。昔賢以爲戰國陰謀之書，考其實，蓋出於劉歆之手。《漢書·儒林傳》盡載諸經專門師授，此獨無傳，至王莽時歆爲國師，始建立《周官經》以爲《周禮》，且置博士，河南杜子春受業於歆，還家以教門徒，好學之士鄭興及其子衆往師之，此書遂行。歆之處心積慮用以濟莽之惡，莽據以毒痛四海，如五均、六筦、市官、賒貸諸所興爲皆是故當，其時公孫禄既已斥，歆顛倒六經，毀師法矣。

九經無字

九經有"筆""墨"字，如"史載筆""工輸②削墨"之類，而無"硯"字，惟見於《西京雜記》天子"以玉爲硯"，及異書引"帝鴻氏之硯"，然不見於經也。且唐人多以瓦爲硯，故昌黎《毛穎傳》止稱"陶泓"。及國初，硯以譜行，端、歙二石擅矣。九經中有"燭"字，如"夜行以燭""燭不至跋"之類，而無"燈"字。至漢竹宮祠太一，自昏至曉然燈，故有"七枝燈""百枝燈"之類。然上林"鐙"字却只從"金"旁，是以五③金鑄之也。九經中無"麪"字，《周禮》所謂"糗"，只如今之炒麥，至王莽斯有"啖麪"及

---

① 據明何孟春注《孔子家語》之《序》補"自"字。
② "工輸"當作"公輸"。
③ 《學齋佔畢》"五"作"四"。

鰒魚之文。九經無"荼"字，或言"荼苦"是也。《爾雅》謂之"檟茗"，但經中只有"荼"字耳。九經中無"豉"字，至宋玉《九辨》"大苦鹹酸"注："大苦，豉也。"又《史記·貨殖傳》"鹽豉千答"，《前漢·食貨志》長安樊少翁賣豉，號"豉樊"是也。九經中無"醋"字，止有"醯"及和用酸而已。

《史記》淆亂

太史公歿於武帝末年，而《賈誼傳》言"賈嘉最好學，至昭時列爲九卿"，《相如傳》引"楊雄以爲靡麗之賦，勸百風一，猶馳騁鄭衛之聲，曲終而奏雅"，則其文爲後人所淆亂者多矣。古書喪真，可爲嘆息。

《平準書》

用修曰：太史公《平準書》："令遠方各以其物貴時商賈所轉販者爲賦，而相灌輸。"此說未明，班固《食貨志》採其語云："令遠方各以其物如異時商賈所轉販者爲賦，而相灌輸。"此說涣然矣。馬廷鸞所謂"驅農民以效商"之爲也。吕東萊尊遷抑固，是以取《書》而不用《志》，然紀事之文惟貴明白，是以《通鑑》取《志》語也。余謂"貴時"二字，比"如異時"三字實更明當，蓋商賈謀利，物貴則轉販逐利，所謂"貴時商賈所轉販者"，官當其未貴時爲賦，而灌輸于京師，貴則賣之，故物不至騰湧而上享其利。在郡縣輸本色於未貴時，賦未嘗加；在官賣之，於貴時雖平其價，不若商賈之牟大利而未嘗不利，所謂不加賦而上用足也。故"貴"字用得極確，不知用修何取？且如"異時"之義，果爾是官效商之爲，非驅農效商之爲矣。

人物表

班史《古今人物表》，如傳道者曾子乃列于顔、閔、仲弓之下。首伯者齊桓，乃居于四公之次，魯隱列于下下，而葛伯及於下中，若以讓桓爲行善而未盡，彼廢祀仇餉者惡未及乎？嫪毐列于中下，而於陵仲子與之同等，若以好名者誠非中道，彼淫穢叛逆者尚可齒乎。夒，后夒也，居夒于上下，出后夒于下上；韋，豕韋也，寘韋於上下，列豕韋於上下，是以一人而二之。郵無恤與王良並著，范武子與士會俱垂，是一謚而離之。且《漢書》紀漢事也，乃總古今以著人表，名義何乖！

《繁露》

程泰之引《通典》所載《繁露》語曰："劍之在左，蒼龍之象；刀之在右，白虎之象；鈎之在前，朱雀之象；冠之在首，玄武之象。"四者人之盛節也。又引《寰宇記》曰："三皇驅車抵谷口。"又引《太平御覽》所載語曰："禾實於野，粟缺於倉。"又張湯欲以鶩爲鳧祠祀宗廟，仲舒曰："鶩非鳧，鳧非鶩，愚以爲不可。"諸如此類，皆附物著理，無憑虛發語者，正與《繁露》所書之意合，而今皆不載。

緯書名

王浚川曰："緯書多以三字爲名，如《尚書考靈耀》，《春秋元命苞》《佐助期》《運斗樞》《文耀鈎》《感精符》，《易坤靈圖》《通卦驗》《乾鑿度》，《禮含文嘉》，《詩含神霧》，《孝經援神契》，皆異端邪術之流，假託聖經以售邪誣之説。其書今雖不存，而類書引用尚多，終惑後學。余按：緯書名尚不止此，如《樂緯》有《動聲儀》《叶圖徵》，《尚書》又有《璇璣鈐》《帝命驗》《中候》，《春秋》又有《保乾圖》《潛潭巴》《演孔圖》《合誠圖》《考異郵》《漢含孳》，《雒書甄曜度》，《論語摘輔象》，《孝經》又有《鈎命決》，《禮》又有《斗威儀》，又有《河圖括地象》《録運法》《會昌符》《赤伏符》《合古篇》《提劉子》，《易》有《稽覽圖》《天人應》，《詩》又有《氾歷樞》。

《參同契》

用修云:《參同契》爲丹經之祖。然考隋、唐《經籍志》皆不載其目,惟《神仙傳》云:漢魏伯陽,上虞人,通貫詩律,文辭贍博,修真養志,約《周易》作《參同契》,徐氏景休箋注,桓帝時以授同郡淳于叔通,因行于世,五代時蜀永康道士彭曉分爲九十章,以應火候之九轉,徐《鼎器歌》一篇,以應真鉛之得一。其説穿鑿,且非魏公之本意也。其書散亂衝決,後之讀者不知孰爲經、孰爲注,亦不知孰爲魏、孰爲徐與淳于,自彭始矣。朱子作《考異》及解,亦據彭本,元俞玉吾所注又據朱本,玉吾分爲三言、四言、五言各爲一類而未果,蓋亦知其序之錯亂,非魏公初文,然均之未有定據。

漢志之誤

昔人謂顔師古爲班氏忠臣,以其注釋紀傳,雖有舛誤,必委曲爲之辨故也。且《五行志》中最多,其最顯者與《尚書》及《春秋》乖戾爲甚。桑穀共生於朝,劉向以爲商道既衰,高宗乘敝而起,既獲顯榮,怠於政事,國將危亡,故桑穀之異見。武丁恐駭,謀於忠賢。顔注曰:“桑穀自太戊時生,而此云高宗時,其説與《尚書大傳》不同,未詳其義,或者伏生差謬。”按:《藝文志》自云:“桑穀共生,太戊以興。鳴雉登鼎,武丁爲宗。”乃是本書所言,豈不可爲明證,而翻以伏生爲謬,何也?僖公二十九年,大雨雹。劉向以爲信用公子遂,〔遂〕①專權自恣,僖公不悟,後二年,殺子赤,立宣公。又載文公十六年,蚳自泉宫出。劉向以爲其後〔遂殺二子而立宣公。此是文公末年事,而劉向既書之,又誤以爲僖,顔無所辯。隱公三年,日有食之。劉向以爲其後〕②鄭獲魯隱。注引“狐

---

① 據《容齋隨筆·三筆卷一》補“遂”字。
② 據《容齋隨筆·三筆卷一》補“遂殺二子而立宣公。此是文公末年事,而劉向既書之,又誤以爲僖,顔無所辯。隱公三年,日有食之。劉向以爲其後”四十四字。

壤之戰，隱公獲焉"。此自是隱爲公子時事耳，《左傳》記甚明。宣公十
五年，王札子殺召伯、毛伯，董仲舒以爲成公時。其他如言楚莊始稱王，
晉滅江之類，顏雖隨筆①敷演，皆云未詳其說，終不肯正詆其疵也。《地
理志》中沛郡公丘縣曰："故滕國，周懿王子叔繡所封。"顏引《左傳》"郜、
雍、曹、滕，文之昭也"爲證，亦云未詳其義。真定之肥纍、蒍川之劇、
泰山之肥成，皆以爲肥子國，而遼西之肥如又云"肥子奔燕，燕封於
此"。魏郡元城縣云："魏公子元食邑於此，因而遂氏焉。"常山元氏縣
云："趙公子元之封邑，故曰元氏。"不應兩邑命名相似如此。正文及
《志》五引虖池河，皆注云："虖音呼，池音徒河反。"又"五伯迭興"注云：
"此五伯謂齊威、宋襄、晉文、秦穆、楚莊也。"而《諸侯王表》"五伯扶其
弱"注云："謂齊威、宋襄、晉文、秦穆、吳夫差也。"《異姓諸侯王表》
"適成彊於五伯"注云："謂昆吾、大彭、豕韋、齊威、晉文也。"均出一
書，皆師古注辭，而異同如此。②

《漢書》真本

《劉之遴傳》云：鄱陽嗣王範得班固所上《漢書》真本，謂今本諸王傳
褋在諸傳中，古本悉類《項傳》。前又謂古本《漢書》稱"永平十六年五月
二十一日己酉，郎班固上"；而今本無之。古本《叙傳》號中篇，今本稱
爲《叙傳》。今本《叙傳》載班彪行事，而古本云"班③生彪，自有本④傳"，
今紀及表、志、傳不相合爲次，而古本相合爲次，總成三十八卷。今本
《外戚傳》在《西域傳》後，而古本相合爲次，《外戚傳》在《帝紀》下。今
本《韓彭英盧無》述云"信惟餓隸，布實黔徒，越亦狗盜，芮尹江湖，雲
起龍驤，化爲王侯"，而古本述云"淮陰毅毅，仗劍周章，邦之傑兮，實

---

① 《容齋隨筆·三筆卷一》"筆"作"事"。
② 《容齋隨筆·三筆卷一》三"齊威"皆作"齊桓"。
③ 《梁書·劉之遴傳》"班"作"稚"。
④ "本"爲衍文。

惟彭、英，化爲侯王，雲起龍騰"。① 古本第三十七卷，解音釋義，以助雅談②，而今本無此卷。其不同如此。所謂古本《漢書》，乃蕭琛在宣城南，有北僧南渡，惟齎③一葫蘆，中有《漢書叙傳》。僧曰："三輔耆老相傳，以爲班固真本。"琛固求得之，其書多有異今者，紙墨亦古，文字多如龍舉之例，非隸非篆，琛甚秘之，乃以餉鄱陽王(見琛傳)。

史炤什④《通鑑》

史炤釋《通鑑》多謬，天台胡三省《辨誤》多所考正，遠勝諸家之注。然頗有引證欠明備者，如晉太和四年郗趙⑤言頓兵河、濟，史氏云"河、濟皆出王屋山"，固疎。胡氏乃謂"河出積石，濟出王屋"。此河濟之發源，夫積石，河之見處，非發源也。唐貞元〔元〕⑥年，盧杞遇赦量移，長史陳京、趙需等爭之，德宗大怒，左右辟易，京顧曰："趙需等勿退。"史以"京顧"爲人姓名，胡譏其不識文理，是矣。予按：柳子厚撰《秘書少監陳京行狀》云："上將復前爲相者，公率其黨爭之，上變於色，在列者咸怵而退。公大呼曰：'趙需等勿退！'遂進而盡其辭焉。"唐史蓋因此文，炤之謬益彰矣。大中二年，王皞曰："憲宗厭代之夕，事出曖昧。"史以"厭"爲厭魅，胡云"厭代"謂"升遐"，言厭薄人世是也。然"厭世"字本出《莊子》"千歲厭世，去而上仙"之文，唐避太宗諱，改"世"爲"代"，而胡不明言其故。又漢黄瓊上疏曰："陛下不加清澂，審別真僞。""清澂"本出《楚辭》"君含怒以待臣兮，不清澂其然否"，胡亦失於引證。孫權上書稱臣於曹操，稱説天命，操曰："是兒欲踞吾着爐火上邪！"此蓋操知權尊己非出於誠，特欲嗾己速成篡計，使諸雄得指以爲

① 本句中，《梁書·劉之遴傳》"盧無"作"盧吳"，"黔徒"作"黔徒"，"龍騰"作"龍驤"。
② 《梁書·劉之遴傳》"談"作"詁"。
③ 《梁書·蕭琛傳》"齎"作"賫"。
④ "什"當作"釋"。
⑤ "趙"當作"超"。
⑥ 據《資治通鑑》補"元"字。

辭，故云"踞吾着爐火上"，若曰"速吾禍敗"云爾。胡乃云漢以火德王，權欲使操加其上，似無此意。北齊王高緯遊南苑，從官賜死者六十人。"賜死"本"喝死"之誤，胡以"淫刑以逞"釋之。唐李泌請以書約回紇，每使來不過二千①人印馬也，《通鑑》"市"誤作"印"，胡引《六典》"諸監馬印"爲説，亦失考也。寶曆初牛僧孺出鎮武昌，過襄陽，襄陽帥柳公綽戎服出候，曰："奇章公甫離台席，重之，所以尊朝廷也。"胡注："牛弘相隋，封奇章公，僧孺其裔孫，故唐人以稱之。"予按：《唐書》僧孺在敬宗初嘗進封奇章郡公，今武昌有奇章閣、奇章亭，皆爲僧孺而名，非特以牛弘之裔稱奇章公也。此其欠明備處，其他所釋，頗多騁浮辭，如解高澄父喪起舞，而曰"秘喪不發，死肉未寒，忘雞斯徒跣之哀，縱躧躧傲傲之樂"之類，殊非箋解之體。

《山海經》

夏禹、伯益作《山海經》，有長沙、零陵、桂陽、諸暨郡縣。神農作《本草》，而有豫章、朱崖、趙國、常山、奉高、真定、臨淄、馮翊等郡縣。周公作《爾雅》，而云"張仲孝友"。孔子作《春秋》，而云"孔丘卒"。左丘明作《世本》，而有漢高祖、燕王喜。《汲冢瑣語》乃載《秦望碑》。李斯作《蒼頡篇》，而有"漢兼天下，海内並廁，豨黥韓覆，畔討滅殘"。司馬遷作《史記》，而有班固《叙贊》。劉向作《列仙傳》，而《贊》云七十四人出佛經；又作《列女傳》，其子歆足成之，而有更始韓夫人、明德馬皇后、梁婦人嫕傳。此其爲後人所羼何疑。

太公《丹書》

太公《丹書》，今罕見於世，黃魯直於禮書得其諸銘而書之，然不著

---

① 《資治通鑑》"千"作"百"。

其本始。予讀《大戴禮·武王踐阼篇》，載之其備，凡十六銘。賈誼《政事書》所陳教太子一節千餘言，皆此書《保傅篇》之文，然及胡亥、趙高之事何也？《漢昭帝紀》"《保傅》"，文穎注曰："賈誼作，在《禮大戴記》。"其此書乎？荀卿《議兵篇》："敬勝怠則吉，怠勝敬則滅，計勝欲則從，欲勝計則凶。"又出諸此。《左傳》晉斐豹"著於丹書"，謂以丹書其罪也，其名偶與之同耳。漢祖有丹書鐵契以待功臣，蓋又不同。

《爾雅》

傳記中言子夏嘗傳《詩》，今所存者《詩》大小《序》，又非盡出子夏，故曰《爾雅》即子夏之《詩傳》也。"支干九州""五方四極""彿彿徨徨"之類，《詩》無其文者，或叔孫通所益，梁文所補。要之，傳《詩》者十九，《詩》有《風》《雅》《頌》，而獨云《爾雅》者，《雅》有《小雅》兼乎《風》，《大雅》兼乎《頌》，何以故《詩》之辭有體，比之樂有音，《大雅》之體與音《頌》類也，《小雅》之體與音《風》類也，故曰《爾雅》兼《風》《頌》矣。

《離騷》

太史公言《離騷》"遭憂也"，離訓遭，騷訓憂，屈原以此命名。其文則賦也，故班固《藝文志》有"屈原賦二十五篇"，梁昭明集《文選》不併歸賦門，而別名之曰"騷"，後人沿襲，皆以"騷"稱，可謂無義。

《九辯》《九歌》

《九歌》《九辯》，皆原自作無疑。王逸因"夏康娛以自縱"之句，遂解《九歌》爲禹，不知時事難於顯言，乃託之古人，此詩人依倣形似之語。非然，上所謂"就重華而陳詞"，豈真有重華可就耶？《九辯》，謂宋玉哀其師而作，熟讀之，皆原自爲，悲憤絕不類哀悼他人之意，千百年讀者無一人覺其悟，何邪？

《三禮考注》

《三禮考注》，或謂非草廬書。考公《年譜》《行狀》，皆不言嘗著此書。楊東里謂其編次時與《三禮叙録》不同。予按：《支言集·周禮叙録》但云：《冬官》雖缺，今姑仍其舊，而《考工記》別有一卷附之經後。今此書篇首亦載《叙録》，乃更之曰"《冬官》雖缺，以《尚書·周官》考之，《冬官》'司空掌邦土'，而雜於《地官》'司徒掌邦教'之中。今取其掌邦土之官，列於司空之後，庶乎《冬官》不亡也。"《支言·叙録》云："《儀禮傳》十篇，澄所纂次。"而此書"十"字下乃加"五"字，此蓋或者欲附會此書出於公手，故揭公《叙録》置之篇首，又從而附會之爾。

向秀莊義

《竹林七賢論》云："向秀爲《莊》義，讀之者無不超然，若已出塵埃而窺絶冥，始了視聽之表。"今觀其書，旨味淵玄，花爛映發，自可與《莊》書並轡而馳，非獨注書之冠也。嗣後解者數十家，如林疑獨、陳祥道、黄幾復、吕惠卿、王元澤、林希逸、褚秀海、朱得之諸本，互有得失。然視子玄，奚啻蓋瓖①。希逸乃曰："欲爲《南華》洗去向、郭之陋。"不知陋之一言，竟誰任之？

郭象解注

《唐·經籍志》郭象解《莊子》十卷，向秀解《莊子》二十卷，是二書

---

① 《焦氏筆乘》"蓋瓖"作"霄壤"。

原自並行。然則謂郭象盡没向秀之義而取爲己有者，晉人修飭向秀而爲
之辭。又以向秀先死而書未甚傳，郭氏之書甚傳，遂爲是抑郭伸向之語
矣，不足信也。且唐時向秀文集一卷，郭象文集五卷，亦並行于世，則
二家之長亦不相下。

《外篇》《雜説》

《内篇》斷非莊生不能作，《外篇》《雜説》則後人竄入者多矣。之噲
讓國在孟子時，而《莊》[1]文曰："昔者陳恒弑其君，孔子請討。"莊子身
當其時，而《胠篋》曰陳成子弑其君，子孫享國十二世，即此，則秦末漢
初之言也。曾史、盗跖與孔子同時，楊、墨在孔後孟前，《莊子・内篇》
三卷未嘗一及。又封侯宰相等語，秦以前無之，且避漢文帝諱改"田恒"
爲"田常"，其爲假託尤明。

賈誼《新書》

班、史稱賈誼所著述五十八篇，求之今《新書》，而竊疑其書篇目之
非實也。賈嘗欲改正朔、易服色、定制度、興禮樂，草具其儀法，色尚
黄、數用五、爲官名，更奏之。今《新書》略不見焉，蓋足徵孟堅之所謂
五十八篇者散軼多矣。文帝時匈奴侵邊，天下初定，制度疏闊，諸侯王
地過古制，淮南、濟北皆爲逆誅，誼數上疏陳政事，史掇著于《傳》，其
大略云云，非一時所陳。然"痛哭者一、流涕者三、長太息者六"之云，
該貫始末，又似一《疏》，何也？《疏》中兩著"流涕"語，迺只匈奴一事
耳；"長太息"語凡三見，而止《新書・無蓄篇》有"可爲流涕"語，《等
齊》及《銅布篇》俱有"可爲長太息"語，而本傳弗以入。(《無蓄》《鑄錢》
《銅布》三篇，《漢書》載之《食貨志》)《保傅》及《審取舍篇》，事各異語，

---

① "莊"誤，見《論語》。

俱不著"長太息"；若《階級篇》所有"長太息"語，自爲責大臣發，而
《傳》並列一《疏》中，孟堅於此豈互有去取邪？

《風俗通》

應劭《風俗通》雖東漢末所作，然所載亦難盡信，其叙希姓者曰：
"合浦太守虎旗，上郡太守邸杜，河内太守遇冲，北平太守賤瓊，東平
太守到質、沐寵，北平太守卑躬，雁門太守宿詳，五原太守督瓚，汝南
太守謁涣，九江太守荆修，東海太守郗熙，弘農太守移良，南郡太守爲
昆，酒泉太守頻暢，北海太守處興，巴郡太守鹿旗，涿郡太守作顯，盧
江太守貴遷，交趾太守賴先，外黄令集一，洛陽令諸於，單父令即賣，
烏傷令昔登，山陽令職洪，高唐令用虬。"此二十君子，皆是郡守、縣
令，惟移良之名曾見於史，恐未必然也。

《吳越春秋》

蘇州近刻趙曄《吳越春秋》，乃元進士徐天祐所注本也。是書大較
摭《左氏》内外傳、《國語》《越絶書》諸家所見吳越事，附會而成之，首
尾衡決多矣。如載夫差之立，子胥諫闔閭曰："欲立太子者，莫大乎波
之子。"闔閭太子波病死，父死子立，夫差於闔閭則孫也。至夫差賜子
胥劍事，子胥怨呼曰："吾始爲汝父立吳破楚，今汝不用吾言。"則又以
夫差爲闔閭之子。子貢聘之越，謂越王曰："子胥正言以忠君，直行以
爲國，其身死而不聽。"是時子胥死矣。子貢復命於吳，去之晉而返魯，
吳然後伐齊。子胥之諫載在伐齊之日，其死在勝齊後，子貢使吳越時
子胥實未死，豈非其收之者雜，故莫覺其舛歟？聊書於此，以補徐注
之缺。

《過秦論》

賈誼《過秦》言始皇吞二周而亡諸侯。按：秦昭王五十一年滅西周，其後七年莊襄王滅東周，四年莊襄王卒，始皇方即位，則吞二周乃始皇之曾祖與父，非始皇也。

《答蘇武書》

東坡云：李陵《答蘇武書》，其詞儇淺，乃齊梁間人擬作。蕭統不悟，而劉元獨知之。據《宋史①》，江淹《獄中上書》云："此少卿所以仰天搥心，泣盡而繼之以血也。"正引陵書中語，是又非齊梁人所作明矣。年世〔既遠〕②，真偽難辨，如此者多。如《繫辭》，歐公尚疑非仲尼所作，荊公以《詩叙》非子夏之文，《禮記》多漢儒所增。五經如此，況其餘哉。宋咸以私意改《周易》正經數十處，多見其不知量也。

《蘭亭序》

《遯齋閒覽》云：季父虛中謂王右軍《蘭亭序》以"天朗氣清"，自是秋景，以此不入選。余謂"絲竹筦絃"，亦自重複，此俱不然。"絲竹筦絃"，本出前漢《張禹傳》；"三春之季，天氣肅清"，見蔡邕《終南山賦》；"熙春寒往，微雨新晴，六合清朗"，見潘安仁《閒居賦》；"仲春令月，時和氣清"，見張平子《歸田賦》。安可謂春間無天朗氣清之時？右軍蓋直述一時真率之趣耳。斯文之不入選，良由搜羅不及，非故遺之也。吳曾《漫錄》亦引《張禹傳》爲證，正與此合。

---

① "史"當作"書"。
② 據曾慥《類説》補"既遠"。

《世説》誤字

古書轉刻轉謬，蓋病於淺者妄改耳。如近刻《世説》"右軍清真"，謂清致而真率也，李太白用其語爲詩"右軍本清真"，是其證也。近乃妄改作"清貴"。"兼有諸人之差"，謂各得諸人之參差，近乃妄改"差"作"美"。"聲鳴轉急"，改"鳴"作"氣"，"義學"改作"學義"，皆大失古人語意，聊舉一二。

五臣注

東坡詆五臣注《文選》，以爲荒陋。予觀《選》中謝玄暉和王融詩："阽危賴宗衮，微管寄明牧。"正謂謝安、謝玄。安石於玄暉爲遠祖，以其爲相，故曰宗衮。而李周翰注云："宗衮謂王導，導與融同宗，言晉國臨危，賴王導而破苻堅。牧謂謝玄，亦同破堅者。"夫以宗衮爲王導，固可笑，然猶以知①王融之故，微爲有説。至以導爲與謝玄同破苻堅，乃是全不知有史策，而狂妄注書，所謂小兒强解事也。

非五臣

世人多謂李氏立意注《文選》，過爲迂繁，徒自騁學，且不解文意，遂相尚習五臣者，大誤也。數本李氏《文選》，有初注成者，覆注者，有三注、四注者，當時旋被傳寫之誤。其絶筆之本，皆釋音訓義，注解甚多。嘗將數本並校，不唯注之贍略有異，至於科段互相不同，因此而量五臣者，方悟所注盡從李氏注中出。開元中進表，反非斥李氏，無非率爾。今聊各舉其一端，《西都賦》説遊獵云："許少施巧，秦成力折。"李氏云："許少、秦成，未詳。"五臣云："昔之捷人壯士，搏格猛獸。"施

---

① 《容齋隨筆》卷一"知"作"和"。

巧、力折，固是捷壯，文中自解矣，豈假更言？況又不知二人所從出乎。又注"作我上都"云："上都，西京也。"何大淺近忽易歟。必欲加李氏所未注，何不云"上都者，君上所居，人所都會"耶？況秦地厥田上上，居天下之上乎？又輕改前賢文旨。若李氏注云："某字或作某字。"便隨而改之。其有李氏不解，而自不曉，輒復移易。今不能繁駁，亦略指其所改字。曹植樂府云："寒鱉炙熊蹯。"李氏云："今之臘肉謂之寒，蓋韓國事饌尚此法。"復引《鹽鐵論》"羊淹雞寒"、劉熙《釋名》"韓羊""韓雞"爲證，"'寒'與'韓'同"。又李以上句云"膾鯉臇胎鰕"，因注詩曰："炰鱉膾鯉。"五臣兼見上句有"膾"，遂改"寒鱉"爲"炰鱉"，以就《毛詩》之句。又子建《七啓》："寒芳蓮之巢龜，鱠西海之飛鱗。"五臣亦改"寒"爲"搴"。搴，取也。何以對下句之"鱠"？況此篇全説修事之意，獨入此"搴"字，於理甚不安。上句既改"寒"爲"搴"，即下句亦宜改"鱠"爲"取"。縱一聯稍通，亦與諸句不相承接。以此言之，則子建故用"寒"字，豈可改爲"炰""搴"耶。斯類篇篇有之，乃知李氏絕筆之本，懸諸日月。方之五臣，猶虎狗、鳳雞耳。其改字也，至有"翩翻"對"恍惚"，則獨改"翩翻"爲"翩翩"，與下句不相收。又李氏依舊本不避國朝廟諱，五臣易而避之，宜矣。其有李本本作"泉"及年代字，五臣貴有異同，改其字，知犯國諱。豈唯矛盾而已哉！

《廣文選》載名

《阮嗣宗碑》乃東平太守嵇叔良撰，《廣文選》妄改"良"作"夜"，不知叔夜之死先於阮也。中山王《文木賦》，乃以"文"爲中山王名，而題作《木賦》。宋王微《詠賦》，乃誤"王"爲"玉"，而題云《微詠賦》，下書"宋玉"之名，不知王微乃南宋人，史具有姓名，疏謬如此。

《水經》

刻《水經》者直云"桑欽撰"，《新唐志》以爲欽撰，又云"一作郭璞撰”。按：《前漢·儒林傳》：古文《尚書》，塗惲授河南桑欽君長。晁氏《讀書志》：欽，成帝時人。杜佑辨之云：濟水過壽張，本“壽良”，光武所更名；東北過臨濟，本“狄縣”，安帝所更名；荷水過湖陸，本“湖陵”，章帝所更名；汾水過永安，本“彘縣”，順帝所更名。必後漢人撰。王順伯則謂武侯壘乃諸葛武侯所營處，魏分漢中，立魏興，亦非後漢人所撰也。其以爲郭璞撰者豈用是乎，抑本桑欽撰，而後人以意改益之也。

《龍城録》

近時傳一書曰《龍城録》，云柳子厚所作，非也。乃王銍性之僞爲之。其梅花鬼事，蓋遷就東坡‘月黑林間逢縞袂’及‘月落參横’之句耳。又作《雲仙散録》，尤爲怪誕，殊誤後之學者。又有李歜注杜甫詩及注東坡詩事，皆王性之一手，殊可駭笑。

《五柳集》本

世所傳《五柳集》數本不同，謹按：淵明乙丑生，至乙巳歲賦《歸來》，是時四十一矣。今《游斜川詩》或云辛丑歲，則方三十七歲；或云辛酉歲，則已五十七；而詩云“開歲倏五十”，皆非也。若云“開歲倏五日”，則正序所謂正月五日，言開歲倏五日耳。近得廬山東林舊本，作“五日”，宜以爲正。

《非非國語》

江端禮病柳子厚《非國語》，作《非非國語》，東坡見之曰：“久有意爲此書，不謂君先之也。”元虞槃讀子厚《非國語》，曰：“《國語》誠可非，柳説亦非也。”於是著《非非國語》，槃不知端禮有書故耶？今人亦止知《非非國語》爲槃作，而端禮之先之弗知也。槃事具元正史，端禮則王應麟《紀聞》所載，宜世有弗甚考者。

滕王閣語

王勃云："落霞與孤鶩齊飛，秋水共長天一色。"當時以爲工。《駱賓王集》"斷雲將野鶴俱飛，竹響共雨聲相亂"，又"金颷將玉露俱清，柳黛與荷絪共歇"，又"緇衣將素履同歸，廊廟與江湖齊致"。此類不一，則當時文人皆爲此等語。且勃此語，不獨見於《滕王閣序》，如《此①亭記》亦曰："長江與斜漢争流，白雲將紅塵並落。"歐公《金石録》載《德州長壽寺碑》與《西清詩話》，如此等語不一。然《文選》及晉、宋間集，如劉孝標、王仲宣、陸士衡、任彦升、沈休文、江文通之流，往往多有此語，信知唐人句格皆有自也。李商隱曰："青天與白水環流，紅日共長安俱遠。"陳子昂曰："殘霞將落日交暉，遠樹與孤煙共色。"曰："新交與舊識俱懽，林壑共煙霞對賞。"

二疏賛

東坡《二疏圖賛》云："孝宣中興，以法馭人。殺蓋、韓、楊，蓋三良臣。先生憐之，振袂脱屣。使知區區，不足驕士。"其立意超卓如此。然以其時考之，元康三年二疏去位，後二年蓋寬饒誅，又三年韓延壽誅，又三年楊惲誅。方二疏去時，三人皆亡恙。蓋先生文如傾河，不復效常人尋閱質究也。

《初學記》對

《初學記·月門》中以"吳牛"對"魏鵲"，吳牛以不耐熱，見月亦喘，

---

① "此"當作"山"。

然魏鵲者，引魏武帝《歌行》"月明星稀，烏鵲南飛"爲據，斯甚疎闊，如此則盍言"魏烏"乎？漢武帝《秋風詞》云："秋風起兮白雲飛，草木黄落兮雁南歸。"今《月門》既云"魏鵲"，則風事亦用"漢雁"矣。若是採掇文字，何所不可？

第十五卷　書籍中

六帖

白樂天作類書，名《六帖》。《通典·選舉門》載，唐制曰："開元中舉行課試之法。帖經者，以作①習經掩其兩端，中間惟開一行，裁紙爲帖。凡三字，隨時損益，可否不一，或得四、得五、得六者謂爲通。"此"六帖"之名所從起也。"六帖"云者，取中帖之數以名其書，期於中選。

千文複字

《千字文》有"女慕貞潔"，又有"圓扇纨潔"，重兩"潔"字，今宜改"清潔"爲"清貞"可也。

三蒼

言小學者宗於杜林。"三蒼"：《蒼頡篇》《訓纂篇》《傍喜篇》②。《三蒼》一卷，郭璞注；秦相李斯作《蒼頡篇》，揚雄作《訓纂篇》，後漢郎中價③魴作《傍喜篇》，故曰"三蒼"。

---

① 《通典》"作"作"所"。
② 此條兩"傍喜篇"皆作"滂喜篇"，見《西溪叢語》。
③ 《西溪叢語》"價"作"賈"。

勅字

楊文公《談苑》：《千字文》，勅員外散騎侍郎周興嗣次韻，"勅"字乃"梁"字傳寫誤耳。當時帝王命令尚未稱"勅"，至唐顯慶中始云，不經鳳閣鸞臺不得稱"勅"，"勅"字之名始定於此。

貼黃

宋葉少蘊《燕語》：唐制，降勅有所更改，以紙貼之，謂之"貼黃"。蓋勅書用黃紙，貼者亦黃紙。至宋奏劄皆白紙，有意所未盡者，揭其要處，以黃紙別書于後，乃謂"貼黃"，蓋失之矣。國朝則令吏、兵二部以除過文武官員，歲終用黃紙二，開注腳色，類奏用寶，送印綬監，分貼內、外黃。春、秋二季司官赴內府清黃，續附轉貼。非勅書而用黃紙，不應名"貼黃"而名"貼黃"，宋已失，國朝尤失，惜無有正之者。

令甲

今人不知甲字義，謂"令甲"即法律，大誤。按：《漢書·宣帝紀》"令甲，死者不可生"，如淳注："令有先後，故有令甲、令乙、令丙。"顏師古曰："甲乙，若今之第一、第二篇也。"則"令甲"爲最先之令矣。《江充傳》注有"令乙，騎乘車馬行馳道中"，章帝詔曰"令丙，箠長〔短〕①有數"，可以互證。至於房屋有甲乙次第，科目亦有甲乙次第，漢世謂大第宅爲"甲第"，隋唐以來謂登科目亦曰"第"，史書中多有之。

論始

梁任昉有《文章緣起》一卷，著秦漢以來文章名目之始。按：《論》之

① 據《後漢書·章帝紀》補"短"字。

名，起於秦漢以前，荀子《禮論》《樂論》，莊子《齊物論》，慎到《十二論》，呂不韋《八覽》《六論》是也，至漢則有賈誼《過秦論》。昉乃以王褒《四子講德論》爲始，誤矣。

讚贊

按：《昭明文選·序》"圖像則讚興"，《目録》有"讚"、有"史論"、有"史述贊"。"讚"二篇，《東方朔像》《三國名臣序》，皆稱美也。"史論"首篇爲《公孫弘傳贊》，六臣注云："凡史傳之末作一'贊'，以重論傳内人善惡，命曰'史論'。"又曰："'贊'亦'論'之通稱。""史述贊"四篇，如成帝紀、韓彭諸人傳，亦美惡兼者。是稱美爲"讚"，總論善惡爲"贊"，不可混也。今多混讀爲"贊"，故詳之。

露布

露布，自魏晉以來有之，蓋露板不封，布諸觀聽也。唐莊宗爲晉王時，擒滅劉守光，命掌書記王緘草露布，緘不知故事，書之於布，遣人曳之，爲議者所笑。然亦有所從來。魏高祖南伐，長史韓顯宗與齊戍將力戰，斬其裨將。高祖曰："卿何爲不作露布？"對曰："頃聞將軍王肅獲賊二三人，驢馬數匹，皆爲露布，私每哂之。近雖得摧醜虜，擒斬不多，脱復高曳長縑，虛張功捷，尤而效之，其罪彌甚，臣所以斂毫卷帛，解上而已。"以是而言，則用絹高懸亦已久矣。

又

露布，人多用之，亦不知其始。《春秋佐助期》："武露布，文露沈。"宋均云："甘露見其國。"布，散者。人上武文采者，則甘露沈重。

伐山伐材

四六有伐山語、有伐材語。伐材語者，如已成之往事①，略加繩削而已。伐山語者，則搜山開荒，自我取之。伐材，謂熟事也。伐山，謂成生事也。

宣底

凡公家文書之稾，中書謂之“草”，樞密院謂之“底”，三司謂之“檢”。今秘府有梁朝宣底二卷，即正明中崇政院書也。檢，即州縣通稱焉。

誠惶誠恐

今臣僚上表，所稱誠惶誠恐、誠歡誠喜、頓首頓首者，謂之中謝中賀。自唐以來，其體若此。蓋臣某以下，亦略叙數句，便入此語，然後敷陳其詳。如柳子厚《平淮夷表》云爾。今人或於首聯之後，湊用兩短句，言震惕之意，而復接以中謝之語，則遂成重複。前輩表章，如東坡、荊公知之。周益公爲相，《謝復封表》云：“華陽黑水，裂地而封，舊物青氊，從天而下。磨玷之勤未泯，執珪之寵彌加。臣誠惶誠恐。”正如此體。

牽引史語

今之牽引史語者，亦未免有失。張釋之言便宜事，文帝曰：“卑之，毋甚高論，令今可行也。”遂言秦、漢之間事，帝稱善。顏師古云：“令

①《四六話》“往事”作“杜桷”。

其議論依附時事。"予謂不欲使爲甚高難行之論，故令少卑之爾。今直以言議不足采爲"無甚高論"。又，文帝問上林令禽獸簿，不能對，虎圈嗇夫從旁代對。帝曰："吏不當如此邪?"薛廣德諫元帝御樓船，曰："宜從橋。且有血污車輪之訐。"張猛曰："乘船危，就橋安。"上曰："曉人不當如是邪?"師古謂："諫爭之言，當如猛之詳婉也。"按：兩帝之語，皆是褒嘉之詞，猶云"獨不當如是乎"，今乃指人引喻非理或直述其私曰"曉人不當如是"。

文章之敝

文章之敝，如"友于"爲"兄弟"，"貽厥"爲"孫"，"則百"爲"子"，皆歇後也。"微管"二字，《選》中尤多。又陳思王論侍衛之衰老，而年之曰"耳順，不踰矩"，此何等語邪，況施之奏牘乎!（見本傳）後漢《修孔子廟記》云："永壽二年，青龍在涒灘，霜月之靈，皇極之日。"《集古錄》"疑是九月五日"也。蓋已病其衰薄矣。

章句之言

劉子玄言：章句之言，有顯有晦。《虞書》云"帝乃殂落，百姓如喪考妣"，《夏書》云"啓呱呱而泣，予不子"，《周書》稱"前徒倒戈，血流漂杵"，《虞書》云"四罪而天下咸服"，此皆文如闊略，而語實周贍。故覽之者初疑其易，而爲之方覺其難也。既而丘明授經，師範尼父，其綱紀而言邦俗也，則有士會爲政，晉國之盜奔秦；邢遷如歸，魏國忘亡。其款曲而言人事也，則有使婦人飲之酒，以犀革裹之，比及宋，手足皆見，宋人醢之；蕭漬，師人多寒，王撫而勉之，三軍之士皆如挾纊。斯皆言近而旨遠，辭淺而意深，雖發語已殫，而含意未盡。使夫讀者望表而知裏，捫毛而辨骨，睹一事於句中，反三隅於字外。晦之時義，大哉！泊班、馬二史，雖多謝《五經》，必求其所長，亦時值斯語。至若高祖亡蕭何，如失左右手；漢兵敗績，睢水爲之不流；董生乘馬，三年不知牝牡；翟公之門，可張雀羅，則其例也。作者言皆簡切，理皆要害，故能疎而不遺，儉而無闕。譬如用奇兵者持一當百，能全克敵之功也。若才乏雋穎，思多昏滯，費詞既甚，叙事纏周，亦猶售鐵錢者以兩當一，方成貿遷之價也。

《史記》

《史記·荆軻傳》云："王負劍，負劍。"《高帝紀》云："固不如也，且爲之奈何？"又云："臣期期不敢奉詔。"皆形容迫促之狀，妙絕其致，而世以下"負劍"二字爲演，何也？《趙奢傳》云："胥後令邯鄲。"蓋軍令不可改，若云"至邯鄲而誅之"耳。既至邯鄲，則以爲國尉也，何又以"邯鄲"二字爲演耶？

歐陽公《唐書》

歐陽公修《唐書》，凡十有七年，佐以吏侍宋祁，郎中范鎮、王疇，校理宋敏求，秘丞吕夏卿，著佐劉義叟等，總以宰相曾公亮，成書二百二十五卷。司馬公修《通鑑》，上下一千三百六十二年，自治平受命，至元豐七年成書，凡十有九年，而戰國至秦一段八卷，已先進御，初名《通志》，則英宗所悅，而有此詔者也。前、後漢則劉貢父，三國抵隋則劉道原，唐五代則范淳甫，凡三百五十四卷。其所作《目錄》三十卷，倣《史記·年表》年經國緯，用劉義叟長曆，著精要於其中。今京、浙諸刻皆無《目錄》，亦不見人引用。《通鑑》不載屈子懷沙、四皓羽翼、嚴光加腹、姚崇十説等事，便自千古卓見。所次草卷，四丈一截，爲一日課，勤何如耶！積稿兩屋，無一草字，非温公曷能？胡武夷言："此書於古今君臣治亂之跡，若登乎喬嶽，天宇澄清，周顧四方，悉來獻狀，可卜相業。"斯爲知言矣。然《目錄》一書，急宜刻附，其晚年以《目錄》無首尾，更爲《舉要曆》八十卷，學者亦鮮見之。

春秋書法

《史通》言春秋書法曰："隕石於宋五，夫聞之隕，視之石，數之五，加一字太詳，減一字太略，求諸折中，簡要合理，此爲省字也。"若《公羊傳》稱郤克眇，季孫行父禿，孫良夫跛，齊使跛者逆跛者，禿者逆禿者，眇者逆眇者。蓋宜除"跛者"已下字，但云"各以其類逆"者。必事皆再述，則於文殊費也。是殊不然，其摹寫活躍，全在此等疊句，如作"類逆"一語，意索然矣。又《禮記·檀弓》："石駘仲卒，有庶子六人，卜所以爲後者。曰：'沐浴佩玉則兆。'五人者皆沐浴佩玉。石祁子曰：'孰有執親之喪，而沐浴佩玉者乎?'不沐浴佩玉。石祁子兆，衛人以龜爲有知也。"蓋連用四"沐浴佩玉"字。又《史記·衛青傳》："校尉李朔、校尉趙不虞、校尉公孫戎奴，各三從大將軍，以千三百户封朔爲涉軹侯、以千三百户封不虞爲隨成侯、以千三百户封戎奴爲從平侯。"至班固作《漢書》，乃省其詞曰："校尉李朔、趙不虞、公孫戎奴，各三從大將軍，封朔爲涉軹侯、不虞爲隨成侯、戎奴爲從平侯。"比《史記》五十八字中省二十三字，然終不若《史記》樸贍①可喜。古《採蓮曲》云："魚戲荷葉東，魚戲荷葉西。"杜子美《杜鵑行》："西川有杜鵑，東川無杜鵑。涪南無杜鵑，雲安有杜鵑。"亦樸淡有古意。

《通鑑綱目》

《通鑑綱目》多記些言語章奏，反害真也。如記戰勝必先有一人説勝的話，戰敗又先有幾人計策不用，或又有人料得決敗的話，後面纔到勝敗處，則文章活躍，痛快好看，其法起於《左傳》，後世誄墓者多竊之，

---

① 《賓退録》"瞻"作"贍"。

而史家尚文，多愛不忍也。即事之所以成、所以敗，尚未必然，況此有何真？聞亦記耶。他如賈誼《治安》及谷永《灾異》、晁錯《兵事》，大半冒頭虛話。又如馬援家書及"大器晚成"等語，一人之事何足載乎。若《漢書》於昌邑王事不叙，而見之奏中，乃應存其奏耳。

湘夫人

湘君、湘夫人，靈均之寓言耳，然未嘗确指爲舜妃也。但云"九嶷繽兮並迎"，豈謂舜葬九嶷以爲據乎？秦士多誕，何足信？而後世多加媟語，比於巫夢荒唐已。段成式之吊李義山也，曰："曾話黃陵事，今爲白日催。老無男①女累，誰哭到泉臺。"義山所纂黃陵二女郎事尤極可恨。夫舜三十徵庸，嬪汭已釐降矣，計陟方之年，二女當逾百歲，寧復灑淚成斑，如兒女子邪。

又

楊用修言：《卷耳》三章，所謂"涉岡""酌罍"，皆想像文王在彼之詞，而以"玄黃""屠痡"傷之，深味尤爲真切。予謂《湘君》《湘夫人》二章，正謂古傳舜葬蒼梧，二妃不從之説。二妃宜有恨焉，故託爲思帝而悲惻云爾。首云"君不行兮夷猶，蹇誰留兮中洲"，若曰湘君既至此地，思從南狩之轍矣，以誰偃蹇而留此中洲乎，"誰"之云"何"也。湘君留湘，固古今一疑事也。"美要眇"以下，皆指帝耳。"吾乘"者，帝乘也。"無波""安流"，帝易還矣而不還，故思也。"誰思"者，思之甚而不知爲誰思矣。"駕飛龍兮北征"，"北征"者，還南也。下俱想像反覆，女自稱也。其云"心不同兮媒勞"，以比夫"恩不甚兮輕絕"，二句義不相串，爲喻明甚。"下女"指帝從者，古人不敢斥尊，語皆然也。《湘夫人》"愁予"

---

① "男"當作"兒"。

二字絕鈔，猶云獨自愁耳。"公子"之稱，疑□□女之謂。"佳人召予"，
非指帝而誰。"築室"以下，如《詩經》"于釣"、"往縕"之思也。"九嶷並
迎"，疊前"召予"之恍惚也。夫人媵列，故多迎召之想，與《湘君》體殊
也。"捐玦"以下，則從之之辭，末則不可得從而自嘆也。兩"逍遥容
與"，則巫者幸其降止之義亦在矣。觀前《東皇》《雲中》並無怨嘆，《司
命》而下鮮所綢繆，惟《山鬼》以後寄託幽惻、比類探微，旨可晰矣。而
古今無人作如此想，何也？

天文志

劉知幾言："丹犧①、素魄之躔次，黄道、紫宫之分野，既不預於人
事，乃編之于册書"，"既天文有志，何不爲人形志乎？"其説譏史遷以來
天官書、志也。然遷世掌天官，其書自謂兼括六經，匪專一代，而義和
曆象璿璣齊政，首載《虞書》，不爲無本。但班固以下，遞相承襲，參雜
炫博，大都非一朝所繫，疑非專史之體耳。凡《三國志》，南、北《史》等
所無者，總著《晉》《隋》二史，删節通會，其亦可矣。

故微

晉唐來解書者曰"傳"、曰"章句"而已。先儒不然，《書》有《夏侯解
故》，《詩》有《魯故》《后氏故》《韓故》，《小學》有比②林《倉頡故》也，
《春秋》有《左氏微》《鐸氏微》《張氏微》《虞卿微》，《易》有洼君《通》，又
鄭康成《毛詩箋》，《論語》但曰《齊論》《魯論》《張侯論》。楊用修曰《書》
有"細"，《春秋》有"微"。

---

① 《史通·書志》"犧"作"曦"。
② 《容齋隨筆·五筆卷六》"比"作"杜"。

古今通用假借

經籍中多有古字通用及借用讀者，每不之察。如《易·豐裁①》"雖旬無咎"，《禮記·內則》"旬而見"，注皆釋"均"，不知旬即古"均"字。《遯卦》"肥遯，無不利"，肥，古作"蜚"，與"蜚"字同，《韻書》訓"別也"，則"肥"當從"蜚"。《離卦》"離，麗也"，又云"明兩作離"。《禮·昏經》曰"納徵，束帛、離皮"，《白虎通》云："離皮者，兩皮也。"《三五曆紀》"古者麗皮爲禮"，離、麗古通用。《巽卦》"喪其資斧"，"資"，當讀爲"齊"，應劭云"齊，利也"，《淮南子》"磨齊斧以伐朝菌"，《漢書·王莽傳》引《易》句，"資"作"齊"，資、齊古通用。《艮卦》"艮其限，列其夤，厲熏心"，"熏"讀爲"閽"，蓋"艮"爲"閽"也。熏、閽古通用。《歸藏》"易一臾"，"臾"讀爲"坤"，即古"坤"字。《書·堯典》"方命圮族"，"圮"讀爲"弊"，即古"弊"字。《禹貢》"西傾因桓是來"，又"和夷厎績"，《水經注》："和夷厎績即西傾因桓之桓。"《漢書》"桓東少年塲"，注："桓楹即和表"，"和表"又轉爲"華表"。桓譚《新論》，《隋志》作"華譚"，桓、和、華三字古通用。又"岷嶓既藝"，又"岷山導江"，《史記》引此皆作"汶"。《三國志》"蜀後主〔至〕湔，登觀坂②，觀汶水之流"，《五代史》"王建貶衛尉少卿李綱爲汶川尉"，徐無黨注："'汶'讀作'岷'。"汶、岷古通用。《五子之歌》"甘酒嗜音"，又"儀狄作酒，禹飲而甘"之二"甘"字，當讀爲"酣"，古字省文。《微子》"沈酗於酒"，"酗"當讀爲"酌"，音"煦"。《漢書·趙充國傳》"醉酗羌人"，顏師〔古〕曰："醉怒曰酗。"即"酗"字。《冏命》"伯冏"，《説文》："'冏'作'㷭'。"唐杜佑《奏省官疏》云："伯景爲太僕。"冏、㷭古與"景"字同音，亦相借耳。《詩小序·氓》"喪其妃耦"，"妃"當讀爲"配"，妃、配古通用。《國風》"猗嗟名兮"，《玉篇》引"名"作"䫤"，眉目之間也。《西京賦》"昭貌③流

---

① "裁"當作"卦"。
② 據《三國志·蜀志》補"至"字，"湔"作"湔"，"坂"作"阪"。
③ "昭貌"當作"眧藐"。

眄，一顧傾城”，注："眳，眉睫之間。"皆言矣①美人眉目流眄，使人冥迷，所謂"一顧傾城"也。名、顕、冥②三字古通用。《小旻》"發言盈庭"，"發"讀爲"聒"，發、聒古通用。《碩人》"鱣鮪發發"，"發"讀爲"潑"，發，古"潑"字省文。《小雅·采菽》"平平左右"，《論語》"便便言"，皆訓"辨給也"。《堯典》"平章百姓"，《史記》作"便幸③百姓"，平、便古字通用。《公劉》"炳④鞠之即"，《韓詩外傳》作"陀"，班孟堅云："弦中谷，丙水出西北，東入涇，注芮陀，雍州川也。"⑤師古云："陀，班孟堅云⑥讀與'鞠'同。"古字通用。《蓼蕭》"爲龍爲光"，《長發》"荷天之龍"，二"龍"字，注皆釋"寵也"，然不知即古"寵"字省文。《隰有萇楚》"猗旎其華"，王逸云："今《詩》作'猗儺'，二字皆平聲。"《楚辭》"紛旛⑦旎於都房"，相如賦"猗旎以招搖"，揚雄賦"旖旎邠偈之猗旎"，王褒賦"形猗旎以順吹"，猗旎，即古"猗儺"字。《殷頌》"武王載發"，"發"讀爲"旆"，發、旆古通用。《禮記·月令》"審端徑術"，"術"讀爲"遂"，術、遂古通用。又"天子乃鮮羔開冰"，"鮮"讀爲"獻"，鮮、獻古通用。《玉藻》"立容辨卑，毋謟"，"辨"讀爲"貶"，辨、貶古通用。又"盛氣顛實揚休"，"顛"讀爲"塡"，顛、塡古通用。"一命緼韍幽衡"，"幽"讀爲"黝"。黝，黑色。幽、黝古通用。《少儀》"變⑧和之美"，"美"讀爲"儀"，美、儀古通用。《樂記》"名之曰建櫜"，"建"讀爲"展"，建、展古通用。《祭義》"燔燎膻薌"，"膻薌"讀爲"馨香"，膻薌、馨香古通用。《祭統》"百官進徹"之"進"，讀爲"餕"，〔進、餕〕⑨古通

---

① 據《焦氏筆乘》"矣"爲衍文。
② 《焦氏筆乘》"冥"作"眳"。
③ 《史記·五帝本紀》"幸"作"章"。
④ "炳"當作"芮"。
⑤ 《漢書·地理志》"丙水"作"芮水"，"注芮"作"《詩》芮"，"陀"作"陀"。
⑥ "班孟堅云"四字爲衍文。
⑦ 《楚辭·九辯》"旛"作"旑"。
⑧ 《禮記·少儀》"變"作"鸞"。
⑨ 據《焦氏筆乘》補"進、餕"二字。

用。《投壺》"若是者浮"，"浮"當讀爲"罰"，浮、罰古通用。又"籌，空①中五扶，堂上七扶"，《公羊傳》曰"膚寸而合"，何休曰："側手爲膚，按指爲寸。""扶"讀爲"膚"，扶、膚古通用。又"王言如綸，其出如綍"，"綍"讀爲"綍"，綍、綍古通用。《周禮·小司徒》"施其職而平其政"，"政"讀爲"征"，政、征古通用。《賈師》"展其成而奠其賈"，"奠"讀爲"定"，奠、定古通用。《司尊彝》"凡酒修酌"，"修"讀爲"滌"，修、滌古通用。《大宗伯》"攝而載果"，"果"讀爲"祼"，音"灌"，果、祼古省文。《司几筵》"每敦一几"，鄭玄曰："敦，覆也。""敦"讀爲"燾"，敦、燾古通用。《鬱人》"遂狸"之"貍"，讀爲"埋"，貍、埋古通用。《大胥》"春入學，舍采，合舞"，"舍"讀爲"釋"，舍、釋古通用。《典瑞》"繅藉五采夙五②，以朝日"，"繅"讀爲"藻"，繅、藻古通用。《巾車》"革路，龍勒，條纓"，"條"讀爲"絛"，條、絛古通用。又"蒲蔽""棼蔽""藻蔽""藩蔽"，《爾雅》"輿前謂之軝，後謂之弟；行前謂之御，後謂之蔽"，通作"弟"，蔽、弟古通用。《薙氏》"秋繩而芟之"，"繩"讀爲"孕"，繩、孕古通用。《考工記》"梓人爲侯，上兩个，與其身"，"个"讀爲"幹"，〔个、幹〕③古通用。《輈人》"輈欲頎典"，"頎典"讀爲"懇玞"，頎、懇、典、玞古通用。《函人》"犀甲七屬"，"屬"讀爲"注"，屬、注古通用。又"眡其鑽空"，"空"讀爲"孔"，空、孔古通用。《慌氏》"以欄爲灰"，"欄"讀爲"練"，欄、練古通用。《矢人》"以其笴厚"，"笴"讀爲"槀"，笴、槀古通用。《匠人》"爲溝洫，凡行奠水"，"奠"讀爲"停"，奠、停古通用。《弓人》"爲弓，老牛之角紾而昔"，"昔"讀爲"錯"，昔、錯古省文。又"畏也者必橈"，"畏"讀爲"隈"，畏、隈古省文。又"中有變焉故校"，"校"讀爲"絞"，校、絞古通用。《儀禮注》"布八十縷爲一宗"，"宗"讀爲"升"，宗即古"升"字。《春秋》宣公九年"晉郤缺救鄭"，成公十七年"晉殺郤錡、郤犨、郤至"，"郤"讀爲"郄"，音

① 《禮記·投壺》"空"作"室"。
② 《周禮·典瑞》"夙五"作"五就"。
③ 據《焦氏筆乘》卷六補"个幹"二字。

“隙”，漢有郄正，晉有郄超、郄鑒。郄，古“郤”字。《左傳》隱公元年“衆父卒”，“衆”讀爲“終”，衆、終古通用。文二年“穆伯及晉司空士縠盟於垂隴”，及“士會”“士燮”“士鞅”，“士”當作“土”，傳譌耳。又《詩》“徹彼桑土”，“土”讀爲“杜”，土姓，杜伯之後，土即古“杜”字省文。宣四年“鬭穀於菟”，班固《叙傳》引此“菟”作“釋①”，古二字通用。襄二十五年：子産對晉云：“庸以元女大姬配胡公而封諸陳，以備三恪。”“恪”當讀爲“客”，恪、客古通用。又“衛侯入，逆於門者，頜之而已”，《説文》：“頜，低頭也。”徐氏曰：“黜頭以庭②也，今作頷。”襄八年“亦不使一介行李告於寡君”，“介”讀爲“个”，介、个古通用。昭元年“趙孟視蔭”，“蔭”讀爲“陰”，蔭、陰古通用。文元年“享江芊而勿敬也”，又昭十三年“芊姓有亂，必季實立”，今《氏書》有乜姓而無芊姓，諸韻書乜、芊二字同音，皆訓“羊出聲”，則知“芊”即古“乜”字。昭七年“隸臣僚，僚臣僕”，“僚”當讀爲“勞”，“僚”即古“牢”字。昭二十五年“隱民多取食焉”，《國語》“勤恤民隱，而除其害也”，《詩》云“如有隱憂”，“隱”當讀爲“殷”，隱、殷古通用。又“公徒釋甲，執冰而踞”，“冰”讀爲“棚”，箭房之蓋，冰、棚古通用。定三年“唐成公如楚，有兩肅爽馬”，“爽”讀爲“霜”，爽、霜古通用。《穀梁傳》以“伯宗”爲“伯尊”，賈逵以“宗盟”爲“尊盟”，與《舜典》“禋於六宗”，“宗”亦爲“尊”，宗、尊古通用。《國語》“王乃秉枹親鼓之”，《離騒》“拔③玉枹兮擊鳴鼓”，“枹”讀爲“桴”，枹、桴古通用。《論語》“多見其不知量也”，“多”當爲“祇”，《正義》云：“古‘祇’字。”《孟子》“河海之於行潦”，“潦”讀爲“澇”，潦、澇古通用。《素問》“脉泣而血虚”，又云“寒氣入經而稽遲，泣而不行”，又云“多食鹹則脉凝泣而變色”，“泣”讀爲“濕④”，泣、濕古通用。《山海經》“帝俊妻是生十日”，“俊”，古“舜”字。《莊子》“膠

---

① “釋”當作“檡”。
② “庭”當作“應”。
③ 《楚辭·國殤》“拔”作“援”。
④ 《焦氏筆乘》兩“濕”字皆作“澀”。

膠擾擾", "膠" 讀爲 "攪", 膠、攪古通用。賈誼《過秦論》"信臣精卒,
陳利兵而誰何", 注: "誰何, 問之數①。"《漢書》有 "誰何卒", 注:
"'誰' 與 '譙' 通, 與 '高帝譙讓項羽' 之 '譙' 同, '何' 與 '呵' 同, '譙
呵', 如今關城盤詰之例。" 誰、譙, 何、呵古通用。《史記》"庚② 死獄
中",《說文》"束縛捽抴爲叀", 庚、叀古通用。又 "盧綰之孫他人③ 封亞
谷侯", 亞,《漢書》作 "惡", 漢條侯周亞夫有玉印, 其文曰 "周惡夫
印", 亞、惡古通用。又尉佗曰 "使老君④中國, 何渠不若漢",《長安狹
斜行》"丈夫且徐徐, 調絃渠未央", 淵明詩 "壽考豈渠央", 黃魯直 "木穿
石槃未渠透", "渠" 字, 班史及古樂府、王融《三婦艷詩》俱作 "遽" 字。
宋王楙引《庭燎》詩注云: "夜未渠央, '渠' 當呼作 '遽', 謂夜未遽盡
也。" 渠、遽古通用。《漢紀》"紅女下機", "紅" 即古 "工" 字。太史公論
英布曰: "禍之興自愛姬, 生於妬媚, 以至滅國。" 又《漢書·外戚傳》亦
云 "成結寵妾, 妬媚之誅", 二 "媚" 字並讀爲 "媚", 媚亦妬也。《五宗世
家》云 "常山憲王后妬媚", 王充《論衡》云 "妬夫媚婦, 生則忿怒鬪訟",
媚、媚古通用。《漢書》"兵難隃度", "隃" 讀爲 "遙", 即古 "遙" 字。又
"覝察", "覝" 讀爲 "嫌"⑤, 覝, 覼視之義, 即古 "嫌" 字。《呂紀》"未敢
訟言誅之", "訟" 讀爲 "公", 古 "公" 字。又 "孟光舉案齊眉", 張平字⑥
《四愁詩》"何以報之青玉案", 二 "案" 字即古 "椀" 字。又《思玄賦》"顅
羈旅而無友兮", "顅" 讀爲 "獨", 顅、獨〔古〕⑦通用。"百卉含蘤",
"蘤" 讀爲 "花", 即古 "花" 字。"言辨⑧而确", "确" 讀爲 "確", 确、確

---

① 《焦氏筆乘》"數" 作 "也"。
② 據《焦氏筆乘》兩 "庚" 字皆作 "瘐"。
③ 《史記·盧綰列傳》"他人" 作 "他之"。
④ 《史記·酈食其列傳》"老君" 作 "我居"。
⑤ 《焦氏筆乘》兩 "嫌" 字皆作 "廉"。
⑥ "字" 當作 "子"。
⑦ 據《焦氏筆乘》補 "古" 字。
⑧ 《後漢書·崔寔傳》"辨" 作 "辯"。

古通用。又"白頭如新，傾蓋如故"，《説苑》作"白頭而新，傾蓋而故"，而、如古通用。秦方士徐市，又作"徐福"，實一人也。"市"讀爲"韍"，古"韍"字，〔韍、〕①福聲相近。司馬長卿《大人賦》"上僊僊有凌雲之氣"，"僊"讀爲"飄"，僊、飄古通用。《論衡》云"伍員、帛喜"，"帛喜"讀爲"伯嚭"。〔帛、〕②伯通。加③喜，古"嚭"字省文。又"旱，火變也；湛，水異也"，《天官書》"一湛一旱，時氣也"，《淮南子》"〔旱〕④雲烟火，涔雲波水"，又云"雖有涔旱灾害之殘，民莫困窮已也"。湛、涔古通用。《淮南子·人间訓》"置之前而不輊，錯之後而不軒"，"輊"讀爲"輕"，古"輕"字。《泰族訓》"無隱士，無軼⑤民"，又"車有勞軼"，"軼"讀爲"逸"，軼、逸通。又"經誹舉⑥以導之"，《齊俗訓》"聽失于誹譽"，"誹"讀爲"毀"，誹、毀古通用。又"鳥窮則喝，獸窮則犐"，"喝"讀爲"啄"，喝、啄通；"犐"讀爲"觸"，即古"觸"字。《兵略訓》"史⑦民不相謬"，"謬"讀爲"睦"，謬、睦古通用。又"進退屈伸不見朕垠，"垠"讀爲"垠"，即古"垠"字。又"昧不給撫，呼不給吸"，"給"讀爲"及"，給、及通。《韓詩内傳》"已化⑧耕曰由"，《吕氏春秋》《管子》皆云"堯使稷爲由"，《錢譜》"神農弊文，農作由"，由、農通。《風俗通》"怪神女新從聟家來"，"聟"讀爲"壻"，即古"壻"字。束晢《補亡詩》"鮮侔晨葩，莫之點辱"，左思《唐林兄弟贊》"二唐潔己，乃點乃污"，陸厥《答内兄希叔詩》"既叩金馬署，復點〔銅〕⑨龍門"，"點"即古"玷"字。

---

① 據《焦氏筆乘》補"韍"字。
② 據《焦氏筆乘》補"帛"字。
③ "加"疑爲衍文。
④ 據《淮南子·覽冥訓》補"旱"字。
⑤ 《淮南子·泰族訓》"軼"作"軼"。
⑥ 《淮南子·泰族訓》"舉"作"譽"。
⑦ 《淮南子·兵略訓》"史"作"吏"。
⑧ 《焦氏筆乘》"化"作"北"。
⑨ 據《文選》陸厥《奉答内兄希叔詩》補"銅"字，"既"作"屬"。

《析里橋碑跋》云"醳散關之嶓漎"，《史記·張儀傳》"杖而擇①之"，韓信"醳②兵北首燕路"，洪氏載漢碑文，有"農夫醳來"，又云"辭榮醳黻"，"醳"即古"釋"字。《管子·君臣上篇》"繏綩"，即古"袞冕"字。又《輕重甲篇》"鮑"，即古"鴇"字。唐蘇遫③《朝覲壇頌》"覒虞氏"，"覒"讀爲"稽"，古"稽"字。白樂天詩云"誰教不相離"，"相"字讀爲"厮"，相、厮古通用。金大定中，題燕靈王之枢作"舊"，枢、舊古通用。此類甚多，不可殫述，苟讀如其字，誤亦甚矣。

奇字

《玉篇》奇字類，如欸乃、萬俟、〔宿〕④留、冒頓、可汗、閼氏、龜兹，皆連綿假借。其餘如袒免、星宿之類，半是本字，未爲奇也。今記其類此者書之，讀書有得，當不一書。於戲（嗚呼）、委虵（逶迤）、齊衰（咨崔）、相近（襄初⑤）、扶服（匍匐）、揚休（陽照⑥）、子諒（慈良）、惡池（呼沱）、曲逆（去遇⑦）、休屠（朽除）、譙呵（誰何）、從臾（總勇）、陂池（坡陀）、取慮（趨廬）、毐冒（代妹）、未嬉（妹喜）、咎繇（皋遥）、方良（罔兩）、辟倪（睥睨）、魁⑧結（椎髻）、朱提（殊時）。縣名，谷蠡（鹿離）、荼首（蔡茂），兩頭鹿也。

省文

今人作字省文以礼爲禮，以処爲處，以與爲"异"，凡章奏及程文書

---

① "擇"當作"醳"。
② 《史記淮陰侯列傳》"醳"作"醳"。
③ 《焦氏筆乘》"遫"作"珽"。
④ 據《菽園雜記》補"宿"字。
⑤ 《菽園雜記》"初"作"祈"。
⑥ 《菽園雜記》"照"作"煦"。
⑦ 《菽園雜記》"遇"作"過"。
⑧ 《菽園雜記》"魁"作"魋"。

册之類不敢用，然其實皆《説文》本字也。許叔重擇①"礼"字云："古文。""處②"字云："止也，得几而止。或從處。""畀"字云："賜予也。'畀'，'與'同。"然則當以省文爲正。

韻略打字

《韻略》中無"打"字，已詳見《歸田録》中。但於《廣韻》"梗"字韻中，音德冷，又都挺切。今俗譚謂打魚、打水、打船、打傘③、打量之類，於義無取。沙隨先生云："往年在太學爐亭中，以此語同舍，有三山黄師尹曰：'丁，當也，以手當之也。'"其義該而有理，但於"有"字韻中音俯九，又"尤"字，韻中音方鳩。"禠"字亦常用者，遍檢字書皆無之。"尖"字，韻中亦不載。

文無害

《後漢·百官志》"秋冬遣無害都④吏案訊諸囚"，注："案律有無害都吏，如今言公平吏，《漢書音義》曰：'文無所枉害。'蕭何以文無害爲沛主吏掾。"正如此也。乃知"無害吏"亦漢律中語，齊永明間策文亦曰"賢牧分挾⑤，文而無害"，正與此同。

將無同

"將無同"，謂言至無處皆同也。然晉人謂"將"爲"初"，初無同處，

---

① 《容齋隨筆》卷五"擇"作"釋"。
② 《容齋隨筆》卷五"處"作"处"
③ 《遊宦紀聞》"傘"作"繖"。
④ 據《後漢書·百官志五》"都"爲衍文。
⑤ 王融《永明十一年策秀才文五首》"挾"作"陝"。

言各異也。請以唐時一事證之：霍王元軌與處士劉平爲布衣交，或問曰："王所長於平。"曰："王無所長。"問者不解，平曰："人有所短，則見所長。"蓋阮瞻之意，以謂有同則有異；今初無同，何況於異乎？此言爲最妙，故當時謂之"三語掾"。

飲亡何

《容齋隨筆》：《漢書》袁種告盎"飲亡何"，《史記》謂曰"飲亡苟"，二義不同，何、苟二字古者通用，實一義耳。觀《漢書·賈誼傳》謂"大譴大何"，《新書》謂"大譴大苟"，可證。史傳又有傳寫譌舛而認以爲正文，如《漢書·衛綰傳》"不執何綰"，而《史記》作"不譙呵綰"，疑《史記》謂"不誰何綰"，傳寫誤以爲"譙呵"也。又如《史記》謂"大將軍出寙渾"，《漢書》則曰"出真渾"；《漢書》謂"禽黎爲河綦侯"，《功臣表》則曰"烏黎"；《漢書》謂"調雖爲常樂侯"，《功臣表》則曰"稠睢"。此類甚多，往往因字文而魚魯之耳。

真贋字

退之與崔十六詩："前計頓乖張，居然見真贋。"真①贋字，《字書》云："僞物也。"出《韓非子》"齊伐魯，索饞鼎，魯以其贋②往，齊曰：'鴈。'魯曰：'真也。'"古止用"鴈"字。宋景文有"真贋不同物，治亂不同目"，又"贋賈亂廛，寙農亂田"，東坡亦用之。

遮莫

詩家用"遮莫"字，《鶴林玉露》解曰："俗所云'儘教'者是也。"杜少

---

① 據《芥隱筆記》"真"爲衍文。
② 《韓非子·説林下》"贋"作"鴈"。

陵詩"已判野鶴如雙鬢，遮莫隣鷄下五更"，言鬢如野鶴，已判老矣。儘教隣鷄下五更，日月逾邁，不復借①也。世乃用爲禁止之辭，誤矣。"

固實

今人多言"故實"，《史記·魯世家》作"固實"，徐廣注："一作'故'。"

復復

《唐中興頌》云"復復指期"，或云：以復兩京，故曰"復復"，非也。此兩字出《漢書》，今按：《匡衡傳》云："所更或不可行，而復復之。"注云："下'復'，扶目反。"又"何武爲九卿時，奏言宜置三公官，又與翟方進共奏罷刺史，更置廿②州牧，後皆復復故。"注云："依其舊也。下'復'，扶目反。"蓋上音"服"，下音"福"，謂復如故也。《唐中興頌》亦宜以此〔讀之〕③。

有又

"有""又"二字古通用，故《詛楚文》"又④秦嗣王"，而《字書解》"'有'亦曰'又'"。《禹貢》"作十有三載，乃同"，謂十載而又三載也。《泰誓》"惟十有三年"，《洪範》"惟十有三祀"，及《無逸》"享國七十有五年"，《洛誥》"在十有二月"，《春秋》義並同。《書》初旬之日不可用"有"字，猶"二年"不可曰"有二年"，"秋七月"不可謂"秋有七月"也。今多

---

① 《鶴林玉露》"借"作"惜"。
② 據《漢書·何武傳》"廿"爲衍文。
③ 據《懶真子》卷五補"讀之"二字。
④ 《詛楚文》"又"作"有"。

讀"有"如"酉"，每聽贊禮人宣讀文首年月，輒欲嘔穢。

毋亡

《資暇集》："稷下有諺曰：'學識何如觀點書。'如'亡'字、'毋'字，並是正音，非借音也。今人點書，每遇'亡有'，必以未發平聲。其遇'毋有'字亦然。"是誤以"亡"爲"亡失"之"亡"，"母"爲"父母"之"母"讀之也。不知"母"字、"毋"字各有區別，觀篆文當知。

十

《説文》："十，數之具也，'一'爲東西，'丨'爲南北，則四方中央備矣。"《易》"數生於一，成於十"，《漢志》"協於十"，又《左傳》"十年尚猶有臭"，注疏："十是數之小成，故舉以爲言。"通作"什"。《孟》"或相什伯""其實皆什一"，《前·谷永傳》"天所不饗，什倍於前"，今官文書併作"拾"。又楊用修云：唐人詩句中有以十字讀如"諶"，如"紅蘭[1]三百九十橋""三十六所春風館""示我十年感遇詩"等句，然《韻書》平聲卻無所見。

廿卅卌字

顏之推《稽聖賦》："魏嫗何多，一孕四十；中山何夥，有子百廿。""廿"，音"入"，而集反。《説文》"二十並也"，今直以爲二十字，凡滿、莫、菫、席、庶之類皆從此。按："廿"字諸韻書皆音"入"，市井商賈或音"念"，學士大夫亦從其誤者。惟《程篁墩集》中書"廿日"，作"念"字。又三十並爲"卅"，音"撒"，先合反，三十之省便，古文也。"卌"，音先

---

[1] 白居易《正月三日閒行》"蘭"作"欄"。

立反，數名，今直以爲四十字。按：秦始皇凡刻石頌德之辭，皆四字一句。《泰山辭》曰："皇帝臨位，二十有六年。"《琅邪臺頌》曰："維二十六年，皇帝作始。"《之罘頌》曰："維二十九年，時在中春。"《東觀頌》曰："維二十九年，皇帝春游。"《會稽頌》曰："德惠修長，三十有七年。"此《史記》所載，每稱"年"者，輒五字一句。嘗得《泰山詞》石本，乃書爲"廿有六年"，想其餘皆如是，而太史公誤易之，或後人傳寫之訛耳，其實四字句也。黄花老人詩"招客先開冊隻①"，郤一字讀作二字，可笑。

---

① 《說略》"隻"作"雙"。

〔明〕程良孺 撰

張厚知 整理

程良孺集

（中）

荆楚文庫編纂出版委員會

武漢大學出版社

目　録

雙六格　博陸　四紅　猪窩　葉子格　鞦韆　傀儡　郭禿　木偶
藏鈎　蠻融　白打錢　唐梯戲　錢戲　松子量　角觝　撫塵　古今相書
相手板　拍張　握槊　行藥　圖經本草　遁甲　玉帳　星命　箄命
百中經　男女小運　九章筭經　握算　俗語算數　奇偶　響卜　錢卜
錢字陰陽　勾陳螣虵起位　卜器　女丁夫壬　制字　衙推　銀河棹
殿　老醫少卜　營舍　犯土　裝潢　泥金畫漆　女巫　奇袤　傳奇　骨路

萬尺籛　簸業　馬子　常滿燈　罨畫　檀暈　綠沉　頳色　玄色　朱紫
藍色　翠色　玫瑰油　窰器　瓻瓶　瓦甒　青甆器　綠鬖器　石敢當
十四物取象　隊仗　鹵簿　五兵　火城

鳥智　鳥視鳴　鳥孕　鳥音　物交異類　物利　又　又　物化　物向
物形　物象　物用　行屬鳴屬　物性相反　鳥雙名　獸雙名　魚雙名
蟲雙名　縣蠻睍睆　知鳥言　鵲鶴　鶴怨鷗顧　孤雁　孔雀毛　鵜鳩
鶵雀　雎鳩　鷗鶉　歸終　鴳鳩　流離　屬玉　王母　乘風　鷽斯
朱鳥　九頭鳥　雛鳥　雲龍風虎　石麟辟邪　龍馬　草駒　叱撥
牝馬　聾蟲　野馬　八駿　王會圖貢物　騊虞

象膽　越睒駿　蚆足　牛耕　馬齒　牝驢　燕巢　猿通臂　類　兔孕
又　烏三足　鳥鼠同穴　風馬牛　牛米　鹿麑角　蟲豸　半豹　明駝
獅子犽　飛熊　狼狽　文狸　麝脯　羘羊　宗彝　又　猱蝯　侯　沐猴
衛　地犬無傷　犬像　祭用犬　鷹犬　狗瘦　物去勢　物識人言
過山猫　相鼠　鼳鼠　鼮鼠　天雞　雞尸牛從　鸏鵝　烏夜啼　雞鴨寒
河豚　烏鬼　委蚍　魚麗　鱅　淫魚　金劍　金魚　魚書　江瑤柱
玄武　五總龜　六目龜　鯤鵬　無恙　螟蛉　麥化　車渠　蛙蟆　蜀
天蠶炙　尺蠖　蟬鳴　玄駒　蚍蜉　馬一疋　蜚　螳螂　螢火　蝦
蠡斯　丹良　蠃　八蠶　蠶室　落霞　蠶馬　蜘蛛　水癥

第十六卷　書籍下

三書別解

《爾雅》："綸似綸，組似組。"《禽經》云："風翔則風，雨舞則雨，霜飛則霜，露霑則露。"《大戴禮》："夏商之季，糟者猶糟，實者猶實，玉者猶玉，血者猶血，酒者猶酒。"語句皆奇古。《爾雅》注："綸與組皆草色，東海有之。綸，鹿角菜。組，海中苔。"楊用修曰："即今燕窩菜也。"《説文》："綸，青絲綬，音'關'。"仲長統《昌言》："身無半通青綸之綬①，而竊三辰龍章之服。"《禽經》注："風，鳶類，越人謂之'風伯'。雨，一足鳥，一名'商羊'。霜，鶄鶄。露，鶴也。"《大戴禮》注："糟以喻惡，實以喻善，玉以喻賢人。血，憂色也。酒以喻樂，言政雖已失，未至大亂。"《周禮疏》所謂"雖土崩而不瓦解，雖板蕩而不瓜〔分〕②"，亦此意。

數目字

壹、貳、叁、肆、伍、陸、柒、捌、玖、拾，《字書》皆有之。叁，正是"三"字，或讀作七兩反耳。柒字，〔晉〕③唐人書或作"漆"，亦取其同音也。（見《老學庵筆記》）

---

① 《漢書·仲長統傳》"綬"作"命"。
② 據《升庵集》補"分"字。
③ 據《老學庵筆記》卷七補"晉"字。

呼字之譌

世俗呼字譌不可曉，如"石"本入聲，音"十"，而讀作去聲，音"石"，爲"石斗"之"石"。"劇"本入聲，音"極"，而讀作去聲，音"記"，爲"雜劇"之"劇"。"這"本音"彥"，《玉篇》解"迎也"，而讀作去聲，音"蔗"，爲"這邊""這个"之"這"。"歺"本音"掇"，《説文》作"卢，列骨之殘"也，而讀作上聲，音"駣"，爲"好歺"之"歺"。"另"本音"寡"，《説文》作"咼，剔人肉置其骨也"，而讀作去聲，音"令"，爲"另行"之"另"。"朝廷"之"廷"，本音"定"，而讀作平聲，音"庭"，如"庭堂"之"庭"。"假借"之"假"，本音"嫁"，而讀作上聲，音"賈"，如"真假"之"假"。"朝請"之"請"，本音"倩"，"春朝曰朝，秋朝曰請"，而讀作"請"。"爛脱"之"脱"，本音"奪"，而讀作"脱"。"太守"之"守"，本音"狩"，而讀作"守"。"周身之防"，"防"去聲，而讀爲"防"。"廷評"之"評"，本去聲，而讀爲"評"。"中興"〔之〕①"中"，去聲，而讀爲"中"。此久相沿，驟難更易。至若讀"微"如"危"，讀"葉"如"葉"，讀"仙"如"宣"，讀"勿"如"無"，讀"味"如"傌"，讀"鞋"如"孩"。南音"王""黄"皆"王"，"年""嚴"皆"年"，"吳""胡"皆"吳"，"元""玄"皆"元"。北音"沮""足"皆"沮"，"卑""畢"皆"卑"，"衣""乙"皆"衣"，"烏""屋"皆"烏"，是皆鄉音鄙語，不雅聽聞。

古文倒語

古文多倒語，如"息"之爲"長"、"亂"之爲"治"、"擾"之爲"順"、"荒"之爲"定"、"臭"之爲"香"、"潰"之爲"遂"、"釁"之爲"祥"、"結"之爲"解"、"坐"之爲"跪"、"浮"之爲"沉"、"面"之爲"背"、"糞"之爲"除"，皆美惡相對之字，而反其義以用之。

---

① 據文例補"之"字。

卷秩

今之書籍每册必數卷，或多至十餘卷，此僅存卷之名耳。古人藏書，皆作卷軸，"鄴侯家多書，插架三萬軸"是也。此制在唐猶然。其後以卷舒之難，因而爲摺，久而摺斷，乃分爲簿秩，以便檢閱，蓋愈遠而愈失其真矣。

一帙

書曰帙者，古人書卷外必有帙藏之，如今裹袱之類。白樂天嘗以文集留廬山草堂，屢亡逸，宋真宗令崇文院寫校，包以斑竹帙送寺。

好用古字

近有好用古字者，書"是非"爲"氏飛"，此固好奇，不可謂無所本。《漢書》以頒示字書視看字，如"視其節儉"是也。《荀子》以示看字書是否字，如"是其庭可摶瓦"是也。《漢志》以是否字書氏族字，如"至玄孫氏爲莊王"是也。書"非"字爲"飛"者，如漢碑所謂"飛陶唐其若是乎"，此"氏飛"字之所據也。

令甲

天子之言爲令甲、令乙，諸侯之言爲令儀、令言。又：天子稱聖旨，然百姓于府縣亦稱親旨。(見《教民榜》)

箋注

箋，表識書也，聲古者紀其事，以竹編次爲之，故從竹。又詩注曰

"篯"，張華《博物志》：鄭玄即毛萇郡人，謙敬不敢言注，但表識其不明者耳。《集韻》或作"牋"，亦作"㸬"，又書作"揃"，注或以手作揃，《周禮》"職金"注："既楬書揃其數量。"疏云："揃，即今録記文書。謂以版記録，量數多少。"

塗黃

館閣新書净本有誤書處，以雌黃塗之。嘗校改字之法：刮洗則傷紙，紙貼之又易脱，粉塗則字不没，塗數遍方能漫滅。唯雌黃一漫則滅，仍久而不脱。古人謂之鉛黃，蓋用之有素矣。

點竄

《三國志》曹操與韓遂書多點竄，點謂滅去，竄謂添入，又誘人爲惡曰"竄"，俗曰"攛掇"是也。

圖乙

歐文忠《詩譜補亡後序》末云："增損圖乙。"圖者，塗抹也。乙者，乚也。

一丁

不識字者稱"不識一丁"。《唐書》有"挽兩石弓，不如識一丁"。王楙考謂"个"字之誤。及張翠微《考異》，亦謂"个"字，又引《蜀志》《南史》皆有"所識不過十字"語。劉知幾謂"王平所識，僅通十字"，復以爲"十"字之誤，恐俱未然。《莊子》謂"丁字①有尾"，丁尾左引，非右引也，然

---

① 《庄子·天下》"字"作"子"。

則《莊子》亦可謂不識一丁矣。《大秦苻堅載記》：“太元七年饗群臣於前殿，樂奏賦詩，秦州別駕天水姜平子詩有‘丁’字，直而不曲。堅問其故，平子曰：‘臣丁至剛，不可以屈，且曲下者不正之物，未足獻也。’堅笑曰：‘名不虛得。’因擢爲上第。”豈其時謂平子擢上第而不識‘丁’字耶？

巾箱本

今之刊印小册謂巾箱本，起於南齊衡陽王鈞手寫五經，置巾箱中。賀玠曰：“家有墳素，何須蠅頭細書？”答曰：“檢閱既易，且手寫不忘。”諸王從而效之。古未有刊本，雖親王亦手自抄録。今巾箱、刊本無所不備。嘉定間，從學官楊璘之奏，禁毀小板，近又盛行，第挾書，非備巾箱之藏也。

不刊

《春秋序》：“則刊而正之，以示勸戒。”楊子雲《方言序》：“縣諸日月，不刊之書。”謂不可削也。李鼎祚《周易集解》宗鄭玄而削王弼，其序曰“刊輔嗣之野文，輔康成之逸象”，是也。至宋人轉失其義，乃以爲刻木印書之義，如王氏《揮塵録》所云“郡府多刊文籍”，且易以“刊”爲“刻”，誤也。唐肅送人從軍詩“碑因紀績刊謬誤”，可笑。《鄉試録序》云“刊其文之佳者若干篇”，讀者亦不之恠也。

汗青

語云“汗青”，又曰“殺青”。《風俗通》：“殺，治也。治竹作簡書之耳。新青竹有汗，易蠹，故于火上炙乾之。陳楚間謂之汗，汗者，去其汁也。”

沈約四韻

沈約始爲四韻，自謂靈均以來，未始有覿。梁高祖雅不好之，陸厥與約駁論甚苦。後至隋儀同劉臻等過陸法言，論及聲韻，以今聲調既自有別，諸家取捨亦復不同。吳楚則時傷輕淺，燕趙則多傷重濁，秦隴則去聲爲入，梁益則平聲似去。又支、脂、魚、虞共爲一韻，先、仙、尤、侯俱論是切。欲廣文路，自可清濁皆通；若賞知音，即須輕重有異。因取呂靜《韻集》、夏侯該《韻略》、陽休之《韻略》、周思言《音韻》、李季節《音譜》、杜臺卿《韻略》等參伍之，當時遂有法言撰本，長孫訥言箋注。同撰者爲劉臻、顏之推、即①魏淵、盧思道、李若、蕭該、辛德源、薛道衡，後又有郭知玄緒正朱箋三百字，關亮、薛峋、王仁煦、祝尚丘、孫恒、嚴寶文、裴務齊、陳道固各增加字，至宋成《廣韻》二萬六千一百九十四字。沙門神珙又有《四聲五音九弄反紐圖》，其《序略》云：“聿興文序，反切爲初。一字有訛，餘音皆失。”又云：“欲反字，先須紐弄爲初。一弄不調，則宮商靡次。昔有梁朝沈約創立紐字之圖，皆以平聲，碎尋難見。唐又有陽甯公、南陽釋處忠撰《元和韻譜》，與文約義俱，詞理稍繁，尋求難顯。乃列五圓圖爲五聲圖，每圖皆從五音，字行皆左轉，中有注說之；又列二方圖爲九弄圖，圖中取一字爲頭，橫列爲圓首，目題傍正之文以別之。譜曰：平聲者哀而安，上聲者厲而舉，去聲者清而遠，入聲者直而促。傍紐者皆是雙聲，正在一紐之中，傍出四聲之外，傍正之〔目〕②，自此而分清濁也。東方喉聲：何、我、剛、鄂、謌、可、康、各，西方舌聲：丁、的、定、泥、寧、亭、聽、歷，南方齒聲：詩、識、之、食、止、示、勝、識，北方脣聲：邦、龙、剥、雹、北、墨、朋、邈，中央牙聲：更、硬、牙、格、行、幸、亨、客。自神珙之切行，而韻字益明矣。元周氏譏約乃以中土冶音而勝之，又欲以三聲而奪四聲，尤可笑者。其所舉平聲，如靴在戈韻，車、邪、遮、嗟却在麻

① 據《說略》“即”爲衍文。
② 據沙門神珙《四聲五音九弄反紐圖》補“目”字。

韻，靴不押車，車却協麻。元、暄、鴛、言、騫、焉俱不協先，煩、翻不協，寒山却與魂痕同押，其音何以相着？灰不協揮，杯不協裨，梅不協糜，雷不協羸，必呼梅爲埋，雷爲來，方與哈協，如此呼吸，非鴃舌而何。伯清所自持未必是，其所攻未必非也。

《古詩十九首》拾遺

"閨中有一婦，搗衣寄遠人。深夜不安寢，杵聲聞四隣。夫壻從軍久，別離無冬春。欲寄向何處，邊塞多風塵。蘭茝徒芬香，無由近君身。"此《古詩十九首》之遺也。鍾嶸云：古詩凡四十餘首。陸機所擬十餘首。至梁昭明選十九首，其餘有見於《樂府》又①《玉臺新詠》者：若"上山採蘼蕪""橘柚垂華實""紅塵蔽天地""十五從軍征""四坐且莫誼""悲與親友別""穆穆清風至""蘭若生春陽""步出城東門""白楊初生時"凡十首，皆首尾全近。又閱《類要》及《北堂書鈔》《修文殿御覽》，會合叢殘，得此首。其碎句無首尾者，載之於《詩話補遺》。

七始詠

《漢書·律曆志》引《尚書》"欲聞六律、五聲、八音、七始詠，以出納五言"，言以律呂和五聲，施之八音，合之成樂。七者，天地四時人之始也，順以歌詠五常之言。今文"七始詠"作"在治忽"。史繩祖據漢《房中歌》"七始蕭②始，蕭倡和聲"，而以今文"在治忽"爲傅會，是矣。用修乃謂今之切韻，宮、商、角、徵、羽之外，又有半商、半徵，蓋牙、齒、舌、唇、喉之外，有深喉、淺喉二音，此謂"七始詠"，詠，即"韻"也。此説甚非，七始本《志》，自有定説，乃云《漢書》注不著"七始"之義，而別自爲解，豈未見《漢書》邪？且切韻起於近世，而謂舜時有之，

① 《升庵詩話》"又"作"及"。
② 《乐府詩集》"蕭"作"華"。

尤舛。

樂府

《漢書》"武帝立樂府"，師古曰：樂府之名始此。按："孝惠六①年，使樂府令備其簫管"，是前此已有其名。

《將進酒》

《將進酒》，魏謂之《平關中》，吳謂之《章洪德》，晉謂之《因時運》，梁謂之《石首局》，齊謂之《破侯景》，周謂之《取巴蜀》。李白所擬，直勸岑夫子、丹丘生飲耳。李賀深於樂府，至於此作，其辭亦曰："琉璃鍾，琥珀濃，小槽酒滴珍珠紅。"嗟乎，作詩者擺落鄙近，以得意外趣者，古今難矣。

詩稱文

梁簡文帝《答湘東王書》："詩既如此，筆亦如之。"古人稱文爲筆，有辨之矣；但稱詩爲文，未有提之者。文者五色相宣之謂，唯詩有之。按：《謝靈運傳論》云："升降謳謠，紛披風什。雖虞夏以前，遺文不覩，禀氣懷靈，理無或異。"《北史·文史②苑傳叙》云："煬帝意在驕淫，詞無浮蕩。故當時綴文之士，皆③得依而取正焉。"劉勰云："堯有《大唐》之歌，舜造《南風》之詩，觀其二文，辭達而已。"又云："子政品文，詩與歌別。"又云："論文之方，譬諸草木。《唐歌》在昔，廣於黃世；虞歌《慶雲》，文於唐時。"《本事詩》云："賀知章訪李白，請其所爲文，出

---

① 《漢書·禮樂志》"六"作"二"。
② "史"爲衍文。
③ 《北史·文苑傳》"皆"作"遂"。

《蜀道難》以示之。"又云："吳武陵有文筆才。"《石鼎聯句序》云："此皆不足與語，此寧爲文耶。"是所稱文並指詩歌。

試賦用韻

唐以賦取士，而韻數多寡平側次叙，元無定格。故有三韻者，《花萼樓賦》以題爲韻是也。有四韻者，《蕡莢賦》以"呈瑞聖朝"、《舞馬賦》以"奏之天廷"、《丹甑賦》以"國有豐年"、《泰階六符賦》以"元亨利貞"爲韻是也。有五韻者，《金莖賦》以"日華川上動"爲韻是也。有六韻者，《止水》《魍魎》《人鏡》《三統指歸》《信及豚魚》《洪鐘待撞》《君子聽音》《東郊朝日》《蜡日祈天》《宗樂德》《訓胄子》諸篇是也。有七韻者，《日再中》《射己之鵠》《觀紫極舞》《五聲聽政》諸篇是也。八韻有二平六側者，《六瑞賦》以"儉故能廣，被褐懷玉"、《日五色賦》以"日麗九華，聖符土德"、《徑寸珠賦》以"澤浸四荒，非寶遠物"爲韻是也。有三平五側者，《宣耀門觀試舉人》以"君聖臣肅，謹擇多士"、《懸法象魏》以"正月之吉，懸法象魏"、《玄酒》以"薦天明德，有古遺味"、《五色土》以"王子畢封，依以建社"、《通天臺》以"洪臺獨出，浮景在下"、《幽蘭》以"遠芳襲人，悠久不絶"、《日月合璧》以"兩曜相合，候之不差"、《金梲》以"直而能一，斯可制動"爲韻是也。有五平三側者，《金用礪》以"商高宗命傅説之官"爲韻是也。有六平二側者，《旗賦》以"風日雲舒，軍容清肅"爲韻是也。自太和以後，始以八韻爲常。唐莊宗時，嘗覆試進士，翰林學士承旨盧質以《后從諫則聖》爲賦題，以"堯、舜、禹、湯傾心求過"爲韻。舊例，賦韻四平四側，質所出韻乃五平三側，大爲識者所誚，豈非是時已有定格乎？

雞碑

丁晦《芝田録序》有"學慚鼠獄，智乏雞碑"之句，鼠獄，人皆知張湯故事；至鷄碑，宋人引《宣室志》云："元和初，裴晉公征吳元濟，至境上，因發地，得石刻，有'鷄未肥，酒未熟'語，解者曰：'鷄未肥，無肉也，去肉爲己；酒未熟，無水也，去水爲酉。破賊在己酉。'後果平蔡，是日入城。"以爲"鷄碑"用此。余謂非也，此用戴安道事耳，《晉書》："戴逵惣角時，以鷄卵汁溲白瓦屑作《鄭玄碑》，又爲文而自鎸之，詞麗器妙，時人莫不驚嘆。"丁晦蓋用此。鼠獄與鷄碑，皆幼年慧解事，故以作對。

《紅拂記》

張伯起《紅拂記》一佳句云"愛它風雪耐它寒"，不知爲朱希真詞也。其起句云："檢盡曆頭冬又殘，愛他風雪耐他寒。拖條竹杖家家酒，上箇籃輿處處山。"亦自瀟灑。賀方回《浣溪沙》有云"淡黃楊柳帶栖鴉"，關漢卿演作四句云："不近誼諠，嫩綠池塘藏睡鴨；自然幽雅，淡黃楊柳帶栖鴉。"青出於藍，無妨並美。

真草隸篆

真、草、隸、篆四字，乃村學究語。六書中惟有楷、隸，鍾、王、歐、顏皆有此意。後代以真書別爲一種，古法滅，俗札生矣。《通釋》云："字原有秦隸、漢隸，今當以晉、唐書爲晉隸、唐隸，則自然易曉也。"張紳此言，可爲點睛洗眼之語。

衆體之始

周宣王時，史籀變科斗文以爲大篆，李斯作《蒼頡篇》，取籀省文謂之小篆，此篆之始。秦既用篆奏事，事繁多難成，即令隸人佐書，曰"隸字"。或曰：程邈囚獄中，改籀文省爲隸字，上之，始皇大喜，免其罪，此隸之始。上谷王次中作八分篆法，二分隸文，(《書斷》)勢如八字，有偃波之文。(《佩觿集》)又云二説皆非，書有二體，蔡伯喈于八體之後又分此法，故曰八分，此八分之始。上谷王次中始作楷書，此楷之始(《書斷》)。魏初有鍾、胡二家爲行書法，盛行於世，行書即正書之小變，務從簡易，相間流行。又云非草非真，離方離圓，兼真者謂之真行，帶草者謂之草行，此行書之始。(張懷瓘《書斷》)漢興，有草書不知作者姓名，至章帝時則有杜伯度、崔瑗、崔寔皆稱工，伯英因而轉精巧，下筆則號匆匆不暇草書，寸紙不遺，此草書之始。(《晉·衛坦①傳》)蔡邕見皇都匠人施堊帚，遂創意焉，此飛白之始。(《難跖集》)

閣帖

《閣下法帖》十卷，淳化中所集，其中多吊喪問疾。李涪《刊誤》："短啓出於晉、宋兵革之際，時國禁書疏，非吊喪問疾不得輒行尺牘，故羲之書首云'死罪'，是違令也。"觀書牘首云"死罪"，自漢、魏以來已多如此，不但晉羲之也，恐非冒禁之故。孔融、繁欽、陳琳諸人書箋，皆先言"死罪"，然後云云。晉、宋以來，如阮嗣宗、謝玄暉、任彥升之徒亦然。又觀《墨客揮犀》，謂《法帖》中多吊喪問疾者，蓋唐帝好晉人墨蹟，舍吊喪問疾之書，悉入内府，後歸昭陵，無有存者。惟吊喪問疾者，以不祥故，多在人間。此或然也。

潭帖

世有《絳帖》《潭帖》《臨江帖》，此三書，《絳》本已少，惟《潭帖》爲勝者，以錢希白所臨本也。希白於字畫得佳處，故於二王帖尤邃。若

---

① "坦"當作"恒"。

《臨江》則失真遠矣。又《淳化帖》《大觀帖》，當時以晉、唐善本及江南所收帖，擇善者刻之。悉出上聖規摹，故風骨意象皆存。

定武本蘭亭

山谷謂《蘭亭詩叙》二本，一本是都下人家用定武舊石刻摹入木板者，頗得筆意，亦可翫。一本門下蘇侍郎所藏唐人臨寫墨跡刻之成都者，中有數字極瘦勁不凡，東坡謂此本乃絕倫也。然此本瘦字，時有筆弱骨肉不相宜處，竟是定武刻優耳。又云：褚庭誨所臨極肥，而洛陽張景元斸地得缺石極瘦，定武本則肥不剩肉，瘦不露骨，猶可想其風流。董逌則謂定武本出於湯普徹，不知其何據也。

禊帖

晉人謂《臨禊序》，唐人稱《蘭亭詩》，或言《蘭亭記》，歐陽公云《修禊序》，蔡君謨云《曲水序》，東坡云《蘭亭文》，山谷云《禊飲序》。通古今雅俗所稱，俱云《蘭亭》。至高宗宸翰題曰《禊帖》，於是《蘭亭》有定名。

右軍千字

《法書》中有《王右軍千字文》，昔賢作笑端，蓋知其爲周興嗣撰，不應右軍預有之。然梁武帝命殷鐵石摹取《右軍千字》，命興嗣次韻，故當有《右軍千文》，非謬也。又有《衛夫人筆陣圖》，《右軍題筆陣圖後》，及《右軍筆勢圖》一章、《筆勢論》十二章，昔賢皆辨其妄，然是六朝善書者擬作。苟能熟覽，思亦過半矣。

索靖《出師頌》

索靖《出師頌》，亦有宣和記識，考《書譜》良合。然宋時諸公極艷稱蕭子雲《出師頌》，而秘殿不收，蓋是唐人臨得蕭子雲《頌》，因見閣帖内靖數行相類，遂鑒定以爲靖《出師頌》耳。自永嘉南渡，靖真迹已鮮，梁武湘東鳩集之繁，貞觀開元購求之篤，何於兹時寥寥也。

章草

書法之有章草，談者多誤。張懷瓘《書斷》謂漢章帝喜杜操草書，令表章亦皆作草書，遂曰章草。世人見法帖首載“千文辰宿”等八十四字，題爲漢章帝所書，亦遂曰章草。一以爲章奏之章，一以爲章帝之章，皆非也。漢元帝時黃門令史游作《急就章》，繼而杜操、皇象、張芝，始變草法以書此章，則章草之名實原于此。其云“分波磔，變八分”，則自有《字書》在。

石經

蔡中郎《石經》，漢靈帝熹平四年，邕以古文、篆、隸四①書《五經》，刻石於太學。至魏正始中，又為一字石經相承，謂之《七經正字》。《唐志》又有《今字論語》二卷，豈邕五經之外復有此乎？《隋·經籍志》凡言一字石經，皆魏世所為；有一字石《論語》二卷，不言作者之名，遂以為邕所作，恐唐史誤。北齊遷邕《石經》于鄴都，至河濱，岸崩，石没於水者幾半。隋開皇中，又自鄴運入長安，尋兵亂廢棄。唐初，魏鄭公寫②集所餘，十不獲一，而傳拓之本，猶存祕府。當時一字《石經》猶數十卷，三字《石經》止數卷而已。由是知漢石經之亡世久矣。魏石經近世

① 據《泊宅編》引《石經跋尾》“四”爲衍文。
② 《泊宅編》“寫”作“鳩”。

猶存，至五代堙滅殆盡。

《石經跋尾》

《石經跋尾》云：經殘碑在洛陽張景元家，世傳蔡中郎書，未知何據？後一洛陽守因閱營造司所棄碎石，識而收之，遂搜訪，凡得《尚書》《儀禮》《論語》合數十段，又有《公羊》碑一段在長安，其上有馬日磾等名號者，魏世用日磾等題名，本在《禮記》碑，而此乃《公羊》碑上，益知非邕所爲。《尚書》《論語》之文與今多不同者，非孔〔安〕①國、鄭康成所傳之本。獨《公羊》當時無他本，故其文與今文無異，然皆殘缺已甚，句讀斷絶，一篇之中，或不存數字，可勝嘆惜哉。

鍾司徒書

隋僧智果書梁武帝評鍾司徒字有十二種，意外巧妙，絶倫多奇。後又有"鍾繇書如雲鶴遊天，群鴻戲海，行間茂密，實亦難過"語，以爲不應重下評意。所謂"司徒"者，繇子會也。蓋繇不爲司徒，會加司徒，雖尋伏誅，而所稱"司徒"者必會。然又以梁武與陶隱居論書至數十往復，皆不及會，不應稱之若此。及閱袁昂本文所謂"十二種"，乃在啓内，勑旨："具云如卿所評。""臣謂鍾繇云云，書氣密麗，若飛鳧戲海、舞鶴遊天"等語，蓋重贊之也。此外又有武帝《觀鍾繇書法十有二意》云："平、直、均、密、鋒、力、輕、快、補、損、巧、稱，字外之奇，文所不書。"然則袁昂之稱"司徒十二種法"，正謂繇也。吾家蓄太傅《薦季直表》，黃初二年司徒東武亭侯，蓋是時華歆辭疾，繇實轉司徒，四年遷太尉，而歆復代之。史有脱漏故耳，二者實可相證。

---

① 據《泊宅編》補"安"字。

管寧書

用修云，古人例多能書，如管寧，人但知其清節，不知〔其銀鉤之敏。〕①

〔原缺

錢希白書　隸書　隸字偏旁　古篆佑字　論轉注　又　臨摹　又掘筆　梵音〕

---

① 據楊慎《墨池瑣録》補"其銀鉤之敏"五字。

第十七卷　法教

佛法

有謂佛法入中國不始於漢明者，以《列子》西方有聖人，老子師竺乾及武帝得休屠王祭天金人爲證。按：《宣律師傳》："有一天人，姓陸，名玄暢，來謁律師云：弟子是周穆王時生在初天。本是伽葉佛時天爲通化，故周時暫現。所問高四臺者，其本迦葉佛於此第三會説法度人。至穆王時，文殊、目連來化，穆王從之。即《列子》所謂化人者是也。秦穆公時，扶風獲一石佛。穆公不識，棄馬房中，穢污此像，令公染疾，公夢被責。覺問侍臣由余，云是佛神。欲造佛像，又問由余。時高四臺南村内得一老人，姓王名安，成一銅像，相好圓備，比時人號之高四臺，或曰高四樓。其人姓高，大者名四。或曰兄弟四人同立故也。或取大兄名以目之，故有高四之名。然則秦穆公時佛法入中國矣。

佛字本音

"佛"本音"弼"，《詩》云"佛時仔肩"，又音"拂"。《禮記》云"獻鳥者佛其首"，注云："佛，不順也，謂以義①戾之。""禪"本音"擅"，《孟子》曰"唐虞禪"是已。自胡書入中國，"佛"始作符勿切，"禪"始音"蟬"。今人反以"輔佛"之"佛"、"禪受"之"禪"圈科，非知書學者。

---

① 《菽園雜記》"義"作"翼"。

火祅

火祅字，其書從夭①，胡神也，音醯堅切，教法佛經所謂摩醯首羅也。本起大波斯國，號蘇魯支，有弟子名玄真，習師之法，居此。宋次道《東京記》："寧遠坊有祅神廟。"又"康國有神名祅，其國有火祅祠，疑因是建廟，或傳晉戎亂華時立此"。《教坊記》曲名有《牧護字②》，已播在唐樂府。《崇文書》有《牧護詞》，乃李燕撰六言文字，記五行災福之説。則後人因有作語爲《牧護》者，不止巴人曲也。祅之教法蓋遠，而穆護所傳，則自唐始。

像始

漢桓帝於宣③中鑄黃金浮圖、老子像，覆以百寶華蓋，身奉祀之。由是百姓向化，事佛彌盛。世人以金銀作佛像自此始。

佛圖澄姓

邢州内丘縣西，古中丘城，寺有碑，後趙石勒光初五年所立。碑云："太和上佛圖澄願者，天竺大國附賓小主之元子，本姓濕。所以〔言'濕'〕者，思潤理物，澤彼無外，是以號之爲'濕'。"④按：《高僧傳》《名僧傳》《晉書·藝術傳》，佛圖澄並無此姓，今云姓"濕"，亦異聞也。

什迦生日

什迦出世年月，不過以恒星不見爲據。三代年既不同，不知外國用

① 《西溪叢語》"其書從夭"作"其畫從天"。
② 《西溪叢語》"字"作"子"。
③ "宣"當作"宮"。
④ 《封氏聞見記》"附賓"作"罽賓"，"理物"作"理國"，並據補"言濕"二字。

何曆法？若外國用周正耶，則四月辛卯，長曆推是五日，了非八日；若用殷正耶，周之四月，殷之三月；用夏正耶，周之四月，夏之二月，都不與佛家四月八日同也。若以魯之四月爲證，則日月參差不可爲定矣。

佛髮

普通六年，西域使還，獲佛爪髮。髮青紺色，以物伸之，隨物長短，放之則旋屈爲螺。

三點成伊

《哀歎品》曰：“云何爲秘密之藏，猶如伊字三點，若並則不成伊，縱亦不成。如摩醯首羅面上三目乃得成伊三點，若別亦不成伊。”按：伊字下有兩伊，舊伊橫竪斷絶，新伊下草相連細畫，蓋梵書也。苑咸書三點成伊，本此。

蓮花卍

苑咸詩又有“蓮花卍字總由天”，按：“卍”字本“卐”，出則天后長壽二年造于天樞閣，謂吉祥萬德之所集也。《楞嚴》以爲佛胸相，《華嚴》以爲莊嚴帳，漢昭陽殿有九字金鈴（見《西京雜記》），意亦近之。又《華嚴》乃亦作“萬”，如蓮花卍字，旋指蓋指相也，中國呼爲“萬”音，疑亦意會耳。

赤足

《史記·大月氏傳》：“身毒國在大夏東南數千里，其俗土著與大夏同，而卑濕暑熱。”按：《後漢·西域傳》：“天竺一名身毒，今浮屠像多赤足，此卑濕暑熱之驗也。”又云：其民乘象以戰，今浮屠像以跨象云。

南無

佛書用"南無"二字最多，然各不同，或作"那謨"，或作"南膜"，胡人稱拜爲"南"，亦以爲"膜"音"謨"，《穆天子傳》"膜拜而受"，蓋三代已有此稱。一説居南方而拜也，"拜"訛爲"謨"，又因之爲"南無""南摩"耳。予聞之一儒者云，佛居西方，西方金也，至南方無，火克金也。又云釋氏稱"比丘""比丘尼"，得冒吾先聖名字，此説有理，殆必有據。

頭陀

新云"杜多"，此云"抖擻"，亦云"修治"，亦云"洮汰"。《重①裕記》云"抖擻煩惱"故也。《善住意天子經》云："説彼人名爲'杜多'，今訛稱'頭陀'。"

沙彌

七歲至年十三者皆名駈烏沙彌，若年十四至十九名應法沙彌，若年二十以上皆號名字沙彌。又《善覺要覽》：落髮後稱沙彌也。華言爲息慈，爲安息在慈悲之地也。

沙門

佛舊經本云"浮屠"，羅什改爲"佛徒"，知疹②源惡故也，所以詺爲

---

① "重"當作"垂"。
② 《弘明集·三破論》"疹"作"其"。

"浮屠"。其後又爲佛圖喪門。喪門，猶死滅之門，云其法無生之教。至羅什又改爲"桒門"，僧諱①又改爲"沙門"。"沙門"，猶沙汰之法，不足可稱。又：漢明之世，佛經始過，故②漢譯言，音字未正。浮音似佛，桒音似沙，聲之誤也。以圖爲屠字之誤也。又經云：浮圖者，聖瑞靈圖，浮海而至。論云：喪者，滅也。滅塵之勞，通神之解，即喪門也。"桒"當爲"乘"字之誤耳。乘門者，即大乘門也。煩想既滅，遇物斯乘。故先云滅門，後云乘門焉。息心達原，號曰"沙門"。此則練神濯穢，反流歸潔，即沙汰之謂。

涅盤

梵語涅盤，此名無爲。《楞伽經》云：乃不生不死之地，一切修行之所依歸。《佛説施燈》又云：願一切衆生，皆得涅槃，微妙光明。至涅槃者，乃有微妙光明。世人誤認以爲死，非也。

轉輪

佛經云"轉輪五道，無復窮已"，此則賈誼所言"千變萬化，未始有極，忽然爲人"之謂也。佛道未來，而賢者已知其然矣。至若鯀爲黃熊，杜宇爲鶗鴂，褒君爲龍，牛哀爲虎，君子爲鵠，小人爲猿，彭生爲豕，如意爲犬，黃母爲黿，宣武爲鱉，鄧艾爲牛，徐伯爲魚，鈴下爲烏，書生爲虵，羊祜前身爲李氏之子，此非佛家變異受形之謂邪？

因果

佛家爲種瓜得瓜，種菜得菜，故謂之因果。

---

① 《弘明集·三破論》"諱"作"褘"。
② 《弘明集·三破論》"故"作"梵"。

三昧

"三昧"，出釋氏書，乃梵語也。此云調正直，又云正定，亦云正受。圭峰疏云："不受諸受，名爲正受。"又遠法師云："夫稱三昧者何？專思寂想之謂也。思專則志一不分，想寂則氣虛神朗；氣虛則智恬其照，神朗則無幽不徹。"余聞一禪師云："三者，參也。"亦通。

三寶

釋教以佛、法、僧爲三寶。《漢明帝内傳》："摩騰、竺法蘭自西域以白馬馱經至中國，帝於城外立精舍以處，摩騰等號白馬寺。漢地有僧及寺之始。"

苾蒭

《尊勝經》號僧曰"苾蒭"，諸經名爲"比丘"，亦名"苾蒭"。本是草名，有五義：一生不背日，二冬夏常青，三體性柔軟，四香氣遠騰，五引蔓傍布。爲佛弟子理亦宜然。

半字義

是諸大乘經爲滿字，無欠少之義也。小乘諸教悉爲半字，義未圓也。

僧官

《廣弘明集》："後魏太祖以沙門趙郡門法事①爲沙門統，綰攝僧徒，

---

① 《廣弘明集》卷二"以沙門趙郡門法事"爲"以趙郡沙門法果"。

至文帝以師賢爲僧統。"又《參玄語録》：後秦姚萇之世，羅什入關，學徒三千餘人，因立道䂮(音略)爲僧正，法欽、慧斌掌僧録，給事乃與吏人同。中國置僧官因此始。東魏、北齊尚其統，宋、南齊、梁、陳尚其正。又元魏以僧頭爲沙門都統。《語録》云："隋革周命，天下分置十統，唐罷統立録司於京邑，謂之僧録。"

佛寺

《唐韻》：官之所立，職有九寺。《漢書》注："府庭所在皆謂之寺。"今浮屠所居曰寺，亦以官府得名也。或云：白馬馱經，初止于鴻臚寺，故云。

白馬

釋明槩云："化漸漢朝，寺興白馬之號；道興晉世，刹建青龍之名。"《劉禹錫集》載僧靈徹詩："經來白馬寺，僧到赤烏年。"禹錫稱其工。隋釋彦宗《辯正論》："至若闡源白馬，則語逐洛陽；發序赤烏，則言隨建業。"則天《華嚴經序》："鷲巖西峙，象駕東驅。"注云："謂白象馱經東來。"《山川紀異》："河南府有象莊，象至洛陽化爲石，今石象猶存。"據此則白馬之說，《法苑》似是。

寺塔

《法苑》三十八："如來在日行化乞食，因遇童子戲弄沙土以爲米麪。宿祐冥會，以土麪施佛。佛感其善心，爲受塗壁，記此童子：吾滅度後一百年滿，作①王出世，號爲阿育。作鐵輪王，王閻浮提，一切鬼神並

---

① "作"當作"有"。

皆臣屬。且使空中地下四十里内所有鬼神，開往前八塔所獲舍利。役諸鬼神，於一日一夜，一億家施一塔，廣計八萬四千塔。"阿育王廣弘三王，殺八萬四千宫人，夜聞宫中有哭聲，王悔，爲起八萬四千塔，今此震旦亦有在者，什提恒因天上造三千偷婆。又《法苑》十三："昔廬山文殊師利菩薩像者，昔傳云：育王既統此洲，學鬼王制獄，酷毒尤甚。文殊現處鑊中，火熄水清，生青蓮華。王心感悟，即日毁獄，造八萬四千塔，建立佛①像，其數亦爾。此其一也。"又《釋鑑》：周共和九年，東天竺國阿育王盡收西域諸塔及龍宫舍利，夜役鬼神，碎七寶末，造八萬四千寶塔，命耶舍尊者舒指放光八萬四千道，令捷疾鬼各隨一光盡處安置一塔，遍娑婆界，在此震旦國者一十九所。按：此一事而四説不同，漢譯胡書，恣其假託傅奕之言，信矣。

寺刹

刹，佛塔也。《南史·虞願傳》："以孝武莊嚴刹七層，帝欲起十層，不可立，分爲兩刹，各五層。"梁簡文帝《答同泰寺立刹起②》："寶塔天飛。"《魏書·釋老志》："慕建宫宇，謂爲'塔'。塔亦胡言，猶宗廟也，故世稱塔廟。"則刹自可稱廟。又《北齊·陸法和傳》：法和攻侯景將任約，兵潰，"約逃竄不知所之。法和曰：'吾前於此洲水乾時建一刹，實是賊標，今何不向標下求賊。'果於水中見約抱刹仰頭，裁出鼻，遂擒之。"則刹亦可稱旛竿也。即《説文》"柱也"之義。

精舍

寺或名精舍。《釋迦譜》云："息心所棲，故曰'精舍'。"靈裕《寺誥》

---

① "佛"當作"形"。
② "起"當作"啓"。

曰："非麄暴者所居，故云'精舍'。"《藝文類〔聚〕》云："非由其舍精妙，良由精練行者所居也。"或名道場。肇師云："修道之場。"隋煬帝勅天下寺院皆名道場。止觀云："道場，清净境界。"或名僧坊者，別屋謂之坊也。

又

元美云：王觀國謂晉孝武帝奉佛立精舍于殿内，引沙門居之，以爲始此，非也。本見佛經，佛所居竹林曰精舍，晉武因之耳。觀國又引《後漢·包咸劉淑檀敷傳》"儒者立精舍講授"，吳曾引《江表傳》于吉"立精舍，燒香讀道書，製符水"。按：《後漢書》趙昱請處士綦毋君公楊奇於緱氏界周磐自重合令還，張奐在扶風，俱立精舍教授。蓋精舍不惟釋儒俱可用，但不宜用之俗地耳。

招提

唐會昌五年，毀招提蘭若四萬餘區。又《會要》："元和二年，官賜額爲寺，私造者爲招提蘭若。"《僧輝記》：梵云拓鬬提奢，唐言四方僧物。但傳筆者訛"拓"爲"招"，去"鬬""奢"留"提"字也。招提，乃十方住持耳。

佛經

殷中軍見佛經云："理亦應阿堵上。"佛經之行中國尚矣，莫詳其始。《牟子》：初明帝夢見神人，遣使者張騫等十二人於大月支寫佛經四十二章，藏在蘭臺石室。劉子政《列仙傳》："歷觀百家之中，以相檢驗，得仙者百四十六人，其七十四人已在佛經，故撰得七十。"如此，即漢成、哀之間，已有經矣。《魏略·西戎傳》："天竺城中有臨兒國。《浮屠經》：'又有神人曰沙律，昔漢哀帝元壽元年，博士弟子景廬，受大月氏王使伊存口傳《浮屠經》。'"其神全類于佛，豈當漢武之時，其經未行於中土，而但神明祀①之邪？故驗劉向、魚豢之説，佛至自哀、成之世明矣。然則牟傳所言四十二目②，其文今存非妄。蓋明帝遣使廣求異聞，非是時無經也。

懺

懺本自南齊竟陵王因夜夢往東方普光王如來所，聽彼如來説法後，因述懺悔之言。覺後即賓席，梁武、王融、謝朓、沈約共言其事，王因茲乃述成《竟陵集》二十篇、《懺悔》一篇。後梁武得位，思懺六根罪業，即將《懺悔》一篇，召真觀法師慧式，廣演其文，述引諸經。故第二卷中發菩提心文云："慧式不惟凡品，輕摽心志；實由渴仰大乘，貪求佛法。依倚諸經，取譬世事。"即非是爲郗后所作。今序文與本述不同，南人新開印本去"慧式"二字，蓋不知所由也。

犍椎

翻譯聲論，翻爲磬，亦翻鍾。《增一》云："阿難升講堂，擊犍椎者，此是如來信鼓也。"應法師準尼鈔云："時至應臂吒犍搥。"梵語臂吒，此云打。犍搥，此云所打之木。又《要覽》云："凡有一箇銅鐵鳴者皆名犍椎。"又云："但是金石板木砧鎚有聲，可以集衆者，皆名犍椎。"

三衣

僧祇云："三衣者，賢聖沙門之幖幟。一曰僧伽梨，即大衣也。二曰欝多羅僧，即士條也。三曰安陀會，即五條也。"此是三衣，若呼三條

---

① 《世説新語·文學》注"祀"作"事"。
② 《世説新語·文學》注"目"作"者"。

褊衫裙爲三衣，誤。

袈裟

《僧祇律》："敬袈裟如敬佛塔。"謂袈裟爲福田衣，衣名銷瘦煩惱，鎧名忍辱，取能降伏魔軍，亦喻蓮花不染泥滓，亦爲諸佛之所幢相，則袈裟之爲義至矣。薩婆多云："卧具者三衣之名。"《大净法門經》云："袈裟者，晉名去穢。"《大集經》名出世服，《真諦雜記》云："袈裟是外國三衣之名，名含多義，或名離塵服，由斷六塵故；或名消瘦服，由割煩惱故；或名離華服，服者離著故；或名間色服，以三如法色所成故名。三色者，律有三種壞色：青、黑、木蘭。青謂銅青，黑謂雜泥，木蘭即樹皮也。"應法師云：韻作"毳毳"，音"加沙"。葛洪《字苑》始改從衣。

褊衫

僧祇支，《西域記》："此云覆腋衣，用覆左肩，右開左合。"竺道祖云："魏時請僧於内宫，人見僧偏袒，不以爲善，遂作此衣施僧，因綴于左邊。"今隱祇支名，通號兩袖曰偏衫。

問訊

僧尼見佛見人合掌作禮曰"問訊"，蓋問其安否也。今俗謂悶心，又謂打悶心。昨見彈官封事，有番僧相見，只打悶心之句，誤矣。

誦經

宋武帝以王元謨北侵，乃①魏救至，元謨夜遁，蕭斌將斬之，沈慶

---

① "乃"當作"及"。

之諫止。初，元謨將見殺，夢人告曰，誦觀世音千遍得免。元謨誦千遍，將刑，忽傳停刑。元魏盧景裕兵敗繫獄，志心誦經，枷鎖自脱。當時又有負罪當死，夢沙門教誦經千遍，臨刑刀折，主者以聞，赦之。此經號《高王觀世音經》，後世奉佛者以此籍口也。

飯僧

史承祖曰："張橫渠看相國寺飯僧，因嗟歎，以爲三代之禮盡在是矣。"蓋其席地而坐，不設倚桌，即吾之設筵敷席也。未食，先出坐，蓋孔子《乡黨》所謂"蔬食菜羹，瓜祭，必齋如也"。終食之間寂然無聲，夫子所謂"食不語"也。只此三者，非三代之禮而何！

泥犁之獄

《捫虱新話》：黄魯直初好作艷歌小詞，道人法秀謂其以筆墨誨淫，於我法中當墜泥犁之獄。魯直自是不作。佛書泥犁耶，無喜樂也。泥犁迦，無去處也。二者皆地獄名，或省"耶""迦"字只作"泥犁"，一作"犁"。又阿鼻無間，亦地獄名。《法華經》："無間地獄，有頂天堂。"

何國人

僧伽龍朔中遊江淮間，其迹甚異。有問之曰："汝何姓？"答曰："姓何。"又問："何國人？"唐李邕作碑，不曉其言，乃書傳曰："大師姓何，何國人。"正所謂對癡人説夢耳。僧贊寧以其傳編入《僧史》，又從而解之曰："其言姓何，亦猶康會本康居國人，便死①爲康僧會。詳何國在碎葉東，此乃碎葉國附庸耳。"此又夢中説夢。

---

① 《冷齋夜話》"死"作"命"。

食齋

僧食稱齋，取齋戒之義云齋也。日未中與過中皆不齋，故不食。所謂五正食，則䴵飯、乾飯、魚、肉也。一云噉食。五不正食，枝葉花菓細末磨食也。一云嚼食。

醍醐

醍醐之教，踰於佛性。從乳出酪，從酪出蘇，從生蘇出熟蘇，熟蘇出醍醐，醍醐，蘇之精也。

伊蒲

蜀有蘭花小如金粟，經月猶香，冠於群卉，西域名之伊蘭。菖蒲花人不常見，西域名之伊蒲，貴難得也，後漢所謂伊蒲之供。又漢明帝賜楚王英贖縑以爲伊蒲塞，桑門之盛饌。此之伊蒲塞即優婆塞也，又非伊蒲供之説。

福田

供父母曰恩田，供佛僧曰敬田，供貧病曰悲田，總名曰福田。

彼岸

《梵經》云波羅密多，此云到彼岸。彼岸者，西土，俗以設諭諸佛地謂之彼岸；衆生輪回作業之地，如在海中，謂之此岸。

桃源記

淵明《桃花源記》初無仙語，蓋緣詩中有"奇蹤隱五百，一朝敞神界"之句，後人不審，遂多以爲仙。如韓退之詩："神仙有無何渺茫，桃源之説尤荒唐。"劉禹錫："仙家一曲尋無蹤，至今流水山重重。"王維："初因避地去人間，及至成仙遂不還。"又云："重來遍是桃花水，不下仙源何處尋。"王逢原："惟天地之茫茫兮，故神仙之或容；惟昔王之制治兮，惡魅魍之人逢。逮後世之陵夷兮，固神鬼之爭雄。"此皆求之過也。惟荆公詩與東坡和桃源詩最爲得實，可破千載之惑。

吕洞賓

元遺山編《唐詩鼓吹》中有吕洞賓詩一首，郝天挺注曰："洞賓名嵓，京兆人。咸通中及第，兩調縣令。值巢賊亂，移家歸終南，得道，莫測所往。"則洞賓嘗仕於唐矣。予觀洞賓於《江州望江亭自記》："吾京川人。唐末三舉進士不第。因遊江湖間，年五十，道始成。"又本傳："祖渭禮部侍郎，父讓終海州刺史，洞賓名紹先，年二十，不從婚娶。舉進士，滯塲屋者二十三年，乃罷舉，縱遊天下。"《岳陽風土記》："洞賓會昌中兩舉進士不第，即有棲隱之志。"王舉《雅言系述》："洞賓咸通中舉進士不第。"未嘗言及第與爲縣令也。天挺此説，豈別有據。

王母獻桃

王母獻桃事，詳見張華《博物志》："華桃七枚，大如彈丸，遺帝五，自食其二。"以今桃觀之，且十倍於彈丸，則其實如斗，可知不然。《漢武内傳》所謂"桃如鳬卵，形圓而色青者"何如？又蔡京所記尚方有王母蟠桃，核頗鉅。

降仙

降仙事，人多疑爲持箕者狡獪以愚旁觀，或宿搆詩文託爲仙語。其實不然，不過能致鬼之能文者耳。往往所降多名士，詩〔亦粗可讀〕，至〔於〕書體文勢，亦各近似〔其人〕①。亦有請紫姑者，命觿爲題，詩云："寒巖雪壓松枝折，斑斑剥盡青虬血。運斤巧匠斲②削成，劍脊半開魚尾裂。五湖仙子多奇致，欲駕神舟探仙穴。碧雲不動曉山橫，數聲搖落江天月。"又士子有請仙問得失者，賦詞云："凄涼天氣，凄涼院宇，凄涼時候。孤鴻叫斜月，寒燈伴殘露③。落盡梧桐秋影瘦，鑑古畫〔眉〕④難就。重陽又近也，對黄花依舊。"此人竟失舉。淳祐間，有降仙於杭泮者，或以鬼譏之，大書一詩云："眼前青白誰知我，口裏雌黄一任君。縱使挾山可超海，也須覆雨更飜雲。"或以功名爲問，答曰："朝經暮史無閑日，北履南鞭知幾年。踐履未能求實地，榮枯何必問青天。"報其相譏也。又常⑤記女仙三絶句："柳條金嫩不勝鴉，青粉墙邊道韞家。燕子未來春寂寂⑥，小窗和雨夢梨花。""松影侵壇琳觀静，桃花流水石橋寒。東風吹過雙蝴蝶，人倚危樓第幾蘭。""屈曲闌干月半規，藕花香澹水漪漪。分明一夜文姬夢，只有青團扇子知。"亦可喜也。又七夕詞以"八煞"爲韻。運箕如飛，大書《鵲橋僊》一闋："鸞輿初駕，牛車齊發，隱隱鵲橋咿軋。尤雲殢雨正歡濃，但只怕來朝初八。霞垂彩幔，月明銀燭，馥郁香噴金鴨。年年此際亦⑦相逢，未審是甚時結煞。"亦警敏

---

① 據《齊東野語》卷十六補"亦粗可讀""於""其人"七字。
② 《齊東野語》卷十六"斲"作"斸"。
③ 《齊東野語》卷十六"露"作"漏"。
④ 據《齊東野語》卷十六補"眉"字。
⑤ 《齊東野語》卷十六"常"作"嘗"。
⑥ 《齊東野語》卷十六"寂寂"作"寂寞"。
⑦ 《齊東野語》卷十六"亦"作"一"。

可喜。又李知①父云：“向常②於貴家觀降仙，扣其姓名，不答。忽作薛稷體大書一詩云：‘猩袍玉帶落邊塵，幾見東風作好春。因過江南省宗廟，眼前誰是舊京人。’捧箕者皆悚然驚散，知爲淵聖在天之靈。”真否固未可知，然每讀爲之悽然。

太和

武當山一名謝羅山，蓋以謝允仙跡也。酈道元《水經注》引《荆州圖副記》：晉咸和中歷陽謝允爲羅令，棄官隱遁兹山，得道仙去，故名。又《甄異傳》云：歷陽謝允，字道通，年十五，爲蘇峻賊兵王免所掠，賣東陽蔣鳳家，嘗飼虎，檻中狗入，則一虎攀木仰視。允謂虎曰：“此檻木③本爲汝施，而我幾死其中，汝不殺我，我放汝。”乃開檻出虎。賊平之後，詣縣自理，烏程令張球不爲申別，桎梏栲楚。允夢見一人，謂曰：“此中易入難出，汝有慈心，當捄拯。”醒，覩一少年，通身黃衣，忽進獄與允言語。獄吏知是異人，不敢枉蒙理，還都，西上武當山。太尉庾公聞而愍之，給其糧資，隨到襄陽。見道士說，吾師戴先生，非世間人也。云若有西上欲見我者，可將來。君見謝允否，允因隨去，入武當山，齋戒三日，進見先生，乃是昔日所夢人也。問允復見黃童否，因賜以神藥三丸，服之便不饑渴，無所思欲。戴先生亦無常處，時有祥雲紫氣蔭其上，或聞芳香之氣，徹於山谷。按：戴先生即漢武帝所遣殿上將軍戴甔生也。《甄異傳》所載詳備如此，而不言嘗作羅令，不可曉。又《續搜神記》云：謝允從武當山還，在桓宣武坐，言及左元放爲曹公致鱸魚，允便云：“此可得耳。”求大甕盛水，朱書符投水中，俄有二鯉鼓鬐而詠④，然則允得道後又常出山矣。今人登武當，但知有真武，而不知有

① 《齊東野語》卷十六“知”作“和”。
② 《齊東野語》卷十六“常”作“嘗”。
③ “木”疑爲衍文。
④ “詠”當作“泳”。

謝允，故備載之。

古佛國

古佛國在今雲南之正西，當中國之西南，即玄奘法師取經之所，名天竺國，其地有東①北東西中五印度。北有大雪山，葱嶺極頂，故經每稱雪山葱嶺。其東即河源，有崑崙山，彼地山莫高於崑崙山，故經每稱崑崙山爲須彌山，不知中國尚有高山，不止崑崙也。世人相傳，天下皆本崑崙，謬。

又

其山有達磨悉帝等名，意其所稱悉達太子與達磨諸名者本此。其地有阿利尼、鉢利曷、梵衍那、薩償那四摩羅等名，今所稱衣鉢、菩薩、多羅尼等字本此，皆番國語音，即今以中國所尊皇丞相諸稱名耳。

仙家同名

洪崖先生。一，伶倫，三皇時得仙，號洪崖先生，正《神仙傳》所記與衛叔卿遊華山，郭璞詩所謂“右拍洪崖肩”者也。一，唐張氳，晉州神山人，隱姑射山，開元十六年嘗至洪州救疫，亦號洪崖先生。然古洪崖所得道處亦在豫章，後人于其地立祠祀之，因並祀氳。（見《廬山紀事》）按：《列仙傳》伶倫姓張氏，豈因氳而誤耶？抑兩先生俱張姓也。

天師

魏世祖賜道士寇謙之“天師”之號。按：《軒轅本紀》，黄帝問牧馬童

① “東”當作“南”。

子爲天子之道，再拜稽首，稱天師而退。其後張道陵有“天師”之號。唐以玄宗朝李含光詔到京，懇辭歸茅山，賜勅紫陽觀居士以玄静先生，其後道士方有兩字之號，以爲常制。

道士

《大霄琅書經》：“人行大道，號曰‘道士’。”又《仙傳拾遺》、又《樓觀本紀》周穆王尚神仙，因尹真人草樓在終南山之陰，王追其舊跡，遂名幽邃之人尹軌、杜仲謂之道士，居於草樓之所，因號爲樓觀。亦道安始也。

陽平

僧順《三破論》：“沙門號曰道人，陽平呼爲道士。”《蜀記》：“凡有二十四治，而陽平一治最爲大者，今道士上章及奏符猷皆稱陽平，重其本也。”

祖師

《漢書》曰：“定陶丁姬，帝母也，《易》祖師丁將軍之玄孫。”即《儒林傳》所謂丁寬者。寬明《易》，祖師之名見此，今道士稱之。

祀高媒

《禮記·月令》：“仲春，玄鳥至，祠高媒。”高辛氏娀①吞玄鳥卵而生契，後王以爲媒官，嘉祥而立祠，變“媒”言“禖”，神之也。蔡邕曰：

① 《禮記正義》“娀”作“娀”。

高，尊也。非謂高辛。《詩毛傳》云：姜嫄從帝祠郊媒。又云：簡狄從帝祈郊媒。是先有媒神矣。孔氏云：案《鄭志》焦喬答王權之言："契以前祭天南郊，以先媒配，故謂之郊禖。"後王既以高辛爲禖神配天，則先媒廢之久矣。

洞庭君

洞庭君初稱湘君，故洞庭有湘君廟，後迺改稱洞庭君。湘夫人則湘君之夫人也。《岳陽風土記》並屈原《九歌》可考，始自於秦博士之對始皇，遂令後世以洞庭君爲婦人，以妻爲妹。又以洞庭君夫婦爲順①二妃，爲千古不剖之冤。

二郎神

二郎神衣黄彈射擁獵犬，實蜀漢王孟昶像也。宋藝祖平蜀，得花蕊夫人，奉昶小像于宮中。藝祖怪問，對曰："此灌口二郎神也。乞靈者輒應。"因命傳于京師，令供奉。蓋不忘昶，以報之也。人以二郎挾彈者即張仙，誤甚。二郎乃詭詞，張仙乃蘇老泉所夢仙，挾二彈以爲誕子之兆，因奉之，果得軾、轍。（見集中）

城隍

城隍之祀，莫詳其始。先儒謂既有社矣，不應復有城隍。唐李陽冰《縉雲城隍記》謂"祀典無之，惟吳越有爾"。然成都城隍祠，太和中李德裕所建，張説有《祭城隍文》，杜牧有《祭黄州城隍文》，則不獨吳、越爲然。又燕②湖城隍建於吳赤烏二年，高齊慕容燕、梁武陵王祀城隍神，皆書於史，又不獨唐而已。

---

① "順"當作"舜"。
② 《明史·禮志三》"燕"作"蕪"。

鍾馗

《考工記》"大圭首終葵"，注："終葵，椎也。齊人名椎曰終葵。"蓋言大圭之首似椎爾。《金石録》〔以爲〕①晉宋人名。以終葵爲名，其後訛爲鍾馗。俗畫一神像帖於門手②，執椎以擊鬼。好怪者便傅會説鍾馗能殺③鬼。畫士又作《鍾馗元夕出遊圖》，又作《鍾馗嫁妹圖》，訛之訛矣。文人又戲作《鍾馗傳》，言鍾馗爲開元進士，唐皇夢見，命工畫之，尤爲無稽。按：孫逖、張説文集有《謝賜鍾馗畫表》，先於開元久矣，亦如石敢當，〔《急就章》中虛擬人名也。俗便立石于門，書'太山石敢當'，〕④文人爲作《石敢當傳》，便謂真有其人矣。嗚呼！不觀《考工記》，不知鍾馗之訛；不觀《急就章》，不知石敢之誕，亦考古之一快也。

又

蘇易簡作《文房四譜》："虢州歲貢鍾馗二十枚。"未知鍾馗得號之由。按：硯以鍾馗名，即《考工記》終葵大圭之義，蓋觀⑤形如大圭爾。蘇公豈不讀《考工記》者，蓋亦未之審乎。

桃符

《風俗通》："《黃帝書》稱：上古之時，有兄弟二人荼與鬱〔壘〕⑥，用度朔上桃樹以制百鬼，於是縣官以臘除飾桃人垂葦索。"《歲時記》：

---

① 據《焚書》卷五補"以爲"二字。
② 《焚書》卷五"手"作"首"。
③ 《焚書》卷五"殺"作"啖"。
④ 據《焚書》卷五補"急就章中虛擬人名也。俗便立石于門，書太山石敢當"二十一字。
⑤ 《焚書》卷五"觀"作"硯"。
⑥ 據《鼠璞》補"壘"字。

"桃者，五行之精，壓伏邪氣，制百鬼。"《本草經》："梟桃在樹不落，殺百鬼。"《山海經》："東海度朔山有大桃樹，蟠屈三千里，其東北鬼門，則萬鬼出入也。有二神，曰神荼，曰鬱壘；黃帝象之，立桃版於户。"《淮南子》："羿死於桃棓。"注云："棓，大杖，以擊殺羿，由是鬼畏桃。今人以桃梗于歲旦植門以辟鬼。"《後漢·禮儀志》："代有所尚，周人木德，以桃爲更，言氣象梗。梗，更也。"《莊子》："插桃枝於户，童子不畏而鬼畏之。"桃之制鬼，見於傳記者不一，《六經》亦自可考，《檀弓》曰："君臨臣喪，以巫祝桃茢。"《傳》曰："楚人使公視襚，公至，巫以桃茢先祓殯。"《周禮·戎右》："贊牛弭桃茢。"鄭司農於《喪祝》云："喪祝與巫以桃厲執戈在王前。"以桃茇除，雖聖人不廢，例以巫家之説而鄙之，可乎？

神荼鬱壘

《山海經》云："神荼、鬱壘二神人，主執惡鬼。"《風俗通》作"鬱律"。陸法言《集韻》："'壘'音'律'。"神荼者，神舒也。鬱律者，菀結也。周代以荼爲舒，夏后荼，公子荼是也。沈休文曰："鬱壘者，屈律也。又爲鬱肆。王充云："鬱壘，崛嵂之類。"

麻胡

俗怖嬰兒曰："麻胡來。"不知其源者，以爲多髯之神而驗刺者，非也。隋將軍麻祜，性酷虐，煬帝令開汴河，威稜既盛，至稚童望風而畏，互相恐嚇曰"麻祜來"。稚童語不正，轉"祜"爲"胡"。只如憲宗朝涇將郝玭，蕃中皆畏憚，其國嬰兒啼者，以玭怖之則止。又武宗朝閭閻孩孺相脅云"薛尹來"類此。況《魏志》載張文遠遼來之明證乎？（麻祜廟在睢陽，鄜方節度李丕即其後，丕爲重建碑。）

鬼官

鬼官有七十五品。仙位有九：太帝二十七，天君一千二百，仙官二萬四千，靈司三十二，司命三品、九品、七域①（一曰域，一曰地）、九階、二十七位。七十二萬之次第也。

祖道

軒轅黃帝周遊，元妃累祖死于道，令次妃好嫫監護，因置方相以防夜，蓋其妃②也。俗名驗道神阡陌將軍，又名爲開路神。（方相，音"放象"。方，放也。相，貌也。言其放肆形貌也。）

觀音大士

過是西方十萬億萬士③有佛名阿彌陀，其佐阿彌陀而行化。若國相、又若儲君者曰觀世音大士。觀世音梵名阿那婆婁吉低輸，略而曰婆婁吉低稅。又曰觀自在，梵名阿縛盧枳多伊濕伐羅。一曰觀世自在，梵名阿婆盧吉低舍婆羅。一曰光世音，梵名盧樓亙，乃世俗相傳曰妙莊王第三女。夫妙莊何代王，内所稱高州等何古郡國，而元僧曰萬松者，附會其說，曰此劫前事也。夫萬松者，非劫前之人，安知劫前之事哉。以大士之願力，苟比丘尼優婆夷國夫人、命婦、童女應得度者，即皆現身而爲說法，此亦何足辨，第不應忘却本來面目。至稱媱女鎖骨，如金沙灘上因緣耳。且以願生西方者即以女身剎那而化爲男子，豈以大士欲成道，乃以男子而化爲女身乎。又舍利弗問天女何以不轉女身，女以神力變舍利弗亦爲天女，女自化身如舍利弗，而爲之說法曰：一切諸法，非男非女也。即攝其神力，舍利弗復身如初，不知女相所在矣。又一說《黃庭

---

① 《酉陽雜俎》"域"作"城"。
② 《賢弈編》"妃"作"始"。
③ 《觀世音大士六部經呪序》"萬士"作"佛土"。

經》云："嬌女窈窕翳霄暉。"嬌女者，耳神也。觀世音由耳根入，故現嬌女相耳。

優婆塞夷

肇曰：義名信士男、信士女。净名疏云：此云清净士、清净女。亦云善宿男、善宿女。優婆塞，梵語，〔鄔〕①波索迦，唐言近事男。優婆夷，梵語，夷即女聲字也。又云鄔波斯迦，唐言近事女。言近事者，親近承事諸佛法故。《後漢書》名"伊蒲塞"，注云："即優婆塞也。中華翻爲'近住'，言受戒行堪近僧住也。"

尼姑

漢明帝聽劉峻女出家，又聽洛陽婦阿潘等出家，此國中尼姑之始。

---

① 據《翻譯名義集》補"鄔"字。

第十八卷　方伎

廣陵散

《盧氏雜記》："韓臯謂嵇康琴曲有《廣陵散》者，以王陵、毋丘儉輩皆自廣陵敗散，言魏散亡自廣陵始，故名。"以余考之，"散"自是曲名，如操、弄、摻、淡、序、引之類。故潘岳《笙賦》："輟張女之哀彈，流《廣陵》之名散。"又應璩《與劉劭孔才書》云："聽《廣陵》之清散。"〔傅〕玄《琴賦》："馬融譚思于《止息》。"嵇康《琴賦》云："次其曲引所宜，則《廣陵》《止息》《東武》《太山》。"夫德璉、季長俱在康前，而康賦有"《廣陵》《止息》"之語，故知琴曲之名其來舊矣。又伯通館月、華亭晝夢之言，各家並載，則散自廣陵，托之神鬼者亦誤。

胡笳十八拍

秦再思《紀異錄》："琴譜《胡笳十八拍》，本昭君見胡人卷蘆葉而吹之，昭君感之，爲製曲。"王觀國以爲蔡琰爲胡騎所獲，歸作詩二章。後人用其語以詠之，非文姬所撰也。王昭君亦未嘗有《胡笳曲》傳于世。予按：《琴集》："大胡笳十八拍，小胡笳十九拍，並蔡琰作。"又按：蔡翼《琴曲》有大小胡笳十八拍。沈遼集世名流家聲小胡笳，又有契聲一拍，共十九拍，謂之祝家聲。祝氏不詳何代，李良輔《廣陵止息譜序》曰："契者，明會合之至理，殷勤之餘也。"李肇《國史補》："唐時有董廷蘭，善沈聲、〔祝聲〕①，蓋大小胡笳云。"以此較之，觀國謂非文姬所撰，亦非矣。又按：謝希逸《琴論》："平調《昭君》三十六拍，胡笳《昭君》二十六拍，清調《昭君》九拍，蜀調《昭君》十二拍，吳調《昭君》十四拍，杜瓊《昭君》二十一拍，凡有七曲。"然則昭君亦有胡笳，但指數不同耳。庚信詩："古調琴上曲，變入胡笳聲。"觀國謂昭君不能製曲，又非也。

爛柯爛鞭

爛柯，《述異記》以爲王質入信都石室，見童子碁。《東陽記》則以爲鼓琴而歌。今人若用爛柯于琴故事中，必以爲錯。《異苑》曰：有入山者見二老樗蒲，柱鞭看之，鞭已朽矣。

投壺

古者投壺，實以小豆，爲其矢之躍也。今以躍爲貴，謂之驍，乃有倚竿、帶劍、狼壺、豹尾、龍首之名，其紗者有蓮花驍，又爲小障置壺外，投之無失。驍，一作驍。

奕棋勢

太宗作奕棋三勢，使内侍裴愈持以示館閣學士，莫能曉者。其一曰獨飛天鵝勢，其二曰對面千里勢，其三曰大海取明珠勢，皆上所制。上親指授愈，令語諸學士，始能曉之，皆歎伏神紗。前後吕②待詔等對弈，多能覆局，爲圖藏于秘閣。古棋圖之法，以平上去入分四隅爲記，交雜難辨。徐鉉改爲十九字：一天、二地、三才、四時、五行、六官、七斗、八方、九州、十日、十一冬、十二月、十三閏、十四雉、十五望、十六

---

① 據《唐國史補》補"祝聲"二字。
② 據《楊文公談苑》"吕"爲衍文。

相、十七笙、十八松、十九客。以此易故圖之法，甚爲簡便。

着棋

奕棋，古謂之"行棋"。宋文帝使人齎藥賜王景文死，時景文與客棋，以藥置局下，神色不變，且思行争劫。"行"字于棋家亦有深意，不知何時改作"着棋"，"着"如着帽、着屐，皆訓"容"也，于棋有何干涉？

彈棋

彈棋起于漢成帝劉向所作，以代蹴踘之勞。魏文帝于此戲特玅，用手巾角拂之，無不中。顏黃門謂："彈棋亦近世雅戲，消愁釋憒，時一爲之。"此戲今絶，無知之者。余意俗之拾枚姑即其遺也。

畫法

南齊謝赫曰："畫有六法：一曰氣韻生動，二曰骨法用筆，三曰應物寫形，四曰隨類傅彩，五曰經營位置，六曰傳模移寫。"骨法以下五端可學而能，氣韻必在生知。宋劉道醇曰："畫有六要、六長：氣韻兼力，一要也；格制俱老，二要也；變異合理，三要也；彩繪有澤，四要也；去來自然，五要也；師學舍短，六要也。麁鹵求筆，一長也；僻澀求才，二長也；細巧求力，三長也；狂怪求理，四長也；無墨求染，五長也；平畫求長，六長也。"既明此六要，又審彼六長，自然知悟。宋郭若虛曰："畫有三病，皆繫用筆。一曰板①，謂腕弱筆癡，全虧取與，狀物平褊，不能圓渾②；二曰刻，謂運筆中疑，心手相戾，向③畫之際，妄生圭

---

① 《圖畫見聞志》"板"作"版"。
② 《圖畫見聞志》"渾"作"混"。
③ 《圖畫見聞志》"向"作"勾"。

角也；三曰結，謂欲行不行，當散不散，似物凝礙，不能流暢。未窮三病，徒舉一隅。鮮克用心，必煩睊眦。"元饒自然曰："畫有十二忌，一曰布置拍密，二曰遠近不分，三曰山無氣脉，四曰水無源流，五曰境無夷險，六曰路無出入，七曰石止一面，八曰樹少四枝，九曰人物傴僂，十曰樓閣錯雜，十一曰濃淡失宜，十二曰點染無法。"若此十二病悉除，庶于六法可冀。

畫病

彥遠又云："吳道子畫仲由，便戴木劍；閻令公畫昭君，已著幃帽。"不知木劍創于晉代，幃帽興于國朝。舉此凡例，亦畫之一病也。且如幅巾傳于漢魏，幕離起自齊隋，幞頭始于周朝，（折上巾軍旅所服，即今幞頭也。用全幅皂向後幞髮，俗謂之幞頭。自武帝建德中裁爲四脚也。）巾子創于武德。胡服靴衫豈可輒施于古像，衣冠組綬不宜長用于今人。芒屬非塞北所宜，牛車非嶺南所有。詳辨古今之物，商較土風之宜，指事繪形，可驗時代。其或長生南朝，不見北朝人物；習熟塞北，不識江南山川；遊處江東，不知京洛之盛：此則非繪畫之病也。"按：此段語大有意，畫者不可不知。

范鍾題欵

有二名而一人者，范中正，范寬也。中正性落拓迂緩，人或以范寬目之，後遂用以題識。宣和秘殿所收亦有之，然妄者不知，而以無欵古畫題曰臣范寬進，不知其不敢以范寬進御也。有一欵而二人者，鍾隱也。隱，天台人，師郭乾暉，其於鷙鳥荆棘尤紗。李後主煜所蓄極多，然煜所作畫亦題曰"鍾隱"，蓋托之鍾山隱者以自寓也。米元章不知有鍾隱，凡畫鷙鳥荆棘皆屬之後主，可笑。

張彥遠論畫

按：張彥遠之論畫，曰："失于自然而後神，失于神而後紗，失於紗而後精，精之爲病也，而成謹細。自然者爲上品之上，神者爲上品之中，紗者爲上品之下，精者爲中品之上，謹細者爲中品之中。"宋鄧椿云："自昔鑒賞家分品有三：曰神、曰紗、曰能。獨唐朱景真撰《唐賢畫録》，三品之外，更增逸品。其後王①休復作《益州名畫記》，乃以逸爲先，而神、紗、能次之。景真雖云："逸格不拘常法，用表賢愚。"然逸之高，豈得附于三品之末？未若休復首推之爲當也。

唐畫絹

古畫至唐初皆生絹，至吳生、周昉、韓幹，後來皆以熱湯半熟入粉，搥如銀板，故作人物，精采入華②。今人收唐畫必以絹辨，見文麁，便云不是唐，非也。張僧畫、閻合③畫，世所存者皆生絹，南唐皆麁絹，徐熙絹或如布。

棋局

自古有棋即有棋局，唯側排之製出齊武陵王曄，始爲令破楸木爲片，縱橫側排，以爲碁局之面。

擊皺射字

俗擊皺射字之伎，莫知所始。蓋全用切韻之法，該以兩詩，詩皆七

---

① "王"當作"黃"。
② 米芾《畫史》"華"作"筆"。
③ 米芾《畫史》"合"作"令"。

言。一篇六句，四十二字，以代三十六字〔母〕①，全用五支至十二齊韻，取其聲相近，便于誦習。一篇七句，四十九字，以該平聲五十七字，無以側聲。如一字字母在〔第〕三句〔第四字〕②，則鼓節前三後四，叶韻亦如之。又以一、二、三、四爲平、上、去、入之別。亦有不擊皷而揮扇之類，其實一也。詩曰"西希低之機詩資，非卑妻欺痴梯歸。披皮肥其辭移題，携持〔齊時〕③依眉微。離爲兒儀伊鎊〔尼〕④，醯雞箆溪批毗迷。"此字母也。"羅家瓜藍叙⑤凌倫，思戈交勞皆來論。流連王郎龍南關，盧甘林蠻雷聊陵⑥。廉欏妻⑦參辰闌，楞根灣離驢寒間，懷横榮伴庚先⑧顏。"此叶韻也。又有以詩數十句，取果實之名爲酒食之戲者，與此略同，然不假切韻，頗爲簡易，至于賣卜時⑨，但欲知十幹十二支，則尤不難。則一擊皷便能知年、月、日、時八字，蓋未擊之先，踟蹰顧盻，舉動皆干支之物也。

樗蒲五木

慕容垂之世子寶與客樗蒲，寶危坐振容曰："樗蒲有神，若富貴可期，頻得三盧。"于是三擲盡盧，寶拜賜。後因苻堅淝水之敗，勸垂反堅以雪覆燕之耻，乃曰："原⑩不以堅意氣微恩，忘社稷之重，違五木之祥。"按：五木之祥，言三擲盡盧也。古之樗蒲擲盧，今之骰子也。古以五木爲子，有梟、盧、雉、犢、塞爲勝負，梟最上，塞最下。今用六骨，豈改於舊耶？

---

① 據《賓退録》卷一補"母"字。
② 據《賓退録》卷一補"第""第四字"四字。
③ 據《賓退録》卷一補"齊時"二字。
④ 據《賓退録》卷一補"尼"字。
⑤ 《賓退録》卷一"叙"作"斜"。
⑥ 《賓退録》卷一"盧甘林蠻雷聊陵"作"盧甘林巒雷聊鄰"。
⑦ 《賓退録》卷一"廉欏妻"作"簾欏嬴妻"。
⑧ 《賓退録》卷一"先"作"光"。
⑨ 《賓退録》卷一"時"作"者"。
⑩ 《晉書·慕容垂傳》"原"作"願"。

雙六格

今雙六格，不題撰人，其法左右十二梁，設二朋，朋各十五子，一白一黑，用明瓊二，各以其采，由右歸左，子單，則它子得擊，兩子以上，它子雖相當，不得擊。故武后夢雙六不勝，狄仁傑所以云無子也。

博陸

《聲譜》云："博陸，采名也。魏陳思王曹子建製雙六局，置骰子二。至唐末有葉子之戲，未知誰置，遂加骰子至于六。"按：馬①曹始置六博之戲，乃行十二棋者。老子度函谷關，置樗蒲戲，俱曰"博"。

四紅

骰子餹四以朱者，因玄宗與貴妃采戲，將北，惟重四可轉敗爲勝，上擲而連呼叱之，骰子宛轉良久而成重四。上大悦，命將軍高力士賜四緋也。

猪窩

猪窩者，朱河所撰，後世訛其音，不務察其本始，謂之朱②"猪窩"者，非也。朱河，字天明，宋大儒朱光庭之裔。南渡時始遷建業，遂世家焉。河少有才望，落魄不羈，仕至天官冢宰，此書世傳河所作，本名《除紅譜》。"除紅"者，以"除四紅"言之也。或乃謂"三么一采"爲"猪窩"，又謂之"猪婆龍"。夫三么者，本所謂"快活三"也，於諸采中爲罰采之最，烏有以是目其書者乎。除紅，刻以四色，觀法於主耦方圍四也。

---

① 《説郛》卷十"馬"作"烏"。
② 據楊維楨《除紅譜序》"朱"爲衍文。

一紅爲主而餘三爲客，取象於徑一圍三也。數之前後皆八，而惟以十爲中；自八以退不及也，而罰有差；十二以進有餘者也，而賞有差；九之十二，則多寡勝負相角而成。其發明四時盈縮，人事怠勤意矣。

葉子格

《歸田録》："葉子格者，自唐中世以後有之。説者云，因人有姓葉號葉子青者，因以爲名。此説非也。唐人藏書，皆作卷軸，其後有葉子，其制似今策子。凡文字有備檢用者，卷軸難數卷舒，故以葉子寫之，如吳彩鸞《唐韻》，李郃《彩選》之類。骰子格，本備檢用，故亦以葉子寫之。唐世士人宴聚盛行，五代、宋初猶然，後漸廢不傳。余按：《文苑英華》有房千里《骰子選格序》，甚悉。

鞦韆

今人寒食前後以綵繩懸架謂之"鞦韆"，非也。案：許氏《説文》注引詞人高無際作《鞦韆賦序》，此漢武帝後庭之戲，本云"千秋"，祝壽之詞也，語譌轉爲"秋千"，後人不本其意，乃造"鞦韆"二字，非皮革所爲，非車馬之用，不合從革。或曰：本山戎之戲，習爲輕趫者。自齊桓公北伐，始傳中國，則女子學之矣。

傀儡

傀儡，本偶戲，唐段綸使楊思齊造傀儡，太宗怒削綸階，或作"樋"。《風俗通》："京師賓婚嘉會，亦作魁樋。"魁樋，喪家之樂，又作"魖"，《樂書》云："'窟魖'字，本喪家樂，蓋出于偃師，獻穆公之伎，高麗亦有之，漢末用之嘉會。"一説沛公平城爲突厥圍，陳平設木偶美人舞城上，閼氏望見，退兵去。

郭禿

傀儡子有"郭禿"之名，《風俗通》"諸郭皆諱禿"，當是前代人有姓郭而病禿者，滑稽戲調，故後人爲其象，呼爲"郭禿"。

木偶

偶，音"寓"，《戰國策》蘇代曰：淄上有土偶人，與桃梗相與語云云。又漢制有寓龍、寓車馬之類，皆刻木像之。木偶、土偶即此意。今人讀"偶"如"耦"，蓋不考之故。

藏鈎

辛氏《三秦記》："漢昭帝母藏弋手拳，而有國色，武帝寵之，藏鈎此始也。"

蹙融

或謂之"蹙戎"，《漢書》謂之"格五"，雖止用數棋，共行一道，亦有能否。徐德占善移，遂至無敵。其法〔以〕①己常欲有餘裕，而致敵人於嶮。雖知其術止如是，然卒莫能勝之。

白打錢

王建詩："寒食内人嘗②白打，庫中先散與金錢。"韋莊詩："内詩初

---

① 據《夢溪筆談》補"以"字。
② 王建《宮詞》"嘗"作"長"。

賜清明火，上相間①分白打錢。"用修云："白打錢，戲名。"未明指爲何事。按：齊雲論："白打，蹴踘戲也。兩人對踢爲白打，三人角踢爲官塲。"又，丁晉公有"白打大蹴斯"。

唐梯戲

《鹽鐵論》言漢有"唐梯"之戲。唐梯，空梯也。古訓謂"唐"曰"空"，《莊子》"求馬于唐肆"，《佛經》"福不唐捐"。今之上高竿者爾。

錢戲

錢戲有每以四文爲一列者，即史傳云云所意錢是也。俗謂之"攤錢"，亦曰"攤鋪"，其錢不使疊映欺惑也。疾道之，故譌其音，音攤，爲蠱亃反；音鋪爲蒲，厥義此耳。今人書此錢戲，率爲"樗蒲"字，何貶樗蒲之甚耶！案：樗蒲起自老子，今亦爲"呼盧"者，不宜雜其號于錢，說攤鋪之義，皎然可見。

松子量

市人有以博戲取人財者，每博必大勝，號"松子量"，不知何物語也，亦不知其字云何。李端叔爲人作墓誌用此三字，端叔前輩，必有所據。

角觗

《史記》："二世作觳抵優俳之觀。"應劭曰："戰國之時，稍增講武

---

① 韋莊《長安清明》"内詩"作"内官"，"間"作"閑"。

之禮，以爲戲樂，秦更名角抵。角，角材；抵，相抵觸。"漢武元封元年作角抵戲，注："兩兩相當，角力角技。"顏曰："抵，當也。非謂抵觸。"

撫塵

《北堂書鈔》載東方朔《與公孫弘書》云："同類之遊，不以遠近爲故，士大夫相知，何必以撫塵而遊，垂髮齊年，傴伏以日數哉。"撫塵，謂童子之戲，若佛書所謂聚沙也。

古今相書

相人之法古矣，而物無不可相。《史》云："黃直、陳君夫相犬，留長孺相彘，榮①陽褚氏相牛。"《呂賢②》又記："古有善相馬者，寒風氏相口齒，麻胡相頰，子女厲相目，衛忌相髭，許鄙相尻，代羯相胸脅，管青相脣吻，陳非③相股腳，秦牙相前，君贊相後。"於獸相馬④，人可知矣。昭德《讀書志》例：伯樂《相馬經》，浮丘伯《相鶴經》，高堂隆《相牛經》，淮南八公《相鵠經》《相雞經》《相鵝經》，抑皆古事耶⑤。不惟是也，凡物皆然。故自西都藝文之目已著相人、相寶劍刀、相六畜，陳氏書曰《相貝經》，未詳何書？《緯略》云：師曠有《禽經》、浮邱伯有《鶴經》，雖六畜亦有《牛經》《馬經》《狗經》，下至蟲魚有《龜經》《魚經》，唯朱仲所傳其經怪奇⑥，豈即《相貝經》歟？或述其名數而謂相

---

① 據《史記·日者列傳》"相犬"作"相馬"，"榮"作"滎"。
② "賢"當作"覽"，見《呂氏春秋·觀表》。
③ 《呂氏春秋·觀表》"麻胡"作"麻朝"，"代羯"作"投伐褐"，"脣吻"作"膚臚"，"陳非"作"陳悲"。
④ 《愛日齋叢抄》"馬"作"焉"。
⑤ 《愛日齋叢抄》"耶"作"也"。
⑥ 《愛日齋叢抄》"朱仲"作"米仲"，"其經怪奇"作"貝經奇怪"。

也。《緯略》又舉東方朔《相笏經》、袁天罡《郭仙①相笏經》、陳混常《相笏經》。

相手板

今《古相手板經》笏亦驗人禍福。齊綦毋珍之在州時，有一手板相者云：“富〔貴〕②。”又吴氏《漫録》引陸長源《辨疑志》載：唐天寶中，有李旺稱善相笏，驗以事，卒皆無驗，以爲不可槩論。遂記開寶末，聶長史相水丘巒三笏：一王侯笏，生人不當秉；一宰相〔笏〕；一卿監笏。③一爲節度使而非真，後一歸錢武肅祠堂，一歸沈相，一歸錢昭晏。以衛尉卿守滑州，真廟朝老道士爲沈良擇笏云：“此借緋笏，兼是處吉州通判。”沈時除吉州通判借緋。又云：“候罷任，别爲揀朝官笏。”期明年六月，沈果以是時卒。猶④前一事，則貴賤在笏；由後一事，則吉凶在人。《漫録》云：“館中有陳混常《相笏經》，其説推本管輅、李淳風之言，又韋⑤氏《相板印法》、魏程伯《相印法》，蓋相笏之類也。”

拍張

《南史》：“王敬則脱朝服袒裼，以絳糾髻，奮臂拍張。武帝不悦曰：‘三公豈宜如此?’敬則曰：‘臣以拍張得三公，不可忘拍張也。’”拍張，蓋手搏捽，胡之戲。又何個《拍張賦》“東方曼倩發憤於侏儒，遂與火頭食子廩賜不殊。”載籍中説“拍張”者惟此二處，人亦罕知。

---

① 《愛日齋叢抄》“郭仙”作“郭先”。
② 據《愛日齋叢抄》補“貴”字。
③ 《愛日齋叢抄》“水丘巒”作“水立蠻”，“當”作“敢”，並據補“笏”字。
④ 《愛日齋叢抄》“猶”作“由”。
⑤ 《愛日齋叢抄》“韋”作“常”。

握槊

按：後魏李郡序、洛陽丘阿奴工握槊，蓋胡中之戲。[①] 胡王有弟過罪[②]，將殺之。弟從獄中爲此戲以上之，意言孤則易死。亦似曹子建所作之義。或謂之雙陸，即今之胡雙陸也。宣武以後大盛於時。又齊武成皇后與和士開握槊。爾朱世隆興宋山攜[③]握槊，忽聞欻然嘆聲，一局盡倒。

行藥

醫人謂行藥，非也。《文選》鮑照有《行藥至城東橋詩》，劉良注曰："照因疾服藥，行而宣導之，遂至建康城東橋，見游宦之子而作是詩。"唐常建有《閒齋卧病行藥至山館稍次湖亭詩》，老杜《舟中伏枕詩》有"行藥病涔涔"，耿湋詩有"流水如行藥"，于郎史詩有"行藥至西城"，皆謂服藥者自行，並無指醫人言者。

圖經本草

《圖經本草》，其間有常用之藥而載以異名，鄱郡官書有《本草異名》一篇，盡取諸藥它名登載，今摘常用者書于此，以備博知。荆芥曰"假蘇香"，附子曰"莎草根"，金鈴子曰"練實"，訶子曰"訶黎勒"。花謝欲結子，爲風吹墮者曰"隨風子"，嘉禾散所用者是也，今醫家只以"緊實小訶子"代之。山藥曰"薯蕷"，一名"玉延"，簡齋嘗作《玉延賦》。蒼耳

---

① 《魏書·術藝》"李郡"作"李幼"，"丘阿"作"丘何"。
② 《魏書·術藝》"過罪"作"遇罪"。
③ 《資治通鑒》胡三省注"興宋山攜"作"與元世儁"。

曰"菜耳實"，馬藺花曰"蠡實"，仙靈脾曰"淫羊霍①"，牛旁②子曰"惡實"，茴香曰"蘹香子"，破故紙曰"補骨脂"，乳香曰"薰陸香"，柏子仁曰"柏實"，凌霄花曰"紫葳餘"，甘子曰"菴摩勒"，菱角曰"芰"，蘿蔔曰"萊菔"。已上藥名，間亦有醫者所未盡知。

遁甲

世傳《遁甲書》，甲既不可隱，何取名爲遁？及讀《漢郎中鄭固碑》，有云："逡遁退讓。"遁〔即循〕③字，蓋古字少，借用，非獨此一碑也。則知"遁甲"當云"循甲"，言以六甲循環推數故也。

玉帳

杜子美詩："空留玉帳術，愁殺錦城人。"蓋玉帳乃兵家猒勝之方位，主將於其方置軍帳，則堅不可犯。其法出《黃帝遁甲》，以月建前三位取之，如長正月建寅，則巳爲玉帳。

星命

推命者有子平、五星。宋景濂謂"《詩》云'我辰安在'"，鄭氏謂"六物之吉凶"，王充《論衡》所謂"覘命祿而知骨體"，皆是也。況小運之法，本許慎《説文》巳字之訓；空亡之説，原司馬《史記》孤虛之術，蓋以五行甲子推人休咎，其術之行已久矣。沿及後，臨孝恭有《祿命書》，陶弘景有《三命抄略》。唐人張一行、桑道藏、李虛中咸精其術，虛中之後，唯

---

① 《遊宦紀聞》"霍"作"藿"。
② 《遊宦紀聞》"旁"作"蒡"。
③ 據《雲麓漫鈔》卷九補"即循"二字。

子平尤造闡奧。五星之説，景濂則謂其説多本於《都利聿思經》，都利，蓋都賴也。西域康居城當都賴水，則今所傳《聿思經》者，蓋婆羅門術也。李弼乾實婆羅門伎士，而羅睺計都亦胡梵之語，其術蓋出于西域無疑。十一曜之説，景濂以爲無之，但七曜而已。按：子平名居易，五季人，與麻衣道者陳圖南游，今所謂徐子平，則宋末徐彥昇耳，其實非子平也。

筭命

筭，古本《漢書》作"祘"，今皆"算"字。《律曆志》："數者，一十百千萬也。所以筭數事物，順性命之理。《書》曰：'先其算命。'"師古注："《逸書》也。言王者統業，先立算數以命百事。"世俗乃謂星士爲算命，豈原本於此，而過謬稱之乎？

百中經

《百中經》乃從唐顯慶壬寅年壬寅日積算起。欲知其法，但看某年下得若干數，以六十除之。不及六十數，然後在寅上數一數，逆行間一位，是第二十，下做此。則知本年正旦得何日辰。假令辛巳年得十八萬二千九百七十三數，以六數除之；先除三六十八，除十八萬數，又除四六二十四，除二千四百；又除六九五百四十，剩三十三數。自壬寅數到壬申，計三十位。又自壬申數下第三位，則旦日爲甲戌，他做此。欲知每歲逐月旦日是何甲子，但取九年前次月望日，即是後九年前一月旦日，毫髮無差。乃知數學有捷法，此亦一端也。

男女小運

五行家學，凡男子小運起于寅，女子小運起于申，莫知何書所載。

《淮南子·氾論訓篇》"禮三十而娶"，許〔叔〕①重注曰："三十而娶者，陰陽未分時俱生于子，男從子數左行三十年立于巳，女從子數右行二十年亦立于巳，合夫婦。故聖人因是制禮，使男子三十而娶，女二十而嫁。其男子自巳數左行十得寅，〔故人〕②十月而生于寅，故男子數從寅起；女自巳數右行，十③得申，亦十月，而生于申。故女子數從申起。"此説正爲起運。

九章筭經

《筭經》，未詳撰人姓名，或曰周公。九章者，一《方田》、二《筭粟》、三《衰分》、四《少廣》、五《商功》、六《均輸》、七《盈不足》、八《方程》、九《句股》。魏劉徽、唐李淳風嘗爲之注，則此術起于漢之前矣。

握算

《世本》："黃帝時隸首作算數。"又《禮記·投壺》"算長尺二寸"，注："或曰：算，長尺有握，握，素也。"長音去聲。《儀禮·鄉射禮》"箭籌八十，長尺有握，握素"，注："籌，算也。握，本所持處也。"素，謂"膚寸"之"膚"。何休云："側手爲膚。"握膚爲一，謂四寸也。又《九章算術》，漢許商、杜忠，吳陳熾，魏王粲並善之。《周禮·保氏》"九數"注與《九章》同，惟"'旁要'九"與"句股"異，疏云《九章》，以"句股"替"旁要"。則"旁要"，"句股"之類也。

---

① 據《容齋隨筆·續筆卷十五》補"叔"字。
② 據《容齋隨筆·續筆卷十五》補"故人"二字。
③ 據《容齋隨筆·續筆卷十五》"十"爲衍文。

俗語算數

"三三如九"等語，此俗語算數，然《淮南子》中有之。"三七二十一"，蘇秦説齊王之辭也。《漢書·律曆志》劉歆典領鐘律，奏其辭，亦云"八八六十四"。杜預注《左傳》"天子用八"，云"八八六十四人"，又"六六三十六人"、"四四十六人"。如淳、孟康、晉灼注《漢志》，亦有"二八十六""三四十二""六八四十八""八八六十四"等語。

奇偶

奇偶以多少爲決（多少之名，人自爲之以記數），其實以一約四（每一以四因乘之），以奇爲少，以偶爲多（奇爲少名陽，偶爲多名陰）。九八者（如初一揲餘九筴，第二揲餘八筴），兩其四（第三揲餘兩個四筴，共八筴，此自然定數），陰之偶也，故謂之多（已上三撝①皆是多，故名老陰）。五四者（或初一揲餘五筴，第二揲餘四筴），一其四（第三揲餘一個四筴），陽之奇也，故謂之少（已上三揲皆是少，故名老陽）。

響卜

"響卜"之説，唐王建《鏡聽詞》："重重摩娑②嫁時鏡，夫婿遠行憑鏡聽。"唐李廓《鏡聽詞》曰："匣中取鏡犯③灶王，羅衣盡掩明月光。昔時長着照顔色，今夜潛將聽消息。門前地黑人來稀，無人錯道朝夕歸。更深弱體冷如鐵，肅帶菱花懷重熱④。銅片〔銅片〕如有靈，〔願〕⑤照

---

① 據文義，"撝"當作"揲"。
② "娑"當作"挲"。
③ "犯"當作"祠"。
④ "肅帶菱花懷重熱"當作"繡帶菱花懷裏熱"。
⑤ 據李廓《鏡聽詞》補"銅片""願"三字。

得見行人千里形。”二詩皆婦人卜夫歸之意，今響卜之事與之正合。

錢卜

今之卜者以錢，蓋唐時已用之。賈公彥《儀禮注》云：“以三少爲重錢，重錢九也。三多爲交錢，交錢六也。兩多一少爲單錢，單錢七也。兩少一多爲拆錢，拆錢八也。”然擲卦以錢自君平始，唐詩“岸無織女支磯石，井有君平擲卦錢”，若卦分世，應起星氣筭位，即今世錢卜，五鄉六親之術。余家有宋板《京房》一書，其法頗爲簡易，然則擲卦以錢，或者其起于京氏乎。

錢字陰陽

筮，《易》以蓍，古法也。近世以錢擲爻，欲其簡便，要不能盡卜筮之道。自昔以錢之有字者爲陰，無字者爲陽，故兩背爲拆，二畫也；兩字爲單，一畫也。朱晦庵以爲錢之有字者爲面，無字者爲背，凡物面皆屬陽，背皆屬陰，反舊法而用之，故建安諸學者悉主其説。或謂古者鑄金爲具，曰刀、曰泉，其陰或紀國號，如鏡陰之有欵識也，一以爲陰，一以爲陽，未知孰是。

勾陳螣虵起位

用修云：今《易》卜以甲乙起青龍，丙丁起朱雀，戊起勾陳，己起螣虵，庚辛起白虎，壬癸起玄武，蓋不通理者，遷就之弊。戊己同爲土，豈可分爲二；螣虵爲北方水獸，何以私①之中央乎？今定其次，戊己共

---

① “私”當作“移”。

起勾陳，而壬起螣蚖，癸起玄武，得其當矣何也？北方之次，於卦爲艮，有終萬物、始萬物之意；於方爲北，又爲朔；於人身爲腎，有左右；於器爲權衡；於物爲龜蚖；於色爲玄黑；於官爲修熙；於四德爲貞正而固，亦兩事也；於太玄、罔象，直酉冥以配四時，而冬兼酉冥。且壬爲陽水，以螣蚖之雄配；癸爲陰水，以玄武之雌配，不易之道也。此誤千餘年矣，卜之不驗，豈不繇此。

卜器

器名盃蛟①者，以兩蚌殼一投空擲地，觀其俯仰以斷休咎。至後人不專用蛤殼矣。〔或〕以竹，或以木，略斷削，使如蛤形，中分爲二，有仰有俯，故亦名盃蛟。② 盃者，言蛤蜊③中空可以受盛，其狀如盃也；蛟者，本名爲教，言神所告〔教〕現于此之俯仰也。④ 後人見其質之爲木也，則書以爲"蛟⑤"字。

女丁夫壬

韓退之《陸渾山火詩》"女丁夫壬傳世昏"，董彥遠曰："玄冥之子曰壬夫，娶祝融之女曰丁芊，俱學水仙，是爲温泉之神。"用修曰："韓詩句奇，董解又奇，但不知所出。"今星命家以丁壬爲淫合，其説亦古矣。愚讀韓詩，一本作"女丁婦壬傳世婚"，言女丁歸於壬，爲壬婦也，句法更奇。

---

① 《演繁露》卷三"盃蛟"作"盃蛟"。
② 《演繁露》卷三"斷削"作"斲削"，"盃蛟"作"盃蛟"，並據補"或"字。
③ 《演繁露》卷三"蜊"作"殼"。
④ 《演繁露》卷三"本名"作"本合"，並據補"教"字。
⑤ 《演繁露》卷三"蛟"作"校"。

制字

生尅化字①，古今所言。然"生""尅""化"皆易見，獨"制"字則難明。蓋制者緣生中有尅，尅中有用也。稱之曰"制"，乃不拘生尅之中。

衙推

陳亞詩云："陳亞今年新及第，滿城人賀李衙推。"李乃亞之舅，爲醫者也。今北人謂卜相之士爲巡官。巡官，唐、五代郡僚之名。或謂以其巡遊賣術，故有此稱。然北方〔人〕②市醫皆稱衙推，又不知何謂。

銀河棹

書有銀河棹，天文數學也。(見《丹鉛録》)又成化間取截江網，不知何書也。似亦隱悟術數。(見《三三原疏》)

醫

醫，惡狀也。然得酒而飲。又：醫，病聲也，酒所以治病。《周禮·酒正》："辨四使③之物，二曰醫。"古者巫彭初作醫，又從醫。

老醫少卜

世言老醫少卜，則醫者以年老爲貴，卜者以年少爲貴。老醫人皆知

---

① 《七修類稿》卷五"化字"作"制化"。
② 據《老學庵筆記》卷二補"人"字。
③ "使"當作"飲"。

之問之，少卜不知何謂。按：王彥輔《麈史》"老取其閲，少取其決"，乃知俗語其來久矣。

營舍

營舍之法，謂之《木經》，或云喻皓所撰。凡屋有三分(去聲)：自梁以上爲上分，地以上爲中分，階爲下分。凡梁長幾何，則配極幾何，以爲榱等，如梁長八尺，配極三尺五寸，則厅堂法也，此謂之"上分"。楹若干尺，則配堂基若干尺，以爲榱等，若楹一丈二尺，則階基四尺五寸之類。以至承栱、榱桷，皆有定法，謂之"中分"。階級有峻、平、慢三等，宫中則以御輦爲法：凡自下而登，前竿垂盡臂，後竿展盡臂，爲峻道；前竿平肘，後竿平肩，爲慢道；前竿垂手，後竿平肩，爲平道，此之謂"下分"。其書三卷，亦良工之一業也。

犯土

世俗營建宅舍，或小遭疾厄，皆云犯土。〔故〕道家有謝土司〔章醮之〕文。按：《後漢書·來歷傳》所載："安帝時皇太子驚病不安，嬖①幸乳母野王〔君王〕②聖舍。太子厨監邴吉以爲聖舍新繕修，犯土禁，不可久御。"然則古有其説矣。

裝潢

馬大年考唐秘書省有裝潢匠六人，以爲恐是今之表褙，而未詳"潢"義。按：姚亮③《叢語》云："潢，《集韻》'胡曠切'，《釋名》'染紙也'。

---

① 《容齋隨筆·四筆卷一》"嬖"作"避"。
② 據《容齋隨筆·四筆卷一》補"故""章""之""君王"五字。
③ "亮"當作"寬"，見姚寬《西溪叢語》。

魏賈〔思〕勰《齊民要術》有《裝潢紙法》：‘浸蘗汁入潢，凡潢紙減①白便是。若染黃，則年久色暗矣。’後有《雌黃治書法》。”吾因悟雌黃改誤，亦以紙色黃，故用黃塗掩其墨，而後用筆耳。今人呼表褙爲裝潢，蓋爲馬大年所誤。好奇者至白紙訛字上涂黃，誤也。唐人用硬黃紙臨右軍書，亦以右軍名蹟，皆爲收藏家潢過，故書黃紙以效之。用修謂：“古裝裱卷軸，引首後以綾貼褚曰贉，有樓臺錦贉、球路錦贉、蠲紙贉、樗蒲錦贉，唐人謂之玉池。”故裱褙曰裝池。

泥金畫漆

泥金畫漆法本出于倭國，宣德間嘗遣漆工楊某至倭國，傳其法以歸。楊子塡習之，又能出新意，以五色金鈿並施，于是物色各稱，天真爛然。倭人見之，亦齚指稱嘆，以爲雖創自伊國，亦不能臻此竗也。

女巫

《呂覽》：“楚之衰也，作爲巫音。”注：“女曰巫。”《楚辭·九歌》巫以事神，其女妓之始乎？漢曰總章、曰黃門倡，然齊人歸魯而孔子行，秦穆遺戎而由余去，又不始于楚矣。《漢·郊祀志》祭郊時②宗廟用偶飾女妓，今之裝旦也，其褻神甚矣。

奇衺

《周禮》“禁其奇衺”，漢曰“敢行媚道”，蓋妖巫之類。

---

① 《西溪叢語》“減”作“滅”。
② “時”當作“旹”。

傳奇

傳，平聲，自裴硎著《小説》號曰《傳奇》，元人宗之，爲雜劇以十百數，亦名"傳奇"，蓋謂其事稀奇可傳播耳。《名義考》乃引《釋名》音"篆"，夫"傳注"之"傳"，與"史傳"之"傳"，豈得以"傳奇"攪入。

骨路

市中有補治故銅鐵器者，謂之骨路。

第十九卷　宮室

宸居

　　今謂帝居爲宸居，《廣韻》"天子之居"，《增韻》"帝居北辰之宫"。按：《典引》"高光二聖，宸居其域"，劉琨《表》"宸居失御，神器流離"，延年《曲水傳序》"叡文承歷，景屬宸告"，梁詔"宸極不可久曠，民人①不可乏主"，梁王僧辨②《表》"紫宸曠位，赤縣無主"，謝希逸《宣貴妃誄》"〔毓〕③德素里，棲景宸軒"，魏孝文詔"德芬道俗，美敷宸宇"，又賈逵曰："宸，室之奥者。"今用"宸居"，本此。

宮殿

　　《石林燕語》："古者天子居總言宮，其別名皆曰堂。《詩》'自堂徂基'，《禮》'天子之堂'，初未嘗有稱殿者。《秦始皇紀》言作阿房宮、甘泉殿，《蕭何傳》言作未央殿，其名始見。而阿房、甘泉、未央亦名宮，疑皆起於此時。"余按：黃帝有合宮，堯有二宮，湯有鑣宮，周有蒿宮，楚有蘭臺宮，韓有鴻臺宮，齊有雪宮，《列子》有化人宮，《神異經》有天滛宮，古之言宮者如此。宋玉賦謂"高殿以廣意"，商君謂"天子之殿"，《戰國策》謂"蒼鷹擊於殿上"，《説苑》謂"齊有飛鳥，下止殿前"，《莊

---

① 《梁書・武帝紀》"人"作"神"。
② "辨"當作"辯"。
③ 據《文選》謝希逸《宋孝武宣貴妃誄》補"毓"字。

子》謂“入殿門不趨”“奉劍於殿下”，《史記》“毛遂定從於殿上”“優孟入殿門”，古之言殿者又如此。則知宮殿非始於始皇，但未聞專名而已。又案：“儒有一畝之宮”“象往入舜宮”“霍光第中鶚鳴殿前”“黃霸居丞相府，舉孝子先上殿”，《藝文類聚》謂蕭何、曹參、韓信皆有殿，則又上下通用，不拘至尊者也。

甘泉宮

〔甘泉宮有〕①三，秦甘泉宮在渭南，隋甘泉宮在鄠，漢甘泉宮在馮翊雲陽縣。《戰國策》：“范雎説秦王曰：‘大王之國，北有甘泉、谷口。’”秦二世造甘泉宮。《雲陽記》：“谷口去雲陽宮八十里，流潦沸騰，飛泉灑激。兩岸峭壁，孤竪橫盤。凜然凝冱，每入穴中。朱明盛暑，當晝暫暄；凉秋晚候，縕袍不暖。所謂寒門也。”漢世以爲避暑之處。劉歆《甘泉宮賦》：“軼陵陰之地室，過陽谷之秋城。回天門而鳳舉，躡皇帝之明庭。冠高山而爲居，乘崑崙而爲宮。”梁劉孝威詩：“漢家迎夏畢，避暑甘泉宮。”

傾宮

《晏子》：“夏之衰也，桀作旋臺；商之衰也，紂作傾宮。”謂造作傾反②，常若欹傾；旋臺，登之轉危，若旋轉而搖。世不知，以爲瓊宮瑤臺，非也。《後漢書·陳蕃傳》“後宮采女數千，是以傾宮嫁而天下化”，注引《帝王紀》“紂作傾宮，多采美女；武王〔伐〕③殷乃嫁之”，又《周舉傳》“武王出傾宮之女”，皆可證。

---

① 據《升庵集》補“甘泉宮有”四字。
② “反”當作“宮”。
③ 據《後漢書·陳蕃傳注》補“伐”字。

三朝殿

唐以宣政殿爲前殿，謂之"正衙"，即古之内朝也；以紫宸殿爲便殿，謂之"上閣"，即古之燕朝也，別有含元殿。古者天子三朝：外朝、内朝、燕朝。外朝在王宮庫門外，〔有非常之事，以詢萬民於宮中。内朝在路門外，〕①燕朝在路門内。蓋内朝以見群臣，或謂之路朝；燕朝以聽政，〔猶今之奏事，或謂〕②之燕寢。蕭何造未央宮，大會殿設于司徒府，則爲外朝。唐含元殿，宜如漢之大會殿，宣政、紫宸，乃前後殿，其沿習有自來矣。紫宸傳宣喚仗入閣，宰相押之，由閣下③進，百官隨之。後但以朔望陳伏紫宸，然亦謂之"入閣"，誤矣。

麒麟閣

漢宣帝圖畫功臣霍光等十二人於麒麟閣。按：《漢宮殿疏》：天禄、麒麟二閣，蕭何造，以藏秘書、畫賢臣者。《三輔故事》則云天禄、石渠二閣，不言麒麟閣也。光武畫功臣鄧禹等於雲臺，不言閣也。按：《洛陽地志》"雲臺、高閣十四間"，唐文皇畫功臣長孫無忌等於陵烟閣，初名"戢武閣"，後以梁王勛業創一閣圖畫以旌之，別造凌烟閣圖寫，賜名天祐旌功之閣。蓋閣成而篡弑遂矣，真功臣之辱也。凌烟名亦不雅，秦二世爲之，欲與南山齊者。

象魏

象魏，闕名。象者，法象；魏者，高巍。魯人因謂教令之書爲象魏。《左》哀三年"命藏象魏"，《周禮·大宰》"象魏"注疏："周公謂之象魏，

---

① 據《石林燕語》卷二補"有非常之事，以詢萬民於宮中。内朝在路門外"十八字。
② 據《石林燕語》卷二補"猶今之奏事，或謂"七字。
③ 《石林燕語》卷二"下"作"門"。

雉門之外，兩觀闕高巍巍然。孔子謂之觀，《春秋·定二年》'雉門灾及兩觀'，觀者，以其有教象可觀望。又謂之闕，謂闕中通門。莊二十一年'鄭伯享王于闕西辟'，注：'象魏也。'"《爾雅疏》觀與象魏、闕，一物而三名也。

鈎盾

《昭帝紀》"上耕於鈎盾弄田"注："帝方九歲，未能耕籍，乃於宦者近署試耕戲弄爲名。"非租入也。又《宦者傳》"使鈎盾令繕修南宫玉堂"。成帝三年秋，"虒上小女走入横城門闌入尚方掖門，至未央宫鈎盾中"。集諸語觀之，鈎盾乃殿閣曲奥之處，有宦者爲令主之，此令兼主弄田耳。鈎，取鈎陳之義；盾，取兵器盾捍備之義。又《天文》招摇第九星名"盾"，蓋天子之宫象之。

鴟吻

漢以宫殿多灾，術者言天上有魚尾星，宜爲其象，冠于室以禳之。今自有唐以來寺觀舊殿宇尚有爲飛魚形，尾指上者，不知何時易名爲鴟吻，狀亦不類魚尾。按：《蘇氏演義》："蚩，海獸也。漢武作栢梁臺，有蚩尾，水之精也，能却火灾，因置其象於上。"今謂之鴟尾，非也。

句庖

伏羲自有句而應世，故又曰有句氏。句即庖，乃國名。《潛夫論》云庖國姒姓。今山陽平樂有庖水，帝墓在焉。後世以爲義取于包，似也。若謂厨之庖，陋。班固更以爲炮，尤陋。

椒房

《漢官儀》："皇后稱椒房，取其實蔓盈升。"予考之《江充傳①》"先治甘泉宫，轉至未央椒房"。《上官桀傳》"將軍有椒房中宫之重"②，《劉輔傳》"於是減省椒房掖廷用度"，及馬援以椒房不預雲臺之次，椒房殿爲后所居明矣。師古注："椒房謂之椒和泥塗〔壁〕③，取其温而芳。"却有此理。《詩》曰"貽我握椒"，注："椒，芬香也。男女相説，交情好也。"義恐出此。《離騷經》"播椒房兮成堂"，與石崇塗屋以椒，不過取其芬香，於"蔓衍盈升"初無關涉。成帝寵趙昭儀，復見④椒風殿以居。今例以椒風爲皇后事，非是。

闌干

闌干，參差貌。"北斗闌干""菖蓿長闌干""玉容寂寞淚闌干"，皆是也。今《正韻》於菖蓿曰"盛貌"，於淚曰"流貌"，皆影響之語。如是則北斗之"闌干"，謂挂於廊檻可也。

棗祥

西内有棗祥橋，問之中貴，云"棗"音"引"，但字書不載，豈古有金水橋而縮爲一字乎。

窈窕

《詩》"窈窕淑女"，《毛傳》："窈窕，幽閒也。"《正義》："窈窕者，

---

① "江充傳"誤，見《漢書·田千秋傳》。
② "上官桀傳"誤，見《漢書·霍光傳》。
③ 據《漢書·公孫賀傳》顔師古注補"壁"字。
④ 《鼠璞》"見"作"建"。

淑女所居之宫，形狀窈窕然。《傳》以其淑女已爲善稱，則窈窕宜爲居處，故云幽閒，言其幽深而閒静也。揚雄云‘善心爲窈，善容爲窕’者，非。”

東宮

今以太后爲東朝，蓋用《叔孫通傳》惠帝東朝長樂事。顔延年詩：“君彼東朝，金昭玉粹。”東朝則太子朝也。今以太子爲東宫，蓋用《班彪傳》“東言[1]初建”事。然成帝報許后曰：“皇后其孝東宫，毋闕朔望。”則太后宫也。此皆隨地以言，初無定論。

路寢

路寢，猶正廳也。諸侯將薨，必遷於路寢，不死於婦人之手，非惟不瀆，亦以絶嬪寺矯命之禍也。近世乃謂死于堂奥爲終於正寢，誤。前輩墓誌之類數有之，〔皆非也〕[2]。黄魯直詩：“公虚采蘋宫，行樂在小寢。”按：魯僖公薨於小寢。杜預謂“小寢，夫人寢也”。魯直亦誤爲妾媵所居。

黄閣

禁門曰黄闥，公府曰黄閤，郡治曰黄堂。三公黄閤，前史無其義。案：《禮記》：“士韠與天子同，公侯大夫則異。”鄭玄：“禮秩相亞，故黄其閤以示謙。”蓋是漢制。張超《與陳公箋》“拜黄閤將有日”是也。（見沈約《宋志》）衛宏《漢儀》亦謂丞相廳事[3]曰黄閤。或者不曉，謂三公近於

---

① 《後漢書·班彪傳》“言”作“宫”。
② 據《老學庵筆記》卷十補“皆非也”三字。
③ 《野客叢書》“廳事”作“聽事閤”。

君，故謂黃閣。然名爲黃閣，初非用黃。郡治之黃堂，由春申君在郡，塗雌黃以猒火災，遂爲黃堂故事，外臣下室廬鮮有謂黃者。然服飾猶未之禁。自唐高祖武德初用隋制，天子常服黃袍，遂禁士庶不得用①，服黃有禁自此始。至明皇天寶間，因韋韜奏“御案牀褥，望去紫用黃制”，臣下一切不得用黃矣。敕舊用白紙，以白紙多蠹，遂改用黃。除拜將相制書用黃麻紙，其或學士制，不自中書出，用白麻紙，所以有黃麻、白麻之異。詔，晉時多用青紙，見楚王倫、太子遹等傳，故劉禹錫詩“優詔發青紙”。表亦用黃紙，觀《前燕錄》載岷山公黃紙上表，《北史》邢邵爲人作表，自買黃紙寫送之。李肇《翰林志》：“凡賜予、徵召、宣索、處分曰詔，用白藤紙；撫軍旅曰書，用黃麻紙；道觀薦告詞文，用青藤紙，謂之青詞；凡諸陵薦告上表，用白麻紙。”《石林燕語》：“唐中書制詔有四：畫紙施行者曰‘發日敕’，用黃麻紙；承旨而行者曰‘敕牒’，用黃藤紙；敕書用涓②黃紙。或曰，取其不蠹也。”《東齋雜記》：“治平間以館中書多蠹，更以黃紙寫。”又知易白以黃者，往往以避蠹之故，非專爲君命而然。

青瑣

《漢舊儀》：“黃門郎屬黃門令，日暮入對青瑣門拜，名曰夕郎。”《宮閣簿》：“青瑣門在南宮。”《元后傳》：“王根驕奢僭上，赤墀金瑣。”師古曰：“青瑣者，刻爲連瑣③文，而以青塗之也。”《吳都賦》：“雕欒鏤楶，青瑣丹楹。”《後·百官志》注：“衛瓘注：青瑣，戶邊青鏤也。”董巴曰：“禁門曰黃閣，以中人主之，故號曰黃門令。”范雲詩：“攝官青瑣闥，遙望鳳皇池。”

---

① 《野客叢書》“用”作“服”。

② 《石林燕語》卷三“涓”作“絹”。

③ 《漢書·元后傳》顏師古注“瑣”作“環”。

金馬門

《史記》："金馬門者，署門旁有銅馬，故謂之'金馬門'。"《後·馬援傳》："武帝時，善相馬者東門京鑄作銅馬法獻之，有詔立馬於魯班門外，則更名魯班門曰金馬門。"公孫弘待詔金馬門。東方朔待詔公車，上使待詔金馬門，稍親近。主父偃、嚴安、徐樂皆待詔金馬門。宣帝修武帝故事，益召高才劉向、張子僑、華龍、柳褒等待詔金馬門。上欲興協律之事，王褒作《中和》《樂職》《宣布詩》。《西京賦》："蘭臺金馬，遞宿迭居。"《揚雄傳》[1]："金閨諸彥，蘭台群英。"注："金閨，金馬門也。"《元紀》"詔罷黃門乘輿狗馬"，師古曰："黃門，近署也。"《玉海》："金馬門，又謂之黃門。"

虎觀

蔡邕《勸學篇》云："周之師氏居虎門。"今之祭酒也。漢曰"虎觀"，取此義。

米廩

《禮記·明堂位》："米廩，有虞氏之庠也。"注云："魯謂之米廩。"《周禮·廩人》注疏："有虞氏尚孝，合藏粢盛之委，故名學謂之'米廩'，非廩稱也。"

成均

用修引《唐書·樂志》，古無"韻"字，"均"即"韻"也。五帝之學曰"成均"，"均"亦音"韻"。《書》曰"命汝典樂，教胄子"，《論語》曰"成

---

[1] "揚雄傳"誤，見江淹《別賦》。

于樂”，是“成均”之説也。周人立大學，兼五帝及二代之名，東學爲東序，西學爲瞽宗，北學爲上庠，南學爲成均。宜學言語者處之成均，則“均”之爲“韻”，義益明矣。潘安仁《笙賦》：“音均不恒，曲無定制。”注：“均，古‘韻’字。”《鶡冠子》：“五音不同均，然其可喜一也。”《唐書·李綱傳》引《周禮》“均工樂胥”。余創一樓曰“韻”，竟題“均”字，然可與知者道也。

泮宮

魯泮宮，漢儒以爲學，然《泮水序》止“頌僖公能修泮宮”。《詩》言“無小無大，從公於邁”云云，初無養才之説也。《禮記》其言“頖宮”，蓋因《詩》而訛。鄭氏解《詩》：“‘泮’言‘半’，諸侯之學，東西門以南通水，北無。”其解《禮記》：“‘頖’言‘班’，以此班政教。”使鄭氏確信爲學矣。予按：《通典》魯郡乃古魯國郡，有泗水縣，泮水出焉。然後知泮乃魯水名，僖公建宮於上。《詩》言“翩彼飛鴞，集於泮林”。林者，林木所聚，以“泮水”爲“半水”，“泮林”亦爲“半林”乎？

又

《莊子》言歷代樂名，文王有辟雍，今以“辟雍”爲天子學，非也。《詩》“於論鍾鼓[1]，於樂辟雍”，又“鎬京辟雍，無思不服”，亦無養才之意。莊子去古未遠，必有傳授。漢儒因解泮水，復言辟雍，又轉“辟”爲“璧”，解以員水，可笑。

學宮

學舍曰學官，俗謂學宮，非也。漢賈誼《治安策》曰：“學者，所學

---

[1] 《詩·大雅·靈臺》“鍾鼓”作“鼓鍾”。

之官也。"顔師古注:"官謂官舍。"《劉歆傳》:"諸子傳説,猶廣立于學官,爲置博士。"蓋官者,官也。一職立一官,使之典管,故以官舍名官耳。

璜宫

今以學作黌宫,"黌"字於古無據。考《白虎通》"諸侯之學曰頖宫",半者象玉之璜也。然則"黌"當爲"璜"矣。《字書》雖收"黌"字,《説文》甚辨其非。

皇堂

《後漢》"胡建爲軍正,斬監察御史於皇堂上"[1],注:"堂無壁曰皇。"(見《海録》)

公衙

公府爲"公衙",府門爲"衙門"。或云:"公門外刻木爲牙,立於門側,以象獸牙;渾[2]將之行,置牙竿首,懸旗於上。"其義一也。

更衣堂

雅志堂後小室,名之曰"更衣",以爲姻賓憩息地。稚子數請所出,因録班史語示之。《灌夫傳》"坐乃起更衣",顔注:"更,改也。凡久坐者,皆起更衣,以其寒暖或變也。""田延年起至更衣",顔注:"古者延賓,必有更衣之處。"《衛皇后傳》:"帝起更衣,子夫侍尚衣。"

---

① "後漢"誤,見《漢書·胡建傳》"監察御史"作"監軍御史","皇堂"作"堂皇"。
② "渾"當作"軍",見《封氏聞見録》。

六曹

州縣六曹，宋徽宗設。

勑書樓

今縣邑門樓皆曰"勑書樓"。淳化二年六月癸未，詔曰："近降制勑，決違①頗多，或有釐革刑名，申明制度，多所散失，無以講求，論報踰期，有傷和氣。自今州府監縣應所受詔勑，並藏勑書樓，咸著于籍，受代批書、印紙、曆子，違者論罪。"則是勑書樓州縣皆有之也，今亡矣夫。

黄金臺

王文公詩："功謝蕭規慙漢第，恩從隗始媿燕臺。"然《史記》止云"爲隗改築宮而師事之"，初無"臺"字。李白詩有"何人爲築黄金臺"之語，吳虎臣《漫録》以此爲據。按：《新序》《通鑑》亦皆云"築宮"，不言"臺"也。〔然〕②李白屢用黄金臺事，如"誰人更掃黄金臺""掃灑黄金臺，招邀廣平客""如登黄金臺，遥謁紫霞仙""侍宴黄金殿③，傳觴青玉案"。杜甫亦有"揚眉結義黄金臺""黄金臺貯賢俊多"。柳子厚亦云"燕有黄金臺"，然此語不特白也。《唐文粹》有皇甫松《登郭隗臺》詩。又梁任昉《述異記》："燕昭爲郭〔隗〕④築臺，今在幽州燕王故城中。土人呼'賢士臺'，亦爲'招賢臺'。"然則必有所謂臺矣。

---

① "違"當作"遺"，見《燕翼詒謀録》卷四。
② 據《齊東野語》卷十八補"然"字。
③ 李白《南奔書懷》"侍宴黄金殿"作"侍筆黄金臺"。
④ 據《齋東野語》卷十八補"隗"字。

又

後漢孔文舉曰："昭王築臺以尊郭隗。"然皆無"黃金"〔字〕①。宋鮑照《放歌行》："豈伊白璧賜，將起黃金臺。"然則"黃金〔臺〕②"之名，始此。李善注引王隱《晉書》："段匹磾討石勒，屯故燕太子丹黃金臺。"又引《上谷郡圖經》曰："黃金臺，昭王置以延天下士。"一爲昭王，而一爲燕丹何也？余後見《水經注》："固安縣有〔黃〕③金臺，耆舊言昭王禮賢，廣延方士，故修建下都，館之南陲。燕昭創於前，子丹踵於後"云云，以此知王隱以爲燕丹者，蓋亦本此。

繁臺

天清寺繁臺，本梁王鼓吹臺，梁高祖常閱武於此，改爲講武臺。其後繁氏居其中④，里人乃呼爲"繁臺"，則繁臺之名始此。

麗譙

《莊子》"盛鶴列于麗譙之間"，注："麗譙，魏城門名。譙亦作嶕，壯麗而嶕嶢也。"《前漢書·陳勝傳》"戰譙門中"，注："門上爲高樓以望，故曰譙樓。"按：《漢書·五行志》"主公車大誰卒"，注："大誰，主問非常之人，云姓名是誰何也。""誰何"，一作"譙呵"。城門名麗譙者，麗如魚麗之麗，力支切；譙即"譙呵"之"譙"。今都門出入者守門人成列而呼喝之，亦是古制，不必改"譙"作"嶕"也。

---

① 據《齋東野語》卷十八補"字"字。
② 據《齋東野語》卷十八補"臺"字。
③ 據《齋東野語》卷十八補"黃"字。
④ 《青箱雜記》卷八"中"作"側"。

街室

漢時在街置室，檢彈一里之民，於此合耦。《金石録》有"都鄉正街彈碑"，以今制況之，或如鄉約所也。

通所

古之行者必挾過所，釋者謂若今路引之類，然未詳二字所始。按：《禮經會元》謂："周制：徙國中及郊者必有所授，徙於他鄉者必有旌節。"則是以過惡而忘徙者，此無所容，彼無所授，過其所必有呵問，其解明矣。

館驛

或問余："驛與馹、置與郵，何分別乎？"余曰："考之《説文》，馹，傳也；驛，置也。置緩而郵速，驛遲而馹疾也。置有安息①之意，如今制云日行一程，郵有過而不留之意，猶今制云倍道兼行。《左傳》'楚子乘馹車②，會師于臨品之上'，又'祈③奚馹而見范宣子'，又'子木使馹謁諸王'，又云'吾將使馹聘④問諸晉'，以上'馹'字見於《左傳》者四，皆言速馳之意，後世不達'馹'字義，吏牘俗書又以'馹'爲'驛'之省文。至刻《春秋大全》者皆認'馹'爲俗書省文，盡改《左傳》四'馹'字爲'驛'，作者之精意隱矣。漢制：四馬高足爲置傳，皆君與大夫所乘，其行安舒，故不得不遲；一馬二馬爲軺傳，軍書使命之用，故不得不疾。漢文帝自代來，乘六傳車，亦取其速。'驛'與'馹'二字於文義爲小，然混而不

---

① 《升庵集》"息"，作"置"。
② 《左傳·文公十六年》無"車"字。
③ 《左傳·襄公二十一年》"祈"作"祁"。
④ 《左傳·襄公二十八年》"聘"作"奔"。

分，則解經皆謬。元許白雲曰：'馬遞曰置，步遞曰郵。'蓋想像妄説，初無所祖。不思古注'郵'訓爲'駉'，若是步遞，字何以從馬。"

市廛

鄭司農《周禮注》曰："廛，市中空地無肆，城中空地無宅者。"即今之虛也。《説文》"市物邸舍曰廛"，即今人浮鋪也。此極明析。陳相之滕，願受一廛，使其有肆有宅，豈得奪人之居以處他國乎？日月所經之道曰"辰"，又曰"躔"，亦從廛，蓋辰爲天壤，亦如地上城市之空地，此尤可證。

落

落，居也。人所聚居，故謂村落、屯落、院落、聚落。一曰宮室始成，祭之爲落。《左傳》"願與諸侯落之"，《禮記·雜記》"路寢成則考之"，注謂："設盛食以落之。"疏云："落謂與賓客燕會，以酒食澆落之，即歡樂之義也。"

閥閲

人門第高大輒曰閥閲之家。按：《史記注》："明其等曰閥，積其功曰閲"，又"有功曰閥，有勞曰閲"。《漢書·車千秋傳》"無伐閲功勞"，顏師古注曰："伐，積功也。閲，經歷也。"《文選》張協《七命》："生必輝[①]華名於玉牒，歿則勒洪伐於金册。"注："洪伐，大功也。"伐、閲通，文人互用，但無用以稱門第者。

---

① "輝"當作"耀"。

鱣堂

鱣音"善"。《後漢書·楊震傳》"銜三鱣魚飛集講堂"，鱣、鱔古字通，故今學舍講堂稱"鱣堂"。士人以爲膳堂謂爲會饌之所，謬。又有讀鱣音"占"，如《詩》"鱣鮪"之"鱣"，則雀不能銜矣。

竹室

唐房千里《竹室記》："環堵所棲，率用竹以結其四角，植者爲柱楣，撐者爲榱桷。"王元之《竹樓記》，蓋其餘意。予嘗至江上，見竹屋，截大竹長丈餘，手①破開，去其節，編之；又以破開竹覆其縫脊，簷則橫竹夾定，下施窗户，與瓦屋無異。西人又有版屋，各從其土俗云。

栢寢梧臺

唐韓翃《青州詩》："栢寢寒蕪變，梧臺宿雨收。"栢寢，見《晏子春秋》；梧臺，伏琛《齊地記》曰"臨淄有梧臺里"，皆齊事也。

左个

《禮記·月令》"明堂左个"，《北史·李謐傳》"左个②，即寝之房也。"按：即今之"捲蓬"。

坫

坫名見於經傳者有三。陳祥道《禮書》曰："坫者以土爲之，《記》曰

---

① 《雲麓漫鈔》卷十"手"作"平"。
② 《北史·李謐傳》"左个"作"个者"。

‘反坫出尊’，《論語》‘邦君爲兩君之好，有反坫’，此反爵之坫也。《記》曰‘崇坫亢圭’，此奠玉之坫也。《記》又曰‘士於坫一’，此度①食之坫也。《士冠禮》‘爵弁、皮弁、緇布冠各一匴，執以待於西坫南’，《大射》‘將射，工遷於下，東坫之東南’，《士喪禮》‘牀笫夷衾，〔饌〕於西坫南’，《既夕禮》‘設〔楬〕②於東堂下，南順，齊於坫’，此堂隅之坫也。”蓋兩君相見於廟，尊於兩楹之間，而反爵之坫出於尊南，故曰出尊。鄉大夫禮尊於房户間，燕禮，燕其臣尊於東楹之西，皆無坫。《汲冢書》“回阿反坫分”，又外向之坫也。

塾

《古今注》：“塾之爲言塾③也。臣表④朝君，至門外，更詳塾⑤所應對之事。”《周禮·考工記·匠人》云“門堂，三之一⑥”，注以爲“塾”，《爾雅》“門側之堂謂之塾”，注：“夾門堂也。”《禮記》“家有塾”，注：“古者仕焉而已，老歸教於閭里，朝夕坐於門側之室，謂之塾。”《儀禮·士冠禮》“具饌於西塾”，注：“門外西堂也。”《集韻》或作“闗”“闍”。

堵闍

《爾雅》孫炎云：“積土如堵，所以望氛祥也。”《詩注疏》：“闉是門外之城，即今之門外曲城也；闍是城上之臺，即今之當門臺也。”

---

① 《禮記正義》“度”作“庋”。
② 據《儀禮·士喪禮》補“饌”“楬”二字。
③ 《古今注》“塾”作“熟”。
④ 《古今注》“表”作“來”。
⑤ 《古今注》“塾”作“熟”。
⑥ 《周禮·考工記》“一”作“二”。

亮陰

《儀禮·喪禮》"柱楣"，注："楣，梁。柱楣，所謂'梁闇'。"疏云："楣下兩頭竪柱，施梁乃夾户旁之屏。"梁闇，即"諒陰"也。何休曰"高宗諒闇"，《史·魯世家》"亮闇"，今書本作"亮陰"。

楔

按：《爾雅》"根謂之楔"，注曰："門兩旁木柣。"即今府署大門脱限者，兩旁斜柱兩木於橜之端是也。韓"根闌居①楔"，董注："門兩旁木，一曰'角柶'。"喪事用之，《周禮·玉府》注"楔齒，令可飯含"，疏云："楔貌如軛上兩木，狀如枇杷，拔屈中央。"楔齒，《禮記·喪大記》"小臣楔②齒用角柶"，注疏："拄也。"一曰"含桃"。

扃

《曲禮》"奉扃"，注："關也。門扇上鐶鈕。"孔氏曰："禮有鼎扃，今關户之木，亦得稱扃。"一曰"鼎扃"，以木貫鼎，所以閉鼎者也。《周禮》"廟門容大扃七个"。

閎

《左傳》"高其閈閎"，《爾雅》"衡③門謂之閎"，郭璞曰："衡，頭門。"《左傳》"盟諸僖閎"，《文選·魏都賦》注："巷門，一曰門中所從出入也。"又《爾雅》"所以止扉謂之閎"，注云："門辟旁長橜也。"

---

① 韓愈《進學解》"居"作"居"。
② 《禮記·喪大記》"楔"作"楔"。
③ 《爾雅注疏》"衡"作"衖"。

趨

《爾雅》"門外謂之趨"，注："此皆人行步趨走之處，因以名云。"《禮記·玉藻》"趨以《采齊》"，注云："至應門謂之趨。"

槷闑

《爾雅》"橛謂之闑"，韋昭曰："門中橛爲闑。"《禮記·玉藻》"君入門，介拂闑"，注："門中所豎短木也。"《爾雅》"在墻曰楎①，在地曰臬"，《詩·車攻注疏》書作"槷"，《毛傳》："褐纏旒以爲門，裘纏質以爲槷。"

窓

窓，通孔也。案：《集韻》："窓字，麁叢切。"引《説文》或作"囱"。司馬氏《類篇》音同，吳氏《韻補》："窓，麁叢切，或作'牕'。"引鮑照《翫月詩》："蛾眉蔽珠櫳，玉鉤隔瑣窓。三五二八時，千里〔與君同〕②。"陶潛詩："有酒有酒，閑飲東窓。原言懷人，舟車靡從。"案：此則窓字合又於"東韻"，收入《廣韻》，"一東"內雖收"囱"字，都不載"窓"字。注云："竈突。"今詳"竈突"，既非窓之義，而囱、窓字同，不應輒有去取。毛氏《韻略》依《廣韻》增入"囱"字，於義未盡。

科座

《説文》："科，③ 蔰，草也。"音"科"，俗所謂科座也，即窩也。"考

---

① 《爾雅注疏》"楎"作"楎"。
② 據鮑照《翫月城西門廨中》補"與君同"三字。
③ 據《説文》"科"爲衍文。

槃山之阿①"，以此字從草，蓋隱於茅茨草莽間耳。

窒衡

《晉書·隱逸傳》："徵聘之禮賁于薖②軸，玉制之贄委於窒衡。"注："謂窒竇、衡門，圭或從穴，作'窒'。"

社南社北

韋述《開元譜》："倡優之人取媚酒食，居於社南者呼社南氏，居於〔社〕③北者呼社北氏。"子美詩"社南社北皆春水"，正用此事。後人不知，乃改"社"作"舍"。

户門

《左傳》"屈蕩户之"，《漢書》"王嘉坐户殿門失闌免"，顏師古注："户，止也。"又《左傳》"門于陽州"，《公羊傳》"無人門"，其義相同。止户曰"户"，禦門曰"門"。

柴門

《晉書·儒林傳》："贊④貞守道，抗志柴門。"詩人多用"柴門"字，原出於此。又《漢書》："漢中之俗，蓬户⑤柴門，食必兼肉。"

---

① 《詩·衛風·考槃》"山之阿"作"在阿"。
② 《晉書·隱逸傳》"薖"作"巖"。
③ 據《升庵詩話》卷五補"社"字。
④ 《晉書·隱逸傳》"贊"作"清"。
⑤ "漢書"誤，見《隋書·地理志》"户"作"室"。

誃門

歷代宮室中有誃門，蓋取張衡賦“誃門曲榭”也。誃，别也。以對“曲榭”，非有定處。

沂鄂

《禮記·郊特牲》“丹漆雕幾之美”，注云：“幾，謂漆飾沂鄂也。”疏云：“幾與畿字相涉，幾是幾限之所，故以幾爲沂鄂也。”沂鄂，本作“垠堮”，《增韻》：“門限也。”韓愈詩“白石爲門畿”。《吕覽·本生》“招蹷之機”，高誘注：“蹷機，門内之位也。‘〔薄〕[1]送我畿’，即不過蹷之謂。”

逕庭

逕庭，出《莊子·〔逍〕遥》。庭，勅定反，言激遇也。今人多讀作“亭”，誤。

枝梧

枝梧，謂不能主也(*屋之小柱者枝，屋之邪柱者梧*)，故項羽斬宋義，諸將莫能枝梧，是也。今人以推調哄人曰“支吾”，乃音同而字義不同。

户牖

《大戴禮·明堂》“四户八牖，赤綴户，白綴牖”，《楚辭》“網户朱

① 據《吕氏春秋·本生》高誘注補“薄”字。

綴”，注：“綴，緣也。”以朱緣其邊。今曰“四映”，如古紫界墻、青瑣闥之屬。

榮

予見人爲文章多言“前榮”，榮者，夏屋東西序之外屋翼也，謂之東榮、西榮。四注屋則謂東霤、西霤，未知前榮安在。

宬家

《爾雅》“户牖之間謂之宬，其内謂之家”，郭璞注：“今人稱家，義出于此。”

桓

表雙立爲桓，今亭郵立木，交木於其端，或謂“華表”。《漢書注》：“亭郵四角建大木，貫以方板，名曰‘桓表’，縣所治兩邊各一。桓，陳宋間言‘桓’聲如‘和’，今猶謂之‘和表’。”《前·尹賞傳》“瘞寺門桓東”，又《禮記·檀弓》“三家視桓楹”，注疏云：“四植謂之桓。”據柱之豎而言，桓若豎之，必有四棱。

屋頭

俗命如厠爲屋頭，蓋鑿土爲室，厠在所居之上故也。一説：北齊文宣帝怒其魏郡丞崔叔寶，以溷汁沃頭。後人不能正言溷，因影爲沃頭焉。

闔扇

《爾雅》“闔謂之扉”，《左傳》“以枚數闔”，《公羊傳》“齒著于門闔",《荀子》"外闔不閉",又《月令》"乃修闔扇",注："治門户,用木曰闔,用竹葦曰扇。"或謂雙曰闔,闔門也;單曰扇,扇户也。《月令》"仲春修闔扇,孟冬修鍵閉",服虔云:"闔扇所以開,鍵閉所以塞。"

女墻博風虚牝

女墻,見《左傳》襄公六年,注:"《廣雅》:'睥睨①,女墻也。'《釋名》曰:'言其卑小,比之於城,如女子之於丈夫。'"虚牝,壑中之窟穴也。《大戴禮》:"以丘陵爲牡,谿谷爲牝。"博風,屋翼也。見《儀禮·士冠禮注疏》。

揢頭

《廣韻》:揢音"塔"。柱,揢頭也。今俗名"護朽"。陸文量《菽園雜記》引《博物志》:"蚪蜥,其形似龍而小,性好立險,故立於護朽上。"則"護朽"之名亦古矣。

網户

《楚辭》"網户朱綴",注:以木爲門扉,刻爲方目,如羅網狀,即漢所謂"罘罳"。程泰之以爲今"亮隔"。

鉤欄

段國《沙州記》:"吐谷渾於河上作橋,謂之河厲,長一百五十步,勾欄甚嚴飾。"勾欄之名見此。王建《宫詞》"風簾水殿壓芙蓉,四面勾欄在水中",李義山詩"簾輕幕重金勾欄",李長吉詩"螻蛄吊月鉤欄下",

---

① 《廣雅》"睥睨"作"埤堄"。

字又作"鈎"。宋世以來名教坊曰"勾欄"。

藥欄

今園廷中藥欄，欄即藥，藥即欄。猶言圍援，非花藥之欄也。有不悟者，以爲藤架蔬圃，堪作切對，是不知其由矣。按：漢宣帝詔曰："池藥未御幸者，假與貧民。"蘇林注云："以竹繩連綿爲禁藥，使人不得往來爾。"《漢書》闌入宮禁，字多從草下闌，作藥欄則藥蘭①，尤分明易悟也。

城平

《秦始皇本紀》"始作前殿"，摯虞云："其制有經，左城右平，平以文磚相亞次，城者爲階級之稱也。"

蠡蚄

《文子》："聖人師蛛蝥而結網，法蠡蚄而閉户。"《爾雅翼》："公輸子見蠡出頭，潛以足畫之，蠡引閉其户，不可開，因效之設於門户。"今以蠡爲鋪首，古遺制也。《後漢·禮儀志》："殷人水德，以螺首，慎其閉塞，使如螺也。"

鋪首

鋪，著門鋪首也。《增韻》："所以銜環者，作龜虵之形，以銅爲之，故曰金鋪。"一曰陳也、布也。漢門有鋪首，乃鋪陳之義。按：其制不始

---

① 《資暇集》"作藥欄則藥蘭"作"則藥欄作藥蘭"。

於漢，三代以來有之，或以葦索，或以螺蚌，或以金銅，各隨其所王之德。又《博古圖》簠、簋、豆、鋪同爲一類。鋪亦古器名，有公劉鋪、天君養鋪，形亦如簠，但簠方而鋪圓耳。

隩區

張衡賦"神皋隩區"，凡言區者皆有所藏也。《荀子》"言之信者，在乎區蓋之間"，注："區，藏物處。"又：區者小室之名，《漢·胡建傳》"賈區"，師古曰："若今小庵屋之類。故衛士之屋謂之區廬，宿衛宮外士稱爲區士。"又：里區，《王莽傳》[1]有"里區謁舍"之語。不宿客之舍爲里區，宿客之舍爲謁舍。

穴隙

《孟子》"鑽穴隙相窺"，穴，而隴切。今人皆讀作胡決切，非也。穴、穴字相似而誤耳。

衖

《南史》"東昏侯遇弒於西衖"，〔衖，〕[2]宮中別道，如永巷之類也。《楚辭》"五子用失乎家衖"，衖音"閧"，所云衖者，蓋"衖"字之轉音耳。元《經世大典》所云"火衖"，注即音"衖"。

鑽空

《周禮·考工記·函人》"眡其鑽空"，《韓非子》"空竅者，神明之戶

---

[1] "王莽傳"誤，見《漢書·食貨志》。
[2] 據文義補"衖"字。

牖也"，《史·舜紀》"穿爲匿空旁出"，《莊子》"壘①空之在大澤"，注："小穴也。"《漢書·大宛傳》"張騫鑿空"，柳子厚文"空道北出"，古者穿崖而居謂之"土窟"。秦人呼土窟爲土空，楊用修以"土空"音"土窟"，誤。

街巷

《增韻》"直曰街，曲曰巷"，《禮記·祭義》"而弟達乎州巷矣"，注："猶閭也。"宮中長廡相通曰永巷。《列女傳》周宣姜后脱簪珥待罪永巷，後改掖庭。師古曰："永，長也。宮中之長巷耳。"然《唐·郭子儀傳》"永巷家人三千"，則巷又爲天子公侯之通稱。或作"衕"，《三蒼》云："街，交道也。衕，宮中別道也。"亦作"閧"，《楊子》"一閧之市"。

市井

邑居爲市，野廬爲井。古者二十畝爲一井，因爲市交易，故稱"市井"。《前·貨殖傳》師古曰："凡言市井者，市，交易之處；井，共汲之所，故總言之。"又《詩·東門之枌》注疏："《白虎通》云：'因井爲市，故曰市井。'應劭《通俗》云：'市，恃也。養贍老少，恃以不匱也。俗説市井，謂至市者當於井上洗濯其物香潔，及自嚴飾，乃到市也。"孔云"因井爲市"，或如劭言。

陽溝

人家水道呼曰陽溝，有書爲楊溝、羊溝者，皆有所祖而皆不類。崔豹《中華古今注》曰："楊溝，植高楊于其上也。又曰'羊溝'，爲溝以阻

---

① 《莊子·秋水》"壘"作"礨"。

羊之觚觸也。"語皆別指。今稱當是"陰陽"之"陽"，蓋水之入地潛行曰陰，出地顯行曰陽。不然，何以又有呼"陰溝"者乎？

起字所始

《桃源行》云"物外起田園"，"起"字不知何解？答云："即今'起房屋'，俗語之所由始也。"王建詩"姜家高樓連苑起"，亦此義。

營室先後

《禮》："君子將營宮室，宗廟爲先，厩庫爲次，居室爲後。"注謂厩養馬，庫藏物，欲其不乏用也審爾。則何以先於宮室？予意厩馬以備命，居重君賜也；庫藏以貯祭器及遺物，重先世也。故次宗廟，先居室，以此。

兒郎偉

後魏温子升有《閶闔門上梁云①祝文》，考"兒郎偉"始於方言，其説云："上梁文必言'兒郎偉'，或以爲'唯諾'之'唯'，或以'奇偉'之'偉'。"

公牝筍

結屋枋湊合處必有牝牡筍，俗呼爲"公牝筍"，是也。

御宿

《漢書》："武帝建元三年，開上林苑，東南至藍田宜春、鼎湖、御

---

① "云"爲衍文。

宿、昆吾，旁南山而西，至長楊、五柞，北繞黃山，瀕渭水而東，周袤三百里。"離宮七十所，皆容千乘萬騎。子美詩"昆吾御宿自逶迤"，摩詰"黃山舊繞漢宮斜"，即其事也。又《三輔黃圖》："御宿苑在長安城南，人不得入遊觀，止宿其中，故曰'御宿'。"《三秦記》："御宿園出梨，落地則破，欲取先以布囊承之，號曰'含消'，此園梨也。"

丘園

今人稱隱士見徵，必曰"丘園之賁"。本《易·賁》："六五：賁於丘園，〔束帛戔戔〕①。"而程朱《傳義》俱無此說。按：晉荀爽云："賁飾丘陵，以爲園圃，隱士之象也。""'束帛戔戔'，戔戔，委積之貌。"乃知文士所用，皆祖於此。

星貨鋪

肆有以筐以筥，或倚或垂，鱗其物以鬻者曰"星貨鋪"，言其列貨叢雜，如星之繁。今俗呼爲"星火鋪"，誤。

軍門曰和

《孫子兵法》"兩軍相對曰'〔交〕②和'"，《戰國策》"章子爲齊將，與秦軍交和而舍"，又《楚策》"開西和門"，注："軍門曰'和'。"唐鄭惜詩"戎壘三和夕"，校《文苑英華》者不知其事，改"和"作"秋"，誤。

方丈

《唐書》："顯慶中，王玄策使西域，至昆耶離城，有維摩居士石

---

① 據《易·賁卦》補"束帛戔戔"四字。
② 據《戰國策·齊策》鮑彪注引補"交"字。

室，以手板縱橫量之，得十笏，名'方丈室'。"後人因此通謂僧舍曰
"方丈"。

原廟

《前漢》京師有太廟，曰"原廟"。顏師古以"原"爲"重"，謂京城已
有廟，而又立，爲"重"。至引"原鼉"之"原"，大抵漢陵皆作"原"，京
城在渭涘，故謂"原廟"。

廟制

宗廟之制，象人君之居，前制廟以象朝，後制寢〔以象寢，〕①廟以
藏主、列昭穆。寢有衣冠、几杖，象生之具。漢蔡邕《獨斷》所言如此，蓋
古制也。今太廟，主藏於寢，歲時於廟，止設衣冠以祀。不知主議云何。
據西漢諸帝，高帝以下各立廟，元帝時用匡衡等議，則有毀廟。五年殷
祭，始及之。漢猶近古，然所謂三昭三穆之爲親廟者，制固已不備矣。

大行

蔡邕《諡議》曰："大行受大名。"故帝后未諡，先稱"大行"，非以升
遐故稱大行也。成帝崩，太后詔董賢曰："新都侯莽奉送先帝大行，曉
習故事。"則"大行"之議，升遐爲是矣。《韋賢傳》稱賢爲"大行"，則人
臣亦得稱之也。

祠

廟，祭享之地。祠本祭名，作室立祀，制不得稱廟。有曰祠，是以

---

① 據蔡邕《獨斷》補"以象寢"三字。

祠擬廟也。按：《周禮》："祠，春享也。"説者曰："品物少，文詞多之謂'祠'。"又求福曰"禱"，得求曰"祠"。

唐路

唐則稱中耳，[①] 宗廟之路曰唐，謂設祭於廟之中道，故云唐祭，非堂祭也。

券臺

墓前地名"明堂"，一名"券臺"。朱《語録》云："不曉所以。後見唐人文字中言某朝詔改爲'券臺'。"按：今地理書有"券臺"之説。券，契也，埋地契處曰"券臺"。地契用磚石爲之，上書錢若干緡，爲死者買葬於此，山神土龍不得争兢。事甚無謂，只以先儒言及，姑識之。

神道

《能改齋漫録》：葬者墓路稱神道，自漢已然。《襄陽耆舊傳》"光武立蘇嶺祠，刻二石鹿扶神道"。《楊震碑》首題"太尉楊公神道碑銘"爲證。予按：《漢書·高惠文功臣表》云"戚國侯李信成，坐爲大帝承相[②]侵神道，爲隸臣"，又《霍光傳》"光夢夫人侈大其塋，制其三幽闕[③]，築神道"。此二事皆在前，當以爲據，但《表》所謂神道，疑宗廟之路也。

---

① 據《七修類稿》卷二三"中"作"巾"，"唐則稱巾耳"爲釋"堂帽"文字，與此釋"唐路"無關。

② 《漢書·高惠高后文功臣表》"戚國"作"戚圉"、"大帝承相"作"太常縱丞相"。

③ 《漢書·霍光傳》"光夢夫人"作"太夫人"、"幽闕"作"出闕"。

第二十卷　飲食上

嗜好

文王嗜菖蒲，武王嗜鮑魚，吳王僚嗜魚炙，屈原嗜艾，曾晳嗜羊棗，公儀休嗜魚，王莽嗜鰒魚，王右軍嗜牛心，宋明帝嗜蜜漬鱁鮧，齊宣帝嗜起麪餅鴨臛，高帝嗜肉膾，陳後主嗜鱸魚，齊蕭穎胄噉白肉膾至三十，後齊辛紹光嗜羊肝，唐陸羽嗜茶。

又

宋南康公劉邕嗜瘡痂比於鰒魚。唐劍南節度使鮮于叔明嗜臭虫，每採食①得三五升，浮於微熱水洩其氣，以酥及五味熬，卷餅食之，云天下佳味。知福建院權長孺嗜人爪甲，見之輒流涎，與南中犦結蜜唧不乃羹，何以異哉？

三酒

《周禮·酒正》：“辨三酒之物，一事酒者也，二昔酒，三清酒。”事酒，有事而飲也，酌有事者之酒，今醳酒也。昔酒，注：“今之酋久白酒，所謂舊醳者也。”《禮記·內則》“酒：清、白”注：“白，事酒，昔酒也。”以二酒俱白，故以一白標之。《禮記·郊特牲》“舊澤之酒”義同。

---

① 《弇州四部稿》“食”作“拾”。

以春名酒

　　東坡云：唐人名酒，多以"春"名。退之詩"勤買拋青春"，《國史補》注："滎陽土窟春、富平石凍春、劍南燒春。"子美詩"雲安麴米春"，鄭谷《贈富平宰詩》"易博連宵醉，千缸石凍春"，知富平石凍春，信矣。觀白樂天詩有"青旗沽酒聽梨花"之句，注："杭人其俗釀酒，聽梨花時熟，號爲'梨花春'。"是又有"梨花春"之名。李白詩"甕中百斛金陵春"，劉夢得詩"鸚鵡杯中若下春"。

甜酒

　　三山老人云：唐人好飲甜酒，殆不可曉。子美曰"人生幾何春與夏，不放香醪如蜜甜"，退之云"一尊春酒甘若飴，丈人此樂無人知"。余謂唐人以酒比飴蜜者，大率謂醇乎醇者耳，非謂好飲甜酒也。且以樂天詩驗之，"甕頭竹葉經春熟，如飴氣味綠黏臺"，又"春攜酒客過，綠飴黏盞杓"，又"宜城酒似飴"，又"黏臺酒似飴"。樂天詩非不言酒甜也，要其極論，則曰"甘露太甜非正味，醴泉雖潔不芳馨"，曰"户大嫌甜酒，才高笑小詩"，曰"甕揭聞時香酷烈，瓶封貯後味甘辛"。酒味至於甘辛，乃爲佳耳。樂天詩又如此，豈好甜酒哉？且退之詩亦自有酒味冷冽之語，樂天"户大嫌甜酒"之句，正與相屬，三山蓋不深考耳。子美"香醪如蜜甜"之句，與《巴子歌》同。《巴子歌》曰"香醪甜似蜜，峽魚美可鱠。"

漢唐酒價

　　唐時酒價，前輩引老杜詩"速令相就飲一斗，恰有三百青銅錢"。然白樂天《與劉夢得沽酒閒飲詩》曰"共把十千沽一斗，相看七十欠三年"，當劉、白之時，酒價何太不廉哉！十千一斗，乃詩人寓言，此曹子建樂府中語耳。唐人如李白詩"金尊沽①酒斗十千"，王維詩"新豐美酒斗十千"，崔輔國詩"與沽一斗酒，恰用十千錢"，錢②渾詩"十千沽酒留君醉"，權德輿詩"十千斗酒不知貴"，陸龜蒙詩"若得奉君歡，十千沽一斗"，唐人言十千一斗類然。一斗三百錢，獨見子美所云，故引以定當時之價。然一斗三百，別無可據。《唐·食貨志》："德宗建中三年，禁民酤以佐軍費，置肆釀酒，斛收直三千。"此可驗乎？又觀楊松玠《〔談〕③藪》："北齊盧思道嘗云'長安酒賤，斗價三百'。"杜詩引此，亦未可知。又曾知漢酒價否？漢酒價每斗一千，《典論》曰"孝靈帝末年，百司湎酒，一斗直千文"，此可證也。

唐宋名酒

唐名酒有瓊花露、薔薇露、玉窟春、不凍春、燒春、麴米春、金陵春、竹葉春、洞庭春、蓬萊春、海嶽春、錦波春、浮玉春、風光春、郫筒、若下、新豐、蘭陵、宜城、博羅、溢水、靈溪、象洞、曲阿，又乾和五骰、宜城九醞、河東桑落、西涼葡萄、蒼梧竹葉、西市睦、郎官清。宋時名酒有玉井、秋香、薌林、秋露(向恭伯)、黃嬌(段子新)、葊綠香(范才元)、瓮中雲(易毅夫)、清無底、金盤露(軟腝者)、桃花雨(芳冽者)、銀光(胡長文)、雲露(范至能)、桂子香，又名"冷冽香"(楊萬里)。

酒之色

酒有以綠爲貴者，白樂天"傾如竹葉盈樽綠"是也。有以黃爲貴者，老杜"鵝兒黃似酒"是也。有以白爲貴者，樂天"玉液滿金巵"是也。有以

---

① "沽"當作"清"。
② "錢"當作"許"。
③ 據《野客叢書》補"談"字。

碧爲貴者，老杜"重碧酊春酒"是也。有以紅爲貴者，李賀"小槽酒滴珍珠紅"是也。今閩廣間所釀酒謂之紅酒，其色殆類〔胭〕①脂。《酉陽雜俎》載，賈鏘家蒼頭能别水，常乘小艇於黄河中以瓠匏接河源水以釀酒，經宿色如絳，名爲崑崙觴，是又紅酒之尤者也。

飲之名

隋仁壽間，籌禪師入内造五色飲，以扶芳葉爲青飲，拔楔根爲赤飲，酪漿爲白飲，烏梅漿爲玄飲，江笙②爲黄飲。又作五香飲，第一沉香飲，次檀香飲，次澤蘭香飲，次雞舌香飲，次甘松香飲。《大業志》：扶芳出吳郡，其樹蔓生纏繞他樹，葉圓而厚，凌冬不凋，夏月取其飲③，微火炙使香，煮飲，碧瀊色，香甚美，不渴。今不定爲何樹，亦不解作飲。

青州從事

《湘江野録》："昔青州從事善飲酒，故云。"考《世説》："桓公有主簿，善别酒，好者謂'青州從事'，惡者謂'平原督郵'。蓋青州齊郡，平原有鬲縣。言好酒下臍，而惡者在鬲上住也。""從事"美官，而"督郵"賤職，故取以爲喻。

米奇

琉球造酒，則以水漬米越宿，令婦人口嚼手搓取汁，爲之名曰"米奇"。

---

① 據《詩話總龜》補"胭"字。
② 《大業拾遺記》"笙"作"桂"。
③ 《大業雜記》"飲"作"葉"。

家釀

晉人所謂"見何次道，令人欲傾家釀"，猶云欲傾竭家貲以釀酒飲之也。故魯直云"欲傾家以繼酌"，韓文公借作《簟詩》①"有賣直欲傾家貲"，王平父《贈簟詩》亦云"傾家何計效韓公"，皆得晉人本意。朱行中舍人有句云"相逢盡欲傾家釀，久客誰能散囊金"，用"家釀"對"囊金"，非也。

酒攷

石能醒酒，則李衛公平泉莊物也。草能醒酒，則開元興慶池南物也。有千日而始醒者，中山酒也。有十日而始醒者，枸樓國仙漿酒也。有行千里而始醉者，桂陽程鄉酒也。猫以薄荷爲酒，雞以蜈蚣爲酒，鳩以桑椹爲酒，虎以狗爲酒，虵以茱萸爲酒，謂食之而醉也。南中人以梹榔爲茶，亦當以梹榔爲酒。蓋宋人有云："梹榔四德，醉能使之醒，醒能使之醉，饑能使之飽，飽能使之饑。"

藍尾

白樂天《元日對酒詩》"三杯藍尾酒，一楪膠牙餳"，又"老過占他藍尾酒"，又"歲盞後推藍尾酒"，"藍尾"之義，殊不可曉。《河東記》載："申屠澄與路傍茅舍中老父嫗及處女環火而坐，嫗自外挈酒壺至，曰：'以君冒寒，且進一盃。'澄因揖遜曰：'始自主人。'翁即巡，澄當婪尾。"蓋以"藍"爲"婪"。當婪尾者，謂祭②在後飲也。葉少蘊《石林燕語》："'藍'字多作'啉'，出於侯白《酒律》，謂酒巡匝，末坐者連飲三杯，爲藍尾。蓋末坐遠，酒行到常遲，故連飲以慰之。以'啉'爲貪婪之意。"予

---

① "借作《簟詩》"當作"《鄭群贈簟》"。
② 《容齋隨筆·四筆卷九》"祭"作"最"。

謂白公"三盃"之句，只爲酒之巡數耳，安有連飲者哉！侯白滑稽之語，見於《啓顏録》。《唐·藝文志》"白有《啓顏録》十卷，《雜語》五卷"，不聞有《酒律》書也。

屠蘇

蕭子雲《雪賦》："韜罘罳之飛棟，没屠蘇之高影。始飄舞於圓池，終亭華於芳井。"杜工部《冷淘詩》曰："願憑金騕褭，走置錦屠蘇。"屠蘇，菴也。《廣雅》云："屠蘇，平屋也。"《通俗文》："屋平曰屠蘇。"《魏略》云："李勝爲河南太守，郡廳事前屠蘇壞。"唐孫思邈有"屠蘇酒方"，蓋取菴名以〔名〕①酒，後人遂以"屠蘇"爲酒名矣。何遜詩："郊郭勤二頃，形體憩一蘇②。"又大冠亦曰"屠蘇"。《禮》曰："童子幘無屋，凡冠，有屋者曰屠蘇。"《晉志》："元康中，商人皆著大鄣，諺曰：'屠蘇障日覆兩耳，會見喝兒作天子。'"③

幾頭

幾頭酒，山東風俗，洗沐訖飲酒，謂之"幾頭"。顏師古云："字當爲禨，音機。禨，謂福祥也。"按：《禮》云："沐稷而靧粱，髮晞用象櫛。進禨進羞④，工乃昇歌。"鄭康成注云："靧必進禨作樂，盈氣也。此謂新沐靧體〔虛〕⑤，故更進食飲，而作樂，以自輔助，致福祥也。"此古之遺法乎？

---

① 據《升庵集》補"名"字。
② 何遜《秋夕嘆白髮》"蘇"作"廡"。
③ 《晉書·五行志中》"商人"作"商農"，"會見喝兒"作"當見瞎兒"。
④ 《禮記·玉藻》"修"作"羞"。
⑤ 據《禮記正義》"盈氣"作"益氣"，并補"虛"字。

箬下

箬下酒，李蘇州以五酘酒相次寄到，詩云："勞將箬下忘憂物，寄與江城愛酒翁。鐺脚三艸何處會，甕頭一盞幾時同。傾如竹葉盈樽綠，飲作桃花上面紅。莫怪慇懃最相憶，曾倍西省與南宮。"[1]"酘"字與"殺"同意，乃今之羊羔兒酒也。詳其詩意，當以五羔爲之。以是酒名，故從"酉"云。樂天詩"竹葉盈樽綠"，謂箬下酒，取竹有綠之意也。"桃花上面紅"，爲五酘酒，取桃花五葉也。後人不知，轉其名爲"五木"，蓋失之矣。韻中"酘"字乃"竇"同音，注云："重釀酒也。"恐"酘"難轉而爲"木"也。

桑落

酒名最古者關中之"桑落"。《水經注》蒲坂劉白墮所造，成於桑落之候，反語謂之"索郎"。《後史補》云："河中桑落坊水所造也。"《魏書》汝南王元悦以桑落酒餉元叉，極其媚諛。庾信《索酒詩》有"蒲城桑落酒"，杜甫亦云"坐開桑落酒"，張謂云"不醉郎中桑落酒，教人無奈別離何"。

般若湯

僧謂酒爲"般若湯"，鮮有知其說者。予偶讀《釋氏會要》，云有一客僧，長慶中留一寺，呼净人酤酒。寺僧見之，怒其麁暴，奪瓶擊柏樹。其瓶百碎，其酒凝滯着樹，如綠玉，搖之不散。僧曰其常持《般若經》，須傾此物一杯，即諷詠瀏亮。乃將瓶就樹盛之，其酒盡落器中，略無子

---

① 白居易《錢湖州以箬下酒李苏州以五酘酒相次寄到無因同飲聊詠所懷》"艸"作"州"，"最"作"醉"，"倍"作"陪"。

遺。奄然流啜，斯須器瓻①（音庚）酣暢矣。酒之庚②辭，其起此乎？

魯酒

今人名醞之漓薄者爲魯酒。蓋昔者中山之人善釀酒，魯人求其方不得。有仕於中山者，主酒家取其糟歸，以魯酒漬之，謂人曰"中山之酒"也。一日中山酒主來，聞有酒，索而飲之，吐而笑曰："斯予之糟液也，奚其酒。"俗説本此。

蘆酒

杜詩"黄羊飯不羶，蘆酒〔多還醉〕③。"以箬爲筒，吸而飲之，今之咂酒也。

沽酒

孔子"沽酒市脯不食"，鄭康成訓"沽"爲"榷沽"之"沽"，朱文公曰："沽、市，皆買也。蓋從鄭注。"《詩》人云"無酒沽我"，《毛詩注》謂一宿曰沽。蓋三代無沽酒者，至漢武帝時方有榷沽，則似以一宿酒爲是。

食酒

飲酒謂食酒。《于定國傳》："定國食酒至數石不亂。"如淳曰："食酒猶言喜酒。"師古曰："若依如氏之説，食字當音嗜，此説非也。食酒者，謂能多飲，費盡其酒，猶云食言耳。今俗書輒改"食"字作"飲"字，失其真

---

① 《墨莊漫録》卷五"瓻"作"觚"。
② 《墨莊漫録》卷五"庚"作"庾"。
③ 據杜甫《送從弟亞赴河西判官》"飯"作"飫"，并補"多還醉"三字。

矣。"柳子厚《序飲》亦云："吾病痞，不能食酒，至是醉焉。"

催①酒

公燕合樂，每酒行一終，伶人必唱"催酒"，然後樂作，此唐人送酒之辭。本作"碎"音，今多爲平聲，文士亦或用之。王仁裕詩"淑景易從風雨去，芳樽須用管絃催"。

飲量

山巨源飲量至八斗，晉武帝每令私益之，量盡而止。醉後鋪啜，折筯不休。則不特能飲，亦洪於食者也。劉伯倫祝詞"一飲一石，五斗解酲"，嵇、阮可以例推矣。周伯仁度江，雖日醉，恒云無對，後有舊對訪之，欣然命酒，各盡一石大醉，其人酒從臍出。滿寵、盧植、馬融、傅玄、劉京、魏舒、〔劉〕②藻、柳謇、馮跋之，餘皆可至石飲。鄭康成、鄧元起皆一斛不亂，于定國飲酒數石不醉，爲廷尉，十八年冬月請讞，〔飲酒〕③益精明。裴弘泰自杯酌以至觗船，重二百餘兩，可爲酒人之冠。

飲狀

石曼卿喜豪飲，與布衣劉潛爲友，嘗倅海陵，潛訪之，劇飲。中夜酒欲竭，有醋斗餘，乃傾入酒中，併飲之，〔至〕④明日，酒醋俱盡。每與客痛飲，露髮跣足，着械而坐，謂之"囚飲"。坐木杪，謂之"巢

---

① 據《石林燕語》卷五此條三"催"字皆當作"嗺"。
② 據《弇州四部稿》補"劉"字。
③ 據《漢書·于定國傳》補"飲酒"二字。
④ 據《夢溪筆談》卷九補"至"字。

飲"。以藁束之，引首出飲，復就束，謂之"鱉飲"。誠好奇者也。

飲一石

漢人有飲酒一石不亂，予以製酒法較之，每麤米一①斛釀酒成六斛六斗。今酒製去醶，每秫一斛，不過成酒一斛五斗。若如漢法則粗有酒氣而已，能飲酒飲多不亂，宜無足怪。然漢一斛，亦是今二斗七升，腹中可容置耶？或謂"石"乃"鈞石"之"石"，百二十斤。以今秤計之，當三十二斤，亦今之三斗酒也。于定國食酒②數石不亂，疑無此理。

長夜飲

古所謂長夜之飲，或以爲達旦，非也。薛許昌《宮辭》："畫燭燒闌暖復迷，殿帷深密下銀泥。開門欲作侵晨散，已是明朝日向西。"長夜之飲者以此。

大小户

能飲不能飲，有大小户之稱。唐宋酒令、詩話言之多矣。或問此稱定起何時？《吳志》："孫皓每饗宴，人以七升爲限，小户雖不入口，並澆灌取盡。"是三國以前事，麴蘗者已有此品。

浮白

《漢・叙傳》"引滿舉白"，服虔曰："舉滿栖，有餘白瀝者，舉③罰

---

① 《夢溪筆談》卷三"一"作"二"。
② 《夢溪筆談》卷三"能飲酒"作"能飲者"、"食酒"作"飲酒"。
③ 據《漢書・叙傳》"舉"爲衍文。

之。"師古曰："引取滿觴而飲，飲訖，舉觴告白盡不。一説，白者，罰爵之名。魏文侯與大夫飲酒，令曰：'不醻者，没①以大白。'公乘不仁舉白浮君。"

茗柯

《丹鉛餘録》："酩酊，醉貌。"《晉·山簡傳》及《世説》皆作"茗芋"，蓋假借字也。又簡文帝曰："劉尹茗仃有實理。""茗仃"，亦"茗芋"也。今本亦作"茗柯"，于文不貫。"茗柯"注："言如茗之枝柯小實，非外博而中虛也。"蔡叔子云："韓康伯雖無骨幹，然亦膚立。"合二條觀之，膚立者，茗柯之反。宋有謡曰："蓁蓬蓬，外頭花艷裏頭空。"正可對"茗柯"。

醋

《文帝紀》"賜醋五日"，注："音'步'。服虔：音'蒲'。"《周禮·族師》曰"春秋登②醋"，鄭氏箋曰："醋者，爲人物災害之神也。族長因祭醋而與長幼相獻酬焉。"醋"乃祭名，當讀爲"蒲"。

秬鬯

鬯，以秬釀鬱草，芬芳攸服以降神也。從凵，凵，器也。中象米，米③所以扱之。《周禮·春官·鬯人》注："鬯，釀秬爲酒，芬香條暢於上下也。"《增韻》："秬，黑黍。鬯，香草。"以黑黍米擣鬱金草，取汁而煮

---

① 《漢書·叙傳》注"没"作"浮"。
② 《周禮·族師》"登"作"祭"。
③ 《説文》"米"作"匕"。

之，和釀〔其酒〕①，其氣芬香條鬯，故謂之秬鬯。又陸佃云："秬者百穀之華，鬯者百草之英，故先王煮以合鬯。"記曰："鬱合鬯，蕭合黍稷。"則鬯自是一物。

鬱鬯

《周禮·鬱人》"凡祭祀、賓客之祼事，和鬱鬯，以實彝"，注："鬱鬯，金香艸煮之，以和鬯酒。鬱爲艸若蘭。"《詩》"祭以清酒"，《疏》《正義》訓亦同。又云："鬱，煮之以和鬯。然則祼之用和秬鬯②而用之，故鬱亦爲酒也。"

灌祼

《詩》"祼將於京"，《周禮·大宗伯》"以肆獻祼享先王"，注："祼之言灌，灌以鬱鬯，謂始獻尸求神時也。"《郊特牲》"灌以圭璋"，《書·洛誥》"王入太室祼"，夏氏曰："灌也。"《論語》"既灌"，《周禮·典瑞》"祼圭有瓚以肆先王，以祼賓客"，則祼皆據祭而言。至於生人飲酒亦曰祼，故《禮記·投壺》云"奉觴賜灌"，則亦奇矣。

宴享

古享禮猶今前筵，古筵禮猶今後筵。杜預曰："享有禮貌③，設几而不倚，爵盈而不飲，肴乾而不享，宴則折俎，相與共食。"此宴、享之別。

---

① 據《毛詩正義》補"其酒"二字。
② 《毛詩正義》"祼之用和秬鬯"作"祼之有鬱和秬鬯"。
③ 《春秋左傳正義》"禮貌"作"體薦"。

茶產

建州北苑先春、龍焙，洪州西山白露、崔嶺，穆州鳩阬，陳州獸目，綿州松嶺，福州栢巖，雅州露芽，南康雲居，婺州舉若①、碧乳，宣城陽坡横紋，繞②池仙芝、福合、禄合、蓮合、慶合，蜀州雀舌、鳥嘴、片甲、蟬翼，潭州獨行靈艸，彭州仙崖石蒼，臨江玉津，袁州金片緑英，龍安騎火，涪州賓化，建安人③青鳳髓，岳州黄翎毛，建安石巖臼，岳陽金膏泠，此唐宋時產茶地及名也。

飲茶

古人以飲茶始於三國時。按：《吴志·韋曜傳》孫皓時每飲群酒，"率以七升爲限，曜飲不過二升，或爲裁減，或賜茶茗以當酒"，據此爲飲茶之證。余閲《趙飛燕别傳》成帝崩後，后一夕寢中驚啼甚久，侍者呼問方覺，乃言曰：吾夢中見帝，帝賜吾坐，命進茶，左右奏帝云：向者侍帝不謹，不合啜此茶云。然則西漢時，已嘗有啜茶之説矣。

種茶

凡種茶樹必下子，移植則不復生。故俗聘嬪必以茶爲禮，義固有所取也。

茶茗

古傳注："茶樹初採爲茶，老爲茗，再老爲荈。"今概稱茗，當是

---

① 毛文錫《茶譜》"舉若"作"舉巖"。
② 張謙德《續茶經》"繞"作"饒"。
③ "人"爲衍文。

錯用。

茶芽

茶芽，古人謂之雀舌、麥顆，言其至嫩也。今茶之美者，其質素良，而所植之土又美，則新芽一發，便長寸餘，其細如針。唯芽長爲上品，以其質幹、土力皆有餘故也。

研膏

唐茶品以陽羨爲上供，建溪、北苑未著也。貞元中，常袞爲建州刺史，始蒸焙而研之，謂"研膏茶"。其後稍爲餅樣，故謂"一串"。陸羽所烹，惟草茗爾。

茶本荼

《學齋佔畢》："九經有'筆''墨'字，無'硯'字；有'燭'字，無'燈'字。"又曰："無'麩'字，無'荼'字，無'豉'字，無'醋'字。"所無六字中，"荼"字大誤。蓋"茶"本作"荼"，《説文》："荼，從草，余聲。"有二音：一鉏加切，一同都切。有四義：一苦苣，霜後可食，《詩》"誰謂荼苦"是也；一委葉，布地而生，花黃如菊，《傳》"秦網密於秋荼"是也；三茅秀，其穗色白，《詩》"有女如荼"是也；四苦茶，茗也。《爾雅》"檟，苦荼"，郭璞曰："桃如梔子，冬生，葉可煮爲羹。"食本草能去脂，使人不睡是也。後人以苦苣、委葉、茅秀爲惡艸，作"荼"字，作同都切；以"茗"爲嘉木，妄作"茶"，作鉏加切，於是有"荼"字，又有"茶"字矣。世俗必文之曰"上從艸，下從木"，雖陸羽《茶經》亦不免誤。

酒茶經

《酒經》一册，不著撰人姓名，讀之知其風流醖籍人也。田子秋《日札》載宋大德朱翼中《北山酒經》一卷。前此更有汝陽王璡《甘露經》，王績追焦革釀法爲《酒經》，又采儀狄、杜康以來善釀者爲《酒譜》。竇子野亦有《酒譜》〔一卷〕①、《酒録》一卷。胡師還《醉鄉小略》五卷、《白酒方》一卷、《食圖四時酒要》一卷、《藏釀方》一卷。劉炫《酒孝經》一卷。〔竇常〕②《貞元飲略》三卷。胡氏《醉鄉小略》五卷③，皇甫崧《醉鄉日月》三卷。陽曾龜《令圃芝蘭集》一卷。〔趙景〕④《小酒令》一卷。同塵先生《庭萱譜》一卷。近又作《酒史》三卷，田汝成《醉鄉律令》一卷。陸羽《茶經》三卷、《茶記》三卷。皎然《茶訣》三卷。陸魯望《茶品》一篇。温庭筠《採茶録》三卷。張又新《煎茶水記》一卷。蜀毛〔文〕錫《茶譜》一卷，一謂《北苑茶録》三卷，又《北苑拾遺》一卷。蔡宗顏《茶山接對》一卷，又《茶譜遺事》一卷，《北苑煎茶法》一卷。曾伉《茶苑總録》十四卷，《茶法易覽》十卷。蔡襄有《進茶録》。黃儒有《品茶要録》。熊蕃有《宣化北苑貢茶録》。熊客有《北苑別録》。田秋衡有《煮茶小品》。

唐宋茶品

唐茶不重建，以建未有奇産也。至南唐初造"研膏"，繼造"蠟面"，既又佳者號曰"京梃"。宋初置龍鳳模，號"石乳"，又有"的乳""白乳"，而"蠟面"始下矣。丁晉公進"龍鳳團"，至蔡君謨又進"小龍團"，神宗時

---

① 據《說略·食憲》補"一卷"二字。
② 據《說略·食憲》補"竇常"二字。
③ "胡氏《醉鄉小略》五卷"重出。
④ 據《說略·食憲》補"趙景"二字。

復製"蜜雲龍"（即東坡供佳客者），哲宗改為"瑞雲祥①龍"，則益精，而"小龍團"下矣。徽宗品茶以白茶第一，又製三色芽茶，而"瑞龍翔雲②"下矣。宣和庚子漕臣鄭可聞始創為銀絲冰芽，蓋將已揀熟芽再剔去，祇取去③心一縷，用清泉漬之，光瑩如銀絲，方寸新胯，小龍蜿蜒其上，號"龍園勝雪"，去龍腦諸香，遂為諸茶之冠。今建茶碾造雖精，不去龍腦，以為盒閣中味，亦不用入瀹，而茶品猶貴者虎丘，其次天池，又其次陽羨，羨之佳者岕，而龍井、六安之類皆下矣。

百穀

《尚書》《周易》《毛詩》俱有"百穀"之稱，《周禮》乃有"九穀""六穀""五穀"之稱。後世言及穀，必以五為數，所謂六與九無及焉。《星經》列星圖乃又有"八穀""八星"之説。穀者，眾種名也。九穀者，鄭司農《周禮注》"稷、黍、秫、稻、麻、大小豆、大小麥"也。六穀者，據《周禮》，殆是禾、麥、黍、稻、粟、菽，而鄭司農以為稻、黍、稷、粱、麥、苽也。五穀者，禾、麻、菽、麥、豆也。或云麻、麥、黍、稷、豆也，又云黍、稷、麥、稻、菽也。八穀者，《星經》注：黍、稷、稻、粱、麻、菽、麥、烏麻也。《列星圖》載八星：一主稻、二主黍、三主大麥、四主大豆、五主〔小〕④豆、六主小麥、七主粟、八主麻子，則所謂"八穀"者此也。《詩·甫田篇》"黍稷稻粱"，四物並稱，後人不當云其為某之總名，既以某為總名，則黍稷與粱、菽與豆，不當並立為穀數也。《古今注》："稻之黏者為秫，禾之黏者為黍。"據此而論，穀數之所取者不免于複。

---

① 《弇州四部稿》"祥"作"翔"。
② "瑞龍翔雲"當作"瑞雲翔龍"。
③ 《格鏡致源》卷二十一"去"作"其"。
④ 據《太平御覽》卷六補"小"字。

麥麪

今呼麥麯爲"來牟"，或曰"牟粉"，皆非也。《廣雅》"䴩爲小麥"，然則來牟自是兩物。《説文》："大麥，牟也。"牟，一作"䴴"，又作"麳"，周之所以受瑞麥來牟，即今大麥。按：小麥生於桃後二百四十日，秀之後六十日成，秋種、冬長、春秀、夏實，且四時之氣兼有寒、溫、熱、冷。故小麥性微寒，以爲麪則溫，麯則熱，麩則冷。

麯

麯，酒母也。一曰"酒敎"也。楊雄《方言》："𪍿（音器），自關而西，秦、豳之間曰'𪍿䴩'（音年）。"大麥麯也，晉舊説都呼"䴩"爲"㪻䴴"（子入切），齊右河濟曰"㪻䵃"。小麥麯，北燕曰䵃麯人䵃（音阜），細麥趨也，䵃（音蒙），有衣麴也。今天下通呼"麴"，不聞有此數名。

撥麷

《荀子·富國篇》："午其軍，取其將，若撥麷。"注引《周禮·籩人職》云"朝事之籩，其實麷、蕡"，注疏："麥曰麷，麻曰蕡。"鄭云"熬麥"，楊倞云："麥之牙蘖也，至脆弱，故以喻之。如以手撥麷。'麷'與'豐'同。"按：楊用修云："音與'禮'同，義與'酒醴'之'醴'同。"以《説文》爲誤，未是。

粢醍

《禮記·禮運》"粢醍在堂"，《釋文》"依《注》爲'齊'"，《周禮》"五齊"，注疏："粢穀爲醍酒。"鄭玄謂："齊者，齊有多少，以度量節作之。"不從子春爲"粢"者，五齊從一粢，於義不可；一粢從五齊，於義可也。

精鑿

儒書以精鑿喻學，精鑿皆言米也。穀一石得米六斗爲糲，一石五斗爲糳，得四斗爲鑿，得三斗爲精。精之爲字，從米爲義，從青爲聲，古文作晶，象三米之形，尤見意義。佛書以醍醐之教，喻于佛性從乳出酪，從酪出〔生〕酥，〔從生酥〕出熟〔酥〕①，從熟酥出醍醐也。

又

《説文》：“鑿，〔糲〕②米一斛春爲九斗曰鑿。”《詩·召旻》“彼疏斯粺”，鄭云：“疏：麤，糲米。米之率：糲十、粺九、鑿八、侍御七。”又《九章算法》云：“粟五十，爲糲三十、粺二十七、鑿二十四、御二十一，皆三之一也。”或云：粟一斛，爲糲米九斗，春糲一斗爲粺九升，又去爲鑿則八升，米之細者，乃窮於御。通作“鑿”。《左傳》“粢食不鑿”，《監韻》舊注“鮮明貌”，誤矣。

麤糲

糲音“辣”。《後漢書·伏湛傳》：“一穀不登，國君徹膳。今民皆饑，奈何獨飽，乃共食麤糲。”注：“糲，麤米也。”《九章筭術》曰：“粟五十，糲米三十。一斛粟得六斗米爲糲也。”杜詩“百年麤糲腐儒湌”，正用此。今世俗言“麤糲”者，聽其音則是，問其字則不知，及見“糲”字，則反讀爲“厲”矣。

---

① 據《大般涅槃經》補“生”“從生酥”“酥”五字。
② 據《説文》補“糲”字。

稃

《字書》："稃，麃穅也。"《爾雅》："穀皮也。"李巡曰："秬是黑黍之大名，秠是黑黍中之有二米者，別名'稃'，亦皮也。"按：百穀之中一稃二米，唯麥爲然。《説文》解"秠"字"一稃二米"，而解"來"字云"來麰，一米二縫"，是"秠"正此"來麰"爾。古者來、麰、秠三字相通，鄭注以秠、稃皆解爲"皮"，失之矣。

漢唐米價

《前漢·食貨志》："漢興，接秦之敝，民失其業，大饑，米石五千，人相食，高祖令民就食蜀漢。"又按：《高祖紀》云："二年，關中大饑，米斛萬錢，人相食，令就食蜀漢。"皆一時事，所書米價不同，恐稍先後，亦未可知。王莽末，黃金一斤，易粟一斛。晉愍帝時，米斗二金，是一斗粟易錢二十緡，一石粟爲錢二百緡也。後漢末，董卓之亂，百姓流離，穀石至五十萬。唐潼關失守，魯靈①所守郡中米斗五十千，是一石穀爲錢五百緡也。梁侯景食石頭常平倉盡，米一斗七八萬錢，是一石米爲錢七八百緡也，自古米貴未有如是之甚者。漢明帝永平間，粟斛三十，正與唐太宗米斗三錢之價同。東魏元象間，穀斛九錢。《趙充國傳》"金城湟中穀斛八錢"，《漢宣紀》"穀石五錢"，自古米賤，又未有如是之甚者。等一石穀耳，賤而至於五錢，貴而至於七八百緡，無乃太懸絕乎？

蓄米

古窖藏多粟，次以穀，未嘗蓄米。載於經史可考：武王發巨橋之粟；廩人掌九穀之數，倉人長②掌粟之藏，廩人繼粟；晉饑，秦輸之粟；李

① "靈"當作"炅"。
② 據《鼠璞》"長"爲衍文。

斯入倉，見鼠食積粟；太倉之粟，陳陳相因；敖倉藏粟甚多；趙充國月用〔糧〕穀千①九萬九千六百三十斛；鄭吉田渠犁，積穀；魏太祖許下屯田，所在積穀，以太倉穀千斛、垣下穀千斛賜袞②渙家。晉《天文志》謂：三星天厨，除③藏廩五穀也；南四星天庾，積厨粟所也。雖穀粟言其大槩，然藏米絕少。唐太宗置常平，令：粟藏九年，米藏五年，下濕之地粟五年，米三年。吳會並海，卑濕尤甚，且器④藏無法，不一二載即爲黑腐，三年之令不復舉行，何耶？

---

① 《漢書·趙充國傳》"千"作"十"，並據補"糧"字。
② 《三國志·魏志》"袞"作"袁"。
③ 《鼠璞》"除"作"主"。
④ 《鼠璞》"器"作"蓋"。

第二十一卷　飲食下

鹽池

宋崇寧時，蚩尤神壞鹽池，帝勅天師張虛靖召關羽勝之，鹽池復故，封羽爲真君，今所傳祠廟尚有破蚩尤畫壁。按：《黃帝經序》云"黃帝殺蚩尤，其血化爲鹵"，今之解池是也。則蚩尤之主鹽池，其説久矣。

鹽鹽

西漢中《食貨志》"倚頓用鹽鹽"，注："鹽，鹽池也。於鹽造鹽故。鹽音'古'。"予觀《采薇》注"王事靡鹽"，"鹽，不堅固也。"《鴇羽》注："鹽，不攻緻。"《周禮·鹽人》"共其苦鹽"，杜子春讀〔苦〕①爲鹽，謂鹽鹽直用不練②治。以《詩》《禮》注觀之，則鹽爲不攻緻及不練治；以《食貨志》注觀之，則鹽乃鹽池，二説似異。然海鹽練治後成其爲鹽也難壞，池鹽出水即成其爲鹽也易壞，其理一也。

作醬

雷不作醬，俗説令人腹內雷聲。按：子路感雷精而生，尚剛好勇，死，衛人醢之，孔子覆醢，每聞雷，心惻怛耳。

---

① 據《周禮注疏》補"苦"字。
② 《周禮注疏》"練"作"涷"，下兩"練"字皆當作"涷"。

醫濁虫

醫濁，音"斛突"。醫濁虫，濁酒中之虫也。今俗多呼"醫濁虫"，而字直多"鵲突"，乃不知作此。

青精飯

杜詩："豈無青精飯，使我顏色好。"青精，一名"南天燭"，又曰"墨飯草"，以其可染黑飯也。道家謂之"青精飯"，故《仙經》云："服草木之正，氣與神通；食青燭之精，命不復隕。"謂此。

團油飯

《北户録》："嶺〔南〕①俗家富者，娠産三日或足月，洗兒，作團油飯，以煎魚蝦、雞鵝、猪羊灌腸、蕉子、薑、桂、鹽豉爲之。"據此，即東坡先生所記"盤遊飯"也。二字語相近，必傳者之誤。

雕菰

彫芯，亦名"蔣"，《古詩》作"雕胡"，《内則》注亦作"安胡"，枚乘《七發》"胡安②之飯"，今茭草③之米也，其色黑，杜詩"波漂菰米沉雲黑"。《管子》謂之"雁膳"，二字奇。漢太液池多彫芯，紫籜緑節。或作"菰"，《吴都賦》"稻蒡④菰穗"。通作"苽"，《前·相如傳》"蓮藕苽盧"。

---

① 據《老學庵筆記》卷二補"南"字。
② "胡安"當作"安胡"。
③ 《升庵詩話》"草"作"苗"。
④ "蒡"當作"秀"。

點心

世俗例以早晨小食爲點心，自唐時已有此語。按：唐鄭傪爲江淮留後，家備夫人晨饌，夫人顧其弟曰："治妝未畢，我未及餐爾，且可點心。"

餬口

《左・隱》"餬其口于四方"，注："饘也。"《正義》："《說文》以此傳言'餬口四方'，故以'寄食'言之。昭七年《傳》：'饘於是，鬻於是，以餬余口。'《釋言》：'餬，饘也。'則餬是饘、鬻別名。今人薄鬻塗物謂之餬紙、餬帛，餬者，以鬻食口之名，故云'餬其口'也。"

饗殽

《周禮・天官・外饗》"凡賓客餐饗、饗食之事"，注："小禮曰殽，大禮曰饗〔餼〕①，又曰：殽，客始至之禮；饗，既將幣之禮。"大都客至必以夕，夕食未盛宴，饗必以早，早燕則盛矣，故曰朝饗夕殽。然皆自朝廷宴饗言，今謂日用飲食則不類。

餌餈

漢賈誼"三表五餌"，《周禮》注"稻米餅之曰餈"，又劉熙《釋名》"蒸燥屑餅之曰餈"，皆非也。粉米蒸屑皆餌也，非餈也。許慎曰："餈，稻餅也。"謂炊米爛乃擣之，不爲粉也。粉餈以豆爲粉糝，餈食也。餌則先屑米爲粉，然後溲之，故許慎云"餌餅"也。餈之言滋也，餌之言堅潔玉珥也。諸家之說莫精如《說文》，當以《說文》爲正。

---

① 據《周禮注疏》補"餼"字。

醢

《周禮·醢人》注：“肉汁，用肉作醢多汁，其無汁者自以所用之肉魚雁爲名。”《詩》“醓醢以薦”，注：毛云“以肉”，疏云：“凡作醢者，必先博乾其肉，莝之，雜以粱麴及鹽，漬以美酒，置甄中百日即成。”

脤膰

《説文》：“脤，社肉。本作祳，盛以蜃，故謂之祳，天子所以親遺同姓也。”《左傳·魯定十四年》“天王使石尚來歸脤”，《晉語》“受脤於社”，《周禮·大宗伯》“以脤膰之禮”，注：“脤膰社稷宗廟之肉。”疏云：“以此言之則社稷之肉曰脤，宗廟之肉曰膰。”而《公羊》《穀梁》皆云：“生居俎上曰脤，熟居俎上曰膰。”非鄭義矣。

壺飧

今河北呼食曰“飧”，音“孫”。《列子·説符篇》“見而下壺飧以餔之”，注：“音‘孫’。”《集韻》亦作“飡”，毛氏曰：按：《説文》“𠮇，隸作歹，並午達切。”殆當從夕，非從歹，然今文皆用之矣。

汴中節食

汴中節食，因記其名：元陽臠(元日)，油畫明珠(上元油䭔)，六上菜(人日)，涅槃兜(二月十五)，手裏行厨(上巳)，冬凌(寒食)，指天饊餡(四月八)，如意圓(重五)，緑荷包子(伏日)，辣雞臠(二社飯)，羅睺羅飯(七夕)，玩月羹(中秋)，盂蘭餅餡(中秋)，米錦(重九糕)，宜盤(重至)，萱草麪(臘日)，法王科斗(臘八)。

一頓

俗語飯曰"一頓"，其語亦古有之。《賈充傳》"不頓駕而自留矣"，《隋煬帝紀》"每之一所，輒數道置頓"，元微之《連昌宮辭》"駈令供頓不敢藏"，文字解詁："續食曰頓。"杜甫詩"頓頓食黃魚"。

一頭

晉元帝謝賜功德净饌一頭，又謝齋功德食一頭，又劉孝威謝賜果食一頭。

名食

江皋緑箷之筍，洞庭紫鬐之魚，昆山龍胎之脯，玄圃鳳足之菹，千里蓴羹，萬丈名膾。（梁吴筠①文）安定噎鳩之麥，洛陽董德之糜，河東長若之蔥，隴西舐背之犢，抱罕赤髓之羊，張掖北門之豉，洞庭負霜之橘，仇池帶蒂之椒，調以濟北之鹽，剉以新豐之雞。（《餅説》）犝牛之腴，肥狗之和，熊蟠之臑，芍藥之醬，薄耆之炙，鮮鯉之膾，秋黄之蘇，白舉之始②，山梁之粲③，犛豹之胎，楚苗之食，安胡之飯。（《七發》）芳菰精稗，霜蓄露葵，玄熊素膚，肥豢濃肌，山鷄斤鸜，殊翠之珍，寒芳令之巢龜，膾西海之飛鱗，脞江東之潛異④，臇漢南之鳴鶉。（《七啓》）晨鳬露鵠，霜鵝黄雀，封熊之蹯，翰音之跖，鶿

---

① "筠"當作"均"。
② 《七發》"白舉之始"作"白露之茹"。
③ 《七發》"粲"作"餐"。
④ 曹植《七啓》"濃肌"作"膿肌"，"斤鸜"作"斥鷃"，"殊翠"作"珠翠"，"芳令"作"芳苓"，"潛異"作"潛鼀"。

髀猩唇，髦殘象白，灵淵之龜，萊黃之鮐，丹穴之鷄，玄豹之胎，嫌牛之股，凝脂之飯。

八珍

《禮》所謂八珍者，淳熬、淳毋、炮豚①、擣珍、漬、熬糝、肝骨②、炮牂，蓋八法也。其品則牛、羊、麋、鹿、麕、豕、狗，皆所以養老者也。先儒名數糝而分炮豚、炮牂爲二，似誤。後世則云龍肝、鳳髓、兔胎、鯉尾、鶚炙、猩唇、熊掌、酥酪蟬，以羊脂爲之。迤北八珍，醍醐、麈吭、野馲、啼鹿、唇馲、乳麋、天鵝炙、紫玉漿、玄玉漿(即爲妳子)。

金齏玉膾

吳人製鱸魚鮓、鯖子腊，風味甚美，所稱"金齏玉膾"也。鱸魚肉甚白，雜以香菜花葉紫綠相間，以回回豆子、一息泥、香杏膩坌③之，實珍品也。鯖子魚腊亦然。回回豆子細如榛子，肉味甚美；一息泥如地椒，回回、香料也。香杏膩，一名"八丹杏仁"，元人飲膳正要多用此料。鯖子魚，今京師名鱘鰉魚。

糟粕

《莊子》云："青④者，古人糟魄耳。"今多云"糟粕"。

---

① 《禮記正義》"豚"作"豚"。
② 《禮記·內則》"骨"作"脊"。
③ 《平江記事》"坌"作"拌"。
④ "青"當作"書"，見《莊子·天道》。

笑厴

宋朝有"肉笑厴"，載在《桯史》，名亦不惡。今不識爲何物，豈肉餅耶。

煮鹽

鹽本煮海而成，然有不盡出於海者，井、山、池、木、石，種類匪一。井則劍南西川，凡八百二十二。隴西西河縣、漳縣，滇南俱有鹽井。山則永康軍之崖，沈括《筆談》謂鹽生於土崖之間。池則冀之河東，又安邑廣長俱數十里，晉陽、雲中、鴈門、渤海俱有鹽地①，金州有七池，慶陽有大小二池，會州一池，寧夏有二大池一小池，東牟有鹹泉池，五原有四池。而石與木則皆胡地，女貞國鹽生木枝上，浡泥、蘇禄、彭亨、暹羅亦有鹽海，西方鹹池堅且鹹，即出石鹽，湯口域有石，鶯以爲鹽水，竭成甘水，有石鹽。

頻婆

頻婆爲今北土所珍，而古不經見，唯《楞嚴》諸經有之，或云元時通中國始盛耳。按：《洽聞記》稱唐永徽中魏郡人王方言嘗於河中灘上拾得一小樹栽之，及長，乃林檎也，實大如小黃瓠，色白如玉，間以硃點，味非常美。進高宗，種於苑中，以爲朱柰，又名"五色林檎"，或謂之"聯珠果"，上賜王方言階文林郎。又謂之"文林果"，俗云"蘋婆果"，按此乃真頻婆果耳。《廣志》云："林檎似赤柰子，一名'黑檎'，亦名'來檎'。"今頻果止産北地，淮以南絶無之，廣故有林檎，豈得有頻婆果耶。

---

① "地"當作"池"。

樜漿

《老學庵筆記》：“聞人茂德言：沙糖中國本無，唐太宗時外國貢至，問其使人：‘此何物耶？’‘以甘蔗汁煎。’用其法煎成，與外國者等。自此中國方有沙糖。唐以前書傳及糖者皆糟耳。”余按：不然，宋玉《大招》已有“柘漿”①字，前漢《郊祀歌》“柘漿析朝酲”，注：“謂取甘蔗汁以爲飴也。”又“孫亮取交州所獻甘蔗餳”，注：“飴字，俱云煎米蘗也，一名‘餳’。”則是煎蔗爲糖，已見於漢明矣。《説文》及《集韻》並以糖爲蔗飴，曰飴、曰餳，皆是堅凝可含之物，非糟之謂。其曰“糟”字，止訓酒粕，不以訓糖也。

糖霜譜

“糖霜”之名，唐以前無所見。自古食蔗者始爲蔗漿，宋玉《招魂》所謂“胹鼈包②羔有柘漿”是也。其後爲蔗餳，孫亮使黄門就中藏吏取交州獻甘蔗餳是也。後又爲石蜜，《南中八郡志》：“笮甘蔗汁，曝成飴，謂之石蜜。”《本草》“煉糖和乳爲石蜜”是也。後又爲蔗酒，唐太宗遣使至摩揭陁國，取熬糖法，即詔揚州上諸蔗，榨瀋，只是今之沙糖。蔗之技盡於此，不言作霜，然則糖霜非古也。歷代詩人模奇寫異，亦無一及之，唯東坡過金山寺，作詩送遂寧僧圓寶云：“涪江與中泠，共此一味水。冰盤薦琥珀，何以③糖霜美。”黄魯直在戎州，作頌答梓州雍熙長老寄糖霜云：“遠寄蔗霜知有味，勝於崔子水晶鹽。正宗掃地從誰説，我舌猶能及鼻尖。”則遂寧糖霜見於文字者，實始二公。甘蔗所在皆植，獨福唐、四明、番禺、廣漢、遂寧有糖冰，而遂寧爲冠。唐大曆中，有鄒和尚始來小溪之繖山，教民黄氏以造霜之法。繖山在縣北二十里，山

---

① “大招”誤，“柘漿”見《招魂》。
② “包”當作“炮”。
③ 《容齋五筆》卷六“以”作“似”。

前後爲蔗田者十之四，糖霜户十之三。蔗有四色，曰杜蔗、曰西蔗、曰芳蔗，《本草》所謂荻蔗也；曰紅蔗，《本草》崑崙蔗也。紅蔗止堪生噉；芳蔗可作沙糖；西蔗可作霜，色淺，土人不甚貴；杜蔗紫嫩，味極厚，專用作霜。凡蔗最困地力，今年爲蔗田者，明年改種五穀以息之。霜户器用：曰蔗削、曰蔗鎌、曰蔗凳、曰蔗碾、曰榨斗、曰榨牀、曰漆甕，各有制度。凡霜，一甕中品色亦自不同，堆疊如假山者爲上，團枝次之，甕鑑次之，小顆塊次之，沙脚之爲上①；〔紫爲上〕②，深琥珀次之，淺黃又次之，淺白爲下。宣和初，王黼創應奉司，遂寧常貢外，歲別進數千斤。是時，所產蓋寄③，墻壁或方寸，應奉司罷，乃不再見。當時因之大擾，敗本業者居半，久而未復。遂寧王灼作《糖霜譜》七篇，且④載其説。

石蜜

石蜜非蜜也，《本草》云："石飴也，生武都。"此品今不見，今所謂石蜜者，糖精也。按：《唐書》⑤："番胡國出石蜜，中國貴之。上得其法，令揚州煎諸蔗之汁造焉，色味逾於西域。"《異物志》云："交趾之單滋⑥，大者數寸，煎之凝如冰，破如博棋。"《凉州異物志》："石蜜之滋，甜如浮萍，非蜂之類，假石之名，實出甘柘，變而逾輕。"注云："煮⑦而暴之，則凝如石而甚輕。"可考見矣。

---

① 《容齋隨筆·五筆卷六》"上"作"下"。
② 據《容齋隨筆·五筆卷六》補"紫爲上"三字。
③ 《容齋隨筆·五筆卷六》"蓋寄"作"益奇"。
④ 《容齋隨筆·五筆卷六》"且"作"具"。
⑤ "唐書"誤，見《唐會要》卷一百。
⑥ 《太平御覽》引《異物志》"單滋"作"草滋"，當是"竿滋"之誤。"竿滋"爲"甘蔗"之異名。
⑦ "煮"疑作"煎"，見《太平御覽》卷八五七。

黍

以大暑而種，故謂之“黍”。孔子曰：“黍可以爲酒。”即今小米，北方以之作酒者，所謂“黄米酒”是也。蓋小米有二種，如稻有粳、糯是耳，黍是小米之糯者。稷者，五穀之長，五穀不可遍祭，以長者該之，故祭稷。《〔考〕靈曜》云：“日中星鳥，可以種稷。”一歲之中，最先種者，亦北方所有，比黍稍大，較他穀則小耳，紫黑色，苞有毛，關西呼“糜”，冀州呼“縻”（音欠），不甚珍貴，農家種之，以備他穀之不熟，即南方所謂烏山稻類。稻，粳、糯總名，若《詩》《書》所稱，當依文解之，如《論語》“食夫稻”，則是粳也；《月令》“秫稻必齊”，則是糯也；但《字林》云：“糯，黏稻也。”當屬糯米。粱，即今之粟也，古不以粟爲穀之名；但粟厚孚穀，故米之有孚穀者，皆稱粱。世有白粱、黄粱之説。《爾雅翼》云：“少種粱者，以粱損地力而收穫少也。”今驗之粟，果然。又早稻尖米謂之“黄秈”（音仙），乃出自占城，又稱“占城稻”。蓋宋真宗聞其耐旱而早熟，自占城而求種，分給江淮兩浙，擇田之高者種之。

酢漿

《説文》：“漿，酢也。”《周禮》：“四飲之物，三月①漿。”《石氏星經》：“酒醴五齊之屬，天文酒旗星主之；漿水六清之屬，天文天乳星主之。”《内則》所謂酒漿當有別也。酢，古音“醋”，言其有酸味也。《本草》：“漿，水味甘酸。”按：《楚辭·招魂》“臑鼈炮羔有柘漿”，《漢書》“秦尊柘漿”，唐宴進士有三勒漿，謂訶梨勒、菴摩勒、烏欖勒也。則漿不止用粟米矣。

---

① 《周禮·天官·酒正》“月”作“曰”。

薰風啜茗

杜子美《何將軍山莊詩》"薰風啜茗時"，今本作"春風"，非。此詩十首皆一時作，其曰"千章夏木清"，又曰"紅綻雨肥梅"，皆是夏景可證。

蚶子贊

蚶子蚌屬，形如瓦筒。橫從其理，五味具充。（又：千歲蝙蝠，化爲魁陸。別名爲蚶，形似瓦屋。）

瓊糜

《楚辭》"精瓊糜以爲糧①"。（注："糜，屑也，今之米糊羹。"）

如何

《啓蒙記》"如何隨刀而改味"，《神異經》"南方荒中有如何之樹"，或曰，此即仙經所謂"火棗"。

太牢

太牢者，謂牛羊豕具；少牢者，謂去牛，惟用羊豕。今人遂以牛爲太牢，羊爲少牢也。《禮記·郊特牲》"社稷太牢"，又曰"卿大夫少牢，士以特豕"，又曰"特羊"。《嘉祐雜志》載："劉禹錫判太僕供袷，享太牢祇供特羊②，而不供羊豕。"然則流俗承誤如此。觀唐人呼牛僧孺爲太牢，呼楊虞卿爲少牢，《東都賦》"太牢饗"，注："牛。"知此謬已久。

---

① 《楚辭·離騷》"糧"作"粻"。
② 《野客叢書》"羊"作"牛"。

河祇脯

《雞跖集》"武夷君食河祇脯"，注："乾魚也。"

夏屋

《詩》"夏屋渠渠"，《毛傳》："夏，大也。"鄭箋："屋，具也。渠渠，猶勤勤也。言君始于我，厚設禮食大具以食我，其意勤勤然。"正與《字書》以"夏屋"爲"太俎"相合。自朱子以"屋"爲"房屋"，謂"渠渠"爲"深廣"，吕氏、嚴氏相繼從之，便於《詩》旨覺戾。乃今則通稱房室曰"夏屋"，不可反矣。

筵席

筵，竹席也，從竹延聲。引《周禮》"度堂以筵，筵一丈"，又《周禮·春官》注："鋪陳曰筵，籍之曰席。"疏云："先設者皆言筵，後加者爲席。惟據鋪之先後爲名，其筵席只是一物。"又《周禮·司几筵》注疏："初在地者一重謂之筵，重在上者謂之席。"

五齊

《禮記·少儀》"凡齊"注云："謂食羹醬飲有齊和者也。"疏云："謂以鹽梅齊和之法。"又《周禮》："正①辨五齊之名，一曰泛齊，二曰醴齊，三曰盎齊，四曰緹齊，五曰沈齊。"鄭玄注："謂齊者，每有祭祀，以度量節作之。"又《禮記·月令》云"秫稻必齊"，注云："謂熟成也。"

---

① 據《周禮·天官·酒正》"正"爲衍文。

五侯鯖

《語林》："婁護字君卿，歷游五侯之門，每候①，五侯各遺餉之，君卿口厭滋味，乃試合五侯所饋之鯖而食，甚美，世所謂'五侯鯖'，蓋君卿之爲也。"說或云：護兼善五侯，不遍食，故合而爲鯖。《西京雜記》："五侯不相能，賓客不得來往，婁護即辨②，傳食五侯間，各得其歡心，競致奇膳。護乃合以爲鯖，世稱'五侯鯖'，以爲奇味焉。"

蠲潔

《月令》"湛熾必潔"，注："湛，漬也。熾，炊也。"疏云："清也。"漬米以水淋沃，必盡去米塵，使水清不潘爲度，故曰必潔。《詩》所謂"吉蠲爲饎"也。《淮南子》"東風至而酒湛溢"，謂酒醪在甕，清者漬溢而出也。

日食

何曾日食萬錢，子劭日二萬錢。任愷一食萬錢。和嶠日三萬錢。高陽王元雍一食數萬錢。杜岐公悰日五食，一食萬錢。李衛公德裕至一杯羹二萬錢。韋侍郎陟至廚中棄遺直萬錢。元承③相載用食物椀器至三千事。又蔡太師京廚婢數百人，庖子亦十五人。段承④相有老婢名膳祖，四十年閱百婢，僅九婢可嗣法。孫節度承佑一宴殺物命千數。蔡京每殺鵪子輒千餘。承佑每謂人今日富有小四海矣，謂南蜶蛑、北紅羊、東蝦魚、西粟皆備也。

---

① 《語林》"候"作"旦"。
② 《西京雜記》"即辨"作"豐辯"。
③ "承"當作"丞"。
④ "承"當作"丞"。

食量

史稱廉頗七十餘，一飯斗米秤肉，注云：秤，十斤也。苻堅拂蓋郎夏默等三人每食飯一石、肉三十斤，長至丈九尺，理或勝之。宋明帝噉白肉至二百斤，蜜清鱁鮧，一頓數金鉢。蕭穎胄噉白肉鱠至二斗。馬希聲日食雞五十。又波斯王每食酪肉麨蜜至二石餘，肥大不能行，佛爲説法勸解，乃減一石。南燕慕容德時逄陵長王鸞長九尺，腰帶十圍，貫甲跨馬不由鐙，德見而奇之，賜食立盡一斛。馬希聲日食五十雞，此餔餟之極也。范汪噉青梅一斛都盡，更自難者。

脏寒

李善《選》注云："寒，今脏肉也。'寒'與'韓'同。劉熙《釋名》：'韓羊、韓兔、韓鷄，本出韓國所爲。'《鹽鐵論》'煎魚切肝，羊淹鷄寒'，《崔駰傳》亦有'雞寒'，曹植文'寒鵠蒸麑'，《名都篇》'膾鯉臇胎鰕，寒鱉炙熊蟠'，《資暇録》'今之涪肉謂之寒'，《廣韻》'煮肉熟食曰脏'。"

粰粡

于國司徒儀祭用"粰粡"，晉制呼爲"猥餅"，又曰"寒具"，今曰"饊子"。

又

晉桓玄喜陳書畫，客有〔食寒具〕①不濯手而執書帙者，偶涴之，後遂不設寒具。《齊民要術》並《食經》皆云"環餅"，世疑"饊子"也。劉

---

① 據《山家清供》補"食寒具"三字。

禹錫《寒具詩》："纖手搓來玉數尋，碧油煎出嫩黃深。夜來春睡無輕重，
壓匾①佳人纏臂金。"蓋以"寒具"爲"饊子"也。宋人小説以"寒具"爲寒食
之具，即閩人所謂煎餔以糯粉和麪油煎沃以糖，食之不濯手，則能污物
具，可留月餘，宜禁烟用也。林和靖《山中寒食》詩："方墟波緑杜蘅青，
布穀提壺已足聽。有客初嘗寒具擺，據梧憮腹散幽徑。"②則"寒具"又非
"饊子"。並存之，以俟博古者。

湯餅

湯餅，唐人謂之"不飪"，俗謂之"餺飥"。束晳《餅賦》有饅頭、薄
持、起溲、牢九之號，惟饅〔頭〕③至今名存。而起溲、牢九，皆莫曉
爲何物；薄持，苟氏又謂之"薄夜"，不知何物也。(《筆談》云："生日包
湯餅，則世所謂長命麵者也。")

餕餡

京師食店賣酸餡者，皆大出牌榜於通衢。俚俗昧於字法，轉酸從食，
轉餡從西，滑稽子謂人曰彼家所賣餕餡，不知何物。

饅頭

蠻地以人頭祭神，諸葛之征孟獲，命以麪包肉爲人頭以祭之，爲之
"蠻頭"，今人訛而爲"饅頭"也。古人寒食用桐楊葉染飯青色以祭，資陽
氣也。今變而爲青白團子，唐人呼饅頭爲"籠餅"。

---

① "匾"當作"褊"，見蘇軾《寒具》，非劉禹錫詩。
② 林逋《山中寒食》"方墟"作"方塘"，"具擺"作"具罷"，"憮腹"作"憮復"。
③ 據文義補"頭"字。

牢丸

束皙《餅賦》有"牢丸"之目，蓋食具名也。東坡詩以"牢九具"對"真一酒"，誠工矣，然不知爲何物。後見《酉陽雜俎》引伊尹書有"籠上牢丸""湯中牢丸"，〔"九"字乃是〕①"丸"字，詩人貪奇趁韻，而不知其誤，雖東坡亦不能免。

餳

唐人欲作《寒食詩》，欲押"餳"字，以無出處，遂不用。殊不知出於六經及《楚辭》也。《周禮·小師》"掌教簫"，注云："簫，編小竹管，如今賣餳餳者所吹也，管如篴，併而吹之。"《招魂》曰："粔籹蜜餌，有餦餭些。"注云："餦餭，餳也。"但戰國時謂之餦餭，至後漢時亦謂之餳耳。

又

《楚辭》此句，自是三品：粔籹，乃蜜麪之乾者，十月間②爐餅也；蜜餌，乃蜜麪少潤者，七月③蜜食也；餦餭，乃寒食寒具也。

煮餅

煮餅其來久矣。《後漢·梁冀傳》"進鴆加煮餅"，又齊高帝好食水引餅，《倦游録》乃謂今人呼煮麪爲"湯餅"，誤矣。余謂凡以麪爲食具者皆謂之餅，故火燒而食者呼爲"燒餅"，水瀹而食者呼爲"湯餅"，籠蒸而食

---

① 據《逸老堂詩話》補"九字乃是"四字。
② 《山家清供》"間"作"開"。
③ 《山家清供》"月"作"夕"。

者呼爲"蒸餅"，則饅頭〔謂〕①之籠餅是也。

鬭釘

《食經》："五色小餅，作花卉禽獸珍寶形，按抑成之，盒中累積，名曰'鬭釘'。"今人猶云"釘果盒""釘春盛"是也。俗云作"鬭釘"，非。

餛飩

《續釋常談》引《資暇録》云："餛飩以象渾沌，不正書'渾沌'，從食，不載故事。"《事物紀原》並無此名。《唐逸史》載："李宗回客知人飲饌，將同謁華陰令。客曰：'與公喫五般餛飩。'及見，果然。"《酉陽雜俎》云："今衣冠家有蕭家餛飩，漉去湯肥，可以瀹茗。"是舊有此名。《本草》載艾葉療一切鬼氣，炒作餛飩，吞三五枚以飯壓之，取"渾沌"之義，信矣。俱從食邊，何耶？

疏食

《周禮》"臣妾聚斂疏材"，鄭注曰："疏材，百草根實可食者。"《荀子》作"疎"，"葷菜百疎"。按：古人蔬食乃是乏米以蔬食，《東觀漢記》："趙孝，建武初穀食尚少，夫娠嘗蔬食，而以穀陰讓弟禮夫婦飯之，禮覺，亦不肯食，遂共蔬食。"其所謂蔬食者，非穀食也。《論語》"飯蔬食飲水"，注："菜食也。"《禮記·月令》"蔬食"，注云："草木之實爲蔬食。"疏云："蔬謂菜蔬。經言蔬食者，山林蔬食，榛栗之屬；藪澤蔬食，菱芡之屬。"

---

① 據《緗素雜記》補"謂"字。

苞蘆

杜甫詩："碧鮮俱照筯，香飯兼苞蘆。"東坡謂蜀人呼魚鮓爲"苞蘆"，王褒曰"新鯉苞蘆美"。

菘菜

江南有菘菜，江北有蔓菁，相似而異。陸佃云："菘四時長見，有松之操，故字從松，會意。"舊説：菘北種初年半爲蕪菁，二年菘種都絶。蕪菁南種亦然，猶橘踰淮爲枳也。

茄子

《酉陽雜俎》："茄子，一名'落蘇'。"今吳人正稱此。或云錢王有子跛足，以聲相近，故惡人言"茄子"，亦未必然。又隱侯《行園詩》："寒瓜方卧隴，秋菰正滿陂。紫茄紛爛漫，緑羊①鬱參差。"則知嶺南茄子宿根成樹，有高五六尺者矣。

菱芰

陸佃云："《武陵記》：'四角、三角曰芰，兩角曰菱，花紫，晝合宵炕，隨月轉移。'"《説文》徐曰："薐，一名芰，一名薢茩。"《爾雅》別有"薢茩，決光"，葉鋭花黃，一名薐，今決明，藥菜也。許慎所注《國語》"屈到嗜芰，死，將以芰祭，其子去之"。今按：芰謂薢之實，則屈到所嗜，蓋決明之菜，非水中芰也。《爾雅》注既以水中之芰釋菜，《説文》又以菜釋水中之芰曰薐。有三名，菜有其一，所以致惑。

---

① "羊"當作"芋"。

豉

"豉"字注："配鹽幽菽。"然其義亦未可曉。《楚辭》"大苦鹹酸辛甘行"，説者曰："大苦，豉也。取豉汁調以鹹酢椒姜飴蜜，則辛甘之味皆發而行。"《急就篇》"蕪荑鹽豉"，《史記・貨殖傳》"千合麴鹽"，秦漢以來始有豉字。

胡荽

胡荽曰"胡菜"，並州呼爲"香荽"，爲石勒諱也。

種芝麻

種芝麻必夫娘同下其種，收時倍多，否則結稀而不實。故俗云："長老種芝麻，未見得者。"以其無婦。此稱皆諺，亦有義存。

葵菜

葵菜，楚新昌謂之冬莧菜，以其葉岐紫象莧，出以冬耳。《淮南子》曰："使人相去也，若玉之與石也，葵之與現①也。則論人易矣。"於此見楚言有自也。王敬美謂今菜品竟無稱葵，亦不考矣。

荇菜

《詩》"參差荇菜"，陸機云："白莖，葉紫赤，浮水上，根在水底，大如釵股。"嚴氏云："今池州人稱荇爲荇公鬚。蓋細莖亂生，有若鬚

---

① "現"當作"莧"。

然。"《詩》云"參差",信矣。

荼蓼

《爾雅翼》蓼有紫、赤、青、馬、水、香、禾①等種,生水澤中,最大者有蘢有花,白居易詩"水蓼冷花紅蔟蔟"。蓼者,妨稼之草。故《詩》曰"以薅②荼蓼",於調和有用。《禮記·內則》"膾,秋用蓼",辛苦之菜,故以爲多難之喻。

侯騷蠡薺

《廣志》:"侯騷,蔓生,子如雞卵,既甘且冷,輕身消酒,又名簡子藤。"然蕭子雲賦所謂"簡子秋紅"也。魏武帝食品曰"蠡薺",子如彈丸。二物奇品,唐人賦中嘗引用之。

---

① 《爾雅翼》"禾"作"木"。
② 《毛詩正義》"薅"作"薅"。

第二十二卷　服飾

冠帶所始

《朱語録》："冠帶起於何時?"曰："看《角抵圖》所畫觀戲者盡是冠帶，猶是軟帽，搭在頭上；帶只是一條小皮穿幾个孔，用那跨子縛住。至賤之人皆用之。"又云："薄太后以帽絮提文帝，則帽自此始。往①多呼喚做巾子耳。"

幞頭

幞頭本是偃脚垂下要束得緊，今却做長脚②。橫渠説唐莊宗取伶官幞頭帶之，後遂成例。然見畫本，唐明皇已帶長脚幞頭。或云藩鎮僭禮爲之，後遂爲此樣。或云乃是唐宦官要得常似新樣，故以鐵線插帶中，又恐壞，其帶③以桐木爲一幞頭骨子，常令幞頭高起如新，謂之"軍容頭"，後來士大夫學之，令匠人"爲我斫箇軍容頭來"。蓋以木爲之，故謂之斫。至宋以藤〔做骨子〕④，後以漆紗。然幞頭有直脚、局脚、交脚、朝天、順風，凡五等。

---

① 《朱子語類》卷九一"往"作"後"。
② 《朱子語類》卷九一"脚"作"帶"。
③ 《朱子語類》卷九一"帶"作"中"。
④ 據《朱子語類》卷九一補"做骨子"三字。

平天冠

祭服之冕，自天子至下士執事者，皆服之，特以梁數及旒多少爲別，俗呼爲"平天冠"。按：《後漢·輿服志》蔡邕注"冠冕"曰："鄙人不識，謂之'平天冠'。"然則其名之傳久矣。

貂蟬冠

今公侯所戴貂蟬冠，制按武冠，一名大冠，一名繁冠，一名建冠，一名籠冠，即古"惠文冠"，以其趙惠文所造也。亦云："惠者，蟪也。其冠文輕細如蟬翼，故名。"即今之籠巾也。漢侍中、常侍則加金璫，附蟬爲飾，插以貂毛，黃金爲竿，侍中插左，常侍插右。金取剛強，百煉不耗；蟬居高飲清，口在腋下；貂內兢悍而外柔縟，蓋真貂也，故曰貂不足，狗尾續。今則取絲繩屈曲而上有纓耳。

竹皮冠

高祖爲亭長，以竹皮爲冠，蓋束髮之冠耳。及貴，常冠。魏了翁遂誤爲朝見之冠。《古今考》云："以亭長自爲竹皮冠，亦見王制之不明。"蓋未考耳。倘真以竹皮爲朝見之冠，成何模樣。

冠巾之別

《學齋佔畢》有云：古者有冠而無巾，非無巾也，蓋巾止以罩尊罍、瓜果之用，不加於首。故六經止言冠，下至虞人以皮冠，野老以黃冠，是有簪導方爲冠也。至於罪人，方去其冠而加黑幪。漢世之冠，貴者則有通天、遠遊、方山之類，武夫則有雞翹，閒居則有竹皮、鹿皮之類，皆冠也，以簪附之。所謂巾幘，稍稍施於執事賤人之首，如庖人綠幘是也。晉人輕浮，方有接羅①白葛漉酒之巾，然起於後漢郭林宗折角巾矣。近代反以巾爲禮，而戴冠不巾者爲非禮。何也？

纚帽

帽本纚也，古者有冠無幘，冠下有纚，以繒爲之。後世施幘於冠，因裁纚爲帽。永明中蕭諶開博風帽後裙之製，爲破後帽，末年民間製倚勸帽。建武中帽裙覆頂，東昏侯斷之。東昏時群小又造四種帽，因勢爲名，一曰山鵲歸林，二曰兔子度坑，三曰反縛黃離嘍，四曰鳳凰度三橋，皆服妖也。

帢

《魏志注》：“太祖擬皮弁，裁縑帛以爲帢，但以色別其貴賤，本施軍節，非爲國容。”或作“幍”，《埤蒼》：“帽也。”《晉·輿服志》：“哀帝改用素白幍。按：漢末王公名士多以幅巾爲雅，魏武始制幍。成帝制使尚書八座丞郎、門下三省侍官乘車，白幍低幘，出入掖門。又，二宮直官著烏紗幍，往往士人宴居皆著幍矣。”

席帽

用修云：古者女子出門，必擁蔽其面。後世宮人騎馬，多著羃䍦，全方障之。又首有圍帽，謂之“席帽”，垂絲網之，施以珠翠。煬帝淫侈，欲見女子之容，詔去席帽，戴阜羅巾幗，而以廣帽油之御雨。唐永徽中用帷帽施裙到頸，漸爲淺露。開元初宮人馬上著胡帽，靚妝露面，古制蕩盡矣。然則男女皆有席帽，而羃䍦之制又自小異。唐人男子不去

---

① 《學齋佔畢》“羅”作“䍦”。

席帽，而婦人去席帽，尤可笑也。

重戴

《石林燕語》："京城士人俱用青涼傘，祥符五年，詔親王得用之。六年，兩府亦許用。以其有席帽，故謂之'重戴'。若餘官出京城門，許用涼傘，必去帽。"則所謂"重戴"之名，以兼用席帽、涼傘而得也。

白帽

管寧有"白帽"之説，雖杜詩亦云："白帽應須似管寧。"然幼安《本傳》止云："嘗著皂帽。"又云："著絮帽布衣而已。"初無白帽之事。獨杜佑《通典》"帽門"載管寧在家常著帛帽，豈以"帛"爲"白"乎？宋、齊之間，天子燕私多著白高帽，或以白紗，今所畫梁武帝像亦然。蓋當時國子生亦服白紗巾，晉人著白接䍦①，謝萬著白綸巾，南齊桓崇祖白紗帽，《南史》和帝時，百姓皆著下簷白紗帽，《唐六典》天子服有白紗帽。他如白帢、白帽之類，通爲慶吊之服。古樂府《白紵歌》云："質如輕雲色似銀，製以爲袍餘作巾。"杜詩"光明白氎巾"，"嘗②念著白帽，采薇青雲端"。白樂天詩："青筇竹杖白紗巾。"然則古之所以不忌白者，蓋喪服皆用麻，自麻之外，繒縞固不待言，苧葛雖布屬，亦皆吉服。縞帶、苧衣，昔人猶以爲贈，則亦何忌之有。漢高帝爲義帝發喪，兵皆縞素，行師權制，固不備禮。後世人多忌諱，喪服往往求殺，今之薄俗，蓋有以縞素③爲緦功者矣。宜乎巾帽之不以白也。

---

① 《癸辛雜識》"䍦"作"䍦"。
② 杜甫《別董頲》"嘗"作"當"。
③ 《癸辛雜識》"素"作"紵"。

大帽

《實録》云："大帽，野老之服，至後魏朝臣皆戴之。唐初以縠爲之，以隔風塵。"又："氊帽本羌人首服，以羊毛爲之，至秦漢中華競服，後故以蓆爲骨而鞔之，則席帽也。"

皮弁

《周禮》"皮弁會五采玉璂"，璂讀如"綦"。綦，結也。于弁十二縫中結。（五采玉以爲飾，故《詩》曰"會弁如星"，制與委貌同，如覆杯然。所謂"夏之毋追""殷之章甫"者也。）

頭巾

庶人所戴頭巾，唐人亦謂之"四脚"，蓋兩脚繫腦後，兩脚繫額下，取其服勞不脱也。無事則反繫于頂上，今人不復繫額下，兩帶遂爲虚設。

巾幘

蔡邕《獨斷》："漢元帝額有壯髮，不欲人見，故加幘以巾包之。"至王莽〔冠〕①内加巾，故時人云："王莽秃，幘施屋。"《方言》："覆髻謂之幘。"《漢書》"卑賤執事不冠者所服"，或謂之"承露"，後世以爲"燕巾"。光武岸幘見馬援。一説：古者有冠無幘，其加首有頍，所以安物。秦加武將首飾爲縫帕②，後稍稍作顔題。漢興，續其顔，却攡之，施巾連題，却覆之，今喪幘也，名之曰"幘"。至孝文乃高顔題，續之爲③耳。

---

① 據《南村輟耕録》卷三十補"冠"字。
② 《南村輟耕録》卷三十"首飾爲縫帕"作"首飾爲絳帕"。
③ 《南村輟耕録》卷三十"爲"作"以"。

崇其巾爲屋，合後施巾上下，文者長耳，武者短耳。尚書幘收，方三寸，名曰納言。

巾幗

《詩》"有頍者弁"，《士冠禮注》："滕、薛名國①爲頍。今未笄冠者著卷幘，頍象之所生也。"《輿服志》夫人有"紺繒幗"，古畫婦女有頭施紺羃者，即此制也。孔明以巾幗遺司馬懿，巾幗，女子未笄之冠，燕京名"雲髻"，蜀中名"幗籠"。〔幗〕②，音與"幗"同，古對切。今音與"國"同，非也。

蓋頭

唐初女子不戴幃帽，戴皁羅，方五尺，亦謂之"幞頭"。今婦人凶服，亦戴之，以布兩幅爲之，齊衰加絰於上，五服外至輕者以碧紗爲之，俗謂"蓋頭帛"。

簪笄

簪，一名"笄"，周冕天子玉笄，《詩》"副笄六珈"，《易》"不疑朋，合簪"，此皆施之於首者也。又，盛匕簪之籠，亦名"簪"，《方言》："簪、籥，竹器也。故其上從竹。"

玉導

有不知玉導爲何物，但云頭上器者。按：桓玄奔蜀，益州都護馮庭

---

① 《儀禮注疏》"國"作"蔿"。
② 據《升庵集》補"幗"字。

抽刀將前殺玄，玄撥頭上玉導與之。《晉·禮志》："帝將冠，御府令奉冕、幘、簪導，以授侍中常侍。太尉加幘，太保加冕。"由此推之，導亦簪之屬，加於冕外，若今朝冠長簪耳。但有簪，另有導，亦非常人可用者。唐制：公服，其弁通用烏漆紗爲之，象牙爲簪導，五品以上鹿胎爲弁，犀爲簪導。益可知其爲朝冠長簪也。

金步搖

金步搖，當如今婦女首飾之金珠結子綴重者也。唐張仲素《宮中樂》云："翠匣開寒鏡，珠釵挂步搖。"若以爲腰下所懸佩之物，則非金釵可挂矣。晉慕容夷始好簪步搖爲飾，遂以"步搖"爲姓，後訛爲"慕容"。《晉書傳》："角端(弓也)掩月，步搖翻風。"唐天寶初貴族及士民好爲胡服胡帽，婦人則簪步搖釵、袖窄袖。由此觀之，步搖男女可服。

金條脱

條脱，臂飾也。見《真誥》萼緑華贈羊權金玉條脱各一枚。周處《風土記》作"條達"，"仲夏造百索繫臂，又有條達等織組雜物相贈遺。"繁欽《定情篇》又作"跳脱"，云："何以致契闊，繞腕雙跳盪①。"蓋一物而三名，傳寫之誤。

玄的

《釋名》："以丹注面曰'的'。子②本天子諸侯有群妾以次進御，有月事者難於口陳，故注此於面。"王粲《神女賦》曰："施玄的，結羽釵。"傅玄《鏡賦》曰："珥明璫之雙照，點隻的以發姿。"張景陽《扇賦》："皎

---

① "盪"當作"脱"。
② "子"當作"此"。

質曒鮮，玄的點絳。”漢律“姅變”，亦謂月事也。

燕脂

　　清微子《服飾變古録》云：“燕脂，糾製，以紅藍汁凝而爲之。以賜宮人塗之，號爲‘桃花粉’。藍地水清，合之色解。至唐頗進貢，惟后妃得賜，曰燕脂。”①崔豹《古今注》：“燕支葉似蘇，花似蒲，出西方，土人以染，名燕支。中國亦有紅藍，以染粉爲婦人色，謂‘燕支粉’。今人以重絳爲燕支，非燕支〔花〕所染也。燕支花自爲紅藍耳，舊謂赤白之間爲紅，即今所爲紅藍也。”②《西河舊事》“‘失我祁連嶺，使我六畜不蕃殖；失我焉支山，使我婦女無顔色。’北方有焉支山，山多紅藍，北人採其花染緋，取其英鮮者作燕脂。”③《本草》：“紅藍花堪作燕脂，生梁漢及西域，一名黃藍。”《博物志》：“黃藍，張騫所得，今滄、魏亦種，近世種之，收其花，俟乾，以染帛，色鮮於茜，謂之‘真紅’，亦曰‘乾紅’，目其草曰‘紅花’。以染帛之餘爲燕支。乾草初漬則色黃，故又爲黃藍也。”《史記・貨殖傳》：“若干畝巵茜。”徐廣注：“巵，音支，鮮支也；茜，音倩，一名紅藍，其花染繒，亦黃也。”又知今之紅花，乃古之茜；而今之茜，又謂之烏紅，係用蘇木、棗木染成，非古之茜矣。

耳衣

　　唐《邊塞曲》：“金裝腰帶重，錦縫耳衣寒。”即今“暖耳”也。

斧扆

　　《禮記・明堂位》“天子負斧扆南鄉而立”，《禮記・曲禮》“天子當扆

---

① 《雲麓漫鈔》卷七“糾製”作“紂製”，“色解”作“色鮮”。
② 《雲麓漫鈔》卷七“似蘇”作“似薊”，“亦有”作“亦爲”，並據補“花”字。
③ 《雲麓漫鈔》卷七“蕃殖”作“蕃息”。

而立"，注疏："狀如屏風，以絳爲質，高八尺，東西當戶牖之間，繡爲斧文，所以示威也。"周公相成王，故抱以負斧扆。

朝服

今朝服乃戎服，蓋自隋煬帝數出幸，因令百官以戎服從，一品紫，次朱，次青，皁靴乃馬鞋也。後世循襲，遂爲朝服。然唐人朝服猶著禮服，幞頭圓頂軟腳，今吏人所冠者是。桶頂帽子乃隱士冠，京師士人行道間猶著衫帽。至渡江戎馬，乃變爲白涼衫，紹興猶然。後來軍興又變爲紫衫，皆戎服也。

朱紱

朱紱，即朱裳畫爲亞形。亞，古"弗"字。故因謂"紱"，亦作"黻"。

玄端

《周禮》："玄端，朝服也。""司服"注："鄭司農云：'衣有褗裳者爲端。'鄭玄謂：'取其正。'又《樂記》：'端冕而朝，凡冕服皆正幅，袂二尺二寸，故稱"端"。'"《禮記·玉藻》"朝服"注云："冠玄端素裳也。"疏案《王制》云"周人玄衣而養老"，注云："玄衣素裳，天子之燕服，爲諸侯朝服。"彼注云："玄衣，則此'玄端'也。朝服素裳，皆得謂之玄端。若上士以玄爲裳，中士以黃爲裳，下士以雜色爲裳，天子諸侯以朱爲裳，則皆謂之玄端，不得名爲朝服矣。"

韍韠

韠，一命縕韠，再命赤韠，從韋畢聲。古者席地而坐，以臨俎豆，故設蔽膝以權①濡漬。《禮記·玉藻》注："韠之言蔽也。"《詩·采菽》注："韍、韐、韠,俱是蔽膝之象,制同名異。"然韐乃合韋,韠不合,有不同者。記解陳氏曰:"以其弗前,則曰韍;以其一巾足矣,故曰韠。以色則曰縕,質則曰韎韐。"又一説冕服謂之韍,他服謂之韠,與此説異。

韎韐

韎韐,士服蔽膝之衣。禮:"大夫以上,祭服謂之韍;士無韍名,謂之韎韐。"《詩》"韎韐有奭",《毛傳》:"韎韐者,茅蒐染草也。一曰所以代韠也。"《鄭箋》:"韎韐者,茅蒐染也。茅蒐,韎韐聲也。韎韐,祭服之韠,合韋爲之。"《士冠禮》注:"韎韐者,縕韍而黝珩②,合韋爲之,士染以茅蒐,因名焉,今齊名蒨爲韎韐。"

襴衫

三代皆依命數而服冕服,至周枲③紵爲衫以爲上服,貴女工之始也。初命以黄,五命以紫,士服短褐,庶人以白。唐馬周上議:"《禮》無衫服之文,三代以布爲深衣。今請於深衣下添襴及裙,名曰襴衫,以爲上士之服。其開骻衣者名曰缺骻衫,庶人之服。"詔從之,今人公服蓋取衫襴之制。

深衣

深衣方領,正經曰:"曲袷如矩。"後世不識。矩乃匠氏取方曲

---

① 陳澔《禮記集説》"權"作"備"。
② 《儀禮注疏》"珩"作"衡"。
③ 《新唐書·車服志》"枲"作"棠"。

尺，强以斜領爲方，而疑其多添〔兩〕①襟，制度遂失。若裁作方，盤領即應如矩之義。續衽所添兩襟也。更加鉤起於肩上，即是鉤邊。若以斜爲方，豈聖人正心之意。朱子只作直領，而下裳背後六幅，正面六幅，分兩旁。若交其領，無乃背闊而後②狹。又肋下兩縫向前，或剪圓裳，旁曰鉤邊。按：《深衣》《玉藻》二篇，正經制度自見，世儒自不考耳。

曲袷

《禮記·玉藻》"袷二寸"，注："曲領也。"又《深衣》"曲袷以應方"，注："古者方領，如今小兒衣領。"疏云："鄭以漢時領皆向下交垂，故云'古者方領'，似今擁咽。"通作"衱"。温公曰："方領如今上領衣，但方裁之。"本出胡服，須用結紐。鄭注《周禮》："袷狀如箸，橫銜之，繛絜於項。"顏師古云："繛，結礙也。絜，繞也。蓋爲紐結而繞項也。"《後漢·馬援傳》"朱勃衣方領"，注："項③上施衿領正方，學者之服也。"今朝服有方心曲領，以白羅爲之，方二寸許，綴於圓領之上，以系頸後結之，或者袷之遺象。又小兒叠方幅繫頸下，亦謂之"涎衣"，與鄭説頗相符。《後·儒林傳》"服方領"，注："直領也。"《春秋傳》："叔向曰'衣有襘'。"杜曰："領，襘也。"工外切。《曲禮》曰："天子視不上於袷。"注："交領也。"疏云："謂朝祭服之曲領也。"然則領之交會處自方即謂袷，更無他物。

涼衫

士大夫於馬上披涼衫，婦女步通衢，以方幅紫羅障蔽半身，俗謂之

---

① 據吾衍《閒居録》補"兩"字。
② 吾衍《閒居録》"後"作"前"。
③ 《後漢書·馬援傳》注"項"作"頸"。

"蓋頭"。蓋唐帷帽之制也。

汗衫

《合璧》：汗衫，本古之中單，以白綾爲之，青領襟襈裙。古者燕朝及祭祀接神，衮冕有白紗，中單有明衣，皆汗衫之象。至漢祖與項羽交戰，汗透中單，改今名。然自是以來貴賤皆可服，無異義也。

鵣鷞

後周皇帝后服制：受繭則服鵷衣，聽女教則服鵣（翬）衣，歸寧則服鷞（翟）衣。蓋蘇綽所制。鵣鷞，亦惟此見之。

繡翩

《後漢書·光武紀》"諸于繡翩"，注云："諸于，大掖衣也。繡翩，半臂也。"又云《字書》無"翩"字，當作"褊"，按：《酉陽雜俎》"盜俠類"有"單練髻"之説，"練髻"與"繡翩"同一類也。翩，疑半臂羽衣，故字從髻①髟，《漢書》作"翩"，《酉陽雜俎》作"髾"，寫有繁省也。古有此字，《字書》偶遺之爾，何必强改爲"褊"字。

背子

前輩無着背子者。背子，本半臂，武士服。古禮士人只繫勒帛，蓋有垂紳之意。後以不便摺笏，故稍用背子。然須用上襟，掖下與背皆垂帶。近又引爲長袖，與半臂製已不同。胡德輝《雜志》："背子本婢妾之服，以其行直主母之背，故名背子。"後來習俗相承，遂爲男女辨貴賤之

---

① "髻"爲衍文。

服。然嘗見前輩雜説中載之，上御便殿，着紗帽、背子，則國初已有之矣。

偏諸

偏諸，衣緣也。《前·賈誼傳》"偏諸緣"，師古曰："若今之織成以爲要襻及褾領，古謂之韋①馬裘。"

翬揄

《禮記》"揄狄"，《玉藻注》："揄讀爲'搖'。翟，雉名。"疏云："青質五色皆備成章曰'搖'。"《爾雅》注："翬、揄，皆雉名。伊洛而南，素質五色皆備曰'鷂②'。"謂刻畫此雉形，以爲后夫人服也。

褘袡

《博雅》：褘袡，蔽厀也。一曰衣下襑。《喪大記》："婦人復，不以袡。"明非常禮也。《詩》"裳錦褧衣"，注："庶人妻嫁服，士妻紒衣纁袡。"《儀禮·士昏禮》"纁袡"，注："袡，亦緣也。袡之言任也。以纁緣其衣，象陰氣上任。凡婦人之服，不當③施袡。"

裨冕

《禮記·玉藻》"裨冕以朝"，注："公衮，侯伯鷩，子男毳。總謂之

---

① 《漢書·賈誼傳》顏師古注"韋"作"車"。
② 《爾雅注疏》"鷂"作"鷂"。
③ 《儀禮注疏》"當"作"常"。

裨。荀①子六服，大裘爲上，其餘爲裨。"

褓褓

齊人名小兒被爲"褓"，即"裼"也。《詩》"載衣之裼"，《毛傳》："裼，褓也。褓，夜衣也。明當主於内事。"師古曰："即今小兒繃。"又《詩》"嗟嗟保介"，《禮記·月令》"保介之御間"，"保，猶衣也。"《史·封禪》"葉②隆於褓保"，《魯世家》"成王少，在强葆"，皆同。

交輸

曲裾後垂交輸，如淳注："交輸，割正幅使一頭狹若燕尾，垂之旁，見於後。《禮記·深衣》'續衽鉤邊'，賈逵謂之'衣圭'。"蘇林曰："如今新婦袍之袿全幅繒角割，名曰交輸裁。"

襟紐

《韻會》"天子呼來不上船"，〔船〕③，方言也，襟紐是已。

紕會

通作會，《禮記·雜記》"韠會去上五寸"，注云："謂領上縫。領之所用，蓋與紕同。"疏云："旁緣謂之紕，上緣謂之會。"

---

① 《禮記正義》"荀"作"天"。
② "司馬相如列傳"誤，見《史記·封禪書》"葉"作"業"。
③ 據惠洪《冷齋夜話》補"船"字。

袪袂

袪，今袖口也；袂，今袖也。出司馬温公《書儀注》。

邊幅

《左傳》："爲之幅度，使之無遷。"《〔後〕漢·馬援傳》"修飾邊幅"，注："若布帛修飾其邊幅也。"又《儀禮·既夕》"緇翦，有幅"，注："幅，緣之。"疏云："緣之者，則用一幅布爲之，縫合兩邊幅爲袋，不去邊幅，用之以盛著者，故云有幅。"《集韻》或作"緺"，亦作"畐"。《詩·采菽》"邪幅在下"，注："音'福'。"《晉·羊祜傳》"幅中穹巷①"，一音"逼"。今按：《左傳》"帶裳幅舄"，杜注："若今行縢，音'逼'。"引《禮記·内則》"偪舄②"，鄭注謂"偪束其脛"，則"偪"當音"逼"，不音"福"，明矣。《詩》注音"福"者誤。又按：幅巾，謂全幅爲巾，隱士之服也。則幅當音"福"，不音"逼"明矣，《晉傳》音"逼"者誤。《通志》曰："幅音'福'，布帛之幅也；音'逼'，行縢也。雙音並義，不爲假借。"

裳裙

《二儀實録》：古之所貴衣與裳連，下有裙，隨衣色而下有緣。自堯舜以降，或有六破及着直縫，皆去緣。殷周以女人衣服大質，稍加花繡，令裙上綴五色花，以羅縠爲之。梁天監中武帝造五色繡裙，加朱繩真珠爲飾。至隋帝作五裙十二段，名曰"仙裙"，上綴五色翠花。唐初馬周上疏：女人裙清③交界裁而去朱繩，其餘仍舊。

---

① 《晉書·羊祜傳》"幅中穹巷"作"幅巾窮巷"。
② 《禮記正義》"偪舄"作"偪屨"。
③ 《説略》"清"作"請"。

水田衣

袈裟，名"水田衣"，又名"稻畦帔"。王維詩："乞飯從香積，裁衣學水田。"王少伯詩："手巾花氎净，香帔稻畦成。"袈裟，内典則"毟毢"，蓋西域以毛爲之。逍遥、無塵，皆此衣也。

襏襫

襏襫，蓑雨衣也。《通俗文》"三尺衣"也。唐劉禹錫《高陵令劉君德政碑》："烝徒讙呼，奪襏而舞。"

臺笠

臺笠緇撮，鄭云："以臺皮爲笠也。"《正義》云："《詩》'其笠伊糾'，《毛傳》'所以禦暑雨'。"知臺笠不二矣。舊注："蓑草。"誤。

僧衣

僧舊着黑衣，元文宗寵愛欣笑隱，賜以黄衣。故歐陽元《題僧墨菊詩》："苾蒭元是黑衣郎，當代深仁始賜黄。今日黄花翻潑墨，本來面目見馨香。"又薩天錫《贈欣笑隱詩》："客遇鐘鳴飯，僧披御賜衣。"正謂是也。今禪僧衣褐，講僧衣紅，瑜伽僧（今赴應僧也）衣蔥白，蓋制之不容紊者。

袒衣袒服

裼袒，近身衣。《孟子》所謂"袒裼裸裎"也。《左傳》："陳靈公與孔寧、儀行父淫於夏姬，裹①其袒服，以戲於朝。"注："袒服，日日近身之

---

① 《左傳·宣公九年》"裹"作"衷"。

衣。"然不若袒服爲順，"衵"與"袒"，毫釐之差耳。

阿錫

《列子》"衣阿錫，曳齊紈"，注："阿，細縠。錫，細布。"非也。按：此文"阿錫"對"齊紈"，阿之爲地名無疑，齊有東阿，其地亦出絲帛。錫，《韻書》作"楊裼"，孫愐云："袒衣也。"若以"阿"爲"細縠"，於字義不通。

斑罽

《史·西域傳》[1]："冉䮾人，能作斑罽、青頓、毲氍、羊羖。"斑罽，今之雜色氍。青頓，今名絲頓。頓音"墩"。毲氍，今紫氍也。羊羖，今寶裝羊皮，酋長婦女以爲背飾。

離瑜

《天文志》曰："西三星曰'離瑜'。""離"與"繨"同，袿衣也。傅毅所謂"華袿飛髾垂纖羅"也。瑜，玉飾也。皆婦人服，星微則後宮儉，明則後宮奢。

彤騮

褚亮詩"彤騮出禁中"，蓋五伯戴紅帽以唱騮，自唐已然。宋人賀甲科歸第："黃榜開天上，彤騮出禁中。"本此。

---

[1] "《史·西域傳》"誤，見《後漢書·南蠻西南夷列傳》。

皁白

漢官吏著皁，其給使賤役著白。按：谷永曰："擢之皁衣之吏。"張敞曰："敞備皁衣二十餘年。"注云："雖有四時服，至朝皆著皁衣。"《兩龔傳》曰："聞之白衣，戒君勿言。"注："白衣，給使官府趨走賤人。若今諸司亭長、掌內之屬。"晉陶淵明謂"白衣相送酒"是也。又觀《戰國策》，左師公謂："臣有賤息，願令補黑衣之數，以衛王宫。"知官吏著皁白矣。

鳴鶉

《丹鉛續録》云：《南史·輿服志》有"鷩鳴鶉知四色"，用修曰："皁音罩，白色。"餘未詳。余按：《南史》無表、志，云《輿服志》者誤。又按：《山海經》"白翰"，即白鶉、白雉也。《爾雅》："鷩，赤雉。鳴，黃雉。"秩秩，海雉，如雉而黑，在海中山。是皆以雉言色，而"知"字實"秩"字之訛。

芰荷衣

"紉芰荷以爲衣"，隱者寓辭耳，荷如何可爲衣。然《三輔黃圖》："昭帝元始元年，穿琳池，南起桂臺東，引太液之水，池中植分枝荷一莖，葉狀如駢蓋，日照則葉低，蔭根莖若葵之衛足，名曰'低光荷'。實如玄珠，可以飾佩，花葉雜葇，食之令人口氣常香，益脈治病。宫人貴之，每遊宴出入，必皆咸嚼，或剪以爲衣，或折以障日。"觀此，則荷葉亦可爲衣矣。

偏後衣

偏（田扇反）後衣，古者衣服短而齊不至於地。《後漢書》"梁冀妻始製狐尾單衣”，注云：“後襬曳地，若狐尾。”至今婦人裙衫皆偏裁其後，俗呼曰“偏後衣”也。

魚袋

魚袋，古之算袋。魏文帝易以龜袋，取其先知歸順之義。唐改以魚袋，取其合魚符之義。必以魚者，蓋分左右可以合符，而唐人用袋盛此魚，今人仍以魚爲袋之形，非古制也。

魚符

唐故事，以左魚給太守，以右魚留郡庫。每郡守之官，以左魚合郡庫之右魚，以此爲信。自周顯德間廢，而此制不可復。唐之魚符，即古者銅虎符之意也。如魏公子無忌入王臥內，竊虎符以召晉鄙之兵，救平原之難，大略如此爾。然如古之符藏其右而班其左，後之符藏其左而班其右，此爲不同。

龜符

《朝野僉載》云：“僞周，武姓也；玄武，龜也。故以銅爲龜符。”楊用修亦述之。第蔡邕《讓高〔陽〕侯印綬符策》云：“退省金龜紫綬之飾，非忠[1]容體所宜服佩。”曹植《王粲誄》：“金龜紫綬，以彰勳則。”謝靈運詩：“牽絲及元興，解龜在景平。”後魏董徵云：“腰龜返國，昔人稱榮。”則龜符不始於武曌矣。

---

[1] “忠”當作“臣”。

搢紳

《晉·志》："搢紳之士，搢笏而垂紳帶也。執笏者有事則搢之腰帶。"本朝《儀注》"鴻臚尚贊搢笏"，蓋古禮也。俗作"縉"，非。縉，帛赤色也。

笏飾

《玉藻》："笏，天子以球玉，諸侯以象，大夫以魚須文竹，士竹本象可也。"魚須、文竹，謂以竹爲笏，而刻畫爲魚須之文以飾之。蓋大夫下於諸侯，故不敢用象，而文以魚須，亦示華重之意。若士又下於大夫，故直用竹之本形爲笏，而不加飾，視魚須爲文，殺矣。此"象"字與上"象"字不同，應氏謂士以遠君而伸，故飾以象，則是位下大夫而儀文顧與諸侯相埒，豈先王辨等之禮哉。

戒指

今世俗用金銀爲環，置於婦人指間，謂之"戒指"。按：《詩》注："古者后妃群妾以禮進御於君，女史書其月日，授之以環，以進退之。生子月辰，以金環退之；當御者以銀環進之，著于左手；即①御者著於右手。事無大小，記以成法。"則世俗之名"戒指"者，有自來矣。

革帶

腰帶之制，蓋自古皆有革帶也，皆兩持垂頭。至秦二世始腰帶。至唐高祖詔：要帶向下插垂頭。上元元年，勅文官並帶手巾、算袋，內

---

① 《三餘贅筆》"即"作"既"。

刀子、礪；武官亦聽帶。文武三品以上金帶玉帶十三銙，四品金帶十一銙，五品十銙，六品以犀九銙，七品銀帶，八品九品鍮石並八銙，庶人六銙，銅鉄帶。

一腰

古謂帶爲一腰，猶今謂衣爲一領。周武帝賜李賢"御所服十三環金帶一腰"是也。近世乃謂帶爲一條，語頗鄙俚。

組綬

《漢官儀》："綬長一丈二尺，法十二月；廣三尺，法天地人。"此佩印之組也。古者佩玉有韍，五代戰兵，解去紱佩，留其繫璲，故《詩》曰"鞙鞙佩璲"，此之謂也。徐廣曰："今名璲爲璲①。秦以采組連結於璲，轉相結受，故謂之綬。"漢加官印綬長三尺五寸，與綬同系而首半之，佩綬相迎受，故曰"繸"。紫綬以上，繸綬之間得施玉環鐍。《周禮》"幕人掌帷幕幄帟綬之事"，注："綬，組〔綬〕②所以繫帷也。"鄭玄云："凡四物者以綬連繫焉。"

金紫印

古有稱金貂者，常侍、侍中插貂，以金爲柱也。漢稱金紫者，金印紫綬也。其後江左入銜，曰金紫光禄、銀青光禄，猶此意也。唐所謂金紫者，紫衫金帶也。又賜紫及金魚袋。後元復以金紫、銀青入銜，國初因之。印在秦漢以爲佩服之章，至六朝尚因之，故至小，其丞相列侯不過寸餘，不以施奏牘也。唐用龜魚以代印，而印用之奏牘矣。至今而印

---

① "璲"疑作"綬"。
② 據《周禮·天官注疏》補"綬"字。

之寸分加大矣，今所謂綬，非綬製也，芾也，其牙牌則以代印及龜魚也。古王公列侯皆金印，丞相將軍亦金印。又古印列侯存者多銅印。按：古賜印外，許得自製銅木牙印，蓋倣印製而爲之。金銀印不能存，而銅獨得存故也。

紫摽

《南史·義陽王昶傳》："六軍戒嚴，應須紫摽。"《弘明集》：玄光《辨惑論》："張魯絳帶，盧循紫摽。"《南宋晉安王子勛傳》："子勛初檄欲攻子業，聞其已隕，即解甲下摽。"讀者不知"紫摽"爲何物。按：《晉書·職官志》："袴褶之制，未詳所起。冠黑帽，綴紫摽，摽以繒爲之，長四尺，廣一寸，腰有絡帶以代鞶。中官紫摽，外官絳摽。"蓋戰裙之絡繫也。今畫門神將軍有之，俗曰"飄帶"。

氍毹

上音"瞿"，下音"芻"。《聲類》曰："毛席也。"《風俗通》曰："織毛褥謂之氍毹。"《廣韻》作"氍毹"，韓公遠聯句"兩牀鋪氍毹"，本此。

狨坐

狨坐不知始何時。唐以前猶未施用，太平興國中，詔工商庶人許乘馬[1]漆素鞍，不得用狨毛煖坐。則當時蓋通上下之用矣。

百子帳

唐人昏禮多用百子帳，貴其名與昏宜，而其制度則非有子孫衆多之

---

[1]　《石林燕語》卷三"馬"作"烏"。

義。蓋其制本出戎虜，特穹廬、拂廬之具體而微者耳。捲柳爲圈，以相連鎖；百張、百闔，爲其圈之多也，故以百子總之。弛張①既成，大抵如今尖頂圓亭子而用青氈通冒四隅上下，便于移置耳。白樂天有《青氈帳詩》，其規模可考也。其詩始曰："合聚千羊毳，施帳百子卷。骨盤邊柳健，色染塞藍鮮。"其下注自引《史記》"張空弮"爲證，即是以柳爲圈而青氈冒之也。又曰"北製因戎却，南移逐虜遷"，是制出戎虜也。"有頂中央聳，無隅四句②圓"，是頂聳旁圓也。既曰"影孤明月夜"，又曰"最宜霜後地"，則是以之弛張移置於月於霜，隨處皆可也。又曰"側置低歌坐，平鋪小舞筵"，則其中亦差寬矣。既曰"銀囊帶小懸"，又曰"獸炭休親近"，則是其間不設燎爐，但用銀囊貯火，虛懸其中也。又曰"蕙帳徒招隱，茅庵浪作禪"，其所稱比，但言蕙帳、茅庵，而不止比穹廬，知其制出穹廬也。樂天詩最爲平易，至其鋪叙物制，如有韻之記，豈世綴聲韻者所能希哉。

葛越

《釋名》云："越，夷蠻之國也。度越禮義，無所拘也。"余按："越，蒲也。"《左傳》云"大路越席"。又"越葛"也，《吳都賦》："焦葛升越，弱於羅紈。"《潛夫論》云："從奴僕妾，皆服葛子升越，筩中女布。"則越之爲越，因地多葛越而名耳。又按：《甘石星經》載有"越星"，在婺之南。經國分野，安知不以星而名之乎？劉不此之考，而以臆誤後人，安矣。

木綿

閩廣多種木綿，樹高七八尺，樹如柞，結實如大麥而色青，秋深即開，露白綿茸茸然。土人摘取出殼，以鐵杖捍盡黑子，徐以小弓彈令紛

---

① 《演繁露》卷十三"弛張"作"施張"，下不另注。
② 《演繁露》卷十三"句"作"向"。

起，然後紡績爲布，名曰"吉貝"。今所貨木綿，特其細緊爾，當以花多爲勝，橫數之得一百二十花，此最上品。海南蠻人織爲巾，上作①細字，雜花卉，尤工巧，即古所謂疊巾也。李琮詩有"腥味魚中墨，衣裁②木上綿"之句，今皆不知爲何物矣。

檴蠶

《書》"檿系③"，即今山蠶④。紬山蠶蠶，似蠶而大而綠，而獷食檴葉。檴，俗名臭椿，《爾雅》謂"儲由，檴蠶"是也。第不知山桑以何樹當之。

刻絲

宋人刻絲法起定州，不用大機，以熟色〔絲〕⑤經於木栟上，隨所欲作花草禽獸收⑥，以小梭織緯時，先留其處，方以雜色線綴於經緯之上，合以成文，不相連，視之如雕鏤之象，故名"刻絲"。如婦人一衣，終歲方就。使百花不相類亦可，葢緯線非通絲⑦所織也。（見莊季裕《雞肋》）此絲盛行吳中，而不曉所始。

素絲

《毛詩》"素絲五總"，按：《詩傳》："古者素絲以英表⑧。紽，數也。

---

① 《泊宅編》卷三"作"作"出"。
② 《泊宅編》卷三"裁"作"成"。
③ 《尚書·禹貢》"系"作"桑"。
④ "蠶"疑作"桑"，見《爾雅·釋木》"檿桑，山桑"。
⑤ 據《雞肋編》補"絲"字。
⑥ 《雞肋編》"收"作"狀"。
⑦ 《雞肋編》"絲"作"梭"。
⑧ 《毛詩正義》"表"作"裘"。

總，數也。”《疏》：“《釋文》謂紽絲之飾①有五，非謂紽、總爲數。”紽，縫也；總，亦縫也。嚴氏《詩緝》：“有素絲爲組紃五處紽縫而飾之也。”《監韻》舊注：“絲，數。”誤。又按：稯從禾，十笞也。緵從糸，八十縷。糸，數也。總從糸，縫飾也。《韻書》不明徐楷②之説，誤以八十縷訓“稯”。《集韻》又曰：通作緵。總，則又以絲數之。緵，縫飾之。“總”與“稯”通作一字，誤矣。《韻書》不明《詩疏》之説，誤以絲數訓“總”。《增韻》又曰與“緵”同，則是又以“總”“緵”通作一字，益誤矣。《復古編》云：“稯，布八十縷，別作‘緵’。”非。此又但知“稯”之不可以爲“緵”，而又不知“稯”之非“八十縷”也。亦誤。

素紗

《周禮·內司服》“素紗”注：“今之白縛。六服皆袍制，以白縛爲裏，使之張顯。今紗縠名出於此。”縛，音“絹”，或作“縈”。《前·元紀》：“罷齊三服官，緟爲春服，紈素爲冬服，輕綃爲夏服。”師古注：“‘緟’與‘纚’同，即今方目縈；紈素，今之絹；輕綃，今輕縈也。”

輕容

《齊東野語》“紗之至輕薄者曰‘輕容’”，即今之銀條紗類。王建《宮詞》“嫌羅不着愛輕容”，李賀詩“蜀烟飛重錦，峽雨測③輕容”。

花綾

唐人袍服用花綾，觀白樂天《謝裴常侍贈鶻銜瑞草緋袍魚袋詩》：

---

① 《毛詩正義》“紽絲之飾”作“紽總之數”。
② “楷”當作“鍇”。
③ 李賀《惱公》“測”作“濺”。

"魚綴白金隨步躍，鶻銜紅綬繞腰飛。"《弟行簡賜章服詩》："榮傳錦帳花聯蕚，彩動綾袍鴈趁行。"注：緋，多以鶻銜瑞莎爲之。《喜劉蘇州賜金紫詩》："魚佩茸鱗光照地，鶻銜瑞草勢冲天。"方鎮詩①："通犀排帶胯，瑞草勒袍花。"白詩多言此。按：《唐會要》：德宗詔："頃來賜衣，文綵不常，非制也。今宜有定制：節度使宜以鶻銜綬帶，取其武毅，以靖封内；觀察使宜以鶻銜威儀，取其行列有序，牧人有威儀也。"威儀，委②瑞草也。《唐志》亦詳。

冰蠶

《拾遺記》："員嶠山有冰蠶，霜覆之，然後成繭，其色五采。"後代効之，染五色絲織以爲錦。《儀禮·聘禮》"皆奉玉錦束"，注："玉錦，錦之文纖縟者也。"疏云："孔子論玉而云'縝密以栗，知也'。錦之纖縟似玉之密致者。"李太白詩"白鷴白如錦"，是亦"玉錦"之意，則又不拘五色矣。

方空吹綸

漢章帝建初二年，"詔齊相省冰紈、方空縠③、吹綸絮"，注："紈，素。潔白如冰絹也。方空，紗薄如空，或曰孔，空也，即今之方目紗。綸，似絮而細，可吹噓而成，亦紗也。"《前漢書》有主此三服之官，故今詔罷之。按：此三名殊奇，今人但知冰紈，不知方空、吹綸之目，咸解以爲樂器。用修又以爲煖篘之類，去之遠矣。按：漢服出之於齊，此三服想最華者。今服飾大抵在吳，而絲幣非取之齊，則古今地產之變，又可知矣。

---

① "方鎮詩"誤，見白居易《和春深》其四。
② 據《舊唐書·德宗紀下》"委"爲衍文。
③ 《後漢書·章帝紀》"縠"作"縠"。

子氁

子氁，北方毛段細軟者。《書》“鳥獸氁毛”是也。今訛爲“紫耳①”。

疋練

顏回望吳門馬，見一疋練，孔子曰：“馬也。”然則馬之光景一疋長耳。後人號馬爲“一疋”。

千純

《史記·蘇秦傳》“錦繡千純”，注：“凡絲錦②布帛，一段爲‘一純’。”非。純，本錦綺之名，江南細布名“油純”，南夷名錦罽曰“絲純”。

一端

縑帛一匹爲一端，或總言端匹。按：《左傳》“幣錦二兩”，注：“二丈爲一端，二端爲一兩，所謂匹也。二兩，二匹也。”其以端爲匹，非矣。《湘山野錄》載夏英公鎮襄陽，遇大禮赦恩，賜致仕官束帛，以絹十匹與胡旦。旦笑曰“奉還五匹”云云。然則“一端”不可以言“一匹”，明矣。

又

又今人以一疋帛爲束帛。《公羊傳》“乘馬束帛”，“束帛，謂玄三纁二，玄三法天，纁二法地。”周啓明《考誤》云：“馬一匹則舉四足，人匹

---

① 《席上腐談》“耳”作“茸”。
② 《史記·張儀列傳》注“錦”作“綿”。

夫匹婦則舉對偶，皆不以獨爲匹也。”

裋褐

《史記·秦始皇紀》：“寒者利裋褐，而饑者甘糟糠。”《漢書》：“貢禹年老貧窮，家訾不滿萬錢，妻子糠豆不贍，裋褐不完。”班固《叙傳》：班彪《王命論》“思有裋褐之襲，儋石之畜，所願不過一金”，注：“裋皆音‘樹’，謂僮豎所着布長襦也。褐，毛布之衣也。”《荀》《韓》《淮南》諸子亦皆“裋褐”，絶無言“短褐”者。自杜詩有“天吴與①紫鳳，顛倒在短褐”之句，後人遂循用“短褐”，豈刻杜詩者誤“裋”爲“短”乎？不然不應自杜作俑。

靴

三代以前人皆跣足，三代以後始服木屐。伊尹以草爲之，名曰“履”。秦世參用絲革。靴本〔胡服〕②，趙武靈王好之，制有司衣袍者宜穿皁靴，以黄皮爲之，軍戎通服。唐馬周以麻爲之，開元中裴叔通以羊爲之，隱麕加以帶子裝束。《筆談》曰：“北齊全用胡服，長靿靴也。”《續事始》：“故事，胡虜之服不許着入殿省，至馬〔周〕③加飾乃許。”

角襪

《實録》：“自三代以來皆有之，謂之角襪，前後不相，隻盛中心，係口以帶。”《史記》曰：“山襪帶解，顔左右無能令繫者。”④又“張釋之與

---

① 杜甫《北征》“與”作“及”。
② 據《圖書見聞志》補“胡服”二字。
③ 據《資治通鑑》補“周”字。
④ 此句不見於今本《史記》，據《説略》卷二一“山”作“王”，“顔”作“顧”。

王生結襪”，皆有帶也。自魏文帝與妃乃裁縫爲之，即今樣也。用以綾羅，故陳思王《洛神賦》“羅襪生塵”。

皮袴

《實録》：“上古以皮爲袴，名曰‘褶’。至今朝祭之服。”及鹵簿中武士皆服緋衫，大口袴褶，至魏文帝止名曰“袴”。

犢鼻袴

西戎以皮爲之，夏后氏以來以絹爲之，長至膝。漢晉名曰“犢鼻”，北齊則曰“袴”，長短相似，而省“犢鼻”之言。

尖底鞋

宣和末，婦人鞋底尖以二色合，名“錯到底”；竹骨扇以木爲柄，舊矣，忽變爲短柄，止插至扇半，名“不徹頭”，皆服妖也。

扉屨

《左傳》“扉屨資糧”，《釋名》：“草履曰扉，曰不借。”《方言》：“扉，麤履。絲作曰屨，麻作曰扉。”《喪禮》謂之“菅屨”，《前·武紀》“唐虞畫①象”，注：“犯宫者扉。〔扉〕②，草履也。”《周禮·春官》“鞮鞻氏”注：“鞮鞻，四夷舞者所扉也。今時倡蹋鼓沓行者自有扉。”疏云：“引漢時自有扉者，證四夷舞者亦自有扉，與中國不同。”

----

① 《漢書·武帝紀》“書”作“畫”。
② 據《漢書·武帝紀》注補“扉”字。

不借

顏師古訓漢名小履曰"不借"。以麻爲之，人各自有，不須借也。今人因引陸放翁詩"游山雙不借，取水一軍持(净水缾)"，不知爲漢名，爲顏師古訓也。揚雄《方言》："草作者謂之履，麻作者謂之不借。"《古今注》："不借，草履也。漢文帝履不借視朝。"《儀禮注》："繩菲，今之不借也。"疏云："周謂之'履'，夏謂之'菲'，〔漢〕①謂之'不借'。"

舄

《禮》："單底曰舄，朝祭之服也。"始皇二年以皮②爲之。西晉永嘉元年，始用黃革③爲之，宮内妃御皆着之，始有伏鳩頭、鳳頭履子。齊高祖令宮人紫皮履。梁天監中武帝以絲爲之，名"解脱履"。唐大曆中進五孕履④。《古今注》："舄以木置之履下，乾不畏泥濕，天子赤舄，凡舄皆似履也。"

護膝

男子足⑤用護膝，冬寒亦用護膝，驛馬遠行用護臁，若膝褲縛膝下褲脚上，今日婦女下體之飾。《朱子語録》："秦太師死，高宗告楊郡王云：'朕免得膝褲中帶匕首矣。'"豈當時男子亦或着膝褲邪，抑褲兩脚曰膝褲邪？

---

① 據《儀禮注疏》補"漢"字。
② 《説略》卷二一"皮"作"蒲"。
③ 《説略》卷二一"革"作"草"。
④ 《説略》卷二一"五孕履"作"五朵草履子"。
⑤ 《格致鏡原》卷十八"足"作"跪"。

第二十三卷　器用一

古樂

古樂有三調聲，謂清調、平調、側調也。王建詩"側商調裏唱《伊州》"是也。唐《獨異志》："唐承隋亂，樂簴散亡，獨無徵音，李嗣真密求得之。聞弩營中砧聲，求得喪車一鐸，入振之于東南隅，果有應者，掘之得石一段，裁爲四具，補樂簴之闕。"此妄也。聲在短長厚薄之間，故《考工記》："磬氏爲磬，已上則磨其〔旁，已下則磨其〕①端。"麾②其毫末則聲隨而變，豈有帛砧裁琢爲磬而尚存故聲哉。兼古樂宮商無定聲，隨律命之，迭爲宮徵。嗣真必嘗爲新磬，好事者附益爲説，既云"裁爲四具"，則又不獨補徵聲也。

樂統同説

樂統同説：縱橫十二均分之，雖六十其調而總之，不過各一十二調。以縱圖言之，黃鍾之宮調即姑洗之羽調、蕤賓之徵調、夷則之角調、無射之商調，黃鍾之商調即太簇之宮調、蕤賓之羽調、夷則之徵調、無射之角調，黃鍾之角調即太簇之商調、姑洗之宮調、夷則之羽調、無射之徵調，蕤賓之宮調即無射之羽調、黃鍾之徵調、太簇之角調、姑洗之商調，蕤賓之商調即夷則之宮調、黃鍾之羽調、太簇之徵調、姑洗之角調，

---

① 據《周禮·考工記》補"旁已下則磨其"六字。
② 《夢溪筆談·樂律一》"麾"作"磨"。

蕤賓之角調即夷則之商調、無射之宮調、太簇之羽調、姑洗之徵調。譬之三代明堂制：青陽之左介即玄堂之右介，青陽之右介即明堂之左介，明堂之右介即總章之左介，總章之右介即玄堂之左介，併中間太室太廟。析觀之凡十有二室，而合觀之不過九室，此皆聖人精意，非凡近所能識，何者？凡樂必合五調而後成均，必通一均而後論樂。自一調五律而論，某均之某調即某均之某調，其調雖同，合五調二十五律而論，則彼均前後之四調，非此調前後之四調，其調自異。譬之乾、兌、離、震、巽、坎、艮、坤之八卦，其三畫之卦畫曷嘗不同；而分置此八卦于某卦某卦之上下，其六畫之卦義曷嘗不異。樂之爲樂，合觀之，至于一百二十調；而析觀之，不過二十四調。此與《易》之爲《易》，合觀之至于六十四卦，而析觀之不過八卦何異。蔡季通《律吕新書》雖未免泥于漢律，至其所載六十調，黃鍾之宮即太簇之商、姑洗之角、林鍾之徵、南宮之羽，黃鍾之商即太簇之角、姑洗之徵、林鍾之羽、無射之宮，黃鍾之角即夾鍾之徵、仲吕之羽、夷則之宮、無射之商，蕤賓之宮即夷則之商、無射之角、大吕之徵、夾鍾之羽，蕤賓之商即夷則之角、應鍾之徵、太吕之羽、姑洗之宮，蕤賓之角即南宮之徵、應鍾之羽、太簇之宮、姑洗之商。則正得樂統同之精意，而先儒反以雷同譏之，是何異于譏六十四卦不過八卦，而謂《易》爲雷同重復者哉。

古樂調

余嘗疑古樂調徒强名爲此律，而其實非此律；徒强名爲此音，而其實非此音。即《儀禮通傳》樂譜如《鹿鳴》之"我有嘉賓"，首章則我爲蕤，有爲林，嘉爲應，賓爲南；次章則我爲林，有爲南，嘉爲應，賓爲黃；卒章則我爲蕤，有爲南，嘉爲應，賓爲南。如《魚麗》之"君子有酒"，首章則君爲蕤，子爲林，有爲應，酒爲南；次章則君爲蕤，子爲林，有爲蕤，酒爲姑；三章則君爲蕤，子爲姑，有爲林，酒爲南。設果屬周樂譜，又安能必此音即此字？設此音非此字，此字非此音，又惡用此字譜爲耶？

皇極聲音之學，康節所得于其父天叟老人者，其法雖未嘗不佳，然其以多、良、千、刀、妻、宮、心等八十二字爲聲，以古、黑、安、夫、卜、東、乃、走、思等一百三十二字爲音，則不無失之瑣屑。胡僧了義世多重之，然其以見、溪、群、疑三十六字爲母，既不能若康節之一百二十五字何以知來，又不能若彼《華嚴》之二十四字可以生一合二合，將安所用此？思謂月盡于十二，律盡于十二，即天地元會之大運，亦不過盡于十二。黃、大、太、夾、姑、仲、蕤、林、夷、南、無、應一十二字，即聲音字母萬變之音，可以此十二字包舉而盡。乃康節必欲以一百二十爲母，胡僧必欲以三十六字爲母，何其煩耶？今若不從劉均而一奉《洪武正韻》爲正，以十七陽、十七養、十七樣、六藥（陽之入聲）屬黃，以十四歌、十四哿、十四個屬大（大讀作"惰"），以六皆七灰、六解七賄、六泰七隊屬太，以十五內十六遮、十五馬十六者、十五禡十六蔗屬夾，以四魚五摸、四語五姥、四御五暮屬姑，以一東、一董、一宋、一屋（東之入聲）屬仲，以二支、二旨、二寘屬蕤，以八真二十侵、八軫二十寑、八震二十沁、二質（真之入聲）八緝（侵之入聲）屬林，以三齊、三薺、三霽屬夷，以九寒、十刪、十一先、二十一覃、二十三鹽、九旱、十產、十一銑、二十一感、二十二琰、九翰、十諫、十二霰、二十一勘、二十二豔、三曷（寒之入聲）、四轄（刪之入聲）、五屑（先之入聲）、九合（覃之入聲）、十葉屬南，以十二蕭、十三爻、十九尤、十二篠、十三巧、十九有、十二嘯、十三效、十九宥屬無（以蕭、爻屬無，見後説），以十八庚、十八便、十八敬、七陌（庚之入聲）屬應，則萬變之音聲，此一十二母已盡，又安用三十六母爲耶？夫造化有常，變有錯綜，陽之爲黃、灰之爲太、麻之爲夾、魚模之爲姑、東之爲仲、支之爲蕤、齊之爲夷、寒先之爲南，此常體也。蕭、尤本異韻而合之以爲一，林、應本同韻而分之以爲二，此則得之于造化之錯綜，乃變體也。麻、遮疑若一韻，而《正韻》必分之以爲二；魚、模、尤疑若一韻，而《正韻》必分之以爲三；寒、刪、先、覃、鹽疑若一韻，而《正韻》必分之以爲五，何獨至于林、應而疑之？若謂寒、刪、先、覃、鹽乃五韻，尚不過合之于一南；

真、庚、侵止三韻，恐不當反分之爲林、應，則同異分合之故，此惟造化能知之。今黃大十律已無不，音歸于字，字歸于音，而獨林、應以一音分爲二律，此必毫釐千里，有必不可合而必不可不分者，彼造化已自剖判，而豈人所當置喙。是故知林、應必二音無疑也。

羽調

《演繁露》：“唐有新翻羽調‘緑腰’，樂天詩注云：即‘六么’也。今亦有‘六么’，而其曲有高平、〔仙〕①吕調，又不與羽調相協，不審是唐遺聲否?”按：今“六么”中，反②調亦有之，非特高平、仙吕也。《唐·休③樂志》：俗樂二十八調，中吕、高平、仙吕在七羽之數。蓋中吕、夾鍾，羽也；高平、林鍾，羽也；仙吕、夷則，羽也。安得謂之不與羽調相協，蓋未之考爾。

旋蟲

《周禮·考工記》“鳧氏爲鐘，鐘縣謂之旋，旋虫謂之幹”，注：“旋屬鐘柄，所以縣之。旋蟲，旋以蟲爲飾，若漢時有蹲熊、盤龍、辟邪。”

追蠡

趙岐注：“禹之聲，尚文王之聲，以追蠡”，“追，鐘紐也。蠡，絶也”。趙希鵠辨以爲非，曰：“追，琢也。《詩》曰‘追琢其章’，今畫家滴粉令凸起，就④謂之‘追粉’。蠡，剥蝕也。今人以器物用久而剥蝕曰蠡。

---

① 據《齊東野語》卷八補“仙”字。
② 《齊東野語》卷八“反”作“羽”。
③ “休”當作“禮”，見《新唐書·禮樂志》。
④ 《洞天清録》“就”作“猶”。

追蠡者，禹之鐘欸文追起處剥蝕也。"此語大似有理。

晨昏鐘聲

天下晨昏鐘聲固一百零八，而聲緩急節奏必然不同。自吳浙杭州歌："前發三十六，後發三十六，中發三十六，聲急通共一百八聲乃息。"越州歌："緊十八，慢十八，通遍輳成一百八。"台州歌："前擊七，後擊八，中間十八徐徐發。更兼臨後擊三聲，三通輳成一百八。"又：禁皷一千二百三十聲爲一通，三千六百九十聲爲三通，在外更皷三百三十撾爲一通，千撾爲三通也。

分夜鐘

《墨客揮犀》："古有分夜鐘，蓋半夜打也。"至讀《南史·丘仲孚傳》："每讀書，以中宵鐘爲限。"則思唐時半夜亦沿流古人分夜之打，故于鄴有"遠鐘來夜半"，皇甫冉有"夜半隔山鐘"，非後曉暮比也。

鷺皷

楚威王時，有朱鷺合沓飛翔而來舞，舊皷吹《朱鷺曲》是也。漢初有朱鷺之瑞，故以鷺形飾皷，又以《朱鷺》名皷吹曲也。又《隋書·樂志》："建皷蓋殷所作。又棲翔鷺于其上，不知何代所加。或曰：鷺，皷精也。越王勾踐擊大皷以猒吳，晉時移于建康，有雙鷺咒①皷而飛入雲。或曰：皆非也。《詩》：'振振鷺，鷺于飛。皷咽咽，醉言歸。'言古之君子悲周道之衰，頌聲之輟，飾皷以鷺，存其風流。未知孰是。"案：《詩·頌》注疏並無此義，乃《樂府詩集》郭茂倩引之者如此。

---

① 《隋書·音樂志》"咒"作"兊"。

石皷

石皷，周宣王時史籀篆《我車既攻》詩一篇，宋歐陽修跋之曰："石皷文在岐陽，初不見稱于前世，至唐人始盛稱之。韋應物以爲文王之皷，至宣王刻詩耳；韓退之直以爲宣王之皷。退之好古不妄者，余姑取以爲信。"今不知者謬以爲隕星，豈不大誤。

杖皷

唐杖皷本謂之"兩杖皷"，兩頭皆用杖。今杖皷一頭以手拊之，則唐之"漢震第二皷"也。明帝、宋開府皆善此皷，其曲多獨奏。今常時只是打拍，鮮有專門獨奏之妙。

又

古曲悉皆散亡，頃有得《黃帝炎》一曲，乃杖皷曲也（炎，或作"鹽"。）。唐曲有突厥鹽、阿鵲鹽。施肩吾詩："顛狂楚客歌成雪，嫵媚吳娘笑是鹽。"蓋當時語也。今杖皷譜中有炎杖聲。元積《建昌宮詞》有"逡巡大遍《涼州》徹"，所謂大遍者，有序、引、歌、䫻、嗺、哨、催、攧、袞、破、行、中腔、踏歌之類，凡數十解，每解有數疊者。裁截用之則謂之摘遍，今人大曲皆是裁用，非大遍也。

皷枹

"皷枹"之"枹"，經傳及韻書並音"浮"，不音"夫"。《增韻》於"枹"字下注："擊皷杖，亦作'枹'。"是誤以音"浮"之"枹"，釋此"枹"也。又案：柎，筏字，本作"泭"，通作"枹"。《論語》"乘桴浮于海"，本假借"枹"，"棟"字也。《增韻》于"枹"字下又注："編竹木曰'枹'。"是又誤以“柎筏”之“柎”釋此“桴”也。

擂皷

岑參《凱歌》“鳴笳擂皷擁回軍”，今本“擂”作“疊”，非。近制：啓明、定昏，皷三通，曰“發擂”，常[①]用此字，俗作“擂”，非。“擂”亦俗字，然差善于“擂”。古樂府：“官家出遊雷大皷。”“雷”，轉作去聲用。

摻撾

《後漢·禰衡傳》：“衡方爲《漁陽》參撾，蹀躍而前。”注：“作《漁陽》參撾[②]搥，自蹋地來前，躡皷[③]足脚。”今人按：搥及撾並擊皷杖也。參撾是擊皷之法，王僧孺詩：“散度《廣陵》音，參寫《漁陽》曲。”自音“參七紺反”。據此詩意，以爲曲奏之名，則“搥”字入于下句，全不成文。下云“復參搥而去”，是知“參搥”二字當相連而讀。參字音爲去聲，不知何所憑也。

又

吴淑于《古樂府》中有“摻”字者，多改爲“操”，蓋章草之變，非可一例，若《漁陽摻》者，音七鑑反，三撾皷也。禰衡作《漁陽參撾》。歌皷詞[④]曰：“邊城晏開漁陽摻，黄城[⑤]蕭蕭白日暗。”余謂搥、撾一也，故或用“搥”字。然“參”字當如徐説，音“七鑑反”。三撾皷也，以其三撾，故

---

① 《升庵詩話》“常”作“當”。
② 據《後漢書·禰衡傳》注引《文士傳》“撾”爲衍文。
③ 《後漢書·禰衡傳》注引《文士傳》“皷”作“駁”。
④ 《能改齋漫録》卷三“歌皷詞”作“古歌”。
⑤ 《能改齋漫録》卷三“晏開”作“晏聞”，“黄城”作“黄塵”。

因謂之"摻"。唐李義山《聽皷詩》："欲問漁陽摻，時無禰正平。"又曰古詩："必投潘岳果，誰參禰衡撾。"亦以去聲讀之。

義嘴笛

《樂器圖》有"義嘴笛"，謂笛上別安嘴也。《深衣圖》有"義襇"。唐人稱假髻曰"義髻"，又妓女彈箏銀甲曰"義甲"。東坡"義尊""義墨"，蓋本于此。

笛之始

馬融賦"近世雙笛從羌起"，《風俗通》以爲漢武帝時丘仲所作，則非出于羌人。《西京雜記》："高祖初入咸陽宮，笛長二尺三寸，六孔。"又宋玉在漢前有《笛賦》，不始于武帝時丘仲也。李郢嘗辯之。史繩祖引《史記》黃帝使伶倫伐竹于昆谿而作笛，吹之作鳳鳴，是起于帝世矣。《周禮》"笙師掌教歙竽、笙、塤、籥、簫、箎、篴、管，以教祴樂"，杜子春謂"篴"讀爲"滌"，六孔，蓋即笛之古字也。經史可證如此。

簻管

馬融《笛賦》"裁以當簻便易持"，李善注："簻，馬策也。裁笛以當馬簻，便易持。"此謬説也，笛安可爲馬策？簻，管也，古人謂樂之管爲"簻"。潘岳《笙賦》："修簻內辟，餘簫外透[①]。"裁以當簻者，餘器多裁衆簻以成音。此笛但裁一簻，五音皆具，當簻之上不假繁猥，所以便而易持者此。

---

① 潘岳《笙賦》"透"作"逯"。

琵琶所始

琵琶，近代樂家作，不知所起。《釋名》曰："本胡中馬上所皷。推手前曰琵，引手却曰琶，因以爲名。"《樂録》："琵琶本出于絃鞉，而杜摯以爲秦之末世苦于長城之後①，百姓絃鞉而鼓之。"《事始》云:"碎葉國所獻，貞觀中裴洛兒琵琶始廢撥用手，今所謂'搊琵琶'是也。"

辨斷紋

古琴以斷紋爲證，琴不歷五百歲不斷，愈久則斷愈多。斷有數等：有蛇腹斷，有紋橫截琴面，相去或一寸、或二寸，節節相似，如蛇腹下紋；有細紋斷，如髮千百條，亦停勻，多在琴之兩旁，而近岳處則無之；又有面與底皆斷者；又有梅花斷，其紋如梅花斷②頭，此非千餘歲不能有也。且漆器無斷紋而琴獨有之者，蓋他器用布漆，琴則不用；他器安閑而琴日夜爲絃所激；又歲久桐腐而漆相離破，斷紋隱處雖腐，磨礪至再重加光漆，其紋愈見。然其斷紋如劍幹③，僞則否。

琴甲

今彈琴，或削竹爲甲以助食指之聲者，亦因汧公也。嘗患代指而舊甲方墮，新甲未完，風景廓澄，援琴思泛，假甲于竹，聊爲權用。名德既崇，人爭倣効，好事者且曰"司徒甲"。夫琴韻在乎輕清，用④竹於自然之甲，厚薄剛柔殊矣，況棄真用假，捨清從濁乎？蓋靡知其由也。至如箜篌之與秦箏，若能去假還真，其聲宛美矣。案：中容《樂論》云：

---

① 《古今樂録》"後"作"役"。
② 據《洞天清録》"斷"爲衍文。
③ 《洞天清録》"幹"作"鋒"。
④ 《資暇集》"用"作"且"。

“‘絲不如竹，竹不如肉。’相①問孟嘉此義，嘉曰：‘以其漸近自然。’”故知甲宜從真也。

鼓瑟吹笙

古人經文一字不苟下。如“鼓瑟吹笙”，不是説鼓瑟又吹笙也；蓋瑟之一音，古今以爲難和，必吹笙以和之也。又“如塤如箎”，古人比之兄弟相和；夫他音豈皆不和，而獨以塤箎言者，他音一音各爲一節，惟塤箎二音同爲一節。

阮咸

樂器有似琵琶而圓者曰“阮咸”。大曆中，司徒汧公鎮滑時，有人於古冢獲其銅鑄成者，〔曰〕②：“此阮仲容所造。”權以仲容姓名呼焉。其形象月，其聲合琴，目爲月琴，今人以爲李崖州在相日所號，非也。

盜竽

《世本》：“隨作竽。”《釋名》：“竽，汗也。其中汙空。”《樂書》：“近代竽笙十九簧，蓋後世象竽省聲，因以名之。然笙竽異器而和同，故《周官》竽與笙均掌之笙師。”又《老子》：“服文采，帶利劍，猒飲食，而資貨有餘，此之謂盜竽。”《韓非·解》云：“竽者也，五聲之長也，竽唱則眾樂皆和。大姦唱則小盜和，故曰盜竽。”今本誤作“盜夸”，與“竽”字相近而誤。

---

① 《資暇集》“相”作“桓”。
② 據《資暇集》補“曰”字。

尺八

唐盧肇會客于江亭，請目前取一事爲酒令，尾有樂器之名。肇令曰：
"遥望漁舟，不闊尺八。"有姚巖傑者，飲酒一器，憑欄嘔噦，須臾即席，
還令曰："憑欄一吐，已覺空喉。"此語載于《摭言》。《逸史》云："開元
末，一狂僧往終南回向寺，一老僧令于空房内取尺八來。謂曰：'汝主
在寺，以愛吹尺八，謫在人間。'"孫夷中《仙隱傳》："房介然專[①]吹竹
笛，名曰尺八。將死，預將管打破，告諸人曰：'可以同將就壙。'"尺八
之爲樂名，今不復有。《吕才傳》云："貞觀時，祖孝孫增損樂律，太宗
詔侍臣舉善音者。王珪、魏徵盛稱才製尺八，凡十二枚，長短不同，與
律諧契。太宗即召才參論樂事。"尺八之所出見于此，無由曉其形製也。
《爾雅·釋樂》亦不載。

箜篌

箜篌，樂器。《釋名》："師延所作，言空國之〔侯〕[②]所好靡靡之
音。"《風俗通》一名"坎侯"。吴兢《樂府解題》："漢武帝滅南粤，祠太乙
后土，令樂人侯暉依琴造箜，箜音'坎'。以土人姓侯，故名'坎侯'。"後
語訛以"坎"爲"空"矣。

缶之異名

《詩》"坎其擊缶"，《易》"鼓缶而歌"，《史記》"藺相如使秦王擊
缶"，是樂器爲缶也。案：《坎卦》"六四：樽酒簋貳，用缶"，注："天子
大臣以王命出會諸侯，尊于簋，副設玄酒以缶。"《禮記·禮器》云："五

---

① 《容齋四筆》卷十五"專"作"善"。
② 據吴景旭《歷代詩話》卷二四補"侯"字。

獻之尊，門外缶，門內壺，君尊瓦甒，此以小爲貴也。"注云："壺大一石，甒五斗，缶大小未聞。"疏云："今以小爲貴，則近者小，遠者大，缶在門外，大于壺矣。"則缶又是酒器也。《比卦》初六爻"有孚盈缶"，注云："井之水，人所汲用缶。缶，汲器。"襄九年宋災，《左傳》曰："具綆缶，備水器。"則缶是汲水之器也。然則缶是瓦器，可以節樂，《詩注疏》"若今擊甌"。又可用以盛水、盛酒，即今之瓦盆也。以筭法推之，掬四謂之豆，積之至于缶二謂之鍾，鍾則缶四石也。

琉璃

琉璃，自然之物，彩澤光潤踰于眾玉，其色不常。《魏略》：大秦國出綠、縹、青、紺、赤、白、黃、黑、紅、紫十種琉璃。《西京雜記》載："武帝以白光琉璃〔爲鞍。"今用青色琉璃，〕[1]皆銷冶石汁，以眾藥灌而成之。始于元魏月氏人商販到京，能鑄石爲琉璃，採礦鑄之，自此賤，不復珍，非真物也。《博雅》以琉璃爲珠，近之。

翡翠

翡翠屑金，人氣粉犀，此物理相感之異者。嘗觀《歸田録》，載歐公家有一玉罌，形制甚古且精巧，始得之梅聖俞，以爲碧玉。在潁州時，嘗以示僚屬，坐有兵馬鈐轄鄧保吉者，真宗廟老內臣也，識之曰："此寶器也，謂之翡翠。〔禁中〕[2]寶物皆藏宜聖庫，有翡翠琖一隻，所以識也。"其後，偶以金環于罌腹信手磨之，金屑紛紛而落，如硯中磨墨，始知翡翠之能屑金也。諸藥中，犀最難細搗，必先鎊屑，乃入眾藥中

---

① 據《鼠璞》補"爲鞍今用青色琉璃"八字。
② 據《遊宦紀聞》補"禁中"二字。

〔擣之〕①。已而衆藥篩盡，犀屑猶存。偶見一醫生②元達者，解犀爲小塊子，方一寸半許，以極薄紙裹置懷中近肉，以人氣蒸之。候氣薰蒸浹洽，乘熱投臼中急擣，應手如粉，因知人氣之能粉犀也。

木難

曹子建詩："明珠交玉體，珊瑚間木難。"注引《南越志》云："木難，金翅鳥沫所成碧色珠也，大秦國珍之。"按：其形色則今夷方所謂祖母綠。

火齊

齊音"劑"，火齊，殊名，杜詩"火齊堆金盤"是也。程大昌《演繁露》又謂："天竺有火齊如雲母而色紫，裂之則薄如蟬翼，積之則如紗縠之重沓。"然皆作去聲讀。

六齊

《考工記》："金有六齊，六分其金而錫居一，謂之鍾鼎之齊；五分其金而錫居一，謂之斧斤之齊；四分其金而錫居一，謂之大刃之齊；五分其金而錫居一③，謂之制殺④之齊；金錫半，謂之鑒燧之齊。"按：上金、中金、下金皆可和齊，獨錫性柔而體易化，不能相入，豈記所謂錫者非今錫也。

---

① 據《遊宦紀聞》補"擣之"二字。
② 《遊宦紀聞》"生"作"僧"。
③ 《周禮·考工記》"一"作"二"。
④ 《周禮·考工記》"制殺"作"削殺矢"。

璗玉

孟康曰："璗，玉名也，音'蕩'。"《爾雅》："黃金謂之璗。"《說文》："璗，金之美與玉同色者也。"按：璗乃白金之有光，如鏡又非銀也。《周禮》有蕩節，以竹之孚得名，言白金之色如竹孚也。字從玉，與玉同色。郭如玄《韻序》："璗札行披，則謂紙色如玉也。"應瑒之名亦音"璗"，非。佩刀之飾上曰琫，下曰珌，《詩》云"鞞琫有珌"，毛傳曰："鞞，刀室也。琫，上飾；珌，下飾。天子玉琫而珧珌，諸侯璗琫而璆珌。"瑒音"蕩"。琫，布孔切。珌音"必"。

瓊玉

《詩》言玉之瓊者多矣。《著》"瓊華""瓊英""瓊瑩"，《木瓜》"瓊瑤""瓊琚""瓊玖"，皆謂玉色之美爲瓊，非玉之名也。許叔重云："瓊，赤玉也。"然《木瓜》所謂"瓊玖"乃黑玉，云何？

玉瑛

《符瑞圖》："玉瑛仁寶，不斲自成，光若白葉。漢文帝時，渭陽玉瑛見。一云：五常修則玉瑛見。今白石、紫石瑛，皆玉之有光者。"

琇瑩

《淇澳詩》"充耳琇瑩"注："琇瑩，美石也。"《詩》"尚之以瓊華""尚之以瓊英""尚之以瓊瑩"，瓊英，石似玉。鄭云："石似瓊、似瑩。"今詳"琇瑩"與"琇實"同文，"瓊瑩"與"瓊英""瓊華"同文，則瑩非玉石矣。

況瓊既爲玉之美，瑩又爲次玉之石，則一瑣乃似二物。蓋凡玉之生以及其成，有瑩、有英、有華、有實，猶草木也。瑩即榮也，謂玉之始生如草木之瑩；英爲一玉之中最美者，如草木之英；華謂玉之方成，如草木之華；實謂玉之既成，如草木之實，皆可用之。

全龍瓚將

《禮》："天子用全，上公用龍，侯用瓚，伯用將。"注："全，純色也。龍，莫江切，雜色也。純玉即純色，義無殊。龍、瓚、將，皆玉之雜名。"

又

瓚，圭狀，剡上邪銳之。于其首爲杓形，謂之瓚；于其柄爲注水道，所以灌。瓚之言瓚，進也，以進于神。一曰裸器，《禮記·郊特牲》"灌以圭璋"，疏云："圭璋爲瓚之柄，瓚所斟鬯。"《書》"秬鬯圭瓚"，《魯語》"鬯圭"，注"裸鬯之圭，長尺二寸，有瓚，以祀廟。"《詩》"玉瓚"，傳："玉瓚，圭瓚也。"《疏》正義曰："瓚者，器名，以圭爲柄。圭以玉爲之，指其體謂之玉瓚，據成器謂之圭瓚。"引漢禮：瓚槃大五升，口徑八寸，下有槃，口徑一尺，則瓚如勺，爲槃以承之也。

黃目

《禮書》所載黃彝，乃畫人目爲節，謂之"黃目"。關中石闌楯間所畫回波曲水之文，中間有二目，如大彈丸，突起煌煌然，所謂"黃目"也。視其文，髯鬣有牙角口吻之象。或説"黃目"自是一物。

觼軜

《詩》曰"觼軜",今俗呼"觼舌"。《詩·小戎》"鋈以觼軜"注:"毛云:'軜,驂内轡。'鄭云:'軜之觼以白金爲飾,軜繋于軾前。'"疏云:"謂白金飾成①爲觼以納物也。"《詩詁》:"此是扃鐍之鐍,不特施于車也。"《莊子》:"胅篋者惟恐扃鐍緘縢之不固。"鐍,篋箱前鎖處。《集韻》亦作"鑴",通作"觖"。又《前·天文志》"暈適皆②穴",孟康曰:"穴或作鐍,其形如鐍。"如淳曰:"凡氣在日上爲冠爲戴,在旁直射③爲珥,在旁如半環向日爲抱,向外爲背,有氣刺日爲鐍。鐍,抉傷也。"

六珈

《詩》"副笄六珈",毛傳:"珈笄,飾之最盛者,所以别尊卑。"鄭箋云:"珈之言加也,副既笄而加飾,如今步摇上飾。古之制所未聞。"錢氏曰:"今人步摇加飾以珠飾之,小者六,多者倍蓰至三十六。"《詩》"六珈",然則古玉數凡六也。

瓊琚

《詩》"報之以瓊琚",毛傳:"佩有琚瑀,所以納間。"孔疏云:"謂納衆玉與珩上下之間。"賈誼《新書》:"珮玉捍珠④,以納其間。"朱氏曰:"佩有珩者,佩之上横者也,下垂三道,貫以蠙蛛。璜如半璧,繋于兩旁之下端。琚如圭而正,方在珩璜之中。瑀如大珠,在中央之中,别以珠貫下,繋于璜而交貫于瑀,復上繋于珩之兩端。衝牙,如牙兩端皆鋭,

---

① 《毛詩正義》"成"作"皮"。
② 《漢書·天文志》"皆"作"背"。
③ 《漢書·天文志》注"射"作"對"。
④ 《新書·容經》"珮玉捍珠"作"佩玉蠙珠"。

橫繫于瑀，下與璜齊行，則衝牙觸璜出聲也。"又錢氏曰："佩玉之雙璜上繫于珩，又有組以左右交牽之，使得因衡之抑揚以自相衝繫，而于二組相交之處，以物居其間，交納而拘捍之，故謂之琚。或以大珠，或雜用瑀石。《詩》言"琚用瓊"，則佩之美者也。

渠眉

《周禮·典瑞》"圭璋璧琮琥璜之渠眉"，注："〔渠眉，〕①玉飾之溝瑑也。"疏云："此六玉兩頭皆有孔，又于兩孔之間爲溝渠，于溝之兩旁稍高爲眉瑑。"

古今金價

《惠帝紀》云："視作斥上者，將軍四十金。"鄭氏曰："四十金，四十斤金也。"晉灼曰："近上二千石賜錢二萬，此言四十金，實金也。下凡言黃金，真金也。不言黃金，錢也。"《食貨志》："黃金一斤直萬錢也。"後漢何休注《公羊》"百金之魚"，亦謂一金萬錢。《緗素雜記》引"一金萬錢"以證晉王導所市練布之價，則是一金萬錢，不但秦漢，自三代至晉莫不皆然，何千百年間金價一律如此。

黃銀鍮石

黃銀鍮石，傳者謂爲一物，非也。《禮斗威儀》記"君乘金而王"，則黃銀見唐太宗賜房玄齡等黃銀帶。時杜如晦新亡，帝欲賜之，以鬼神畏黃銀，別賜黃金帶于靈座。《廣志》"鍮石似金"，亦有與金雜者，《芻蕘論》云："莠生似禾，鍮石像金。"唐高宗上元中詔九品服淺碧，鍮石八胯

---

① 據《周禮注疏》補"渠眉"二字。

帶，然則黃銀貴而鍮石賤也。今二物不聞以爲貨，亦鮮有裝飾者，豈後世不復産耶？按：王莽作威斗，以五色①石銅爲之。李奇曰："以五色藥石及銅爲之。"師古曰："若今作鍮石之爲。"然則鍮石乃鑄成者也。

瑟瑟

用修引白樂天《琵琶行》"楓葉荻花秋瑟瑟"，此句絶紗，楓葉紅，荻花白，映秋色碧也。瑟瑟，珍寶名，其色碧，故以"瑟瑟"影指"碧"字。讀者草草，不知其解，輒曰："瑟瑟者，蕭瑟也。"此解非是。樂天又有《暮江曲》云："一道殘陽照水中，半江瑟瑟半江紅。"此"瑟瑟"豈蕭瑟哉。然劉楨《贈徐幹詩》："亭亭山上松，瑟瑟谷中風。"《水經》云："氣瀟瀟以瑟瑟，風颼颼而飂飂。"又作何解？

雄黃

雄黃、雌黃出階州。雄黃好者如雞冠，色透明可愛。雌黃佳者成葉子，如金色，入乳鉢內研，頃刻成粉，色極鮮麗，與韶粉相忌。繪事不可用二物，稍相親，則色淪胥而黑。

鈿金

張懷瓘《書録》："往見古鐘二枚，有古文三百餘字，紀夏禹功績，皆紫金鈿，似大篆，神彩驚人，蓋三代鈿金爲〔篆，其〕②精類如此。"又李伯得彫戈蟲鳥書黃金文銘六字曰"王用父作彫戈"，鈿金法，今亦不傳。《唐六典》有十四種金：曰銷金、曰拍金、曰鍍金、曰織金、曰砑

---

① 據《漢書·王莽傳》"色"爲衍文。
② 據《升庵集》卷六六補"篆其"二字。

金、〔曰披金、〕①曰泥金、曰鏤金、曰撚金、曰飷金、曰圈金、曰貼金、曰嵌金、曰裹金，而鈿金不在其中。

鋈續

《詩》"陰靷鋈續"，又"鋈以觼軜""厹矛鋈錞"，毛云："白金也。"鄭云："白金飾續靷之環，軜之觼以白金爲飾。"孔疏云："白金謂之銀，其美者謂之鐐。"然則白金不名鋈，言鋈者，謂銷白金以灌鋈靷環，非訓鋈爲白金也。金、銀、銅、錫總名爲金耳。今詳《詩》言"鋈續""鋈〔錞〕②"，則是以鐵爲質，以他金灌沃其外，共名爲鋈。猶今人以銀爲質，金鍍其外，共名爲鍍。鄭釋"鋈續"，不云白金爲環，但云以白金飾環，猶未瑩徹。今人作門環，皆以鐵爲質，而灌以錫，古所謂鋈與。

商嵌

銅器入土千年，純青如鋪翠；入水千年，純綠瑩如玉。其色午前稍淡，午後乘陰氣，翠潤欲滴。傳世者色紫褐而有朱砂斑，甚或班凸起如上等辰砂。趙希鵠又云："夏時器物多有細嵌以金者，今訛爲'商嵌'，蓋'相嵌'也。"引《詩》"金玉其相"，楊用修云："當作'鑲嵌'，亦非相嵌。"

錽瓖

錽音"減"，以鏤金飾馬首，又曰"鐵質"，金文曰"錽"也。《西③京

---

① 據《升庵集》卷六六補"曰披金"三字。
② 據《詩·秦風·小戎》補"錞"字。
③ "西"當作"東"。

賦》"金錟鏤錫"，馬融《廣成頌》"金錟玉瓖"，《詩》云"鉤膺鏤錫"，《國語》曰"懷纓挾瓖①"，皆指此。今名馬鞍曰"錟銀"，事件當用此"瓖"字，或作"鍐"，非。(佛說況有莎怛鍐之語也，書罕用此。)婦飾曰"瓖嵌"，生活當用此"瓖"字，俗作"厢②"非。

錦贉

《海岳書史》："隋唐藏書皆金題玉躞，錦贉繡褫。"金題，押頭也。躞，軸心也。贉，卷首帖綾，又謂之"玉池"，又謂之"贉"，有"毬路錦贉"，有"樓臺錦贉"，有"樗蒲錦贉"，有引首二色者曰"雙引"，首標外加竹界而打攛其覆首曰"褾褫"。《法帖譜系》"大觀帖用皂鸞鵲錦"，褾褫是也。卷之褭簽曰"檢"，又曰"排"，《漢書·武紀》"金泥玉檢"，注："檢，一曰'燕尾'。"今世書帖簽。《後漢·公孫瓚傳》"皂囊施檢"，注："今俗謂之排。"此皆藏書畫、職裝潢所當知也。

古今錢價

按：《漢·食貨志》："武帝時錢益多而輕，物益少而貴，乃制白金三品，其一曰重八兩，圜之，其文龍，名'白撰'，直三千；二曰以重差小，方之，其文馬，直五百；三曰復小，橢之，其文龜，直三百。"是其時號錢輕昂銀以爲幣，而八兩直三千，八錢止直三百也。今錢之極重而精者，世宗朝嘉靖錢每銀一兩，直錢七百，尚以兩錢當漢錢一也。王莽當篡漢時，造錢貨有六品，契刀、錯刀之類不倫，而銀貨二品，黃金一斤直錢萬，銀八兩爲一流，朱提銀一流直錢一千五百八十，他銀一流直錢一千，朱提銀出犍爲，至精，價不可憑以他銀，與黃金計之，金一斤當直他銀五斤，金一兩直他銀五兩也，正與今不異。若金四兩爲斤計之，

---

① 《國語·晉語二》"懷纓挾瓖"作"懷挾纓纕"。
② "厢"疑作"鑲"。

則金一兩當直他銀二十兩也。漢黃金賤而白金貴，必不縣絶乃爾。又以
《王莽傳》言之，群公奏故事聘皇后黃金二萬斤，爲錢二萬萬，則一斤萬
錢之説合矣。漢賜霍光黃金七千斤，當爲錢七千萬也；周勃黃金五千斤
錢五千萬也。然銀八兩而直錢一千，則八錢止直一百也，錢之貴三倍于
武帝時矣。董賢家財總錢四十三萬萬，算之在武帝時直龍文白撰直金一
千六十六萬六千兩，在居攝時爲他銀三千四百四十萬餘兩，居攝正係哀
帝一二年，賢家錢直當以後爲準。後漢供南單于歲一億九十餘萬，西域
七千四百八十萬，然則一億爲一萬萬也。又段熲徵諸羌，議以騎五千、
步萬人、車三千兩，三冬二夏約費五十四億，爲五十四萬萬也。靈帝賣
官，公爲錢千萬，卿五百萬，若以前漢錢直計之，是公當出黃金五百斤，
卿二百五十斤。是時南單于西域皆賓服，而歲供一爲黃金一萬九十斤，
一爲黃金七千四百八十斤，而三歲征羌之費直黃金五十四萬斤矣，萬萬
無此理。按：桓帝時貨輕而財薄，欲改鑄大錢，以劉陶言而止，然則是
時錢不能西漢十之一也。以後鵝眼綖環之類而錢日賤，斗米一萬，則又
千百而一也。或輕或重，莫可準則，約略言之，孝武元狩五年至平帝元
始中，凡一百十五年，成錢二百八十萬萬，而宋神宗熙寧八年，每年鑄
銅鐵錢五百四十九萬九千二百三十四貫，凡貫緡皆百錢，當爲五萬四千
萬九百二十三萬四千文，不四十歲而鑄漢百十五年錢。若以千錢爲貫緡，
又當十倍，蓋漢錢精而貴，其價六倍于今之上錢，唐宋錢薄小而賤，什
不能當今上錢一也。至于黃金則漢甚多而易得，今極少，然其價貴，僅
十分踰二耳，不甚懸也。每見漢黃金以爲富于後世數十倍，見唐宋錢緡
以爲富于漢數十倍，要而言之，漢實富也。

錢文

　　龐元英《文昌錄》：“後唐同光三年，洛京蕃漢馬步使朱守殷于積善
坊得古文錢，四百五十六文‘得一元寶’，四百四十文‘順天元寶’。”沈存
中《筆談》亦曰：“熙寧中發地，得大錢三十餘千，錢文皆曰‘順天’‘得

一’。”考《唐書·志》，史思明據東都，鑄“得一元寶”錢，徑一寸四分，以當“開元通寶”之百。既而惡“得一”非長祚之兆，改其文曰“順天元寶”。龐始疑史傳無此年號，後得錢氏《錢譜》，乃知史思明鑄。王楙曰此見《唐書》甚明，元英其未考耳。

又

歐陽公記開寶錢文曰“宋通”。又案：周顯德錢文曰“周通”，于時宋朝因之，亦曰“宋通”。建隆、乾德中皆然，不獨開寶也。至太平興國以後，乃以年號爲錢文，至今皆然。歐公又謂寶元錢文曰“皇宋”。按：《實録》所載亦同，然今錢中又有云“聖宋”者，大小錢皆有之。大錢折二，始于熙寧，則此名乃或出于熙寧以後矣。

又

錢文上“開”下“元”左“通”右“寶”，後效之者用其體，多以紀年二字置上下，而“通寶”二字左右焉，則稱“開元”之誤久矣。五銖錢止左右“五銖”兩篆字，甚輕薄，湖上斸土者得斛許，余見之如後周永通、萬國錢等，不知如何置字耳。

又

劉宋時錢在民間者無輪郭，不磨鑢，如剪鑿者謂之“來子”。梁武帝鑄公式女錢重四銖，又有豐貨錢謂之“男錢”，云婦人佩之即生男也。予謂女者輕小之稱，女錢不行，故改稱男以壯其行耳，亦名“太平陌錢”。

古錢

今世有一樣古錢，其文曰“半兩”，無輪郭，醫方中用以爲藥。考之

《史記》，乃漢文帝時錢也。當時吳濞、鄧通皆得自鑄錢，獨多流傳，至今不絕。其輕重適中，與今錢略相似。視五銖貨泉，又先一二百年矣。五銖貨錢比今錢却稍輕。

元寶

徐彭年謂明皇時有富民王元寶，因命鑄錢司皆書其名，遂有"元寶"字，舉世皆以爲寶。其後又云"通寶"，此錢皆[1]有指甲文者，開元皇帝時鑄，楊妃之爪甲也。按："開元通寶"乃唐高祖武德中鑄，所謂爪甲痕者，乃文德皇后，非楊妃也。其錢字文或循環讀爲"開通元寶"。彭年既謂"元寶"字用王元寶名，則是錢爲"開通"矣，非"開元"也，安可指爲開元皇帝時錢邪？又豈有國家鑄錢而書王元寶之名乎？余觀《玉泉子》載："錢文有元寶名，因呼爲王元寶。"疑徐誤引此。

阿堵

古所謂"阿堵"者，乃今所謂"兀底"也。王衍口不言錢，因曰"去阿堵物"，但云去却兀底爾。如"傳神寫照，正在阿堵中"，蓋當時以手指眼，謂在兀底中爾。後人遂以錢爲"阿堵物"，眼爲"阿堵中"，皆非是。蓋此兩"〔阿〕[2]堵"，同一意也。然"去"有兩音：一丘據反，乃去來之去，世常從此音，非也，當作口舉反。《韻略》云："撤也。"余謂此義亦非。蘇武掘鼠所去草實而食之，乃鼠所藏者也。蓋衍之意，以謂當屏藏之他處。

---

① 《野客叢書》卷八"皆"作"背"。
② 據文意補"阿"字。

錢陌

今之數錢，百錢謂之陌者，借陌字用之，其實只是百字，如什與伍耳。唐自皇甫鎛爲墊錢法，至昭宗末年乃定八十爲陌。漢隱帝時，三司使王章每出官錢又減三錢，以七十七錢爲陌，輸官仍用八十。至今輸官錢有用八十陌者。《唐書》開元錢“重二銖四參”，今蜀郡亦以十參一銖，參乃古“絫”字，恐相傳之誤耳。

錢畸

俗語謂錢一貫有畸曰千一、千二，米一碩有畸曰碩一、碩二①，長一丈有畸曰丈一、丈二之類。按：《考工記》“殳長尋有四尺”，注云：“八尺曰尋，殳長丈二。”《史記·張儀傳》“尺一之檄”，漢淮南王安書云“丈一之組”，《匈奴傳》“尺一牘”，《後漢》“尺一詔書”，唐“城南去天尺五”之類，然則亦有所本。

寓錢

《法苑珠林》載：“紙錢起于殷長史。”《唐·王嶼傳》載：“漢來皆有瘞錢，後里俗稍以紙寓錢，王嶼乃用于祠祭。”今儒家以爲釋氏法，于喪祭皆屏去。予謂不然，之死而致死之，不仁；之死而致生之，不知。謂之明器，神明之也。漢之瘞錢，近于之死而致生，以紙寓錢，亦明器也，與塗車芻靈何以異？俗謂果資于冥塗，則可笑。

錫銷

南思州有匠人善錫銷，亦不曉其事。問之，則曰京師所謂銀泥是也。

---

① 《容齋隨筆》卷三，此條三“碩”字皆作“石”。

泉貝

古者貨貝而寶龜，周有泉貝，至秦廢貝行錢。漢《鹽鉄論》：貨曰"夏后以貝，殷①以紫石，後世或金錢刀布"。然則用貝蓋起自夏后氏，其用在錢布之前矣。《詩》"錫我百朋"，注："貨貝五貝爲朋。"貝有五種，《漢·食貨志》："大貝、壯貝、么貝、小貝、不成貝。大貝四寸八分以上，二枚爲一朋，直二百一十六文。壯貝三寸六分以上，二枚爲一朋，直五十文。么貝二寸四分以上，二枚爲一朋，直三十文。小貝一寸二分以上，二枚爲一朋，直十文。不成貝不盈寸二分，漏度不得爲朋，率枚直錢三文。是謂貨貝②五品。"其中以相與爲朋，非總五貝爲一朋也。陸佃云："貝中肉如科斗而有首尾，以其背用，故謂之貝。"又《樂書》："有梵貝，大可容數斗③，蠡之大者，南蠻國吹以節樂。"《爾雅翼》："大貝出日南，可爲酒杯。"又《書大傳》："西伯既戡黎，紂囚之羑里，散宜生之江淮之浦取大貝，大如大車之渠，以贖其皋。"《考工記》謂"車輞爲渠"，其貝形曲及大小如車輞，故比之也。

相貝

貝至徑尺則寶也。狀如赤電墨雲謂之紫貝，素質紅黑謂之朱貝，青地綠文謂之綏貝，黑文黃畫謂之霞貝。紫愈疾，朱明目，綏消氣障，霞伏蛆蟲。黑白各半曰伏貝，使人寡欲，無以近婦人。黃脣點齒有赤駁曰濯貝，使人善驚，無以親童子。赤帶通脊曰瞬貝，使胎消，毋以近孕婦。赤熾肉④殼赤絡曰彗貝，使人健忘。赤鼻青脣曰嘗貝，使童子愚、女人淫。脊上有縷句脣曰碧貝，使童子盜。赤中圓曰委貝，使人志强。右見

---

① 《鹽鐵論·錯幣》"殷"作"周"。
② 《漢書·食貨志》"貨貝"作"貝貨"。
③ 陳暘《樂書》卷一三六"斗"作"升"。
④ 《相貝經》"肉"作"內"。

《相貝經》,《愛月①齋叢抄》以不見此經爲恨，故記其數端。

投子

投子者，投擲于盤筵之義。今或作"頭"字，言其骨頭所成，非也。因此兼有作"骰"子②者。案：諸家之書，"骰"即"股"字爾，不音"投"。(《史記》蔡澤說范雎曰："博者或欲大投。"裴注云："投，瓊也。"則知以玉石爲投擲之義，安有頭骰之理哉？)

又

骰，原作"投"，以手投故。又曰"㺉"，古以玉爲㺉，曰"瓊㺉"，今曰"色子"者，"㺉"之訛也。骰有六面，古只刻四面，以梟、盧、雉、黑犢四物刻其象于上。據《晉書》惟墨犢輸，梟勝盧，盧勝雉，今俗刻點，猶曰"呼盧"，實不副名。

六赤

《李洞集》有《贈龍州李郎中，先夢六赤，後因打葉子，因以詩上》。其詩云："紅蠟香烟撲畫楹，梅花落盡庾樓清。光輝圓魄銜山冷，彩鏤方牙着腕輕。寶帖輕③來獅子鎮，金盆引出鳳凰傾。徵黃喜兆莊周夢，六赤重新擲印成。""六赤"者，古之瓊㺉，今之骰子也。"葉子"，如今之紙牌酒令。《鄭氏書目》有南唐李後主妃周氏編《金葉子格》，此戲今少傳。

---

① "月"當作"日"。
② 《資暇集》"子"作"字"。
③ 《升庵詩話》"輕"作"牽"。

第二十四卷 器用二

辨古器

古器則有所謂欵識：臘茶色、朱砂斑、真青綠、井口之類。其製作則有雲紋、雷紋、山紋、輕重雷紋、垂花雷紋、鱗紋、細紋、粟紋、蟬紋、黃目、飛廉、饕餮、蛟螭、虯龍、麟鳳、熊虎、龜蚍、鹿馬、象鸞、夔犧、蜼（余季切）鼠、雙魚、蟠虺、如意、圜絡、盤雲、百乳、鸚耳、貫耳、偃耳、直耳、附耳、挾耳、獸耳、虎耳、獸足、夔足、百獸、三螭、荇草、瑞草、篆帶（若蚪結之勢）、星帶（四旁飾以星象）、輔乳（鐘名，用以節樂者）、碎乳（鐘名，大乳三十六外，復有小乳周之）、立夔、雙夔之類。凡古器制度，一有合此，則以名之，如雲雷鍾、鹿馬洗、鸚耳壺之類是也。如有欵識，則以欵識名，如周叔夜鼎、齊侯鍾之類是也。古器之名則有鐘（大曰"特"，中曰"鎛"，小曰"編"）、鼎、尊、罍、彝、舟（類洗而有耳）、卣（音酉，又音由，中尊器也，有攀、足、蓋，類壺）、瓶、爵、斗（有耳、有流、有足，流即嘴也）、卮、觶（之豉反，酒觴也）、角（類彝而無柱）、杯、敦、簠（其形方）、簋（類鼎而矮，蓋有四足）、豆、甗（牛偃切，無底甑）、錠（徒徑切，又都定切）、鞏①、瓠、鬲（形製同鼎，《漢志》謂空足曰"鬲"）、鑊（方宥切，《玉篇》云：似釜而大，其實類小甌而有環）、盉（戶戈切，又胡臥切，成五味之器也。似鼎

---

① 《遊宦紀聞》"鞏"作"鞏"。

而有蓋、有嘴、有執攀)、壺(其類有四：曰"圓"、曰"匾"、曰"方"、
曰"溫")、盦(於含切，覆蓋也，似洗而腰大，有足、有提攀)、瓿(類壺
而矮，蒲後切)、鋪(類豆，鋪陳薦獻之義)、鍑①(類釜)、鑑(盛冰器，
上方如斗，鏤底作風窗，下設盤以盛之)、匜(戈支切，沃盥器)、盤、
洗、盆、銷(呼玄切，類洗。《玉篇》云"小盆也")、杅、磬、錞、鐸、鉦
(類鍾而矮)、鐃、戚、鐓(飾物柄也)、盒、鑑(即鏡)、節鉞、戈、矛、
盾、弩機、表、坐旂、鈴、刀筆、杖頭、蹲龍(宮廟乘輿之飾，或云：
欄、楯間物)、鳩車(兒戲之具)、提梁、龜蚨、硯滴、車輅、托轅之屬。
此其大概，難于盡備，然知此者亦思過半矣。所謂欵識，乃分二義，欵
謂陰字，是凹入者，刻畫成之；識謂陽字，是挺出者。臘茶色亦有差別，
三代及秦、漢間之器，流傳世間，歲月寖久，其色微黃而潤澤。今士大
夫間論古器，以極薄爲真，此蓋一偏之見也。亦有極薄者，有極厚者，
但觀製作色澤，自可見也。亦有數百年前，句容所鑄，其藝亦今鑄不及，
必竟黑而燥，須自然古色，方爲真耳。

骨懂

雜寶玩器，今世目曰"古董"；蓄賣此貨者，今世目曰"古董鋪"。予
其不解其意，後覽《仇池筆記》，載陸道士詩："投醪骨董羹鍋內，掘窖
盤游飯盌中。"蓋羅浮頻②老取飲食雜烹之名曰"骨董羹"，則"骨董"之
義，已自可見。田子秇《留青日札》又載：唐天寶初，玄宗遊華清宮，有
劉朝霞者獻《駕幸溫泉賦》，內曰："骨懂雖短，伎藝能長。"似又當爲"骨
懂"矣。第"懂"爲"懵懂"之"懂"，字頗不佳，余又不能辨也。

---

① 《宦遊紀聞》"鍑"作"罍"。
② 《仇池筆記》"頻"作"穎"。

鼎玩

今人好古，有與古異者。古鼎貴大，如春秋所賂與漢土中所得皆然；今之貴者不過拱把，而文色秀細，形製精雅，動則百金，其大者直十不能當一也。蓋古鼎用止烹飪，後稍置之宗廟、列之堂序，以示重器，至于今則爲書齋焚香之飲耳。古鏡取大而花文欸識異者，今俱不重之，唯圓小而厚，或黑漆、或水銀，古以純素光澤爲美，皆取用與觀也。古敦鼎兼取朱砂鸚鵡斑，而今純不貴之；古不取黑漆水銀色，而今絕貴之，亦以觀也。杯盂之類，窑器興而古銅幾廢者，以其能易味也；窑興而與汝爭價，亦以觀也。古書畫重佛道之人物，今重山水，次人物，而佛道則易之矣，其法亦不甚傳也。古書畫重絹素，而今重紙，則以經文故裝裱無糾理病也。古書紙用研光粉澤，而今不用，以其神易脫也。今玉貴漢製、書貴宋板、墨刻貴宋搨，則如故也。

博山爐

古以蘭艾達神明而不焚香，故無香爐，今所用皆以古人祭器爲之。爵爐則古之〔爵，㲎貌爐則古之〕①踽足豆，香毬古之鬻具等，其製不一。或有所鑄而象古之爲者，惟博山爐乃漢太子宮所用，香爐之制始于此，亦有僞者。

狄香

張衡《同聲歌》"鞮芬以狄香"，鞮，履也；狄國②，外國之香也，謂之香薰履也。近刻《玉臺新詠》及《樂府詩集》，改爲"秋香"，太謬。

---

① 據《洞天清録》補"爵㲎貌爐則古之"七字。
② "國"當作"香"。

芸香

古人藏書辟蠹用芸，芸，香草也。今人謂之"七里香"者是也。葉類豌豆，作小叢生，其葉極芬者①，秋間微白如粉污，辟蠹殊驗。南人採置席下，能去蚤虱。

迷迭香

古詩云："博山爐中百和香，鬱金蘇合及都梁。"又："氍毹〔毾㲪〕②吾木香，迷迭艾納及都梁。"嘗按：《唐③志》：都梁香出交廣，形如藿；迷迭出西域，魏文帝又有《迷迭賦》。

鷄舌香

沈存中辨鷄舌者爲丁香，竟是以意度之。惟元魏賈思勰作《齊民要術》有云合香澤法，用鷄舌香，注云："俗以其似丁，故謂之'丁香'。"此最的确，而存中反不知之，以是知博雅之難也。

幃縢

《楚辭》"蘇糞壤以充幃"，王逸注："幃謂之縢。縢，香囊也。"又欲充其佩幃盛香之囊也。詩注："婦人之幃，謂之繢，即香囊也。"《南齊》"麝縢"注："今之香袋。"

---

① 《夢溪筆談·辯證一》"者"作"香"。
② 據《樂府詩集》補"毾㲪"二字。
③ 《王直方詩話》"唐"作"廣"。

川扇

川扇不知起自何時，然李德裕有《畫桐華鳳扇賦》云："未若繪兹禽于素扇，動凉風于羅薦。"則唐時此地已嘗製之矣。

摺叠扇

摺叠扇，一名"撒扇"，蓋收則摺叠，用則撒開。或寫作"翣"者，非是。翣即團扇，可以遮面，故又謂之"便面"。觀前人題詠及圖畫中可見矣。聞撒扇始于永樂中，因朝鮮國進撒扇，上喜其卷舒之便，命工如式爲之。南方女人皆用團扇，惟妓女用撒扇，近年良家女婦亦有用撒扇者。

方麯

《北史·楊愔傳》"以方麯障面"，讀者不解"方麯"爲何語。按：《説文》作"笛"，蠶簿①也。通作"曲"。《禮記》曰"薄"。《漢書·周勃傳》"織薄曲爲業"，《方言》"薄謂之曲"，此云"方曲障面"，蓋竹織方扇也。

冰鑑

《周禮·天官》"凌人掌冰，正春始治鑑，祭祀共冰鑑"，注："鑑，如甄，大口，以盛冰，置食物于中，以禦温氣。"則冰鑑，器名也。《書·酒誥》"人無于水鑑"，《三國志》"龐德公以司馬德操爲水鑑"，《晉書》習鑿齒"水鑑無私"，衛瓘奇樂廣曰："此人之水鑑。""鑑"與"監"同，皆言水可以鑑妍媸，照物無有遁形者，則"水鑑"謂水如鑑也。今乃稱人爲冰鑑，甚有取以名堂者，其將以人爲槃匜，以堂爲盛槃匜之□乎，可

① "簿"當作"薄"。

爲一笑。

殺改

　　許叔仲①《説文》：“殺改，大剛卯，以逐鬼也。”殺音“開”。《廣韻》曰：“殺改，大堅也。”《王莽傳》服虔注曰：“剛卯，以正月卯日作佩之，其上文曰：‘正月剛卯既央，靈殳四方，赤青白黄，四色是當。帝令祝融，以教夔、龍，庶疫剛癉，莫我敢當。’又曰：‘疾曰嚴卯，帝令夔化，順爾國化，伏茲靈殳，既正既直，既觚既方，庶疫剛癉，莫我敢當。’”以正月卯日作，故云。

金剛鑽

　　玉人攻玉，必以邢河之沙，其鐫鏤之具，必用所謂金剛鑽者，形如鼠糞，色青黑如鐵如石，相傳産西域諸國，或謂出回鶻國，往往得之河北沙磧間鷙鳥海東青所遺糞中，然竟莫知爲何物也。

又

　　古以石爲箴，《山海經》“臯麗之山，其下多箴石”，今絶無石箴，亦不知其法若何，或云金剛鑽即其物。

鋼鐵

　　鐵之有鋼者如麪中有筋，濯盡柔麪筋乃見，煉鋼亦然，但取精鐵煅之百餘火，每鍛稱之，一鍛一輕，累鍛而分兩不減，則成鋼也。雖百鍊

---

① “仲”當作“重”。

不耗矣，此乃鐵之精純者，其色清明，磨瑩之則黯黯然青且黑，與常鉄迥異。亦有煉之至盡而全無鋼者。

試劍石

試劍石不獨虎丘有之，武夷山六曲邊有控鶴仙人試劍石。又武昌縣郭外西山蘇子瞻建九曲亭，其亭傍有孫權宮，亦有試劍石。山西亦有楊六郎試劍石。

洗鑼

今人呼洗爲"沙鑼"，又曰"厮鑼"。國朝賜契丹、西夏使人，皆用此語。究其説，軍行不暇持洗，以鑼代之。又中原人以擊鑼爲篩鑼，東①南方亦有言之者。篩、沙音相近，篩文②爲厮，又小轉也。書傳目養馬者爲厮，以所執之鑼爲洗，曰厮鑼。軍中以鑼爲洗，正如秦漢用刁斗可以警夜，又可以炊飯，取其便耳。

撲滿

撲滿者，以土爲器，爲畜錢具，有入竅而無出竅，滿則撲之。

缿筩

趙廣漢教吏爲缿(音項)筩者，若今盛錢藏瓶，爲小孔，可入而不可出。

---

① 《雲麓漫鈔》卷九"東"作"今"。
② 《雲麓漫鈔》卷九"文"作"之"。

銀蒜

歐陽六一倣玉臺體詩："銀蒜鈎簾宛地垂。"東坡《哨遍詞》："睡起畫堂，銀蒜〔押簾，〕①珠幌雲垂地。"蔣捷《白苧詞》："早是東風作惡，旋安排，一雙銀蒜鎮羅幌。"銀蒜，蓋鑄銀爲蒜形，以押簾也。元《經世大典》，親王納妃、公主下降，皆有銀蒜簾押幾百雙。

罘罳

《博雅②》："罘罳謂之屏。"又《漢》"未央宮東闕罘罳災"，師古曰："罘罳，連闕曲閣也，以復重刻垣墉之處，其形罘罳。"然《釋名》曰："罘罳在門外。"罘，復也。罳，思也。言臣將請事，于此復思也。今之照墻也。又《考工記》宮隅、城隅、闕門皆有之。《禮記·明堂位》注疏云："以諸文參之，則桴思，小樓也。"唐蘇鶚曰：漢師古注、《釋名》所釋"罘罳"，二説皆誤。按：罘、罳從罒，是形；不、思是聲。罘，浮也。罳，絲也。謂織絲之文輕疎浮虛之貌，蓋宮殿簷户之間也。《唐文宗實録》："甘露之變，出殿北門，裂斷罘罳而去。"温庭筠補陳武帝書："罘罳畫捲，閶闔晨開。"皆作曲閣屏障之意。相如《子虛賦》"罘網彌山"，此亦羅鳥之網，即罘罳爲網，不謬矣。

承塵

施于牀上以承塵土，蓋西漢京之俗名也，即今之頂板。賈誼在長沙，鵩鳥集其承塵上。

---

① 據蘇軾《哨遍》補"押簾"二字。
② "博雅"當作"廣雅"。

承床

近者繩床皆短其倚衡，曰"折背樣"，言高不及背之半，倚必將仰，脊不遑縱，亦由中貴人豩意也。蓋防至尊賜坐，雖居私第，不敢遨逸其體，常習恭敬之儀。士人家不窮其意，往往取樣而製，不亦乖乎？（繩床當言輕賫，可作"承"字，隨人來去。）

藜青

今北人以竹筒炷松柏脂于內，夜燃以照明，曰"藜青"。其天祿藜火之遺名乎？

香藥桌

坡公《與章質夫帖》云："公會用香藥皆珍物，極爲番商坐賈之苦，蓋近造此例，若奏罷之，於陰德非小補。"予考坡仙以紹聖元年抵五羊，窣爲帥，廣通舶出香藥，時好事者創此，他處未必然也。今公宴香藥別卓①爲盛禮，私家亦用之，作俑不可不謹。

案

《周禮·玉人》："案十有二寸，棗桌十有二列"，注："案，玉案也。棗桌實于器，乃加于案也。"《文選注》引《楚漢春秋》淮陰侯曰："漢王賜臣玉案之食。"《戰國策》："燕太子丹與荆軻案而食。"《事物考》曰："案，蓋俎之遺也。"《〔急〕就章》"橢杅槃案栝閜盌"注："橢，小桶也。以盛鹽豉；杅，盛飯器也，無足曰槃，有足曰案，皆所以陳舉食也。栝，飯

---

① "卓"疑作"桌"。

器也，名鹽(音'感')。閜，大杯也；盌，或作'椀'，似盂而深長。"觀此數解，則孟光梁鴻舉案其眉，正是此器，可以陳舉者也。今吳中書几置之槕上者有四足，似其遺制。楊用修以"案"爲古"盌"字，引古詩"何以報之青玉案"。若孟光力能舉案，則梁鴻便當踊躍而食，蓋誤以"案"爲今俗呼"槕子"之"案"也。青玉案，或以青玉飾此有足之案耳。觀《周禮·玉人》注，可見若以"案"爲古"盌"字，則《急就章》"盌"與"案"並列，又當作何解此字？元美得其似而未明，必證之《急就》，方得古製。

眼鏡

眼鏡，老年觀書小字看大，出西海中，虜人得而製之，以遺中國，爲世寶也。予意恐即《文選》中所謂"玉珧海月"。及讀《臨海異物誌》，載海月如鏡，白色正圓，有腹無口，目可炙食。又《緯略》引郭璞《江賦》，《晉安海物異名記》《侯鯖》等録，明玉珧處俱不言製鏡之事。

鏁鑰

鏁鑰云者，以其形如籥耳。今鏁有圓身者，古制也。方身鏁，近世所爲。唐人云"銀鑰卻收金鑰合"，誤以開鏁具爲鏁。開鏁具自名鑰匙，亦名鏁匙。

管鍵

《禮記·喪大記》"管人汲"，注："掌管鑰之人。"又《月令》云："修鍵閉，慎管籥。"注云："管籥，搏鍵器也。"疏云："以鐵爲之。"案：《檀弓》注云："管，鍵也。"則管、鍵一物。此爲別者，熊氏云："管是鍵之伴類，仍非鍵也。"管、籥是一物。

銀鐺

《後漢書》"崔烈以銀鐺鑠"（上音"狼"，下音"當"），銀鐺，大鑠也。今多訛作"金銀"之"銀"，至有"銀鑠三公脚，力撞僕射頭"之句，其傳訛習舛如此。

佩觿

《詩》："芄蘭之支，童子佩觿。"觿，解結錐也。芄蘭生英支出于葉間，垂之正如解結錐。所謂佩觿之制，亦當與芄蘭之葉相似，但今不復見耳。

倉琅根

漢成帝時童謠云："燕燕尾涎涎，張公子，時相見。木門倉琅根，燕飛來，啄皇孫。"注："倉琅根，宮門銅環也。"

金鋪屈戌

今人窗户設鉸具，以銅鐵爲之，名"環紐"，即古之金鋪遺意也。北方謂之"屈戌"，梁簡文詩"織成屏風金屈戌"，李商隱詩"魏侯第東北，樓鎖金屈戌"，又《驕兒詩》"拔脱金屈戌"，李賀詩"屈膝銅鋪鎖阿甄"，當作"屈戌"。

犀毗

世人以髹器黑剔者謂之"犀皮"，蓋相傳之譌。陶九成從《因話録》改爲"西皮"，以爲西方馬韉之説，此尤非也。"犀皮"當作"犀毗"，毗者，臍也。犀牛皮堅而有文，其臍四旁文如饕餮相對，中一圜孔，坐臥磨礪，色極光潤。西域人割切，取以爲腰帶之飾。曹操以犀毗一事與人，是也。後之髹器效而爲之，遂襲其名。又有髹器用石水磨之，混然凹者，名"滑地犀毗"。

讒鼎

讒鼎之銘，服氏注："疾讒之鼎。《明堂位》云'崇鼎'是也。"一云禹鑄九鼎〔於〕①甘讒之地，故曰"讒鼎"。《正義》謂二説無據。王伯厚曰："考《韓子·説林》：齊伐魯，索讒鼎，魯以其贋往。齊人曰：'贋也。'魯人曰：'真也。'齊曰：'使樂正子春來，吾將聽子。'《新序》《吕氏春秋》皆曰'岑鼎'，二字音相近，然則讒鼎，魯鼎也。《明堂》謂'魯有崇鼎'，服注不爲無據。"但贋鼎之説，《左傳》以爲柳下惠，《韓子》作樂正子春，未知孰是。

魚乙

俞王吾曰：《内則》云："狼去腸，狸去正脊，兔去尻，狐去首，豚去腦，魚去乙，鱉去醜。"鄭注："皆爲不利人也。乙，魚體中害人者，東海鰫魚有骨名乙，在目傍，狀如蒙刺，食之鯁人，不可出。"《爾雅》云："魚枕謂之丁，魚腸謂之乙，魚尾謂之丙。"鄭玄謂"乙"爲魚骨，《爾雅》則以爲魚腸，皆以其如篆書"乙"字之狀也。若以"狼去腸"推之，則魚之"乙"非腸矣，乃魚骨也。余按：魚腸何害于人而去之，其爲骨，信是。但因狼腸而疑"魚乙"之非腸，則古人作文之法，又似不可泥。

---

① 據《春秋左傳正義》補"於"字。

負蘭

《漢書·輿服志》"抱弩負蘭"，如淳曰："蘭，盛弩箭服①也。"《風俗通》"箭箙謂之'步'"，干寶曰："今謂之'布'。"又《左氏》謂之"冰"，注曰："櫝丸也。"《廣韻》謂之"𩓐"，邢凱曰："杜預以冰爲箭筩，初疑其不然，及觀《詩·大叔于田》'抑釋掤忌'注：'掤音冰，所以覆矢也。'馬氏云：'櫝，圓蓋也。'今《韻略》注云：'箭房之蓋，掤通作冰。'乃知預之説爲有據。"

笒箵

《大唐新語》曰："漁具總曰'笒箵'，漁服總曰'袗襫'。"《唐書》載詩曰："能帶笒箵，全獨而保生；能學聱齖，保宗而全家。敖也如此，漫乎非耶?"語皆協韻。故箵音平聲，與生相協。今《唐書》音釋作敝挺切，誤。蘇子美《松江觀漁詩》："鳴榔莫觸蛟龍睡，舉網時聞魚鼈腥。我實宦遊無況者，旋②來隨爾帶笒箵。"皆作平聲。今《韻略》不收此字。

路真

《新唐書》："襄州貢漆器庫路真二品。"庫路真，漆器名也，然義不可曉。《于頔傳》："襄有髤器爲天下法，頔驕蹇，方帥不法者，稱爲'襄樣節度'。"《舊唐書》："武德中，改秦王下領三衞及庫真、驅咥真，並爲統軍。"疑是周、隋間西邊方言也。

---

① 《漢書·輿服志》注"服"作"箙"。
② "旋"當作"擬"。

印文

漢晉印章，皆用白文，大〔不〕①過寸許。朝爵印文皆鑄，蓋擇日封拜，可緩者也。軍中印文多鑿，蓋急于行令，不可緩者也。古無押字，以印章爲官職信令，故如此耳。唐用朱文，古法漸廢。至宋南渡，絶無知此者，故後宋印文皆大繆。

表字印

表字印只用二字，此爲正式。近人欲並姓氏于其上，曰某氏某。若作姓某父，古雖有此稱，係他人美己，却不可入印。人多好古，不論其原，不爲俗亂可也。漢人三字印，非複姓及無印字者，皆非名印。蓋字印不可用〔印〕②字以亂名。漢張安字幼君，有印曰"張幼君"。唐吕温字化光，有印曰"李③化光"。此亦三字表德式。

摹印

吾衍云：漢有摹印篆，其法只是方正，篆法與隸相通，後人不識古印，妄意盤屈，且以爲法，大可笑也。多見故家藏得漢印，字皆方正，近乎隸書，此即摹印篆也。王俅《嘯堂集古録》所載古印，正與相合。凡屈曲盤回，唐篆始于此。今碑刻有魯公官誥尚書省印，可考其説。

周亞夫印

種世衡築清澗城掘地所得，正夏故疆也。又有獲玉印遺之者，其文

---

① 據《南村輟耕録》卷三十補"不"字。
② 據《南村輟耕録》卷三十補"印"字。
③ "李"當作"吕"。

曰"周惡夫印"。公曰："此漢條侯印，尚存于今也。"或疑而問之，曰："古亞、惡二字通用。"

漢壽亭侯印

關雲長封漢壽亭侯，漢壽本亭名，今人以"漢"爲國號，止稱"壽亭侯"，誤矣。漢法：十里一亭，十亭一鄉；萬戶以上，或不滿萬戶爲縣。凡封侯，視功大小，小爲亭侯，次鄉、縣、郡侯。雲長漢壽亭侯，蓋初封也。今《印譜》有"壽亭侯印"，其謬起于《三國演義》"曹瞞鑄'壽亭侯印'貽之而不受，加以漢而受"。此齊東野人之語耳。余謂凡立公祠者應額曰"漢"，"漢壽亭侯祠"便自了然。

晉官府印

晉世官府印章不用故者，每新任則重鑄，非若今之官府專用一印也。觀孔琳之於義熙末建言："今世惟尉一職，獨用一印。至于內外群官，每遷悉改。終年刻鑄，喪功消實，金銀銅炭之費，不可勝言。"

印文用之字

今印文榜額有"之"字者，蓋其來久矣。太初元年夏五月正曆以正月爲歲首，色尚黃，數用五，注云："漢用土數五，五謂印文也。若丞相曰'丞相之印章'，諸卿及守相印文不足五字者，以'之'字足之。"後世印文牓額有三字者足成四字，有五字者足成六字，但取其端正耳，非字本意。

印文之誤

馬援拜伏波將軍，上書言："臣所假伏波將軍印，文①'伏'字，'犬'外嚮。又成②臯令印，'臯'字從'白'下'羊'，丞印'四'下'羊'；尉印'白'下'人'，'人'下'羊'。即一縣長吏，印文不同。非③所以爲信。"事下大司空正郡國印章。今按："伏"旁從"犬"，能無外嚮之筆；"臯"非從"羊"，乃是諧聲之字。記東觀者未有一言以辨之。印文職在司空，掌以少府，猶或譌異；況於香盒家記銅龜私印，高平刻鵲瑞之章，元暉奉虎兒之字，私志姓字者不可勝記，其來久矣。

關外侯印

印文"關外侯印"，其字作古隸，氣象頗類《受禪碑》，意必漢末時物也。然不聞有關外侯者，後于《魏志》見建安二十三年始置，名位侯，十二級，以賞軍功，關外侯其一也。今人虛封，蓋始于此。

印章

《漢官儀》："諸侯王黃金印，橐駝鈕，文曰'璽'；列侯黃金龜鈕，文曰'章'；御史大夫金印紫綬，文曰'章'；中二千石銀印龜鈕，文曰'章'，千石至四百石，皆銅印，文曰'印'。"今概謂"印"，非也。

印板

世言雕板印書始于馮道，非也。但監本《五經》板，道爲之耳。

---

① 《東觀漢記》"文"作"書"。
② 《東觀漢記》"成"作"城"。
③ 《東觀漢記》"非"作"符印"。

《柳玭〔家〕①訓·序》言其在蜀時，嘗閱書肆，云"字書、小學，率雕板印紙"，則唐固有之矣，但恐不如今之工。

印板活法

慶曆中，有布衣畢昇爲印板活本。其法：用膠泥刻字，薄如錢唇，每字爲一印，火燒令堅。先設一鐵板，其上以松脂、蠟和紙灰之類冒之。欲印，則以一鐵範置鐵板上，乃密布字印。滿鐵範爲一板，持就火煬之；藥稍鎔，則以一平板按其面，其字平如砥。若止印二三本，未爲簡易；若印數十百千本，則極爲神速。常作二鐵板，一板印刷，一板已自布字，此印者纔畢，則第二板已具。更互用之，瞬息可就。每一字皆有數印，如"之""也"等字，每〔字〕②有二十餘印，以備一板內有重複者。不用則以紙貼之，每韻爲〔一〕③貼，木格貯之。有奇字素無備者，旋刻之，以草火燒，瞬息可成。不以木爲之者，木理有疎密，沾水則高下不平，兼與藥相粘，不可取。不若燔土，用訖，再火炙④藥鎔，以手拂之，其印自落，殊不沾污。

---

① 據《石林燕語》卷八補"家"字。
② 據《夢溪筆談·技藝》補"字"字。
③ 據《夢溪筆談·技藝》補"一"字。
④ 《夢溪筆談·技藝》"炙"作"令"。

第二十五卷　器用三

圖書

古人於圖書①書籍皆有印記，云"某人圖書"。今人以印呼圖書，正猶碑記、碑銘，本謂刻記、銘于碑也，相傳以"碑"爲文章之名，莫之正矣。

密章

"密章"二字，見《晉書》山濤等傳，然其義殊不曉。若洪舜俞《行喬行簡贈祖母制》："欲報食飴之德，可稽制蜜之章。""蜜"字皆從"虫"。相傳謂贈典既不刻印，而以蠟爲之。蜜即蠟，所以重②之"蜜章"。然劉禹錫《爲杜司徒謝追贈表》："紫書忽降于九重，密印加榮于乙③夜。"《李國長神道碑》："煌煌密章，蕭蕭終言。"《王崇述神道碑》："没代流慶，密章下賚。"宋祁作《孫奭謚議》："密章加等，昭飾下泉。"又《祭文》："恤恩告第，制書密章。""密"字乃並從"山"。豈古字可通用乎？或別有所出也。

---

① "書"當作"畫"。
② 《齊東野語》卷一"重"作"謂"。
③ 《齊東野語》卷一"乙"作"後"。

赤牘

　　楊用修著《赤牘清裁》，既不序赤名所以，唯于《秇林伐山》載《禽經》云："雛上無尋，鶖上無常，雉上有丈，鶃上有赤。"云"赤"與"尺"通。《莊子》云"斥鷃"，"斥"亦"尺"也。此所以謂之"赤牘"歟？然則謂之"斥牘"亦可乎？按：《漢西嶽石闕銘》："弘農太守常山元氏張勳爲西嶽華山作石闕，高二丈二赤。"又《北齊平等寺碑》云："銅像一軀，高二丈八赤。"《廣州記》稱"鰕鬚長四赤"，然則"赤"果與"尺"通也。

盪櫛

　　郭知玄《韻序》："銀鈎乍閱，晉豕成群；盪櫛行披，魯魚盈貫。"盪，如《周禮》"蕩節"之"蕩"，謂竹也。"櫛"與"札"同，《釋名》："禮節也，相比如櫛也。"《古詩》："客從遠方來，遺我一書札。上言長相思，下言久離別。""札"與"別"叶，是"櫛""札"同音可知。宋羅願《謝表》："恩假一州，濫綴銅符之末；使連數道，適當蕩節之前。""節"與"札"字亦通用。又可知"蕩札"，今之玉版牋，知玄指此。

名贄

　　梁何思澄終日造謁，每宿昔，作名紙一束；曉便命駕，朝賢無不悉狎。名紙蓋起于此。今人謂之"名贄"，非也。

木夾

　　唐僖宗乾符六年，嶺南節度使率謜遣徐雲虔使于南詔，南詔驃信待雲虔甚厚，授以木夾，遣還。《通鑑》《釋文》及《綱目》《集覽》皆不解"木夾"之義。予按：《宣和書譜》章孝規嘗爲路魯瞻書雲南木夾，

〔木夾，〕①彼方所謂“木契”。蠻夷之俗，古禮未廢，故其往復移文，猶馳木夾。其詞略曰：“萬里離南，一朝至北，開緘捧讀，奖飾過多。”蓋其結信邊鄙，使之不敢犯義者，理固如是耳。

簡板

古人與朋儕往來者，以漆板代書帖，又苦其露泄，遂作二板相合，以片紙封其際，故曰“簡板”，或云“赤牘”。

杼柚

楊雄《方言》：“東齊土作謂之杼，木作謂之柚。”“杼柚其空”，亦云“土木之興，民窮才盡”，方與序意合。注云：“杼，持緯者。”認爲織作之物，余所不解。

馬人

“上日馬人來”，韓昌黎詩，蠻俗也。孔子時有雕漆馬人。

筆非蒙恬造

《爾雅》：“不律謂之筆。”史載筆。《詩》云“貽我彤管”。夫子絕筆獲麟。《莊子》云：“舐筆和墨。”是知其來遠矣。但古筆多以竹，如今木匠所用木斗竹筆，故其字從竹。又或以毛，但能染墨成字，即謂之“筆”。至蒙恬乃以兔毛耳。又“筆”注云：“筆謂書具之屬。”疏云：“王若行往，則史載書具而從之也。不言簡牘而云筆者，筆是書之主，則餘載可知。”

---

① 據《丹鉛總錄》卷八補“木夾”二字。

彤管

《古今注》：“彤管，赤漆耳。史官所載。”《漢官儀》又曰：“尚書令僕丞郎月給赤管大筆一雙。”《搜神記》又曰：“王祐病，有鬼至其家，留赤筆十餘薦下，曰：‘簪之，出入辟惡，凡舉事皆無恙。’”則彤管又若袚不祥者。

中山毛穎

退之以毛穎爲中山人者，蓋出于右軍《經》：“唯趙國毫中用。”蓋趙國中①原廣澤，無雜木，唯有細草，以是兔肥；肥則毫長而銳，此良筆也。

謂文爲筆

南朝詞人謂文爲筆，故《沈約傳》云：“謝玄暉善爲詩，任彦昇工于筆，約兼而有之。”又《庾肩吾傳》、梁簡文《與湘東王書》，論文章之弊曰：“詩既若此，筆又如之。”又曰：“謝朓、沈約之詩，任昉、陸倕之筆。”《任昉傳》又有“沈詩”“任筆”之語。老杜《寄賈至嚴武詩》云：“賈筆論孤憤，嚴詩賦幾篇。”杜牧之亦云：“杜詩韓筆愁來讀，似倩麻姑癢處抓。”亦襲南朝語爾。

筆經

製筆之法：桀者居前，毳者居後；强者爲刃，耎者爲輔；參之以菜，束之以管；固以漆液，澤以海藻。濡墨而試，直中繩，勾中鈎，方圓中規

① 《懶真子》“中”作“平”。

矩，終日握而不敗，故曰筆紗。此韋誕《筆經》也。又柳公權一帖云："近蒙寄筆，深慰遠情。但出鋒太短，傷于勁硬。所要優柔，出鋒須長，擇毫須細，管不在大，副切須齊。副齊則波製有憑，管小則運動省力，毛細則點畫無失，鋒長則洪潤自由。"此帖論筆紗頗盡，故稡書之。

床枚

南朝呼筆四管爲一床。梁簡文帝答徐摘書："時護①書幌，乍置筆床。"梁令云：寫書筆一枚一萬字。或又云一雙。

簡册

簡册以竹爲之，書以漆，或用版以鉛畫之，故有刀筆鉛槧之說。秦漢末用縑帛，如勝、廣書帛内魚腹，高祖書帛射城上。至中世漸用紙，《趙后傳》所謂"赫蹏"者，注云："簿，小紙。"其實亦縑帛。《蔡倫傳》："用縑帛者謂之紙。縑貴，〔簡〕②重，不便于人，倫乃用木膚麻皮等。"則古之紙，即縑帛，字蓋從"系"云。今人呼書曰"策子③"，取簡册之義；又曰"第幾卷"，言用縑素也。江南竹簡，處州作槧版，髣髴古制。盧仝詩："首云諫議送書至，白絹斜封三道印。"豈唐人又曾用絹封者耶？

赫蹏

"赫蹏"之義，孟康曰："蹏，猶地也。染紙素令赤而書之，若今黄紙。"鄧展曰："赫音兄弟鬩墙之鬩。"應劭曰："赫蹏，薄小紙也。"晉灼曰："今謂薄小物爲鬩蹏，則鄧音應説是也。"若孟説，則師古已闢其

---

① 《侯鯖録》"護"作"設"。
② 據《後漢書·蔡倫傳》補"簡"字。
③ 《雲麓漫鈔》卷七"策子"作"册子"。

非矣。

古今紙

《晉書》魏太和六年，博士河間〔張揖〕①上《古今字詁》，其巾部云："紙，今紙②則其字從巾。古以縑帛，依書長短，隨事裁截，枚數重沓，即名幡③紙，字從系，此形聲也。後漢和帝元興中，中常侍蔡倫以故布擣剉作紙，故字從巾。是其聲雖同，系、巾爲殊。"不得言古紙爲今紙也。

十色牋

紙以人得名者有謝公、有薛濤。所謂謝公者，謝司封景初師厚，師厚創箋樣以便書尺，俗因以爲名。謝公有十色牋：深紅、粉紅、杏紅、明黃、深青、淺青、深綠、淺綠、銅綠、淺雲，即十色也。韓浦詩"十樣鸞牋"，豈謝公之謂乎？

松花牋

松花箋，代以爲"薛濤牋"，誤也。元和之初薛濤尚斯色，而好製小詩，惜其幅大，不欲長贜之，乃命匠人狹小爲之。蜀中才子既以爲便，後減諸牋，亦如是，特名曰"薛濤牋"。今蜀紙有小樣者皆是也，非獨松花一色。

---

① 據《齊東野語》卷十補"張揖"二字。
② 《齊東野語》卷十"紙"作"世"。
③ 《齊東野語》卷十"幡"作"蟠"。

番幅枚

《簡文帝集》：“綱啓：謹奉紅牋二千幅。”陸倕有謝安成王賜西蜀箋紙一萬幅。簡文帝又云：“特送四色紙三萬枚。”湘東王會最云：“晉宋間有一種紙，或一幅長丈餘，言就舡中抄之，世謂璽紙。”又云張載《紙銘》並稱紙爲“番”。

紅絲硯

唐彦猷嘉祐中守青社，得紅絲石于黑山，琢爲硯。其理紅黃相參，文如林木，或如月暈，或如山峰，或如雲霧花卉，石自有膏潤，泛墨色，覆之以匣，數日不乾。彦猷作《硯録》，品爲第一。

論端溪

柳公權論硯，言青州石爲第一，絳州者次之，殊不言端石。世傳端州有溪，因曰“端溪”。端所出有四，岩石爲甲。然岩石又分上下，又有活眼、死眼之別，圓暈相重，黃黑相間，鸎眼在内，晶瑩可愛，謂之活眼。四旁浸漬，不甚鮮明，謂之淚眼。形容略具，内外皆白，謂之死眼。活眼勝淚眼，淚眼勝死眼，死眼勝無眼。眼石縝密温潤，端人謂“石嫩則多眼”，凡青脉必有眼，脚石、腰石多青脉。眼之別有鸜鵒眼、雀眼、鷄眼、猫眼、菉豆眼，翠緑爲上，黃赤爲下。又眼生于黑池外曰高眼，生于池内曰低眼，高眼尤所愛尚，以其不爲墨所漬也。宋高宗謂：“端硯如一段紫玉，瑩潤無瑕乃佳，不必以眼爲貴。”

螺量丸枚

陸雲與兄書：“今送墨二螺。”《婦人集》汲太子妻李《與夫書》云：

"致尚書墨十螺。"梁科律："御墨一量十二丸，皇后妃一量一百丸。"蔡質《漢官儀》："尚書令、僕丞郎，月賜隃糜大墨一枚，小墨一枚。"宋元嘉中格寫書，墨一丸限二十萬字。

東閣墨

宣和時常造香于睿思東閣，南渡後如其法製之，所謂"東閣雲頭香"也。馮當世在兩府，使潘谷作墨，銘①曰"福庭東閣"，然則墨亦有東閣耶？

胸中無墨

俚俗謂不能文者爲"胸中無墨"，蓋亦有據。《通典》載："北齊策秀才，書有濫劣者，飲墨水一升。"東坡《監試呈諸試官》云："麻衣如再着，墨水真可飲。"山谷《次韻楊明叔》云："睥睨紈袴兒，可飲三斗墨。"又《題子瞻畫竹石》云："東坡老人翰林翁，醉時吐出胸中墨。"

什物

《史記》"什器"注："《索隱》曰：'什，數也。人家常用之器非一，故人②什爲數。'"《漢書注》師古曰：古者師行，二五③爲什。食器之數必共之，故曰"什物""什具"。今人通爲生生之具爲"什物"，亦猶從軍作役若干人爲火，共畜調度也。

---

① 《癸辛雜識外集》"銘"作"名"。
② 《史記·五帝本紀索隱》"人"作"以"。
③ 《漢書·晁錯傳》顔師古注"五"作"伍"。

藜床

藜床非杖也，《弇州卮言》如此。然魏管幼安寧家貧好學，坐藜床五十年，當膝處皆穿。唐權德輿詩"閑臥藜床對落暉"，儲嗣宗詩"藜床豈病軀"，韓翃詩"相看醉倒臥藜床"，諸詩明以是臥榻之床矣。若藜杖豈可臥乎？不然則是醉甚，杖不能扶，跌倒與杖俱臥耳，一笑。

几穎

"几穎杖"注："穎，警枕也。"又疏："穎，穎發之義。刀之在手謂之穎，禾之秀穗亦謂之穎，枕之警動亦爲①之穎。"余按：諸本"穎"以"禾"，《釋文》："京領反。"

帷帳

世謂軍中之幕曰"帷幄"，其來久矣。若用帷帳，人必異之。《鶴林玉露》："宋紹興中省試《高祖能用三傑賦》，得一卷文甚奇，而第四韻押'運籌帷帳'，考官以《漢書》乃'帷幄'，非'帳'字，不敢取。及出院，以語周益公，公曰：'有司誤也。'《史記》正是'帷帳'，《漢書》乃作'幄'。"以是觀之，今之止知"帷幄"，不知"帷帳"者，皆不諳《史記》者也。

沙幕

《漢書》："武帝元朔六年，衛青將軍絕幕"，注："沙王白幕②。"今

---

① "爲"當作"謂"。
② 《漢書·武帝紀》顏師古注"沙王白幕"作"沙土曰幕"。

按："幕，漫也。"《西域傳》："難睍國①以銀爲錢，文爲騎馬，幕如②人面。"如淳曰："幕音漫。"韋昭曰："幕，錢背也。"《靈棋經》十二棋子皆陰，謂之純陰漫然。則漫、幕同義。《李陵歌》曰"徑萬里兮度沙漠"，注："此匈奴沙漠地。"崔浩謂之河底，猶今人呼帳幔亦曰幦，可依字讀，義無爽。今按：京師謂錢皆曰"漫兒"，呼帳面曰"幔子"，則"沙漠"與"絶幕"作"漫莫"，兩音皆通。

長相思

《選·古詩》："文彩雙鴛鴦，裁爲合懽被。著以長相思，緣以結不解。"注："被中著綿謂之長相思，綿綿之意。緣，被四邊綴以絲縷，結而不解之意。著，謂充之以絮。"

緣池

《正俗》：或問今以卧毡著裏施緣者，何以呼爲池毡？答曰：《禮》云："魚躍拂池。"池者，緣飾之名，謂其形象水池耳。左冲《嬌女詩》"衣被皆重池"，即其形證也。今人被頭別施帛爲緣者，猶呼爲"被池"。此毡亦爲有緣，故名。宋〔子〕③京詩："曉日侵簾壓，春寒到被池。"李太白詩："綠池障泥錦。"又裝潢家以卷縫鏬處爲"玉池"。

茁席

茁音仙，草名。梁崔祖思《政事疏》："宋武帝節儉過人，張妃帷房碧絹蚊幬，三齊茁席，五盞盤桃花米飯。"用修引此事謂本史不載，且

---

① 《漢書·西域傳》"難睍國"作"罽賓國"。
② 《漢書·西域傳》"如"作"爲"。
③ 據《侯鯖錄》補"子"字。

"茹席"不知何物，書亦無"茹"字。余謂既稱儉德，則草席耳。此草似莞，上古以爲席，則是萑葦之屬。又草之粗者非流黄葅露比也，《字書》固有之，特未翻到耳。又今湖澤茭草，漢人名曰"蔣"，韓子"禹蔣席"，則今茭草之席也。

桃笙

桃笙，宋魏之間方言謂"簟"爲"笙"。桃笙，以桃竹爲簟也。桃竹葉如棕，身如竹，密節而實中，犀理瘦骨。見柳子厚詩。

皋比

朱子《張〔横〕渠贊》"勇撤皋比"，蓋以虎皮爲講席也。按：唐戴叔倫《禪寺讀書詩》："貌座翻蕭索，皋比喜按連。"[1]則以皋比爲講席，唐世已然。然皋比爲虎皮，抑又有説，古以虎皮包弓矢謂之"囊"，囊即皋也。

流蘇

流蘇，盤線繪繡之毬，五綵錯爲之，同心而下垂者也。又析羽曰流蘇，《文選·上林賦》"蒙鶡蘇"注："析羽也。"摯虞曰："流蘇者，緝鳥尾垂之若流然，以其檠下垂故云。"今文謂條頭檠爲蘇。案：流蘇之制，莫能言其始，黄公紹《書林》止引《晉書》"割流蘇爲馬幰"，皆後世幃帳間所懸耳。古者流蘇蓋樂器之節，《前漢書·禮樂志》薛瓚注作"流遡"，《周禮》"金鐲節鼓"，鄭玄注："後世合宫懸用之，有流蘇之飾。"樂器而用爲幃帳之懸，則自晉以後始。

---

① 戴叔倫《寄禪師寺華上人次韻》"貌"作"猊"，"按"作"接"。

趙達

箸謂之"趙達"。趙達，吳國人也，善將一箸而算，無不徵應，吳國興亡之事並中。又嘗過故人之家，故人曰："憨無酒肉相待。"達乃將一箸再三縱橫擲之，謂故人曰："君牀頭有一器酒，北壁上懸一猪脚，何無酒肉之有。"故人笑曰："知君善術，故相試耳。"趙達之稱甚僻。

玄箸

《世説》王夷甫答樂令曰："我與王安豐説延陵、子房，亦超超玄箸。"本作"著"，《説文》云："箸，陟慮切。"注云："飯攲也。"借爲"住箸"之"箸"，後人從草，則知"箸"即元字，"著"爲俗字矣。見有批評《世説》者云古本原作"箸"字，殆不可曉，何也。凡云"著述""著作"，皆當用"箸"，第傳寫日久，驟難變易。

積竹

《周禮注》："殳以積竹、八觚建于兵車。"《説文》："柲，欑也。"《毛詩》"竹柲"，《考工記》"秦無盧史棘矜"注："皆以積竹釋之。"徐鉉《説文注》："積竹，謂削去白，取其青處合之，取其有力。"即今之攢竹法也。

沈盧魚腸

古劍有"沈盧""魚腸"之名。"沈盧"謂其湛湛然黑色也。古人以劑鋼爲兩[①]，柔鐵爲莖幹，不爾則多斷折。劍之鋼者，兩[②]多毀缺，"巨闕"是也，故不可純用劑鋼。"魚腸"，即今燔鋼劍也，又謂之"松文"。

---

① 《夢溪筆談·器用》"兩"作"刃"。
② 《夢溪筆談·器用》"兩"作"刃"。

取諸魚燔熟，褫去脇，視見其腸，正如今之燔鋼劍文也。

石砮

東坡作《石砮記》："《禹貢》荆州貢礪、砥、砮、丹及箘簵、楛。梁州貢砮、磬。至春秋時，隼集于陳廷，楛矢貫之，石砮長尺有咫。問於孔子，孔子曰，不近取之荆、梁，而遠取之肅慎，則荆、梁之不貢此久矣。潁①師古曰：'楛木堪爲奇②，今幽以北皆用之。'以此考之，用楛爲矢，至唐猶然，而用石爲砮，則自春秋以來莫識。"余案：《晉書·挹婁傳》："有石砮、楛矢，國有山出石，其利入鐵。周武王時，獻其矢、砮。魏景元末亦來貢。晉元帝中興，又貢石砮。後通貢于石虎。"虎以夸李壽者也。《唐書·黑水靺鞨傳》："其矢，石鏃長二寸。"蓋楛砮遺法。然則東坡所謂春秋以來莫識，恐不考耳。

耰

《〔論〕語》"耰而不輟"，賈思勰曰："古曰耰，今曰勞。"勞，郎到切。《説文》："耰，摩田器。"諺云："耕而不勞，不如作暴。"今之壓田也。《四民月令》："勞雪令地保澤。"

鈇枷

周公謹曰："今農家打稻之連枷，古之所謂'拂'也。"楚人謂之"掉花"。《王莽傳》"東載耒，南載耡"，注："鉏也。耨去草。""西載銍，北載拂"，注："音佛，以擊治禾，今謂之枷③。"慶曆初，知並州楊偕伏所

---

① "潁"當作"顔"。
② 《容齋隨筆》卷八"奇"作"笴"。
③ 《癸辛雜識》"枷"作"連枷"。

製鈇連枷，鈇簡藏秘府。狄武襄以鈇連枷破儂智高，非特治禾也。按：《天官書》棓亦作柎及棒，又連枷也，見《玉篇》。此棓杖之棓，其字從木本①，非止于擊禾。又以鉄爲之。

吴鈎

沈括言：唐人詩多有言"吴鈎"。吴鈎者，刀名也，刀②彎。今南唐③用之，謂之"葛黨刀"。按：《吴越春秋》："闔閭既寶莫耶，復令國中作鈎，曰：'能爲善鈎者，賞之百金。'吴作鈎者甚衆，而有人貪王之重賞也，殺其二子，以血釁金，遂成二鈎，詣宮門求賞。王問其故，曰：'吾之作鈎也，貪而殺二子，釁成二鈎。'王舉衆鈎以示之：'何者是也？'鈎師向鈎而呼二子之名：'吴鴻、扈稽，我在於此，王不知汝之神也。'聲絶于口，兩鈎皆飛，著父之胸。王大驚，乃賞百金，遂服之。"此"吴鈎"之所由名，以爲彎刀，似矣。

渠答錍鋸

渠答，鐵蒺藜。猷劀，曲刀也，又錍鋸，一曰"鑠鍋"，蠻夷穿耳物。杜篤賦："椎結左衽，鑠鍋之君。"《埤倉》云："今夷狄穿耳以垂金寶之具。"

築氏削

《考工記》："築氏爲削，長尺博寸，合六而成規。"此所以微彎也。

---

① 《癸辛雜識》"本"作"音"。
② 《周禮注疏·考工記》"刀"作"刃"。
③ 《夢溪筆談·器用》"南唐"作"南蠻"。

鄭氏謂之"書刀"，以築滅音①削槧，如仲尼作《春秋》，筆削是也。蕭、曹皆秦刀筆吏。師古曰："刀，所以削書也。古用簡牒，皆以刀筆自隨。"鄭氏又謂"三分其金，而錫居一，謂之大刀；五分其金，而錫居二，謂之削。"如此，是"刀"與"削"，分為二物也。鄭氏曰："刃，刀劍之屬。削，今之書刀。"孔安國曰："赤刀，赤刃削。"《少儀》曰："刀卻授拊。"鄭氏曰："隸，環也。拊，把也。"《釋名》曰："刀，到也，其末曰'鋒'，若鋒刺之利也；其本曰'環'，形似環也。"然則直而本環者，刀也；曲而本不環者，削也。

金錯刀

張衡《四愁詩》"美人贈我金錯刀"，古之"錯"，即今之"蹉"也。千個反，北人讀"錯"作去聲，南人讀"錯"作入聲，其實一也。

旅弓

旅，從玄從衣，與盧同旅字相去遠矣。《書·文侯之命》"盧弓一，盧矢百"，注："彤，赤。盧，黑也。"《左傳》《漢書》多作"旅"，"僖王命晉侯爲侯伯，旅弓矢千"，注："旅，俱音'盧'。"今人有書"旅"作"旅"者，而因誤讀爲"旅"，豈不謬乎？

勘箭

大駕卤簿中有勘箭，如古之勘契也。其牡謂之"雄牡箭"，牝謂之"闔仗箭"。本胡法也，熙寧中罷之。

---

① 《游宦紀聞》"音"作"青"。

箭矢

東南之美有會稽之竹箭。竹爲竹，箭爲箭，蓋二物也。今採箭以爲矢，而通謂矢爲箭，因其箭①名之。至於用木爲笴，而謂之箭，何也？

劍矢

《列子》："孔周三劍：含光、承影、霄陳②。"《管子》："葛盧之山，發而出金，蚩尤受而制之，以爲劍鎧。"此劍之始。漢儀：諸臣帶劍，至殿階解劍。晉世始代之以木。

按劍

《史記·平原君傳》"毛遂按劍以前"，《鄒陽傳》"按劍相眄"，《賈誼傳》"按之當今之務"，通作"案"。《爾雅》："案酒，下酒也。"《前·丙吉傳》"無所案驗"，《史記·周紀》"案兵毋出"。

砲石

砲，機石也。本作"礮"，今作"砲"，軍器名。《漢·甘延壽傳》"投石絕等倫"，張晏曰："《范蠡立③法》飛石重十二斤，爲機法④，行三百步，礮蓋出。"此事始諸葛亮起衝車，郝昭以成連石磨四角車折。即礮事。《唐·李密傳》："以機發石，爲攻城具，號將軍爲礮。"通作"抛"。《後·袁紹傳》："曹操發石車擊袁紹軍中，呼'霹靂車'。"注："即今抛。"

---

① 《夢溪筆談·謬誤》"箭"作"材"。
② 《列子·湯問》"霄陳"作"宵練"。
③ 《漢書·甘延壽傳注》"立"作"兵"。
④ 《漢書·甘延壽傳注》"法"作"發"。

空弮

《漢書》司馬遷《報任少卿書》："李陵張空弮，冒白刃。"弮，音
"圈"，又音"患"，亦作"絭"，皆訓爲"弩力"。《史記》："長平四十萬
衆，張虛弮，猶可畏也。"已先用此字，不知何時坊刻《文選》誤爲"空
弮"，而世人盡以邊臣無器械者曰"張空弮"，以誤傳誤，未睹《漢書》善
本耳。《漢書》師古注："弮，音丘權反。讀者以爲拳擘之權①，蓋拳則屈
指，不當言張，是時李陵矢盡，故張弩之空弓，非是手拳也。"觀顔注，
則誤"弮"爲"拳"久矣。

黄閒

黄閒，弩名。《前·李廣傳》"射以大黄"，服虔曰："黄肩弩。"晉灼
曰："即黄閒，大黄，其大者也。"

酒望

賣酒家有揭布帘、挂瓶瓢箒秆、繫木牌者，俗併謂之酒幌子，非也。
幌本作望，懸此物欲人望而知之，唐人多形于題詠，蓋自古然矣。《韓
非子》："宋人有沽酒者，斗②㮣甚平，遇客甚謹，爲酒甚美，懸幟甚高，
而酒不售，遂至于酸。"所謂"懸幟"即此。

當盧

《前漢·食貨志》："作酒一均，率開盧以賣。"臣瓚注曰："盧，酒甕
也。言開一甕酒也。趙廣漢入丞相府破盧甕。"按：《趙廣漢傳》"直突入

---

① 《漢書·司馬遷傳》顔師古注"權"作"拳"。
② 《韓非子·外儲説右上》"斗"作"升"。

霍禹第，椎破盧罌”也。瓚誤以二事併爲一事引之。盧者，賣酒之處，
壘土所築，形如鍛盧，以居酒甕，非缾罌。文君當盧、黃公酒盧者是也。
師古之説得之。

娑尊

鄭司農説《詩》“犧尊將將”，注：“有沙飾，刻鳳凰于尊，其羽形婆
娑焉。”《三禮圖》：“犧尊飾以牛。”《禮記·禮器》“犧尊”注：“刻爲犧牛
之形，用以爲尊。畫尊作鳳羽婆娑然，故云娑尊也。”或作“獻”，《王莽
傳》：“建華蓋，立斗獻。”

維罍

罍，龜目酒尊，刻木作雲雷象，〔象〕①施不窮也。《説文》或從皿，
作“盨”。徐曰：“圜轉之義，故曰不窮。”畾者本象其畫文，指事也。亦
諧聲，今從缶，作“罍”。《詩》：“瓶之罄矣，維罍之恥。”瓶常稟受于罍
也。《正義》：“郭璞曰：‘罍形似壺，大者受一斛。’”又盥器，畫爲雲雷
之象，酒則取其陽氣發達，盥則取其雷震之威，以起敬也。

一甌

借書一甌，還書一甌，或作“嗤”字，此鄙俗無狀語。前輩謂借書還
書，皆以一甌。禮部韻云：“甌，盛酒器也。”山谷以詩借書目于胡朝請，
末聯云：“願公借我藏書目，時送一甌開鏁魚。”坡公《和陶詩》云：“不持
兩甌酒，肯借一車書。”吳王取伍子胥屍盛以鴟夷革，浮之水中，應劭

---

① 據《説文》補“象”字。

曰："取馬革爲鴟爲夷，楬形。"范蠡號"鴟夷子皮"，師古曰："若盛酒之鴟〔夷〕①。"楊子雲《酒箴》："鴟夷滑稽，腹大如壺。"師古云："鴟夷，革②囊以盛酒也。"蘇、黄用"鴟"字，本此。

---

① 據《漢書·貨殖傳》顔師古注補"夷"字。
② 《漢書·貨殖傳》顔師古注"革"作"韋"。

第二十六卷　器用四

五經

陶人爲器有經，酒矣。晉安人盛酒似瓦壺之製，小頸環口修腹，受一斗，凡饋人書"一經"，或"二經"、或"五經"。他境人不達其義，聞"五經"至，束帶迎于門，乃知是酒五餅耳。

罍飾

《禮書》言"罍"畫雲雷之象，然莫知雷作何狀。今祭器中畫雷，有作鬼神伐皷者，此甚不經。余嘗得一古銅罍，環其腹皆有畫，正如人間屋梁畫曲水，細觀之，乃是雲雷相間爲飾，如❥者，古"雲"字也，象雲氣之形；如◎者，"雷"字也，古文雲①爲雷，象回旋之聲。如銅罍之飾，皆一❥一◎相間，乃所謂"雲、雷之象"。今《漢書》"罍"字作"钃"，蓋古人以此飾罍，後世自失傳耳。

胡瓾

今人呼酌酒器爲"壺瓶"。按：《唐書》太宗賜李大亮胡瓶，史炤《通鑑釋文》以爲"汲水器"，胡三省《辨誤》曰："胡缾蓋酒器，非汲水器也。'缾''瓶'字通，今北人酌酒以相勸釂者，亦曰'胡瓾'。"然"壺"字止當

---

① 《夢溪筆談·器用》"雲"作"回"。

作“胡”。

爵

飲器象爵者，取其鳴“節節足足”也。徐鉉注《説文》：“爵，頭，口其盛酒處，厂其尾柄也。”《詩》“我姑酌彼兕觥”，《毛傳》：“兕觥，角爵也。”《韓詩説》：“一升曰爵，二升曰觚，三升曰觶，四升曰角，五升曰散。總名曰爵。”陸佃云：“雀，固物之淫也。酒善使人淫佚，故一升曰爵。爵，所以戒也，亦取其鳴節，以戒荒淫之飲。”

三雅

《東觀漢記》：“今日歲首，謂①上雅壽。雅，酒閼也。”魏文帝《典論》：“荆州牧劉表子弟以酒器名三爵：上伯雅、中仲雅、小季雅。”《隱窟雜志》：“宋時閬州有三雅池，古有修此池得三銅器，狀如酒杯，各有篆文，曰：伯雅、仲雅、季雅，當時雖以名池，不知爲劉表物也。”《廣韻》“盉”字注云“酒器”，“盉”即“雅”字也。吳均詩“聊傾三雅卮”，今人語曰“雅量”，伎人送酒曰“雅酒”，本此。

璧散

《禮記》“賤者獻以散”注，鄭玄：“五升曰散。”孔曰：“散者，訕也。飲不自節，爲人謗訕。”《禮記·明堂位》“周公用玉琖仍雕，加以璧散”，注：“加，〔加〕②爵也。散以璧飾其口，因爵之形爲飾。”《周禮·鬯人》“凡疈事用散”，疏引《大宗伯》“疈辜祭四方百物”者。又《儀禮·大射》“酌散”注：“散，方壺之酒也。”

---

① 《東觀漢記》卷十四“謂”作“誠”。
② 據《禮記正義》補“加”字。

罍斚

《周禮·罍人》"用斝"，注："斝，尊以朱帶者。"疏云："黑漆爲尊，以朱帶落腹，名斝，取橫斝之義。"

斯禁

棜，承樽器，如案，無足。《禮器》"大夫、士棜禁"注："〔棜〕①，斯禁也，如今方案，隋長局足，高三寸。"疏云："棜長四尺，廣二尺四寸，深五寸，無足，赤中，畫青雲氣，菱苕華爲飾。禁長廣同〔棜〕②，通局足高三寸，漆赤中，青雲飾③，同刻其足爲襄帷之形也。云謂之棜者，無足，有似於棜，或因名云耳。"棜是罍名，故《既夕禮》云"設棜于東堂下"，注云："棜，今之轝也。"又《特牲》注云："棜之制，如今大木轝矣。上有四周，下無足，今大夫斯禁亦無足，似木轝之棜。故周公制禮，或因名此斯禁云棜耳。"

小蠻

白樂天詩有兩小蠻事。如"楊柳小蠻腰"，即公侍姬也。如曰"小花蠻榼二三升"，曰"還攜小蠻去，試覓老劉看"，此小蠻乃酒榼名耳。

滑稽

楊雄《酒賦》"鴟夷滑稽"，非指子胥、少伯也。崔浩《漢紀音義》："滑稽，酒器也。轉注吐酒，終日不已。"若今之燧尊。

---

① 據《禮記正義》補"棜"字。
② 據《禮記正義》補"棜"字。
③ 《禮記正義》"青雲飾"作"畫青雲氣"。

觚稜

闕角謂之"觚稜"，蓋取其有四稜也。觚，酒器也，可容二升，腹與足皆有四稜。漢宫闕取其制以爲角隅安獸處，故曰"上觚稜而棲金爵①"。爵、觚，皆酒器名，其腹之四稜，削之可以爲圓，《漢書》曰"破觚爲圜"，以此。

兕觥

《詩》"我姑酌彼兕觥"，《韓詩》"觥五升，所以罰不敬也"，《周官·閭胥》"掌其比觥撻罰之事"，注："觥撻者，失禮之罰也。"蓋"兕觥、角爵"，言其體，言"觥、罰爵"，解其用。然《卷耳》《七月》稱"兕觥"者，皆非所以罰。則觥，爵之大者，或用以罰，非專爲罰也。

金叵羅

《漫録》：東坡詩"歸來笛聲滿山谷，明月正照金叵羅"。案：《北史》，祖珽盜神武金叵羅，蓋酒器也。韓子蒼詩亦曰"勸我春風金叵羅"。"金叵羅"入詩中用，已見李太白矣，不但蘇、韓二公也。又祖珽盜金叵羅置髻上，髻上可置酒器乎？黄朝英亦有是疑。

飲器

飲器，韋昭以爲"椑榼"，晉灼以爲"虎子之屬"。顔師古曰："匈奴以月氏王頭共飲血盟。"是飲酒之器也。予意二字原出《張騫〔傳〕》，其言"匈奴〔破〕②月氏王，以其頭爲飲器"。榼即今之匾榼，虎子便溺器，

---

① 此條兩"爵"字當從班固《兩都賦》作"爵"。
② 據《漢書·張騫傳》補"破"字。

故顔説爲是。今以貯酒器謂之急須，亦止爲一飲字訛之，殊不知古人以溺器爲急須，乃應急而須待者，反又不知其義。

注子偏提

元和初，酌酒猶用樽杓，故丞相高公有"斟酌"之譽，雖數十人一樽一杓，挹酒而散，了無遺滴。居無何，稍用注子，其形若罃，而蓋、觜、柄皆具。後中貴惡其名同鄭注，乃去柄安系，若茗瓶而小異，目之曰"偏提"。論者亦利其便，且言柄有礙而屢傾反[1]也。

茶托子

建中初蜀相崔寧之女，以茶盃無襯，病其熨指，取楪子承之。既啜而盃傾，乃以蠟環楪子之〔中〕[2]央，其盃遂定。即命匠以漆環代蠟，進于蜀相，蜀相奇之，爲製名"托"。于後傳者更環其底。

銅缸

缸，音"公"，䂫鐵也；音"杠"，燈也。《增韻》重增"缸"字，以東韻爲䂫鐵，以冬韻爲燈。今案：《説文》止江韻一音，並無東、冬二韻；止云䂫鐵，亦未云燈也。似難分注。蓋《博古圖》有王氏銅虹、燭錠。虹音"缸"，皆燈燭具也。古字少，借"虹"作"缸"，《文選》"金缸銜璧"。後世詩人有"銀缸"之語，當知《説文》"䂫鐵"之義爲正，而諸韻書以爲燈者，皆後人借義。

---

① 《唐語林》"反"作"側"。
② 據《唐語林》補"中"字。

鐙燭

無足曰"鐙"，有足曰"錠"。郭璞曰："古以人執燭，後易之以鐙。"《楚辭》"蘭膏明燭華鐙錯"，《集韻》或從火作"燈"，案：燈燭字本作"鐙"，今爲馬鐙字，而鐙皆從火，俗作燈，非是。灯音丁，火也。

葳蕤

用修云：唐詩"春樓不閉葳蕤鎖"，又"望見葳蕤舉翠華"。"葳蕤"，旗名，鹵簿中有之。孫氏《瑞應圖》："葳蕤瑞草，王者禮備至則生。"今之字書，例解爲草木之狀，未得其原也。《錄異記》："葳蕤鎖，金縷〔相連〕①，屈伸在人。"唐顧況詩："春樓不閉葳蕤鎖，綠水迴通宛轉橋。"按：《子虛賦》"錯翡翠之葳蕤"，注："羽飾貌。"《封禪書》"紛綸葳蕤"，胡廣曰："葳蕤，委頓也。"張揖曰："亂貌。"《南都賦》："望翠華兮葳蕤，建太常兮裶裶。"注："葳蕤，翠華貌。"《錄異傳》：建安中劉照爲河間太守，嬪亡，埋棺于府園中，遭黃巾賊，照委郡走，後太守至，夢見一婦人往就之，後又遺一雙鎖，太守不能名。婦曰："此葳蕤鎖。"又魏文帝《滄海賦》"振綠葉以葳蕤"，何晏《景福殿賦》"流羽毛之葳蕤"，古樂府《烏夜啼》："歡下葳蕤籥，交儂那得住。"劉孝標《與舉師書》："葳蕤秋竹，照曜春秋②。"《文心雕龍》："緯候稠疊，《鈎》《讖》葳蕤。"鄭禺《津陽門詩》："迎娘歌喉玉窈窕，蠻兒舞帶金葳蕤。"先引則謂之"旗"，後引則謂之"鎖"。若引此，必當謂之籥帶與竹矣。

炊爨

取其進火謂之"爨"，取其氣上謂之"炊"。祭祀之禮，饔爨以炙肉，

---

① 據《集異記》補"相連"二字。
② 《廣弘明集》卷二四"秋"作"松"。

廩爨以炊米。《周禮·亨人職》“外內饔之爨”，疏云：“今之竈也。”

柴薪

《禮記》“季冬月令收秩薪柴”，注：“大者可析謂之薪，小者合束謂之柴，薪施炊爨，柴以給燎。”

熸火

邊境防守有潛火軍兵、潛火器具，冊籍、奏疏皆作“潛”。《字書》之考書傳不然，《左傳》襄公二十六年“楚師大敗，王夷師熸”，昭公二十三年“子瑕卒，楚師熸”，杜預皆注曰：“吳楚之間謂火滅曰熸。”《釋文》音子潛，火滅也。《禮韻》將廉反，皆讀如殱，則知潛當曰“熸”，相傳謬矣。

軍持

釋氏以净水瓶謂之“軍持”，不知其意所出。然李陵令軍持一半冰。半，大片也。釋氏“軍持”，或亦取“一片冰”，净潔之謂。然“軍持”，西域本名“捃稚”，其夷音不可深解。

鈞石

“鈞石”之“石”，五權之名，石重百二十斤。後人以一斛爲一石，自漢已如此，“飲酒一石不亂”是也。挽蹶弓弩，古人以鈞石率之，今人乃以粳米一斛之重爲一石，凡石者以九十二斤半爲法，乃漢秤三百四十一斤也。

石儋

甀容一石,《史·貨殖傳》"醬千甀",《方言》齊、宋、北海、岱之間謂之"甀",郭璞曰:"家無甀石之儲。"通作"儋"。《漢書》"一石爲石,再石爲儋",亦通作"擔",楊子:"吾見擔石矣。"

服匿

服匿,器也。《前·蘇武傳》"於軒王賜武服匿穹廬",孟康曰:"服匿如罋,小口大腹方底,用受酒酪。"晉灼曰:"東方①界人呼小石罋受三斗所曰服匿。"

古石斗

王楙又考《周禮·廩人》"月三鬴",注:"六斗四升曰鬴。"計食米日六升,則合也。魏李悝曰:"人食米月一石半。"是食米日五升也。漢趙充國曰:"以一馬自佗負三十日食,爲米二斛四斗、麥八斛。"是人日米八升,馬日麥二斗七升也。《匈奴傳》:"一人三百日食,用糒十八斛。"是人日糒六升也。古斛小,漢二斗七升當今五升四合。所謂人食米八升,當今二升一合六分;食米六升當今一升六合。觀一馬能負米麥,至此可以徵其升斗之小。而《倉公傳》所載人大小腸受水米之數,不至可駭矣。第沈存中言六斗爲一斗七升九合,而楙則六斗當爲一斗六升,更少升九合,似當以存中爲據。

古秤

沈存中《筆談》:"考樂律、改鑄渾儀、求秦漢以前量度升斗,計六

---

① 《漢書·蘇武傳》注引晉灼語"東方"作"河東北"。

斗當今一斗七升九合，秤三斤當今十三兩，一斤當今四兩三錢三分。"始悟所謂黃金方寸爲一斤，金一斤直錢一萬或二萬，價相等也。飲器一石實可三斗，而所謂蓋禄萬鍾、辭十萬而受萬、與奉黃金萬鎰、賜金千斤者，皆可類推。

負笈

今人爲木床，以跨驢背，以負載物，即古之極也。極之言篋也，今作笈，極即"笈"字，古人多言"負笈"，謂自負之也。

鳩杖

漢用鳩杖事，蓋年老者加賜玉杖，以鳩鳥爲飾。鳩者不噎之鳥，于老年有以耳。俗説高祖與項羽戰于京索間，遁于薄中，羽追求之，時鳩正鳴其上，追之者以爲無人，遂脱。及即位，異此鳩，故作鳩杖以扶老。恐未必然。

屐

謝安折屐，阮孚蠟屐，皆平常履之，非爲雨設。今惟晉江猶然，其木輕皮靱，製度亦精。晉江因晉人南遷居之，故曰謝安有晉之風，無足怪者。

紫荷囊

前輩謂尚書紫荷囊事。案：《晉志》："八坐尚書荷紫，以生紫爲袷，綴之外服，加于肩上。"荷乃"負荷"之"荷"，人讀爲平聲。然觀《唐類表》有云"佩蒼玉，負紫荷"，又考之宋、齊兩《志》，皆謂紫袷囊俗呼曰"紫荷"，或曰負荷以行。《隋志》："朝服綴紫荷，録令、左僕射左荷，右僕射、尚書右荷。"是則紫荷之説，自晉、宋以來有之。

隱囊

用修、元美皆不識隱囊之製，或引梁代衣冠風流之具，或引唐詩隱囊之句，皆以意度，不知此漢唐人呼車鞖之俗名耳。顏師古曰："鞖，韋囊，在車中，人所憑伏也。今謂之隱囊。"用修所引王右丞詩"隱囊紗帽坐彈棋"者，唐人取車中鞖坐地而彈棋，亦箕踞自得之意。用修引《顏氏家訓》曰："梁全盛日，貴游子弟，駕長簷車，跟高齒屐，坐棋子方褥，馮班絲隱囊。"夫曰"坐"，是坐褥；曰"馮"，是手所馮，其爲車中之物明矣。元美亦引《顏氏家訓》曰："梁全盛日，貴游子弟無不薰衣剃面，傅粉施朱，駕長簷車。"同上，又曰："觀此可以意度。"不知將度其爲何物也。

尉斗

按：《説文》："'尉'與'熨'本一字，昌志切，從上按下也。又持火申繒也。字從㞋，㞋音'夷'，平也。"後世軍官曰"校尉"，刑官曰"廷尉"，皆取"從上按下"使平之義。尉斗申繒亦使之平，加火作"熨"，贅矣。古音"熨"，轉音紆胃切。《王莽傳》有"威斗"，即"尉斗"也。"威"與"尉"音相近，轉音"爨"字，一作"爨"，省文作"樊"，今俗言平曰"爨帖"，杜詩"美人細意熨帖平"是也。《畫譜》有《唐宫熨帛圖》，東坡詩"象床玉手熨寒衣"，白樂天詩"金斗熨波刀剪文"，陸魯望詩"波平熨不如"，温庭筠詩"緑波如熨割愁腸"、又"天如重熨皺"，王君玉詩"金斗熨秋江"，諸公非不知字學，而字皆從俗，以便于觀者耳。

徽纆

《周易·坎》："上六：係用徽纆。"王注："纆音'墨'。"劉云："三服曰'徽'，兩服曰'纆'，皆索名。"①《楚辭》賈誼《易賦》②："夫禍之與福，何異糾纆。"正用此。國朝單行本義不知坊刻何時譌爲"徽纆"。甚有用以押韻者，《太函集》五言排律即事詩云："側身披短褐，延頸受徽纆。"則又誤之誤矣。

毛席

氊之異名曰"毛毯③"，毯之異名曰"毛褥"，猶竹笠呼爲"竹巾"。《東漢·西域傳》注："氊曰'毛席'。"張衡《四愁詩》"美人贈我氊氍毹"，服虔《通俗文》云："織毛褥謂之氍毹，細者謂之毾㲪。"毾㲪者施大牀之前，小蹋牀之上，蹋而登牀。

屋漏

《詩·抑》之篇曰："尚不愧于屋漏。"鄭箋曰："屋，小帳也。"疏引《周禮·天官·幂人職》"掌帷幂幄帟"，注云："帷幂以布，幄帟以繒。"帷幂是大帳，幄帟爲小帳，禮之用帷幂者，皆於野張之以代宮室，其宮內不張幕也；幄則室內亦有之。今按：鄭玄解"屋"爲"小帳"，蓋以屋爲幄也。《史記》"運籌帷帳之中"，或作"帷幄"，幂即幕也。《易》"井收，勿幕"，吳氏《纂言》"音'幂'"是也。軍行之制，將于野次設幕，詩人所詠"清油幕"也。其隱奧深居曰"帳"，密謀密議，所謂"玉帳""虎帳"也。

---

① 此句兩"服"字皆作"股"，見《經典釋文》。
② "易賦"誤，見《鵩鳥賦》。
③ 《席上腐談》"毯"作"席"。

笵

笵從竹，竹，簡書也。古法有竹刑，《通俗文》："規模曰'笵'。以土曰'型'，以金曰'鎔'，以木曰'模'，以竹曰'笵'。通作'範'。"云"模"，法之常也。亦通作"范"，《禮記·禮運》"范金"，注疏云："'范金合土'者，'范金'，謂爲形范以鑄金器。"

䇡笠

《儀禮·既夕》"杖笠"注："竹蓋簜也。"《廣韻》："雨笠也。有柄曰'䇡'，無柄曰'笠'。"《詩》"其笠伊糾"，《毛傳》："所以禦暑雨也。"《正義》曰："暑雨皆得禦之。"

兹其

《周禮》"薙氏掌殺草，春始生而萌之"，注："鄭玄謂萌之者，以兹其斫其生。"疏云："漢明①兹其，即今之鋤也。"

繻符

《說文》："繻，繒綵色。《易》'繻有衣'是也。"徐鉉注："傳，符帛。"按：《終軍傳》"棄繻"故事，蓋舊關出入皆以傳，傳欲速，因裂繻頸②合以爲信，此漢制也。

鳥旟

《周禮》"州里建旟"，《爾雅》"錯革鳥曰旟"，郭注："此所謂合剝鳥

---

① 《周禮注疏》"明"作"時"。
② 《漢書·終軍傳》注引蘇林語"頸"作"頭"。

皮毛置之竿頭，即《禮記》‘載鴻’及‘鳴鳶’之説。”疏引孫炎云：“錯，置也。革，急也。畫急疾之鳥于緣也。”《鄭志》答張逸亦云：“畫急疾之鳥隼。”案：《曲禮》云：“前有塵埃，則載鳴鳶；前有車騎，則載飛鴻。”皆爲“舉于旌首以警衆”。

膚革

《禮記·禮運》“膚革充盈”，疏云：“膚是革外薄皮，革是膚内之厚皮。”《廣韻》：“皮熟曰韋，生曰革。”呂氏曰：“革者，去毛而未爲韋者也。”《詩》“羔羊之革”，《毛傳》：“革，猶皮也。”《正義》：“對文則皮革異，故《掌皮》云：‘秋斂皮，冬斂革。’散文則通，《司裘》曰：‘大裘飾皮車’，謂革輅也。”此以爲“裘”，明非去毛，故云“革猶皮”。

比括

《周禮·考工記》“矢人夾其陰陽以設其比，夾其比以設其羽”，注：“括也。”疏云：“弓矢比在笴兩旁者。”《禮記·樂記》“《詩》‘克順克俾’”，注：“‘俾’當爲‘比’，聲誤。”

正鵠

居侯中曰正鵠，《大射》正亦鳥名，齊魯之間謂題肩爲“正”。正，鳥之捷黠者，射之難中，以中爲俊，故射取名焉。亦謂之鵠者，鵠，小鳥，難中，是以中之爲俊也。又畫布曰“正”，棲布曰“鵠”，《射人》“五正”注：“射者，内正其正①則能中。畫五正之侯，中朱，次白，次蒼，次黄，玄居外。”

---

① 《周禮注疏》“正”作“志”。

左右舌

《儀禮·鄉射禮》"射侯，倍躬以爲左右舌"，注："左右出謂之舌。躬，身也，謂躬外兩相各出一丈，若人舒舌。"《周禮·考工記》"出舌尋"，注："舌，維持侯者。"

綱維

《儀禮·大射》"離維綱"，注："侯有上下，綱其邪製，躬舌之角者爲維。"或曰："維當爲絹，絹，綱耳。"疏："謂矢過獵，因著維與綱二者。"案：《梓人》云："上綱與下綱出舌尋，絹寸焉。"注："綱所以繫侯于植者也。上下皆出舌一尋者，亦人張手之節也。"鄭司農云："絹，籠綱者；維，持侯者。若然，則綱與維皆用繩爲之，又以布爲綃籠綱，然後以上个、下个邊綴著絹，兩頭以綱繫著，植維者於上个、下个，上下躬兩頭皆有角，又以小繩綴角繫著植。故矢或離綱，或離維也。"云"維當爲絹。絹，綱耳"者，鄭更爲一解，絹則維也，云絹綱耳者，離著絹也。

赭繩

《商君書》"赭繩束枉木"，古之匠人用赭繩，即今之墨斗也。

枘鑿

《楚辭·九辨》："圓鑿而方枘兮，吾固知其鉏鋙而難入。"枘，斧柄。鑿，斧眼。本自相入，惟方枘圓鑿則不入。今世舉子文乃去方圓字，而只用"枘鑿不相入"，與"薰蕕不同器"爲對，殊爲大謬。甚有寫"枘"爲"柄"者，尤可笑。枘從木從內，音"藥"。

蛟韅

《荀子》“蛟韅”注：“馬服之革，蓋以蛟皮爲之。”韅，呼見切。《左傳》“〔韅靷〕①鞅靽”，韅音“絢”，在背曰“韅”；靷音“胤”，在胸曰“靷”。《詩》“陰靷鋈續”，注：“靷環，靷者言其②常處，游驂馬背上。”《左傳》“如驂之有靳”，籀文作“鞶夒”，古“昏”字也。鞅，倚兩切，在腹曰“鞅”，今之裷肚。靽音半，在後曰“靽”。

罩籗

《爾雅》“籗謂之罩”，注：“捕魚籠也。”《詩》“烝然罩罩”，注：李巡曰：“編細竹以爲罩。”無竹則以荆，謂之楚籗。《詩詁》：“魚罟有自上而下者，有自下而上者。”今人謂自上籠下爲罩，則罟之自上而下者，今提罟也。汕撩罟則自下而上者。《淮南子》：“罩者抑之，罾者舉之，爲之難易③，得魚一也。”

萬尺篊

陸魯望寄吳子華詩：“到頭江畔尋④漁事，織作中流萬尺篊。”篊，取魚具也。《酉陽雜俎》：“晉時錢塘有人作篊，年取魚億計，號萬〔匠〕⑤篊。”篊，取魚具也。按：篊字從洪，石梁絕水曰洪，射洪、呂梁洪是也。洪從竹爲篊，蓋以竹爲魚梁，此字《唐韻》不收。

---

① 據《左傳·僖公二十八年》補“韅靷”二字。
② 《毛詩正義》“其”作“無”。
③ 《淮南子·説林訓》“難易”作“異”。
④ 陸龜蒙《寄吳融》“尋”作“從”。
⑤ 據《酉陽雜俎·物異》補“匠”字。

簴業

《詩》"簴業維樅"，《詩詁》："指其縣鐘磬者則名簴，指其大版之飾則名業，即簴之飾也。"《爾雅》"大版謂之業"，郭注："築墙版也。"疏引《詩》云云，則業乃是樂懸之飾，郭必以爲築墙版者，此解《詩》"縮版以載"也。"大版"明"業"，縮既是築墙所用之繩，則業是築墙之版明矣。

馬子

貴嬪家褻器有所謂獸子，其製以銅爲馬形，鬣尾皆具，背爲大穴，用踞之以溲。獸子作馬形，蓋取登踞時如跨馬之狀，意以便于坐且備雅觀也。予然後知今世名肥桶曰"馬子"者，乃沿乎此。

常滿燈

《西京雜記》有"常滿燈"，今"滿堂紅"之類也。有"房風爐"，今被中香毬之類也。有"七輪扇"，一人運之，滿堂寒顫，今内臣家木扇之類也。

罨畫

昔人歌詩多言"罨畫"，乃今之"生色"也。

檀暈

東坡詩："鮫鮹剪碎玉簪輕，檀暈粧成雪月明。肯伴老人春一醉，

懸知欲落更多情。"按：畫家七十二色有檀色，淺赭所合，婦人暈眉色似
之。人皆不知"檀暈"之義。

緑沉

杜少陵《遊何將軍山林詩》："雨抛金鎖甲，苔卧緑沉鎗。"竹坡《周少
隱詩話》：甲抛于雨，爲金所鎖；鎗卧于苔，爲緑所沉。有將軍不好武
之意。薛氏《補遺》：緑沉，精鉄也，引《隋書》文帝賜張淵緑沉之甲。趙
德麟《侯鯖録》謂緑沉爲竹，引陸龜蒙詩："一架三百竿，緑沉森杳冥。"
雖少有據，然亦非也。予考之緑沉乃畫工色之名，《鄴中記》：石虎造象
牙桃枝扇，或緑沉色，或木難色，或紫紺色，或欝金色。王義之《筆
經》：有人以緑沉漆管見遺。《南史》梁武帝西園食緑沉瓜，是緑沉即西
瓜皮色也。梁簡文詩"吳戈夏服箭，驥馬緑沉弓"，虞世南詩"緑沉明月
弦"，劉邵《趙都賦》"弩有黃間、緑沉"，若如薛與趙之説，鉄與竹豈可
爲弓弦耶。楊巨源詩"吟詩白羽扇，校獵緑沉鎗"，與杜少陵之句同，皆
謂以緑沉色爲漆飾鎗柄耳。

頳色

《詩》"魴魚頳尾"，《儀禮·士喪禮》"頳末長終幅"，注："赤也。"今
《詩》作"頳尾"，《傳》："赤也，魚勞則尾赤。《疏》：《正義》：《左傳》
曰：'如魚頳尾，衡流而彷徉。'鄭氏：'魚肥則尾赤。'此自魴魚尾本不
赤，赤故爲勞也。《爾雅》'再染謂之頳'，注云：'染[①]赤。'"《周禮·考
工記》"染人"注："一染謂之縓，再染窺，三染纁"，注："窺，淺赤
色。"《左傳》哀十七年"如魚窺尾"，注："赤也。"然則"頳""窺"通作

---

① 《毛詩正義》"染"作"淺"。

"赤"耳。

玄色

世以玄爲淺黑色，璊爲赭玉，皆不然也。玄乃赤黑色，鷰羽是也，故謂之玄鳥。衣有深紫色，謂之黑紫，與皂相亂，幾不可分，乃所謂玄也。璊，赭色也。"毳不如璊"（音門）。稷之璊色者謂之虋（"虋"字音"門"，以其色命之也。《詩》"有虋命①"，秦人音"虋"，聲之訛也）。虋色在朱黃之間，似乎赭，極光瑩，掬之，粲澤熠熠如赤〔珠〕②，比朱自是一色，似赭非赭，蓋所謂璊，色名也，其從玉者，以其赭而澤，故以喻之，猶鷁以色名而從鳥，以鳥色喻之也。

朱紫

朱與紫相亂久矣，宋仁宗〔晚年〕③，京師染紫，變其色而加重，先染作青，徐以紫草加染，謂之油紫，後人指爲英宗紹統之讖。後只以重色爲紫，色愈重人愈珍之，與朱大不相類。淳熙中，北方染紫極鮮明，中國亦効之，目爲北紫，蓋不先染青，而改緋爲脚，用紫艸極少。其實復古之紫色而誠可奪朱。又《爾雅》："一染謂之縓，再染謂之竊，三染謂之纁。"《士冠》有朱紘之文，鄭云："朱則四入。"是更以纁入赤汁則爲朱。《論語》："不以紺緅飾。"纁入赤汁則爲朱，不入赤而入黑汁則爲紺，更以此紺入黑則爲緅，是五入爲緅也；更以此緅入黑汁則爲玄，是六入爲玄也；更以此玄入黑汁，則七入爲緇矣。乃紫與朱相去不多，其今之淺紫乎。

---

① 《夢溪筆談·辯證一》"有虋命"作"有糜有虋"。
② 據《夢溪筆談·辯證一》補"珠"字。
③ 據《雲麓漫鈔》卷十補"晚年"二字。

藍色

《通志》云："藍三種：蓼藍染綠，大藍如芥淺碧，瑰〔藍〕染青。①三藍皆可作澱，色成勝母，故云'青出藍而青於藍'。"《老學庵筆記》："'蔚藍'乃隱語天名，非可義理解也。子美詩'上有蔚藍天，垂光抱瓊臺'，韓子蒼乃云'水色天光共蔚藍'，直謂天與水之色如藍耳，恐又因杜詩而失之。"

翠色

嵇康《琴賦》"新衣翠粲，縹黴流芳"，注引班姬《自悼賦》"紛綷縩兮紈素聲"，以爲衣聲，非也。綷縩自是衣聲，翠粲自是鮮明之貌，不必同也。駱賓王文："縟翠蕚于詞林，綷鮮花于筆苑。"以"翠"對"鮮"，可以證之。又東坡詩"兩②朵妖紅翠欲流"，高似孫《緯略》："翠謂鮮明之貌。"非色也，不然既曰紅矣，又曰翠，可乎。

玫瑰油

玫瑰油出北虜，其色瑩晶，其香芬馥，不可名狀。用爲試青③，法用衆香煎煉，北人貴重之。每報聘禮物中祇〔一〕合，奉更者例獲一小罌，其法秘不傳也。④

窑器

舜爲陶器，迄于秦漢，今河南土中有羽觴無色澤者即此類也。陸龜

---

① 《通志》卷七五"淺碧"作"染碧"，"瑰"作"槐"，並據補"藍"字。
② 蘇軾《和述古冬日牡丹》"兩"作"一"。
③ 《墨莊漫録》"青"作"香"。
④ 《宋稗類鈔》卷八"奉更"作"奉使"，並據補"一"字。

蒙詩："九秋風露越窑開，奪得千峰翠色來。"最爲諸窑之冠。至吳越王有國，日愈精，臣庶不得通用，謂之"秘色"，即所謂"柴窑"也。或云製器者姓，或云柴世宗時始進御。云宋以定州白磁器有芒，不堪〔用〕，遂命汝州造青窑器，〔故河〕北唐、鄧、耀州悉有之。① 汝爲冠，處州龍泉與建安烏泥品最下。政和間京師自寘窑燒造，曰"官窑"，文色亞于汝，價亦然。鈞州稍具諸色，光彩太露，器極大。中興渡江，有邵成章提舉，號邵局，修內司造于州青器名"內窑"。模範極精，油色瑩徹，爲世所珍。宋時處州章生者兄弟皆作窑，兄所作者視弟色稍白，而斷紋多，號"白坂碎"，故曰"哥窑"。秘色在當時已不可得，所謂內窑亦未見有售者。

瓽瓶

隴石詩："瓽大瓶甕小，所任各有宜。"《考工記》"搏埴之工陶瓽"，注云："瓽讀如甫始之甫。"鄭玄謂瓽讀如放。《音義》甫岡②切。《韻略》甫兩切，與"昉"同音。注云："搏埴工。"以此考之，則瓽者乃搏埴之工耳，非器也。而退之乃言"瓽大瓶甕小"者，何也？《考工記》："瓽人爲簋，實一觳，崇直，厚半寸，脣寸，豆實三而成觳，崇尺。"注："觳受斗二升，豆實四升。"故云"豆實三而成觳"。然則瓽人所作器，大者不過能容斗二升，小者不過能容四升耳。《考工記》前作"陶瓽"，後作"瓽人"，當以後爲正。

瓦甒

昆吾，紂臣，作瓦器。《禮記·禮器》"門外缶，門內壺，君尊瓦

瓶"，注："壺大〔一〕①石，瓦瓶五斗。"《周禮・司尊彝》"用壺尊"，注："壺者，以壺爲尊。"引昭十五年《左傳》"尊以魯壺"證壺是祭祀酒尊。又《周禮・壺涿氏》"掌除水蟲"，注："壺謂瓦鼓。涿，擊之也。"疏云："壺是盛酒之器，非可擊之物，故知是瓦鼓。"《考工記》有陶人、瓬人造瓦器甌水蟲，則知瓦鼓也，亦非鼓矣。

青甆器

青甆器，皆云出自李王，號祐②色；又曰出錢王。今處之龍溪出者色粉青，越乃艾色。唐陸龜蒙有《進越器詩》："九天風露越寒開，奪得千峰翠色來。好向中宵盛沆瀣，共嵇中散鬪傳盃。"則知始于江南與錢王皆非也。近臨安亦自燒之，殊勝二處。

綠髮器

綠髮器，始于王冀公家。祥符、天禧中，每爲會，即盛陳之。然製自江南，頗質朴，慶曆後浙中始造，盛行于時。

石敢當

西漢史游《急就章》云"石敢當"，顏師古注："衛有石碏、石買、石惡，鄭有石製，皆爲石氏，後以命族，敢當，所向無敵也。"余因悟民之廬舍、衢陌、直衝，必設石人，或植片石，題鑴曰"石敢當"，以寓壓禳之旨，有本也。

---

① 據《禮記正義》補"一"字。
② 《雲麓漫鈔》卷十"祐"作"秘"。

十四物取象

古諸器物異名。贔，其形似龜，性好負重，故用載石碑。螭吻，其形似獸，性好望，故立屋角上。蒲牢，其形似龍而小，性好吼叫，有神力，故懸于鐘之上。憲章，其形似獸，有威性，好囚，故立于獄門上。饕餮，性好水，故立橋頭。蟋蝪，形似獸，鬼頭，性好腥，故用于刀柄上。蟠蛭，其形似龍，性好風雨，故用于殿脊上。螭虎，其形似龍，性好文彩，故立于碑文上。金猊，其形似獅，性好火烟，故立于香鑪蓋上。椒圖，其形似螺獅①，性好閉口，故立于門上，今呼"鼓丁"，非也。蚵蚼，其形似龍而小，性好立險，故立于護朽上。鰲魚，其形似龍，好吞火，故立于屋脊上。獸吻，其形似獅子，性好食陰邪，故立于門環上。金吾，其形似美人，首魚，尾有兩翼，其性通靈，不睡，故用巡警。出《山海經》《博物志》。

隊仗

車駕行幸，前驅謂之隊，則古之清道也。其次衛仗，衛仗者，視闔入宮門法則古之外仗也。其中謂之禁圍，如殿中仗，《文官·堂舍》②："無宮，則供人門。"今謂之"殿門文③武官"，極天下長人之選八人。上御前殿則執鉞立于紫宸門下；行幸則爲禁闈④門，行于仗馬之前。又有衡門十人，隊長一人，選諸武力絕倫者爲之。上御後殿則執撾東西對立于殿前，亦古之虎賁、人門之類也。

---

① 《菽園雜記》"獅"作"蛳"。
② 《周禮注疏》"文官堂舍"作"天官掌舍"。
③ 《夢溪筆談·故事》"文"作"天"。
④ 《夢溪筆談·故事》"闈"作"衛"。

鹵簿

大駕儀仗，通號“鹵簿”，蔡邕《獨斷》已有此名。唐人謂鹵，櫓也，甲楯之别名。凡兵衛以甲楯居外爲前導，捍蔽其先後，皆著之簿籍，故曰“鹵簿”。因舉兩朝御史中丞、建康命皆有“鹵簿”，爲君臣通稱，二字别無義，此説爲差近。① 或又以“鹵”爲“鼓”、“簿”爲“部”，謂鼓駕成于簿②伍，不知“鹵”何以謂之“鼓”？又謂石季龍以女騎千人爲一“鹵部”，“簿”乃作“部”，皆不可曉。今有《鹵簿記》，宋宣獻公所修，審以“部”爲簿籍之“簿”，則既云“簿”，不應更言“記”。

五兵

《世本》：“蚩尤以金作兵。五兵：一弓、二殳、三矛、四戈、五戟。”《穀梁》注：“五兵：矛、戟、鉞、刀③楯、弓矢。”《前·吾丘壽王傳注》：“五兵：矛、戟、弓、劍、戈。”《周禮·肆師》注：“五兵：矛、戟、劍、楯、弓、鼓。”“《司右》五兵”注：“鄭引《司馬法》曰：‘弓矢圍，殳矛守，戈戟助。’”又“《司兵》五兵”注：“鄭司農云：‘車之五兵：戈、殳、戟、酋矛、夷矛。’”“卒之五兵”，鄭玄：“無夷矛而有弓矢。”《國策》“五兵”注：“刀、劍、矛、戟、矢。”《淮南子》説“五兵”：“東方矛，南方弩，中央劍，西方戈，北方鍛。”

火城

火城事，宋王元之《待漏院記》：“北闕向曙，東方未明；相君啓行，

---

① 《石林燕語》卷四“兩朝”作“南朝”，“建康命”作“建康令”。

② 《石林燕語》卷四“簿”作“部”。

③ 據《春秋穀梁傳注疏》“刀”爲衍文。

煌煌火城。"李肇《國史補》："每元日、冬至，大期會，百官已集，而宰
相方至，珂傘、列燭，多至數百炬，謂之'火城'。宰相火城至，衆皆滅
燭避之。"朱彧《可談》云："朝士四鼓至禁門外候者以燭籠相圍繞聚首，
謂之'火城'。宰相至，則火城滅燭。大臣自從官及親王駙馬，皆有位
次，在仗舍，謂之'待漏院'。不與庶官同處火城。"所言"火城"與肇異，
或謂肇所言唐故事，或所言宋故事也。按：《院記》明云："相君啓行，
煌煌火城。"（此火城非當時宰相之導從乎。）

第二十七卷　器用五

旌節

節度使旌節：門旗二、龍虎旌一、節一、麾槍二、豹尾二，凡八物。旗以紅繪爲之凡①幅，上爲塗金銅龍頭以揭旌，加木盤。節以金銅葉爲之。盤三層，加紅絲爲旄。〔麾〕槍亦施木盤。豹尾以赤黃布畫豹文。皆以髹漆爲杠，文臣以朱，武臣以黑。旗則綢以紅繒，節及麾槍則綢以碧油，故謂之"碧油紅旆"。受賜者藏于公宇私室，皆別爲堂，號"節堂"。每朔望之次日祭之，號"衙日"。唐制有六纛，今無有也。

長鬣

《左傳》："吳伐楚，獲其乘舟餘皇以歸。吳子使長鬣者三人潛伏舟側。"按：長鬣，善游水者也。夫獸有鬣脊毛傑起也，魚有鬣腹撥水翅也。晚唐王周《艣詩》曰："虎之拏者爪，魚之撥者鬣。"今刊《左傳》乃作"長髯"。若善没人，何必長髯，當是善游人，俗作"長鬣"，丘明操吳音耳。張衡《西京賦》："蚩尤秉鉞，奮鬣被般。"注："使蚩尤秉鉞奮振其鬣，被文般之衣。"不知古者以何事爲鬣，竊意鬣爲軍中幟號，長音"長老"之"長"，長鬣乃陣中主水戰之器，三頭目也。且古軍中之號，何可定名？漢有左右兩鄣，王莽有前後輝光，八陣有左右翼，安知長鬣非此等之名乎？

---

① 《石林燕語》卷六"繪"作"繒"，"凡"作"九"。

鹿角

今官府衙門列木于外，謂之"鹿角"。蓋鹿性警，群居則環其角，圓圍如陣，以防人物之害。軍中寨柵埋樹木外向，亦名曰"鹿角"。

棨戟

棨戟，殳之遺象也，《詩》所謂"伯也執殳，爲王前驅"。殳，前驅之器也，以木爲之，後世滋僞，無復典刑，以赤油韜之，亦謂之油戟，亦謂之棨戟，公王以下通用之以前驅。

信幡

信幡，古之徽號也，所以題表官號，以爲符信，故云。乘輿則畫爲白虎，取其義有威信之德。魏朝有青龍幡、朱雀幡、玄武幡、白虎幡、黃龍幡〔五，而以詔四方。東方郡國以青龍幡，南方郡國以朱鳥幡，西方郡國以白虎幡，北方郡國以玄武幡，朝廷畿內以黃龍幡〕①，亦以麒麟幡。高貴鄉公討晉文王，自秉黃龍幡以麾是也。今晉朝唯用白虎幡。信幡用鳥書，取其飛騰輕疾也。一曰以鴻雁、燕趐者，去來之信也。重耳，古重較也，文官青耳，武官赤耳。或曰重較在軍車藩上，重起如牛角故云。

金吾

車輻，棒也。漢朝執金吾，金吾，亦棒也。以銅爲之，黃金塗兩末，謂爲"金吾"。御史大夫、司隸校尉亦得執焉。御史、校尉、郡守、都

---

① 據《古今注》補"五，而以詔四方。東方郡國以青龍幡，南方郡國以朱鳥幡，西方郡國以白虎幡，北方郡國以玄武幡，朝廷畿內以黃龍幡"四十六字。

尉、縣長之類，皆以木爲吾焉，用以夾車，故謂之"車輻"。一曰形似輻，故謂之"車輻"。

矛盾

今稱與人不合曰"矛盾"，自己言不相副曰"自相矛盾"，若以爲兩物不相得而已。余見《尸子》云："楚人有鬻矛與盾者，譽盾曰：'吾盾之堅，莫能陷也。'又譽其矛曰：'吾矛之利，于物無不陷也。'或曰：'以子之矛，陷子之盾，何如?'其人弗能應。"今語蓋本于此。

旄頭

《列異傳》："秦文公時梓樹化爲牛，以騎繫之，騎不勝，或墮地，髻解被〔髮〕①，牛裏②之，入水。故秦自是以旄頭騎，使先驅。"《玄中記》："秦始皇時，〔終〕③南山有梓樹，大數百圍，蔭宮中，始皇使三百人披頭以赤絲繞樹伐之，因而立旄頭騎云。"

鼓吹

吹，去聲，尺僞切。《唐・樂志》"黃帝使岐伯作鼓吹以揚德建武"，故後人以軍中之樂爲"鼓吹"。晉孫綽云："《三都》《二京》，五經鼓吹。"庾翼曰："鄉射中的，當賞鼓吹。"應尚應聲，中之即給副鼓吹。齊孔珪門庭中有群蛙鳴，曰："此當兩部鼓吹。"又《莊子・齊物論》"夫吹萬不同"，韓文公詩"繁吹傷人心"，王荆公詩"落日一橫吹"，皆作去聲讀。今人直以爲平聲，殊可大噱。

① 據《後漢書・光武紀下》注引補"髮"字。
② 《後漢書・光武紀下》注引"裏"作"畏"。
③ 據《玄中記》補"終"字。

虎符

古之節如今之虎符，其用則有珪璋、龍虎之別。又玉琥，美玉而微紅，或云即玫瑰也。古人有以爲幣者，《春官》"白琥禮〔西〕①方"是也。有以爲貨者，《左傳》"加②以玉琥二"是也。有以爲瑞節者，"上③國用虎節"是也。

斧鉞

金斧，黄鉞也；鐵斧，玄鉞也。三代通用之以斷斬。今以金斧、黄鉞爲乘輿之飾。玄鉞，諸王公得建之。武王以黄鉞斬紂，故王者以爲戒。太公以玄鉞斬妲己，故娩人以爲戒。漢制：諸公亦建玄鉞，以太公秉之助武王斷斬，故爲諸公之飾焉。大將軍出征，特加黄鉞者，以銅爲之，黄金塗刃及柄，不得純金也。得賜黄鉞，則斬持節將矣。

九斿

《禮記·檀弓》注疏引鄭注《明堂位》云："夏后氏當言'斿'。斿是大古名，非交龍之斿。周則文物大備，斿有九等，垂之以縿，繫之以斿。又有交龍之斿，與夏不同。"《周禮》"交龍爲斿"，《爾雅注》："懸鈴于竿頭，畫龍于斿④上。"《釋名》："斿，倚也。畫作兩龍相依倚也。"鄭云："一象其升朝，一象其下復也。"《詩》"龍斿陽陽，和鈴央央"，俗作"旗"，非。

---

① 據《周禮注疏》補"西"字。
② "加"當作"賜"。
③ 《周禮注疏》"上"作"山"。
④ 《爾雅注疏》"斿"作"旒"。

勿勿

右軍帖語有"頓乏勿勿"，《顏氏家訓》："書翰多稱'勿勿'，相承如此，或有妄言此'忽'字之殘缺耳。《説文》：'勿者，州里所建之旗，蓋以聚①民事，故悤遽者稱焉。'"今世流俗又妄于"勿"中斜加一點，謂：勿，"匇"字。彌失真矣。按：《祭義》"勿勿其欲饗之也"，注："猶勉勉也。愨愛之貌。"杜牧之詩"浮生長勿勿"，是知此字出于《祭義》。唐人詩中用之，不特稱于書翰。又"悤"字解云："多遽，悤悤也。"是"悤悤"亦古語，好古者但知"勿"而笑"悤"，遂俗者又但知"悤"而駭"勿"，皆非也。

枉矢

《周禮·司弓矢》"凡矢、枉矢、絜矢利火射，用諸守城、車戰"，注："枉矢者，取名變星，飛行有光，今之飛矛是也。或謂之兵矢。絜矢，象焉。"疏按：《孝經·援神契》"枉矢射匶②"，《考異郵》"枉矢精，壯如流星，虵行有尾"，漢名此矢爲"飛矛"。

甲冑

冑，書作"軸"，《荀子》"軸帶劍"，《書正義》云："古之甲冑皆用犀兕，未有用鐵者，而'兜③''鎧'之字皆從金，蓋後世始用鐵耳。"毛氏曰："冑，與'胄子'之'胄'不同，經典多混之，傳寫誤也。"一從月，一從肉。

---

① 《顏氏家訓·勉學》"聚"作"趣"。
② 《周禮注疏》"匶"作"厤"。
③ 《尚書正義》"兜"作"鍪"。

一發

《漢書》十二矢爲一發，韋昭曰：“射禮三而止，每射四矢，故以十二矢爲一發。”顏師古曰：“發，猶今言箭一放兩放也。”今軍中弓射一阵齊發曰“一放”。弩射曰“一撥”，取機撥箭爲名。《詩》“一發五犯”，謂三軍同發也。發多殺少，所以爲仁。《孟子》“發乘矢而後反”，則四矢爲一發。

刁斗

《字書》：刁斗以行軍，晝炊夜擊。今世所見古刁斗，柄長尺四五寸，其斗仅可容刁①，合如此，則恐非吹具，擊之則可。此物乃王莽時鑄，威斗猒勝家所用耳。或於上刻“二師將軍”字及其他官號，尤表其僞。大抵刁斗如世所用有柄銚字，宜可炊一人食，即古之刁斗，訛〔“刁斗”〕字爲“銚”字耳。② 書以銚爲舊器，不言可知也。若鐎斗，亦如今有柄子而加三足，蓋刁、鐎皆有柄，故皆謂之斗，刁無足耳。又《字書》以鐎爲溫器，蓋古之鼎烹，大鼎則卒難至熱，故溫已烹之物，令一二人食則用鐎。

骨朶

《筆録》謂俗以“撾”爲“骨朶”，古無稽。據今衛士執撾扈從者爲骨朶子班。按：《字書》，“簻”與“撾”皆音竹瓜反，通作“簻”。簻又音徒果反。“簻”之變爲“骨朶”，雖不雅馴，其來久矣。

---

① 《洞天清録》“容刁”作“容勺”。
② 《洞天清録》“銚字”作“銚子”，並據補“刁斗”二字。

桎梏

梏，紂所作之杻也。《小爾雅》：“杻謂之梏，械謂之桎。”《周禮·掌〔囚〕①》：“上罪梏拲而桎，中罪桎梏，下罪梏。”鄭玄云：“在手曰梏，在足曰桎。”張揖云：“參著曰梏，偏著曰桎。”梏，手械，所以告天；桎，足械，所以質地。《漢書音義》韋昭云：“兩手共一木曰拲，兩手各一木曰梏。”《易·大畜》“六四：童牛之梏”，注：“爲木，互體震，震爲牛之足，足在艮體之中，艮爲手，持木以就足，是施梏也。”又《蒙》“初六”注：“木在足曰桎，在手曰梏。今《大畜》云云。”蓋牛無手，故以足言之耳。

三尺法

《杜周傳》“三尺法”，注：“以三尺竹簡書法律。”《鹽鐵論》云“二尺四寸之律”，曹褒《新禮》亦“寫二尺四寸簡”。三尺者，舉成數也。

三翼

《文選》張景陽《七命》：“浮三翼，戲中沚。”其事出《越絕書》，李善注頗言其略，蓋戰船也。其書云：“闔閭見子胥，問船運之備。對曰：‘船名大翼、小翼、突冒、樓船、橋船。大翼者，當陵軍之重車，小翼者當臨軍之輕車。’”又《水戰兵法內經》曰：“大翼一艘，廣一丈五尺三寸，長十丈；中翼一艘，廣一丈三尺五寸，長九丈；小翼一艘，廣一丈二尺，長五丈六尺。”大抵皆拒戰船，而昔之詩人乃以爲輕舟。梁元帝云“白華三翼舸”，又云“三翼自相追”，張正見云“三翼木蘭船”，元微之云“光陰三翼過”，其它亦鮮用之者。

---

① 據《周禮注疏》補“囚”字。

野艇

山谷云"野艇恰受兩三人"，別本作"航"，"航"是大舟，當以"艇"爲正。今所謂航船者，俗名"輕舠"，如"航湖"，亦爲常談。

腰舟

《莊子》言："魏王大瓠，護無所用，何不以爲大尊而浮水上。"①司馬云："尊如酒器，縛之于身，浮于海。"所謂"腰舟"也。

扁舟

或問予：詩人多用"扁舟"，何處爲始？予按：《南史》"天淵池新製鯿魚舟"，形甚狹，故小舟稱"扁舟"。六朝詩惟王由禮有"扁舟夜向江頭泊"之句，至唐人則多用之。

戰艦

昔人謂戰艦曰"水龍"，隋梁睿請伐陳，文帝答曰："陳國來朝，未盡藩節。如公大略，誠須責罪，必興師旅，若命水龍，終當相屈。""水龍"字甚奇。

齋艦齋舲

孫仲益尺牘與一巡簡②云："未果造謁齋艦。"注云："板屋舟也。"歐

---

① 《莊子·逍遥游》"護"作"瓠落"，"浮水上"作"浮于江湖"。
② "簡"當作"檢"。

公《送沈學士知常州》詩：“舊館花①香鎖寂寥，齋舻東下入秋濤。”

造歡牽彈

余每聞舟子呼造帆曰“歡”，以牽船之索曰“彈”（平聲），初意謂吳諺耳。及觀唐樂府詩有云：“蒲帆猶未織，争得一歡成。”終會呼捉船索爲百杖，趙氏注云：“百丈者，牽船篾，内地謂之宣（音“彈”）。”②

驚帆馳馬

驚帆，魏曹洪所名駿馬也；馳馬，吳孫權所名快舫也。二事正相反而又相對，出一時甚奇。舟又有鳴鶴、飛鳧、青鷁、蔥鶩、蒼隼、鸚鵡、鸜鵒、鴨頭、鴻毛者，皆鳥名。見《西京雜記》《晉令宮閣記》《吳志》《蜀王本紀》《輿服雜事》諸書。白鵠、青雀，見梁元帝詩。

帆字音

帆字，符感切，舟上幔也。又扶泛切，使風也。舟幔則平聲，使風則去聲，蓋動静之異也。劉熙《釋名》曰：“隨風張幔曰帆。”注：去聲。《廣韻》曰：“張布障風曰帆。”音與“梵”同。《左傳》宣十三年注：“拔旆投衡上，使不帆風。”謂車旆之受風，若舟帆之帆風也。“舟帆”之“帆”平聲，“帆風”之“帆”去聲。《疏》云：“帆是扇風之名。”孫綽子曰：“動不中理，若帆舟而無柁。”《南史》：“因風帆上，後前連烟③。”《荆州記》云：

---

① “花”當作“芸”。
② 《齊東野語》“終會”作“鍾會”，“宣”作“筻”。
③ 《宋書·謝晦傳》“後前連烟”作“前後連咽”。

"宫庭①湖廟神，能使湖中分風而帆南北。"晉湛方生有《帆入南湖》詩，又有《還都帆》詩。謝靈運有《遊赤石進帆海》詩。劉孝威有《帆渡吉陽州②》詩。《選》詩："無因下征帆。"徐陵詩："南茨大麓，北帆清湘。"劉删詩："回艫乘派水，舉帆逐分風。"張曲江詩："征鞍稅北渚，歸帆指南陲。"張燕公詩："離魂似征帆，常往帝鄉飛。"趙冬曦詩："帝城馳夢想，歸帆滿風飈。"杜詩："浦帆晨初發。"韓退之詩："無因帆江水。"包何詩："錦帆乘風轉，金裝照地新。"孟浩然詩："領③北回征帆，巴東問故人。"徐安身詩："暮雨衣猶濕，春風帆正開。"近蘇州刻《孟詩》，改"征帆"爲"征棹"，何仲默笑曰："'征帆'改'征棹'，'錦帆'亦改曰'錦棹'，可乎?"蓋淺學妄改之非耳。

渴烏

漢靈帝作翻車渴烏，施於玉門外西橋，用灑南郊路，以省百姓灑道之勞。注："渴烏，爲曲筒，以引氣上水④也。"按：酒家用以截清酒者尚有此器，若大之，便是"渴烏"耳。

軝軌

《詩》"濟盈不濡軌"，毛注："由軝以上爲軌。"孔疏引《説文》云："車轍也。"按：輪有高下、有廣狹，皆定於軌，輪中之軌既同，則轍迹亦同，後人因謂車轍亦曰"軌"。《曲禮》曰"塵不出軌"，此以高下言也。《中庸》曰"車同軌"，此以廣狹言也。兵車、乘車之輪，其崇六尺有六

---

① 《荆州記》"庭"作"亭"。
② "州"當作"洲"。
③ "領"當作"嶺"。
④ 《後漢書·宦者傳》注"以引氣上水"作"以氣引水上"。

寸，軌居輪之中，實得其半，水若濡軌，則水深三尺三寸。孔疏以爲轍迹，非也。濟水之盈，安有不濡車轍者乎。

棧車

《詩》"有棧之車"，注："役車。"《詩詁》云："案：《周禮·巾車》：'士乘棧車，庶人乘役車。'"則棧車非役車也。《既夕禮》："公賵，當前輅，北面致命，奠幣於棧上。"則士車之上有棧矣。今人編竹置木亦謂之棧，則棧車編竹爲輿也。

輔車

車，昌查切。《左傳》："宮之奇曰：'輔車相依。'"杜預注："輔，頰〔輔〕①；車，牙車。"人頰骨似輔車，故曰輔車；左右相待，故曰相倚。唐韓文公書曰："近者尤衰憊，左車第二牙無故動搖脫去。"是用此意。今人不知，直以爲"輔車"爲《詩》"無棄爾輔"之義，則"脣亡"一句何所附麗乎？殊爲大謬。

軝轂

《詩詁》曰："軝，轂之旁出者也。"按：《考工記》："三分其轂長，二在外，一在内，以置其輻。"是轂之外者長而内者短也。軝非轂名，乃是轂之外長而旁出者。凡在輪中，通名爲"轂"。

---

① 據《春秋左傳正義·僖公五年》補"輔"字。

炙輠

輠，盛膏器，本作"楇"，今作"輠"。按：古者車行其軸常滑易，故常①載脂膏以塗軸，此即其器也。齊人謂淳于髡爲"炙輠"，謂其言長而有味，如炙輠器，雖久而膏不盡耳。

鸞鈴

人君乘車，四馬鑣，八鑾鈴，象鸞鳥聲，和則敬也。崔豹《古今注》："五路②衡上金雀者，朱鳥也，故謂朱鳥鸞也。口銜鈴，謂之'鑾'。又謂之'和鑾'。"通作"鸞"。《禮記·月令》"乘鸞路"，注云："有鸞和之節而飾之以青。"郭璞曰："鑾，鈴也。在軶曰鑾，在軾曰和。"《漢·五行志》："登車有鸞和③之節。"師古曰："和，鈴也。"《詩》"和鸞雝雝"，毛注："和在軾，鸞在鑣。"鄭以爲戎車鸞在鑣，乘車鸞在衡。嚴氏曰："和、鸞，皆鈴也。"又"八鸞瑲瑲"，朱氏曰："鈴在鑣曰鸞。馬口兩旁各一，四馬故言八也。"又《詩》"執其鸞刀"，注："刀有鸞，言割中節也。"通作"欒"，《史記·封禪書》"欒車一駟"，與"鸞"同。《周禮·考工記》："鳧氏爲鐘，兩欒謂之銑。"注：欒、銑一物，俱謂鐘口兩角。古之樂器應律之鐘，狀如今之鈴耳。

罄控

《詩》"抑罄控忌"，《補傳》曰："騁馬曰罄，謂使之曲折如罄。止馬曰控，謂所控制不逸。"今人稱馬韁爲"罄控"。又齊人相絞訐爲"掉罄"，北海人以激事爲"掉罄"。

---

① 《韻會》"常"作"當"。
② 《古今注》"路"作"輅"。
③ 《漢書》"鸞和"作"和鸞"。

驂乘

乘車之法，尊者居左，御者居中，又一人處右以備傾側，是以戎車則曰“居右”，餘曰“驂乘”。驂者，三也，蓋取三人爲義。漢文帝召張釋之參乘，此之謂也。

又

外騑曰驂。《詩・干旄》注：“《疏》云：‘夏駕兩謂之麗，殷益一騑謂之驂，同①又益一騑謂之駟。’”又《爾雅》“玄駒褭驂”，注云：“玄駒，小馬，別名褭驂耳。”

幨帷

《詩》“漸車帷裳”，《周禮・中②車》“有容蓋”，注：鄭司農云：“容謂襜車，山東謂之裳幃，或曰童容。”以幨幨車旁如裳，爲容飾，其上有蓋，四旁垂而下謂之“幨”，或作“袡”。《儀禮・士昏禮》“婦車亦如之，有袡”，注：“袡，車裳幃。”《周禮》謂之“容車”。《載③記》曰：“其輤有袡。”注：“謂龜甲邊緣也。”

軌軹

《周禮》“大馭祭兩軹，祭軌，乃飲”，注：“軹，謂兩轊也。”《考工記》：“參分試④圍，去一以爲較圍。參分較圍，去一以爲軹圍。”林曰：

①《毛詩正義》“同”作“周”。
②《周禮注疏》“中”作“巾”。
③“載”當作“雜”，即《禮記・雜記》。
④《周禮注疏》“試”作“式”。

"較小於軾，軹又小于較。"《字書》云："車輪之穿爲道。"《漢書》："緤子嬰於軹。"徐《詩詁》："軌，轊也。車馬之耑貫轂者爲轊，轂末之小穿容轊者名爲軹。"《儀禮·既夕》"用軸"，注云："軸狀如轉轔，刻兩頭爲軹。軹狀如長牀，穿楻前後著金，而關軸焉。"

縶羈

《説文》："縶，絆馬足也。"《左傳》"韓厥執羈馬前"，又韓《祭子厚文》"天晚①羈羈"，注："馬絆前連之以羈羈。"又《詩》"縶之維之"，注疏："在腹曰鞅，在後曰絆。絆，繫足也。縶之謂絆，維之謂繫。"案：《説文》"縶""羈"在一字，《禮韻》"羈"字別出，誤。

六轡

《詩》"六轡如絲"，《增韻》："馬韁也。"《禮記·曲禮》注疏："御馬索，車四馬，各兩轡，以驂馬内兩轡繫于軾，驂馬外轡及夾轅兩服馬轡分置兩手，故《詩》云'六轡在手'。"陸佃云："御者駕馬以鞭爲主，騑馬以轡爲主。"

六繫

《周禮》馬有二百十四匹爲厩，厩有僕夫。按：《周禮》："馬四匹爲乘，乘馬一師四圉。三乘爲皂，一趣馬。二②皂爲繫，一馭夫。六繫爲厩，一僕夫。"凡二百一十六，應乾之策。此言十四，傳寫誤也。

---

① "晚"當作"脱"。
② 《周禮注疏》"二"作"三"。

鞍轡

鞍轡之别，始于太平興國七年正月，詔常參官銀裝鞍絲條，六品以下不得闊裝，仍不得用刺繡、金皮飾韉，未仕者烏漆素鞍。則是一命以上皆可以銀裝鞍也。若烏漆，則庶人通用。

軒輊

俚語以車頓前爲“質”者，乃由不識“輊”字故也（輊音致）。《詩》云“如輊如軒”，前重爲輊，後重爲軒。俚見“輊”字似“桎”字，便以“支乙”音呼“至”。如見馬首之低者遂爲“頭質”，乃由“車質”之誤也。亦宜云“頭輊”。

天禄渴馬

《秋林伐山》：“漢靈帝修南宫，鑄天禄蝦蟆轉水入宫，又作翻車渴烏灑路。天禄即大蝦蟆，伯樂之子按圖索駿，以蝦蟆爲馬，即天禄也。天禄之形，漢人多刻石肖之于墓，古詩所謂‘天禄辟邪眠莓苔’也。”又云：一角爲天禄，兩角爲辟邪。二説互異。《瑞應圖》：“天鹿者，純靈之獸，五色光耀洞明，王者道備則至。”《〔後〕漢書·靈帝紀》“鑄黃鐘四，天禄、蝦蟆”，注：“天禄，獸也。”漢有天禄閣，亦用此獸立名。伯樂子執《馬經》畫樣求馬，蓋尹神童戲語也。（見《朝野僉載》）乃即謂蝦蟆爲天禄，何哉？

水排

後漢杜詩善於計略，造作水排，以鑄農器，用力少見功多，百姓便之。排音蒲拜反，言爲排吹炭，擊①水以鼓之也。其機巧今無傳。

行馬

晉魏以後官至貴品，其門施行馬。行馬者，一木橫中，兩木互穿以成四角，施之于門，以爲禁約也。《周禮》謂之"樴②柢"（音互）。漢制：光禄大夫門外則施行馬。

椒圖

《通典》："夏后氏金行，初作葦茭，言氣所交也。殷以水德，以螺首謹其閉塞，使如螺也。周人木德，以桃爲梗。"按：京師人家歲除插芝麻稭于門，是葦茭之遺。螺人，門上銅鐶，獸面，一名"椒圖"。元詞所謂"戶列八椒圖"也。桃梗，今之桃符。

影壁

楊惠之塑佛壁爲天下第一。郭熙見之，又出新意，遂令圬者不泥掌（今云"泥林"），止以手搶泥，或凹或凸，乾則以墨隨其形跡暈成峰巒林谷，加之樓閣人物，宛然天成，謂之"影壁"。

淫沛

浙中人家水溝多用陶瓦爲之，如竈突狀，名之曰"淫"，取其流通不壅滯也。此地少水，人家多於山上置閘蓄水，遇旱歲，開以灌田，名之曰"沛"，取沛然之義。

---

① 《後漢書·杜詩傳》"擊"作"激"。
② 《周禮·天官·掌舍》"樴"作"桂"。

櫬

櫬，木名，桐也。古者桐棺，故謂棺爲櫬，猶天子用梓，曰“梓宮”也。今人例指旅殯者爲櫬，何哉？

石刻

近世凡墓志銘及碑碣之類，必加書撰人並篆蓋題額者于前，至往往假顯者之名，此甚可笑。歐陽公《與尹材帖》云：“墓名刻石，不必留官銜題目及撰人、書人、刻字人姓名，晉以前皆如此。”近得唐人二志石，其一開元二十八年《周府君志》，其一太和二年《顧府君志》，皆不著書撰人名，可見在唐猶然，不特晉以前也。

輴柳

《禮·雜記》“其輴有裧”，鄭康成注：“載柩將殯之車飾也。輴取名于櫬與蕁，讀如‘蕁斾’之‘蕁’。將葬，載柩之車飾曰‘柳’。”又《曲禮》“席蓋”，注疏：“引《雜記》‘士輴，葦席以爲屋，蒲席以爲裳帷’。輴，喪車邊墻也，在上曰屋，在邊曰裳帷。士喪車用葦席爲上屋，蒲席爲邊墻也。然天子諸侯染布爲蕁色，大夫但布而不染，士用席而亦言輴者，因天子輴通名耳。”

題湊

《禮記·檀弓》“柏槨以端長六尺”，注云：“以端，題湊也。其方蓋一尺。”《釋文》云：“題，頭也。湊，聚也。”疏云：“向也。言木之頭相向而作四阿也。”胡氏曰：“以柏木黃心致累棺外謂之黃腸木，頭皆內向，謂之‘題湊’。”

灰釘

陳武帝《九錫文》："妖酋震慴，遽請灰釘。"李商隱："露布飛走之期既絕，灰釘之望斯窮。"宋人引杜篤《論都賦》："燔康居，灰珍奇。椎鳴鏑，釘鹿蠡。"用修引何子元《餘冬録》證其非，謂曹爽在獄中乞棺〔釘〕①與灰於司馬懿，其事本不僻云云。按：王凌既降，未測懿意，故乞棺釘，與之，凌乃仰藥死。曹爽幽處第中，糧盡，告急於懿，懿給米肉糗糒，且以書慰之，爽大喜過望，未幾，獄具，夷三族。今以"灰釘"事歸曹爽，抑何舛也。

褚幕

《禮記·檀弓》"褚幕丹質"，注："以丹布幕爲褚，葬覆棺。"疏云："褚謂覆棺之物，若大夫以上，其形似幄，士無褚。今特爲褚，不得爲幄，但似幕形，故云'褚幕'。"

翁仲

蓋墓前石羊名"神羊"，石馬名"駁馬"。吾衍云："墓前石人通謂之翁仲。"或作有墳前石人"翁"與"仲"之語。《歷代小志》："文翁姓文名黨，字仲翁，景帝時爲蜀郡太守。"即此人也。文翁字《漢書》不載，吾衍號博雅，亦未及檢證。蓋翁仲身長二丈三尺，氣質端勇，始皇併天下，使翁仲將兵，守臨洮，聲振匈奴。翁仲死，遂鑄銅爲像，置之咸陽宮司馬門外，匈奴見之者猶以爲生。（故古之墓間皆用之耳。）

---

① 據《丹鉛餘録》補"釘"字。

蜜劑

陶九成曰："回回地有七八十老人，願捨身濟衆者，乃絕飲食，澡身啖蜜，經月，便溺皆蜜。既死，國人殮以石棺，蜜漬之，鎸其歲月，於官瘞之，百年後啓棺，則蜜劑也。凡人損折肢體，食少許立愈，彼中亦不多得，俗曰'蜜人'，番人曰'木乃伊'。"

碑勒

按：古宗廟立碑，以繫牲耳，後人因於其上紀功德。此碑字從石，秦以來製也。七十二家封禪勒石不言碑。七十二家封禪之言始於管仲，不言碑。《穆天子傳》乃爲名迹于弇茲石上，亦不言碑也。《禮記·祭義》"麗于碑"，疏云："君牽牲入廟門，繫著中庭碑也。"《士昏禮》"聘禮，入門當碑揖"，則大夫士廟內皆有碑。《鄉飲酒》"鄉射三揖"，則庠序之內皆有碑。據祭則諸侯廟內有碑，碑所以識日景，觀碑景邪正以知早晚。宮廟用石爲之，葬碑取懸繩綍，暫時往來運載，但用木而已。《喪大記》注："天子用大木爲碑，謂之'豐碑'；諸侯樹兩大木，謂之'桓楹'。"《檀弓》注："鄭氏曰：'斲大木，形如石碑，於槨四角樹之，穿中爲鹿盧，下棺以綍繞。天子六綍四碑，諸侯四綍二碑，士二綍無碑。'"又《釋名》云："碑，被也。葬時所設，臣子追述君父之功以書其上。"徐曰："劉熙言起懸棺之碑者，蓋今神道碑也。"《初學記》："碑，悲也。所以悲往事。"今人墓隧宮室之事，通謂之碑矣。

鎸石

漢碑多不著作碑人姓名，樊敏碑末獨書"建安十年三月上旬造，石匠劉武良鎸"，何也？蓋古人以鎸石爲難事，故書之以傳。《魏受禪碑》書"鍾繇鎸"，以一代貴臣文宗而親雕鎸之役，古人之重文藻，而必欲永其傳如此。顏魯公書桓令家僮鐫之。李北海書碑多手自鐫，其云"元省己刻"，或云"伏靈芝刻"，或曰"黃鶴仙刻"，皆北海自鐫也。今之立碑，草草付之拙劣之書鐫者，又非良工，宜其貽庾子山"驢鳴犬吠"之誚矣。

苗茨之碑

奈林南百①石碑，魏明帝立，題曰"苗茨之碑"。高祖作"苗茨堂"。永安中，莊帝射于華林園，百官讀碑，疑"苗"字誤。楊衒之曰："以藁之故言'苗茨'何誤之有？"

器用

黃帝作指南車，沈約《宋書》周公所作。又作華蓋。太公作曲蓋，殷高宗作雉尾扇。(俱見崔豹《古今注》)

記里鼓車，沈約《宋書》不著作者，劉宋高祖平姚泓所得，行每一里，木人擊鼓一椎，按：柳子厚有《記里鼓詩》。

秦文公作旄頭飾騎。(見《列異傳》)《玄中記》云秦始皇作。

黃帝作旗幟。(見《列子》)

黃帝作斿，又作冕；魯昭公作弁。(俱見《世本》)

黃帝作几。(見李尤銘)

舜作五明扇。(見《古今注》)

興作甲。興，少康子也。(見《世本》)

蚩尤作戈、戟、殳、矛(見《呂氏春秋》)，又作劍及鎧(見《管子》)。鑿齒作楯(見《山海經》)。

揮於作弓，夷牟作矢，俱黃帝臣也。(見《世本》)荀卿子云倕作弓，浮游作矢；《山海經》云少皞生般，是始弓矢。黃帝作弩。(見《古史考》)

---

① 《洛陽伽藍記》"百"作"有"。

鯀城郭，禹作宮室。(俱見《世本》)

神農作市。(見古文)

伶倫作權度量，胡曹作衣裳。(俱見《吕氏春秋》)

太公作九府錢。(見《漢書》)

神農作耒耜。(見《古史》)《世本》云倕作。

皇甫陰作樓及犁。(見《魏略》)

夙沙氏作鹽。(見《世本》)

儀狄作酒。(見《吕氏春秋》)又《戰國策》云帝女儀狄造酒。

鯀服牛，相士乘馬，臘作駕，三人皆帝堯臣也。(見《世本》)又宋衷云韓衷侯作御。

蒼頡造字，黃帝史也。(見《世本》)

舜造筆。(見《博物志》)又云蒙恬造。

蔡倫造紙。(見《東觀雜記》)

堯作圍棋，烏曹作博。(見《世本》)

齊武陵王曄作側楸碁局。(見馮鑑《續事始》)

老子入胡作摴蒲，黃帝作蹴踘。(見《博物志》)

劉向作彈棋。(見《西京雜記》)

曹植作長行局，即雙陸也。胡王作握槊，亦雙陸也。(俱見後魏李邵序)

漢武帝作藏鈎。(見《辛氏三秦記》)

晉摯衛尉作四維戲紙局木棋。(見李秀賦)

周武帝作象戲。(見《後周書》)

紂作粉。(見《博物志》)

尹壽作鏡。(見《玄中記》)

帝俊八子作歌舞。(見《山海經》)又孟穎《帝王統録》云陰康氏作舞，《吕氏春秋》云是陶唐氏作。

岐伯作鼓吹。(見蔡邕《初志》)

神農氏作琴。(見《世本》)《禮記》云舜作琴，《廣雅》作伏羲。

庖羲作瑟。(見《世本》)《史記》云帝使泰女①作瑟,《山海經》帝俊子晏龍爲之。

蒙恬作箏。(見《風俗通》)按:《禮樂書》已有之,恐不始恬。

武帝始用箜篌。(見《史記》)《續漢記》云靈帝作。按:《釋名》云師延作也。

帝嚳令抃卜作鼓鼙。(見《呂氏春秋》)又云倕作鼙及皷。炎帝伯陵作鐘。(見《山海經》)

黃帝作清角。(見《國儉賦》)

女媧氏作笙簧。隨作竽,女媧臣也。商辛作塤。蘇成公作篪,周平王時諸侯也。(俱見《世本》)

丘仲作笛,漢武時人也。(見《風俗通》)或云塤、篪、笛,久矣。

黃帝作釜甑。(見《古史》)神農作釜。(見《周書》)

孟莊子作鋸鑿。(見《古史》)

夏少康作箕帚。(見《世本》)

夏昆吾氏作瓦,烏曹氏作磚。(俱見《古史》)

伯益作井。(見《博物志》)

公輸般作石磑,倕作銚。(俱〔見〕②《世本》)

蚩尤作冶。(見《尸子》)

神農作陶。(見《易》)《尸子》云昆吾作。

雍文作舂,黃帝臣也。(見《世本》)《呂氏春秋》云赤翼作杵。

伏羲氏作網。(見《古史》)《世本》云勾芒作網及羅,伏羲臣也。

詹何作綸鈎及餌。(見《劉子》)

黃帝作舟檝。(見《易》)

舜作瓦棺土塈。(見《古史》)

夏禹作伺風鳥,即相竿也。(見《古今注》)

黃帝作斧鉞。(見《輿服志》)

---

① 《史記·武帝本紀》"帝使泰女"作"泰帝使素女"。
② 據文例補"見"字。

黄帝作刀。(見《洞冥記》，又見《二儀實録》)

蚩尤作陌刀，舜作鞱，鹿箭筒，鞁、靾。(亦見《二儀實録》)

器物而人名者

阮咸製阮，遂名爲"阮咸"，今名"阮"。王右軍好鵝，遂名鵝爲"右軍"。(見《釋常談》)康伯傳外國豉，遂名"康伯"。(見《博物志》)僧鑒虛製湯羊，遂名湯羊爲"鑒虛"。(今無之)番人畢羅好食湯麫，遂名湯麫爲"畢羅"。(今傍加食)今人于豕肉豆腐及它巾服之類，皆加以東坡名，謂爲眉山所製也。

第二十八卷　花木

五出

　　草木花皆五出，雪花獨六出，古今莫喻其理，獨朱晦菴謂地六爲水之成數。或言花中巖桂，四出之異，史繩祖云桂乃月中之木，西方地四，乃西方金之成數，且開於秋。然簷葡花常六出矣，春雪亦常五出矣，以物類求之，恐亦不可盡曉。蘇子瞻云：今桃杏花有六出者必雙仁，皆能殺人，失常故也。

唐人重牡丹

　　歐公謂牡丹初不載文字，自則天已後始盛。唐人如沈、宋、元、白之流，皆善詠花，寂無傳焉。惟劉夢得有《詠魚朝恩宅牡丹》一詩，初不言其異。《苕谿漁隱》引劉夢得、元微之、白樂天數詩，以證歐公之誤，且引開元時牡丹事，以證歐公所謂則天以後始盛爲信。然近時《容齋隨筆》亦引元、白數詩以證歐公之誤，且謂元、白未嘗無詩，唐人未嘗不重此花，容齋蓋未見《漁隱》所言故爾。余取唐六十家詩集觀之，其爲牡丹作者幾半，余不暇繰數，且以劉禹錫集觀之，有數篇：《渾侍中宅看牡丹》《唐郎中宅看牡丹》《自賞牡丹》，皆有作，豈得謂惟有一篇？二公引元、白數詩以證歐公之誤，要未廣也。《龍城錄》載高宗宴群臣賞雙頭牡丹，舒元輿《序》謂："西湖精舍有牡丹，天后命移植焉，由是京國日盛。"則知牡丹在唐時已見于高宗之時，又不可引開元事爲證也。閱李綽《尚書故實》言北齊楊子華畫牡丹，《謝康樂集》言水際竹間多牡丹，陸農師作《埤雅》，拾歐公之説，亦不深考耳。

色異

狀元紅者，重葉深紅花，其色與輕紅、潛緋相類，而天姿富貴。彭人以冠花品多葉者謂之第一架，葉少而色稍淺者謂之第二架，以其高出衆花之上，故名狀元紅。或曰舊制進士第一人即賜茜袍，此花如其色，故以名之。

祥雲者，千葉淺紅花，妖艷多態，而花葉最多，花户王氏謂此花如朵雲狀，故謂之祥雲。紹興春者，祥雲子花也，色淡佇①而花尤富，大者徑尺，紹興中始傳。大抵花户多種花子，以觀其變，不獨祥雲耳。

燕脂樓者，深淺相間，如燕脂染成，重跌、累萼，狀如樓觀。色淺者出於新繁勾氏，色深者出於花户宋氏。又有一種色稍下，獨勾氏花爲冠。金腰樓、〔玉腰樓〕②皆粉紅花，而起樓子，黄白間之如金玉色，與燕脂樓同類。

雙頭紅者，並蒂駢萼，色尤鮮明，出於花户宋氏。始秘不傳，有謝主簿者，始得其種，今花户往往有之。然養之得地，則歲歲皆雙，不爾則間年矣，此花之絶異者也。

富貴紅者，其花葉圓正而厚，色若新染〔未〕乾者。〔他〕③花皆落，獨此抱枝而槁，亦花之異者。

一尺紅者，深紅，頗近紫色，花面大幾尺，故以一尺名之。

鹿胎紅者，鶴頂紅紫，花色紅微帶黄，上有白點如鹿胎，極畫工之砂，歐陽公花品有鹿胎者，與此頗異。

---

① "佇"當作"紅"。
② 據《天彭牡丹譜》補"玉腰樓"三字。
③ 據《天彭牡丹譜》補"未""他"二字。

文公紅者，出於西京潞公園，亦花之麗者。其種傳蜀中，遂以文公名之。

政和春者，淺粉紅花，有絲頭，政和中始出。

醉西施者，粉白花，中間紅暈，狀而駝顏①。迎日紅〔者〕②，與醉西施同類，淺紅花中特出深紅花，開最早，而妖麗奪目，故以"迎日"名之。

彩霞者，其色光麗，爛然如霞。疊羅者，中間鎖③如叠羅。紋勝疊羅者，差大於疊羅。此三品皆以形而名之。

瑞露蟬亦粉紅花，中抽碧心如合蟬狀。乾花者，粉紅花，而分蟬旋轉，其花亦富。大千葉、〔小千葉，〕④皆粉紅花之傑者。大千葉〔無〕⑤碎花，小千葉則花蕚瑣碎，故以大小別之。此二十一品，皆紅花之著者也。

又

紫繡毬，一名新紫花，蓋魏花之別品也。其花間⑥正如繡球狀，亦有起樓者，爲天彭紫花之冠。乾道紫，色稍淡而暈紅，出未十年。潑墨〔紫〕⑦者，新紫花之子花也，單葉，深黑如墨。歐公記有花底葉⑧，近之。葛巾紫，花團⑨正而富麗，如世人所戴葛巾狀。福嚴紫，亦重葉紫花，其葉少於紫繡球，莫詳所以得名。按：歐公所紀有玉版白，出於福

---

① 《天彭牡丹譜》"狀而駝顏"作"狀如酡顏"。
② 據《天彭牡丹譜》補"者"字。
③ 《天彭牡丹譜》"鎖"作"瑣碎"。
④ 據《天彭牡丹譜》補"小千葉"三字。
⑤ 據《天彭牡丹譜》補"小千葉""無"四字。
⑥ 《天彭牡丹譜》"間"作"葉圓"。
⑦ 據《天彭牡丹譜》補"紫"字。
⑧ 《天彭牡丹譜》"花底葉"作"葉底紫"。
⑨ 《天彭牡丹譜》"團"作"圓"。

嚴院。土人云，此花亦自西京來，謂之舊紫花。豈亦出於福嚴耶？禁苑黃，蓋〔姚〕黃之別品也。其花閑淡高秀，可亞姚黃。慶雲黃，花葉重複，郁然輪囷，以故得名。青心黃者，其花心正青，一本花往往有兩品，或正圓如毬，或層起成樓子，亦異矣。黃氣毬者，淡黃檀心，花葉圓正，間皆相承，敷腴可愛。玉樓子者，白花起樓，高標逸韻，自然是風塵外物。劉師歌者，白花帶微紅，多至數百〔葉〕，纖妍可愛，莫知何以得名。玉覆盆者，一名玉炊餅，蓋圓頭白花也。碧花止一品，名曰歐碧。其花淺碧而開最晚，獨出歐氏，故以姓著。大〔抵〕洛中舊品，獨以姚魏爲官①。天彭則紅花以狀元紅爲第一，紫花〔以〕②紫繡毬爲第一，黃花以禁苑黃爲第一，白花以玉樓子爲第一。然花尺③歲益培接，新特間出，將不特此而已。

鄂不

《詩》：“棠棣之花，鄂不韡韡。”不，風無切，本作柎，《説文》：“鄂，足也。”草木房爲柎，一曰花下萼，通作“不”，即今言花蒂也。湖州有餘英溪、餘不溪，蓋此地有梅溪、苕溪，其流相通，故曰餘英、餘不，義自可見。若作方鳩切，則本注《説文》：“不，鳥飛上翔，不下來也。”與溪水全不相涉，《左》“華不注山”，人皆讀入聲，誤也。古“不”字讀作“缶”音，或“俯”音，並無作逋骨切者，今讀如卜，仍俗音耳。惟伏琛《齊記》引虞摯《畿服經》作“柎”，言：“此山孤秀，如花跗之注于水。”深得之矣。太白詩：“昔我遊齊都，登華不注峰。茲山何峻秀，彩翠如芙蓉。”亦可證也。

---

① 《天彭牡丹譜》“官”作“冠”。
② 據《天彭牡丹譜》補“以”字。
③ 《天彭牡丹譜》“尺”作“户”。

胡海

花木疏菓以海名者，李贊皇謂悉從海外來，如海棠、海榴之類。按：亦有以胡名者，胡桃、胡荽之類，當亦由胡地來。衣服器用胡帽、胡床之類，亦是胡製。

梅之始

《書》曰："若作和羹，爾惟鹽梅。"《詩》曰："摽有梅，其實七兮。"又曰："終南何有，有條曰①梅。"毛氏曰："梅，枏也。"陸璣曰："似杏而實酸。蓋但取其實與材而已，未嘗及其花也。"至六朝時乃略有詠之者，及唐而吟詠滋多。至宋朝則詩與歌詞連篇累牘，推爲群芳之首，至恨《離騷》集眾香草而不應遺梅。余觀三百五篇，如桃、李、芍藥、棠棣、蘭之類，無不歌詠，如梅之清香玉色，迥出桃李之上，豈獨取其材與實而遺其花哉！或者古之梅花其色香之奇，未必如後世，亦未可知。

參橫

今人梅花詩詞多用"參橫"字，蓋出柳子厚《龍城録》所載趙師雄事，然此實妄書或以爲劉〔無〕②言所作也。其語云："東方已白，月落參橫。"且以冬半視之，黃昏時，參已見，至丁夜則西没矣，安得將旦而橫乎。秦少游詩："月落參橫畫角哀，暗香消盡令人老。"承此誤也。唯東坡云："紛紛初疑月挂樹，耿耿獨與參橫昏。"乃爲精當。老杜有"城擁朝來客，天橫醉後參"之句，以全篇考之，蓋初秋所作。

---

① 《詩·秦風·終南》"曰"作"有"。
② 據《容齋隨筆》卷十補"無"字。

條梅

"終南何有，有條有梅。"按：《爾雅》："柚，條也。"又《埤雅》云："柚渡淮爲枳，梅轉北成杏。今終南有條有梅，山之美化也，以譬人君之道化。"非漫言也。注："條，山楸也。"蓋因陸璣《草木疏》及《石鼓文》"鳴條"之注而誤。

朝天子

朝天紫，本蜀牡丹花名，其色正紫，如金紫大夫之服色，故名。後以爲曲名，今以"紫"作"子"，非也。見陸游《牡丹譜》。

芍藥

韓昌黎詩："兩厢鋪氍毹，五鼎烹①芍藥。"注：引《上林賦》注云："芍藥根主和五藏，辟毒氣。"故合之於蘭桂五味，以助諸食，因呼五味之和爲芍藥。《七發》亦曰："芍藥之醬。"《子虛賦》曰："芍藥之和具，而後御之。"《南都賦》曰：'歸雁鳴鵙，香稻鮮魚，以爲芍藥。'服虔、〔文〕②穎、文儼等解芍藥，亦不過稱其美。《本草》亦止言辟邪氣而已。獨韋昭曰："今人食馬肝者，合芍藥而煮之。馬肝至毒，或誤食之至死。則制食之毒者，宜莫良於芍藥，故獨得藥之名耳。"此説極有理。《古今注》載牛亨問曰："將離別，贈以芍藥，何耶？"答曰："芍藥一名'可離'，故以此贈之。"此又別一説也。江淹《別賦》"下有芍藥之詩"，正用此義，注中僅引"贈以芍藥"之語。張景陽《七命》"和兼芍藥"，乃音略。《廣韻》中亦有二音。

---

① 韓愈《晚秋郾城夜會聯句》"烹"作"調"。
② 據《癸辛雜識》補"文"字。

蘭蕙

蘭、蕙二物，《本草》言之甚詳。劉次莊云："今沅澧所生，花在春則黃，不若秋紫之芬馥。"又黃魯直云："一幹一花而香有餘者蘭，一幹數花而香不足者蕙。"今按：《本草》所言之蘭，雖未之識，然而云似澤蘭，則處處有之；蕙則自爲零陵香，尤不難識，其與人家所種，葉類茅而花有兩種。如黃說者皆不相似，劉說則又詞不分明，大抵古所謂香草必其花葉皆香而燥濕不變，故可刈而爲佩。若今所謂蘭蕙，則其花輕香而葉乃無氣，其香雖美而質弱易萎，奈何？

兔葵燕麥

劉禹錫《再游玄都觀詩序》云："唯兔葵燕麥，動搖春風耳。"今人多引用之。予讀《北史·邢邵傳》載邵一書云："國子雖有學官之名，而無教授之實，何異兔絲燕麥，南箕北斗哉？"然則此語由來久矣。《爾雅》曰："蕏，兔葵。蘥，雀麥。"郭璞注曰："頗似葵而葉小，狀如藜；雀麥即燕麥，有毛。"《廣志》曰："菟葵，爁之可食。"古歌曰："田中菟絲，何嘗可絡？道邊燕麥，何嘗可穫？"皆見《太平御覽》。《上林賦》"葴菥苞荔"，張揖注曰："菥，似燕麥，音斯。"葉庭珪《海録碎事》云："兔葵，苗如龍芮，花白莖紫；燕麥草似麥，亦曰雀麥。"但未詳出於何書。

茉莉

茉莉花，見佛經，名義未究。或云：没者，無也。謂聞此花香者，令人覺悟，而好利之心没。故前作"没利"，此云"茉莉"。

芙蓉

荷，芙蕖。其莖茄，其葉蕸，其本蔤，其華菡萏，其實蓮，其根藕，其中的的中意①。李巡曰："芙蕖，其總名也。別名美②芙蓉。"郭璞曰："江東人呼荷華爲芙蓉，北方人便以藕爲荷，亦以蓮爲荷，蜀人以藕爲茄，或用其母爲華名，或用根子爲母葉號。此皆名相錯，習俗傳誤，失其正體者也。(《爾雅》)

荷名不同

今人於荷，知有荷花、蓮藕而已，不知其名甚多。《楚辭》以花爲芙蓉，《古今注》："芙蓉，一名荷花，生池澤中，實名蓮，花之最秀異者。一名水芝，一名水花，色有赤、白、紅、紫、青、黄。紅、白二色差③多，花大者至百葉。"《本草》以蓮子爲藕實以實之，至秋皮黑而沈水者爲石蓮，以葉中蒂爲荷鼻，以藏的之殼爲蓮房。

又北語蓮華

嗢鉢摩華，青蓮華也；鉢特摩華，亦云波頭摩，赤蓮花也；拘毋陁華，亦云俱物頭，亦云俱牟陁，紅蓮也；奔荼利華，亦云芬陁利，白蓮也。堵羅綿，柳絮之類，即兜羅綿也。

木犀

木犀花，江浙多有之。一種色黄深而花大者，香尤烈；一種色白淺而花小者，香短，清曉朔風，香來鼻觀，真天芬仙馥也。湖南呼"九里香"，江東曰"巖桂"，浙人曰"木犀"，以木紋理如犀也。然古人殊無題詠，不知舊何名。張芸叟詩："竚馬欲尋無路入，問僧曾折不知名。"蓋

---

① 《爾雅注疏》"意"作"薏"。
② "美"爲衍文。
③ 《古今注》"差"作"荖"。

謂是也。王以寧周士《道中聞九里香花詩》云："不見江梅三百日，聲斷紫簫愁夢長。何許綠裙紅帔客，御風來獻返魂香。"近人採花蕊以薰蒸諸香，殊有典刑。山僧于花半開香正濃時，就枝頭採擷取之，以女貞樹子俗呼冬青者，搗裂其汁，微用拌其花，入有油①磁瓶中，以厚紙冪之；至無花時，取置盤中，其香裹裹中人如秋開時，後入器藏，可留久也。樹之幹大者，可旋為盂合茶托，以淡金漆飾之，甚佳。

杜鵑

杜鵑花，一名"山石榴"，一名"山躑躅"，蜀人號曰"映山紅"，深山中多有之。此花數種，有黃者、紫者、紅者、五出者、千葉者。樹高四五尺，或丈許。春生苗，葉淺綠，枝無多葉，而花極爛熳，杜鵑啼時始開，故名焉。近似榴花樣，故號"巖榴"。羊誤食其葉，則躑躅而死，故亦以名之。

離樓

離樓亦草名，又有黃護草、菩薩草、學木、徐李、讓實、赤羍、地朕、王明、師系、父陛，一名膏魚、梓藻，又兔甗，甗音麗，區余、彼子、都管、救赦人、丁公寄、石消遥、仙人掌、千里光、五色符、小兒群。(黃寮郎、催風使、千里急、半邊山、葉上亭長、常更之生，皆藥名也。)

黃花

《月令》以桃桐並菊華志氣候。菊稱黃花，品不皆黃，然黃其正色，

---

① 《墨莊漫錄》"油"作"釉"。

故曰"黄花"，人知其爲菊也，如橄欖稱"青子"之類。

蓲蘛

蓲卮蘛熒，萉黄荓布，《爾雅》初出花爲笋，與"蓲"同。蘛即花也。

落英

王荆公《殘菊》詩："黄昏風雨打園林，殘菊飄零滿地金。"歐陽公見之，戲荆公曰："秋花不比春花落，憑仗詩人仔細看。"荆公聞之笑曰："歐陽九不學之過也。豈不見《楚詞》云'夕餐秋菊之落英'。"或云《詩》之《訪落》，以"落"訓"始"，蓋謂始開之花耳。

細辛

東南所用細辛，皆杜衡也，又名馬蹄香，〔色〕黄白，拳曲而脆，乾則作團，〔非細辛也。〕細辛出華山，極細而直，深紫色，味極辛，〔嚼之〕習習如〔生〕①椒，尤甚。故《本草》云細辛"水漬令直"，是以杜衡僞爲之也。襄漢間又有一種細辛，極細而直，色黄白，乃鬼督郵，亦非也。

欸冬花

欸冬花，即《爾雅》所稱"菟奚""顆凍"者，紫赤華，生水中，十二月雪中出花。郭緣生《述征記》云："落②水至冬凝厲，則欸冬茂悦曾冰之中。"傅咸《欸冬賦序》曰："余曾逐禽，登於此山。於時仲冬，冰凌盈谷，

---

① 據《夢溪筆談·藥議》補"色""非細辛也""嚼之""生"八字。
② "落"當作"洛"。

積尋被崖，觀見欵冬，曄然始敷。”佛經云：“朱炎鑠石，不靡蕭丘之冰[①]；凝冰慘慄，不凋欵冬之花。”乃知唐詩“僧房逢著欵冬花”，正十二街頭春雪是也。詩人之興於時物如此。

草木有想

人咸謂植物無知，余以爲草木有想，如蔓生附物必假藤纏，扶芳粘墻特生瓜距；葵能向日，鏡每羞天。（花有唐婆鏡，一名羞天花，其花背日開，與葵正相反。）或望雨而油如動色，至經霜而悲類憔顔。銀杏晦交，烏藤夜合。木有雌雄，草成牝牡。性味有寒温之異，栽培有喜忌之殊。否居則荼移山而枯，（茶樹移之不生，故《聘禮》用之，云一定而不可移。）變俗則橘逾淮而植[②]。動蓝者泣下，動植者液流。表瑞則自珍希有，奇觀則秀出稱英。蓂能占月，著可結雲。蘘荷帖席而言，（蘘荷就蔭而生，其如薤者也，取食之能解中梅者；采其葉帖席下，能夜言仇人之名。）百靈護門而叱。（百靈草出常山郡，置户下，人有過者，則必叱之，遂名之曰護門草也。）南海睡蓮，（出海南，葉則花，低入水如睡也。）雅州舞草（《益州志》，虞美人草出雅州，唱《虞美人歌》則按拍而舞。又沈存中言式[③]之他歌則不舞，然鼓《虞美人操》則亦舞，蓋樂律之聲道相應耳，異哉。）麥兩岐而垂德，（漢漁陽太守張湛教民植稻以致殷富，民歌之曰：“桑無附枝，麥秀南岐，張公爲政，而樂不可矣[④]。”）禾九穗以表仁。（《東觀漢記》光武以建平元年生于濟陽，宫光照室，禾生九穗。）笋生孝子，斑滴貞妃。食葉則公孫天子，生枝則戚室新朝。（王莽事）合歡蠲忿，扶老宜男。内向之枝，連理之木，凡兹品卉，種類寔蘩，誰曰無知，皆成有想。

---

① 《升庵集》卷七九“冰”作“木”。
② “植”當作“枳”。
③ “式”當作“試”。
④ 《後漢書·张堪傳》“矣”作“支”。

枯桑

"枯桑知天風，海水知地寒。"注者謂："知，豈知也。枯桑無枝葉不知天風，海水不凝凍不知天寒。"然於"枯桑鳴中林"説不去矣。張華《情詩》："巢居知風寒，穴處識陰雨。"此義可相證。

一木五香

《酉陽雜俎》記事多誕，如云"一木五香：根㫋檀、節沈香、花雞舌、葉藿、膠熏陸。"此甚妙①。㫋檀與沈水，兩木無異。雞舌即今丁香耳，今藥品中所用者亦非。藿香自是草葉。薰陸，小木而大葉，南海亦有熏陸，乃其謬②也，今謂之乳頭香。五物迥非同類。

酸木

《栽植經》言"木有病酸心者"，然則木性作酸，其有謂乎。

杬木

《玉篇》《唐韻》釋"杬"字云："木名，出豫章，煎汁，藏果及卵不壞。"《異物志》云："杬子，音'元'，鹽鴨子也。"以其用杬木皮汁和鹽漬之。今吾鄉處處有此，乃如蒼耳、益母，莖幹不純是木。小人争鬭者，取其葉挼擦皮膚，輒作赤腫，如被傷，以誣賴其敵。至藏鴨卵，則又以染其外，使若赭色云。

---

① 《夢溪筆談·謬誤》"妙"作"謬"。
② 《夢溪筆談·謬誤》"謬"作"膠"。

鴨不蘆

《輟耕録》:"漠北有草名鴨不蘆,食其汁立死,以他藥解之即活。華佗洗腸胃攻疢疾,先服此也。"《滇中記》"押不蘆花顏色改",注言"起死回生之藥"也。不知是一物否?

王孫

王孫,一名"黃孫",一名"黃昏"。草部、木部皆著之。孫思邈有"黃昏散",陳無己云"探囊一試黃昏湯",江東有木,晝舒夜合,因名"合昏"。《古今注》曰:"合歡,似梧桐枝葉互相結。"皆此物也。又"芳草怨王孫",則獼猴耳。

松葉

松葉皆雙股,故世以爲松釵。獨枯松每穗三鬣,高麗所產每穗乃五鬣焉,今所謂華山松是也。李賀《五粒小松歌》,陸龜蒙詩云:"松齋一夜懷貞白,霜外空聞五粒風。"李義山詩"松喧翠粒新",劉夢得詩"翠粒照晴露",皆以粒言松也。《酉陽雜俎》:"五粒者,當言鬣。"自有一種名五鬣,皮無鱗甲而結實多,新羅所種云。然則所謂粒者,鬣也。

五大夫

今人稱太山五大夫俱云五松樹,至不能得其數以爲疑,獨黃美引《史記》載:〔始皇封祀〕①泰山,風雨暴至,休于樹下,遂封其樹爲五

① 據《史記·秦始皇本紀》補"始皇封祀"四字。

大夫。五大夫，秦官名，第九爵也。此語可證千古之誤。

玉樹

楊子雲《甘泉賦》"玉樹青葱"，顏師古注："玉樹，武帝所作，集衆寶爲之。"向注《文選》亦謂："武帝植玉樹於此宮，以碧玉爲葉。"案：《三輔黃圖》："甘泉宮北有槐樹，今謂玉樹，根幹盤峙，三二百年也。"楊震《關輔古語記》曰："耆老相傳，謂此樹即揚雄《甘泉賦》'玉樹青葱'者也。"又觀《隋唐嘉話》《國史纂異》《長安記》《聞見錄》等書，皆言漢宮以槐爲玉樹。因知晉人所謂"芝蘭玉樹"者，指此。又考《漢武故事》："上起甲帳、乙帳，前庭種玉樹，珊瑚爲枝，碧玉爲葉。"自在神宮中，却非甘泉宮事。知師古與向之注爲甚謬，而左思之見未審也。古來文士如曹操、曹植、王粲、摯虞、庾儵、傅選、庾信輩，皆有《槐賦》，其述種于宮殿之間，美致曲盡，獨未有以玉樹爲言者。紀少瑜詩"玉樹起千尋"，曹植詩"綠蘿緣玉樹"，得非即此乎？

金井

世常言"金井梧飄"，"以葉上金井"，字非"井"也。

桃李

世因唐人"桃李悉在公門"一語，遂謂門人爲桃李，秪若列在門墙者耳，不知中有報答之義。晉趙簡子謂陽虎曰："惟賢者爲能報恩，不肖者不能矣。夫植桃李者夏得休息，秋得其食；植蒺藜者夏不得休息，秋得刺焉，今子之所得者蒺藜也。"唐人刺裴度詩："不栽桃李種薔薇，荆棘滿庭君始知。"正用此。

苞桑

《易·否》：“九五曰：其亡其亡，繫于苞桑。”《傳》蓋謂桑根甚固，苞謂叢生者，其固尤甚。自此説行，士人文表有“鞏固祚于苞桑”之語。細味不然，《書·禹貢》“草木漸包”，“包”與“苞”同，水退而草木叢生也。《詩·行葦》“方苞方體”，抱，籜也。葦方抱籜，則稚葦也。宋趙汝楳《輯聞》有“叢生穉桑，未有旁根，易于拔取”之説，則不可直訓爲“固”，明矣。

桑穀

《史記》“桑穀共生”，穀音“構”，樹名，可爲紙，故《王羲之傳》：“秃千兔之翰，聚無一毫之觔；窮萬物之皮，歛無半分之骨。”穀（構）穀（谷）穀（叨）三字各別。

荔枝

世讀杜牧詩：“一騎紅塵妃子笑，無人知是荔枝來。”謂以果實勞遞送，獨明皇耳，不知漢已有之。武帝元鼎六年，破南越，起扶荔枝宮，植所得奇草異木。荔枝自交趾移植百株，無一生者。連年猶移植不息，後數歲一株稍茂，終無華實，帝亦珍惜之。一日萎死，守吏坐誅者數人，因不復蒔，其實則歲貢焉。郵傳者疲斃於道，極爲民患，至後漢安帝時交趾郡守極陳其弊，乃罷貢云。

又

杜詩：“側生野岸及江浦，不熟丹宮與玉壺。雲壑布衣台背老，勞生重寫翠眉須。"歐本作"勞人害馬"，或者又引西漢"害馬"出處以證二字。余按：漢和帝時南海獻荔枝，十里一置，五里一堠，奔騰險阻，死者繼路，杜詩正述此耳。然自傷之，豈非爲荔枝之故，故題曰"解悶"。有以"或者"乃曲爲之説，謂"勞人重寫翠眉須"，作"鬚眉"之"鬚"，鑿甚。

三都龍目

左太冲《三都賦》："其山川城邑，則稽之地圖；其鳥獸草木，則驗之方志。"《蜀都賦》："旁挺龍目，側生荔枝。"然蜀道四路數十郡，所謂〔龍目，未〕①嘗見之，間有自南中攜到者，蜀人皆以爲奇果。豈蜀昔有而今無耶？抑左氏考方志草木之未精耳。

常棣

《爾雅》"常棣"，郭璞云："子如櫻桃，可食。"陸璣疏云："如李而小，如櫻桃正白。又有赤棣，赤似白棣，葉如刺榆微圓，子正赤，如郁李，正②月熟。"又："唐棣，栘也。"郭璞云："似白楊，江東呼'大③栘'。"《詩詁》云："《本草》：郁李，一名'雀梅'，一名'車下李'，一名'棣'。"疑唐棣即赤棣，常棣即白棣也。《詩緝》云："棠棣，玉李，花鄂相承，甚勁。"《何彼穠矣》言"唐棣"，與《論語》所舉"偏其反而"，則"栘"也。《常棣詩》與《采薇》"維常之華"，則"棣"也。

橘奴

桃實經冬不落者俗謂之"桃奴"，橘者謂江陵千樹橘爲"木奴"。《襄陽

---

① 據《游宦紀聞》卷五補"龍目，未"三字，"常"當作"嘗"。
② 《爾雅注疏》"正"作"五"。
③ 《爾雅注疏》"大"作"夫"。

記》李衝密遣十人於武陵新陽洲上作宅，種柑千樹，曰："吾州有千頭木奴。"據此則又柑也。又按：諺曰："木奴千樹無凶年。"此即果之都稱矣。

櫻桃

杜牧之《和裴傑新櫻桃詩》："忍用烹酥酪，從將玩玉盤。流年如可駐，何必九華丹。"遂知唐人已用櫻桃薦酪。

甘蔗

甘蔗生於南方，北人嗜之不可得。魏太武至彭城，遣人於武陵王處求酒及甘蔗。郭汾陽，代宗賜甘蔗二十條。《子虛賦》所云："諸柘巴且。"諸柘者，甘柘也。《漢郊祀歌》"柧尊柘漿"，則又取甘蔗汁以爲飲。

渥丹

"顏如渥丹"，渥丹，花名。今其種不一，有散丹，有捲丹。注云："渥，漬也。"未得其解。

西瓜

中國初無西瓜，見洪忠宣《松漠記聞》，蓋使金虜，貶遞①陰山，於陳王悟室得食之。云種以牛糞，結實大如斗，絕甘冷，可蠲暑疾。《丹鉛餘録》引五代郃陽令胡嶠《陷虜記》云："於回紇得瓜，名曰'西瓜'。"其言與忠宣同，以爲至五代始入中國。按：忠宣使虜乃稱創見，則嶠嘗於陷虜之日，不能種之中國。其在中土，則自靖康而後；其在江南，或

---

① 《賢弈編》"遞"作"遁"。

忠宣移種歸耳。

瓜瓞

《詩》"綿綿瓜瓞"，徐按：《詩傳》曰："小瓜在枝間連大瓜也。以喻子孫承嗣也。"《毛傳》："瓞，紹也。"箋云："瓜之本實，繼先歲之瓜，必小，狀似瓝，故謂之瓞。"疏：《正義》云："瓜族類，有二種，大者瓜，小者瓞。"與《箋》說同，則瓞是瓝之別名，音"雹"。又纍纍，棗也。湯①安仁賦"歌棗下之纍纍"。

楊稊柳稊

《易·大過》："爻辭：枯楊生稊。"陸德明曰："秀也。"《夏小正》"正月柳稊"，戴德《傳》云："發孚也。"秀，如"苗而不秀"之"秀"。柳亦有穗，唐詩所謂柳線也。孚，如《易卦》"中孚"之"孚"，毛未出卵殼曰孚，牡丹、芍藥，其花蓓蕾皆如鳥卵形；柳初發苞，亦如卵形而小，故曰"發孚"。朱子《易本義》："稊，根也，榮於下者也。"按：稊，《字書》本不訓根，據《易》爻初為木本，或可象根，至二爻則非根。又柳之發榮自末稊，如唐詩所謂"解凍風來末上青"也，不自下而榮，笑②說戾矣。南沙熊叔仁《周易象旨》具此義，余為衍之。

越蓴

越蓴見采於夏，而吳蓴則見思於秋。今用張季鷹思蓴事，當專屬之于秋爲當。

---

① "湯"當作"潘"，見潘岳《笙賦》。
② 《升庵集》卷四一"笑"作"其"。

兔絲

兔絲無根，或曰非無根也，但不屬耳（其根不屬地也），茯苓是也。羊蹄燒之爲灰土，生蘆菔，羊蹄豈蘆菔之根邪？（《陶隱居本草》云："羊角、馬蹄燒作灰，著於濕地，遍踏之，即生羅勒，俗呼爲'西王母菜'。"）

淡竹

"淡竹"對"苦竹"爲文，除苦竹外，悉謂之淡竹，不應別有一品謂之淡竹。後人不曉，於《本草》內別疏"淡竹"爲一物。今南人食筍，有苦筍、淡筍兩色，淡筍即淡竹也。

緑竹

《詩》"瞻彼淇澳，緑竹猗猗"，毛注："澳，隈也。菉，王芻也。竹，篇竹也。"又陸璣云："篆竹，一草名，其莖叶似竹，青緑色，高數尺。"詞賦皆引"猗猗"入竹事，誤。按：《傳》"淇衛箘簬"，又"淇衛之箭"，又"下淇園之竹以為楗"，又"伐淇園之竹以為矢"，是淇之産竹，自古而然。《詩》曰"緑竹猗猗"，言竹之初生其色緑也，長則緑轉而青矣，故曰"緑竹青青"，卒章又曰"如簀"，如簀，言其盛也。故謝莊《竹贊》亦曰："瞻彼中堂，緑竹猗猗。"毛、陸之説豈其然乎？

浮筠

《禮記》言玉之德曰"孚尹旁達"，古注："孚尹者，浮筠也。言玉之澤如竹膜之膩，如女膚之滑也。"與今注不同。元稹《出門行》詠商人採玉事，正用古注義。今廢不用，故罕知之。

竹箭

赤箭，即今之天麻也。後人既誤出“天麻”一條，遂指赤箭別爲一物，不得已，又取天麻苗爲之。殊不知《本草》明稱“採根陰乾”，安得以苗爲之？草藥上品除五芝之外，赤箭爲第一，此神仙補理養生上藥，世人惑於天麻之説，遂止用之治風，惜哉！謂其莖如箭，既言赤箭，宜當用莖，此尤不然。至如鳶尾、牛膝之類，皆謂莖葉有所似，則用根爾何疑？

庭莎

晏殊《庭莎記》：不知莎是何物？答云：“莎有二彊草也。”又：樹也，樹似桃榔亦有麴。

葑菲

《詩·谷風》“采葑采菲，無遺下體。”鄭箋謂：“根有美惡之時，莖則常美。”朱《注》因之，故今人望人不棄，則曰“幸無以葑菲見遺”，似于物理不諳。葑即蘆菔，其根最爲脆美。菲，土瓜根，亦美。詩人謂“采葑采菲”者，得無以下體之故乎，故下言“及爾同死”，名義考之，定應如此。

瓦松

崔融《瓦松賦》：“謂之木也，訪仙客而未詳；謂之草也，總農皇而罕記。”段成式難之曰：“崔公不識瓦松。”引梁簡文詩“依簷映昔邪”爲據。殊不知“昔邪”乃是垣衣，瓦松自名“昨葉”。何成式亦自不諳。

昔邪草

昔邪艸曰"烏韭"，曰"垣甊"，曰"天韭"，曰"鼠韭"。生於屋上曰"屋游"，生於屋陰曰"垣衣"，在石上謂之"烏韭"，在地上謂之"地衣"，在井中謂之"井苔"，在墻上抽起茸茸然者謂之"土馬騣"，生於海中謂之"陟釐"，生於石上謂之"石花"，生於海中石上謂之"紫菜"，松上之衣謂之"艾納"，以和香燒則煙直上，元人有號"艾納"者本此。

苟薞蓋

苟，小草也，今但知爲"苟刻"之"苟"。薞，紫草也，今但知爲"薞然"之"薞"。蓋，染草也，今但知爲"忠蓋"之"蓋"。

萱草

唐人"堂階萱草"之詩，乃謂母思其子。雖有忘憂之艸不見，非以萱比母也。又按：醫書萱草亦名"宜男"，以萱喻母，意或本此。花在廷北叢生，木槿色，跗五色，葉四垂，春天夏初著花，有紅、黃、紫三種。又一種名鳳頭者甚佳，人直以爲鹿葱花者，未知是的。

卷耳

《爾雅》："菤耳，苓耳。"注引《廣雅》云："枲耳也。"亦云"胡枲"，江東呼爲"常枲"，或曰"苓耳"，形似鼠耳，叢生如盤。疏云："菤耳，一名'苓耳'。"陸璣疏云："葉青白色，似胡荽，白華細莖，蔓生。可煮爲茹，滑而少味。四月中生子，如婦人耳中璫。今或謂之耳璫，幽州人謂之爵耳。"《詩》"采采卷耳"即此。

萑葦

"八月萑葦"，注疏："初生爲菼，長大爲薍，成則名萑。"又名雚，一物四名。郭云："菼似葦而小。"又云："蒹似萑而細。"是蒹小於萑，萑小於葦。《字説》：蘆謂之葭，其小曰蒹；荻謂之蒹，其小曰葦。其始生曰菼，又謂之薍。荻强而葭弱，荻高而葭下，故謂之荻菼。菼中赤，始生未黑，黑已而赤，故謂之菼。其根旁行，牽揉槃互；其行無辨而又强，故又謂之薍。

楚香草

《楚辭》所詠，曰蘭，曰蓀，曰茝，曰葯，曰蘪，曰芷，曰荃，曰蕙，曰薰，曰蘼蕪，曰江蘺，曰杜若，曰杜衡，曰揭車，曰留夷，釋者但一切謂之香草而已。如蘭一物，或以爲都梁香，或以爲澤蘭，或以爲猗蘭草，今當以澤蘭爲正。山中又有一種如一葉門冬，春開花極香，此則名幽蘭，非真蘭也。蓀則今人所謂石菖蒲者，茝、葯、蘪、芷雖有四名，止是一物，今所謂白芷是也。蕙即零陵香，一名薰，蘼蕪即芎藭苗也，一名江蘺。杜若即山薑也。杜衡今人呼爲馬蹄香。惟荃與揭車、留夷，終莫能識。

綿花

《通鑑》梁武帝木綿皂帳，史炤《釋文》云："木綿，江南多有之，以春二三月下種，既生，須一月三薅，至春生黃花結實，及熟時其皮四裂，其中綻出如綿，土人以鐵鋌碾去其核，取如縣者以竹爲小弓，長尺四五寸許，牽弦以彈綿，令其勻細，卷爲筒，就車紡之，自然抽緒如繰絲狀，織以爲布，按：此即今之綿花也。綿有三：一曰絲縣，出于蠶緝；一曰木綿，出于交廣，名班枝花；一曰草綿，史炤《釋文》所言形狀是，而以解木綿則非也。其曰竹爲小弓，長尺四五寸，今之制綿花弓長五六尺，以羊腸爲弦，彈之聲如晴雷，朱以真有《弓弸弸歌》一首可證，今之綿弓勝于舊矣。丘文莊謂綿花元始入中國，殆未考史焰之説。

肉樹酒樹

肉樹，端溪豬肉子，大如盃，炙食之味如豬肉而美。酒樹，椰也，似酒甘而薄，亦不堪飲。若頓遜國樹葉汁，取停之數日即爲佳酒。枸樓國仙漿，取之樹腹中。青田核，水注之，少頃成酒，乃真酒樹也。

寠數

在樹曰寄生，在地曰寠數。出《方朔傳》。

旅生

禾稼草木不種自生，世俗謂之"柳子"。予初不解其意，後覽《藝文類聚》引《東觀漢記》曰："建武二年，天下野穀旅生，麻菽尤盛。"又覽《風俗通》："天愛斯民，扶助聖主，事有徵應。於是旅穀彌望，野繭被山。"又覽漢魏古詩："兔從狗竇入，雉從梁上飛。中庭生旅穀，井上生旅葵。"乃知"旅""柳"聲相近，世俗不知，誤以"旅"爲"柳"，意是而音呼訛矣。

馬齒莧

《周易》："莧陸夬夬，中行無咎。"注以爲今馬齒莧，感陰氣之多者。《月令》云："仲冬大雪，後五日，荔挺出。"鄭玄注云："荔挺，馬薤也。"《廣雅》云："馬薤，荔也。"《〔通〕俗文》曰"馬藺"。《易統·驗玄圖》云："荔挺不出，國多火災。"蔡邕《〔月令〕章句》云："荔以挺出。"高誘云：〔“荔草挺出也。”〕①河北平澤生之。江東頗有此物，種於階庭，但呼爲旱蒲，故不識馬薤。講《禮》者乃以爲馬莧，堪食，俗曰“馬齒”。江陵一僧，面形上廣下狹。〔劉緩幼子民譽見此僧云：〕②“面似馬莧。”其伯父劉綬因呼爲“荔挺法師”。然則曰“荔”、曰“荔挺”，其爲馬薤、馬齒莧，似未有定論也。

宜男草

宜男草，人亦謂娠人佩之，宜丈夫及子，非也。《廣州記》曰：“小男女佩之臂上，辟惡止驚。”花生糞穢處，頭如筆，紫色，朝生暮謝，小兒呼爲“狗溺臺”，又名“鬼筆”，殊非佳草。此間園林雨後生一物，極類之，名“鬼脚指”，疑即此也。

香薷

江州地多香茸，閩人呼爲“香薷”。余按：《左傳》“一薰一蕕，十年尚有臭”，杜預曰：“蕕，臭草也。”《漢書》“薰以香自燒”，顔籀曰：“薰，香草也。”左氏以“薰”對“蕕”，是不得爲香草。今香茸自甲坼至花時，投殽俎中馥然，謂之臭草可乎？按：《本草》“香薷”，薷音“桼”，味辛，注云：“家家有之，主霍亂。”今醫家用香茸正療此疾，其味亦辛。但淮南爲“香茸”，閩中呼爲“香薷”，此當以《本草》爲證。

青珠黃環

《蜀都賦》：“百藥灌叢，寒卉冬馥。異類衆夥，于何不育？其中則有青珠黃環，碧砮芒消。”此四物正承上“百藥灌叢”而言，草木之奇也。

---

① 據《顔氏家訓·書證》補“通”“月令”“荔草挺出也”八字。
② 據《顔氏家訓·書證》補“劉緩幼子民譽見此僧云”十字。

注：“青珠黄環，皆實也。碧砮，碧玉，可爲矢鏃。芒消，石藥。”皆誤。余按：青琅玕，一名青珠，陶弘景曰：琅玕，崑崙上樹名。黄環，葛類，以葉黄而圓，故名“黄環”。碧砮，亦如天麻之爲赤箭乎？今鬼臼抽莖如箭，莖末一葉如鏃，疑即此類。芒消，今以爲掃地霜而煎成，蘇頌曰：舊説朴消、芒消、消石三物同種，初采得苗，以水淋煎成者。則此四物者委皆草木，注失考耳。

桐乳

《莊子》：“空閲來風，桐乳致巢。”桐有三種，此青桐也，華净妍雅，極爲可愛，故多近齋閣種之。梧橐鄂皆五焉，其子似乳，綴其橐鄂生，多或五六，少或二三，故飛鳥喜巢其中。庾信《三月三日賦》：“草街①長帶，桐垂細乳。”胡宿《冲虚觀詩》：“桐井曉寒千乳結②，茗園春嫩一旗開。”

力義叉

佛經菩提娑力叉，漢語翻爲樹也。《西域記》謂之“畢鉢羅”，又名“思惟樹”，又名“貝多”，内典所謂“貝多樹下思惟經”是也。貝多，漢語翻爲“葉”。

草薰

佛經“奇艸芳花，能逆風聞薰”。江淹《别賦》：“闺中風暖，陌上草

---

① “街”當作“衙”。
② “結”當作“歛”。

薰。”正用佛經語。《六一詞》云“草薰風暖摇金①鱉”，又用江淹語。今草堂詞改“薰”作“芳”，蓋未見《文選》者也。

紅荳蔻

《卮言》亦云：“羅壁曰紅荳蔻，花叢生，葉瘦如碧蘆，春末發②初開花，先抽一幹，有大籜包之，籜拆花見，一穗數十，淡紅鮮研如桃杏花，蕊重則下垂如葡萄，又如火齊纓絡，及剪采鸞枝之狀。此花無實，不與草荳蔻同種。花心有兩瓣相並，詞人託興如比目、連理云。”

樸樕

《詩》：“野有死麕，林有樸樕。”《爾雅》：“樕樸，心。”注云：“槲樕別名。”疏云：樸樕，一名心。某氏曰：樸樕，槲樕也。有心能濕，江河間以作柱，是木名也。故郭云：“槲樕別名。”《詩》“林有樸樕”，此作“樕樸”，文雖別，其實一也，或者傳寫之誤。《詩詁》：“《詩》‘樸樕’注：孔疏引《爾雅》‘樕樸，一名心。江河間以作柱’。”案：小木通呼曰“樸樕”，即非木名。《爾雅》云“可作柱”，則大木也。孔注引“樕樸”以爲“樸樕”，誤矣。

夜合花

“夜合花開香滿庭”，今人以百合爲夜合，似非也。按：夜合本似梧桐，枝弱葉繁，互相交結，一曰“合昏”，一曰“青裳”，即合歡也。嵇康種之舍前，今百合花亦朝開夜合，但草本，其香殊甚。

---

① “金”當作“征”。
② “發”當作“夏”。

異名

《抱朴子》："河上姹女，非媦人也；陵陽子明，非男子也；禹餘糧，非米也；堯漿，非水也。俗人見方用龍膽虎掌、雞頭鴨蹠、馬肺①犬血、鼠尾牛膝，皆謂血氣之物；見用缺盃覆盆、釜鑹大戟、鬼箭天鈎，則鐵瓦之器也；見用胡王使者、倚姑新娘、野丈人、守田公、戴文浴、徐長名②，苦術兀見，則謂之人類。"

人名

平仲、君遷二木，見左太冲《吳都賦》，劉成曰："平仲之木，實白如銀。君遷之樹，子如瓠形。"長卿、簡子，蕭子雲賦："長卿晚翠，簡子秋紅。"用修曰："草中有徐長卿，藥名。"《齊民要術》："簡子，藤生，緣樹木，實如梨，赤如雞冠，核如魚鱗，取生食，淡泊〔無〕③甘苦。"又《廣志》謂之"候騷"。劉向名更生，菊亦名更生。見《焦氏類林》。又《本草》：菊，一名周盈，一名傅延年。劉王女名素馨，花亦名素馨。蓋因此花生劉王女冢上，故名之。壺居士出隴西，食之少睡。孟母生四明，能強陽。仙書云：茱萸爲辟邪翁，菊花爲延壽客。方鏞隱天門山，以椶櫚葉拂書，號曰"無塵子"。胡王使者，《本草》："白頭翁，一名野犬④，一名胡王使者，一名奈何，艸生高山及野田。"瀟洒侯，陸龜蒙詩"叢竹當封瀟洒侯"。瞬碧侯，琴莊有溶溶軒，軒前皆池地也。度池得回笮磴上自在峰。藺先生曰：往峰上採蕨，蕨生九股，以釀醋異常。守臣取進之，封峰曰"瞬碧侯"。(《琴莊美事》)

---

① 《抱朴子·黃白》"肺"作"蹄"。
② 《抱朴子·黃白》"名"作"卿"。
③ 據《齊民要術》補"無"字。
④ "野犬"當作"野丈人"。

又

鳥有白頭翁，藥亦曰白頭翁，昔以對蒼耳草。

仙名

仙名爲羅漢松，三春柳爲觀音柳，獨脚蓮名觀音蓮，薏苡子爲菩提子，大林檎爲貧婆菓，金蓮花爲優鉢羅花。

第二十九卷　品彙上

獸可名禽

百獸率舞，釋者謂羽鱗皆可謂之獸。予謂凡獸亦可謂之禽，《後漢書》華陀語吳譜曰：“吾有一術，名五禽之戲。一曰虎，二曰鹿，三曰熊，四曰猿，五曰鳥。”此虎、鹿、熊、猿、鳥，槩謂之禽，亦百獸之例也。

牝牡

牝牡字從牛，雌雄從隹，乃禽獸之別也。自雄狐、牝雞之外，經史亦不多見。

雌雄

武帝問朔：“何知鳥之雌雄？”對曰：“雄左翼加右，聲高；雌右翼加左，聲小。”（《方朔傳》）一云燒毛納水中，沉者雄，浮者雌。

木牛流馬

木牛流馬，今人皆謂爲武侯所創。按：《蒲元別傳》元牒與亮曰：“元等輒推意作一木牛，連仰雙轅，人行六尺，牛行四步。”杜佑《通典》

注又云："按：亮集督軍廖立、杜叡、胡忠等，推意作木牛流馬。"則蒲元諸人實創設之。今皆歸於武侯盛名之下，衆美集之矣。

鳥數

一鳥曰隹，二鳥曰雦，三鳥曰朋，四鳥曰乘，五鳥曰雇，六鳥曰鶰，七鳥曰鴜，八鳥曰鸞，九鳥曰鳩，十鳥曰鶛。又陸鳥曰棲，水鳥曰宿。獨鳥曰止，衆鳥曰集。水鳥晚於林棲，故曰宿也。

獸而鳥名者

張平犬曰飛鷰，王鐸卑腳犬曰花鴨，宋犬曰鵲。周處《風土記》云："犬則青鸝、白雀，秦皇馬曰銅雀、晨風，漢文馬曰紫鷰，豫章王蕭嶷馬曰飛鷰，尸子馬亦名紫鷰，黃子馬名黃鵠，曹洪馬曰白鵠。"

鳥而獸名者

鷸曰魚虎，杜宇曰射豹。鵁，怪鴟也，曰訓狐，又曰訓猴。鴻曰天狗，又曰魚狗，疑即魚虎也。西域大鳥曰馳，齊庭一足鳥曰商羊。

官以鳥名者

少昊時以鳥紀官，曆正曰鳳鳥氏，司分曰玄鳥氏，司至曰伯趙氏，司啓曰青鳥氏，司閉曰丹鳥氏，司徒曰祝鳩氏，司馬曰雎鳩氏，司空曰鳲鳩氏，司寇曰爽鳩氏，司事曰鶻鳩氏。鳩民曰五鳩，五工正曰五雉。漢有執金吾（金吾，鳥名），魏以諸曹走使曰鳧鴨，侯官曰白鷺，騎將曰飛鴻。

異名

《尸子》曰："五尺犬爲豫。"《説文》曰："隴西俗謂犬子爲猶子。"《爾雅》曰："猶，如麂，善登木。"無恙，恙之爲蟲也。無它，它之爲虵也。流離之爲鳥也。焉之爲鳥也。能之爲獸也。又人才韻之爲三足鱉也。乙之爲燕也，又乙之爲鴻也。琉璃，本亦名流離，見《漢書》。率然之爲虵也，果然之爲獸也。

兄弟稱龍

《卮言》兄弟稱二龍者：漢許虔、許紹，齊柳悦、柳恢。五龍：宋寶儀兄弟。六龍：晉卞粹及温羨。八龍：漢荀氏儉、緄、靖、燾、汪、爽、肅、專；唐崔氏琯、珙、瑨、璪、瑰、玠、球、璵。然不止此，按：《汝南先賢傳》謝子微見許子將兄弟曰："平輿之淵，有二龍焉。"《焦氏類林》烏承玼、烏承恩皆爲平盧先鋒，沉勇而決，號爲轅門二龍(本傳)。平原陶丘洪舉劉正禮爲茂材，刺史曰："前年舉岱，奈何復舉緐?"洪曰："若使明君用岱於前，擢緐於後，所謂御二龍於長途，騁騏驥於千里。"謝舉與兄覽齊名，江淹一見並相欽挹，曰："所謂御二龍于長途。"郡決曹汝南周燕少卿之子：重合令子興、櫟陽令子羽、東海太守子仲、兗州刺史子明、潁陽令子陽，各居一里，號曰五龍。又北海公沙穆五子：長紹字子起，次孚字允慈，次恪字允讓，次逵字義則，次樊字義起，京師號曰"公沙五龍，天下無雙"。(俱見《淵明集》)崔鴻《前涼録》辛攀字懷遠，隴西人，父爽尚書郎，兄鑒、曠，弟寶、迅，皆以才識知名，秦雍爲之語曰："五龍一門，金友玉昆。"南宋張景山岱，與兄太子中舍演、新安太守鏡、征北將軍永、弟廣州刺史辨，俱知名，時人謂之"張氏五龍"。

又

"五龍"之稱，古初已有。《春秋命曆序》云：皇伯、皇仲、皇叔、皇季、皇少，五姓同期，俱駕龍，號曰"五友"。按：五龍，《路紀》列在泰皇氏之後，則其來久矣。羅萃曰："今膚施縣有五龍山，蓋其出治之所。"崔徹兄弟、陸徽①兄弟俱七人，號"七龍"。韓忠獻公億八子：綱、總②、絳、繹、緯、縝、維、緬多爲聞人，絳、縝皆爲宰相，維爲門下侍郎，時人以比"荀氏八龍"。北齊王昕、王暉、王昭、王晞、王晧兄弟九人，風流蘊籍，時號"王氏九龍"。魏張魯有子十人，時人語曰："張氏十龍，儒雅溫恭。"皆兄弟稱龍者也。四龍獨少，唐李亮、李訓、李叔、李修之子皆爲狀元，時號"四龍"，雖非同胞，然出一家一時，且俱作狀元，亦甚異矣。見《對類》。按：《晉史》卞粹，壼之父也。

人龍

崔鸒③、許受，人號"二龍"。華歆與管寧、邴原游學相善，時號三人爲"一龍"，歆爲龍頭，寧爲龍腹，原爲龍尾。（見《魏略》）二人爲"一龍"，曾公亮得龍之脊，王安石得龍之睛。（見《相書》）濟北氾昭、戴祈、徐宴、夏隱、劉彬，少有異才，皆稱神童，當桓靈之世，號爲"五龍"。索靖字幼安，少有逸群之量，與鄉人氾衷、張甝、索紾、索永俱詣太學，馳名海內，稱"燉煌五龍"。敬暉、袁恕己、桓彥範、崔玄暐、張柬之，興復中宗，史稱"五龍夾日"。此非兄弟而稱龍者也。王伯厚引周生烈子云："舜駕五龍，以騰唐衢；武服九駿，以馳文塗。"此上御也，謂五臣、九臣；此之稱龍，則又以馬喻矣，其他則不能盡述。人而稱龍，其起于

---

① 《讀書紀數略》卷二五"崔徹"作"崔徵"，"陸徽"作"陸微"。

② 《宋史·韓億傳》"總"作"綜"。

③ 《升庵集》卷五一"鸒"作"晏"。

夫子"老子猶龍"之説歟。

兄弟稱鳳

兄弟稱"三鳳"者，唐河東薛元敬與從弟收、從兄德音而已。收爲長離，德音爲鷺鷥，元敬年最少，爲鸑鷟。又《北史》："齊郡賈思伯與弟思同師事北海陰鳳，業竟，無資酬之，鳳質其衣物。時人爲之語曰：'陰生讀書不色①癡，不識雙鳳脱人衣。'"則兄弟雙鳳也。若王劭，清貴間素，研味玄賾，桓温稱爲鳳雛。閔鴻見陸士龍小時即奇之曰："此兒若非龍駒，即是鳳雛。"龐德公目龐士元爲鳳雛，雖以鳳稱，而非齊美。《漢書》蔡邕、崔實號雙鳳，雖云並美，而非同氣。《賽②齋瑣綴録》謂："泰和徐川與弟貢、威時號'徐氏三鳳'。羅欽順與弟欽德、欽忠時號'羅氏三鳳'。盛稱其同胞兄弟，視薛氏族從者過之。"然此特鄉人一時頌美之辭，未必媲美河東也。北齊崔陵與弟仲文同日受拜，時號"兩鳳聯飛"。"翰林五鳳"，宋白、賈黄中、李奎、吕蒙正、蘇易簡，太宗時五人同拜學士，特有詩曰"五鳳同飛入翰林"。(《群書備考》)

鳥性

冠鳥性勇，帶鳥性仁，纓鳥性樂。注云："冠鳥，若鷹是也。帶鳥，若練鵲是也。纓鳥，若綬鳥是也。"

鳥司

乙鳥司分，伯趙司至，蒼鳥司啓，丹鳥司閉，鳳鳥董之，以爲曆正。

---

① 《北史·賈思伯傳》"色"作"免"。
② "賽"當作"謇"。

燕，春分來，秋分去，故司分；鵙，夏至鳴，冬至止，故司至；鶎，立春來，立夏去，故司啓；鷃，立秋來，立冬去，故司閉；鳳知天時，故曆正。

鳥智

鸕鶿能勑水，故水宿而物莫能害。鶴能巫步禁蚖，故食蚖。啄木遇蠹穴，能以嘴畫字成符，印①蠹蟲自出。鵲有隱巢木，故鷙鳥莫能見。燕銜泥嘗避戊己日，故巢固而不傾。鸛有長水石，故能於巢中養魚而水不涸。燕惡艾，雀欲奪其巢，即銜艾置其巢中，燕遂避去。此皆鳥之有智者也。

鳥視鳴

《禽經》曰：鶴以怨望，鴟以貪顧，雞以嗔視，鴨以怒睨，雀以猜懼，燕以狂盻，視也。鷽以喜囀，烏以悲啼，鳶以飢鳴，鶴以潔唳，梟以凶叫，鷗以愁嘯，鳴也。

鳥孕

鶴以聲交，鷺以目交，鵁鶄暗交，鴛鴦足交，騰蚖聽交，野鶴傳枝，老鴉過氣，鸛鳥接影，孔雀亦影交，鴛鴦交頸，蝴蝶、絡緯、蟠蟻，皆以鬚爲鼻，交亦在鬚也。龍鷣、莎雞皆雄鳴上風，雌鳴下風，自然成孕也。又雀交不一，雉交不再，皆理之異耳。凡鳥皆雄求於雌，惟雀與鶉、鴛鴦則雌求雄也。

---

① 《遯齋閒覽》"印"作"即"。

鳥音

烏鳴啞啞，鷺鳴嗈嗈，鳳鳴喈喈，凰鳴啾啾，雉鳴噧噧，雞鳴咿咿，鸑鳴嚶嚶，鵲鳴喈喈，鴨鳴呷呷，鵠鳴哠哠，鴟鳴嗅嗅。

物交異類

物有異類交者，孔雀與虵交，蚯引與人斯交，南方溪澗中有魚生石上，號石斑魚，作鮓甚美，至春含育，則有毒不可食，與蜥蜴交也。

物利

諸鳥食之有益人者，黃鳥不妬，鴆宜子，盤鵑已渴，鵝鵃無臥，肥遺已癘，雷樂已痔，數斯已瘻，䴔已腹痛，又已疧，鷗鷗不飢，獄已墊，橐䒷不畏，鵁䴓不魘，當扈不眴(目眩也)，白鵺已嗌痛，又已痢，螐渠已臊(皮皺起也)，善芳令人不寐，酸與令不醉，寓辟兵，青耕辟疫。

又

獸食之有益者：往往善走類不妬，九尾狐不蠱，天狗已瘅，耳鼠不腬(腹脹也)，蠪蚳不眯，獜不風，佩之縛訑不畏，讙①、天狗俱禦凶，朧疏辟火，羬羊脂傅之已臘(體皴)。

又

魚食之有益者：鮭無腫，鰤無蠱，又不癃，赤鱬已疥，文鰩已狂，

————————————

① "讙"疑作"貛"。

冉遺不眯，鰯滑鱻俱已疣，何羅已癭，修辟已白癬，鯈已憂，鮨已狂訾不驕，鮒已嘔，箴不疫，螫不癘，苉不糱，佩之鰼鰼禦火。

物化

《莊子》云："得水土之際則爲鼀蠙之衣，生於陵屯則爲陵舄（一名車前，一名擊舄），陵舄得鬱栖（蟲名）則爲烏足（草名），烏足之根爲蠐螬，其葉爲蝴蝶。蝴蝶化而爲鴝掇（蟲名），鴝掇千日爲乾餘骨（鳥名）。乾餘骨之沫爲斯彌（蟲名），斯彌爲食醯（酒上蟻蠓）。頤輅（蟲名）生乎食醯，黃軦（蟲名）生乎九猷（老蟲），瞀芮（蟲名）生乎腐蠸（亦蟲名，《爾雅》云一名守瓜，一名忿鼠）。羊奚（草名）化①乎不筝，久竹生青寧（蟲名），青寧生程，程生馬，馬生人。（未詳）"《列子》又有："羊肝化爲地皋，馬血爲轉隣（皆燐，鬼火也），人血爲野〔火〕②。鷂爲鸇，鸇爲布穀，布穀久復爲鷂。燕爲蛤，田鼠爲鶉，朽瓜爲魚，老韭爲莧，老羭爲猨，魚卵爲蟲。亶爰之獸自孕而生曰類。河澤之鳥視而生曰鶂，純雌其名大腰，純雄其名稺蜂。"餘同《莊子》。

物向

鳥之性南向，鴉鵲晨南昏北，蝠昏南晨北，南出而北還也。雁之南也，鶴鸖亦南，即鶉鶉、鶺鴒、梧桐、黃雀之微亦南，不問遠近，但見其南耳。

物形

物能復本形者則言化，《月令》鷹化爲鳩，則鳩又化爲鷹；田鼠化爲

---

① 《莊子·至樂》"化"作"比"。
② 據《列子·天瑞》補"火"字。

鴽，則鴽又化爲鼠。其不能復本形者則不言化，如腐草爲螢，雉爲蜃，爵爲蛤。

物象

倉鷹之屬以象東方木行，朱雀之屬以象南方火行，黃鳥之屬應土行以象季夏，鷺之屬以象西方金行，玄鳥以象北方水行。

物用

鳥獸昆蟲，飛者以翼，而聆鼠以其尾，䳔鳥以其足，獼以其髯飛。鳴者以口，而蟬以其翼鳴。行者以足，而蟛蟹以其背，砂桜子（一名例行子）以其身倒行。聽者以耳，而龍以其角，牛以其鼻聽。取者以臂，而象以其鼻取。視者以目，而水母（即浦魚）又以借其蝦視。走者以股，而駏驉又以借其蛩蛩，狼以借其狼走。

行屬鳴屬

《考工記》："宗廟之事，脂者、膏者以爲牲；臝者、羽者、鱗者以爲筍虡；外骨、內骨，却行、反行、連行、紆行，以脰①鳴者，以注鳴者，以旁鳴者，以翼鳴者，以股鳴者，以胸鳴者謂之小蟲之屬，以爲雕琢。"注："雕琢，刻鏤祭器。外骨，龜屬。內骨，鼈屬。却行，蚈延之屬。反行，蟹屬。連行，魚屬。紆行，虵屬。脰鳴，黿鼉屬。注鳴，精列屬。旁鳴，蜩蜺屬。翼鳴，發皇屬。股鳴，蚣蝑動股屬。胸鳴，榮原屬。"《易·說卦》"離爲鼈，爲蠏，爲龜"，注皆云"外骨"，此以鼈有內②緣，故稱內骨。蚈延，曲蟺也，能兩頭行，是却行。黿鼉，即蝦蟆也。

①《周禮·考工記》"脰"作"胸"。
②《周禮·考工記》"內"作"肉"。

脰，項也。精列，《爾雅》“蟋蟀，蜻”，注云：“今促織也。一名精①蜲。”發皇，《爾雅》“蚍，蟒蚚”，郭云：“甲蟲也，大如虎豆，綠色。”《七月詩》“斯螽動股”，陸機云：“幽州人謂之春箕，長而青角，長股，股鳴者也。”楊雄云：“虵醫，或謂之榮原。”又《蟲異賦》“蠟以胃鳴，蜥蜴以胸鳴”，蓋因此經之注胸鳴者，賈、馬作胃，賈云：“蠤，蠟也。”于本又作骨，云敝屄屬也。“敝屄”不知何物。

物性相反

人與六畜血氣相同，故其肉補人，功逾藥餌。然血氣雖同，而性亦自有相反者，如鉤吻，人食之斷腸，羊食之則肥；躑躅，羊食之則死，人食之則可以療病；木鼈子，犬食之則死，人以爲治熱之劑；梟食桑椹則革暴，鳩食之則好淫。白兔食繁而仙，駏驉食菴藺而仙。熊食鹽而死，胡孫亦然。獺食酒而斃，猫食薄荷而醉，虎食狗而醉。又鼠食礜石而死，蠶食而不飢。魚食巴菽而死，鼠食之而肥。《鄞郡名録》載甘塘社有一水，方丈瑩潔，春夏不竭，旱則禱之，應時雨下，牛馬猪羊飲之肥澤，雞鴨鵝雁飲之必死。鄉民緣可以救旱，號“秘密泉”。五臟之性不同如此，然則脾補脾，胃補胃之説，未必然也。

鳥雙名

《藝苑卮言》載鳥之雙名者，青丘“灌灌”，又“鶼鶼”；崇吾“蠻蠻”；萊山“羅羅”，又“鸎鸎”“周周”，行扈“唶唶”，宵扈“嘖嘖”。余考鳳名“足足”，麟名“般般”，薛道衡文所謂“足足懷仁，般般擾義”是也。鶪鴟，或謂之“鴟鴟”。（見《方言》）寇雉“泆泆”，即鵋鵙也。秩秩，海雉，如雉而黑；燕燕，玄鳥也。（見《爾雅》）老扈“鷃鷃”。（見《左傳注》）《卮

言》"萊山"作"藥山"，似誤。灌灌，或作"濩濩"，其狀如鳩，佩之不惑。蠻蠻，狀如鳧，一翼一目，相得乃飛，《爾雅》作"鶼鶼"，《厄言》以"鶼鶼"爲"灌灌"之別名，亦誤。《禽經》："鸒鷉之智不如鶯，周周之智不如鴻。"《韓子》曰："鳥有周周者，首重而尾屈，將欲飲於河，則必顛。乃銜羽而飲。"來來，李歸唐"惜養來來歲月深"，言失鷺鶿也。王建"失却來來三日哭"，言失釵也。鸍鸍，鶩也，一名烏鳧，形似鴨而小，江東呼爲"鸍鸍"。（見《詩韻音釋》）貚貚，郭璞曰："今江東通呼貉爲貚貚。"咶咶，《爾雅翼》："鵠名咶咶。咶咶，鵠也。"《五色線》又有"兜兜"，其聲自號，形似鴝鵒。雙雙，《公羊》注："雙雙之鳥。"蘆甲甲，伏卵草澤中，惡姑乘其出，易以己卵，至化爲雛，則皆惡姑也。於是惡姑所在，甲甲群而逐之。獵者羅取惡姑，繫其足而膠其索，設於蘆葦中，甲甲來，膠不得。（解併取之）

獸雙名

獸雙名者：招搖"狌狌"，姑逢"獙獙"，空桑"軨軨"，泰山"狪狪"，泰獻"辣辣"，霍山"朏朏"，放皋"文文"。又南海"猩猩"，北海"蛩蛩"。余考《山海經》："譙明之山，有獸，狀如貆而赤豪，名曰孟魂①，其音如榴榴。"然則"榴榴"亦獸也。又，枸狀之山有獸曰"從從"，硯山有獸曰"茷茷"，踇隅之山有獸曰"精精"，北海又有青獸曰"羅羅"，南海之外有三青獸相並曰"雙雙"，叔獨國有黑蟲如熊曰"猲猲"。若"蛩蛩"，北海之素獸也，即所謂蛩蛩距虛者。狒狒，如人被髮，迅走，食人。（見《爾雅》）《大傳》曰："成王時周靡國獻之。"《周書》曰："州靡髳髳者，人身，反踵，自笑，笑則上唇掩其面。"郭璞曰："梟羊也。"《海內經》謂之"贛"。今南康有贛水，以有此物，因以爲名，俗呼之曰"山都"。狌狌，伏行人走，食之善走。辣辣，三角一目，目在耳後。從從，如犬，六足。

---

① 《山海經·北山經》"魂"作"槐"。

狪狪，狀如豚而有珠。軨軨，音靈，見則天下大水。獙獙，音敝，見則大旱。𢇬𢇬，音攸，狀如馬，羊目，四角，牛尾，見則國多狡客。朏朏，如狸，白尾有鬣，養之可以已憂。文文，狀如蜂，枝尾，反舌善呼。放皋，或作“牧”，或作“㚡”，《卮言》作“枚”，似誤。軨軨，作“軫軫”，亦誤。狒狒，《王會圖》作“費費”，《王會圖》又有“生生”，都郭所貢，若黃狗，人面，能言。雲南蠻人呼虎亦爲“羅羅”。（見《天中記》）㑇㑇，善知生死，飲其血則見鬼。（《本草》）又《説文》：“禺禺，猴屬，獸之愚者。”霄霄，爪哇國山中多猴，不畏人，呼以“霄霄”之聲。捉以果，大猴二先至，土人謂之猴王、猴夫人。食畢，群猴食其餘。

魚雙名

魚雙名者，剛山“蠻蠻”，洛水“庸庸”，揚州“禺禺”。余考《山海經》：“剛山之尾，洛水出焉，而北流注于河，其中多蠻蠻，其狀鼠身而鱉首，其音如吠犬。”不言魚，亦不言何物。他例言魚，則曰“中多冉遺之魚”，或曰“其中多鰩魚”。然魚之雙名者，亦不止此，如涿光山“鰼鰼之魚”，少咸山“䱻䱻之魚”，跂踵山“鮯鮯之魚”。（俱見《山海經》）庾氏穴池養魚，以木爲憑欄，登之者其聲“堂堂”，每憑欄投餌，魚必踴躍而出。辛氏之池出不投餌，但聞“策策”之聲，魚亦出。是庾氏之魚可名“堂堂”，辛氏之魚可名“策策”。（見《化書》）鰼鰼，音“褶”，狀如鵲，十翼，鱗在羽端，其音如鵲，可以禦火。䱻䱻之魚，食之殺人。《卮言》“洛水”當作“食水”。《山海經》曰：“㷠蘊之山，北臨乾昧，食水出焉，其中多鰩鰩之魚，狀如犂牛，音如彘鳴。”鮯鮯，狀如鯉而六足，鳥尾，其鳴自叫。禺禺，按：相如賦“禺禺魼鰨”，郭璞曰：“比目魚，狀似牛脾，細鱗，紫色，兩相合乃得行。”

蟲雙名

蟲亦有雙名者，蠑名“蜻蜻”。（見《詩經》注）螳螂，或謂之“蚱蚱”。

(見《方言》)《混胎丈人攝魔還精符》曰："螟蛉之子，蝦目蟹腹，即即周周，兩不相掩，是謂體同而氣異。"《山海經》有蟲名蜬蜬，各有兩首，郭璞注："虹，螮蝀也。"音薛。隊隊，形如壁虱，生有定偶，斯須不離，西南夷緬甸諸國多有之，夷婦有不得於夫者，飼于枕空中，則其情自洽合。土官目把、富夷之妻，皆不吝金珠易之。（見《遊宦餘談》）

緜蠻睍睆

《詩》"緜蠻黃鳥"，《韓詩薛君章句》云："緜蠻，文貌。"又"睍睆黃鳥"，王雪山云："'睍睆'為黃鳥之色，二字從目，目視之，知其為色也。"今注皆以為鳥聲，似不及古注為得。

知鳥言

常璩《志》："楊宣，字君緯，什方人。受學於楚國王子張，習天文、圖緯于河〔內〕①鄭子侯，師事楊翁叔，能暢鳥言，長於災異，漢成帝時徵拜諫議大夫。"又《別記》言："宣行縣，有鵲鳴桑上，宣曰：'前有粟車覆，此鵲相邀往食。'果然。"又言："宣能聽鳥獸言。有放馬者，目眇，罵馬曰'蹇馬'。馬亦罵人曰'眇人'。宣以告御者，不信。御者向後里許，見放馬者，果眇一目。"按：此自漢事，而弇州《宛委餘編》引公冶長解鳥語，但云見《衝波傳》。又沈佺期詩："不知黃雀語，能免冶長〔災〕②。"倩語乃漏一楊宣，何哉？然伯翳（即皋陶長子伯益也）大費能馴鳥獸，知其語言。則公冶、介葛又其後者也。

鵠鶴

鵠，即是鶴音之轉。後人以鵠名頗著，謂鶴之名別有所謂鵠，故

---

① 據《華陽國志》補"內"字。
② 據《正楊》卷二補"災"字。

《埤雅》既有鶴，又有鵠。蓋古之言鵠不口浴而白，白即鶴也。鵠名皓皓。皓皓，鶴也。以龜龍鴻鵠爲壽，亦鶴也。故漢昭時黃鵠下建章宮太液池而歌，則名黃鶴。《神異經》鶴國有海鵠，其餘諸書文或爲鶴，或爲鵠者甚多，以此知鶴之外，無別有所謂鵠也。

鶴怨鷗顧

《詩》稱"鶴鳴於九臯，聲聞於天"，乃鶴之俊者。《易》"鳴鶴在陰，其子和之"，乃鶴之老者，老則聲不高，但其子和之而已，故可縻以爵。

孤雁

世謂雁爲孤，不曰雙；燕曰雙，不曰孤。以雁屬乎陽，燕屬乎陰，陽數奇，陰數耦，故也。然常言雁序、雁行，亦爲不孤。燕雖有"于飛"之語，古今賦詠，何嘗及之。

孔雀毛

孔雀毛着龍腦則相綴，禁中以翠尾作帚[1]。每幸諸閣，擲龍腦以解穢，過則以翠尾掃之，皆聚，無有遺者。亦若磁石引針，琥珀拾芥，物類相感也。

鶩鳩

鶩鳩，今之鷹也。《詩·大明》"時維鷹揚"，鄭箋云："鷹，鷙鳥也。"昭十七年《左傳》："鶩鳩氏，司寇也。"杜云："鶩鳩，鷹也。鷙，故

---

[1] 《墨莊漫録》"帚"作"帚"。

爲司寇，主盜賊。"《爾雅》"鷹，鶆鳩"注，郭云："鶆，當爲'鷞'字之誤耳。《左傳》作'鷞鳩'是也。"又鶻鳩，鶻鵃也。杜預云："鶻鳩，鶻鵃也。春來冬去，故爲司事。"郭云："似山鵲而小，短尾，青黑色，多聲。今江東亦呼爲'鶻鵃'。"陸佃云："鶻鵃，又一名'鶯鳩'。《莊子》所謂'蜩與鶯鳩笑之'者是也。"

鶝雀

鶝雀，音"芬"，本從"鴿"字通用。鴿似鳳也，若天鶝。雀之鶝青色，好鬭不止，俗謂之鶝雞，音"曷"，與此"鶝雀"音"芬"者不同。

雎鳩

《爾雅》"雎鳩，王雎"，注云："雕類，好在江渚山邊食魚。"《詩毛傳》云："雎鳩，鳥鷙[1]而有別，本作'鴡'，今文《詩》作'雎'。"陸璣云："大小如鴟，深目，目上骨露，幽州謂之鷲。揚雄、許慎皆曰白鷢，似鷹，尾上白。"陸佃云："不再匹。"徐鉉云："鶚也。性好峙，每立不移，所謂鶚立。交則雙翔，別則立而異處，是謂摯而有別。"《傳》云"鷙鳥不雙"，杜預曰："摯而有別，故少皞以爲司馬之名，主法制。"《通志》："鴟，鳶類，多在水邊，尾有一點白。舊說鵰類，誤。"又錢氏曰："今詳王雎，鶛鳩也。今謂之杜鵑。"余按：杜甫詩"生子百鳥巢，百鳥不敢嗔。仍爲餧其子，禮若奉至尊"。此鳥性自然，乃知有君臣，所以謂之"王雎"也。春暮始鳴，至秋鳩化爲鷹之時，乃能搏擊他禽，所謂"鷙"也。常居幽澗遠人之地，人亦罕見，所謂"在河之洲"也。自蜀人作《華陽國志》，妄稱望帝化爲杜鵑，流俗信之，遂有杜鵑、杜宇之名，而鴡鳩、王雎反不之識。揚雄、許重以爲"白鷢"，郭璞以"江東謂之鷲"，陸璣以

---

① 《毛詩正義》"鷙"作"摯"。

"幽州人謂之鷲", 皆以意求之矣。鄭氏以"摯"爲"至", 不知"摯"與
"鷲"同。《禮記》"前有摯獸", 亦用"摯"字, 則"摯"之與"鷲", 古字通
用也。

鴟鴞

《爾雅》注："鴟屬, 惡聲鳥也。"《詩》"有鴞萃止", 疏云："鴞, 一
名鵩。梟, 一名鴟。"《詩》爲"梟"、爲"鴟"是也, 俗呼梟即土梟, 非也。
今人謂之鵂鶹, 亦曰怪鴟。陸佃云："鴞大如斑鳩, 緑色, 其鳴有禍。
俗云禍鳥, 可爲炙。《莊子》'見彈而思鴞炙', 《漢·賈誼傳》鴞飛入賈生
舍。"晉灼曰："《異物志》云：'山鴞體有文色, 土俗因形名曰鵩。'"又
《詩注疏》："《金縢》云：'公乃爲詩以貽王, 名之曰《鴟鴞》。'"《增韻》
亦作"梟", 誤。

歸終

乾鵠, 鵲鶹也。郎鵠, 鳩也。搏黍, 倉庚也。春鉏, 鷺也。不過,
螳蠰也。非載籍所載, 今便茫然矣。則枯桑、海水, 斷爲魚蟲之名, 但
載籍未載耳。不然, 《抱朴子》曰："于獲識往, 歸終知來。"《淮南子》曰：
"歸終知來, 猩猩知往。"今人知"歸終"爲何物。

鷦鳩

鷦鴟, 鳥名。《爾雅》："鷽斯, 鷦鴟。"郭璞云："雅, 烏也。小而多
群, 腹下白, 江東亦呼爲鷦烏。"鷦, 音"匹", 《字林》云："楚烏, 通作
'居'。"《詩》"弁彼鷽斯", 注：毛云："鷽, 卑居。"卑居, 雅烏也。又鶏
鶋, 海鳥。《左傳》作"爰居", 《爾雅》"爰居, 雜縣", 注云："《國語》曰
'海鳥爰居'。漢元帝時琅邪有大鳥如馬駒, 時人謂之'爰居'。"《詩詁》

按《説文》"雅"即"鴉"字。毛氏、郭氏《小爾雅》謂"卑居"爲"雅烏"，既曰"雅"，又曰"烏"，語似重複，蓋後人不知"雅"即"鴉"字，而讀作"大小雅"之"雅"，遂加"烏"字謂之"雅烏"，殊爲失理。今定以鸒，卑居也。卑居，雅也。雅即烏也。但雅有數種，諸説專以小而腹下白者爲卑居，亦誤。

流離

《爾雅》："鳥少美長醜，爲鶹鷅。"又《邶風》"瑣兮尾兮，流離之子"，陸璣疏云："流離，梟也。自關而西謂梟爲'流離'，其子適長大，還食其母。"故張奂云："鶹鷅食母。"許慎云："梟，不孝鳥。"是也。《感應經》："鴟梟食母眼睛，乃能飛。"《北山録》："烏反哺，梟反噬。"蓋順逆之習也。《劉子》："炎州有鳥，其名曰梟。嫗伏其子，百日而長。羽翼既成，食母而飛。"

屬玉

班孟堅《西京賦》"天子乃登屬玉之館"，李善引服虔注："以玉飾，因名焉。"抑何陋也。屬玉，水鳥名，天子以栢梁灾爲厭勝，故上林諸觀多以水鳥名觀，觀即館也。(見《西京雜記》)此不甚僻，而服注乃爾。

王母

杜子美《玄都壇歌》云："子規夜啼山竹裂，王母晝下雲旗翻。"説者多不曉王母，或以爲瑤池之金母也。按：宣和間蜀中貢一種鳥，狀如燕，色紺翠，尾其[1]多而長，飛則尾開裊裊如兩旗，名曰"王母"。則子美所

---

① 《墨莊漫録》"其"作"甚"。

言，乃此禽也。遐方異種，人罕識者。"子規夜啼山竹裂"，言其聲清越如竹裂耳。

乘風

乘風，海鳥也。一名爰居，一名雜懸。漢制，制形以懸樂器之筍簴。《吳都賦》"爰居避風"，以海鳥故，先知風而棲之魯門。潘岳《西征賦》："洪鐘頓於毀廟，乘風廢而不懸。"鶠風，《逸周書》"文翰若翬雉"，一名"鶠風"。

鸒斯

《詩》"弁彼鸒斯"，孔疏："此鳥曰鸒，而云斯者，語辭。猶'蓼彼蕭斯''菀彼柳斯'耳。劉孝標博學，而《類苑·鳥部》乃立'鸒斯'之目。"董逌引師曠《禽經》有"鸒斯"，李迂仲又言楊《法言》以二字爲名，不知詩人以"斯"爲語助者多矣。不然此篇又有"柳斯""鹿斯"，亦將併以柳、鹿名可乎？"螽斯"，亦是此解。

朱鳥

南方朱鳥，蓋未爲鶉首，午爲鶉火，巳爲鶉尾。天道左旋，二十八宿右轉，而朱鳥之首在西，故先曰未，次曰午，卒曰巳也。然南方七宿之中，四宿爲朱鳥之象。《漢·天文志》：柳爲鳥咮，星爲鳥頸，張爲鳥啄，翼爲鳥翼。或問："朱鳥獨取于鶉，何也？"朱鳥之象，止于翼宿而不言尾，有似于鶉，故以名之。然謂之鶉尾者，蓋以翼爲尾云。故《甘氏星經》："鳥之鬭竦其尾，鶉之鬭竦其翼。"

九頭鳥

鬼車，俗稱"九頭鳥"。陸長源《辯疑志》又名"渠逸鳥"。世傳此鳥昔有十首，爲犬噬其一，至今血滴人家，爲災咎，故聞之者必叱犬滅燈，以速其過。澤國風雨之夕往往聞之。六一翁有詩曲盡其悲哀之聲，然鮮有覩其形者。淳熙間李壽翁守長沙日，嘗募人捕得之，身圓如箕，十脰環簇，其九有頭，其一獨無而鮮血點滴，如世所傳。每脰各生兩翅，當飛時十八翼霍霍競進，不相爲用，至有爭拗折傷者。

雛鳥

《詩》曰"翩翩者雛"，毛傳云："雛，鳰鵃也，一宿之鳥。"鄭箋云："一宿者，一意於所宿之木。"又云："鳥之謹愨者，人皆愛之。"此是謹愨孝順之鳥也。陸璣云："今小鳩也。一名'鶏鳩'，幽州人或謂之'鶡鵰'，梁宋之間謂之'佳'。"（《爾雅翼》）

雲龍風虎

張璠：從，音"隨從"之"從"，去聲。雲出則龍必從之，風出則虎必從之，猶曰"龍從雲，虎從風"也。按：此説甚異諸家而理至。凡龍起於雲，而謂龍能致雲，非也；虎出必風，而謂虎能致風，非也。猶蟻從必雨，乃雨氣感蟻；蜥蜴聚必雹，乃雹氣感蜥蜴。謂蟻能致雨，蜥蜴能作雹，可乎？古人多倒語成文，後人不達，便成滯義。古樂府云："虎嘯谷風起，龍興景雲浮。"無怪乎今之誤也。

石麟辟邪

《輯柳編》謂後人以石麟辟邪，乃帝王陵寢所用。改用石羊石虎，則漢宗資亦非帝王，墓前已用天禄辟邪矣。且設此原以辟猛獸，若用石羊，寧復足畏？

龍馬

《周官·夏官司馬·庾人》："正校人員選，馬八尺以上爲龍。"世俗譌傳遂謂天子駕龍矣。《爾雅》："天駟，房也。"世俗譌傳遂謂房星主馬，漢儒至以天駟爲馬祖矣，二者皆非。鄭玄注《月令》曰"駕蒼龍"，則所謂龍者，馬也。郭璞注《爾雅》："龍爲天馬，故房四星謂之天駟。"蓋以東方七星稱蒼龍，龍行馴善似於馬，則所謂馬者，龍也。一交互言之，人遂莫辨。

草駒

今人謂野牧馬謂草馬。《淮南子》："馬之爲草駒之謂，跳躍之揚號，翹尾而走，人不能制。"①注云："馬五尺以下爲駒，放在草中，故曰草駒。"今所稱者是也。

叱撥

叱撥，馬名。宋郡牧判官王明上《郡牧故事》，其説馬之毛色九十一種，又曰叱撥之别有八：曰紅耳叱撥，曰鴛鴦叱撥，曰桃花叱撥，曰丁香叱撥，曰青叱撥，曰騮叱撥，曰揄叱撥，曰紫騮叱撥。

牝馬

俗呼牝馬爲課馬。出《唐六典》："凡牝，四游五課，羊則當年而課之。"課謂歲課駒犢。

---

① 《淮南子·修務訓》"之謂"作"之時"，"揚號"作"揚蹏"。

聾蟲

《淮南子》:"馬,聾蟲也。"用修以爲奇語。按:龍無耳,牛耳皆實,其聽皆以角,可稱聾。若馬則彼此能相語,何言聾也。

野馬

《莊子》言:"野馬也,塵埃也。"乃是兩物。古人即謂野馬爲塵埃,如吳融云"動梁間之野馬",及韓偓云"窓裏日光飛野馬",皆以塵爲野馬,恐未然。野馬乃田野間浮氣耳,遠望如群羊,又如水波,佛書謂"如熱時野馬陽焰",即此物也。

八駿

《扈言》:《周穆王傳》:"八駿:一赤驥,二盗驪,三白義,四踰輪,五山子,六渠黄,七華騮,八緑耳。"史道碩畫本名同。又有名"翠耳①"者。(楊雄《河東賦》)王子年《拾遺記》:"一絶地,二翻羽,三奔霄,四超影,五踰輝,六超光,七騰霧,八挾翼。"疑未見穆王本傳故也。按:《列子》載:"穆王肆意遠遊。命駕八乘之駿②,右服繭而左緑耳,右驂赤驥而左白㯟,主車則造父爲御,离离爲右;次車之乘,右服渠黄而左踰輪,左驂盗驪而右山子,柏夭主車,參百爲御,奔戎爲右。"與本傳略同。又李元賓《八駿圖序》中有"騂襄",又云褚公遂良題秦漢傳之,降于梁隋,則又似有本。不知"騂襄"于傳中當誰駿也。考《列》注云:"繭,古華字。"似缺騮字。而升庵引此,乃以"服繭"爲"華騮",則是"服"字作"華","繭"字作"騮",誤矣。

---

① 《河東賦》"翠耳"作"翠鳳"。
② 《列子·周穆王》"八乘之駿"作"八駿之乘"。

王會圖貢物

《王會圖》所貢諸物，其尤異者：穢人之前兒也，良夷之在子也，周頭之煇羝也，義渠之茲白也，史林之尊耳也，渠叟之鼩犬也，樓煩之星施也，蜀人之文翰也，夷之藺采也，康民之桴苡也，州靡之費費也，都郭之生生也，奇翰之善芳也，高夷之嗛羊也，不令支之玄模也，不屠何之青能也，數楚之每牛也，權扶之三目也。前兒，若獼猴立行，聲似小兒。在子，獸身人首，脂其腹，炙之霍霍鳴。煇羝去①，羊也。茲白者，若白馬，鋸牙，食虎豹。尊耳者，身若虎豹，尾長三尺。鼩犬者，露犬也，能飛，食虎豹。星施者，珥旄也。文翰者，若皋雞。藺采，生火中，色墨面光，其堅若鐵。桴苡者，其實如李，食之宜子。費費，即山都也。生生，若黃狗，人面，能言。善芳者，頭若雄雞，佩之令人不昧。嗛羊者，羊而四角。玄模，黑狐也。每牛者，牛之小者也。玉之有光明者曰三目，其形甚小。嗟乎！明王之世，貢有經，獻有令，而又何用此異物，陳於赤奕陰羽之前乎？其爲後人之侈言也。（《山齋雜錄》）按："史林"當是"夾林"；"尊耳"當是"酋耳"；"獸身人首"當是"鼉身"；令人"不昧"當是"不眯"；"善芳"一作"孟芳"。赤奕，奕帳也。陰羽，陰鶴也，以羽飾帳也。然《王會》異物亦不止此，如揚州之禺禺也，俞人之蟕馬也，且甌之文蜃也，共人之玄貝也，海陽之大蟹也，區陽之鼈封也，獨鹿之邛邛也，白州之北閭也，魚復之鐘牛也。禺禺，魚名，解獬冠。蟕馬，一角，大者曰麟。文蜃，大蛤也。玄貝，黑貝也。鼈封，若彘，前後有首。邛邛，獸，似距虛，負厥而走。北閭，其華若羽，伐其本以爲車，終行不敗。鐘牛，鐘而似牛形者。

騶虞

騶虞，非獸也。本歐公引賈誼《新書》，乃"文王囿名，虞人之官"之

---

① 《逸周書·王會解》"去"作"者"。

説。又曰：天子田獵，驂從虞人之賤，俱有仁心。詩人於是嘆之。決以
“不食生，不踐生”爲無有也。不知永樂二年，周王畋于鈞州，獲騶虞，
梁公潛有詩，今載《文衡》。宣德四年滁州來安石固山有二騶虞，守臣獻
於朝，群臣皆賦詠之。夏元吉《賦序》有曰：“猊目虎身，白質黑章，修
尾隅目，不食生，不踐生。”與《埤雅》所云“白虎黑文，尾三倍身”相同。

第三十卷　品彙下

象膽

象膽隨四時在足，春在前膊左，夏在前膊右。熊膽春在首，夏在腹，秋左足，冬右足。蚺虵膽隨日轉，上旬近頭，中旬近心，下旬近尾。或云蚺虵膽隨繫而應。鱓魚膽春夏近下，秋冬近上。鼠膽在首，或云鼠無膽。獐亦無膽。鯼鮧亦無膽。

越睒駿

雲南越睒故地之西多薦草，産善馬，始生若羔，歲中紐莎縻〔之〕①，飲以米瀋，七年可御，日馳數百里，世稱越睒駿。(見《唐書》)西域人殺羊而食，埋其脛骨，舉杵堅築，久之羔從脛骨而生。臍未斷時，馬傍踏振之，即跳躍而起。入饌，肥腴最美，其皮宜作書褾。(見吳萊《淵穎集》)廣中溫煬鴨卵輒出雛，或以"東廣火焙鴨"對"西域骨種羊"，予謂不如草馬之尤奇也。

虵足

畫虵着足，見《戰國策》與《史記·楚世家》及《陳軫傳》。《莊子》以爲脊脅而行。方朔射守宮曰謂之爲虵。又：有足以言虵無足也。按：

---

① 據《新唐書·南詔傳》補"之"字。

《本草》"蝮蚵"，陶隱居注云："蚵皆有足，燒地令熱，以酒沃之，置中，足出。"《酉陽雜俎》云："蚵以桑柴燒之，則見足出。"曲江老兵捕一蚵燒之，四足垂出，如雞足狀。以此知古人有未盡知者。

牛耕

古者以牛服車，《書》"肇牽車牛"，《易》曰"服牛乘馬"，竇子野曰："漢趙過始教人用牛耕。"王弼《易傳》曰："牛，稼穡之資。"宋景文謂是不原漢始耕牛之意。然關尹子云："耕夫習牛則壙。"春秋人名耕者多字牛，名牛者多字耕；孔子弟子冉耕字伯牛，司馬耕字子牛。按：《山海經》："稷之孫叔均始作牛耕。"又讀《老子》書："天下有道，却走馬以糞。"張平子《東都賦》"却走馬以糞車"，糞車亦爲田用。然則古人治田且用馬矣，牛豈待趙過而後用乎？

馬齒

秣馬之法，必視其齒歷勞逸而調息之。馬四年兩齒，五年四齒，六年而六齒成矣。七年而右一齒缺，八年而上下兩邊各一齒缺，九年而上下盡缺。十年而下兩齒齗，十一年而下四齒齗，十二年盡齗。十三年下二齒平，十四年下四齒平，十五年下盡平。十六年上兩齒齗，十七年上四齒齗，十八年上盡齗。十九年上兩齒平，二十年上四齒平。年之長少，惟馬齒最準，故人自謙曰犬馬之齒長矣。

牝驢

江北呼牝驢爲"騍驢"，牡驢爲"叫驢"。"騍"字，《字書》及《顏氏家〔訓〕》有此字，獨不得"叫驢"之解。詢之耆耈俱茫然，偶一童子云：以驢駕轎必以牡，故爲"轎驢"耳。余問今駕轎以騾不以驢，童子亦不能答。第《楚辭》有"蹇驢""服駕"之語。漢靈帝于宮中西園駕四白驢驅馳爲樂，薊子訓、張楷皆嘗駕驢車。又《晉令》："乘傳〔出〕使，遭喪，聽乘驢車。"[1]近日北上者曾倩驢轎，則驢委可駕，轎驢之説不爲無因矣。

燕巢

燕作巢避戊巳。又惡艾，雀欲奪其巢，則銜艾于中，燕即去。(見《白樂天集》)顧況《燕子巢詩序》"不以甲乙銜泥"，其詩"燕燕于巢，綴緝[2]維戊"，與樂天所言不同。余觀《博物志》燕避戊巳，蝠伏庚申，其説舊矣，恐況未之詳也。

猿通臂

猿稱通臂，《埤雅》《爾雅》皆然。或云"臂"通"肩"。橫州捕猿入貢故事，驗其形，皆如諸簡册所云，但無通臂之説，恐別有種。詢諸土人云："惟長臂者爲猿，餘皆短臂蒼毛者，烏得謂之猿？何嘗更有臂長逾此者。"又有人云：猿初生皆黑，而雄至老毛色轉爲黄，潰去其勢，即轉雄爲雌，遂與黑者交而孕。此又諸簡册所不載。又有云：一猿面黑身白，頂上有黑毛，如指闊一縷，直至脊。有人云：猿初生時黑，百餘歲漸黄而爲雌，又數百歲方變爲白。其有黑毛自頂貫脊，又異。然則唐人之詩有云"黄猿領白兒"，亦謬矣。初生之兒，豈有白者？

類

《六書考》：類，力遂切，種各肖似也，同氣自相求也。《列子》曰："亶爰之獸，自孕而生，曰類。"羅從願云：類有二種，其一則獸之出亶

---

[1] 《宋書·禮志》"驢"作"騾"，並據補"出"字。
[2] 顧況《燕于巢》"緝"作"葺"。

爰山者，如狸而有髮，其名曰臂類，如《列子》之説。其一則帶山之鳥，如烏而五采，其名曰奇類，通作類。從犬，取種類相似，惟犬爲然。《易》曰："方以類聚，物以群分。"類以犬，群以羊，今楷書作"大"，草書作"絲"，取其便於結構，失之遠矣。

兔孕

舊傳兔無雄，故望月而孕，吐而生子。王充《論衡》："兔舐雄豪而孕，及其生子，從口中出。"《古樂府》："雄兔脚朴樕，雌兔眼迷離。二獸逐地走，安能知我是雄雌。"[1]然則兔自有雌雄，特雌雄難辨耳。一説兔皆雌而顧兔爲雄。

又

《埤雅》《説文》無兔字，以"免"爲"兔"，兔生自口出，宜有留難吐而後兔，故字又通爲"免"，俗則作"兔"，非也。今産育亦曰免，或謂之分挽。且兔足前卑後倨，其形俛，故俛又從免。冕亦從免，古之説冕者以爲位彌高而志彌俛，其以此乎。

烏三足

《禽經》曰"慈烏反哺"，又曰"烏知未然"，西南人事烏爲鬼，亦以其先知也。羅願曰："日中烏三足。"故説者以爲烏三點者，然《説文》："烏，足似匕。"皆從匕，無三足之義，且舃、焉皆鳥名，從鳥之類，豈必皆三足耶？此與數馬足者類矣。

---

[1] 《樂府詩集》"二獸逐地"作"雙兔傍地"，"知"作"辨"。

鳥鼠同穴

隴西首陽縣鳥鼠同穴山，《尚書傳》曰"共爲雌雄"，《地理記》"不爲牝牡"，未知孰是。鳥名鵌，鼠名鼵，百粵潯州桂平縣有糖牛與蚖同穴，牛嗜鹽，里人以皮裹手塗鹽入穴探之，其角如玉，取以爲器。（見《一統志》）劉世節曰："《甘肅志》涼州有兀兒鼠者，狀似鼠，尾若贅疣；有鳥曰本州兒，形若雀，尾色灰白，與兀兒鼠同穴，所謂鳥鼠同穴者也。"然則兀兒鼠即鼵，本州兒即鵌，今其人亦不知爲鼵與鵌矣。

風馬牛

《左傳》"風馬牛不相及"，杜預注："牝牡相誘曰風。"今人有去牛字，用若風馬不相及者，謬矣。記俞文豹有云："牛馬見風則走，牛喜順風，馬喜逆風，南風則馬南而牛北，北風則馬北而牛南，相去遂遠，正如楚處南海，齊處北海也。"此説優于杜注。

牛米

燕慕容皝以牛假貧民，使佃苑中，稅其什之八；自有牛者，稅其七。參軍封俗諫，以爲魏、晉之世，假官田牛者不過稅其什六，自有牛者中分之。今俗募人耕田，十取其五，而用主牛者取其六，謂之牛米，蓋晉法也。

鹿麇角

《筆談》載：《月令》："冬至麋角解，夏至鹿角解。"〔陰〕[1]陽相反

---

[1] 據《夢溪筆談·藥議》補"陰"字。

如此，今人用麋、鹿茸作一種，非也。又有刺麋、鹿血以代茸，云茸亦血耳，此大誤。凡含血之物，觔最難長，最後骨難長。唯麋角自生至堅無兩月之久，大者重二十餘斤，其堅如石，計一晝夜須生數兩，此骨之至強者，所以能補骨血、堅陽道、強精體也，豈凡血比哉！麋茸利補陽，鹿茸利補陰。凡用茸，無求太嫩，世謂之"茄子茸"，但難得耳，其實少力；堅者又太老，唯長數寸，破之肌如朽木，茸端如瑪瑙、紅玉者最良。又戎狄中有麋、麖、鹿①，馳鹿極大而色蒼，麀②黃而無斑，亦鹿之類。

蟲豸

吳薛綜謂孫權曰："日南男女裸體，可謂蟲豸。"五代盧程罵任圜曰："爾何蟲豸。"按：《爾雅》："有足謂之蟲，無足謂之豸。""豸"字合丈爾反，十二獮韻："豸"字下亦云蟲，無足。侯思止曰："獬豸但能觸邪？"按：《說文》："獬，廌獸也。"古者決訟令觸不直。"廌"字合丈蟹反，然四紙韻："廌"字下亦注："獬豸，獸名。"然則"廌"與"豸"義本相通，若在"獬"字下雖丈尔切亦獸也，如止一字，從丈蟹反，亦蟲也。今人見御史舊有獬豸冠，單呼爲"豸"，可笑。

半豹

曾見四六中稱人能文曰"半豹"，按：《世說新語》："殷仲文讀書若半袁豹，則筆端不減陸士衡。"知出于此，蓋惜其有才而無學也。若作稱頌語似不妙。

---

① 《夢溪筆談·藥議》"鹿"作"麈"。
② 《夢溪筆談·藥議》"麀"作"尻"。

明駝

《木蘭詞》："願借明駝千里足，送兒還故乡。"或改"明"作"鳴"，謬也。按：駝卧，腹不帖地，屈足漏明，則走千里，故曰"明駝"。唐制：驛有駝使，非邊塞軍機不得擅發。楊妃私發明駝賜禄山荔枝。《前·司馬相如傳》"駒騟橐駝"，亦作"駞"。徐鉉曰："橐佗，言能負囊橐而馱物。"今俗譌誤謂之駱駞。杜詩"駞背錦模糊"，謂馬似橐駞也。

獅子狨

狨形類兔，兩耳尖長，僅長尺餘，獅作威時，即牽狨視之，獅畏服不敢動。蓋狨溺着體即腐，狨猖獗，又畏雄鴻引吭高鳴，狨亦畏服。俗所謂"獅子吼"，非也。

飛熊

今稱人隱居見用，多曰"渭水飛熊"，蓋用吕尚事，不知"飛"之爲"非"也。《史記·齊太公世家》："吕尚窮困年老，以魚釣于西伯。西伯將出獵，卜之，曰：'所獲非熊非羆，非虎非羆，所獲霸王之輔。'"後漢崔駰《達旨》云："漁父見兆於元龜。"注引《史記》"非龍非羆，非熊非羆"爲證。然史實無"非熊"，獨見此注。杜詩"畋獵舊非熊"，孟詩"罷獵有非熊"，則往往循用。李瀚《蒙求》亦有"吕望非熊"之句，特無有用"飛"字者，且熊安能飛？俗士可笑。

狼狽

《酉陽雜俎》：狼前足絶短，狽前足絶長，每行兩獸常相駕，一相失則不能前，故後世以有失而不能行者曰"狼狽"。今通謂頽坯闒茸爲狼狸，而狸又去犭，殊失古意。

文狸

《楚辭·九歌》"乘赤豹兮從文狸"，王逸注云"神狸"，而不言其狀。按：《山海經》："亶爰之山有獸焉，狀如狸而有髦，其名曰類，自爲牡牝。"蓋其狀如狸，其文如豹，土人名曰"香髦"。疑即此物也。星家術①心星爲狐，《二十八宿真形圖》心星有牡牝兩體，其王逸所謂"神狸"之説乎？

麚脯

陶氏云："麋鹿非辰屬，八卦無主，故道家聽許爲脯。"

牂羊

"牂羊墳首"，《爾雅翼》云："墳，猶羒也。羒，牡羊。牂，牝羊。牂羊而羒首，喻褒姒以男冠化于上，婦人而爲男子之事也。"注云："墳，大也。"謂羊瘠則首大，牂羊匪瘠，何由首大。

宗彝

宗彝，類獼猴，巢於樹，老者居上，子孫以次居下。老者不多出，子孫出得果即傳遞至上，上者食然後傳遞至下，下以次食，上者未食，下者亦不敢食，此先王取孝繡之於裳。（十二章繡于裳，九裳繡于衣）白帖因《周禮·秋官》誤以宗彝爲宗廟彝器，而列于祭器，且以"作會宗彝"

① 《丹鉛餘録》"術"作"衍"。

爲句，何紕謬至是。

又

宗彝，今黔中謂之"宗彝"，閩中謂之"蜼"（音壘），蓋一物而兩名也。注只宜云"蜼"，不宜云"虎蜼"。按：虎蜼，又原爲"虖蜼"，久而訛寫也。虖亦玃類，（見《爾雅》）與蜼相連，注者忽而並引之，今訛作虎，益不可解。

猱蝚

《爾雅》"猱、蝚，善援"，注疏："猱，一名蝚。"又"蒙頌，猱狀"，注："猱亦獮猴之類。"或作"獿"。師古曰："獿善拔拭。"故今謂塗者爲"獿人"。《前·揚雄傳》："獿人亡，則匠石輟斤而不敢妄斲。"服虔曰："古善塗者。"亦作"獶"。《禮記·樂記》"獶雜子女"，注："舞者如獮猴戲。"又作"蝚"，《前·相如賦》"蛭蜩玃蝚"，顏注："今狖皮爲鞍褥者。"

侯

侯，射侯也。居侯中曰正鵠。正亦鳥名，齊魯之間謂題肩爲正。正，鳥之捷黠者，射之難中，以中爲俊，故射取名焉。亦曰"鵠"，《周禮·司裘》注："謂之鵠者，鵠，小鳥，難中，是以中之爲雋也。"又畫布曰"正"，棲布曰"鵠"，"射人五正"，注："射者內正其志，則能中畫。五正之侯，中朱，次白，次蒼，次黃，玄居外。"

沐猴

"沐猴而冠"，《漢書注》："沐猴而冠，名出罽賓國，蓋即獼猴也。"

今以沐浴解之，殊爲未考。

衛

代呼驢爲"衛"，於文字未見，今衛地出驢，義在斯乎？或説以其有軸有槽，譬如諸衛有胄曹也，因目爲衛。(《資暇集》)或曰晉衛玠好乘之，故以爲名。(《爾雅翼》)

地犬無傷

《尸子》曰："地中有犬，名曰地狼。有人，名曰無傷。"《夏鼎志》曰："掘地而得狗，名曰賈；掘地而得豚，名曰邪；掘地而得人，名曰聚。聚，無傷也。"

犬像

《晉書》："白犬黑頭，畜之令人得財；白犬黑尾，世世乘車；黑犬白耳，富貴；黑犬白前兩足，宜子孫；黃犬白耳，世世衣冠。"

祭用犬

《禮記·王制》："諸侯無故不殺牛，大夫無故不殺羊，士無故不殺犬豕。"《周禮·牧人》"六牲"注："牛馬羊豕犬雞。"《正義》云："馬則祭之所用者少，豕犬雞則比牛羊爲卑。"是用羊貴於用犬也。《詩·泉水》疏："無犬祭之事，則天子不用羊。"《詩》"取羝以軷"，謂"天子犬，諸侯羊"，是用犬又貴於用羊矣。

鷹犬

頌人之美，以飛走比况者有之，不過用麟、鳳、虎、豹、鷹、鵬之類，罕有以犬爲者。後漢《張表碑》"仕郡爲督郵，鷹撮盧擊"，此何理哉？今人以掾曹取媚上官者爲"鷹犬"，乃知亦有自。

狗瘈

《左傳》："國狗之瘈，無不噬也。"杜預注："瘈，狂犬也。"今云"猘犬"，《宋書》："張收①爲猘犬所傷，食蝦蟆膾而愈。"又"椎碎杏仁，納傷處即愈"。

物去勢

物去其勢，豕曰豮。（見《易》）牛曰犗。（見佛書）馬曰騸。（見《五代史》）鷄曰鐓，犬曰闍。（見俗語）

物識人言

沈仲彝曰："人家呼雞'朱朱'，呼鵝'呵呵'，呼鴨'咿咿'，呼豬'囉囉'，呼貓'𪓌𪓌'，呼羊'哩哩'。"然則不但人識畜音，畜亦識人言矣。"𪓌""哩"等字似俗，豈或有本。

過山猫

北人云："猫不過江。"過金山即不捕鼠。厭者至金山，剪一紙猫投

水中。南人云："牛不過嘉興金牛橋，過者即水①。"厭〔者牽之〕②涉水而渡，則不忌。此理不可曉。

相鼠

《詩》"相鼠有體，人而無禮"，陸機云："河東有大鼠，能人立，交前兩脚於頸上跳舞，善鳴。"韓退之《城南聯句》"禮鼠拱爲立"，孫奕云："相，地名。"按：《地志》相州與河東相隣，則知相州有此鼠，詩人蓋取譬焉。若如毛氏以相爲視，則視物之有體與皮者皆可以喻禮，何以取鼠哉。

鼫鼠

《荀子》"鼫鼠五技而窮"，爲"貓鼠"之"鼠"。《藝文類聚》編入"鼠門"，不知乃"螻蛄"耳。按：《本草》《廣雅》皆謂《荀》之"鼫鼠"爲"螻蛄"，一名"碩鼠"，《易》"晉如碩③鼠"，孔穎達《正義》引蔡邕《勸學篇》云"碩鼠五能，不成一技"，《荀子》"鼫鼠五技而窮"，並爲"螻蛄"也。《魏·碩鼠》傳注皆謂"大鼠"，則《爾雅》所謂"碩鼠"，關中呼爲"鼩鼠"。陸璣云："今河東有大鼠，能人立，交前兩脚於頸上跳舞，善鳴，食人禾苗，人逐則走木空中，亦有五技，或謂之雀鼠。"然則螻蛄與此鼠同名碩鼠，皆有五技，但螻蛄技窮，而此鼠技不窮故耳。陸農師《埤雅》謂"五技而窮"者爲飛生，與諸説又異。

鼶鼠

《三輔決録》漢光武得鼠，竇攸曰鼶鼠也。又辛怡諫爲職方，有獲異

---

① 《石田雜記》"水"作"死"。
② 據《石田雜記》補"者牽之"三字。
③ 《易·晉卦》"碩"作"鼫"。

鼠者，豹首虎臆大如拳，怡諫以爲鼪鼠而賦之。韋若虛曰："此《説文》所謂"鼯鼠"，豹文而形小，一座驚服。毛氏以寶攸爲終軍，誤。"

天雞

注謝靈運詩"天雞弄和風"，鳥也。郭璞《江賦》"天雞"，則云："黑身，一名莎雞。"按：《詩》"莎雞振羽"，蟲也。然《江賦》所云"天雞晨鵠，鶊鷺鷗鵙"，則非小蟲明矣。

雞尸牛從

蘇秦説韓王："寧爲雞尸，無爲牛從。"尸，主也。一群之主，所以將衆。從，從物者也。此解甚穩。按："尸"與"口"相近，"從"與"後"相近，習訛者遂謂"雞口牛後"耳。《通鑑》解之曰："雞口雖小以進食，牛後雖大僅出糞也。"此甚無謂，蓋雞尸，雞之最雄者，群雞隨之。牛從，牛之最劣者，尾而從群。

贋鵝

《説文》："贋，鵝也。"本作"雁"。徐曰："以人以厂，義無所取，當以雁省聲，僞物也。"鵝酷似雁而德不然，故凡以僞亂真者曰雁。陸璣："人莫分於真雁。"韓文詩"居然見真雁"，宋華願兒稱廢帝爲"贋天子"，"贋"字始見於此。

烏夜啼

烏夜啼，有赦，故古人詠之。《樂府》取此雞乙丙夜非啼時而啼，亦有赦。《海中占》："天雞星動，有赦。"後魏北齊揭金雞竿放赦，今猶然。

《古今注》："雞名燭夜。"魯季氏芥其雞，搗芥子汁附之也。郈氏金距，以金爲刺扶其附足骨也。後人又取狸膏塗鬬雞，以異雞畏狸氣也。

雞鴨寒

淮南諺曰："雞寒上樹，鴨寒下水。"驗之皆不然。有一嫗曰："雞寒上距，鴨寒下嘴耳。"上距，謂縮一足，下嘴，謂藏其喙於翼間。

河豚

河魨，未見載錄。左太冲《吳〔都〕賦》叙"王鮪鮢鮐"，劉淵林注："鮢鮐魚狀如科〔斗〕，大者長尺餘，腹下白朕微，背上青黑，有班文。性有毒，雖小，獺、大魚不敢唼之，蒸者食之肥美。"①以是考之，明矣。

烏鬼

老杜詩"家家養烏鬼"，説者不一。《嬾真子》以爲豬，蔡寬夫以爲烏野七神，《冷齋夜話》以爲烏蠻鬼，沈存中《筆談》、《緗素雜記》、《漁隱叢話》、陸農師《埤雅》以爲鸕鷀，四説惟《冷齋》爲有據。觀《唐書·南蠻傳》："俗尚巫鬼，大部落有大鬼主，百家則置小鬼主。一姓白蠻，五姓烏蠻。所謂烏蠻，則婦人衣黑繒；白蠻，則婦人衣白繒。"又以驗《冷齋》之説。劉禹錫《南中詩》曰："淫祀多青鬼，居人少白頭。"又有所謂青鬼之説，蓋廣南川峽諸蠻之流風，當時有青鬼、烏鬼等名。杜詩以"黄魚"對"烏鬼"，不知其爲烏蠻鬼也。元微之詩"鄉味尤珍蛤，家神悉事烏。"又曰："病賽烏稱鬼，巫占瓦代龜。"注："南人染病，競賽烏鬼。"此説又

① 據《文選》左思《吳都賦》注"朕微"二字爲衍文，"班文"作"黄文"，並據補"斗"字。

似不同，據《南蠻傳》，烏即"烏黑"之"烏"，而元詩以"蛤"對"烏"，則又爲"烏鴉"之"烏"。

委蚖

委蚖字，考古韻凡十七變。一曰"委蚖"，《詩》"羔羊委蚖"，箋："委曲自得之貌。"《左傳》引此句，"謂從者也"，杜注云："順貌。"《史·蘇秦傳》"嫂委蚖蒲伏"，《索隱》曰："面掩地而進，若蚖行。"《楚辭》"白蜺嬰茀"，注："白雲委蚖若蚖。"晉衛恒《論書》："雲委蚖而上布。"二曰"委它"，《後漢·儒林傳》："方領習矩步者委它乎其中。"李賢讀"委蚖"。三曰"逶蚖"，《莊子》載齊威公澤中所見，其名亦同。澤鬼，紫衣朱冠，或作泥鰌也。四曰"委佗"，《詩》："君子偕老，委委佗佗。"傳："委委者，行可委曲從迹也。佗佗者，德平易也。"《任光邳彤贊》"委佗還。"五曰"逶迆"，《韓詩》釋上文云"公正貌"，《說文》又作"逶迆，衺正貌"。六曰"倭遲"，《詩》"四牡騑騑，周道倭遲"，注："歷遠之貌。"七曰"倭夷"，《韓詩》之文也。八曰"威夷"，潘岳詩："迴谿縈曲阻，峻阪路威夷。"孫綽《天台山賦》："既克濟於九折，路威夷而修通。"李善注引《韓詩》"周道威夷"，薛君曰："威夷，險也。"九曰"委移"，《離騷經》"載雲旗之委蚖"，一本作"逶迤"，一本作"委移"，注："雲旗委夷，長也。"十曰"逶移"，劉向《九歎》"遵江曲之逶移"。十一曰"逶蚖"，後漢《費鳳碑》"君有逶蚖之節"，《禮樂志》"旗逶蚖"。十二曰"蜲蚖"，張衡《西京賦》："女娥坐而長歌，聲清暢而蜲蚖。"李善注："蜲蚖，〔聲〕①餘詰曲也。"齊公所見或作此二字。十三曰"遺迆"，《漢逢盛碑》："當遂遺迆，立號建基。"十四曰"威遲"，劉夢得詩："柳動御溝清，威遲堤上行。"十五曰"遺迆"，韓詩作"逶迤"，引石經作"遺迆"，又作"褘褕"。

---

① 據《文選注》補"聲"字。

十六曰"倭他"，見李鉉《字辨》，《玉篇》注："安行也。"十七曰"委陀"，韓愈詩"委陀結斜漢"，皆字異而義同。

魚麗

魚麗于罶，鱨鯊。魚麗于罶，魴鯉。魚麗于罶，鰋鯉。蓋鱨魚黃，魴魚青，鰋魚玄，鰋魚白，鯉魚赤，五色俱備，故序以爲萬物盛多也。朱注未闡。

鱅

鱅似鰱而黑，頭大。陸佃云："緡隆餌重，則嘉魚食之。緡調餌芳，則庸魚食之。鱅，庸魚也，其字從庸，魚之不美者曰鱅。性鱅弱，不健故也。"一名"鰫"。《詩詁》云："里語曰：'網魚得鱮，不如噉茹。'頭尤大而肥者，徐州謂之鰱，或謂之鱅，幽州謂之胡鱅。"蓋鰫魚名"鰱"。《爾雅》疏云："東海鰫魚有骨名乙，在目傍，形似篆書'乙'字，食之鯁人，不可出。"又鱅魚名似"巍牛"音，本皆音"容"，後人以鱅魚爲"鰫鰱"字，而"鰫"字不復用。又音"慵"，取懶義也。

淫魚

《淮南子》："瓠巴鼓瑟而淫魚出聽。"説者曰："淫魚頭魚身相半，其長丈餘，鼻正白，身正黑，口在額下，伏侶①鬲，有鬐而無鱗，出於江中，其性喜音，聞樂作則出頭水上聽之。"是聽瑟獨淫魚爲然，今談者"游魚出聽"，乃若槩指凡魚矣。於出處不無小誤。

---

① 《淮南子·説山訓》注"伏侶"作"似"。

金劍

《刀劍録》："章帝鑄一金劍，投伊水中，以厭人膝之怪。"弘景云："按：《水經》：'伊水有一物，如人膝，頭有爪，人浴輒没，不復出。'"今查《水經》俱不載此。

金魚

金魚不載於諸書，《鼠璞》云惟六和塔寺池有之。故蘇子美詩"沿橋待金鯽，竟日獨遲留"，東坡亦曰"我識南屏金鯽魚"，南渡後則衆盛也。據此，始於宋，生於杭。

魚書

《文選·古詩》："客從遠方來，遺我雙鯉魚。呼童烹鯉魚，中有尺素書。"五臣及劉履注謂古人多於魚腹寄書，引陳涉罩魚倡禍事證之，是何異痴人説夢。蓋漢世書札相遺，或以絹素疊成雙魚之形，故又有古詩云："尺素如霜雪，疊成雙鯉魚。要知心裏事，看取腹中書。"則知"書魚雙鯉"豈是實事？

江瑤柱

張樞言太博云："四明海物，江瑤柱第一，青蝦次之。"介甫云："'瑤'字當作'珧'，如蛤蜊之類，即韓文公所謂'馬甲柱'也。二物無海醒氣，鰒魚，今之牡蠣。是王莽食鰒魚，當乾者爾。"《褚彦回傳》："自淮屬北海，江南無鰒魚，有餉三十枚者，一枚直千錢。不以頭數之。"又讀如"鮑"，非亂臭者也。

玄武

玄武即烏龜之異名。龜，水族也，水屬北方，色黑，故曰"玄龜"。有曰能捍禦，故曰"武"，其實只是烏龜一物耳。北方七宿如龜形，其下有騰蚘星。蚘，火屬也。丹家借此以喻身中水火相交，遂繪爲龜蚘蟠吐之下①。世俗不知其故，乃以玄武爲龜蚘二物，誤矣。

五總龜

《唐書》載殷踐猷博學，與賀知章相善，知章嘗號爲"五總龜"，謂千年五聚，問無不知也。顏真卿所撰《踐猷墓碑》曰："顏元孫、韋述、賀知章、陸象先與踐猷，凡五人相聚，故曰'五總龜'。"其說不同。

六目龜

六目龜出欽州，只兩眼，餘四目乃斑文，金黃花，圓長中黑，與真目排比，正正不偏，仔細辨認，方知非真目也。

鯤鵬

《莊子》首篇："北冥有魚，其名爲鯤，化而爲鳥，其名爲鵬。"世稱士子之變化者曰鯤鵬，然郭象注鯤鵬未詳。諸書惟《國語》有"禁鯤鮞"一句，注："鯤，魚子。"鵬即古"鳳"字。鳳不常有，鵬雖有而未成魚。《莊子》蓋寓言之耳，即文人恒用，終涉虛無。

無恙

《戰國策》："趙威后問齊使：歲無恙耶？王亦無恙耶？"晉顧愷之《與

---

① 《席上腐談》"下"作"狀"。

殷仲堪牋》：“行人安稳，布帆無恙。”隋日本遣使稱：“日出處天子致書，日没處天子無恙。”《風俗通》云：“恙，毒蟲也，喜傷人。古人草居露宿，相勞問曰‘無恙’。”《神異經》：“北大荒中有獸，咋人則病，名曰‘猰’。猰，恙也。常入人室屋，黄帝殺之。”北人無憂病謂“無恙”，《蘇氏演義》亦然。或以爲蟲，或以爲獸，或謂無憂病。《廣干禄書》兼取“憂”及“蟲”，《事物紀原》兼取“憂”及“獸”。予看《廣韻》，其義極明，於“恙”字下云：“憂也，病也。又噬蟲，善食人心也。”於“猰”字下云：“猰，獸，如師子，食虎豹及人。”是“猰”與“恙”爲二字，合而一之，《神異經》誕矣。

蜾蠃

余嘗讀楊雄：“蜾蠃之子殪，而逢蜾蠃祝之曰：‘類我，類我。’久則肖之矣。”《化書》曰：“蠮螉之蟲，孕蜾蠃之子，傳其情，交其精，混其氣，和其神。隨物小大，皆得其真。”余乃見細腰黑蜂在竹木縫上作巢七孔，以次封之。孔皆銜青黄蜘蛛，未半孔時即生子，如粟大，於蜘蛛之背，仍用蜘蛛置滿，以泥封之，數日，子漸大，如青屈蠖形，蝕完蜘蛛乃成蛹。蛹枯，内出蜂，嚙泥口而出，聲與大蜂祝聲無異。乃知《詩》“蜾蠃有子”與楊雄“類我”之言，爲蜾蠃造千古不白之冤也。羅願以此解《詩》曰：“果蠃負之，以況國君不能有其民，爲他人所取，不言負去爲之子也。”猶“鳲鳩鳲鳩，既取我子”，亦可謂鳩取衆鳥爲己子乎？猶[1]此觀之，箋《詩》及子雲、譚峭之語疎矣。唐人詩“案前筇管長蒲蘆”，則已知細腰蜂自生子，非祝人之子者也。

麥化

譚子《化書》“朽麥化爲蝴蝶”，又《搜神記》“麥之爲蛺蝶也。羽翼生

---

[1] “猶”當作“由”。

焉，眼目成焉，心智存焉。此自無知化爲有知，而氣易也。"又人因此遂謂蝴蝶爲麥所化，皆屬未考。《爾雅·釋蟲》曰："蜆，縊女。"郭璞注："小黑蟲，赤頭，喜自縊死，故曰'縊女'。"邢昺疏曰："《說文》'蜆爲蝶'是也。"予見此物每懸榆枝上，折而收驗之，反蜆果爲蝴蝶。豈《化書》與《搜神記》多談幻妄乎，抑或別是一種，殆不可曉。

車渠

海物有車渠，蛤屬也，大者如箕，背有渠壟，如甜穀①，故以爲器，緻如白玉，生南海。《尚書大傳》："文王囚於羑里，散宜生得大貝如車渠，以獻紂。"鄭康成乃解之曰："渠，車罔也。"蓋康成不識車渠耳。

蛙蟆

蛙、蟆二物，《本草》分條載之，是也。《御覽》《孔帖》《爾雅翼》《通志略》混而一之，俱誤。鄭樵又云："凡蝦蟆之類，俱不交合，惟雌雄相對吐沫，漸成魚子，遂變成科斗。"夫此物水中相負，孰不見之，而乃云云，豈《自序》所謂"廣覽動植，漢唐諸儒所不得聞者"耶。

蜀

《爾雅·釋山》云："獨者，蜀。"蜀，蟲名，好獨行，故山獨曰蜀，汶上之有蜀山，維揚之有蜀岡，皆獨立之山也。今或指山似巴中，或云脉從巴來，未讀《爾雅》乎？又《管子》云："抱蜀不言，而廟堂既修。"蜀音猶，祠器也。甚不然，謂山如祠器尚可，不勝於"似巴"之陋耶。

---

① 《夢溪筆談·謬誤》"甜穀"作"蚶殼"。

天臠炙

瓦屋子，蓋蛤蜊之類，南中舊呼爲蚶子，頃改爲"瓦屋子"，以其殼上有稜如瓦壟，故名焉。殼中有紫色肉而滿腹，廣人尤重之，多燒以薦酒，俗呼爲天臠炙，喫多即壅氣，背膊煩疼，未測其本性也。

尺蠖

《説文》："蠖，尺蠖，屈伸蟲也。"《易·繫辭》："尺蠖之屈，以求信也。"陸佃云："蚇蠖一名'螂蝀'，一名'步屈'，似蠶食葉，亦吐絲作室，繭化爲蝶。"《漢志》："尺者，蒦也。"蠖之義蓋取諸尺，蚓之義蓋取諸引。引者，伸也，今人布指求尺，一縮一伸，如蠖之步。又蠖濩，刻鏤貌，《選·楊雄賦》"鱣蜎蠖濩"，濩音"鑊"。又溫蠖，惛憒也。《史·屈原傳》："安能以皓皓之白，蒙世之溫蠖乎？"

蟬鳴

宋人巧聯有云："蟬以翼鳴，不啻若自其口出；龍因角聽，爲其不足於耳與。"故常談遂謂蟬以翼鳴矣。及閲《考工記》"以旁鳴者，以翼鳴者"，鄭注："旁鳴，蜩蟬屬。翼鳴，蟋蟀屬。"許氏《説文》："蟬，以旁鳴者。蠪螉，以翼鳴者。"今蟬兩脅下有小孔，實能振迅作聲，則鄭許爲精，而翼鳴之説不足信。

玄駒

蟻名玄駒，河内人並河而見人馬數千萬，皆如黍米，遊動往來，從旦至暮，家人以火燒之，人皆是蚊蚋，馬皆是大蟻。故今人呼蚊蚋曰

"黍民"，名蟻曰"玄駒"。

蚍蜉

韓愈詩"蚍蜉撼大樹"，《爾雅》："蚍蜉，大螘。"郭璞注："俗呼爲馬蚍蜉。"疏云："此辨衆螘，其大者別名蚍蜉，俗呼馬蚍蜉，小者即名螘。"《方言》云："蚍蜉，齊魯之間謂之蚼蠪，西南梁益之間謂之玄蚼，燕謂之蛾蛘。"按：蜉蝣，詳蜉字注，與蚍蜉不同，引《漢書注》"蜉蝣，渠略也"，誤。

馬一疋

馬一疋，俗説馬月子與人相足，或説馬夜目明照前四丈，或説縱橫適得一疋，或説馬死直一疋帛耳。

蜚

《左傳》："有蜚，不爲災，不書。"《通志》："即草蟲也。《春秋》書蜚，以其能害稼。《本草》謂之蜚蝱，亦謂之蜚蠊。"《爾雅》"蜚，蠦蜰"，注云："即負盤，臭蟲。"疏：按《洪範五行傳》：蜚，負蠜。其爲蟲臭惡，南方淫氣所生。《本草》曰：蜚，厲蟲也。然則蜚自臭惡之蟲，一名蠦蜰，一名負盤，《漢書》及《左傳注》多作"負蠜"者，以此下有"草蠜"，故相涉誤耳。

螳螂

按：《方言》："螳螂謂之髦，或謂之虰，或謂之芉芉①。"《莊子》：

---

① "芉芉"當作"蜱蜱"。

"螳蜋怒其臂以當車轍。"陸佃云："有斧蟲，兗人謂之拒斧，江東呼爲石蜋，又名齕肬。"《月令》"仲夏螳蜋生"，蓋是月升陰，始起殺蟲應而生。《爾雅翼》按許叔重云"螳蜋謂之天馬"，蓋言蟲之飛捷如馬也。贊《八駿圖》者遂以爲其伏如麟鳳，"螳蜋"誤也。

螢火

《禮記·月令疏》："螢火，一名燐。"燐者，火之微名，非血燐也。《復古編》云：《説文》無"螢"字。《明堂月令》"腐草爲蠲"。《爾雅》"熒火即炤"。《禮記注》"本作'熒'"。《詩》"熠燿宵行"，《毛傳》："熠燿，燐也。燐，螢火也。"疏云："按諸文皆不言螢火爲燐，然則燐者鬼火之名，非螢火也。皆未爲得也。"近世董逌云："熠燿自是一蟲，夜行地上，如蠶，而喉下有光，故曰宵行。"以此，朱氏曰："宵行，蟲名，似螢者。"熠燿，明不定貌。《古今注》曰："熠燿非螢。"今卑濕處有蟲如蠶，蠋尾後帶火行而有光。《爾雅翼》云："今有一種蟲如蛆，尾亦帶火，但無翼不飛，名爲蛆螢。"《詩詁》曰："今詳熠燿非蟲名，止謂其光閃動，夜飛若行于空中耳。如後章'倉庚于飛，熠燿其羽'，亦是此意，不應言是蟲名也。"楊用修云："有草螢、水螢二種。"引唐李子卿《水螢賦》："水螢爲蟲，惟蟲能天，彼何爲而化草，此何爲而居泉。"

蝦

《爾雅翼》云："蝦多鬚而善游，而好躍，其字從假，假物而遠者。今水母不能動，蝦或附之則能往。"《文選·江賦》"水母耳蝦"。《爾雅·釋魚》以鰝爲大蝦，郭氏曰："出海中，長二三丈，鬚長數尺。"今《爾雅》本字作"鰕"。又閩中有五色蝦、梅蝦、蘆蝦、泥蝦，其類不一。又海中有蝦姑。

螽斯

螽斯以喻子孫之多，"斯"乃助語，如"鷺斯""鹿斯"之類，非"蜇螽"也。毛鄭誤以"蜇螽"解"螽斯"，因指爲"蚣蝑"，非也。

丹良

《禮記·月令》"群鳥養羞"，注引《夏小正》曰："丹鳥羞白鳥。"白鳥，蚊①蚋也。丹鳥，丹良也。其謂之鳥者，凡有翼者爲鳥。未知丹良竟是何物，皇氏以爲是螢火，未知何據。

蠃

《爾雅翼》云："公輸般見蠃出頭，潛以足畫之，蠃引閉其戶，終不可開，因傚之設於門户。"今以蠃爲舖首，古遺制也。

八蠶

《文選·吴都賦》："國稅再熟之稻，鄉貢八蠶之綿。"注引劉欣期《交州記》云："一歲八蠶繭，出日南。"按：漢俞益期《牋》云："日南蠶八熟，繭軟而薄。"又《永嘉記》："永嘉有八輩蠶：一曰蚖珍蠶，二月績；二曰柘蠶，四月初績；三曰蚖蠶，四月〔初〕②績；四曰愛珍，五月績；五曰愛蠶，六月末績；六曰寒珍，七月績；七曰四出蠶，九月初績；八曰寒蠶，十月績。凡蠶再熟者，皆謂之珍。"此八蠶也。李賀詩"將餧吴王八繭蠶"，則直謂一蠶之收當八繭耳，一歲八績，亦恐誇者之過。

---

① 《禮記正義》"蚊"作"閩"。
② 據《齊民要術》補"初"字。

蠶室

《春秋文耀鉤》曰："商絃絶，蠶含絲。"蠶，火也；商，金也。火壯，金因應之而絶。養蠶之室欲明而温，漢法犯腐刑者下未央蠶室，取其温也。然蠶以繭自衣，亦謂之室，《易林》"飢蠶作室"是也。古者王后親蠶，三灑而止，蠶性惡濕，以葉灑之。《禮》所謂"風戾以食之"，亦此意。《太玄》曰："紅蠶緣於枯桑，其繭不黄。"荀卿曰："三俯三起，事乃大已。"俯亦曰"眠"，三十三日三眠而蠶老則紅。

落霞

王勃作《滕王閣序》，中間有"落霞與孤鶩齊飛，秋水共長天一色"之句，世率以爲警聯。然而落霞者，乃飛蛾也，即非"雲霞"之"霞"，今人呼爲"霞蛾"。至若鶩者，乃野鴨也，野鴨飛逐蛾蟲而欲食之故也。所以齊飛，若雲霞即不能飛也。此見吳獬《事始》解勃文，殊可笑。兹錄之，特以見飛蛾亦名落霞耳。

蠶馬

鄭玄曰："蟲生於火而藏於秋者，蠶爲龍精，與馬同氣，其首類馬，星屬房駟，月直大火則浴其種。"《周禮》"馬質禁原蠶"，其害馬，物不能兩大也。今術家末僵蠶塗傅馬口即不能齧草，蓋其氣類自然相感。舊祀先蠶爲馬祖，事本于此。《月令》仲春祭馬祖，季春享先蠶，皆爲天駟房星也。爲馬祈福謂之馬祖，爲蠶祈福謂之先蠶，是蠶與馬同其類耳。《荀子·蠶賦》："此夫身女好而頭馬首者歟？"是又以其形言之有相似者，後世遂有蠶女兒之説，有馬明菩薩之説，有馬頭娘之説，見于《中華古今注》及《搜神記》《乘異集》之所云者，何其妄也。

蜘蛛

踟蹰即蜘蛛，凡猶豫才能諸字皆借獸名。踟蹰，只解云"行不進"，而無出處。余以爲字本蜘蛛，蓋蜘蛛織網，往而復還，故行不進曰"踟蹰"。梁昭明太子詩："日麗鴛鴦瓦，風度蜘蹰屋。"

水癙

水癙，馬蟥也，俗呼水蛭之訛。李石《續博物志》載治水癙之法，今本作"木癙"，令人不辨爲何物。

讀書敆定三十卷　浙江巡撫採進本

明陳良儒撰，良儒字稺修，湖北人，崇禎中由蔭生官光禄寺典簿，是書分天象、時令、地輿、人物、仕籍、行誼、肖貌、人事、書籍、法教、方伎、宫室、飲食、服飾、器用、花木、品彙，凡十七門，每類徵引舊聞，訂其訛舛，亦《容齋隨筆》之支流。然大抵多前人所已言，如唐明皇遊月宫及月中嫦娥之類，不過詩賦家藉爲詞藻，本無人以爲實事，亦無庸紛紛詰辨也。

程良孺集

（下）

〔明〕程良孺 撰

張厚知 整理

荆楚文庫編纂出版委員會

武漢大學出版社

荆楚文庫

茹 古 畧 集

茹古畧集叙

　　粤自《爾雅》載蟲魚，陸氏彙草木，孝標《類苑》之輯，梁武《華林》之
篆，野王《御覽》之纂，敎書之最遠矣。迨至徐歐宅體而揚藊，虞白乘流
而馳藻，杜佑博柬《通典》，韓鄂艷搜《歲華》，有唐諸家殆或或稱盛焉。
浸淫迄宋，增爲《淵海》《元龜》，又增爲《紀原》《合璧》，以至《三才志》
《萬花谷》等集，麗矣！末則複而尠財，舛蕪彌猷。紛纊詭異奚誇，戢奢
灛觴已極。菌木堪憂，辟則碎錦殘縑，孰是天上六銖之製；斷橡零瓴，
莫壯蜩僂三鶘之居。賴余友人程稚脩氏，舒翡林采，摘虬渚光；精涉經
畬，竑耘史囿。居鄰夢澤，賦抽宋玉之毫；家搆韻樓，書滿羅含之宅。
披西陵黃金藏，竊窺瑤軸琅函；登南仙峋嶁峰，親領金簡玉笈。談林腹
笥未足儗雄，藏室石倉差可方富。嘻稗家之旨雜，恐譌語之肴訛。盪雲
霞胸，驅風雷聿，峻睨霄漢，垂覘重淵。鉅及鴻章，璅及怪牒，靡不弆
糟而啜醨，合琲而散珠。如闌天閑則驊駵騧驦云寋，涉春澤而長瓊鼻罷
星燦。嘗鬵知鼎，飲水識源，斯真學海之鈔航，辭峰之葆徑矣。蓋先囝
卿世詒鴻藻，迨嗣吉士饒亶鶂毛。籍咸歟詠于糟壇，蘇黃唱醻于騷社。
兼以遊蹤日廣，瀏覽多奇，故能搴陰陽以爲鑪，沃丘索以爲饌。箴縷百
氏，麾掐千種；役彼众靈，歸余賦手。詞雖駢而不蔣，韻以簡而能嚴。
昔張茂先抵掌而圖建章，備諝千門萬户；趙夫人方帛而繡列國，臚成五
嶽十洲。證之斯編，故非癙語。嶨奏循聲于釓邑，累誦拔薤栽棠；兹隸
奧事于留都，頻聞抽扇掣簟。門墻置聿研，敢关左太冲之湛思；帳匜挾
《論衡》，慮煩蔡中郎之祕貯。公之全好刻此異書，六經成而紫薇降光，
《太玄》就而白㝡集瑞。考《博物志》，纂者宜廣給側理紙，用麈角豪，捧
昌黎文，讀者請先燃玉蕤香，浣薔薇露。

賜進士出身右春坊右庶子兼翰林院侍讀，掌司經局印信，直起居注知制誥纂脩兩朝實錄，經筵日講官嚴陵通家友，弟方逢年拜手題。

茹古畧集序

　　古學士大夫于天地民物、今古幽顯，未嘗推之徑寸外，是號通儒。迨通失幾之博、博失幾之剟，剟斯陋已。學問之道，象至者赴以精，情敝者實以理，故名數咸有所歸，而關覽不爲流浪，此貫榆莢法也。僑史以還，代著閎氏，顧組績之匠，或力絀冥稽；肆討之士，乃不遑掞采。《七畧》二山之叢薈，《學海》《類苑》之標新，《鴻寶》珍于鳳肺，《山經》雋于駝羹，亦儘探酉穴，抉瑯嬛，鈒篆驚人，琅函炫目。然未有研精滙象，擘理諧情，編瑟瑟之簾，膾麟鸞之脯者。至若近輓作家亦率多爲博雅累，徒令人廢然悵憚耳。風趨日薄，實詣盡泯，奎章中秘曾少藏書，安復望腹笥行厨備持橐之盛事者。光禄楚穉脩程公所集《茹古畧》，璧串珠聯，珍嵌玉琢，萃五色之雲以成錦，綦六鳳之羽而爲罽。前人所能彙事而韀屬辭，摘藻而遞比類者，無或歉焉，爲書凡三十卷，合三百九十四篇。天道洽，人事浹，文赤字緑，間多景純所未詳，自非二十年工力，門庭涵壁皆著筆研，豈能及此。今天子明習經史，崇奬懿學，將有石渠、東觀之舉，如光禄淹該弘麗，心織筆耕，政應左右顧問，何況奪錦席十重乎！今嗣燃天禄之藜，青箱家敦當與玄成、子政父子並艷昭代，兹又不啻璇璣之緒爾。昔人稱王朗不見異人，當得異書，使懸諸日月，方將靈寶爭奇，但恐中郎秘之帳中，且曰"唯我與爾共之，勿廣也"。時崇禎昭陽作噩之病月，清明風至日，蜀人太史氏陳盟譔書。

茹古畧集序

　　周公瑾①謂："世間萬物未有聚而不散者，而書爲甚。"陸子淵、王元美志其阨，又志其盛。統計今古公私之書籍，往往不能十萬卷，所謂天之生財止有此數也。然就其中北宋前、南宋後之類部，幾且六千有餘矣，即欲萃會而剪裁之，談何容易。及是見穉脩程先生《茹古畧》，不覺嘆曰："世有如此異書，如此異人乎？"大抵類書之難，一曰儲本，帝王遣使者懸爵輂金，馳于大邑通都，購于故家野老，而後類可儲也。程先生簪紱名宗，篤性無他嗜好，而秘笈亞于石渠，窮討冥搜，一事分爲一類，一類彙爲一篇，務令匹白妃黄，不使奪朱借紫，非博洽而能然乎，大奇也。一曰儲人，唐宋削平諸國，降臣羈客實繁有徒，于是開纂脩局置之，以是消耗其雄心，折磨其歲月，遂成《珠英》《册府》《御覽》《廣記》諸大部書。今程先生曾賜大官廩餼乎？曾給上方筆札乎？曾辟聘如雲之賓客于幕下牀頭乎？獨出一人之手而組織三館四庫之精華，大奇也。論者曰：類書取其裒採詳、銓次穩、流覽便而止矣，何以耦爲？陳子曰：龍馬見而河圖出，河圖出而卦象生，乾坤縱耦也，六子横耦也。五行以生成爲耦，天干以六合爲耦，地支以三合爲耦，八陣以四正四隅首尾相應爲耦。推而至于影隨形，響報聲，鐵運磁，珀附芥，陽燧然火，方諸津水；虎嘯而谷風生，龍舉而景雲屬，鼉珥絲而商絃絶，賁星墜而渤海決，夫孰非以類感類哉，而又何疑于程先生之《茹古畧》。蓋無獨必對，乃天地自然之文，而化異爲同，尤程先生化工之筆也。今《畧》中或事對、或言對、或正對、或反對、或隔行而實懸合，或宿構而不安排。後輕前軒，左驂右服，何其整也；超影挈塵，伐毛洗髓，何其奇也；誇目尚奢，愜

---

　　① "瑾"當作"謹"。所引見周密《齊東野語》，密字公謹。

心貴當，何其簡也。此書一出，如華嚴海中無非寶藏，如旃檀林內無非異香，如登博學宏詞科、弘文集賢館，人人皆大總持，而不必復求陸氏之《連珠》，王氏之《合璧》矣。大抵李杜以詩爲文，韓柳以文爲詩，而以賦學爲類書，則自程先生始。其子端伯太史公又取五色絲聯絡之，九轉丹點化之，正如漢稱《七畧》，非歆、向父子不能成此環瑋巨麗之觀，真同人所希覯，而亦同文之聖主所必睿覽也，故樂爲《茹古畧叙》。

華亭友弟陳繼儒頓首拜撰①

① 崇禎本序爲手書，無"拜"字。"撰"字後有"古共曹廖請頓首書"八字。

茹古畧集序[①]

稺脩先生，王謝名家，文章宿老；星心月口，玉珮瓊琚。曹氏石倉傔舍，頓高隣價；柳家篋子及門，常起精廬。麒麟赤手縛來，魚龍點睛掣去。能讀千賦，脩鳳窠萬卷之樓；嘗憶訛書，扛龍文百斛之鼎。明經漢代，茂宰河陽。驥老盛年，難耗騰驍之性；鶴閑官署，雅開錦繡之堆。陸倕暗寫五行，及較不差一字；安世亡書三篋，分之足了十人。膏潤百家，皇惑萬怪，上之瑤宮玉柱，下之《地志》《山經》，鉅而丹青廟朝，碎而喑唒飛走，罔不汗瀾卓踔，剖髓伐天爾。其泉湧雲翻，侍史腕脱而泣；兔驚鵲起，敵人卷甲而奔，是其敏也。子雲黤寠，諸葛俟囊，斛律鐏于，亡新威斗，重侍中之席，抽王摛之簒，是其奧也。張榮識黃初無二月，原夫[②]辯天寶無八年，印搜亞谷之文，池躍蕤寶之響，是其鑒也。在昔左思門庭署紙，王充户牖著筆，莫不遲以歲年，幾經鉛槧；若乃倪若水子弟直日看書，白居易諸生分條編架，綴之衆手，始集全裘。又如石室觀書，尚方給札，猶將助以國靈，發舒志氣。而先生蕭然廳事，密爾自娛，出則判牒如流，入則退鋒成塚；五官並用，八面應敵，擲地宮商一片，傳世鼓吹六經，嘻其難矣。令子端伯史氏，被服膏腴，一似龍門二馬；傳來江鯉，叨陪皇甫三都。敢辭糠粃，居先殊慚，珠玉在側；附之千古，副在名山。

> 崇禎癸酉仲夏望後十日
> 年家晚生吳楨頓首撰[③]

---

① 宗禎本此序題作"程老年伯茹古畧題辭"。
② "原夫"當作"原父"，此爲劉敞事。敞字原父，又作"原甫"。
③ 宗禎本此序爲手書，"撰"字後有"並書"二字。

茹古畧集自叙

　　憶余舞象之年，先大夫日授故事數欵，余耳熟焉。迨出就外傅，進退古今，管見所窺，逾深狂瞽，留之窗壁，時作風雨吼鳴，先大夫頷之，今且不敢以示人矣。類書一種，較之史則雜，較之子稍俚，嗜古者以當海錯山珍，惟日不足。如騈四儷六，古人以拙筆爲工，今人以華舌稱最，拙筆者如石鼓之應鎚，華舌者如八風之和律。數寶之勤，得酺之趣，謂可空拳從事，豈其然乎？唐宋以來，《崇文書目》類書不下數百家，《孔帖》《虞鈔》，傳者僅僅，蓋取才莫病于不博，博莫病于傷雅，雅豈必今之非而古之是？文人自我作古，斟酌百代，充塞兩間，漢魏且爲優孟抵掌。彼竹漆之存即是耳目之有累，元會之運天地必不以缺陷恨人。六合之外存而不論，夫存之則論之矣，如不論又何存之。有防風之骨、肅慎之矢、商羊萍實諸僻事，藉令漢魏諸人何必不與；一畫有兩，雕蟲小技，壯夫不爲。千載而下，有子長亦不能成《史記》大都藏拙語耳。余爲類卷總三十，析目三百九十有四，事若珠貝語叶，宮商雖代，無分先後，而就事褒貶，情與境會，大約在賦史離合之間。堂上招呼，不爲因人以成事，不奇不已，不幽不已，不僻不已，而不合其奇者、幽者、僻者，以成吾一家言不已，從吾所好，余自知之耳。余屬草時，抱長案、哀群書，丹鉛如雨注，寢食俱廢，梳沐俱忘。友人梅小往走而躡余："子知日之在窗乎？"余纔就睡，猶不忍釋手。思多雜沓，筆有淋漓，入而嬲亂，每于卒至之客，竊有憾焉。先後白下之遊，長安五都之市，朝夕與俱，酒可以解憂，可以忘恚，可以遣不，衣可以居寒，歷今二十餘年，穎禿硯穿，亦且敝帚棄之。戊辰承乏恒陽，簿書減少，因得整理殘業，視前舟中月下旅舍僧房，塗乙删抹，幾不留原稿一字，累年陳債，從簿書中得了此一段緣也，亦足異矣。簿書無情之詞，説鬼説夢，一奇境也；對隔丘山，藏頭換面，一幽境也；積案塵掃，積貯邊河，兵馬醙屯，以至經術造士，明禋奏假，少所見多所怪，一僻境也。以是三者，還而尋吾素業，何物不有，何異不儲，又豈終階前盈尺地，以俗吏結吾磈礧也耶。書成，示吾兒史氏討搜閣本，亦互有發明，因以思吾楚岣嶁二酉之藏，虛而不屈，動而愈出，未知二山別有啓蒙耶，萬二山各有代興耶。太乙老人下逼劉向，此是最先博雅，足發吾覆。甚矣，吾衰也，筮之得《震》之《漸》，《同人》之《坎》，"孔德如玉，出于幽谷，飛上高木，鼓其羽翼，輝光照國，"爰是授之梓人，琴儕鶴侶，閒抽一編，口津津涎出，則向者云"從吾所好"，于以志先大夫之教，于有永也，茹古哉。

　　崇禎辛未冬楚人程良孺穉脩父書於兩河補天清署。

茹古畧集序

　　《茹古畧集》者，程伯子稺脩氏爲禄勳時所纂著也。伯子潛思淵渟，秀藻颺發。題彫胸鏤，夙高黃絹之名；目佃意漁，更富青箱之業。鄴侯之架萬卷，惠子之書五車，罔弗手自丹鉛，親爲詮次。人稱肉譜，學擅書倉。爰自舞象之年，以及①飛鳶之日，上窮巢燧，下逮來兹。高文典册，羽陵宛委之編；稗官小乘，《夷堅》《虞初》之志。倥傯休澣，不廢含咀；風雨晦明，無忘蒐討。退筆成塚，渝墨作丘，緝成兹編，凡幾脱稿，而後就從南中寓書，屬余顔其簡端。余受而卒業，見其蒐羅萬有，囊括衆芳，原本山川，極命草木，張華之識窮石鼓，孫綽之賦作金聲；圛振詞條，瀾清筆海，天苞地符，皇林帝器，山膚水豢，秘簡幽經，莫不考詞就班，選義按部。重葩累繡，五色賁而成文；沓璧連璋，八風宛其從律。昔左思之賦《三都》，張衡之賦《二京》，未聞比物連類；若祝穆之編《事文》，率更之編《藝聚》，未覩妃儷青黃。自兹編出，而山鑱冢刻盡作連珠，泉液露英都成散錦。合之則狐腋之千金，離之則崑山之片玉。其用物也宏，而鎔裁必期于鍊；其庀材也博，而傅色必取其妍。五丁丹嶂不見斧鑿之痕，二酉赤文盡入韛鑪之内。嗷雞跖者數千而後足，食禁臠一鑊而知調。求諸梵釋，類酥酪之醍醐；索彼仙家，似金莖之沆瀣。芬馨不嫌于酷烈，神奇靡掩其羹玄，誠菽圃之芳餌，詞塲之膾炙已。君家喬梓，有太史端伯氏後先濟美，則今之歆向、遷譚也；竹林春草，有大司寇芸閣氏、小宰雪窻氏，則今之崔盧、王謝也。美江漢者遡源于岷峨，負人地者不侔于圭篳。衣服之有冠冕，册府之有元龜，魯秉周禮，文不

---

　　① 崇禎本“及”作“洎”。

在兹乎！不佞人非玄宴癖類，征南朵頤于郇公之厨，染指于易牙之鼎。瓦礫之導，匪曰能之，雖爲執鞭，亦所忻慕。泚筆掞詞，用識歲月云爾。

眷弟傅淑訓啓昧父題

茹古畧集序

　　穉脩老伯筆鑄酉山之牘，端伯盟兄文吹嶰谷之音，而不肖寀進履因窺其秘書，縮帶自忘夫踈質。向者出雄文而命録，已慚八法未精；兹復啓蔡帳而恣探，仍許千秋可附。若夫是書之宏深奧衍，俾用脩之《丹鉛》諸録，元美之《宛委》多編，尚驚九州之表更有九州；至於作者之提挈牢籠，令士衡之連珠雋句，昭明之錦帶新章，始信千煉之餘仍堪千煉。津梁疲矣，雙林示勝；相于諸天，芒乃寬然，一朝解全牛于寸腕。且其掌烵目營，即在琴鳴轂擊，矧兹花關竹塢，寧無塵脱棟充。已醉心同食字之蠹魚，亦拭目覘啣書之馴鶴。

年家子薛寀書序訖附題

目　録

嗤鄙　輕詆

第一卷

天

　　蒼蒼正色（《莊·逍遥遊》），恢恢大圓（《選》）。功高八柱（《楚辭》），德蘊九乾（崔駰《答旨》①）。驅馭陰陽，裁成風雨。燦黄道而開域，闢紫宫而爲宇（劉元齊②賦）。五才亭毓，六氣陶甄（清賢録叶③）。去地九萬一千之餘也，分度三百六十有五焉（賦）。夫曰"上靈"（《選》），曰"太清"（《鶡冠》），五之爲號（《周禮疏》），四以立名（《〔爾〕④雅》）。外其次于九陔（《封禪〔文⑤〕》），間可云于七衡（《援神契疏》）。居高治下（《白虎》），常正無私（《申子》）。因以表測（《易通卦驗》），誰能管窺（方朔《答〔客〕難》）。轂于何轉（《渾天》），弓于何張（《老》）。無不仁于芻狗（上），少不羈于漁陽（《雜俎》）。而不見翠虬絳螭之將登，必聳身于蒼梧之際⑥（揚）；鵬飛鳩笑之已及，那控背于搶榆之巔（《莊》）。雪霜降而風雨施，無非教也（《易》⑦）；四時行而百物生，復何言哉（《論》）。

---

① "崔駰《答旨》"當作"崔駰《達旨》"，見《後漢書·崔駰傳》。
② "元齊"當作"允濟"，見劉允濟《天賦》。
③ "清賢録叶"未詳，見劉允濟《天賦》"五才亭毓"作"五材亭毒"。
④ 據《爾雅·釋天》補"爾"字，《釋天》："春爲蒼天，夏爲昊天，秋爲旻天，冬爲上天。"
⑤ 據《史記·司馬相如列傳》補"文"字。
⑥ 揚雄《解難》"際"作"淵"。
⑦ "易"當作"禮"，見《禮記·孔子閒居》："天有四時，春秋冬夏，風雨霜露，無非教也。"

余且爲之談天焉（《〔五經〕①通義》）；恍惚成文，先十載而徵相業（《曲洧舊聞》）；逡巡踐祚，通一夢而紀中興（《南史》）。以鶉首而錫秦，何爲此醉（《文選》）；以龍淵而怒漢，此又未繩（《許楊傳》）。赴會雲亭，眆眜仙宮之侶（《仙傳拾遺》）；浪遊華胥，趨陪物外之觀（《古今詩話》）。浩矣榮光，法曹分作頌（《齊書》②）；杳如鍾乳，母后分加殯（《後漢》）。匹練升而占吉（《虞升③傳》），朝霞登而興闌（《皇覽·塚墓記》）。壓不勝于穆子（《左》），破見夢于王敦（《十二真君傳》）。捧之有期戴翼（《倦游錄》），搏之直以翠翰（《晉書》）。則求諸樓閣參差、山嶽光明之處，其何開而何閉（《葆光錄》）；抑求諸白玉輝煌、紅雲縹緲之地，其孰易而孰難（《翼聖傳》）。改白雀之侯封，吾不信北門之與塞（《雜俎》）；歌青裙之童子，吾致疑道路之多漫（《真誥》）。何以憐才，泛遥圃之舟，謫從人世（《夷堅》）；何以偕樂，命赤虬之駕，注籍仙壇（《宣室志》）。階升而景已寂（周謂），浩歌而聲欲殘（《南史》）。誠再旦分足訝（《汲冢》），寧陽九分永歎（《靈寶運度經》）。所以門開閶闔（《騷》），柱直崑崙（《神異》）。擬之黃含雞子（《渾天》），譬之磨上蟻行（《周髀》）。大梵之氣無復真宰（《元始經》），豐都之洞總是奇靈（《真誥》）。恢恢其無漏網（詩），歷歷其有培根（詩）。無須女媧之補（《鑑》④），何憂杞上之崩（《列子》）。即虧于東南，而奧于西北（《太玄》⑤）；然吹萬以生，而得一以清（《老》）。祇事禮也（《郊祀》），欽若《書》云（《書》）。非蒼莽其仰視（管〔子〕⑥），有於變其放勳（《書》）。無臆斷以術數（《渾天論》），第

---

① 據《太平御覽》卷一補"五經"二字。

② "齊書"誤，見《南史·王摛傳》："永明八年，天忽黃色照地，衆莫能解。司徒法曹王融上《金天頌》。摛曰：'是非金天，所謂榮光。'武帝大悦，用爲永陽郡。"

③ "升"當作"延"，見《後漢書·虞延傳》。

④ "鑑"誤，見《淮南子·覽冥訓》"女媧煉五色石以補蒼天"。

⑤ "太玄"誤，見《淮南子·天文訓》："昔者共工氏與顓頊争爲帝，怒而觸不周之山。天柱折，地維絕，天傾西北，故日月星辰移焉；地不滿東南，故水潦塵埃歸焉。"

⑥ 據《説苑·建本》補"子"字。

行健于利貞(《禮》①)。無鄒衍之迂大而閎辯(《五經通義》)，寧子雲之執滯而不情(《新論》)。則急黜秦宓之小説(《蜀志》)，而快覩樂廣于此生乎(本傳)。大極朴剖，萬象昭回。察文明而降祥瑞，觀草昧而動風雷(風②)。日朝上而疑璧，河夜橫而如帶。破鏡飛乎其所(詩)，長劍倚乎其外(詩又賦)。則夫德冠三才，名參四大；有功不伐，無遠不蓋(賦)。皇家恩流品物，禮達上玄。垂文明畫一之令，秉神武不殺之權，信爲親上而法天者焉(《天行健賦》)。

日

　　蔽虧若木(《山海經》)，隱映扶桑(《論衡》)。上浮委質，下濟流光(王捧珪《日賦》)。揚輝而四方動色，霽景而萬物聳觀。豁雲霧之凝脂③，解霜雪之沍寒(李邕賦)。爾其光垂利眼(《唐④連珠》)，神號鬱儀(《大洞經》)。迅矣流珠之狀(《易參同契》)，皎然連璧之規(《易坤靈圖》)。但俟天雞之唱(《玄中記》)，何煩螢爝之暉(王儉表)。出自蘇門(《山海》)，委照窮桑有幾(《尸子》)；淪于濛谷(《雅》⑤)，迴光不夜如斯(《齊地〔記〕⑥》)。晷同萬里(李尋疏)，圍哀三千(徐整《長曆》)。于以昉羲和之爲女子(《北⑦海》)，羅耀之自眞仙(《眞誥》)。君父夫兄之象(《洪範傳》)，寒暑陰風之宜(《周禮》)。若見冬愛而夏畏(《左·文》)，試觀樹表而陳圭(《易通卦驗》)。鱗欲闘而相應(《論衡》⑧)，驥

---

① "禮"當作"易"，見《易·乾卦》："天行健，君子以自强不息。"
② "風"當作"賦"，見劉允濟《天賦》。
③ 李邕《日賦》"脂"作"暗"。
④ "唐"當作"演"，見陸機《演連珠》"利眼臨雲，不能垂照"。
⑤ "《雅》"當作"《淮》"，見《淮南子·天文訓》："(日)至于蒙谷，是謂定昏。"
⑥ 據《太平御覽》卷一補"記"字。
⑦ "北"當作"山"，見《山海經·大荒南經》。
⑧ "論衡"誤，"鱗"當作"麟"，見《淮南子·天文訓》"麒麟闘而日月食"。

有步而難追(《淮》)。太平太蒙所以司其出入(《淮》①),南至北至所以節其寒溫(《五經通義》)。燭龍照山,不能窮其神異(《山海》);六螭還馭,別以寄其遊魂(《淮》)。夫然夾赤烏(《左》),貫白虹(《策》),羊胛兮已熟(《舊唐》),烏羽兮偶窮(《淮》)。雀奚自而頃立(《考異郵》),龍奚自而寐夢(《〔王〕顯傳》)。邊不爲人之至(《幼童傳》),傍乃爲船之通(伊摯)。逐之杖有成于大澤(《山海》),揮之戈有事于長空(《淮》)。倒景非遥(《郊祀〔志〕》),負暄何徵(《列》)。還可典于機密(《宋拾遺傳②》),得有當于廣陵(《稽神》)。陟高山之巔,瞰人境杳不可辨(《宣室》);會蜀川之事,先靈武語勿相欹(《續世說》)。程昱非私,幸三城之有保障(《魏書》);隱林何似,快行在之可步趨(《唐書》)。駿馬微行,驚王敦而覺起(《晉書》);牛車挽致,奇遼西以抱歸(《北史》)。若乃赤人表異(《癸辛雜志③》),王字呈輝(《世紀》④)。分之者以魏王(《談藪》),以陳主(《南史》);捧之者以神女(《〔漢武〕内傳》),以朱衣(《南史》)。旭旭暵暵(《新書》),爛爛沉沉(《論衡》)。往而秉燭(子野),代以流金(《楚辭》)。收桑榆之得(劉休中⑤詩),擬葵藿之傾(曹子建表)。文思于焉寅餞(《宣室》),神武若何揭行(《摭言》)。其斯鄭御頻載(《宣室》),而寧秦坑與焚(《摭言》)。又何車輪肆其辨博(《列》),駒隙感其氤氳(《莊》)。余又有説焉:玄端可朝(《禮〔記〕》),東郊以祭(《月令》)。司黄人之守(《英華》),命長史之字(《歷藏中經》)。白南視影,處天地之中(《吕氏》);沙弸聞聲,訝雷霆之勢(《異域志》)。九州七舍之所曾不留行(《淮》),赤身碧眼之人若何殫計(《癸辛〔雜識〕》)。翻車有壯士(《九曲歌》),擊缶自里兒(《易》)。從披雲霧(《淮》),勿薄崦嵫(《楚

① “《淮》”當作“《雅》”,見《爾雅·釋地》:“(四極)東至日所出爲大平,西至日所入爲大蒙。”
② “傳”疑作“録”。
③ “志”當作“識”。
④ “《世紀》”誤,見《太平御覽》卷四引《望氣經》“漢文帝時,日中有王字。”
⑤ “中”當作“玄”,見劉休玄《擬古》:“願乘薄暮景,照妾桑榆時。”

辭》）。鞭可海石（《三齊略記》），縶何朱絲（《春〔秋公羊〕》）。倘有需再中之候（《燕丹》），寧無歌重光之期（《古今注》）。

月

觀乎皎皎星①月，含虛驚闕（王泠然賦）。圓光似扇（班婕妤），素質如圭（文通《白②賦》）。同盛衰于蛤蟹，等盈闕于珠龜（《淮南》）。《書》不云乎"哉生"（《書》），《詩》亦有之"始明"（《詩》）。宵德揚輝（《玩月賦》），宿餘分于東井（《三道順行經》）；金樞理彎（《望清賦》），占瑞彩于重暉（《古今注》）。經八日而成蟾體（《詩推災度》），徑千里而共鳧飛（《長曆》又《論衡》）。望舒彌節（成公綏賦），海潮無違（《抱朴》）。余求月兔之説：什化帝天，感爝者之有意（《西域志③》）；窮奔后羿，怪枚者之非真（《歸藏》）。再考月桂之説：靈隱蟠根，改回軒以紀勝（《玉潤雜書》）；仙踪注籍，多持斧以前因（《雜俎》）。伺其候，朝見曰朒（《素④隱》），夕見曰朓（上）；入其宮，間以天青，錯以天銀（《起世經》）。帶劍披裳之人，從何注視（《真誥》）；處巖歷度之女，奚自飛身（束晢《補亡》）。無忌得仙（《史·封禪》），蘇（上〔聲〕⑤）摩紀神（《大孔雀咒王經》）。瀉大地山河之影（《因本經》），分側傍表裏之奇（《隋書》）。觀美金彎，機椑以測弦望（《拾遺》）；津流陰燧，明水以實尊彝（《淮》又《〔大唐〕新語》）。銀橋分遠覽（《逸史》），冰片分餘滋（《〔續〕高僧》）。擬之金臂⑥蝦蟆（《酉陽》），萬頃琉璃（《龍城錄》）。所以笑弄影池，博考上官之句（《雞跖集》）；閑吟東海，喜驚禿子之思（《江南野

---

① 王泠然《初月賦》"星"作"新"。
② "白"當作"別"。
③ "志"當作"記"，即《大唐西域記》。
④ "素"當作"索"，見《天中記》卷一引作"胡次和《太玄索隱》"。
⑤ 據《天中記》卷一補"聲"字。
⑥ 《酉陽雜俎·天咫》"臂"作"背"。

史》)。何以居心，不謂微雲點綴(《世説》)；何以明學，伊誰牗日伺窺(《世説》)。名字見之闞澤(《〔會稽〕①先賢傳》)，氏姓占之吕騎②(《左》)。望之何喘(晉)，捉之乃罷(《一統志》)。把玩庭中之色(《晉書》)，隨指天半之規(《酉陽》)。于以詠袁宏之史(《晉書》)，于以模多遜之詩(《肆考》)。方咶而驚司牧(《遼史》)，對飲而謝雜賓(《南史》)。據床兮興復不淺(《晉書》)，連省兮致有獨真(《續晉陽秋》)。若夫今客有在(《酉陽》)，胡騎初來(《晉書》)。關山兮愁已起(《王褒傳③》)，千里兮興未頹(《〔南唐〕④野史》)。漢(《本紀》)吴(《搜神》)之祥符有異，周(《宣室志》)趙(《〔三水〕小牘》)之幻術幾回。勿象爪牙，知叛孽之已事(丁鴻)；相攜緩步，誇天策之長才(《道州志》)。雞子有取(《遁甲開山》)，魚腦匪嫌(《淮》)。其七寶以作合(《雜俎》)，聊百日以相占(《荆州記⑤》)。先節胡滿(《後漢》)，三刻胡延(《〔江南〕⑥野史》)。畫蘆灰而闕暈(《淮》)，驗蓂莢以長年(《世説》⑦)。清熒互映，絢練相先(《瑶池⑧月賦》)。滿時玉貌和光，難分浩浩；虧處娥眉共麗，不辨娟娟(《嫦娥奔月賦》)。透影窻中，若鏡光之開照；垂綸⑨簾外，疑鈎勢之重懸(《明月照高樓賦》)。征客懷歸，徘徊黄榆之塞；佳人别怨，蕭條紅粉之樓(《秋月賦》)。萬家盈手之時，望牛女而纔見；千里同心之際，美烏鵲而追遊(韋琮賦)。於時也，薦鳴琴而滅華燭，玩清質之悠悠(《月賦》)。

───────────

①　據《太平御覽》卷四補"會稽"二字。
②　《左傳·成公十六年》"騎"作"錡"。
③　"傳"疑誤，王褒《關山月》"關山夜月明，愁色照孤城"，《周書》《北史》之《王褒傳》皆未録此詩。
④　據《天中記》卷一補"南唐"二字。
⑤　《天中記》卷一"記"作"占"。
⑥　據《天中記》卷一補"江南"二字。
⑦　"《世説》"誤，見《帝王世紀》。
⑧　王淮《瑶臺月賦》"相先"作"相鮮"，"瑶池"作"瑶臺"。
⑨　鄭遥《明月照高樓賦》"綸"作"輪"。

雲

取象于坎(《易》),觀繇于需(上)。閱"南山朝隮"之義(《詩》),考"西郊不雨"之殊(《易》)。如是請設詞以測之,曰:此夫大而不塞者與?充盈太宇而不宂,入郤穴而不偪者與?行遠疾速而不可託訊者與?往來惝慌而不可爲固塞者與?暴而殺傷而不億忌者與?功被天下而不私置者與?(荀況《賦》)則見其托地而遊宇,子雨而友風(上)。其質散漫,其光氤氳,把翠石而留影,入明水而少①文(賦)。比類所生,水澣②山浡自異(《淮》);垂象所似,秦楚宋魏皆分(《兵書》)。膚寸九霄,無假陰陽之力(《公羊》);俄頃萬里,不資天地之勳(賦)。龍仲蠖屈(成公綏賦),鳳翥鸞翔(陸機賦)。金柯玉葉(上),綉文錦章(成公綏賦)。濯魚而待之雨(《拾遺》),燃石而聞之香(黃子發《〔相〕雨書》)③。曰"景"(《瑞應》)曰"慶④"(《史記》),以白(《春秋演孔圖》)以黃(上)。卷舒之自蒼梧(古詩⑤),聚散之以符陽(《山海》)。向軫而蹲,那見荷斧之子(《春秋〔文〕曜〔鈎〕》);翔風而落,竚看沉璧之行(《中候》)。試以聚叢,迴薄而難爲狀(上);叶以徵應,葱鬱而遠可望(《魏〔志·文帝〕紀》)。賦遊雲夢(《高堂⑥賦》),曲奏瑤池(《穆天子》)。帝鄉駕馭(《莊》),子舍懷思(《〔大〕唐〔新語〕》)。何弗得于山澤(《漢書》),故有事于汾陰(《漢》)。化日兮常抱(《唐書》),青天兮莫禁(樂廣)。于以覆隱士之茅屋(京房),鬱王母之車乘(《漢武內傳》)。斯將主帥以作合(《莊》),何名賊瑞以無靈(《唐書》)。若乃仲容雅器(顏延年《五君記⑦》),仁表芳

---

① 劉元淑《夏雲賦》"少"作"寫"。

② 《淮南子·覽冥訓》"澣"作"旱"。

③ 吳淑《事類賦·雲》"濯魚待雨"注引"黃子發《相雨書》","燃石聞香"注引"王子年《拾遺記》",兩注當互換。

④ 《史記·天官書》"慶"作"卿",《漢書·天文志》作"慶"。

⑤ "古詩"未詳。見《太平御覽》卷八引《歸藏》:"有白雲自蒼梧入大梁。"

⑥ "堂"當作"唐"。

⑦ "記"當作"詠"。

姿(《唐書》),因成肆赦之典(上),政值唱名之時(《韓琦家傳》)。大人之賦已就(相如),山中之有多持(《梁書》)。趙太僕之唧命(袁紹詩①),崔馮翊之遷資(《唐書》)。賜群工②而有會(《洞冥》),祈三素以何爲(《脩真訣》)。毋侈封禪而成宮闕之氣(《封禪書③》),毋驚長年而占駁車之危(《史補》)。毋砥行礪名而相憐閭巷之子(《〔伯〕夷傳》),毋徵歡選勝而失恨艷冶之姿(杜牧)。求諸危巒絶巘之間,括囊脩貢(《齊東野語》);占諸鑿齒雕題之國,于呂申詞(《十洲》)。雄兔映于晴碧(《呂範占候》),丹蛇怒于將壇(《晉書》)。畫蘆灰而半滅(《感應類從》),結蜃氣而多蟠(《韻府》)。愁者挹挹(《搗素賦》),潒者漫漫(謝玄暉詩)。故曰:縹緲群羊(《京房易〔飛〕④候》),翩翻白鵠(《易通卦驗》)。其事以官(《左》),其聲或鬭(《晉書》)。露彼菅茅(《詩》),見兹珠玉(《地圖》)。時以潤礎(《淮》),候當待族(《莊》)。雲兮雲兮,轉光風則動而愈出,衝霽日則燦然皆分(李暉⑤《五色雲賦》)。夕隨重陰則黯以霮對,晝滉光景則焕然赫曦(《韋執中《〔白〕雲無心賦》》)。臣良而聖主垂拱,雲起而飛龍在天(《雲從龍賦》)。所以保章爲吉凶之驗(《周禮》),觀臺爲啓閉之懸(《左》),誰曰不然。

星

麗于蒼昊(夏方慶賦),萬物之精(《三〔五〕曆〔紀〕》⑥)。嗟在空而錯置,訝共貫而和⑦歸(李程賦)。象高而遠,質明而微。夜則出焉,

---

① "詩"誤,見《後漢書·袁紹傳》公孫瓚《與袁紹書》。
② 《洞冥記》"工"作"臣"。
③ "書"當作"儀",見《後漢書·祭祀志》注引《封禪儀》:"光武封泰山,此日山上雲氣成宮闕,百官并見之。"
④ 據《太平御覽》卷五補"飛"字。
⑤ "暉"當作"惲",即李惲《五色卿雲賦》。
⑥ 據《天中記》補"五""紀"二字。
⑦ 李程《衆星拱北賦》"和"作"知"。

麗乾元以發彩；晝而隱也，讓太陽以藏輝(《景星〔見〕賦》)。連珠合璧
(《鈎命訣》)，曜靈之所起也；春鳥秋虛(《書》)，曆數之所紀也(又賦)。
歲以春而布令，辰以冬而候宣。熒惑奉炎于夏日，太白御煞于秋天(張
叔良賦)。應黃鐘而正位，建玉衡以辨方。五位麗而周道，四野分而畫
疆(陸雲《星賦》)。吾見曄曄暐暐，曜明珠于漢水(《中候》)；渾渾熊熊，
懸紫貝于河宫(《考靈耀》又賦)。徑衰百里(《〔三五〕①長曆》)，運轉中
央(《星經》)。龍體(《天官書》)鳥注之象(上)，三台(《天文志》)五老
(《論語讖》)之望。聚四(《驗異録》)聚五(《宋〔•天文〕志》)，順行
(《桯史》)逆行(《大象賦》)。拱北極(《論》)，助夜明(《瑞應》)。伏見進
退，吾以考其經緯(《天中》)；休廢王相，吾以驗其精誠(《保章氏疏》)。
分氣成形，既有感于賢哲(《列子》)；殊方異色，更有合于聖神(《感精符
注》)。遡始武丁之言，織女牽牛因而出字(《續齊諧》)；會附保母之説，
王良奚仲何與後身(《石氏星經》)。北斗司春，致疑回馭(《〔東方朔〕②
内傳》)；平原置酒，乃見延生(《搜神》)。若疋練以長舒，燼燼有狀
(《宋書》)；如羽毛以自飾，冉冉起程(《天官書》)。夫然喉理以舌(《合
誠圖》)，頰曲似眉(《元命苞》)。主各商晉(《左》)，好殊異箕(《書》)。
調陰陽而和風雨(《泰階六符》)，司禄命(《史》)而主圖書(《〔大象
列〕③星圖》)。驚天鴈之或墜(《淮》)，看野獸之多徐(《洞冥記》)。疇
吕尚之宵夢(《觀象賦》)，欽管仲之察微(上)。會真人以代起(《魏書》)，
訝賓座以幾希(宋藝祖)。歲鎮可尋，寧甘敗軍之續(《載記》)；中台忽
坼，莫須脩德以興(《晉書》)。東井餘分，其童子妖言而後行所事(《魏
書》)；夜珠偶墮，其妓流攫取而喜誦佳徵(《續晉陽秋》)。入井自渴
(《載記》)，步徑從餐(《十六國春秋》)。會有祈于典衣之子(《山海
經》④)，命有先于太乙之壇(《文昌雜録》)。于以望驛馬或爾(《後魏》)，

---

① 據《天中記》卷二補"三五"二字。
② 據《天中記》卷二補"東方朔"三字。
③ 據《天中記》卷二補"大象列"三字。
④ "《山海經》"誤，見《雲笈七籤》卷二四《玄門寶海經》。

不謂誣牽牛有差(《焦林大斗記》)。狗過梁而千里流血(《漢書》),蛇隨
楚而九域含嗟(《周天〔大象〕賦》)。所欲悲者隕以諸將(《晉陽秋》),
紀以李相(《唐書》)。祐不河北之使(《祖逖傳》),襄莫水衡之郎(《唐
書》)。竊有異焉,入渾天之大瓮(《酉陽》),到西市之酒家(《國史纂
要》)。絕以高其仙格(《逸史》),從以戲于帝華(邵康節《題壽星圖》)。
若乃逆旅微行,呼羽林其咄咄(《幽明録》);灞東偶幸,顧閽寺以徨徨
(《載記》)。痛元衡、吉甫之流一朝見背(《〔舊〕唐》),想太丘、朗陵
之役示我同行(《世説》)。夢指浮屠,屬五①喬之解首(陸游《南唐》);掬
吞盆水,繕湯悦之錦腸(本傳)。死亦有名,訏求死者之不得(《酉
陽》②);使誠不偶,驚奉使者之高張(《〔後〕漢書》)。其爲金門大隱
(上),帝座偶加(《〔後〕漢》),又豈非巫馬出入與事(史),子駿一路
叢誇也乎(傳)。茹古氏曰:天街畫于戎野,天阿察于山林。天節宣威于
邦域,天陰進謀于腹心。天廋積粟以示稔,天廩備稷以祈歆。天園曲列
兮儲芳樹,天苑圜開兮畜異禽。或曰:星次何不霑于荒服,分野何獨擅
于中華(《乙巳占》)?豈未考于南贍部州(《通志略》),並紀其北斗五車
(《通考》)。歲爲善星,不福無道;火爲罰星,不罰有德(杜牧《孫子
賦③》)。無忌貫索之開(《星經》),那畏欃搶之特(《爾雅》)。戾矣爲怪
(袁山松書)爲妖(《天文録》),吉耶曰"郎④"(《史》)曰"客"(《天文
恣⑤》)。瑾琈玉瓚,謂消變之有明徵(《左》);川谷江河,見繫命之有顯
則(《靈憲》)。持以必決之勝負,深見何知(《尉繚子》);求諸未定之縮
盈,政多不測(《舊唐》)。所以歷歷映天,連光于維斗;昭昭初月,接影
于紫微(晏⑥玄穎《泰階六符賦》)。等營衛于宸極,類藩屏于王畿(李程
賦)。擬之者曰如曙燈之欲滅,若秋螢之不飛;又曰:金粟得似,銀礫

① 陸游《南唐書》"五"作"伍"。
② "《酉陽》"誤,見《晉陽秋》。
③ "賦"當作"注"。
④ 《史記·天官書》"郎"作"狼"。
⑤ "恣"當作"志",見《天中記》卷二引《中興天文志》。
⑥ "晏"當作"婁"。

可希。九霄静而彌高，可仰千里；望而咫尺，無違于星也。忝觀光于上國，快景運于璿璣。乃作歌曰：君臣穆兮純化清，玉衡正兮泰階平；嘉曆數兮無極，配乾坤兮永貞。

風

汝聞天籟而不聞地籟也乎哉（《莊》）？大塊噫氣（上），太玄中精（《子華〔書〕①》）。既隨虎嘯（《淮南》），亦任鳶鳴（《禮〔記〕》）。則有須臾發氣（《武陵〔記〕②》），清涼轉輪（《積寶輪》③）。而且穴在宜都（《荆州〔記〕》），門傳九真（《交州〔記〕④》）。似猿爲母（上），應箕作師（《風俗》）。四麓仙遊，未可窮其出入（《地記》）；高沙谷應，或以驗其會期（《朝鮮〔志〕⑤》）。經走偈山，凛然衣裘之想（《水經》）；吹諸華樹，快矣景物之奇（《起世經》）。蕭瑟長松之下，嘹唳高樓之上。驚塵⑥則白日晝昏，拂翳則珠星夜朗（賦）。斯以乍來乍往，無象有聲（賦）。調調刁刁（《莊》），泠泠清清（《選》）。五信莫爽（吳俗），萬竅相迎（《莊》）。候之以綄（《淮》），相之以鈴（《遺事》）。山獋所以爲獸（《山海》），折丹所以有人（上）。吾以紀其奇，香若軟滑（《拾遺》），净可祛塵（上）；吾以録其異，其緩急而經練（《番禺雜志》），其怒號而多癡（《圖經》）。鵲有驗其見背（東方朔），鶂何假于退飛（《春〔秋〕》）。如斯調五音（《左》）而節八政（《昌驗》⑦），指酷吏（《清異》）而想故知（《詩》）。擊筑興酣，望白雲兮揚起（《史》）；汎樓思渺，感秋色兮長吟

---

① 據《天中記》卷二補"書"字。
② 據《天中記》卷二補"記"字。
③ 《天中記》卷二"積寶輪"作"寶積經"。
④ 據《天中記》卷二補"記"字。
⑤ 據《天中記》卷二補"志"字。
⑥ 鄭太昊《風賦》"驚塵"作"卷霧"。
⑦ "昌驗"疑誤，見《太平御覽》卷九引《易通卦驗》："王當順八風，行八政，當八卦也。"

（《漢書》）。羊角可逢，想高衢而撫翼（《莊》又王勃啓）；雄心自快，坐蘭臺以披襟（《選》）。志願乘流，直破萬里之浪（《宋書》）；情愴送別，留連易水之濱（《史》）。滿奮之入座屛風，有嫌望月（《晉書》①）；張翰之久羈曹掾，念切思蓴（詩②）。乃若奏霓裳之曲（《羯鼓〔錄〕》），按玉管之吹（《廣記》），尋飛燕結裙之舊趾③（《楊妃外傳》），考貪狼伐木之幽奇（王衍）。玄冥使者之來取賂醇醪，頓還畋于巽二（《幽怪録》）；青衣女伴之致列圖幡幟，特勅報于封夷（《博異志》）。白犬何來，田夫信候于玉燭（《三水小牘》）；青鵝忽至，知藏作法于銀瓶（《宋高僧傳》）。自西自東，看飛車之逐遠（《世説》）；而南而北，快若邪之採薪（《會稽記》）。余不欲四面行旅之斷（《丁都護歌》），第看一番節候之新（《東皐雜録》）。無靳江淮之時護（《風土記》），有愛舶䑸之彌句（《詩話》）。御之旬有五日（列子），培之絶以九旻（《莊》）。占以出關之氣（《神仙》），濟以同舟之情（《神仙傳》）。麾戈而霽（《山海》），運斤而成（上④）。寧庶女之冤未洗（《記》），而賈謐之禍猶攖（《晉書》）；寧良吏之政無反（《劉琨傳》），而令史之司以更（《宋書》⑤）。嗟乎！才能獵葉（《列》），殊不鳴條（《鹽鐵論》）。或負大翼（《莊》），或不終朝（《老》）。類有應于解凍（上），事有存于戒寒（《國語》）。誰爲脩刑之候（《易通卦驗》），施惠之觀（《考異郵》）。均習習之容，寧比空穴而至；絶蕭蕭之響，無謂高臺則多（《風〔不鳴條〕賦》）。野馬相吹，搏羽毛以汗漫；應龍所處，動鱗甲以參訛（蘇《快哉此風賦》）。微聞闕下，伴金奏之發天庭；迴散⑥雲中，疑笙簫之隨羽駕。歷虛無而輕飂自遠，拂松竹而幽韻相借（《風過簫賦》）。遨步蘭臯，遊眄平陌。軒豪梁之逸興，暢方外之冥適（湛方生賦）。則玄妙而無形，維茲風之興寂。

---

① “《晉書》”誤，見《世説新語·言語》。
② “詩”誤，見《晉書·張翰傳》和《世説新語·識鑒》。
③ “趾”疑作“址”。
④ “上”當作“莊”，見《莊子·徐無鬼》。
⑤ “《宋書》”誤，見《南齊書》《南史》之《虞愿傳》。
⑥ “散”當作“徹”。

雨

　　夫陰陽之和也(《曾子》)，天地之紀①也(《河圖》)，而雨云乎哉！求之草間委露(《拾遺》)，空中散絲(古詩)。拂微風之斜度，亂積水之圓文(玄〔宗〕②賦)。其始至也，歷亂希微，霧雜烟霏；其少進也，堪③覃凌厲，泉飛颷逝。驚翠滴于瑶池，噴懸流于錦砌。傳聲竹樹之末，濯色菱荷之際(賈登賦)。理禁有伯(《真誥》)，屏翳爲神(《廣雅》)。碧衣赤幡④者誰氏(《唐辛⑤小録》)，白馬朱鬣者何人(《神異録⑥》)。蓋神召離畢之月(《論衡》)，天垂貫斗之雲(《天文集》又韓休《喜雨》)。既似泰嶽之朝下(《公羊》)，又似陽臺之暮歸(選⑦《喜雨賦》)。説者曰：翔石鷰(《湘州記》)，舞商羊(《家語》)，玉女之披以衣(《安成⑧記》)，雷君之出以裝(《易林變占》)。黑蜺躍水(《淮南》)，朱鱉浮波(上)。魚嗛所以作狀(《春秋漢含孳》)，鳩逐所以云何(《爾雅》⑨)。仰瓦測其候(《〔江隣幾〕雜志》)，懸炭持其平(《感應類從志》)。坎化先而巽化後(《雜占》)，歡喜未而瞋恚生(《分別功德論》)。此日旋潭，依舊乾星之照(《瑣碎》)；于焉作灞⑩，長倒天漢之流(上)。駁訝殿中，秉筆而頌珠寶(《隋⑪書》)；遭逢河畔，弄態而指浮漚(《金陵〔志〕⑫》)。如紀其時

---

① 《太平御覽》卷十一引《河圖帝通紀》"紀"作"施"。
② 據唐玄宗《喜雨賦》補"宗"字。
③ 賈登《奉和聖製喜雨賦》"堪"作"湛"。
④ 《天中記》卷三引《唐年小録》"幡"作"幘"。
⑤ "辛"當作"年"。
⑥ "録"當作"經"。
⑦ "選"誤，見徐安貞《奉和聖製喜雨賦》："如泰嶽之朝下，似陽臺之暮歸。"
⑧ 《太平御覽》卷十"成"作"城"。
⑨ "爾雅"當作"埤雅"。
⑩ 《天中記》卷三引《瑣碎録》"灞"作"壩"。
⑪ "隋"當作"陳"，見《陳書·虞寄傳》。
⑫ 據《天中記》卷三補"志"字。

乎，爲潑火(《退齋雅聞》)，爲濯枝(《風土記》)，灑淚則以七日(《〔歲
時〕①雜記》)，交賀則以三時(上)。濕沾紅杏(《提要〔錄〕②》)，黟敗
黃梅(《瑣碎》)。若雀于秋至(《提要〔錄〕③》)，那龍自分來(《續博
物》)。如紀其事乎，推所長于假蓋(《家語》)，視所行于折巾(《後漢》)。
不少一代之奇士(《南史》)，或記涇陽之佳人(《異聞錄》)。頃有没于星
月(《〔管〕輅〔別〕傳》)，會有洗于甲兵(《六韜》)。其君憂而拜命
(《左》)，乃下向而訛音(《兩朝獻替記》)。則以求灌壇入夢之會(《博
物》)，樓船痛飲之奇(《吳志》)。何偁之已先事(《唐書》)，茅容之別居
危(《〔後〕漢書》)。牛劣而怨相臣，若關爕理(《舊〔唐〕·五行志》)；
蟾詼而閉小醜，特甚淋漓(《舊唐》)。假具無從，宦情休致之已決(《北
夢〔瑣言〕》)；賜帛有等，敀遊漏處之多非(《會要》)。聊且觀風，後車
之載者以應(《〔大唐〕新語》)；因之憶舊，幽宮之閉者有幾(《舊唐》)。
以《金樓子》之筮枚，雲捲金翹，日暉合璧，紅塵暗陌，丹霞映峙，不謂
亢陽之有勢(《自叙》)；再以管輅之神數，橛召五星，宣布黑④符，勑下
東井，告命南箕，豈不膏澤之無違(《〔管〕輅別傳》)。馬躍瓶間，無相
負于滴漏(《玄怪錄》)；狸偕客舍，且持論于夜分(《幽怪錄》)。歷走詳
祠，上當天井之次(《華陽國志》)；恣諧北苑，相驚榷使之紛(《南唐
〔書〕》)。則夫曰漏(《雜志⑤》)曰泣(《五行志》)，以決(《舊唐》)以烹
(史)。喜蘇亭之浩蕩(《記》)，恨棧道之淋鈴(《雜俎》⑥)。夏屋與庇
(《法言》)，一車以隨(《鄭弘傳》)。其以爲留客之候(《要覽》)，讀書之
期(《〔後〕漢書》)。睡有將于陰氣(《漢名臣奏》)，破何見于太平(《鹽
鐵》)。十日爲率(《論衡》)，五政無忞(《管子》)。納于大麓(《書》)，自
我公田(《詩》)。如是惟大君之德曰：如雨施于上玄，如澤漏于重泉(李

①　據《天中記》卷三補“歲時”二字，即《荆楚歲時記》。
②　據《天中記》卷三補“錄”字。
③　據《天中記》卷三補“錄”字。
④　《三國志·管輅傳》注引《管輅別傳》“黑”作“星”。
⑤　崇禎本“志”作“記”。
⑥　“《雜俎》”誤，見《明皇雜錄》。

宙《喜雨賦》）。

雪

余讀羊孚《讚》，"資清以化，乘氣以霏。遇象能鮮，即潔成暉"（《世說》），而知是雪也。感沍寒之德，陶元化之精（范雲①《殘雪賦》）。藹藹浮浮，漉漉奕奕，始緣甍而冒棟，終開簾以入隙（《選》）。既因方而爲珪，亦遇圓而成璧。盻隰則萬頃同縞，瞻山則千巖俱白（《〔雪〕賦》）。三白表瑞（《僉載》），六出思春（《肆考》）。嘗嶀州之味異（《拾遺》），考廣延之色珍（《高道傳》）。經五月而猶宿（《雲南志》），頻四時而多偏（《山海》）。犬胡見吠（《柳集》），蛆有垂涎（《〔江隣幾〕雜志》）。呼以公是矣（《夜怪録》），主以女疑然（《潛潭〔巴〕》）。名其神曰"滕六"（《幽明録》），求其侶曰"葛三"（《原化記》）。而不見姑射之神人肌膚得似（《莊》），郢中之下里唱和斯酬也乎（《對〔楚王〕問》）。爾其乾坤不夜（宋舒亶詩），天地無塵（石敏若詩）。于以粧獅（張文潛）而刻獸（黃），從教驚鳳（晏）以飛麟②（《西清詩話》）。申歌《黃竹》（《穆天子傳》），儷曲《幽蘭》（宋玉賦）。銅駝有其偶直（《北户③録》），玉馬怪其大端（《異説④》）。其重裘累茵而忘負担之苦（《王孫子》），其竹頭木屑而成朝會之歡（《陶侃傳》）。其點韻于天階，衣以生色（《符瑞志》）；其却掃于曲徑，觴以煖寒（《天寶遺事》）。寢至惟希，事有期于真主（《杜陽》）；車騎無迹，禮更絶乎尊神（《〔太公〕⑤金匱》）。第如披氅乘輿，窺籬間以長歎

---

① "雲"當作"榮"。

② "麟"當作"鱗"，見《西清詩話》引張元《雪詩》："戰退玉龍三百萬，敗鱗殘甲滿空飛。"

③ "户"當作"凉"，見《北凉録》："永安九年，酒泉南有銅駝山，言犯之者輒大雨雪，蒙遜遣工取之，得銅萬斤。"

④ "説"當作"苑"。

⑤ 據《天中記》卷三補"太公"二字。

(《仙傳》①）；奚自垂酥滴乳，種大内以前因(《異人録》)。余憐者平地尺
積(《陸機别傳》)，圍帳交飛(徐妃)。致恨江南之有異志(《五代史補》)，
天運之不義師(《雜俎》)。而異者導引一吸(《拾遺》)，吹息以蒸(《雜
俎》)。尤歎藍關之馬或擁(《青鎖②》)，夜半之鵝非鳴(李愬)。簡或授于
司馬(《雪賦》)，裾何振于韋斌(《〔韋斌〕傳》)。灞橋之詩思有在(《雜
記》)，党家之風況已傾(《編年》)。蓋至馬耳恣其談柄(《示兒編》)，牛
目感其精誠(《呂》)。第事祖卧(《高士傳》)，每與庭爭(《後周書》)。且
以穿東郭之履(《〔史〕記》)，併角哀之衣(春秋)。元振之計會事
(《唐》)，子敬③之訪故知(《語林》)。瀛州(《幽怪》)星子(《雜録》)之
談，似皆夢幻；割肉(《東觀〔漢記〕》)吞氈之舉，莫少參差。非時而賀
表群工，誠無解于左諫(《唐》)；伊人而自稱燕華，將失笑于鬼魅(《古
〔今④〕詩注》)。若紀射鵰，户外之神仙奚似(《飛燕外傳》)；因成體
物，坐上之詞客與期(《漁隱叢話》)。何爲洛邑之丈餘，時事已謬(《太公
金匱》)；其亦吾家之三尺，賢輩從之(《語録》)。噫嘻！菊堆金井，誰調
肉餅；玉滿天山，誰⑤刻佩環(《姑臧記》)。上苑再瞻，鳳闕之清光已
遍；邊城一望，龍山之净色非稀(林滋《〔小〕雪賦》)。雖見睍而無滯，
固御時以凄其(《殘雪賦》)。

雷

作解群物，揚靈上玄。若降在下，如飛在天。長門俯聽，象車聲而
未已；南山遠望，乘雨氣而方來(樊珣《春雷賦》)。于以聯春和于蟄户，
正震體于東陔。波濤翻而海水溢，樹根拔而山石摧(張鼎《霹靂賦》)。故

---

① "《仙傳》"未詳，見《世説新語・企羨》。
② "鎖"當作"瑣"，即《青瑣高議》。
③ "敬"當作"猷"。
④ 據《天中記》卷三補"今"字。
⑤ 《雲仙雜記》引《姑臧記》"誰"作"難"。

曰太陽之激氣也，分爭則校軫，校軫則激射（《論衡》）；又曰《大壯》之伊始也，所以開萌發芽，辟陰除害（《後漢·郎顗傳》）。余考其一陽動，二陰從，相傳百里（《論語讖注》）；一谷柴，七山簸，取驗六符（《〔北夢〕瑣言》）。胡以力耕在雲霧陰冥之夕（《投荒雜錄》），胡爲祠享自山頭鑿穴之區（《番禺雜記》）。虩虩兮虺虺（《詩》），洛洛兮依依（《師曠〔占①〕》）。雊雉發乎先覺（《洪範》），軒轅專其所司（《含②誠圖》）。塘幾氣出（柳文），穴每聲希（《酉陽》）。期于訾野（《括地象》），起自金門（《師曠占》）。容止相戒（《月令》），魁柄見存（《唐·五行志》）。位之長子（《洪範論》），象以人君（上）。拒難折衝兮有當（《京房易傳》），明罰勅法兮攸聞（《易》）。道藏奇搜，曾憶謝仙之火（《國史補》）；前村至止，頻呼阿香之車（《〔續〕搜神》）。豈曰無知，聲多吼于樹裏（《本事〔詩〕》）；云何鍾念，晡③日就于庭除（《〔投荒〕雜錄》）。偶值田中，狀獼猴之凭地（《搜神》）；出遊皋澤，會玄鶴之憑虛（《琴操》）。填石擘山，直解江流之勢（《宣室》）；拓徑裂岸，頻遺方篆之書（《漳泉故事》）。旛刹俱碎（《雜俎》），油甕高懸（上）。雖更生有嗔作賊（《南燼〔錄〕④》），縱娼肆猶識弄權（《龍城錄》）。則逆臣所以風雨如撼（《宣室》），悍妻所以雲物無纖也（《五代⑤故事》）。倚柱自若（《晉紀》），碎枕無驚（《異苑》）。曹爽將亡之兆（《世說》⑥），西戎得伯之聲（《中候》）。則玉門所以給碪無減（《玄中》），高禖所以破石而爭也（《晉朝雜事》）。夫青丘謝其指授（《異人記》），匕箸訝其欵誠（《華陽國志》）。灾不消于栢寢（《世說》），過且旌于棟甍（南齊子良）。抹額之紅綃遂成故事（《二儀實錄》），如盤之黑氣會起山城（《酉陽》）。得黶如石，得楔如斧，孰非奇驗爭（《嶺表錄異》）；須眉幾留，馬鬌已及，多所馮陵（《北齊》）。罰

---

① 據《天中記》卷二補"占"字。
② "含"當作"合"，即《春秋合誠圖》。
③ 《天中記》卷二引《投荒雜錄》"晡"作"哺"。
④ 據《天中記》卷二補"錄"字。
⑤ "代"當作"國"。
⑥ "《世說》"誤，見《三國志·曹爽傳》注引《世語》。

展氏之兇慝(《春〔秋左傳〕》)，感成王之代興(《書〔大傳〕》)。庶女之冤長號(《淮》)，孝子之痛不勝(《〔汝南〕①先賢傳》)。碑至轟于夜半(范仲淹)，麥有取于郊扃(《雜俎》)。而不見草木非罪(柳文)，航艇自臍(《南史》)。無道而行勝，豈偶人之博(《史記》)；非奸而黨擊，先元祐之靈(《步里客談》)。或者曰：飛魚可服(《山海》)，蔂藟可充(上)。其精或秉(《異人錄》)，其類相通(《論衡》)。墨篆具存，則祛疾立功，何事分二五之輩(《神仙感應②》)；窗欞潛視，則運斤執斧，其斯驚圖畫之工(《酉陽》)。蓋醬之從俚俗(《風俗》)，繞殿之有同風(五代)。迅不及掩(《文子》)，俗勿混同(桓澤③疏)。非冬月而表瑞(武后)，詎衆呼以成功(蔡詔《雷論》)。將以還蘇伏蚓(《稽神》)，而驚起臥龍(韓偓詩)；將以圖戭于形似(《國史補》)，而辨羊于混濛(《論衡》)。蚊蚋有屬(《〔中山〕靖王傳》)，瓦釜無庸(《楚辭》)。毋薈丘之拔劍以入(《〔韓詩〕外傳》)，毋陳勝之揭竿以從(《前漢》)。仁者投牒以爲利(《〔投荒〕④雜錄》)，狂者因病以相蒙。其亦播歡聲于裴度(傳)，仰鼻息于萊公(《韻府》)。茹古氏曰：輕如伐鼓，轟若走轍；嶪猶地傾，繡似天裂。君子恐懼以修省，聖人因象以制作，則大音之希聲也。余如是據衆響而稱傑。

霜

四時代謝(《考異郵》)，陰氣常凝(《大戴禮》)。不憑雲而自致，稍變露以成形(賦)。在蠶爲繭(《拾遺》)，在馬爲蹄(《莊》)。吾以比齊紈之顏色(《悲歌行》)，奪楚劍之光輝(張東之詩)。鷹隼始擊(《感精符》)，鶹鵠背飛(《古今注》)。宿應房駟(《國語》)，氣轉崑崙(徐整《鈞沉》⑤)。

---

① 據《天中記》卷二補"汝南"二字。
② "應"當作"遇"，即《神仙感遇傳》。
③ 《天中記》卷二"澤"作"譚"。
④ 據《天中記》卷二補"投荒"二字。
⑤ "鈞沉"未詳，見《太平御覽》卷十四引徐整《長曆》："北斗當崑崙山，氣運注天下，秋冬爲霜。"

于其時，嫁娶之事舉（《家語》），膠漆之作停（《禮〔記〕》）；驗其日，春雷之始發，北鴈之來征（《僉載》）。色以廣延而現（《拾遺》），味以嗛國而亨（上）。芙蓉借其名字（《本草》），蒹葭動其比興（《詩》）。順天氣以取奸，誅夷乃及（《漢書》）；傲日中而附質，理道何從（《左》①）。抱忿殘臣，扣有先于五月（《淮》）；思幽孝子，聲且寄于孤桐（《琴操》）。秘探仙丹，快神鑪之有日（《抱》）；書工詞客，挾鴻烈以多風（淮〔南王〕②）。若乃無爲檻羊，逆有從于東海（《後漢》）；一名介胄，諺有肇于群工（《唐書》）。搗盡以玄，特紀裴航之遇（唐）；持贈以紫，相偕李白之踪（傳）。盛夏而隕，求諸吳越之區，尤所未有（《五行志》）；自晝而下，豈謂曆數之運，偶有相逢（《隋書》）。因時而信（《詩話》），先事以明（《中論》）。利賤于葛屨（《詩》），害被于棘荆（《唐史》）。憐人生之多促（曹柳），慨兩鬢之已成（范雲詩）。青女伺其候（經③），王者蕭其令（《感精符》）。象之德秀（《卓行〔傳〕》），比之陽城（傳），斯君子之心也（詩④），而寧眾人之行乎（《說林》）。噫！東籬兮碎以紫菊，南澗兮萎之白蘋；雕芝蘭而無怨色，拂松竹而不傷榮。則于以擬初覆之薄霧，未起之輕塵。

露

　　蒹葭蒼蒼（《詩》），蔓草瀼瀼（上）。流甘染⑤素（邢子才《甘露頌》），

---

① “左”未詳，見《天中記》卷三引《春秋命曆序》：“穆公即位，仲夏霜殺草，日中不消。”
② 據《西京雜記》補“南王”二字。
③ “經”未詳，見《天中記》卷三引《淮南子·天文訓》：“秋三月，青女乃出，以降霜雪。”
④ “詩”未詳，見《禮記·祭義》：“霜露既降，君子履之，必有凄愴之心，非其寒之謂也。”
⑤ “染”當作“委”。

玉散珠連(李德裕《賀表》①)。如霜未結，似雨還輕(王起②賦)。散照林中，謂璀燦之瓊樹；遥思空際，思縹緲之金莖(《五色露賦》③)。吾觀之千里蛇遊(《説苑》)，聽之八月鶴聲(周處《風土》)。婁遇之有黿語(《洞冥記》)，泰山之有鳳鳴(《宣〔帝〕紀》)。嗣風行于秋日(《范子〔計然〕④》)，占天乳于衆星(《列星圖》⑤)。取以方諸(《淮》)，囊以五明(《述征〔記〕⑥》)。其凝如脂(《晉中興書》)，其滴如珠(上⑦)。朱傳畢勒(《拾遺》⑧)，紫美揭雩(《吕》)。故曰彩散軒轅(《禮斗威儀》)，氣運崑崙(《長曆》)。遡寶甕于高辛，數傳月館(《拾遺》)；擢金莖于漢室，作想雲屯(《〔漢武〕故事》)。五色敷榮，看吉封之滿室(《洞冥》)；群花艷藻，多異域之奔塵(《香録》)。遲⑨石梁以獨坐(《述異》)，會銅龍以忻承(《魏書》)。京兆之可兩致(上)，豫章之自午停(元嘉二十七年)。四旬不解(《古今注》)，十里爲期(《續晉陽秋》)。日飲以斗(《神異》)，下流成池(《拾遺》)。則以求零陵之宰(〔謝承〕⑩《後漢》)，軒丘之蚩(《山海》)。得韓愈之所題，盥手躑躅(《柳宗元傳》)；點葉喜之所注，入研淋漓(唐)。宿酒初消，吸潤太真之肺(《開元遺事》)；生帛欲染，漬濃宮嬪之奇(《談録》)。禽鳥還翔，里人顧而失色(《新唐》)；鳳凰至止，太守視而競輝(陸閎)。而不見蹭蹬飛丸，莫甚衣袷履濡之舉(《吳越〔春秋〕》)；吳宮霖雨，逾切途泥蔓草之悲(上)。望姑射之神人，呼吸以及

---

① “李德裕《賀表》”誤，見《初學記》卷二引盧思道《在齊爲百官賀甘露表》。
② “王起”誤，見李鐸《秋露賦》：“如霜未結，似雨還輕。”
③ “《五色露賦》”誤，見師貞《秋露如珠賦》：“遥思空際，思縹緲之金莖；散照林中，謂璀璨之瓊樹。”
④ 據《天中記》卷三補“計然”二字。
⑤ 《天中記》卷三“列星圖”作“孫氏瑞應圖”。
⑥ 據《天中記》卷三補“記”字。
⑦ “上”當指《拾遺記》：“崑崙山有甘露，蒙蒙似霧，着草木則滴瀝如珠。”
⑧ “《拾遺》”誤，見《洞冥記》：“畢勒國人飲丹露爲漿，丹露者，日初出有露汁如珠也。”
⑨ 《天中記》卷三“遲”作“過”。
⑩ 據《太平御覽》卷十二補“謝承”二字。

（《莊》）；尋華山之童子，踪跡皆非（《齊諧》）。天下多故（庾翼《答翟
鏗》），歲序將衰（《春秋序》）。如雪表瑞（《宋·符瑞志》），似薤傷悲
（《古今注》）。勿爲爵錫所誤（《談淵》），勿爲掾屬所欺（《〔汝南〕①先
賢傳》）。于海莫益（張衡《奏事》），匪陽不晞（詩）。譬之人精液已促
（《苕溪漁隱〔叢話〕②》），擬之鳥大小無違（《北史》）。有踰秋泫（劉
書③），取譬朝危（《商君傳》）。貞婦厭浥（《詩》），君子履之（《禮
〔記〕》）。則夫松柏竹葦之上（《瑞應圖》），文沉武布之時（《佐助
期》）。誠燕歌以沐君貺（詩），故逸老以樂維祺（《山海》）。歌曰：名
神漿（李德裕表④），稱天酒（《神異》），考祥圖兮嘉應之首；降仁壽
（魏明帝《與東阿王詔》），零未央（《宣〔帝〕紀》），觀舊史兮太平之
祥（祥符九年）。

霧

有物混成，陰陽之精。遊塵未足方其細，纖毫不能揣其輕（謝賦）。
考之者曰地發氣而天不應（《爾雅》），奇之者曰細如粉而色如金（《拾
遺》）。騰水上溢（《莊》），大雨時淫（《〔帝王〕世紀》）。于以爲金石之
屬⑤氣（《天中》），疋帛之餘威（《雜俎》）。尋昏晝而莫見（《五行志》），
俄疾風而復吹（《拾遺》）。煙轉迴于宜邑（《〔宜都〕⑥山川記》），香遠襲
于茂林（《〔漢武〕故事》）。白表竟寧之色（《古今注》），黃占夏后之陰
（《中候》）。曲江之積素不替（《湘州〔記〕》），桂封之拖紫惟稀（《雜

---

① 據《天中記》卷三補“汝南”二字。
② 據《天中記》卷三補“叢話”二字。
③ “書”當作“晝”，見《劉子·言苑》“秋葉泫露如泣”。
④ “李德裕表”誤，見《初學記》卷二引盧思道《在齊爲百官賀甘露表》“豈若神漿可
　挹”。
⑤ 《天中記》卷二“屬”作“盈”。
⑥ 據《山堂肆考》卷五補“宜都”二字。

俎》)。山河有象(《〔西京〕雜記》),風雨來斯(《神仙》)。胡以醮魚(《〔帝王〕世紀》),奚自乘黿(《安武①記》)。若夫占群狖之競起(《潛潭記②》),推隱士之避時(京房《妖占》)。障有呼于空步(《天中》),衣有浣于水湄(《肆考》)。四塞與迷,負國璽而若失(《〔燕書〕③烈祖後記》);三軍滋惑,法斗機以從之(《志林》)。大澤師行,其還敗于赤壁(《三國志》);全軍失利,故冒圍于白登(《漢書》)。列土侯封,不堪同日(上);太牢典禮,疇是殊承(伊尹)。覓仙迹于方朔(《〔漢武〕內傳》),嗟枉殺于希聲(《五代·〔楚〕世家》)。試想裴優遜學之日(〔謝承〕④《後漢》),雄鳴識道之奇(《魏略》)。乘澤車,視飛鳥,泊浪⑤者動念(《後漢》);一人死,一人病,飲酒者疇期(《博物》)。譬之與善人遊,不沾濡而自潤(上⑥);烏知與玄豹隱,故鮮澤以處屯(〔劉向〕《列女》)。蓋不必神半天(《李先生傳》)五里(《神仙》)之說,不必躭呼吸(《蘇子》)吐漱(《十洲》)之為。未對欒巴,怪別者之有故(《神仙》);多逢樂廣,幸披者之無遲(〔王隱〕⑦《晉書》)。太平之世,霧不塞望,浸淫被泊而已。噫,休哉!(《西京雜記》)

虹蜺

　　夫值以季春之候也(《月令》),別以挈貳之名哉(《爾雅》)。迴帶雲館(《吳都賦》),偃蹇昊蒼(《晉·天文志》)。吾以辨其雌雄(《埤雅》),

---

① 《太平御覽》卷十五"武"作"城"。
② "記"當作"巴",即《春秋潛潭巴》。
③ 據《太平御覽》卷十五補"燕書"二字。
④ 據《天中記》卷二補"謝承"二字。
⑤ 《後漢書·馬援傳》"泊浪"作"浪泊"。
⑥ 此句不見於《博物志》,"上"當指《太平御覽》卷十五"《抱朴子》(未見於今本)曰:'與善人遊,如行霧中,雖不濡濕,潛自有潤。'"
⑦ 據《太平御覽》卷十五補"王隱"二字。

考其陰陽(《天文》)。氣成于暈日(《侯鯖》)，狀極于分①霞(《〔楚〕辭》)。紅葉廣輪，山戎之設色以勝(《雜俎》)；長橋跨海，陽羨之對影猶賒(《風土》)。擬之雲而怪綵，象以烟而異鱗。既爲朱鬐白毳之鳥②，方瞳一角之人(賦)。所以巎赫山頂，照燎水陽(江〔淹〕賦)。非虛非實，乍滅乍光(上)。九以並御(《感精符》)，青故失常(《〔竹書〕紀年》)。或竟天而若屬(《瑞應》)，或亂斗而靡遑(《演孔圖》)。夫亦婚姻之失序(《月令〔章句〕③》)，而兵革之浸忙(《潛潭巴》)。夫亦沿美人之號(《異苑》)，而占女子之祥(〔張璠〕④《漢紀》)。乃若劇飲宮池，常怪間衣之服(《東甌後記》)；寢處山澗，相傳絳色之囊(《神異〔傳〕⑤》)。當臥疾而怒生，風雨驟至(《獨異》)；忽擁抱而逼甚，幻化未央(《八朝志怪⑥》)。荆軻之匕首何來，疑從日下(《前・鄒陽傳》)；女樞之誕彌有自，瑞紀月旁(《〔帝王〕世紀》)。下從井幹(《漢書》)，繞自艗艒(《吳志》)。水至空于甕列(《祥異集驗》)，酒且盡于几床(上)。其喻響而金似(《異苑》)，其告備而玉將(《搜神》)。倏爾改元，諛禎祥于殿裏(《五國故事》)；于焉假寐，期節制于海邦(《鑑戒録》)。乘望氣而炫五重，恍聞鐘鼓(《前涼録》)；環廳事而行三匝，抱唁堂皇(《稽神録》)。良馬因而問字(《唐》)，寶劍忽而舞翔(《古今注》)。長者亡而少者貴(《十六國春秋》)，邪則戾而正則祥(《宣室志》)。在東莫之敢指(《詩》)，自西故以入望(《筆談》)。若訝夜之非明，騰光有異(《易是類謀》)；不謂夷之初旦，棄和乃狂⑦(荀爽《與李膺書》)。絳碧莫有其比舍(《續搜神記》)，嬰茀胡爲乎此堂(《列仙》又《騷》)。殘雨蕭索，光烟艷爛。水學金波，石

---

① 《楚辭・哀時命》"分"作"紛"。
② 江淹《赤虹賦》"朱鬐白毳之鳥"作"駢鬐四毳之駕"。
③ 據《太平御覽》卷十四補"章句"二字。
④ 據《太平御覽》卷十四補"張璠"二字。
⑤ 據《天中記》卷三補"傳"字。
⑥ 《天中記》卷三"八朝志怪"作"八朝窮怪録"。
⑦ "乃狂"當作"取同"，見《後漢書・李膺傳》。

似瓊岸。餘形可覽①，殘色未去。耀葳蕤而在草，映青蔥而結樹（江淹賦）。則夫帝台北荒之際，弇山西海之濱，流沙之野，析木之津（《廣文選》）。此誰非樞星之散（《詩含神霧》），而帝弓之神也乎（《白虎通》）。

---

① 江淹《赤虹賦》"覽"作"擊"。

第二卷

春

時惟獻歲(《楚辭》)，日已載陽(《詩》)。柔風兮芳草(梁元〔帝〕《纂要》)，景媚兮辰良(上)。著太皞之德(《月令》)，擅勾芒之靈(上)。驚斗柄之指(《鶡冠》)，識花草之青(《突厥〔傳〕》)。候當振蟄(《月令》)，時將霽龜(《夏書》)。倉庚已至(《詩》)，玄乙如斯(《月令》)。斯以舞《雲翹》(《後漢》)，歌《豳詩》(《〔周〕禮》)。宣木鐸于遒人(《書·胤征》)，觀民風于太師(《禮〔記〕》)。豈琴瑟不調于少海(淮南月令)，稑稑不閑于女儀(《周禮》)。豈或弛賑貸之政(《漢·記①》)，思展案驗之期(《後漢》②)。故曰：春者規也，轉而不復，圓而不垠，復而不縱(《前·律曆志》)；又曰：春者忠也，鳥獸孕，萬物遂，榮華生(《尸子》)。繁采遲日(《詩》)，蕙轉光風(《選》)。柳將媚而爭綠(庾信賦)，桃含山而併紅(孝元帝賦)。長安遊人載油幕而避風雨(《遺事》)，貴戚子弟結綵樓以鼓笙簧(上)。得遇名花，駐馬以恣飲況(《遺事》)；喜逢勝地，驚鵲以護芳英(上)。竹枝交唱(《寰中③記》)，水檻頻移(《遺事》)。模以雲山之瓦石(《成都志》)，驅以蘆苴之魅魖(《荊楚〔歲時〕記》)。

---

① "記"當作"紀"，見《漢書·文帝紀》："詔曰：方春和時，草木群生之物皆有以自樂，而吾百姓鰥、寡、孤、獨、窮困之人或阽于死亡，而莫之省憂。爲憫父母將何如？其議所以振貸之。"
② "《後漢》"誤，見《漢書·王溫舒傳》："會春，溫舒頓足歎曰：'嗟乎，令冬月益展一月，足吾事矣！'"
③ "中"當作"宇"，見《太平寰宇記》卷一四九。

若乃望粉蝶兮不至(《開元遺事》),獻鷹鳩兮已遲(《周禮》)。曲奏春光,誠作天公之主(《羯鼓録》);詔宣上苑,無俟曉風之吹(《卓異記》)。探花之以少俊(《秦中歲時》),藉草之共妖姬(《遺事》)。不敢隱君之賜(《李適傳》),致妍咒兒之詞(《史略》)。簡率而飾葳蕤(《春可樂歌》),潦倒而會荼醾(《曲洧舊聞》)。吾憐者舞袖弓腰,帶蛾眉而有色(《酉陽》);異者氊車席帽,遲馬足以無情(《摭言》)。其爲田夫之游情,暄以屬厭(《博物》);其爲蘇頲之佳句,巾以邀榮(《天寶〔遺事〕》)。時可挑餤(《曲江春宴録》),聊且担風(上)。不燕谷吹律之異(劉向《別録》),不隋園剪綵之工(《隋史》)。惟上辰有祓除之事(《〔西京〕雜記》),迨方暮有競渡之風(五代)。乞巧之佳人幾會(《續博物志》),登高之盛節早逢(《天中》)。斯四令之首,而歷代之宗乎。且賦思春曰:"春江澹容與,春期無處所。春水春魚樂,春汀春鴈舉。何年不春至,何地不宜春。亦有當春逢遠客,亦有當春別故人。""春望年年絶,春閨愁緒切。春色朝朝異,邊庭羽書至。"(王勃賦)"春不留兮時已失,老衰颯兮情愈疾。恨不得挂長繩于青天,繫此西飛之白日。"(《蘇集》①)

元旦

一年入手(白詩),首祚凝暉(王羲之《月儀書》)。在四伊始(《〔史〕記》),從三入微(《白虎通》)。于以望三素(《脩真入道訣》),占八風(《漢·天文志》),浴五木(《〔雜〕②脩養書》),飲七松(董勛《答問》)。爆竹兮鏤玉(《通卦驗》),磔雞兮懸羊(〔裴玄〕③《新語》)。桃湯袪其邪戾(《〔荊楚〕歲時》),椒水挹其分④香(董勛)。五薰以發氣(《風土記》),九醞以倒觴(《〔西京〕雜記》)。聚宴屠蘇,其孫思邈名

---

① "《蘇集》"誤,見李白《惜餘春賦》。
② 據《天中記》卷四補"雜"字。
③ 據《天中記》卷四補"裴玄"二字。
④ 《天中記》卷四"分"作"芬"。

菴之義(《歲華紀麗》);畫形葦索,抑桃都山著戶之良(《〔玉燭〕①寶典》)。肉翩而飛者,將群妖退處,無能為害(《拾遺》);手劈而啖者,寧虛耗恣妄,了不相當(《逸史》)。在璣衡以齊七政(《尚書大傳》),御樓殿以遂賞慶(《〔輦下〕②歲時》)。袞冕臨軒,快共嵩呼之祝(《六典》);詔書清問,務通民隱之常(《御覽》)。而不見庭燎廣設(《隋·禮儀志》),火城忻逢(《國史補》)。看百僚之增秩(《起居注》),謝萬物之混同(《世說》)。試遵杜舉之遺,樽開白獸(《舊唐》③);那從舍利之樂,戲衍黃龍(《漢官典職》)。從小者之兇觴,伊憐甲子(《隨筆》);會州人之鱗集,雅覓孟公(《陶淵明集》)。放鳩有其故事(《三齊略》),獻雀習于常供(《孔叢》)。競捕者功過自及(《列》),求舊者儉侈曷蒙(《南齊》)。今是昔非之吟,堪矜行獵(《南史》);暮歸朝至之術,有快罪躬(《南康〔記〕》)。若乃驕恃自貴(陳翔糾梁冀),老億朝常(《東觀〔奏記〕④》)。相奇幻術(《後漢》),謾作戲塲(《典略》)。坐有傳于市里(《法苑珠林》),形有煉于仙家(《風土記》)。願不得如,莫續青湖之縢(《錄異〔記⑤〕》);歸寧有日,相私李晟之娃(《唐》)。得仁誰似于圄獄(《〔李膺〕⑥家錄》),照膽有異于袈裟(《異聞集》)。余意乎盧年交口以歡(《唐書》),戴席拱手以加(《〔東觀〕漢記》)。却鬼之有特賜(《海錄碎事》),展親之靡紛遮(《北齊》)。鰒賜崇雅(《東觀〔漢記〕》),虎賁興嗟(《漢紀》)。縱告瑞于雪葅(大明五年),寧獻頌以椒花(《晉》)。方傳繫臂(《天醫方序》),義取膠牙(《〔荊楚〕歲時》)。朝仍偶誤(《魏書》),曉照百華(《禮志》)。海日銜規,忽覺人間之曉;宮花剪綵,恍疑天上之期(元絳《春帖》)。十三月為正,既迭稽于夏道(《白虎通》);二千石上壽,匪闊略于漢儀(杜氏《通典》)。

---

① 據《太平御覽》卷二九補"玉燭"二字。

② 據《天中記》卷四補"輦下"二字。

③ "《舊唐》"疑誤,見《太平御覽》卷二九引臧榮《晉書》"白獸樽乃杜舉之遺式也"。

④ 據《天中記》卷四補"奏記"二字。

⑤ 據《天中記》卷四補"記"字。

⑥ 據《天中記》卷四補"李膺"二字。

余紀元會于斯乎。

上元

月惟中食，日則上元(《雜俎》)。弛金吾之禁夜(《遺事》)，伺①太乙之在昏(《〔史〕記》)。于知夫光放舍利(《西域志②》)，籍定天官(《脩真指要》)。拾荔(《影燈》)傳柑(《歲時》)，尋其故事；角觝(《北史》)畫杖(《燕吳行役》)，縱其殊觀。即觺鼍無關，卜之者當筵以爲嬉笑(《遺事》)；乃竿郎較勝，食之者致詞以共盤桓(《影燈記》)。登高何先于九日(《鄴中記》)，歡宴何借于臘天(《宣和遺事》)。乾德之展以日(《宋朝類要》)，興國之樂以年(《隨筆》)。光無分于旦晝(《天寶〔遺事〕》)，色已奪于嬋娟(上)。車馬喧填，浮行而躡不及地(《〔雍洛靈異〕③小録》)；妓娼歌舞，裝束而費可千緡(《僉載》)。泛烟水、涉冰霜，目奪神搖，乍見高明世界(《清異録》)；殽醑肆、陳絲竹，繁會靚粧袨服，快覩神仙中人(《僉載》④)。結綵懸珠，風送鏘然鳴玉(《〔明皇〕雜録》)；新聲曲調，响至輒可凌雲(《輦下歲時》)。胡以縱觀，盡宮嬪數千人而多亡逸(《舊唐》)；誰何警夜，將巨猾數十輩而逞流氛(上)。于以曲番酒肆(《連昌詞注》)，鼓試漁陽(本傳)。鶴林之遊，恨陽臺以不返(《摭言》)；鸞鏡之約，憶明月以入望(《本事詩》)。無恣楊氏驕橫之甚(《〔太真〕外傳》)，無從韋后賞賚之端(《唐》)。太守風流，痛念貧家之哭(《晁氏容談》)；文人高詠，絕唱馬上之歡(《唐新語》)。余又求紫姑之説，戚夫人之妬殺，何器卿之含冤(《〔顯〕⑤異録》)。子胥不在，曹夫已行，當屬何語(《〔荆楚〕歲時記》)；或就猪欄(《異苑》)，或從溷厠，是否申

---

① 《史記·樂書》"伺"作"祀"。
② "志"當作"記"，即《大唐西域記》。
③ 據《天中記》卷四補"雍洛靈異"四字。
④ "《僉載》"疑誤，見《隋書·柳彧傳》。
⑤ 據《天中記》卷四補"顯"字。

虔(上)。後帝之顯靈,多所憑而證驗;孟氏之疑貳,忽爾躍而蹁躚(《顯異〔録〕》)。其南角以相召,縱百倍蠶桑,祇成淫祀(《齊諧》);如廣陵以屬厭,則俄登霓羽,那事仙傳(《幽怪》)。惟酬壽似家人之禮(《舊唐》),宜男作幼慧之緣(《桯史》)。崑崙之捷已奏(《事①談》),耗磨之罪徒然(《摘齋贅筆》)。安車以迎,猶記中書之舊(至元元年);急馳而就,未許外人以先(《隋書》)。詩曰:"爛熳惟愁曉,周旋不問家。"都哉!

社

社日在世尚矣,自天子至于庶人,莫不咸用(嵇含賦序)。廣茅土之錫(《〔漢〕②舊事》),洽鄉里之歡(《唐祖記③》)。設之以墰(《〔周〕禮》),立之以壇(湛方生)。五戊有期(曆官),從甲至癸者何説(《吕》注);中霤斯主(盧植),自太至置者可詳(《禮〔記〕》)。于以受霜露雨風,達通天地之氣(《禮〔記〕》);奈何非献澮田畯,祀淫春秋之常(《世説》④)。會四隣而並會(《〔荆楚〕歲時》),曾一歲而三祠(《合璧》)。春祈兮有願(《詩》),秋報兮如斯(《隋書》)。爾其饋若飯(《夢華録》),賞若酒(杜牧⑤詩),松栢猶存(《論》),枌榆是有(《通典》)。繁霜忽降于江南(《雞肋編》),新雨倒流于社母(《提要録》)。開聰者而係之竹(《北史》⑥),治聾者而酌之瓿(《〔海録〕碎事》)。吳歌忽起,憐閨秀之

---

① "事"當作"筆",見《夢溪筆談·權智》。

② 據《古今合璧事類備要前集》卷十六補"漢"字。

③ "記"當作"紀",見《資治通鑑·唐紀七》唐高祖武德九年。

④ "世説"疑誤,見《舊唐書·張文琮傳》:"(文琮)爲建州刺史。州境素尚淫祀,不修社稷。文琮下教書曰:'春秋二社,蓋本爲農,惟獨此州,廢而不立。禮典既闕,風俗何觀?近年已來,田多不熟,抑不祭先農所致乎!神在于敬,何以邀福?'"

⑤ "杜牧"誤,見杜甫《遭田父泥飲美嚴中丞》:"田翁逼社日,邀我嘗春酒。"

⑥ "《北史》"誤,見《荆楚歲時記》:"社日,小兒以葱係竹竿,于窗中擺之,曰開聰明。"

功停(《墨莊漫録》);漢俗非同,誤細君之事否(《叢記》)。故家雞犬,重以屠兒之思(《〔西京〕雜記》);里社豚肩,善夫宰臣之手(《漢書》)。事有中忌,此日爲之興悲(《魏志》);獲有偶邀,盡人于焉却走(《通志》)。設黍而先,率愧赧于士謙,豪推宗黨(《北史》);伐樹已往,寧徘徊于宣子,事絕斧斤(《世説》)。誰爲不用命之徒,時從顯戮(《書》);孰是幾屋矣之歎,日厪亂紛(《鑑》)。若乃期會白蓮,假盃酒于匡廬之皋(《〔廬皋〕①雜記》);相嘲黃橘,走尺牘于洞庭之陰(《唐書》②)。鑿龍門以爲遊,香山躋美(唐);建甍飛以共處,洛水相尋(《聞見録》)。斯社也,又何必引周公之夢以祖(《左》),傳共工之子爲神哉(《禮記》)。

上巳

暮春之初(羲之),元巳之辰(《西都〔賦〕》)。取勾萌之發(《蓬池禊飲序》),覩天氣之新(杜《麗人行》)。余考女巫之掌歲事(《周官》),永壽之紀前因(《南齊》)。漢儀以濯東流,莫辨何水(上);古人例用干十,未解通句(《癸辛雜志③》)。謂盟女之非美談(《續齊諧》),試遜洛都(《月令》)河曲(秦昭)之間,斯爲事始;如祈年之説有當(《南齊》),載考十三(開成元年)二七(《魯都賦》)之別,是否相謀(句)。晉氏中朝,始參讌胥之樂;宋齊江右,乃間文詠風流(《文粹》)。畢出以步射(《鄴中記》),因是以揚舲(蔡邕《章句》)。即爾登臺,俄疋練之叢繞(《宋書》);因而踏履,看花草之青青(《饋飾儀》)。斯以馳望鄂渚(《岳陽風土》),痛飲蓮池(《文粹》)。蘭亭之少長咸集(記④),柳巻之唱和有思(《景龍文館》)。卜以油花,喜成龍鳳之狀(《〔圖〕⑤經》);鬭

---

① 據《天中記》卷四補"廬皋"二字。
② "《唐書》"誤,見《柳毅傳》。
③ "志"當作"識"。
④ "記"即"《蘭亭集序》"。
⑤ 據《天中記》卷四補"圖"字。

以盃斝，角勝馬兎之宜（《燕北雜記》）。簪組交輝，歌笑間發，似盡風光之趣（《長慶〔集〕①》）；混混雅致，超超玄箸，幾高洛水之奇（《世說》）。抱琴而來，充然其若有得（韓文）；置亭而賞，轟然後若有期（《西京雜記》）。朝坐禮殊，想歸程而寄興（《舊唐》）；肩輿並騎，俯道左以何之（《晉中興書》）。長門而喜相逢，笑啼誰屬（《中朝故事》）；酒闌而悲以輓，哀樂非時（《後漢》）。余嘉者作銅龍相向（《歲時記》②），而悲者變蒼犬見尋（《史》）。捎雲有幸通夢（《廣異》），畫舸惜哉半沉（《獨異》）。如當鄴城告覆之秋，舉止自若（《後漢》）；藉令北海偶曝之會，盻睞無侵（《新唐》）。遙望犢車，幽昏已諧于少府（《續搜神記》）；從過主第，謳歌乃幸于知音（《前漢》）。和風穆以布暢，百卉華而敷芬。早燕歸鴻，俟迅風而弄影；丹鴛紫蝶，候芳晷而效顰（賦）。吁嗟哉！樂事賞心，固盡得于今日（白《宴洛濱序》）；由今視昔，或有感于斯文（《蘭亭記》）。

寒食

考一百六日之節（《〔荆楚〕歲時記》），疾風甚雨之期（上），其爲寒食也歟？及讀孫楚《祭子推文》，"黍飯一盤，醴酪二盂"，未嘗不歎事之無稽也（《鄴中記》）。雨雹可憑，緜介之果廢祀（《歲記》③）；龍蛇載詠，客舍之想參乘（《琴操》）。午日爲期，《琴操》有異（記）；竟月之令，書史無徵（《汝南先賢》）。則盍考司烜之鐸（上），從看連夕之燈乎（《燕吳行役記》）。鴈塞明罰，羸老有不堪之患（魏明帝令④）；龍里恐熾，愚頑有不解之猜（《〔後〕漢·周舉》）。豈曰無文，禮有行于墓道（唐明皇

---

① 據《天中記》卷四補"集"字。
② "《歲時記》"疑誤，見《鄴中記》。
③ "《歲記》"誤，見《晉書·石勒載記》。
④ "魏明帝令"誤，見魏武帝《明罰令》。

録①）；因明特賜，事有紀于宣臺（《雜俎》）。胃索以嬉戲（《涅槃經》），蹴鞠而徘徊（劉向《別録》）。豈必繩橛從事（《〔秦京〕②雜記》），夫寧插柳處隈（江淮）。侍幸梨園，即輸力于麻絚，無堪失笑（《景龍文館記》）；謝狀新火，至鬭奇于銀燭，無當取裁（《孔帖》）。制誥名同，勅以漢官傳蠟之句（《本事詩》）；少年偶坐，試以青娥靚粧之才（《雲齋廣録》）。通獻伊始（《百官志》），開假何來（《五代》）。餐楊桐之飯（《瑣碎録》），把醽醁之杯（《輦下歲時記》）。乃其焚紙錢于野祭（《周本紀後序》），認莓母于虜間也，哀哉（《天會録》）！

夏

祝融司夏（繁欽《暑傅③》），炎帝持衡（《魏相傳》）。行從赤道（《月令》），序屆朱明（《爾雅》）。看斗柄之指午（《鶡冠》），識蒼龍之在東（注）。火王（《荀爽傳》）兮陽上（《管子》），畏日（《左》）兮凱風（張九齡賦）。人固怨咨于暑雨（《書》），余冀應制于麥秋（《禮記》）。人固訝其鼓翼（《論衡》），余獨取于披裘（韓④）。水沉朱李（《與吳質書》），竹作青奴（《黃魯直集》）。第以事其高卧（《陶〔潛〕傳》），曾何畏于環鑪（王仲都事）。雪噓庾信⑤（《廣異記》），水入葛洪（《抱朴》）。若以假其襘襊（《詩話〔總龜〕》），更有妙于碧筒（《雜俎》）。蕭颯兮寒色（《開元遺事》），凜冽兮高秋（《劇談録》）。冷若南軒之醮水（《杜陽》），激若瀑布之飛溜（《唐書》）。說者曰：迎涼有草（上⑥），招涼有珠（《拾遺》）。運

---

① “録”當作“詔”，見《舊唐書·玄宗紀》：“五月癸卯，寒食上墓，宜編入五禮，永爲恒式。”
② 據《天中記》卷四補“秦京”二字。
③ “傅”當作“賦”。
④ “韓”誤，見《論衡·書虛》。
⑤ “庾信”當作“庾肩吾”，見《廣異記》：“庾肩吾少事陶先生，頗多藝術。嘗盛夏會客，向空大噓氣，盡成雪。”
⑥ “上”當指《杜陽雜編》。

七輪之扇(《西京雜記》)，服六壬之符(《抱朴》)。鮫綃所就(《〔北夢〕瑣言》)，冰絲所收(《樂府雜録》)。拂龍髥而在耳(《杜陽》)，唼玉魚而在喉(貴妃)。則賞此清和之景(《纂要》)，採彼《招商》之謳(《拾遺》)乎。論其事，南樓井幹，望甘泉而遞浴(《〔壽〕①陽記》)；東頭竹篠，思故鄉以相過(《語林》)。乘小駟而按轡木陰，頓忘繁溽(《開元遺事》)；訪百花而艤舟江上，期會滂沱(《老學菴筆記》)。造榜自天，進非其時之恨(陸宸)；立朝有日，悦不以道之非(《外傳》)。薰風殿閣之吟，堪爲題壁(《唐詩紀事》)；洛水陰陽之會，疇可驂騑(《魏書》)。買山編草(孫登)，臨水刺荷(《因話録》)。有取板榻(《北齊》)，無嫌漏舸(《世説》)。習囊螢之攻苦(《晉陽秋》)，壯握火之縷䖵(《吳越春秋》)。豈飛禽兮見逐(《〔太公〕②金匱》)，詎鵬鳥兮相過(賈誼)。飛雪如斯文可矣(《列》)，降霜如鄒衍奈何(《淮》)。乃若棋局兮解語(《西京雜記》③)，杞菊兮怡情(陸龜蒙傳④)。毋爲神仙之術(晉)，方士之行(《新論》)；其亦斷罟之請(《國語》)，撫軍之誠(《蜀志》⑤)。翰墨淋漓，羊裙可想其致(《宋書》)；并州吟詠，豹裘有意其人(《樂府廣題》)。傅粉與疑，更朱衣而轉皎(《語林》)；輕綃自若，拭紅膩而多珍(《貴妃傳》)。冰鏤有情，通國之公卿若醉(《遺事》)；槐黃過眼，長安之子弟與争(《南部〔新書〕》)。山虞斬木(《周禮》)，凌人頒冰(上)。朱索連葷(《禮儀志》)，腐草爲螢(《禮〔記〕》)。衝兹綿雨(《纂要》)，涉彼樊山(賦)。朱提之飛鳥莫過(《永昌郡傳》)，天毒之瓫井失寒(《括地圖》)。賢良施惠(《淮》)，慶賞崇頒(詩)。於以節嗜欲而止聲色(《禮〔記〕》)，何不教車甲而課材官(《禮〔記〕》)。斯有當于荂葽之候(《素問》)，恢台之觀也(《九辯》)。

---

① 據《太平御覽》卷二二補“壽”字。

② 據《天中記》卷五補“太公”二字。

③ “《西京雜記》”誤，見《世説新語·排調》。

④ “傳”當作“賦”，即陸龜蒙《杞菊賦》。

⑤ “《蜀志》”疑誤，見《能改齋漫録》卷十四：“蜀孟知祥，其軍戰勝董璋。時軍中暑熱，知祥巡行撫問，三軍忻然，如熱而濯。”

端午

競渡，余楚俗也。汨羅一水，今夕泫然。載考蛟懷之説(《〔一〕統志》)，馬步之神(《武昌府志》)。飛鳬遠棹，水馬戲争。三鼓奪旗標之影，連岸呼霹靂之聲，其前事之有徵者乎。于時也，天中名節(《提要録》)，地臘逢辰(《道書》)。物多備于桃印(《續漢》)，俑有作于艾人(《〔荆楚〕歲時》)。蜻蜓化之西户(《博物》)，螻蟈取以東行(《月令》)。木槿繞鴟(上)，楊花舞鶯(《競渡〔歌〕》)。條達之工，別以極繡文于時物(《〔玉燭①〕寶典》)；襞方之候，豈知示蠶業于婦人(裴玄《新語》)。架箭彎弓，勝有事于布鴣(《遺事》)；骨表肉裹，形何取于萉龜(《風土》)。誰伴蠅虎(淮〔南王〕②)而守蜥蜴(武帝)，誰揚百索(《雜俎》③)而續五絲(《風俗》)。埋蜻蛉而幻化(《博物志》)，剪鸚鴿以鳴奇(《零陵志》)。金門之獺丸何似(《〔金門〕④歲節記》)，江流之龍鑄已成(唐)。習俗嫌于曝席(《〔風俗〕通》)，風土藉于辟兵(《抱》)。事可傳奇，蘆或托之胡廣(《世説》⑤)；事有中忌，户每高之田嬰(史)。舉餉相遺，禁烟又豈一介子(《鄴中》)；潔服而舞，專祠那別見陳林(〔謝承《後〕⑥漢書》)。余美夫飛白之驚絶筆勢(《唐書》⑦)，鍾乳之珍異命欽(《唐新書》⑧)。悲夫！孝女之緣江號哭(《會稽典要⑨》)，忠臣之澤畔行吟(《史記》本傳)。考里居于彦寔(《困學雜録》)，改聖節于天寧(《癸辛

---

① 據《天中記》卷五補“玉燭”二字。
② 據《古今事文類聚前集》卷九補“南王”二字。
③ “《雜俎》”誤，見《文昌雜録》。
④ 據《山堂肆考》卷十一補“金門”二字。
⑤ “《世説》”誤，見《殷芸小説》。
⑥ 據《天中記》卷五補“謝承”“後”三字。
⑦ “《唐書》”疑誤，見《唐會要》。
⑧ “書”當作“語”，即《大唐新語》。
⑨ “要”當作“録”。

雜志①》)。舊約應追于常侍(習〔鑿齒〕②)，高會雅意于軍行(《宋朝事實》)。而不見友善長源，宰雲居而尊廟貌(《陝西志》)；奇絶王猛，擬公子而大門庭(《宋書·王鎮惡》)。脱顔色之如生，誣謀王綽(《北齊》)；占名位之不偶，識早信明(《舊唐》)。裙襦徵歌，士庶爲漫遊之侈(《舊唐》)；髭鬚角勝，君王爲廣物之驚(《隋唐嘉話》)。蘭湯可沐(《大戴》)，蒲酒成釂(《〔荊楚〕歲時》)。五花施寶帳(《雜俎》)，百草鬭香芬(《〔荊楚〕歲時》)。再遇巴陵，相憐備下(《道書》)；過從廳事，試問清卿(《新編》)。帖子所以寓諫(《雜記》)，天師所以利亨(《〔乾淳〕歲時》)。自巾至履之言，從看獻納(《唐代宗記》)；含風疊雪之句，幾被恩榮(杜)。余讀《續齊諧記》，三閭大夫向歐回而語蛟龍云云，事雖相襲，終未敢不與爭也。

伏日

余考四時代謝，皆以相生，獨秋以金代火，至庚日必伏，則伏者何也？金氣之所藏也(《曆志③》)。御蠱成祠，秦相沿于往事(史)；驅厲勿祟，漢自凜于官儀(宋④和帝)。地氣絶于漢中，俗可自異(《風俗通》)；陰陽值于時會，秋以爲期(《陰陽書》)。惡避湯餅(《〔荊楚〕歲時》)，費供酪沽(《漢書》)。宗祐有思，薦麥瓜而情脉脉(《〔四民〕月令》)；田家作苦，勞斗酒而呼烏烏(《楊惲傳》)。余欲酺飲擬夫河朔(《典略》)，毒惡避于湘南(《漢書》⑤)。無侈琢冰之富(《遺事》)，莫若交扇之憨(《世説》)。袨襪則是(上)，冰井已非(《鄴中記》)。拔劍懷歸，想曼倩之自譽(《漢書》)；刺荷痛飲，勿歷城之交譏(《雜俎》)。憶圯上之舊遊，黃石爲寶(《史》)；盡長安之名豔，畫柱交輝(《遺事》)。兹伏日之可紀

---

① "志"當作"識"。

② 據《太平御覽》卷三一引習鑿齒《與褚常侍書》補"鑿齒"二字。

③ 《太平御覽》卷三一"曆志"作"曆忌釋"。

④ "宋"當作"漢"，見《後漢書·和帝紀》。

⑤ "《漢書》"疑誤，見《太平御覽》卷三一引《書儀》："六月三日伏日。昔賈誼在湘南，六月三庚日，有鵬鳥來，時以南方毒惡，以助太陽銷爍萬物，故損人，因避之。"

者與！

秋

　　夫自春而秋也，容平得名（《素問》），禮肅恐後（《尸子》）。一之而爲三，三之而爲九（《〔陰陽〕①五行曆》）。貙膢是祭（《後漢》），縮内以時（《淮》）。覘萬寶之成實（上②），見一葉而可知（《淮》）。扣商之林，欲以俯促鳴絃，仰睇天路（陶淵明賦）；分秦之野，其曰舌舉而仰，聲清以揚（《含神霧》）。自夜半以迎寒，求諸陰氣（《周禮》鄭注）；借端午以表節，頌美堂皇（謝賦）。木葉則脱（詩），綠草云黃（劉詩）。蓋美悲乎秋壯（《九辯》），何知樂乎秋陽（蘇）。夫秋風嫋嫋（梁武帝賦），秋日凄凄（《詩》）；秋望切于雲物（陳後山賦），秋愁倍于四時（朱希貞③詩）。慘淡慄烈則秋之狀（《秋聲賦》），縱錚淅瀝則秋之聲（上）。秋色傷欺客路（王奇方④），秋夜長苦旅情（梁鮑〔泉〕詩）。故愁懷寓之詞客（《事文》），而秋興被之詩名（上）。自昔賦之者曰絡緯已肅，蟋蟀有音。鴈點點而排遠（俱詩），蟬嘒嘒而寒吟（《秋興賦》）。乳燕辭巢，望雲海以幽蟄；賓鴻違漠，指烟樹以揚翎（賦）。復蘆花于浦上（皮日休賦），下木葉于洞庭（《楚問⑤》）。銀河既已傾，玉窻又已明（《秋宵讀書賦》）。輶軒採俗（《風俗》），司馬治兵（《周禮》）。于焉選將，用是斷刑（《尚書大傳》）。若乃吟嘯相隨，感李陵于塞上（《與蘇武書》）；應接不暇，勞子敬⑥于山陰（《世説》）。蓴菜偶肥，豈必盡故鄉而動歸思（上）；江山如舊，將無感十日而發清吟（《晉書》）。望高丘之雲氣（《元命苞》），聽雕房之棋聲（《西京雜記》）。羽陵之蠹書有會（《穆天子傳》），淋池之神物乃登（《拾

---

① 據《天中記》卷五補“陰陽”二字。
② “上”疑作“莊”，見《莊子·庚桑楚》“正得秋而萬寶成”。
③ “貞”當作“真”，朱敦儒字希真，有“天下四時秋最愁”句。
④ “方”爲衍文，見王奇《旅中有感》：“鴈聲不到歌臺上，秋色偏欺客路中”。
⑤ “問”當作“辭”，見《楚辭·九歌·湘夫人》。
⑥ “敬”當作“猷”，見《世説新語·任誕》。

遺》）。葉墜風生，知奏明皇之曲（《羯鼓録》）；朱酣露飽，由聞法喜①之行（明皇）。美盛事于朱公，冠加兩翼（《梁書》）；考專長于鄧氏，囊可五明（《續齊諧記》）。景曖曖而向頹，時冉冉而將薄（褚彦回賦）。雲既净而天高，潦將收而水潔（虞世南賦）。獨不念塞外之征行，顧閨中之騷屑（劉禹錫賦）。送將歸兮山水（《九辯》），不能忘乎佳人（梁②武帝詞）。安得如醉而醒，如瘖而鳴，如病而起行，如還故鄉初見父兄（《秋暘賦》）。歛袵以歸來兮，忽投紱以高屬。耕東皋之沃壤，輸黍稷之餘税。逍遥乎山川之阿，放曠乎人間之世。優哉游哉，聊以卒歲（《秋興賦》）。

七夕

以余觀于七夕也：玉繩湛色，金漢斜光；煙凄碧樹，露濕銀塘（王勃）。傳奇者曰織女，曰牛郎，嫁自河西，寧謂人間有樂事；相期隔歲，不妨天上只黃昏（《七夕歌》）。諸仙之駕從返（《續齊諧》），橋邊之鵲盡髡（《淮》）。看天河之白氣（《風土記》），訝淚雨之交痕（《〔荆楚〕歲時》）。若相飾以桃花，爭從麗色（《月令》③）；非第設以湯餅，負愧良時（《風俗》④）。三洞步虚，羨音詞之曉暢（《〔唐詩〕紀事》）；于闐嗣響，屬情愛之交羈（《西京〔雜記〕》）。試語神仙之事，待我緱氏（《列仙傳》），迎汝安公（上）；因紀王母之説，侍以青鳥（《〔漢武〕故事》），駕或班龍（《〔漢武〕内傳》）。忽見有期，則賈客無歸，而女子但驗（《唐夷堅録》）；請乞何願，其刺針以向月，而披綵以迎風（《〔荆楚〕歲時》又孝武詩）。留謝青山，多有邀于名勝（《酉陽》）；夢先赤羆，會有覺于芳牐（《洞冥》）。四海孤踪，誰識石橋之客（《道書》）；層城壯麗，試看錦樓之封

---

① "喜"當作"善"。

② "梁"當作"漢"，見漢武帝《秋風詞》"懷佳人兮不能忘"。

③ "《月令》"誤，見《太平御覽》卷三一引《韋氏月録》："合烏鷄藥：是七月七日取烏鷄血，和三月三日桃花末塗面及遍身，三二日肌白如玉。此是太平公主法，曾試有效。"

④ "《風俗》"疑誤，見《天中記》卷五引周處《風土記》。

(《興地志》)。若乃洞雲開天,訝房中之寶玉(《雜①寶記》);流星墜地,忻爪上之梭金(《秘閣閒談》)。羽蓋雲興,幾爲采娘幻化(《〔桂苑〕叢談》);軿車繡幄,無減令公高深(《子儀傳》)。思客懷之交暢(《蜀志》),奉帝命之有期(《墨莊〔漫録〕》)。憑高僧之題壁(《五行志》),從宮嬪之臨池(《楊園花②疏》)。同心屬獻(《金門歲節》),晒腹自便(《世説》)。綈錦未嫌于犢鼻(《〔竹林〕七賢〔論〕③》),纏錦有愛于憑肩(《遺事》)。曇度道人之行藏,不堪出入(《南史》);竇家少小之諧笑,那識後先(《東漢書》④)。吾欲赴玄圃之宴(晉潘尼),續明河之篇(《宋之問集》)。辨牛不見其津涘,聞雞遽隱于雲油(賦)。寸心欲斷,淚眼常流。雖廣寒而較勝(張詩),豈八日而堪留。吁嗟乎,豈八日而堪留(《箕仙詩》)!歌曰:悲莫悲兮離別長,怨莫怨兮私自傷。歙横波而向秋野,垂玉筯兮沾羅裳。歌響既畢,恍然如失。獨盈盈兮一水間,空望望兮三秋日。

中秋

後夏先冬,季始孟終。埃壒不流,搏⑤華上浮(《玩月詩序》)。豈乏與偕之歐陽修厥玩事(集),試遡直宿之蘇頲愛此清悠(《遺事》)。江山之磅礴,閶闔之崢嶸。映階墀以歷歷,對户牖以亭亭(《中秋望月賦》)。名之曰"月夕"(《提要録》),曰"端正"(《月令》)。光熷寒林,疑蝦蟆之色(《雜俎》);影摇瓊玉,浮水調之聲(詞)。痛惜良宵,扉可闢于天柱(《三水小牘》);相攜勝友,濤竚弄于廣陵(《七發》)。試語村人,快樂響以畢集(《諸山記》);從教厨者,憑絃管以相勝(《石林詩話》)。霜娥抱怨(古樂府),戍婦懷情(詩)。直火龍之驂駕(大金),會雞犬之飛昇

---

① 《天中記》卷五"雜"作"唐"。
② "花"當作"苑"。
③ 據《天中記》卷五補"竹林""論"三字。
④ "《東漢書》"未詳,見《天中記》卷五引《世王傳》:"竇后少小頭禿,不爲家人所齒。遇七夕日,人皆看織女,獨不許出。乃有神光照室爲后瑞。"
⑤ 歐陽詹《玩月詩序》"搏"作"桂"。

（上）。于以卜决中正（《名談》），數頷君平（《晉書》）。夜看桂子之落（禪林），時表盛露之名（《唐太宗記》）。鍾陵之遇合有緣，歷山石而險盡（《傳記》①）；特秀之前因已定，俯廊廡而憂生（《七修類稿》）。夜色名珠，其海賈之驗歲（《新書》）；日潮迓鼓，則杭俗之傾城（上）。流光過眼，能幾日又中秋；佳節可人，況千里共明月。高攀仙桂，願步蟾爲天闕之遊；坐對嬋娟，即瞻兔數秋毫之窟（箋）。乃若定試士于宋代（《宋史》），賞騎射于新羅（《隋書》）。識花性之繁陰（編日），觀龍水之澄波（《一統志》）。月色長天，曾無須于燈燭（《天寶遺事》）；明朝昨日，莫少透于巖阿（《新書》）。余讀詩至"餘閏魄鮮，有懷勝賞"，無隔年之歎也（趙文②成）；若夫重陰霾起，如凌倒景，起飛轍之玩何（朱喬詩）。

九日

時維九月，序屬三秋（《滕王閣序》）。紫塞蒼鴻，追風光而結陣；金堤翠柳，帶星彩而均收（賦）。授衣有詠（《詩》），落帽未逢（《晉書》）。吾遡夫茰之故事（《〔續〕齊諧》），泛菊之高踪（《風土記》）。藉野莫詳于何代（《〔荊楚〕歲時》），登高第取于遠峰（《〔齊人〕③月令》）。日月並應，如是錫芳名而稱善（魏文《與鍾繇書》）；雲物甚美，何不就讌會而起興（《南史》）。紀其地如堆龍（《豫章記》）戲馬（《南齊·禮志》），憶其人如山簡劉弘（《襄陽記》）。遠道之白衣，饒有其致（《續晉陽秋》）；扶風之素質，夙幸相承（《〔西京〕雜記》）。緩頰顰眉，一曲文峰振響（《南唐近事》）；紅裳艷錦，非時鶴寺爛花（《續仙傳》）。人耶鴈耶？忽中沙苑之矢（《集異記》）；仙耶道耶？奇遇仙舫之涯（《松江志》）。下市玄龍，通國人而狂走（易玄子）；重施行馬，謝故吏以離披（《北夢〔瑣

---

① "《傳記》"未詳，見《誠齋雜記》。

② "文"當作"大"，見趙大成《閏中秋》："桂影中秋特地圓，況當餘閏魄澄鮮。因懷勝賞初經月，免使詩人歎隔年。"

③ 據《太平御覽》卷三二補"齊人"二字。

言〕》）。風雨滿城，恨詩思之不續(謝無逸書)；江山如畫，快選勝之多奇(《臨海記》)。或讀經，或摘句(《晉陽秋》)；或旌帛，或賜綾(《〔隋唐〕嘉話》)。罰引滿于後成，人拈四韻(《〔景龍〕文館》)；勅自今于速和，使命萬乘(《唐書》)。余憶曲江之應制有人，御筆品其高下(《唐詩故①事》)；尤喜昭容之持觴得韻，佛會藉其寵靈(《〔景龍〕文館記》)。宿搆以肆詡夸，將無怒生几席(《唐書》)；家諱而分引避，云何列錯豆登(《因話録》)。至今藍田之遊，時追杜甫(詩)；商飆之館，用紀孫陵(《南齊》)。上巳已過，而翻然欲被者，似爲有待(《新唐》)；新秋非昨，而躍然相習者，夫豈無徵(《南齊》)。余讀李喬②閏節詩，"花寒仍薦菊，晚座更披蓮"(集)，此九日之興所以逾妍也。

冬

天地既塞(《月令》)，萬物以藏(《淮》)。于以知其勝陰(《爾雅》)，更有見于伏陽(《律曆志》)。悲夫！冬之爲氣也，天悠悠而彌高，霧鬱鬱而四幕。山嶱巆以含瘁，川逶迤以抱涸(《感時賦》)。夜邈邈而難終，日婉婉而易落。鳴枯條之泠泠，飛落葉之漠漠(賦)。則夫數良月(《左》)，過小春(《荊楚歲時》)。龍豵歲會(《國語》)，飩祀時禋(《南粵〔志〕③》)。貴賤若一，美惡不減，吾以知其德至(《律曆志》)；其音中羽，其地處确，吾更悉其野分(《含神霧》)。巫俗相沿，擊筑而歌赤鳳之曲(《〔西京〕雜記》)；陽氣未用，養荄而紀潛龍之文(《後·魯恭傳》)。賜浴湯池，極香粉蘭澤之娛(《遺事》)；勅呵凍筆，快佳人才子之稀(上)。排以肉陣(上)，張以妓圍(上)。西方百合以設供(佛經)，南詔清平以賦詩(《玉溪編事》)。寶爐種其煖焰(《遺事》)，金合散其寒威(《傳〔奇〕》)。哭羊祜而冰凍(《獨異》)，憚周顗而扇揮(《晉書》)。先

---

① "故"當作"紀"。
② "喬"當作"嶠"，見李嶠《閏九月九日幸總持寺登浮圖應制》。
③ 據《天中記》卷五補"志"字。

母后之校獵（《漢·光武①傳》），仁使掾之求衣（《世說》②）。而不有鵝毛縫鬻之候（《肆考》），犀角襲煖之時（《遺事》）。塵篋莫解（《玄晏春秋》），單練無違（《世說》）。恨有先于抱冰（《吳越〔春秋〕》），業何貸于織箕（《三輔決録》）。陷獄吏之涕，案法何似（《後漢》）；廣絶交之論，舊遊者譏（《梁書》）。一尺鏤形，別寄常春之景（《杜陽》）；九州方物，寧專臣庶之輝（《〔輦下〕歲時》）。牛車租稅之時，薪乃利用（《魏略》）；雁門廣武之域，織故相師（《政論》）。賢同愛日（《左》），職在幽都（《書》）。女紅合乎習俗（《漢》），學問勤于歲餘（《魏略》）。守關梁而塞蹊徑（《禮〔記〕》），謹蓋藏而閉門閭（《書大傳》）。斯古人之足用也（詩），何小民之怨咨與（《書》）。

冬至

猗與日至（鮑昭書），快覩陽生（杜牧之《寄侄詩》）。其會亞歲（《宋書》），其賀如正（《〔四民〕月令》）。地爲下凍（《神農書》），天斂殘氛。星連珠而候曉（《漢》、《史》），日合璧而成文（《尚書考靈曜》）。寶鼎通神，如是乎迎日（《史》）；登臺視祲，必在乎書雲（《左》）。吾考其八能，或調律曆，或調陰陽，或調正德（《易通卦驗》）；究其三極，晝漏極短，去極極遠，晷景極長（《月令〔章句〕③》）。其器鍛，其畜彘，御者以黑（《淮》）；蘆爲灰，竹爲管，應且在黃（《太玄》）。宮線添長，則女紅之不減（《唐雜録》）；絳衣從事，則官儀之相沿（《禮儀志》）。宴享太平，勅天下以從樂（《通卦驗》）；秉行月令，戒有司以修邊（《月令》）。已上之風胡來，相期大有（《風角書》）；正朔之日以益，實慶豐年（《淮》）。則試歷雞籠之別島（《洽聞記》），陟駿狼之崇巘（《淮》）。貢菁茅而朝集

---

① "光武"誤，見《漢書·元后傳》："冬饗飲飛羽，校獵上蘭，登長平館，臨涇水而覽焉。"

② "《世說》"誤，見《後漢書·鍾離意傳》。

③ 據《後漢書·律曆志》注補"章句"二字。

（牛弘詩），輕土炭而衡懸（《天官〔書〕》）。有罪得當，猶下傳賢之涕（《後漢》）；放囚非古，故差孕婦之還（《梁》）。卜夜爲歡，未幾御筵寵賜（呂公著）；紀年依夢，恍惚天象追攀（《曲洧舊聞》）。其至性以與看，妃子有色（《遺事》）；其不才而作祟，疫鬼居間（《纂要》）。當伏連表賀之辰，款具殷殷，寧必詰所自始（《北齊》）；憶伯仁稱觴之日，才分碌碌，其或泣以終歡（《世説》）。繩中北斗（《淮》），行遠玄明（《吕》）。乾坤不老，宇宙長春（陳耆卿《賀冬至》）。權輿七十二候，交會三百六旬（表）。聽孤竹之管，撫雲水①之琴（《春官·大司樂》）。人事尚昧于先春，天統已彰于建子。則猶道之生一，盡在陽之初九者。固有如斯矣。

臘日

按：《月令》："孟冬十月，臘先祖、五祀。"《左傳》曰："虞不臘矣。"然二書皆不書日，自王者各以其行之，盛爲祖，衰爲臘，則日始定也（《魏台訪議》）。歷代順德（上），道家炁神（《道書》）。交以陰陽（《漢紀》②），按之故新（《風俗》）。脂花胡贈（《金門歲節》），赤豆胡遺（《風俗》③）。相酌以但送不迎之禮（《獨斷》），志怪夫有形得覿之儀（《後漢》）。芰葦懸于畫虎（《風俗》），梗桃冽以碟雞（王肅《議禮》）。民事勤勞，譙飲而歌潑澤（《家語》）；君恩優渥，歲事而致報詞（《漢官儀》）。禮之賀非也，徐看初歲（張亮議）；丘之禱久矣，何用先期（《風土記》）。邪厲相侵，共期利導（梁景宗事）；吉祥有會，喜值晨炊（《搜神》）。調發金鑾，花鬪妍于上苑（唐）；音高桴鼓，草舒色于江津（《漢書》）。脂口牙箭，日重碧縷之飾（《文館記》）；駐顏銀合，併承繡刺之珍（〔謝承〕《〔後〕漢

---

① 《周禮·春官·大司樂》"水"作"和"。
② "《漢紀》"誤，見《後漢書·禮儀志》："季冬之月，星回歲終，陰陽以交，勞農大享臘。"
③ "《風俗》"未詳，見《荊楚歲時記》。

書》）①。于以疏彈衛尉（第五倫），泣下五倫（謝承書）。盜樹而從寬政（《晉書》），竊食以念明裡（袁山松書）。處漠者篤志（《〔鄭玄〕②別傳》），僵臥者強貧（《〔會稽〕③典録》）。恥諸博士之人，所在爲號（《東觀〔漢記〕》）；勿學形骸之外，擬失其倫（《世説》）。漢法猶存，節何知于新莽（〔謝承〕④《後漢》）；秦謡有據，願日切于茅盈（《内記》）。公度知名，相傲以主人之禮（《神仙傳》）；林甫引義，深銜以侍郎之稱（《嚴復傳》）。則夫供家釀（《四民月令》），聽鼓鳴（《後漢》）。行三驅于上苑（貞元），罷常獻于在庭（《唐會要》）。余于冬春也以徵。

除夕

時乎時乎，初開卷始，漫謂春留；末覽篇終，便傷冬及（《謝曆日》）。窮矣，七十二候；盡矣，三百六旬（《〔荆楚〕歲時記》）。其陽扶而陰抑（《月令章句》），抑去故以迎新（上）。弟子之所祝頌（《風土記》），父老之相餽遺。聚歡則作別爲苦，達旦則假寐何時（並《風俗》）。戲自藏鈎，有生離之忌（《風土》）；俗從零野，無輕剽之憂（《梁書》）。虛耗可虞，醉司命而有幸；祟妖彌盛，由山臊以深謀（《駭⑤聞録》）。儺翁耶，儺母耶（《秦中歲時》），持戈執盾之餘，玄衣丹裳者無所逃其形似（《漢官儀》）；樂隸耶，倀子耶（《〔南部〕新書》），絶橋斬梁之役，赤幘皂服者有以競其歡謳（《後漢》）。相此煖熱（吴俗），祈彼桑麻（上）。取胡琴以再鼓（《九國志》），點盆水以交加（洛陽）。應對不凡之興公，混從群侣（《建康實録》）；清操自理之洪矩，雅傲時流（《宣城記》）。余悲擊鬼之題詠無似（《五代史》），且異放囚之往還何求（《南史》）。若焚商陸，而

---

① 據《天中記》卷五補"謝承""後"三字。
② 據《太平御覽》卷三三補"鄭玄"二字。
③ 據《太平御覽》卷三三補"會稽"二字。
④ 據《太平御覽》卷三三補"謝承"二字。
⑤ 《天中記》卷五"駭"作"該"。

增歲不我與之歎(裴度);盍打灰堆,而祈願有得如之休(《歲時記》)。執犂尾于廣庭,相憐舞隊(《南部新書》);走翟衣于衞障,自署阿奢①(本傳)。侈宮掖之鋪張,火山列焰(《續世說》);望街亭之躑躅,癡獃生涯(吳俗)。其日食廑君德之戒(漢文帝),寧屠蘇左歲至之華(《肆考》);其祭酒還未了之債(《金門歲〔節〕②記》),將列炬憶阿戎之家(杜〔甫〕)。一宵兩歲,幾欲平分;故歲新年,介在一夕。行將在日③,王丞相之登臨;忽爾明朝,戴侍中之重席(王勃《守歲》)。余謂春夏秋冬,已謝四時之炎涼;甲乙丙丁,那盡萬年之今夕。況重以異鄉之感(高蟾賦),浪以逆旅之迹(皮日休賦)。則所云"日月其除",而又云"今夕何夕"。

暑

蓋聞之炎風之野,赤帝祝融之所司云(《淮》)。若隊于爐,若燎于原(《竹室記》)。山焦于金石(《莊》),雲比于車軒(《易占》)。寧謂牂柯之稻粟再熟(《孔帖》),流沙之人畜多昏也哉(上)。露臺烏有(《〔關中〕④記》),冰臺疑然(《抱》)。鮫且織縠(張建章),龍亦垂涎(《杜陽》)。吾不信抱香在履(《草木》),挾纊憑肩(《左·宣十二》)。雲以名火(《玉泉山寒亭記》),風以言玄(玄風洞)。上屋溜飛,瀑布兮相激(《唐書》);四隅冰泮,石榻兮孤懸(《廬陵官下記》)。閉氣胎息之功,經八日而潛逃(《抱朴》);服絺衫綌之舉,乘小駟以蹁躚(《遺事》)。盆水小山,倏爾雲騰霧起(丁謂);幽松怪石,信宿客去主眠(葉石林)。北窻高臥(陶潛),故鄉轉思(《語林》)。曠俠若子通,犢鼻較可(本事);豪具如劉逸,錦棚乃宜(本事);而安見徐陵之求爲可知也耶(魏收)。複衣以敬君

① "奢"當作"奓",見《新唐書·竇懷貞傳》。
② 據《山堂肆考》卷十四補"節"字。
③ 王勃《守歲序》"日"作"目"。
④ 據《天中記》卷六補"關中"二字。

賜(張方平)，胡牀以肅主躬(范文正公)。薰風涼殿之詞，因而再詠(柳公權)；皓露秋霜之曲，曾幾發蒙(楚懷王)：而安見公著之凝然其中也耶(吕公著)。余又考其異，點蒼積雪(《大理志》)，疊綵寒風(《大帝記》)。多有啗于玉液(貴妃)，曾何畏于爐紅(元帝時)。縈紀靈巖，右洪崖，左浮丘，不覺涼飈之已至(《人物志》)；多遊朝邑，揮五絃，寄一枰，深謝塵霧之來憧(唐功茂云)。蹲林臥石，草①卉班荆，相狎以漁父樵客之侶(王僧孺《答江琰書》)；濤捲天風，聲振林木，迅發以瓊琚琅珮之夢(張壇②)。如是愛羊欣之練裙，翰墨飛洒(王羲③之)；而嘉持國之小榻，彈板交馳(本傳)。彼夫吕誨之驂乘，吞丹沁人(傳)；寧第嘉賓之交扇，沾汗流離(《郗嘉賓傳》)。然則松風之爲石也(《銷夏》)，照月之爲珠也(太初三年)；劉白墮之爲友也(葉石林云)，竹夫人之爲奴也(東坡《寄柳子玉》)。碧筒持飲(鄭公徵)，脩竹分栽(《獨樂園記》)。鈴鐸斷而還續(《游山記》)，蚊蠅去而不來(古無極)。時以尋鐵笛道人之故跡(胡明仲)，時以報上清童子之暫回(岑文本)。泉淳淳，風泠泠，故垂釣于枕上已耳(白居易《冷泉亭》)；山之陰，月之夕，斯濯魄于冰壺也哉(李白《題象耳山》)。古老宿云：避暑向鑊湯裏去，此衆熱所不到。噫！其有出火坑而笑冰山者乎，則此集又爲風雪中清涼扇子矣。

寒

儒有討混元，搜綿祀，既覯寒暑之終，亦測興伏之始。觊風驚于一葉，委時換乎千里。寒之厥狀，自茲而起。若夫大火宿藏，青霜晨烈。長河天浹，綴珠岸而生冰；幽朔地窮，濛沙飛而雨雪(趙自勵賦)。挈瓶以識(《淮》)，擊鼓而前(《〔荆楚〕歲時》)。詠之者曰：風力欲冰酒，

---

① “草”當作“籍”。

② 《西清詩話》“壇”作“宣”。

③ “羲”當作“獻”，見《南史·羊欣傳》：“(羊)欣長隸書。年十二時，王獻之爲吳興太守，甚知愛之。欣嘗夏月着新絹裙晝寢，獻之入縣見之，書裙數幅而去。”

霜威能折綿(《子真詩話》)。余不欲忍半臂(宋子京)，而嘗試藉茵毯(韋陟)。鶴氅兮醉舞(《詩話》)，狨坐兮翹瞻(《唐書》)。酒興彌高，尋蘇晉之窟室(本傳)；風味可掬，飾惟演之厨傳(錢僖)。坐妓擁爐，何似濡毫吮墨(宋子京)；呼兒扶杖，將無樹静烟綿(黄山谷云)。若草次之有太守(陳寔)，米具之有佳人(吕徽之妻)。恩或隆于纈錦(韋綬)，賦且美于燔薪(張文潛)。風前之骨力逾勁(郭元振)，雪裡之呵氣如蒸(藍采和)。負暄搔其痛癢(袁安)，鼓棹適其性情(李白)。月落參横，夢入羅浮之境(趙師雄)；風吹荷沼，歇絶儋邑之池(《儋州志》)。浹汗交流，時剪羅而作戲(張九歌)；漫吟箕踞，故入甕以生奇(申徒)。然則醇醪爲酒(志)，瑞炭爲煤(西涼國)；糝雜梅蕤(憲聖)，遭遇芋魁(李華)。鴿有狎于永夕(《滄州東光録》)，馬有貯于錦堆(木槿)。蓋不必鼠食木(鼷鼠)，鳥嗽金(《雜記》)。玉從火得(會昌元年)，盃以煖深(《唐書》①)。惟執筆而從其款軟(李白)，煮冰而敲其精瑩(何休)。燃莽蝗之草(岱輿山)，過燋龍之亭(石虎)。高景升之飲趣(本傳)，發灞橋之詩興(鄭棨)。倚歟窮律，竚目郊垌。伊衆物之皆悴，獨霜松之長青(賦)。余獨怪攢眉歲事者，無文史之足用(杜詩)，無絺袍之伊人(《史》)。其以兹爲召煖之律(記②)，有脚之春乎(《唐書》③)；其謝超宗之作客(本傳)，葛仙公之遊神乎(《神仙》)。客曰唯唯，吾且呵凍，以望先生之後塵。

閏

《〔後〕漢·朱浮傳》"天地之靈，猶五載以成化"，則閏也耶。大衍之數，奇歸于扐(《易》)；陰陽之交，生不得中(《漢·律曆志》)。蓋欲

---

① "《唐書》"疑誤，見《開元天寶遺事》。
② "記"未詳。見《太平御覽》卷三四引劉向《別録》："燕地寒谷，不生五穀，鄒衍吹律以暖之，乃生禾黍，因名黍谷。"
③ "《唐書》"疑誤，見《開元天寶遺事》："宋璟愛民恤物，朝野歸美，時人咸謂璟爲有脚陽春，言所至之處，如陽春煦物也。"

算冬至之餘，大小曷盡(歌)；于以參中氣之會，晦朔與通(《律曆志》)。陰不足而陽有餘，月行之所不逮(《白虎通》)；三年一而五年再，民事之所與逢(左)。則夫闔以左扉，訝非常與處(《禮·玉藻》)；詔以路寢，鮮卒事焉庸(《周禮》)。告朔之典，《穀》《左》有其異議(《唐》本傳)；重黎之職，攝提會其乖繆(《史》)。若以習嬴秦之非，餘有歸于歲暮(《〔律曆〕志》)；況乃多司曆之失，時未審于西流(《家語》)。豈無天道日躔之偶差，法應隨時而改(《肆考》)；再考二分二至之餘分，理自《玄始》以求(《唐·〔曆〕志》)。嘗試觀之北斗(《〔後〕漢·律曆志》)，並以伺之梧桐(《遁甲》)。如是曰叢踐①之數(《穀梁注》)，消息之窮(《前志》)，何不備發文于左氏(杜預《〔春秋〕②長曆》)，而多考度于元封也哉(《漢書》)。

---

① 《春秋穀梁傳·文公四年注疏》"踐"作"殘"。
② 據《天中記》卷七補"春秋"二字。

第三卷

地

　　至哉坤元(《易‧坤卦辭》)，寧于得一(《老》)，成以積陰(《素問》)。山岳河海，火木石金(長廬子)。西北一侯，東南一尉(《解嘲》)。八夤①之外，乃名八紘(《淮》)；八紘之外，乃名八極(《莊》②)。若其貌有麟鳳，體有龍龜(《物理〔論〕》)；而抑有膏腴之利，堆埠之害，隱真之安，累卵之危(《物理論》)。牽制一軸，于崑崙而常轉(《搜神》③)；自然一柱，從大空以四垂(《關令尹傳》)。其移游耶，譬行舟者閉牖而坐(《考靈耀》)；其乘旺耶，豈患痏者附贅于茲(《常侍言旨》)。黃金無取(《清略④》)，白阜有徵(《元命苞》)。躇步跳⑤蹈乎是矣(《列》)，洛橘汶貉耶不能(上⑥)。王者如是立土訓(《〔周〕禮》)，命火正(《曆書》)，區分指畫(序)，壤則賦成(《書》)。一夕胡湧(《舊唐》)，累丈胡增(《山海》)。蠚⑦蝨聚兮搔癢(《別錄》)，牛車駕兮沸騰(《遼史》)。辨以色，

---

　①　《淮南子‧墜形訓》"夤"作"殥"。

　②　"莊"誤，見《淮南子‧墜形訓》"八紘之外，乃有八極"。

　③　"《搜神》"誤，見《天中記》卷七引《河圖括地象》。

　④　"略"當作"異"，見《清異錄》："黃金母：汾晉村野間語曰：'欲作千箱主，問取黃金母。'意謂多稼厚畜，由耕耘所致。"

　⑤　《列子‧天瑞》"跳"作"跐"。

　⑥　"上"，見《關尹子》："天不能冬蓮春菊，是以聖人不違時；地不能洛橘汶貉，是以聖人不違俗。"

　⑦　《天中記》卷七引劉向《別錄》"蠚"作"蚤"。

濯上方之錦(《隋書》①)；調以味，盡渠水之珍(《紀聞》)。胡馬駭其謀逆(《晉書》)，白鹿伺其行塵(《集仙傳》)。駕姬滿之八駿(《世説》②)，載大禹之四乘(《書》)。聖德諛乎淵重(《世説》)，民勞詔以罷興(《成帝紀》)。簡文幽摯之時，將無醒醉(《南史》)；敬宣鮮卑之夜，應否吐吞(《晉〔·安帝〕紀》)。關③口有素封，別業相望而成癖(《舊唐》)；晉陽多霸氣，興情踴躍而兹喧《左》。嗜于棘婦(《雲南志》)，貢自長安(《〔南部〕新書》)。何金笻之羽化(《〔蜀王〕本紀》)，斯銅海之更蕃(《汴老圖紀》)。若乃其迹茫茫(禹紀④)，其下冥冥(《夢書》)。卜市之間，有無驗神之祟(裴玄《新語》)；幽都之下，伊誰栖魄之靈(《招魂》)。無作賈耽之癖(《舊唐》)，師度之經(《新唐》)；無講房公之幻術(《神仙》)，章亥⑤之伊人(《山海》)。考其動植，推其廣輪(《〔周〕禮》)。準望設于裴秀(《晉書》)，動靜驗于張衡(《續漢》)。而不見雌雄誕孕(《赤霆經》)，沃瘠生成(《國語》)。溟渤漲洋，此天地所以限東徼也；惡溪沸海，此天地所以限西徼也。陷河懸度之設乎西，瀚海沙子之設乎北，此天地所以遮西而制北也。激漳霧于東維，界黑水于南極，洩流沙于西陲，決弱水于北域，此天地所以界四維也(《路史前紀》)。風乖俗異，險斷阻絶；萬國羅布，九州並列。連城巖邑，深池高埤；康衢岐路，四達五通。衣毛披羽，或介或鱗；棲林浮水，若獸若人(賦)。洩爲尾閭，茫洋無際。海州萬國，瀵淬塵穢(《赤霆〔經〕》)。茹古氏曰：行天下乃知天下大，行天下又知天下小也。汰沃之汜餘，一舉而千萬里，吾將與汗漫期者(《淮》)。

---

① "《隋書》"疑誤，見《天中記》卷七引《隋圖經》："常山高邑縣房子城出白土，細滑膏潤，可以涂餙兼用之，濯錦可致鮮潔。"
② "《世説》"誤，見《穆天子傳》。
③ "關"當作"闌"，見《舊唐書·李憕傳》："憕豐于産業，伊川膏腴，水陸上田，修竹茂樹，自城及闌口，別業相望，與吏部侍郎李彭年皆有地癖。"
④ "禹紀"未詳，見《左傳·襄公四年》。引《虞人之箴》。
⑤ "章亥"疑作"豎亥"，見《山海經·海外東經》："帝命豎亥步，自東极至於西极，五億十選九千八百步。"

山

萬物①俱仰(《説苑》)，衆星秉精(《河圖》)。觸石而出(《元命苞》)，布氣而成(《春秋説題辭》)。斯以遠疑將適，近若將騰。氤氲緑潤，霏對青凝(達奚珣《華山賦》)。隱天(揚雄《蜀都賦》)插漢(《水經》)，蔽日(《會稽記》)含雲(《與顧章書》)。比香爐之秀出(《南雍州志》)，擬蓮蘂之披芬(《九華山録》)。考陽九百六之數(《海録碎事》)，要半千五百之盟(《闗喜内傳》)。其晝藏而夜出(《玄中記》)，或犬吠而雞鳴(《地鏡》)。蔚蔚離離，乃在雲氣之表(《水經》)；林林央央，詎反土性之宜(《地鏡》)。燦文章于崇嶺(《九州志》)，應晷漏于時宜(《玉匱經》)。夜半登之日出(《山記》)，蜀市望之雲垂(《江源記》)。摸石捫蘿，去天以一握(《玉堂閒話》)；瞰江望海，穿月以呈奇(《杭志》)。攝②之悉動(《水經注》)，頃之他移(《唐〔·五行〕志》)。占驗非以稱慶(《舊唐》)，漫游或以生疑(《水經》)。緑蘿兮(《常德志》)白苧(《宣城圖經》)，紫蓋兮(《荆州〔記〕③》)青泥(《郡國》)。羊腸兮(《山記》)鳥翮(《水經注》)，鴈宕兮(《山志》)牛脾(《郡國》)。看客星之經耀(志)，望佛日之照垂(《杭州志》)。列七峰而更輔(《桂林志》)，矗八部而摩奇(《黎平府志》)。如是求三神仙之島(《史記》)，千佛子之居(《江寧志》)。秘授鴻寶(《水經》)，疾赴瑶池(《穆天子傳》)。物在人亡，非揹留于溪女(《幽明録》)；登峰振錫，由邀夢于高僧(《廣弘明集》)。韓原交綏，問二負以何在(《山海》)；嚴貞偶至，詰四韻以何憑(《玉堂閒話》)。不然發金簡玉書之未嘗聞見(《吳越春秋》)，求蛟龍水豹之所任指麾(上)。種仙翁之玉(《搜神》)，磨烈女之笄(《史》)。鼓巨浪于彼岸(《南兖州志》)，撼白波于四時(《寰宇記》)。晶熒則火井張燄(《郡國

---

① "物"當作"民"，見《説苑·雜言》"萬民之所觀仰"。
② "攝"當作"躡"。
③ 據《太平御覽》卷三九補"記"字。

志》），凛冽則風門激吹（《水經》）。臺榭之從遠峙（《南唐①記》），樓櫓之若親披（《秦州記》）。昐望晴峰，彌月不能屈指（《武昌記》）；歷窮石徑，絶冥幾至忘身（《啓蒙記注》）。似乾坤之有窄兮，徘徊絶頂（《天目山賦》）；如培塿之下視兮，迴回萬人（《玉堂閒話》）。游之者若目不周玩，情不給賞（盛弘之云）；賦之者曰真人有洞，不死多靈（《太行山記》）。所怪緇服棲玄之士，鹿裘念一之夫，漫然一往（《水經》）；竊紀高堂②之姬，巫山之女，夢以相徵（《宋玉集》）。余雅有德秀之僻③（《舊唐》），靈運之偏（《宋書》），縱應接不暇（《世説》），每開滌從先（《吳世紀》④）。西來之有爽氣（《世説》），高隴之有飛烟（《南雍州〔記〕⑤》）。把白雲以解贈（《談藪》），寶群玉而往還（《穆天子傳》）。譬諸魚水之洽（《真誥》），神明之緣（《水經》）；應否濟勝之具（上⑥），乞買之錢（《雲溪友議》）。帆飛滕閣（王勃），銘勒燕然（《後漢》）。淚濕峴首（《襄陽〔耆舊〕⑦傳》），功出祁連（《漢書》）。命子以爲實録（《宋書》），沉碑以爲名先（《晉書》）。安問東山有望（《世説》），奚事捷徑取憐（《舊⑧唐》）。夫山樵競聒耳（《郡國志》），吏隱澹忘歸（《水經》）。酉陽搜其逸典（《荊州記》），丁武⑨挹其餘輝（《蜀王本紀》）。天柱之封樹（《郡國》），雲母之列屏（《荊州記》）。吾未見怪者非瑯琊爲美（《水經》），號者不騎射爲馨也（《會稽記》）。馬金聚積（《武靈⑩記》），陸玉藏陰（《吳地記》）。峩峩冠幘之狀（《寰宇》），殷殷枹鼓之聲（《隋圖經》）。觸以共工（《列子》），擘自巨靈（《述征記》）。吾未見日星所以通四穴（《天中》），風雨

---

① 《太平御覽》卷四八"唐"作"康"。

② "堂"當作"唐"。

③ "僻"當作"癖"。

④ "《吳世紀》"未詳，見《天中記》卷七作《吳興記》。

⑤ 據《天中記》卷七補"記"字。

⑥ "上"，見《世説新語·棲逸》。

⑦ 據《天中記》卷七補"耆舊"二字。

⑧ "舊"當作"新"，見《新唐書·盧藏用傳》。

⑨ 《蜀王本紀》"丁武"作"五丁"。

⑩ "靈"當作"陵"。

所以避二陵也(《左》)。然則感忠于叱馭(《漢書》),絕識于攓衣(《郡
國志》)。冰者不可據(史),銅者不可幾(鄧通)。對皖公之翠影(《南
唐〔書〕》),留子孝之丹丘(《廬山記》)。舒蘇門之長嘯(《晉書》),尋
屈潭之栖幽(《湘中記》)。寶雞飛去(《高僧傳》),白雉來游(《武陵
志》)。何如呼嵩而祝(《漢》),聚米以謀(《春秋》①)。於都哉!披重霄
而自致,與元氣而相淩(賦)。始假一抔,終見進于吾往(《論》);終成九
仞,還宜景行而登(《北史·積土成山賦》②)。誰可攀轅③,駕鶴驂鸞之
客;每勞瞻望,徂秦適洛之人(俞蘇④《仙〔人〕掌賦》)。石囷兮一開一
閉(《晉書》),懸泉兮非石非璘(《湘中記》)。授金丹之術(《仙傳》),開
昌黎之雲(《潮州廟碑》)。懷尚平之志于宗炳(《宋書》),訂懶殘之約于
長源(《鄴侯家傳》)。斯余之淩黃鶴、偕祝融、鍾衡岳也,於是乎言。

石

代有遠遊子,植杖大野,周目層巖,睹巨石而歎曰:茲盤礡也,可
用武而轉乎;茲峭峙也,可騰趎而登乎(《英華·李邕賦》)。學學堯堯
(《釋名》),落落⑤(《老子》)嶙嶙(古詩)。爲地之骨(《博物》),爲土之
精(《物理經⑥》)。佐岳而通理(王隱《晉書》),韞玉而山輝(《文賦》)。
叩之聲,聞遠近(《述⑦征記》);候之氣,應寒溫(《拾遺記》)。爲樹則枝
莖詰曲(《宋〔·符瑞〕志》),爲星則垣宿渾元(《前涼録》)。偃蓋如松,

---

① "《春秋》"誤,見《後漢書·馬援傳》:"援因説隗囂將帥有土崩之勢,兵進有必
破之狀。又於帝前聚米爲山谷,指畫形勢,開示衆軍所從道徑往來,分析曲折,
昭然可曉。"
② "《北史》"誤,見《全唐文》卷七五九周鉞《積土成山賦》。
③ 賈餗《仙人掌賦》"轅"作"援"。
④ "俞蘇"誤,見賈餗《仙人掌賦》。
⑤ 《老子》"落落"作"珞珞"。
⑥ "經"當作"論"。
⑦ "述"當作"西",即戴延之《西征記》。

颯颯兮涼飅隨至(《〔杜陽〕雜〔編〕》)；連理若柏，巍巍兮金闕徐捫(《拾遺》)。醉者自醉(《〔廬山〕記》)，醒者自醒(《唐餘錄》)。冷(《郡國》)熱(《錄異〔記〕》)各以其候，長(《雜俎》)縮(《錄異〔記〕》)莫測其靈。浮之一水可涉(《丹陽記》)，走之百步莫停(寶曆元年)。不灰而種之火(《寰宇》)，入水而陵之冰(《天中》)。呈華嶽之掌(《晉①氏聞談》)，畫武昌之眉(《瑣碎》)。長生不老(《神仙》)，髮白轉緇(《洞冥》)。巨鼃之依海岸(異)，白烏之附山巍(《五行志》)。精感以龍，蜿蜒有其形似(《南墅閒居錄》)；飲浸于馬，鱗甲未少參差(《北窗炙輠》)。山吼而水沸(《錄異〔記〕》)，水盡而火揚(《水經注》)。覩其異彩(《述異》)，挹其芬香(《天中》)。子嗣則禱祠有間(《寰宇》)，人語則呼笑從常(《洽聞》)。其影見以罪福(《洽聞》)，其歲驗以儉荒(《臨川記》)。故和藥之多偽(《國史補》)，非來粹之可方(孫逖表)。何自爲貞婦(《寰宇》)，爲孝子(《〔華陽國志·〕蜀志》)，爲輔相(《搜神》)，爲君王(《江表傳》)。化梓桐而爲女(《蜀記②》)，從弋陽而爲郎(記)。玉女掩扉，于何指顧(《益州〔記③〕》)；督郵攘袂，曾幾徬徨(《幽明》)。吾次第羅浮天竺之族望(《長慶集》)，山青水綠之班行(《癸辛雜志④》)；縱觀以烟雲雪月之景(《零陵志》)，衣帔冠履之芳(《野人閒話》)。伴小吏兮長夜(《幽明錄》)，望夫壻兮不歸(《世説⑤》)。冒日月兮形似(《石勒別傳》)，衝風雨兮分飛(《湘州〔記⑥〕》)。魚徐化于縝⑦紙(《石譜》)，蠹且避于書

---

① 《天中記》卷八"晉"作"賈"，疑即"《賈氏談錄》"。
② "記"當作"志"，見《華陽國志·蜀志》"梓桐"作"梓潼"。
③ 據《天中記》卷八補"記"字。
④ "志"當作"識"。
⑤ "《世説》"誤，見《幽明錄》："武昌陽新縣北山上有望夫石，狀若人立者。傳云昔有貞婦，其夫從役，遠赴國難，婦攜弱子，餞送此山，立望而形化爲石。"望夫石有多處。
⑥ 據《天中記》卷八補"記"字。
⑦ 《雲林石譜》"縝"作"鎮"。

幬(《〔秘閣〕①閒談》)。忽爲變玉(《續高僧傳》),差可引金(《蒂府燕問録》②)。耀刀鋒之銛利(《石譜》),發絃管之清音(《南唐③》)。于是抛空以祝(《獨異》),植鼎以炊(《異物志》);捻指以碎(《南康④》),蹴足以揮(《唐書》)。至今考晒紗之蹟(《會稽記》),傳浣衣之輝(《郡國》)。識先臨平(《異苑》),就訪支機(《靈驗記》)。文學剩長,幾見充宗秘授(《西京雜記》);宦情茹苦,不堪陸績懷歸(《傳載》)。礪齒之風流,瞿然取致(《晉書》);醉眠之雅況,竊幸相依(《廬山記》)。譬之名山,故不虛賞(《新安志》);媲之嘉卉,綽有全徽(《唐書·牛僧孺》)。雲霧常披,快虞公之縱覽(《齊書》);箕裘自在,那薛氏之泫涕(《唐書》)。平滑方長,誠可里居偃臥(《長慶集》);偏欹輕重,將無西岸與思(《梁書》)。暫憇陰巖,聽空中之偶語(《葆光》);賞精篆額,見刻處之遊絲(《集古録》)。吾欲賦詩以謝遺,世爲寶也(《松陵志⑤》);吾欲遇事以紀勝,韇而藏之(顏真卿)。北嶽之使何來,香若生其餘餤(《縉紳雜説》);尚方之問以及,磨若弄其芳姿(《文士傳》)。戲賭頻輸,則迎置華林,傾都邑以奔走(《南史》);爵賞有當,則肇新庭樹,因跏趺以便宜(《吳越備史》)。赤未有心,恣洛水之笑(《唐書》);痕著以手,憐公主之碑(《廣川書跋》)。則又有覘以萬吉(《〔廣德〕神異〔記〕⑥》),《左》以五隕(《左》)。憶金蠶之往事(《稽神録》),考甘露之全文(《舊唐》)。策杖而行,何難峻崿(《吳猛別傳》);投符而去,無復紆回(《仙傳〔拾遺〕》)。牒取燼餘,守公之以入夢(《〔楊公〕筆録》);表揚神物,宸翰之所親裁(《揮塵〔録〕》)。如是擲之地(《晉書》),補在天(史⑦),飲没以羽

---

① 據《天中記》卷八補“秘閣”二字。

② “《蒂府燕問録》”當作“《幕府燕閒録》”。

③ 《太平御覽》卷五二“唐”作“康”,即《南康記》。

④ 《天中記》卷八“康”作“唐”,即《南唐書》。

⑤ 《天中記》卷八“志”作“集”。

⑥ 據《太平廣記》卷一三五補“廣德”“記”三字。

⑦ “史”疑誤,見《淮南子·覽冥訓》。

(《别傳》[1])，飛直以船(《大業拾遺》)。超距作狀(《王翦傳》)，點頭多緣(《詩注》)。可常山之市鵲(《搜神》)，勿宋人之寶燕(《韓詩》)。若侯以其秩顯(《清波雜志》)，吾丈以其拜先(米元章)。又何自表押衙之職(《洞微志》)，别申蛀蚛之箋(《盧氏雜記[2]》)，斯余所爲石鼓文焉。富哉！石乎！有盤拗秀出如靈丘鮮雲者，有端儼挺立如真官神人者，有縝潤削成如珪瓚者，有廉稜鋭劇如劍戟者。又有如虬如鳳，若跧若動，將翔將踴，如鬼如獸，若行若驟，將攫將鬬者。風烈雨晦之夕，洞穴開螘，若歛雲歕雷，嶷嶷然有可望而畏之者；烟霽景麗之旦，巖崿霔霼，若拂嵐撲黛，靄靄然有可狎而玩之者。百仞一拳，千里一瞬，爲余適意之資；不鞭而至，無脛而來，爲余眼中之物。則夫待之如賓侶，親之如賢哲，重之如寳玉，愛之如兒孫。不知精意有所召也，將尤物有所歸耶。孰不爲而來耶，必有以也。

水

蓋聞之子華，水有四德：沐浴群生，澤流萬世，仁也；揚清激濁，蕩去滓穢，義也；柔而難犯，弱而難勝，勇也；導江疏河，變盈流謙，智也(《顧子》)。是以無所私，無所公，靡濫振蕩，與天地鴻洞；無所左，無所右，蟠委錯紛，與萬物始終(《淮南子》)。朝宗有象(《詩》)，潤下爲宜(《書》)。交歡不啻(《禮〔記〕》)，性溺如兹(上)。方圓異其所折(《尸子》)，浮載稱其所施(《玄中記》)。于以稱矗矗于巨竣(《水經》)，考軨軨于空桑(《山海》)。天吴者誰氏(《山海》)，河伯兮幾行(《河東記》)。名以聖，不爲妖異(《唐書》)；彈以鬼，故事荒唐(《搜神》)。如龍如蛇之母(王氏《神仙傳》)，涸澤涸川之精(《管子》)。野若分而爽烈(《蒲元傳》)，谷且空而和鳴(《華陽寳録》)。傾羯鼓之曲調

① “《别傳》”未詳，見《史記·李將軍列傳》。
② “記”當作“説”。

（《宋高僧傳》），逗梵伽之遠鏗（《地志》）。若飛霞于天際（《湘川①記》），若點黛于岸青（《水經》）。胡爲冷（柳志②）暖（《新唐》）各異，蜜（《洞冥》）醴（《名山略記》）與爭。膏脂代用（《博物》），刻漏相迎（《方輿〔勝覽〕》）。草芥之所莫負（《禹貢》），金石之所莫沉（《述異》）。歷車馬而見影（《天中》），伺鸚鵡而有心（《唐書》）。迴波若沫（《陳留記》），成膠③自芳（《玉泉子》）。赤矣凝血（《三水小牘》），香矣鼓浪（盧元明）。一過房陵，漬粉以有色（《荆州〔記〕》）；再游蜀國，濯錦以成章（《華陽國志》）。林表飛湍，望之其若懸素（《廬山〔記〕》）；中流逸韻，驗之像以鼓簧（《長沙〔志〕④》）。麗叟移來，聊解山中之渴（《方輿勝覽》）；西池落處，堪浣衣上之塵（《述異》）。石室之中，鍾乳寶其靈壽（《水經》）；南陽之野，芳菊美其長春（《荆州〔記〕》）。如是曰“神瀵”（《列子》），曰“瓊漿”（《寰宇》）。浣自水濱，雄夷濮而得姓（《水經》）；飲深盥具，躋零陵以賀郎（《搜神》）。縱出没之小兒，徐看鱗甲（《襄沔記》）；知蠢動之巨物，載闢源瀾（《異苑》）。山岳之炳露以及（《錄異》），蓬萊之去住幾刊（《續仙》）。禁逆名左慈之幻（《抱朴》），下神作負局之覲（《列仙》）。瓠葉從舉（《博物》），籠績頻看（《〔續〕述征〔記〕⑤》）。懸者耽其僻（元次山《水樂記⑥》），止者示其閒（《唐書》）。五渡三楓，把脩仁以被邪（《韶州圖經》）；千金一歃，就石門以風頑（《晉書》）。兩袖清風，請酌一杯相餞（《隋書》）；片帆雅致，竚看長嘯以還（《續仙傳》）。跡青蛇而脩屯務（《唐書》），就玄武而急聖明（上）。過淮者適丁其阨（《睽車志》），渡瀘者莫畢其生（《出師表》）。福算屆期，獲報冥曹之命（《錄異〔記〕》）；夢魂有據，爭奉毓財之靈（《南部〔新書〕》）。事紀犢流，

---

① “川”當作“中”，即羅含《湘中記》。
② “柳志”未詳，見《太平御覽》卷五九引盛弘之《荆州記》：“桂陽郡有圓水，水一邊冷，一邊暖；冷處清且綠，暖處白且濁。”
③ “膠”當作“醪”。
④ 據《天中記》卷九補“志”字。
⑤ 據《天中記》卷九補“續”“記”二字。
⑥ 《天中記》卷九“記”作“説”。

訝浮游于中嶽(《高士傳》)；道逢鴻漸，辨僞給以南濡(温庭筠《採茶録》)。縱是塗城而儨其仁義(《淮南》)，何不拔劍而奮其威令(《水經注》)。當穎胄之作史(《南齊》)，想德裕之勞人(《芝田録》)。索自枯魚之肆(《莊》)，問諸飲牛之津(《逸史》)。流勿爲惡(《左》)，樂可以饑(《詩》)。方之舟之，泳之游之(上)。異出兮同流(《〔事〕類賦》)，載舟兮覆舟(《三國名臣序贊》)。賦曰：浩蕩不極，澄澈彌天。晴霞晚鋪，則漢江之濯錦；夜月初上，則纖鈎之映泉(尹程《觀秋水賦》)。激若流矢，波若建瓶(《吕》)。其近窺也，冰鮮與玉潔，映曙空而若徹[1]；其遥視也，雨露而日晶，澄遠氣于初晴(梁洽《水德賦》)。游子隴頭，嗚咽斷腸之奏(古詩[2])；知音席上，停聞盈耳之聲(史[3])。儻爲廣由中之德(《孟》)，流潤下之情(《書》)。所謂清通之一過，可以濯吾纓(《孟》又賦)。

海

余三讀《海賦》：噏波則洪連[4]踧蹐，吹澇則百川倒流，此玄虛之雄也(木華)；舉翰則宇宙生風，抗鱗則四瀆起濤，此興公之雄也(孫綽)；湍轉則日月似驚，浪動則星河如覆，此思元[5]之雄也(張融)。浮天無岸(木〔華〕賦)，動地有聲(《尸子》)。童如何而邀路(賦)，老奚自而偕盟(《易林・遯否》)。冰綃以室(《北夢〔瑣言〕》)，水精以城(《大志經》)。斯有望于瀛島(《博物》)，曾何紀于禺京(《莊》)。若乃連弩日戰(《史記》)，巨燭遠標(《孫公談圃》)。南儵北忽之游，九[6]日而渾沌以死(《莊》)；裸形連臂之狀，移時而語笑以豪(《續墨客揮犀》)。達旦兵馬不絶，諸神之所忽徙(《春明退朝録》)；無風洪波百丈，飛仙之所偶邀

---

① 梁洽《水德賦》"若徹"作"内徹"、"雨露"作"雨罷"。
② "古詩"疑誤，見《水德賦》。
③ "史"疑誤，見《水德賦》。
④ 木華《海賦》"連"作"漣"。
⑤ "元"當作"光"，張融字思光。
⑥ "九"當作"七"，見《莊子・應帝王》。

（《十洲記》）。紫以設色（《杜陽》），熱可淩寒（《〔大唐〕西域
〔記〕》）。尾閭由泄（《夷堅志》①），塔影斯翻（《西陽》）。宮室臺觀，
人物車馬，市有開于河朔（《筆談》）；竦曜星門，橫立巖渚，制有備于金
機（《幽明》）。感之星，騁何以黃（《考異郵》），墜何以賁（《淮》）；求之
水，于焉皆立（《西清詩話》），于焉群飛（《選》）。風雷暴興，徵所見而
若助（《金谿閒談》）；鐶緍償直，考所用而多神（《癸辛雜志②》）。鎖者頻
來，試陟歷山之頂（《西陽雜俎》）；鎮者靡盡，再考斷石之垠（《金華
子》）。次鹿渾（《魏》），次勃鞮（《後漢》）。焦之沃以后羿（《莊》），
瀚之至以驃騎（《博物志》）。淩雲有志（《世説》），從風自生（《談藪》）。貧賤
而輕意肆志（《〔史〕記》），濁亂而負石守貞（鄒陽書）。壯始皇以欲渡
（《齊地志》），樂齊景以忘歸（《説苑》）。過有省于偶至（《孝子傳》），法
得奉于長追（《益部〔耆舊傳〕③》）。且以高煮石之蹟（《晉書》），壯拔劍
之威（〔謝承〕④《後漢》）。從得泛于青使（《北夢〔瑣言〕》），聊自效以
白衣（《鑑》）。纔一去而作九原⑤，削石之功致嘲于幻術（《〔北夢〕瑣
言》）；乘長風而破巨浪，嘯吟之況承響于倦還（《世説》）。行復揚塵悲
矣，桑田有待（《神仙傳》）；自甘長溺何哉，精衛與填（《山海》）。井蛙
存乎見小（《莊》），飛鳥知其已然（《索書》⑥）。泥油逾熾（南海），陰火
潛然（《嶺南〔異物〕⑦志》）。王之者百谷（《老》），學之者百川（《尚書
大傳》）。其紀重譯來朝之盛（《〔韓詩〕外傳》），而遡乘槎犯斗之年乎
（《博物》）。含三河而納四瀆，夕九江而朝五湖（賦）。何奇不育，何怪不
儲（木華）。察波浪之來往，聽奔激之音響。力勢之所迴薄，潤澤之所彌
廣。湯湯蕩蕩，瀾漫形況。流沫千里，懸波萬丈（潘岳《滄海賦》）。功配

---

① “《夷堅志》”疑誤，見《莊子·秋水》。
② “志”當作“識”。
③ 據《天中記》卷九補“耆舊傳”三字。
④ 據《天中記》卷九補“謝承”二字。
⑤ 《北夢瑣言》“原”作“泉”。
⑥ “《索書》”誤，見《宋書·朱修之傳》。
⑦ 據《天中記》卷九補“異物”二字。

乾絡，運迴坤軸(《海不揚波賦》)。安得廣運以遍群生(《公羊》)，而不波以介景福(《禮斗威儀》)。

河

三門之險(《水經》)，四瀆之精(《考〔異郵〕》)。上應天漢(《援神契》)，累散列星(《河圖》)。九折兮入海(《淮》)，千年兮一清(《拾遺》)。曲以千記(《物理論》)，變以三成(《易乾鑿度》)。起積石而浮砥柱，過洛汭而至大坯(《禹貢》)。欲知河之開乎，日窮墟野(《河圖》)；欲知河之遠乎，自妙委迤(《淮》)。寸膠不理(《抱朴》)，一葦可航(《詩》)。翠嬀之魚，折溜而至(《河圖》)；赤綈之物，負圖以望(《元命苞》)。祭之者野狐玄貉(《穆天子傳》)，居之者鱗屋龍堂(《楚辭》)。其拂怒于白旄黃鉞(《淮》)，勿獲罪以江漢沮漳(《左》)。帶爰苗裔(《漢書》)，山劈首陽(《述征記》)。黑頭從出(《考靈曜》)，白面遠將(《中候》)。有頃詰詞篆印，馮其朌蠁(《唐舊①史》)；未幾定策寶玉，聽其主張(《水經注》)。當百仞之懸絕(《西征〔記〕②》)，故八枝之已亡(《漢書③》)。其赤之而抱恨未已(《〔京房〕④易占》)，其逆之而專政非常(《〔梁冀〕⑤別傳》)。則以求治河之使乎，承乏于時，歷問犍柯之野(《華陽國志》)；隄防無術，祈親珪璧之神(《水經注》)。奔走而下淇園，歌悲瓠子(《漢》、《史》)；倏忽而波上岸，事慘伊人(《水經》)。碩浪長津，無以湧屯翁仲(《水經》)；天妖地異，云何瑞表濟陰(《續漢》)。治裝而游，莫改韓褐之志(《說苑》)；應召何語，應師縞素之箴(《穀梁》)。嫉忌于清濁之問，可憐胥溺(《唐史》)；痛悼于比逢之事，忻爾終沉(《韓

---

① 《天中記》卷九"舊"作"闕"。
② 據《天中記》卷九補"記"字。
③ 《太平御覽》卷六一引班固(未見於《漢書》)云："自茲距漢已亡其八枝也。"
④ 據《天中記》卷九補"京房"二字。
⑤ 據《後漢書·五行志注》補"梁冀"二字。

詩外傳》)。對屬清涓，勿舟中之皆敵國(《尸子》)；誓尋白水，其舅氏之
美同心(《左》)。兆天下之平(《〔京房〕①易傳》)，徵聖人之生(《運命
錄》)。悠悠不反(《獻帝傳》)，洋洋以思(《家語》)。渡豕者奚自而至
(《外傳》②)，飲鼠者聊復何為(《莊》)。情諧于婚媾(《乾饌子》)，令先
于波津(《北史》)。夾舟之蛟，操劍可以即事(《水經注》)；據地之虎，
酎酒那弗申論(《北史》)。憶語牛迴車駕，從以還往(《杜陽》)；言驕狗
視艘楫，係以安危(《説苑》)。悲夫！烏鵲駕之而渡(《淮》)，商蚷望之
而馳(《莊》)。其為人壽之俟乎(詩)，撮壤之填乎(《後漢》③)；其為掌
之埋乎(《後漢》)，口之懸乎(《王勃傳》)。縶童髦之見存，恒未有變
(《楞嚴》)；曾客星之偶犯，天亦有分(《博物志》)。以積濁而求清，何
為其號泣(《尸子》)；以九里而沐潤，幾當于芳聞(《〔東觀〕漢記》)。
榮光滿塞(《中候》)，故道崇勳(《新論》)。何必不睹《河渠》以作賦
(《史》)，續《水經》以為文哉。伯子如是起而歎曰：治河者委之于數，則
計拙也；要之于德，則迂談也；事之以曰堤、曰排、曰分、曰聽，則唾
議也。王延世之竹落封矣，而瓠子之功難就，則堤之得失觀已；李冰、
鄭國之渠引利矣，而褒斜之湍不順，則排之得失又觀已。兩股開而衝決
益甚，與北河之疏何如也；尺寸不爭，而漂没莫救，與八百里之遙又何
如也。河自崑崙而來，六曲在夷，三曲在中國，則積石而上，其所併而
注之者必多延年。有言積石上引岷山，自湖中而注之海，世以為非禹故
跡。然禹之時，西北衺展，安知積石之上禹無所事，而後胡人遏其流以
併為中國患乎。世有秦皇漢武，此亦治河一奇也。

江

　　伊岷山兮發源濫觴(《荀》)，仰井絡之淪耀(《河圖》)，蔭牛女以垂

---

① 據《天中記》卷九補"京房"二字。
② "《外傳》"未詳，疑即《呂氏春秋·察傳》"晉師三豕涉河"。
③ "《後漢》"疑誤，見《抱朴子·名實》"撮壤不能填決河，升水不能殄原火"。

芒(《江賦》)。總括漢泗，吸引沮漳(上)。分二源于崛嵊(《山海》)，流九派于潯陽(《水經注》)。且也越荆門而盤薄(《〔水經注·〕荆門》)，出信陽而長邁(《江賦》)。注五湖兮浩渺(《吳錄》)，灌具區兮澎湃①(《江賦》)。擬之者如澄練(謝玄暉)，如縈帶(《〔宜〕都記》)。鮫人搆館于中(郭賦)，泉容②築室于外(《吳都賦》)。則夫分流學字(《保寧志》)，廣源呼公(《通典》)。奇相之有帝女(《廣雅》)，遊奕之有老翁(《翰府名談》)。相傳清白(《成都志》)，莫與混同(《遼東〔志〕》)。名故先之于鴨(《東夷列傳》)，形以象之于龍(《保寧志》)。而不見叩藤之旅人，觀亭若待(《南越〔志〕③》)；懷珮之妃女，交甫見招(《列仙》)。旁有闘牛，情相諧于婚媾(《風俗》)；道逢赤鯉，勝有快于遨遊(《列仙》)。自昔擊楫而志每壯(《晉書》)，鼓枻而興轉豪(《楚辭》)。要害則並鐵以鎖(《晉》)，阻峻則積薪以燒(《水經注》)。把釣以桐(嚴光)，入夢以嵩④(《南史》)。酹酒陳詞，會見若弼敢死(上)；瞻帷行部，伊誰子胥弄濤(《後漢》)。姜麗之篤志行，風號雪飛，忽旁涌兮作異(《列女傳》)；吳猛之授幻術，輕舟羽扇，寧問渡兮多勞(《晉書》)。惜以尺，惜以寸，局任投于陶侃(《晉書》)；沉者沉，浮者浮，書何負于洪喬(《世說》)。若乃倚樓船以舒逸(《外⑤傳》)，守漸臺以明操(《列女》)。中流有其慷慨(《舊唐》)，天命屬其逢遭(《三十國春秋》)。傷汨羅之任石(安石)，憐亭長之艤舡(《〔史〕記》)。異姬滿之叱黿(《〔竹書〕紀年》)，壯伙⑥飛之擒蛟(郭賦)。厭之以犀石(《華陽國志》)，迹之以龍巢(《〔十

---

① 郭璞《江賦》“澎湃”作“洮濿”。
② “容”當作“客”，見郭璞《江賦》“淵客築室於巖底”，左思《吳都賦》“泉室潛織而卷綃，淵客慷慨而泣珠”。
③ 據《天中記》卷九補“志”字。
④ “嵩”當作“蒿”，見《南史·紀僧真傳》：“僧真夢蒿艾生滿江，驚而白之。”
⑤ “外”當作“別”，見《藝文類聚》卷十九引《王廙別傳》：“王導與庾亮游于石頭，會遇廙至，爾日迅風飛帆，廙倚樓而長嘯，神氣甚逸。”
⑥ 郭璞《江賦》“伙”作“荆”。

道〕①四番志》)。豈犁之有未濟(《神仙》),故塞之無解嘲(《環齊吴志》)。臨流則鞭可斷(《晉書》),飛渡則塹彌高(《南史》)。率草扇頭,際有恍于胥溺(《冷齋夜話》);浮縞波上,詬且屬于驚號(《獨異》)。清河耀日之軍行,無弗懼悚(《隋書》);太真照渚之怪事,有語爭呶(《晉書》)。羊腸虎臂之間,逝哉君使(《水經》);蟻親鼈仇之役,忍矣若曹(《博物》)。六馬相追,俱渡者將無手辣(上);三才未盡,徐笑者或幾心搖(《金陵志》)。余又試採菱華之詠(傅玄),考萍實之謠(《家語》),弔鸚洲之渚(《水經》),奪鵲岸之標(《左》)。欲以相活計,無緩于升斗(《莊》);安知其量飲,故操以壺杓(《韓詩外傳》)。名誤曲紅,按桂陽之區袛(《金石録》);品先中泠,快陸羽之師熬(《丹徒志》)。南北若限(《吴志》),大小相尋(《李②正義》)。宗朝瀛海(《書》),險設湯金(《〔方輿〕勝覽》)。錢塘之有反折(《志林》),洞庭之有合離(《地志》)。兆先于吐具(《運斗樞》),貢作于納龜(《書》)。《詩》曰“江之永矣,不可方思”,余乃賦楚望如斯乎。

湖

水之流,邇則爲江兮,遠則爲河;積則爲瀦兮,總則爲湖(宋夏侯嘉正賦)。以余觀其咸池稟氣(虞翻),練影涵空(僧文鑒記)。圖畫映發其際(《輿地〔志〕③》),日月出没其中(《荆州〔記〕》)。頳鯉之所隱現(《廬山〔記〕》),白鵝之所飛停(《揚州記》)。盌杯異其偶竊(《窮神秘苑》),威斗驗其代興(《宋拾遺》)。長未有蕩(金壇),短若以汀(沔陽)。創所由來,至百千人而成聚訟(《會稽〔記〕④》);略以記異,不數十武

---

① 據《天中記》卷九補“十道”二字。
② “李”當作“書”,見《尚書正義》:“江以南水無大小,俗人皆呼爲江。”
③ 據《太平御覽》卷六六補“志”字。
④ 據《天中記》卷十補“記”字。

而感幽靈(《西京雜記》)。則夫考捐珠之事(《新語》)，肇浮玉之聲(《太湖〔記〕①》)。土石成山，盡曲屈環繞之致(《迷樓記》)；鱗羽滋阜，極平晶清曠之情(《荆陽②志》)。比破吳之西施，絶景皆爲尤物(西湖)；遡古來之賢達，勝地錫以嘉名(《郎官湖序》)。舍宅則怡情去住(《唐書》)，張帆則縱意往來(《金陵〔志〕③》)。燦春花以明媚(《圖經》)，洩甘棠以縈迴(《唐書》)。彭蠡大孤，似舟人之與擲(《洞庭④志》)；洞庭秋水，予押衙之多諧(《北夢〔瑣言〕》)。放飲中流，急呼季野之念(《語林》)；慢游北嶺，快足徐公之懷(《東陽記》)。若乃值車駕之南巡，纔堪飲馬(《五代史》)；相長岡之王氣，利鑿游龍(《京口〔記〕⑤》)。青蓋何爲，將有羿⑥櫬銜璧之事(《晉書》)；石函忽起，竚看卜年卜世之窮(《吳志》)。欲以分風，塗旅相經之人，何弗祈于亭畔(《荆州〔記〕》)；頓成佳釀，百年于歸之好，那作惡于海宮(《寰宇》)。一夕而陷歷陽，究老嫗之行藏，不須見縛(《淮》)；百里而通零桂，遡杜翁之故事，具美在公(《晉》)。噫嘻！一曲剡川，吾欲希知章之特賜(《唐書》)；扁舟遠棹，吾欲追范蠡之孤踪(《史》)。徵白練而入夢，吾憶助蛟于煌燉之頃(《圖經》)；揭軟屏而繪像，吾試立馬于吳山之峰(金主亮詩)。非冷非熱(《酉陽》)，以五以千(《肆考》)。其亦占石鴈之候(《南京記》)，動池魚之思焉(《永嘉記》)。

冰

《易》曰：履霜始凝，馴致其道，至于堅冰(《易》)。皎皎彌静，峨峨

---

① 據《天中記》卷十補"記"字。
② 《太平御覽》卷六六"陽"作"南"。
③ 據《天中記》卷十補"志"字。
④ 《天中記》卷十"洞庭"作"九江"。
⑤ 據《天中記》卷十補"記"字。
⑥ 《晉書·陳訓傳》"羿"作"輿"。

遠連；如雪滿地，若雲披天。比玉而白不爲玷，象月而明自以圓(劉長卿賦)。乍瑩洪濤之末，時明緑岸之前。不解東風，諒難質于如薄①；非藏北陸，復何患于攻堅(林滋賦)。不礱自朗(《抱》)，所向皆燃(《博物》)。應候而魚乃上(《月令》)，懷疑而狐每聽(《述異》)。充北鼠之腹(《神異》)，語夏蟲之靈(《莊》)。則有繪畫莫精，列舟車人物之象(《五行〔志〕》)；雕鏤過巧，多花卉鳥獸之徵(《大金國志》)。取薄餅以作緣，迎刃而解(《盧氏雜記②》)；尋葦組以從事，約漸以成(《〔魏書·昭〕成帝〔紀〕》)。長飲泣于䩁人，從教償直(《摭言》)；神占夢于索統，會且偕盟(《晉書》)。琢之爲煮茗之餬(《六帖》)，敲之作碎地之聲(楊廷秀詩)。擬彭年之清秘(《初學》③)，想姑射之豐盈(《莊》)。百里則海波不蕩(《五行〔志〕》)，一夕則柱礎相形(《闕史》)。六月持于竟日(《西征記》)，千年事于大凝(《杜陽》)。貴妃入宮之日(《遺事》)，叔子捐館之辰(《晉書》)。與闕而爲病容(《左》)，事浴而稱畸人(本傳)。黄巾之渡河，俄驚敗潰(《後漢》)；慕容之涉海，詎替威靈(〔王隱〕④《晉》)。駕彼天橋(《南燕集⑤》)，有同滹沱之濟(《東觀〔漢記〕》)；拜兹神力(《異苑》)，亡憂關隴之登(《北齊》)。憶苦役于長城，漸可消液(史)；肆驕淫于外戚，第遣寒威(《遺事》)。豈曰逼帶京城，諛工汝水(《〔鶴林〕玉露》)；將無珍玩内院，象比蕙幬(《遺事》)。欲以復仇，則君國之在抱(《吳越〔春秋〕》)；于焉奉母，則子舍之長歂(《雜語》)。納自凌陰(《詩》)，出于朝覯(《左》)。既伴⑥男女始偕(《風俗》)，將什農桑乃詰(《家語》)。于以蹈危于虎尾(《書》)，覆奇于鳥翼(《詩》)。蓋生

---

① 林滋《陽冰賦》"質于如薄"作"資於履薄"。

② "記"當作"説"。

③ "《初學》"誤，見晁載之《續談助》卷三引《聖宋掇遺》："陳彭年在翰林，所兼十餘職，皆文翰清秘之目，時人謂其署銜爲'一條冰'。"

④ 據《太平御覽》卷六十補"王隱"二字。

⑤ "集"當作"録"，即崔鴻《十六國春秋·南燕録》。

⑥ "伴"當作"泮"，見《風俗通》："周禮媒氏，因三十之男，二十之女，冰泮鳴鴈，於是乎合。"

于水而寒于水(《荀》)，以風壯而以風出(《左》)。登廟非寶(集)，君恩已極(《周禮》)。載讀《七月》之章(《詩》)，而何曠凌人之秩(《〔周〕禮》)。

泉

以余觀於泉也，習坎爲德，止艮莫前(李程《蒙泉賦》)。逗鳴湍于別派，泛浮影於中天(浩虛舟《〔舒〕姑泉賦》)。候案海潮，沸然若溢(《潯陽記》)；瀉飛瀑布，潺然可思①(志)。靈符孔彰，因時而爲隱顯(《玉海》)；浴丹紀異，多喜而有雄雌(《梁山記》)。必擎拳曲跪之流，多少足用(《法苑珠林》)；非劇罶鬭隧之舉，亦將安之(《傳載》)。聲希末耜(《禮含文嘉》)，味若醲釀(《西河舊事》)。輪長眠以歲月(《括地〔圖②〕》)，延壽考以期頤(《瑞應〔圖③〕》)。盤龍宛轉(《水經注》)，青蛇委迤(《舊唐》)。白鹿之所踐履(金周《義記》)，青鳥之所幽栖(《雜俎》)。大叫大湧，小叫小湧，咄之而湧彌甚(《寰宇》)；江深五里，海深十里，極之而天與齊(《齊記》)。憶始皇驪山之遊，神女供其唾咳(《三秦記》)；紀劉季龍湫之役，土人伺其指揮(漢)。嘉夫瓶貯金沙，稽太守爲風雷之變(《西吳〔記④〕》《脞説》)；惜夫巖隨天窟，遭愚禿爲滿月之規(《西溪叢話⑤》)。笑者袨服靚粧，雨雹兮驟至(《元和志》)；異者宸書天翰，鍤畚兮追隨(《九江志》)。憑撫掌而怒號(《國語⑥》)，多滴乳而淋漓(《順志》)。司空之有舊趾(《南部〔新書〕》)，貳師之有後身(《寰宇》)。絃歌逗其逸響(《宣城志》)，明月盼其重輪(蘇志)。廉者何居，試問香火之舊(范栢年)；貪者何似，無易夷齊之貞(《晉書》)。籲天拜極呼號，嘉其志行(《孝子傳》)；恁地神通感格，驗彼師行(耿恭)。乃若窮

---

① 《天中記》卷十"思"作"聽"。
② 據《天中記》卷十補"圖"字。
③ 據《天中記》卷十補"圖"字。
④ 據《天中記》卷十補"記"字。
⑤ "話"當作"語"。
⑥ "《國語》"未詳，"撫掌"見宋《景定建康志》。

翁源(《水〔衡〕①記》)，躡磻溪(《水經注》)，温之烟浮采映(《荆州記》)，聖之碧潤金麗(《寰宇》)。飄丹砂于石磴(《山居賦》)，舒金線于西池(《雜記》)。玉漿懸乎千仞(《隋書》)，榆木末以支離(《郡國〔志〕》)。豈乏太玄之神草(《五嶽圖》)，玉沙之流津(《雜俎》)；何異老人之入夢(《玉堂閒話》)，法師之通神(《水經注》)。又以評中泠之第一(唐)，上善之前因(《廣·地里志》②)。昆嶺味滋，顧沉疴而起色(記)；天階乳出，快健足以絶塵(《拾遺》)。奚自而淫思(《拾遺》)，而盜名(《元和志》)，而驟益狂疾(《南史》本傳)，而永錮聰明(《寰宇》)。余憶夫高峰之一人(《鍾山記》)，竹社之七賢(《衛輝志》)。且以喜客(《茅山〔志〕》)，聊以參禪(《卓錫泉記》)。杜康所以工釀(《濟南志》)，陸羽所以善煎(《景陵志》)。寧不萬斛之從地而出(《詩話》)，渴驥之望風而前(《韻府》)。蒙山始發，空光下凝(王潭《雙瀵泉賦》)。朝宗路杳，潤下功能。噫！吾爲泉加護惜焉：白璧砌而青玉闌，毋爲頑石所辱也；瘦瓢汲而定甖貯，毋爲穢器所褻也；戰茗取足于雪液，漱濯不得輕試也；標格欲稱其清容，塵俗不得少着也。又爲泉加點綴焉：芝蘭叢種，松竹環列，而惡草不容託，常木不容蔭也；白鷗睡其旁，朱魚戲其中，而俗禽不許浴，凡鱗不許泳也。架〔築〕③無貴于華整，蓋頭一把，取足庇風雨而已；招呼無及于穢雜，識韻一人，取足供語笑而已。泉主我賓，我歌泉荅，而泉之常清者不受溷，常静者不受喧也。是泉于我交相遇，交相益，而交相酬也。亦百千世一段佳話也。

井

井之時義大矣哉！象存改邑，義著瀛④瓶。收可知其勿幕，見不越

---

① 據《天中記》卷十補"衡"字。
② "廣"當作"唐"，見《新唐書·地理志》。
③ 據劉士龍《游白水泉記》補"築"字。
④ 吳淑《事類賦·井》"瀛"作"羸"。

乎數星(《尸子》)。去射鮒，究無禽(《易》)。北斗之有狗吠(《幽冥錄》)，東湖之有龍吟(《涼州記》)。鹽煎天水(《十六國春秋》)，火熾臨邛(益州)。酒味飫而雋永(《漢書》)，香氣藹而鬱葱(《從征記》)。比胭脂而設色(法華〔寺〕①)，興霧雹以凌空(《〔陳留〕②風俗》)。出以雲(《洞冥》)，乘以風(《風俗通》)。一青一黃，辨廬陵之色(宋《永初山川記》)；半甘半淡，傳司命之雄(《廣州記》)。丹砂滿庾，延歲華以上壽(《抱》)；圓珠三斛，美倩盼以冶容(《嶺表録異》)。則有名其精以觀(《白澤圖》)，記其鬼曰瓊(《天中》)。主星官以太白(《感遇傳》)，神老氏于襄城(《幽明》)。胡以一汲而衆動(《荆州〔記〕》)，應浪而風生(《潯陽記》)。試論其吉凶者乎，西魏之交綏，整冠而愴地(《北史》)；貳師之拔劍，挽籠以塗城(《後漢》)。戰敗遁形，兩鳩豈爲相厄(《西征〔記〕③》)；神物有據，三龍故爾起行(《異苑》)。王迪之家，沸溢而虞竭(《祥集驗》)；俊臣之宅，嗟歎以成聲(《五行志》)。救渴無人，朝宗之遺書有待(《〔韓〕思復傳》)；申警有日，先賢之墟壠何攖(《舊唐》)。夫懸鞭有日(《晉書》)，投轄在門(《漢書》)。驚得羊于季子(《國語》)，笑處蛙于公孫(《後漢》)。先石函之偶出(魏)，值木簡之有存(《南史》)。澄汰于馬殷之所居，裹于斯拓(《五代史補》)；擯排于樂天之所賦，柱何有言(《〔南部〕新書》)。未至而憂，既至而樂，曾無憚于炎暑(《壽陽記》)；吐氣爲雲，據山爲穴，得有當于海昏(《地志》)。獨怪楚俗之飲波④澤(《舊唐》)，尤異善和之事負乘(《國史補》)。宰政者未能若平鑒(《北史》)，若房豹(上)；高義者豈盡若淳于(《東觀漢記》)，若管寧(傳)。依稀丁氏(《吕》)，恍惚君平(益州)。錦以成其幻妄(《齊書》⑤)，茅以謝其逢迎(《左》)。驚顧之老人布昭瑞應(《唐統記》)，應供之太守

---

① 據《天中記》卷十補"寺"字。
② 據吳淑《事類賦·井》補"陳留"二字。
③ 據《天中記》卷十補"記"字。
④ 《舊唐書·李皋傳》"波"作"陂"。
⑤ 《天中記》卷十"齊書"作"吴均《齊春秋》"。

快絶風清（《南史》）。則試憶臨沅（《抱》），語漢陰（《莊》），勿觀天而拘于所見（《莊》），勿短綆而非其所任（《説苑》），勿臨噎之已晚（《説苑》），勿恨唾之在今（李白）。新篇妙手（《廣志》），具見誠心（《杜公井記》）；從多禪悦（《西吳記》），無與妬争（《梁書》）。于以興謡于漢代（漢元帝），紀謎于鮑生（本集）。夫何至白玉爲飾（《魏略》），而黄金是營（《伽藍記》）。取之無損（李尤銘），甘寧先竭（《莊》）；弗鑿而成（《典略》），爲田莫塞（《莊》①）。可用汲焉（史宏賦），象以九三之叶（《易》）；鑿而飲也，功寧堯舜之諆（上②）。夢有首于亭長（《漢書》），職或司于挈壺（《周禮》）。茹古氏曰：斯予爲市井之臣乎。

池③

窮髮之北，有溟海者，天池也（《莊》）。幽人寄興（詩），君子而名（韓愈詩）。或賦春水之漫（嚴維詩），或夢春草之生（謝惠連詩）。交其中者渚洲坻島，距其崖者林麓丘陵（柳宗元）。而何疑于名躍龍（《成都志》），名飲馬（《含山記》），名皓月（《碻山記》），名瑞星（《雷州志》）也哉。則夫金城是昉（《風俗》），淋岑以呼（《國語》④）。按天文而入斗（《廬州府志》），錯海島而聯珠（《叢韻》）。種芙蓉之佳卉（《魏》），美文石之豐腴（《杜陽》）。要當稱是林沼（杜亞），其何禁于樵蘇（《地理志》）。乃若百頃遼望，壁立通乎千仞（《三秦》）；一泓淵注，波浪杳乎千尋（《伽藍》）。曲像海州，自洽于鳥翔魚泳（《東京〔記〕⑤》）；周迴山上，不分于陽旱陰霖（《洽聞》）。景水明媚，花卉環周，都人之游翫無減（《劇談

---

① "莊"誤，見《淮南子·説林訓》："解門以爲薪，塞井以爲臼，雖有小利而所喪大矣。"

② "上"，見《逸士傳》："堯時有老人擊壤而歌曰：日出而作，日入而息，鑿井而飲，耕田而食，帝力何有于我哉！"

③ 康熙本無此篇，據崇禎本補。

④ 《天中記》卷十"國語"作"圖經"。

⑤ 據《天中記》卷十補"記"字。

録》）；葭菼被岸，菱荷覆水，京邑之興致彌深（《伽〔藍記〕》）。于以尋右軍臨墨之舊（《戒珠寺記》），光庭浴丹之壨（《保寧府志》）。緬想泉明，酌飲脩静之輩（本傳）；有懷山簡，浪醉高陽之綺（《襄陽志》）。以誇羌胡（《寰宇》），以肆舟師（《魏志》），棘有伐于戍卒（《漢書》），錦有先于内姬（《開城録》）。所恨祁連簫鼓之音，從傷遲暮（《魏書》）；所憶靈芝鵜鶘之集，混處崇卑（《魏志》）。所異寒松倒塔之吟，遇有奇于侍吏（宋歐陽）；所憶百年以後之記，事有屬于披緇（《宋高僧傳》）。翠水賦詩，還約綿蕞爲禮（本傳）；禄山犯闕，何從絃管相吹（《明皇雜録》）。其必眺月影娥，鶴臺入夢（《漢書》①）；將無欹風裸體，蛟府追隨（《五代史》）。若乃狀如懸乳（《寰宇》），會且停卮（董氏）；再試角鯉（《長沙府志》），但見黃鸝（《丹陽志》）。且以稱蓮華于幕府（王儉），通蓬島于仙墀（《伽藍》）。見有宜于象罔（蔡京），會有唱于軍期（唐）。央央②畫省之奪（《荀勗傳》），咄咄西莊之爲（《景龍文館記》）。又豈蛙鳴聽其昔昔（米芾），牛飲耽其遲遲（《本記》③）。

---

① “《漢書》”疑誤，見《三輔黄圖》：“影娥池，武帝鑿池以玩月，其旁起望鵠臺以眺月，影入池中，使宫人乘舟弄月影，名影娥池，亦曰眺蟾臺。”

② 《晉書·荀勗傳》“央央”作“罔罔”。

③ “《本記》”誤，見《太平寰宇記》：“武帝作酒池以夸羌胡，飲以鐵杯，重不能舉，皆抵牛飲。”

第四卷

符命

　　九五飛龍(《易》)，昭哉嗣服(《詩》)。聖人作而萬物覩(《易》)，豈履帝位而疢者乎？信夷夏之無外，度帝王之有徵(陳耆卿《賀登極》)。用千①百卜年之數，有三千同德之臣(汪藻表)。望其氣者誠曰有之，寧一從遊可厭(《咸定録》)；當其籙者或乘其便，詎爲禍始相狗(《舊唐》)。頌之以鳳姿日表(上)，卜之以天授非人(《史記》)。鍾石笙筦之音，相驚舞似(《宋書》)；樵漁山澤之侶，快覩形真(《南史》)。則以徵飛潛之無情者乎：舟胡爲而魚躍(《宋・符瑞志》)，媼何爲而雄飛(《搜神記》)，群蛆胡爲而相附(《洛中紀異》)，火雀胡爲而下依(《洞林志》)。入池中而解飲(《寓簡》)，俯架上而療饑(《逸史》)。豈獨五色之虹，鼻端以出入(周太祖)；異彩之龍，甕側以光輝(《宋〔書・符瑞〕志》)。則以徵草木之無知者乎：嘉禾特見(《晉〔・懷帝〕紀》)，枯樟向榮(〔臧榮緒〕②《晉書》)；葭蘆盛兮南指(《漢高記》③)，柯葉竦兮盤橫(《僉載》)。邊約于畫筆(《〔南齊・祥瑞〕志》)，立卜于蓍莖(《纂要》)。豈獨誦海晏咸通之詞，拔暈有象(《舊唐》)；考上天符命之字，伐木與爭(《稽神録》)。又有乘不施其銜勒(《宋史》)，石猶著其履聲(山濤上書)。習聽

---

① 汪藻《群臣賀皇帝登寶位表》"千"作"七"。
② 據《天中記》卷十二補"臧榮緒"三字。
③ "《漢高記》"誤，見《舊五代史・五行志》："漢高祖(劉知遠)後爲河東節度使，天福十一年天下大水，太原葭蘆茂盛，最上一葉如旗狀，皆南指焉，明年遂即帝位。"

于空中者幻（《舊唐》），致訛乎隆慶者明（《舊唐》）。泥像烟飛，擬彼從曲突之狀（上）；高樓眺聽，躍然喪左右之驚（玄宗）。未幾而變芳醪，會期巡警（《真陵十七事》）；因之而謝象局，超絕凡因（《揮塵録》）。憶往事于明廷，相呼萬歲（《宋書》）；幾遮迴于天塹，感誦明神（《册府》《舊唐》）。緊牛渚之遭逢，老人亦幻（《南史·〔梁本〕紀》）；埶天符之事應，嵩嶺皆靈（《南史》）。嗚呼！實爲重器，允屬元良。以仁得之，以仁守之，其量百世休哉（《尚書帝命驗》）。

誕聖

位以龍飛，文以虎變（《華林集》），洵矣帝王之有徵也；試以誕論，履生華胥，其開畫之神乎（《〔帝王〕世紀》）。紀其徵者曰：樞繞紫電，月貫瑶光（《〔帝王〕世紀》）。奄然陰風四合（《符瑞志》），頓且華渚成岡（《〔田〕①休子》）。胸填北斗（《考靈曜》），卵覆玉筐（《〔符〕瑞志》）。雷電晦冥，將無神龍相感（漢高）；寒冰委置，那從玄鳥來翔（《宋〔·符瑞〕志》）。甘露降（宋武），慶雲漫（唐太宗）。產生嘉禾（光武），夢叶猗蘭（景帝）。風動車回，香從遠襲（《南史》）。日華裙靜，字若天成（宋真宗）。但不解晉陽之神，所在而夢（莊宗）；夫何有河東之尼，相視而驚（隋高祖）。其徒步于禁中，若從羽衣幻化（元符宮石刻）；其入夢于腋下，但見綖赤分明（《〔次〕柳氏舊聞》）。縱爾多伺，慮有寬于鼎覆（《册府》）；相期一御，幸有成于夢因（《宋書》）。于是記營以孩（《受命録》），名奴以寄（《符瑞〔志〕》"宋武"）。借仲秋之端午（《英華》），想上林之春暉（宋帝）。地角天涯，望南山而祝壽；九州四海，仰北極以傾心（馮道表）。喜歡宴，貢佳名，自我作古，是爲美事（《唐實録》）。舉萬年之觴，獻繼天之樂，不爲立節，是否德音（《玉海》）。禮先于太后（穆宗），願切于聖人（唐明帝②）。余將意鑑事十章之議（《張九齡

---

① 據《太平御覽》卷八七二補"田"字。
② 《天中記》卷十二"帝"作"宗"。

集》），葩經半部之論（崔日用）；而何必表裘馬以進（《實錄》），侈賦頌以申乎（真宗）。茹古氏曰：余考嵩呼之由，驚吏卒，下祠官，至萬歲之稱代爲沿襲；再考誕字之義，爲放誕，爲謔誕，則語助之解多不相謀。有如未央之前，記亡賴而驕生産，誇多仲氏（《漢書》）；試憶華封之語，多以辱而多以懼，相謝若儔（《莊》）。有念劬勞，勿諧世俗之樂（唐太宗）；因思付託，相尋可汗之盟（上）。若以叠其四聲，天子萬福（《韻府》）；莫以增其九願，盛德好生（《書》）。則余且爲之祝釐焉。

太子

何以知天子之〔子〕①稱“世子”，《春秋傳》“王世子會于首止”是也。何以知天子之子稱“太子”，《尚書》“太子發升于舟”是也。或云“諸侯之子稱世子”，《春秋傳》晉有太子申生、鄭有太子華、齊有太子光，然則周制固未有定乎（《初學》）。二②體宸極（沈約表），儲副天庭（張滿③《觀象賦》）。視朝宗于少海（《山海賦》④），應環極于前星（《晉·天文志》）。一有元良，國貞之體永固（周王褒《請立太子表》）；自非明哲，神器之重何司（梁武帝《立晉安王詔》）。始生御以銅吹，有資和氣（《大戴禮》）；稱朝拜以褥幘，博考注儀（《晉》）。即爾避尊，宴會西面以爲禮（《通典》）；于焉養德，藻脩東序以爲勤（《禮〔記〕》）。羽葆旄幢，共侈鼓笙之盛（《晉東宮舊事》）；碧鏤金石，相題銀榜之文（《神異經》）。既冠成人，則有司過之使，虧膳之宰（《唐書》《會要》）；乃名冢子，其亦居以監國，從以撫軍（《晉語》）。顛董⑤作其語讖（文惠本傳），邪蒿急其名禁（《北齊書》）。群望兮當璧（《左》），對坐兮藏針（《晉書》）。試讀下

---

① 據《初學記》卷十補“子”字。
② 沈約《爲太子謝初表》“二”作“貳”。
③ “滿”當作“淵”。
④ “《山海賦》”未詳，見常袞《代宗讓皇太子表》：“取法于地，視少海之朝宗。”
⑤ “董”當作“童”。

蘭之賦（《初學記》），温嶠之箴（《晉中興書》）。思賢選勝（《〔西京〕雜記》），宣猷賦詩（潘尼詩注）。劉洎馬周，有奉爲日直之重（《唐書》）；王筠到洽，相見皆賓禮之私（《梁書》）。則往揺山，向光庭而作謝（《唐書》）；事先禖祝，若博望以爲期（前傳）。馳道之與争，相遲問故（《漢書》）；傍人之見詰，快絶有知（《唐書》[①]）。不墮山，不崇藪，鬭龍祗虞于穀洛（《外傳》）；長安遠，長安近，班鵶驚服于庭墀（《世説》）。羽翼已成之言，商山幣迎，恐莫辨其真贋（《漢書》）；骸骨乞歸之請，東都祖餞，何弗係以安危（《漢書》）。周儲故事，一日三至于寢門；晉兩舊儀，一月五朝于左閤（崔融表）。故曰：立嫡以長不以賢也，立子以貴不以長也（《白虎通》）。問安而退，以廣敬也；異宮而處，以遠嫌也（《唐書》）。承祧主鬯（《易》），知帝紹之無疆（梁武帝立昭明太子）；居震作離（《易》），羨吾君之有子（《夏紀》）。江清淮晏（李劉），手合額加（《唐書》）。巍巍蕩蕩之勳，乃繼繼承承之統矣（《翰苑新書》）。

公主

余讀《公羊傳》："天子嫁女于諸侯，必使諸侯同姓者主之；諸侯嫁女于大夫，使大夫同姓者主之。"然翁主、王主之稱，義既不通于夫主（劉邠云）；如就奉、來承之説，禮何槩謝于舅姑（《肆考》）？茹古氏曰：尚主之制非古也（《後漢》），大長之輩何等乎（漢制）？伏承詔旨，本隔天姻（表）；彼月斯望（傳），在鈞維縭（上）。璽有佩于銅鏤[②]（《續漢》），車有駕于金根（《後魏》）。烏鵲橋邊，載叶松蘿之契（句）；鳳凰樓上，宛符琴瑟之論（蘇）。將無開以府第（《百官志》），云何傳不鄉亭（《後漢》）。

---

① "《唐書》"誤，見《晉書·杜錫傳》："（杜錫）性亮直忠烈，屢諫愍懷太子，言辭懇切，太子患之。後置針著錫常所坐處氈中，刺之流血。他日，太子問錫：'向著何事？'錫對：'醉不知。'太子詰之曰：'君喜責人，何自作過也。'"

② "鏤"當作"縷"，見《太平御覽》卷一五二引《續漢書》："印璽綬，王公玉匣銀縷，夫人、貴人、長公主銅縷。"

約之舉以部曲(《白帖》)，尊之置以家令(《魏志》)。余取乎以明經顯，以俊才聞(《蕭冥記》①)。粉奚爲而兄主(《相②摯傳》)，蕭奚似而母君(《舊唐》)。而不見道樾皆枯，幾可設燎相屬(《文館記》)；百官上壽，或至數馬猶煩(史)。孝篤于萱舍(常山公主)，義伏于竹園(《南部新書》)。岐嶷則持誦不倦(〔臧榮緒〕③《晉書》)，賢明則先見有存(《魏末傳》)。麗以冶容，無至稱下官而加殊禮(《説苑》④)；同爲托體，云何引六宮而忿不平(《宋〔·前廢帝〕紀》)。其斯指鹿之奸，勢奪沁水(《後漢》)；那弗避驄之使，法執明廷(《後魏》)。則夫觀戲無禮(《通鑑》)，折箸非情(《〔東觀〕奏記》)。重惜而難所情(《後漢》)，垂涕而正以刑(《漢書》)。至今過房子之封，血痕猶故(柳若)；在處高義陽之守，廟祀以馨(《述異》)。流落民間，臺望鄉而思邈(上)；徘徊亂世，家四壁而情縈(《晉中興書》)。余未許客河間丁外人，蓋長之詔以下(《漢書》)；尤不解慕闕支私大父，妻敬之議已成(上)。糟糠貧賤之微言，坐御屏而失色(《後漢》)；炙足佯愚之往事，疏帝座以申情(《王誕傳》)。若乃爲重親怙寵(《漢書》)，累三世邀盟(竇融)。納幣綵而誇具從(《舊唐》)，遺簪履而紀蓬瀛(《晉中興書》)。侏儒之形不堪東面(《南史》)，謳兒之舊故爾有心(《前漢》)。噫嘻！莒犁字以壽陽(《伽藍》)，楚玉名以山陰(《天中》)。官可侍中(琅琊長公主)，擬可天孫(《天官書》)。乞道士以有願(太平公主)，憶裹兒以消魂(安樂公主)。直署清高，類姮娥之依桂樹；自然秘遠，若上元之隔絳河(《常山公主碑》)。令淑之至，比光明于宵燭可矣(《初學記》)；幽閒之盛，匹穠華于桃李云何(上)。斯以感釐降之事(《書》)，詠蕭雍之歌乎(《南陽長公主碑》)。

---

① "《蕭冥記》"未詳，見《山堂肆考》卷四一引《唐蕭寘公主碑》："叔高以明經顯于漢，武子以俊才聞于晉。"
② "相"當作"劉"，見《宋史·劉摯傳》。
③ 據《太平御覽》卷一五二補"臧榮緒"三字。
④ "《説苑》"誤，見《洛陽伽藍記》："永安年中，(蕭綜)尚莊帝姊壽陽公主，字莒犁。公主容色美麗，綜甚敬之，與公主語，常自稱下官。"

后妃

古先哲王莫不明后妃之制(《後魏書》①)，秋宮配德(漢)，坤則順成(顏延年《宋文后〔哀〕册》)。四星是效(《史》)，八月先登(《後漢》)。吾以喻金波之合義璧，象玉牀之連棻②星(《晉書》)。盤螭佩璽(《隋書》)，輿輦參乘(《漢舊儀》)。脂澤之田有在(《晉氏要事》)，湯沐之邑幾膺(《舊官儀》)。以統六宮，吾必擇其令淑(《魏志》)；以正九嬪，吾欲肅其神明(盧植《啓事》)。制則稱子(《漢紀》)，官則置卿(《漢官儀》)。軒景成其潤餙(《星經》)，椒房取其繁興(《漢官儀》)。相術可憑，當求益州取定之日(《蜀志》)；夢祥非偶，試問康王被選之徵(《宋史》)。豹尾龍旅，非關尋常迎送(《南史》)；鬼呵神護，緊來尊貴趨承(王銍《默記》)。毫可旋引(《雜俎》)，齒或夜生(《晉〔·后妃〕傳》)。鷰石之先吉兆(《〔西京〕雜記》)，鵲巢之表佳禎(《〔宋史·〕謝皇后》)。金屋欲貯(漢武)，銀環每更(《〔白〕帖》)。望之月下雪聚(《拾遺》)，擬之步下蓮生(《南史》)。將無艷嬌，花見之而羞色(淑妃)；從教敝縕，冶誨之而妬形(邢夫人)。此爲續命生死之願已切(馮淑妃)，誠哉護寶霓裳之奏可聽(《太玄③傳》)。狎學士以賦詩，試採結綺臨春之調(《南史》)；走群工④以展墓，爭看撫膺擗踊之情(上)。如是細聽曉鐘，想君恩兮未斷(《南齊〔·皇后〕傳》)；逮求故劍，測主德兮多深(《漢書》)。盼望使還，泣有引于一繚(《楊妃外傳》)；徘徊粧次，笑曷償以千金(《傳載》)。掩鼻而色不貰(《魏書》⑤)，觀釣而淚不勝(上)。誠憶阿郎湯餅之會(楊國忠)，幾却使者斛珠之恩(《梅妃傳》)。夫一代詞華，楚詞推而盡善(《唐書》)；當時著述，《女則》勒以成書(《唐書》)。具美絳紗，其娓娓

---

① "《後魏書》"誤，見《三國志·魏志·后妃傳》。
② 《晉書·后妃傳》"棻"作"後"。
③ "玄"當作"真"，見《楊太真外傳》。
④ "工"當作"臣"，見《宋書·劉德愿傳》。
⑤ "《魏書》"誤，見《戰國策·楚策》。

而稱最(《晉〔·后妃〕傳》);相憐半面,故渺渺以愁予(《南史》)。香繡堪存,形有圖于別殿(《舊唐》);璽符自守,怒且擲于前軒(《後漢》)。倘值禪代之辰,逾深憤惋(楊麗華);載聽《白華》之曲,多所消魂(《古樂府》)。晨牝惟索(《書》),河雎自芳(《詩》)。萋萋感于葛覃,施于中谷;采采布于卷耳,陟彼高崗(上)。玄熊攀檻,馮媛趨進。夫豈無畏,知死不恡。班氏有辭,割歡同輦。夫豈無懷,功徵慮遠(《女序》)。序次貫魚,願雲雨之均澤(《〔後漢·皇后〕紀》);靈通集鳥,愴泉壤以抱傷(《白帖》)。婦人拜乎,男子拜乎,不堪謔浪(《唐》);呂氏祖左乎,劉氏祖右乎,幾否敗亡(《漢》)。余案《周禮》,天子后立六宮,三夫人、九嬪、廿〔七〕[①]世婦、八十一御妻,稱后。中宮則正寢一、燕寢五之制似爲非古,盡人當夕則三日齋、七日戒之說豈涉不經(考)。《孟子》"盡信《書》不如無《書》",然歟!

宗藩

天揖同姓(《秋官》),公族蕃滋(《叙傳》)。本支百世(《文王》),維翰維城(《板詩》)。用宣寅亮(唐太宗《册〔荆〕王元景制》),永作蕃屏(《册漢王元昌制》)。天發慶源,衍皇支于有永(句);國嚴大典,章烈祖于無疆(呂祖謙《進仙源類譜表》)。于斯剪桐貽緒(《鑑》),訓梓垂芳(《書》)。叶犬牙于漢制(《前漢》),光麟趾于周邦(《詩》)。嘉以白茅黃土(孔子《書注》),寵以繁弱綏章(《呂許公集》)。雀臺始成,早摘從后之句(《陳思王傳》);兔園選勝,多偕賓從之遊(漢武帝記)。搆彼栢梁,屬驂乘而把韻(漢武帝記);賦茲隱几,那浮白以忘憂(《西京雜記》)。其與鄒陽枚乘之流,上平臺以從事(《漢書》);其作朝雲暮雨之會,望高唐以成夢(《選》)。墨妙非常,雖當寢疾之時,多煩逓驛(《後漢》);詞源

---

① 據《周禮注疏》引《昏義》補"七"字。

夙擅，何堪訓詁之輩，爭事雕虫(本傳)。枰象之智(《魏〔志〕》)，占蟻之工(《〔東觀〕漢記》)。爭先築宮之典(《雜記》)，相高終宴之風(子建)。述其美，謝常賜，服單衣(《漢書》)，諸父昆弟之行，賑何弗及(《後漢》)；求其失，侈府第(《晉書》)，好遊俠(《後漢》)，聲色狗馬之役，事有兼隆(《漢書》)。夫然于衣領袖(本傳)，于的標鋒(唐)；豈不召先鸞殿(李白)，名次鴈封(李程)。若乃種瓜常摘(《唐書》)，煮豆相攻(詩)，能無嗟花萼之難再(唐)，歌斗粟之不容(漢文)。則又慕少年于彥度(《晉書》)，欽美貌于王冲(《魏志》)。講經于白虎(《漢書》)，奮武于雲龍(《晉書》)。其黃白神仙之術(淮)，非機祥鬼俗之共(《漢書》)。圖讖何似(《後書》)，詛咒無庸(廣陵王芳)。而不見假可羽葆，設可簴鍾(《漢書》)。朝夕得侍(《宣室·劉土傳》)，入出與同(《潘王受傳》)。天仙不啻(《伽藍》)，雲母以從(東觀)。所未忍言者中河墜月，半岳摧峰(《南史》)；所不欲貸者葬以民禮(《史》)，奪以雄封(《漢書》)。詔有下頒，寧寬銓選之柄(晉獻王)；權勿于假，聊且食稅之供(《諸侯王表》)。悲夫無短誰長，作布衣之知己(《舊唐》)；彌高兼善，奉家訓以啓蒙(《周書》)。驤首奮翼之思，從看曳裾(鄒陽《上吳王書》)；黃河泰山之誓，是否追蹤(《漢書》)。擬于天子(《史》)，次以三公(《漢官解詁》)。永爲盛滿之懼(《漢》)，寧是繩墨之窮(《朱浮傳》)。蓋不必懲魏氏之孤立，而俾得自選(王)；政不得濫唐時之相業，而幾至罹凶(《肆考》)。若語親盡則祧之常，謝絕賢輩(王荆公)；試思代領秘書之任，具仰國宗(東漢)。噫！

外戚

經所云"貴戚之卿"乎。軒冕王官，則許史之繁漢；昏因帝室，則姜姞之宜周。不有椒房之親，閑門湫宅(《〔張〕燕〔公〕集》)；豈無甲觀之勢，馬耀車流(《唐書》)。則夫賞以舅氏(《詩》)，戍自母家(《詩》)。

不可爲兄故私撓(《史記》)，其獨因女寵有差(馮野王)。即以築渭陽之館(《世説》)，覓老嫗之車(《漢宣帝記》①)。憑望西湖，看烟火之交熾(賈似道)；趨歸外鎮，驚塵土之多汗(《世説》)。居嘗而巨萬，與班勳臣無兩(《南、北史》)；一日而裂封，並及朝典何賒(漢成帝)。乃若議恐台席(石保吉)，選置學官(東漢)。步挽恣其感慨(王解律)，游俠謝其遭逢(陰興)。茅椒石室之中，正爾自娛(武攸諸)；平章樞密之任，那事熱中(《長編》)。縱爾賢行，不欲私于相國(漢文帝)；況兹擅殺，何少貸于渠兇(薄昭)。余異夫漢興以來保族者人不數有(崔駰《之竇憲書》)，而憐夫雲台並列首功者杳不相從(馬援)。任矜大于崔盧，況復帝戚(《肆考》)；快請求于兄弟，何待勳忠(《長編》)。因緣囑託之奸，無庸儕伍(書宗)；烏合疏辭之舉，作好敬共(鄭光)。所辟爲李固、周舉之流，每存虛己(東漢)；所薦若何熙、李郃之輩，具別名流(《鄧〔騭傳〕》)。而不見箴有引于成敗(東漢)，箋第拜于遲留(《李繼隆〔傳〕》)。不得願爲孤豚，試從殷監(翟輔②《上耿竇書》)；多有訝于腐鼠，爭事予雄(竇憲)。余讀《史》"自古非獨内德茂也，蓋有亦外戚之助焉"，則于今日不無三致意云。

---

① "《漢宣帝記》"誤，見《漢書·外戚傳·史皇孫王夫人》。
② "輔"當作"酺"，即《上安帝疏諫寵外戚》。

第五卷

姓氏

　　昔者聖王觀象于乾坤，考度于神明，探命曆之法就，省郡氏①之德業，而賜姓命氏焉（《潛夫論》）。姓則觀其祖考所自出，雖百世不變；氏則別其子孫所自分，凡數世而變。言姓則在上，言氏則在下也。至于族，亦氏之別名也，其實一也（《歷代源流》）。茹古氏曰：炎帝之姜，黃帝之姬，似不可更求之古（《合璧》）；西祁諸人之薄德不録（《〔歷代〕②源流》），高陽以下之明德遞彰，奈何不内省于今（上）。有徹品于王，謂之千品（《潛夫論》）；其配音于正，轉而五音（《白虎通》）。世紀則遠嫌異類（上），族望則婚恥非群（《高士廉傳》）。不必離析文字而横生諱忌（《吳志》），豈其廣資聞見而致事糾文。故曰五帝三王之臣③，所謂號也；文、武、昭、景、成、宣、戴、桓，所謂謚也；齊、魯、吳、楚、秦、晉、燕、趙，所謂國也；王氏、侯氏、王孫、公孫，所謂爵也；司馬、司徒、中行、下軍，所謂官也；伯有、孟孫、子服、叔子，所謂字也；巫氏、匠氏、陶氏，所謂事也；東門、西門、南宮、東郭，所謂居也；三烏、五鹿、青牛、白馬，所謂志也（《潛夫論》）。四岳與咨，幾共平成之奏（《世説》④）；五臣濟美，疇黜典刑之望（《白虎通》）。博浪一椎，或爲十日相寬，亡私下邳（張良）；驃騎千駕，試問微時得幸，吏事

---

① 《潛夫論·志氏姓》"法就"作"去就"、"郡氏"作"群臣"。
② 據《古今合璧事類備要續集》卷一補"源流"二字。
③ 《潛夫論·志氏姓》"臣"作"世"。
④ "《世説》"誤，見《尚書·皋陶謨》"地平天成"。

平陽(衛青)。《易》則筮之陸羽(《唐》),律則吹之京房(《漢書》)。家近
稽山之側(《晉·〔嵇康〕傳》),時號水族之鄉(《舊唐》)。義有嫌于疎
束(《晉書》),字有借于莘辛(唐)。並四桂之了義(《陳琳①碑陰》),種
一李之前因(老子)。若濫冒金陵,從鄉校之議(記);適就外氏,憐仲淹
之貧(《家錄》)。乘舟偶效于陶朱,名非伯越(范蠡);入境遂稱于張祿,
志在投秦(本傳)。元老登庸,帶令諸胡爭似(《南部〔新書〕》);隴西刊
定,星馳駞李何人(《僉載》)。屬次于第五(北②),比似于半千(《〔大
唐〕新語》)。其浮屠而亡匿命(《五代史補》),其上第而語故園(《蜀檮
杌》)。憶崔陳之相去(《世說》),伸刁盧之微言(《晉中興〔書〕》)。則
夫安亡爲虐,在丘爲虛。生男成虜,配馬成驢。而且有言則誑,近犬則
狂。加頸足而爲馬,施角尾而爲羊(《啓顏錄》)。枝分派別,萬轍千塗
(呂伯恭論)。自尚書領獲而來,甲乙有異(唐柳芳論);縱閥閱矜尚有
日,氏族誰居(《新唐》)。姓者分貴分賤,則平章之百姓,於變之黎民,
似爲有說;姓者從女從生,則女之適而別,與天子之王族,諸侯之公族,
卿大夫之別子,各有所殊。蓋別姓爲婚,別源爲宗,別祖爲族,其不以
異望而婚也固也?其以各望而宗也,非譜通其始不族也。族則近而別,
婚則遠而嚴其矣。夫人之不可不晢于姓也。蘇明允云:古之世族繁而知
之者反多,今之世族簡而知之者反少,蓋由譜牒之明廢而已,悲哉!

宗族

以親九族(《書》),以定二宗(《韻會》)。世族遠長,寧假問于蓍龜
星數(柳郢《戒子》);衣冠顧矚,盡稱舉于名教流風(《舊唐》)。門高則
自驕,族盛則人嫉,忠信篤敬,乃食之醢醬,不可一日無者也(上);君
賢而臣忠,父慈而子孝,政荒民敝,則覆亡之懼,何敢侈言其盛哉(《世
說》)。世德勿喪(《宰相世系表》),家訓是求(《顏氏〔家訓〕》)。服屬

---

① “琳”當作“球”,見《通志·氏族略》引《後漢太守陳球碑陰》。
② “北”誤,見《後漢書·第五倫傳》。

易疎，未可分族而傷忍（《梁書》）；少長咸肅，寧庸惰志以交偷（《北史》）。説者曰杜固壯氣巋然，衣冠若續（《新〔唐〕①書》）；淮水波流不竭，文雅伊人（《王弘傳》）。即以看大鄭相小鄭相（《因話録》），南阮富北阮貧②（《晉書》）。持論于八裴八王（《晉〔·裴楷〕傳》），較著于五荀五陳（《世説》）。呼有殊于微子（《南史》），地有重于烏衣（上）。其高門以偶謝（《南史》），其華冑以遥講（《南史》）。余有取夫官不假蔭（李懷遠），趨不顯榮（何敬容）。談論鋒生，信是鄙宗之美（王惠）；操修清絶，聊表衰族之聲（《晉書別傳》）。慕羅隱之詩名，有推異等（《六帖》）；驚謝晦之賓客，長慮居停（《世説》）。遡混元之世代（《筆録③》），想豐邑之家乘（《僉載》）。豈寄孝思于荒壠（《五代》），豈担魁選于廬陵（《夷堅志》）。豈倏忽見誚于同籍（《新唐書》），豈依傍共摭其遺行（《舊唐》）。求諸異類之無情，相憐共乳（崔隱甫奏）；試問緑林之肆暴，語戒勿争（《舊唐》）。世睦則爲三（《後漢》）累七（《魏書》），合爨則百指（上）千丁（《録異集④》）。而不見駕幸鄆州，書百忍感懷下涕（《舊唐》）；義彰太守，橋百口風化聞聲（《吳地志》）。如是作而言曰：仰觀堂構，努力無已（沈約云）；未遠昭穆，掃地何論（《韻語陽秋》）。酬讌之餘，作韻語以振風流，莫爲盡美（謝混）；竹林之會，寬禮數而任放達，率自有真（《晉書》）。表光德以同居，士師奚愧（《賈氏談録》）；勑太宰以致祭，賢哲與崇（《魏書》）。余嘉夫名德芬輝，蟲⑤雕之有世業（王筠）；高夫志行惇厚，馬糞之有門風（王〔志〕⑥）；善夫鼎鑊作糜，聲息幾以播遠（《録異〔傳〕》）；嗤夫閥閱既墜，嫁娶猶以取豐（《新⑦唐》）。佐命歷朝，

---

① 據《新唐書·杜正倫傳》補“唐”字。

② 《晉書·阮咸傳》“南阮富北阮貧”作“北阮富南阮貧”。

③ “録”當作“談”，見《夢溪筆談·譏謔》。

④ “集”當作“傳”。

⑤ “蟲”當作“龍”，見《梁書·王筠傳》：“范蔚宗云崔氏‘世擅雕龍’，然不過父子兩三世耳。”

⑥ 據《南史·王志傳》補“志”字。

⑦ “新”當作“舊”，見《舊唐書·高儉傳》。

相傳忠義之氣(《舊唐》)；雄才江左，疇根雅道之踪(《天中》)。于以
考世家之盛，自古未有(《唐〔·蕭瑀傳〕贊》)；于以笑東海之大，何
所不容(《因話錄》)。茹古氏曰：三屬通之母妻，則事緣英布，而不及
吳芮，可爲一證(《海錄〔碎事〕》)；單戚寬以婚媾，則因之綴食，而
因之繫姓，自昔景從(禮)。胡爲不弔，胡爲不免(上)；誰可奪嫡，誰
可奪宗(《漢書》)。余讀岑文本《氏族志》，參考史傳，檢正真僞，進忠
賢，退悖惡；先宗室，後外戚；退新門，進舊屬；右膏粱，左寒俊：
似譜系之信史(《肆考》)。再紀范文正《義田記》，日有食，歲爲衣，嫁
娶凶葬有贍，誠敦睦之高行(錢公輔記)。後死而生，如足如手；薄俗
難論，小人利口(蘇明允《族譜》引)。同源分流，人世易疎；怳然悟
歎，念茲厥初(陶潛《贈長沙公族》)。故觀蘇氏之《譜》者，孝弟之心可
油然生矣。

名字

名成乎禮，字依乎名(《御覽》)。是以紀別(《吳錄》)，于焉吐情
(《白虎通》)。依其事，傍其形，而不見先代無文，主以太甲武丁之屬；
今制有定，相以宗廟燕寢之宜(上)。求諸婦人野人，賤己不敵(《御覽·
秦記》)；推之伯氏仲氏，命有深知(《白虎通》)。雅意依謙，玄默冲虛兮
各當(《魏志》)；微嫌中諱，黿(黿)黿(魷)鉅(莽)寇(襃)者有奇(《吳
錄》)。祖孫父子之間，二靖無分于處士(《容齋隨筆》)，兩屆相類于安同
(《北史》)，此何說也；聖帝明王之會，趙堯李舜未聞爲逆，王莽曹操不
假襲名，將安用之(《大學衍義》)。慕之藺(《漢書》)，仰之蘇(《陳武
外①傳》)，第因時而及豹(《左》)，斯千里以名駒(《南史》)。五百年間
出(員半千)，十一世儒宗(《論語正義》)。文學有其剩技(楊遺直)，堂
構紹其家風(陸象先)。遡蕭桐得御之由，無能賤舉(《搜神》)；縈素立奉

---

① 《太平御覽》卷三六三“外”作“別”。

使之日，切幸偶逢（《唐》）。念故主之誼，情深任俠（《漢書》）；憶異鄉之舊，事紀乘驄（東漢）。禮會何人，聯文章門戶之席（《因話錄》）；制誥有屬，批散煙傳蠟之詩（本傳）。客館之告平原，忽爾嗟歎（《〔西京〕雜記》）；書録之題劉向，無用驚疑（宋郊《答葉清臣》）。馬通叔騧（史），鯉恰伯魚（《家語》）。歐來幾霅（《列①子》），瓜下從乎（《傳紀》）。不問呂后夜雛（《四朝聞見録》），那見伯孝朝鳴（《齊書》）。無取飛龍在天之義（《五代史》），何來阿羅兵士之評（《〔老學庵筆〕記》）。知之者以婦孺（《司馬公行狀》），以宮禁（《歸田録》），以草木（《舊唐》），以虜夷（《裴度傳》）。事業在中書（張説），名望先勝國（李綱），故相推重；降從天帝之命（仲舒），忻逢堯舜之君（李膺），曾幾追隨。何以妬才，泛子嵩之舟，石城終恨（《江南野史》）；何以嗜殺，投曾參之杼，費邑已罷（《秦策》）。則游肇之守正（後〔魏〕），梅福之潛踪乎（《漢書》）；成師所以兆亂（《左》），吉甫所以予雄乎（《傳載》）。故曰：君子之名子也，必以信義而擇淑令，所以祥其名也；不以官職，所以殊其名也；不以畜幣，所以重其名也；不以隱疾，所以顯其名也；遍告内外，所以昭其名也；書而藏之，所以寶其名也；賤者避之，所以貴其名也；冠而有字，所以尊其名也（《御覽》）。吁！美名哉。

祖孫

余讀《顏氏家訓》，潘尼之稱以祖，侯霸之稱以公，則夫祚首自始（《什名》），王首加宗（《爾雅》）。秩祜之詠，《螽斯》之章（《詩》）。累以百葉，若一體也（《左》）；世不廢業，其克昌乎（《孔叢》）。用義用恩，無岐分于輕重（《〔禮〕記》）；荷杖搏杖，差辨論于等夷（《吕覽》）。豈爲作尸提抱之情每篤（《〔禮〕記》），將無繩武蚤夜之際以思（《下武》）。累傳清白（《後漢》），聊酌安危（龐公）。故業可思，慷慨中興之業（馬

---

① "列"當作"劉"，見《劉子·鄙名》。

璘）；遺書有在，暢發後起之奇（姚斑）。于識友行，任年少而官薄（《漢書》）；頓超群伍，將悔暮而追遲（《衛玠別傳》）。如是曰吾祖之殆聖（《晉書》），此兒之興宗（《魏書》）。視遺書（丁顗）留硯（范馨）而有當，憶甘棠（魏薈）典册（《世説》）以相從。楊奇之負强項（《後漢》），員淑之逞詞鋒（唐）。引佩刀而刺淚（《晉書》），據磐石而慘容（《薛元超傳》）。幾以元和，似與于先之監國（唐）；信兹平允，何必不後之崇封（虞詡）。登第唱名之時，亟有煩于清問（李東之）；佳賓旅見之會，多有快于在公（周蕭願）。若乃登北固以成詩，語嘲貽厥（《南史》）；命脩篁而作賦，仰羡家風（梁沈衆）。爲純孝，爲純孫，感悟者若爲有待（《孝子傳》）；事日長，報日短，陳情者莫禁于中（《晉書》）。縱酒讌歡之餘，時與披簿（後周李遷哲）；問安視寢之際，一曰頷之（郭子儀）。逞山北迁塗，由來智叟之笑（《列》）；倘委蛇①少識，寧無禦寇之訾（《列》）。噫嘻！織女借其麗字（《前·天文志》），幼婦美其諛詞（《韻府》）。餞（《風俗通》）賞（甘）之所有事，詩（李白注）畫之（《因話録》）所共推。尊看鼻祖（《方言》），傳但耳孫（應劭）。貽謀有日（史），攸行滋蕃（書）。其木有本而水有源也乎。

父子

生我劬勞（《蓼莪詩》），昊天罔極（《魏風》）。蓋門閭之多倚（《策》），常岵屺之與陟（《詩》）。南面而明，北面而順（《決疑要録》）。高高然而上，晉晉然而循（《書大傳》）。阿哆之呼以回紇（《會要》），郎罷之呼以八閩（顧況）。取義于肯堂肯構（《書》），比事于烈主嚴君（《淮》）。若曰雙珠之生老蚌（後漢），野鶴之在雞群（嵇紹）。相較于季長②、伯高之間，勿爲輕薄（東漢）；更酌于伯益、偉長之輩，匪但親昵（三國魏王昶）。家法有存，則搆事小齋，鍾若偕其佳韻（柳公綽）；法誠

---

① 《列子·天瑞》“蛇”作“蜕”。
② “長”當作“良”，見馬援《誡兄子嚴敦書》。

欲切，則旁搜往古，屏逾重其師資（房玄齡）。夫同居禁籞（《唐書·蘇瓌》），代有文詞（謝鳳）。當吳元濟謀逆之時，統兵塞外（《平淮碑》）；當楊嗣服貢舉之日，置酒私蔸（《六帖》）。而不見一日居官，代爲請乞（孫逖）；公庭朝會，具展私情（《隋史》）。蘇瓌有子（《北①窻雜録》），仲謀佳兒（《世説》）。擬之曰，冬可愛，夏可畏（《左》）；高其風，畏人知，畏人不知（胡〔威〕②）。歡從仲舉（《汝南先賢傳》），談共阿戎（上）。賦鳴蟬兮有當（《歐集》），愛舐犢兮多窮（《後漢》）。而且嫌殺青簡（《閔③祐傳》），破撞烟樓（東坡《答陳季常》）。勿復盞而恣蝙蝠之誚（《玉泉子》），豈對奕而羼瓜葛之憂（《世説》）。於休哉！以文章、以驍勇、以草隷，美夫三絶之各擅（《宋文會》）；竣得其筆、測得其文、奐得其義、躍得其酒、更妙一狂之無餘（顏延年）。考真人之東行，則元方將車、季方持杖、叔慈應門、慈明行酒（《世説》）；想家法之整肅，或侍以參政、侍以補缺、侍以侍郎、侍以起居（竇儀）。三槐手植（《邵氏〔聞見〕録》），百果心推（《南史》）。感之坐臥與易（杜延年），念之遠近相遲（王方慶）。譽或成癖（《新唐》），功勿滋疑（《韓子》）。有頃泣杖（《家語》），未幾觸屏（《漢書》）。語相嘲于銅臭（崔烈），念或事于杯羹（《漢書》）。豈必解囊中之裝，時從歌舞（《漢》、《史》）；將無窮水陸之美，猶爾杖刑（《資暇集》）。落渚石磧之累行，不堪奉教（《博物》）；麾肶鮑鮓之往事，無問趨庭（《天中》）。取風月山水以名，其心每異（謝莊）；置奴婢田舍而去，此念最真（《霍光傳》）。一日付厨而言者誰氏（《風俗》），他時還朝而見者伊人（呂④尚之）。則悲夫鑱膚以驗（《孝友傳》），憐其行乞相隨（程幹）。嗔招權者之幾敗事（令狐），恨居貪者之致毀祠（狄景暉）。疇曰使君乘板輿忻忻色喜（《北史》），是關吏部別河渚戀戀情癡（《南史》）。昇輿相代之微詞，可稱純孝（《御覽》）；追捕自刎之節槩，

---

① “北”當作“松”。
② 據《晉書·胡威傳》補“威”字。
③ “閔”當作“吳”，見《後漢書·吳祐傳》。
④ “呂”當作“何”，見《宋書·何尚之傳》。

雅重倫彝(《後漢》)。如是幹蠱有屬(《易》),跨竈允宜(上)。則所謂有
是父有是子,有是子有是父者,余得以快談于斯(揚子)。

母子

母氏聖善,母氏劬勞(《詩》)。侈燕喜之詠(上),陟屺嶺之高(上)。
朝出耶、暮出耶,情生而望在矣;大痛乎、小痛乎,離裹而屬毛焉(《談
藪》)。曰社(注)、曰媞、曰姐(《説文》)、曰嬰、曰孋、曰嬠(《集韻》),
稱若異俗;爲生、爲庶、爲乳、爲慈、爲保、爲出,義有同曹(《合
璧》)。吾聞母以子貴,更想慈以成嚴。乞郡夫人以申情,可爲故事(趙
康晉①公);拜湯沐邑以盡養,勿避私嫌(《春明退朝録》)。歷仕平章,
典有榮于特詔(張賢);臨觀御宴,禮有絶于寵班(《職官分紀》)。觀洛水
之遊,鼓吹喧闐,登凌雲而動色(王亮);憶閒居之賦,歌舞駢奏,坐板
輿以偕歡(潘岳)。而不謂非此母不生此子也乎(《列女》),則遡其所安
者焉。不必傳奇于搖竹(孟〔宗〕②),于汲泉(姜詩);亦不必罹慘于威
豪之執(《後漢》),黨錮之冤(范滂)。舉兵慮其成敗(陳嬰),録囚問所
平反(《漢書》)。招賢士以共卧(《列女》),訝俗客以投餐(《華陽〔國〕
志》)。却遺金于田稷(《列女》),急封草于義方(傳)。蓋至責其佞諂(王
琚),怒其蕩狂(趙武孟),憂其驟顯(潘孟陽),咛其擅塲(宋虞集)。相
謝以孤犢觸乳之諺(〔謝承《後〕③漢書》),相囑以輕肥惡息之常(《舊
唐》)。無忘躊躇于當歸之旨(孫盛《雜記》),無煩掃除于墓道之傍(《嚴
延年傳》)。小人有母(《左》),分以椹實(《蔡順傳》),懷以橘香(《吳
志》);賢者莫測(《傳序》),絶裾何忍(《世説》),叱馭何忙(王
〔尊〕④)。雙目俱盲,惟虔祈之有願(傳);寸心既亂,豈圖霸之靡遑

---

① "晉"當作"靖",見蘇軾《趙康靖公神道碑》:"乞以母封郡太君。"
② 據《三國志·吳志》注引《楚國先賢傳》補"宗"字。
③ 據《天中記》卷十七補"謝承""後"三字。
④ 據《漢書·王尊傳》補"尊"字。

（《蜀志》）。憫湮廢于《周官》，以隔紗而高講席（《拾遺》①）；遭奇誣于刺史，或擁筝以飾家常（退之《曹〔成〕王碑》）。余憐鞫獄之少年，有其形似（杜羔）；更憐解職之郎署，益其亂荒（朱壽昌）。悲夫甘泉日黯，將重苑馬之戚（金日磾）；佳哉雲臺煙迴，從傳隣舍之殃（孫盛《逸士傳》）。若夫神黃雀之入幕（《晉書》），誣蜂螫之綴裳（《琴操》）。相憐几杖（胡廣），遺誚蠏匡（蔡延慶）。公私以制練（曾叔），伋白以定喪（《禮〔記〕》）。彼衣冠之家，傳乾道之事而談爲美（《曲洧舊聞》）；豈百世之後，知蘇氏之保而否以藏（東坡）。噫嘻！太湖之旁無復餘草（《〔西京〕雜記》），幽冥之理幸以再生（《談藪》）。枉狀以發情寄物之談，殺已有漸（《孔融傳》）；深思于先國後家之誼，忠亦可成（《鑑》）。余又求之陽德炳如，則日華有象（《〔春秋〕②内事》）；秋風焱起，則虹暈從徵（《嶺表志》）。就市上以飛還，青蚨者屬（《談藪》）；登華陰而疾走，緣蟻者靈（《列仙傳》）。望壇壝而集寶（《原化記》），妙炁化而隸金（《仙傳拾遺》）。南陽之歌太守（《後漢》），著作之美聞人（《南史》）。夫何里名之較勝（《鄒陽傳》），而坤德之稍湮也哉（《易説》）。

兄弟

以余讀《蓼蕭》之詩也，鴻鴈有序（杜），鶺鴒在原（《棠棣》）。如足兮如手（李華《戰場文》），吹箎兮吹壎（《詩·何人斯》）。山鳥之羽翼已成，分飛何似（《白帖》）；竹箭之積聚既衆，摧折何時（《天中》）。蠶績興謠，情親而更俗（《檀弓》）；鴈詩作謗，諧謔以貽譏（《遯齋閒覽》）。若非龍駒，當是鳳雛，持論之餘有當（《陸雲傳》）；蜀得其龍，吳得其虎，盛名之下無虛（《世説》）。吾遜稽于封胡羯末（上），竊比于酪乳醍酥（上）。猶異乎八爲荀爽（本傳），六爲下壼（《白帖》）。無已陸氏之雙璧（《魏書》），王氏之三珠（本傳）。詔書疊至（《唐闕史》），科目並途（《韋

---

① "《拾遺》"誤，見《天中記》卷十九引秦景仁《秦記》。
② 據《天中記》卷十七補"春秋"二字。

述傳》)。則有曰皆謂金玉(《南史》),少爲鵁鶄(河東事);又有曰騁雙驥于千里(《南史》),躍二龍于長衢(張詮《南燕書》)。季方難弟,元方難兄(《世說》)。眉白最著(《蜀志》),腰鼓争鳴(《南史》)。俗事最喧,其寡詞而稱善(《世說》);神思清發,無假寐以游情(《晉書》)。草舍繩樞,莫益鳳樓之舉(《續苑》①);沿江負海,浪誇兔窟之營(王衍)。紀其貴者曰弟草兄制(韓子華),兄草弟麻(《金坡遺事》),則高元裕之舉代(《孔帖》),韋嗣立之叢誇也(《唐書》);高其義者曰兄飲弟酖(孔融《優劣論》),弟報兄冤(索靖子琳),則流矢兮誤中(姚襄),載旌兮以先也(《左》)。被可共,試看姜肱之卧(《後漢》);衣可易,無長李充之貧(《汝南記》)。避爾名高,辟先辭于公府(后詩);自朕家計,哭何向于生人(《晉諸公讚》)。委曲而成讓德(《白帖》),感泣而息忿端(蘇瓊)。勿出擲火之策(《世說》),時非償博之觀(《因話録》)。吾有異掩户自摳之妻,俛首而多禮(繆肜②);但不識作脯定坐之婦,縮口而頓還(《隋煬帝記》)。其乙那以謝,阿干輒鳴奔馬(《前燕〔録〕》);如三清而行,君法無籍冥錢(《曲洧舊聞》)。未幾泣投,冰有開于宿岸(《異苑》);因之訴屈,杖莫舉于市闤(《〔風俗〕通》)。慮廛亂階,雖作謗而語切(《晉書》);義明委質,寧假會以情牽(《江表傳》)。非漢相不可私撓,坐從東鄉(《漢書》);彼大才終當晚就,好任文淵(馬援)。噫嘻!遣少匪私,料家督之見殺(《趙③世家》);爲兄有願,快侍養之日長(《華陽〔國〕志》)。居嘗則行事皆諮,無充私橐(蔡郭④);寢疾則盥沐俱廢,有痛連牀(《南史》)。蓋何必減驃騎第五之譽(《世說》),何自殊東山一壑之常(上)。何必不感悟而成清白之吏(《東觀漢記》),何必不疑似而對鹽冶之粧(《風俗》"張伯偕")。榮戟俱列(《孔帖》),臺省世均(裴寬)。聽謡歌于西河之上(大馮小馮),看豐碑于洛水之濱(棠棣碑)。比當年烏衣之

---

① "《續苑》"誤,見《楊文公談苑》。

② "肜"當作"肜",見《後漢書·繆肜傳》。

③ "趙"當作"越",見《史記·越世家》。

④ "郭"當作"廓",見《宋書·蔡廓傳》。

遊，時偕雅會（蕭介）；侈一日蜂腰之譽，允叶輿論（周弘正）。而不見經紀畫工，朝廷稱其兩絶（《舊唐》）；婆娑庭樹，造物有其千真（《齊諧記》）。則父父子子，弟弟兄兄，都哉。

夫婦

《易》基乾坤，《詩》首《關雎》，《書》美釐降，《春秋》譏不親迎，夫婦之際，人道之大倫也。是以夫夫婦婦而家道正（《家人卦》），陰陰陽陽而統御尊（《列女》）。偕老矢願（《詩》），一體聯恩（《儀〔禮〕》）。若比以肩（《述異記》），從畫以眉（《漢》）。其畏之如魘母（唐），或遇之以嚴君（東漢）。親卿愛卿，語有諧于誰復（《世説》）；私我畏我，事有喻于合從（《國策》）。沔南之自堪以才，訝傳鄉里（孔明）；彼傭之具將以敬，驚舍老翁（《後漢》）。非久長貧，相顧而揣其允稱（晉山濤）；未幾封事，俯首而憶其奇窮（王章）。不意天壤之微詞，生嫌逸少（《世説》）；祗謝河魁之殺景，却走竪童（《荆湖近事》）。則夫千金①而憐亡命（《史記》），共載而卜侯封（《論衡》）。名急成于命將（《史記》），制素奉于在公（郭〔默〕②）。余嘉夫燕居以禮（仇覽），寢疾必恭（樊倖）。嬖幸非其好（《南史》），貧賤幸以同（尉遲恭）。飲或期于竟日（沈文季），笑幸邀于偶逢（《左》）。昵之苟奉倩之取冷（《晉書》），忍之周稚卿之鞠凶（《〔後〕③漢書》）。疑矣擒從吏卒（劉琰），癡矣扃自户牖（李益）。蓋至尋當作粥（《世説》），試語選弓（晉）。憶亡書而真草惟命（蔡文姬），思遠禍而去住追踪（唐）。阿郎何似（魯秋胡），御士幾供（《列女》）。白頭不堪于啼詠（《西京雜記》），兩祖故切于情通（《風俗》）。從容謝貉（《世説》），憶恨伏雌（《風俗》）。其茫然于落杖（蘇軾詩），其更事于鼓吹（司

---

① 《史記·張耳列傳》"金"作"里"。
② 據《晉書·郭默傳》補"默"字。
③ 據《後漢書·周澤傳》補"後"字。

馬懿）。謠兩日之並出（〔謝承〕①《後漢》），筮久困之多罷（《左·襄》）。誠非夢耶，嘗試國忠奉使之日（《天寶遺事》）；可與言哉，已偕堵敖並誕之期（《左》）。剩有詩思，恨少恨晚之篇，幽懷莫述（唐）；多看義重，廢梳廢沐之念，老死何爲（《北史》）。環歲而召餅師，增憐明媚（寧王憲）；猥處而配徂獪②，失韻林詞（李易安）。偕老鄧襄，有心之押衙幾遇（《太平廣記》）；自甘澹泊，可奉之皓叟尤奇（孫明復）。毋舛義于一日（《家語》），毋笑曠于宿時（昭③）。或爲馮衍之娶罵（本傳），多少義方之相知（唐）。籍注已定（《晉·禮志》），盟誓在前（《物理論》），請以誦有別之章焉。

諸父

夫所稱庭階玉樹也哉（《世説》）！吾以讀杜牧《寄阿宜》之作（集），馬援《誡兄子》之書（《〔後〕漢書》）。方之山濤以下，魏舒以上，伊憐往日之癡，誠爲實美（《晉陽〔秋〕》）；有如駒齒未落，龍文已成，求諸千里之外，疇美芳譽（《北史》）。遊春黃胖之吟，無能終宴（《談藪》）；玄晏先生之學，曾否卜居（《晉書》）。得色而來，盛增北府之愧（謝澹）；並名而起，便教耶輸之吁（《北齊》）。豈必朝野希榮，了無止足（《漢書》）；何事書劍遺悔，日飲多逋（袁盎）。余又以高于恭之任撻（《後漢》），僧虔之回舟（《南史》）。遇歲荒而度活（《東觀漢記》），值獄事而餉羞（《宋書》）。有明其先見（《三十國春秋》），無穢其素風（《晉書》）。紫囊但戲（《謝玄傳》），華錦匪謀（《晉書》）。雅慕詩名，賂遺而通譜叙（《舊史》④）；矯誣風疾，遊狎以敗行修（《曹瞞傳》）。而不見車則對坐，食則比豆，感髮鬢之二色（蔡邕）；朽敗所安，荒頓所戀，曷肺腑之私謀（《後

---

① 據《天中記》卷十八補"謝承"二字。

② "徂獪"當作"狙儈"，見李清照《投内翰綦公（崇禮）啓》。

③ "昭"未詳，見《説苑·正諫》。

④ "《舊史》"未詳，見《舊唐書·羅威傳》。

漢》)。夫所賞者疎野(《因話録》),作傳者孝忠(《宋齊語録》)。嗣定遠
而光家道(任瓌),破萬里而乘長風(《宋書》)。如謝安之與謝玄,鶴唳風
聲,奏可淝水之捷(《鑑》);如文穆之與夷簡,紗籠鼎望,稽勿潁陽之踪
(《唐書》①)。魏徵之請封,聊可勸俗(上②);楊約之奉旨,那不解容
(《隋書》)。謂天道之無知,棄之者故先情絶(鄧伯道),乃良吏之有待哺
之哉。豈曰幻夢(《唐書》),假寐安寢之私,將無近是(東漢);顧名思義
之訓,斯謂大同(魏王昶)。至今過烏衣之巷(西京③),高竹林之遊
(《晉》),何必不明珠之在側(《宋書》),何必不裂土以封侯(魏王基)。
乃如癸以作解(《什名》),絲可相呼(《袁盎傳》)。亦奇聞也夫。

賓主

我有嘉賓(《詩・鹿鳴》),魚川泳而鳥雲飛(韓文)。不欲俗物敗意
(《世説》),寧謂鄙吝復生(傳)。則夫東堦肅入(《禮〔記〕》),北面相
追(《左》)。厨以分其三列(《列士傳》),揖以重其深知(《漢書》)。其上
于五侯,若關唇舌(《漢書》);其稱以賤子,驚離席帷(《漢書》)。湖海
元龍,卧百尺而與語(《魏書》);義興太守,煖四座而匪衣(《南齊》)。
驛遞之莫可少停,輒從卹勞(《鄭當時傳》);名刺之未幾都盡,那謝晚歸
(何思澄)。非車榮不樂(《世説》),是休源與居(范雲)。未至而觴不欲
舉(《晉書》),每見而席第以除(《宋書》)。款雜之言誠所未有(《世
説》),襟懷之詠偏是所長(上)。雅對忘疲,而縱觀酣暢(《周書》);相
期奄處,而突入踉蹌(陳遵)。乃若處逢烏噪(《南史》),雅繕侯鯖(《漢
書》④)。拇蒲博塞之多能,誠堪選對(《吳志》);院庭舸舫之間置,却勝

① "《唐書》"誤,見《宋史・吕蒙正傳》《宋史・吕夷簡傳》。
② "上"指《新唐書・魏徵傳》。
③ "西京"未詳,見《南史・謝弘微傳》:"(謝)混風格高峻,少所交納,唯與族子
靈運、瞻、晦、曜、弘微以文義賞會,常共宴處,居在烏衣巷,故謂之烏衣之
遊。"
④ "《漢書》"誤,見《西京雜記》"繕"作"膳"。

主盟(《南史》)。輝赫黨朋，勿致仲舒成季之好(《舊唐》)；輕薄祭酒，若成王儉張緒之行(《南史》)。司馬庭前，直奔走而共設(《襄陽記》)；清油幕下，指形似而多輕(蕭詔①)。吾取夫耆德已成，憂無煩于密伺(《列女》)；而異夫簡潔特至，拂有事于相并(《南史》)。嘉夫真率從常，無似美供于晚至(《世説》)；歎夫劬勞自執，且爲報貴于前迎(《南②史》)。蠅胡作吊(《吳〔志〕》)，雞亦從鳴(傳)。第借面于厨監(《典略》)，早結緣于山靈(《志林》)。其豪之而名士皆集(《天寶遺事》)，其殘之而權軸誰攖(《梁書》)。其夜半私之而號稱十哲(《摭言》)，其南浦傲之而慘絶三生(吳規)。佐獵以豪，妙鷹緤之在手(崔弘禮)；負憨以俠，競龍劍之騰光(《史》)。好事已諧，日中之所欲舉(王毛仲)；齋閣始至，年少之所靡遑(袁昂)。空朝而闕吏部之赫赫(《南史》)，盈路而訝長史之漫漫(張裔)。歎一時之興廢(翟廷尉)，想此日之誼譁(《梁書》)。逐既不韻(秦)，狃何浪誇(《陳書》)。不見夫朝趨市者乎，日暮之後，掉臂而不顧矣(《策》)；奈何有差獨樂者乎，長短自裁，學步所難持矣(《漢書》)。十年去國，門前之雀可羅；一日登朝，屋上之烏亦好(啓)。堂上百里，靄明無撤器之因(《〔左·〕昭》)；門下三千，毛遂乏處囊之道(《文粹》)。相知多著籍(《策》)，樂聖且銜杯(李適之)。孔文舉云：“坐上客常滿，樽中酒不空”，斯東南之美也哉。

師弟

蓋聞之揚子，“一閧之市，不勝異意焉；一卷之書，不勝異説焉”，于是起而尊之曰吾師乎。求之經術歸耕之語(夏侯將③)，羈貫成童之時(《穀〔梁〕》)。譬之干將莫邪、巨闕辟閭，時爲砥礪；驊騮騏驥、纖離

---

① “詔”當作“詔”，見《南史·蕭詔傳》。
② “南”當作“北”，見《北史·崔道固傳》。
③ “將”當作“勝”，見《漢書·夏侯勝傳》：“士病不明經術；經術苟明，其取青紫如俛拾地芥耳。學經不明，不如歸耕。”

陸耳，詎少鞭箠（《荀子》）。身名之顯也在于師，無懷腐而欲香也，無入水而不濡也（《呂》）。達師之教也，使弟子安焉，樂焉，休焉，游焉（《呂》）。大墳祿圖之人，其所自始（《韓詩》）；齧缺被衣之輩，或非贗傳（《莊》）。往不追，來不拒（《孟》）；虛以往，實以歸（《莊·德充符》）。在三之義（《後秦録》），函丈之儀（《曲禮》）。齋戒而來，未幾填海移山之力（蘇〔秦〕張〔儀①〕）；輻輳而至，曾是生徒女樂之輝（馬融）。無喜擔篦，各市宅以相就（張羈②）；求親洒掃，多擲地以無譏（《林宗別傳》）。感鄭生之夢（《南史》），下仲舒之帷（《漢書》）。鳴董春之鼓（上），端盧植之思（本傳）。人倫作表（《世説》），吾道已東（《高士傳》）。竊笑影質（《北史》），幾幸唾夢（《南史》）。高南面之殊禮（《晉書》），敦巖石之高踪（朱穆）。藍視青而作謝（《魏書》），食較信而有逢（《魏書》）。尚書著作之名流，非殊剛克（《北史》）；西河正始之風詠，曾幾奇窮（《北③史》）。笇絃極樂，巵酒聊供，兩人之聞知各得（張禹）；莽卓無爲，伊霍有願，儒者之所見略同（《舊唐》）。呼青溪而不名，相憐屋漏（《南史》）；即白晝而假寐，事絶夢通（邊韶）。不爲摧鸞鳳之翮，而游燕雀之宇（《〔零陵〕④先賢傳》）。則試五百考其運數，而非半千快其所從（《神異〔録〕⑤》）。如以論年，白首高其先達（文中子）；無妨稱母，高義快其崇封（《前秦記》）。踐祚之君，斯乘輿而降幸（《宋紀⑥》）；異類之虜，抑仰闕以尊崇（《蕭穎士傳》）。登山採玉，入海探珠，飾勿東家之故事（邴原）；俞扁之門不拒病夫，繩墨之側不拒曲木，載稽子厚之書辭（《新唐》）。豈不及聲樂賤工，譜以明其授受（韋表微）；亦不妨膏肓廢疾，旨以暢其歸依（何休）。乃若步擔相勞，薄德爭趨，事有感于飲泣

---

① 據《山堂肆考》卷一百四補"儀""秦"二字。
② "羈"當作"霸"，見《後漢書·張霸傳》。
③ "北"當作"南"，見《南史·何尚之傳》。
④ 據《天中記》卷二十補"零陵"二字。
⑤ 據《天中記》卷二十補"録"二字。
⑥ "紀"當作"書"，見《宋書·周續之傳》。

（《晉·王褒①》）；貫械何爲，宿誣更奏，冤有慘于垂紳（東漢）。且思因我之楊城，解難無及（南）；若語作賃之子慎，竊璧非真（《世說》）。忽而求監，忽而丐歸，料不負于家國（趙蕃）；于以吟風，于以弄月，會有想于伊人（周敦程頤）。吾家故事，門前三尺雪，坐上一團春，都哉。

朋友

以余讀《伐木》之章，自天子至于庶人，未有不須友而成者（《毛詩序》）。名由之成，事由之立，猶脣齒之相濟乎（劉歆《新議》）；固如膠漆，堅如金石，斯蓬麻之自直也（《譙子》）。吾不堪翻手覆手之句（杜〔甫〕），而第申覆楚復楚之行（《左》）。即無從龍隱鳳衰之諷（《後漢》），而用尋丹雞白犬之盟（《北戶錄》）。就體而分首尾（《魏略》），自度而俱死生（《列》）。其神交乎，何必相識有素（《山濤別傳》）；其莫逆耶，故在一笑與盟（《左》②）。可以刎頸（《漢書》），可以契衿（《世說》），可得意于濠梁（《莊》），可酣暢于竹林（《世說》）。從雲間以結想（《南史》），甘世外以澹歸（《晉書》）。杵臼之間，相驚備服（《東觀〔漢記〕》）；鍾阜之側，聯遂初衣（《南史》）。雅篤虛襟，何論耕夫牧豎（《周書》）；相聯名閥，已忘顯晦升沉（《齊春秋》）。軟美中乎柔情，驚呼以小（《新唐》）；適莫要于至正，往復相箴（《後漢》）。廉儉自守，放縱不拘，政無妨于異行（《漢書》）；疾疢愛我，藥石惡我，似有妙于知聞（《左·襄》）。夙契有懷，以紓縞爲美談，以絃韋爲幽贄（《後魏》）；風味轉墜，誰爲牙生鍾子，誰爲匠石郢斤（《世說》）。則夫以飲泣（鄒子），以夢迷（《韓》）。美醇醪之款款（《江表傳》），感山河之凄凄（《世說》）。千里兮候食（《會語典》③），一榻兮關脣（《尚書故實》）。豈鹿豕情牽女子（《孔叢》），寧貂蟬恨長惡實（《西京雜記》）。周旋作我（《世說》），識度

---

① “褒”當作“哀”，見《晉書·王哀傳》。

② “《左》”誤，見《莊子·大宗師》。

③ 《天中記》卷十九“會語典”作“會稽典錄”。

猶人(山公)。相期始終，非曰束之高閣(《晉中興〔書〕》)；雖經險阻，無稍易于性真(《舊唐》)。而不見羅浮之山，樹鍾情而合抱(《廣記》)；永嘉之夜，夢慘淡而思顰(《通幽記》)。憶昔時之遊乎，或提手春林，或負杖秋澗，逐清風于林杪，追素月于園垂(《南史》)；且思平居之悦乎，多遊戲以相逐，强笑語以相親，出肺腑以相示，指天日以申詞(《〔柳〕子厚墓誌》)。憂煩未遣(《周書》)，過失相規(《北史》)。青萍非樂死(豫章①)，胥鄙豈居危(《新序》)。花侶招攜，更名以玉(《北户》)；空門晤對，好締以詩(《醉吟先生》)。士爲知己者死(《外傳》)，儒有合志者誰(《家語》)。若夫耳餘之隙末(《漢書》)，況泌之遊嬉(《新唐》)。噫十年之已盡(《交遊賦》②)，恨四道之將離(《白虎通》)。斯爲臨風對酒之詠(《魏書》)，將無一丘一壑之期(《舊唐》)。所至而擇(郭太傅)，不三而攜(《續漢》)。青松無落色(孟郊詩)，門庭無雜賓(孟浩然詩)。叶鬱郁于蘭茝，志婉孌于篋塤(《廣絶交論》)。如是又何交道之難，未易言也(《後漢·王吉甫③》)。

---

① "豫章"當作"豫讓"，見《吕氏春秋·序意》。
② "《交遊賦》"誤，見陸機《歎逝賦》。
③ "甫"當作"傳"。

第六卷

聖

五百載聖紀符(《考靈曜》)，從天帝而加算(《河圖》)，承曆數以受圖(鄭玄注)。庶品之自然以協，萬事之終始以窮(《家語》)。淵微畢照(顏延之)，元氣與同(姚信《占①緯》)。吾知其洋洋(《尚書》)穆穆(《〔大戴〕禮》)，蕩蕩(《列子》)純純(《〔大戴〕禮》)。神明兮幽贊(《易》)，天地兮彌綸(揚雄《五經鈞沉》)。內脩澹漠(《淮》)，與道浮沉(《書大傳》②)。制調高下燥濕之要(《畫策》)，智崇河海山石之深(《神異》)。但求足譽(《淮》)，勿以府謀(《銓③言》)。見九拂而慮遠(《泰族》)，妙萬變而神游(《淮》)。吾不知曷獨擅于東魯(《新論》)，廼專產于神州(《士緯》)。生也天行，死也物化(《莊》)。求之事功，抱雌而守清(《文子》)；譬之水火，益遠而彌壯(揚〔雄〕)。沉淪徹于無內，曠蕩比于無外(孔融《聖人優劣論》)。猶中衢而致尊(《淮》)，其明鏡而通昧(《莊》)。蓋聖人之道如天地，諸子之道如四時；四時相反，天地合而通焉(《傅子》)。非天下之至德，其孰能用之(揚〔雄〕)。

賢

氣之清者爲神，人之清者爲賢(《繁露》)。則以譬葵藿之不採(《文

---

① "占"當作"士"。
② "《書大傳》"疑誤，見《淮南子·原道》："聖人將養其神，和弱其氣，平夷其形，而與道沈浮俯仰。"
③ "銓"當作"詮"，即《淮南子·詮言》。

子》），等黃金之累千（《物理論》）。其處世也，猶豫章産乎幽谷（《芻蕘論》），金玉生乎沙礫；其得主也，翼乎如鴻毛之遇順風，沛乎若巨魚之縱大壑（王褒）。《易》稱鴻漸（《易》），《詩》喻鶴鳴（《詩》）。辨星辰（《素問》）而罩宇宙（嵇中散），安社稷（《中論》）而坐①神明（《家語》）。勞身（《樂動聲儀》）礪行（《孔叢》），虛己（《任瑕外傳》②）忘心（《莊》）。不魚鳥之爲智（《孔叢》），勿風雨之累行（《琴操》）。形之誦讚者曰含真（謝萬《楚老頌》）抱璞（《官③徵君頌》），玉粹金貞（孫綽《原憲讚》）。翩翩兮霞舉（王廙《宰我讚》），猗猗兮雲停（《吳先賢傳》）。又曰百里戢景（《陳大公④頌》），虬川摛光（謝萬《八賢頌》）。鸞跱鳳立（《史胄讚》），龍驀（《華太〔尉〕⑤頌》）鴻翔（《吳先賢顧承傳》）。六翮與鼓（《抱》），三握非忙（《史》）。渙群叶吉（《呂》），遠鐸從長（《列女傳》）。分有嚴乎上下（《尹文》），事何笑于遐⑥方（《呂》）。吾意異世而接踵，千里而同堂（記）。百代爲美（孟），三世逾芳（黃石公《三略》）。出則東閣弘開，儕作公孫之客（傳）；處則竹林雅適，與陪阮籍之行（《晉書》）。噫！賢矣哉。

忠

憂此社稷（《策》），竭彼股肱（《左·僖》）。卑身賤體，夜寐夙興（《說苑》）。故曰古之制也（《左》），民之望也（《〔左·〕襄十〔四〕》）。約言有在（《〔左·〕宣》），世篤如斯（《書》）。則以我爲知乎，以我爲仁乎，以我爲勇乎（《新序》）。道覆君而化之，德調君而輔

---

① “坐”當作“主”，見《孔子家語·辨政》：“夫賢者，百福之宗也，神明之主也。”

② 《初學記》卷十七“任瑕外傳”作“任瑕別傳”。

③ “官”當作“管”，見李尤《管徵君頌》。

④ 《初學記》卷十七“大公”作“太丘”。

⑤ 據《初學記》卷十七補“尉”字。

⑥ “遐”當作“暇”，見《呂氏春秋·慎人》：“彼信賢，境內將服，敵國且畏，夫誰暇笑哉？”

之，是非諫而怨之（《〔韓詩〕外傳》）。悃悃款款（屈原《卜居》），進思退思（《管〔子列〕傳》）。以余觀妾不衣帛，馬不食粟之誼（《〔左·〕成》）；並想"東隣構禍，南箕扇疑"之詞（《宋朝類苑》）。何以失匕，何以失軌①（《新序》）。妄不以死，詐不以爲（《説苑》）。厲節狂竪（《魏書》），視息人間（《晉書》）。斷臂而爭，從教陳列（《新序》）；排闥而入，豈幸生還（沈恪）。無有代君之言，吾竊疑其幾倖（《左》）；殺身贖國之語，吾亦怪其疾呼（《國語》）。豈曰士臣似當從容之義（上），此猶一卒是爲慷慨之圖（《策》）。蓋承命以來，深度兩全而任劫（《説苑》）；自渡河以北，那弗長逝以遺行（《東觀〔漢記〕》）。骨親肉疎，感念平齊之少烈（《典略》）；分榮班錦，深嘉丞蜀之潛聲（《藝苑雌黄》）。而不見傅肜②之父子（《蜀志》），欽寂之弟兄（《舊唐》）。衣帶鞍馬之賜（衛融），鏤金鐫石之銘（真宗過張巡廟）。一遇灞陵，下車而隕涕（《東觀〔漢記〕》）；再經扶邑，椎牛以輸誠（《東觀〔漢記〕》）。忠矣哉，吾求之孝子，比之女貞（論）；抑寧爲良臣，無爲忠臣也乎（史）。

孝

思念陟岵（《詩》），哀號倚門（《孝子傳》）。于以補亡詩（《初學》），過寢門（北③）。遮莫嗣服（《詩》）而繼志（《禮〔記〕》），那求愉色而怡聲。㩵括百行（並上），通極神明（《援神契》）。曰就，曰度，曰譽，曰究，曰畜，品有遄及；龍獻圖，龜出書，妖孽滅，景雲游，瑞乃相成（並上）。魚合竹筒，觸彼岸而笑語（傳）；米滋桑椹，哀十斛而寵靈（《風俗》）。殊美甘馨，未幾明失若霍（盛彦之）；相依喘息，頃爾齒落更生

---

① 《新序·義勇》"軌"作"軾"。
② 《三國志·蜀志》"肜"作"肜"。
③ "北"未詳，見《禮記·文王世子》："文王之爲世子，朝于王季日三，雞初鳴而至于寢門外，問内豎之御者曰：'今日安否何如？'内豎曰：'安。'文王乃喜。及日中又至，亦如之；及暮又至，亦如之。"

(傳)。則試詠鉼空之疊，看園中之菲(《詩》)。病從十指以入(《僉載》)，毒沿一躄以遲(《續定命錄》)。至道真傳，聽斗中真人而説法(《十二真君傳》)；天司紀錄，從衛家女子以傳奇(傳)。感自駒轅，芻草且以暫綴(《魏略》)；冤非市戮，旛竿胡爾奮飛(傳)。窖錢若待(《史系》)，隣火已微(《東觀〔漢記〕》)。其何異醴泉生于竈下(上①)，怪草秀于庭幃(《搜②神》)。如是爲之説曰：曾閔同此念也(《〔論〕語》)，苟何彼何人哉(《苟〔氏家③〕傳》)。陳紀之像生還死(《〔海内〕④先賢傳》)，楊引之門去復來(《漢書》⑤)。念過隙之倏忽，悲逝川之不停。踐霜雪之悽愴，懷燧穀而涕零(《孝思賦》)。與人子言依，試過成都之市(《嚴〔君平〕傳》)；伺親舊作好，爭趨權倖之門(《後魏》)。得獮以策名，願深家國(宋德宗)；椎牛而祭墓，想何雞豚(《〔韓詩〕外傳》)，悲夫。

理學

　　唐虞三代，道學在天下；春秋以後，道學在六經；漢唐諸儒，皆無實見道體者。宋興，真儒輩出，周、程諸公倡道于世遠言湮之餘，猶桑間濮上之黄鐘大吕，膇鹽醬醋之太羮玄酒也(《備考》)。試遡其始，八卦遞衍(《伏羲記》)，皇極相宣(三代)；迨更以苟卿之理要(苟况)，草以揚雄之《太玄》(《漢書》)。講授河汾，槧《中説》以不泯(隋)；進學國子，振八代以從先(唐)。嗜溪流而愛庭草(周茂叔)，凌寒雪而擁春風(二程)。李氏之源流著可《經世》(邵康節)，關中之學術指屬《正蒙》(張横渠)。誰堪風力(吕和叔)，已足操修(李端伯)；穎悟捷得(楊龜山)，温和彌留(范淳夫)。若乃英氣偉度(楊應)，秋月冰壺(李侗)。求以未發之

---

①　"上"未詳，見梁武帝《孝思賦》。
②　"搜"當作"援"，見《孝經援神契》："庶人孝則澤林茂，浮珍舒，怪草秀，水出神魚。"
③　據《初學記》卷十七補"氏家"二字。
④　據《天中記》卷二四補"海内"二字。
⑤　"《漢書》"誤，見《後魏書·楊引傳》。

氣象(羅從彥)，引以未起之蒙愚(朱子)。吾又稽夫康侯之父子(胡安國)，象山之弟兄(陸象山)。河洛之闡或悉(《吕恭傳》)，義利之辨已精(張南軒)。學永嘉者根極致治(《陳良傳》)，學永康者晰説用兵(陳同父)。鄒孟之所猶昧(歐陽修)，王伯之所未惺(司馬温公)。老友幸托(蔡元定)，斯道望殷(黃榦)。縱一室之蕭然，其樂靡極(陳才卿)；況他日之望在，其進匪群(李蟠)。則又有歸諸的當(方賓王)，久愈密精(鄭子上)。不支離之爲繞(徐子融)，不葛藤之與横(上)。夫亦有根據(廖明德)，見本源(陳淳)。寧第大義之扶(真德秀、魏了翁)，《書傳》之尊(蔡沈)。説者曰：斯無以回勢阽形危之元氣，平楮輕物重之權衡。寧知心以堯舜而在，揭以日月而行。吾惜夫世不皆唐虞三代，而正學在天下者枯而且瘁也。唐虞其春乎，三代其夏乎，春秋戰國其秋〔乎〕①，叔季其冬乎(《雜集》)？《中庸》之作，責在後死也，信夫。

使臣

《周禮·地官》掌邦國之使節也哉。以簜爲函，英華之從外著(《〔周〕禮》)；執圭而信，私覿之所多非(《禮器》②)。自虎、人、龍以有象(《周禮注》)，隨山川風俗以毋違(《肆考》)。蓋不越樽俎之間，而折衝千里之外(《春秋傳》③)。大都無君命之辱，而輝煌使事之宜(《論》)。侑飲則琵琶與鼓(宋王拱辰)，聚觀則屋棟以騎(宋許將)。思束脩以有其問學(唐諸④子奢)，往覆屯而厚其賂遺(唐杜暹)。牛酒迎勞，曾間關于赤嶺(唐婁師德)；驛輅驚愧，遄通好于柳湄(宋劉敞)。余美夫大諭監軍，相期詔旨(唐李廊)；獨將驍卒，却了他疑(宋唐

---

① 據文例補"乎"字。
② "《禮器》"誤，見《禮記·郊特牲》："大夫執圭而使，所以申信也；不敢私覿，所以致敬也。"
③ "《春秋傳》"誤，見《晏子春秋》孔子語。
④ "諸"當作"朱"，見《舊唐書·朱子奢傳》。

恪）。而猶美夫動色主憂，無官爵以相逆（宋富弼）；決策死事，終印篆以長持（宋朱弁）。于以減僞國之稅（宋王方贄），賑河內之饑（《漢書》），不多罪于矯制；況復斬樓蘭之頭（傅介子），傳郅支之首（陳〔湯〕），豈厚誅以興師。惟游覽餘情，偶爾邀于從軍，涕泣莫勝（唐）；如慷慨就願，至屬目于旁列，請乞有詞（宋洪皓）。胡婦生子之傳，或好事者相爲附會（蘇武）；我輩自媿之語，誠有心者所自嗟咨（狄仁傑）。而不見金石與賜（《唐太宗記》），封拜可幾（東漢班超）。兄弟以分其優劣（唐李義琰），賓主以謝其安危（唐張文寶）。裂裾爲西征盛事（唐韋弘成①），著驂爲副使前知（唐趙璟）。詩云："不辭驛騎凌霜雪，能使天驕識鳳麟。"都哉！

將略

余讀《周禮·大宗伯》："以軍禮同邦國。大師之禮，用衆也；大均之禮，恤衆也；大田之禮，簡衆也；大役之禮，任衆也；大封之禮，合衆也。"遡始井田，夏官司馬之法（《通典》）；相嗣林木，蚩尤利械之原（《呂》）。其以爲不祥之器（《老》），大事之存（《淮》）。夫豈不五才②並用（《左》），而仁義常尊（《孫卿子》）。鼓鼙（音戚）聚櫜之間，吾以想其所司（《周禮》）；挈壺挈轡之際，吾以專其所令（《〔周〕禮》）。畫雲氣以高懸，其物若異（禮）；從書契以校錄，其要乃貞（禮）。所不解熊穴而鼵鼷，遞有其象（《山海》）；竊意妙六神（《黃帝問》）而五色（《越〔絕書〕》），綽有其精。則夫以中長子（《易》），無咎丈人（上）。糾糾③武夫（《詩》），矯矯虎臣（上）。氣奪于三鼓（狄青），膽在于一身（《蜀志》）。

① "成"當作"機"，見《新、舊唐書·韋弘機傳》："裂裾錄所過諸國風俗物産，爲《西征記》。"
② "才"當作"材"，見《左傳·襄公二十七年》："天生五材，民并用之，廢一不可，誰能去兵？"
③ "糾糾"當作"赳赳"，見《詩·周南·兔罝》。

似據地之虎（本傳），若著翅之人（本傳）。米可聚于山谷（《馬援傳》），圖可獻于金城（傳）。刁斗之所不擊（《李廣傳》），囊沙之所共爭（《韓信傳》）。所向無前（何晏《韓白論》），難與爭鋒（陳思王書）。無受詔以辦日（《東觀〔漢記〕》），故迎降以望風（上）。蓋其猛如雲，謀如雨（李陵書）；發以虎，變以龍（傅玄讚楊阜）。奚必拜井（《後漢》）拔刀（《漢書》），記其幻妄；將無敦《詩》《左》傳檄（《抱》），相得主從。余以想其人乎，虎頭燕額（班超），猿臂虬鬚（郭知運），飛者有屬（李廣），真者與趨（《漢〔紀·〕文〔帝〕紀》）。其誰南牧之震（賀惟忠），北顧之紓（宋）；其誰將門之種（《隋書》），父風之餘（《宋真宗記》）。又以紀其名乎，黃鬚詣其行在（《魏志》），紫髯急所追隨（《獻帝春秋》）。未嘗蓐寢自絕（《後漢》），從教羽扇指麾（《世說》）①。投壺兮雅適（蔡遵），橫槊兮妍思（《赤壁賦》）。又豈不示虆鑠于馬上（《東觀〔漢記〕》），料步伍于兒時（《魏志》）。嗟夫！輕而無禮（《左》），貪而無親（《左》），既已知其必敗，衆可望而不可當（《三略·軍讖》）；多算勝，少算不勝（《孫子》），夫乃策其萬全。其爲容耶，旌幟蔽野（《光武紀》），干戈若林（陳琳檄②），麃麃駿駿（《詩》）者何似；其爲勢耶，咇咤彭矗，駭轟嘈囋（並《武軍賦》），梟舉（《吕》）鷹擊（桓範《簡騎論》）者相沿。若乃玄狐夢入（《正軍訣》），黃鳥聲先（《墨子》），驚看太白之入（《酉陽》），會指彗雲之顛（史）。雪夜鵝鳴，與擒元濟（唐）；風聲鶴唳，以走苻堅（本傳）。夫豈灞上之同兒戲（《漢》），街亭之辱家傳（史）。草木長風，咸有王師之氣（晉）；山川積雨，盡消胡騎之塵（韓詩）。部落離心，舟中皆爲敵國；妖徒革面，荒外非復他人（駱〔賓王〕）。老入孤城，想秦山而惆悵（杜〔甫〕）；傳收薊北，感劍氣而沾巾（賦）。幽夢春閨，雅念河邊之骨；噓悲青塚，長消塞外之魂（賦）。試賦從軍之蕩子（駱〔賓王〕），可忘在彭

---

① "《世說》"疑誤，見裴啓《語林》："諸葛武侯與宣王在渭濱，壯戰，宣王戎服莅事，使人觀武侯，乃乘素輿，着葛巾，持白羽扇，指麾三軍。衆軍皆隨其進止。宣王聞而歎曰：'可謂名士矣！'"

② "檄"當作"賦"，見陳琳《武軍賦》"干戈森其若林"。

之清人也哉(《詩》)。

義烈

聞之《尹①子》，賢者之於義，曰："貴乎？富乎？生乎？"是故堯以天下與舜，子產以不受玉爲寶，務光投水而噎。② 三者人之所重，而不足以易義也(《尹③子》)。豈拙逃亡，笑盡田橫之客(《南史》)；無緜圖報，知深德裕之賢(《續世說》)。當吾世而與語者誰，能無痛哭(《魏志》)；思往事而求歸不得，那禁嗚咽(王修)。志膽俱足(《漢》)，愚狷取憐(《後魏》④)。憂喜所以角異(徐廣)，歌舞所以慮煎(《宋書·龔穎》)。每致書而待刑憲(《南史》)，不肆情以爲名專(《吳志》)。余觀陸氏之遺婺，恤有勤于太守(《晉中興書》)；楊彪之老髦，詔有謝其官聯(《後漢》)。何必背死違生，仇對之假枯骨(《漢晉春秋》)；不見蒙危犯難，送別之遠藍田(《舊唐》)。罪無習誣(李)，事異相成(《摭言》)。指海神而要誓(《隋書》⑤)，偶村落而鍾情(《松⑥雪偶談》)。暴水流漂，殊堪執檝(《陳書》)；綠林橫掠，曾否盱衡(崔鴻《春秋》)。雅念遺珠，撿之可驗其美(《尚書故實》)；相看負釜，纂之不易其貞(《風俗》)。于以爲生死之美談，存孤趙氏(《續世說》)；于以明富貴之非志，語謝楊生(《隋書》)。即更姓名而從教明逸易簡之輩(《范陽家志》)，何不矢忠貞而卒成孔車欒布之聲(《陳書》)。君子哉若人(游肇笑楊國⑦云)，吾所願親炙其行也。

---

① "尹"當作"尸"。
② 本句中"子產"當作"子罕"、"噎"當作"痙"。
③ "尹"當作"尸"。
④ "《後魏》"誤，見《後趙録》。
⑤ "《隋書》"誤，見《舊唐書·王義方傳》。
⑥ "松"當作"深"。
⑦ "楊國"當作"陽固"，見《魏書·陽固傳》。

勇敢

人固有暴猛獸而〔不〕①操兵，出入白刃之中而不變者；有見虺蜴而却走，聞鐘鼓之聲而或慄然者：是勇怯之不齊，至于如此（子詹②）。以余辨血勇之人，怒而面赤；脉勇之人，怒而面青；骨勇之人，怒而面白；神勇之人，怒而色不變（《燕丹》）。又不有負長劍赴榛薄，折兕豹搏熊羆，獵徒之勇；負長劍赴深淵，折蛟龍搏黿鼉，漁人之勇；登高阜之上，鵠立四望，顏色不變，陶嶽之勇；剽必刺，視必殺，五刑之勇乎（韓③）。驚悚百步（《北史》），叱咤千人（《項羽傳》）。扛龍文之鼎（《史》），負山谷之薪（《五代史〔補〕》）。瞋目則舟中不敢直視（《呂》），截腸則沙苑未有還輪（《伽藍》④）。拔樹多以俛仰（《北史》），曳車任以縱橫（《御史臺記》）。持諸客之飲床，略無傾瀉（上）；挾太學之礎柱，曾幾震驚（《僉載》）。則夫馬梢⑤自失（《南齊》），搗石從輕（《角力記》）。尋不自持之都知，幸無他褫（《劇談錄》）；力以自負之神策，任可交并（《歙州圖經》）。撮硨而書，壁間之詩頓滿（《僉載》）；跨馬而挾，衆中之刃幾傾（《續高僧傳》）。酋健之吾徒，就小吏手腕已脱（南唐）；悖逆之新婦，語供奉背汗交迎（《劇談錄》）。淮泗之間，屬兒童爲止啼之藥（《後魏》）；東兗之境，視群盜作攝敵之兵（《晉·蔡裔》）。豈其羊質虎皮，不以拜君之賜（《南史》）；抑亦蟲股蟬翼，非是惑彼之形（《列》）。如是曰飛仙（《隋書》），曰逸材（楊大眼），求之夏育申博（《選》），推侈惡來（《晏》）。試賈其餘者（《左》），聊嘉其捷拳（《北史》）。豈壁龍而外及（《僉載》），抑金剛以夢回（《〔歙州〕⑥圖經》）。習可以成，試問掩户覆頭之人，從何負楯（《九州春秋》）；射無不中，有幾修文美儀之輩，自

---

① 據蘇軾《策別訓兵旅三》補"不"字。
② "詹"當作"瞻"。
③ "韓"疑誤，見《容齋隨筆·三筆卷十五》作"胡非子之言"，"高阜"作"高危"。
④ 《伽藍》誤，見《獨異志》"彭樂勇猛"條。
⑤ 《南齊書·蕭晃傳》"梢"作"稍"。
⑥ 據《天中記》卷二七補"歙州"二字。

快踰垣(《北史》)。彼生而富而貴，皆不足與易也(《尹》①)；乃上而中而下，其無可自立者焉(《荀》)。吾夫子匡人之圍，絃歌不輟(《莊》)，此自反而縮之大勇也，誰曰不然。

廉吏

女而貞，士而廉，一而已矣。改節者不可與語(《家語》)，驕人者其可以令乎。吾自有性分之常，原不爲四知起畏(《舊唐》)；吾自有遠謀之策，其何妨清白相遺(《楊震傳》)。而不見惡木之陰無息，盜泉之水無滋(《周書》)。固其困窮，非樂名也；志在自修，懼辱先也(《後周》)。蓋利之爲貴，莫若安身，非惡才也(《周書》)；如帛之有幅，爲之制度，使無遷焉(《〔左·〕襄》)。比尺玉界(《事文》)，類映冰壺(上)。琴鶴往有其致(趙抃)，貂裘非有所誣(傳)。試看潁川之飲馬(《風俗》)，南陽之懸魚(《〔羊續〕傳》)。費有惜于牙管(《梁書》)，賜何廣于贓珠(《鍾離別傳》)。梁上之絲宛識(竹林七賢)，道旁之金奄餘(《韓詩〔外傳〕》)。余有愛周伯仁之流風，敗絮酏釀，不堪没籍(鄧燦《晉紀》)；賀太常之表俗，屋室服物，止可周身(徐廣《晉紀》)。尤嘉夫善政纍纍，九十之老人情深卧轍(《北史》)；卓行表表，布衣之天子感切縟倫(《南史》)。杯水呈詞，曾否揮涕共酌(《北史》)；古風志歉，從教隆禮相賓(《玉谿編事》)。綠輿青衣者誰氏(《幽閒鼓吹》)，委船勅吏者何人(《晉中興書》)。譬之石生堅、蘭生香，前後若一(《東觀漢記》)；問之若清水、若明鏡，受授以遵(《唐書》)。豈無薏苡之嫌家書，多其補葺(《舊唐》)；何爲賈客之舉岸側，表其性真(孔顗)。三攜者不敢發言而去(《國史補》)，一乘者多所悁恨而來(本傳)。來旨謹承，一日之贈，率爾其不

---

① "尹"當作"尸"，見《尸子》："人謂孟賁曰：'生乎？勇乎？'曰：'勇。''貴乎？勇乎？'曰：'勇。''富乎？勇乎？'曰：'勇。'三者人之所難，而皆不足以易勇，此其所以能攝三軍、服猛獸故也。"

思也(《北齊》)；高誼謝半，萬年之祝，其何能已于情哉(《耳目記》)。有官鼎鼐，無地樓臺，人有殊羨(《湘山野録》)；鍾乳三十兩，胡椒八百斛，人有遺訾(《唐書》)。誰爲强清詐清(史)，誰爲人知人不知(《晉陽秋》)。君子以備其德，以全其貞；與其濁富，寧此清貧。歉爾在位，禄厚官尊，盍聳廉勤之節，而塞貪競之門(姚允崇《冰壺賦》)。①)

貪吏

古者大臣有坐不廉而廢者(賈誼《治安策》)，金珠脯醢，契券詩文(《朱〔文〕公集》)。詩有成于西蜀(《華陽國志》)，謡有事于東門(《魯國先賢傳》)。誤稗官之故事(《文昌雜録》)，直鄙酒之餘尊(《宋書》)。一稱尉以回身，安能生活(裴啓《語林》)；汝何官而在俳，從致驚喧(《趙書》)。掠地之聲，具相訝于神鬼(《南唐近事》)；聚納之響，乃上徹于主聽(《海録〔碎事〕》《魏書》)。鬚何堺于廬國(《〔南唐〕近事》)，釘何拔于宋庭(《五代史補》)。驚蛇曾訴其狀(《〔南唐〕近事》)，奠鳫往狎以伶(後漢隱帝)。而不見獄窟出納(《蜀檮杌》)，涸軒載歸(《鑑》)。夜半則海潮大至(《紀聞》)，日餘則中山幾移(《魏書》)。所最鄙者有自持縑，若懸弧之可再(《該聞録》)；無端得履，會啄木之相隨(《僉載》)。定賦卵雞，非夜以爲候(《南史》)；聚生莖竹，固秋以爲期(《僉載》)。謂選部非市曹(《通鑑》)，請看掛錢于靴後(《僉載》)；謂公庭非白劫(《北史》)，由來負鼎于場壜(《僉載》)。蓋至標分黄紫(《南史》)，禮絶賈商(《隋書》)。浴具之美金飾(《鑑》)，床頭之寶瑟良(《舊唐》)。經紀有人，值朝會而抱慚錢貫(《僉載》)；流離自苦，縱肆赦而長恨曰塘(《南部新書》)。布帛以趨，誠笑僵頓不勝之狀(《燕書》)；珍奇悉變，曷守多藏厚亡之常(《晉書》)。斯謂錢愚而非無當也(《南史》)。

---

① 上二句"寧此"作"寧比"、"歉爾"作"嗟爾"，"姚允崇《冰壺賦》"當作"姚元崇《冰壺誡》"。

酷吏

考古酷吏，內刻刀鋸之刑，外深斧鉞之誅（《新序》）。所爲例竟門者由入（《來俊臣傳》），所謂生羅刹者何殊（《僉載》）。梢濕忒甚（《僉載》①），襄樣有成（《國史補》）。寧小駒之驕倨（《宋翻傳》），類卧虎之吼鳴（《南史》）。鋸鑿鉗錘，備置殺人之具（《晉中興書》）；寒嚴酷熱，時專校事之名（《北史》）。荆棘之堪箠笞，無須人試（上）；木拳之多奮擊，纔與力爭（《元嘉起居》）。若其取媚權貴（《舊唐》），希旨聖明（《舊唐》）。睚眦以啓隙（《晉書》），口腹以賊生（《隋書》）。置剄碓而膽落（《魏書》），投鋒刃而枝分（《涼州記》）。噫嘻悲哉！鸍鸄創始（《舊唐》），於菟見存（《北史》）；吠驚天狗（上），笑碾胡孫（《談賓録》）。仙人獻果（《鑑》），玉女登梯（《僉載》）。曬以鳳凰之翅（上），鑽以獼猴之蹄（《金樓子》）。斗米萬錢，自嗜酒之人比嘗糟味（《舊唐》）；之生之死，從箠楚之下致笑鼓吹（《外史檮杌》）。其年幾何，若期頤而未已（《五代史》）；其地與盡，因酺宴以相遲（《唐玄宗紀》）。語曰：寧飲三斗醋，不見崔弘度；寧炙②三年艾，不過屈突蓋；寧食三斗葱，不過屈突通（《隋書》③）；寧食三斗炭，不逢楊德幹（《唐書》）。噫嘻悲哉！除狼莠，生嘉禾，情傷屠伯（本傳）；救目前，賒後死，慘甚宿囚（《索元禮傳》）。未見苦楚，無何眉目爲之滿暢（《舊唐》）；安得哀矜，而喜意氣爲之優游（王弘義）。其十枷與號（志），自三脱以稱（《紀聞》④）。羅鉗吉網（《舊唐》），乳虎（傳）蒼鷹（史）。而不見群妖横道（《唐書》），衆鬼滿庭（萬國

---

① “《僉載》”疑誤，見《大唐傳載》。
② “炙”當作“食”，見《隋書·崔弘度傳》：“寧飲三升酢，不見崔弘度。寧茹三升艾，不逢屈突蓋。”
③ “《隋書》”誤，見《舊唐書·屈突通傳》：“寧食三斗艾，不見屈突蓋。寧服三斗葱，不逢屈突通。”
④ “《紀聞》”誤，見《唐國史補》。

俊)。蹭蹬者之生氣凛凛(《僉載》),孕育者之死喪冥冥(《廣記》)。豈盡目以渺①視(《魏書》),抑亦妖自天成(《僉載》)。不寒而栗(《義縱傳》),幾絕而生(李彪),悲哉!

佞臣

阿諛順旨(嚴光書),作僞習非(《〔東方〕朔傳》)。食犬豕之食,衣臣虜之衣(《英華》②)。伊彼丐者,始容于時(元結《丐論》)。揚州押衙,試習來蘇之舞(《金華〔子〕》);陝城縣尉,由歌得寵之詞(《〔續〕世説》)。劄子相通,萬拜而甘僕僕(《〔姑〕蘇筆記》);詩詞寓意,九錫而語纍纍(宋)。嬭母阿奢③,詔非其人而偶誤(《〔大唐〕新語》);中書滑入,意得所當而從來(《續世説》)。承鐙捧溺之流,並作何狀(《僉載》);狎居逐遠之客,是否相猜(《避暑漫抄》)。則夫獻畫日之筆(《續世説》),捧蓮花之杯(王永年)。褰紫衫而挽車犢(《僉載》),把長淚以祝雀媒(《御史臺〔記〕》)。無爲濯足(《仇池筆記》),何用拂鬚(寇準)。那猛獸之出境(馮希樂),豈黃龍之經時(《續世説》)。吾嗔夫哭未有緣,率高義于帷次(《北史》);嗅乃作態,第增妍于履聲(《僉載》)。快夫貢媚之有深情,當者得之暴語(《舊④唐》);阿附之有巧態,頃者戮其餘生(《僉載》)。代犧圖而莫有其身,與同宗祝(《語林》⑤);美嘉樹而不啻其口,徒恥聖明(《大唐新語》)。競償啓箋,商販之行藏從教驚歎(《五代史補》);縶遷封事,逐臣之論列爲辨重輕(《鑑》)。滿坐生悦,每言輒佳(《世説》)。此放鄭聲者之不若遠佞人耶(《東軒筆録》)?

---

① "渺"當作"眇",見《魏書·谷楷傳》。
② "《英華》"誤,見蘇洵《辨奸論》。
③ "奢"當作"奢",見《大唐新語》。
④ "舊"當作"新",見《新唐書·郭弘霸傳》。
⑤ 《天中記》卷二八"語林"作"易齋笑林"。

讒臣

余讀《元和辨謗略》，聖德①先辨，謗何繇興(《續世説》)。乃如天與姦回，更群不逞之代吠(上)；人多痛惜，秖公作惡之相仍(《舊唐》)。爭表賀于宰臣，旅揖作態(上)；傳冶葛于時事，卧内與憑(上)。則夫崔群之有公望(《新②唐》)，韓愈之幾狂疎(《新唐》)。假寐而趨閣内(《舊唐》)，僞請而事邊儲(《舊唐》)。計何深于故舊(嚴挺之)，表何事于宰屠(《續世説》)。驕色可鋤，目送若階之屬(王勃)；除書多免，搔頭乃肆其誣(李固)。豈爲愛擁妻兒，杳無心于内顧(班超)；孰是私歡游士，反有噬于案遘(李膺)。乃若質對馬周，猶央央于伊霍故事(劉洎)；鞫訊公喻③，終悉悉于宗廟深憂(《長孫無忌傳》)。料泉石之多情，誠恐見逼(《琴操》)；非水草之偶乏，已誤宴游(《北史》)。朝議莫遵，那秃巾微行而唐突宮掖(《後漢》)；王道自潔，率亂群惑衆而傲語王侯(上)。蓋至薏苡之珠以懼(東漢)，鐲鏤之劍無生(史)。第有謡于乾象(裴度)，了不省于廷評(蕭望之)。狂奔陽翟之野(楊億)，酣飲夕陽之亭(楊震)。曳踵有狀(姚崇)，積篋已盈(樂羊子)。取賦新井(白居易)，亟發小椵(白敏中)。倚粧飛燕之吟，怨唧妃子(李白)；曲處蟄龍之證，語塞詞人(宋王珪譖蘇軾)。鐲鏁老翁，終魏都以不反(史)；雒陽少年，旋長沙以問津(《史》)。悲夫！之紀之綱，幸有鑒于奇寶(李靖)；此來彼往，妙有術于東亭(《世説》)。帶二江之雙流，寄語史氏(《南史》)；傳禁中之偶醉，早號司刑(《魏書》)。如怒絶老獠，掖庭没入之女奴，因申詔獄(《異聞録》)；奈巧專要寵，前席傳呼之名士，藉予忠貞(《世説》)。而不見霧合風揚，軍士之皆流涕(《陸機別傳》)；家殄户瘁，識者之紀前因(《北

---

① "德"當作"慮"。
② "新"當作"舊"，見《舊唐書·皇甫鎛傳》。
③ "喻"當作"瑜"，見《舊唐書·長孫無忌傳》。

史》)。爲鬼爲蜮(《詩》)，以菲①以蔞(上)。其在市之虎也(魏)，其止棘之蠅兮(《詩》)。浮石沉木(《新書》②)，銷骨鑠金(鄒陽《上〔梁王〕書》)。誰非流言之毒(《書》)，遮莫窮奇之林(《左》)。茹古氏曰：讒毀小人之所爲也，其禍常加于君子。舜聖讒説，禹慮巧言，湯懼匪彝，武戒比德，有以哉。

奢

反儉者奢(《説文》)，必以惡終(《左·襄》)，將以力斃(《〔左·〕襄》)，無乃不可乎。以余所聞金龍吐旆，玉鳳啣鈴(《伽藍記》)；山層華嶽，水引天津(《僉載》)。玉砌金堦，見鏡光之榮飾(《隋書》)；錦帆綵纜，快殿脚之娉婷(《隋録》)。候高陽之鳴騶，鐃吹響發(《伽藍》)；映華清之扈從，鈿烏香馨(《舊唐》)。夫然棟香栢而梁文梓(郭從義)，飴燠釜而蠟爨薪(《晉書》)。盡山海之珍饈，抱憖玉食(曾子劭)；誤簡中之茵褥，笑語群婢(《語林》)。亭樹③之間，隨所至而皆如宿設(唐)；荆楚之域，載所歡而多以忘歸(徐君蒨)。金丸之所馳逐(《〔西京〕雜記》)，寶帳之所芬輝(《僉載》)。更爇皂莢(《〔續〕世説》)，妙事肉帷(《南唐近事》)。水面映之若畫(《續世説》)，山頂掛之窮奇(《獨異》)。甕有懷于阿隸(羊稚舒)，唾且含于小兒(《晉書·苻堅》)。爐有捧于七寶(《遺事》)，燭有握于十圍(上)。遠駕輕舟，割以甘寧之錦(《吳志》)；閒游西苑，曝以元載之衣(《杜陽編》)。何環龍而若抱(《續世説》)，忍走馬以如飛(《獨異》)。其與羊繡④王愷之徒每增愧羨(《續文章志》)，夫豈安

---

① "菲"當作"斐"，見《詩·小雅·巷伯》："萋兮斐兮，成是貝錦。彼譖人者，亦已大甚。"
② 《新書》誤，見陸賈《新語·辨惑》："夫衆口毀譽，浮石沈木。"
③ "樹"當作"榭"，見《舊唐書·元載傳》。
④ "繡"當作"琇"。

成臨汝之輩並可憑依(《南史》)。盛飾蠻夷，則珥翠襬鮮，莫見慳于市肆(《隋書》)；冠絕邸第，何剪金塗玉，至相效于京畿(《佞倖傳》)。吾不知梁冀詔收，殆減天下田租之半(《後漢》)；又不解江陰先事，長抱石崇我見之歉(《洛陽伽藍》)。則夫施予頓盡(《列》)，勝賞有奇(《南史》)。猶有誦靈光之賦(《蜀志》)，無妨詠北海之詩(《魏書》)。書記彩牋，侍婢女掌之，裁答授意(《韋陟傳》)；出入驄馬，小黃門御之，端秀冠時(《明皇雜錄》)。試看賓旅相從，共有錦文之勝(《天寶遺事》)；何似河橋緩步，生憎煉炭之炊(《劇談錄》)。説者曰：地仙則是(《五代史》)，人世已非(《僉載》)。猗歟，休哉。

儉

儉，德之共也(《禮》)①。君子以儉德避難(《易》)，昭其令德(《左》)，篤其素風(《唐》)。當如是以惜福(《宋史》)，寧孜孜以熱中(《周書》)。則夫頹簾敗壁(宋李沆)，澣衣濯冠(《禮圖》)。食不兼味(傳)，裳不加緣(東漢)。思一日之事爲，有期鼾睡(范文正公)；遡兒時之素履，那喜華顛(司馬公《訓儉文》)。快處青幃，公孫弘之矯詐相從，靳者有事(寇準)；生憎紈綺，乳臭兒之驕佚忒甚，棄者多偏(唐鄭澣)。滿架圖書，輕肥自非所好(張詠)；一腔風雨，甘旨且以嗚咽(范文正公)。乃如景卿之作宿客(《三輔決錄》)，叔山之了晤緣(《江表傳》)。門無簾箔以處(盧懷慎)，行如環珮而前(張允)。錢已從于減步(《笑林》)，紙猶事于裂殘(《韓莊敏遺事》)。時覽刺而怒獵(《續世説》)，但延話而啖甘(《蜀檮杌》)。解以守儉之嘲，則種以十八(《伽藍》)，種以廿七(《南史》)，猶多豪于自奉；約以破慳之術，作百人厨，作千人食，且絕幻于大端(《靈鬼志》)。胡爲義路塞榛，顧一銚而若失(《九國志》)；試

---

① "《禮》"誤，見《左傳·莊公二十四年》。

語估人宰割，未一筋而終寒(《廣五行志》)。所嗟鞭撻鎖鑽之人，頓啓帑藏，曾莫貸其夢寐(《原化記》)；猶異荷鋤理圃之役，別開林沼，逾益苦其往還(《南唐近事》)。語有云：君子侈不僭上，儉不偪下，豈尊臨千里而與牧圉等庸乎？詎非矯激，未可以中和言也(《後漢》)。

第七卷

品藻

　　余讀《世説》，蔡中郎有言，"吾爲天下作碑銘多矣，惟郭先生碑頌無愧色"，有是哉。閨門雍穆，有德有行，吾敬陳元方兄弟；淵清玉潔，有禮有法，吾敬華子魚；清脩疾惡，有識有義，吾敬趙元達；博聞强記，奇逸卓犖，吾敬孔文舉；雄姿傑出，有王伯之略，吾敬劉玄德。嗟嗟！陳登而驕乎，悲餘子之瑣瑣（《魏志》）；公叔座而悖乎，憐魏主之盲盲（《吕覽》）。于以定功德後先，犯上攝下之間，何持疑論（姚信《士緯》）；于以定品望優劣，三輔江南之域，爭似比雄（桓譚《新論》）。西望隆中，思卧龍之高翥；東眺白沙，想鳳雛之遺踪（《晉書》）。千載之廉頗相如，凜凜生氣；見在之曹蜍李志，厭厭泉中（庾道季云）。爲酥，爲酪，爲乳腐，爲醍醐（《國史補》），故曰八音之琴瑟，空谷之白駒（《世説》）。誰是將來之津梁（《魏書》），六籍之婢奴（《南部〔新書〕》）。百尺之樓高卧（《魏志》），九州之被誰量（《後漢》）。愧鄙郄之如昨（《舊唐》），快識度以非行（《隋書》）。慕汲黯之爲人，姓字可續（《南史》）；愛子雲之作賦，世代幾行（《北齊》）。設風教之多資，生憐贊府（《唐書》《英華》）；如行伍之餘孽，豈謝汾陽（《樂史序》）。譬之朱漆，澤光朗然，詎不求備（《典略》）；譬之鹽酒，至味所在，故以遠將（《魏書》）。評其四凶，爲穀爲笨，爲猾爲瑣，凡庸乃爾（《晉》）；求其八儁，宏耶方耶，達耶裁耶，朗之與誕耶，委之與點①耶，名譽滋張（上）。公慚卿，卿慚長，遞

---

①《晉書·羊曼傳》"點"作"黠"。

紀太丘于四世(《博物》);大兒文舉,小兒德祖,雅善正平于同芳(《後
〔漢·禰衡〕傳》)。不惟其官,惟其人,洵有愛風流之小吏也(《晉
書》);人之師表,吾愛之重之,又何少交遊之大常也哉(《周書》)。

夙惠

　　虎文鳳采(陳子昂云),龍駒鳳雛(《晉書》)。一不爲少也(陸瓊),
百豈爲多乎(任昉)。余觀其小時了了(《語林》①),時望超超(《晉書》)。
豈哾角驂駒不能致遠(《新序》),顧要裊②飛兔頓爾前標(《魯連子》)。如
是而宿棲金樹(《芝田録》),而聳豁③昂霄(《唐書》);而畫眉内殿(劉
晏),而羽儀當朝(《唐紀》)。則夫池蛙記詠(《舊唐》),大鳥入夢(宋
璟)。孝從其至性(《〔後〕漢書》),才擅其名通(《文士傳》)。彼饑渴之
老翁,賦先坐席(上);豈獠面之乳臭,對矯配松(《〔唐〕語林》)。説者
曰:吾家之千金(《世説》④),海上之三珠(《舊唐》)。不堪與徐陵作解
(《譚賓録》),那無似虞荔終愚(《陳書》)。事有嫌于薏苡(《〔後〕漢
書》),書有謝于曲鍼(《吳書》)。四聲並詠(《舊唐》),朋字誰任(《〔明
皇〕雜録》)。應聲廡中之兔(《開天傳信》),遥指架上之鷹(《南楚新
聞》)。詬作阿翁之戲(《世説》),雅足嚴兒之稱(《天中》)。于以書讀《湯
誓》(《唐書》),職辨成均(《北夢瑣言》)。擁篲趨庭,非與傅保而雜作
(《開天傳信》);彈棋撫背,將無文學以絶倫(《芝田》)。非第應對爲工,
有如何顧(《北史》)崔陳(《世説》)之屬;奈何疑惑弌甚,始信東阿(《南
史》)書判(《舊唐》)之名。比人中之驥騄,必致千里(徐〔勉〕⑤);到玉
皇之香案,始謫人間(《道山清話》)。憶假以年,都士之奔馳車馬結絡

① "《語林》"疑誤,見《世説新語·言語》。
② 《天中記》卷二五引《魯連子》"要裊"作"騕褭"。
③ 《新唐書·房玄齡傳》"豁"作"壑"。
④ "《世説》"疑誤,見《梁書·謝朓傳》。
⑤ 據《南史·徐勉傳》補"勉"字。

（《李〔德林〕傳》）；且嘉以瑞，聖朝之賞賚衣物幾班（《鄲侯外傳》）。
而不見科名童子（《〔文昌〕雜録》），官拜上卿（《策》）；纔可總角
（《抱》），聊記罜生（《列女·辨道①傳》）。蓋宿昔之緣，種先文字之果
（《長慶〔集〕》）；况天授之異，響絶碧波之揮（《古今詩話》）。即以求
之女流，得名幼玉（《朝野雜記》）；又何疑其帝範，莫紀蒲衣（《高士
傳》）。噫嘻！觀者敗籓，試想良辰美景之會（《舊唐》）；宮人爭遺，竚看
及第射策之暉（《興化舊志》）。乃其無雙特異（《〔東觀〕漢記》），不苗
長欷（揚〔雄〕）也，謂之何哉。

廣識

夫其博雅君子也者，古有輶軒之使（《華陽國志》），山海之書（《書
目》）。紫文金簡之秘緘，徐登禹服（《抱朴》）；露壇月館之銘識，具紀舜
餘（《拾遺》）。出使虜番，土地山川之所終始（《〔盧氏〕②雜説》）；陟登
嵩嶺，蛟淵龍穴之所蓄儲（《殷芸小説》）。所以直日之貪狼，若稽列宿
（《〔江南〕③野史》）；事應之巫雀，旋且含冤（《〔東方〕朔傳》）。來賓
者以白麟（《前漢》），以神雀（《後漢》）；精古者以髦頭（摯虞《〔決〕疑
要〔注〕④》），以犧尊（《梁史》）。範樓櫓之近狀（《清話》），械窴寙之
離魂（《山海》）。傒囊之小兒奚自（《搜神》），臨洮之大人具存（張瑩《漢
記》）。則又有渭水女子（《〔益部〕⑤耆舊》），未央老翁（《志怪》）。爲
實沈，爲臺駘，問禱祀于晉汾之野（《左》）；或乘舟，或控鶴，設禮祭于
江海之宮（《漢遺事⑥》）。銘有譖于鼎斛（《高僧》），聲有諧于洛鍾（《小
説》）。勞薪所以伺爨（《隋》），劫灰所以數窮（《高僧》）。尺以在嵒，非

---

① "道"當作"通"。
② 據《太平廣記》卷一九七補"盧氏"二字。
③ 據《天中記》卷二五補"江南"二字。
④ 據《北堂書鈔》卷一二九補"決""注"二字。
⑤ 據《天中記》卷二五補"益部"二字。
⑥ 《天中記》卷二五"事"作"史"。

久魅也之入(《搜神》);蟠以覆地,疇解快哉之憂(《方朔別傳》)。若夫驗在焦明(《南齊》),烹可彭侯(《搜神》)。佛齒終爲神物(《史補》①),海眼別自蠶叢(《〔益州〕②名畫録》)。訂亥豕之誤(《弟子解》),識駮馬之雄(《管子》)。引短推長,疏數十事未厭(《南史》);殘文缺記,辨三五字有奇(《舊唐》)。考質石經,賞絶華林之宴(《北史》);識亡三篋,具購河東之遺(本傳)。其爲着脚之御覽(《吳地志》),行在之秘書(《隋唐嘉話》)。遼西之麟角,南越之側理,誠博物者之滿志(殷文圭《啓注》);扇以白團,簟以五色,妙大力者之登車(《南史》)。余讀魏文帝觀立圖書,登者寥寥莫舉(《瑣言》③);再觀何承天識精威斗,疑者往往相如(《宋史》④)。憶平皋之東遊,悵然自失(《〔胡綜〕⑤別傳》);檢持橐之往事,信矣無虛(《梁書》)。蓋欲習《山海》之所熟(《尚書故實》),于以歡樵子之可茹(葉曙)。搜知允以秘閣之藏,無差第幾(《道山清話》);按顯晦以海外之記,果見本初(《清波雜志》)。嗟乎!子雲不再,曼倩焉居(《葆光録》)。宜改肉譜(《隋唐嘉話》),勿載副書(上)。其亦學之府(《南史》),而書之厨也歟(《十國紀年》)。

捷悟

必且歷日曠久乎,絲氂猶能挈石,駑馬亦能致遠,是以聰明捷敏,人之美才也(《新序》)。微言響應(《史》),巵酒參同(《洛陽伽藍》)。索黃絹之解,自謂不及(《世説》);思桿楯之用,有幸相從(上)。時日西斜,訝敬文之不在(《桂苑叢話》);人間傍立,本湯水之多竆(《席上腐談》)。于福有待(《清話》⑥),與原有通(《越絶書末序》)。哭智號出

---

① "《史補》"未詳,見《天中記》卷二五引《國史異纂》。
② 據《天中記》卷二五補"益州"二字。
③ "《瑣言》"未詳,見《天中記》卷二五引《三國遺録》。
④ "《宋史》"誤,見《南史·何承天傳》。
⑤ 據《太平廣記》卷一九七補"胡綜"二字。
⑥ "《清話》"疑誤,見《玉堂閒話》。

（《左》），餉酪題封（《世説》）。生擒兆于裴度（《宣室》），獨眠諒于陶公（《千文虎序》）。青鵝自與，知合謀于往昔（《僉載》）；雞肋可惜，曾無意于漢中（《九州春秋》）。若乃淮海從遊，顧賓幙以若失（《桂苑叢談》）；東川命曝，屬書記以前因（《寓簡》）。偶爾山庵①，醉醴泉而偃榻下（《宣室志》）；從教商洛，更旬服而數浹辰（《異聞記》）。受旨之星流，戲者幾誤（習鑿齒）；題門之相國，識者絶倫（《世説》）。非郭舍人之嘲狂，顧期榜百（《前漢》）；抑梁武帝之懷忌，致歎經句（《南史》）。道旦者未知何氏（《韓詩外傳》），卑毣者莫定所論（《新序》），悲夫！

識鑑

以余觀于朗鑑也，智在事先，言與事叶。若是姚崇之以生算死也（《明皇雜録》），豈獨桓公之暗夜燎燭哉（《吕覽》）。是以見幾之君子（《易》），識務之俊人（《鑑》）。夫自有心，豈必待洪濤蕩岳，餘波見漂之日（《晉書》）；勢當有盡，其何至毁骸裂體，煙寒灰冷之辰（《遺事》）。生行死歸，第永歎于諸子（《後漢》）；才多識寡，已作愧于孫登（《文士傳》）。侏儒一節之驗（《吳志》），小人道長之稱（《後漢》）。觀蒲博而求必得（《世説》），調篳篥而思擅能（《册府》）。遮莫解衣而贏（《前漢》），那從襒裾而傾（《南史》）。雅慕熱官，試想披狷之自（《北齊》）；旋思卿族，佇先拜賜之榮（《〔唐〕語林》）。謂噉粥無暇謀，迨噬臍而悔何及（《南史》）；苟思尊有遠計，故執手而語相迎（《晉書》）。主關隘者此輩（《世説》），平天下者此人（《先賢行狀》）。其不必美秩崇階，吾嘉陳尚書之乞骸骨（《前②漢》）；而不爲危言覈論，吾嘉郭介休之善人倫（《後漢》）。若以矜淵中之察（《韓》），知亡後之賓（《説苑》）。與勿笑端，豈熙載之自污，予馮聲妓（《南唐〔書〕》）；待可翹足，彼玄齡之却顧，詎但黔氓（《舊唐》）。尚主而思其穢（《册府》），致祭而忘其牲（《説苑》）。

---

① 《宣室志》"庵"作"崦"。
② "前"當作"後"，見《後漢書·陳寵傳》。

自爲世外之傭兒，幾先折節（申屠蟠事）；先于兆亂之突厥，屏迹絶聲（《〔唐〕語林》）。吾不謂識鑑者之多其人也。

任誕

　　若有人焉，甚者名之爲通，次者名之爲達（〔王隱〕①《晉書》）。吾見朝憲不拘（謝幾卿），而寧形神可惜（王忱）。露首跨牛之狀（《趙郯幾傳》），括頸索輪之行（《北史·〔高〕允傳》）。清風朗月兮晤對（《南史》），美酒名勝兮交傾（《北齊》）。青山緑水（《蜀檮杌》），蓬室草筵（《魏書》）。第是攸攸岸幘而嘯詠（《晉書》），聊是殷殷宴集而翩躚（《馮吉傳》）。杯酒豈加于身後（《世説》），名位那重于目前（劉含度）。游且澹歸，太守之相逢不識（王僧達）；終當情死，茅山之痛哭堪憐（王長史）。吾求之天下無偶（《後漢》），人地並高（《南史》）。覓無失于酒肆（《〔宋〕拾遺〔録〕②》），興每弄于輕舠（李白）。天地爲宅舍，屋宇爲褌衣，時堪捫蝨（鄧燦《晉紀》）；明月爲鈎，虹霓爲餌，頗識釣鼇（《摭遺》③）。步屧白楊，第期作偶（袁粲）；縱懷名皐，那却中邀（孫承公）。余悲夫看屋梁而仰眠牀上（侯肅④恭），嘉夫痛飲酒而熟讀《離騷》（《世説》）。五十之年，宦情文意已盡（李厚基⑤）；名教之地，裸裎袒裼相勞（王平子）。于焉窺寶（光逸），于焉解貂（《世説》⑥）。其弓弦霹靂，如餓鴟叫澤中，安事新婦之邑邑（曹景宗）；其布裯麤惡，騎行馬入市里，任樂傀儡以陶陶（杜佑）。酒至興酣，把琵琶而叶佳韻（馬老⑦）；屬詞染

---

　①　據《世説新語·德行》劉孝標注補“王隱”二字。
　②　據《天中記》卷二九補“宋”“録”二字。
　③　“《摭遺》”未詳，見《唐語林》。
　④　“肅”當作“蕭”，“侯”爲衍文，見《南史·蕭恭傳》。
　⑤　“厚基”當作“孝貞”，見《北史·李孝貞傳》。
　⑥　《世説》疑誤，見《晉書·阮孚傳》。
　⑦　“馬老”當作“馮吉”，見《宋史·馮吉傳》：“及爲少卿，頗不得意，以杯酒自娱。每朝士宴集，雖不召，亦常自至，酒酣即彈琵琶，彈罷賦詩，詩成起舞。”

翰，高卷軸而劈綵毫（賀知章）。但不知鄰女之盡哀，有無舊識（阮籍）；官妓之肆穢，曾否作容（周顗）。何爲醉臥當壚，聽其便適（阮〔籍〕）；甚且抗聲銓判，忘其迎逢（《五代史補》）。彼其輕死生，更百年以誰後（桓譚《新論》）；併爾聯旦暮，曙城郭以鮮終（范純仁）。又何怪得道矣皆述其祖（〔王隱〕①《晉書》），行樂矣靡恤其窮乎（《浩然集序》）。茹古氏曰：粗得鄙趣（王坦之遺謝安②），輒哭窮途（《晉書》）。謂滅性以居喪，碁故增其號泣（《晉書》）；若從容以顧語，扇豈任其狂疎（胡母彥國）。驚訝綠林尋山涉嶺之爲，屨可半折（《宋書》）；事從白簡青襍朱粉之飾，嫗那從臾（王裕之）。且以傲教坊之名手（漢書），且以盡僕射之佳盂（《乾饌子》）。且以作監軍之食客（《〔續〕世説》），且以稱學士之賈胡（石曼卿）。屬聲以指其舵（晏殊），效顰以盡其鬚（郭忠恕）。屈指而併以五（《朝野僉載》），羞死而見以吾（《續世説》）。嗟乎！斯以語于矜誕者乎！

德譽

蓋聞之武功聲名攘于衆口之多（駱〔統〕③），勒之鼎彝（詩），垂之竹帛（《選》）；塞之宇宙（《典論》），懸之日月（《文粹》）。毓德衡門（《辨命論》），安身陋術（《原憲讚》）。接于俗則超然而獨標（《荊州記》），授于天則傑然而秀出（《汝南〔先賢傳〕④》）。曰“快士”（《蜀志》），曰“奇才”（《金陵〔志〕⑤》）。海上明珠，隨所在爲至寶也（《吳志》）；雲中白鶴，豈鸒網所能羅哉（《邴原別傳》）。夫無德可以堪比（《後漢》），家寶勿以示人（《江表傳》）。從暗中以摸索（《纂要》⑥），自萬頃以奔齎（《南史》）。披詠襟懷，何知明旦（《世説》）；吐納風韻，如奉明裎（《南齊》）。

---

① 據《天中記》卷二九補“王隱”二字。
② 《晉書・王坦之傳》“王坦之遺謝安”作“謝安遺王坦之”。
③ 據《三國志・吳志》補“統”字。
④ 據《天中記》卷二五補“先賢傳”三字。
⑤ 據《天中記》卷二五補“志”字。
⑥ “《纂要》”未詳，見《隋唐嘉話》。

則試縣陳蕃之榻(《後漢》)，登李膺之門(《世説》)。欽其寶，莫名其器(上)；分其緒，未了其源(《南史·柳惲》)。河朔英靈，忻從天上而至(李德林)；東南遺美，頻驚獄吏以冤(《狄仁傑傳》)。落落巾車，無蹈祭酒之輕薄(《南史》)；殷殷館席，可成尚父之推尊(《小説》)。迨至并圖畫像(《伯喈別傳》)，競立豐碑(徐稺)。心中如醉(《魏書》)，目送標奇(《梁書》)。將羔鴈而諧徵召(《陳寔行狀》)，持白羽而任指麾(《語林》)。信汝南之管籥(《許劭外①傳》)，仰中林之蕙芝(吳淑)。如是潘陸已見(《陳②書》)，管晏絶倫(《蜀志》)。誰爲勍敵之遇(《北史》)，津梁之人(上)。休哉！龍翰鳳翼(《魏志》)，玉色金聲(上)。煙飛而雨散(《辨正論》)，嶽峙而淵清(《李膺家傳》)。超超天外，矯矯雲中(《南史》)。如霜台籠日，如寒風振松(《宋書》)。昂昂千里之驥(《〔青州〕③先賢行狀》)，渺渺霄漢之松(《商芸小説》)。百間架屋(《世説》)，暑月懷冰(《南史》)。無採春華而忘秋實(《魏志》)，無雜黍稷而混辰星(《孔文舉〔家〕④傳》)。纓緌之徒，紳佩之士，孰不望表而影附(《伯喈碑》)；少者懷之，長者慕之，寧至執忿以偶争(《〔海内〕⑤先賢行狀》)。茹古氏曰：如英雄而逸其半(《小説》)，胡豎子而幸其成(史)。郭有道之善行，里兒重爲失笑(本傳)；黃叔度之懿軌，牛醫何事相輕(《汝南先賢》)。説者曰相門有相(《南史》)，吾曰名下無虛(《隋唐嘉話》)；説者曰公器可取(《莊》)，吾曰盛名難居(《房琯贊》)。則是名也，洵造物之所忌(《玉壺清話》)，而杯酒之不如(《世説》)。

言語

言，心聲也(揚〔雄〕)。妙有四術(賈誼書)，酌以九無(《左》)。

---

① 《天中記》卷二五“外”作“別”。
② “陳”當作“隋”，見《隋書·虞世基傳》。
③ 據《天中記》卷二五補“青州”二字。
④ 據《天中記》卷二五補“家”字。
⑤ 據《天中記》卷二五補“海内”二字。

興雲奔踊（《交州名士傳》），吹生噓枯（《鄭太后①傳》）。一字不可增減（《馬周傳》），百金更不躊躇（《典略》）。則有令音之賞（《王濛別傳》），好語之疏（《語林》）。應答若響（《左》），引議如流（〔謝承〕②《後漢》）。理會之間，要妙之際，既絕倒于衛玠（《衛玠別傳》）；民之協矣，民之莫矣，將釋辭于通侯（《左》）。鋸屑之霏霏不絕（《晉書》），珠玉之嫋嫋相投（謝公云）。縱橫焉五兵之在武庫（《晉書》），宛轉焉五音之叶歌喉（周顗）。吾以徵其才，曰奇（劉士③《小説》）曰異（《世説》）；吾以嗣其響，曰苦曰甘（《史》）。不妨抱以羸疾（衛叔寶），況復假以醉酣（焦遂）。棄無虞于糟粕（杜之松），洞有見于肺肝（宋滕甫）。如香④葩之麗燦（《遺事》），如下坂之走丸（《天寶遺事》）。一片清談，自不假于潤色（《寓簡》）；需時辨答，但益共其雅歡（庾杲之）。因而尚論廢興，倦容則未（龐統）；即與陳説今古，冷味有存（張天錫）。善叙名理（裴遐），唯道寒暄（《世説》）。由西府而乘雪興（李韋⑤），取胡牀以坐籬邊（《南〔史〕》）。縑裏迎眸，吾笑何遠之儕莫伺其一（《梁書》）；幅中奮袖，吾訝李膺之客俱退以千（東漢）。嘉夫簡要忻然，未幾除書有至（《北齊》）；怪夫縱談竟日，移時嫉己乃前（張天錫）。身隱焉文，貪天功以爲己力，難與處矣（《左》）；從使往立，若無言而少不屬，幾失子焉（史⑥）。混混名理，超超玄箸（《七賢傳》）。仁人之利以溥（《本⑦傳》），十萬之師以賢（《孔帖》）。勿深于矛戟（《荀·榮辱》），由樂以瑟琴（《荀·非相》）。但孤寒以率性（石蒼舒），寧掉闒以沾襟（史⑧）。乃若垂戒于蝦蟆蛙黽（《墨》），覆辨于躁人吉人（《易》）。當正始之世而以德掩（王祥），每不

---

① “后”爲衍文，見《後漢書·鄭太傳》。
② 據《太平御覽》卷四六三補“謝承”二字。
③ 《天中記》卷二六“士”作“氏”。
④ “香”當作“春”，見《開元天寶遺事》。
⑤ 《山堂肆考》卷一一七“韋”作“常”。
⑥ “史”未詳，見《左傳·昭二十八年》：“今子少不揚，子若無言，吾幾失子矣。”
⑦ “本”當作“左”，見《左傳·昭三年》：“仁人之言，其利博哉。”
⑧ “史”未詳，見《太平御覽》卷四六二引《論衡·答佞》。

足之處而以誇狗(《肆考》)。言也哉。

德量

　　《易》曰"包荒",《書》曰"有容",故德者,福之基也(《國語》)。汪汪千頃(《〔後〕漢》),休休大臣(《〔大〕學》)。若吞七澤(《上林①賦》),可容百人(《晉書》)。夫豈多爲褊②急(《左·定》),嘖有煩詞(《左傳注③》)。何不差彊人意(《後漢》),秘密卿知(《司馬徽別傳》)。從喜愠以亡見(《衞玠別傳》),處風度以自怡(《唐書》)。有事禳祈,若致矜于木偶(《舊唐》);自彼逋蕩,此暫污乎車茵(《前漢》)。雖當流矢雨集之時,談笑自若(《後漢》);況復林泉枕帶之好,簡澹絶倫(《周書》)。乃若遂與破賊(《晉書》),聊以遣婢(《北史》)。毋禁偷兒之飲(《九國志》),時寬膳者之欺(《家王故事》)。擲鵠且從其誤(《隋書》④),認馬何必非真(《東〔觀漢記〕》)。徐定盥洗(《世説》),但謝秉鈞(李沆)。數憑以玉(韓),羽化以銀(《舊唐》)。狂酒與沐之爲,應作何狀(《乾饌子》);陰闇勿藥之似,是否相殉(《舊唐》)。夫選部非私,無容灑墨(《新〔唐〕》);鋤園雅適,未許更衣(《〔司馬徽〕別〔傳〕⑤》)。作態于小鬟,從看相業(吕夷簡);奄留于奕客,猝辦賊圍(《蜀志》)。舍逆旅而狎所不知,琴若增其遠韻(趙閲);例廷參而值所未有,茅益共其芬輝(麗籍)。蓋至願切謗訕(《金史》),閒謝姓名(吕文穆公)。非關癡絶(《北史》),自不寵驚(《國史纂要⑥》)。余異夫

---

① "上林"誤,見《子虛賦》:"臣聞楚有七澤,嘗見其一,未睹其餘也。臣之所見,蓋特其小小耳者,名曰雲夢","吞若雲夢者八九于其胸中曾不蒂芥"。
② 《左傳·定三年》"褊"作"卞"。
③ "注"爲衍文,見《左傳·定四年》:"會同難,嘖有煩言,莫之治也。"
④ "《隋書》"誤,見《梁書·蕭秀傳》:"(蕭)秀有容觀,每朝,百僚屬目。性仁恕,喜愠不形于色。左右嘗以石擲殺所養鵠,齋帥請治其罪。秀曰:'吾豈以鳥傷人。'"
⑤ 據《天中記》卷二六補"司馬徽""傳"四字。
⑥ 《天中記》卷二六"纂要"作"異纂"。

賜死伸毫，屬監刑而理多懇至（劉禕之）；嘉夫尋郊呵騎，直水南而舉有逢迎（富韓公）。几上深情，至他事無生，猶恐湮于遺德（《遜齋閒覽》）；岡頭遠別，曾三日共語，輙引絕于宦成（《世説》）。故以狄仁傑爲人，莫窺婁公之際（《語林》）；有如夏太初往事，無辭明府之行（《魏書》）。多見其不知量哉。

徘調

依隱玩世，詭時不逢，其滑稽之雄乎（《前漢》）。謔浪笑傲（《詩》），知計交酬（姚〔察〕①）。讀屈原之騷辭，如旨如韋（崔注）；考揚雄之《酒賦》，盡吐籍沽（《天中》）。啁而若流，裔之書詞此類（《蜀志》）；戲而相愧，靳之字義何乎（《左·莊》）。吾取襄田之喻（《〔史〕記》），乞火之功（《策》）。勿唐突于西子（庾元規），第得幸于王公（《語林》）。想當然耳（《後漢》），精苦其中（孫安國）。索具于私釀之家，從教吏議（《蜀志》）；逐臭于新貴之子，詰語家風（《南史》）。劇秦美新之誣，問子雲果從西漢（《北窻〔炙輠録〕②》《笑林》）；巨鼻長年之證，計彭祖幾許孤峰（《別異③》）。輟篋而深忌諱（《南史》），長溷而保穢叢（謝幼輿答周侯）。喜清風之已至（《語林》），苦熱日之交攻（《酉陽》）。何作轅中之客（《家訓④》），生憎蕭寺之逢（《談藪》）。杳無潼關以歸路（《僉載》），從教羅刹以漂篷（《啓顔録》）。誰爲狗枷，誰爲犢鼻（《宋拾遺録》）；于焉載虆，于焉執鍤（《談藪》）。生者未識胎卵（《葦航紀談》），死者未遽

---

① 據《天中記》卷二六補“察”字。
② 據《天中記》卷二六補“炙輠録”。不見於今本《笑林》。
③ “異”當作“傳”，《天中記》卷二六引《〔東方朔〕別傳》：“漢武帝對群臣云：‘《相書》云：鼻下人中長一寸，年百歲。’東方朔在側，因大笑。有司奏不敬，方朔免冠云：‘臣誠不敢笑陛下，實笑彭祖面長耳。’帝問之，朔曰：‘彭祖正八百歲，果如陛下之言，則彭祖人中可長八寸，以此推之，彭祖面長一丈餘矣。’帝大笑。”
④ 《天中記》卷二六“家訓”作“顧氏家傳”。

逃逋(《桯史》)。別開一太湖，潏洩何處(《明道雜志》)；求益以鄰舍，輦載有餘(《南史》)。罰誤收之堂印(《善謔記》)，驗落地之數珠(《五代史補》)。許而不與，徒貽駑鈍之誚(《談藪》)；忽焉在後，長憐糠秕之殊(《世說》)。世不乏雲間之龍騰壽(《世說》)，寧乏羅友之鬼揶揄(《渚宮故事》)。世有難得之佳人，知風之自(《蕙畝拾英》)；抑有彌天之太保，登高而呼(《〔續〕世說》)。如行恭之蒙冤，言訖而悟(《善謔集》)；如東山之就辟，目謝而呼(《世說》)。豈誠寒暑莫知，鄉來有意(《南史》)；夫且聰明特著，鄙俚無拘(《啓顏錄》)。噫嘻！邀楊玠以相過，因而酣醉(《談藪》)；愛侯白以作隸，今且晚歸(《啓顏錄》)。既而倒着徐徐，誠玄齡之不死(《〔大〕唐新語》)；未幾草制切切，快博士之芬輝(《紀異〔錄〕①》)。太史公取"滑稽"名傳，淳于髡猶爲諸侯王客，而孟、旃皆優伶，乃與諸君子並列矣，何哉？

嗤鄙

以余論于嗤鄙也，毋爲才語(《世說》②)，祇是穢流(庾元威《論書》)。誠省中之未有(《舊唐》)，故夷使之所羞(《隋書》)。試求諸《茅鴟》之吟，《相鼠》之賦(《左》)；抑取譬圈中之鹿，欄中之牛(《論衡》)。即以接可名流，與增諧笑(《北史》)；其然快彼封爵，具鄙宴酬(《三國志》)。謝脁之詩非誣，從教華省(《御史臺記》)；韓信之説每及，見事欄構(《談苑》)。則夫驗蛙聲于王莽(《漢書》)，覓鳳毛于超宗(《南史》)。懊胡父以薰鼠(《世說》)，驚漢兒以真龍(《北史·〔源〕賀傳》)。得鐘兮耳掩(《顏氏家訓》③)，刻舟兮劍求(《呂》)。覓何火具(《笑林》)，迎

---

① 據《天中記》卷二六補"録"字。
② "《世說》"未詳，見《南史·劉義康傳》："義康素無術學，待文義者甚薄。袁淑嘗詣義康，義康問其年，答曰：'鄧仲華拜袞之歲。'義康曰：'身不識也。'淑又曰：'陸機入洛之年。'義康曰：'身不讀書，君無爲作才語見向。'其淺陋若此。"
③ "《顏氏家訓》"誤，見《呂氏春秋·自知》。

共石頭（《世説》）。破賊之兵，矜得筭于請禱（《晉書》）；登仙之品，任靈變于題封（《晉書》）。若乃語次金（《雜志》）銀（《南唐近事》），遥想鍛工畫士之役；仇校經（《文會叢談》）史（《唐書》），直訝印函《文選》之庸（句）。欲識士衡，試誦營道烈心之句（劉義綦）；未知太傅，從驚綱紀墮淚之由（《世説》①）。忽爾馬市與擒，熒惑兮狂語（《十六國春秋》）；未幾輿圖見示，鹵簿兮綢繆（《南史》）。非誠見揮鞭著帽之流，能以役鬼（《北齊》）；亦第問緫慘愁悁之事，聊以聚麀（《南史》）。則又弄麞相慶（《舊唐》），鬬雞與紛（《麈史》）。國忌之辰，恣其歡笑（《僉載》）；多感之歲，判以書文（上）。賊至入其中藏，牢伺柄鑰（上）；寇急懷以國寶，易了從軍（《薛史》）。曳以露布（《續世説》），搗何流冰（《東軒筆錄》）。惠損蹲鴟（《〔顏氏〕家訓》），爛矣錦衾（《談藪》②）。月下長吟，至處眠而絶未有異（《晉書》）；階前典謁，將履席而漫爾相尋（《笑林》）。但不知黃閣之聲名鼓吹，不啻其口（張敬兒）；道旁之癡事悲涕，不以爲多（《世説》）。風流文雅之知章，喧集以訴事（《天中》）；家學庭訓之校理，憑臆以訂訛（《善謔集》）。京兆有聲，時投牒以無狀（《白獺髓》）；姓名自及，故署尾以相過（《語林》）。悲哉！遡羲皇以上之人，何爲其號泣（《北史》）；憶蘇州與權之日，安測其勘磨（《東軒筆錄》）。門第則方相之再乙（《啓顏錄》），才華則妻子之不容（《〔顏氏〕家訓》）。茹古氏曰：此誠有快夫噬鄙者耳，可奈何。

輕詆

夫我當何處生活（《語林》），名士豈終妄語（《世説》），其輕詆也歟哉。仕宦有情，則子魚之老吏（《世説》）；著述何事，則孫帳之下兒（《典略》）。豈爲聚溷之因，群狐所托（《世説》）；將無搏擊之用，怪鳥少知

---

① "《世説》"疑誤，見《南史·張敬兒傳》。
② "《談藪》"疑誤，見《世説新語·排調》："袁羊嘗詣劉恢，恢在内眠未起。袁因作詩調之曰：'角枕粲文茵，錦衾爛長筵。'"

（《晉書》）。則夫降階已甚（謝鎮西書），游獵何居（《南史》）。其相凌以樗蒲（《南史》），其肆穢以連珠（《齊書》）。其增歎于狁虎（《世説》），其忽競以雄狐（畢義雲）。鸞鶴可乘，憶遊仙之詠吟，每煩夢寐（《北夢〔瑣言〕》）；駱駝從伏，想六合之奇博，莫易狂愚（《北史》）。委向①興謡，勿誤傳于身後（顔延之）；霸朝有兩，率爾比于邪輪（《北史》）。彦舉精騎，試較于此千彼萬（《北史》）；韓陵片石，誰解以若薛若盧（《僉載》）。夫元禮爲龍津，旋當點額（《晉書》）；迨康成于車後，抵是垢囊（《世説》）。曲江之名字炳如，忽而指顧（《玉泉〔子〕》）；西川之功業自在，漫爾相商（薛新②）。乃如向櫻桃以作賦（《舊唐》），遡華林以承芳也，悲哉（《南史》）。

---

① “向”當作“巷”，見《南史·顔延之傳》。
② 《天中記》卷二九“新”作“能”。

第八卷

三公宰相

三公，古官也。尹爲右，虺爲左（馬①），吾遡其始于六相（《管子》）；呼以事（《周官》），呼以吏（《左》），吾取其義于三台（《職官要録》）。未有定員，或漢行丞相事之例（《通典》）；嗣名僕射，抑唐副尚書令之階（《百官志》又《通典》）。遡其署，朱門黄閣（鄭玄注）；辨其服，紫綬金章（《〔漢官〕儀》）。余以占山岳之象（《〔劉〕愷傳》），斗杓之望（《天文志》）。姓字有存，其焚香以上告（《五代史》）；儀章悉具，則金石以導從（《職官分紀》）。爲鐵爲銀，列有殊于金榜（《玄怪》）；以夢以卜，語任解于紗籠（《原化記》）。夜半之聲音，聽古槐以發响（《因話録》）；經函之形似，看珊樹以騰空（《廣異》）。燒尾尋其故事（《談賓録》），食户快其堂封（《唐》）。多醑醾之已熟（《李絳傳》），私匕筯之予雄（宋璟）。非妄一男子而得志（《漢書》），豈無賴子弟以穢風（《舊唐》）。而不見金甌價重（《鑑》），火城禮供（《國史補》）。余且一揚搉其實乎，廣耳目求賢，訟牒可無與覽（《房〔玄齡〕傳》）；先平章决事，成憲無由變更（《職紀》）。一善斷，一善謀，謂同心之共濟（《房〔玄齡傳〕》）；不負天子，不負所學，切矢願之至誠（《陸贄傳》）。沉毅果斷（趙普），静重簡明（陳康伯）。于以處危疑而杜苞苴（吕文穆），惜民力（韓簡肅公）而壯兵聲（富弼）。文字貯其中滿（《〔邵氏〕聞見録》），例簿處其常均（寇準）。災異奏辨（《〔東都〕事略》），水旱敷陳（《〔宋〕史》）。外不

---

① "馬"未詳，見《宋書·百官志》："殷湯以伊尹爲右相，仲虺爲左相。"

取怨(李〔沆〕)，内不避親(狄仁傑)。非讒則佞之奸，寧容密啓以入(李沆)；求節度求樞密之漸，將無長慮以明(王旦)。譬之乘舟而毋偏重(《邵氏聞見録》)，比之推車而第主行(《魏王別録》)。勿棄蘇合之丸，而取蛣蜣之轉(《北夢〔瑣言〕》)。其爲柱石之用，而勿棟梁之傾(《世説》)。減音樂，損車騎，如楊瑭拜相之麻，秉筆者曾無愧色(《芝田録》)；某賢而泥，某才而健，如林甫妬賢之素，從御者何後諍争(《獨異記》)。擬之以斷臂(薛雅)，以失手(房玄齡)，或多停于醮鼓(唐岑文本)；嘲之以伴食(盧懷慎)，以覆餗(《易·鼎卦》)，乃更事于模稜(《舊唐》)。即急切奉旨(《續編》)，有取救時(姚崇)。比吸醋而得當(《事文》)，顧新履以何爲(上)。誰是風流之士(《南史》)，信用讀書之人(《事文》)。平日之艷詞，盛德已累(和凝)；今日之歇後，搔首以狗(唐)。倏忽降語于家，增憐後死(《五代史》)；未幾覽詩于壁，物色前因(王荆公)。所怪秦城王氣之詩，率賓僚以共賦(《史鑑》)；幸直閤庭天命之兆，若雨露以滋春(《洛中記略①》)。此榻高懸，因李峴之未至(《唐志②》)；彼輿上昇，故鍾繇之可詢(《魏志》)。則又求之與持黃麻(《北史》)，非是都亭(《〔東觀〕漢記》)。詔有還于擇日(唐劉瑑)，事有美于隔屏(《吳録》)。彼家居當中使之傳宣，衆情鼓舞(《言行〔録〕③》)；况顧命爲先朝之倚重，特旨師資(史)。豈曰一鉢相傳，添廟堂之故事(《〔邵氏〕聞見録》)；試憶複名何氏，深夜半之相期(宋璟)。嗟乎！伊陟或聞祖，韋賢猶到孫(《因話録》)；千錢從故事(《後漢》)，三旨豈忘言(《續編》)。元首明哉，股肱良哉，載頌虞廷之詠；惟汝鹽梅，惟汝舟楫，誰共《説命》之倫。

翰林院

進儀内相(《舊唐》)，妙選一人(唐)。蜕骨地仙，直上蓬萊瀛洲之

---

① "略"疑作"異"。
② "《唐志》"未詳，見《舊唐書·李峴傳》。
③ 據《古今事文類聚新集》卷三二補"録"字。

島；彭纓天策，偏儀承明金馬之庭（李劉啓）。考秦府故寮之所由起（《翰林故事》），太元集賢之所由更（《〔翰林〕故事》）。賦之者曰：荷净蓮池鱠，冰寒郢水醪（《一品〔集〕》）；記之者曰：畫壁看飛鶴，仙圖見巨鰲（《筆談》又詩）。左接寢殿，右瞻彤樓；晨趨鎖闥，夕宿嚴衛：密之至也。驂鑣得御廄之駿，出入有内司之導；豐餚潔膳，取給大官；衮裯服御，資于中庫：恩之厚也。備待顧問，辨駁是非；典持縑牘，受遣庶務；凡一世得失，動爲臧否：職之重也（《〔翰林〕故事》）。首大以稱，似有極于殊寵（《集賢記注》）；權直以入，故有事于他官（開寶六年）。出自上裁，非論官資先後（《官職》①）；趨陪佳宴，或云品秩饕餮（《唐書》）。別號以廳，看巨槐之聳翠（《續志》）；時鎖以院，宣黄紙之灑漫（《〔夢溪筆談·〕故事》）。逼華蓋（杜詩）而翔紫霄（《翰林志》），從伺直于日影（《傳載》）；堂摘文（《續會要》）而臺視草（《筆談》），每典事于漏殘（《金坡遺事》）。則夫風濤浩渺，月色滿庭（蘇《續志》）。望雙引以有色（《〔夢溪筆談·〕故事》），比一條以言冰（陳彭年）。其爲鈴鐸徵响之會（《續志》），雙鵠鳴噪之群（《金坡遺事》）。當霜降而實成，從教夢入（唐）；非月蝕而事應，疇語野分（《唐書》）。乃若經術已洽（鄭華），履行相妍（郭勸）。多訂疑而搜癖（王起），任舐筆而和鉛（《金鑾密記》）。譬之以小三昧，大三昧（《〔翰林②〕志》）；抵之以若注射（陸宸），若湧泉（陸贄）。縱其不專辭藝（《唐書》），無取凋纖（《長編》）。而不有漫可商量，注糞壤而徵故事（《歸田》）；十嘗八九，什筆硯而操化權（《李絳碑記》）。豈非類以詰神奸，弄矣神器（《〔翰林〕③志》）；自別頭以恣褻狎，負在官聯（《舊唐》）。蓋有禁中之頗牧（畢諴），毋往日之申韓（《晉書》）。幸斯文之不墜（《舊唐》），想譖事之未安（《歸田録》）。私人（《〔吴〕④通玄傳》）門客（《一品集》）之談，誠已不韻；三俊（《德褚⑤

---

① "官職"當作"職官"，見《舊五代史·職官志》。
② 據《天中記》卷三十補"翰林"二字。
③ 據《天中記》卷三十補"翰林"二字。
④ 據《舊唐書·吴通玄傳》補"吴"字。
⑤ "褚"當作"裕"，見《舊唐書·李德裕傳》。

傳》）五鬼（《九國志》）之屬，多所殊看。則試紀其遇乎，金蓮未盡（令狐綯），蠟淚非殘（柳公權）。散布櫻桃，飲以清酤之酒（《注記》）；垂鈎金沼，合以綵毫之歡（《分紀》）。潛思停筯（《隨手雜錄》），述贊染翰（《注記》）。至今夜半燃窗，稱爲盛事（《筆談》）；天寒呵筆，特紀殊頒（李白）。飛白與題，即扃鑰于堂中而成佳讟（《分紀》）；祇候不易，任費廩于食本而紀大觀（《集賢記注》）。則又弟草兄制（《麈談》），兄草弟麻（《金坡遺事》）。居第反爲寄宿（《九國志》），主文空議髯華（《歐文忠傳》）。三入屬厭（《春明退朝錄》），迭處留芳（高元裕）。豈曰役勞，老三十年之典誥（李昉）；于時解夢，更四五人之偏傍（元厚之）。嗟乎！具員之吏，不敢望其華選（《注記》）；聖明在上，且抱恨于不爲（《分紀》）。景行于六如，無能匿迹（《〔翰林〕①志》）；起居以一事，幸有深知（《隨手雜錄》）。馬不進而帶有餘，識先大器（《侯鯖錄》）；餒若敖而饞方朔，請竭外庭（《東軒筆錄》）。縱推瓠爲覼，忽歎老卒之欠伸自適（梅詢）；然干牘無有，還思今日之色叫誰聽（《麈史》）。讀平生未見之書，爲儒者不世之選。人間風日不到處，海山神仙皆在焉（巽齋《謝啓》）。然則居一品上（唐故事），第一等官（《事文》），仰望異恩，有以紀其榮遇（李昉《禁林讌會集》）；況承時望，寧不美其崇班。

詹事府

　　或問東宮官屬，《唐六典》載太子東宮官如一小朝廷：置詹事以統衆務，是猶朝廷之尚書也；置左右二春坊以領衆局，猶朝廷之中書、門下省也；崇文館猶朝廷之館閣；贊善大夫猶朝廷之諫議也（《朱語錄》）。故曰：詹者，省也。弼諧儲副，總務宮端（李寬册）。銀章青綬（《晉書》），絳服梁冠（上）。于以序班，毋紿宗伯之舊（《舊唐》）；如以引奏，所據《六典》之同（上）。大都雅重明經，非似尋章摘句（劉憲）；是以增輝睿

---

　　①　據《天中記》卷三十補“翰林”二字。

德，何爲小技雕蟲(張玄素)。彼夫有潘陸之華，無綺園之實，竊謂喪其所處(《南史》)；況非戚貴如竇嬰，風素如陸暐，何期參冒于中(孔稚圭《辭表》)。妙簡才賢，盡一時之勝(《晉起居注》)；特隆匡輔，表衹事之忠(《晉書》)。想其清節(《晉書》)，高彼膚功(《謝琰傳》)。密函之所來往(《南史》)，長夜之所遭逢(《南史》)。爰任操刀，相謝以元楷之輩(《舊唐》)；但從指揹，競得以盧氏之翁(《舊唐·張説》)。荷送東征，典有先于錦衣(《舊唐》)；屈偶宮事，望莫觖于桐封(上)。然則非端諒老成，寧虛若秩(周必大表)；縱貧賤交好，莫負在公(《晉讚》)。肅事于東朝，彌違是屬(王祥《答徐逯書》①)；斷裁于博望，資任匪躬(啓)。斯以考職掌于東宮也哉。

左右春坊

陞華儲幄(箋)，列位龍樓(宋申錫制)。班三舍②之次(唐休璟制)，司日直之優(劉洎)。受命天朝，無同藩屬之體(鄭默奏)；近私密勿，應嚴雋選之傀(《吳志》張温奏)。授以一經(歐陽地餘)，何似採春華而忘秋實(劉積③)；請從墨勅(《唐書》)，匪第談玄理而妙博蒐(《陶氏家傳》)。于以還其正始(《齊書》)，毋自比于倡優(《隋書》)。故久留而想其風采(《陳書》)，抑閉關而勞以芳猷(《唐書》)。欲機務之與參，頻煩牘事(唐)；勿刑名之是尚，時切論頭(晉庾亮)。從酒肆以言歸，但毋欺于中使(晉魯肅公④)；就嵩山以招隱，還謝賜于君侯(《唐孔述睿》)。古義具存，那弗多于騎射之舉(《蜀〔志〕》)；時政可議，曾未見有鍾乳之流(高季輔)。惟廣之宮訓(唐)，翼以善謀(褚無量)。勿寺人多其凌

---

① "王祥《答徐逯書》"未詳，見孫逖《授許王瓘太子詹事王暐守同州刺史制》："彌違是屬，宜肅事于東朝。"

② "舍"當作"令"，見《全唐文》卷九五《授唐休璟左庶子同三品制》："宜輟五曹之務，俾同三令之班。"

③ "積"當作"楨"，見《三國志·魏志·邢顒傳》。

④ "晉魯肅公"當作"魯肅簡公"，見歐陽修《歸田録》。

轑(唐)，非弄臣佐其遨遊(隋劉行本)。嗟乎！參之者以判官(楊徽之)，以太守(石崇)；兼之者以諫議(張士選)，以宰臣(宋璟)。年老腰輿，紀內殿之盛事(褚無量)；當世像繪，更尼山之前因(王起宗)。豈資久幕官，冷熱之謠以及(《舊唐》)；抑悼傷侍讀，朝夕之謀以徇(唐薛令之)。由斯以談，列青官之局(《事文》)，備儲坊之曹(胡恭制)。北門見稱，釣龍池以終日；東僚是辦，隨鶴駕以通宵(《唐書》)。斯宮相之豪也哉。

司經局

聞之漢制，職如謁者，清道馬前(《分紀》)。其重以桂坊之署也(《進典志》①)，抑著以高山之冠焉(《分紀》)。歷掌圖書，則受藏之所有事(《〔通〕志》)；職當調護，則宮僚之所勿先(《舊唐》)。才若松之，非久居于邊務(《南史》)；清如子介，寧格恨以司銓(《梁書》本傳)。章奏詞工，共視同官之草(《文士傳》)；史書習讀，伊從師匠之傳(《舊唐》)。何爲曲記媚娘，比倡優而作穢(《舊唐》)；夫然情深巧宦，薦卿貳以增憐(《漢書》)。如誠款可，加御供之有特賜(《襄陽耆舊》)；乃私懷欲，遂俸料之任薄綿(《舊唐》)。余讀《韓子》勾踐入官于吳，執干戈以從事，斯局之不韻者焉。

吏部

《周禮》六典，冢宰貳王而理天下(仲長統論)。官屬不理，分職不明，法政不一，百事失紀曰亂，亂則飭冢宰也(《家語》)。六燕相停，試銓衡其輕重；乙鴻遼遠，欲審別其飛翔(陸佃《謝尚書啓》)。群吏之課其誅賞(制)，諸曹之首其班行(《職官考》)。如以取名，則畫地之餅也，不

---

① "《進典志》"誤，見《通志·職官略》。

足以致異人，可以得常士(《魏志》)；如以廉訪，則停浦之風也，人所應有而不必有，人所應無而不必無(《世説》)。取士之難，無正調者被擠，僞集者冒退(常①陟)；選舉之當，故文才在其次及，德行首其良模(牛弘)。則夫列銓注期限之榜(《選舉志》)，條事同例異之宜(《楊誠齋集》)。將録異甄奇，品藻曲貫(《步騭傳》)；寧户調門選，沉浮任時(王戎)。若所傷者細，所弊者疎，不則失之浮華而喪名實(《北史》)；則道②麗者號爲高等，拙弱者號爲藍羅，何至循乎資格以一賢愚(《〔大〕唐新語》)。余笑跪唱注者之被詒(唐皎)，而異減點畫者之徵誣(李至遠)。豈必一意沙汰(温彦博)，云何僻性貪婪(《北史》)。市瓜有似(楊愔)，蹊李無行(《唐書》)。相嗔以琵琶歌舞之客(《唐書》③)，時謡以丘山沔水之英(《舊唐》)。除授平允(韋承唐④)，强紀分明(李敬玄)。案牘之無留滯(范雲)，請謁之有悉屏(崔元暉⑤)。真素寡欲(《山濤啓事》)，敏識衷情(鄭澣)。姦吏無所弄法(王徽)，孤儁所由盱衡(樓〔鑰〕《攻媿集》)。其用如真卿、穎士之流，皆爲名士(孫逖)；所舉若玄齡、如晦之輩，俱陟巨卿(高構)。選自宸衷，毋煩給假以索(《北史》)；還從令史，遮莫設齋有奇(《唐書》)。求其人夷曠如玉(永嘉官名)，記其事持捧以泥(《分紀》)。聲有發于杞梓(《南史》)，筆有仰于鬚眉(劉禹錫作《韋陟碑》)。倘或披簿見侮(《會要》)，何不懸車自持(韋世康)。若以侈冬集之誚(《舊唐》)，安從謝市井之呰(《語林》)。前有裴、馬，後有李、盧，此異世而同稱者也(《會要》)；蔡郎之不拜，王惠之即拜，其異事而同情者乎(《南史》)。奪閣禮于巨源，試一究其詔旨所向(《晉書》)；考風俗于毛玠，

---

① “常”當作“韋”，見《舊唐書・韋陟傳》。

② 《大唐新語》“道”作“遒”。

③ “《唐書》”疑誤，見《宋書・庾炳之傳》：“庾炳之爲吏部尚書，爲人强急而不耐煩，領選既不緝衆論，又頗通貨賄，吏部令史錢泰、主客令史周伯齊出炳之宅咨事。泰能彈琵琶，伯齊善歌，炳之因留停宿。尚書舊制，令史咨事，不得宿停外，雖有八座命，亦不許。爲有司所奏。”

④ “唐”當作“慶”，見《舊唐書・韋承慶傳》。

⑤ “元暉”當作“玄暐”，見《舊唐書・崔玄暐傳》。

尤致疑于長吏所攀(傳)。豈爲便江嶺之人,主選遠涉(興元初);奈何就國
忠之第,諧笑居間(《會要》)。深計滅名,若縉紳以不道(《宋書》);會期
送別,顧賓客以何關(《南史》)。賦曰:王戎簡要,何所能名;裴楷清通,
于兹寡譽(《世說》)。高衢以騁,若積水之奮鱗;幽谷必登,比初雷之啓
蟄。客有希山公之密啓(《晉書》),庶場苗之維繫(《詩》)。

户部

《虞書》五教,實委司徒之班;《周禮》六卿,爰開地官之位(《張鷟
集》)。稽户口于版圖,參司會于内地(《箋啓》)。盍觀王佐之才(《事
文》),武庫之譽(《杜預傳》)。立朝之風望已隆(《崔湜傳》),奉法之賢
聲遠著(《分紀》)。寸禄無沾(《吳隱之傳》),朝章第示(到溉)。理行重
于丹墀(裴向),清操攝于墨吏(《長編》)。尋見儀風(劉禹錫詩),畏如
夏日(《白氏長慶》)。豈其用官物以希恩(李絳),或不疑幽明①以負愧
(盧昌衡)。如是作而言曰:披簿韓弘之家,豈憶官側朱書,可爲定案
(《牛僧孺傳》);報牒太乙之日,何須墻頭棘刺,自表弊端(《唐新
書②》)。即以王彦威之通儒,財用非其所悉(傳);而不見武儒衡之氣
岸,風彩自有可觀(《舊唐書》)。條奏于一日者,生人之利害,時議之得
失(《〔李〕元紘傳》);損益于萬機者,内以利人,外以救邊(《杜預
傳》)。感激于心,宣索必盡(柳鈞);明辨于口,依據多先(盧承慶)。余
嘉夫兼領三曹,通知盈縮(《中興係年録》);敷陳萬事,無爽末顛(崔仁
師)。一善判,一工詩,稱同朝之二妙(《唐書》);或彼唱,或此和,紀
正元之十賢(唐盧綸)。積貯有其名,佐君父以寬免,擾滋中外(王師
愈);水旱慮其苦,從民間以凑辦,侈説豐贍(長孫平《義倉議》)。俛首
于亭壁之句(盧汝弼),從容于庭柳之前(《韋維傳》)。勿伏獮以啓事

---

① 《隋書·盧昌衡傳》"明"作"州"。
② "書"當作"語",即《大唐新語》。

（蕭〔炅〕①），勿銅臭以輸錢（《九州春秋》）。恩有先于早宴（蔡景歷），凶有冀于十痊（《分紀》）。于以悝當詞理（《隋書》），好第髭鬚（《唐》）；不妨知人則用，有過則懲（李石）。又詎不兄弟素篤（《梁書》），父子並爲（《詩本事》）。若其爲勢門之所不悦（畢誠），土山之所長吁（《〔大〕唐新語》）。廣武而封，征伐之功已著（《晉書》）；若耶而隱，白衣之賜且虛（《唐②書·何胤》）。私嬖倖而雜優諧，既足笑其張皇于内制（張平叔）；恣賞遊而縱酣飲，得不戒其狼戾于江渠（潘孟陽）。余讀史至狄梁公以度支之司天下利害，未得其人，欲自職之（《職林》），斯可爲判入判出，總統押案者之師歟。

禮部

　　昔舜命伯夷典禮，后夔典樂，周並爲宗伯之任矣（《南豐新勅》）。首以春令（《通典》），著以臺容（鄭玄）。祀天郊地之典，朝日夕月之共③（《張鷟集》）。于以款賓客之至（《典略》），上賢能之公（《白集》）。呼以冰廳（《因話録》），豈謂摩睡眼而作諸生事業（洪邁《廳壁記》）；推爲南省（《國史補》），試以考職掌而縮天上絲綸（《唐職林》）。兼攝他曹，戎祀之闞稱兩大（《北史》）；屢應清要，衣冠之華選誰因（賀知章）。則夫日角有殊，非時事于搏擊（李珏）；天邊欲舉，曾無俟于借資（張魏公）。從闕禮以屢箴，真爲不愧（《南史》）；自流品以相尚，遥想于兹（崔澹）。于以條時政（劉正夫），定樂章（益公）。訴任喧于門蔭（賀知章），貢有却于西方（《三馬贊序》）。豈舞胡而拜命之辱（李綱），豈高麗而破例非常（蘇軾）。豈取士而先要路之子弟（王起），豈卑賤而事夷虜之班行（《中興係年》）。憶農桑海漬之交，從教禋祀（李文簡公）；屬司馬吕公之舉，曾幾祼將（宋思復）。惟以遲若客之十載（《録異〔記〕》），且以憶我生之少

---

① 據《新、舊唐書·嚴挺之傳》補"炅"字。
② "唐"當作"梁"，見《梁書·何胤傳》。
③ "共"當作"儀"。

年(柳宗元)。一人有驚于酉長(《唐書》),往事有勞于御筵(上)。休沐幾時,走中使以就問(唐德宗);博綜何有,自大儀以相先(《南史》)。吾又以想中書之集句(《石林燕語》),舍人之引麻(《〔南部〕新書》)。石上之碎痕有在(舊說①),篋裏之瑞事從誇(上)。其爲侍從之副貳于一時,前所未有(《唐書》);若是德基之偶邀于僧舍,任以相加(《南史》)。非道不敢陳前,惟禮可以爲國(真德秀)。禮樂自天子出,雖上稟于聖謨;籩豆則有司存,當俯求于典則(周必大表)。故曰:劇部列名清曹(牋),直哉惟清(《舜典》)。其選則高(制),豈持規守成法。視故府鐘鼓玉帛,周章有司之後而已哉(洪邁《禮部長貳壁記》)。

兵部

司馬掌邦政,統六師,平邦國(《書》)。雎鳩之所由名(《左·昭》),縉雲之所取則(《南史》)。是以祈父國之爪牙,應鼇九法(《書》);尚書帝之喉舌,式綜五兵(《通典》又方岳《賀啓》)。軍師戎卒之籍,山川要害之圖,廐牧甲仗之數,疇然專掌(《六典》);曰禁兵,曰廂兵,曰民兵,曰養馬,曰市馬,曰牧馬,曰繕作,曰給用,具可詳行(《東都事略》)。有自嚴威,看戎裝之耀目(李輔國);于時更植,善街樾之崇封(吳湊)。蓋其選清,其權重,故將命從軍,往往假以爲寵(周必大《題名記》);乃一人貢舉,一人選院,彼老謀解狀,那不待以在公(《唐六典》)。驕豪莫任(《隋》),簡率自盟(李懷適②)。于以求其敏(姚崇)幹(李憕),更以核其忠(杜群懿)清(屈突通)。秦隴之情形如畫(王庶),案庭之功狀匪盈(張嘉貞)。閱簿領而口陳已悉(馬③子琮),語兵仗而詭對以成(顧琛)。試想其從容坐語(《黃端明碑》),慷慨庭爭(胡銓)。首以兇狂,容豈無分于軍國(《令狐〔楚傳〕》);肅以伏衛,勒且有事于旦明(蘇軾)。

---

① "舊說"未詳,見《春明退朝錄》。

② "適"當作"遠",見《舊唐書·李懷遠傳》。

③ "馬"當作"馮",見《北史·馮子琮傳》。

余嘉夫陸氏之皆有賢譽(《唐書》)，盧奕之所歷有聲(《唐》)。紹可祖武(盧元輔)，不愧家乘(楊弘禮)。其江智深之門孤援寡(《南史》)，其崔元亮之特介謹清(本傳)。其沉静寡交而公務以整(裴光庭)，其簡率彌尚而款段無憎(《唐》)。謝北扉之承乏(《中興係年》)，念王府之餘勳(《舊唐》)。無聲伎供其頤使(王翰)，寧剛悍具以疏聞(《隋唐嘉話》)。多所息馳，故醉醒而失節(《五代史》)；忽而引謝，誠清濁以何分(《唐》)。然則無妨越局(盧承慶)，有謝詞林(《東萊集》)。中行非博(《國史補》)，嶺南莫禁(韋執誼)。且以氣攝群醜(李文敬)，器美大臣(韓皋)。三起三留，旨有期于他日(蔣伸)；賜金賜幣，意且感于宫春(韋處厚)。非獨私于行能，但求所稱(杜正倫)；誰爲當此煩劇，擬非其倫(《隋》①)。慎之哉。

刑部

余讀《尚書·立政》，司寇蘇公式敬爾由獄，以長我王國。詰彼四方(《記室新書》)，掌兹三典(常袞制)。秉丹筆于國綱(箋)，膺白雲之妙選(張敦復制)。棘木之下(《王制》)，秋霜之寒(詩)。罪隸之名，何紀入于春囍②(《周禮》)；中兵之屬，抑有事于征鞍(晉嵇含)。豈庶事草創之初，第爲功賞(《周益公集》)；如祠屯請行之役，終以殊觀(《國史補》)。則夫至于敬寡，至于屬婦(《書》)；予罪無罪，予寬無寬(杜牧行李從誨)。奏讞無避(《九朝通略》)，案牘從看(《宋言行録》)。毋伺風旨(上)，多所平反(《東都事略》)。廷無留事(《李適之傳》)，省乏奇冤(《長編》)。大獄覆從，將歔欷以累日(劉祥道)；巨蠹烏有，其慷慨以論還(裴漼)。豈必論威無過犯，而皆從笞决(奚陟)；云何責衆致朝論，而偏愛賞班(張九成)。即以情憐鞭婦(柳公綽)，罪薄亡珠(吕公孺)。法無

---

① "《隋》"誤，見《舊唐書·韋温傳》。
② 《周禮·秋官》"春囍"作"春橐"。

寬于優伶(《澠水燕話①》)，刑有議于大夫(蘇頌)。試看王播座右之格
(《唐》)，劉瑑一家之書(上)。守法不撓之槩(杜景佺)，引例固爭之餘
(彭汝礪)。而不見諫厚山陵者之多逸直(令狐垣②)，諫迎佛骨者之抱孤
忠(韓文)。近漕有其往事(韋堅)，作賦賞其流風(《魏志》)。苦督將之
恃恩，浮沉醼詠(武元衡)；鄙仙客之庸劣，潦倒孤踪(崔隱甫)。豈曰都
官一言而成語讖(《詩話》)，于玆郎署滯時而滯在公(蔣沇)。進秩而知
雅州，遇絶清選(張昱)；守貞而息鬼魅，還想予雄(徐孝克)。若乃入夢
以昆脚(《尚書故實》)，相號以比盤(《國史補》)。屈突蓋非其任(《唐
書》)，張柬之非所安(傳)。蓋曰制刑不以爲疑，原情爲無可憫(范禹
録③)。抑曰過則失情，緩則留獄，深則礙恕，縱則生奸(《孔帖》)。斯
所謂哀矜而勿喜者，余又何知夫秋官(《通典》)。

工部

司空主土，不言工而言空，空尚主之，況于實乎(《白虎》)。下理坤
道，上和乾光(《漢官解詁》)。相物土之所宜(《家語》)，象玄武之所望
(《後漢》)。于曹爲起(《通典》)，于平專司(《通典》)。其列戟以爲殊典
(《隋書》)，其把菜以爲謼資(《〔汝南〕④先賢傳》)。乃若宰相之器已著
(李栖筠)，宣撫之才勿先(沈扶)。從與知以制誥(范杲)，或兼直以經筵
(《周平元集》)。慷慨言事(蔣係)，剛直性成(曹大秀)。權倖無逃其指
摘(《周平元集》)，佞人直指其姓名(《編年紀要》)。則又有風流警拔之
士(《北史》)，膂力豪俠之人(胡証)。聲勿尋于門蔭(錢昱)，譽何擅于
丹青(閻立本)。紀名位于開元，如子美之參謀者幾(《國史補》)；省鄉音
于士類，並裴家之清立者誰(《北史》)。非出特恩，無同省而誇雁行之美

---

① "話"當作"談"，即《澠水燕談録》。
② "垣"當作"峘"，見《舊唐書·令狐峘傳》。
③ "禹録"當作"百禄"，見《宋史·范百禄傳》。
④ 據《天中記》卷三一補"汝南"二字。

（《舊唐》）；時多冷眼，乃一日而揚角觝之戲（《南部〔新書〕》）。賢惟所命，何資之有（《唐書·蘇頲》）；疇若予工，僉曰垂哉（《書》）。程品之重，有若百工；號令之先，尤難六職（《唐大詔令》）。故非國之髦碩詳于典制，則不可以綜事訓工，建明理本也（集）。

御史臺

余讀《烏臺賦》，官則秦置（《漢·百官表》），臺從漢起（《通典》）。或掌方書（《六典注》），或稱柱史（表）。虞詡之人方側目（《〔後〕漢》），暴勝之名兼直指（《漢書》）。而知是職也，付以中執法之任，綴從諫大夫之官（宋趙德莊《賀啓》）。植風聲于天下，總憲度于朝端（柳〔宗元〕）。分八品之印（上），立五花之磚（《唐國史補》）。捧白簡以從事（《南史》），署梓板以相先（《漢官儀》）。更置司空，試問烏去井枯，幾經休廢（《漢書》）；義關蕭殺，幾考桂坊經局，是否兼員（《通典》）。秦法之掌以圖籍秘書，相隣台省（《六典注》）；漢制之參以平章軍國，仰副丞相（《通注》①）。鵰鶚鷹鸇，非同儕偶（《舊唐》）；豺狼狐狸，疇紀行藏（張綱）。細事相彈（崔隱甫），非曰舞文巧詆（張湯）；風聞入奏（《通典》），自信方挺多長（李栖筠）。煩簡自酌（《唐會要》），小大皆諳（崔隱甫）。老羆之先騎，姑從詔免（顔真卿）；假弄之虐焰，無與避規（薛登）。狞想鞅鞅，重樓複閣之貴戚（《舊唐》）；無容嘿嘿，鬻恩樹黨之端揆（崔渙）。若其傲狠自用（《分紀》），踞慢相持（《漢書》）。故事而尋倡顇（《舊②唐》），寖求而先韋脂（上③）。即以人稱長者（張歐），何至法斮丹墀（《通典》）。若司故府兮呈乞（《會要》），彼彈大夫其白誰（上）。簡命自天，詎謂非舊非勳，超處于故寮藩邸之上（《舊唐》）；徵召有日，將無受慢受辱，頓解于同堂盃酒之爲（《新唐》）。辱臺有所由名，覆射增其愧艴（李景讓）；燕

---

① "《通注》"誤，見《通典·職官三》。
② "舊"當作"新"，見《新唐書·李栖筠傳》。
③ "上"未詳，見《舊唐書·李元素傳》。

語曾未一及，休沐任爾棲遲(孔光)。桐藩之輔翼需人，遷非以左(史)；禪封之議論不及，笑如何其(倪寬)。禮有絶于下拜(《通典》)，體有蕭于簡持(《會要》)。即以傲栢梁之上坐(《漢》)，推明堂之儒師(《漢》)。父子相承，坐卧異處(杜周)；弟兄同列，司判一時(李峴)。而不見剛不護缺，清而畏知(《舊唐》)。門闔躭躭，堂室渠渠(曾肇《重脩御史臺記》)。于時也，將何紀風憲得人之盛，揚紀綱增重之思(陳賈《御史臺廳壁記》)。

御史中丞

漢官：尚書、御史、謁者爲三臺。自漢罷御史大夫，而憲臺猶置([謝靈運]①《晉書》)，則中丞者御史大夫之丞也(《[後]漢書》)。席以獨坐(《[東觀]漢記》)，權次尚書(《[漢官]解詁》)。秉憲戴下(《漢[書·薛宣傳]谷永疏》)，執法殿除(《漢書》)。不縱(侯文光)不刻(唐)，不吐不茹(《晉書》)，則夫眼額殊似(蕭惠開)，氣貌竣孤(崔從)。非才非望，非德非勳，自凛凛筆端之所至(劉瑀)；小利異端，貨財弊寶，寧規規臺望之所趨(歸融)。乃若三世並爲，恪守天寶遺風，不堪苦節(盧懷慎)；四世相及，譜叙江左舊事，緘之青封(《宋書》)。兼謨之有家法(《舊唐》)，魏氏之有祖風(魏徵五代史②)。聊試以烏衣諸郎之舊坐(《南史》)，覻望以膏粱名士之偶逢(《通典》)。詰自御前，有何顧望(陸杲)；詣從便殿，寧比私衷(韓皐)。義激于心，則言出而禍從，雖死不恨(《舊唐》)；直形于色，則公言而私恨，深愧無尤(《魏書》③)。假鬱鬱如梁毗，似有銜于逋藪(《隋書》)；非容容如柳彧，那不據于案頭(上)。蓋至載老母以待降(《九國志》)，服白衣以罪躬(盧坦)。尋往例于僕射(盧坦)，謝全勅于中宮(《魏書》)。繕寫彈文，中朝之紙爲貴

---

① 據《天中記》卷三二補"謝靈運"三字。

② "史"當作"孫"，見《舊唐書·魏抃傳》。

③ "《魏書》"未詳，疑即《舊唐書·宋璟傳》："公事當公言之，若私見，則法無私也。"

(《徐邈傳》)；動思成法，閣吏之梃無橫(《東軒筆錄》)。其清道耶，太子分路，王公避車，專矣赤棒之榮寵(《北齊》)；其籠街耶，行李自大，道路相高，嚴乎明旨之調停(《舊唐》)。獨以荀伯之彈章，胡爲謗及祖禰，相雜嘲戲(《宋書》)；試觀沈仲之怨府，將無慮厲慈母，竊幸幽冥(《南史》)。幸爲任昉之龍門，簪裾日滿(《南史》)；不幸爲李傑之里巷，刀劍幾傾(《舊唐》)。賜爾衣馬(《後漢》)，命爾佳醖(《北史·酷吏》)。嘉近世之獨步(《南史》)，勅王門之勿疑(張縮)。乃不宜稽駐者，在京輦之多有事事(《通典注》)；而親加臨幸者，乃蘭臺之多所徐徐(《宋書》)。又何自誇徵辟(憲府故事)，仰負繪圖也歟(張緬)。茹古氏曰：由唐而前，以刺史爲開府；由唐而後，以節度爲開府：而開府之名昉于魏。國朝被邊距險、負海捶扼，開府以總制者，古制置等，掌經畫邊鄙、軍旅之事也。省直提封、都會要害，開府以巡撫者，古安撫等，統軍旅、察奸宄、肅清一道也。時有啓疆覘邊，振旅衡擊，而開府經略以節制者，古之都督、節度、都統、招討、經略、防禦等即其任也。鹽法、屯田、漕儲、河渠，開府以總理者，古之總領、經制、度支、營田等即其任也。勳猷既茂，加進宮保，往往不乏，即古班同三事，謂之使相不亦宜乎。彼以親王宰相遙領，而不親任其事；以巨盜强藩竊任，而不聽其予奪，唐宋之弊政也，宜乎任者無尺寸之樹矣。

侍御史

余記唐高宗[①]語，"此官清而不要"、"此官要而不清"，遂擢授侍御史(《舊唐》)。奉白簡以聞，日提綱于三院(《故實》)；執青囊從事，竚峻絕于百官(《南史》)。膽于何落，知爲鐵面(《唐書》)；角不可截，試問法冠(《晉書》)。于以觀風，所至專行誅賞(《後漢》)；曾幾入侍，從看書史蟬聯(《漢書》)。更百日而狀癡，倨傲已甚(《通典》)；踰十旬而

---

① 《舊唐書·李素立傳》"高宗"作"高祖"。

臺辱，章疏以戔(上)。賦之者曰：寵服豸冠(《六典》)，寧是避驄至止
(《鑑》)；遙望豹尾(《輿服志》)，匪第棲鳳崇偏(周必大)。而不見朝列
之規，故隨杖以入(《職林》)；尊事之禮，非哄①堂莫前(《國史
〔補〕》)。從不爲碌碌以保妻子(《舊唐》)，其有如訧訧以視鷹鸇(史)。
則古有埋輪之文紀(《後漢》)，案逆之蘇瓌(《唐書》)。何多棄于藏器
(《新書》)，斯所貴于德淵(《吳志》)。爲陳狀(唐)，爲寫圖(東漢)，不
辱奉使；橫以劍(東漢)，執以戟(《耆舊》)，有當幾先。治獄非冤，似霖
雨之有意(東漢)；徽號自正，寧上陽之多牽(崔渾)。儻呫囁而前，會舉
罰之有日(崔咸)；豈傴僂勿待，訝和事之自天(《唐書》)。縱其不尚沽激
(何鄧)，非喜擊搏(陽嶠)。俟後有其律令(《東觀漢記》)，全活紀其大
觀(《元后傳》)。尊在朝廷，莫可恃其勳寵(李勉)；法先輦轂，未忍奉其
殊寬(《分紀》)。伏雙闕而憶兩觀，將無引愧(王義方)；誤腰領而疎天
網，試究所彈(《唐書》)。若乃受命無私，風濤之不敢帆舉(陸元方)；隆
禮未割，徒跣之忽爾居危(《〔三輔〕②決錄》)。臣客馬周，無嫌樂工圉
人之舊(《唐》)；先朝殿院，從教府寺宿衛之思(《繫年錄》)。非判佐以
相比(韋絢)，莫媒介以先容(張行成)。試想義琛爽拔之素(《唐書》)，
似惜柳渾放曠之踪(《本事》)。願有加于弘霸(《唐》)，語何譎于楊公
(《隋書》)。會韓晃③奏免之時，年考雖深，猶從憶于永泰(趙涓)；設好
禮客問之及，見聞不謬，未多見于有功(本傳)。然則具擅以能(傳)，急補
以才(《山公啓事》)。第獨鶻兮愈勁(王素)，勿白兔兮狼猜(王弘義)。相
較于呈身識面之際(《分紀》)，比重于小過大德之因(《唐書》)。著之《本
草》，或熱毒而令人冷峭(《僉載》)；比之脆梨，亦驚悸而有異辣辛(賈至
言④《本草》)。於休哉，職分柱下(《職林》)，任特裏行(《六典》)。出入
兮蘭臺(《通典》)，俯仰兮松廳(《因話錄》)。瞻我衣冠，不仁者遠(李華

---

① 《唐國史補》"哄"作"烘"。
② 據《天中記》卷三二補"三輔"二字。
③ "晃"當作"滉"，見《舊唐書·趙涓傳》。
④ "至言"當作"言忠"，著有《監察本草》。

《廳壁記》）；安措①羽翼，無禮是屏（《中丞箴》）。非難責人，惟難責己。御史責人也，御史獨無責乎哉？處乎難不難之間，斯稱其任矣（曾肇《重脩御史臺記》）。

登聞鼓院

古者朝有誹謗之木，敢諫之鼓（《漢書》）。屬望銀臺，晉司禮②甌（《唐》）。導人使諫聖主，實千載之逢；命汝納言堂下，無萬里之隔（李劉《賀啓》）。書多不諱，政有當于廣延（《唐令》）；職有分任，亦何難于關白（杜牧之志）。自古若召對殿陛（吕祉），敷獻壽寧（《真宗實録》）。文藻淵涵，詔且頒于上國（《六一集》）；錦袍寵賚，會有賜于近廷（《仁宗實録》）。恥闕權門，顧乞骸其有願（《晦菴集》）；求局閑局，悲壯士兮誰令（《言行録》）。斯職也，居雙闕之左（《中興典略》），達百姓之窮（《梁·〔武〕帝紀》）。其無冤滯摑于内殿（唐大曆十年），嚴邃叩于九重也哉（《唐大詔令》）。

大理寺

漢楊賜云“三后成功，惟殷于民，而咎繇不與”，其所由然也。平星有主（《天文録》），司雲以專（唐陳子昂表）。祥刑有在（《書》），尉罹③何傳（《什名》）。進丞棘路（制），治讞竹行④（胡承恭制）。字通于李（《韻會》），法則是卿（録）。明謹以讞疑獄，哀矜以去冤獄，分平以鞫庶獄，吾既存其三慮；曰氣，曰色，曰視，曰聲，曰詞，吾又悉其五聽（《六典》）。第使愚民知所避，姦吏無所弄（《通典》）。切無朝示而暮改，

---

① 傅咸《御史中丞箴》“措”作“惜”。
② 《新唐書·百官志》“禮”作“理”。
③ “尉罹”當作“羅尉”。
④ “行”當作“刑”。

同罪而異刑(《續通典》)。則夫遇來、侯必死,遇徐、杜必生(《通典》)。無活法者,元禮之怒遣;無死法者,日知之允平(《〔大唐〕新語》)。贓子所以伏法(張仁愿),逆黨所以就誅(《舊唐》)。犯蹕者止當作贖(《漢書》),盜陵者應否殺嫗(《大唐新語》)。執法一心,曾不欲以惜死(《隋書》);居官作長,固不能以自誣(《韓詩外傳》)。余不必多稱恩于盛吉(《會稽典録》),第思無虛誣于李離(《韓詩外傳》)。即以異唐臨之動天鑒(《〔大唐〕新語》),寧勿快杜暹之受人知(《天中》)。五刑條以律令(陳寵),十事上以便宜(《晉書》)。視表而見裏(宋世軌),決嫌而定疑(蘇珍之)。當斬輈戮御之時,必不陵上弁①君,以祈敬事(《説苑》);迨缺踰竇隧之日,乃知情憐色慘,別有相窺(《家語》)。余怪燕趙之間三男共娶,爲人倫之大逆(〔謝承〕②《後漢》);尤恨則天之際同惡相濟,啓告訐之嚴威(《舊唐》)。嗟乎!名法崛起(《後漢》),左監代興(上)。執南土之秀望(《晉中興書》),緊武德之一人(《舊唐》)。廢矣有設羅之歎(《鑑》),任耶有登仙之榮(倪若水)。而不見簡策自天,異老嫗之秘授(《何氏家訓》);出緊非小,高銓選之芳馨(《西京雜記》)。史氏之言曰:張釋之爲廷尉,天下無冤民;于定國爲廷尉,民自以不冤(《前漢》)。楊廷秀之論曰:如殺人者必死,此法不可以更議;而誣訴者罪以其罪,此法不可③必行(《刑法論》)。且哭且歌,至齋禱于纍囚,若期凤願(《舊唐》);于耶張耶,遇遭逢于革命,更可美名(《徐有功傳》)。何自臺按而寺署(《北史》),每沿禄薄而任輕(《通典》)。惟倡優之從減清望(陳舜封),在刀筆之莫任公卿(張湯)。于以宿推長者(柳〔宗元〕《先友記》),特選正人(唐)。又何必空獄表以稱賀(宋李洽),而曲筆終以相狗也哉(游肇)。

① 《説苑·至公》"弁"作"棄"。
② 據《太平御覽》卷二三一補"謝承"二字。
③ 楊廷秀《刑法論》"不可"作"可以"。

太常寺

古曰秩宗(《唐書》)，秦曰奉常(上)。清選于歷代(白居易)，妙簡于時望(《漢武帝志》①)。位正容臺(《類要》)，典禮漢先于上爵(《宋志》)；秩高玄冕(上)，整儀唐亞于三台(上)。招諸生齊魯之間，則俎豆聞之矣；致吾君堯舜之上，豈玉帛云乎哉(李方岳賀常卿)。爾其翩翩文學(漢晁錯)，表表德行(《魏志·邢顒》)。冠九列(《六帖》)而備四院(唐制)，典六樂(《周禮》)而導九儀(元集趙宗制)。驅赤車之千乘(《初學記》)，响蒼玉之明姿(《晉書》)。勿襲鄭衛之音，命梨園而奏雅(唐)；時參新舊之典，表元和以爭奇(王彥威)。蓋其就決擬議(鄭肅)，無歉倫彝(《魏書》)；具精經學(鄭肅)，且訂會期(趙宗儒)。彼胥史之匪才，從多勳烈(薛稷)；豈僭議之有口，漫無折衷(《通典》)。乃若諡法爲貶爲褒，與參行實(《白集》)；事論可可否否，更以彙綜(唐)。側堂堂，橋堂堂，而知作難(《《唐書》)；彼編鐘，此編鐘，竊幸相逢(《羯鼓錄》)。識有精于鳴鐸(《後周》)，相有善于啞鐘(《舊唐》)。定以臨軒之金石(蔡謨)，考以先代之芒筒(斛斯徵)。非黃道之誤行，畏從典故(《筆談》)；乃胡琴之與鼓，調盡迎逢(《職林》)。余嘉其玉潔冰清，行爲俗表(賀縮②)；尤美其鋤驕抑踞，威生吏胥(《唐書》)。裹自尚書(《國史補》)，不爲備員閑厩(《齊書》)；入多政府(《續通典》)，是否望省樓居(《雍洛靈異錄》)。彩段相映(《職林》)，瑞錦交響(《舊唐》)。捉筆賦詩，相承帝命(楊師道)；脫巾就署，榮奉母車(崔郊)。無但曰有音樂而多美酒(《北史》)，猶且曰設几杖而幸乘輿(桓榮)。若乃方伎任雜品之入(《舊唐》)，伶官縱荒誕之餘(上)。非有當于聲樂(《兩京記》)，自無愧于雅儒(漢武)。念母有心，還第以行，攝者不爲故事(《晉起居注》)；輕士忒甚，入宮以指，授者何苦長吁(《舊③唐》)。頓爾覓孝廉之船，誠喜得士

---

① "《漢武帝志》"誤，見《晉書·簡文帝紀》載晉康帝詔"妙簡時望"。
② "縮"當作"循"，見《晉書·賀循傳》。
③ "舊"當作"新"，見《新唐書·王珪傳》。

(張〔憑〕①);夫然高隱士之野,那任虛拘(《職林》)。茹古氏曰:聞三禮書,樂亦在焉,而名書皆以禮;太史公謂《三百篇》,子且歌焉,《韶》《武》自是而可述。然昉古爲樂屬設官,自府吏胥徒而下,其上、中、下瞽及眠瞭,何其備也。今自太常司領,其大司樂以掌成均之學政,而所謂樂德、樂語,非復先王之舊矣,惜哉(徐筠)。

光禄寺

職先令長(《漢官儀》),署列殿中(《齊職儀》)。吾遡其德行(《〔歷代〕②沿革》),究其勳功(《後漢》《初學記》)。内奉宿衛,外總三署,共見汲引之義(杜林);事上以禮,遇下以和,伊誰才地之同(鄭默)。以武帝之難其人,而躍然于曜卿,不得獨擅(《南〔史〕》);以太宗之重其托,而諄然于故舊,不可多蒙(《舊唐》)。至德清純,曾幾暗中伺察(《孟宗別傳》);恣言極切,何妨廷見雍容(王)。則試以辨魚于武庫(《後漢》③),按蜆于《春秋》(上)。拔佩刀而斷車軛(《後漢》),悵秋水而泛輕舟(邢虬)。清廉美于二稚(《後漢》),陰重推乎老周(上④)。致恨情深,遂重後車之載(《晉陽秋》);相憐好篤,從多垣下之酬(《魏志》)。斯不愧九列之首(本集),而古閽之優也乎(《初學記》)。夫名沿實悖者,惟光禄爲然。古宮正長王宮之戒令,膳夫酒正,故所稽功緒而聽教成者,即以之統尚食諸役似也,後遂謝宮政之柄,而專精于酒醴膳羞。噫!天下政令風教,未有不自王宮始者,其奢儉汰約之原,治亂以之矣。任此者寧曰止供食御,可忽乎哉。

---

① 據《世説新語·文學》補"憑"字。
② 據《山堂肆考》卷五一補"歷代"二字。
③ "《後漢》"誤,見《三國志·魏志》:"王肅爲光禄勳,時有二魚長尺,集武庫之屋,有司以爲吉祥。肅辨之曰:'魚生於泉而見於屋,鱗介之物失其所也。邊將其殆有棄甲之變乎?'其後果有東關之敗。"
④ "上"當指《漢書·周仁傳》。

太僕寺

司僕正卿，位居九列；在周之命，伯冏其人(《書》)。所以惟月脣望，象河稱聞(韋弘景疏)。汗血霜蹄，擢拔自牝驪之外；方皋伯樂，顧瞻空驥野之群(《賀啓》)。直指策司，指揮若習于明問(《漢雜事》)；留心番事，充牣足濟于邊軍(《晉諸公讚》)。于是馭駕有小(《〔續〕①漢》)，驂乘以前(《選》)。杏壇幸臨，爰指禦侮之室(《〔東觀〕漢記》)；栢梁賦就，共摘待駕之篇(《古文苑》)。快喜車騎之來，宣揚有命(《續漢書》)；歎息貲郎之任，封駁回天(《舊唐》)。豈廉平而有事，賂遺無辭昏夜(《漢書》)；如恭儉而頻分，禄賜雅擅青氈(《魏》)。公孫之世及以時，功有紀于騎士(《〔漢〕②雜事》)；夏侯之歷事未已，法有奉于先年(《漢》)。加意芻圉(《周官》)，秉心塞淵(《詩》)。應足驊騮之選(《晉故事》)，誰爲騏驥之先(《元豐官制》)。彼張暐之乘傳，華髮皓鬢，映錦袍繒綵而一色(《本事》)；遡宗彤之遠略，青鈇白馬，與刀劍衣佩而同妍(《東觀漢記》)。是在驅馳王事者加之意焉。

尚寶司

地有掌節，春有典瑞(《周禮》)。漢時名符，既不同于旌節之及(上③)；秦代置璽，再有考于府令之班(《六典》)。吾以想其中分，付受爲信(《環濟要略》)；吾以辨其所用，既事而藏(《舊唐》)。于是列中丞之秩(漢)，如何并蘭臺之章(晉太始元年)。寶或易于天后(《六典》)，劍且按于霍光(《前漢》)，斯璽卿也哉。

---

① 據《天中記》卷三三補"續"字。
② 據《天中記》卷三三補"漢"字。
③ "上"未詳，見《唐六典》。

國子監

國子，周之舊名也。省嫌外列(唐)，館重司成(《通典》)。齒胄之禮可行，名故不稱；桐簀之設有事，義更何并。遜詔以太師，加之氏而乃爲專掌(《舊唐》)；如位先元長，待以饌而試舉交觥(胡廣)。則夫紀佩玉(《晉中興書》)，絕影纓(《張說集》)，從過槐席(史)，列坐虎闈(《〔明堂〕①月令》)。東庠西序之間，百寮與率(《前秦錄》)；三行六藝之及，保氏以幾(《通典》)。論難鋒起(《隋書》)，精義霞流②(《舊唐》)。言辭若屈(權會)，風采無求(《南史》)。屬在潮溝，五館之諸生畢集(《南史》)；會參天保，隣家之宿客每由(《北史》)。語者莫測其深淺(馬光)，聽者已忘其倦偷(徐文遠)。夜半之扣戶何來，若嗔誰毀(《北史》)；一日之掃門以俟，似快野謀(《北史》)。試事有其否臧，始末依然，未敢處非而自飾(《隋書》)；詔令有其擬議，意向所指，那弗泛應以曲投(賈誼)。余又重其名節(孫夢觀)，高其操行(《唐書》)。奏無多于芝草(《黃簡肅行狀》)，諷有切于《鹿鳴》(《唐》)。貪凌譎詐之流，于公有待(柳〔宗元〕《遺愛碣》)；東封西祀之舉，此際何爭(宋邢惇)。絕俗閑棲，應每多于三至(《晉書·杜夷》)；因時喪亂，急有請于中興(《晉書》)。非其人，則都尉備員，方伎庸流(《新書》)，徒資濫予；求其實，則以黃門拜(《後周》)，以宰相領(《續通典》)，疇可憑陵。憶師授之先資，乞歸骸骨(《舊唐》)；實清貴之散列，切忌股肱(楊琯)。碑碣尚存，豈喧謗而相從敺擊(《舊唐》)；平原有任，詎詔獄而據喪幽冥(《後漢》)。然則奪可重席(《殷氏世傳》)，拜可下牀(《載記》)。朝命不再(《魏書》)，手詔多忙(《舊唐》)。而不見王氏之世官未有(《南史》)，桓榮之家法彌彰(《後漢》)。其先生而識精《爾雅》(《漢官儀》)，莫腐儒而肅未周行(《新書》③)。總太學儒官列燕于堂，斯爲盛美(《合璧》)；儻牧兒蕘竪薪刈其

---

① 據《文選》王元長《三月三日曲水詩序》注補"明堂"二字。
② 《舊唐書·孔穎達傳》"流"作"開"。
③ "《新書》"誤，見《舊唐書·祝欽明傳》。

下，致愧鞠荒（《後漢》）。恨得之晚（桓榮），幸見之疎（張），又豈《五經》之掃地（《晉書》①），廣文之濫竽也乎（鄭虔）。茹古氏曰：不自朱藍，何遷素絲之質；匪曰蘭芷，疇變入室之情（王融《爲王儉讓國子監祭酒表》）。新進瀛州，均叨零于時雨；雄觀館閣，共詫聚于德星（《牋啓》），亨哉。

京尹

尹鼇神甸（舒信道啓），召典京師（淇水制）。領萬戶之板籍，統千里之神畿（《六帖》）。故曰其民異方雜居，多豪門大族，市賈奇贏，則利之所聚而奸之所生也（《傅子》）。然則得地大，驟可迴旋；去天近，猶難度法（《牋啓》）。左掖之郡，近入黄圖（《幸新豐勅》）；輦轂之下，必先彈壓（《舊唐》）。以余觀其具瞻允若（《唐書》），師表相承（《筆談》）。德教遠敷，無少赫赫之譽（《傅子》）；威風兼勵，猶多灼灼之稱（《分紀》）。邊延擅其美（《後漢》），張趙可其人（《漢書》）。訓如父，愛如母，威如虎，恩如春（《李變傳》）。時號嚴明，從未錮人于聖世（袁安）；政尚簡約，曾不附塵于編氓（張延賞）。黄河比笑（《筆談》），枹鼓希鳴（張敞）。雲有摩于蒲絳（李罕之），地何立于强横（鄭戩）。倉卒敷陳，奸倖者無所逃其指斥（吳湊）；分外遊賞，癡男子共自凜于神明（《因話録》）。則夫黛墨鑱膚之輩（薛元賞），屠沽商販之倫（《因話》）。毋再奉中使之命（許孟容），毋辭連近貴之臣（《東都事略》）；毋戚畹之輸租莫及（《〔東觀〕②奏記》），毋偏裨之躍馬以狗（《因話録》）。蔬具頻設（《舊唐》），長揖與爭（《英雄記》）。後事而歡偕，誰爲惜死（薛元賞）；經宿而制下，人已樂生（《舊唐》）。列吳湊之佳筵，辨閒禮席（《國史補》）；拜吳芾之簡命，賀且傾城（《晦菴集》）。況其三世盛事（《四朝國史》），異時芳碑（賈敦頤）。詔書兮褒美（李朝隱），屬吏兮號悲（趙廣漢）。幢蓋鼓吹，恩有加

---

① "《晉書》"誤，見《新唐書·祝欽明傳》。
② 據《天中記》卷三四補"東觀"二字。

于常例(《別傳》);玉麟銅虎,績有考于旦評(《分紀》)。余笑者三期之間,乍賢乍佞(王尊);五日之内,且止且行(張敞)。淫雨爲災,李峴之避責譴(《舊唐》);熒惑有驗,桓景之多送迎(《晉〔·陶回〕傳》)。其欲承膝下之歡,録以曼倩(雋不疑);不欲同机上之腐,辭可君平(《語林》)。若夫自甘脂韋(《六帖》),少弛威令(翟方進),延賞有及有不及(《〔唐〕語林》),黄伯有能有不能(晉袁甫云)。嗟乎!安知會有宰臣之擢(元相京尹制),而從非勳戚之登也哉(魏少游奏)。

鴻臚寺

稽古唐虞,賓於四門,兹其任也(《漢官解詁》)。臚字從解以肥,誰事腹心(《什名》)。似不啻任于聲贊(《漢官解詁》),卿僚加除以大;再經龍朔,更有易于司賓(《六典》)。試考故事,自當確選中丞,而高秩御史(《山濤啓事》);今曰主客,其何影響文武,而殷勤亡秦(《魏書》)。于以嘉其宿德(《魏志》),任其專才(《前涼録》)。不第儀容之美(《魏書》),匪從禄食之媒(《晉書》)。當草創之初,有慮勳人之濫竽(《舊唐》);豈重譯之會,無喻使命之新裁(《魏書》)。蓋淬鍔磨鋒,欲傲以所不知而不能屈(《吴録》);金錢縑帛,數幸以未曾有而莫可回(《後〔漢·皇〕后紀》)。重以元方,若卿輩之所負愧(後漢);並以朱寵,竍公等之有殊遷(《東觀漢記》)。《周禮》云:行人掌賓客及諸侯朝覲之事,毋乃有名實之不相沿者焉。

給事中

秦初有給事黄門之職,其官舊矣(《歷代沿革》);古者工執藝事以諫,有常員哉(《書》)。瑣闥入對(《漢〔舊〕①儀》),畫署叢誇(《漢官

---

① 據《天中記》卷三二補"舊"字。

儀》)。其或兼于選事(唐)，何不奉于把麻(《嘉話録》)。則夫虎視殿上
(唐)，鳳鳴朝陽(上)。隨宰相以平章，與分其責(上)；先有司以糾察，
獨領其綱(《六帖》)。其選甚重，其秩甚卑，或不欲有貪位愛身之意(白
居易《品疏》)；多爲名儒，多爲國戚，何少遜以勿欺而犯之行
(《〔漢①〕儀注》)。倘必擇辰，則睹天顏，獻可否，時能有幾(《舊
唐》)；如終呵譴，則欲陳而去其五，將聞而削其半，達者已涼(李絳)。
爾其選可立德(任熙)，望重明經(鄭〔衆〕②)；忠篤履素(《晉起居
注》)，廉潔性成(陳邵)。月慚諫紙(《長慶集》)，日赴內朝(《會要》)。
軒軒得志(《傅子》)，孜孜任勞(《分紀》)。其利溥哉，挽以回天之力
(《〔舊〕唐》)；洵大器也，高以批勅之言(李藩)。邦彥之五罪已明，無
容阿避(《程瑀傳》)；俊臣之三陷得實，那少平反(《舊唐》)。時疏及于
禁軍(王源〔中〕③)內侍(《白集》)，無濫予于妖人(《舊唐》)伶人(《册
府》)。惟相臣之子，合以引避(唐)；如徽號之上，豈或相狥(《舊唐》)。
非造次于顚狂，浪邀浮譽(《舊唐》)；縱遭逢于雷電，每切凱論(《〔舊〕
唐》)。嗟乎！余嘉夫名有所不受(《言行録》)，體有所得宜(《事略》)。
彈擊不以其細(《言行》)，論列每窮其思(《實録》)。而尤嘉昪榱于際
(《五代史》)，焚草于時(《事略》)。從是聖朝無闕事(詩)，我知天子有
諍臣(啓)。異己而去其權，署惟案牘(《柳氏家學録》)；移家而掃以墓，
感切至行(《南史》)。二十年難進之臣，故充番使(竇群)；八十餘呼嵩之
老，共仰太平(陽城)。牧守非難(郭承嘏)，寧出補而憂在外郡(《前
漢》)；銅匦有意(武后)，奚用衆而廣可庭臣(《唐》)。乃若載酒從遊，
門多好事之客(《前漢》)；牽羊異數，時終孝子之身(《後漢》)。聲價已
高，從諫議以志喜(《魏書》)；濫雜弒甚，時謠誦以非倫(天授三年)。豈
無憐子昂少陵之剥屯，成詩人之命蹇(《舊唐》)；恨不多父徵子甍之濟
美，快聖政之平均(《唐》)。噫！聖天子從諫如流之秋，未嘗罪夫言者；

---

① 據《天中記》卷三二補"漢"字。
② 據《後漢書·鄭興傳》補"衆"字。
③ 據《太平御覽》卷二二三補"中"字。

諫大夫憂國若渴之志，可曰無其人哉(宋楊萬里賀)。

中書舍人

司言鳳綍，揮翰龍池(〔陳〕①拾遺)。五花判事(《鑑》)，六押分司(《李泌傳》②)。蓋以宣王言，掌呈奏(《初學》)；抑以參典王命(《曲阜志》)，首聞萬幾(張省夜制)。設紫褥于院庭，相傳壓角(《朝野雜記》)；視威等于給事，寵例賜緋(《四朝國史》)。如是遡其檄駁，施行者批勅有當(《老人小傳》)；更考其都堂，面試者除目可幾(《石林燕語》)。推高給省(《文館記》)，伏奏青規(《文粹》)。榮哉一佛出世(《國史》)，洵矣文陣雄師(蘇頲)。余愛其三人及第(《〔職官〕分紀》)，一家詞頭(《唐大詔令》)。父子相承，累上鑾坡之值(《春明退朝》)；兄弟對掌，兩陪鳳闕之遊(《九國志》)。樣有成于鳳閣(《舊唐》)，象有垂于紫宮(《齊書》)。便殿承顏，幾高燒夫蠟燭(《國史》)；行在賜宴，用屬和于歌謳(《分紀》)。則以求舍人之文乎？册奏之工，皆出其手也(顏師古)；詔誥之敏，其獨成于心哉(《職林》)。一日而九有追封，立可却坐(《實錄》)；一官而十爲誥勅，妙出新裁(《言行》)。蓋其有峻峰激流之勢(許景先)，有蘇齊賈許之風(孫逖)。思如湧泉，手腕將脱(《會要》)；文若夙構，夜半無庸(王祐)。君賜與班，憐才者每多吟詠(封敖)；藩邸有屬，握劇者暫令迎逢(《文苑》)。其何愧當朝之大手(《職林》)，一代之詞宗(《〔職官〕分紀》)。以論舍人之品乎？自負鯁正(宋璟)，具絶饋遺(《南史》)。獨主國綱，高岸日習(《晉史》)；權傾天下，廉静風披(《齊書》③)。其狗公耶，徵泅見誚(《國史》)；其風采耶，反袂相規(《分紀》)。則安見論

---

① 據陳子昂《爲陳舍人讓官表》補"陳"字。

② "《李泌傳》"疑誤，見《新唐書·楊炎傳》："舊制，中書舍人分押尚書六曹，以平奏報。"

③ "《齊書》"誤，見《梁書·傳昭傳》："明帝踐阼，引(傅)昭爲中書通事舍人。時居此職者，皆權傾天下，昭獨廉静，無所干豫，器服率陋，身安粗糲。"

事多端，一字之可增減（《馬周傳》）；餽典偶及，除制之舛公私（《舊唐》）。於休哉！中書訪咨，何來門扄或塞（《續通典》）；西省盛美，不再篆額親題（《國史傳①》）。險簽樞（《雜記》），領外藩（《四朝會要》），試窮事始；不試文辭（《言行》），命典箋奏（《會要》），孰訂稽疑。余笑夫頤大而髯多者，虛有其表（蕭嵩）；豔冶而巧媚者，富有其姿（殷鵬）。從覓笇庫（《僉載》），茫失紫薇（《湘山野錄》）。悲夫排擯而才有不得用（《舊唐》），封題而貌有所見知（《北齊》）。據道衡之石，情深感泣（傳）；伏靈武之陛，事絕哀悲（《舊唐》）。蓋古誼之有以相準（齊澣），制草之不可以私（《舊唐》）。齎甚分遺，誠有檢于昔昔（鍾元章）；賦成受賞，曾何訝于遲遲（王翃）。臺閣彥髦，無不以文章達，故其爲文士之極選（《通典》）；朝端機密，當自有任使在，業幸蒙天子之深知（岑文本）。有取雞木（《初學》），毋奪鳳池（本傳）。則夫名瑞柳而署堂薇者（《分紀》），固有如斯矣。

監司

天下之事，散在諸路，總制于監司。唐制：都督節度，都統招討，經略防禦，因事特置，而方伯之名不副。追後武夫賤卒，起功行伍，而節度之禍尤攖。刺史若任乘傳，然秩以下大夫，則州牧或從更置；監司有嫌監察，如督以及御史，則丞相或奉遣行（《歷代沿革》）。故其居位牧伯，分刺諸侯（《漢·百官表》）。其承宣以著績，其屏翰以揚麻（《書》）。于以可否之並察（《唐書》），利病之相迎（《分紀》）；詎曰案牘之絜掌（王樓②），吏胥之縱橫（王鼎）。密有心計（范旻），濟以民貧（《分紀》）。科約期于兩當（《言行錄》），都簿第是惟均（事）。險避長淮（《〔東都〕事略》），樓瀋望春（《唐·韋堅傳》）。千艘浮江而上（《〔東都〕事略》），桴鼓更夜而巡（邢卲）。言念沉溺之苦（《鄧傳》），逃逋之虞（《類要》）；

<hr>

① "傳"當作"補"，見《唐國史補》。
② "樓"當作"播"，見《舊唐書·王播傳》。

何得八條疏置(《宋書》)，四瞪①留餘(孔宗旦文)。然則廣其視聽(賈琮)，事未敢以蹈襲(《事略》)，吏或可以仰舒(賈琮)；計有本末(《言行》)，歲增無妨于民命(李巽)，奏減何損于國儲(《實錄》)。行部傳車，會甘雨之多注(百里嵩)；歌謠徹響，看繡冕之從予(郭賀)。彼元禮之家，濟美以及(《東觀〔漢記〕》)；若中興之舉，少年莫如(晉荀羨)。水火深情，應教乳哺之念(《宋書》)；十部從事，猶賢一紙之書(《晉陽秋》)。蓋于以遡侍從公舉中書，置籍之盛美(紹興七年)；并以想一家哭一路，哭之躊躇(《言行錄》)。薇省署名，貴句宣之方伯；中書統轄，重行在之尚書(《箋啟》)。其可負此保釐也歟(《書》)。

觀察使

舜以五長綏四國，若今之節制也；周以十聯率諸侯，若今之廉察也(《白集》)。奏最觀風，寓直憲節(《箋啟》)。刑告爾祥，事陳時臬(《書》)。誇多繡府(《漢書》)，導引朱衣(《職林》)。有取銜雁之序(唐)，輶車之威(《曲阜制》)。遡始于循行之美意(《漢書》)，清問之深仁(貞元八年)。所辟名流，則鏡湖秦望之間，皆爲絕唱(《舊唐》)；從教遊賞，則笑語輕脫、指顧軒昂之輩，那事引身(《劇談錄》)。豈假寐之留連，清暑郊勞，先有疏于書記(《舊唐》)；縶平生之愛憎，大蟲妄佞，並有紀于性真(《〔大唐〕傳載》)。則夫主倉曲貸(韋丹)，淫祠立傾(李德裕)。陴隍繕而永利(張建封)，萑蒲化而每更(崔郾)。獨躅租賦之入(衛次公)，尤多庠序之興(韋②袞)。于以贍軍，豈傾府藏而長其驕態(《舊唐》)；于以襄厲，故從巫蠱而想其款誠(《舊唐》)。痛飲賓僚，尋省覽之無差夜半(上)；私銜讒慝，何殊擢之有駭聖明(《新唐書》)。獨以議事之諫臣，憎憐劇賦(王緯)；試想餘風之判使，速與持平(東漢)。若乃客禮相加，雖黜死而無恨(《舊唐·令狐峘》)；疇是石門搜貯，咸詣闕而稱榮

（李勉）。獻丹宸以名箋，無邀明旨（李德裕）；掊銀瓶以作貢，徒恥穢行（齊映）。嗟呼！馬前之有鞭弭（張建封），腰下之有金魚（陳堯咨）。斯爲異數而殊恩也歟。

郡守

以余觀于郡守也，隼飛旗上，熊伏軾前（《〔翰苑〕新書》）。編署黃堂，若相沿失火之故（《郡國志》）；右參五馬，寧習誤閉閣之專（《丹陽集》）。每一除授，考所行以質其言，故漢世良吏爲盛（《前漢》）；多因貶削，重內官而輕外職，則具寮倡率誰先（《通典》）。議自朝臣，特重諸侯之選（《舊唐》）；課茲殿最，同班卿貳之聯（《合璧》）。毋曰主神，聲有聞于披甲（《遺事》）；因知薄俗，詔有惕于懷磚（《伽藍記》）。余異夫降甘露（《東觀〔漢記〕》），湧醴泉（《北史》），麥兩岐（張堪）而禾同穎（東漢），馬神境內（上）而虎渡河邊（上）。如陽春之有脚（《遺事》），如時雨之自天（《決錄》），如江海之霑潤（應詹），如冰雪之芳妍（魏令狐邵）。起死人而肉白骨（《祖逖別傳》），安反側而息妖言（《舊唐》）。即以抑强扶弱（耿純），擇吏選賢（黃伯①）；農桑往教（《北史》），婚嫁毋愆（《東觀〔漢記〕》）；商旅頓湊（趙清獻），饑莩苟全（《言行錄》）。豪右所以見攝（《後漢》），獄訟所以引譽（韓延壽）。自主于青山綠水（《蜀檮杌》），竊比于葦杖（《漢》）蒲鞭（《異苑》又《對酒歌》）。乃若詩思歷歷（《宋書》），飲况翩翩（《蜀檮杌》）。賓客之履常滿（馬援），游敗之興靡還（《南史》）。率然曳杖（任昉），聊爾泛船（《陳書》）。照天之燭而名蠟（《東齋紀事》），戴帽之賜而改弦（梁彥光）。當朝之咶可填門，危言莫及（《南史》）；寶山之富可十世，轅車已遭（張堪）。夫然無温飽在志（上），有清白相傳（楊彪）。于踵曰繼（《二李詩序》），於璧曰連②（韋叔裕）。

---

① "伯"當作"霸"，見《漢書·黃霸傳》："太守（黃）霸爲選擇良吏，分部宣布詔令，令民咸知上意。"

② 《周書·韋叔裕傳》"連"作"聯"。

喜告成于知頓(《裴耀卿傳》)，疑起家以少年(《南史》)。豈不來暮之歌疊響(廉范)，去思之碑早鑴(《南史》)。豈不兩州爭奪于境上(《宋書①》)，一語願借于君前(《後漢》)。余又求之麔伍之相應(《異苑》)，《鹿鳴》之廣宣(王褒)；侏儒之例貢(《新唐書》)，曹掾之佳緣(《風俗》)。東崛西崛之殊峰，多堪流涕(《韻語陽秋》)；白馬青牛之勝蹟，任可周旋(陸馥)。以孟(《〔孟宗〕②別傳》)以江(《〔江祚〕③別傳》)，若派傅于尸祝(《別傳》)；是父(《舊唐》④)是母(《東觀〔漢記〕》)，更情事于源淵(上)。陟望峻封⑤相代，何嫌于往事(夏侯詳)；從看邊塞閑遠，故恨于茲遷(《南史》)。而不見雙鴈相隨，名以留于池上(《輿地志》)；白鹿來夾，兆有紀于車軿(漢)。洵天子腹心之吏(史)，玉皇香案之仙(《白居易集》)也乎。茹古氏曰：州之名，起于虞十二州，後世刺史所治；郡之名，起于秦三十六郡，後世太守所治。隋廢太守，郡以州統縣。然郡卒不可廢，至唐而復之。唐太守俱稱刺史，使持節，蓋所治者太守之事，而所稱則州牧之官矣；唐州牧守爲節度、觀察諸使，其屬則有推官、判官、書記、支使之屬。宋節度、觀察特爲貴官之虛名，初不領方岳事；而州牧之任，則有闖帥、漕憲等官，蓋雖冒以使名，而實則郡寮耳。

承佐

郡丞秦官，惟掌兵馬，自漢迄唐，其名不常，曰別駕，曰司馬，曰治中，曰長史，故緹紬屏軾，下與主簿同賜，而州牧或得于辟置，間以處王子及近臣之左降。若起廢者(周必大記)，端寮題望(《長戶志》)，別乘參同(漢制)。冠一梁而衣皂服，綬以黃而印以銅(《職林》)。百里掄

---

① "書"當作"史"，見《宋史·杜衍傳》。
② 據《太平御覽》卷三六二補"孟宗"二字。
③ 據《太平御覽》卷三六二補"江祚"二字。
④ "《舊唐》"未詳，見《漢書·召信臣傳》："吏民親愛信臣，號之曰召父。"
⑤ 《梁書·夏侯詳傳》"封"作"峰"。

材，纔當展其驥足（龐統）；半刺是職，通有佐于上公（《職源》）。豈謂吏隱于茲，愧蠹殰之有素（記）；將無英儒得當，幸羽翼之相從（管寧辟文）。則夫德爲人表，行爲士則（盧昌衡）；誰爲伏雌，誰爲飛雄（《後漢》）。孔休源之累位名藩，一榻孤懸，無容濫預（《宋書》①）；車武子之多聞今古，佳筵並集，其樂已融（《續晉陽秋》）。恨伯騫之莫識（張彥），悲桓溫之不逢（《世說》）。題以姓字之各別（《後漢》），誤以名氏之偶蒙（崔敬嗣）。箕踞可以彌日（《世說》），岸幘何弗從容（上）。豪俠者幾，即與之伐鼓窮歡，猶恨不足（《新〔唐〕書》）；御驥有事，奈何不驂騑載酒，自快糜窮（〔謝承〕《〔後〕②漢書》）。如是曰鐵石心腸（敬肅），水晶燈籠（劉隨）。嗜蠏有日（《雜記》），撤屏無庸（《豫章列士傳》）。所辟若慈明、文舉之流，時選爲允（《家傳》）；相知若顧球、顧和之輩，超絕以宗（《別傳》）。倏忽名藩，遡感慨于舟中，栖遲猶舊（《續晉安帝紀》）；未幾司馬，從悲涕于廳事，世及以共（陸閑）。而不見蘭菊挺生，爲至行之事應（《羅含別傳》）；蘆茅滋蔭，看勉樹之豐隆（李全忠）。余又快夫湮厄戚鬱③之胸，一寓爲文而田水以顯（柳宗元）；陶寫詠吟之致，並教以祝而溪洞移風（劉禹錫）。制誥疾趨，莫訊輕舟之載（蘇易簡）；匡廬念久，頻登香鼎之峰（白居易）。若乃賑饑（《隋書》）括地（《宋書》）之舉，定讞（《宋趙挺之》）理枉（《言行錄》）之功；奪貢使之驕倨（《言行錄》），抵內侍之芒鋒（《唐書》）。與爭鼓鑄（上），畫策平戎（張方平）。清潔有其至性（宋孔勗），恬退有其孤踪（王安石）。于以環珮作別（宋），芳碑推崇（柳子《睢陽廟碑》）。斯誰非台輔之器（宋），千里之雄也哉（《唐書》）。

推官

蔡襄有云：提封千里，民堵萬區，加其上者獨太守耳，守之責無已

---

① "《宋書》"誤，見《梁書·孔休源傳》。
② 據《天中記》卷三四補"謝承""後"三字。
③ 《新唐書·柳宗元傳》"湮厄戚鬱"作"堙厄感鬱"。

重乎？曰：不若理官之重。然則使死者不怨，刑者甘心，遂理官之重可乎（蔡襄《送張總之序》）。責在彈舉（《北窗書抄》），司在繩糾（閻之用）。從容陳當世之務（《言行》），慷慨折司馬之偷（杜景〔佺〕①）。允當刑書且思，置獄吏以有地（《言行錄》）；于干盛怒何妨，雜案牘以書屏（《言行錄》）。勿重易一字而輕數人之命（范如奎②），安知非己姦而妄仇家之聽（宋王疇）。蓋至蠻獠兼其城守（吳輔），妖蛇副其書銘（孔道輔）。從暑月而汗流浹背（《胡氏家傳》），那夜半而秉燭閑情（歐陽觀）。手扳馳歸，曾幾爭直（宋）；印篆疑讞，應否輸誠（趙抃）。吾又想其造士殷勤，隨賢愚而啓訓（胡瑗）；策兵指畫，官節度以軍行（《東都事略》）。詔自雍熙，故帑藏之不與事（《宋書③》）；幸從梁顥，乃邊事之凤有聲（《宋書④》）。何必減臺諫之風，多所論列（《中興儀録》）；伊誰是宰相之器，重其芳亨（《邵氏聞見》）。夫薦剡相推，此道古矣（《通略》）；如箴銘見諷，比事誰令（李文簡）。讀秋光山色之吟，可志吾過（《東坡集》）；長新第少年之慮，要稱威靈（《事文》）。嗟兮！狴犴恐人（孫莘老詩），圜扉濾鬼（唐子西詩）。兩造易惑，卑辭難明（劉漫塘箴）。居是官者，尚其欽若，體彼好生，以盡其辭，以察其情，又何不曰今古之祥刑（前人司刑箴）。

州尹

秦漢以來郡縣也，唐虞州牧耳。各授以方，何必減縣令之任；如加以部，奚啻襲太守之稱：則姑從州事以爲徵焉。遙分竹使，特陞刺藩（胡永恭行郭元素制）。何似空員，多非清望之及（韋嗣立奏）；將無逐客，第因附會之班（張九齡奏）。當魚書之有期，專停已漸（楊綰奏）；豈詔旨之日下，張設殊觀（陳子昂奏）。故曰：一州得才刺史，十萬户賴其

---

① 據《新唐書・杜景佺傳》補“佺”字。
② “奎”當作“圭”，見《宋史・范如圭傳》。
③ “書”當作“史”，“雍熙”爲宋太宗年號。
④ “書”當作“史”，見《宋史・梁顥傳》。

福；得不才刺史，十萬户受其困（上）。其亦竚想夫金紫（劉彙）車蓋（黄霸）之盛事，而央央于進五階（崔瓘）、課第一者哉（虞①從愿）。夫云何加勅（尹思貞），所由立碑（賈敦頤）；縱疑于產以秬（馬燧），生以芝（韓思復）。虎有勞于機穽（李紳），蝗有捷于指揮（王方翼）。事不擾之爲快（陸象先），治且卧之而神（王及善）。寬省多于知頓（裴耀卿），匪躬足于專闑（盧焕②）。讀圉師清白之箴，墨吏可成乎廉士（本傳）；聆蘇章公私之論，刺史何昵于故人（傳）。裳若可垂，遮莫遠視而廣聽（賈琮）；考且日上，豈或寵愛而辱驚（陽城）。若以紀其實政乎，豪無逋稅（李翱），商有通行（薛大鼎）。群盜之多感愧（吕元膺），貴要之靡縱横（趙琰）。且以開鼓鑄（李聽）、貸常平（孫晟③），豈獨灌溉爲自然之利（温造），學校乃習性之成（李景暤），又以求其武功乎？譙櫓早設（馬燧），砂磧歡虞（劉孝恪）。其有備耶，看旗幟以或偃（霍王元軌）；其權勝耶，登酒樓以大呼（張守珪）。即以緩池隍而事農業（敬暉），借上方而啓無辜（狄仁傑）。又何不賦詩于樂職（王褒），罷貢于侏儒（陽城）。嘻！租入贏異之流，惡其潔而誣其罪（薛玨）；戒途立木之舉，指以事而愧以容（權懷恩）。如欲求文學之兼長，遊門下者相望（張鎰）；倘不責章程之允協，坐閣内者何從（鄭善果）。情願自試（李抱真），所至有恩（裴子餘）；經術得當（鄭惠王元懿），文雅推尊（員半千）。而不見摩羊叔子之碑陰，淚痕猶濕（羊祜）；謁徐申遷之祠宇，廟貌惟馨（本傳）。即以予還，稱錦衣之盛美（姜謩）；無從更諱，快草木之知名（張萬福）。有是哉，刺史之非虚榮也。

縣令

《周官》有縣正，各掌其縣之政令而賞罰之。春秋時列國相滅，多以其地爲縣，故《傳》云"上大夫受縣"也。應宿由懸（《星經》），臨下有赫

---

① "虞"當作"盧"，見《舊唐書·盧從愿傳》。
② "焕"當作"奐"，見《新唐書·盧奐傳》。
③ "晟"當作"成"，見《新唐書·孫成傳》。

（《傅渾頌》）；象洽雷封（《答東阿王》），恩垂雪澤（《類奇》）。箴之者曰：如山之重，如冰之清；如石之堅，如松之貞；如劍之利，如鏡之明；如弦之直，如秤之平（《縣令箴》）。無傷製錦（《左》），有韻鳴琴（《呂》）。瓜猶未熟（《左》），棠已成陰（《詩》）。爲仙島①之望闕（《風俗》），寧窮猿之奔林（《事文》）。有法而御之，無妨處廊廟之尊，艷女子之色（《韓子》），譜有所不載也。將無深吹釜之約，置飲酒之箴（《南史》）。臺郎給舍之資，非是不任（張九齡）；三物六德之選，非是不升（《漢四科取士詔》）。余不必徵祥于鳳集（《呂氏家訓》），于鷟停（楊仲品），渡河者鄰國爲壑（東漢），反風者偶爾在扃（劉昆）；亦不必異以三紀（《後漢·魯恭》），奇以十名（《宋分紀》），走妖神以居正（《開元遺事》），訝女子以守貞（《唐書》）。盤錯可知，屈虞詡于朝歌之住（《鑑》）；保障有賴，得尹鐸爲晉陽之行（上）。守不擾以有終，誠無卓絕（《宋書》）；同雙飛以入直，第任款誠（《風俗》）。使命還追，試看白首之載（《新序》）；璽書再請，有甘斧質之刑（《説苑》）。若人未有心，則漫遊之刺史（何昌于），長繫之偷兒（虞延），歌從載道；況民實有口，則尚方之纍囚（梁沈巑之），北苑之樵者（《語林》），事且盱衡。蓋至軒綏成其故事（《漢官儀》），劍客嗣其別傳（《談譜》）。或鞅鞅于醉史（《九國志》），故落落以少年（《十六國春秋》）。其登高而賦作（《張超集》），其捧檄而情偏（東漢）。夫何髑髏之狀其形似（《齊書》），湯火之肆其狂顛（《異苑》）。嗟乎！治功競爽（唐岑羲），世譜相先（《南齊》）。香火有屬（朱邑），脂膏誰憐（《東觀漢記》）。自昔公車徵召之時，男女以軹道（鍾離意）；詔書褒美之日，碑碣以軒前（《荀羨別②傳》）。得之長宿傳聞，古人可作（《新語》）；何來覡巫泣語，緋使從天（《宋史》）。五柳相沿，遡彭澤在官之時，非所從事（《南部新書》）；千錢假貸，奈荊公和買之役，故有慳緣（范希文誌）。蓋南金未能方其勵，荊玉不足喻其溫（孫綽作《孔令像贊》）。元母侈于金章紫綬（《北山移文》），曾何多于華轂朱輪（本

---

①　《風俗通·正失》"島"作"梟"。
②　《天中記》卷三四"別"作"家"。

傳)。仰之如日月，敬之如神明，愛之如父母，樂之如時雨，余竊有意乎其人。

儒學

自慶曆詔書，大都悉有學，而立官教授，則繇熙寧始(洪邁《福州儒學記》)。蓋先委之漕司，而未隷朝廷也。軍監之未盡有也，尚書之遷差也，他職之不許兼也，此歷歷可稽者也。言采其藻，言采其芹(《詩》)；夜談説劍，春夢横經(東坡)。其譬之以洪鐘(大令)，願之以煖律(周蓋①公詩)。其冬煖而兒號寒，年豐而妻啼飢(《進學解》)。先生自此升，大作棟梁之用；小子皆有造，樂依鑪冶之奇(啓)。訓督誰嚴，竮四方以輻輳(《涑水紀聞》)；教化日起，誇鄒魯以依稀(《前漢》)。要諸榘矱之當(《晦菴集》)，嚴諸心術之微(紹興十三年)。蓋端以自肅(隋北)，勿冗而不治(《進學解》)。非明經莫以應詔(匡衡)，必先己後可率人(《四朝國史》)。時務先資，往有老于吏事(《言行録》)；樂語却謝，閑有力于性真(政和五年)。豈嬖倖之當官，爭先奴事(《言行録》)；故宗派之第一，歉絶詩思(《東都事略》)。飲况怡然，就盂案以清談，不覺移晷(《〔伊洛〕淵源録》)；儀文邈爾，偕父老以升坐，雅自得師(徐節孝)。當聖主寤寐之時，幾先姓字(趙鞏撰《施大師行狀》)；擅京師首善之地，晉秩羽儀(曾肇撰《行狀》)。則斯官也，惟自任重而不苟者知之，其以爲易而無難者皆苟道也，彼烏足以知之(朱熹《教授廳壁記》)。

---

① "蓋"當作"益"，周必大别名周益公，其《送張端明赴召》有"但願斯民均暖律"句。

第九卷

浮屠名義

蓋聞之佛教，上屬鬼宿（《尚書故〔實〕》）；又聞成正覺、轉法輪，皆以沸星爲驗（《薩婆多論》）。曰戒，曰定，曰慧，誰爲果滿，無因求滿，猶夢果也（《五燈》）；爲律，爲法，爲禪，同歸一致，譬江于淮，豈有異乎（白居易問）。慧照所傳一燈而已（《宋僧無畏傳》），善惡生處有六道焉（《釋老志》）。如是心燈夜炳，意蘂晨飛（《晉安王傳》）。流支達摩（《翻譯》），變易真如（《五燈》），騁六通之神驥（《維摩》），乘五衍之安車（《選·頭陀碑》）。即以當五濁（《彌陀》）六塵（《中論》）之世，三緣（《〔古禪師〕①語録》）四大（《圓覺》）之軀，見苦滅集，因斷脩道（《心經注》）。但空諸所有，無實諸所無（《傳燈》）。和南尊禮（禪清院觀②），偏袒躬行（《西域〔記〕③》）。集衆聽椎椎之響（《〔釋氏〕要覽》），振杖作錫錫之聲（《翻〔譯〕》）。一棒，一喝，一唱，一和，幾衍六宗之派（《天中》）；脂那主人，波斯主實④，印度主象，獫狁主馬，疇傳四部之治（《續玄奘傳》）。惟是窮震旦之域（《樓記》⑤），登大願之舟（《净土傳》）。千千重數（《智度論》），乘乘兼脩（甄鸞《笑道論》）。國界云何，

---

① 據《天中記》卷三六補"古禪師"三字。
② 《天中記》卷三六"禪清院觀"作"禪苑清規"。
③ 據《天中記》卷三六補"記"字。
④ 《天中記》卷三六"實"作"實"。
⑤ 《天中記》卷三六"樓記"作"樓炭經"。

且著掌中，度①過恒河沙國之外（《後漢·西域傳注》）；西方既遠，那生愛著，貪留懈慢疑城之游（《菩薩處胎經》）。擬之者曰如石女之懷兒，陽焰之翻浪；又曰渡河之有香象，入海之有泥牛（《傳燈》）。三句正見（《語林》），五分法身（《王介甫語錄》）。財有資于七聖（《報恩經》），貪有藉于五辛（《梵網經》）。勿言三而昧在（《翻譯》），第舉一以諦真（《翻〔譯〕》）。垂戒者妄言綺語尤甚（《奉法要》），關照者十地九宅尤神（周釋道安《二教論》）。百局②所以對校（《幽冥》），五官所以典文（《説苑》）。日中其會食（《多論》），草頭其戒醺（梁武帝《戒酒肉文》）。定業因果（《翻譯》），接引下根（《〔釋氏〕要覽》）。于以供衣蒲之饌（《楚王瑛③傳》），持倒懸之盆（《〔釋氏〕要覽》）。奈何襲縟儀，失體韻，譬嚼飯以推人，徒致嘔穢（鳩摩羅什）；曷試游魚山，臨東阿，如④巖岫之清響，往摹唄文（《異苑》）。負奇⑤者比之龍象不喑（經），剽竊者譬之鸚鵡無聞（《語錄》）。無爲法華所轉（《傳燈》），頓爾優曇利生（《法華經》）。刹那經年，誠若東道之長波，西垂之殘照（《俱舍頌》）；孔周異地，將無地獄爲小人之入，天堂爲君子之登（《國史補》）。茹古氏曰：凡聖無差，真性即不垢不净；階級殊等，禪門則有淺有深。所可笑者，陰府寄庫之説（龍舒）；所未核者，西方極樂之林（柳《净土〔院〕記》）。颺劫灰而焚心印（《天中》），闢靈照而鑿大昏（《龍興寺記》）。庶了此福田之願（《見法論》），或饒有彼岸之尊（《心經注》）。

禪

　　一味禪學（《廣記》），三句法門（《傳燈》）。吾遡其頓悟，有最上

---

① 《後漢書·西域傳注》"度"作"擲"。
② 《幽明錄》"百局"作"六部"。
③ "瑛"當作"英"，見《後漢書·楚王英傳》。
④ 《異苑》"如"作"聞"。
⑤ 《天中記》卷三六"奇"作"荷"。

之乘(上)；詳其出入，有大定之言(知懼禪師)。煩惱憑智慧以出(祖禪師)，虛空繇清净以明(大通和尚)。決擇嚴其邪正(《古禪師語錄》)，究竟會其净名(《維摩》)。言下知歸，亦言下無得(婆脩)；無情説法，亦無情得聞(雲巖道人)。試看溈山牛牯(大安和尚)，屋窻獼猴(洪恩禪師)。透影之日忽出(六祖)，揚幡之風未收(《語錄》)。梅子已熟(大梅和尚)，些子無留(目左禪師)。老婆心切(義玄禪師)，公案眼浮(《傳燈》)。迨至笑拈迦葉(釋迦佛)，悟點石頭(長鬚禪師)。一踏與著(水源和尚)，一柱忽投(宣鑑禪師)。則夫菩提日月(卧輪禪師)，真實道塲(惠忘禪師)；幻與空等(録)，是否見量(元圭禪師)。休則如寒灰，如死火(《大師語錄》)；迷則是翠竹，是黃花(《傳燈》)。有幸禪板蒲團之遇(龍牙禪師)，無憐合盤碗子之差(善道和尚)。苦行未明，誠黑夜之履險(僧那禪師)；長坐不卧，擬臭骨之存囊(惠成禪師)。勿爲騎驢之覓(廣語)，勿爲牧牛之狂(《牧牛序》)。其聞鴉而縛解(無住禪師)，其弄獅而慧將(藥山禪師)。趯毬者覿體足用(雲峰和尚)，架箭者被襟以當(石華和尚)。水盡西江，一口以吸(襄陽龐居士)；悟深醍酪，半鏡以藏(馬祖)。雖在家亦好(坡)，縱屠兒無傷(書)。其亦飯喫百捧(洛浦)，而字雕兩行也哉(百丈和尚)。茹古氏曰：自拈花悟旨以至春米傳衣，西域此方燈燈速照。《黃梅記》曹溪曰：向後佛法繇汝大行，南嶽青原殘輝欲爝，所以然者，無其種故也。祖師曰：汝學心地法門如下種子，我説要法譬彼天澤。然則既無其種矣，天澤何施，悲夫。

佛

西域天竺國有佛道焉(《後漢紀》)，漢明帝時使者張騫、羽林郎中秦景、博士弟子王遵等于大月支寫佛經四十二章，藏在蘭臺石室(《牟子》），其佛經入中國之始。劉子政《列仙傳》得仙者〔百〕①四十六人，其七十人已在佛經，何也？則又有在漢成、哀之間乎（《世説注》）。余考甘泉宮燒香禮拜之神，其神頗類（注）；再考嵐毗園穿脇舉手之事，其事乃徵（《大藏》）。外國曆法何從，故紀魯莊以恒星不見之夜（陶隱居《難沈約均聖論》）；梵仙占驗有異，寧紀聖子以天像悉起之名（《禪林妙記序》）。茹古氏曰：目②邊則金色一丈，眉間則白毫五尺，開卍字于胸中，躡千輪于足下，此誠西方之聖也（釋彦琮《通極論》）。氏曰：瞿曇種稱刹利，俗名悉達，道字能仁，夫非盡人之子與（上）。化緜天竺（《廣弘明》），光照泥洹（《老子西昇經》）。世音是所觀之境（《翻譯》），阿羅是所破之原（《大論》）。雪山多爲現相（文殊），維摩直指法門（《維摩詰經》）。而不見草任浮沉，馬解音而聽法（本傳）；樹名陁那，龍配字而忘言（《傳燈録》）。靈鷲峰頭，翠影以相映（唐憲宗序）；師子石室，蹲坐以誇尊（《伽藍記》）。履石之有遺跡（上），晒衣之有留痕（上）。虎穴頻投，逾燦流脂之色（上）；蜂窠若仰，竚看著手之靈（《伽藍記》）。悲智兼運（《翻〔譯〕》），開覺有情（《佛地記》）。倒門前之竿刹（《傳燈》），拈座上之花英（上）。真實常湛，權應同塵（《釋老志》）。真即所證之理，應即所見之身（《垂裕記》）。歷劫耶，有現在、有未來、有過去（《鼓山寺碑》）；分身耶，有隨緣、有萬善、有圓心（《釋林妙序記》）。青蓮之所布種（《六帖》），紫金之所着林（《〔菩薩〕③本經》）。則試遡玄奘鳩車竹馬之歲（《圖紀》），顗初溪梁江滬之行（《傳燈》）。從香苑以不没（《佛骨記》），豈壁觀以無生（《傳燈》）。蓋慧日法王超四大而高視，中天調御越十地以居尊（《三藏聖教序》）。非實而因名以悟實，非真而因像以悟真（明槩）。若事之乎，踐髮而升上座（《釋鑑》），頓顙而至贅瘤（《野説》④）。行乞于歌妓院中，增憐毚衲（《北夢〔瑣言〕》）；榮飾以天子鹵

---

① 據《世説新語·文學》劉孝標注補“百”字。
② 《天中記》卷三五“目”作“身”。
③ 據《天中記》卷三五補“菩薩”二字。
④ 《天中記》卷三五“野説”作“江南野録”。

簿，伏借兔裘(《續高僧》)。將毀之耶，棄像以當瓦礫(《地獄記》)，焚經以捐厠溝(《魏書》)。相率蕩淫，洵疫胎之鬼(《廣弘明》)；無堪腥膩，多俗子之儔(《北夢〔瑣言〕》)。故曰如來普慈，意存利物，損衆生之不足，厚豪生①之有餘，必不然矣(《萬年龜鑑》)；既有因緣，豈無果報，辛苦今日之甲，利益後世之乙，疇曰非宜(《顏氏家訓》)。佛者覺也，平等慈悲，佛道備矣(《龜鑑》)；佛豈神哉，應世道俗，禮教安之(李塲)。其景序常春，故名極樂世界(語)②；其梵志無慮，從教祇樹匠師(《西溪叢話③》)。鳩杖白衣，結可香山之輩(白居易)；醍醐乳酪，案疇涅槃之奇(本傳)。覿光明而放舍利(《說苑》)，思罪孽而呪懺詞(《南部〔新書〕》)。余于佛也，又何敢以讚爲謗，以即爲非也哉。

僧

余有詩曰：學人原不徒資舌，衲子胡爲只禿頭。則求諸今日之僧可知也。"浮"音似"佛"，"桑"音似"沙"，聲之誤也(《三破論》④)；以"圖"爲"屠"，字之誤也(《滅惑論》)；以"釋"命氏，其永式也(《天中》)；佛圖姓濕，亦異聞也(《封氏聞見》)。四人以上名僧，一人亦名僧，其亦萬二千五百稱軍之例(《善覺要覽》)；七歲驅烏，十四歲應法，將無二十以上名字之優(《寄歸傳》)。大都内有德智，外有勝行，在人之上(《〔善覺〕⑤要覽》)；不作愚癡，不生嗔恚，曰陀之頭(《翻〔譯〕》)。有自都綱，合緇伍而生憚(《光嗣傳》)；胡然火宅，聚家室以爲休(鄭熊《番〔禺〕雜記》)。了無擬蕙中稊稗(《天中》)，如何是臭泥蓮華(《高僧》)。野鶴孤雲，何天不可飛去(《唐詩紀事》)；法江法海，恁地殊足相誇

---

① 《舊唐書·姚崇傳》"生"作"僧"。
② "語"未詳，見《龍舒净土文》。
③ "話"當作"語"。
④ 《弘明集》卷八"三破論"作"滅惑論"。
⑤ 據《天中記》卷三五補"善覺"二字。

(《〔宋〕高僧》)。細行無拘，幾多飲酒噉肉(杯疲和度①)；西方既遠，無論在家出家(傳)。如是紀之以白足(《釋老志》)，以赤髭(《釋鑑》)；斷可以臂(《舊〔唐〕》)，連亦以眉(連眉禪師)。三車兮頻駕(《神僧》)，一壺兮相隨(趙僧儼)。蟲鳴簫管之致(《續高僧》)，虎溪天籟之奇(《釋氏通鑑》)。則又蓬户靡異(《高僧》)，春圃載逢②(道壹禪師)。香有供于手指(釋玄紹)，疾有瘳于頭風(豐干師)。則以驗侯景之棄市(《廣古今五行志》)，安樂之夷宗(萬回和尚)。馳萬里書緘就濕(上)，更數處徒跣相從(陸倕《〔誌法師〕墓志》)。余異夫巖巖萬重，滄海無畔，通智顗之夢(《天中》)；指爪繞身，鬚髮被體，攝惠遠之奇(《傳燈》③)。傳十八人而朗朗清風，早黜淵明之嗜(《釋氏通鑑》)；約二三輩而欸欸盡日，載摩李華之碑(釋法慎)。功德其若山積(《高僧》)，風宇豈誤塵資(釋神邕)。竹夕花時，好四面而作敵(《宋高僧傳》)；野村屋壁，從抱石以賦詞(《高〔僧〕》)。頌珠玉之詞鋒，林宗何愧(上)；挹風流之志韻，天竺尤奇(覺賢)。而不見太史占象(《傳燈》④)，進士掄才(《賈島傳》)。聖躬爲之遙禮(僧達⑤)，御讚爲之取裁(釋德感)。孤情絕照(道猷)，謔語浪回(釋曇延)。蘖障叢生，訝好綿之棘刺(《釋〔氏通〕鑑》)；凌雲遠逝，憐革袋之死灰(上)。一任惡風吹墮(《傳燈》)，從教椰子肧胎(智常禪師)。豈參權要而議事朝廷，勢侔宰執(《南史·夷貊傳》)；將申縞帶而投分朋侶，禮絕輿儓(《續〔高僧〕》)。晨雞暮鐘，爲僧之不了也(守清禪師)；石苔茅茨，此外之浮名哉(《傳燈》)。麻麥一齋，自同禪悅；炎涼一衲，僅蔽枯形(《宋高僧傳》)。其耳白有名而顧高多智(釋貞記⑥)，抑北宗神秀而南宗慧能(《傳燈》)。常慨教缺傳匠，理翳譯人。遂使雪山之偈猶

---

① "杯疲和度"當作"杯渡和尚"，見《高僧傳》。

② 《高僧傳》"逢"作"芬"。

③ "《傳燈》"誤，見《五燈會元》卷六。

④ "《傳燈》"誤，見《五燈會元》卷三。

⑤ 《高僧傳》卷五"僧達"作"僧道安"。

⑥ 《續高僧傳》卷三十"貞記"作"真觀"。

半，如意之寶不全（《談①經圖記》）。天堂無待上界（上），地獄不指泥犁。徒加剃剪之飾，虛崇如是之詞。匡救寧殊拔苦，剪罰理是降魔。疏食正好長齋，豈須斷穀；儉約實是少欲，無假頭陀（《廣弘明》）。蓋言下旨歸，專習誦以何益（耆域禪師）；日新善誘，廣道契以英多。所以出重昏而炳慧炬，昇彼岸而拔愛河（劉孝孫序）。曰：舍愛捐親，仰禀聖也；摧棄聲色，遵梵行也；剃除鬚髮，去華競也；俯容肅質，不忘敬也；分衛掃衣，支身命也；言無隱曲，離邪佞也；和聲怡氣，入無諍也；吐納安詳，慎詞令也；世貴莫屈，守貞勁也；清虛恬淡，順道性也；邪相不橈，住八正也；顏下色敬，愍眾病也；人天崇仰，三業淨也；窮玄極真，取究竟也；廣仁弘濟，亦忠孝之盛也（《辨正論》）。

尼

神之最高，謂之大覺，二從于道，二守于俗（《福田論》）。故曰式叉摩那（《〔釋氏〕要覽》），鄔婆②斯迦（上）。夷即女聲之字，翻爲近住之家（《翻〔譯〕》）。研入維摩，且登壇以說法（東晉）；瀟然物外，但脩靜以焚香（《慈竺院記》）。兜率之天，挺慧悟于曠劫（沈約《行狀》）；山石之窟，證顛倒于生亡（《釋鑑》）。屬虹蜺之直路（《鑑》），期烏鳥之破岡（《杜集》）。胡爲年少與游，順魔未盡（《續玄怪記》）；不見餓夫屬厭，貪染多忘（《比丘尼經》）。則夫索代公之偕緣，無問所自（白詩）；傳王相之情事，欲得以當（《南部》）。山東天子之興，有期神智（王劭《舍利記》）；太原士襃之舊，猶記媚娘（武曌）。乃若鬼魅與憑，狂走公卿之輩（《溫公日錄》）；滑稽從事，曼污乳嫗之塵（《紀異錄》）。涕泣以求碑，可爲故事（柳）；慈悲以舍宅，特紀前因（《事物紀原》）。未許同壇，詔有存于合度（《僧史略》）；于爲給牒，制有下于詞臣（《會要》）。彼曹郎之方駕而行，相憐緣業（後魏）；若偽主之從旁而覷，志戒裸身（《晉書》）。

---

① "談"當作"譯"，見《翻譯名義集》。
② 《釋氏要覽》卷上"婆"作"波"。

洛陽阿潘，此中國爲尼之始（《事文》）；建康惠果，其尼方受戒之辰（《師賢傳》）。逮今強半女流，相率披緇，而俱以大士稱姑也；乃欲招呼朋侶，謬加道號，而幾與尼山作祖乎，誠足訝矣。

佛寺

梵王之宇（後山詩），野僧之家（皇甫湜詩），其爲佛寺也哉。尊之比于曹署，此其源也（《新塔碑》）；立之授以生徒，非盡寺也（《合璧》）。極土木之功，珠錦爛赫（《梁紀》）；殫國資之入，珍寶分題（《高力士傳》）。白馬相傳，始之嶮隘轉强（《漢明内記》），既之騰空悲泣（《法苑〔珠林〕》）；金剛具相，胡然鳩鴿不入，胡然鳥雀不棲（《伽藍記》）。則夫傍瀑布之壑，負香爐之峰。石徑苔合，森樹烟叢（《高僧》）。生受菴羅，想妃女之佳冶（《雞跖》）；勅從舍利，覓秦姬之遺踪（《續高僧》）。須達之布金，相成譃浪（《經律墨①相》）；朗公之撝錫，逾暢宗風（《續高僧》）。紀神明于慧燭（《冥祥記》），識篆字于盤銅（《高僧》）。形像靈鷲（《法華》），夢紀青龍（釋慧受）。枯株色秀（《宣〔州〕②志》），朽壤泉抽（《高僧》）。施矣無厭（《續高僧》），去矣或留（《北史》《漢》）。工有觭耶，駴風雪之暴作（志）；路有崎耶，聽夜半之除脩（梁武）。野火焰燒，頻漬雉飛之羽（《翻譯》）；潮音浪捲，忽停螺島之舟（《寧波〔府〕③志》）。噫嘻！社入白蓮，時推名士（《廬山記》）；植咸聖果，旋苦緇流（《翻〔譯〕》）。環以居奇，則芒嶺旗亭，從同上覺（《伽藍》）；四以禪絶，則斷雲殘雪，幾到溪頭（《曲洧舊聞》）。紫爲紺而碧是玉（梁元帝），藻則夏而蓮以秋（《〔續〕高僧》）。香城（王僧孺）福興（沈朗詩），方丈（唐高僧）叢林（《〔祖庭〕事苑》）。遮莫二梵之福（《天中》），無省闘奢

① "墨"當作"異"。
② 據《天中記》卷三六補"州"字。
③ 據《天中記》卷三六補"府"字。

之音(《石溪叢言》①)。其富兒之佞佛者乎,權教也,漸教也;法華之化城,彌陀之净土,實教也,頓教也。《圓覺》之普照現門,《金剛》之無所住心。茹古氏曰:寧説有如須彌,莫説無如芥子,命之矣。

神仙名義

大洞者,神仙也。別爲仙館②(《真誥》),試授真人(上)。涉閶風之巔,杳層城以萬里(《仙傳〔拾〕遺》);讀歸藏之秘,擾星精于九華(陶隱〔居〕《真誥》)。瑶草之所變化(《高唐賦序》),朱雀之所浮夸(《波詩序》)。于是服可以日(東華真人),餐可以霞(九華真儒③)。睇窺脉望(《雜俎》),擊運河車(《真誥》)。三千年花,九千年實,誠不同扶桑之椹(《十洲記》);素麟有脂,班螭有髓,寧致疑空洞之瓜(《續仙傳》)。余又求之胎息歸元,歷視鴻毛不動(《舊傳》);精液自攝,逾年殼子乃更(上)。豈必資一丹一藥之功,忌鬼籙而易姓字(別);將無從日中夜半之解,主地下而照靈英(上)。曰赤書,曰瓊簡,曰琳札,曰星書,熟看仙相(《真誥》);爲六丁,爲六戊,爲右庚,爲左乙,疇紀靈飛(《〔漢武帝〕内傳》)。荆棘相雜,交梨火棗兮不見(《真誥》);宴會多設,冰桃碧藕兮有幾(《穆天子傳》)。暮暮朝朝,信宿水空山净(《真誥》);功高行滿,企及味淡聲希(上)。故曰:龍從火裹出,虎向水中生(真人誥);倘賜刀圭藥,還留不死名(唐詩)。或曰:有志無時,有時無友,遇師不覺,覺師不勤,是九患之所繇也。言不可若是,其幾悲夫。

仙

惟昔賢聖,懷玄抱真(《參同契》),霞衣風馭,羽蓋霓旌(《六帖》),

---

① "《石溪叢言》"當作"《西溪叢語》"。
② "館"當作"卿",見《真誥》卷五"明大洞爲仙卿"。
③ "儒"當作"仙",見《真誥》卷二。

卑俗不可得而聞，時士不可得而見，則吾欲高际終古，一笑昔人（《事文》），姓名已變（梅福），此行以成（《唐史》）。一枕而三島十洲盡入其夢（《邯鄲》），一睡而登山涉水了不關情（《續仙傳》）。李郭之舟，望者誰似（《後漢》）；賀張之侶，歌者有聲（杜）。而不見索入經函，自分五色；丹砂九轉，享可遐齡。夫果其必不可親之人，日中符録，孰窺其際（《邵氏聞見録》）；果其必不可到之境，銀宮金闕，孰按其程（《史》）。水運降靈，始分耀于玄帝；仙源聯祚，乃襲慶于彭城（《莊子疏》又《仙苑編珠》）。益壽野合之爲，杳矣無據（《要録》）；少君假途之事，快矣不經（董仲舒《〔李少君〕①家録》）。則夫棲憩五嶺（《仙傳〔拾遺〕》），力絶兩塵（《唐闕史》）。常導引而行氣（彭祖），要絶穀以全身（《〔漢武帝〕內傳》）。其服食而尸解（上），其昇躡而游行（《神仙傳》）。綿綿常住，繩繩無名（《辨道②》）。胡然青牛遠駕（《〔關令尹喜〕內傳》），白鶴偶停（《列仙》）。入涿水而鯉出（本傳），伺葉縣而鳧靈（《王喬傳》）。又胡然橘中自若（《搜神》），壺裏多豪（費長房）。一日而欺語畢至（薊子訓），終年而長睡以消（陳摶）。顯著之陰功，非關本草（《南史》《雲笈經》），見屬之圖籍，有幸青毛（紫陽真人）。真氣若龍蛇，吾快融風之三至（《化明經》）；道術通雞犬，吾快白日于中區（淮南王）。石室已非，吾悲叔夜之讀其書，莫得其道（王烈）；湘水未渡，吾憐始皇之赭其樹，徒益其愚（《秦本紀》）。則求諸玉函飛仙之印（衛叔卿），金匱九錫之章（《真誥注》）。都仙大史（《十二真君傳》），碧落侍郎（沈羲）。歌有踏于朝市（《續仙》），文有禁于上方（《雲笈經》）。吹洞簫而撫雲璈（《通幽記》），起彩雲而引鳳凰（《仙鑑》）。岸頭神水，自石澗以流出（負局先生）；阜鄉玉舄，那波上以還將（安期）。名在丹臺，弱水攀以萬里（《周君内傳》）；官名陶正，烟色凌以高翔（甯封子）。採松實于槐山，幾看逐馬（偓佺）；躡金華之石嶺，多否叱羊（黃初平）。若大鳥化以冲舉（王次中），迨花犬

---

① 據《抱朴子·論仙》補"李少君"三字。
② 《廣弘明集》"辨道"作"辨正論"。

逐以奔忙（宋①孺子）。愁苦無聊，誑誕以崑崙芝草（《抱朴》）；脩持有待，謬托于紫府金床（須曼都上②）。噫嘻！流沙不歸，扶風之隴空樹（老子）；鼎湖亡返，嶠山之冢獨阡③（黃帝）。東海桑田數變而非永，西王桃實屢熟而靡延（《辨正論》）。所未知德不脩而但務方術（《抱》），慳未止而第講長年（《原化》）。致令猱猿蜃蛤之論，繫風捕影之談。故棄實瓠者以非器也，廢石田者以難藝也，賤左道者以虛偽也（《辨道④論》）。余讀《參同契》，以《周易》爻象論作仙丹之意，不知者多作陰陽注之，失其旨矣（《三洲珠麈》）。乃若《神仙傳》，自老子變化，致後范蠡之徒于其子竟以屠戮從事，謂之何哉（《笑道詩⑤》）。

道

道之源，出于老子。其自言也，先天地生，以資萬類；其爲教也，蠲去邪累，澡雪心神（《隋·經籍志》⑥）。元始天尊從教眷脊之倚（《元始上真記》），無量劫度以我因緣之勳（上）。然則祛以九患（《天中》），去以五情（《消冰經》）。樂處方諸（《真誥》），高浮上清（《雲笈》）。衣麤而靜，在素淡也；居陋而隱，守靜篤也（《定真錄》）。禀元一之炁以有經，試考劫運所開，于何秘授（《漢書》⑦）；分左右之司以晉秩，從教隱芝得服，是否申論（《天中》）。龍虎丹成，已得分形散影之秘（《集仙錄》）；蟒蛇遺穢，誰是利生販死之因（《辨惑論》）。解脫三尸，無朝生之菌而談歲月（《墉城集仙錄》）；遐期萬壽，無尋丈之木而訪淵鱗（《王君內傳》）。

---

① "宋"當作"朱"，見《太平廣記》卷二四。
② 《抱朴子·祛惑》"須曼都"作"項曼都"，"上"爲衍文。
③ 《廣弘明集》卷十三"阡"作"存"。
④ "道"當作"正"。
⑤ "詩"當作"論"。
⑥ "《隋·經籍志》"誤，見《魏書·釋老志》。
⑦ "《漢書》"誤，見《隋書·經籍志》："所説之經，亦禀元一之氣，自然而有，非所造爲，亦與天尊常在不滅。天地不壞，則藴而莫傳，劫運若開，其文自見。"

號舉太上，法窮下愚，有來蠍國蠹民之誚(《弘明集》)；二者餌服，三者禁厭，乃徵王公庶人之身(《二教譜》)。試考六丁驅使之用(《仙傳拾遺》)，三景利度之身(《肆考》)。與飾冠簪，看乘馬而若失(《拾遺記》①)；矜談餌藥，顧躍鯉以何狗(《辨道論》)。以至學辟穀者中其泄利(李章)，事呼吸者逆其轉伸(董方)。不亦悲乎，余且徵其人者焉，世味已怗，望懸溜而築室(傳)；落魄以及，尋酒肆以完行(范子貺)。負今古之通才，書可三至(韓文)；聳雲霄之逸駕，篆可數行(《北夢》)。換經之鵝，杳不知其所賞(王右軍)；橫江之鶴，了不測其所鳴(《赤壁後賦》)。媲月宮之遊，雲霓見舞(《遺事》)；值天榜之會，車騎輿迎(范)。然則善詛善罵，古名鬼卒；非道非俗，諺號閹人(《辨正〔論〕②》)。豈無有回風之術(俞雲瑱)，步虛之聲(《異苑》)。何必不脫穎而含譏諷(韓)，吞奕而解化生(崔之道)。但碧牕以深鎖(唐明皇贈法堯③)，將白雲以中興(趙鼎)。物色多勤，忽相知于畫壁(張咏)；覺夢非偶，涉往事于海艇(萬州城道士)。而不見投可以錄(《黃帝出軍史④》)，給可以牌(宋天禧年)。裂土宇以偶國(後周武)，居金紫以崇階(唐中宗)。爲知章之賜湖(《唐》)，爲無夢之還山(《肆考》)。寄迹法中(韓《送張〔道士〕序》)，寓形人間(蔣防文云)。乃其但金門以出入(《南唐》)，從二象以索還也(《續博物志》)。惜哉。

道觀

余讀《封禪書》"仙人好樓居"，則觀所自昉也(《史》)。如周穆西遊，秦文東獵，彼教所緜崇乎(《樓觀碑》)。開以陽平，則有仙王仙官，如卿相輔佐之屬(《〔墉城集〕仙〔錄〕》)；別以慈母，詎不水旱風雨，統龍神

---

① "《拾遺記》"疑誤，見《仙傳拾遺》。
② 據《廣弘明集》卷十三補"論"字。
③ "堯"當作"善"。
④ "史"疑作"訣"。

血食之同(上)。李聃之坐上孤懸，誠多玉局(《彰①乘記》)；陳摶之枕中秘授，待紀雲臺(《神仙》)。授館地仙，誇兩岸之絕壁(《夷堅志》)；卜居司馬，壯瀑布之崇嵬(《崔尚碑》)。倏而烟霧，倏而震電，吾不解選勝千林，爲猛獸毒蛇之所據(《玉笥山錄》)；神龍隱没，見霧遮迷，吾尤異傳奇九井，乃群兇巨寇之所隈(《道教靈驗記》)。若乃拜賜剡水(《郡志》)，與立錦帷(《許旌陽記》)。紀盛于璇台玉樹(傳)，志慨以燕麥兔葵(本傳)。師陷長安，悲秦川之流血(劉曜)；功成潘黨，多楚鄋之封尸(《左》)。白虎題名，講諸儒之異同(《前·宣紀》)；清風攬勝，繫太守之安危(《北齊》)。其觀之勝事也歟。

鬼

予所觀天人之際，變化之兆(顧況《廣異記序》)，無形與聲者，物有之矣(韓愈《原鬼》)。夢覺之所出入(干寶)，魂魄之所憑依(《左》)。論國事而稱雄傑(《楚辭》)，聽風雨而但歔欷(《韻府》)。于物則怪(《博物》)，于人喜驚(顓頊)。飲臨安之酒家，何從陰錄(《輟耕錄》)；污鄉人之醮設，枉事爆聲(《朱〔子〕語〔類〕》)。如刺如射(《商②輅傳》)，如轂如轅(《莊》)。伊誰西土之人，自呼姓字(《晉·鄒湛》)；疇是通名之客，且畢寒溫(《晉》)。當黎丘之醉歸，似者終惑(《策》③)；如伯有之介殺，厲者含冤(《左》)。相脱白輪④，吾以尋奇逢于承業(《陳書》)；旋傷柯斧，吾以遡寢事于陽元(魏舒)。孤韻有存，彷彿若期于械具(本傳)；法書偶誤，逡巡已入于棘垣(《〔劉賓客〕嘉話》)。自江州以進謁(楊愿)，一少年以扣門(《葆光》)。恨別金碗(《韻府》)，趨押短檠(《廣錄》)。胡然衣冠從出(徐孝先)，胡然元實諱名(《異聞》)。胡然禿帚破

---

① 《天中記》卷三六"彰"作"彭"。
② "商"當作"管"，見《三國志·管輅傳》。
③ "《策》"疑誤，見《呂氏春秋·慎行》。
④ 《陳書·賀德基傳》"輪"作"綸"。

笛之流，各成佳韻(《異語録》)；胡然江淹謝莊之輩，相造主盟(上)。若乃祈燃犀之故事(《括異》)，紀采石之芳名(歐陽永叔)。將無花月以却走(《六帖》)，鐘漏以潛行(《北齊》)。余生憐揶揄之及(《清空舊事》)，相從怨恨之明(崔成慶)。且無辭一夕之玩(魏元忠)，何不可五窮之横(《韓集》)。他售者予以止啼之藥(《括異志》)，前席者煩以清問之情(《前漢》)。雅善情深，見涗伺衣之幻(《晉·阮修傳》)；繇徵衰兆，怪絶索筆之靈(史彌遠)。鳥無聲兮山寂寂，夜正長兮風淅淅。日光寒兮草短，月色苦兮霜白(李華《友戰塲文》①)。記者曰：此鬼之董狐也(《干寶傳》)；歌者曰：山之阿若有人兮(《楚辭》)。

① “友”當作“古”，見李華《吊古戰塲文》。

第十卷

琴

琴，朱絃雅器，太古遺音（《説文》）。前廣後狹之制，圓天方地之儀。則九星而象六合，應八風而法四時（並《琴書》）。本乎朱襄（《呂氏》），以至陶唐（《通禮纂》）。因加而自七至八以少乎，惟宮與商（《廣雅》又《玉琴賦》）。寂兮琴之德，寥兮琴之聲；德徹陰陽之奥，聲涵純粹之精（賦）。本實末虚，取之孫枝有當（《志林》）；輕鬆脆滑，求之朽木愈殷（《筆談》）。于以珍奇，寧必金玉爲飾（《西京雜記》）；斯爲常御，從看鐘簴有分（《風俗通》）。暢與操異（《風俗》），爪匪肉并（《葆光》）。忽焦桐以發響（蔡中郎），幾墜柯以成聲（《南部〔新書〕》）。鳴益登木之言，似非絲獨（《肆考》）；浮雲柳絮之句，未易聞評（《西清詩話》）。故使之悲，其張調而急下（《説苑》）；不足以聽，或德薄而義傾（《韓》）。則夫松間風入，石上泉流（譜）。離鸞之與別鶴，懷陵之與掬幽。怨以明君，歎以楚妃。烏夜夜而生啼，雉朝朝而與飛（《風俗》）。寒山獲雪，楚澤涵秋（《冷齋夜話》）。蟬聞葉下（《琴曲》），燕立池頭（《陂集》）。玄鶴來舞（《韓》），游魚出聽（《列》）。附木（上）兮仰秣（《荀》），響壁（《宋書》）兮舞庭（大周正樂）。于以見甘露降，澧泉涌，景風翔，慶雲生（《列》）。宮調角調（《西清詩話》），散聲泛聲（《志林》）。或蟹行，或鸞鳴（《琴譜》），彈嫌軟弱，按怕鬆輕（上）。綽則上兮下則注，柔爲大動細爲吟（上）。不彈者醉酒笑談，相顧失于俗子（《琴譜序》）；應彈者清風朗月，多幸遇以知音（上）。悲樂異感（《淮》），治亂相迎（《琴操》）。風雷頓作（《晉紀》），雲霧縣興（《宋書》）。石室幽居，曾共主賓之雅（《東陽記》）；郵亭夜月，相偕伉儷之盟（《山河別記》）。止息廣陵，神鬼之指授不再（《異苑》）；調吟十弄，異人之覺夢乃驚（《北齊》）。曲澗深林，初不改其常度（《南史》）；初秋涼夕，遮莫暢其風情（《南史》）。視之桎梏有異（《語林》），和之林壑交并（《阮嗣宗傳》）。神氣沖和，了無色忤（《晉書》）；生韻清遠，孰與世攖（《南史》）。慟思誰賞（《晉書》），有念俱亡（《世説》）。聽文業之歌棗（《前秦録》），傷吉甫之履霜（《〔琴〕操》）。傲中書而飲恨（《南史》），謝京兆以有詞（《舊唐》）。了不韻于嬖倖（《左》），應遂授于佳兒（《江表傳》）。夫官常伯也（《世説》），彼伶人兮（《晉中興書》）。投問巨澤（大周正樂），就訪清溪（《琴纂》）。泣從散操（劉向《別録》），悦聽鄭聲（《〔東觀〕漢記》）。女子多奇，絃從辨于絶響（《蔡琰外傳》）；才人雅飾，心故挑以幽貞（卓文君）。酌彼清泉，快松石以相賞（《宋書》）；驚其哀韻，賦筆墨以皆靈（柳惲）。磻溪耶，泗濱耶，非有昵于山澤（《天中》）；心驅耶？神遇耶？將無一以天行（《語林》）。論器之美，代司韻磬（《〔唐國〕史補》），時擅響泉（《唐〔國史補〕》），洗凡物色于瀑下（《天中》），靈開起視于山巔（《〔南部〕新書》）；論名之殊，梁高而繞（賦），鐘大而號（上），清角合之神化（《風俗》），綠綺弄之妖嬌（譜）。又以論斲製之巧，霄亮則清雅而沉細，撩越則響亮而並鳴（《陳氏樂書》），落霞看其具美（《洞冥》），臨岳有其芳亭（孫綽賦）；論賞鑒之實，是爲揚州薛滿，隴首沈妍（《辨琴書》），擊浪奔雷之狀，長江廣流之天（《晉書》）。蓋氣和故響逸，絃急故聲清①；間遼故音痺，絃長故徽鳴：斯爲盡美（嵇叔夜賦）。聽商則知愁霖春零，聞角乃睹韶華秋榮；羽發則寒生春②夏，徵來則暑移玄英：應不虛傳（賦）。無已求之海水傾洞，山林冥杳，鳥獸悲號之處（《樂府解題》）；又感之臺池既壞，荆棘叢生，牧竪與歌之間（《新論》）。誰爲巖棲谷隱（《齊諧》），誰爲霖雨崩山（《列子》）。善哉！洋洋兮若江河，峨峨兮若太山（《吕氏》）。一奏之雲起，再奏之風還（《韓子》）。余取諸葛之經以備述（《中興書目》），

---

① 嵇康《琴賦》"氣和"作"器和"、"絃急"作"張急"。
② 王太真《鍾期聽琴賦》"春"作"朱"。

從沔公之譜以訂删(《因話録》)。有趣耶不必得之絃上(本傳),有氣耶
夫亦相之仙班(書)。如是兀然,收聽反視,沉吟不已,感樂之至精,得
音之微旨,誠在聽之以心,安可察之以耳。嗟嗟!琴韻盡美矣。辭曰:
愔愔琴德,不可測兮;體清心遠,邈難極兮;良質美乎,遇今世兮;紛
綸翕響,冠衆藝兮;識音者希,誰能珍兮;能盡雅琴,惟至人兮。

畫

夫畫者,成教化,助人倫(《歷代名畫記》)。其唐虞之文章,夏后之
鼎象,則圖畫之宗焉(《世本》)。寄思出于象表(《寓簡》),寫照政在堵
中(《世説》)。數月之工與一日之跡,俱擅其妙(《畫類》①);有筆無墨與
有墨無筆,類匪相從(荆〔浩〕②)。氣韻生動,骨法用筆,應物寫形,
隨類傅彩,經營位置,傳摹移寫,斯畫品之畫一者也(《〔古〕畫品
〔録〕》);野人騰壁,美女下墻,禁五彩于水中,起雙龍于霧外,亦方
術之怪誕者乎(《〔圖畫〕見聞志》)。能巧之外,曲盡情理(《名畫
記③》),巧妙之極,至奪化工(王宰)。盤鬱于胸間,信奇奇怪怪而有當
(《畫史》);游覽于天際,詎優柔軟媚以相蒙(《宣和畫譜》)。人物舟船,
煙波風月,已極聲律之雅(《名畫要録》④);山水樓閣,狗馬神魅,雅繕
圖繪之工(《名畫通紀》⑤)。求活筆敗墻之上,若見曲折高平皆爲天就
(《筆談》);求定理樓塔之類,寧必飛簷重栱悉與筭空(上)。迹簡意淡,
得上古之秘(《〔歷代〕名畫記》);参微酌妙,入華胥之夢(《〔圖〕
繪〔寶〕鑑》)。吾美夫江山遠近之勢(上),州郡離合之形(《〔歷代〕
名畫〔記〕》)。麗三景而成氣象(張詢),通萬里以愜精靈(《南史》)。

---

① “《畫類》”未詳,見《唐朝名畫録》。
② 據《畫圖見聞志》補“浩”字。
③ “記”當作“録”,即《唐朝名畫録》。
④ “《名畫要録》”未詳,見《唐朝名畫録》。
⑤ “《名畫通紀》”未詳,見《歷代名畫記》。

而不見禽無噪集(《見聞録①》)，蝶有隨行(《〔圖畫〕見聞志·梁于
兢》)。龍點睛而出没(《〔歷代〕名畫〔記〕》)，鵠絶筆而藏聲(《玉堂
閒話》)，鷹離鞲而奮舉(《畫録②》)，馬蹄齧而長鳴(李嗣真《畫後品》)。
聚戲散走，澤吻摩③牙，委見其妙(《畫評》)；唳天驚露，翹足整羽，更
愈于生(《益州〔名〕畫録》)。隨意所匠，冥會所肖，相驚設色之巧(《酉
陽》)；析出三停，分成九似，誰難合口之形(《〔圖畫〕見聞〔志〕》)。
依稀體貌(《〔圖繪〕寶鑑》)，變滅影容(《拾遺》)。翻浪莫知其涯涘
(《寶録④》)，披蓑雅得于朦朧(《〔圖畫〕見聞志》)。火焰兮相逼(張
南〔本〕⑤)，寒色兮多攻(《畫鑑》)。或騰廟貌，或鬭鏡湖，試聽風雨
之駭異(《四明圖經》)；雲台熱至，北風涼來，緊考節候之異同(孫暢之
《述畫》)。則又有隨童孺而指顧(武烈太子)，偕夫壻以留情(《玉堂閒
話》)。烈女之傳閨範(《名畫記》)，功臣之紀勳名(閻立本)。恚之驢似
(《盧氏雜説》)，誤之蠅成(《吴興雜録》⑥)。終有利于佛法(《〔歷代名
畫〕記》)，急當治此妖精(《博物》)。致禱以誠，起經年之痼疾(《八朝
窮怪録》)；欲寢而偶，牽往日之妬私(《南史》)。所妙醉時揮灑如意
(録⑦)，更優月夕摸索以幾(李氏)。疾風暴雨，烈暑祁寒，了不下筆
(《畫品》)；體運遒舉，風力頓挫，從教解衣(陸探微)。堂構將隆，倣聖
賢而作法(《〔歷代〕名畫記》)；門扉忽啓，怪兄弟以騫飛(《宣室志》)。
謂鳳恨之相成，別無償直(《世説》)；乃名籍之已定，會且禍罹(《西京
〔雜記〕》)。于以一探微之筆(《〔圖畫〕見聞志》)，于以詠摩詰之詩
(東坡)。像人之美，張得其肉、顧得其神、陸得其骨(《〔歷代〕名畫
記》)；絶世以三，倏而圖繪、倏而銘贊、倏而臨池(記)。若乃幃帽不詳

① "録"當作"志"，即《圖畫見聞志》。
② "《畫録》"未詳，見《宋朝名畫評》。
③ "評"當作"譜"，即《宣和畫譜》，"摩牙"作"磨牙"。
④ "録"當作"鑑"，即《圖繪寶鑑》。
⑤ 據《宣和畫譜》補"本"字。
⑥ "《吴興雜録》"未詳，見《圖繪寶鑑》。
⑦ "録"未詳，見《圖繪寶鑑》。

于創始(《水衡》①)，芒鞋不究其根緜(《高唐·劉太玄十義》②)。朝服靴衫，輒施古象；衣冠組綬，且共時流(《水經》③)。甚至有頭足俱展之飛鳥(《仇池筆記》)，有尾髀不夾之鬬牛(《見聞録④》)。芭蕉亂于雪裏(《筆談》)，牡丹比于日中(《歸田録》)。吾以宿經旬于近代(《〔劉賓客〕嘉話》)，成一家于群公(《〔圖繪〕寶鑑》)。亭監有加于真趣(《〔歷代名畫〕記》)，詔書匪事于雜叢(《古畫名品》)。在收藏有元章之癖(本傳)，在賞鑒有彥齊之工(《見聞録⑤》)。時啜茶以點韻(《畫録》)，勿涕唾以殺風(《水衡》⑥)。聖稱絶代(《〔歷代〕名畫記》)，役猥廝奴(《舊唐》)。寧頓掩其本業(《葆光》)，抑羞恨于吾徒(《顏氏家訓》)。名筆相傳，慨古今之不及(曹子建)；惑性所及，想播載之與同(《金石録序》)。不惜國亡(蕭繹)，不悲身死(楊廣)，金玉乃丁其阨運(《唐史》)；冥助之資(《見聞録⑦》)，公退之暇(書⑧)，舸艛顯揭其家風(米芾)。山要回抱，寺觀可安；新岸亂堤，小橋可置。水闊處征帆，林密處店舍，岸斷處古渡，山斷處荒村。古木節多而半死，寒林扶疎而蕭森。春景則露鎖烟籠，樹林隱隱，遠水拖藍，山色雄青；夏景則林木蔽天，綠蕪平坂，倚雲瀑布，行人羽扇；秋景則水天一色，萩萩疎林，鴈橫烟塞，蘆鳥沙汀⑨；冬景則樹枝雪壓，老樵負薪，漁舟倚岸，水淺沙平，凍雲黯淡，酒帘孤村。風雨則不分天地，難辨東西，行人傘笠，漁

---

① “《水衡》”未詳，見《歷代名畫記》。

② “高唐”當作“舊唐”，“太玄”當作“子玄”，“十義”疑作“釋議”，見《舊唐書·輿服志》：“景龍二年七月，皇太子將親釋奠于國學，有司草儀注，令從臣皆乘馬著衣冠。太子左庶子劉子玄進議。”

③ “《水經》”誤，見《歷代名畫記》“朝服”作“胡服”。

④ “録”當作“志”，即《圖畫見聞志》。

⑤ “録”當作“志”，即《圖畫見聞志》。

⑥ “《水衡》”未詳，見《歷代名畫記》。

⑦ “録”當作“志”，即《圖畫見聞志》。

⑧ “書”未詳，見《唐朝名畫記》。

⑨ 荊浩《畫山水賦》“山要”作“山腰”，“新岸”作“斷岸”，“雄青”作“堆青”，“蘆鳥”作“蘆島”。

父蓑衣；雨霽則雲收天碧，山光添翠，綱晒斜暉。曉景則千山欲曙，霧靄霏霏，朦朧殘月，曉色熹微；暮景則山啣殘日，帆卸江湄，路人歸急，半掩柴扉。或烟斜霧橫，或遠岫雲歸，或秋江晚渡，或古塚斷碑。如此之類，樹不可繁，要見山之秀麗；山不可亂，要顯樹之精神，噫！微矣哉。

射

有美人兮操其矢，獻其藝，發茲手敏，與彼心契。廣場爰誤①，砥平于百步之中；衆目所瞻，流星于片葉之際（賦）。禮正六耦，詩歌九節。終井義以奠名，始睽畫而取則（賦）。設五政，張三候，韜朱膊，捍韋韝，既垂橐以弦弧，亦啓箙而抽鏃（喬潭賦）。落殘月于象耳②，飛明星于金鈚（上）。其一發也，驠若輙札；其再中也，抱如貫笠。雕弧半滿，當晝而明月灣灣；銀鏑忽飛，不夜而流星熠熠（《英華》）。③ 吾知義取繹志（《射義》），道不主皮（《論》）。其作止以剡注襄（音讓）尺，井伐④爲度（《〔禮〕記》）；其秘法以天覆地載，參連爲奇（陳王寵）。鑣首之牙旗有無受罰（劉信），孤懸之莎草曾否或歆（豆盧寧）。插可以蔗（《南史》），帖可以梅（上）。竹竿洞發于屋際（《〔唐〕語林》），牙簪立中于山隈（宣武靈后）。毛輕風數（《遺事》），毬抱馬回（《五代史》）。鶂鷺峙于水次（《續世説》），驚兔起于輿儓（《世説》）。尤有妙于摩空而下（《南部〔新書〕》），連筈而前（《宋史》）。山失其峻（《魏書》），鐵亡其堅（《載記》）。不披弋之雙鳧，更無幾幸（《汲冢〔書〕》）；並與飛之群鳥，寧詎生全（《宋史》）。豬或走于邠郊，致嘲南趯（《詩話》）；蝨或懸于戶牖，却視車輄（《列》）。自想少年，附膚落毛非善（《三十國春秋》）；

---

① “誤”當作“設”，見賈餗《百步穿楊賦》。

② “耳”當作“珥”，見喬潭《破的賦》。

③ 白居易《射中正鵠賦》“輙札”作“徹札”，“半滿”作“乍滿”。

④ “伐”當作“儀”，見《禮記·少儀》鄭玄注“五射，白矢、參連、剡注、襄尺、井儀也”。

素言大志，三起三疊從之（《世説》）。緩箭强弓，事歐陽之彈疏（《啓顔録》）；畲工廣拙，擅供奉之談資（《御史臺記》）。引長而斜者，亦引角而仰（《北史·后妃傳》）；擁柱而號者，勿搏坐而熙（《楚史檮杌》）。支以左，屈以右，穿葉存乎見少（《周策》）；志目則目，志口則口，嚙鏃渺爾無遺（《雜俎》）。熟至驗于葫蘆（《金坡遺事》），賞因重于金瓶（《吳越備史》）。猿臂兮有象（李相①），《貍首》兮有聲（《〔禮〕記》）。草以北海之制（《北史》），勒以宣武之銘（《魏書》）。世載其德（《天中》），才未盡卿（〔王隱〕②《晉書》），于以決疑訟（《韓》），解鬭爭（《英雄記》）。又何天山之不定（《舊唐》），南渡之無成（《吳志》）。觀武于兹，可明七德之要；取才于彼，亦彰一藝之能（張友正《射〔已之鵠〕賦》）。鞬囊既啓，美六才之定體；拾決將臨，矜壹發于巧心（楊弘貞《貫七札賦》）。吁嗟乎，飛衛一學于逢蒙，而顧希其術窮也哉（喬潭《破的賦》）。

相

貴賤之表，近取諸身；休咎之證，如指諸掌（《六指③》）。知人之哲，可謂形狀末也哉（《家語》）。是以身虛而志立，體小而名高（《論衡》）。求之氣色，形神每增妄想（《就日録》）；驗之小大，美惡似無偶逃（《荀》）。余又自闇中之五綵，深爲迴視（《天中》）；西行之一步，再任推敲（《肆考》）。詎曰某相類鳳、某相類龍，某至卿相、某至王侯（《相解》）。圖籙之屬（《隋書》），天日之姿（《舊唐》）。項上五柱已見（《隋書》），髮際四道有奇（石勒）。雖賤必貴（《史》），當刑而王（黥布）。且相期于目眇④（章昭達），自得當于面方（《涑水紀聞》）。則夫撥火煨芋之日

① "李相"未詳，見《漢書·李廣傳》："李廣爲人長，猿臂，其善射亦天性，雖子孫他人學者莫能及。"
② 據《天中記》卷四一補"王隱"二字。
③ "指"當作"帖"，見《白孔六帖》。
④ "渺"當作"眇"，見《南史·章昭達傳》。

（《甘澤謠》），在東獨立之人（《家語》）。早以識其啼笑（《桓溫傳》），別以看其喜嗔（《太平廣記》）。過華山之側（《野録》），渡汶水之涯（《晉書》）。當吳門之就寢（《詩序》），值虜地之傾夷（《清話》）。錢塘之有王氣（錢鏐），西川之有伯師（《漢書》）。就耳根以摸索（《舊唐》），從趾①下以驚疑（《傳載》）。骨何類于多遜（《歸田録》），眼何似于王敦（《邵氏聞見》）。夢何先于龍樹（《詩注》），覺何悟于鬼丸（陶穀）。暫過香山，陰德識于欄楯（《摭言》）；還從劇縣，闕行乖于圜扉（《異記》）。揖讓人主之前，躍馬疾驅，志願已足（蔡澤）；盼望同舟之侶，驅驢徐至，名姓與歸（《定命録》）。方岳後自有時，入没庸慮（薛大鼎）；富貴終當不死，痾疾可期（吕僧珍）。彼裸袒之多驚，隱俱日月（《南齊·江祐傳》）；縱顔色之下逮，飾那冠衣（《南史》）。塞剥自慰（《定命》），慶弔踰時（《歸田録》）；射盆將驗（唐），乞杖何知（《定命》）。圖畫而怪虎（《幽明録》），伏枕而息龜（《芝田》）。豕目而長視者，不敢信爲亮直之節（《孔叢》）；鳶肩而火色者，容詎伸以慷慨之詞（《新唐》）。還語登樓，步向前而氣轉下（《金樓》）；奏對上殿，履爲跛而聲爲嘶（《〔清波〕雜志》）。如是急流勇退之義（《唐書》），消名得謗之宜（《仇池〔筆記〕》）。無以厮役而定其儲議（《聞見録》），無以浮屠而喪所皈依（柳渾）；毋以丞佐而乏上第之想（《定命録》），毋以布衣而歎亡虜之危（《論衡》）。余不解從理之褚羅，且無矢②折（《南史》）；尤疑龜文之李固，頓爾榮禧（《玉堂閒話》）。恨薄恨小恨赤恨短恨雌，頗恣笑柄（《唐書》③）；如蒙俱如斷菑如削瓜無見膚如植鰭，孰比芳姿（《荀子》）。是其人，世禄之家居然濟美（《瑣言》）；非其人，若敖之鬼不其餒而（《左》）。期會有屬（《南史》），富貴在天（《周書》）。傾國而奔走吉凶之詭（〔後〕④唐），問心而捧持生

---

① 《大唐傳載》“趾”作“址”。

② 《南史·庾杲之傳》“褚羅”作“褚蘿”，“矢”當作“夭”。

③ “《唐書》”誤，見《晉書·桓溫傳》：“面甚似，恨薄；眼甚似，恨小；鬚甚似，恨赤；形甚似，恨短；聲甚似，恨雌。”

④ 據《新五代史·趙鳳傳》補“後”字。

滅之言(《青箱雜記》)。是姑布子卿之所不及(《史》),而唐舉之所不能先者也。

弈棋

夫奕爲藝也(《原奕》),縱橫闔闢,出没死生,或言是兵法之類(桓譚《新論》)。坐可以隱(《世説》),手可以談(上)。九品有在(《〔棋〕經》),十勢相參(劉仲甫)。離離馬目,連連鴈行。怯者無功,貪者先亡(馬融賦)。磊磊似玉石之相飾,粲粲若衆星之麗天。既似將軍出塞,又若猛士臨邊(《英華》)。局必方正,象地道也;道必正直,神明德也;棋必黑白,陰陽分也;駢羅布列,放天文也(班固)。何以稱聖(《抱》),孰是擅奇(江彬)。中興迺爾(徐廣《晉紀》),屬邑于兹(《南史》)。夫且聖教之裨(《西京雜記》),非第忘憂之資(《祖逖傳》)。豈不虛心有法(《見聞録》),而徒機變與隨(《棋談》)。則試以較其品乎,誘成龍鳳之狀(晉羅什),呼可鸚鵡之聲(韓偓)。從溪濱以指授(《集異記》),自夢覺以縱橫(《補録紀傳》)。其與朱異韋黯之流,覆從御座(到溉);其緜金構①銅池之景,約指宣城(《南史》)。余異殷仲堪之撰辭,每有往復(《世説》);尤壯張中令之決策,急至推枰(武帝)。彼當羽檄交馳,對戲曾無倦色(費禕);即令全軍奏凱,賭墅似有閒情(謝安)。得趣于車轅馬鬣之間,匹夫可以作對(《北夢》②);任傲于喪狗懸蟊③之際,君上可以從便(到溉)。時以賜緋,巧詐于不生不死,不勝不負(《荆公詩注》);因之作賦,捷對以若動若静,若方若圓(《〔李〕泌傳》)。品第致高,緣其用思深久,人不能對(《南史》);立身有素,未嘗一口誕妄,何不敢前(《武陵〔昭王蕭曄傳〕》)。惜彼盛名,誠厚德之可述(《嘉話録》);成兹巧宦,則嗜利之相牽(《續世説》)。而不見柯斧已爛(《述異》),蘆荻伊傳(《南

---

① 《南史·羊玄保傳》"構"作"溝"。
② "《北夢》"未詳,見《雲仙雜記》。
③ 《南史·到溉傳》"蟊"作"風"。

史》)。局上之劫亦急(《陳留志》),居亭之恚可捐(《新書》)。勿致誤道(魏樂),第得爭先(《酉陽談資①》);勿爲辭拙(《南齊》),終以信然(明帝)。晉人之美風流,爭道或嫌于瓜葛(《世説》);明君之善督責,謝表猶計于銀裝(《南史》)。天帝之使令胡來,從教行在(《〔北夢〕瑣言》);長安之仕宦果爾,試語高堂(甄琛)。急亂其贏輸,似爲不韻(《楊妃外傳》);假苦其進退,那弗相忘(《〔北夢〕瑣言》)。三代而下,余有取于陶侃之投局(本傳),良娣之刻乾(李泌)。無誇君命之不辱(《新唐》),無恃主度之多寬(《南史》)。求之白鶴興適(坡),野狐事偏(元懷《拊掌録》)。負擔肩頭,求雪林逋之恨(坡);長消永日,相信李遠之篇(《詩話》)。詔奉雲公,從高下之品以讎較(《南史》);才分柳渾,豈優劣之格而妄銓(上)。若是饒三綴五,不解奪角爭關;所以難求瘦腹,易得肥邊。彼謀既失,我謀先之;我智既虧,彼智乘之。欲利其内,必先攻外;欲取其遠,必先攻近。如蘇秦之合縱,陳軫之遊説。若然者,奕之始自戰國縱橫者流矣,豈曰堯哉。

卜

《洪範》:"七,稽疑,擇建立卜筮人"(《書》)。于以見龜長而筮短(《左》),先卿士與庶人(《書》)。曰方曰功,曰義曰弓,試問春官所掌(《〔周〕禮》);以馬以牛,以雞以鼠,從看《北户》所稱(《北户録》)。如少精誠,即一身吉凶靡驗(陸龜蒙記);每存齋戒,豈一日神明不應(《鬼谷》)。無取事後(《東軒筆録》),妙哉不疑(《卜居》)。惟宅之非而鄰之是(《左》),豈居之污而行之卑(《史》)。若乃龜精常疏(《吳越備史》),鬼賊相留(《三國志》)。當蘇秦之未遇(《春秋後語》),有董賀之兼優(《耳目記》)。書以隗炤之板(本傳),乘以端木之舟(《衝波傳》)。僕可得于蓂下(杜生),婦可還于甕頭(《六帖》)。獨立一蓍(《舊史》②),

① "談資"當作"雜俎"。
② "《舊史》"當作"《舊唐書》"。

並舞三錢(《耳目記》)。其積薪而假寐(《合璧》),那掛樹而流泉(鮑瑗)。不解當門之狐,拊心而號哭(浮子);並異分走之蛇,亙歲而推遷(馮鯤①)。四相嗣登,曾何笑諛言而減聲價(范蜀、蒙相);狀頭早定,其試憶垣下而記生年(《續定命錄》)。總角如女子之行,金釵有象(《續高僧傳》);趨步自少年之客,布袍已先(《續搜神記》)。逼絕丘山,悵恨以推國號(《晉書》);相看簾箔,垂涕以語典籤(《齊書》)。縱爾青蓋入洛(《吳志》),豈誠六龍御天(《北史》)。如貍鼠成其早計(《天中》),若熊羆決其已然(《齊世家》)。欺于趙,神于秦,從何解説(《韓非》);子貢占凶,夫子占吉,妙有往還(《論衡》)。讀曲阜之命龜,賢則茂昌,不賢則速亡,安在擇地而封國(《説苑》);再觀邦公之遷繹,孤之利也,吉莫如之,詎非知命而居間(《〔左‧〕文》)。有是哉,法天地,象四時(《史》),于以定夫皇策(《禹穴碑》),曾何恥于人知(《六帖》)。卦有密雲,能擁西郊之氣;蓍名聚雪,非關北②極之山(《洞林序》)。道固于斯,定守以江漢沮漳之望(《左》);言者過半,利導以子臣弟友之間(《漢書‧嚴君平》)。乃油花狀之女婦(《圖經》),陽豫傳之夏殷(《演孔圖》)也,亦奇聞哉。

醫

以余觀于醫也,聖人畬從事焉(《韓》)。欲以不疾者爲功,則司命之所屬有在(《韓》);藉令使生者勿死,則"尸厥③"之往事何居(《史》)。未遇長桑君,即彌月而欲見垣,從何指授(《史》);相師倣貸季,則一日而輕數死,訂可方書(《素問》)。優劣與參,吾以觀其三折(《孔叢》);吉凶類驗,吾以要其十全(《周禮》)。論其家,爲經、爲方、爲房中、爲神仙,各臻其妙(《七略》);稽其世,若祖、若父、若子、若孫,似別有

---

① "鯤"當作"緄",見《後漢書‧許曼傳》。
② "北"當作"地"。
③ 《史記‧扁鵲列傳》"厥"作"蹷"。

傳（《禮〔記〕》）。故曰：醫者，意也（《唐史》）。彼恒而有矣（《論》），吾委而治之（《尸子》）。配合陰陽，誠考于母子、兄弟、根莖、花實、草皮①、骨肉（《本草》）；兼收鉅細，又何問于玉札、丹砂、牛溲、馬渤②、赤箭、青芝（韓文）。求之陰陽風雨晦明之候（《鑑戒》），腠理膚肌骨髓之宜（《韓》）。稱夫胡王使者（羌活）、骨鯁元君（草薢），八月之珠炫色（茴香），九月之官邁群（茱萸）。青要名女（空青），琥珀作孫（松脂）；猪非在圃（菖蒲），狗不迎門（人參）。在地而爲髓（地黃），在日以美精（雲母）。忻逢國老（甘草），怯敵草兵（巴豆）。于以設一寸之樓臺（蜂窠），寧無處混沌之螟蛉（寄生草）。則有總角期許（《何顒〔別〕③傳》），肘後專工（傳）。屏而鬼語（《續搜神記》），茅以靈通（《齊諧記》）。駭眼瞳之外出（沈約《晉書》），異腹背之左逢（史）。走天使以相謝（《宋書》），神黃父以予雄（《鬼遺方序》）。夫蘸筆仍看，不必寄居草澤（《名醫録》）；化身普救，有無快覩上游（《翻譯名義》）。膏肓（《左》）靈府（《隋書》）之間，多從胗視；湔腸（史）徙背（《南史》）之巧，喜見功收。列竈則三四指顧（《國史補》），植杏則千百歌謳（《董奉傳》）。吾見涕泣以請（《顏氏家訓》），奔走若流（陶侃）。儻隨獄灰以俱燼（《華陀傳》），合雜家以多繆（《唐書》）。又豈困醫滋患（蘇集），諱疾莫瘳（周子）。蓋醫有名而不良者，有良而不名者，祇見其不可托，不可任，不可信（《物理論》）；醫有廝養而輒效者，有貴高而不效者，多見其私意自用，將身不謹，骨節不強（《後漢》）。方古而疾新，問之世變隙駒，豈千秋之畫一（《金史》）；情猜而意度，譬之圍遮獵兔，冀一人之偶逢（《談資録》）。自利利人，高明者在（《高僧傳》）；醫人醫國，景行仰從（《國語》）。其韓伯休乎，名已逃于共市（《〔後〕漢書》）；其宋清氏耶，報且邀于厥終（柳文）。德既厚朴，宜典從容（陳玄補醫博士）。腸滑胃虛，更服返魂之草；氣衰力憊，時懸永命之符（張説）。夫子曰：春居葛籠，夏居密陽，秋不風，冬

---

① 《神農本草經》"皮"作"石"。
② 韓愈《進學解》"渤"作"勃"。
③ 據《天中記》卷四十補"別"字。

不煬，飲食不餔，飲酒不醉，斯良藥也。夫賦曰：安期神樓散，扁鵲陷冰丸。銀筒昔誰蘊，金瓶今子殫。射驚贔〔兮〕①駐流電，訪大藥兮浴還丹。邀籛偓兮雀躍，共喬松兮鯢桓。

命

鄭俠②溮志經籍，有《元辰》《三命》諸書，近本所載，僅僅耳然。皆屬之五行，乃如虛中之吐談（《雜記》），耶律之紀載（耶律氏）。日月所會（《後·藝文志》），枝幹相配（《後·律曆志》），幾問行年之繇（楊廷秀），而泄天機之晦（文中子）。吾欲天賦相忘（劉蕡策），威儀自定（《〔左·〕成》）。毋謂聖賢多薄（杜），文章兹憎（白居易③）。則夫遁甲有在（《湘山野錄》），磨蝎繇來（《三星行》）。不逢李廣之萬戶（《漢》），顧驚吳育之西臺（《宋〔史〕》）。會有替隆，操南音以捭闔（劉尚賓④）；數多蹇剥，憶往事以留淹（魏元志）。非司馬長史之流，生憎逆旅（唐宣宗）；其裂土侯封之輩，枉重茅簷（《湘山野錄》）。老翁已放（《僉載》），軍校非遭（《宋人記》）。徒長咨于日耗（温敦太平），往痛惜其才豪（《六帖》）。災曜怯于檮杌，福曜遠于簞瓢（楊廷秀論）。定前則推步自合（《歸田錄》），取悦則禄命虛高（《史》）。夫賞善罰惡之權，君相所造（《唐史》）；前因今果之説，僧俗無逃（《夢華錄》）。亡之或以作匿（《游俠傳》），委之第以見嘲（定）。故曰：未言我貴，先脱子貧（楊詩）。又曰：待余心肯日，便是子通時（王業）。元度元長，或鹵莽而逸其半（《却掃編》）；若鄭若蔡，且浮浪而喪所歸（蔡絛《聚⑤談》）。豈今昔無同，多有帶于擊殺（《貴耳集》）；抑純駁有異，應各得于盛衰（陸子靜序）。猶之耕

---

① 據楊慎《藥市賦》補"兮"字。
② "俠"當作"夾"。
③ "白居易"誤，見杜甫《天末懷李白》"文章憎命達"。
④ 《玉壺清話》"劉尚賓"作"劉昌言"。
⑤ "聚"當作"叢"，即《鐵圍山叢談》。

而與穫，弗耕而望收，總不可解（李翱《命解》）；譬之一類而榮枯長短，一本而摧折歷落，寧必無差（文文山序）。古諺"知星宿，人不覆"（《肆考》），斯訊命之法也（《肆考》）。《文中子》"稽之于天，合之于人"，吁！立命之學也哉。

商賈

如賈三倍，君子是識（《詩》）。市于日中（《易》），通于遠國①（《白虎通》）。遡始《噬嗑》之取（《繫辭》），競勝馺儈之值（《貨殖傳》）。質劑縣是與行，權會于焉積實。所以販繒之子，候當午以員來；抱市②之徒，恐移廛而忽至（詩又賦）。余觀計然之著錄（傳），王戎之持籌（本傳）；居以陽翟之貨（《史》），泛以范蠡之舟（本傳）。漁耶樵耶，曾何分于遠邇（《貨殖序》）；隊③耶肆耶，又何費于思謀（左太沖賦）。處甕心勞，倏爾而成夢幻（《小說》）；當爐計拙，未幾而失歌謳（《隋唐嘉話》）。彼拙業也，千役萬僕，恨繡刺之徒苦（《貨殖傳》）；茲素封哉，俸需里入，感貨殖之靡休（《貨殖傳》）。巷列羅居，吾見窬窺分毫；智談尺寸（晉陽帝賦），徵貴徵賤將同。圈中之鹿，欄中之牛（《法言》），善價有在，到處無差（東漢）。貿遷乃日，物各以時，又何怪其攘攘而熙熙。

農家

盼望東皋（《詩》），饁彼南畝（《豳詩》）；庤乃錢鎛（《周頌》），占茲星雨（賦）：斯老農之流哉。則夫父葘子穫（《〔書·〕周書》），妻饁夫耨

---

① 《白虎通·商賈》"遠國"作"四方"。
② 李遠《日中爲市賦》"市"作"布"。
③ 左思《三都賦》"隊"作"隧"。

（《左》）。是襄是穮（《左》），垂穎敷芬（《西都賦》）。但勿鹵莽而滅裂（《莊》），何必象耕而鳥耘（陸龜蒙）。羔酒相勞，歎人生之樂事（楊惲）；豚蹄更攘，工座上之滑稽（《史》）。于以起家，顧《兔園》兮何語（五代馮道）；因而立志，彼燕雀兮安知（《史》）。食之力（徐穉），帶之經（漢倪寬），勿恣睢以負主上（諸葛表），毋仕進以誤生平（文中子）。試想蕭何自污之計（本傳），蘇秦未遇之時（本傳）。望鬒黑胼胝之人，無能自已（《韓詩外傳》）；況憂國忘家之際，曷以處卑（許汜《與元龍書》）。千畝隴雲，臘日千①家酒滿；一犂江雨，晴天田舍禾歸（《圓機詩學》）。牛吒吒，車轆轆，誰憫皮毛已盡（元稹）；二月絲，五月穀，孰憐心肉無幾（《〔詠〕田家》）。自說年稔（《谷風》②），凤願官清（王）。誰是不輟（《荀子》），誰是不昏（《書·盤庚》）。斯民事之無緩（《孟》），而人生之在勤云（《管子》）。茹古氏曰：發惟司嗇，蜡必田畯。異畝同穎，豈獨瑞于往年；望杏瞻蒲，是錫羨于今運。適有田夫起而歌曰：畇畇千畝兮理有疆，濟濟千耦兮稷既良。躬三推兮供神倉，分九鷃兮應農祥。粢盛普淖兮潔敬斯皇，神之聽之兮將登穰穰。

漁人

客有問于予曰：善釣者其為漁乎（《呂》）？有慮偶亡，求之竿綸鉤餌（《淮》）；于焉從事，問之網罟筌眾（《尸子》）。因水以為教也（史），象離而有取與（《繫辭》）。名利相纏，待秋風已晚（杜預書）；行歌相答，舉薄暮為期（《後赤壁》）。茶竈筆牀，好隨天于物外（賦）；非龍非彪，任把釣于磻溪（呂）。煙霞日足（《張志和傳》），物我何知（王弘之）。留琴韻之清杳（《莊》），感劍佩之楚淒（《史》）。梭之從空而化（陶侃），盤之見貯有奇（左慈）。奮鬐之餘，期年兮屬厭（《莊》）；盈車之狀，百仞兮躊躇

(詹何)。舟泛靈鷗①，何相窮于晷夜(《拾遺》)；淵淒宰路，訝得夢于且余②(《史》)。在野之羊裘，不堪物色(《嚴光傳》)；更垂之豚餌，是否貪痴(《孔叢》)。輒醉輒歌，記楚江而無言姓氏(《肆考》)；洞庭夜月，駕小艇而但詠歌詩(《夷堅志》)。則夫款乃音餘(《次山集注》)，滄浪詠裏(《漁父辭》)。女兒浦口，狂歌一笛晚風；新婦磯頭，滑弄半江春水。桃花浪煖江天，氣味殊清；竹竿翠橫楊柳，情思獨倚(並詩)。美爾漁翁，坐石滑兮積苔蘚，蒼葭變兮老雲煙(《任公子釣魚賦》)。顒昂志氣，振奮泥塗。駕一鷁之舟，彌彰放達；入非熊之夢，不掩瑕瑜(《釣玉璜賦》)。此所以臨清流而耀川靈者歟。

優人

倡優下賤(賈誼策)，不根持論，上頗俳優蓄之(《東方朔傳》)，豈謂非文物聲名③之所宜乎(《元命苞》)。貸金優孟(《漢書》延熹中立碑)，戒飲趙襄(《新序》)。欲漆城室爲難蔭(《史》)，欲禁月天不可量(《笑林》)。出關三秦(秦檜)，匿笑兩韓(《桯史》)。貪且嘲于師使(《南唐近事》)，冤任鳴于宰官(《鑑》)。鑽可彌遠(《天中》)，掉以勝班(《桯史》)。飛鳳兮作瑞(《金史·妃傳》)，大鶴兮趨班(《〔鶴林〕玉露》)。驚博盧于局上(《史》)，銓篇詠于石關(《東齋遺事》)。若乃今日國忠擅威權而作惡(《白髓》)，異時旛倬與大逆以希歡(明皇十六年)。擊毬之作狀頭，知貢舉者誰氏(《〔北夢〕瑣言》)；釋奠之先名世，趨祝堂者何安(《夷堅志》)。余讀史至唐莊宗好優，明宗入汴，莊宗至萬勝不得進，還洛，欲復東扼汴水，其優者門高作亂，從樓上射中莊宗，崩，聚五方④樂器焚之。《傳》曰："君以此始，亦以此終。"可不戒哉。

---

① 《拾遺記》"靈鷗"作"雲鷗"。
② 《史記·龜策列傳》"且余"作"豫且"。
③ 《春秋元命苞》"名"作"明"。
④ 《新五代史·伶官傳》"方"作"坊"。

第十一卷

賢淑

余讀《列女傳》："婦德不必才明絕異也，婦言不必辯口利辭也，婦容不必顏色美麗也，婦工不必工巧過人也。"是以丈夫百行，以功補過；婦人四教，以備爲戒①（程曉戒女）。斯君子之求也（《詩》），寧貧家之思乎（古詩）。吾遡其設帨門右（《禮〔記〕》），弄瓦牀前（《〔後漢·〕列女》）。教之以聲絲不倦（《禮〔記〕》），授之以織紝惟先（《內則》）。偶一下堂，鳴佩之聲嗣響（〔劉向〕《列女》）；有如值夜，燈燭之光早懸（《內則》）。入計有心，誠副箕帚之使（《韓詩外傳》）；傳宣得當，何私湯沐之田（冯寶妻沈②氏）。自揣名譽興替之實（〔劉向〕《列女》），從教技藝工拙之便（上）。夙多慧識（《鑑》），雅擅辨才（〔劉向〕《列女》）。鹿車可以共挽（史），牛衣何事興哀（王章）。無功名之没没（史），勿文學之平平（上）。勿犬彘之不擇而食（〔劉向〕《列女》），勿冰山之長住不還（《朝野僉載》）。具詣瑯琊，料舊嫌之靡涉（《襄陽耆舊》）；申詞阿瞞，寧此恨之惟偏（蔡琰）。雖當國賊熾焰之時，識先避地（侯敏）；豈泛死士衝鋒之策，足保危邊（李希烈）。則以分東壁之餘映（〔劉向〕《列女》），感逆旅之奇姿（《鑑·漢武》）。成敗覽然，夫何愧于博士（《魏志》）；興隆可待，抑抱恨于男兒（文明皇后）。噫！

---

① 程曉《女典篇》"戒"作"成"。
② "沈"當作"冼"，見《北史·譙國夫人冼氏》。

才慧

文章之事，寸心千古，倘慧業不具，且亦徒然，豈意得于脩蛾長腕間哉。落筆生波，澹蕩春山之黛；嬌霞解語，掩映秋水之神。其爲柳嬌杏倩（吳愛姬），寧曰蘭形辣①心（程曉《女典》）。詞屬和于若兄若弟（丘氏），句不知其爲古爲今（朱希真）。才亞左芬，謝太冲以不及（鮑含②暉）；世稱劉大，與孝標而齊推（劉氏）。則其賦頌每屬（曹大家），詩句絶奇（《王直方詩話》）。聽子夜之曲（《樂府解題》），訂浮雲之詞（裴柔之）。伴桃花以覯面（崔〔護〕），托梧葉以縈思（天寶宮人）。銀雪滿群山，殊多况詠（魏夫人）；玉露催三鼓，雅癖淫詩（許氏）。夜月澄輝，轉憶琵琶逗响（葉桂）；秋風鼓竅，從教木末分飛（編）。小詞從工，絶識于閨位（《朱語録》）；集韻多廣，應聲于空門（曹蘊）。遡家世于王郎，相驚驛壁（《青瑣高議》）；期泥洹于道契，羈想故園（楊苕華《與外書》）。因之以賦哀怨（朱淑真），觸之以弄芳春（李弄玉）。嶺梅兮非舊（英州司寇女），鸞鏡兮圖真（薛瑗）。若夫已過重結（兵士妻），不住教留（沈婺華）。夢有驚于玉枕（《西清詩話》），事有記于騹騽（編）。對黃花以下淚（《冷齋夜話》），俯文錦以織愁（《晉》）。長門擬而作賦（江采〔蘋〕），隻影感而興謳（牛應貞）。一日哀鳴，歎桑榆之晚景（編）；少年情致，憐蛇蚹之驕羞（《類聚》）。仙官注籍（王氏），洞天偕緣（燕華君）。脩真末夕（戚逍遥），歸戍連年（木蘭）。或權甲乙而作文壇之盟主（上官昭容），疇失沿革而謝相府之佳筵（黃崇嘏）。如是遊興渺渺（杜林），飲况翩翩（荇）。幸昭陽之昐睞（王韜），緬長安之醉眠（趙氏《喜杜羔登第》）。勿翰墨見誚（《雲溪友議》），詎脂粉見憐（張窈窕）。有德不妨才，誠爲平等之論；無才便是德，豈盡矯枉之言。廼知仳女幽棲，剩敲金之秀句；名媛高壽，多戞玉之鴻篇。是江山所勃窣，靈氣所蜿蜒。並立西子玉真間，誠恐無色也；試考大家惠姬輩，寧易彈指焉。

---

① 程曉《女典》"辣"作"棘"。
② "含"當作"令"。

美艷

李太尉有曰："家藏女寶，希一表以進，第不得善文如登徒子者狀其妍艷。"有是哉！佳人之姿，文人之筆乎。顏綽約以冰雪，氣芬郁而蘭薰。腰佩激以成響，首飾耀以騰文(呂倘①賦)。疑芙蓉在臉，望遠山在眉(《西京雜記》)。魚見之深入，鳥見之高飛(《莊子》)。其始來也，耀乎若白日初出照屋梁；其少進也，皎若明月舒其光(《高唐賦》②)。著粉太白，施朱太赤，減之一分則太短，增之一分則太長(《登徒子好色賦》)。噫！翡翠簾前，悵望三千之女；芙蓉帳裏，分明二八之人(賦)。雅服淡粧，四萬嬪妃失色(《梅妃集③》)；風流艷冶，六宮花鳥生嗔(傳)。余以觀其飲乳(《隋唐嘉話》)，索其啖香(薛瑶英)。唾之花若成碧(《飛燕外傳》)，吹之氣每勝蘭(《洞冥記》)。瞻視眄睞之間，分左右而光映(《隋④書》)；凭肩擫步之際，入肌膚以饕餮(《清異錄》)。則又聽其歌聲，如彩鳳之絶響(《杜陽雜編》)；觀其舞態，若新月之凝暉(《道山清話》)。夜露雪飛，疑神仙之閉息(《飛燕外傳》)；深帷燭滅，極人巧之憑虛(《拾遺》)。當垢面之時，拭之而姿轉甚(《世説》)；執低頭之會，泣矣而痛不如(《外戚世家》)。此日歡情，感洛神而惆悵(《曹傳》)；他時清夢，憶琴韻而容與(史)。若乃俯綠井以生姿，汲者似爲左券(本傳)；御巫臺而薄怒，賦者祗是游情(《容齋隨筆》)。有念無家，弦管歌舞之兼長，逾深嗚咽(《唐書》)；深思非俗，吞刀吐火之幻術，那盡逢迎(《晉書》)。羑里餘囚，非由宛懷寄命(《六帖》)；平城困獸，將無閼氏要盟(桓譚《新論》)。顰笑皆皎(《南唐書》)，謔浪頻舒(《楊妃外傳》)。雖愁貌而較美(潘夫人)，至啼粧而喜予(東漢)。非爾不能假寐(煬帝詩

---

① "倘"當作"向"，見呂向《美人賦》。
② "《高唐賦》"誤，見《神女賦》。
③ "集"當作"傳"。
④ "隋"當作"陳"，見《陳書·張貴妃傳》。

見韓俊娥），如是方可尚衣（《古今注》）。錮①疾所不足諱（《〔西京〕雜記》），溫柔所以庶幾（《〔飛燕〕外傳》）。故曰佳人難再得也（《漢書》），寧曰尤物以移人歟（《〔左·〕昭二十八》）。天下多美婦之談，余未敢信（《左》）；金屋貯阿嬌之事，傳曰有諸（《漢武故事》）。皮褐與衣，而毛嬙西施爽然若失（《慎子》）；顰心欲捧，其貧兒富子頓爾遠徂（《莊子》）。芳澤無加，鉛華不御。欲瓠瓜之無匹，詠牽牛之獨度②（《洛神》）。有沉靜見節，有語笑呈姿（呂向《〔美〕人賦》）。余情悦其淑美，心震蕩而不持③（《洛神》）。夜如何，其夜遲遲，美人至止兮皎素絲；夜如何，其夜已半，美人至止兮青玉案（《麗女④賦》）。半推半就，又驚又愛。東風搖曳垂楊線，游絲牽惹桃花片（《西廂》）。歌曰：涉綠水兮採紅蓮，水漫漫兮花田田；舟容與兮白日暮，桂水浮兮不可度；憐彩翠于幽渚，悵妖妍于早露。

節烈

汎汎栢舟，在彼中河（《詩》）。象破鏡而難合，似斷絃而靡它（賦）。其德不爽（《詩》），其禮攸存（《禮》）。淚下數行，載聽黃鵠之詠（〔劉向〕《列女》）；恩深舊日，試看孤燕之騫（張崇仁詩）。目剔于一視（房玄齡），髮封于兹辰（黃直言傳⑤）。于以抗賊鋒之逼處（《〔新唐·〕列女》），報冤債之久淪（衛孝武⑥）。叩之闕下（衛房⑦厚妻），問諸水濱（楚昭王夫人）。儒風宛然，救死惟恐不贍（《李太白集》）；家聲依舊，得死有勝偷生（《晉記·杜弢》）。百兩幣歸，何事浮屠終老（崔儈妻）；群烏

---

① “錮”當作“痼”，見《西京雜記》。
② 《洛神賦》“欲”作“歟”、“度”作“處”。
③ 《洛神賦》“持”作“怡”。
④ “女”當作“色”，即富嘉譽《麗色賦》。
⑤ “黃直言傳”當作“賈直言妻”，見《新唐書·列女傳·賈直言妻董氏》。
⑥ “武”當作“女”，見《新唐書·列女傳·衛孝女無忌》。
⑦ “衛房”當作“衡方”，見《新唐書·列女傳·衡方厚妻程氏》。

翔集，將無太守蜚聲(《白帖》)。余故爲之説曰：秦家之女兮，在德何有(《樂府》)；賈氏之妻兮，有言亦苟(本傳)。誰令喋喋，駐五馬而誚使君之愚(《古詩》)；惡用嘻嘻，獲一雉而忘大夫之醜(傳)。外結舌而内結腸，先鉗心而後鉗口。悲夫！顧影兮傷催，聽响兮增哀。遥逝兮逾遠，緬邈兮長乖。序已流①兮忽代序，歲云暮兮日西頽。霜披庭兮風入室，夜既分兮星漢回。丹心不死，血淚堪憐。猗歟休哉！海枯石爛，地老天荒。其亦仰天地而齊名字，與列星而並明光。

妬惡

夫妬有記乎，入宫之日(鄒陽書)，薦枕之盟(李白詩)。長門之賦有待(孝武)，曠蕩之旨未并(孫秀)。豈曰事夫者，色也；而妬者，其情哉(《策》)。三同懷古(《梁書》)，四畏顔堂(《聞見録》)。其種自異(《晉書》)，其疹幾亡(《梁書》)。余讀馮敬通之書，憐其奇數(《類聚》)；載考博陵氏之報，紀其大常(《五國故事》)。大都巧以中其情，逆命無使(《説苑》)；矯以飾其語，盛德恐傷(《世説》)。列坐屏風，剌剌于不速之客(《要録》)；長柄麈尾，謙謙于九錫之章(《世説》②)。扃户而入之時，訊獲誠已不韻(《〔遯齋〕閒覽》)；與杖不勝之日，緦跗聊可相忘(《妬記》)。選自良家，恨幽魂之已渺(王化)；歡從佳宴，看鈴吏之多忙(《遯齋〔閒覽〕》)。感痛微時，酖飲兮靡恨(《僉載》)；寄思周姥，“螽斯”兮浪名(《妬記》)。我見猶憐，國破家亡之語(《世説》)；彼多見幸，撫膺垂涕之情(《九國③春秋》)。迨富貴非其志(《典論》)，嬉笑得其真

---

① 潘岳《寡婦賦》“序已流”作“四節流”。

② “《世説》”疑誤，見《妒記》：“王丞相曹夫人，性甚忌，禁制丞相不得有侍御，……王公亦遽命駕，飛轡出門。猶患牛遲，乃左手攀車闌，右手捉麈尾，以柄助御者打牛，狼狽奔馳，方得先至。蔡司徒聞而笑之。乃故詣王公，謂曰：‘朝廷欲加公九錫，公知不？’王謂信然，自叙謙志。蔡曰：‘不聞餘物，唯聞有短園犢車長柄麈尾爾。’王大愧。”

③ “國”當作“州”。

（《玉泉子》）。伏聽聖旨（《宋書》），遭遇狂人（《妬記》）。早衰多病之游詞，從何幾幸（《南唐近事》）；爭事如見之尊禮，是否逡巡（上）。尤有異者，恐地下有知，髡頭而墨面（《魏志》）；遇江神鼓浪，捧腹以效顰（《酉陽》）。執生前之詛盟，奮然一割（《墨苑》）；憤中庭之疑似，慘絕兩殞（《晉書》）。而不見巫嫗繩牽，嚼草痛憐于羊似（《妬記》）；師巫典懺，高歌呪事于蛇因（《僉載》）。俛首而登戲塲，白眼相看，尚任嘲于咄咄（《玉泉》）；撫心而憐敝族，深山偉論，猶遣侍于諄諄（《左》）。鳩盤有存，持鉢之門多以相戒（《本傳詩》）；鶮鳥可致，調羹之手何弗交伸（《快書》）。考之經焉，非婆最毒，毒故在心；以急求人，人盡可怕。鬒物絳顏、珠翹翠鬢，是諸色故；嬈嘶嬌喘、媚語娃音，是諸聲故；脂濃粉膩、茉莉闍提，是諸香故；華津酥乳、吮玉含丹，是諸味故；黎喁美盻，腰折步搖，是諸觸故；勾頭坐膝，捫軟鬪脣，是諸法故。如來護念，囑付嚼蠟，空花寒巖，枯木六道，輪迴夙注，難于今世而更之。世人俱以小乘法門，一任黑風吹落船牓，豈不痛哉。茹古氏曰：屏開孔雀，駕馭乘鸞；鴛鴦甫交，比目相麗。即香夢長夜，惟思鳥聲驚破，何至分倉庚一盃羹也耶。

醜貌

《谷永傳》“婦人毋擇好醜”，《後漢記》“雖慧心妍狀，愈獻醜焉”。擗杏其目，編貝其齒（《〔韓〕詩〔外傳〕》）。踽僂齞脣，蓬頭攣耳（《登徒子好色賦》）。是則隴廉之屬（《哀時命》），伹①倠之比（《淮》），豈不三逐于鄉，五逐于里（《列子②》），則余且爲之一解嘲乎。具陳四姒，杯酒停于漸臺（上）；敦比百行，矜裾捉于密趾（《世說》）。從事東郭，寵幸載之後車（〔劉向〕《列女》）；入奏後宮，歡洽登乎侍寢（《世紀》）。賈種妒，衛種賢，將從決擇（《晉書》）；東家食，西家宿，徒咨笑論（《事

---

① 《淮南子·脩務訓》“伹”作“伹”。
② “子”當作“女”，見劉向《列女傳·齊孤逐女》。

文》)。宿愛不虛,望酒帘而動色(《僉載》);色癡何負,賦牡丹以愴神(《本事詩》)。于以彷彿,彥雲神色可下(《世說》);試問周游,方相時祭有期(《軒轅本紀》)。絕識牛馬之群,急求庭見(〔劉向〕《列女》);終死腥臭之市,厭彼厚貲(《韓詩外傳》)。茹古氏曰:西施病心而顰,其里之醜人亦歸而捧之,彼知美矉,不知矉之所以美也;乃若效顰,亦盡效之所以爲神哉。

妾侍

余讀元亮《閒情》、廣平《梅花》,情之所鍾,亦復誰能遣此。載觀韓退之譏人不解文字飲,而自敗于女妓;戒人服金石藥,而自餌硫黃,可云爲樂幾何,我見無憐也耶。夫明月常團,試看嬌桃弱柳(《〔唐〕語林》);芳時伊舊,伊憐秋落春華(《拾遺》)。是翠娥之在眉,那從換馬(《異聞》①);非彩鳳之鍛羽,詎銷隨鴉(《全是堂半録》)。其始生也,海棠占其吉夢(《外史檮杌》);其見易也,明珠傲其芳殘(《録異》)。容止纖纖,恐不勝其羅綺(《〔三水〕小牘》);冰肌馥馥,幾得當于旃檀(《杜陽》)。筆札稱善(《書史備②要》),圖畫見長(翠翹)。司泔公之譜(《因話〔録〕》),慕貴嬪之章(《侍兒小名録》)。沫墨劈牋,迭更唱和(余媚娘);依絃把韻,雅中宮商(《麗情集》)。不惜餘年,抱憂懷于珍瘁(《世說》);願依喬木,諧好事于倉忙(《豪異秘纂》)。共銷金帳下而恣飲(《陶〔穀〕傳》),指玉環帶下以還魂(《雲溪友議》)。醉則爲之掃墓(《俗說》),寵至爲之不昏(《本事詩》)。駢珠聊爾(《外傳》),半臂都佳(宋〔祁〕③);寓懷錦瑟(《詩話》),一詠金釵(《吟窻叙録》)。星漢影斜,浮雲之車既駕(《侍兒小名録》);袖羅香動,蘭翹之采以諧(裴鉶《薛

---

① "《異聞》"疑誤,見《獨異志》:"後魏曹彰,性倜儻。偶逢駿馬,愛之,其主所惜也。彰曰:'余有美妾可換,唯君所選。'馬主因指一妓,彰遂換之。"
② "備"當作"會"。
③ 據《東軒筆録》補"祁"字。

昭傳》)。誦文君《白頭吟》，知者如從馬上(張跂)；歌明妃《出塞曲》，
聽者幾成市鏖(《伽藍》)。惱着襄王，悒悒情憐覆水(《盧氏雜説》)；幸
逢連帥，央央誓邈皇天(崔郊)。縱賞一日之山河，恩情有在(陳季常)；
驚落半天之風雨，譴浪誰牽(《遯齋閒覽》)。宰相牙郎，掉寸舌于一日
(《〔牛羊〕日曆》)；富平公子，率野服以誰先(漢武帝)。未免有情，任
從公以彈刺(《恩幸傳》)；是誰終願，誣獄卒以沉冤(《南史》)。余悲夫
鸚鵡猶在，琵琶已離(《侯鯖》)；而憐夫魚吹細浪，蜂螫花枝(《上韓康
公》)。嘉者一飯靡顧(《新唐·劉悟傳》)，十年永思(《隨隱漫録》)。尤
壯募死士以列隊(《舊唐》)，勝健兒以吹篪(後魏)。憶劉李于昔昔
(《〔雲溪〕友議》)，詠色絲以戔戔(《古今詩話》)。豈元湛之麀聚(《北
史》)，豈鍾繇之鷙憐(《天中》)。嗜絶生平，將以快盈房而偕永夕(張
瓌)；賦工外傳，云何捲銀燭而泣荒田(伶玄)。求諸殘燈曉漏之間，清
範有嫌于燕子(《長慶集》)；侈言幨幎帷帳之美，姿艷乃匿于少年(《盈盈
傳》)。處仲之後閣無留，徒悲零落(《本事》)；嚴武之匕首自在，氣壯嗚
咽(本傳)。老去風情虛勞于雲雨(南唐)，滴來紅淚漢挽于藤燕(《本事
詩》)。而不見特詔相原，新聲之有共賞(周顗)；清河任誕，使典之有偕
緣(《御史臺記》)。幻化老翁，無憤恨于往事(《閑談》)；功高行者，持
得報于不平(《燈下閑談》)。若乃蘭麝馥芬，花月所不敢出(《六帖》)；
璇璣宛轉，車徒致有相沿(《唐記》)。坷①堵貧兒，相顧于花影茵席，皆
爲掩面(《三水小牘》)；風流詞客，屬憐于浮花浪蕊，那任伴眠(《耆舊續
聞》)。則繪之釋梵天女(酉陽寺塔)，嘲以政府尚書(《言林》)。余以麗
詞快雪兒之口(《〔北夢〕瑣言》)，儜奴謝春風之譽(《天中》)。文字索
解(孔毅夫《談苑》)，巾櫛遂初(《〔宋名臣〕言行録》)。庶不個中之興
淺(《西清詩話》)，夫寧尤物之禍餘(《左》)。茹古氏曰：先輩有言，蘇
子卿嚙雪啖氊，蹈血出臂，可謂了生死之際矣；不免與胡婦生子，寓居
海上且爾，而況洞房綺繡之下焉。則從垓下之歌，視咸陽之火。羽翼已

---

① 《三水小牘》"坷"作"阿"。

成，欷歔不止；杯羹可分，笑嫚自若：誰曰不然。

娼妓

昉古營妓(《雜志》)，名以校書(胡〔曾〕①詩)，則求諸平康之里(《唐書》)，蔥嶺之居(《龜茲傳》)。貌逞嬋娟，縱玉顏而傾國；步移縹緲，蹴羅袜以生塵(馬彧賦妓轉轉)。勝雲霞迎日，似桃李向春(班婕妤《擣素篇》)。勿謂蜂蝶無知，隨香風而若失(《天寶遺事》)；試看花間有語，比艷色以蒙羞(《元集》)。所歡者曰：卿本良家氏，余非蕩子儔(《庚情郎詩》)。愀然者曰：枝迎南北鳥，葉任往來風(《郡國志》)。愁寄隴雲，鎖四天之暮碧；恨隨山鳥，啼百卉之春紅(黃滔《館娃宮賦》)。夫表英烈歌舞不與(《隨隱漫錄》)，稱書仙詞翰兩精(《麗情》)。官至借于御史(《桂苑叢話》)，慧且捷于阿衡(《〔唐〕語林》)。阿家之有寶樹(《樂府雜錄》)，河漢之紀芳卿(《善謔集》)。呼以邑而不名，觀含元酣燕之時，一聲而喧者皆寂(《南史》)；紀以遊而題壁，聽復本傾談之際，移時而巳已過寅(《異聞集》)。有西園之上客，命南國之佳人，共推絕賦(《〔北夢〕瑣言》)：鬢上杏花真有幸，枝頭梅子豈無媒，亟賞快論(《蕙畝拾英集》)。謝小過于尊前，逾增愁致(呂士隆)；按真容于繪軸，莫禁狂贏(《麗情集》)。則夫短駒馳書之舉(《遺事》)，軟綃和淚之盟(《麗情集》)，潦倒揶揄之分(唐開元中)，倦臥急呼之情(坡)。瑣蓮兮點韻(史鳳)，鈴鐸兮知名(《抒情集》)。紀黃鶯之相識(韓渥)，笑山鳥之便驚(李泰伯詩)。觀舞上元，邀殊恩于孟昶(《蜀史檮杌》)；停舟七夕，憶往事于金陵(愛愛)。若輕財而振落魄(《五代史》)，仗義而矢捐糜(《三朝國史》)。含涕而言長沙之舊事(《續侍兒小名錄》)，度曲而感御座之深知(李師)。白刃可蹈(《摭言》)，英氣常凝(謝希孟)。何似徹阜陵之聽(《齊東野語》)，應否成射圃之奇(《隨隱漫錄》)。入望鴛鴦，生憎橋邊

---

① 據胡曾《贈蜀妓薛濤》"萬里橋邊女校書，枇杷花下閉門居"補"曾"字。

之水(徐月英詩);能言鸚鵡,遍滋菖蕗之叢(元稹詩)。蘇州刺史,信客懷之惱亂(《唐宋遺事》);西川節度,憐酒佐之多窮(《記異錄》)。鳳鳥不至,老鴉在原(《侯鯖》)。毀之杯盤失錯,譽之車馬盈門(《雲溪友議》)。時將拂乎紅袖(青箱雜記》),小失望于朱衣(萊兒)。又以考幕府出入之數(《〔蜀〕①箋譜》),詩筒往來之微(長慶)。奮筆以額禮芳,狂飆動搖,有期偕老(志);搆樓以終晚歲,碧雞曉唱,那弗愴神(《蜀牋譜》)。彼門客之豪舉以乘墻,竹若諧其盛事(塵);如案吏之深文以逮闕,筆故了其前因(《麗情》)。花草蔖中,可終灰冷(李公垂《詩序》);松栢樹下,幾見烟塵(《樂府解題》)。西堂(《十國紀事》)汙國(《異聞〔集〕②》)之名封,香埋千載;秋岸(《王相野史》)文昌(《蜀箋譜》)之實錄,恨絕茲辰。故曰:欲汝作參禪琴操(《泊宅編》),愧我爲薄倖相如(本傳)。畢有戀于春色(《〔唐詩〕③紀事》),竟何解于副車(《摭言》)。惜黃金之用盡(詩),恨柳絮之狂餘(《志林》)。痼疾稱老之微言,不堪入聽(《因話錄》);成名與嫁之素志,是否長噓(羅隱)。嗟哉!歡寢方濃,恨雞聲之斷愛;恩情未洽,歎馬足以無情(《與郭昭述書》)。秋帳冬釭,泛金徽而寄恨;清風朗月,移玉柱以尋盟(步飛烟《寄趙生書》)。余讀百里之志(集),海子之詩(《趙集》),其解語之花乎,情憐景切;其無文之史耶,致足韻思。又考其曰錄事,曰都知,狎居廟客,率奉白眉。假爆炭之性,習�止鴹之行。于以買斷豪客,倒唱科名(并市門清賞)。飾其所居,不減輕烟、淡粉、梅妍、柳翠之美;尊其命字,從教鶯鶯、燕燕、愛愛、好好之英。迨今黃四娘之著聲,推緣子美;王昌齡之絕句,播誦歡卿。挹餘香于梅翰,較所如于綉紋。擬之因事矯廉,當筵不一舉觔;譬之書生戎馬,翻經別有輝芬。風流藪澤,遺事太平,又豈非百里峻谷之戒(《北里志後序》),雪蓑艷史之稱(《青樓集序》)乎?余因是有慨焉;

---

① 據《天中記》卷二十補"蜀"字。
② 據《天中記》卷二十補"集"字。
③ 據《天中記》卷二十補"唐詩"二字。

《越絶》有獨婦山，勾踐伐吳，徙婦至獨山，以爲死事①。《吳越〔春秋〕》作獨女山，勾踐逞淫，俾憂士遊山上，以喜其意。《齊記》齊有女閭七百，徵其夜合之資以充國用；《論語》有"歸女樂"之文，齊其女閭之餘乎。管仲相桓公而立此法，其爲聖門所羞稱也宜哉。

---

① 《越絶書》卷八"事"作"士"。

第十二卷

頭

三台之君（《洞神經》），精明之主（《素問》），行者辟易，坐者疎①
跙，如此者，固我形之足偉也（《頭責子羽文》）。則夫百尺之竿再進（《傳
燈》），一人之地勿先（《詩話》）。魚或指其參政（《宋書②》），虎每象其
芳妍（班超）。于以相其玉枕（《〔長沙〕③耆舊》），點自朱衣（《侯鯖》）。
此恨未消，仰天而長語訴（《史》）；言猶在耳，望風而已捐麋（《錄異》）。
觸以萬年之家訓（《漢書》），卜以内史之前知（《晉書》）。尖有唧于留守
（《魏書》），小已察于澠池（嚴尤《三將叙》）。蒼者皆用（《鮑宣傳》），黃
者何前（《佞幸傳》）。如遇賈逵，語多呫呫（《後漢》）；自持范岫，識謝
戔戔（《南史》）。張篆④之摧折不勝，比立身于矮屋（《遺事》）；弘景之肥
遁可致，少畫形于水邊（《梁史⑤》）。昔以黑，今以白，冀袁昂之特簡
（《晉書》）；多太公之二年，少伏生之八歲，取梁顥之書箋（本傳）。怪不
可知，夜半聽其飛去（《搜神》）；驚而却走，妖夢記其往還（《幽明》）。
單騎鏖戰之餘威，語相刺于浣紗之女（《杜甫歌注》）；五柱光騰之異質，
生有駭于波若之緣（《隋記》）。然則一朝之科任過（管），平時之縮不前
（《世說》）。吾係之以孫敬（本傳），濡之以張顛（上）。持以謝之于楚

---

① 張敏《頭責子羽文》"疎"作"竦"。
② "書"當作"史"，見《宋史·魯宗道傳》。
③ 據《天中記》卷二二補"長沙"二字。
④ "篆"當作"象"，見《開元天寶遺事》。
⑤ "史"當作"書"，見《梁書·陶弘景傳》。

（《三巴記》），函以盛之于燕（《燕丹子》）。一羯鼓，一吹笛，無綿纏見誚（《貴妃外傳》）；爲飲器（《策》），爲溺器（《韓》），苧露布相傳（句）。說法虎丘，試語無情之石（《傳燈》）；招攜酒舍，從看有盡之錢（《晉書》）。玉以爲搔，宮嬪有其故事（《西京雜記》）；床以競列，遊女狎其喧闐（《成都記》）。余故歌"元首"之篇云。

面

鄭子産曰："人心之不同，如其面焉。"神之庭（《真誥》），靈之宅（《黄庭經》），吾以論其本來（佛經），更欲善其脩飾（《女戒》）。諛也爲佞（《書》），折也爲直（《漢紀》），立也非學（《書》），交也非德（楊子）。日月幾何，有相締于舊識（應奉）；夾袋已屬，幸得當于名流（《長編》）。求其爲人，沉毅多計（劉牢之）；占諸他日，寵貴匪謀（《涷水紀聞》）。望歲相如，擬得艾于國門之入（《〔左·〕哀》）；噬臍無及，好蒙絮于泉壤之遊（《説苑》）。兆有先于照鏡（殷仲文），恨有切于投甌（《齊書》）。厚期許于維翰（傳），屬惠施于孔休（王莽）。卜韋家之率衛（《唐書》），快李氏之封侯（《宋書》）。憤憤油幕之及（《南史》），刺刺法華之繆（宋如周）。余有高任俠擊劍之風，把白堊以從事（《魏志》）；竊壯慷慨復讎之舉，袖利槊以稱雄（《晉書》）。曲江之故事可尋，何多爭執（《唐書》）；東府之狂呼相判，從教喜逢（《晉書》）。則求之少言笑、工騎射之小兒，人世之盛名若奪（《北史》）；再觀之善容止、麗狀貌之長儒，一時之名輩生恭（《北史》）。歎自真長，豈窟穴而多鼠（郭子）；呼爲謝白，或巖處以來龍（《異苑》）。似驢有其雅謔（《吴志》），如鳥有其奇窮（《拾遺》）。乃若御史行權，不爲法撓（《長編》）；風流罪過，逾以情昵（朱博）。命有前知，問其名則高而謗不減（《後山叢話》）；事無由濟，何如耕問奴而織問婢（《宋書》）。嵇康之有嬾癖（《絶交》），王勃之有藻思（詩）。唾從自及（《婁師德傳》），拭以悲時（《左傳序》）。七寶遮幔，逗歌聲于遠近（《唐史》）；章臺命駕，借顔色于送迎（張敞）。紅花白雪之吟，春思可續（《北齊》）；樂府闌干之曲，醉狀已醒（李白）。悲夫！吾將以黥涅之將士（《漢書》），較傅粉之佳兒（《事文》）；又將以謝氏之家風不辱（《後賢記》），較明妃之村俗相師（《居士傳》）。寧爲荆軻之怒（《燕丹》），曾是盜跖之光（《莊》）。聊可黑子之著（《賈誼傳》），伊誰千里之量（《房玄齡傳》）。宋遊道曰：“常聞其人，今始識其面。”子產曰：“〔他日〕①吾見蔑之面，今乃見其心。”如是八以揚其鋒（史），而毋一以孤其托也（《世傳》），有人哉。

口

象彼機關（《鬼谷》），是謂華池（《養生要②》）。毋鉗之天下（《唐書》），致爽于一時（《老》）。興則以戎（《書》），鑠可以金（《鄒陽傳》）。惡聲不出（《祭義》），擇言相尋（《書·〔呂〕刑》）。嚅嚅無取（《家語》），喋喋何爲（《漢》）。嬉戲之需，會有妙于他遣（《啓顔錄》）；束脩之業，次有在于寡知（杜如晦論③）。而不有恐是昌家（周昌），又疑非類（《韓非》）；不見雄名（揚雄），惟聞艾氣（鄧艾）者乎（《倦游錄》）。乃若酌據精悉（《南齊》），談辨風生④（南唐）；木訥自處（《南史》），沉毅而行（魏明帝）。稷下與遊，誰復窮其渺論（《七略》）；政府請謁，雅足當其謙卑（《玉泉子》）。至味之所吐茹，淄澠有辨（《易類秋》⑤）；且品之所傾注，雌黃匪欺（《晉書》）。看此中之所宜，殊多醋飲（《南史》）；乃兄弟之不協，痛念糊飴（《左·隱》）。莫探叔孫之虎（《〔漢書·叔孫通〕傳》），寧處季子之雞（上⑥）。怒何加于牧豎（傳），恥有切于犢兒（《西京雜記》）。若噬嗑之深情，從教上使（申弼）；豈鴆毒之有意，乃就便宜

① 據《左傳·襄公二十五年》補“他日”二字。

② 《太平御覽》卷三六七“要”作“經”。

③ “杜如晦論”當作“杜恕《體論》”，“寡知”當作“寡辭”。

④ 《新五代史·孫晟傳》“談辨風生”作“談辯鋒生”。

⑤ “《易類秋》”未詳，見《天中記》卷四六引皇甫謐《玄晏春秋》。

⑥ “上”未詳，疑即《史記·蘇秦列傳》“寧爲雞口，不爲牛後”。

（《漢官儀》）。長恨把于謝詩，覺我形穢（《談藪》）；奇才憐于天后，令人神馳（宋之問）。蜜劍如斯，有似險賊之輩（李林甫）；旗鼓從事，應爲乳臭之兒（《漢書》）。余以徵孫權之貴顯（《江表傳》），亞夫之窮奇（《漢書》）。試聽公孫之説（《史》），誰工司馬之詞（《陳史》）。蟬無之入聽（《淮》），蚰兩之争持（林）。合耶開耶，椒有比于御史（賈至《本章》）；可耶否耶，橘有喻于君師（莊大道）。蓋百爲保也（杜謙），故三而緘之（《家語》）。誠笑者之厘厘（杜牧之），何防者之遲遲（《國語》）。室本無暗，垣亦有耳；何言者天，成蹊者李（箴）。茹古氏曰：某益矣。

目

　　《禮書①》“刻鏤文章，所以養目也”。餘觀有在（《韓》），藏識于斯（《亢倉子》）。論不知其所計（《策》），逆不知其所爲（《左》）。其察度也，在步武尺寸之内；其察色也，在文墨②尋常之間（《國語》）。誰則道海（《道經》），應否名泉（《三水小牘》）。擬之電瞬（《五國故事》），擬之珠懸（《漢書》），擬之秋水（《鄴侯家傳》），擬之星纏③（《論語隱義》）。重可以帝（上），方則是仙（《仙書》）。其文名而眉有迥（《唐史》），其驍悍而夜有光（《五代史》）。將星月之可畫見（《酉陽》），寧千里之偶欺方（《東觀》④）。吾知虎濺朱亥（傳），龍獨鴟兒（《五代》）。毋爲元載之鼠（《唐書》），應是王莽之鷗（傳）。故腕腕而耐溺（《載記》），或眇眇以愁予（《世説》⑤）。無令直于宿衛（《唐書》），並以成其名儒（劉焯）。所恨食人人食之流，終當世亂（《世説》）；何來第一第二之夢，下與鬼釀（陶穀）。急有貫于白虹，增悲袁粲（《南史》）；了不瞬于杲日，禍始蔡京

---

① “書”當作“論”，即《荀子·禮論》。
② 《國語·周語下》“文墨”作“墨丈”。
③ “纏”當作“躔”。
④ “《東觀》”未詳，見《魏書·楊逸傳》：“楊使君有千里眼，那可欺之。”
⑤ “《世説》”疑誤，見《楚辭·湘夫人》“目渺渺兮愁予”。

（《百家詩序》）。毬杖相高，視木晴而得當（《〔吳越〕備史》）；車輪比似，攘旗鼓以相爭（《北史》）。如以朋奸，禁之而相授受（闞播）；慮以損福，療之而厚送迎（《談苑》）。尋之蛆次（《東觀〔漢記〕》），數之鴻門（《史》）。射鷺以壯其略（《唐史》），中雀以締其昏（《唐史》）。佩刀引其忿恨（《十六國〔春秋〕》），明珠厭其真精（《韻對》）。潛有遠謀，爰年來之庭柱（《五國故事》）；密以發覆，意幕下之兵聲（《五代史》）。大白得請之時，知節鉞之有今日（《史序》）；丁掾議論之會，屬昏媾之有深情（《魏略》）。深池夜半之危詞，逼者忒甚（《世說》）；江東四海之警句，忌者已成（《〔侯〕景傳》）。禮俗之嫌不堪，踰時而請（《世說》）；六軍之勇將無，忍死以生（《晉書》）。擊之大道斯在（《家語》），成之美人云憐（《選》）。具隻以看（釋），古方相傳（《晉書》）。眠則俱眠，起則俱起。貪如豺狼，贓不入已。余縱觀之四海九州之遠可矣。

眉

樂之圖有以十紀者乎（《東坡詩話》），從義取媚（《方言》），從目像形（《説文》）。語有誕于豎彩（《抱》），字有借于揚衡（《續博物》）。試以擬之華蓋（《黃庭》），像之遠山（王①）。如蛾比其女麗（《詩》），似虎睗其君顏（《〔帝王〕世紀》）。豈愁逾有態（《後漢》），故廣可相商（《馬廖傳》）。布置亦以勝人，從教轅下（《語林》）；借易如以得當，那惜在旁（《孔叢》）。則夫介之爲壽（《七月》），察之有方（《朔傳》）。名利之心都盛（房琯），土木之舉未央（郭崇韜）。覆眼者從識其性（〔毛〕②若虛），過目者熟視其長（岑文本）。偶遇陽都，奉坐而連犢子（《選》）；指從北店，誤刺而事備行（《幽怪》）。求諸饋食之常，齊可舉案（《逸史》）；索以閨中之隱，畫且專房（張敞）。若去之自爲行乞（《策》），射之以志吾強

---

① "王"未詳，見《西京雜記》："卓文君妖冶好眉色，如望遠山。"
② 據《新唐書·毛若虛傳》補"毛"字。

（《左》）。赤有別于盆子（《〔東觀〕漢記》），白有推于五常（《世說》①）。貢②者告之冉竪（《左傳》），疏者見之霍光（傳）。反欲何求，想玄謨之性嚴而伸求（《南史》）；疾有復作，憶宗厥之狂直而炙忙（王澄）。遠師蓮社之遊，攢者至以唧謝（《唐書》）；始皇梟噬之毒，亢者狃其主張（楊）。淡掃以朝至尊，薄言脂粉（詩）；黃耈以從海上，快語糟糠（《韻府》）。則又何不自圖其進退（《薛宣志③》），而無少俛于將相也哉（揚雄文）。

耳

　　耳者身之牖也（《真誥》），心之候也（《元命苞》）。妙母容麥（《樊氏相法》），聞寧塞豆（《鶡冠》）。名有嬌女之傳（《黃庭》），字有幽田之舊（上）。傳奇者曰環列樓池，闢混沌于天地（《幽怪錄》）；竮超龍虎，旋指顧于風雲（《拾遺》）。錄事從呼，黃衣之稱使者（《幽怪》）；正郎凤具，上元之有神君（張君房《小說》）。以余所聞，見從轉目（《五代史》），大至垂肩（《晉書》）。無根訝其非壽（《舊唐》），若小卜其少緣（《相書》）。闘胡以蟻（殷仲堪），息則以龜（《定命錄》）。毋爲盜鍾之掩（劉④），從教鼓鐸之爲（上）。值荆軻酣醉之時，唾者有在（《列士傳》）；若臺卿應答之際，戲者與期（《北史》）。作法雲興，想許公之奇製（《北史》）；爭高天柱，卜太尉之名威（《長沙耆舊》）。枕流習誤之子荆，洗者奚說（《世說》）；治兵敗績之子玉，貫者何人（《左》）。但以輔時，政勿軍行與劇（《蜀志》）；況稱廉守，那失賢者相親（《黃霸傳》）。于以成高尚之節（王笠），于以志奏對之林（《定命》）；于以黜小臣之躁妄（孟弘微），于以急降虜之生擒（《英雄記》）。第看慈母情至（《吳志》），毋煩天子指迷（《葬

---

① “《世說》”誤，見《天中記》卷二二引《襄陽耆舊傳》馬良事。
② 《左傳·昭公二十六年》“貢”作“鬓”。
③ “志”當作“傳”，見《漢書·薛宣傳》。
④ “劉”誤，見《呂氏春秋·自知》。

語》)。命面不替(韓①),躡足可幾(高帝)。乃如録事天符,忽而審通有夢(《東坡詩注》);晉州冤狀,頓爾成已相遺(《唐史》)。其三之非而兩之是(《史記》),其處之高而聽之卑(《蜀志》)。又何大音之不入(《莊》),司聽之從讒(《左》)也哉。

髮

夫髮之有奪朱者哉(《歸藏·啓筮》),旁射而光有在(《南史》),四起而繞有餘(《東觀〔漢記〕》)。其委地耶(《南史》),其齊身歟(《舊唐》)。撫曾孫于床几(《齊記②》),媚側室于帷居(《宋書》)。我見猶憐,襲之刀者不堪再顧(史③);死無以報,斷之繚者豈不長吁(《舊唐》)。有客山甫之家,梳沐何人,疑捧持之形似(《牧豎閒談》);探奇簡文之輩,尊嚴無狀,極圖畫之躊躇(《南史》)。則夫多以握會(《韓詩外傳》),記取燥時(《宋書》)。莫入遠公之社(《鈔書記事》),時愆徐子之思(《齊記》④)。蓋摹之而有相(《癸辛雜記⑤》),故壯之而多私(蔡邕《獨斷》)。若怒之而冠可裂(王遜),即封之而帛以斂(賈直言)。夢有截于鹵簿(〔王隱〕⑥《晉書》),歌有重于羽聲(《策》)。值周南之用兵,斷者在子(《韓非》);擬韓昭之即事,削者如僧(《外史檮杌》)。而不見知古方第(《天中》),廷尉偶罹(謝超宗);力備遞剪(《拾遺》),野祭時披(《左》)。陶侃之客徐至(《續異》),樂羊之書有成(《〔後漢·〕列〔女傳〕》)。紹宗之蒜忽盡(《唐史》⑦),顧愷之柳先零(《晉書》)。種種已矣(《左》),鬖鬖若斯(《詩》)。麥無騎卒之敗(《曹瞞傳》),蓮何輿人之

---

① "韓"未詳,見《詩·大雅·抑》。
② "記"當作"紀",見《南史·齊本紀》。
③ "史"未詳,見《世說新語·賢媛》注引《妒記》。
④ "《齊記》"疑誤,見《南史·徐羨傳》。
⑤ "記"當作"識"。
⑥ 據《天中記》卷二二補"王隱"二字。
⑦ "《唐史》"誤,見《北齊書·慕容紹宗傳》。

施(《後漢》①)。據胡床于中庭，傲加謝萬(《晉書》)；從岸幘于少頃，雅
重桓温(《晉書》)。生氣有存，呆卿有疑于若動(《唐史》)；殺機已熾，
呂姜試憶于別髡(《〔左·〕哀》)。乃若句驪客之用針，中虛自妙(《酉
陽》)；神仙家之換骨，脉望有聞(《原化記》)。風骨生憎，則炮人之就死
(《韓非》)；犧牲與禱，則桑林之有君(《呂》)。豈一宿而盡變(周興嗣)，
更白首而不衰(《伏湛傳》)。豈罪狀之莫擢(《史》)，乃貴人之無私(杜)。
馬肝有願(《天中》)，甘露多飴(《明皇雜錄》)。箕踞想軒轅之道術(《大
中遺事》)，卧眠失劉誕之指麾(《續異記》)。又以求水苔之上(《爾雅》)，
鮮卑之遺(《逸史》)。蒼華之有名字(《内誥》②)，窮北之有天池(《莊》)。
毋爲煩惱之累(《類要》)，可爲軒冕之辭(庾肩吾)。余于髮也，其何知夫
霜點(詩)，而又何嫌于風吹(杜)。

鬚

以余觀于"吟安"五字(詩)，留表丈夫(《類説》)，則裴泪入相之年，
其抱歲不我與之恨也(《南部新書》)；周靈始生之日，亦知世有休和之澤
乎(《風俗通》)。稱羝以根(《寰宇》)，擬蝟以毛(《晉紀》)。離離若緣坡
之竹，鬱鬱若春田之苗(黄香《責奴髭辭》③)。四非傳贗(《事文》)，五若
處饒(《載記》)。猶聞出骨(《北史》)，且見垂腰(《文中子》)。赤者具有
其表(《載記》)，紫者信足以豪(《獻帝春秋》)。夫岑彭之兵早發
(《〔後〕漢書》)，新臺之使胡招(《〔左·〕昭七》)。杯酒兮笑至(《吴
錄》)，几案兮怒叩(《漢書》)。其節彌高，俯劍光而錯愕(《後漢》)；其
冤實甚，把土塊以長號(《前趙録》)。侍兵之所偶燃，誠堪見拂(《遺
事》)；功臣之所急剪，那復別操(《唐書》)。吾快夫聊以效顰，郭恕先之

---

① "《後漢》"誤，見《北史·蕭詧傳》。
② "《内誥》"誤，見《黄庭内景經》。
③ "黄香《責奴髭辭》"當作"王褒《責鬚髯奴辭》"。

見黜（《説苑》①）；憐夫用以廣物，謝靈運之非遭（《國史纂異》）。顯陟民曹，其旦云李緯之好（《唐史》）；情就聲伎，何弗先元護之彫（《魏書》）。其盛餗于東門，憤然低乘（《世語》）；其見握于省掖，懼矣弄刀（《三國典略》）。怨謗從來，曾不撓于崔琰（《魏志》）；誕言自昔，抑得見于神堯（《抱》）。乃若依稀射蠹（《洞林》），狎侮似羊（《宋書》）。當張弓挾矢之會（《酉陽》），值瞑目皤腹之常（《左》）。了不及謀，徒致勞于潤岳（《南史》）；事如有待，早定策于王彰（《魏志》）。陸雲之從笑癖（《晉書》），子羔之幸逃亡（《幽通賦注》）。直宴會而重不凡之感（本傳），對客坐而憶是阿之行（《俗説》）。令公喜、令公怒，參者有屬（《世説》）；署以路、署以涿，繞者多忙（《蜀志》）。忽爾變形，表表丈夫之氣（《論衡》）；驚看餗態，嬌嬌女子之良（《宋史》）。自夙昔以相將，衾枕無庸，從教内外之皆失（《小説》）；必擇日以利躐，藥石可代，保勿時事之乖方（《天中》）。天閽有刺，地角不毛（辭）。方諸間辨之工，綽乎其我暇也（《典略》）；崔諶插種之方，有聞之若曹乎（《北史》）：斯以稱之髯也夫。

手

《釋名》曰：手者，須也。掌圓以象天（《元命苞》），指五以法五行（上）。毋翻雲而覆雨（杜《貧交行》），則旋乾而轉坤（史）。吾求之奇瑞（《東觀〔漢記〕》），象之握文（《〔論語摘輔〕象》）。六彎自在（《詩》），兩驂不群（上）。威射而是（《鈎命訣》），鈎弋與分（《漢書》）。而何珍物慊于霸主（《〔論語〕隱義》），玉盤捧以美人也哉（《燕丹》）。王衍清談，捉麈尾而有態（《事文》）；劉伶任誕，謝雞肋以何求（《晉書》）。左方右圓，誇元嘉之穎異（《僉載》）；垂腰過膝，表元進之陰謀（《隋書》）。試想小白中鈎之會（《幽通賦注》），夫差索國之秋（《吳越春秋》）。孤老卿毒，交相于莫夜（《載記》）；説長判重，嘲肆于時流（本

傳）。利泙㳽之用（《莊》），發霹靂之聲（《裴琰之傳》）。情無私乎上下（《左》），事不居乎模稜（《唐史》）。徑丈而逞（《唐書》），八叉而成（《〔北夢〕瑣言》）。貫鵰之爲剩技（顏繞），擊鹿之爲壯行（史）。不因人以成事（史），勿縱敵以患生（《魏略》）。唾一掌以成名，興懷止武（《九州春秋》）；顧偏直而卒業，雅擅主盟（《典略》）。吉事可徵，事或解于蝮蟄（《北史》）；誕生有會，兆何見于鶵鳴（《酉陽》）。如椽之大（《晉書》），斲輪之精（《莊》）。挑針有日（《異苑》），刺繡爲榮（《五代史》）。取印提戈已見大意（《宋書》），舉杯持螯足此一生（本傳）。其唾以成遂良之志（傳），大以高燕許之名乎（《唐書》）；其藉以答宣子之睨（《左》），歛以謝鮑氏之英乎（《鮑永傳》）。乃若冷覷權門，炙之熱焰愈熾（元載）；煖從佳麗，揣之凝脂皆亨（《遺事》）。謝氏之有棋聲，奮趨作勢（《晉史》）；昌黎之有佳韻，盥沐幾更（《柳宗元傳》）。垂垂若彼（《韻府》），摻摻如斯（《詩》）。則將鬭勿絕（《白帖》），而入夢以捧者（《倦游録》），余可得而言之。

心

爲君之位（《管》），爲神之臺（《莊》）。如管鑰有屬（《傅〔子〕》），曷山川處隈（《莊》）。至人之用以鏡（上），齊物之論以灰（《莊》）。如是潛地而地，潛天而天（揚〔雄〕）。又曰如履薄冰，如臨深淵（子思）。則其爲赤城童子（《黃庭經》），九原真人（上）。毋步高而視遠（《國語》），其宛似而楸頻（《〔左·〕昭》）。假寐陰濃，一寤而束歸有幸（《異苑》）；致辭夜半，經年而苦役已離（《廣古傳志》①）。美而狠，醜而才，吾以相其舊識（《秦書》）；少于慮而傷于專，足于謀而寡于斷，吾以訝其神治（《列·湯問》）。幾北面而相稱師友（尹知章），將向明而作疾聖神（《列仙》）。則又有如金似石之輩（《後漢》），山巍嶽峙之身（《舊唐》）。搏蝨

---

① 《天中記》卷二二“廣古傳志”作“廣古今五行志”。

則夷然指顧(《世説》)，墮幘則物外風塵(《世説》)。如面而相狗詔獄(《漢書》①)，彼吟而從泣慈帷(《李賀傳》)。林木翳然，便有濠濮間想(《世説》)；竹林況甚，從教醒醉相移(《晉書》)。風流放曠之行，挑不妨于新寡(相如)；嬌媚取憐之狀，捧有笑于貧兒(《莊》)。有可愧之婪臣，塗兹面目(《〔漢·〕文帝紀》)；多所疑之將士，慘絶肺脾(樂羊子)。刿語宋權，相將于片肉(《篤論》)；動思魏武，何報于捐麋(《世説》)。毋似攢于萬箭(《沈約傳》)，毋似搹以丸泥(《博異志》)。不欲坐觀成敗(《田叔傳》)，不欲爲人重輕(孔明)。求之池淵不菽，蒙山不賦，苟令不市，門有通于朝暮(《吕》)；再求之哀者噍以殺，怒者壯以厲，愛者和以調，聲或逗于送迎(《説叢》)。機心不可役也(《莊》)，蓬心不可萌也(《漢》)，童心不可爲也(《左》)，豕心不可豪也(上)。如此心一逞，不猿逸乎(《高僧》)；此心一驚，不鹿撞乎(《梁》)；此心一戰，不兵起乎(《韓詩》)；此心一動，不旌搖乎(《選》)。三君可事(《晏》)，百年不朽(《括地圖》)。莫重別離之思(鮑昭)，誰識歲寒之苦(鮑令暉)。無過去，無現在，無未來(《金剛經》)；無利害，無賢愚，無好醜(《關尹子》)。斯衆知之要(《意林》)，而神明之主也(《解蔽》)。

腹

夫此五臟之總也(《書正義》)。佳耦偕緣，重締郗鑒之好(《世説》)；平生意氣，邪篤邴原之交(《魏書》)。屬想完文，被中之指畫已盡(王勃)；富藏萬卷，庭前之假曝相高(《世説》)。則以徵十八公之夢(史)，容數百人之豪(《晉書》)。占客星之偶犯(光武)，苦睡魔之未消(《邊詔傳》)。鼬鼠之所或否(《莊》)，神龍之所叶兆(《外戚傳》)。長鞭杳其不及(《左》)，尺素忽其相遭(《古詩》)。監厨請客之流，徒咨話柄(《典略》)；棄甲于思之詠，幾負郊勞(《春秋》)。何事唾壺，咽陸眷之口，而

---

① "《漢書》"誤，見《陳書·傅縡傳》。

知惠有願(《白帖》);因之戲設,虛徐子之心,而思義乃饒(《北齊》)。無小人屬厭(《左》),有知己相披(《鄒負傳》)。負莫党進之將(《長編》),剸不華陀之醫(傳)。其葬魚而恨滅(賀廣祝文),或處蟬以悔遲(宋檀珪)。則又求之憂自武夷,快共阿香之輩(《類說》);語嘲四大,忻逢李洛之姬(《北史》)。鼓之者若昨之非而今之是(五員),捧之者豈行之污而居之卑(《日者傳》)。嬉遊以處(《莊》),推置爲宜(《〔後漢·〕光武紀》)。乃事蜜口于林甫(《唐史》),對赤心以豬兒也(《鑑》)。余于腹也奚爲(《老子》)。

足

　　余讀足之銘:鳳凰乃禽,不棲凡木;騶虞乃獸,不踐生物;惟爾棲踐,保茲無忽。則夫無事曰趾,陳設曰足(《易·鼎》)。而乃如齊謂之纂,楚謂之蹷,衛謂之輙乎(《穀梁》)。通于聲,既一之有誤(《韓》);履于己,何右之多殊(《世說》)。伊誰眩乎,機之從自動(《秋水》);若猶爽也,知之有不如(齊①)。辱魯公之步止(《〔左·〕昭》),異唐叔之圓來(韓)。漢南之檄半士(《續晉陽秋》),禄山之遜賤才(《定命録》)。覽古良將戰攻之形,長歎以靡廢(《吳志》);抱茲故國覆亡之慘,百舍以繭回(《幽通賦注》)。洗自子春,幾誤敗于乃事(《南史》);摩從閭里,抑餙信于姦媒(張湯)。向陶潜以取度(《晉書》),詰王濟以多乖(《三十國春秋》)。孫臏之禍未至(《史》),塞翁之福已階(史②)。若乃繫彼赤繩,則宿緣之早締(《幽怪録》);懷茲白璞,則賞鑒之多非(史③)。恁地陽春,入廣平而有色(《唐書》);經天客宿,視子陵以揚輝(史)。諱冒遥光,餉履而被呵譴(《南史》);疾引聲子,席襪而愈怒嗔(《〔左·〕哀》)。其爲駕馭英雄之謀,踞從宮侍(《漢》);其爲諂媚小人之狀,氣喪

---

① "齊"未詳,見《莊子·秋水》。
② "史"誤,見《淮南子·人間訓》。
③ "史"誤,見《韓非子·和氏》。

朝紳（《仇池筆記》）。嗟乎！至死不僵（《北史》），爲害及身（《田儋外①傳》）。畫蛇之以誤筆（《楚世家》），展驥之以絶塵（《三國志》）。萬里可濯（詩），兩翼相分（《董仲舒傳》）。其長物以處（《莊·外物》），而高才特聞乎（《蒯通傳》）。余因是有考焉，《墨莊漫録》婦女弓足起于李後主，《樂府·雙行纏》知其始于六朝（史）。文綦綵縷（足衣也），繡韈羅縢（足纏也）。碧玉神人，彤雲呈牡丹之色（《麗情集》）；五陵年少，畫裙看鈿尺之靈（杜〔牧〕）。生塵作賦（子建賦），莫愁興懷（梁武帝）。鸞靴脱以好合（《唐史》），絲履結以周旋（陶淵明賦）。茹古氏曰：此以色事人者耳，深閨女子無辜而受刖刑以半世也，哀哉！

---

① "外"當作"列"，見《史記·田儋列傳》。

第十三卷

姿容

　　道與之貌，天與之形（《德充符》）。寧獨平原之有佳公子（史），汝陽之有真天人（杜〔甫〕）。端嶷如神（崔陵子），閑雅甚都（司馬相如）。一時兩玉（《南史》），並美雙珠（上）。軒軒霞舉（《天中》），飄飄雪立（王右軍）。見之精神頓生（《語林》），非久名利盡什（元德秀）。豈玉冠而長貧（本傳），故苟①班而表瑞（蔣凝）。月湛霜明（《駱集》），珠輝玉潤（《王集》）。擬之者曰勁若松挺（庾子嵩），濯若柳媚（王恭）。如霽月光風（周茂叔），如鸞停鵠峙（韓周）。又曰如明珠之在側（《世說》），如孤松之獨立（嵇叔夜），如日月之入懷（夏侯太初），如琳琅之並集（季胤、平子）。豈不野鶴之在雞群（嵇紹），珠玉之在瓦石（《世說》）。似之者在蓮花（楊六郎），似之者以柳絮（《類藪》）。眼底鍾情，即鄢陽女子此恨不釋（《異苑》）；朝端負望，豈款漢單于野性無驚（王商）。越布單衣，逾以高其物色（《吳地志》）；吳羅蜀綺，雅足副其神情（傳）。一見兮目送（田鳳），到家兮神飛（《北夢》）。而不見傅粉以遊，拭之夏月轉甚（《世說》）；挾彈以往，逢之群嫗多親（潘岳）。光照映人，信是玉山道裏（裴楷）；瓊姿徹遠，自是物外風塵（王衍）。蟬冕入對（《南齊書》），雲霧自陳（張嘉貞）。麤服亦自可識（《世說》），哺食聊弗消魂（《宋書》②）。賜之輿服（鄧衍），擬之國昏（荀羨）。其任誕于帽工之肆（《語林》），抑巧繪于畫

---

　　① 《北夢瑣言》卷五“苟”作“筍”。
　　② “《宋書》”疑誤，見《南史·王彧傳》。

筆之神(馬援)。有是哉，神仙之客也(杜弘治)，席上之珍焉(《崔琄傳》)。

寢陋

以余觀耗土之人也(《家語》)，謂子草木，肢體屈伸；謂子禽獸，形容似人(《博徒論》)。廣顏雄①顙(《呂氏》)，蹙頞龡頤(《史·蔡澤》)。其喻于崑崙(周史②)，而誚以支離(《莊》)。須先繪象(《見聞録》)，但坐堂階(《呂》)。混混團團兮漫襀冷煖(《本事詩》)，悠悠忽忽兮土木形骸(《世説》)。從里巷之交遊，車馬盛餙(《兩京記》)；恣群小之弄玩，瓦石頻投(《語林》)。一紙偶通，忽爾遊山有弟(《北齊》)；外番重譯，恰名少府通侯(《南史·恩倖傳》)。于以卜興宗之子(《汝南先賢》)，現宰官之身(《孔叢》)。堂上有重帷之主(《呂》)，床頭有捉刀之人(《世説》)。朝廷憚其節檊(《後漢》)，同輩重其文行(《梁書》)。三都之賦幾就(《續文章志》)，中領之秩已成(沈攸之)。嗟乎！向龍門而作客(《孔帖》)，隱鑑湖以藏名(唐方干)。西市名香，曾何邀其一日(《金樓》)；法華大旨，故多謗于平生(宗如周)。謔從教于真似(《宋拾遺録》)，興每高于醉醒(《晉書》)。果駮而莫與之處(《莊》)，合怒而頓以興兵(《呂》)。晏子僅長三尺，趙武如不勝衣。臨淄之市，面正紅白，鬚髯如戟，伊何人哉。其有得敬于市者幾希。

長人

客有問于余曰：長之極幾何？求諸大荒之中(《神異經》)，崑崙之北(《河圖玉版》)，豈誠與僬僥氏較數之極也乎(吳)。日有倦行，倚市簷而小憩(《續夷堅志》)；時多快論，比洪鐘以大鳴(《後漢〔紀〕》)。匹練

---

① 《呂氏春秋·遇合》"雄"作"椎"。
② "周史"未詳，見《新五代史·慕容彥超傳》。

上舒，若有占于扛鼎(東漢)；斗酒一酹，了未解于總兵(《後漢》)。則夫侵莫瓦石(《穀梁》)，載莫輻車(《前漢》)。徑二稍而有用(《北齊》①)，力拂蓋而多餘(《前秦録》)。憶往事于臨洮，置像咸陽，見之者猶有生氣(翁仲)；號萬石于趙魏，詔扶御殿，親之者輒顧佳譽(《後漢》)。當河渭泛溢之時，覆載之中何所不有(《述異》)；若嬴秦併吞之會，夷狄之服乃或相如(《前·五行志》)。其防風以誅後至(《吳越〔春秋〕》)，其黃巾以類招呼(《魏志》)。其盡大秦之西，風雨以和(《三秦記》)；其超沃沮之界，耆老非誣(《山海》)。乃若美皙如玉(王延翰)，性厚而賢(《〔後〕漢記②》)。訝趙臺之傲物(東漢)，紀張蒼之歸田(《漢》)。管樂之間，于以核武侯之事業(《蜀志》)；坐立之際，于以想尼父之天全(《春秋演孔圖》)：斯所爲長名者焉。

短人

余讀蔡中郎賦："熱地蝗兮蘆即且，繭中踊兮蠶蠕須③。觀短人兮〔形〕若斯，木門閭兮梁上柱。弊鑿頭兮斷柯斧，視短人兮形如許。"(《藝文類聚》)吁！有是哉，狗門從入(《晏》)，鵠嗉以幾(《博物志》)。因蹇徐言，因瘦舉頤，求之將無近是(《北史》)；迎風則偃，背風則伏，其亦具體而微(《外國圖》)。入自王家，挹酒瓶兮加帽(《〔續〕世説》)；召來方朔，行几案兮裂衣(《漢武故事》)。語怪于駕輻車而引威從(《神異經》)，紀異于附飛翼而享長生(上)。擬狐駘而罔功，徒憐小子(《左》)；比螻蛄以成象，試問生平(《廣志》)。而不見胸中命世之才，夙爲闊絶(《漢書·婁護》)；腰間七尺之劍，猛欲奮飛(《説苑》)。儒者所歸，宗五經稱其該洽(《後漢》)；法曹有執，掌三尺副其精明(《三國典

---

① "《北齊》"疑誤，見《北史·高昂傳》。
② "記"當作"紀"，見《後漢紀》："長樂衛尉馬騰，其長八尺，身體洪大，面鼻雄異，而性賢厚，人多敬之。"
③ 蔡邕《短人賦》"熱"作"蟄"，"須"作"頓"。並據補"形"字。

略》)。如從半減(《續世説》),故以子驚(《新唐》)。怪以稱其功德(《啓顏録》),語以刺其清名(《續世説》)。竹林之中,莫小隆儒之制(《肆考》);陛楯之下,盍急優旃之聲(《史記》)。表具山濤,與辭詔旨(《晉書》);書窮劉杳,就檢《論衡》(《南史》)。蓋不爲緣骨而度肉(《交州名士傳》),夫豈屬雨晦而風冥(《啓顏録》)。斯所爲短小精悍者哉(《漢書》)。

肥人

蓋自笨伯之號(《晉中興書》),弱土之人(《家語》)。榮義而勝,誰是胸中兩戰(《韓子》);爲善最樂,應知日用多真(《後漢》)。豈淬礪之來,忻悦已甚(《世説》);斯有德之潤,脩組惟淳(《異苑》)。余異夫噉糠兮色逾美(《漢書》),納李兮核猶存(《笑談》①)。而嘉夫抗賊鋒以私請(〔謝承〕②《後漢》),急國亂以希恩(《東觀〔漢記〕》)。傳食于好義之家,一鄉爲儉(《博物》);拔刀于俳優之輩,几案皆嗔(《吳質別傳》)。懸壁何爲,業有窺于上旨(《語林》);踚城有策,長第想乎佳人(《魏氏春秋》)。膚裂武秋,焰光張于屋表(《異苑》);脂流董卓,曙色達于山陲(《後漢》)。勿觸墻而成八字(《歸田録》),勿直舍而問所宜(盛度)。勿無道之已甚(《摭言》),勿食言之逾滋(《左》)。逃廁以及(《世説》③),掃地有期(《新唐》)。勝無穀氣(《物理論》),諱與膁私(《方言》)。乃若過避風之臺,負慚飛燕(《楊妃外傳》);拜華清之賜,雅念豬兒(《舊唐》)。秋以爲候,憶邊筩之有象(《趙充國傳》);因而作法,無書翰之少歉(《墨藪》)。如瓟得其形似(《韻府》),於猩重其漣而(裴炎録)。其亦瘦勝肥而狂勝癡也哉(《南史》)。

---

① "《笑談》"誤,見邯鄲淳《笑林》。
② 據《太平御覽》卷三七八補"謝承"二字。
③ "《世説》"誤,見《三國志》裴松之注引《世語》。

瘦人

兹有臞約之狀(《什名》)，墳衍之人(《周〔禮〕》)也歟哉。重繭衣裘，則血氣之未動(《〔左·〕襄》)；乞骸握背，則革帶之常移(《梁書》)。治有益乎，何妨處女子之色(《韓》)；情有屬耶，那不老牛犢之悲(〔謝承〕①《後漢》)。相識溫嶠，恨有餘于阿瞞(《獻帝春秋》)；伊憐破甑，愧逾切于山陵(《世説》)。繄衛玠玄解之餘，相憐羸疾(《晉書外傳》)；比江安請謁之會，多苦遺行(《述異〔記〕》)。則夫死以王戎，生以和嶠，哀毀之容幾立(《世説》)；張氏得鈞，何氏得算，吉凶之事以成(《三輔録注》)。馬留遺誚(《古今詩話》)，鵠原興悲(和熹鄧后)。莫苦韓休之照(《唐書》)，長吟杜甫之詩(《詩話》)。語沈公而成狂態(《南史》)，逢釋子而帶詩容(《西清詩話》)。于以論書，爲張旭，爲鍾繇，各閑以法(《墨藪》)；于以肆謔，喜焚香，遠沐浴，疇貌以疎(《歸田録》)。憐客舍之多窮，詠從賈島(《詩話》)；顧美人之不韻，吹任玉奴(《楊妃外傳》)。吁！其亦在春末花枝之候也夫(李易安詞)。

笑

韓退之曰："惟陳言之務去。"假令述笑哂之狀，與前文何以異也(李翱《答王②載言》)。投壺之舉似誠幻妄(《神仙詩》)，絕倒之文終屬傳疑(《天中》)。五行之氣偏有所入(《後魏》)，下士之道多所命之(《老》)。禮有戒于至矧(《禮〔記〕》)，事有快于解頤(《漢》)。勿爲相強(儀③)，有貴用虛(《淮》)。理會之間，玄妙之際(《世説》)。其局局者歟(《莊》)，其啞啞者歟(《易》)。帳下伊人，那紀三吳之獲(〔王隱〕④

---

① 據《天中記》卷二一補"謝承"二字。
② "王"當作"朱"。
③ "儀"未詳，見《莊子·漁父》。
④ 據《天中記》卷二一補"王隱"二字。

《晉書》）；東家有子，竚看上蔡之迷（《選》）。齲齒以爭妍，爲愁爲啼，無非變態（《梁冀傳》）；槃跚以作色，去者來者，孰是凝睇（《史》）。則有入楚之毛遂（《史》），適趙之淳于（《史》）。大家兒之舉止（《世說》），亡是公之躊躇（《上林》）。鷽鳩將徙（《莊》），海若非低（《秋水》）。獲雉未可知也（賈生），墜驢其有人兮（陳摶）。若乃營什一之方，因從鼓掌（《南史》）；上萬歲之壽，應可持鈞（《〔漢・〕高帝紀》）。其人是，其面已非，曾否入夢（《四譜》）；與人官，不與人官，無如見嗔（《南史》）。未遇張華，莫解陸雲之癖（《世說》）；相逢元載，深銜王縉之倫（《唐・宦者》）。從傳呼于狼燧（《史》），任送別于虎溪（《廬山記》）。俟河不啻（《墨客揮犀》），哄堂無譏（《國史〔補〕》）。憶相交于卿拳孤手（《〔晉〕中興〔書〕》），竊抱恨于忮志諛詞（《晏子》）。右顧則殺機乃止（《左》），先咷則同人可知（《易》）。儻其從刀下以藏伏（李義甫①），將無從花底以相遲（《傳燈》）。徵聘偶然，禿御禿，跛御跛，眇御眇，僂御僂，臺上之人寓目何似（《〔穀梁・〕成元〔年〕》）；人生不再，病者病，瘦者瘦，死喪有日，憂患有時，一月之中開口幾時（《莊》）。余且爲之笑曰：交頸偃仰，椎胸指掌。亢洪聲于通谷，順長風以流響。氣參談以相屬，若將頹而復往。遲重則如陸沉，輕疾則如水漂。徐疾任其口頰，方圓得其機要。斯天下之笑林，調謔之巨觀也。

憂

　　憂者與生俱生（史②），從愛而至（《佛經》）。非以帷帳之私，俳優侏儒之笑而漫不相蒙；又豈以庶人之賤，大夫諸侯之尊而迥然有異（《漁父》）。惟曰君子有終身之憂（《家語》），無一朝之患（《孟》）；又曰君子有終身之樂，無一日之憂（《家語》）。冲冲③有懷（《詩》），耿耿不寐

---

① "甫"當作"府"，見《新唐書・李義府傳》。
② "史"誤，見《莊子・至樂》："人之生也，與憂俱生。"
③ "冲冲"當作"忡忡"，見《詩・召南・草蟲》："未見君子，憂心忡忡。"

（《柏舟》）。若抱薪而在胸（《子華〔子〕》），那樹萱而在背（《草木志》）。月有犯于少微（《晉陽秋》），治有從于擊磬（《鶡子》）。則有監門之以君（魯），漆室之以國（〔劉向〕《列女》）。曉之積形積氣，于杞或然（《列》）；遡之畫地赭衣，于秦則特（《述異》）。沉吟屈子，憤懑而結之于心（《楚辭》）；傷足子春，惝恍而形之于色（本事）。心可癢（《詩》），眉可小也（詩）；酒可解（《曹操傳①》），藥②可救乎（《淮》）。千載無酬，萬里並陟（盧照鄰詩）。若然蕭何之在西（《後漢》），竇靜之在北（本傳）。斯誰厪天下之先（范仲淹語），而每懷夙夜之力（《書》）。

喜

余讀《仲③子》，聞謗而怒者，讒之由也；見譽而喜者，佞之媒也。不言而悦（《事④文》），有情則是（《顔⑤子》）。用收之以正（公孫〔尼子〕⑥），勿溢之以美（《莊》）。越下而莁矣（《淮》），空谷而蛩然（《莊》）。每多一善之得（《呂集叙》），無事千金之懸（《舊唐》）。蓋有喜而憂，如有憂而喜，情不能以兩屬（《左》）；凄然似秋，煖然似春，時若有以相宜（《莊》）。傾蓋與語（莊⑦），挾纊作緣（上⑧）。知何似于陽子（《晉語》），觸遂偏于臣聯（西戎）。登徒之説已入（《策》），洛陽之使具還（《舊唐》）。人各有情，橄得捧于侍養（〔謝承〕⑨《後漢》）；詩誰爲

---

① "傳"當作"集"，見曹操《短歌行》："何以解憂，惟有杜康。"

② "藥"當作"樂"，見《淮南子·本經訓》："樂者，所以救憂也。"

③ "仲"當作"中"，即《文中子》。

④ "事"當作"説"。

⑤ 《太平御覽》卷四六七"顔"作"顧"。

⑥ 據《太平御覽》卷四六七補"尼子"二字。

⑦ "莊"未詳，見《孔子家語·致思》："孔子之郯，遭程子於塗，傾蓋而語終日，甚相親。"

⑧ "上"當作"《左》"，見《左傳·宣公十二年》："王巡三軍，拊而勉之，三軍之士皆如挾纊。"

⑨ 據《太平御覽》卷四六七補"謝承"二字。

好，鐘每撞于得篇(《詩話》)。一局偶事于鶴觀，無分勝敗(《蘇集》)；大捷忽來于淝水，那折後先(史)。勿先以否(《易〔·否〕卦》)，或負以占(東齋)。説者曰蜘蛛有在(風俗①)，吾則曰困獸猶嫌(《左》)。四者誰並(曹植表)，七者誰兼(《東觀漢記》)。見之津津(《唐書》)，處之沾沾(《竇嬰傳》)。頌股肱之美(《書》)，感舞蹈之酣(《唐史》)。其遠離而少欲(《〔釋氏〕要覽》)，抑暮四而朝三(《莊·齊物》)。語有云：日不蝕朔，月不薄望，霜不夏繁，雷不冬洩，此天喜也(《抱朴》)。余如斯以爲美譚。

愁

愁之爲言秋也，風雨有思(淑真詩)，草雲且絆(半山詩)。將寸心之盡容(庾信賦)，惜落花之飛亂(白居易)。余有感于倚門(王維)，傷于去國(陳子昂)。燕姬之粉黛增憐(杜〔甫〕)，貧婦之裙釵未識(杜〔甫〕)。孤月以聽猿聲(王昌齡)，枕席其聞促織(詩)。豈錦字堪緘(李白)，而萱草莫植(《編要》)。讐仇有期(《吳越〔春秋〕》)，懷沙無極(《前·揚雄傳》)。蕭然景色，東渡河而縈思(陽嘉中)；忽爾漫聲，更逆旅而若咄(《博物》)。顔色雖好，自無解于石城(《樂録》)；著述徒存，曾何益于毛髮(《虞卿傳》)。蓋白髮常添(《選》)，剛腸每斷(上)。惟酒有權(詩)，惟種無算(潘安仁)。空堦夜雨，總屬悽愴(古詩)；遠漢秋蟾，罔非惆悵(高駢賦秋闈)。陳王之賦不可再讀(《藝文》)，平子之思豈堪三唱(《選》)。斯愁也，不召自來，推之弗往，尋之不知其際，握之不盈一掌。其來也難進，其去也易追，臨餐困于哽咽，煩寬毒于酸嘶。加之以粉飾不澤，食之以兼殽不肥，温之以火石不消，摩之以神膏不稀，受之以巧笑不悦，樂之以絲竹增悲(並曹植《什愁文》)②。又豈不潛白日

---

① "風俗"未詳，見《西京雜記》。
② 曹植《釋愁文》"復往"作"弗往"，"難進"作"難退"，"煩寬"作"煩冤"，"受之"作"授之"。

于玄陰，翳朗月于重幽。零雨濛雲迅集，潢淹汨以橫流（繁欽《愁思賦》）①。辭曰：秋風至兮愁以來，秋風逝兮愁不歸。愁帶長兮無可減，愁淚枯兮不沾衣。萬古愁兮一身歟，祇應人世有愁稀。

嘯

嘗考激于舌而清者謂之嘯（《語林》）。蹙口出聲，氣舒憤悶（《詩話》），斯出其嘯善，萬靈受職者哉（孫廣《嘯旨》）。內外之別，藏含之名；散越遞用，疋叱互更；五大五小，小沈大沈。聞百里，聞五十里，如奏笙竽之響；或清亮，或下沉，更辨節候之倫（《拾遺》）。妙自孫登，與林壑而俱動（《世説》）；善從阮籍，若鼓吹而非真（《七賢傳》）。石頭之多遊人，風迅帆飛，神氣自逸（《庾②別傳》）；錢塘之有什子，遊絲箈葉，哀梵聲希（《〔宋〕高僧傳》）。須臾聲震雷霆，傾觀羽服（《〔唐〕語林》）；未幾清徹雲漢，且善赭衣（《孔帖》）。興師動衆之時，登臺之主曷爲南向（《吳越春秋》）；君老子少之國，處室之女于爾長悲（〔劉向〕《列女傳》）。抱膝于早夜（諸葛亮），岸幘于幪幪（桓溫）。危坐呼風，日競長年之渡（《搜神》）；登樓乘月，時輸胡騎之圍（劉越石）。斯逸群從事（成公綏賦），而但坐以几（語③）乎。賦曰：發妙聲于丹脣，激哀音于皓齒。響抑揚而潛轉，氣衝鬱而熛起。列列飇揚，啾啾響作。豈胡馬之長嘶，迴寒風于北朔；又似鴻雁之揚雛，群鳴號乎沙漠（《藝文》）。④ 猗歟！《嘯旨》固有十五章之可索。

---

① 繁欽《愁思賦》"濛雲"作"濛其"，"潢淹"作"潢潦"。
② "庾"當作"廣"，見《太平御覽》卷三九二引《王廣別傳》。
③ "語"未詳，見《世説新語·簡傲》："晉文王功德盛大，坐席嚴敬，擬于王者，唯阮籍在坐，箕踞嘯歌，酣放自若。"
④ 成公綏《嘯賦》"豈"作"奏"，"迴"作"向"，"揚雛"作"將雛"。

夢

覺有八徵，夢有六候（《列》）。至人無夢，三代作焉（《周禮》），故夢者陽氣之精也（《莊子》）。太卜所掌，曰致、曰鯮①、曰咸陟（《周禮》）；陰陽所驗，有直、有象、有精、有想、有人、有感、有時、有反、有病、有性（《潛夫論》）。古有夢官，世相傳也（《夢書》）；古②者無夢，則知夢者習也（《酉陽》）。無想無因，那乘鼠穴之駕（《世說》）；乍否乍驗，多憑神化之靈（蕭琛論）。占者言之而信（《晏》），覺者失以無徵（《莊》）。試紀人君之夢乎，白龍兮夾舫（《宋書》），赤龍兮上天（《〔後〕漢紀》）。槽三馬而與共（《幽明錄》），座一羊以升前（《南唐近事》）。登樓而奢鐵騎之勇（《杜陽》），直省而驚道從之偏（《陳書》）。雙陸不勝（《〔大唐〕③說纂》），寶厨堪憐（《〔大業〕④拾遺》）。其何緋庫人之置日（《定命錄》），黃頭郎之憑肩（鄧通）。紀文人之夢乎，自通帝座（趙簡子），義與鬼爭（崔浩）。布三爻而劇飲（《虞翻別傳》），吐五臟而長鳴（《新論》）。言神仙之事（司馬相如），荷東司之榮（《斂載》）。又何不蛟龍俯視（仲舒），鴛鴦著名（《斂載》）。官府穗見（《後漢》），銅柱花生（《北史》）。道士囁嚅欲語（《稽神》），童子逡巡有聲（《談藪》）。烈焰爇室（崔浩），黑幔繞車（《晉書》）。積鹿之數已盡（吉士瞻），集鳳之恨有餘（《〔大業〕⑤拾遺》）。得天耶，射月耶（《左》），占者之神先定；官臭腐也，財糞土也，見者之識已真（《晉書》）。有悔亢龍，幾登臺而四望（《宋書》⑥）；數見豺狗，寧值夜以通神（《魏書》）。若幽明所召，祠園議復（《〔西京〕雜記》），寢具多憑（夏侯夬），寧謂歲在龍蛇，痛高才之不遇也（《後漢》）；如祿命有定，窖錢早發（《幽明》），車子今生（《搜

---

① 《周禮·春官》“鯮”作“觭”。
② 《酉陽雜俎·夢》“古”作“瞽”。
③ 據《天中記》卷二三補“大唐”二字。
④ 據《天中記》卷二三補“大業”二字。
⑤ 據《天中記》卷二三補“大業”二字。
⑥ “《宋書》”誤，見《魏書·樂平王元丕傳》。

神》），寧謂殀連雞犬，幸大厄之勿償也（《南史》）。余又紀其異乎，將時未至，如浮如停，奚自狎巫山之女（《襄陽耆舊》）；將痁而死，且歌且酌，何爲期節度之官（《南史》①）。以爲幻耶，白越單衫（《列異》），洹流瓊瑰（《〔左・〕成十〔七年〕》），似從實驗；以爲真耶，弁玉之求（子玉），朱絲之獻（《左》），那紀大觀。皓鬚白頭，整衣而候洛水（《魏書》）；兵馬鎧甲，相率而識善人（《梁書》）。傅巖之事，偶爾中耳（《傅〔子〕》）；西施之説，是否渺論（列②）。故曰夢攀日月，覺而不上天庭；夢入九泉，寤而不及地下（《傅〔子〕》）。夢飲酒者，旦而哭泣；夢哭泣者，旦而田獵。方其夢也，不知其夢也，夢之中，又有夢焉；覺而後知其夢也，且有大覺而後知其大夢也（《莊》）。斯言也，其覺者乎？其夢者乎？

歌

歌妙之曲，其來久矣（《〔盧氏〕③雜説》）。曼聲婉轉（《列子》），清響紆餘（陸機詩）。逶迤超暢，繚繞容與。雅調相依而瀝瀝，清音迭奏而綿綿（賦）。疑欲止而後舉（語④），似將絶而更連（謝偃《聽歌賦》）。則以附威儀之濟濟，和金石之鏘鏘；又豈獨觀其蔓蔓嫋嫋、渢渢央央⑤也哉。夫曰清、曰高、曰安、曰緩、曰哀、曰浩、曰雅、曰酣、曰勞、曰怨，此歌名之異稱者（《纂要》）；而晨露、卿雲、南風、渌水、朱鴈、白麟、房中、棷陽，非曲歌之異代者乎（《天中》）。鄭衛喜淫，故有《溱洧》《桑

---

① “《南史》”誤，見馬令《南唐書・盧絳傳》。
② “列”未詳，疑即《太平御覽》卷三九九引《襄陽耆舊傳》：“（宋玉）對曰：‘昔者先王游於高唐，怠而晝寐。夢一婦人，曖乎若雲，煥乎若星。將行未至，如浮如停。詳而視之，西施之形。”
③ 據《天中記》卷四三補“盧氏”二字。
④ “語”未詳，見謝偃《聽歌賦》“後舉”作“復舉”。
⑤ 閻伯璵《歌賦》“央央”作“泱泱”。

中》之曲；楚越好勇，則有《赴湯》《蹈火》之名。情欲所鍾，各有其好矣（劉苑①）。塗山詠于候人，有戎謠乎飛燕，夏甲歎于東陽，殷氂②思于西河，音聲推移，亦不一槩夫（《雕龍》）。以余所聞擊壤餘音，謬入帝堯之聽（《世說③》）；巴渝末曲，猥蒙漢祖之知（《〔三④〕巴記》又《一品集》）。每出朝霞，鐘鼓笙竽嘈雜而莫遏（《遺事》）；相嗣咸黑，山林谿谷迭韻而咸宜（《呂覽》）。高秋明月之時，响已轉于九陌（《〔樂府〕⑤雜錄》）；深宮内苑之地，聲且薄于五雲（《〔西京〕雜記》）。悠揚六引（《宋書》），纏綿九秋（《古樂府》）。雪飛雲起（《漢》），枝動葉浮（《漢》）。上如抗，下如隊，倨中矩，勾中鈎（《禮〔記〕》）。千人唱和（《上林》），中心嬉熙（白虎）。大⑥夫相聚以遊嬉（《地理》），行人宛轉以妍詞（《晉書》）。擊筑何爲，過沛鄉而有感（《〔漢・〕高帝紀》）；倚瑟何似，指新豐以如斯（《漢書》）。跨黃犢爲廬山之遊，誠堪圖繪（《宋書》）；誦白狼爲重譯之舉，應否歌詩（《東觀〔漢記〕》）。余所欲聽者，遊于黃澤（《穆天子傳》），宴以瑤池（上）。顧白紵而增歎（《〔古今〕⑦樂府》），採紫芝以療饑（漢）。余未忍聞者鬱尻⑧拘以西伯（《樂府》），陳蔡阨以仲尼（《莊》）。悲壯士之不還（燕太子丹），痛虞兮之不歸（項羽）。夫父山相送（《荆州記》），子夜別傳（《古樂府》）。悼瓠子之水（《史》），酌舒姑之泉（紀義《〔宣⑨〕城記》）。憫孤飛之秋鴈（《雜錄》），傷南山之飯牛（《三齊略記》）。鉏商之麟，胡爲而至（《春〔秋左傳〕》）；故鄉之駟，了不相謀（錢鏐）。才人記曲之時，即七寶聞聲，乞願已足（《〔樂

---

① “劉苑”誤，見《劉子・辨樂》。

② 《文心雕龍・樂府》“有戎”作“有娀”，“殷氂”作“殷整”。

③ “説”當作“紀”，即《帝王世紀》。

④ 據《太平御覽》卷五七四補“三”字。

⑤ 據《天中記》卷四三補“樂府”二字。

⑥ 《漢書・地理志》“大”作“丈”。

⑦ 據《天中記》卷四三補“古今”二字。

⑧ “尻”當作“厄”，見《樂府詩集》卷五七引《琴操》。

⑨ 據《天中記》卷四三補“宣”字。

府〕①雜録》）；雍門轉調之日，豈三日逆旅，爭賂有遺（《博物》）。顔强謝鯤，投梭得當于長嘯（《晉書》）；私銜秦相，貫瀚自識于吹廖（《風俗》）。托黄鵠以加憐，從教宛頸（〔劉向〕《列女》）；撫高車而若失，羞語畫眉（朱買臣）。噫！不得爲接輿之狂，行同赴海（《名臣傳》）；胡不歸爲孟嘗之客，念廛無家（本傳）。宴饗懸弧，就一室而稱快事（《後魏》）；唱和就檻，用千乘以壯生涯（管）。凱兮以武（《周禮》），挽者之生（《通典》）。舟中寶寶（《六帖》），花上盈盈（《異苑》）。顧備員以擁橛（〔劉向〕《列女》），從疾召以稱觥（《五代史》）。教敦執笏之舉（《僉載》），夢思若苕之榮（〔趙〕②武靈王）。满座清風，試聽李郎絶調（《國史補》）；北林秋月，伊誰謝妓魂驚（《世説》）。微眺閑情，群賓失席③而名娼無色（魏文《答繁欽書》）；登壇撩鬓，喜者氣勇而愁者腸并④（《〔樂府〕雜録》）。吾憶渭城之雅曲（《盧氏雜記》），梨園之舊人（《太真外傳》）。已知絲不如竹，竹不如肉（《孟嘉別傳》）。保無子胥之立吾左右，曹娥之寄彼酸辛（《晉書》）。於休哉！其繁會也，類春禽振響而流變；其徵⑤引也，若秋蟬輕吟而曳緒。短不可續，長不可去（謝賦）。察乎靡靡，聽乎纍纍（賦）。一成而芳氣初振，風篁木韻；再成而逸思奔壯，正聲寥亮；三成而洋溢無間，在水徧水，在山徧山。天乎有耳，雲也無心（《歌遏行雲賦》），又豈獨美歌之調乎。

舞

夫舞者所以節八音而行八風（《左》）。樂以舞爲主（《魏名臣奏》），舞爲氣之通（《月令〔章句〕⑥》）。非第明德（史），亦用象功（《魏名臣

---

① 據《天中記》卷四三補“樂府”二字。
② 據《史記·趙世家》補“趙”字。
③ “席”當作“度”。
④ 《樂府雜録》“并”作“絶”。
⑤ 謝偃《聽歌賦》“徵”作“微”。
⑥ 據《天中記》卷四三補“章句”二字。

奏》）。其爲體也，似流風迴雪而相應；其爲勢也，似野鶴山雞而對境。躡凌波之緩步，曳飛蟬之薄縷。低鳳環于綺席，聽鸞歌于促住(賦)①。干戈習之春夏，羽籥學之秋冬(《禮〔記〕》)。迅如飛燕，飄若驚鴻(《樂府》)。手之足之，進旅退旅(《禮〔記〕》)。值以鷺翿(《詩》)，曳茲繭緒(傅武仲②賦)。揚徵兮騁角(上③)，結風兮激楚(上)。而不見憲左之與致右，三步之與再始(並《禮〔記〕》)。于以翹袖，于以縈塵(曲名)。集可以羽(《初學》)，回可以鸞(上)。楚(傅玄詩)趙(何楫)俱臻其玅，客滿並佐其歡(白居易詩)。值香風吹起之時，容冶妖麗(《拾遺》)；豈紫袍披拂之會，舉動姍盤(《拾遺》)。肥若禄山，任牽挽而胡旋作態(本事)；拙從藩舍，更加益而環袖回看(《前漢書注》)。若夫作別李陵，終異域以無返(《漢》)；銜私王智，淹吳會以曷歸(《後漢》)。公莫之詞，鴻門有氣(《〔宋書‧樂〕志》)；掌上之狀，飛燕無譏(《〔飛燕〕外傳》)。成武公而酣飲(《吳書》)，會文館以弄詞(《沈佺期傳》)。衣袖之間，劍光如耀(《〔宋書‧樂〕志》)；竿頭之上，鋒節競揮(《雜樂》④)。施以金鈴，胡潛踪于蓮瓣(《樂苑》)；傳來庭草，抑按拍于婉姿(《草木記》)。則求諸孫皓之播虐(《〔晉書‧樂〕志》)，晉世之求寧(《搜神》)。志有所不下(史)，恩有所多憑(《江表傳》)。《一戎大定》(《唐書》)，《六合還淳》(上)。戟可拔之席上(上)，萬可振于夫人(《左》)。商羊有其語柄(《家語》)，神魚似乎佳珍(《宣帝紀》)。有爲一座之傾，巾幘從解(《晉書》)；無爲五經之掃，頭面安施(《唐史》)。少府趨承，事有糾于鬥狗(《漢史》)；英雄並起，志有動于荒雞(傳)。噫嘻！曰蹲蹲，曰傲傲(《詩》)。舉職之以旄客(《夏官》⑤)，傳教之有籥師(《周禮》)。若爲

① 謝偃《舞賦》"對境"作"對鏡"，"鳳環"作"鳳鬟"，"促住"作"促柱"。
② "傅武仲"誤，見張衡《南都賦》"白鶴飛兮繭曳緒"。
③ "上"指傅毅《舞賦》。
④ "雜樂"誤，見《明皇雜録》。
⑤ "《夏官》"誤，見《周禮‧春官‧旄人》。

服朝衣而走綦讄(《齊書》①)，尋山穴而廣禾薥(《續搜神》)。何不傳形于壞②柈(《晉書》)，躭癖于柘枝(《筆談》)。蓋退不失倫，進不踰曲；流而不滯，急而不促；絃無絶③袖，聲必應足；香散飛巾，光流轉玉(謝偃《觀舞賦》)。所以樂之容，舞爲則；導于情，崇于德。製其衣而五方咸備，頌其序而八卦不忒(《英華》)。

---

① "《齊書》"誤，見《隋書·音樂志》："齊永明中，舞人冠幘并簪筆，帝曰：'筆笏蓋以記事受言，舞不受言，何事簪筆？豈有身服朝衣，而足綦宴履？'于是去筆。"
· ② "壞"當作"杯"，見《晉書·樂志》。
③ 謝偃《觀舞賦》"絶"作"差"。

第十四卷

生辰

揆予初度（《騷》），吉日兮辰良。志定懸弧（《內則》），夢吞弄璋（《斯干》）。無論羅剎之像（《續高僧》），彌勒之身（《傳燈》）。僧孺從膺（《合璧》），靈運轉真（《玉壺清話》）。何必傳奇于弄刀（《冥祥記》）而墮井（晉鮑靖①），與夫索香（後蜀）而取金（《羊祜傳》）。才名疑其類（《商芸小說》），篤行嘉其深（《范祖禹家傳》）。頑石從化（《淮》），空桑匪生（《呂》）。脅（《帝系》）腋（《商芸小說》）兮紀異（句），孿（《策》）寤（《左》）兮由名（句）。則夫毓太白（《洞冥記》），孕長庚（本傳），絳霄流繞（《關令尹傳》），疋練縱橫（《論衡·吉驗》）。走泗濱之野（《北史》），游大澤之陂（《演孔圖》）。胡然一珠懷寶（《塵史》），五色招旗（《南史》）。劍矢或置（《宋史》），木杖與持（《論衡·吉驗》）。玉燕之東南飛入（《天寶遺事》），靈鳩之朝暮追隨（《唐年〔補錄〕②》）。摘蓮花之五葉（《桐陰舊話》），燦老蚌之陸離（韋誕）。山氣爲之半減（王承肇），門戶卜其爾振（《孝子傳》）。小有戲于戊子（《東軒〔筆錄〕》），雌有別于甲辰（《雞跖》）。老者無成，生憐撫背（《文昌化書》）；遺奴命字，庸事擣衣（五代③徐孝嗣）。任事肩輿，若前驅以引導（《曲洧舊聞》）；頻登馬

---

① "靖"當作"靚"，見《晉書·鮑靚傳》。
② 據《天中記》卷三九補"補錄"。
③ "五代"誤，見《南史·徐孝嗣傳》："孝嗣字始昌。父被害，孝嗣在孕，母年少，欲更行，不願有子，自床投地者無算，又以擣衣杵舂其腰，并服墮胎藥，胎更堅。及生，故小字遺奴。"

嶺，時巧發以中奇（《方輿勝覽》）。吾不解者，走天竺市香，遶環七匝（《仙公起居注》）；過虞淵煎浣，動別經年（《洞冥》）。驟而語笑從常，齒牙已具（《異苑》）；非時叱聲震外，名字炳然（《〔會稽〕①先賢傳》）。脫自武夷，剖鶴雛紫毳尚在（《詩序》）；傷憐僕射，盤蜿蜒鐺釜從捐（《九國志》）。倘少梁上呼號，幾同閩俗（《孫公談圃》）；要非異人指點，那紹崔傳（《南部新書》）。若乃生而虎乳（《左》），棄而馬噓（《魏略》）。什氏之所欲送（《徐卿二子歌》），勳卿之所不居（《世説》）。談紫厨②之舊事（《湘山野錄》），覓翠微之緇禪（《〔南部〕新書》）。張仙往應于玉局（蘇洵），魔母得了于金錢（《廣記》）。彼哀悼之有深情，依就半生，詎諧別寢（《幽明》）；乃衣冠之當豪舉，旋思煢獨，重講良緣（《乾饌子》）。庚寅吾已降（《騷》），丁卯子同生（《左》），似謂人生之不偶；牛奮其角，箕張其口，何同我生之受憐（韓）。椒聊繁衍（《唐風》），螽斯衆盛（《周書》）。則宴湯餅而日以三舉（《松窗雜錄》），寧醉羊酒而樽少千傾也哉（《漢書》）。

壽

首兹五福（《書》），歷彼萬年（《詩》）。如松栢之茂（《詩》），似岡陵之堅（《閟宫》）。非閑以養（《伽藍》），無怪以妖（《禮外傳》）。更者叟也，三德五事之疏，似爲轉誤（鄭玄注）；壽者酬也，呼吸吐納之術，或有別傳（《莊》）。食噎而坐傾，常虞斧質（《説苑》）；霜毫而雪刺，雅樂太平（《開元遺事》）。問絳縣老人年，深念泥塗之辱（《左》）；讀《襄陽耆舊傳》，頗參月旦之優（志）。試問諸滄海桑田，曾經幾變（《仇池筆記》）；何喻之鐘鳴漏盡，夜行不休（《説苑》③）。常温氣海（《舊唐》），

---

① 據《天中記》卷三九補“會稽”二字。
② “厨”當作“府”，見《湘山野錄》。
③ “《説苑》”疑誤，見《三國志·魏志·田豫傳》。

臥振高風(蕭德言)。語次于雞窠之翁，語食都廢(《舊志》①)；固請于灞橋之侶，狀骨皆同(《傳載》)。衣服之猶唐裝，有無證驗(党翁)；往事之皆大業，是否混濛(于伯龍)。七娶十二子之餘，于役行間，高摩肉角(《南史》)；三洗髓一伐毛之日，潛形太白，遠映眸瞳(東方朔)。服食之以乳供，曾孫有婦(普通中事)；傳呼之以聲似，若子皆翁(周史)。留一枕于好事之家，相絕形影(《南史》)；較遺書于回祿之後，剩寶簾櫳(《隱逸傳》)。乃若三入雄藩，所辟者皆爲名達(《晉書》②)；獻俘闕下，斯舉也克樹壯猷(《源〔懷〕③傳》)。書以經年刊誤(向明)，詩以晚年益工(杜)。文酒足生平之志(《舊唐》)，陰行獲果報之崇(高允)。大事之就訪諮，多勞驛使(《魏書》)；賓禮之申悃欵，特重御供(《魏書》)。吁嗟乎！老驥伏櫪，志在千里(史)；燭龍躑躅，伏在天東(《山海》)。河清誰俟(《左》)，秉燭夜遊(李白)。余嘉夫憐老而昧禁自效(本傳)，隱年而馳射以從(《魏書·王英④》)。悲夫！先馮唐而下顏駟(《漢武故事》)，少伏生而多太公(梁顥《謝表》)。若其二毛無恙(《〔左·〕僖》)，三矢莫留(本傳)。豈不戒垂左史(《楚語》)，言善麥丘(《韓詩〔外傳〕》)。病瘦死喪憂悲而外，開口而笑者能幾時矣(《莊》)；艾者耄耋期頤而後，盡道而養者有如斯不(《釋名》)。余老矣，將使我追車而赴馬乎，投石而超距乎，逐麋鹿而搏虎豹乎(《韓詩〔外傳〕》《新序》)。余故有願：願選良吏，臣得壽焉；役無煩苛，臣得富焉；少敬長，長敬老，臣得貴焉(《說苑》)。婚嫁已畢(向子平)，仕宦無求(詩)。此日可愛(詩)，千歲何憂(上)。毋爲神仙所誤(韓詩⑤)，每求貴人之公(杜詩)。心長無妨髮短

---

① "《舊志》"未詳，見《洞微志》。

② "《晉書》"誤，疑即《舊唐書·嚴綬傳》："綬材器不逾常品，事兄嫂過謹，爲時所稱。常以寬柔自持，位躋上公，年至大耋，前後統臨三鎮，皆號雄藩，所辟士親睹爲將相者凡九人，其貴壽如此。"

③ 據《魏書·源懷傳》補"懷"字。

④ "王英"疑誤，見《魏書·傅永傳》傅永從中山王英征義陽，時年七十餘。

⑤ "韓詩"未詳，疑即《古詩十九首》："服食求神仙，多爲藥所誤。"

（《左》），老成奚病耆鬒（書）。余讀史至漢之四皓（録①）、唐之香山（《事文》）、宋之洛杜（《聞見録》），而重有愛于四百年之甲子，八千歲之春秋。

富

九，五福：二曰富（《洪範》），其止莫知（《老子》），其封曰素（《史》）。嘗試存乎戒淫（《左・襄二十八》），嚴于懲忓（《〔左・〕昭元年》）。非故多藏以益驕（《唐》），高貲以自負（胡正②）。看垂釵曳履之踪，無識艷粧新婦（《西京記》）；讀王愷石崇之傳，深笑窮儉乞兒（《蜀檮杌》）。舟車所通，足跡所履，比樓觀于王者（《伽藍》）；晝望如星，夜望如月，朗③明珠于四垂（《拾遺》）。則求陶朱公三江五湖之際（《素王妙論》），卓王孫蕭皷歌吹之時（《華陽國志》）。銅山億萬（上），寶庫紛披（《拾遺》）。田疇望而成癖（《舊唐・忠義》），舸舫屬而與隨（《舊④唐》）。北邙山園，奇禽怪獸，異草奇花，移刻晷而未徧（《西京雜記》）；湖陽遠野，高樓連閣，波灌陂注，窮奇巧以多貲（《水經注》）。夫然龍以金鑄（《南齊》），豚⑤以玉儲（《幽明》）。金牛伏沼（《寰宇》），寶井環廬（《拾遺》）。表上優軍，奉儀者誰氏（《唐書》）；代輪下戶，青麻者焉居（《春渚舊⑥聞》）。方欲經災，于以廣求其類（本傳）；未洛寄宿，旋看積有其餘（《鬼神志》）。就見白龍，至貴兮與敵（《南部》）；助茲朱雀，酒胡耶以幾（《玉泉》）。瓷甕轉旋，若關駱駝勝業（《僉載》）；流星倒影，直衝鷺鳥分飛（《玉泉》）。噫！生若可營，試問白圭取與（《史》）；富亦有術，將無倚頓蕃滋（《孔叢》）。名行豈曰無拘，爲京口一大蠹（《晉》三十九）；阿堵聊可

---

① "録"未詳，見《史記・留侯世家》。
② "正"當作"証"，見《新唐書・胡証傳》。
③ 《拾遺記》"朗"作"懸"。
④ "舊"當作"新"，見《新唐書・馮盎傳》："貞觀中，入朝，載金一舸自隨。"
⑤ 《幽明録》"豚"作"枕"。
⑥ "舊"當作"紀"。

自負，先北庭以長羈（《舊①唐》）。錢則是虜（馬援），寶已爲精（《九國志》）。即目從願，以多田竮推相望（《明皇雜録》）；然知韋宙，以足穀戒否貪行（《〔北夢〕瑣言》）。富欲貸以不德（《説苑》），喪有願其速貧（《檀弓》）。逃之而免死（《楚辭》），幅之以利身（《〔左·〕襄二十八》）。孰爲賞善，孰爲殃淫（《〔左·〕襄》）。孰爲種②石不移而自具，孰爲顏回、兹無靈之輔國而副任（《新序》）。孔子曰"孟獻子之富可著于《春秋》"，吾竊有意乎其人。

貧

富則勝，貧則病。甚矣，貧之爲病也（顏延年《庭話③》），圭窬（《〔禮〕記》）蓽户（《符子》），甕牖（《禮〔記〕》）棘庭（《抱朴》）。四壁而徒立（上），一簞以皆徵（子思）。緯蕭自昔（《莊》），苦蓋于兹（《廣絶交論》）。擔不華歆之石（《魏書》），立不孫權之錐（記④）。斯何物耶，昐響之間，伺出入而相逐（《劇話⑤録》）；其遺類耶，千里之會，比籍没以多施（《天中》）。豈十盜相交，至無事而燈燭之舉（《六韜》）；抑世卿與賀，從不備以宗器之遺（《國語》）。則夫三日不火（《莊》），經時無烟（漢）。甑裏之塵已積（《續⑥漢書》），雪地之履幾穿（傳）。窮猿之所不擇（《世説》），沙鷗之所未前（《鑑戒録》）。故曰郊寒，試誦客舍釜中之句（張文潛）；無言莊鮒，相冀西江東海之緣（《莊》）。躡屬何爲，猶訝馮驩之有劍（《史》）；皂囊自在，斯愧遥集之無錢（晉）。豈功曹織業之時，可終羈賤（《決録》）；若朝廷下問之及，疇恥窮年（唐太宗）。而不見成皋遠

---

① "舊"當作"新"，見《新唐書·裴炎傳附裴伷先傳》。
② "種"當作"鍾"，見《新序·刺奢》。
③ "話"當作"誥"。
④ "記"未詳，見《三國志·諸葛亮傳》："（劉）備失勢衆寡，無立錐之地。（諸葛）亮時年二十七，乃建奇策，身使孫權，求援吳會。"
⑤ "話"當作"談"，《劇談録》"昐響"作"肦蠁"。
⑥ "續"當作"後"，見《後漢書·范冉傳》。

至(《〔郭林宗〕別傳》),都養時牽(《漢書》)。聲若出以金石(《莊》),願聊給以粥饘(《莊》)。碧紗有謝于僧舍(王播),白石莫逢于舜禪(甯戚)。噫嘻！里號鳴珂,勝業嘿有所生(《劇談録》);姓通諸葛,題識宛然無疑(《天中》)。貸一布而償千金,逝從易水(《典略》);召左右而營什一,笑發鬼魃(《南史》)。德是陳平,多結駟之跡(《漢書》);識絶太尉,誰党鋼之悲(《續漢書》)。逐貧作賦(揚雄),送窮有詞(韓文)。誇盧載以爲誅(《芝田録》),任啓期以解頤(《列》)。傷哉貧也(《檀弓》),出蒙誚于臧獲,入見謫于子息(應璩《答董廷①連書》)。且以喪氣,且以避席(《芝田録》),則以求伯子于今昔乎。窟室徘徊,聊同鑿坏。相聞②露落,柳下風來。坐帳無鶴,支牀無龜。非夏日而可畏,異秋天而可悲。離披落格之藤,爛漫無叢之菊。落葉半床,狂花滿屋。名爲野人之家,是謂愚公之谷。

冠

始嘉元首(史③),用本大經(《新唐》)。吾求天之吉而卜日(《家禮》),擇人之賢而筮賓(上)。先盥洗以俱設(上),各階次以相循(上)。其爲喻志之加,曰皮,曰爵(《家禮》);其爲成德之祉,爾弟,爾兄(祝文)。十五而行,于以行祼享而節金石(《〔左·〕襄九》);九十尚未,將無念往事而悲所親(《南史》)。裂苞楯以壯軍容,事教楚漢(《輿服雜事》);御章臺而陳俎豆,寵絶君臣(《東觀漢記》)。以庇爾躬,何必窮谷之追,而瀛海之迹(《南史》);各司其物,嘗試覆露之自及,而善險之從新(《晉〔語〕》)。斯所以貫韜髮(《什名》),而象鬐胡也哉(《輿服志》)。

---

① “廷”當作“仲”,應璩《答董仲連書》“子息”作“嬪息”。

② 庾信《小園賦》“相聞”作“桐間”。

③ “史”未詳,見《儀禮·冠禮》“始加元服”。

婚姻

以余讀梅實之詠(《詩》),《桃夭》之章(上),取喻魚水(《管子》),載歌鳳凰(《玉台新詠》)。其爲六禮之備(《禮〔記〕》),兩姓之歡(上)。于以鳳占叶吉(《左》),龜筮從長(上)。自昔禮事于箕箒(子建),願切于蘋蘩(《左》)。以覓快壻(魏延明),以擇淑媛(紀)。識者曰:芝草無根,非揚雄之出于孔氏(虞翻《與弟書》);培塿莫植,寧守義之始以亂倫(《世説》)。旅次宋城,遇奇月下之老(《續怪傳》①);夢期春仲,語傳冰上之人(《晉》)。試求藍田之種玉(《搜神》),彩幟之牽絁(郭元振)。比之龍形似(《楚國先賢傳》),呼以鶴逾奇(《裴寂②傳》)。余不欲論華陽契合之事(《雲堂廣記》),藍橋唱和之詩(《傳奇》);亦無論廳事聚以雜寶(林甫),村中戲以絡絲(《異苑·郭璞③》)。則擇婚者乎,據東床而噉胡餅,饒有其致(郗鑒);綴帛幡而乘竹馬,莫擬其倫(《後漢·陶謙》)。但以睹其姿容,范寧久賤(《吳志》);爲不知己詬厲,平豈長貧(傳)。則擇婦者乎,比仕宦之金吾,得俱有當(光武);問巫兒之敝族,竚幸明徵(黃霸)。大業之在草廬,才堪相配(孔明);高風之偕縞素,志有共成(崔休)。世昏者曰劉范,曰朱陳(《白帖》)。厮卒(杜廣)偏裨(王鍔),不妨達識;幼學(丁謂)師事(葛洪),逾以諧親。少之無嫌盲聱(《尹氏行錄》),有愛名駒(《傳燈》);晚之慕名者竟以錢入(《晉》本傳),疑是者故以鏡虛(溫嶠)。約之情有衡于名將(傅武),事已絕于東都(《家訓》);强之外禍之懼有日(吳夫人),勢誠之至多虞(《典略》)。貧無妨于徒壁(本傳),富自可以乘軒(傳)。似性較好(李膺),末隙與反(王珣)。膠弦兮斷續(《博物》),鸞影兮寒暄(本事)。一夜西窗,竟作詩媒之托(《漁隱叢話》);早催粧伴,會成仙子之思(盧儲)。樂廣冰清,衛玠玉潤,洵爲雙美(本傳);崔李名門,鄭盧舊族,曾幾相援(《國史補》)。余

---

① “《續怪傳》”未詳,見《續玄怪録》。
② “寂”當作“寬”,見《新唐書·裴寬傳》。
③ 《異苑》“郭璞”作“葛勃”。

笑東家女之詞，分左右皆袒(《風俗》)；並疑息夫人之事，經三年不言(《左》)。揚鞭躍馬之丰姿，毋容再誤(曾慥《詩話》)；拾翠歆娥之佳話，聊可思存(《玉堂清話》)。余又有説焉，蹇脩爲理(《騷》)，紅葉可親(御溝詩)。君不見濟渡之舟子，掌判之伊人(《〔周〕禮》)。望在山東衰宗，落譜兮有禁(《唐史》)；道無夷虜仇讎，駔獪兮相狗(司馬温公議)。勅斷家事(《高士〔傳〕》)，恣意名山(向子平)。爲毛仲未得之客(史)，有汾陽與頜之班(史)，斯人道之始者焉。

制舉

概自詔書故事，三公辟召以四科取士焉(崔實《政論》)。始于大業，盛于貞觀(《史補》)，則進士也歟哉。其位極人臣，非是者毋相推重(《國史補》)；縱年登五十，得之者猶命俊英(策①)。漢先行誼，魏取放達，晉先門閥，梁、陳尚詞賦，既不同此甲乙之典(崔②登疏)。有上書而得官，如何③逢堯、員半千之類；有隱逸而召用，如陽城、李渤之類；有出于辟舉，如韓愈之出于張建封、董晉；有出于延譽，如吳武陵之薦杜牧：又寧盡此科目之名(項安世《擬策》)。聖主臨軒，九天傳金殿之響(蔡持正《崇正殿放榜》)；春風得意，一日看長安之花(孟東野語)。暗指朱衣，從在旁而點額(《侯鯖》)；驚看玉笋，盡一時以搜芽(《因話》)。奪錦有會(唐)，什褐有加(上)。毋上啓陳詩，而希唾咳之澤(《舊唐》)；寧投磚擲甓，而詔呵擁之譁(《名臣遺事》)。吾見鸑鳳舉集(楊嗣復《權公集序》)，輶轄問奇(《談苑》)。驟變險怪之習(歐陽公)，時動風雅之思(王師旦)。奮筆而擬司馬《上林》之賦(《北史》)，把手而頌鳴蟬野岸之詩(《雅言系述》)。懷疑事以毋使(《清波雜志》)，薄小蠻以陳詞(《通典》)。其筆胡潤(《玉壺清話》)，于空何司(《〔北夢〕瑣言》)。認錯顏

---

① "策"未詳，見《唐摭言》。
② "崔"當作"薛"，見《新唐书·薛登傳》。
③ "何"當作"和"，見《文獻通考》卷三二《選舉考五》項安世《擬對學士院試策》。

標(鄭〔薰〕①)，舊是劉幾(《〔江鄰幾〕雜志》)。蓋至是父之有是子(《南部〔新書〕》)，門下之有門生(裴皞)。屬沆瀣之一氣(《南部〔新書〕》)，快毛羽之已成(《談錄》)。金魚拜命(《摭言》)，霓羽載賡(上)。又豈莊田荒之陸氏(《獨異志》)，而燈燭忘于三更(劉虛白)。夫由此出爲文②人，故爭名常切(《舊唐》)；自是薦登顯列，故制置尤先(《國史補》)。久在名塲，五老之寵綏既異(《摭言》)；誤因文軸，從事之排斥多偏(《玉泉子》)。休沐于政府之居，每從容以終日(《石林詩話》)；謔浪于妓流之輩，由臭味以沓還(《江南野録》)。遇則衣鉢相傳，不以甲乙爲序(《石林〔燕語〕》)；不幸則文星值暗，將無功令慳緣(《南部〔新書〕》)。五色終迷，即早發揚雄劉向之緘，徒增悵惋(《〔鶴林〕玉露》)；神人與助，忽假寐于祥風氛霧之句，頓爾高騫(《名③士傳》)。飲墨奪席之罰，乘輿重其監試(《通典》)；澤枯及朽之役，蕭寺妙有微權(《〔鶴林〕玉露》)。於休哉，縣次續食(《〔漢〕武帝紀》)，郡守勸駕(《漢·高帝紀》)。歌《鹿鳴》而偕計吏(《通典》)，逐馬蹄而忙槐花(《天中》)。書之者氈筆淡墨(《摭言》)，張之者南院東墻(《國史補》)。所欲變者學究(《〔後山〕談叢》)，不必條者科塲(《〔王文正公〕遺事》)。茹古氏曰：何自相知，邀衡文之清眼(詩)；斯爲長策，賺英雄之白頭(《國史補》④)。寸有所長，不負平生之胸略；戰當執勝，時提大敵之戈鋌(啓)。乃如翻名以定(武后)，刻燭以前(唐制)。相識于題解(《隨筆》)，詳覈于榜天(《唐》)。置家諱而牒請(《南部〔新書〕》)，判雜文而恨牽(《傳載》)。風俗所趨，求知己之行藏，温卷曾無愧色(江陵項氏)；浮薄忒甚，無名子之謗謔，打毬曷有窮年(《國史補》)。舒云⑤輿有云：羅棘遮截疑其奸，非所以求忠直也。吾于今日亦云。

---

① 據《唐摭言》補"薰"字。
② 《唐國史補》"文"作"聞"。
③ 《天中記》卷三八"名"作"文"，即《閩川文士傳》。
④ "《國史補》"誤，見《唐摭言》。
⑤ "云"當作"元"，見《新唐書·舒元輿傳》。

登第

蛟龍得雨(杜〔甫〕)，鵰鶚在秋(上)。帖新泥金(《天寶遺事》)，宴喜登毬(《東坡詩注》)。擬之者曰扶搖而上九萬(《莊》)，縱橫而出三千(啓)。又曰期中于百步，驚鳴于三年(賦)。闇中摸索(《世說》①)，天上吹噓(詩)。經品題而作佳士(《世說》②)，擬汗血而賦名駒(《雜記》)。巨鼇不靈，因頑石之在上(《摭言》又鄭毅夫《謝主司啓》)；甲鼇有幾，匪沅江之所同(《摭言》)。于是揚君賜而簪花，非言華靡(《晉③溫公傳》)；即謂開新第而置宴，具美顯崇(魏朝)。徵其夢，橫木以踐其上(《摭言》)，仰梯以陟其巔(《容齋隨筆》)，髭無依舊(《皇明類苑》)，菜每長延(《東齋遺事》)；取其兆，逆旅之村儒已至(《澠水燕談》)，市頭之擔子從前(《倦游》)，題緱山之夜月(《因話》)，曙④泰嶺以經天(《玉堂閒話》)。豈曰天荒始破(《摭言》)，將無日色長憐(《〔鶴林〕玉露》)。若子貴矣，謝從階次(楊中立)；父任矣，再耀門庭(李宗諤)。三頭並美(《南部〔新書〕》)，兼勑爲榮(上)。則有梁張之是父是子(《合璧》)，宋孫之難弟難兄(《合璧》)。兩度月宮，嫦娥憶其舊識(《紀異錄》)；冥趨天府，中涓勞以敦程(《洛中紀異》)。虎耶魚耶，燒尾而語幾易(《西齋話記》)；龍耶虎耶，得雋而色有聲(《科舉記》)。名毋角勝(《涑水紀聞》)，守第不欺(舜見)。非溫飽有在(《東軒筆記》)，無忠孝少虧(《麈史》)。斯有愛于不越次(《國語》)，不郊迎(吳曾《漫錄》)；尤有紀于僻以稀姓(《南部〔新書〕》)，娶不貴卿(《筆談》)。日華天鑒之篇，幾看孰愈(《摭言》)；一唱五拜之典，致美芳馨(《〔澠水〕燕談》)。渴睡漢

---

① "《世說》"誤，見《隋唐嘉話》："許敬宗性輕傲，見人多忘之。或謂其不聰。曰：'卿自難記，若遇何(遜)、劉(孝綽)、沈(約)、謝(朓)，暗中摸索者亦可識之。'"

② "《世說》"誤，見李白《與韓荆州書》："今天下以君侯爲文章之司命，人物之權衡，一經品題，便作佳士。"

③ "晉"誤，見《宋史·司馬光傳》。

④ "曙"當作"署"。

從何解醒(《歸田》)，鬱輪袍奚自回旋(《廣林[①]》)。雲以五見(《〔韓琦〕[②]家傳》)，綾以紅咽(《洛中記異》)。青錢兮萬選(〔張〕[③]鷟)，牡丹兮多緣(詩)。誦先生進學之規，願爲籍輩(韓〔愈〕)；聽一傍得人之語，愧在盧前(《世説》[④])。且舞且歌，頂千佛而誦名字(《唐書》[⑤])；年來年去，爲他人以作嫁衣(《詩話》)。莫謂孤進還丹，老而彌健(《金華子》)；曾是數奇淹蹇，稗以驕譏(《南部〔新書〕》)。若乃作賦錦標，事慚策蹇(《宜春傳信》)；授餐後閤，失恨墜驢(上)。緑衣紅裙，具憶以往事(《直方詩話》)；圖名遣嫁，相較以不如(羅隱詩話)。得賦于似銀似錦(李源)，相啣于西抹東塗(《摭言》)。洗言[⑥]以看馬頭之人(上)，束翅以成鷄子之呼(《盧氏雜説》)。道江神之世情，風光有意(《唐詩紀事》)；看東都之花樣，文彩久踈(《雜説》)。刀劍深愁，一日走長安之馬，是爲何事(《唐遺事[⑦]》)；慈恩偶及，相率指比丘之鴈，信矣傳虚(《〔南部〕新書》又《雜[⑧]説》)。以人主酷愛此科名，每煩清問(《盧氏雜説》)；倘驛使傳呼于金榜，有謝芳聲(《紀事》)。惟勿深劉蕡之恨(傳)，尤毋綴孫山之名(本事)。鈿車珠鞅，勿比櫛而期東床之選(唐故事[⑨])；青雲紫陌，勿移時而失同榜之情(范至能《姑蘇同年會詩序》)。詩曰：華陽觀裏鐘聲集，建福門前鼓動時[⑩](《事文》)。反覆家書，雖休官而自可(張天[⑪]錫

---

① “林”當作“記”，見《太平廣記》卷一七九引《集異記》。

② 據《天中記》卷二補“韓琦”二字。

③ 據《新唐書·张薦傳》補“張”字。

④ “《世説》”誤，見新、舊《唐書》：“(王)勃與楊炯、盧照隣、駱賓王皆以文章齊名，天下稱‘王、楊、盧、駱’四傑。炯嘗曰：‘吾愧在盧前，耻居王後。’議者謂然。”

⑤ “《唐書》”誤，見《唐語林》《唐摭言》。

⑥ 《唐摭言》“言”作“眼”。

⑦ “事”當作“史”，即《唐宋遺史》。

⑧ 《天中記》卷三八“雜”作“類”。

⑨ “唐故事”未詳，見《唐摭言》。

⑩ 《南部新書》“時”作“期”。

⑪ 《青箱雜記》“天”作“師”。

《喜子登第詩》）；博觀子姓，將中雋以多嬉（漁隱）。西都得相也，無似置之丙第（《聞見録》）；一第溷子耳，多且賴之有司（元結）。余讀寒儒景運之句（《黃父詩話》），再誦青樓薄倖之詩（杜牧之），所云不愧科名者，余得而言之乎。

薦舉

《史》言"引重"（《史》），《易》紀"拔茹"（《泰卦》）。雅懸進賢之賞（漢武①帝），應感知己之噓（越石父云）。不忍奇寶之棄（韓愈），有先藥籠之儲（狄仁傑）。則夫鄭莊可師，隆推轂之盛事（《漢書》）；山公有在，登啓事之佳譽（山濤）。夾袋之中，有以先其姓字（唐②）；羅網之設，何弗抽其琬琰（虞允文）。千石家起（《漢書·田蚡》），八百吏除（崔祐甫）。臺官其何愧（《〔東軒〕筆録》），能史以焉居（上）。若乃重③纓玉陛（陸雲《薦張瞻》），珥筆丹墀（杜預《舉賢良方正表》）。日月之輝耀（陳蕃薦徐孺子），蜺虹之光垂（孔融《薦禰衡》）。特勅康伯（吳隱之），幾失然明（《左·昭④》）。二龍共御（陶丘洪薦劉繇），一鶚獨英（東漢）。吾知其爲自伐（東漢左雄），不私門（《漢·匡衡傳》）。莫識以面（韓記），非市以恩（王沂公）。稱長可以稱短（王旦薦寇準），貢名非以貢身（《〔益部〕⑤

---

① "武"當作"高"，見《史記·蕭相國世家》："上曰：'吾聞進賢受上賞。蕭何功雖高，得鄂君乃益明。'"

② "唐"誤，見朱熹《五朝名臣言行録·丞相許國吕文穆公》："公夾袋中有册子，每四方替罷謁見，必問其有何人才，客去隨即疏之，悉分門類。或有一人而數人稱之者，必賢也。朝廷求賢，取之囊中。故公爲相，文武百官各稱職者，以此。"《宋史·施師點傳》："師點惓惓搜訪人才，手書置夾袋中，謂蜀去朝廷遠，人才難以自見，蜀士之賢者，使各疏其所知，差次其才行、文學，每有除授，必列陳之。"

③ 陸雲《移書太常薦同郡張瞻》"重"作"垂"。

④ "昭"當作"襄"，見《左傳·襄公二十五年》。

⑤ 據《山堂肆考》卷八二補"益部"二字。

耆舊》)。而不有先之適以興議(黃穆),與之遂以亂真(程正叔告韓持國)。不得則巖谷之一叟(蕭嵩薦張縞①),恐謗則今世之高名(杜牧之薦永叔)。善有所可舉(《左·襄》),上黨以柳(韓),大事以盛(《吳書》);親有所可擬(崔祐甫),子(仁傑)弟(《程顥行狀》)勿避,將(《涑水》)相(呂文穆)與并。期時名年輩之允望(韓愈薦錢徽),驚秋光山色之佳珍(張詠)。不無處囊之客(毛遂),非少築宮之人(郭隗)。率具美髯,猶記攀靈之往事(令狐楚);自矜顏色,從看飛度之佳名(王荆公)。毋懊恨于宰臣,生憐裴度(《唐》);毋縱議于僚府,致格玄齡(《唐》)。茹古氏曰:自昔先茅再命(《左》),瓜衍崇墉(上);其或貽譏銅臭(《〔後〕漢》),胎亂斜封(《唐史》)。遭遇雖隆,思脱腕把椎之俗(劉子元②書);等夷可越,高鳴玉曳履之踪(馬周疏)。于以挽雅道之陵遲,不妨溢美(蜀龐統);于以慰烈士之仰望,求盡苦衷(漢楊興説史高)。則人有懷璧而空歸者(繆慎忠),我有焚香而再拜者(《東軒筆録》)。夫亦慎其所從也哉。

仕進

以余觀于仕進也者,時曰强仕,古以爲人(宋儒)。筮之而得《鼎》(李綱),占之以《比》《屯》(《左·閔》)。懸牒宮門,應以紀其名字(謝玄暉詩注);彈冠知己,似有篤于恭寅(《漢書》)。余有取于代顯忠孝(《漢》),世篤忠貞(《〔書·〕周書》)。一門之多華轂(崔琳),五業之掌鈞衡(劉宗謝)。與國運而較盛(唐八蕭贊),守家風而不傾(東漢楊震)。則夫法明黜陟(《晉書》),考第上中(史③盧承慶)。故列嗣其聲望(列),名士歸其下風(《唐僖宗記》)。見之泣言所以(傳),恨之時有不

---

① 《東坡志林》"縞"作"鎬"。
② "元"當作"玄",見《新唐書·劉子玄傳》"脱腕把椎"作"脱梡把椎"。
③ "史"未詳,見《新唐書·盧承慶傳》。

同(司馬相如)。拄笏而看爽氣(王徽之)，設榻以禮英賢(陳蕃)。其以依芙蓉而泛綠水(王儉)，奚必選歌妓而餚厨傳(《〔邵氏〕聞見録》)。縱狷介寡合(《唐太宗記》)，無願①望多譏(劉文静)。董有耻于仙客(張九齡)，傳靡同于韓非(王儉)。如以論其遷，特加金紫(李愬)，忽除銀青(李泌)；未終歳而歷轉(《主父偃傳》)，可一言而遽升(《車千秋傳》)。勿權勢之見忤(傳)，寧門祚之非稱(陳欽達)。則豈不鳥集而瑞(《柳傳》)，鼠齧而靈(張鷟)。如以紀其謫，生度鬼門(李德裕)，長流夜郎(李白)。咄咄而書怪字(殷浩)，寂寂而録古方(《芝田録》陸贄)。無衰朽殘年之惜(韓愈)，聊昏憒老農之忙(黄庭堅)。豈不猿穴爲伍(柳宗元)，而犬吠相將(東坡)。噫嘻！君恩原爲至厚(《寶訓》)，名器不可假人(《左》)。紈袴從事(唐)，褞褵相狗(吕蒙正奏)。爛羊頭其與語(《〔後〕②漢書》)，續狗尾兮多違(《晉書》)。但集翠而終戲(《集略③》)，偶然燭以留輝(《翰林志》)。于焉高其晚節(《倦游録》)，但欲遂其初衣(孫綽)。則夫堂開綠野(裴度)，里會白沙(龐奐)。二(孔戣)三(司空圖)兮休去(句)，牛(李晟)車(《本④史·趙芬》)兮漫遮(句)。鄉里小兒作淵明之敦促(《晉》)，香山九老成居易之浮誇(集)。第有知章，何似鑑湖之乞(漢事⑤)；況多踈廣，幾就東都之華(傳)。誰爲鱸鱠蒓羹，庶幾不朽(歐陽矩書)；誰爲鐘鳴漏盡，夜行不休(田豫)。誰爲廷尉之門，雀亦見侮(傳)；誰爲王章之墅，龍已無求(《肆考》)。余讀林下休官之句(《雲溪友議》)，得閑未老之謳(《遯齋閑覽》)，此可語于"一日看除目，三⑥年損道心"不。

---

① 《新唐書·劉文静傳》"願"作"怨"。

② 據《後漢書·劉玄傳》補"後"字。

③ 《天中記》卷四一"略"作"異"。

④ "本"當作"北"，見《北史·趙芬傳》。

⑤ "漢事"誤，見《南唐近事》。

⑥ "三"當作"終"，見姚合《武功縣中作三十首》其八。

隱逸

余讀招隱之詩（《事文》），而有處士之名，何哉？（杜牧《送韓①處士》）舳艫繞南浦，薜荔滿西林。鷗泛空而點雪，月零渡而蕩金。可以擊壤，何病捉襟。蓬門露曉，野岸波登②（俱《英華》）。于是歷追往昔，慨然慕想其行。江湖自放（《唐書》），烟波取憐（上）。就清泉而酺飲（《續世說》），聽松風而晝眠（《張令問傳》）。鶴之所以爲氅（《五代史》），鷫之所以爲冠（《真隱〔傳〕③》）。霓樹搆堂，蕭然有致（《金陵志》）；尋山採藥，淡然已安（《南齊》）。擬之潛遊巢棲，飛沉所至，何問其主（《宋書·高僧傳》④）；求之盆魚籠鳥，網羅不及，莫改其觀（《南康志⑤》）。三徑頻開，從過以裘仲羊仲之輩（《三輔〔決録〕⑥》《史記》）；一廬自足，讌聚以管絃道韻之歡（《襄沔記》）。屠沽不事（《陸龜蒙〔別〕⑦傳》），浣濯偕盟（《李德嘉傳》⑧）。自爲東臯一叟（《南史》⑨），何假南面百城（《魏書》）。屠肆兮卑處（《〔後〕漢選〔注〕⑩》），市卒兮隱淪（郭璞《笑⑪傲》）。却公⑫曹之重席（《雜事記》），辱都尉之掃門（謝承《後漢》）。右軍之造訪而避愈急（《永嘉縣志》），蘇門之邂近而歌乃頻（李⑬淑《真隱傳》）。不妨王事鞅掌之時，尋山水以自娛（《北齊》）；寧謂四海

---

① "韓"當作"薛"，見杜牧《送薛處士序》。
② "登"當作"澄"，見皇甫松《大隱賦》。
③ 據《天中記》卷四十補"傳"字。
④ 《宋書》無《高僧傳》，見《南史·隱逸·孔淳之傳》。
⑤ "志"當作"記"，即鄧德明《南康記》。
⑥ 據《天中記》卷四十補"決録"二字。
⑦ 據《天中記》卷四十補"別"字。
⑧ "《李德嘉傳》"未詳，見《天中記》卷四十引蕭繹《孝德傳》。
⑨ "《南史》"誤，見新、舊《唐書·王績傳》："績嘗躬耕於東臯，故時人號'東臯子'。"
⑩ 據《天中記》卷四十補"後""注"二字。
⑪ "笑"當作"客"，見《晉書·郭璞傳》。
⑫ 《天中記》卷四十引《雜事記》"公"作"功"。
⑬ "李"當作"袁"。

昇平之會，育樊籠以喪身(《尚書故實》)。若乃思肥遁而乏人，充之著作
(《晉書》)；冀仕進而求友，假自蘇威(《唐書》)。衒貞白于少室之間，
未幾趨趄于貴倖(《談賓錄》)；歷寅清以補袞之職，奈何受賺于山巍
(《幽閒鼓吹》)。太虛爲室，明月爲燭，偕四海同群之侶(《唐書》
《〔一〕①品集》)；列壑爭譏，攢峰聳誚，從北山逋客之行(孔德璋
《〔北山〕移文》)。謝朓閑抱病之故(《南史》)，通江湖魏闕之情(《廬山
記》)。盟誓可幾，赴之者皆爲道味(《玉堂〔閒話〕》)；意氣彌遠，望之
者若謂神人(《南史》)。試讀彥伯之唱和(《海錄〔碎事〕》)，李②淑之錄
真(《南史》)。斷家事以草勅(《高士傳》)，詣長者以脩詞(《真僧③傳》)。
就山爲封侯之成事(《緱山記》)，徵行爲没諡之永宜(《高士傳》)。逃名
而名我隨，避名而名我追(傳)。非志驕富貴(《南史》)，但目覽盛衰
(《廬山記》)。無勞河東貰酒(《周書》)，何貴玄德刊碑(《高士傳》)。則
所求泉石膏盲、烟霞痼疾者如斯。噫！橡飯箐羹，笑謀生之大簡；龜牀
鹿幘，訝招隱兮何遲。暗坐飄紅④，盡是松脂桂蠹；頹垣抱碧，無非海
髮山衣。誓洗耳穢，那挑指文。惡心長而髮短，驗齒亡而舌存。損又損
以立操，材不材而用神。歌曰：重巖邈兮脩已遠，泂潭渺兮深復淺。羽
余觴兮空余罍，玉顏酡兮山已頹。世兮如我何哉？

死喪

夢入泉肩(記)，名登鬼録(魏文帝《與吳質書》)。屬纊(《表記》⑤)
兮懸衣(《周禮》)，捐館(《蘇秦傳》)兮就木(李綱上書)。相傳以舍

---

① 據《天中記》卷四十補"一"字。
② "李"當作"袁"。
③ "僧"當作"隱"。
④ 陸龜蒙《幽居賦》"紅"作"香"。
⑤ "《表記》"誤，見《禮記·喪大記》。

（記），誠委以形（《列》①）。譬之藏山于澤，藏舟于壑（上）；較之太山匪重，鴻毛匪輕（《司馬遷傳》）。爲主簿耶（《幽冥》），爲侍中耶（陶隱居《〔真〕誥》），從官家之爵號；靈芝宮耶（《〔東軒〕筆錄》），芙蓉城耶（歐陽《詩話》），聽長樂之使令。宣父科斗之文，龐眉古眼者誰氏（《神仙感遇集》②）；丁公車騎之狀，艷粧麗餙者何名（《括異志》）。胡然而溪流泛漲（朱熹），而城堞烟生（《太平廣記》），而鶴雀自空而下（邵康節），而甲馬憑地有聲（富韓公）。風吹竈火（《李南傳》），雷動釜鳴（《古今五行志》）。傳嫁冰之諺（《雜記》），定破瓜之詩（《談苑》）。日有斜于庚子（賈說③），歲忽紀于龍蛇（鄭玄）。所以分香散履（曹操），欸具開筵（廣漢）。數卷圖書，經紀于家釀（《六帖》）；列株桑里，粗足于薄田（諸葛表）。如興師高麗（房玄齡），侈事封禪（司馬相如），子囊之城郢（《左》），史魚之薦賢（史），而寧謂遺書者，語私事以相牽也（王友慶）；如用資人鑑（魏徵），籍賴長城（檀道濟），垂涕于司夜（岑文本），馳想于太平（楊綰），而寧謂殊禮者，不痛悼以深情也（褚無量）。夫奉祀之在桐鄉，相供香火（朱邑）；幻化之長百歲，聊足醉醒（《吳志》）。文募孔融，懸金帛以上賞（本傳）；像圖司馬，多畫繪以輸誠（馬公）。憶嵇阮竹林之遊，江河邈矣（《晉書》）；讀向秀《舊思》之賦，日月幾時（《選》）。虎賁之類中郎，歡然假坐（《後〔漢〕》本傳）；衣服之猶平昔，倘或有知（《北史》）。有曰但少一死（宗預），亦曰寧就求生（李勣）。有曰疾病連年，人相傳爲已死（《〔邵氏〕聞見錄》）；亦曰帝城幸入，竊不恨其無生（陳含《與陳陽書》）。含笑有日（漢桓帝時），不朽而瞑（《左》）。秉筆者爭爲之誄（傳），刻石者自以書銘（《合璧》）。玉樓之召以及（李長吉），少微之犯莫膺（《六帖》）。其何如塵尾之持換（《世說》王長史濛），馬革之馮④陵

① “《列》”當作“《莊》”，見《莊子·知北游》。下句“譬之藏山于澤，藏舟于壑”見《莊子·大宗師》。

② “集”當作“傳”。

③ “賈說”誤，見賈誼《鵩鳥賦》“庚子日斜兮”。

④ “馮”當作“平”，見《後漢書·馬援傳》。

(傳)。吁嗟兮！孫揆裂體于鑶鋸(《唐書》)，杲卿斷舌于刀鋒，死也何諱；如李陵屈節于邊荒①，承業偷生于逆賊，生也何爲。善吾生者所以善吾死也，則將腐白骨于土壤乎，抑亦炳丹心于汗青乎。

歸藏

　　華表之上(《神仙傳》)，宅乡之鄉(《左》)。取諸《大過》(《易·繫》)，餚彼帷荒(《表大禮》②)。牛眠卜吉(陶侃)，馬迹呈祥(《博物》)。勿爲玉魚之奪(《西京雜記》)，金椀之將(盧允③)；試看羽葆之寵(房玄齡)，儀仗之光(王承元)。輓送車輛(《孔光傳》)，鏤餚黃腸(梁〔商〕④)。經三年始就(《檀弓》)，歷五侯並看(樓護子)。極之以重樓複閣(漢原涉)，美之以龜麟鳳鸞(《西京雜記》)。固未見州園之穩帖(《齊書》⑤)，陽翟之封完也(《〔邵氏〕聞見録》)。柳車頻載(《唐書》)，黃壤聊加(趙〔咨〕⑥)。遽然請隧(《國語》)，聊足聚沙(趙岐)。固未見贏葬之書爲謬(楊王孫)，篤終之論有差也(皇甫謐)。若夫餘風可挹(魏太祖)，夙德彌張(唐太宗宰洛陽)。省素書而悽愴(後漢范巨卿)，檢昏牘而徬徨(晉王褒)。停侯不妨于千里(本傳)，好會有嘉于四方(《合璧》)。雙鶴之作吊客(《〔續〕世説》)，孤鶯之成悼亡(姚王京)。白兔兮至止(《六帖》)，群鹿兮徜徉(《褚無量傳》)。那爲掛劍于樹(《左》⑦)，立碑于旁(豫章)。玉樹與惜(邵康節)，紫茵乃盟(楊妃)。松栢爲之色慘(《王裒傳》)，道路爲之淚傾(崔衍)。寧不禁嚴隴步(《策》)，名誤螅陵(《西京雜記》)。余故有説焉，桑田驟變(郭璞)，竹幹叢生(《廣記》)。

---

① 崇禎本"邊荒"作"匈奴"。
② "《表大禮》"誤，見《禮記·喪大記》。
③ 《搜神記》"允"作"充"。
④ 據《後漢書·梁商傳》補"商"字。
⑤ "《齊書》"疑誤，見《南史·齊高帝諸子·始興王蕭鑒傳》。
⑥ 據《後漢書·趙咨傳》補"咨"字。
⑦ "《左》"誤，見《史記·吳太伯世家》。

木有曲害(《後山叢話》)，雀不和鳴(《僉載》)。青山兮覽勝(李白)，壺酒兮放情(《世說》)。五患不得不謹(程正叔《葬說》)，四德不得不成(盧子駿　劉公)。惟仁與達(《晉》)，還骨歸精(《後漢》)。豈必考以歲月日時之數，相以山川岡隴之形(司馬光《葬論》)。又豈高談以天地日月，漫侈以萬物列星(《莊》)。寂居縣署(《新唐史》)，客店伊誰(詩)。設可以榻(李適)，賦可以詩(唐司空圖)。第爲姓名之刻(《趙岐傳》)，無用官爵之私(盧承慶戒子)。即令求必韓記(韓愈作《張府君銘》)，購必柳書(《唐書》)。愧色無有(《世說》)，遺恨或餘(韓文)。其何如醉吟之搦管(白樂天自銘)，雪①山之留譽(傅奕自誌)。吁嗟！羨門(《〔西京〕雜記》)長夜(《選》)，潛闕(《曹植傳》)佳城(《文粹》)。宿草多念(《曲禮》②)，拱木傷情(《公羊》)。迨至縱橫之以荊棘(《孔子世家》)，躑躅之以樵兒(桓譚《新論》)。其亦馬鬛封之從俗(《檀弓》)，狐首丘之長思。

歌挽

知生者弔，知死者傷(《曲禮》)。義高匍匐(《邶·谷風》)，戒謹封疆(《檀弓》)。試歌《薤露》之詠(《事物紀原》)，《蒿里》之章(《搜神》)。二解足述(李泌)，八美孔彰(《北史》)。則是蘋蘩蘊藻(《左》)，桂酒椒漿(《九歌》)，其僅虛位以設(李勉)，而愧無德以將乎(徐稺)。悲哉！雅念奉公，幾先命駕(祭)；情深舊故，多否愴顏(《鑑》)。讀居易之醉吟，塚前泥滑(《賈〔氏〕談録》)；成橋玄之知己，眼下淚清(曹操)。秦川之所眺望(明皇幸蜀)，靈座之所悲酸(杜如晦)。于以口占而成情致(宣宗弔白居易)，鬚凍而忘沍寒(羊祜)。二客冲天，仰視陶家之鶴(《晉書·陶侃》)；孤臣永没，頻看虞氏之蠅(《吳志·虞〔翻〕》)。觸境遇哀，懲彼綺紈之侈(《唐》)；撫心感動，重此棟梁之崩(衛玠)。赴縣萬里

---

① "雪"疑作"青"，見《舊唐書·傅奕傳》："因自爲墓志曰：'傅奕，青山白雲人也。因酒醉死，嗚呼哀哉！'"

② "《曲禮》"誤，見《禮記·檀弓》："曾子曰：'朋友之墓有宿草而不哭焉。'"

（《後漢》），聚無雜賓（《王祥傳》）。姑且就舍（《澠水燕談》），會有叩輪（《唐書》）。忠節曾未有間（秦叔寶），文範已實其人（陳寔）。吾未見放可箕踞（阮步兵），縱可驢鳴（《世說》）。無淚而從案驗（慕容熙制），長悲而自拜興（劉德願）。裸袒之爲誕節（王忱），匍匐之爲怪行（《石林燕語》）。蓋天喪予噫（《論》），人瑟①俱亡（《世說》）。傾如河海之淚（上），痛切山木之章（《檀弓》）。脱之以驂（上），解之以牛（竇建德論）。具折束帛（記），已付麥舟（《冷齋夜話》）。有堪救辨之令（《何易于傳》），無少辭萬之倫（《管寧傳》）。第先布衣之好（陸贄），請班兄弟之貧（《檀弓》）。若悲歌者辭不欲就（韓文《董公行狀》），哀挽者悲不忍聽（《代宗記》）。又何行以袁崧之殯（裴啓《語林》），而搖以武陵之鈴（《續〔晉〕陽秋》）。余因是有慨焉，官至卿相，必有一篇醜文字送歸林下；惡至檮杌，必有一篇好文字送歸泉下（句）。余考其本始，顏延之所以作古（《合璧》）；詳其體裁，韓退之所以讀詩（《邐齋文訣》）。虛談仁義禮智，妄言肅惠忠和。但自出門生故吏之手（李翱《百官行狀奏》），稱其文“簡而有法”，稱其學“讓②通今古”，猶未快後生小子之脾（《〔邵氏〕聞見錄》）。金以高其諛墓（韓金③撰《淮西》），事有利于什緇（《香山寺記》）。强項則甘獲罪（《却掃編》），放言致美好辭（《聞見錄》）。借題者發所欲發（《朱語錄》），作賦者同所欲同（《范景仁墓誌》）。父子之性，云何不及（《遺事》）；友朋之筆，幾幸多逢（《〔晉〕中興書》）。傳曰：爲人子而以非所得加之父，是爲不孝（《胡傳》）；又曰：祖父有德而子孫不能表揚，是爲不仁（《禮》）。三復斯語，此余爲知我罪我之人者也。

祭祀

夫國之大事，在祀也乎。其爲報功脩先之典（《論衡》），祝釐

① “瑟”當作“琴”，見《世説新語·傷逝》
② “讓”疑作“博”。
③ “金”當作“愈”。

（《詩》）觸吉（《詩》）之虔。禮莫急于人道（《祭統》），序有重于承天（《禮含文嘉》）。是襫是禡，既伯既禱，試次第其差等（《爾雅》）；疏趾腯肥，薌萁量幣，且備事于後先（《曲禮》）。有其舉之，莫敢廢也（《曲禮》）；非是而加，曷有當焉（《國語》）。則夫支子之所不事（《曲禮》），祝史之所致詞（《禮〔記〕》）。伯有之作厲（《左》），若敖之餒而（《左》），毋瀆之而跛倚、而逮闇（《禮〔記〕》），毋淫之而望渤、而按芝（《漢書》）。或以咸秩于新邑（《書》），那弗見受于西隣（《易》）。非于典而屬之宗老（《楚語》），率明信而吐之鬼神（《左》）。黄石可寶（《漢》），苞茅是徵（《左》）。辨六彝以待祼（《〔周〕禮》），加四豆以成登（上）。服有昉于甹（《明堂注》）載（《毛詩》），日有取于辛丁（《五經近①義》）。所不解漢法，無文帝王肇迹之鄉；莫瞻廟貌（《唐書》），事宜未合功臣配食之次。未核主盟（《魏書》），豈乏南陽蜀郡之名流；相應詔旨（《漢書》），特訪蕭何霍光之賢胤。曾幾峥嶸（東漢），徒有泣于讒佞（《吳越春秋》），代有奉于信陵（《漢書》）。殊不逮于朱邑（《郊祀志》），多快絶于桓生（《東觀〔漢記〕》）。陌上之深情以及（《襄陽記》），鎮西之遺命靡更（《齊書》）。豈不祥而叱以富（《尸子》），豈多餘而亡以牲（《家語》）。若乃石室稱公，從吉凶之有驗（《搜神》）；六丁受戒，斯長生之可成（《方成圖》）。館碾氏之長陵，後先宛若（漢武）；工楚靈之羽紱，信宿吳兵（桓子《新論》）。嗟乎，埋可敝器（《禮〔記〕》），售勿處貧（《禮〔記〕》）。毋誣詞而矯舉（《左》），其用純（《禮〔記〕》）而以騂（《毛詩》）。生世不諧，既有疑于周澤（《續漢》）；惟道虛寂，且相異于顔回（《莊》）。其何犧雞之見憚（《左》），而鼫鼠之多非也哉（《春〔秋〕》）。

---

① "近"當作"通"，見《太平御覽》卷五二七引《五經通義》。

第十五卷

經傳

夫經，其群言之祖乎。義既極于性情，辭亦匠于文理，可謂泰山徧雨，河潤千里者也（《文心〔雕龍〕》）。別分涇渭（楊泉《物理論》），從教庖廚（《高彪集》）。學官之所首列（《舊唐》），臆説之所掃除（孔融《與諸卿書》）。篾叟醬翁，並成都之高隱（程頤）；柔勝剛克，挘温水之宗儒（常爽）。詔幸丁鴻，無妨定其同異（東漢）；學知子靜，故已謝其皮膚（陸九淵）。于以敗平一之績（東漢），解稚圭之頤（傳）。發《墨守》而起《廢疾》（鄭玄），卜將相而壯儀威（東漢）。事何踵于巫蠱（漢武），耻有切于胥靡（申公）。恨相見之已晚（〔主〕父偃），快指南之無迷。蓋火于秦，口授于漢。易古字以時畫，裂舊簡而編章。今且非漢，能必漢之即古乎；心所非是，安知心異聖賢乎。抑陋儒傳解之誤，異聖賢以致吾心之異乎。故曰：經傳可信也，執漢唐之脱誤爲經傳不可也；用宋注以解經傳可也，強經傳而附于宋注不可也。且代各有家，人自爲説，漢隋唐宋之諸家，豈盡不足取，而專用朱蔡鄒胡耶。七百餘字之異，即中古較三家而已然，而謂經數劫無誤得耶，甚矣。經之爲注脚也尤甚矣，注之爲柄鑿也，安得信心者與論經乎。

正史

古者天子諸侯必有國史，以記言行，故史佚居三公之次，博聞強記，備天子之遺忘者也（《隋·經籍志》）。後之述史者，其體有三：曰編年，曰紀傳，曰實録（晁氏論）；記事者其用有四：曰時政，曰起居，曰〔日〕①曆，曰事狀（王氏《揮麈録》）。以余觀馬遷之《史記》（史），班固之《漢書》（《前漢書》），少孫、裴氏之補解（晁氏論），《左傳》《咸》《英》之比譽，班彪之續，入其奧閫，大家之補，叙其本初（並《通志略》）。然論大道則先黄老而後六經，序遊俠則退處士而進奸雄，述貨殖則崇勢利而羞貧賤（班固評），斯《史記》之失，遷何據而寓之于書（晁氏論）。論國體則飾主缺而斥忠臣，叙世教則貴取容而賤正直，述時務則詳詞章而略情實（范曄②評），斯《漢書》之失，固其受而鬻之之餘（劉知幾評）。簡而且明，疎而不漏，良史無愧矣（《史通》）。何計及于羊鳴、鳧履（晁氏評），多缺于《貨殖》《藝文》（上），勁而有體（文中子評），文而過質，風化有補矣（范顧大）。何啁孔明之髡而致貶，求丁氏之米而濫聞（《周平園序略》）。蓋鑿齒應嚴蜀山之統（《序略》），蕭常應指帝魏之非（評）。詔房喬以盡善（評），取沈約以遺譏（評）。家醜世惡兮互詆（《備考》），天文户口兮未精（晁氏論）。安在爲史者至第私以揚名（《史通》），或受金而附勢（本傳），或諱祖而私宗（晁氏評），非其實録者何所取以折衷（上）。本末兼明，信魏徵之無遺恨（《通志略》）；煩闕各當，信延壽之與有成（晁氏評）。隨篇增輯者，韋述之撰（《崇文》）；挍多闕漏者，劉昫之增（晁氏評）。雜授其記志列傳（高氏略），分成其間官五行（晁錯）。夫如是，核以《舊唐》之失，取大節而棄小目，先君子而後小人（《備考》）。掩缺失於人主，明節義于人臣（上）；著以《新唐》之失，粉黛飭壯士，笙匏佐鼓聲（《宋氏筆記》）。文則于舊有損，事則于前有增（劉元成評）。迨五代而兼脩，重居正之輩（晁氏評），删定善歐陽之名（上）。著《長編》于李燾（《備考》），作本紀于仲微（上）。嘉陳桱之能知正閏（上），怪侯斯之多紊華夷（上）。惟是賢繇御製（史），美自胡公（史）。進曹魏而抑昭烈，帝朱梁而寇河東。年記武后，號詘中宗。遺佳辭于騷語，書入寇以卧龍（評）。則得不救失藉之文定（評），補缺仰之劉

---

① 據王明清《揮麈録》補“日”字。
② “范曄”誤，三句見劉知幾《史通·書事》，“斥”作“折”。

公(並《群書備考》)。噫！五難猶舊，三長何居。《春秋》而後，吾有取于
《綱目》。一書既不可悉指爲門人之作，亦不可遽指爲未脱稿之書。訂證
是矣，脩補何如。以宋史較唐則幾倍，以唐較漢則加煩。謂非史事之日
下，而校删之可翻①。甚矣，秉筆者之難也。講聞有限則弗徧，意見先
入則多偏。野史雜記，多恩怨好惡之口；濫述諛碑，多故吏門生之言。
況好惡有關於時諱，否臧或碍於世家。知幾憤于十羊九牧，退之卒于竄
定有差。君子曰：蓬山道上，地至清也；丹府芸香，職至華也。披閲金
匱石室之珍儲，討論鸞臺鳳閣之故實，儒生之至榮遇也。苟一私纏縛，
百事顧畏，閣筆相視，含毫不斷，頭白有期，汗青無日，居是職者亦有
靦面目矣。

文章

　　文章經國之大業，不朽之盛事，年壽有盡，榮樂止身，二者必至之
常期，未若文章之無窮也(《典論》)。是以歷代變遷(《事文》)，與時高
下(柳文序)。有治世亂世衰世之殊(《朱〔語〕録》)，有應世名世傳世
之藉(程子)。建安才子始定伯于曹劉(文帝《典論》)，永明辭宗先讓功
于沈謝(《南齊·陸厥傳》)。徐庾爲宗(《北史》)，富吳一變(《舊唐·文
苑傳》)。放澁體而争趨(《僉載》)，密真訣而自見(孫樵《與王霖書》)。
雅有王楊之儔(《唐·藝文序》)，剩有燕許之輩(上)。元白爲之主盟
(《舊〔唐〕·元白傳論》)，楊孟爲之並隊(本贊)。然則得之于敏，倚馬
而作(《世説》)，刻燭而吟(《摭言》②)；河傾不竭(唐崔評)，泉湧莫禁
(《蘇廷碩傳》)。如構之以宿(《北史》)，似成之以心(裴子野)。臨事而
筆可執(《南史》③)，分寫而口已任(《舊唐》)。豈錦繡之堆無當(本傳)，
而上水之船或侵(本傳)。得之於遲，户外之人多怒(薛道衡)，制誥之官

---

① 《群書備考·論史》"可翻"作"未精"。
② "《摭言》"誤，見《南史·王僧虔傳》。
③ "《南史》"疑作"《南唐》"，此爲南唐徐鉉事。

欲辭（李建知①）。氣已竭于沉慮（《抱朴》），名且知于苦思（《舊唐》）。
一紀猶待（左思），十年屢更（張衡）。元無妨濡筆而毫腐（相如），故可堪
輟翰而夢驚（揚雄）。文貴乎粹，詩當學杜，文當祖遷（唐）。閣筆兮欲措
（《魏志》），焚硯兮已然（陸雲）。擬積玉于玄圃（《晉書》），比騫緒于雲
邊（《晉史》）。同輩淪湮，稱雲心之獨絕（《南史》）；六宮嗚咽，識露布
之孤研（《國史》）。擘筆竟誰增損（《典略》），好事每遂流傳（《南史》）。
扛可以鼎（《後錄》），選則是錢（《張鷟傳》）。文間有疵，點鬼可議（《僉
載》）。算士錄名（上），張融之“構白”“出素”（《齊書》），少逸之“天朗
氣清”（《遯齋閒覽》）。糞或着于佛氏（《陳洲錄》），石僅語于韓陵（《僉
載》）。又何王楊之没恥（《唐書》），而曹陸之並乘（《文藝傳》）。其文之
蹈，則共人生活（《北史》），寄人下籬（張融與叙），向沈集而作賊（《三
國典略》），竊向注而得師（郭文）；文之假，則邢邵每陋（後魏），紫薇多
忙（《湘山野錄》），誤葛龔以並寫（裴榮《語林》②），客馬周以推長
（《鑑》）。又有負一字三縑之賞（《皇甫湜傳》），作心衣筆食之觀（《翰
〔林盛事〕③》）。命《騷》爲奴僕（杜牧《李賀詩序》），屈宋作衙官（《杜
審言傳》）。仕宦之才名頓減（齊靈丘），老來之吟詠非歡（李白）。余以求
之洛陽之肆（左思賦），戎索之蠻（《瑣語》）。夢未先于江淹（傳），神若
逸于李翰（《舊唐》）。即二恨之相成，長緘一篋（《南部〔新書〕》）；豈
故物之可冒，祇誣不刊（《舊唐》）。拙矣魏公，問江流之泛泛（《隋唐嘉
話》）；宗如孝綽，多河朔之漫漫（《南史》）。則夫如閒鷗野鶴（《歸去來
辭》），如繡虎伏鷥（《玉箱雜記》）。如素練輕縑，濟時用而乏邊幅（評張
九齡）；如燕歌趙舞，靚佳麗而罪騷壇（閻朝隱）。蓋鮮無瑕病（《雕

---

① “知”爲衍文，見《太平御覽》卷六百：“唐李建知制誥，自以草詔思遲，不願當其
　任。”
② “裴榮《語林》”疑誤，見邯鄲淳《笑林》：“桓帝時有人辟公府掾者，倩人作奏記
　文；人不能爲作，因語曰：‘梁國葛龔先善爲記文，自可寫用，不煩更作。’遂從
　人言寫記文，不去葛龔名姓。府君大驚，不答而罷。故時人語曰：‘作奏雖工，
　宜去葛龔。’”
③ 據《雲仙雜記》補“林盛事”三字。

龍》),但喜譏彈(《容齋隨筆》)。怪怪奇奇,入匡廬而高物色(方澄孫序);滔滔汩汩,直山石而縱紆盤(東坡序)。虛濫者猶有當于節儉之旨(《相如贊》),淺易者何必文以艱深之詞(歐公論《唐史》)。趙普語助而助將甚事(《湘山野錄》),子雲好奇而卒不能奇(《後山詩話》)。吾以爲靠實未也(《事文〔類聚〕》),減換如斯(《朱語錄》)。雖顛狂必醒(《獨異〔志〕》),任頭風可治(《典略》)。養根俟實(韓退之書),茹古函今(皇甫湜文)。勿疊床以架屋(《世說》),斯點鐵以成金(魯直《與洪駒父》)。有軍旅廊廟之各當(《〔西京〕雜記》),有羈旅草野之咸宜(韓《荆南①詩集序》)。誰爲黃絹幼婦(《後漢》),誰是孫帳下兒(《合璧》)。非繩樞草舍之子(詳異②),非縷冰畫脂之群(桓竟③)。蓋無分嬉笑怒罵(東坡),曾何乖月露風雲(《北史》)。大抵文章之體可師〔耳〕④以心,不可使耳爲心師;但以有體爲常,政當使常有其體(張融《自序》)。夫意新則異于常,異于常則怪矣;詞高則出于衆,出於衆則奇矣(皇甫湜《示李生》)。意翻空而易奇,文徵實而難工(黃魯直《答王觀復書》)。擬耳目于日月,方聲氣于風雷。參之《穀梁》以勵其氣,參之《孟》《荀》以暢其支,參之《莊》《老》以肆其端,參之《國語》以博其趣,參之《離騷》以致其幽,參之《太史公》以著其潔,是將人文之以化,又何患乎美言之不文。

諸子

　　諸子者,入道見志之書。六國以前故能越世高詭⑤,自開戶牖;兩漢以後體勢浸弱,雖明于坦途而類多依採,此遠近之漸變也(《〔文心〕

---

① "南"當作"潭"。
② "詳異"未詳,見《楊文公談苑》:"韓浦韓洎咸有詞學,洎常輕浦,語人曰:'吾兄爲文譬如繩樞草舍聊庇風雨,予之爲文是造五鳳樓手。'"
③ "竟"當作"寬",見桓寬《鹽鐵論·殊路》。
④ 據張融《門律自序》補"耳"字。
⑤ "詭"當作"談",見《文心雕龍·諸子》。

雕龍》）。然自太史公爲《六家要指》之説，而劉歆則有《七略》，孟堅作《藝文志》，"十家"之名始布方策。而後世分四部之書，皆列于子，則效孟堅之體也。《隋書》之志經籍，《唐書》之志藝文，儒道法家名墨縱橫之類，太抵言班固，而陰陽之家不列于國。茹古氏曰：筆瀧漉而雨集，言溶�而泉出（《論録①》）。既畢鉛摘，已就殺青（劉遵之《與房標》②）。其虎之一毛（《金樓》），其鳳之一經（《〔西京〕雜記》）。藏之名山，非蛩蛩之謀，而周周之計（《燕③文》）；傳之後世，將風追絶景，而宵朗兼城（《抱》）。誰定吾文，作郢城之知己（曹子建書）；願與子序，杳終南之主盟（本傳）。多以爭奇，政欲沓搜散缺（叔倫序）；窮而益好，無妨抱病多愁（《盧氏春秋》）。苑有廣于玄洲，因邀御覽（《三國典略》）；遇有期于轅軹，雅重時流（《梁書》）。則夫蛟龍以夢（《〔西京〕雜記》），風霜與遊（上）。不見異人，搜以帳中之秘（袁山松書）；猶之奴子，愧以六籍之謀（《賈氏語④録》）。無爲古今以差殺（《〔論衡·〕超奇》），無隨傯俗以雜謬（《論衡》）。尺璧寸陰，有深志士之大痛（《典略》）；筳鐘蠡海，庸事賓客之仇讐（《金樓》）。百金莫償（蘇子），一見數奇（《史》）。分知四庫（貞觀），恨不同時（《論衡》）。傳矣無重醬瓶之誚（揚子雲），行耶莫易馴馬之貲（《北史》）。户牖分各置（抱⑤），涇渭分奚爲（《素⑥書》）。廣招文學之朝，疏十餘事而何必相高徧略（《梁書》）；運行⑦天寶之役，依一二字而乃致相詰興嗣（《黄氏語録》）。書誠快耶，《昌言》《新論》之所遭，無須終恨（《抱》）；疑可存耶，《新語》《寓言》之所及，應否相知（《新論序》）。素王之業，素相之事，意指從尋其會（《〔論衡·〕超

---

① "録"當作"衡"，見《論衡·自紀》。
② "遵之"當作"之遵"，"房標"當作"孝標"。
③ "燕"當作"藝"，見劉孝標《答劉之遵借類苑書》。
④ 《天中記》卷三七"語"作"談"。
⑤ "抱"未詳，見《後漢書·王充傳》。
⑥ "素"當作"案"，見《論衡·案書》。
⑦ 崇禎本"行"作"應"。

奇》）；富故剩有其金，貴故得懸于市，畏忌那重于時（呂①）。夫然罷楚
而趨，僅副千金之劍（《符子》）；如何劫運相值，長憐一角之犀（《抱》）。
夫文多勝寡，財富愈貧。世無一卷，吾有百篇；人無一字，吾有萬言。
身與草木俱朽，名與日月並彰。行與孔子比窮，文與揚雄爲雙（《荀末
篇②》）。世俗聞則貴而見則賤，古則高而今則下，如今山不及古山之高，
今海不及古海之廣，今日不及古日之熱，今月不及古月之朗。哀哉！
《金樓子》曰：予嘗切齒淮南、不韋之書謂爲賓客所制，每至著述之間不
令賓客窺之也，是亦余之私也。

書籍

蘇子瞻云：象犀珠玉珍怪之物，有悦于人之耳目而不適于用；金石
草木絲麻五穀，有適于用，而用之則敝，取之則竭。悦于人之耳目，用
之不敝，取之不竭，賢不肖之所得各因其才，仁智之所見各隨其分，才
分不同而求無不獲者，惟書乎。噫，知言哉。處則充棟，出則汗牛
（表）。牙籤錦軸之美（《雜記》），金匱石室之休（葉正則《藏書記》）。掌
自蘭臺，其任乃重（《百官表》）；付之梓氏，其用乃盈（《聞見録》）。通
知庫監（貞觀），自署唧名（《肆考》）。藏以二酉（《荊門③》），取何六丁
（異人）。則夫相延廣舍（宋曹誠），並揭油黃（張伯玉《六經〔閣〕記》）。
或積聚于累世（梁），或招求于四方（《鑑》）。襃帙從看，寧計斗斛偶縮
（《魏志》）；手口不輟，曾否寢食俱忘（李彪）。麟士有充十篋（《齊書》），
惠施無少五車（本事）。笈以負之邴原（本傳），篋每溢之張華（《晉書》）。
天授異才，誰爲中郎之與（王充）；風流罪過，縣來子義之嗟（《郎基
傳》）。至若投贄有日（《唐餘録》），課紙多忙（袁竣）。似甘乞行（《却掃
編》），勿靳褰裳（孝標）。倩則假之大姓（《〔西京〕雜記》），表則啓之

---

① “呂”未詳，見《論衡·自紀》。
② “《荀末篇》”未詳，見王充《論衡·自紀》。
③ 《太平御覽》卷四九“荊門”作“荊州記”。

君王(皇甫謐)。輯壞稱善(《笠澤叢書》)，刊謬皆良(王攸)。訂僞訛于正史(歐陽)，副補缺于名山(本傳)。不必權勢與仰(蔡亮)，何事寔從同删(《五代史·田公正》[①])。夫較如掃葉(《筆談》)，誤若渡河(《韻海》)。朋字未正(《明皇雜録》)，太乙下過(《拾遺》)。余憐取定以沈約(劉彦和)，資藉以洛陽(王充)。尤嗔脩贊者見後(《〔唐〕[②]餘録》)，貧交者相戒(陶梁)。蓋借亦踏二瓻之誚(《藝苑雌黄》)，況售以重不孝之傷(杜暹)。授秩者不可復見(《後漢》)，興後者殊足高張(丁度)。余歷指往代，痛恨秦火之烈(《史》)，悔遲漢律之除(《鑑》)。快建藏求遺之舉(武帝)，嘉選集募獻之餘(《後漢書》)。校之白虎(明帝)，緘之秘書(《藝文》)。朱紫有别(志)，甲乙無虚(李充)。何入郢而江陵之典籍爲燼(《梁紀》)，浮舟而東都之卷帙已魚(王世充)。至唐而監求天下所藏(《唐紀》)，借録民間未見(《玄宗實録》)。讎校皆爲名儒(《鑑》)，集脩且爲官院(《官制考》)。甚則搆以千錢之償(元載)，使以江淮之編(上)。至宋幸有荆南之平(《鑑》)，江南之獻(上)。崇文用改(《文獻通考》)，秘閣斯建(上)。何屢求以熙寧，而無奈靖康之變(《鑑》)；覓輯于南渡，而隨爭帆海之喑(《高宗實録》)。余故有説焉，陸賈秦之巨儒也，酈食其秦之儒生也，叔孫通于秦時以文學待詔博士，則秦未嘗不用儒生也。蕭何入咸陽，收秦律令圖書，則秦亦未嘗無書籍也。馬端臨曰：秦火焚書而書存，諸儒窮經而書亡。余曰：吾曹莫恨咸陽焰，請讀焚來以後書。噫嘻！共君一夜話，勝讀十年書(唐思彦)。早知窮達有命，恨不十年讀書(沈攸之)。伊何人哉，俟而語言無味(山谷與人書)，俟而襟裾非宜(記)。豈無三餘可惜(《三國志注》)。乃廿一事不知(陶弘景)。故余欲使來者知昔之君子見書之難，而今之學者有書不讀爲可惜也(蘇子瞻《李氏山房〔藏書〕記》)。

---

① "《五代史·田公正》"誤，見《舊唐書·田弘正傳》。

② 據《天中記》卷三八補"唐"字。

詩

在心爲志，發言爲詩；嗟歎不足，故詠歌之(《詩大序》)。斯以聲律爲竅，物象爲骨，意格爲髓(梅聖俞文)；而且隨波逐浪，截斷衆流，函蓋乾坤(《石林詩話》)。考其八病，如蜂腰鶴膝(李淑《詩苑》)；究其八對，如叠韻雙聲(上)。有葫蘆轆轤進退之格(《湘素雜記》)，有拗句折句促句之名(《禁臠詩話》)。甚則平入爲偏，仄入爲正；至令蹉對倒用，假對順門(《筆談》)。如是形容俱在(《童蒙訓》)，體用並存(《冷齋夜話》)。遡厥所始，《卿雲》之頌，《南風》之吟，楚謠"名余曰正則"(《騷》)，夏歌"鬱陶乎予心"(詩)，河梁五言之目(《事文》)，栢臺七言以成(《詩話》)。迨至西漢競爽，東京主盟。曹公父子之篤好，平原兄弟之齊鳴(並《詩品》)。不襲建安之風，潘陸齊軌；遂革太元①之氣，顏謝同聲(《三國典略》)。擬之者曰如求寶于玉匣(《郡國閒談》)，如探珠于驪龍(《唐書》)。既似落花飛草，又似迴雪流風(《白傳》)。窮其妙，月脇可出，天心可穿(皇甫湜序)；摹其景，藍田日煖，良玉生烟(《一集》)。其布置也，如官府甲第，廳堂房屋之有定(《苕讀詩飲》)；其搜奇也，則虫魚草木，風烟鳥獸之所偏(歐陽永叔《梅氏詩序》)。杜牧之曰：雲烟錦聯不足爲其態也，水之迢迢不足爲其情也，春之盎盎不足爲其和也，月②之明潔不足爲其格也，風檣陣馬不足爲其勇也，瓦棺篆鼎不足爲其古也，時花美女不足爲其色也，荒國陊殿、梗莽丘隴不足爲其怨恨悲愁也，鯨呿鰲擲、牛鬼蛇神不足爲虛荒誕幻也。有是哉，語必驚人(杜)，思必通天(李陽冰序)。必擅塲于公讌(《國史補》)，必競寫于民間(謝靈運)。鼓吹來思(進通③)，華綺相形(《詩覽》)。比芙蓉以初出(《南史》)，似牡丹以宿醒④(《玉壺清話》)。力得于江山之助(《張説

---

① 《太平御覽》卷五八六"元"作"初"。邢劭《蕭仁祖集序》"元"作"原"。
② 杜牧《李賀集序》"月"作"秋"。
③ "進通"誤，見《天中記》卷三七引《俗説》。
④ 《玉壺清話》"醒"作"醉"。

傳》），護持由神物之靈（《劉禹錫傳》）。別見孝弟之性（《世説》），致規雅正之音（《虞世南傳》）。其造化作敵（李陽冰序），寧兒女情深（《詩話》）。欲以全名，試看笙歌鼎沸（《唐紀》）；于焉致略，緜傳圖繪宗彝（《唐書・李益》）。句就吳楓，故所見之不逮（《崔信明傳》）；韻成繡虎，乃自怨之有時（《尚書故實》）。然則多虞口臭（《談藪》），直對耳聾（《南唐近事》）。恨長鬢之未騁（《詩品》），戒小犯之無從（沈約《野史》）。市賈分若輩（《白集》），頓叫耶欲狂（《摭言》）。隱隱有色（《芸曳詩話》），藹藹生香（《肆考》）。髮憑轉黑（老杜），鬚故垂長（盧延慶詩）。如是曰仙（《李白傳》），曰聖（《朱語録》），曰入室（《詩品》），曰升堂（《詩品》）。毋女子之弄粉（《詩話》），毋矮人之觀場（《朱語録》）。毋亂以屠沽之輩（《郡閣閒談》），毋雜以文褓之行（山谷）。説富貴而涎出（《朱語録》），言酒色而識芒（《王荆公集四家譜》）。韻得當于競病（《南史・曹景宗》），語險絶于印黃（《談藪》）。則又有三者可得而言乎：不才明主見棄（孟浩然），多才妻子不容（《〔顏氏〕家訓》）；玄都之稱薄行（本傳），西臺之發幽夢（《家語録》）；庭草無人兮生忌（《隋唐嘉話》），空梁落燕兮鮮終（《國朝傳信》），如是者詩之窮。幕府有會（王欽若），御屏幾隆（楊徽之）；載讀西江之詠（《馮定傳》），先奪錦袍之封（《卓異記》）；將以栢梁上座（《詩話》），蘭陵追蹤（《元稹傳》）；豈不賞高縑帛（《唐》），祠立像銅（《唐書》①），如是者詩之通。又有朝官不逮（張衡），玉局有終（《蘇集》）；翻天日渺（東坡），過山萬重（寇萊公）；竟天涯以望斷（李覯），隨野渡以相逢（《典略》）；坐是于鳳凰鸚鵡（王元之②），有志于鹽虎玉龍（韓魏公），如是者詩識之同。是詩也，戒數病（李淑論詩），忌三偷（上），無須怨刺（《後山叢談》），第美溫柔（楊龜山）。快老嫗以索解（《墨客揮犀》），任小胥以雜抄（老杜）。間唐突于京尹（賈島），或驚走于山樵（周朴）。于以鎮浮靡（陸象先），訂是非（真西山）。有鬼才而言不相列（宋景文評），無僧字而格已從卑（鄭谷詩）。窺其意鋭而才弱（《詩

---

① "《唐書》"未詳，見《唐摭言》李洞事。
② "王元之"未詳，疑即元稹《寄贈薛濤》："言語巧偷鸚鵡舌，文章分得鳳凰毛。"

品》），嗟其才秀而人微（上）。每言輒佳，因文字以別其難易（韓）；無字不善，率時名以假其從違（《南史》）。境與時通，行到坐看之聯，無妨取入（《國史補》）；才餘思發，野水孤舟之詠，已卜奮飛（寇準）。月夜靈隱之遊，訝遲老衲（宋之問）；庭前解縛之舉，浸假房幃（《隋唐嘉話》）。地以輞川，人以裴迪，酬和其能已已（王維）；悔悟而回，逡巡而待，交好庸事依依（唐王貞白）。小杜不愧（《悦生堂①抄》），短李無嘲（李紳）。足任"詩史"（本傳），莫負"詩豪"（上）。饒詩窖而稱富（《後史補》②），廣詩筒以類招（《林逋集注》）。恨"詩魔"之未去（白〔居易〕），苦詩債之難逃（齊無己詩）。豈不燃吟爲苦（崔浩），推敲自勞（《嘉話》）；豈不壓倒元白（本傳），嗔視劉曹（《元稹集》）。斗酒作客（《〔飲中〕八仙歌》），美景逢人（詩）。誰織秋浦（齊無己詩）而搜春卉（韓退之詩），誰揮金玉（上）而泣鬼神（太白）。禁省觀苑墙壁之上無不書，王公妾婦牛童馬走之口無不適③。至于繕寫模勒，衒賣于市井，或持之以交酒茗者處處皆是，又何怪其讖④艷不逞，非莊人雅士，多爲其所破壞。子父女母，交口教授，淫言媟語，冬寒夏熱，入人肌骨，不可除去也哉（杜牧《李戡〔墓〕誌〔銘〕》）。

賦

賦者，古詩之流也（摯虞論）。《傳》曰：登高而賦，可以爲大夫。迨周道寢壞，聘問歌詠不行于列國，學《詩》之士逸在布衣，而賢人失志之賦作矣，悲哉（《漢書》）。屈原罹讒，猶存惻隱古詩之意；枚乘競起，乃多侈麗荒唐之詞（《漢》）。故曰：詩人之賦麗以則，詞人之賦麗以淫（上）。又曰合綦組以成文，列錦繡而爲質。一經一緯，一宮一商，此賦

---

① "堂"當作"隨"，見《悦生隨抄》。
② "《後史補》"未詳，見《十國春秋·王仁裕傳》："生平作詩滿萬首，蜀人呼曰'詩窖子'。"
③ "適"當作"道"，見元稹《〈白氏長慶集〉序》。
④ "讖"當作"纖"，見杜牧《李戡墓誌銘》。

之迹也（相如云）。嗟乎！倏而溷厠，倏而門庭，歷十年始得（《三都賦》）；忽然如睡，忽然而興，更百日後成（《〔西京〕雜記》）。非後人世而來，莫測變化所至（上）；斯亦神人與助，還顧寢夢而驚（《閩川名士傳》）。如是有結彩鏖金之狀（史），有浮艷漂淫之形（典①）。飄飄然凌雲之氣（相如），鏗鏗然擲地之聲（孫綽）。都城爲之紙貴（《世説》），長門奉之金篆（賦）。小巫之神氣已盡（《吳志》），傖父之撫掌與幷（《世説》）。而不見文字從分，杳作淚以成讖（《因話》）；精思太劇，夢出臟以相攪（《新論》）。較量于無我無卿之間，相雄江左（《宋書》）；求易于卿遲我速之際，狂掩聖明（《漢武故事》）。若乃托名姓以相傳，貴者以耳（《〔西京〕雜記》）；爲親知而長價，定有其衡（《世説》）。恨不同時，非媒狗監之合（《漢書》）；因之自況，多誇豪士之聲（陸士衡）。則夫某也賦席，某也賦弩（《文士傳》），某也大言，某也小言（《選》）。諸子趨登，其誰援筆而就（《魏志》）；佳賓朋集，會看授簡以前（《文士傳》）。鐵硯欲穿，志有寫于扶桑（《五代史》）；石腸不改，興有發于梅顛（宋廣平）。吾不知漯瀆貴幸之儔，類倡優而自悔（《漢書》）；即劇秦美新之作，愧壯夫以無顏（《顏氏家訓》）。於以染翰，則潘岳悲秋之會（《秋興賦序》）；因思大道，則桓譚感舊之班（《後漢》）。黃衣夢杳（《〔西京〕雜記》），王佐才憐（張華）。其升堂入室于孔門也（《漢書》），抑吹之噓之以上天乎（詩）。義理綜錯，詞綵布分。青出于藍，後增華于風雅；冰生于水，初變本于典墳（白居易賦）。茹古氏曰：鑄鼎象物（徐爰賦），披沙揀金（柳子厚書）。洞簫之有遠韻（王褒），長笛之有清音（馬融）。鵁鶄欲寄（張華），鸚鵡相尋（禰衡）。第以抱恨怨別（江淹），且或《喜霽》《愁霖》（思王）。哀以江南（庾信），擬可二京（張衡）。歎彼逝者（陸士衡），感此秋聲（劉禹錫）。若夢以渴（何諷），或逐以貧（韓②）。夫亦從含元（李華）景福（何平叔）之中，相任揮洒；況復與洞庭（沈充）赤壁（東坡）之勝，那事逡巡。賦之哉。

---

① "典"未詳，見杜摯《笳賦》："或漂淫以輕浮，或遲重以沉滯。"
② "韓"當作"揚"，揚雄有《逐貧賦》，韓愈有《送窮文》。

書法

　　玄洛起居，蒼頡剖竅(庾肩吾《評①序》)；六藝歸源②，八體宣妙(虞和表)。斯以心經于則，目像其容；手以心麾，毫以手從(王僧虔賦)。寢興于西京曹魏之際，極至于晉宋隋唐之間(《濰溪讀書序》)。吾觀《書評》而技癢(《賓退錄》)，覘《略論》而訂删(苑)。類出繭之蛾，分行紙上；似聞琴之鶴，結畫篇中。峰萼間起，瓊山慙其歛露；漪瀾遞振，碧海愧其下風(庾肩吾《略論》)。其真者如奔馬，如朶鈎。波撇平匀，如碧海之風微；拂掠輕重，如晴天之雲浮(虞世南《筆髓》)。其行者頓挫磅薄，若猿獸③搏噬；進退鈎鉅，若秋鷹迅擊。容曳而來往，如長空之結絲；勁實而後虛，似蟲網之絡壁(上)。其草者發輪摛藻④，如春華之楊枝；捏管縱體，如美女之長眉。滑澤淆易，如長流之分陂；骨硬强壯，如柱礎之下基。斷除窮盡，如工匠之畫規；芒角吟牙，如寒霜之傅枝(《書苑〔精華〕》)。則又有筆法之雄健，烟飛霧疎，結而復密；鳳翥龍蟠，直而若斜。筆體之和暖，行行若縈春蚓，字字如縮秋蛇。雅麗則釵頭出玉，鼎足垂金；俊拔則行間潤玉，字裏生金(《書苑〔精華〕》)。如是某得其筋(衛瓘)，某得其骨(索靖)，某失之瘦(懷素)，某失之肥(張長史)。真生行，行生草，未可凌躐而到(《志林》)；飛而不白，白而不飛，要亦斟酌以幾(梁武帝謂子雲)。槩其八訣(《書苑〔精華〕》)，考其六文⑤(《周禮》)，三體有屬(《志林》)，三品攸分(《書斷》)。誰爲聖(《四書體勢》)，誰爲賢(《書斷》)，遠垂百代之法戒(張安國)，播廣海

---

① "評"當作"品"，庾肩吾《書品序》"起居"作"起名"。
② "源"當作"善"，見虞龢《上明帝論書表》。
③ 虞世南《筆髓》"磅薄"作"盤礴"，"猿獸"作"猛獸"。
④ 《書苑精華》引楊泉《草書賦》"發輪摛藻"作"發翰擴藻"，下"捏管"作"提墨"，"骨硬"作"骨梗"。
⑤ "文"疑作"藝"，見《周禮·地官·司徒》："三曰六藝：禮、樂、射、御、書、數。"

外之流傳(《蕭子雲傳》)。説者曰：無意于佳而佳自足(蘇子瞻評楊少保)。又曰：當使指運而腕不知(《筆説》)。求之部位之間，相期中度(黃魯直論"用筆之法")；得之醜拙之處，曷以冒欺(黃魯直論"肥瘦貴得其平")。自成一家，毋爲優孟抵掌(黃魯直)；豈誠不韻，致煩老嫗攢眉(《法苑》)。自昔擬之，如散僧入聖(楊少師)，如法師參禪(李西臺)。如深山之道士，見人便縮(袁崇①)；如王謝之子弟，風味多翩(王僧虔)。如抱道足學者，馹馬高車而橫斜如意(張安國評山谷)；如佩玉廟堂者，騎驢荒野而進退從便(楊廷秀《跋半山老人》)。然則如怒猊之抉石，渴驥之奔泉也(司空圖《書屏記》)；如驚蛇之入草，飛鳥之出林歟(張旭)。無爲新婦扮粧，徒憐點綴(黃魯直《李致完②乞書卷後》)；毋事漢武好道，侈慕冲虛(張芝)。余憐王逸少之爲人瀟洒風流，第以書掩(《〔顏氏〕家訓》)；致笑蔡君謨之潤筆清而不俗，但少餿餘(《歸田錄》)。怪從降于天台，精明相攝(羊歆《筆陣圖》)；驚所得于石室，叫喜誠偏(羊歆《書法》)。會稽之山，一仙人披雲而下(《筆髓》)；碧落之觀，二道士挈囊而前(《洛中紀異》)。蓋其業精植柿(記)，志先畫塵(《南史》)。學之池盡黑(衛傳③)，退之塚已神(《要錄》)。埜帚兮揮洒(《書斷》)，轆轤兮翩翻(魏明帝、韋誕)。折荆釵之股(《廣川書跋》)，留屋漏之痕(《法苑》)。即以寢卧于下(《國史補》)，委宿于旁(《異纂》)。懸之帳下(梁鵠)，綴之衣裳(《纂異》)。淮南之障屏得似(《書斷》)，苟勖之寶劍以將(《世説》)。有狡兔之夜哭(《淮》)，有飛鳥之高翔(《陳書》)。勿值霜深筆冷之候(李陽冰《上李少保書》)，幸當手和墨調之良(《纂異》)。工于女子(《續書斷》)，主以宮嬪(《書評》)。頹然多得于醉後(石延年)，欣然想見其爲人(《吳書》)。事譏田舍(《倦游錄》)，語塞賊臣(《朱語錄》)。道士之鵝歡持以去(羲之)，小兒之鶩屬厭乃頻(《晉書》)。則又有僧虔之第一(本傳)，子敬之齊名(《天中》)。百字環縈若

①　袁昂《古今書評》"崇"作"崧"。
②　"完"當作"堯"。
③　"衛傳"未詳，見《晉書·王羲之傳》。

一(《續鈔》)，隔行氣脉相并(《法書苑》)。大之方丈可逞(《決錄》)，小之麻粒以森(《江南野史》)。無精筆墨(《舊唐》)，不盡摹臨(黃山谷云)。篤姻盟而工模範(《語林》)，指衰德而謝逡巡(《王獻之傳》)。遇簿領而恪然起敬(《舊唐》)，工小人而率爾亂真(張翼)。懊驚削几(王羲之)，快賞搆亭(《國史補》)。發石函兮若寄(《南唐〔書〕》)，書幅練兮以醒(羲之)。覽勝題遊，多詹詹於吟詠(《洛陽舊聞》)；相需謝狀，勿拘拘以真行(《舊唐》)。盡子弟之孝思，相尋碑誌(《書斷》)；憶生前之寶惜，與俱昭陵(《尚書故實》)。魏德非常，任語懸橙故事(宋明帝《文章志》)；君恩以及，何妨辭輦同情(《〔尚書〕故實》)。鑒償在途，語移時而事多不韻(《劉賓客嘉話》)；呈擾有狀，詰僻嗜而法備絕精(《幽閒鼓吹》)。然則喜怒窘窮、憂悲愉佚、怨恨思慕、醉酣無聊之狀，皆自其中流出；而于山川峰谷、鳥獸虫魚、風雷水火、歌舞戰鬥，那不因事相稱(韓愈《送高閑上人》)。獨兵火消沉，委之山峰墟莽，時多散逸(《集古錄序》)；奈國禁嚴密，求之弔喪問疾，久矣無徵(評法帖)。茹古氏曰：流涕何出(《筆陣圖》)，嘔血與濺(《墨藪》)。飛帛三百點，俱窮其致(宋仁宗)；禿筆十八瓮，且歷有年(智永)。掣肘寓意于單父(《呂氏春秋》)，正心雅切于公權(史)。開溫公卷，邪闢之心都盡(范至能跋)；藏東坡帖，忠義之氣滿烟(欽夫)。斯書也，于天地山川，得方圓流峙之常；于日月星辰，得經緯昭回之度；于雲霧①草木，得霏布滋蔓之容；于文物衣冠，得進退周旋之體；于眉目口鼻，得喜怒慘舒之態；于虫魚鳥獸，得屈伸飛躍之理；于骨角齒牙，得拉撮嗚咽之勢(李陽冰論書)。而極之變格難儔也，或體皆正直，有忠臣烈士之像；或其容憔悴，有孝子順孫之象；或迹遠趣高，有拔俗抱素之象；或姿儀雅麗，有矜莊嚴肅②之象(郭忠恕《書法苑》)。書札細事，于人之德性其相關如此者，余于此竊有感矣。

---

① 《天中記》卷三八"霧"作"霞"。
② 《識小錄》"矜莊嚴肅"作"美女花神"。

第十六卷

都邑

王者受命(《〔五經〕①要義》)，體國經野(《天官》)。其搤吭②扴背之雄哉(《史‧〔劉敬〕傳》)，抑龍蟠虎踞之勢也(西都③)。顧天地之所合也，四時之所交也，風雨之所會也，陰陽之所和也(《周禮‧地官》)，于以求之王氣(志)，紀其上游(前傳)。高大以丘，非有關于人力(《風俗》)；規方以甸，會有宅于神州(王嬰《古今通論》)。大湊如彼(《〔逸〕周書》)，內史誰行(志)。將建瓶④以百二(《前紀》)，庸吞舟以汙潢(《後漢》)。蓋度夫勢大而威遠，勢小而威近(《通典》)；再考夫囂浮而輕巧，狠戾而愎彊(《唐書》)。聖武龍興，豈慮寇入長安，貽百世之笑柄(《〔通鑑‧〕唐紀》)；戶口蟻聚，盍試冊深根蒂，成中都之草創(《通典》)。若乃涿薊滎陽溫軹陽翟之間，形勢具在(《鹽〔鐵論〕》)；澗水東瀍水西之上，卜兆以當(《書》)。歷記偃師，浮言之所莫惑(上)；請從西督，童謠之所浸漫(《晉記⑤》)。妖自宮中，則破木之衝故不可以久處(隋文帝)；狩從北去，彼南渡之象曾何賴于偏安(宋)。賦蜀都者曰銅梁

---

① 據《天中記》卷十三補"五經"二字。
② 《史記‧劉敬列傳》"吭"作"亢"。
③ "西都"未詳，見《天中記》卷七："諸葛亮謂吳大帝曰：'秣陵地形，鍾山龍蟠，石城虎踞，真帝王所都也。"
④ "瓶"當作"瓶"，見《天中記》卷十三引《建東都詔》曰："朕聞踐華固德，百二稱乎建瓶；卜洛歸仁，七百崇乎定鼎。"
⑤ "記"疑作"紀"。

金臺①、火井龍湫(揚雄賦);賦吳都者曰龍盤鍾嶺、虎踞石頭(《吳〔錄〕②》)。賦關中者曰弱則内保一方,强則外制東夏,田里上腴,天下之半(陸宣公《關中事宜疏》);賦洛③都者曰蜀險漢坌,荆惑閩鄙,日月所會,天地之中(周邦彦賦)。嗚呼!緊金陵之僻在東南,控御不及;比洛陽之受敵,四面用武。已非三案重圍,鸞鳳峙而蛟龍走;九河歸宿,浴日月而浸乾坤。蓋于禹爲冀,于虞爲幽,雲中之發脉既遠;即抵以居庸,抵以古北,狄人之長索有存(《古今私評》)。蘇秦云"天府之國",杜牧云"王不得不可以爲王"。百代不易,萬國朝宗(《舊唐》),休哉。

州郡縣

夫辨封域而知妖祥也(《天文》),立銅柱以表漢界也(《廣記》)。則星台之所區異(《元命苞》),豈水泉之所攸同乎(《河圖》)。余讀《禹貢》九州,迨漢武帝開拓三方,通并梁之數而加益(《物理論》),所謂"黄帝以來德不及遠"者妄也(《周禮疏》)。春秋時郡屬于縣,戰國時縣屬于郡,所謂自秦用李斯議,分天下爲三十六郡者,又何習其讀而不察乎?有取專權,君臣之禮彌竣(《十三州記》);相因用法,曲直之象無虧(上)。其錯壤以處分,犬牙相制(西京④);若儉地以增損,雄望等差(《郡國志》)。車書與共,聲教與齊,籍不考方域、審形勢,而欲情窮載籍,掀談時務,顧不鄙哉。國勢一統,故增損時定,土宇分裂則得失不常:爲梁一也,有南有大有少焉;爲蔡一也,有新有上有下焉。三齊三楚三蜀三吳,取名列宿,則曰營曰婺;率尋姓氏,則爲姚爲蒙。以至地列荆揚,中分陝右,青齊沃壤,復號秦東(東坡《指掌》)。治形則亂

---

① 揚雄《蜀都賦》"臺"作"堂"。
② 據《天中記》卷十三補"録"。
③ "洛"當作"汴",見周邦彦《汴都賦》。
④ "西京"未詳,見《史記·孝文帝本紀》:"高帝封王子弟,地犬牙相制。"

弭，泰萌而否消。猶之重明麗而妖氛消，洊雷作而群德悚。王者大一統，四海皆狹臣。巍巍乎盛德大業，將底千億萬斯年之永，豈不偉歟（上《總論》）。

城

檈自處士東里槐責禹亂天下，禹退作三城，强者攻，弱者守，敵者戰，城郭皆禹始也。《吳越春秋》堯用鯀脩水，乃築城以衛君，造郭以守民，此又始之始乎。取像粉堞（《增韻》），流覽女墙（《什名》）。巍峩百仞（《白虎通》），睥睨非常（《什名》）。而不見分財用，平板幹，稱畚築，程土物，議遠邇，略基址，具餱糧（《〔左·〕宣十〔一〕》）。何以因山，地形兮險固（《丹陽記》）；何以蒸土，將作兮徬徨（《晉·載記》）。其勞民以皆譏，能無動念（《左》）；儻恃惡而不備，自取覆亡（《左》）。余聽《睢陽》之曲（《太康〔地〕①記》），考《大畜》之占（《新唐》），于斗得其形似（《黃圖》），于月却其再三（《荆州記》）。飛鳥兮有意（郭璞記），騫鶴兮偶然（《城塚記》）。云何而馬走（《搜神》），而龜旋（《寰宇》），而一鵠之徘徊竟日（《虞氏記》），而五羊之奔逸摩天（《寰宇》）。金埇兮玉璧，白帝兮錦官（並《肆考》）。看芙蓉之佳艷（蜀），聽鼓吹之喧歡（《水經注》）。私一夜而忘②去（《博物志》），絕九重而高騫（《杜審言傳》）。豈不六合通其神力③（《隋·何稠傳》），百代極其亘綿（《管》）。夫杖我以義（《唐書》），受敵以降（《張仁愿傳》）。天奉有請（《唐書》），鬼主多忙（《古今詩話》）。天雨黃金，殊有當于麗質（《述異》）；人衣葦席，聊可足于江乘（《晉記④》）。求丁壯于女流，群賊遁走（《晉書》）；清蠹奸于小吏，厚利馮陵（《舊唐》）。自昔霸形，歷百代而績著（《管子》）；世有道

---

① 據《天中記》卷十三補"地"字。
② "忘"當作"亡"。
③ 《隋書·何稠傳》"力"作"功"。
④ "記"當作"紀"，見《天中記》卷十三引干寶《晉紀》。

濟，袞萬里以聲稱(《〔南〕史》)。所以孤懸樓櫓(《馬燧傳》)，夙繕隍陴(張建封)。入壁而深澗①(《漢高紀》)，深溝而高壘(《左》②)。蒼煙古樹(《吳城賦》)，斷岸長雲(《蕪城賦》)。負以白石(《上元志》)，織何錦文(《玉臺記》)。較量于千雉百雉五十雉之別(《五經異〔義〕》)，試思以父兄法度輔翼守扞之群(《漢書》)。乃若列炬鳴珂，相臣兮未至(《〔唐國〕史補》)；登壇持捧，法衆兮追隨(《法華》)。絶代佳人，不堪再顧(《外戚傳》)；五言詞客，直擣偏師(劉〔長卿〕)。望磯頭而下泣(《南史》)，役龍首以相狗(《三秦記》)。其何疑東萊之不夜(《地理志》)，五鳳之皆春(王維詩)。余有説焉，太山西北有長城，緣河徑太山千餘里至瑯琊入海(《太山郡記》)，齊宣王乘山嶺之上，筑長城，東至海，西至濟洲，千餘里以備楚(《齊記》)。唐劉貺云：關③塞之上名古長城，未知起自何代(《通典》二百)，則長城之築固非止于始皇也，而邊防之利萬世且永賴焉。儒書之劇秦者，率以是爲言，惡居下流，始皇以之矣。功過相準耳，學者類習，非哉。

鄉

　　孔子云："吾觀于鄉，而知王道之易也。"(《〔禮〕記·鄉飲酒》)竊有感于鄉矣。古者五十家爲一里，萬二千五百家爲一鄉，鄉二百五十里之積也(《説文》)。漢十里一亭，十亭一鄉，迨唐以百户爲里，五里爲鄉，里係于鄉，豈盡秦破壞先王之法哉(《輿地提綱》)。考其三物(《周禮》)，究彼三朋(《通鑑外紀》)，立枌榆之社(《漢紀》)，篤桑梓之盟(詩)。校則與遊，公善惡兮得當(《左》)；飲自有義，至尊貴兮高

————————

① "澗"當作"塹"，見《漢書·高帝紀》。
② "《左》"疑誤，見《史記·淮陰侯列傳》："足下深溝高壘堅營，勿與戰。"
③ 杜佑《通典》卷二百"關"作"朔"。

名(《〔禮〕記》)。居廉讓之間，請從南海(范栢年)；老溫柔之境，那問白雲(武帝)。說美峴山，成冠蓋之列(《襄陽記》)；還思桐邑，挹香火之芬(《朱邑傳》)。所以善宰(史)，所以渡關(班超)。曾豐約與共(《晉中興書》)，豈劬窳居間(《新書》)。倘鑿井而得銅(龐公)，探樹而得環(《羊祜傳》)。盍不持斗酒相勞(《漢本紀》)，而叱阿堵以還(魯肅)。夫佩印有日(《蘇季子傳》)，杖節可幾(董徵)。白馬承其異數(魏元忠)，銀邸誇其餘輝(楊僕)。操楚音(《左》)，弄越吟(莊舄)，《禮》不云乎"樂所生"(《檀弓》)，《詩》亦有之"胡不歸"(《詩》)。琵琶響逸(傅〔玄〕序)，胡笳聽非(劉〔琨〕)。東頭之竹篠①在望(《語林》)，秋時之蓴菜偶肥(張〔翰〕)。萬戶乘傳，非快恩仇于故吏(《朱買臣傳》)；里門負矢，那恣豔冶于王孫(《志林》)。縱爾齊名，每月輒更其題品(東觀)；遂成終日，比隣那盡其壺飧(晉陶侃)。賦就《子虛》，恨不同時之歎(《漢書》)；居連洛水，天涯與共之思(《聞見錄》)。犬馬連年，顧乞骨其有願(貢禹)；雞豚卒歲，幸促膝以解頤(司空圖)。高堂有駒(孟)，闕里吾師(《續晉陽秋》)。懷此通德(本漢)，感及偷兒(《孔帖》)。看庭槐之忽茂(《北史》)，美若樗之經時(《史記》)。欲因乎條山之歷歷(柳子厚書)，每慨于秋草之離離(楊錫)。舉笏知名，時多叔向祁奚之雅(韋貫之)；推轂得當，詎忘大夫公叔之遺(《世說》許允)。得擢巍科，前此僑寓滑臺，未識其面(《五代》)；列張軒蓋，就此趨陪相府，具美其儀(張佳禎②)。乃若往哭深井(史)，躋美居巢(《孔帖》)。朝歌不入(墨)，勝母相遭(曾子)。何似而居穢(劉繪)，應否以名豪(《六帖》)。王彥方之懿行，畏壘而反(《漢》)；任子旟之宿德，類聚以譚(《魏〔志〕》)。干木隱而西河美，李陵降而隴西慙(《唐登科記》)，斯以擅達尊于天下也乎。

---

① 裴啟《語林》"篠"作"筱"。
② "佳禎"當作"嘉貞"，見《新唐書·張嘉祐傳》。

市

蓋自高陽氏之衰也，而祝融脩之，可謂曰市矣(《古史考》)。大都畝井取義(《風俗通》)，貿易相居(上)。通闤而帶闠(《黃圖》)，朝滿而夕虛(《青箱雜記》)。次之以筐以莒，或倚或垂(李資①翁《資暇集》)；禁之珪璋琮璧，秬鬯牲犠(《家語》)。胡盧瑣子供其語柄(《西京記》)，咳唾冷熱助其談資(《青箱〔雜記〕》)。將無從貝闕珠宮以成幻(志)，其何必銀甖金鵐以傳奇(《三秦》)。衣稅食租，非多計成之籌畫(《食貨志》)；貪三廉五，乃供狙②儈之參差(《前·貨殖傳》)。驕語花簪，揚州之拂旦如是(《藝文類聚》)；伊憐燈火，東京之值夜有期(《續韻府》)。備歷清華，不堪作令(《〔南部〕新書》)；從教高隱，故爾知名(《後漢》)。副以豪俠之行(萬章)，介此屠沽之盟(聶政)。其懸一字千金之賞(《呂〔不韋列傳〕》)，其銜眾人國士之恩(豫讓)。乃若朝夕以利(婁③)，南北具存(《黃圖》)。侯嬴之以虛左(《史》)，田文之以處屯(《高士傳》)。指斥宮輿，白望兮莫償(《唐書》)；勝誇異域，卻直兮相驚(《西京記》)。樽鼎杳紛，惟憐羨門之舞(《吳越春秋》)；風雨曈晦，時停街鼓之聲(《〔輦下〕歲時記》)。僧珍兄子，勿販蔥以失業(《南史》)；長安富氏，其剟糞以利資(《僉載》)。市販屠酤，錄事任而將鬪(《南史》)；盤玲傀儡，小馴跨而聊爲(《劉禹錫嘉話》)。青羊尋之令喜(《蜀本紀》)，犢鼻著之相如(本傳)。擊筑之以漸離(《〔史〕記》)，吹篪之以子胥(《吳越春秋》)。自成都以賣卜(〔嚴〕君平)，從會稽以埋名(《漢》)。洛陽之書肆無主(《後漢》)，長安之錢券靡爭(《新〔唐〕書》)。余憐韓娥之鬻歌，不堪入聽(《韓非子》④)；因笑龜茲之権利，是否留餘(《新〔唐

---

① "資"當作"濟"。
② "狙"當作"駔"，見《漢書·貨殖傳》。
③ "婁"疑作"晏"，見《左傳·昭公三年》："初，景公欲更晏子之宅，曰：'子之宅近市，湫隘囂塵，不可以居，請更諸爽塏者。'辭曰：'君之先臣容焉，臣不足以嗣之，于臣侈矣。且小人近市，朝夕得所求，小人之利也。敢煩里旅？'"
④ "《韓非子》"誤，見《列子·湯問》。

書》)。恣意縱橫，解光先以入奏(《天中》)；傾威鬪變，尹翁未及下車(《漢書》)。虛言成虎(《韓子》)，嘗試觀魚(《伽藍記》)。習矣乃無嫌近(《韓子》)，直矣從何飾虛(《郡國志》)。一心如水(《鄭崇傳》)，百年爲池(《兩京記》)。由此卜交，我去我從，恨所見之未遠(《史》本傳)；于茲爭利，伐韓伐蜀，傷王業之無奇(《史》)。夫然宜僚弄丸，兩家之難以解(《莊》)；寧知公超深隱，及門之士多隨(《後漢》)。茹古氏曰：業于餐者，具饔饍、陳羮餌而苾然；業于酒者，舉酒旗、滌盃盂而懌然；鼓刀之人，設高俎、解豕牛而赫然。韞藏而待價者，負挈而求沽者，乘射其時〔者〕，奇贏以遊者，低①欺相高，詭態橫出，雞鳴而爭起，日午而駢闐。嗟哉！余如是縱以觀之焉。

村

余考《輿地志》，山西有禹②墟及禹會，村則由所昉也。錦石舒文，喜素波之澄映(《覆③州志》)；梅花點韻，看清豔之紛披(《西④越志》)。弄明月于山頭，興躭酒肆(徐鉉帖)；拾芳春于陌上，信阻歸期(《寰宇記》)。穢草怒生，好凌波而雨平樂(《輿服錄》)；浣花興到，姑縱酒而枕江城(《舊唐》)。已去不迴，似有憐于合抱(《江陵志》)；悉生而合，那弗快于長生(桂陽)。則試考絳帳之別業(漢)，尋甪里之芳名(《史正義》)。埋懷寶鼎(白)，老壽清城(《水經》)。美爾世昏，好締于兩姓(白)；釀茲箸下，味昉于長興(志)。任太守之行春，不無竟日(《寰宇》)；唐方干之故業，綽有遺榮(胡塵⑤)。乃若幻之爲萃淵之藪(《華陽國志》)，神之爲與乞之明(《天中》)。危之而江濤鼓壯(宋高宗)，發之

---

① 劉禹錫《觀市》"懌然"作"澤然""低"作"詆"，並據補"者"字。
② "禹"當作"禹"。
③ 《天中記》卷十六"覆"作"睦"。
④ 《天中記》卷十六"西"作"南"。
⑤ "胡塵"未詳，見《山堂肆考》卷二六"方干舊隱"。

而雷雨晦冥(休寧)。北岸之舟人，騙看絕壁(《輿地〔志〕》)，海鹽之聚落，胥聽夜鳴(晉)。相傳鼠鬭(邵武)，時畜馬肥(錢唐)。接薔薇之馥馥(揚州)，佩茱萸之纍纍(上)。彼有人焉，已識黃巢之履(嚴州)；此軍壘耶，乃墜諸葛之星(鳳翔)。表以惡名，由拳兮望氣(《搜神記》)；諧茲佳麗，獨頭兮蜚聲(楊妃)。盧氏之有石城，詠千古夕陽之詩，語自金陵者已誤(《肆考》)；王嬙之生峽國，考今日炙痕之事，賦自樂天者曷爭(上)。嗟呼！其亦隨牧童以遥指(杜〔牧〕)，而成方士以畸行也哉(台州)。

郵驛

《左》曰"郊勞致館"，夫非於禮爲合者與？余自京師朝宿而外，求諸四方郵騎之餘(《玉〔海〕》)，曰馳曰置曰乘曰輶，或從車騎而傳遞者異(《釋名》)，或從馬步而郵置者昭(《音韻》)。客館周坊，飾賓侶之所集(《魏都賦》)；傳廚稱意，希名譽之相高(紀)。余有取者尋到之將軍，自白衣步擔以來，名姓不先于亭長(本傳)；余資笑者經事之驛宰，自杜康鴻漸而外，配享故及于中郎(《國史補》)。揮毫決勝，沉慮經謀，徒洒千古英雄之泣(孔明)；風光依舊，蓮帳無因，伊憐翰墨女子之香(《雲溪友議》)。相思通于碧水(《詩話總龜》)，笑殺誤于高塘(《〔南部〕新書》)。縱枕席之情事不屬(《南部新書》)，那膠弦之斷續多忙(《冷齋》)。感青楓而題壁(劉元方)，把翠杓以稱觴(《幽怪錄》)。放鴿有其善謔(史)，納車有其直方(《左》)。乃若奔蹄走轂(《管城驛記》)，隼宿馬伺①(《褒城驛記》)。傖父所欲共語(褚公亮)，陽城所欲諱私(本集)。問水尋山，猶憶痛飲困逃之舊(元稹詩)；鑿巖通道，毋滋均徭委頓之行(本傳)。遲令公之樓，勳猷早著(乾元元年)；奉相如之璧，英烈直聲(《史》)。絕塞征人，似有勞于夢覺(《大唐新語》)；長安貴客，遮莫徧于送迎(《前

---

① 孫樵《書褒城驛壁》"伺"作"飼"。

漢》）。而不見百不留行之使兒，具賦草烟于好事（《迂齋詩話》）；五十餘年之吏卒，惟言亥字與時人（《〔南部〕新書》）。豈爲駕肥衣緋之流，將絶行李（《舊唐》）；誠快啓扉曳屐之役，藉可鉅緍（《唐語林》）。年少樹威，不謂貶自江陵，反存憲臣之體（《新唐》）；專知逓監，孰是用兵淮水，致揚內侍之塵（《舊唐》）。夫勑以御史（《傳載》），創可侯晨（《會要》）。飛之有説（《唐史》），捉之何論（上）。信宿見官亭之嗣續（《鄭當時傳》），未幾傷客館之丘墟（《合璧》）。蕭然傳舍，信爾蘧廬（《莊》）。吁！斯有當于皇華之使歟（《摭遺》）。

比鄰

讀《周禮》至《大司徒》“五家爲比”，《遂人》“五家爲鄰”，然則比、鄰皆五家之積，是何名之異也（《輿地提綱》）。余從郊以別其內外（上），鄰以判其里閭（《〔周〕禮》）。毋棄信相背（《左》），好洽比相如（詩）。取足幾何，萬錢而無當（呂僧珍）；揖讓是矣，三遷以有終（《列女》）。而不見里媪多謀，束緼爲還婦之策（策）；東家決計，伐樹成偕老之夢（《王吉傳》）。嘯歌不廢（〔謝〕鯤事），毒手頻舒（石勒）。據胡床而聽玄解（顔延之），奉濁酒以迓軒車（陶侃）。秉燭嫌于達旦（記），穿壁得于讀書（《〔西京〕雜記》）。南郭子之交遊，經年虛其請謁（《合璧》）；富韓公之貴介，終歲任其迂疎（上）。秋風衰草之吟，不堪把玩（楊玢）；茅屋數間之詠，雅足延譽（韓）。泉分地脉（句），杵共秋聲（徐鑑[①]詩）。展席頻換酒（杜），澆蔬故同情（詩）。則夫明月三徑之夜（句），綠柳兩家之春（白）。斯相看鄰舍之老（柳），而愛此里中之人。

道路

艮爲徑路，震爲大塗（《易》）。施于中逵（《詩·兔罝》），生于道周

---

① “鑑”當作“鉉”，見徐鉉《喜李少保卜隣》：“井泉分地脉，砧杵共秋聲。”

（《詩·〔有〕杕〔之〕杜》）。野盧氏之所掌（《地官》），虎賁氏之所通（上）。南北爲阡，東西爲陌（《風俗》）。亭旅遞望（《前秦録》），土堠崇封（《北史》）。夫義取于甬（《〔項羽本〕紀》），名重以馳（《黄圖》）。第是金吾之禁（《〔大唐〕新語》），毋作窮途之悲（《魏氏春秋》）。取陰陽之王氣（《括地志》），肅官府之威儀（環濟《吴紀》）。馬猶識其故道（《韓子》），羊豈亡于多岐（《列·説符》）。余憶鄧艾束馬懸車之處（任豫《益州記》），並讀宣明木人鐵馬之詞（《唐新語》）。入蜀金牛，若假五丁之力（《十三州志》）；埋谿鐘鼎，何忘赤草之思（《吕·有勳》）①。詰曲龍尾（《賈氏談録》），迴繞羊腸（王智深《宋紀》）。銅駝集少年以相視（《洛陽記》），飛狐役刑徒以相望（《後·杜茂傳》）。逞王饒之凶毒（《〔晉〕中興〔書〕》），念召伯之甘棠（《國史補》）。鼠不爲虎，蛇不爲龍，田父深思于天網（《杜陽》）；風伯清塵，雨師灑道，妬女寧匿于公裳（《舊唐》）。高義相將，從騎可以事事（《後漢》）；正身非屈，阿里乃苦忙忙（《水經》）。賀者在門，顧酒帝而每下（《唐語林》）；訴者無狀，語馮翊而兩忘（《國史補》）。其楊惲之素交，愴惶樹下（北齊）；其王戎之故吏，躑躅道旁（《七賢傳》）。余故有言：畏途之苦（《莊》），末路之難（《策》），幸無迷途自遠（《楚辭》），將曰邪徑苟安（焦先）。試看孤山緑水之際（《長慶集》），漳流祭陌之鄉（《水經》）。衕表鄭邑（《吕覽》），阡②紀南陽（前漢）。天威忽下（《唐書》），墻耳通方（《九國志》）。安得道路皆列食（《食貨志》），而行旅不齎糧（《鑑》）也哉。茹古氏曰：伏波之將軍，刊隨山海（《馬援傳》）；埋輪之御史，安問狐狸（張綱）。九折險絶，忠孝無妨于同異（《王〔尊〕傳》）；東都帳麗，進退已裕于安危（《疏廣傳》）。若禄山之所睥睨（傳），仇由之所贈遺（《説林》）。于以示意于項羽（《〔高祖本〕紀》），懸首于郅支（《三輔故事》）。轂擊而折大夫之車，詞窮趙野（《列女傳》）；雨畢而弛先王之法，識蚤單歸（《國語》），噫。

---

① "赤草"當作"赤章"，"有"當作"權"，見《吕氏春秋·權勳》。
② 《漢書·原涉傳》"阡"作"仟"。

橋梁

　　夫橋何昉乎？造舟爲梁，見于《詩》(《詩》)；杠榷猗犳，雜出于子史(《廣志》)。若橋之爲名，則始于商，而獨著于周書，逮秦漢各冠以地，或因水而稱也(朱弁記)。力將岸爭，勢與空鬪(張〔或〕《〔趙郡南〕石〔橋〕銘》)。郡國襟帶，河山領袖(上)。虹舒霓拖，虎步雲搆。截險橫包，乘流迴透(銘)。却頓鐵牛，駭浮川之魃魎(《述異》)；傍飛畫鷁，駕入浪之黿鼉(《漢書紀年》)。竹竿①其維，不虞奔濤擘赫(《華陽國志》)；金鏁斯纜，何懼層冰嶬峨(《元和志》又閻伯輿②賦)。於以資飲馬(《黃圖》)，象牽牛(上)，萬里而利涉(《華陽國志》)，七宿其相俟(上)。累石爲基，則勾欄之雅飾(段國《沙州記》)；築土爲障，無峭岸之波隨(《韋景駿傳》)。長虹飲澗，初月如雲③，第見青龍之卧(《僉載》)；忽爾車行，忽爾雷駭，相驚喘牛之奇(《述征〔記〕》)。應募軍中，乘東風以焚炬(《光武傳》④)；信威異域，從枕席以渡師(趙充國)。海島孤帆，送百花而駕遠馭(《傳奇》)；廣陵燈火，自元夕以炳陸離(《幽怪録》)。若夫尾生之篤信(抱⑤)，伯吉之風流(杜詩注)。圜辟雍而觀睹(《儒林傳》)，期玉杵而綢繆(《廣記》)。萍水相憐，交誼深于東郭(張志和)；覆車殊念，治行著于王周(本傳)。渭北行人，訝風雨其驟至(《後周》⑥)；延津河伯，導珩璧以與浮(《水經》)。然則領巾之偶擲也(《逸

① 閻伯璵《河橋賦》"竿"作"筭"。
② "輿"當作"璵"。
③ 《朝野僉載》卷五"初月如雲"作"初日出雲"。
④ "《光武傳》"誤，見《後漢書·岑彭傳》。
⑤ "抱"未詳，尾生事見《莊子·盜跖》《史記·蘇秦列傳》等。
⑥ "《後周》"誤，見《魏書·崔亮傳》："城北渭水淺不通船，行人艱阻。亮謂僚佐曰：'昔杜預乃造河梁，況此有異長河，且魏晉之日亦自有橋，吾今決欲營之。'咸曰：'水淺，不可爲，浮橋泛長無恆，又不可施柱，恐難成立。'亮曰：'昔秦居咸陽，橫橋渡渭，以像閣道，此即以柱爲橋。今唯慮長柱不可得耳。'會天大雨，山水暴至，浮出長木數百根。藉此爲用，橋遂成立，百姓利之，至今猶名崔公橋。"

史》），梐櫥之鳩功也（駱駝橋），求還之若柳實也（《傳奇》），潛走之若朱蒙也（《隋書》）。大舫可受（《水經》），一舉以幾（上）。豬蘭偕其雅謔（《〔襄陽〕①耆舊》），鵑鳥訂其旨歸（《聞見録》）。于以尋漢人折柳之處（《黃圖》），河間營軍之壘（《伽藍記》）。有時竹石處乏（李存進），冰泮懷憂（賈修）；奚自河陽失保（郭子儀），洛水不流（李密）。孟賁諸人，像祭之而鐩寂寂（《黃圖》）；東明小子，弓擊之而水悠悠（《論衡》）。海石之有神工，鞭因流血（《齊地記》）；天河之有織女，駕且髡頭（《淮》）。作別魂消，誰遣送迎之苦（《遺事》）；相思情盡，逾深夢想之同（《唐詩紀事》）。有自昇仙，馴馬政堪于題柱（《〔華陽〕國志》）；因知登第，群蟻得幸于下風（《筆談》）。斯余之所以從橋也乎（《薛廣德傳》）。

關塞

取諸《豫》象（《易》），乘彼垝垣（《詩》）。用之重門擊柝（《易》），察以異服異言（《王制》）。昔在危時，屯千夫而莫守；幸當聖世，置一卒以經還（王啓《武關賦》）。生度玉關，其必酒泉點郡（《班〔超〕傳》）；出封函谷，無煩七國堅城（《史》）。偶爾東來，幸薄板之遠駕（《關令傳》）；因之見詒，會寶珠之夜明（《吳越〔春秋〕》）。石龜猶存故蹟（《寰宇》），駑馬何苦留行（上）。鴈或矯翮而度（《荊州〔記〕》），鴻寧鍛羽以鳴（項羽）。試觀漢單于之款入（《匈奴傳》），秦公子之榮歸（《呂覽》）。勿爲法自弊（《史》），勿雄辨與違（《新論》）。勿鹿門作逆（《左》），勿虎牢相爭（《水經》）。逆旅高其獨酌（馬周），門客伺其夜鳴（《孟嘗君傳》）。嗟哉！寂寞空扉，或楊僕之移後（本傳）；蕭條古壘，則臧文之廢來（《左》）。林鄣邅峻，山岫層深，偏羈人而下淚（《水經》）；青山百匝，飛鳥半程，似歸客以無回（《南部新書》）。自以步趨，每念里門由入（《苗晉傳》）；終當傳奉，竚看使命有聲（《東觀漢記》）。于以爲解印之李固（《梁州記》），

---

① 據《天中記》卷十六補"襄陽"二字。

棄繻之終生（本傳）。故約先于漢將（《前·高帝紀》），幾見抱于侯嬴（《信陵君傳》）。吾世之利名小歇（謝顯道書），故人之杯酒多傾（王維詩）。記寶覺法師語，觸者忕甚（傳）；讀《五柳先生傳》，閉者任并（《文中〔子〕》）。爲巖爲險，曰咽曰喉。恢天網以無漏，負地雄其阻修（賦）。今之爲關耶？古之爲關耶？悲夫！

第十七卷

宮

取彼大壯，易此穴居（《易·繫辭》）。余讀《吕覽》"武王克殷，靖箕子之宮"；《禮記》"繇命士以上，父子皆異宮"，又"儒有一畝之宮"，是士庶人皆宮稱也。秦漢以來，尊者但爲帝①號矣（《天中》）。體象天地，經緯陰陽（《東②都賦》）。三三爲位（《圖經》），言言入望（李庾賦）。彼人化中天，則搆以金銀，絡以珠玉（《列》）；若德隨草木，那茅可屋覆，蒿可柱當（《吕》）。列岸修廊，竚看堙堞之外（儀鳳四年）；右平左城，時聞瑠珮之芳（《〔三輔〕③黄圖》）。馬頓時而迅疾（阿房賦），雷方丈而喧闐（《拾遺》）。龜魚盈藻（《郊祀》），鸞鳳高騫（上）。五柞遠蔭（《雜俎》）④，長楊肆畋（《〔三輔〕黄圖》）。望終南有如指掌（《長安志》），接天門差可迴旋（劉歆賦）。一日之中，晴雨異候（《〔隋〕⑤圖經》）；四寶之具，晝夜光懸（《三秦〔記〕⑥》）。則又考西方主信之義（《〔三輔〕黄圖》），繹前限未到之辭（《〔詩〕正義》）。抱可出苑⑦（《會要》），張

---

① 《天中記》卷十三"帝"作"常"。
② "東"當作"西"，見《西都賦》："體象乎天地，經緯乎陰陽。"
③ 據《天中記》卷十三補"三輔"二字。
④ "柞"當作"柞"，"雜俎"當作"雜記"。見《西京雜記》："五柞宮有五柞樹，皆連三抱，上枝蔭覆數十畝。"
⑤ 據《天中記》卷十二補"隋"字。
⑥ 據《天中記》卷十二補"記"字。
⑦ 《唐會要》卷三十"抱可出苑"作"包山爲苑"。

可水嬉(《雜記》①)。有磁石之偶脇(《水經》)，毋劍戟之倒持(《〔張〕説傳》)。作李氏之興符，似魚隱現(《東京記》)；縱貞觀之游覽，若鏡紛披(魏徵録②)。美女爲娃，傳紀閭間之徑(《方言》)；仙靈可集，載讀華陰之碑(《金〔石③録》)。胡爾墮烏遺鈿，恨璣琲之狼籍(《楊妃傳》)；乃如較晴量雨，聽源混之流澌(《〔隋〕④圖經》)。望從太乙(《郊祀志》)，疑在廣寒(唐)。蜥蜴以守(漢武)，濯龍來盤(《〔桓帝〕紀》)。登臺而發詠(《西京記》)，臨幸以製詩(《一統志》)。何悲于銅駝荆棘(《晉書》)，且慨于《麥秀》《黍離》(《宋世家》)。余因是有賦焉：玲瓏玉樹，則徧澄霽色；連騫繡檻，則却映斜曦(《長安宮賦》⑤)。蕩蕩五雲，冒芝田而不散；翩翩三鳥，拂朱樹以相隨(《瑶池賦》)。非鬼運神輸，幾間庾廩之乏(《策》)；雖因山藉水，能無木石之疲(《舊〔唐·徐惠妃〕傳》)。厚歛有奪于民財，誠爲至論(《墨子》)；壯麗無加于後世，非謂諛詞(《漢》)。詩曰："日月光天德，山河壯帝居。"都哉。

殿

夫瑶臺之美，不可以形萬國；土階之陋，不可以儀天地⑥：則殿者乎。軍行非是(《蘇氏演義》)，政地疑然(師古注)。遡商周以前，《商子》《荆軻》之書，始云入侍(《天中》)；迨炎漢定制，孝子悌弟之舉，乃得上先(《黃霸傳》)。納階以金，吾既知其左城(《决疑〔要注〕⑦》)；居

---

① "《雜記》"未詳，見《新唐書·順宗紀》："后侍宴魚藻宮，張水嬉，彩艦宮人爲棹歌，衆樂間發。"
② "録"當作"銘"，即魏徵《九成宮醴泉銘》。
③ 據《天中記》卷十三補"石"字。
④ 據《天中記》卷十三補"隋"字。
⑤ "長安"當作"長春"，見梁洽《晴望長春宮賦》。
⑥ 李華《含元殿賦》"形"作"刑"，"天地"作"天下"。
⑦ 據《天中記》卷十三補"要注"二字。

怵以禮，吾又知其九筵(上)。取象太極(《水經》)，厭氣芰菱(《〔風俗〕①通》)；柱石有屬(《五代史》)，路寢何徵(《丹陽記》)。則夫朱窻網户(《南史》)，白玉黃金(《前〔漢·外戚〕傳》)；飛雲去住(漢)，列宿參差(漢)。歷四時而有制(《晉書》)，肇百子以佳名(《選》)。温耶絺綌冬服(《黃圖》②)，清耶霜雪夏迎(《七啓》)。元會禮成，望之如在霄漢(《劇談録》)；群寮期至，御之何減蓬瀛(《會要》)。事有上聞，則尚書之伏奏(《漢官儀》)；禮有下接，則詞院之儕盟(《會要》)。夜虛前席(《〔三輔〕黃圖》)，日紀長生(《唐》)。無嫌賜乘(《魏〔鄭〕公諫録》)，特重調羹(本傳)。寬中張禹之流，傳經者再(《叙傳》)；宗懷王褒之輩，賜宴者頻(《周書》)。忽爾飛霜，競絲竹之遺響(《實録》)；于焉犯宿，快幢幛之同人(《〔會稽〕③典録》)。咫尺玄門，桓玄之與語(《世説》)；幾希至德，令狐之輸誠(《舊唐》)。其窈窕之所棲，九華聳列(《〔西京〕雜記》)；或飛仙之可作，絕璧晴瑩(《南史》)。胡樂非宜，無受朝而事媟(《舊④唐》)；楚聲得似，疇清暑而語熒(《晉中興書》)。誕降何時，蔽四牗而蓊鬱以起(《洞冥記》)；款使殆至，鼓十部而喧卑以聽(《通典》)。香隨風至(《〔三輔〕黃圖》)，水自洛瀁(《漢》)。屋不成⑤材，墙不露形(《西都賦》)。余嘉夫甘露從降(《會〔要〕》)，神龍來并(《宮殿簿》)。感鸑鷟而頌至性(寧王)，表鸞鳳而叶佳禎(《漢書》)。樟何流于陶渚(《陳書》)，梅何底于石城(《金陵覽古》)。輪軸轉移，倏忽而觀風以處(《宇文愷傳》)；神明規範，擁護而靈光有聲(宮殿賦)⑥。於都哉，雲薄萬栱，風交四榮。曜天開而中絕，黶日翳而丕亨⑦(《含元殿賦》)。所以法乾道而遵帝度，又豈惟安體而明威。

---

① 據《天中記》卷十三補"風俗"二字。
② "《黃圖》"誤，兩句皆曹植《七啓》："温房則冬服絺綌，清室則中夏含霜。"
③ 據《天中記》卷十三補"會稽"二字。
④ "舊"當作"新"，見《新唐書·武平一傳》。
⑤ 班固《西都賦》"成"作"呈"。
⑥ 此句見王延壽《魯靈光殿賦》。
⑦ 李華《含元殿賦》"丕亨"作"罘罳"。

宅

昔者聖人之爲教也，上棟下宇，非以示奢麗也。故一畝而宮，環堵而室。蓽門而圭竇也，蓬茨而甕牖也。亦幸而與我脱搆巢營窟之陋也，與我免震風凌雨之暴也，又與我遠蛇龍禽獸之害也，如是則已適矣（《宮室舉要》）。若考作室（《書》），之子於垣（《詩》）。看鳥鼠之攸去（上），候燕雀之頻來（《淮》）。東閣延賢，南軒引景，北牖招風，西檻映月，竚看中霤之主（蕭琛論）；歌于斯，哭于斯，聚國族于斯，幾全要領之媒（《檀弓》）。求尊處之優，非增廣三面而皆吉（《風俗》）；盡考祥之策，豈躊躇五事而尋凶（《家語》）。以勁財①而任輕塗，詞窮匠氏（《淮》）；此金傷而彼玉碎，辨在阜圖（《盧氏雜説》）。比邵伯之仁，負憨文静②（《晉書》）；高會稽之守，聊足孔愉（上）。渠上言懷，拓落于江陵之野（唐）；稷門養士，寵異於康莊之衢（《史記》）。則夫務求爽愷③（《左》），想願膏腴（田蚡）。門多假弔之客（唐馬璘），時有未滅之奴（《前漢》）。每以高其逸行（郗超），但莫速此禍軀（李義琰）。徐鉉之潤筆有及（《聖宋拾遺》），王潛④之右職多誣（《舊唐》）。勿障吾遊，豈必誰己後樂（《范文正公遺事》）；若蒙以耻，斯或先後與睍（邵康節）。如有太宗，不乏司空之第（《魏徵傳》）；恨非子美，遮莫浣花之溪（杜甫）。甘于陋者曰：毋以勢奪（蕭何），不爲人益（《何閒⑤王傳》）；權作小船（張融），定是誰室（徐勉《戒子書》）；僅爲旋馬之容（温公《訓》），每堪蟄蟲之恤（曹彬）；則玉川之數間（韓詩），而德秀之十尺（《合璧》）。習其侈者曰：錦綈借色（《選》），松栢崇隈（《晉書》）；莫知重關複壁（李林甫），別號燠館涼臺（《裴度傳》）；飛簷而下（《見聞⑥録》），長戟與迴（《晉書》）。西市見之

---

① 《淮南子·人間訓》“財”作“材”。
② 《晉書·謝混傳》“静”作“靖”。
③ “愷”當作“塏”，見《左傳·昭公三年》。
④ “潛”當作“縉”，見《舊唐書·蕭復傳》。
⑤ “何閒”誤，見《漢書·景十三王傳》“魯恭王初好治宮室，壞孔子舊宅以廣其宮”。
⑥ “見聞”當作“聞見”，即《封氏聞見録》。

失色（長寧公主），華頂擬之未該（安樂公主）。夫鑿岸以處（呂保），種竹以還（《世説》）。剩可農桑之業（《海録碎事》），其在廉讓之間（《〔南〕史》）。牀帳儼然，檻軒疎朗，兄願之，何弗推與（《〔裴楷〕①別傳》）；樓閣勝絶，山谷空蔽，帝幸矣，争共賞遊（《兩京記》）。相望曲洲，則涉水褰裳，還桂栀于千里（《輿地志》）；恣遊履道，則徵歡選勝，傾瓶疊於同儔（《雞跖》）。彼貴倖之女流，争先步輦（《〔明皇〕雜録》）；縈疎狂之霸堅，早事紗籠（《蜀檮杌》）。而不見青溪夜縛（《異苑》），太社凶終（《南史》）。未幾妖生于木（《德宗實録》），喪驗以工（《陳留耆舊》）。捧徵書而短氣（《襄沔記》），憶含元以悲風（《談苑》）。斯買隣之先爲得算（《〔南〕史》），寧傳舍之所見無同（本傳）。余故爲之説曰：車驟馬馳，不堪築者之應對（《聞見録》）；郵亭驛舍，祇資達士之渺論（《北史》）。前此幻形何來，柳堪作祟（《西京記》）；人世佳祥未有，芝且含冤（《詩話》）。氣相保（《常侍言旨》），相與成（《晉書》）。勿户牖之多泣（《葆光》），但車騎之偶乘（趙普）。保可舊有（《左·昭》），剩可敝廬（《左·襄》）。奉之常恐失墜（《唐書》），仍之無所增餘（李愬）。斯没量之有兩也（《夷堅續志》），抑不得者惟三歟（《筆談》）。夫擇百年之宫而望殤子之壽，處孤另之地以速彭祖之夭，其可幾乎。則設爲三公之宅，而命愚人居之，吾知其必不能爲三公也。然則果無宅也，是性命自然，不可求矣。

閣

　　余考《内則》“天子之閣，左達五，右達五”，蓋夾室也，以板爲之。閣者，門旁小户也。公孫弘開東閣以延賢；韓延壽爲太守，閉閣思過。唐正官日唤仗入閣，漢三公黄閣，然則閣耶、閣耶，義自昭然。黄閣老，子美詩已誤用之矣（《五雜俎》）。臨觀之美（韓愈《滕王閣序②》），高明之

---

①　據《天中記》卷十四補“裴楷”二字。
②　“序”當作“記”，即韓愈《新修滕王閣記》。

居(李白《龍興閣序》)，倚天而就，拔地而區(唐詩)。則以廣求于崛起之
彥(《隋志》)，遡得於五始之文(《春秋緯》)。頡利功成，置酒而相燕勞
(西征①)；東都篤幸，特詔以美階勳(《五代史》)。體仁而壽(《隋經》)，
凝眸皆暉(《天中》)。麟于何止(疏)，鳳于何飛(《唐六典》)。何以凌雲，
等山形之巉嶪(《三輔舊事》)；何以烈燄，昐天冊之霏微(《文昌傳》)。
雀舫可以乘遊，枕江水，瞰湘雲，環瑋特絕(《閣記》)；蘭麝非關風送，
賞名花，攜勝友，壯麗幾尋(《遺事》)。賞之者曰：秋水長天一色，落霞
孤鶩齊飛(集)。賦之者曰：雲散便宜千里望，日斜長占半城陰(《金陵
志》)。著中興輔佐之猷，列儕山甫(《蘇武傳》)；覽前世覆亡之鑑，屈指
楊惲(本傳)。王母㑳來，第近妖于藻井(《妖亂志》)；符命可作，忽播語
于都畿(揚雄)。噫嘻！太一之懷竹牒(《拾遺》)，武庫之盡車騎(《馬援
傳》)。屬和工于席豫(本傳)，起草望于仙儀②(《宋之問傳》)。春之日，
花景鬪新，香風襲人，憑高送歸，極目蕩神；夏之日，鶯舌變弄，葉陰
如棟，紈扇罷搖，綺窗堪夢；秋之日，露白山青，當軒展屏，涼風遠來，
沉醉既醒；冬之日，簷外雪滿，幄中香襲，耐舉鐏斝，好聽歌管。斯閣
之盛，縱遊之美，賞心樂事，庸可既乎。

樓

　　余觀漢武帝時圖上濟南通水，圍垣以爲複道，此樓之始也。再考
《淮南子》流遁大構，欐水③欂櫨以相巧餙，則歷代營建之異乎。慺慺射
孔(《釋名》)，曲曲脩登(《爾雅》)。麗譙美而盛列(《莊》)，井幹疊而百
層(《郊祀志》又《西都賦》)。壓吳雄楚(《肆考》)，萬歲千秋(北齊)。山

---

① “西征”未詳，見《天中記》卷十四引韋述《兩京記》：“大極宮中有凌烟閣，在凝
　　陰殿內；功臣閣在凌烟閣南。頡利既平，置酒于此。”
② “儀”當作“傒”，見宋之問《和庫部李員外秋夜寓直之作》：“起草傒仙閣，焚香
　　臥直廬。”
③ 《淮南子·本經訓》“水”作“林”。

影水光，參差而成色相(《津陽門詩》)；蘆人漁子，泛濫而啓歌謳(《水經注》)。粉黛爭憐，忽爾微風東至(《〔南部〕烟花録》)；翠珠炫轉，果然寶欄光浮(《連昌宮辭》)。其何必十二高懸，眇仙階以去住(《封禪〔書〕》)；得無誚輕重偏力，損鬼斧以綢繆(《世説》)。朝于日，夕于月(王隨)；施以青(《〔南齊·東昏侯〕本紀》)，畫以紅(《古畫①記》)。棲息之有彩霞(《水經注》)，被拂之有薰風(《成都志》)。鴛鴦戲藻(孫逖詩)，翡翠度空(雀提②《應制》)。鍾乳得其形似(《肆考》)，鼓吹聽其朦朧(上)。炫海棠之佳艷(鄭谷詩)，美芙蓉之芳叢(《〔京口〕③記》)。四望極于石虎(《拾遺》)，九柱見于猶龍(《瀨鄉記》)。負翼則飛從天際(《吳越〔春秋〕》)，搖落則自起星宮(《吳都賦》)。秋色滿前，興復不淺(《世説》)；春思注目，情有相憐(姚南仲疏)。紫氣成雲，迴薄而難爲名狀(《輿地〔志〕④》)；晶光射日，輝映而差可周旋(《方輿勝覽》)。策對封邊，虜地之情形俱悉(統)；功成執馘，天庭之賞格誰先(〔郭〕子儀)。不謂擊事道旁，誤俠士以若掃(《列》)；猶異縻從江外，走遷客以如烟(《輿地〔志〕⑤》)。故鄉父老之思，名義有在(《梁書》)；高齋學士之號，臺址具存(《〔一〕統志》)。謝賓客而杜送迎，丹成九轉(《梁書》)；更羽衣而度聲曲，籍注三元(《唐書》)。萬卷有其積聚(本傳)，八詠於以歌賡(《金華志》)。祥有祈于方術(《新唐》)，德有誦于專城(長孫儉)。余嘉仲宣之作賦(《荆州記》)，穎胄之搆詩(傳)。而悲緑珠之墜井(石崇)，白眄之孤幃(《白集》)。竊異黄鶴之有廢筆(《本記》)，五鳳之有藻思(韓浦)。豈無任樵兒以共指(李白)，歎真仙以終迷(《隋史》)。蓋至酒肆多嫌，過雍州刺史之第(《談〔賓〕⑥録》)；街亭中忌，寬巡行

---

① "畫"疑作"今"，見《天中記》卷十四引《成都古今記》。
② "雀提"當作"崔湜"，見崔湜《梨園亭子侍宴應制詩》："草緑鴛鴦殿，花明翡翠樓。"
③ 據《天中記》卷十四補"京口"二字。
④ 據《天中記》卷十四補"志"字。
⑤ 據《天中記》卷十四補"志"字。
⑥ 據《天中記》卷十四補"賓"字。

御史之彈(《金華子》)。何爲傳檄,怒非其主(孔〔德〕①紹);何爲持板,赴召天宫(李)。居龍者聽更籌之歷亂(《漢紀》),觀蜃者神海氣之彌漫(《韻府》)。甚勿殺風景而背山以起(《雜纂》),遮莫駕雲氣而撞烟以還(坡)。茹古氏曰:聞之處卑陋則痀恙慘怛,而邪僻淫戾生焉;居高明則逴曠博大,而和平康樂生焉。自下而望之也,若黿山冠雲,蜃氣橫天;及其登也,坐青霞之側,居顥氣之間,耳聞天語,目視鳥背,惝怳自語,謂生羽翼。雪山嶔岑,山與雲齊;風從中來,饑骨②凄凄。於戲!極長川之浩浩,見衆山之纍纍。黄鶴來時,歌城郭之如昨;浮雲一去,惜人世之已非。則如吾楚之江山甲勝者有幾。

堂

或入之室,或升之堂,則堂者乎。百里或遠(《管子》),一隅勿悲(《説文》③)。糟糠之妻不下(紀),千金之子不垂(《袁盎傳》)。吾以高其嘉德,播其芳音(晉宫閣名)。祥光迫現,麗景皆臨,爲流風,爲碧月,爲湛露,爲鮮雲。炫芙蓉之佳麗,臭蘭蕙之餘薰(《天中》)。雜蒼菰而勝賞(《韓集》),垂金玉而繽紛(《羊頭山記》)。試想西王母之光碧(《十洲記》),李夫人之遺芬(《拾遺》)。暫搆馬泉,引曲流而即事(《襄沔記》);寂然湍水,入石室以無聲(《漢記》④)。白雀任其翔止(《三十國春秋》),彩鸞寫其韻生(《肆考》)。樹之以萱(《詩》),指之以蕢(《論衡》)。藏可萬卷(張競辰),教以一經(韋臯)。雅化之遺址有在(《益州記》),騎射之盛事誰令(《北史》)。興起游觀,不妨競慕(《北齊》);宴成禮樂,是否偕鳴(《魏書》)。盧家賓主之歡,快其觴詠(廉希憲);韓氏祖孫之勝,躋矣崢嶸(《肆考》)。若乃華麗争高,梁棟户牖之間皆爲徵貴

---

① 據《新唐書·孔述睿傳》補"德"字。
② 符載《五福樓記》"饑骨"作"肌骨"。
③ "《説文》"誤,見《説苑·貴德》。
④ "《漢記》"疑誤,見《天中記》卷十四引《郡國志》。

（《杜陽》）；工高莫償，蜥蜴蟻蜂之屬直任飛停（《津陽門詩注》）。絲竹管絃，婦女優人，函席了不可詰（張禹）；築山穿地①，涼臺燠館，東都綽有餘馨（本傳）。陟彼雲霞，傳脩真之幻術（《漢武內傳》）；覆以茅茨，得命字之指歸（《伽藍記》）。覆杯水而置芥（《莊》），卜溪流以浣衣（成都）。于以求龍膏之獻（《拾遺》），鱣珠之遺（《楊傳》）。勿三善不再（《肆考》），勿四畏貽譏（《因話》）。毋習讀于失火之故事（《郡國志》），毋相襲以却月之餘威（《傳記》）。於是考君侯之雉級（《論衡》），盻王謝之燕飛（劉禹錫詩）。其于堂也幾希。

臺

以余觀於臺也，高不過望國氛，大不過容宴豆，木不妨守備，用不妨官府，民不煩②時務，官不易朝常。故不聞以土木之崇高，蟲鏤之刻畫，金石之清音，絲竹之淒淚，而因之爲樂③者也（《吳越春秋》）。夫累址則三休乃至（賈傅《新書》），望遠則九曲以從（《吳地記》）。市可成于一旦（本傳），木且緣於長空（《拾遺》）。珠彩揚輝，炫耀恍如照月（《洞冥》）；棟林較稱，高竣動可隨風（《世說》）。候之以神，龍鳳兮變化（《黃圖》）；望之以氣，山岳兮巍崇（《水經》）。從螺以陟（《廣州志》），似蠡而迴（《水經注》）。超出雲間也，欲以下絕囂浮（《水經》），上延霄客（上）；刻以鯨背也，即欲從地踊出，又似空中飛來（《伽藍記》）。夜半之時，忽感五雲花卉（《六朝〔事迹〕④》）；晦冥之候，時聞一部鼓催（《南康記》）。而不見梟堂⑤陛以伏翼（《說苑》），鳳集巢以呈身（《金陵

---

① 《舊唐書·裴度傳》"地"作"池"。
② 《吳越春秋》"煩"作"敗"。
③ 《吳越春秋》"樂"作"美"。
④ 據《天中記》卷十五補"事迹"二字。
⑤ 《說苑·辨物》"堂"作"當"。

志》)。荷①縈委而若係(《三齊略》),珠隱見而有神(《述異》)。説神仙兮何事(《洞冥》),望夫壻兮不歸(白詩)。草《玄》闢揚雄之宅(本〔傳〕),翻經啓謝氏之扉(《肆考》)。巫峽與遊,時作雲雨之夢(《選》);吳江宴飲,誰憐麋鹿之俱(夫差)。貴妃狎主之時,語私于太液(《天寶遺事》);温嶠覓壻之日,疑怪于老奴(傳)。事應具存,則分流而若導(《肆考》);説法何有,則鑿壁以嵌空(《長安〔志〕②》)。藻思增高,賦可命于諸子(《水經》);典實有在,訟故起于昭容(《長安志》)。其爲居易、禹錫之文雅風流,激波其下(裴度);其爲杜甫、李白之慷慨懷古,酣飲於中(孔帖)。若乃驚顧野雉(《雜記》),歷數病龍(《五代史補》)。玉女那從天降(《嵩記》),太乙了不相逢(《〔三輔〕黃圖》)。椒房有其遺恨(本傳),栢梁幸以上承(史)。衣金環玉之人,因而指顧(《洞冥》);來雲依日之曲,擅矣幻冥(漢武帝)。鶂亦有情,燥③鳴而烟有思(《拾遺》);鷹胡不韻,性僻而景有升(《水經》)。受之以銀(《宋書》),築之以金(《〔文帝〕本紀》)。丹者署名,乞義門長生之訣(《六帖》);般者卒業,脩西方净土之心(《廬山記》)。然則王侯擦擦(上),衆人熙熙(《老子》)。其樂亡死(《魏策》),其役有辭(《左·襄十九④》)。萊乎薪乎,秉⑤耕而入者,直作敢言之氣(《説苑》);敬耶咎耶,築底而馳者,誠得巽語之宜(《説苑》)。度地而衡天,半有商于一力(《新序》);張弩而持矢,危豈殆于累棊(《説苑》)。重以今古之感,兔園絶響(《水經》),馬鏑浸淫(《水經》);紀以人地之重,君平之買卜(《蜀記》),相如之鼓琴(李膺記)。余有嘉承佐⑥之爲使(《談苑》),范甯之作師(傳)。則仲夏以處(《月令》),至日而登(傳)者,尤得以載筆于斯乎。

---

① 《三齊略記》"荷"作"蒲"。
② 據《天中記》卷十五補"志"字。
③ "燥"當作"噪",見《拾遺記》。
④ "九"當作"七"。
⑤ 《説苑·正諫》"秉"作"委"。
⑥ 《楊文公談苑》"佐"作"裕"。

亭

《春秋》《國語》有寓望，謂今亭也。其旅客之所留乎，訟民之所平乎（《風俗》）。相度十里五里（《白帖》），錯置爲鄉爲郵（《〔後〕漢·百官志》）。此地悲風，勞勞而恨別（《李〔白〕集》）；于焉宰治，燦燦以承休（《肆考》）。林木翳然，雅稱幽閑之僻（《玉龜》）；山川天繪，竚供清婉之尤（《夷堅志》）。闐之風（《郡國》），弄之雲（杜詩），侈金谷之靡麗（《雜記》），澹玄草之芳歊（成都）。可以叠翠，可以割青，可以整冠，可以濯纓（《肆考》）。興公玄度之才情，追從往達（《世説》）；安石彦伯之機辨，取捷名卿（《續晉陽秋》）。四座之狼狠相驚，誰語季野（《世説》）；夜半之醉醒有狀，頓賦清平（《松窗雜録》）。得遇故人，採白蘋于汀上（《柳渾詩傳》）；聚歡學士，工繪草于楓庭（《翰林鑑事》）。即爲振旅之待（《譚賓録》），留客之殷（《潯陽〔記〕①》）。飲千秋而狂叫（《〔後〕漢〔·光武〕紀》），呼萬歲而聲聞（《漢書》）。夕陽兮猶晚（《鑑》），早春兮相迎（《新唐》）。月觀吹臺，無妨於吏牘（《宋書》）；千峰萬壑，往憶于蹄②輪（《談苑》）。歌舞聲殘入夢，清深吊古（《白〔居易〕集》）；楸松思遠感懷，念切伊人（《豫章記》）。過脩禊之野（《舊〔唐·中宗本〕紀》），卜浣花之陰（《成都記》）。駕雲霄而乘清夜（張鎡），驟風雨而快甘霖（歐記）。賈充苻鎮日（《晉書》），袁宏出守時（《續晉陽秋》）。諂事若李璋，毯猶在地（《杜陽》）；治行若周敞，鵠別有期（《後漢》）。徐苗不爲所遭，神人見告（晉隱③）；郭休饒有其術，山野相追（《天寶遺事》）。對泣楚囚，戮力晉室，舊時之優劣始判（《世説》）；合褥以舁，振衣自定，兩人之意氣乃披（《丹陽記》）。識謝買臣，即出綬于吏人，引裁何事（《金闐④詩叙》）；名聞陳寔，故折節于太守，尺牘僅遺（《會稽

---

① 據《天中記》卷十四補“記”字。
② 《楊文公談苑》“蹄”作“啼”。
③ “晉隱”疑誤，《天中記》卷十四引作“王隱《晉書》”。
④ 《天中記》卷十四“闐”作“昌”。

記》）。思復昇平，誦江頭細柳之句（《會要》）；喜逢盛美，忘金蓮華炬之私（《〔一〕統志》）。癡人未遇（《南史》），儉父從之（《世説》）。慈者胡急（《説文》），愒者胡禧（《天中》）。賓從交輝則半隱（《唐書》），野春（《清異》）洵爲勝槩；風景相映則三會（《肆考》），九曲（《唐舊記①》）可浪得名。即慮切勞民，折卸摺叠之奇，有當殊賞（《宋書》②）；況樂偕醉叟，禽魚山鳥之致，何弗主盟（歐陽脩）。余因是有取焉：溪左巖右，川空地平；材非難得，功則易成。一門四柱，石礎松櫩；泥含椒氣，瓦覆苔青。纔容小榻，更設短屏；後陳酒器，前開藥經。自造此亭，未有兹客；自從爲客，未見此亭（王泠然賦）。

門户

以余觀羊叔子之理荆（《晉書》），于定國之治獄（本傳），其有賦于斯哉。晨昏則繫（《唐六典》），閽鍵以司（《爾雅》）。重之以取諸"豫"（《易卦》），闢之以求所知（《書》）。莫憂非堅，了不關于見朽（《潛夫論》）；因之舉勢，便有妙于相罷（《魯連子》）。陛階飾玉（《〔三輔〕黄圖》），甍棟干雲（《伽藍》）。旁左右而張掖（漢制），畫中邊以鏤文（《〔元〕③后傳》）。偶有獻其馬至（《〔後〕漢書》），日有伺于虎升④（《周禮》）。二水伏衡，列彼風雲之狀（《水經注》）；八窻聳立，厭矣蛇龍之形（《吳越〔春秋〕》）。豈爲屈宜臼之占時，無從奢願（《説苑》）；猶憶宇文愷之遺澤，相寄深情（《西征⑤記》）。品重士鄉，車有容于北海（本傳）；行孤游俠，關有抱于侯嬴（《史》）。參機務以北（《劉禕之傳》），悔往事以東（李斯）。一柱飛而若待（《漢官儀》），九鼎定而予雄（《〔帝

---

① "《唐舊記》"疑誤，《舊唐書·中宗本紀》有"九曲亭"。
② "《宋書》"誤，爲宋理宗事，見《天中記》卷十四。
③ 據《漢書·元后傳》"青瑣"注補"元"字。
④ "升"疑作"門"，見《周禮·地官·師氏注疏》："虎門，路寢門也。王日視朝於路寢門外，畫虎焉以明勇猛，於守宜也。"
⑤ 《天中記》卷十五"征"作"京"。

王〕世紀》）。家訓攸存，弔者在門，賀者在閭（《柳玭傳》）；軍容不貸，誰則是吉，誰則是凶（南梁）。詔不奉于柳①惲，故曰典守自在（《東觀〔漢記〕》）；削更生于步騭，豈謂仙術無從（《郡國志》）。群小書生，過撾登聞之鼓（《世説》）；豪家外戚，遺譏流水之駿（袁宏《漢紀》）。倒屣者客懷交暢（《竇憲傳》②），掛冠者岸節已崇（陶弘景）。壯數枚之氣（《左》），徵澆③腸之夢（《符瑞志》）。詩有詠于《相鼠》（本傳），詔有詣于雲龍（《典引》）。沐宴春明，喜花萼之競爽（《實録》）；夢通天闕，快雲路之時通（陶侃）。得遇李膺，接容光于俄頃（傳）；辱書韓愈，多景仰于在公（傳）。感舊吟時，蕭郎之遇合不再（《韻府》）；望思作賦，司馬之韻會已工（《武帝紀》）。其爲他時之陳寔，此日之叔慈（《世説》）。主父偃之相齊，千里郊勞，不堪迎入（《漢》本傳）；翟廷尉之去國，平時交好，倏爾遏離（《汲鄭傳》）。有無待詔（本傳），是否下帷（《董仲舒傳》）。環之以多士（《儒林傳》），候之以穉兒（《陶〔潛〕傳》）。于以望山東之族（《史補》），謁承明之廬（《三國志注》）。由衆妙以入（《老》），自不二以殊（《寺碑》）。斯門之韻事也歟。

官廨

《周禮》"八法治官府"，什者曰"百官所居"，此則官廨之説也（《什名》）。群聚不散（《左傳疏》），嗣續靡他（《侯鯖録》）。御正朝而亦名，不知何起（《類聚》）；指府廷而通謂，或有小訛（《續世説》）。傊舍而居，恐有稽緩泄漏之慮（《石林燕語》）；向明而治，試聽夙興夜寐之歌（詩）。雖一日必葺（《左》），縱已去猶完（蔡凝）。無第言池壁之欠事（韋仁壽），

① 《東觀漢記》"柳"作"郅"。
② "《竇憲傳》"疑誤，見《三國志·王粲傳》："獻帝西遷，（王）粲徙長安，左中郎將蔡邕見而奇之。時邕才學顯著，貴重朝廷，常車騎填巷，賓客盈坐。聞粲在門，倒屣迎之。"
③ 《宋書·符瑞志》"澆"作"繞"。

其安用屏障之殊觀（《晉書》）。憐以左遷，競老幼無須加督（寇準）；快從清僻，絕妻子並不之官（本傳）。茅屋與安，闢小湖而了官事（羅含）；私家得當，界中雷以伺朝班（《揮麈錄》）。野鳥至止（朱信），神雀于飛（張敞）。惜蔽芾而勿剪（《詩》），賦綠莎以生輝（《雞跖集》）。訝風雨之驟至（《南史》），尋車駕之臨予（王俊）。衣冠從其日夕（《南史》），弓矢見於丈餘（《舊唐》）。雅念遺骸，重獲金吾之報（《廣異集》）；常先孤穴，應期墨綬之除（《幽明錄》）。訟搆庭中，毋讥負乘（《水經注》）；詣徵廷尉，詎畏檻車（《杜預傳》）。則夫憶蓋公黃老之言，愴惶而避席（《後①漢》）；繼曹參後園之請，掩匿而呼盧（上）。都督若羊公，怪將終絕（《晉》）；宰治非房珇，利誰與居（《唐》）。茹古氏曰：起居坐臥，俯仰接遲，古者在官言官，在朝言朝，在府言府，在庫言庫，誠非後世禄仕者比也。吾政恨其以傳舍而視之也。

齋舍

齋居有名，非古也。至於公家學校，自胡安定始置治道等齋，以爲諸生肄業之地，此其作古者乎（孟子俊《求齋名書》）。余觀孫公之閉戶（《先賢別傳》），董子之下帷（《漢書》）。韻者綜覈，諸家學士以相推重（簡文帝）；不韻者沓雜，小吏案牘以供指麾（《襄沔記》）。王褒之書，野王之畫，俱稱雙美（《南史》）；甘露之降，白雲之繞，不愧兩奇（《襄沔記》）。《周易》之脱稿有時，晤偕女艷（《輿地志》）；文章之夙願未了，妙絕醫師（《東齋記》）。燕處東偏，則左山右林之相映，日與休偃（《畫舫齋記》）；卜居大隱，則夷下銳上之盡善，聊足棲遲（朱熹）。香或凝于舊寢（曾肇），藥有餌于瀼西（陸游記）。何龍盤之至止（桓温②），那漁浦之多迷（嚴維《高齋詩》）。若其敬不可懈（朱晦菴箴），坐每以忘（《莊子》）。傲怡容膝（洪景盧齋），拙守盱江（張南軒）。于以題德星于望族（《孔

---

① “後”爲衍文，見《漢書·曹參傳》。
② 《晉書·劉毅傳》“温”作“玄”。

帖》），鬭松雪于堂皇（《肆考》）。名流引于朝夕（蔡凝），吏事老于平常
（胡定）。拂拭几案也，有如措置公卿；呼吸童子也，有如畢力赴敵；撫
髀露腹也，有如休沐醉吟：斯浩然之不可惑（馬存記）。而雷在地以中
復，蠖因屈以求伸，抑潛處之所自方（晁補之記）。飛以大白，竭江淮之
產而靡惜（《國史補》）；記以流寓，罹黨錮之禍而彌芳（《山堂肆考》）。
噫嘻！流水周于舍下，柏木幾于萬株（記）。花塢藥畦之景會（《長安
志》），風亭水榭之環鋪（《舊唐》）。或緩步花徑（《〔吳越〕①備史》），
或浮宅舳艫（王維）。何似高峰，作家山于申甫（《長慶》）；鎋來玉尺，例
比德于長夫（李幼卿）。第一草一木之平泉，今屬誰家之子（《玉泉雜
記》②）；乃偕飲既翁之家墅，猶傳案上之書（裴休）。有舍如茲：一泓半
畝，三徑長廊；晚山翠映，初日暈陽；草樹混淆，枝格相交；山爲簀覆，
地有堂坳。撥蒙密兮見窻，行欹斜兮得路。蟬有翳兮不驚，雉無羅兮何
懼。主人如此進退，今古響答宮商。或排空而叫閶闔，或枕流而詠滄浪。
琴無弦而有趣，酒徐酌而靡量。一顛白日，幾熟黃粱。驚漁歌于野岸，
拾唄響于禪方。山林而去寂寞，城市而絕囂喧。主人曰：余何知蠻觸之
有人世，虱處之在吾裩。

苑囿

天子曰苑，諸侯曰囿（《左》）。取生氣于東方（《白虎通》），考分野
于昴宿（《隋·天文志》）。先聖僅足于觀望勞形，豈盡好儉而惡費哉
（《呂覽》）。則有黃山（漢）白水（《京邦記》），甘泉（《〔三輔〕黃圖》）芳
林（上）。遠帶丘荒，周旋封域，殆幾千里（《漢記》③）；銀樹千尋，玉臺

---

① 據《天中記》卷十五補“吳越”二字。
② 《天中記》卷十五“玉泉雜記”作“平泉草木記”。
③ “《漢記》”誤，見《後漢書·梁冀傳》。

百尺，未盡長吟(《梁記》①)。穿池搆山，潛形者二百餘步(《渚宮故事》)；連房交閣，徒役者二萬餘丁(《晉·載記》)。剪綵爲花，則美女千騎，試作清夜從遊之曲(《續世説》)；當啖更植，則花石怪色，何圖男女私褻之行(《南史》)。于以昭祥，異物梯航而至(《洞冥》)；于以遊樂，光風傍樹而生(《〔西京〕雜記》)。賓客偕遊，試作中郎之記(《梁》)；宦官可遣，能無長吏②之争(《新唐》)。噫嘻！誰用竿而詔以下(《水經》)，無適嘍③而麓不聞(《晉語》)。所以禦灾(《周語》)，聊足活民(《韓》)。因之以原野(東都)，應之以德星(《禮機命微》④)。樵蘇往而無忌(《魏都賦》)，葵織比而相形(《舊唐》)。豈復逞此雄心，奮兹神武(《唐》)；奈何任可録事，罰在居停(東昏侯)。則又以覓博望之故址(《漢》)，考覆舟之舊壘(樂遊苑)。進士與宴(瓊林)，賢士多思(《〔西京〕雜記》)。法在不赦(《漢記》)，約借以期(《宮苑記》)。而不見齊後主之仙都，功纔告就(《南⑤·五行志》)；西域國之佛舍，異記特施(《雜記》)。蓋無愛于騶虞麋鹿(《封禪〔文〕⑥》)，何私于神爵麒麟(揚雄)。其解帶移鞍以即事(宜春苑)，其賞花釣魚以賦詩(宋)。余讀徐鉉序，望薄嶠之嶺崟⑦，祝爲聖壽；泛潮溝之清淺，流作恩波。歆歟休歟。

---

① "《梁記》"誤，見《天中記》卷十五引梁紀少瑜《游建興苑詩》："玉臺極百尺，銀樹起千尋。"

② 《新唐書·蘇良嗣傳》"吏"作"史"。

③ 《國語·晉語》"嘍"作"嘍"。

④ "《禮機命微》"當作"《禮稽命徵》"。

⑤ "南"當作"隋"，見《隋書·五行志》。

⑥ 據司馬相如《封禪文》補"文"字。

⑦ 《天中記》卷十五引徐鉉《北苑侍宴詠序》"望薄嶠之嶺崟"作"望蔣橋之歘崟"。

第十八卷

筆

余讀《毛穎傳》："穎者中山人也，秦皇帝使蒙恬賜之湯沐而封諸管城。"（《韓集》）漬毫端于一勺，施墨妙于八行（竇臮《五色筆賦》）。雖發迹于衆毫，誰①難脱穎；苟容身于一管，豈是鋒芒（常②充《筆賦》）。説者曰：筆者，畢也。形舉而情序矣。又曰：筆者，意也。意到而筆到焉。博古通今，雖間世可知也；策功行賞，何萬户足道哉（制）。刀稍文陣（羲之《筆陣圖》），鋤耒詞圃（《語林》）。吟詠之時見囓（相如），中宵之間夢吞（《筆髓》）。曰床曰枚（梁令云），如鑿如椎（上）。無分羊鹿（陶〔隱居〕③），間取麝狸（鄭公虔）。所謂四絶，元鋭之有當（《硯書④》）；厥惟三品，盛德之永宜（《梁書》）。江城⑤下濕之餘，中山處乏（《天中》）；東魯《詩》《書》之國，方策如斯（《困學紀〔聞〕》）。石鼠潛踪（《天中》），緣木浪名于虎僕（《博物》）；人鬚責直（上），柱髮偶及于嬰兒（《天中》）。取其三重五束（賦），定其二握九分（王羲之《筆經》）。毛細之去鋒長，斯爲妙矣（《能改齋漫録》）；綴珠之與飾璧，安足貴云（王羲之）。茹古氏曰：傭書有日（《〔東觀〕漢記》），持橐何時（《漢書》）。

---

① "誰"當作"誠"，見韋充《筆賦》。
② "常"當作"韋"。
③ 據《天中記》卷三八補"隱居"二字。
④ "書"當作"譜"，見《硯譜》："（石虛中）與宣城毛元鋭、燕人易玄光、華陰褚知白皆同出處。"
⑤ 《天中記》卷三八"城"作"東"。

青鏤密授(《梁書》①)，疋錦夢思(《齊書》)。點可在額(上)，大或如椽(《晉書》)。賜之佳博物之志(《拾遺》)，給之成游獵之篇(《史》)。檄有操于阮瑀(《文士傳》)，賦已就于禰衡(本傳)。畫以荻(《陶弘景傳》)，削以荆(《拾遺記》)。逢王粲兮見閣(《魏志》)，遇陸機兮欲焚(陸雲《與兄書》)。門庭藩溷之間，皆爲措置(《後漢》②)；晝行夜寢之際，那事紛紜(《東觀漢記》)。若乃蛇唧可卜(《魏志》)，蠅集有知(《晉書》)。詞人多忌(《典略》)，静女其貽(《詩》)。於以事絶夏后(《魏士傳》)，晦處僧虔(本傳)。過則伺之周舍(《韓詩外傳》)，諫乃比之公權(《唐書》)。向北辰而磬折(《搜③神》)，入甘露以參聯(《〔景〕龍文館記》)。懸蒸有會(經)，痛頡從年(上)。獻可晝日(《天中》)，夢可上天(五代和凝)。陳破賊之形，無妨染血(謝承《後漢》)；摹敢死之士，立且摩肩(《唐書》)。裂土侯封，丈夫有期于異域(《東觀漢記》)；長鎗大劍，毛錐何累于青氊(《五代史》)。再擁節旄，憶華山之禱(趙瑩)；旋知貢舉，看邏店之緣(《五代史》)。爲請謁之布衣，從教禽化(《大唐奇事》)；爲起舞之妖物，乃見雞連(《葆光録》)。禮嫌親授(蔡琰)，典詗備員(《隋書》)。任詩以敵(《梁史》)，廣談曷先(上)。事傳于冥判(《天中》)，用藉于病顛(王祐)。光則舍利之放(楚金)，臺則高揭之偏(《〔御史臺〕④記》)。試寶家傳右軍之帖(《類説》)，尋檢涅槃惠遠之詮(《天中》)。豈謂化仙吟嘯，于道宫佛院而有得(石晉)；自非人力精絶，于人馬山水而稱妍(《盧氏雜説》)。舞袖沾裳，縱以臨池之興(裴休)；累金豐帛，垂以賣文之涎(《〔翰林〕⑤志》)。遡所得于白雲先生之法(羲之)，貲所費于晉陵太守之賢(范岫)。又何不纍纍多智永之塚(本傳)，而津津廣《南部》之傳(《大

---

① “《梁書》”誤，見《南史·紀少瑜傳》。
② “《後漢》”誤，見《晉書·左思傳》。
③ “搜”當作“援”，即《孝經援神契》。
④ 據《天中記》卷三八補“御史臺”三字。
⑤ 據《天中記》卷三八補“翰林”二字。

業〔拾遺後序〕①》）。客有學書臨水，負笈辭②山，含毫既至，握管未還。《銘》曰："文乎文乎，有鬼神乎；風水惟貞，將利其子孫乎。"

硯

有子墨客卿，從事于筆硯之間，學舊史之暇日，得美石于他山（黎逢賦）。温潤稱珍，騰異彩而玉色；追琢成器，發奇文而綺班（張可③傳《石硯賦》）。人情厭常喜新，顧維塵埃之物；少年好古博雅，不遺斷缺之文（賦）。盈虧伺月（《天中》），隱覆從雲（上）。迅狀如龍遇陰晦，雲興霧障（《揮塵録》）；翹駐有鷺轉石岸，色映聲聞（《天中》）。則求之馬肝敷彩（上），斗宿星文（上）。圓暈敷重，活眼淚眼死眼而較勝（《硯譜》）；紅黃相錯，山峰林木花草而絶群（《澠水燕談》）。斧柯從出（《硯譜》），絲几頻乘（《西京雜記》）。木則貴其能軟（傅玄《硯賦》），玉則取其不冰（《〔西京〕雜記》）。胡然歲至，丁僑回憶封題之舊（《揮塵録》）；果而居奇，海嶽代增賞鑒之靈（《漁陽石譜》）。計擔水之餘，誰爲估直（孫之翰）；就擲地之狀，那弗屏營（《硯譜》陶穀）。翔鳳之侈殊觀，禁錮有日（《南史·記④》）；銅雀之尋遺趾，市儈誰獧（《〔文房〕四譜》）。不頑⑤不羨，紀稠桑之盛事（《資暇集》）；與灑與染，寶岡栗之佳珍（《李〔白〕集》）。會稽之有老叟（《硯譜》），石晉之有達人（《天中》）。神所得于鴻氏（《〔文房〕四譜》），隆所遇于龍紋（《新安〔志〕⑥》）。云何青衣迎入（東坡），湘水遥分（《異苑》）。結鄉隣于李氏（衛公），作城池于右軍（《筆經》）。雅念同盟，幾拜侯封之寵（《漢》）；還思一本，長憐孺

---

① 據《天中記》卷三八補"拾遺後序"四字。
② 白居易《雞距筆賦》"辭"作"登"。
③ "可"當作"少"。
④ "記"當作"紀"，見《南史·梁武帝本紀》。
⑤ 《資暇集》"頑"作"刓"。
⑥ 據《天中記》卷三八補"志"字。

慕之真(《〔陳留〕①志》)。博物賞于張華，不爲承乏(《拾遺》)；議事争于王鐸，且見生嗔(《〔唐〕語林》)。聲價已高，故作丁丁之响(鄭朗)；法物具在，時看淙淙之鳴(《東坡雜記》)。如是蟾蜍與獲(《西京雜記》)，芝草從生(《天中》)。侔夏鼎之三趾(繁欽讚)，異孔廟之大成(《從〔征〕②記》)。磨礪以須王出，提挈而當案前。萬斛之所從汲，圭角之所必捐。磨不璘，涅不緇，屹然雅操；圓成規，方成矩，凜若匪才。洗以索般，譽乏山公之啓；書難自鬻，達可右生之媒。吾于是得養生焉，以銳爲體，以動爲用。或曰：壽夭，數也，非銳鈍動靜所致借。借令筆不銳不動，吾知其不能與硯久遠也。雖然，寧爲此而勿爲彼也。

紙

漢儒推尊誼、仲舒，至矣。然于誼曰賈生，于仲舒曰董生，友之而已。獨于楮先生者師之，其爲世所崇尚如此。古人竹簡編書，有當結繩之用(《什名》)；嗣後帛縑廣幅，猶沿方絮之名(上)。從系從巾，亘古今了不相及(王隱《晉書》)；曰番曰幅，于載籍別有可評(《北夢③録》)。毋訛側理(王子年記)，推本蔡倫(譜)。物在人亡，耒陽其舊識(《湘洲録》)；代淹世遠，雪苑以如神(元賈著《蜀改命譜》④)。余試疏其名乎，胭脂染色(元賈⑤譜)，柜柳飛香(劉恂《嶺表異領⑥》)；擬玉以屑(上)，錫銀以光(《丹陽記》)。賦鸞箋于蜀樣(韓浦詩)，承鳳詔于堂皇(《鄴中記》)。決勝琅玕，那見異蜂翔集(《酉陽》)；薦兹典乘，伊憐朱烏搏傷(《杜陽編》)。若是寄情思于松花，恨深烟水(《牧竪閑談》)；聚唱和于玉葉，韻絶縹囊(《三水小牘》)。蘭亭縱其逸興(本傳)，桑根世其守藏

---

① 據《天中記》卷三八補"陳留"二字。
② 據《天中記》卷三八補"征"字。
③ "夢"當作"户"。
④ 《天中記》卷三八"賈著《蜀改命譜》"作"費著《蜀箋紙譜》"。
⑤ 《天中記》卷三八"賈"作"費"，即"費著《蜀箋紙譜》"。
⑥ "異領"當作"録異"。

（《〔文房四〕譜》）。出異藍雲（段成式《詩序》），凝類皓霜（《方輿勝覽》）。豈麥菊稻稈之無取（《録異》），而藤苔霜竹之非行（上）。則又疏其事乎，干寶撰記（表），杜暹懷歸（《唐書》）。卧布陶兮相補（謝承書），給薪爨兮無違（《抱朴》）。柿葉廣慈恩之惠（《林邑記》），桃花侈中翰之奇（唐）。贊得失于魏武（魏武令），約貢獻于和熹（《東觀漢記》）。注繕起居，精求秘府之物（虞預）；兆先補闕，聿占郴國之禧（《因話録》）。紀召對之美談，蠟濡有當（《唐史》）；成清白之世業，湘纍何爲（《梁史》）。嗟從張永（《宋書》），索自羲之（《語林》）。逞徑丈于韋誕（《〔三輔〕①決録》），工啓事于孝威（《語林》）。賦就子虚，價重而幸逢得意（《漢書》）；兵興吴下，画裂而早識意其（《神仙傳》）。夫錢氏得從躪役（《植杖閑談》），義陽聊爾充饑（《顏氏家訓》）。詔勅施行，純黄免于虫蠹（《唐書》）；按彈故事，全白例見龍墀（《柳文故事》）。一事而重叠相看，請由光始（《拾遺》）；如許而鑽研日在，疇曰蜂知（《傳燈》）。廉方有則，體潔性真（傅咸賦）。陋癡人之刻葉，異墨客之夭藤。邊幅未易盡，卷舒不言勞。豈陳玄毛穎之流，力期推挽；念左伯楮公之屬，久歎寂寥（褚知白《謝表》）。一紙賢于從事，千卷重于斯文（又賦）。嗟哉！豈不裁其偏側，束以繩規；幡然而起，賁然來思。

墨

　　概自《周書》有涅墨之形，《莊子》舐筆和墨，晉公墨纕②，邑宰墨綬，是知墨其來久矣（《天中》）。義取于晦（《什名》），象同于陰（《真誥》）。古人灼卜而先畫（《説文》），官司戒石以名箴（《左》）。曰螺曰蠡，曰丸曰枚（《天中》）。五尺衡其數（《爾雅》），四和美其才（《〔春渚〕紀聞》）。色以別下（《左》），子則是卿（揚雄）。吾觀漢制尚書之起草（《〔漢〕官儀》），唐時賢院之成名（《藝文志》）。畜以成莊，家藏何盛（《韻府》）。遲之入

---

① 據《天中記》卷三十八補“三輔”二字。
② “纕”當作“纙”，見《左傳·僖公三十三年》。

夢，袖手已盈（王勃）。其以婉之多知，用精醫藥（《瑣碎録》）；抑海人之無行，繕寫券文（《本草》）。余又考神仙之説，或以入木（傳），如是救焚（《神仙》）；因紀怪誕之事，昏因相祝（《〔文房〕四譜》），跋陁絶群（上）。驗之日用，經歲無减（《〔文房四〕譜》）；和之樊櫬，設色如斯（上）。如黳石鎗鎗聲遠（《〔嶺表〕①録異》），值秋霖冉冉光垂（《天中》）。際可似刃（《〔文房四〕譜》），圓或如規（上）。潑汁累山石之狀（《書斷》），灑地成科蚪之文（《拾遺》）。聽懸嶺之淙激（《新安郡記》），見盤龍之鬐鱗（《後山叢談》）。質堅以玉（《春渚紀聞》），色白以銀（《天中》）。箋奏何來，每從皓歟（《唐書》）；俘獲所有，詎不奇珍（《邵氏》《海録》）。用以濡頭，草聖工絶於張旭（本傳）；因之畫股，從衡調合于儀秦（《拾遺》）。朝會之儀謬誤，有罰于飲水（《北齊會朝録》）；净脩之業清狂，不耐于持平（《志林》）。污扇上成牸（《晉書》），就屏間點蠅（《吳志》）。或以草潁川之檄（《〔文房四〕譜》），詔御府之綸（《雜記》）。夢入畫僧，精妙有遲于醉後（《筆談》）；情間偷盜，治行益洽于明神（上）。夜半東齋，悟入瑤姬之話（《輿地志》）；居嘗牀笫，畫工阿敵之情（傳）。豈謂好事流傳，相憐亡恙（《仇池筆記》）；保無令史偶誤，反致妍生（《摭言》）。所延爲胡瑗孫復之徒，帳烟可識（《見聞》）；僻嗜以行甫浩然之輩，老病相驚（《仇池筆記》）。當陶雅刺歙之初，語自李超者似（《天中》）；遡易水渡江之後，或作廷珪者非（《〔遯齋〕閒覽》）。潘谷之券有存，衹發狂而浪走（《志林》）；淵才之橐不偶，任涉遠而幾希（宏書）。韻事則景焕儲才，願終身而托業（《清異》）；殺景則莽新竊據，視二陵以掃屝（《東漢記》）。于以探豹囊之具（譜），烏玦之奇（東坡詩）；又何必尋通人之弊（《志林》），而多玄中之悲也哉（上）。竈非肯媚，突不得黔。尺寸垂將來，敢作凌雲遠。計輕重未可問，寧覬死灰復燃。噫！實式松階，俾陛槐次。予不憚于研磨，爾益深于策勵。

---

① 據《天中記》卷三八補"嶺表"二字。

扇

伊彼紈素(班婕妤詩)，居然可珍。象明月以常滿(徐幹賦)，發惠風而愈新(曹植《九華扇賦》)。形五離而九折，箋釐解而縷分。傚虬龍之蜿蜒，結雲電之氤氳(賦)①。無謂其求進也，所以應時而至，待命而行；無謂其速退也，示不敢蔽人之望，掩君之明(賦)。有取鵲翅(《拾遺》)，具美象牙(《〔搜神〕記》)。六未有角(《晉》)，九則多華(《拾遺》)。綠沉之與紫紺(《鄴中記》)，桃枝之與木蘭(上)。大有遄于扶邑(《異物〔志〕②》)，長或肇自劉漢(《古今注》)。運七輪滿堂寒戰(《〔西京〕雜記》)，搖五明中外殊觀(《古今注》)。水或以灑(《〔唐〕語林》)，雲則以移(詩)。同心伊昔(《東宮舊事》)，比翼在茲(晉嵇含)。若夫博選良家，遇卞藩而敗興(《語林》)③；書精逸少，從老嫗以染翰(《晉書》)。道術之有幻形，橫流競渡(《續搜神》)；畫工之有特筆，咫尺飛巒(《齊書》④)。蒲葵非時，頓爭直于中宿(《晉書》)；草蟲得當，任把玩于非常(司馬君實)。出隴秋雲，王融之歎賞斯奇(《梁書》)；資清寒雪，桓胤之吟詠乃長(《世說》)。就飛蚊以志感(《漢紀》)，覓蛛網以愴神(《墨莊》⑤)。搖之相憐中夏(《語林》)，執之雅重垂紳(《漢書·張敞》)。溫

---

① 曹植《九華扇賦》"九折"作"九析"，"箋釐解"作"篋氂解"，"結雲電"作"法虹霓"。

② 據《太平御覽》卷七百二補"志"字。

③ "《語林》"誤，見《晉書·后妃傳》："泰始中，帝博選良家以充后宫，……后性妒，惟取潔白長大，其端正美麗者並不見留。時卞藩女有美色，帝掩扇謂后曰：'卞氏女佳。'后曰：'藩三世后族，其女不可枉以卑位。'帝乃止。"

④ "《齊書》"誤，見《南史·蕭賁傳》："幼好學，有文才，能書善畫，于扇上圖山水，咫尺之內，便覺萬里爲遥。"

⑤ "《墨莊》"疑誤，見《異苑》："義熙中，高平檀茂崇喪亡，其母沛郡劉氏晝眠，夢見崇手執團扇，云：'崇年命未盡，橫被灾厲，上永違離。今以此扇奉別。'母流涕驚覺，果于屏風間得扇，上皆如蜘蛛網絡，撫執悲恸。"

嶠之娶姑女(《世説》)，王敦之見伯仁(上)。疑庾翼之故物(《語林》)，
傲元①顯之通津(《梁書》)。隸事之賞爲多，掣從阿儉(《南史》)；樵容之
理未已，羞見郎珉(《晉書》)。遊飄支②影之精絶，搖者誰屬(《拾遺》)；
青綺紫絲之寵賞，召者何頻(《翰林志》)。吾又究彼酷吏(《〔邵氏〕聞
見録》)，廳此渴③人(《〔帝王〕世紀》)。那堪點眼(《世説》④)，隨任指
麾(《語林》)。勿羽翮有損少之歎(《晉中興〔書〕》)，勿笥篋有棄捐之
悲(班婕妤詩)。但舉絶其流輩(武儒衡)，工職守此清貧(何植)。無已王
莽之屏面(《漢》)，梁冀之擁身(《續漢書》)。比逐惡之光庭，實從至性
(唐)；少所見之范質，從似渺論(《聞見録》)。光搖懷袖，涼生毛髪。起
遐想于青蘋，引青颼于天末(賦)。苟效用之得所，雖殺身而可蒙。縱秋
氣之移奪，終感恩于篋中。嗟夫！用舍有時，出處有宜。彼狐貉之御冬，
豈當暑而亦悲。惟人亦爾，于物奚疑。

鏡

太陰之精，流爲金英。虛函不窮，萬象在中(崔應⑤《金鏡賦》)。均
曲池之引照，或淺或深；比太陽之圓明，不盈不闕。磨之白氊，拭之玄
錫，曾無點其纖塵(《淮南》)；陽隧以取，陰隧以取，更何蝕夫毫髪(魏
名臣奏)。則夫既明且好(秦嘉書)，不將不迎(《莊》)。玉匣方啓(句)，
秋水時澄(賦)；仙山並照，智水齊名(《東觀漢紀⑥》)。兩人相覷相見之

---

① "元"當作"子"，見《梁書·蕭子顯傳》："子顯性凝簡，頗負其才氣。及掌選，
見九流賓客，不與交言，但舉扇一捻而已，衣冠竊恨之。……及葬請謚，手詔
'恃才傲物，宜謚曰驕'。"
② 《拾遺記》"支"作"仄"。
③ 《帝王世紀》"渴"作"喝"。
④ "《世説》"誤，見《太平御覽》卷七百二引《俗説》："顧虎頭爲人畫扇，作嵇、阮
而都不點眼精。主問之，顧答曰：'那可點精，點精便語。'"
⑤ "應"當作"膺"。
⑥ "漢紀"當作"餘論"。

情(《漢書》)，忽而茂林叢竹，忽而流水芙蕖(《宋朝類記》)。忽而隱起雙龍，具體無異(《小説舊聞》)；忽而文成蝌蚪，更時自如(《博物①志》)。金輪晝轉(《廣異〔記〕》)，玉兔夜舒(《墨客揮犀》)。其七日而見神仙耶(《抱朴》)，其一旦而逢鬼魅歟(上)。遠之二千里之飛蠅，隱隱不絶(《南墅閒談》)；剖之三兩處之人物，歷歷相争(《塵史》)。鼓艷波中，肺肝兮如見(《松窻〔雜〕録》)；應聲影裏，屋漏兮揚明(《拾遺》)。三公叶其瑞應(《齊書②》)，“相”字美其休徵(《天寶遺事》)。青衣童子，坐酒樓終當化去(《外史檮杌》)；黄冠道士，泊風浪驚訝聞聲(《龍城録》)。内苑深宫，胡自胆張心動(《西京雜記》)；碧光絳氣，猶然洗玉塗金(《隋唐嘉話》)。病疴而起色(《天寶遺事》)，旱魃而甘霖(《異聞集》)。驂從杳朱衣之色(《玉泉》)，貂蟬揚緑緋之塵(《筆談》)。見爾前，必慮爾後(《大戴禮》)；照以内，更鑒以人(《符子》)。若夫張裕(《蜀志》)侯惇(《魏容③》)，每生嗟歎；楊真徐穉，世守清貧(《海内三④品》)。如是貌，如是才，見容當代(《舊唐》)；知興替，明得失，寧忘老臣(《唐書》)。張敵之燈燭誰施，相驚貧士(朱梁)；趙凝之衣冠日肅，拂可侍嬪(朱梁)。無疲屢照(《世説》)，有快磨瑩(《隋書》)。無混魚目(《尚書考異⑤》)，有失虎攖(《帝命期⑥》)。鵲立緣起(《神異》)，犬吠分明(《續搜神》)。遺之爲信(《三十國春秋》)，夢之得名(《梁書⑦》)。揚州之脩貢事(《國史補》)，道家之美聚形(《〔仇池〕筆記》)。吾且求好事之珍藏，社偕佳侣(《清異録》)；又何信妄言之禍福，耗厭友生(《續搜神記》)。响應不疲，封容成侯爵而朝請；冠冕偕進，號壽光先生而不名(《〔容成侯〕傳》)。夜懸高閣，遠映晴江。坐秦樓而對月，照魏乘而

---

① “物”當作“異”。
② “《齊書》”誤，見《南史·綦母珍之傳》。
③ “容”當作“略”，見《三國志·魏志》注引《魏略》。
④ 《天中記》卷四九“三”作“士”。
⑤ “考異”當作“考靈曜”。
⑥ “期”當作“驗”，即《尚書帝命驗》。
⑦ “《梁書》”誤，見《南史·到溉傳》。

起竉。豈獨淋漓玳瑁之床，澄徹芙蓉之帳。熒熒綺疏之下，皎皎青樓之上。有美人兮無至媒，餙娥眉而相向者也。歌曰：相期見膽，竊比臨池。倘先容之可致，庶斯焉而取斯。乃疵陋者，終忌積毀于上，以爲背面不相副；亦自病于篋中，不能以塵垢混其迹也。則大雅君子，既明且哲，以保其身，難哉。

鼎

　　以余觀于鼎也，九牧成貢（《〔史〕記》），三命與傳（《禮》①）。其足胡折，其趾胡顛（《易》）。致用王家，取崇貫之貴（《禮〔記〕》）；觀象犧易，利金玉之芳（《易》）。圜弇謂鬴，附耳謂鋮（《初學》）。諸侯之餙以白，天子之餙以黃（上）。下實上虛，外圓內朗（賦）。鏤厥奇狀，文有鸞鳳蛟龍；禦其不若，怪無魑魅魍魎（賦）。不灼自沸，不汲自盈（《瑞應》）。潛伏有會（史），望氣無憑（南越）。藏彼深山，則文明啓運（錄）；致諸堂陛，則興王崇禎（《瑞應圖》）。東南移耶，自郟鄏以來，當在何國（孫暢之記）；春秋侈與，自鄭重②以對，是否在躬（《東觀〔漢記〕》）。佐漢佐周，祇諛詞之至（漢武）；謀梁謀楚，將何途之從（《後語》）。數里自廣（南越），三斛見容（《起居注》）。守以一龜（《宦者傳》），大可九龍（《淮》）。璧先于荀偃（《左》），金淘于赤松（葛稚川）。狀之鉤而形似（漢武），照以夜而光濃（《晉陽秋》）。若乃危見魚沸（檄陳伯之），妖紀雉升（《書》）。玉瓶相把（注），銀甕時傾（錄）。不燃而熾（《杜陽編》），有毛以形（漢）。煎沙爛石之秋，山川有氣（《說苑》）；巫錦黃雲之會，祖禰多靈（史）。忽指爐石，工侯喜之作賦（韓）；別無鼓鑄，屬宣子之書刑（《左》）。崛起之英雄，負之而稱至味（伊尹）；慷慨之烈士，赴之而已捐

---

① “《禮》”誤，見《左傳·昭公七年》：“及正考父，佐戴、武、宣，三命茲益共。故其鼎銘云：‘一命而僂，再命而傴，三命而俯。循墻而走，亦莫余敢侮。饘于是，鬻于是，以糊余口。’其共也如是。”
② “重”當作“衆”，見《東觀漢記》。

生(文摯)。董卓云何,徒尊崇而加拜(録);王商得當,輸忠義以悃誠(上)。華督之賂非禮,從教納廟(《左》);王孫之辭正色,那許觀兵(上)。勿奬叛人,食邑兮有愛(管);光昭先業,冥府耶殊旌(孔悝事)。相視染指(《左》),併語造冰(《徐無鬼》)。蕭何之功久著(漢),陸遜之績已成(上)。非無見于義士(《左》),賜可拜于鍾生(録)。斯鼎也,非若醯壺醬瓶,可懷藏提挈;非若兔興狐逝,可旦至暮程(《策》)。較量于多汁少汁之間,烹雞何用(《邊孫①傳》);籌度于處艱處難之會,豢魚與爭(《策》)。扛之爲勇(〔項〕羽),舉以兼人(《淮》)。脂以身何訥(揚子),烹以死何嘖(主父偃)。魯或以其膻往(《韓非》),趙或以其人論(《史·平原傳》)。考之新故(《易》),盛以秋春(《賈誼傳》)。則吾亦愛吾者有如斯哉。

印

當司存之簿領,覽執事之巨細。《舜典》"輯五瑞",其璽印之所由始乎。群吏有虞其欺,故合之而給;天子不責于人,故司契而執(賦)。象其爲爪爲目(《説文》),辨其爲銅爲銀(《百官〔公卿表〕》)。通以六書,惟古文之有屬(《漢書》);足以五字,沿漢制之相因(《白帖》)。白下爲羊,豈一長吏文有互異(《〔東觀〕漢記》);官著爲令,彼二千石斷有專名(《魏〔書〕》)。龜則取蟄藏之義(《漢官儀》),虎則壯威猛之英(上)。則夫磊磊落落(《什海》),隆隆平平(《相印經》)。舉之坐中,雖玉質以何艷(《魏志》);係之肘後,故斗大以爲榮(《晉書》)。由錢穀以陟崇階,抱懲人望(記);乞骸骨以歸田里,冀想情親(裴寂)。重將之倚任方隆,控以忠嗣(傳);説客之合縱有日,佩自蘇秦(本傳)。若乃黄紙作書,安諸軍之反側(李崧);白茅受事,明五利之不臣(《史》)。當工賂進賄之餘,終秉筆而不敢下(程屏②);酌舉賢任職之事,一解佩而詎非真

---

① "孫"當作"讓",見《後漢書·邊讓傳》。
② "屏"當作"異",見《新唐書·程異傳》。

(孫)。司農倒之克壯(陳[1]秀實),節度假之見嗔(李藩)。從闕下而亡命(張敞),徙上谷而呈身(史)。揖遜主人之前,富貴其已足(蔡澤);周旋海島之上,往事以何殉(順宗五年)。豈謂步歸郡邸之臣,相顧失色(買臣);孰是朋黨充宗之客,具訝同人(《前·石顯》)。朝廷之信賞惟憑,無刓而不與(項羽);使命之往來以事,寧信不可論(《三國〔志〕》)。無干重譴(何洵直),第任緩求(裴度)。毋爲舛襲(《語録》),寧與狂酬(班[2]定遠)。行次餘干[3],乃中流而左顧(孔);相遊梁國,斯併附而景從(《海録》)。抱道何人,百步泥封,虎狼不敢近(《抱》);方回往矣,五祚[4]山迴,門户莫可封(《列仙》)。銷之幾敗乃事(《漢》),弄之熟視其中(《越光[5]傳》)。武功所收夏侯(《漢書》),段熲之流以枚以匱(《漢紀》);相法所始文長,仲將之輩誰吉誰凶(經)。乃急就用鑿,私記用刻,既不同鼓鑄于上古;而法之從刀,法之從筆,何不明篆隸之相通。故曰:雅佞[6]罔識,妍醜關趣,健弱關力,偏該關學,正傍關派。雖小道,必有可觀者焉。

香

凡香之屬皆曰香。遠聞曰馨,美者曰馥(音"史"),氣曰馡(《説文》)。余求之香市(《述異》)香户(上)香界香譜之别(《楞嚴》),抑索之或木或草或龍涎或麝臍之靈(《香品舉要》)。蘭蕙桂椒,名不先于漢代

① "陳"當作"段",見《新、舊唐書·段秀實傳》。

② "班"疑作"王",見《新唐書·李説傳》:"(王)定遠自以有勞於説,頗横恣,請别賜印,監軍有印自定遠始。於是擅補吏,易置諸將。"

③ 《晉書·孔愉傳》"干"作"不"。

④ 《列仙傳》"祚"作"柞"。

⑤ "越光"當作"趙堯",見《漢書·趙堯傳》:"高祖持御史大夫印弄之,曰:'誰可以爲御史大夫者?'孰視(趙)堯曰:'無以易堯。'遂拜堯爲御史大夫。"

⑥ 鍾惺《語石齋私印譜序》"佞"作"俗"。

（上）；朱煙青火，詠僅及于爐銘（《演繁記①》）。豈武帝窮極侈淫，史氏忘所未有（上）；乃王母奇傳名異，後人好事聲稱（上）。以之廣佩，以之供焚（《舉要》）。表三洞兮珠錯（《三洞珠要②》），准百刻兮篆文（《〔陳氏香〕譜》）。從紫囊以戲睹（謝玄），自瓦棺以長聞（《韻府》）。薰于鄭姬（鄭注），啖自瑤英（《杜陽編》）。灑衣而衣可敝（周顯德五年），坐席而席可更（荀令）。舉之袖郁然滿室（《歸田録》），懸之帳粲矣連床（《鄴中記》）。謂草木之無情，溪流自在（《唐書》）；謂星辰之寡識，鶴羽曷將（《本草》）。披草負笈之流，匪關同調（《〔陳氏香〕譜》）；旅山旖峰之舉，雅擅孤芳（《清異録》）。授自秘書，芳分于芸草（陳集）；詞删花譜，恨寓于海棠（《詩話》）。頓有精摩，將思妍而脩入（黃山谷論香）；癖從至性，毋事廢而形忘（《清異》）。厭茲虜氣（譜），喜竊涪陽（譜）。三叠③三浴（《國語》），以都以梁（《廣志》）。刁存之便宜欲就（漢），天錫之富貴幾當（《肆考》）。括以御史之職（《玉塵〔集〕④》），握以尚書之郎（《漢官儀》）。吾有異返魂之謬（《香譜》），而亦假效響之驪（《襄陽記》）。正可解疫（《博物志》），邪不辟寒（《述異》）。餬壁塗欄，誇勝于芍藥盛開之會（唐）；騰車煎甲，競侈于宮中除夕之常（隋）。丁謖妍思，鏤怪獸奇禽，自然生動（《〔西京〕雜記》）；楚蓮驕態，看蜂狂蝶舞，多否神王（《遺事》）。中國之有聖人，其搜奇而剖異（《十洲》）；舉朝之盡蠱媚，誠鼻塞而口張（《仇池〔筆記〕》）。夫然有樹非林，有孔非泉（《集異記》）；非空非水，非火非烟（香巖童子）。禁烟者豈曰初政（魏武），成穗者或亦偶然（《傳燈》）。較勝以西湖之風月（詩注），佐會以南海之駢駢（《唐傳》）。梅詢舫其舊癖（《歸田》），韓壽假其良緣（傳）。如是馮録事之拜勑（元宗時），趙清獻之告天乎（本傳）。

---

① "記"當作"露"。
② "要"當作"囊"。
③ 《國語·齊語》"叠"作"疊"。
④ 據《雲仙雜記》卷一補"集"字。

屏

屏者，扆之遺象也（《三禮圖》）。舍則潛避，用則設張；立必端直，處必廉方（李尤《屏〔風銘〕》）。且也夜如明月入我室，曉如白雲圍我床（白居易賦）。連①以文錦（句），映以硫黃（羊勝賦）。注意校仇，明千秋之得失（劉向《七略別傳》）；留心墳典，搜往代之明良（《唐書》）。圖有徵于瑞應（《古今注》），銘有切于農桑②（《三輔決錄》）。而況是父是子，轟然並列（紀亮）；門生座主，相值同堂（鄭弘）：謂非屏之佳話也歟。乃若醉踞妲己，作長夜之樂（《漢書》）；饋遺飛燕，叶婉孌之情（《〔飛燕〕外傳》）。拾翠竊香，當壚解佩之人，姓字可參于卧榻（《楊妃外傳》）；當熊捫蝨，剪鬢攬髮之事，圖畫具列于庭甍（《合璧》）。好合門楣，恰良緣以幸中（竇氏）；踏歌床第，因醉客以相迎（《酉陽》）。馥馥吹來，則孫侍兒之夜直（《拾遺》）；鏗鏗送遠，則王美人之琴聲（《三秦記》）。勁健越于七尺（《〔西京〕雜記》），張皇徹于兩楹（顏延之）。詔書有事（《漢書》），檄草已成（《續晉陽秋》）。于以屬其紀事（《春秋後語》），具以聽其擇昏（《〔東觀〕漢記》）。立可蕭彪（《京兆舊事》），排可王琨（《宋書》③）。無言教詒（《漢書》），豈患體羸（《語林》）。飲況自豪，蝶或適招其夢（本事）；化工在手，蠅或巧副其名（《吳志注》）。風韻何來，擬之屈曲從俗（《南史》）；談鋒不輟，從教偶誤相傾（《齊春秋》）。術士之牽，率以時寣寐，而濡迎有先于東觀（《唐宋遺史》）；少年之謝，無與語狼狽，而走妬有極于中兵（《俗説》）。玉石有分，豈戶外侍人模之，方知有間（《拾遺》）；琉璃可作，彼神臺物色映之，更已絕瑩（《漢武故事》）。吾以徵其奇，妖何在月（武三思）；吾以明其侈，母亦從雲（王莽）。植之為篷竹，若供其儉德（《晉》）；剪之以甲蟲，何事于繁文（《洞冥記》）。因是有取于素屏焉，不文不飾，不丹不青，當世豈無李陽冰之篆文，張

---

① 羊勝《屏風賦》“連”作“飾”。
② “桑”當作“傷”。
③ “《宋書》”誤，見《南史·綦母珍之傳》

旭之筆跡，邊鸞之花鳥，張藻①之松石。吾不令加一點一畫于上，欲爾保真而全白(《白〔居易〕集》)。

几

　　古者坐必設几，所以爲依憑之具者也(《説文》)。在聖主不倚(昭之②)，非尊者莫施(《叢談》)。既拂而獻矣(《禮〔記〕》)，亦操而從之(上)。昉自軒轅，制作若爲闕事(李元升《几銘》)；遵兹《内則》，敬共具有素心(《〔周〕禮》)。嘉③之綈錦(《西京雜記》)，餙以黄金(《漢武内傳》)。味以百而美麗(《幽明録》)，色以五而離披(《鄴中記》)。白日飛昇，往見虎之附翼(《會稽典録》)；朱門傲睨，寧必鵠之閑棲(《語林》)。投之深智伯之怒(《左》)，斫之重吕布之噬(《魏志》)。奮髯而抵(《漢書》)，拔戟與推(《魏志》)。仰天似喪其偶(《莊》)，踏露自罹于危(《後漢》④)。巧擅班輪，從山君以相召(《異苑》)；望隆公輔，贈儀同以何爲(《晉書》)。古人之風，深嘉不已(《齊春秋》)；太傅之德，憮憶于兹(《〔東觀〕漢記》)。吾觀逸少之興到而書，真草相半(《晉書》)；再觀阮籍之醉扶而起，使命奔馳(《竹林七賢傳》)。憶前代之舊臣，特申追寵(《陳書》)；恤當朝之元老，靡靳惠遺(魏舒)。從之共卧(《〔東觀〕漢記》)，或以相憑(姚信《士〔緯〕⑤》)。當流矢雨集之時，論議自若(東漢)；豈滴漏霜凝之會，夢想不勝(後魏)。狐何資于房壽(《雲仙散録》)，烏有詠于杜詩(本集)。凶仍而吉變(《〔周〕禮》)，饗射而登祠(上)。其春官之所有司也歟。亂曰：軫其曲，脩其直，是憑是式，惟爾之德。

---

① 白居易《素屏謡》"藻"作"璪"。
② "之"誤，見《左傳・昭公五年》："是以聖王務行禮，不求耻人。……設机而不倚，爵盈而不飲。"
③ 《西京雜記》"嘉"作"加"。
④ "《後漢》"誤，見《魏書・咸陽王元禧傳》。
⑤ 據《天中記》卷四八補"緯"字。

杖

陸賈《新語》："居高處上，則以仁義爲巢；乘危履傾，則以聖賢爲杖。"問之有貴賤(《吕覽》)，持之在傾危(《説文》)。伊耆供齒之用(《周禮》)，武王嗜慾之詞(《〔大戴〕禮》)。執末兮相獻(《禮記》)，在函兮成儀(《周禮》)。餂之鳩乎，義有取于不噎(儀志①)；解之虎耶，間有乘于所司(黄魯直贊)。《洪範》五行之文，從黄衣而日授(《拾遺》)；糜竺千間之庫，憑青氣以雲垂(上)。懸崖可掃(《宣室志》)，刻塔胡先(《塔寺記》)。葛坡②之所變化(《神仙》)，鄧林之所滋延(《山海經》)。占吉于夢(《魏志》)，引諱以偏(《談藪》)。酒酣兮説劍(《典論》)，任誕兮掛錢(《晉書》)。逍遥行歌之日(《禮〔記〕》)，長生不死之年(《本草》)。龍若可乘，訝光彩之滿室(《南康記》)；鶡于何覆，異飛疾之從天(《神異經》)。再信宿而還魂，癘從泉下(傳)；五百人而説法，叩且直前(法顯)。然則藜爲原憲(《莊》)，金爲少千(《搜神》)。逾大厦③以作市(《史》)，自扶風以經還(《〔漢武〕④内傳》)。象箸柄之纍纍(《晉書》)，拾藤葉之戔戔(南陽)。日精有氣(《〔劉根〕⑤別傳》)，銀角從傳(《與楊彪書》)。那歡而合(《五代·劉銖》)，勿規而圓(《唐史》)。于以守朝廷之法(後周)，遵先子之言(庾袞)。斯寵綏于衰朽(後魏)，而無驕褰于少年(《新序》)。先生笑而言曰：潘岳《秋興》，稽生倦遊，桓譚不樂，吳質長愁，並皆年華未暮，容貌先秋。然則開木瓜而未落，養蓮花而不萎，將以養老，將以扶危。先生疾趨而起，於以搏虎豹而逐熊羆。

---

① "儀志"未詳，見《太平御覽》卷七百一十作"續漢禮儀"。
② 《神仙傳》"坡"作"陂"。
③ 《史記·西南夷列傳》"厦"作"夏"。
④ 據《太平御覽》卷七百一十補"漢武"二字。
⑤ 據《太平御覽》卷七百一十補"劉根"二字。

席

席者，釋也。其爲虚左之問(《史》)，待聘之珍(《禮〔記〕》)。試遡黄帝蘭蒲之詔(《拾遺》)，桀紂文綺之塵(《六韜》)。臣不敢以憂侍坐(《晏》)，君不敢以鑒忘身(《古①戴禮》)。豈以餻車，微嫌犯上之義(《韓》)；無因煬竈，相看舍者之論(《列》)。渡口徘徊，堅冰而利涉(《後漢》)；柳間庇陰，茅茹以藏真(《汝南先賢》)。有紀重坐(殷亮)，不愧無完(《良史②傳》)。何緣以綵(《唐》)，第設以單(《〔益部〕③耆舊》)。就省叔賢之家，談鋒起于桑下(〔謝承〕④《後漢》)；共事故人之野，盻睞絶于車端(《齊春秋》)。金何籍于陽邁(《宋書》)，蒲可編之郭丹(《〔東觀〕漢記》)。如充國之信威異域(本傳)，如來歙之置酒高歡(《後漢》)。時政敷陳，持筐辨⑤髮之行藏，不堪一過(代宗時事)；烟霞嗜癖，駟馬高車之舉止，固已羞看(《高士傳》)。徐稚李贄之流，相邀禮絶(《〔會稽〕⑥典録》)；張儼朱異之輩，疇語才難(《文士傳》)。則夫嫌以子敬(《西京雜記》)，激以蘇秦(《史》)。石虎之爲豪客(《鄴中記》)，白鹿之有神人(《成公興内傳》)。俛首于長樂(《後漢》)，奮臂于家令(《史》)。覓快壻而別設(後魏)，求吾友而若屏(《齊書》)。縶博士之説經，奪者無筭(《家傳》)；值主人之宿客，撤者奚辭(〔王隱〕⑦《晉書》)。或拂簾幌，或落糞溷，悲人生兮不偶(《世説》⑧)；同之司隸，同之尚書，快獨坐兮無欹(〔光〕⑨武帝)。回風之美(《〔西京〕雜記》)，

---

① “古”當作“大”，見《大戴禮記·武王踐阼》。

② “史”當作“吏”，見《晉書·良吏傳·吳隱之》。

③ 據《太平御覽》卷七零九補“益部”二字。

④ 據《太平御覽》卷七零九補“謝承”二字。

⑤ 《舊唐書·代宗本紀》“辨”作“辮”。

⑥ 據《太平御覽》卷七零九補“會稽”二字。

⑦ 據《太平御覽》卷七零九補“王隱”二字，以別于房玄齡《晉書》。

⑧ “《世説》”誤，見《南史》《梁書》之《范縝傳》。

⑨ 據《後漢書·宣秉傳》補“光”字。

半月之奇（《拾遺記》）。于象則牙（《神仙傳》），于虎則鬣（《古今注》）。岱輿山燋，鳥跡所不敢近（《拾遺》）；濡奸葉紺，海人所以相師（上）。擁自昭陽，望之者無能注視（《西京雜記》）；覆來瀛島，浣之者日事紛披（上）。如之何，斯君子之攸宜也哉（張純賦）。

簾

户幛爲簾（詩），草色入之（杜①）。緯蕭之爲素業（《莊》），蓬薄之爲土宜（《方言》）。于彼仙靈，色有聯于翠羽（《洞冥》）；因之漸水，餚有燦于珠璣（《三秦〔記〕》）。風至和鳴，如珩珮之響集（《拾遺》）；水波盪漾，若龍鳳之祥輝（《西京雜記》）。日事刑名，夙夜而甘岑寂（《南史》）；晚躭音樂，艷冶而弄驕姿（《梁書》）。乃若清風逸于三至（《國史補》），苦節篤于重幃（沈麟士）。入成都其憒憒（《漢書》），望首陽以遲遲（《汝南先賢傳》）。龜甲而神典籤之命（《齊書》），軍政而拾參箸之遺（《唐書》）。寵幸相邀，五色之明珠莫禁（謝綽《宋拾遺〔錄〕》）；德只自命，一庭之布縷相師（晉東宮故事）。豈爲嚴武之殺機，指顧者再（《唐史》）；豈爲張説之要地，依附者幾（上）。豈母后之乘權，軍國聽其頤指（《王文政②筆録》）；豈憲臣之展陛，雲霧乃爾睽違（《唐書》）。斯簾也，可以搖竹間明月（古詩），可以約花底清風（蘇子閑詩）。憶紅塵之早隔（《唐書》），快春色之與同（杜）。捲上銀鈎，囑纖纖之手（羅隱）；報來玉漏，憐泛泛之躳。若夫因依華省，隱映長廊。禁鐘啓明，納晴天之曙色；嚴城警夕，引華漢之霄光。輕明無隔，卷舒任時。誠繩約善結，而組織如斯（遜③逖賦）乎。

---

① “杜”疑誤，劉禹錫《陋室銘》“草色入簾青”。
② “政”當作“正”，即《王文正公筆録》。
③ “遜”當作“孫”，見孫逖《簾賦》“警夕”作“驚夕”、“霄光”作“宵光”。

帷幕

《周禮》"幕人掌帷幕幄幬之屬也"。西①風赴闈之候（魏文帝《與繁〔欽書〕》），君王入侍之時（曹植）。覆斗得似（《拾遺》），題雲有奇（《〔西京〕雜記》）。敝者未可盡棄（《檀弓》），損者或有深思（哀）。所云三年之攻讀（《董仲舒傳》），千里之運籌（漢户②）。經户闃無人，何以披之斯在（《宋書》③）；成都幸已貴，何以張之幾周（《漢書》）。七日西來，燦燈光于雲錦（《〔漢武帝〕内傳》）；八公並至，炫象席于綺祠（《神仙》）。飄然御風而行，時爲絲絶（《拾遺》）；未幾緩步以俟，快此錦封（石崇）。風動移時，入有偕于郄氏（《晉書》）；日前行部，蹇有事于賈悰（《漢紀》④）。則夫易衣而語坐客（《吕》），置酒而伏兵戎（《吴志》）。起臨軒于所設（《晉書》），多宿露于在途（《拾遺》）。幾環珮而絶響（《典略》），並玉質以凝膚（《拾遺》）。其笑爲婦人之常態（《左》），其泣爲孝子之長吁（《齊書》⑤）。必咸陽之不移而具（史），寧衛國之長樂以居（襄六）。長夜爾思，故相役于彼匠（《〔漢武帝〕内傳》）；椒房深處，每從事于大官（《東觀〔漢記〕》）。縱三世之朱兵，青油頻入（《宋書》⑥）；繫平時之蕭律，玉宸從觀（劉歆）。若瞻鳥于上，射犬于旁（哀⑦）。疏縷以成，增悲倉廩（《説苑》）；連衼以屬，矜翊君王（《史》）。今有埋金（《唐書》）寢布者（《漢書》），俱爲佳話；如昔就拜（《漢書》）上遺者（《西京〔雜記〕》），曾否流芳也哉。

---

① 《與繁欽書》"西"作"清"。

② "漢户"誤，見《漢書·張良傳》："漢六年，封功臣。良未嘗有戰鬪功，高帝曰：'運籌策帷幄中，決勝千里外，子房功也。自擇齊三萬户。'"

③ "《宋書》"誤，見《梁書·傅昭傳》。

④ "《漢紀》"誤，見《後漢書·賈琮傳》"蹇"作"褰"、"悰"作"琮"。

⑤ "《齊書》"誤，見《南史·毛修之傳》記毛惠素事。

⑥ "《宋書》"誤，見《南史·劉瑀傳》。

⑦ "哀"誤，見《左傳·襄公二十四年》。

帳

夫其爲帳之用也，于以鼓箏伏兵，無嫌于夜半(《魏志》)；因之擊筑備保，誰識于漸離(《史》)。甲之乙之，夜光之與明月(《漢書》)；是耶非耶，暑雨之與寒祁(《杜陽雜編》)。月下聚雪(《拾遺》)，羽上流蘇(《晉書》)。試想瑶英與得之日(《詩話》)，昌言見嬖之初(《武后紀》)。雜之百子斯屬(《齊書》)，哀之千人乃舒(《隋書》)。蒼鵝其叶吉(《宋書》)，班虎所從施(《左·襄①》)。工聲妓而樂作(魏武《遺令》)，置左右而兵隨(《魏志》)。物無嫌于用故(《俗説》)，風有惡于移時(《東觀〔漢記〕》)。剩可書囊，非關君德之約(《益部〔耆舊傳〕②》)；分從馬鞯，由知兵務之煩(《晉後略》)。嘉汲黯之奏章，急報俞旨(本傳)；欺蔣欽之苦節，深美殊恩(《吳志》)。移杭而第假詠(《聞見録》)，擁胡而慮司存(《風俗》)。逮至五王共處(《明皇雜録》)，好友相依(卞範)；尚書入直(故事)，麗嬪留輝(《趙后外傳》)。絳紗日煩，受生徒之業(馬融)；青綾自蔽，解小郎之圍(《〔晉·〕列女傳》)。偕佳麗于嬌如，多從車載(《紀聞談》)；媚深情于陶穀，得顧羔肥(本傳)。余悲者影見神揺，空期夢寐(桓譚《新論》)；而憐者同歡假寐，浸苦房幃(《郭子》)。境色如鮮，相憶燈烟之業(范)；薄技自許，行看軍旅之師(《淮》)。候爾用華，不甘看寝處(《知命録》)；相因停宿，瞥見珍奇(《幽明録》)。有勞敝竹(《唐書》)，第寶異書(《蔡邕傳》)。試趨迎于佛骨(咸通年)，遮盼睞于仙衢(武宗)。春愁幾散，夜月幾迎；醑香幾夜，浪醉幾更(《南部煙花》)。其帳中之英英(《抱》)者乎。

床

安身(《説文》)偃息(《釋名》)，載寢之床(《詩》)。明月我照

---

① "襄"當作"哀"，見《左傳·哀公十七年》。
② 據《太平御覽》卷六九九補"耆舊傳"三字。

(《選》)，白玉君芳(上)。試求《方言》之所考異，《釋文》之所參詳(本傳)。思義可窮，橫六尺而臥足(《梁書》①)；諷讀不倦，勞三伏以陰披(《魏書》)。湖海元龍，不堪上下傲絕(《魏志》)；昌黎孫鳳，伊憐方丈棲遲(《燕書》)。宴陵雲而長惜(《晉書》)，對明月以追隨(孟郊)。取喻仰照(中宗)，勿縱醉昏(少帝)。蘭錡新遴(《南史》)，桃符見存(齊獻王攸)。終當此座(《隋史》②)，第見積塵(《南史》)。馭以豪傑(《前漢》)，待可幕賓(《漢》)。勿好事以虞翻之舊(《南史》)，常導養以陶淡之神(本傳)。若乃埋冰掘地之苦(《左》)，坦腹噉餅之奇(《晉書》)。寶劍賈直之日(《策》)，飛白競得之時(《唐史》)。從七寶以應召(《李白集》)，憑六甲以分飛(《〔漢武帝〕內傳》)。堆笏成其盛事(崔〔神慶〕)，薦蒿守此芳規(《高士傳》)。愛有鍾于袁術(《後漢》)，事有泣于麗姬(《莊》)。陷矣似關于聖德(桓玄)，移之乃竣于孤危(《齊書》)。喜庾亮之登臨，詠談不倦(宋③)；盼管寧之獨坐，藉讀靡違(《魏志》)。瞠視而語，佳兒不堪醉侮(杜甫)；深謀而虞，刺客致杜禍機(《唐史》)。懼或有心潛匿，豈推轂之策(浩然)；癡誠有日累遷，想設榻之資(《通典》)。對賓客而驟與談，奇抱自負(《六帖》)；整軍容而從夜劫，勝筭幾持(《左》)。便④速有餘，真巧不足，吾以比惠遠之子(《〔續〕畫品》)；綠竹扶疏，清風委拂，吾以想文斤之倫(《湘州記》)。孝先見壞之年，成敗何經于人事(《仇池筆記》)；知席論佛之會，皈依常切于性真(佛書)。嗟呼！屑沉水之香，相憐細骨(石崇論)；環躄理之栢，見洽捧鞏(《梁書》⑤)。叩之鏗然有聲，幾忘先隴(《西征記》)；挹之餘芳遠襲，重絕禪因(《異苑》)。以

---

① “《梁書》”誤，見《南史·魚弘傳》。

② “《隋史》”疑誤，見《新唐書·封倫傳》：“(楊)素負才勢，多所凌藉，惟于倫降禮賞接，或與論天下事，袞袞不倦，每撫其床曰：‘封郎終當據此。’”

③ “宋”誤，見《晉書·庾亮傳》：“亮在武昌，諸佐吏殷浩之徒，乘秋夜往共登南樓，俄而不覺亮至，諸人將起避之。亮徐曰：‘諸君少住，老子于此處興復不淺。’便據胡床與浩等談詠竟坐。”

④ “便”，崇禎本作“拙”，康熙本作“遲”，今據《續畫品》改。

⑤ “《梁書》”誤，見《南史·魚弘傳》。

金龜兹(《梁書》)，以玉商辛(《世本》)。勿須雜寶(《西京雜記》)，勿愛塗銀(沈約《宋書》)。又何歎其剝膚以及(《易》)，而腜膝以親也哉(《後漢》)。

衾

夫有寢不愧衾者哉。兄弟與共(《〔海內〕①先賢傳》)，女姊相親(《〔西京〕雜記》)。大之貧士得爲君子(《列女》)，推之大造別有陽春(《孫略別傳》)。牛衣夜眠，對妻子而長泣(史)；雞聲曉唱，蹴友士以無違(《晉書》)。氣節相高，豈誠役志百幅(《梁書》)；清風可挹，從教貧守一圍(羊續)。盤領有狀《輟耕錄》)，空囊何譏(上)。則夫入直相供之日(《漢官典職》)，臨戎下勞之時(東漢)。以大司徒之貴尊，宮庭寂寂(《〔東觀〕漢記》)；以右護軍之色養，子舍依依(《吳志》)。其奉公而無私積(祭遵)，其餙詐以釣虛名(《史》)。其詔雲龍兮勿獻(《漢書》②)，其成鴛鴦兮與盟(《〔西京〕雜記》)。罷靫生塵，勞想華清之夢(鄭愚詩)；朝歌出狩，伊憐黃署之動(《起居注》)。當骨立毀形，諱言繡錦(《世說》)；豈居貧屋漏，敗致典墳(虞穌)。而不見百錢處乏之家，鼓亂相率(羅研)；博昌計死之日，壯語驚聞(《晉書》)。爲不足，爲有餘，早動憐才之想(史)；着以長相思，緣以結不解，誰共作別之身(《古樂府》)。從亭舍以隨風，陰行有在(《〔益部〕③耆舊》)；托採薪以踰日，高致可詢(《晉書》)。蓋無取奇花異卉(周昌公主)，無愛鳳彩龍文(《杜陽》)。天台之光紋有色(《灛溪書記》④)，地日之柔毳由聞(《洞冥》)。戒忘起而怠事(《杜祭酒傳》)，思除痾而辟驚(《〔嶺表〕⑤錄異》)。余讀

---

① 據《太平御覽》卷七零七補"海內"二字。
② "《漢書》"誤，見《陳書·宣帝本紀》："陳桃根又表上織成羅文錦被各二，詔于雲龍門外焚之。"
③ 據《太平御覽》卷七零七補"益部"二字。
④ 《天中記》卷四八"灛溪書記"作"浯溪續書"。
⑤ 據《天中記》卷四八補"嶺表"二字。

晉史，魏舒爲尚書郎，時議清汰。舒曰：“吾即其人也。”被披徑出，同寮愧之。欹歟，亨哉(本傳)。

枕

應龍蟠蟄，潛德保靈(蔡邕)。有安有危，勿邪其思(羅辰)。但假寐之時，光輝何取于四照(《遺事》)；即薦首之物(《説文》)，淫巧何貴于重明(唐《杜陽編》)。玉温相看，夫然三島十洲，盡供遊興(《開元遺事》)；黄粱未熟，亡幾出將入相，快絶生平(沈存中《枕中記》)。故曰：黄金可成，鴻寶無多出世(《漢書》)；白光隱見，清風那應少登(《拾遺》)。家藏靈物有年，久而爲魅(《集異〔記〕》)；臆①下篆書莫識，神或有憑(《拾遺》)。夫白鹽形質(《後漢》②)，丹書寶咽③(《越絶書》)。彎弓而期一笑(《宋書》)，剪紙而任高眠(上)。或以下相思之淚(《韻詩》)，或以誓夜半之眠(《吳越備史》)。不爲佞人而卧(《魏志》)，其爲孝己以便(《尹④子》)。循吏之守清簽，木亦垂戒(《後漢⑤·郎基》)；力士之快夙隙，玉者從先(《晉書》)。言念金瘡，彼北征何惜于舊獻(《〔宋書·〕武帝紀》)；相將布被，在陽城並售其多賢(《唐》)。則夫擲之那猶高卧(《梁書》⑥)，乞之固已醉顛(《南史》)。歸之于以退虜(《淮》)，近之果爾誤緣(《晉書》董豐)。流芳遺臭之論，云何撫歟(東晉)；風定雨晴之會，還教夢偏(晁以鷹詞)。玉清之還合不偶(《宣室志》)，合浦之情事已然(唐)。鵝駕但留于郭翰(《墨莊冗録》)，龜文安羡乎飛燕(《〔西京〕雜記》)。勝負未可知，高卧想薛公之指畫(《前·黥布傳》)；精苦日

---

① 《拾遺記》卷七“臆”作“額”。
② “《後漢》”誤，見《魏書·高昌列傳》：“復有白鹽，其形如玉，高昌人取以爲枕，貢之中國。”
③ 《越絶書》“咽”作“國”。
④ “尹”當作“尸”。
⑤ “後漢”誤，見《北史》及《北齊書》之《郎基傳》。
⑥ “《梁書》”誤，見《南史·王茂傳》。

以用，假寐高李鈖①之芳妍（《北史·儒林傳》）。考漢官儀之舊（《肆考》），傳張子幼之篇（《晉書》②）。廉稜方正，蜜骨直堅③（銘）。吾以知終始之不貳焉（《崔駰傳》）。

釵釧

夫女子之以色事人也哉。説者曰：無脂粉見誚（《詩評》），無情至增憐（《吳志注》）。分香賣履之談，似誠多韻（《曹瞞傳》）；墮珥遺簪之會，那弗争先（《淳于髡傳》）。注面以丹，若有識于御事（《什名》）；鎮耳以玉，第有警于旁填（《什名》）。若乃駭雞與剥（黃香《九宫賦》），金雀交妍（陳思王《美女傳④》）。其辟之以寒（《拾遺》），其智之以天（《〔逸〕周書》）。其美則分疏以七（《策》），其寳則估值以千（秦嘉《與婦淑書》）。夫寧誤重絳之色（《古今注》），而或減合浦之圓（《西京〔雜記〕》）。語以城傾，沽販何從以翁伯（《漢》）；聽斯歌調，得失乃並于祁連（《西河舊事》）。巴穴之作貢于京師（《華陽國志》），試占妊夢（《夢書》）；義熙之偶期于村曲（《甄異録⑤》），乃探幽還（《集靈記》）。吾又想靈芸之所不勝（《拾遺》），温嶠之所自便（《世説》）。江夏記其幻化（《續漢書》），漢濱善其偕緣（《梁書》⑥）。異所得于季瑶之婦（《異苑》），忽有拯于參軍之顛（《幽明録》）。色艷聲輕，多恒舞于晝夜之交，寧呼姓字（《拾遺》）；徵祥考吉，驚翩翔于明旦之際，莫碎嬋娟（《洞冥記》）。以鸎異書，名譽所流，何愛笥中之橐（《唐書》）；與翻妖讖，英雄有事，由名榴上之環（《拾遺》）。若侍中之皆以傅（《漢書》），長令之處以偏（孔）。磨笄有其長恨（《春秋後語》），典櫛有其專權（《北史·后妃傳》）。陶淵明曰：願在衣

① "鈖"當作"鉉"。
② "《晉書》"誤，見《三國志·吳志·張紘傳》裴松之注引《吳書》。
③ 蘇彦《楠榴枕銘》"蜜骨直堅"作"蜜滑貞堅"。
④ "傳"當作"篇"。
⑤ "録"當作"傳"。
⑥ "《梁書》"誤，見《南史·后妃列傳·武帝丁貴嬪》。

而爲領，承華首之餘芳；願在裳而爲帶，束窈窕之纖身；願在髮而爲澤，刷玄鬢于頹肩；願在眉而爲黛，隨瞻視以閑揚；願在筵而爲席，安弱體于三秋；願在絲而爲履，附素足以周旋；願在晝而爲影，裳依形而西東；願在夜而爲燭，照玉容于兩楹；願在竹而爲扇，含悽飆于柔握；願在木而爲桐，作膝上之鳴琴。閑情哉！

第十九卷

劍

代有劍兮，物之至珍（《英華》）。精鋼百煉，處匣千春（賦）。綠水是投，青天可倚（詩）。千里萬里之斜漢，耿耿方侔；八月九月之洞庭，沉沉相似（賦）。煌熒蓮鍔，煜爚霜鋒（上）。龜文龍藻（《魏都〔賦〕》），紫電白虹（《古今注》）。涵空而表裏澄泓，詎私毫髮；騰氣而風雲慘澹，如隱蛟龍（賦）。突鬢蓬頭，不留行于十步（《莊》）；白堅黃鈕，伊聽説于兩封（《吳①氏春秋》）。則以考歐冶子之作法（《吳越》），胡風氏②之相工（《越絶》）。斷髮剪爪兮，鏌邪之爲夫婦（《吳越〔春秋〕》）；發函掘獄兮，波海之有雌雄（《列〔士傳〕③》）。二十八宿之文，試登秦望（《〔古今〕刀劍録》）；天下與清之會，幾見神叢（《玉塵録》）。處在匣中，龍吟而虎嘯（《拾遺》）；用之觸物，光晦而形空（《列子》）。若乃神旌陽于黄蛇（《廣異》），逢老公于白猿（《吳越〔春秋〕》）。紫衣人下從庭樹（《雜俎》），二童子拜自階軒（《晉書》）。非鑠身以消其穎④（《吳越〔春秋〕》），自代形以全其天（《神仙傳》）。豈僅僅一人作敵（項羽詩），而忙忙躍冶争先（《莊》）。是劍也，劉季用之，必揮拂白帝之卧（《史》）；朱雲請之，必齗齘佞臣之頭（本傳）。奪自張陵，省院爲之動色（傳）；拜先王緒，閩海據其上游（《唐史》）。豈不壯哉，所以學之有素（《項籍傳》），

---

① "吳"當作"吕"，見《吕氏春秋·别類》。

② 《越絶書》"胡風氏"作"風胡子"。

③ 據《太平御覽》卷三四三補"士傳"二字。

④ 《吳越春秋·闔閭内傳》"穎"作"類"。

說之請先(《莊》)。必不繞指柔(詩)，必不自挺出(詩)；必不屬鏤以害忠良(《伍子胥傳》)，必不含光以大幻惑(《列子》墨神①)，必不銘金字以識奸雄(《〔古今刀劍〕錄》)，必不飾犀文以資玩好(《七啓》)。必不潛于魚腹，以逞窟室之凶(《左》)；必不舞于鴻門，以決沐猴之怒(《史》)。噫嘻！悲哉。思念微時，鼻端火出(《漢書》)；自提三尺，掌上風生(《史》)。余慷慨椎具之往(《漢書》)，酒政之行(《史》)。夫橈啓櫝(《合璧》)，麗削同盟(《漢書》)。照膽有色(《〔古今刀劍〕錄》)，倚户無驚(《淮〔南萬畢術〕②》)。茹苦迷津，刺魚舟而假渡(《呂》)；興嗟宿草，掛壟樹以鍾情(季子)。妬神物于江中，蛟之夾舟者何在(《呂覽》)；課農桑于部下，牛之任佩者以更(《良吏傳》)。利資楚鐵(《史》)，具美齊金(《國語》)。流星有其形似(《典論》)，象閏紀其升沉(梁武帝)。虞公之有屬厭(《左》)，騎士之有殊恩(《東觀〔漢記〕》)。拔自要離，涉江逾壯(《呂氏春秋》)；揮從虞國，落日驚喧(《淮》)。豈穫稻而如鐧(《亢倉〔子〕③》)，豈躡履以似錐(《說苑》)。豈無車而長歎(馮驩)，豈刻舟以多癡(《列》④)。某爲明達，某爲知謀，某爲敦素，皆因名而表異(《〔東觀〕漢記》)；此爲天子，此爲諸侯，此爲庶人，故量輕而較軒(《說劍》)。守伺道路之旁，多所抱恨(《王烈傳》)；敕奪尚書之省，應否消魂(《後漢·張陵》)。賦曰：恍恍武臣，耀雄劍兮清邊塵，威遠夷兮率來賓。焉用輕裾之奇女⑤，長袖之才人。

弓

夫善弓者之師弓乎，寶在東方(《書》)，倚于西序(《儀禮》)。曲張

---

① "墨神"未詳，見《列子·湯問》。
② 據《太平御覽》卷三四四補"南萬畢術"四字。
③ 據《太平御覽》卷三四四補"子"字。
④ "《列》"誤，見《呂氏春秋·察今》。
⑤ 《文苑英華》卷八二《裴將軍劍舞賦》"恍恍"作"洸洸"、"奇"作"妓"。

爲神(《〔龍魚〕①河圖》)，后羿爲侶(《墨子》)。揮耶俥耶，疑義之有聞(《山海經》《世本》)；龍耶鳥耶，號呼之並舉(《史奏②》)。論其才，角不勝榦，榦不勝筋，當鈞和之妙(《〔周〕禮》)；論其用，射遠用勢，射深用直，著往來之奇(上)。寒體奠也，冰澌析之(《月令③》)。銑弸珧珪，吾以因其所飾(《爾雅》)；焞弨鷫礜，吾以適其所宜(《周官》)。則夫越麻(《越絕》)晉竹(《晉令》)，黑幹(《周禮》)青檀(《遁甲開山》)，才有資于烏滸(《〔南州〕異物〔志〕④》)，狀有類于角端(《續漢》)。服行貌于三制(《周官》)，殫精思于九年(《圖⑤子》)。石則紀之羊侃(《梁書》)，斤則益之蓋延(《〔後〕漢書》)。懸弧已定(《禮〔記〕》)，寢石非知(李廣)。挾舟而表天瑞(《博物志》)，探樹以明神威(《外國傳》)。虎賁直前，天風聽于詔獄(上)；鼇橋問渡，兵氣惕于橐離(《魏志》)。脉理先邪，剛勁而靡當(《唐書⑥》)；諛詞日至，孱弱以處卑(《呂氏春秋》)。太平無事之秋，曾否一丁有識(五代)；國事日非之際，從教大盜懷歸(《左》)。夙昔紀遊，惜楚人之見小(《家語》)；今茲校獵，痛敵國之禍罹(史)。俯柳葉之偕緣，海波浩蕩(上)；縈曲木之在望，鳥羽驚疑(《策》)。而不見囊載云何，繳有加于勇士(《策⑦》)；軍容克壯，寵並錫于文侯(《書》)。免冑而趨風，問可三至(《左》)；築臺而解珮，悔勿旅酬(《左》)。于以譬之天道(《老》)，比之弟兄(《詩》)。勝者張，負者弛，下者橫，自非耦角(鄉村氏⑧)；天子九合，諸侯七合，大夫五合，疇是規成(《周官》)。惟大言以掛扶桑之嶺(《荆楚記》)，惟分派以同良

---

① 據《太平御覽》卷三四七補"龍魚"二字。
② "奏"當作"記"，見《史記·孝武本紀》。
③ "《月令》"誤，見《周禮·冬官·考工記》："凡爲弓，冬析榦而春液角，夏治筋，秋合三材，寒奠體，冰析澌。"
④ 據《太平御覽》卷三四七補"南州""志"三字。
⑤ "圖"當作"關"，《關子》"彈"作"殫"。
⑥ "《唐書》"誤，見《貞觀政要·政體》。
⑦ "策"誤，見《史記·楚世家》。
⑧ "鄉村氏"誤，見《儀禮·鄉射禮》"遂命勝者執張弓，不勝者執弛弓"。

冶之嗣(《禮〔記〕》)。往體胡多,來體胡少(《周禮》)。右手斯發,左手不知(〔劉向〕《列女》),斯謂聖人之威也。

矢

矢人豈不仁于函人哉。盛之者曰箙(《釋名》),舍之者曰房(上)。掌之周官,枉殺矰桓,絜鏃茀痺,各有所用(《孫卿子》①);臨以强敵,赤莖白羽,青莖赤羽,兼用其長(《六韜》)。則夫木不直而敗(《五行志》),笴欲生而搏(《白帖》)。設羽設刃兮有辨(《周禮》),視豐視鴻兮殊觀(上)。吾以取之董澤(《左》),伐之淇園(《東觀〔漢記〕》)。如雨之下(《漢書》),象星之垣(《周禮》)。發發相及(《列》),遠遠長存(《淮南》)。而不見信可馳往(《〔趙氏兵〕②書》),忘不欲歸(《孔叢》)。男子有事(《〔禮〕記》),天下于威(《易》)。余悲夫受敵匈奴,李陵徒手無策(《漢書》);異夫奮攻金滿③,耿恭傳毒幾神(《續漢書》)。治美晉陽,用有先于枯④楚(《韓》);令行雍境,諜有間于木人(《唐史》)。一紙書賢十萬師,聊城直以泣死(《策》);告成功而洗舊恨,契丹寧以倖生(《北史》)。藁人賺其射縋(張巡),雲梯盡其火攻(《魏略》)。貫肘者非病(《左》),中額者與衝(《梁史》)。截之了不事事(《後・耿弇》),負之時以匆匆(相如賦)。天山則三之而定(《唐》),百步則兩之予雄(《南史》)。回船毋失其重(《吳志》),捍海急殺其鋒(《梁史》)。乃若素服之女流,從教涓涕(《異苑》);禹步之老嫗,有無指揮(《齊書・陳顯達傳》)。婦態可憐,僞朝之供奉伊始(《異苑》);人間未有,青城之道士如茲(《廣德神異記》)。其爲虞翻所注(《吳志》),顧衆所推(《家語》)。譬之弦上,不敢不發(《魏〔志〕》);喻之隨人,無能自裁(《後周》)。栝

---

① "《孫卿子》"誤,見《周禮・考工記・司弓矢》。
② 據《太平御覽》卷三四九補"趙氏兵"三字。
③ "滿"當作"浦",見《後漢書・耿恭傳》。
④ "枯"當作"楛",見《韓非子・十過》。

而羽之，鏃而礪之，尤爲深入(《家語》)；孤則易折，衆則難摧，是否相猜(吐谷渾)。削木(《梁史》①)濡竹(郭舍)之奇，未之有也；飲石(《新序》)號林(養由基)之技，今安在哉。銘曰：江淮之稱(《方言》)，東南之美(《爾雅》)，《易》以獲隼，《詩》以殪兕。如是紀續張之神(《〔太公〕②兵法》)，考蜉蝣③之始(《孫卿》)。

刀

　　聞之採首丘④之金，自黃帝昉云(《洞冥記》)。水火之齊，五精之鍊，用陰陽之候，取剛柔之和，非阮師神授，而云然乎(楊泉《物理志⑤》)。騰從地氣(《〔周〕禮》)，數協火精(《〔虞喜〕⑥志林》)。鞞琫與飾(《詩》)，鏌鋣同鳴(賈誼書)。摩礪以須，擬切泥而得似(《十洲記》)；幻妄其說，則引鏡有於茲(《神仙傳》)。新發之硎，恢恢餘地(《莊》)；中理⑦之解，刺刺多姿(賈誼策)。牛犢相看，何似偷兒之暴(龔遂)；魚腹有當，竚假逆者之期(《列士〔傳〕》)。玄琰途間，鏗然有聲者奚似(《肆考》)；馬當舟次，忽然躍入者何奇(《博異》)。若乃會酒酣而起舞(《史》)，指天地以邀盟(郭翻事)。無取厭虎之術(《〔西京〕雜記》)，有感屠羊之行(《括異》)。戲偶吞于秦漢(《纂要》)，水并剪于吳松(杜〔甫〕)。其爲沉豫明決之徒，聊以相贈(唐)；孰是保傅公孤之望，具美登庸(《晉·王祥傳》)。歸心兮與折(杜〔甫〕)，意氣兮與酬(卓文君歌)。笑顰阿李(義甫)，離合卯劉(《王莽傳》)。于以自方，吾有將于群狗(《蜀志》)；因而特賜，吾有愛于鳴鴻(《洞冥》)。豈必譬良

① "《梁史》"誤，見《北齊書·郎基傳》："乃至削木爲箭，剪紙爲羽。"
② 據《太平御覽》卷三四九補"太公"二字。
③ 《荀子·解蔽》"蜉蝣"作"浮游"。
④ 《洞冥記》"丘"作"山"。
⑤ "志"當作"論"。
⑥ 據《太平御覽》卷三四五補"虞喜"二字。
⑦ 賈誼《論治安策》"中理"作"象理"。

吏之偶乖，操而使割(《左》)；將無意美人之見惠，報匪相蒙(張衡詩)。毋吊以鉛(《吊屈原》)，具奏以銅(傅咸事)。則試以訂麥芒之小誤(《〔三賢〕①典略》)，養葛溪之全鋒也乎(《清異録》)。利推百鍊，不愧于太阿(漢文帝)；聲中八音，自合于《經首》(《咸池》章名，又賦)。鄭有異産，遷其地，弗能爲良(《〔周〕禮〔·考工〕記》)；周有寶藏，列之西，光昭以守(《書·顧命》)。余如是横爽氣于方秋，而頓霜威于不朽。

旗

《周官》"司常，舉②九旗之物，以待國事"，則其與衆期也乎哉(《釋名》)。建青建玄，想季春仲冬之會(《淮》)；齊軫齊較，考諸侯大夫之號(《禮〔含文嘉〕》)。太史奉之，禱有先于太一(《郊祀志》)；天帝象耶，怒有起于招摇(《〔禮〕記〔注〕》)。表龍蛇而行五法(《淮》)，制熊虎而象六星(《周禮》鄭注)。代以尚黑(《史》)，代以設青(《車服雜志》)。綢素錦爲美(《爾雅》)，飾明珠而靈(《子産③賦》)。慷慨尋仇，載姑蔑以攸往(《左》)；周麾有象，拔蝥弧以先登(上)。豈空壁逐利之時，不可馳入(《漢書》)；乃肉袒乞憐之狀，是否遺歸(《東觀〔漢記〕》)。陵誠降耶，悁谷之乘隅，軒者已盡(《李陵別傳》)；文有罪乎，雲夢之游獵，拖④者皆譏(《新序》)。赤可懸于商受(《王孫子》)，絳⑤且獲于鄭人(《左》)。命黄鳥之有赫(《墨子》)，驅軒鶴之已淪(《左·閔》)。建阿房而並下(《〔秦始皇〕本紀》)，直河鼓而兩陳(《天文志》)。即爲東宫寵愛之具(《梁孝王傳》)，然何匹夫鼓亂之因(《陳勝傳》)。則夫曰蔽日

---

① 據《雲仙雜録》補"三賢"二字。
② 《周禮·春官·宗伯》"舉"作"掌"。
③ "産"當作"虚"，見《子虚賦》"曳明月之珠旗"。
④ 《新序·義勇》"拖"作"拽"。
⑤ "絳"當作"蜂"，見《左傳·哀公二年》："鄭人擊簡子中肩，斃于車中，獲其蜂旗。"

(《策》)，曰彗雲(《後漢》)，忽饒①竿而自解(《出兵訣》)，或聽鼓而舉分(《軍令》)。其前指而揚勝象(《抱》)，勿逆風而多敗群(《抱》)。喜從明主(《〔郝萌〕②占》)，勝有佳侯(《兵書》)。參時以守(《元命苞》)，翼未有休(《天文要集》)。余于旗也，其受之以吉日(《淮》)，辨之以仲秋(《〔周〕禮》)也乎。

戟

《釋名》:"戟，觡③也。"單枝爲戈，雙枝爲戟(《增韻》)。寒霜排列(詩)，淬金煉剛。名配越劍，用過干將(張協《手戟銘》)。于以例彥回之髭鬚，直而不屈(《宋史》④)；比鍾會之武庫，莫知所藏(《晉書》)。爵級有差，非懷私而上請(《唐史》⑤)；雄心自負，那廣步而他長(《晉書·王濬》)。屬提應手(魏太祖)，一發擅長(呂布)。恨有銜于射鏑(《三國志》)，德有戴于翳桑(《左》)。韓休蠹簡之家，列可相及(《唐史》)；方朔金門之隱，勒僅未央(《漢》)。吾讀《唐史》，稱崔張兄弟皆于以世其家也，斯戟事之芳哉(《唐史》)。

甲

按《管子》葛盧之山發而出水，金從之，蚩尤愛而刺之⑥，則甲者乎(《初學》)。衣謂之橐(《〔周〕禮》)，藏謂之纍(《國語》)。權其上旅下旅若一(《周官》)，眠其窓孔革剝稱宜(《白帖》)。綴組猶事(《左》)，襞紙于庸(《六帖》)。藉第令水犀爲美(吳)，亦安事算馬予雄(王世充)。

---

① 《太平御覽》卷三三八引《黃帝出軍訣》"饒"作"繞"。

② 據《太平御覽》卷三四〇補"郝萌"二字。

③ "觡"當作"格"。

④ "《宋史》"誤，見《南史·褚彥回傳》:"君鬚髯如戟，何無丈夫意?"

⑤ "《唐史》"誤，見《隋書·柳彧傳》。

⑥ 《初學記》卷二二"愛而刺之"作"受而制之"。

乃若鍛之其以爲利(《主父偃傳》)，繕之因以從公(《張儀傳》)。山東會
戟之流，徒褐而襲敵(上)；并州入寇之虜，披緋而占容(北齊)。全兵賈
勇三百，算無遺策(《左》)；一發洞貫七札，裕有前鋒(《左》)。稱(去
聲)三制于馬燧(《唐書》)，耀五色于季龍(《鄴中》)。闕鞏所以克壯(《春
秋》)，蒲袖所以首功(《宋書》)。于商善斅(《書》)，于宋胡袞(上)。衣
之夫差(《國語》)，環之公宮(《左》)。彈文則鹿皮有當(《起居注》)，詣
降則熊耳非崇(《〔東觀〕漢記》)。葬以相殉，何及計地下之陰謀而成詔
獄(《白帖》)；事有必舉，何至入室中之晏享而伏軍戎(《左》)。扶弱之
大義已興，雖先人藏器有愛(《吳越〔春秋〕》)；關東之霸業已就，豈先
王雅樂無從(上)。則夫洛以鐵(《呂氏》)，纆以金(車頻《秦書》)。蒙輪
未可(《左》)，覆笠不禁(《吳志》)。被勿以露(《長楊賦》)，執勿以冰
(《左》)。菱①者所不拜(《禮〔記〕》)，幟者所欲馮(傳)。其後之而有
祖橐②(《禮〔記〕》)，豈敝之乃不組藤(《穀梁》)。茹古氏曰：車驟馬
馳，吾聞之《曲禮》(列)；輕裘緩帶，吾見于羊公(《〔羊〕祜傳》)。天
上神人，耀金光于語次(《唐逸史》)；小范老子，貯數萬于胸中(《長
編》)。愧負于顔，但權豪之辱(《開元〔遺事〕》)；機藏于腹，幾傾廢之
凶(蜀李平)。載莩陽氣(《説文》)，取喻介蟲(《爾雅》)。月之在畢，歲
之在逢(上)。先後之紀三日(《蠱卦》)，開遁之始后風(《武經》)。鼎者
相望(《國史補》)，令將無同(《宣紀》)，則甲事亦幾窮哉。

舟

崇崇大舟，內嶺岈③而坑谷，外突兀以山丘(《英華》)。説者謂肇自
虞姁、工倕(《呂》)，起于貨狄、共鼓。雖權輿于窾木(《淮》)，抑矜誇
于雲母(《〔拾遺〕記》)。凌迅流，弄洪濤(詩)。水淺但能浮芥(《莊》)，

① "菱"當作"蔆"，見《禮記·曲禮》。
② "橐"當作"囊"，見《禮記·少儀》。
③ 《文苑英華》卷一二二常暉《大舟賦》"嶺岈"作"谽谺"。

河廣曾不容刀(《詩》)。多維緋纚(上)，相接舳艫(《江賦》)。向見虛而今見實(《莊》)，巧者勞而智者憂(上)。非用夫瓊艘瑤檝(《抱朴》)，何愛于繡豹錦狐(《說苑》)。鷁首形圖，悚洎江神之懼(《晉書》)；烏檣類聚，駭從日影之俱(記)。青蓋絳幨，望若神仙至止(《吳志》)；龍飛鶴唳，名皆宮閣芳譽(宮閣名)。蓮花散落于浦上(《風土記》)，竹葉往復于江隅(《異聞》)。則稽其事乎，汾水起興(漢)，巨川長呼(《書》)。于以見秤象之智(《魏志》)，求劍之愚(《呂》)。山齊海絕(《肆考》)，宅泛家浮(《唐》)。揭書畫于遠浦(米芾)，覓孝廉于須臾(《晉》)。叙別情深，雲幾飛于天際(《江表傳》)；伶歌音渺，螭每翔于意中(《語林》①)。駭視廩君，雕上塊而浮游自喜(《世本》)；戲隨飛燕，駕沙棠而出入以從(《拾遺》)。泛剡溪之逸興(戴安道)，寄采石之高踪(《李白傳》)。怡然鼓枻之漁父(屈原)，茫矣挽繂之英雄(《何易于傳》)。蕩有危于南國(《左》)，焚何壯于西戎(上)。美丈夫之行藏，不堪疑似(陳平)；固野人之風韻，好惡追從(《晉·郭翻》)。聽鐘聲于夜半(詩)，載明月以滿頭(詩)。期胡越之共濟(《易略》)，看李郭之交酬(東漢)。平心而思，主聖臣直之言，安危籌計(《漢書》)；因是而論，熙豐元祐之事，輕重匪侔(《語錄》)。夫然沉之以螺(《拾遺》)，負之以龍(《呂》)。蟻聚兮俯仰傾笑(戴延之《西征記》)，虎視兮上下與共(《晉書》)。西盡月窟，東臨朝暾，南國徂遊，北極馳奔(《大舟賦》)。相好風于曲岸，邀巨浪于中坻(《虛舟賦》②)。聽榜人之奇唱，任山鳥之亂啼(詩)。清流鼓棹，新月扣舷。吾擬③諸秋時之落葉，夏日之初蓮乎(賦)。亂曰：安卑委順，外靜中虛。混泥沙而閉矣，象智者之居諸。逐便乘流，排難逐物。泛波濤之不屈，狀勇者之鬱鬱(徐彥良④《汾水新船賦》)。

---

① "《語林》"誤，見《拾遺記》。
② 樊陽源《虛舟賦》"相"作"想"，"邀"作"避"。
③ 常暉《舟賦》"擬"作"疑"。
④ "鬱鬱"當作"拂鬱"，"良"當作"伯"。

車

以余觀于車也，望塵不及，聽響爭先（賦）。山欲俸，澤欲杼（《周禮》）。前如輊，後如軒（《詩》）。宛轉而向軹，踴躍而入轅（賦）。法乎天地（《周禮》），矩乎陰陽（上）。象雷而鳴，曾不聞其霆轟；如蓬之轉，終不見其飄揚（賦）。夫爲金、爲玉、爲象、爲革、爲木，沿王者之製；曰重、曰厭、曰女、曰翟、曰輦，肇王后之名（《〔周〕禮》）。公侯之有紫蓋（後魏），東宮之有畫輪（《禮》）①。碧玉黃金兮相飾（《拾遺》），倚龍伏虎兮名珍（《車②服志》）。載牽載脂，驅之馳之（《詩》）。輮以積膏而潤（史③），脂以割鮮而宜（《子虛賦》）。鞔則四而必用（《尸子》），輪則三而無違（《周禮》）。俄生以耳（《國語》），別垂以綏（《援神契》）。運斗用矣（圖），指南命之（周）。兆大有之年，黃雲吐色（《〔東方〕朔〔別〕傳》）；叶至德之瑞，時雨凝脂（《〔鄭〕弘傳》）。天步與回，窮覽在太微之北（《最圖》）；國計莫裕，算緡盡賈兒之遺（《武帝紀》）。余異者專防風之骨（《左》④），見長狄之眉（上）；而憐者罪人似有未當（夏），勝母所不可知（曾子）。蛇洲蜂岑，歷五十輞銳幾盡（《拾遺》）；翩張翼附，更四方風號有期（《世紀》）。佐命勳猷，曾否金輅與共（《唐》）；披庭顏色，將無玉趾相追（《雜録》）。稽古有力（《後漢》），彰德承休（黃霸）。將母者挽（《〔後〕⑤漢書》），留客者投（陳遵）。事按捕以無誤（《漢書·張湯》），推高義以交修（晏子）。侈之流水得似（《合璧》），紀之法駕何求（《鮑宣志⑥》）。夫鍾繇之以羸疾（《魏志》），千秋之以高年（《漢書》）。彼安平王孚多邀殊寵（《晉起居注》）。駕駟馬爲故事（《于傳》），伏熊軾

---

① "《禮》"未詳，見《太平御覽》卷七七五引《東宮舊事》："皇太子初拜，有畫輪、四望車。"
② "車"當作"輿"，見《後漢書·輿服志》。
③ "史"未詳，見喬琳《炙輠賦》。
④ "《左》"當作"《史》"，見《史記·孔子世家》。
⑤ 據《後漢書·江革傳》補"後"字。
⑥ "志"當作"傳"，見《漢書·鮑宣傳》。

爲具瞻(上)。則短轅(王導)下澤(馬援)，何資笑諧。豈陳平之門，較非長者(傳)；豈侯生之趾，虛莫左堦(《魏世家》①)；豈相如之望塵，偶爾見犯(本傳)；豈范滂之攬轡，猶或少乖(傳)。魏蒲有駕(《鑑》)，齊鋏無彈(傳)。令監之異同奚自(《晉》)，廉藺之避忌幾刊(本傳)。于以走梁冀(史)，敗符堅(上)，詐稱韓將(史)，誤中秦騈(留侯)。書想借乘之風，焚之無惜(《晉》)；料彼挾高之勢，覆且從先(飯車説)。無事而走羊腸，盡皆褊袒(《〔新序・〕雜事》)；居常而就犢鼻，疇語幰幔(《雜録》)。則又有追鋒副急(《晉書》)，執紼旋盤(范式)。鹿胡爲而載道(《神仙》)，鵲胡爲而舉翰(元紘)。三日新婦，邑邑使人氣盡(曹景宗)；六宮粉黛，停停夜語情闌(唐)。衛玠之美姿容，秀異迥絶，指顧而市人無色(傳)；定國之陰行德，芳懿光裕，信宿而閭閻聳看(傳)。遙遙以入，彭彭者遐。表合縱而道廣，知轍迹而路賒(白行簡《車同軌賦》)。前覆後戒，殊途同歸(《英華》)。靡假顏生之御，寧煩奚仲之揮②(《以德爲車賦》)。嗟乎！侔蓋樹之獨立，似高雲之未歸。獨映水也，如舞鸞之對明鏡；衆行陸也，若翔鴻之赴遠垂(賦)。則險而安，易而利，動而法，其庶幾哉。

---

① “《魏世家》”誤，見《史記・魏公子列傳》。
② 白行簡《以德爲車賦》“揮”作“功”。

第二十卷

鐘

八音之列數者鐘①爲長，金聲之動物者鐘爲大(《玉海》)。伶倫特專所司(《隋〔·音樂〕志》)；鼓、延適丁其會(《山海經》)。求人君之出入，左右以諧(《〔尚書〕大傳》)；按二至之景光，清濁不昧(《天中》)。敷茲文德，看毛羽拂揚(《拾遺》)；教以義行，聽韻音響籟(《鶡子》)。于象爲兑(《五經義》)，于時爲秋(上)。調之以師曠(《吕》)，範之以九州(《樂汁〔圖徵〕②》)。閒雅任以筳撞(《詩品上》)，節奏或以逓求(《王哀傳》)。舂容鼓怒之音，千石萬鈞之實，洪爐鎔冶之姿，蟲篆龍文之質(《長樂鐘賦》)。信不擊而不考(詩)，能大鳴而小鳴(史又《霜鐘賦》)。故曰：前聲未斷，後韻相及。羈臣之空館屢來，思婦之空樓偏入。莫不恍然驚夢，歔欷掩泣(並賦)。豈獨稱鳧氏于周典，發鯨魚于漢賦哉(《東都賦》③)。若夫侈則柞，弇則鬱(《冬官》)；大不槬，小不窕(《左》)。兩樂從其劇④拭(《楊收傳》)，七寶極其巍高(《天中》)。取勝庚申(《晏》)，別識蒲牢(《西京賦》)。占以霜雨之候(《山海經》)，度以雊雉之妖(《淮》)。未央之無故以鳴，氣類相屬(《〔東方〕朔傳》)；平原之所在而應，志事匪遥(《十六國春秋》)。説法之有高僧，似聞大乘(《黎州圖經》)；受符之有天子，見筮若曹(《晉書》)。水次徬徨，期有

---

① 《玉海》卷一百九“鐘”作“金”。
② 據《天中記》卷四三補“圖徵”二字。
③ “《東都賦》”誤，見鄭錫《長樂鐘賦》。
④ 《新唐書·楊收傳》“劇”作“剈”。

邀于後載(《道州志》)；城隅指顧，事有屬于前茅(《退齋筆録》)。會設龍宮，覓三珠而還夢覺(《天中》)；棹還漁者，睹蓀草而耀波濤(《玉堂閒話》)。看碧紗之信宿(《摭言》)，聽鈴鐸之牢騷(《李嗣真傳》)。非去滓無從遂其清越(《南史》)，若以鑢乃可止其怒號(《樂纂》)。乃若忽忽涕出(《晉書》)，洋洋聲聞(《唐〔語林〕》)。撒子卯之樂(《檀弓》)，盟金石之勳(《左》)。不德而戮在逋臣，可憐燕幕(《左》)；力占而功高閽闥，莫保龍鳴(《合璧》)。朗然而吟，含毫思于一扣(《直方詩話》)；酣然而飲，雅興發于千傾(《左》)。于以感客船之夜半(《詩話》)，憐僧舍之窮文(《摭言》)。夫豈吳江一字莫讀(《志林》)，而方車二軌以云(韓①)。程子起而賦之曰：其發地也，衆竅怒兮群籟起，既聾山兮從噎水。石鼓震于四方，雲雷飛于百里。其在空也，漫兮浩浩，殷兮雄雄，若陽臺之散雨，似溟海之生風。其稍絕也，小不宛兮細不緊，斷還連兮遠而近。著四②風而欲散，值輕吹而更引。寂兮寥兮，不知其所盡。

鼓

　　劉賦曰：“鼓，動也。”《易》曰：“鼓之以雷霆。”其象也，春分著義(《説文》)，啓蟄施功(《周禮》)。擊其小而導其大(上)，懸在西而應在東(上)。誰謂再而衰，響不可遏；誰謂三而竭，志由是達(《左》)。聞其音，知獻替之士(記③)；聆其響，思將帥之臣(上)。所以諧節奏于諸器(《禮書》)，明號令于三軍(記)。廣首纖腹(《典樂》)，八面四足(《樂纂》)。比之射臍(《古今樂府④》)，象之博局(《正傳⑤》)。遡諸黃帝興師之始(《〔帝王〕世紀》)，黎丘告警之時(《穆天子傳》)。隱訇軒礚⑥

---

① “韓”誤，見《吕氏春秋·權勳》。
② 李子卿《夜聞山寺鐘賦》“四”作“回”。
③ “記”未詳，見白居易《敢諫鼓賦》。
④ 吳淑《事類賦·鼓》“射臍”作“麝臍”，“樂府”作“樂録”。
⑤ 吳淑《事類賦·鼓》“傳”作“樂”。
⑥ 張衡《東京賦》“軒礚”作“軒礚”。

（《東京賦》），耶婆色雞（《〔羯鼓〕録》）。其飾之乎，蚩尤飛廉，色艷不減（《廬山①書跋》）；其羯之耶，山峰雨點，能事可推（宋開府）。到者如靈，相呼以老（《雜録》）；精之有日，他不可幾（志）。則夫海汐飄至（范希文詩），交趾偕聲（《雜記》）。南北各當，鉦若神于異代（《山川紀略②》）；尺寸有間，木且聖于始興（《荆州記》）。狎雙鶴以入（《吳録》），駕六龍而靈（《演孔圖》）。混雌雄兮作合（《後秦記③》），任蛙黽兮潛停（《〔嶺表〕録異》）。月色江濤一奏曲，山猿鳴噭（《〔羯鼓〕録》）；杏嬌柳媚縊縱擊，風葉飄零（上）。求狸獠于好事之家，叩者何執（馬援）；記畋獵于史籍之迹，狀如何形（《〔元和〕郡〔縣〕志》）。豈必都亭移置（《後漢》），將無卿士與爭（蘇峻）。或抱憂而色起（後周），聊受諫而聲屏（張玄素）。其爲建福之請謁（《南〔部〕新書》），孟蜀之屏營（《耳目記》）。良吏馮其號召（李崇），好容副其指令（《異聞》）。伺夜已半（《〔雍洛靈異〕④小録》），偶醉未醒（《韓子》）。毋女子以弱軍氣（《漢書》），毋妖謗以惑主聽（《晉紀》）。毋發響于羣盗（《通考》），毋驚異于山陘（《東陽記》）。音節已諧，旁若無人，而神氣豪上（《世説》）；法服未具，罪同胥靡，而清夢寧馨（上）。紀卓異于萍鄉，更無偶錯（宋）；謝肝腸于延宰，打未遽央（《南史》）。率舞之儀，即羣羊躑躅之餘，旋看宛頸（《五代史》）；華陰之役，彼祟鬼徬徨之際。那不迴腸（《廣異記》）。然則無工簧舌（《莊》），無過雷門（三異⑤）。記田蚡之女樂（傳），比景綽之弟昆（家史⑥）。花奴催于庭院（唐），春草唱于荒村（《〔荆楚〕歲時》）。莫值丙寅之晦（貞元），時諧金石之喧（《六朝事迹》）。而不見天

---

① “廬山”當作“廣川”，見《廣川書跋》：“《銅鼓銘》：陳叔夏得銅鼓甚大，其餙爲蚩尤飛廉，塗善金而光耀至今不滅。”
② 《天中記》卷四三“略”作“異”。
③ “記”當作“録”。
④ 據《天中記》卷四三補“雍洛靈異”四字。
⑤ “三異”未詳，見《漢書·王尊傳》：“毋持布鼓過雷門。”
⑥ “家史”未詳，見《南史·王冲傳》。

子之臨軒，自誇中節（《晉書》①）；少年之結習，具足高騫也乎（《宋書》）。晨應雞鳴，夕催人歸。牛羊下時，迎暮煙而斯發；河漢雲沒，伴曉色以漸微。四聰之耳必達，七靜之臣乃來（《〔敢〕諫鼓賦》）。又豈比夫繁于手，盈于耳，而悅彼姝者子哉（《六街鼓賦》）。

筝

筝，秦聲也。傅玄《賦序》："蒙恬所造，今觀其器。上崇似天，下平似地，中空准六合，絃柱擬十二月。設之則四象在，鼓之則五音發。斯乃仁智之器，豈亡國之臣所以開思運巧哉。"説者曰：秦俗有父子之爭，各以半入（《集記②》）。然考《楊惲傳》，從汧渭之派，或以聲私（《楊惲傳》）。鏗鏘遞奏，溫潤初鳴；陸離抑按，磊落縱橫。聲習習而流韻，時怦怦而交竑。異③雲龍之無蒂，如笙鳳之有情。學離鷗之弄響，擬翔鴛之妙聲（並簡文帝）。肇傳郝素（《付④子》），獨撫長離（《諸仙⑤記》）。從一靡他，悔盡管絃之誤（《內傳》）；使君有婦，細聽陌上之詩（羅敷）。有願玉手纖纖，放嬌聲于裙上（《麗情集》）；無生陰謀寂寂，遲緩步于營壘（《英雄記》）。跋扈滋嫌，寄意風前別調（高駢）；讒囮巧中，一曲淚下長嗟（謝安）。豈孫紹之非情（謝安⑥），涕無嗚咽（傳）；緊張瓌之至孝，感絕傷悲（本傳）。蹢躅寵靈，何必自承天以相愧（《南史》）；激揚意氣，其亦詔張碩以成吹（《語林》）。遲速合度，不徐不疾

---

① "《晉書》"誤，見《漢書·史丹傳》："天子自臨軒檻上，隤銅丸以擿鼓，聲中嚴鼓之節。"
② 《天中記》卷四三"記"作"韻"。
③ 梁簡文帝《筝賦》"異"作"譬"。
④ "付"當作"傳"，見《太平御覽》卷五七六引《傅子》："郝素善彈筝，雖伯牙妙手，吳姬奇聲，何以加之。"
⑤ 《天中記》卷四三"仙"作"山"。
⑥ "謝安"誤，見《北史·孫紹傳》："紹兄世元善彈筝，早卒。紹後聞筝聲，便涕泗嗚咽，舍之而去。"

(阮瑀傳①)；楷模合則，不縮不盈(陶聃②妻賦)。或離或合，挈重還輕(傅玄賦)。斯以味喪于狄牙，謳輟于王生(曹植賦③)。戚者由之舞起，喜者由之淚傾(《燉煌實録》)。都哉！情長響怨，意滿聲多。何必命麗人于玉席，陳寶器于紈羅。

琵琶

余讀成公綏賦："盤員合靈，太極形也；三材片合，兩儀生也；分柱分位，歲數成也；四窗華表，日月星也。"④其以琵琶名乎。碎國之款誠，似爲事始(《琵琶録》)；長城之苦役，曾未經還(上)。遠嫁情憐，繪馬上之愁容，能無失笑(《天中》)；技精思屬，擅崇仁之芳里，多幾披删(《〔樂府〕雜録》)。促聲每高，若使人形躁而志越(嵇康譜⑤)；曲章未當，將無譜護⑥索而轉關(《詩話》)。象牙工其器具(《〔禮〕樂志》)，龍首善其流傳(《肆考》)。逆或需之以順(《唐書》)，後且却之在前(《釋名》)。則夫旋可奉旨(范曄)，想欲際天(《世説》)。實别榻了不事事(《〔次〕柳氏舊聞》)，據胡牀聊爾便便(《語林》)。毋比倡優而貢媚(李綱)，豈終伎倆以承顔(王巘)。僧虔文季之專，長讀封禪，不堪一過(《南史》)；曹左裴右⑦之精，識答方響，實或居間(《樂府雜録》)。二女子而疑虜(《唐書》)，一少年而起行(《録異〔傳〕》)。貴人幸而酣舞(《唐史》)，逐客得而坐傾(歐)。值除夕以爲歡，無嫌長夜(《九國志》)；因遠殿以爲號，有愧餘生(《五代史〔補〕》)。勸酬初合之時，投枰上兮何弄(《北史》)；乘輿既駕之會，語户外兮何反(上)。則夫表進以國工之

---

① "傳"當作"賦"，見阮瑀《箏賦》。
② "聃"當作"融"，見陶融妻陳窈《箏賦》。
③ "曹植賦"誤，見嵇康《琴賦》："王豹輟謳，狄牙喪味。"
④ 成公綏《琵琶賦》"盤員"作"盤圖"，"四窗"作"回窗"。
⑤ "譜"未詳，見嵇康《聲無哀樂論》。
⑥ 《蔡寬夫詩話》"護"作"濩"。
⑦ "曹左裴右"當作"曹右裴左"，見《樂府雜録》"曹綱有右手，(裴)興奴有左手"。

舊(《國史補》)，賂工于銓宰之門(《宋書》)。帷中之髣髴已極(《僉載》)，夢裏之指授逾明(上)。緊靈侯之至止(《異苑》)，快鶺鴒之幽聽(《幽明》)。影雙鳳者飄然絕響(《談賓錄》)，破鷗雞者了不成聲(《酉陽》)。教遣崑崙，候十餘年忘其本態(《〔琵琶〕錄》)；視先宋允①，指一二事具悉隱微(《羯鼓錄》)。虢國夫人，牽率爲楊妃高弟(《談賓錄》)；試官何職，唯諾聽宮主指揮(王維)。蓋名士多以自副(《語林》)，夙性偏有所希(《三輔決錄》)。豈尊貴之大首以爲事(《〔琵琶〕錄》)，終資蔭之子弟以長譏(《三朝聖政〔錄〕②》)。乃投彼好兮欸語(《宋書》)，而伐我長兮著緋(武德時)。嘻！求其人，其亦季倫(《晉書》)之與君性(《〔孫放〕③別傳》)，阮咸(《七賢傳》)之與孔輝(《文士傳》)也哉。

箜篌

夫樂之有箜篌也歟，《初學》忽而不載，《御覽》遺而不書。吾且搜其餘焉，篌原姓系(《合璧》)，箜則坎知(《解題》)。曾以爲晉(《釋名》)，鄙不識狸(《新論》)。求之《侍兒小名》，莫得五十絃所繇起；求之素女絕調，安知《郊祀志》所繇師。國名既已無據，胡服又未有稽(《容齋隨筆》)。依琴而造(《合璧》)，從擘而鳴(《記④原》)。天竺之多剩技(《天中》)，濮上之有遺行(《釋名》)。技擅月華，讀《明妃出塞》之曲(《伽藍》)；情閒麗玉，傳《公無渡河》之吟(《古今注》)。陳都尉之叩閽，聲聲入聽(《神異》⑤)；陸長源之諧偶，的的爛衾(《逸史》)。葉落風吹，寄寸心于明月(《類苑⑥》)；邊烽境鐸，屬樂事于玄音(哥舒翰)。茹古氏曰：虛受其心，北牖之清風合韻；曲全其勢，南樓之華月半虧。浮音

---

① 《羯鼓錄》“允”作“沇”。
② 據《天中記》卷四三補“錄”字。
③ 據《太平御覽》卷五八三補“孫放”二字。
④ “記”當作“紀”，見《事物紀原》：“(箜篌)抱於懷中，兩手齊奏之謂之擘。”
⑤ 《天中記》卷四三引“神異”作“甄異”。
⑥ 《天中記》卷四三引“苑”作“說”。

穆以遐暢，沉響幽而若絕。樂操則寒條反榮，哀曼則晨華朝滅。邈漸
離之清角，超子野之白雪（孫氏《箜篌賦》）。余茲補《初學》《御覽》
之闕。

簫

江南之竹，弄玉有鳴鳳之簫焉（《箏賦》）。釋名肅肅（《釋名》），作
賦烏烏（《前赤壁》）。斯中呂之氣也（《白虎》），則天籟之鳴夫（《莊》）。
參差其形，吾以求之虞代（《風俗》）；陰陽有候，吾再考之夏時（《〔易〕
通〔卦〕驗》）。巧絕班輸，豈假形于木表（《傅子》）；好殊角徵，終喪氣
于野吹（《呂氏春秋》）。聽從禰廟（《周頌》），感自師夔（《書》）。多含情
于游女（傳），幾自表于錫兒（《天中》）。列散梁①圜，白玉若以借色（《通
考》）；長生慈姥，鼓吹且以空山（《丹陽記》）。豈宮貴人之無知，相憐作
賦（《漢書》）；繄嫛倅兒之多狀，漫爾承顏（張景）。鼓腹嬉游，從伍員之
過市（《史》）；生涯薄曲，見周勃之給喪（《史》）。斯籥茭之別（《爾
雅》），雅頌之芳乎（《〔三〕②禮圖》）。斯簫也，余聽其巨音，則周流氾
濫，并包吐含，若慈父之畜子也；其妙聲，則清靜厭瘱，順叙卑述，若
孝子之事父母也；其武聲，則雷霆輘輷，佚豫以怫愲；其仁聲，則凱風
紛披，容與而施惠；其悲聲，則莫不愴然累欷，撇涕拡淚；其奏歡娛，
則莫不憚漫衍凱，阿那腲腰。③ 噫！休哉。

磬

客有觀光于樂府，見玉磬焉。追琢既成，磨礱載白，掩淒清之瓊珮，

---

① "梁"當作"梨"。
② 據《天中記》卷四三補"三"字。
③ 王褒《洞簫賦》"怫愲"作"沸愲"，"凱風"作"飄風"，"衍凱"作"衍凱"。

洞閑華之水碧(張仲素賦)。説者曰：夷則之氣也，象萬物之成也(《舊唐》①)，有秋云乎(《〔五經〕②要義》)。出自天成，非同琴瑟笙竽，難齊高下(《玉海》)；作我韶樂，固與金石匏土，立辨君臣(《天中》)。水土所宜，肇昉嵩山之薦(《樂書》)；陰陽恰適，無辭泗水之濱(《樂書》)。如萍藻有當(《拾遺》)，若鴻毛匪輕(上)。采以賀循之玉(本傳③)，浮以漢武之金(《洞冥》)。王母西來，入洞陰④而點韻(《〔漢武〕內傳》)；神人偶至，着素服以諧音(《洽聞》)。妙一擊于楊妃，顧藍田其何稱(《〔開天〕傳信〔錄〕》)。辨潤⑤餘于率更，把黃鐘以相尋(《〔國史〕纂異》)。戞戞兮聲聞郭璞(《山海》)，隱隱兮鑣可紹夔(《〔國史〕⑥纂異》)。徵華原以作讖(《〔陳氏〕⑦樂書》)，鎮壽陽以備詞(《梁志》⑧)。染紅聽其期候(《廣異〔記〕》)，懸黎任其指麾(《洞冥》)。倘謂徵故宮而勿壞(尚書)，能無詔諸生以雅吹(桓榮)。如是隆雅頌之音，與彰風化(劉向)；重神明之感，率爾來儀(《書》)。猥俗莫醫，急聽清越之響(《澄懷錄》)；沉吟忘味，深諧曠蕩之恩(唐)。翔鸞逸止(《東〔觀〕漢〔記〕》)，野草驚喧(《左》)。而不見叔之離三代尚紀(《合璧》)，子之擊千古攸尊乎(又賦)。亂曰：王道可得(《〔白虎〕通》)，封疆作思(《〔天中〕記》)。如磬也，其相知。

笛

余有味于笛曰：窮不易規，管能有截；柔指斜據，丹脣上列。引氣

---

① "《舊唐》"誤，見《白虎通·社稷》："磬者，夷則之氣也，像萬物之成也。"
② 據《天中記》卷四三補"五經"二字。
③ "本傳"誤，見《晉書·樂志下》。
④ 《漢武內傳》"陰"作"庭"。
⑤ 《天中記》卷四三引《國史纂異》"潤"作"閏"。
⑥ 據《天中記》卷四三補"國史"二字。
⑦ 據《天中記》卷四三補"陳氏"二字。
⑧ "《梁志》"誤，見《陳書·吳明徹傳》："(明徹)自壽陽入朝，輿駕幸其第，賜鐘磬一部。"

内填，流音外泄；更微迭盛，將聯復絶。則簫不獨舞鳳，瑟不獨躍鱗。嘯有以振木，歌有以驚塵①，而何疑于笛也哉。爾其昆谿伐竹(《史》)，雲夢剪筠(《樂書》)。發揚一聲，出入九息(《甘澤謠》)。律吕欲叶，清濁幾均(《晉書》)。傳之者曰：兵退病愈，旱雨雨晴，風定波平(朝鮮)。賦之者曰：上擬法于《曹箭》《南籥》，中取度于《白雲》《緑水》②，下采制于《延露》《巴人》(馬融賦)。《折柳》傳情，悲玉關之戍客；《落梅》流韻，感金谷之游人(皆笛名，又《甘澤謠》)。悲旅舍唱和之聲，追簫琴而作頌(《長笛賦序》)；憶舊時宴游之好，破秾吕以留神(《思舊賦序》)。其爲張華荀勗之流，雜引相和(《宋書》)；或于凭欄眺遠之際，相視悲興(《〔楊太真〕外傳》)。詣輕舠而一奏，安尋父老(《〔樂府〕雜録》)；投胡牀而三弄，奚必舊知(桓伊)。有客呼舟，將山石之盡裂(《國史補》)；爲子出袖，誠魚鳥之飛鳴(《博異志》)。颯爾風生，感舟人賈客而善怨(《國史補》)；飄然雲合，盡良朋勝友而移情(《逸史》)。國色孤帷，情憐誓死(《幽冥》)；幽牕静院，閒把和吹(《別③傳》)。小失意殺機已熾(《世説》④)，竊有願好事相遺(上)。料江都之不及(《〔樂府〕雜録》)，幸太常之有人(《傳記》)。怪可窮于月下(《〔遯齋〕閒覽》)，妖⑤曷視于望句(《甘澤謠》)。發駿餘而點韻(《三十國春秋》)，將雞尸以效顰(《幽冥》)。孤冢荒涼，清秋對而生色(《青瑣高議》)；月宫汗漫，紫雲薄而成音(《傳信記》)。傳姓字于酣飲之家，無躭閒寂(《幽明》)；尋面孔于假寐之夕，且盡沉吟(《靈怪集》)。則又求變態(《樂纂》)，引新聲(《唐書》)，減之似因奚縱(《樂纂》)，加之乃自君明(《馬融傳》)。不必誇猿臂以成佳器(《雜俎》)，神龍德以洽幽靈(《雜録》)。又何不可短橡爲用(《文士傳》)，而夷鐵以聽(《方輿》)。亂曰：芳林皓幹，有奇寶兮；博

---

① 《文苑英華》卷七二《笛賦》兩"有以"皆作"無以"。
② 馬融《長笛賦》"曹箭"作"韶箾"，"緑水"作"渌水"。
③ "別"當作"外"，即《楊太真外傳》。
④ "《世説》"誤，見《晉書·王敦傳》。
⑤ 《甘澤謠》"妖"作"夭"。

人通明，樂斯道兮；雙枝間麗，貌正好兮；八音和調，成稟受兮；美風洋洋，而暢茂兮。

瑟

促柱清徽(《六帖》)，疏越遺音(《〔樂〕記》)。儒者訾其不義，則小絃大聲，大絃小聲(《韓子》)；賢者以其義，則欲樂而樂，欲悲而悲(《尸子》)。流入于南，不歸于北，遙聽中節之響(《說苑》)；天有燥濕，絃有緩急，誰爲書柱之知(上)。大曰灑，小曰步(《爾雅》)；後柱濁，前柱清(《月令〔章句〕①》)。吾以取其體静(《拾遺》)，嘉其骨清(李〔絳〕)。于御每在(《詩》)，毋張以更(《漢書》)，而不見鳳之舞(《白帖》)，魚之聽(《荀子》)。槐耶桑耶，候有分于二至(《易〔通〕卦〔驗〕》)；雅耶頌耶，製別紀于六經(《爾雅》)。用寶寒玉、石磬、響泉、和志之殊美(《〔南部〕新書》)，因思懲忿、窒慾、潔心、淳行之芳馨(《白虎通》)。玉烟珠淚之解(《肆考》)，曲終江上之吟(《小說》)。別求偏鼓(《西征賦》)，得遇知音(志)。拌者有間(《呂》)，悲者莫禁(《郊祀志》)。受讀父書，非膠柱而靡當(楊②)；羞言往事，乃鼓虞以爲名(百里奚)。暫醉佳人，憶金錢之在手(杜〔甫〕)；願偕仙妓，酌流霞之有情(鄭休範)。彼祿利歟，何必鬼神之通，軒轅之合(韓〔愈〕)；其聲聞耶，殆有貪狼之志，邪僻之行(《家語》③)。余不解楊惲之能秦聲，別工趙韻(《漢書》)；蘇秦之司齊鼓，並紀秦笙(《選·笙賦》)。睹璣琲之狼籍(《雜錄》)，感風細之淒泠(王融《哀太子文》)。大都毋多風而恣陽氣(《呂》)，何不因舊羔而徹新聲(任彥昇詩)。西王母奏環天之和樂，

---

① 據《天中記》卷四三補"章句"二字。
② "楊"誤，見《史記·廉頗藺相如列傳》："王以名使括，若膠柱而鼓瑟耳。括徒能讀其父書傳，不知合變也。"
③ "《家語》"誤，見《韓詩外傳》。

刊①重霄之寶器，其圓山林木疾風震地而不動也。噫！能無呼此瑟卿也哉(《拾遺記》)。

笙

河汾之寶，有曲沃之懸匏焉；鄒魯之珍，有汶陽之孤篠焉。若乃綿蔓紛敷之麗，浸潤靈液之滋，偶威②夷險之勢，禽鳥翔集之嬉，固眾作者之所詳，余可得而略之也(潘安仁《笙賦》)。所以象物貫地(《什名》)，苞鳳呈身(《五經析疑》)。太簇司其令(《月令〔章句〕③》)，女媧有其人(《音樂志》)。七政奏節，六合和鳴(《白虎》)。飄餘音于霄漢，遏嬌韻于簾楹④(賦)。聲逼雲間，于瓶似足(《詩話》)；響傳交趾，在瓠已明(《〔嶺表〕錄異》)。吳人錫簹以名用，或需于桃竹(《吳都賦》)；舜祠鑿管以事質，有絕于璧瑛(《說文》⑤)。奕秋靡猾(《劉〔子〕》)，雙成不孤(《〔漢武帝〕內傳》)。有自神游伊洛(《謝恂傳》)，豈無廣飾興圖(《集仙錄》)。而不見元卿之遇合(《續仙》)，墨子之向趨(《劉子》)。西王母從天而降(《穆天子傳》)，朱小娥拔山而吁(《武夷山志》)。靈王太子之漫游，浮丘接之以去(《真誥序》)；南郭先生之竊禄，田巖聽之以逋(記)。客坐雜陳，雖奉詔猶多難色(《魏志》)；佳人疊弄，曾幾度可洽歡娛(《筆談》)。思蓄歛之臣，纔堪入耳(《禮〔記〕》)；聽《新宫》之響，相冀有孚(《儀禮》)。短長插鳳翼，洪細摹鸞音。惟簧也，能研群聲之清；惟笙也，能總眾清之林。設宫分羽，經徵別⑥商。泄之反謐，厭焉乃揚。悽喉辛酸，嚶嚶關關，若離鴻之鳴子也；含唧暉諧，雍雍喈喈，

---

① "刊"當作"列"。
② 《笙賦》"偶威"作"隅限"。
③ 據《天中記》卷四三補"章句"二字。
④ 李百藥《笙賦》"簾楹"作"房櫳"。
⑤ "《說文》"誤，見《墉城集仙錄》。
⑥ 潘安仁《笙賦》"別"作"列"。

若群雛之從母也。遠而聽之，若游鴦①翔鶴，嘹唳飛空；近而察之，譬瓊枝玉樹，響亮從風。協和陳宋，混一齊楚。近不逼而遠無攜，聲成文而節有序。非天下之和樂，不易之治②音，其孰能與于此乎。

火

余觀炎帝之名官也，而火師云乎（《左》）。冠五行斯用，審四時是取。司方守赤，以備于南北東西；利物濟人，用配乎金木水土。輝赫赫而不滅，性烈烈而自馳。其猛也，物則望而畏矣；其炎也，人則寒而附之（王起賦）。夫然回禄即吳回，豈謂崇山興于有夏（《國語》）；如云玄冥祭脩熙，不知回禄祭以何人（《天中》）。體宜熾而蕭丘之寒焰可考（《抱》），用方切而司垣③之木鐸何狗（《周禮》）。變以趨時，作新作舊（《隋書》）；夢而先兆，惟楚惟秦（《鎖④語》）。高麗烘燋，入水猶多餘毒（《北夢瑣言》）；圓淵騰沸，投金那利從辛（《拾遺》）。揚輝如栗（《古今》），升氣以雷（《郡志》）。是竊脂之鳥也（《山海》），或風生之獸哉（《十洲記》）。如是過燒煨以臨池，無分晝夜（《相感志》）；走臨邛以視井，有紀後先（《異苑》）。傅粉施朱，諧笑倡人之飾（《芝田録》）；赭衣赤幟，堪作小兒之憐（《幽明録》）。其行軍之須放雞（《晉書》）縱牛（《史》），全無勁敵；其救災之藉酒功（《晉書》）水力（《楚殷別傳》），事有別傳。吾痛夫君仲號哭（《先賢傳》），古初哀悲（《〔東觀〕漢記》）；而憐夫蔽牖以學（後魏），徹屋以炊（《梁書》）。深嘉争渡之智（《後魏史》），奮斬之威（《九國志》）。竊笑阿奴之下策（《晉書》），魏武之陋規（《〔明罰〕令》）。若其阿姑隱隱（《〔符異〕⑤集驗》），亳社譆譆

---

① 李百藥《笙賦》"鴦"作"鴛"。
② 潘安仁《笙賦》"治"作"德"。
③ "垣"當作"烜"，見《周禮·秋官·司烜氏》。
④ "鎖"當作"瑣"，即《汲冢瑣語》。
⑤ 據《天中記》卷十補"符異"二字。

（《左》）。赤色之龍降止（《列仙》），獨足之鳥差池（《白澤圖》）。吐之待客（《仙傳》①），蹈以成仙（《列仙》）。公車之上（《典略》），王屋之巔（《史》）；有感飛鳥（《拾遺》），勿及池魚（《風俗通》）。早八人之趨駕（《雜俎》），緩一使之長驅（《搜神》）。每夜光懸戟上（《宋書》），忽爾迅發矛餘（《前漢》）。識信旛于廳事（志②），多抱卷于荻居（《吳史③》）。妖廟慾熾（《史補》），西宮怨睟（《公羊》）。于蟬何德（《荀》），于蛾何嗟（《魏史》）。出自鼻頭，聽拓弓以發響（《南史》）；定觀神宇，庸曳履以多譁（《世說》）。禁烟從民，試想歌思廉范（《〔東觀〕漢記》）；積灰爲數，幾驚博視張華（《晉書》④）。海島無居人，帆去從教入望（《傅子》）；江陵有良吏，風反何事漫誇（劉崑）。則又有保母不在（《左》），敵國與仇（《吳越〔春秋〕》）。韓兒之幼慧（《晉書》），里婦之深謀（《漢書》）。聖之以成南渡（《建康實錄》），玉之以紀上遊（《物類志》）。穿烟覓徑之知，嬰兒自適（《遯齋閒覽》）；病頤覺瘥之會，沙門幾投（《南史》）。待井瓮而成功，何酬熛尾（劉晝《遺策》⑤）；遍羊酒而作謝，寧貴焦頭（《新論》）。上梅福之書，闕庭報罷（傳）；下漢武之勑，《山海》校讐（《山海經序》）。丁爲壬妃，陰陽五行之法（《正義》⑥）；玉與石并，昆岡一焰之橫（《書》）。譬人生之多才，有而不用（《晉書》）；申君令之畫一，賞而必明（《韓》）。與知作苦（《書》），有戒燎原（上）。毋蕭芝共弊（《淮》），寧燕雀與存（《吕》）。賦曰：炎盛亢極，途窮勢催。何倏興而忽歇，何有往而不來。無介推之生氣，見韓憑之死灰。僕乃愀然歎息，高門翳羅雀之叢，曲池淪涸魚之轍。伊滔滔而不禁，固炎炎而欲滅之⑦。

---

① "《仙傳》"未詳，見《搜神記》。

② "志"未詳，見《朝野僉載》。

③ "史"當作"志"。

④ "《晉書》"誤，見《梁書·樂藹傳》。

⑤ "劉晝《遺策》"當作"《劉子·貴速》"。

⑥ "《正義》"疑作"《大義》"，蕭吉《五行大義》有"丁爲壬妻"。

⑦ 崔湜《野燎賦》"勢催"作"勢摧"，"韓憑"作"韓安"，"滔滔"作"熠熠"。

燭

照彼玄夜，炳若朝陽(《燭名①》)。揚丹輝之煒煒，識朱燎之煌煌(賦)。行紀紅燄(《遺事》)，班美綠衣(上)。功惟續旦，用效明時(賦)。白晝爲期，試遡制科之舊典(唐制)；夜分而減，載讀連昌之宮詞(《筆記》)。更惟漏曉，粧連城以百炬(《國史補》)；樂可酬夜，照擊毬以十圍(《〔續〕世說》)。紡績聞聲，曾女紅之不減(《列女》)；咿唔送遠，則學士之相知(匡衡)。于以紀雅量于韓公，追呼舊吏(《紀聞》)；遡儉德于杜氏，遠絕鄧州(《歸田錄》)。束帶之有童子(《遺事》)，牽衣之自好仇(史)。當叔子之獨處(史②)，值主人之相留(《遺事》)。奕局美譚，有紀蒼頭之事(後魏)；玉堂盛事，相傳宮嬪之由(《筆談》)。軍旅潛行，投③矣雙旌叶應(《唐史》)；主賓促席，刻矣四韻交酬(梁竟陵王)。所以政成與照(《紀事》)，酒酣則昏(寧王)。誤燕彙進(《韓》)，撝帳游魂(《後漢故事》)。其爲召對之美(《唐書》)，其爲送院之私(上)。娶婦之家，繼三夜而必舉(《左》④)；太虛之室，邀明月以相隨(《唐》)。螢火借其姓字(《古今注》)，鍾山主其神祇(左思⑤)。徵之自晝而夜(《左》⑥)，秉⑦之自少而頤(劉)。當夜祼之會(《抱》)，作風中之觀(《詩注》)。夜遊良有以(詩)，相識未忍殘(《曾子問》)。悲夫！余何知燼長宵久，而光清夜寒哉。

---

① "名"當作"銘"，見傅玄《燭銘》。

② "史"誤，見《毛詩正義》："昔者顏叔子獨處于室，隣之嫠婦又獨處于室。夜，暴風雨至而室壞。婦人趨而至，顏叔子納之而使執燭。"

③ "投"當作"授"，見《舊唐書·劉沔傳》。

④ "《左》"誤，見《禮記·曾子問》："嫁女之家，三夜不息燭，思相離也。取婦之家，三日不舉樂，思嗣親也。"

⑤ "左思"誤，見《山海經》："鍾山之神，名曰燭陰。"

⑥ "《左》"誤，見《禮記·禮器》："子路爲季氏宰。季氏祭，逮暗而祭，日不足，繼之以燭。"

⑦ "秉"當作"炳"，見劉向《説苑·建本》："師曠曰：'臣聞少而學者如日出之陽，壯而學者如日中之光，老而學者如炳燭之明。'"

總樂

　　夫豫雷有象(《易》)，鈞天豈不可逢哉(《内傳》)。其天機不張，而五官皆備(《莊》)；其行步有節，而《肆夏》與共(《禮樂志》)。六以鳴雄，六以鳴雌，從取才于嶰谷(《吕》)；物以三成，聲以五立，合成數于黃鐘(《荊璞集》)。于以氣候葭灰(《〔古今〕①樂録》)，溫生黍谷(劉向《別録》)；寧是克偕調露，繼想南風(任彦昇啓)。則鐘鼓琴瑟之外，有可得而徵者乎。月以肇形，竹林寓偕其圖繪(阮咸)；筠以成小，伊耆妙有精思(禮簫)。蒸自黃泉，暴辛之始作于周代(《風俗〔通〕·壎》)；飾以白玉，奚景之所得于舜祠(《風俗通·管》)。扣之窮鄉，或足羞于巨鐘建鼓(《淮》)；吹之老嫗，曾何多于快馬健兒(《伽藍》)。發聲于中，若使死者不恨，生者不怨(《樂記圖枕敧》②)；作拍于際，將無孤鶴嘹唳，牧馬鳴悲(《蔡琰別傳·胡笳》)。其何必徙詣咸陽，作嬴秦之有事(《三韓③舊事》)；夫抑亦賞絶樂句，善僧儒之多持(《本事·拍歌》)。又以考其章乎，《長相思》(《樂府》)，《古别離》(李陵)，《獨不見》(《樂〔府詩集〕》)，《有所思》(曲名)。其《凌波》兮(《太真外傳》)《映水》(范靖安④)，其《倚樓》兮(玄宗)《傾杯》(《太宗紀》⑤)。紫玉(《樂府詩集》)綠珠(石崇妾)莫至，王孫(《樂府》)公子何來(《樂府歌》)。拜有須于星月(周美成《秋怨》)，醉已會于蓬萊(宋柳永)。棗上⑥纍纍(《樂府詞》)，花上盈盈(《異苑》)。塲則少年之結客(詞)，窟則飲馬之長城(上)。于

---

① 據《太平御覽》卷五六五補"古今"二字。
② "《樂記圖枕敧》"未詳。約見《淮南子·本經訓》："古者聖人在上，政教平，仁愛洽，上下同心，君臣輯睦，衣食有餘，家給人足，父慈子孝，兄良弟順，生者不怨，死者不恨，天下和洽，人得其願。夫人相樂，無所發貺，故聖人爲之作樂以和節之。"
③ "韓"疑作"輔"。
④ "安"疑作"妻"，梁范靖妻沈滿願有《映水曲》。
⑤ 見《新唐書·禮樂志》及《舊唐書·音樂志》，非《太宗紀》。
⑥ 《樂府詩集》"上"作"下"。

以《擣衣》(詞)，于以《織錦》(虞世南)。于以鼓鳳翼(《樂府歌》)，于以聽鳥聲(《中朝故事》)。腸斷江南，賀方回之已至(《宋》賀本傳)；歌迴垣下，符存審之猶生(《五代》)。嗟乎！曰宮曰軒，曰判曰特，吾以想小胥之正位(《周禮》)；堂上以懸，堂下以展，吾以訂一部之旨歸(《本集》)。自採風習誦之時，或協律，或賦詩，神光之有止集(《樂府考》)；乃新獻聚觀之日，宮離而不屬，商亂而加暴，誠播遷之可歔欷(唐明皇)。所不解和雅我心，但一宮以取象(隋何妥)；尤有異長短最忌，至減蕤以庶幾(《朱語録》)。蓋備其人者，壯可一千(劉瓛)，舞可九百(唐武后)；專所掌者，非從任禁，則紀靽①離(《周禮》)。先儒云：依人音而製樂，就樂器以審音(元豐聖訓)。《書》"聲依永，律和聲"(《書》)。噫！難言哉，觀止矣。

---

① "靽"當作"靽"，見《周禮注疏》。

第二十一卷

衣

衣，身之章也（古文①）。説者曰：取睢涣之麗（《陳留風俗》），象翬翟之新（《〔後〕漢·輿服志》）。甚遼有鬼（《天中》），胡曹伊人（《世本》）。緼爲袍而纊爲繭，袷如矩而袂如規。《大雅》云“玄衮赤舄，鉤膺鏤②錫”，歌其文也；《小雅》云“有嚴有翼，共武之服”，詠其武也（傅玄云）。爾其紛紛裶裶（《子虚》），佌佌③委委（《詩》）。戒以九月之授（《詩》），歷以三世之知（《魏志》）。商火夏山之制（《禮〔記〕》），前方後挫之儀（上）。紉④麻索縷，指挂手經，初製若網羅之象（《淮南·氾論》）；趙堯李舜，倪湯貢禹，各舉以時事之宜（《漢雜事》）。日月星辰，山龍華虫，似莫辨其差等（《書》）；膳夫庖人，群小賈堅，盍致徼於安危（《後漢》）。如是在笥之戒（《書》），維鵜之哀（《詩》），無斁之服（《十⑤》），不衷之災（《左》）。一篋殊寵（《後漢書》），百領榮施（《吳書》）。彰德有念（〔謝承〕⑥《後漢》），朝望無虧（《齊書》）。于以嘉其爲清吏（《吕》⑦），是婦師（《襄陽耆舊》）。如客卿有加金紫（李泌），豈

---

① “古文”未詳，見《左傳·閔公二年》：“衣，身之章也。”
② 《詩·大雅·韓奕》“縷”作“鏤”。
③ 《詩·鄘風·君子偕老》“佌佌”作“佗佗”。
④ 《淮南子·氾論》“紉”作“緤”。
⑤ “十”當作“詩”，見《詩·周南·葛覃》“服之無斁”。
⑥ 據《太平御覽》卷六八九補“謝承”二字。
⑦ “《吕》”誤，見《太平御覽》卷六八九引《魏氏春秋》。

奸佞故假銀緋（韋貫之）。余特書天子之親三浣（漢①），着小皮（《宋書》②），宮中有服練之后（《後漢》），無曳地之妃（《史》）。即澣濯之爲小節（柳公權），豈紐綻之非深思（和政公主）。虎文（《輿服志》）鼂鞠（《周禮》），狐尾（《梁冀別傳》）雉頭（《晉書》）。百鳥羽成，分豔于正旁表裏（《五行志》）；群芳卉就，求新以百歲千秋（《拾遺》）。鏤金則花鳥之狀（安樂公主），飾玉則翡翠之供（《拾遺》）。不盈一握（《合璧》），更妙無縫（《孔帖》）。象繪雲霞，昐若神仙之侶（王衍）；烟飛金石，綴從祈瀹之工（《拾遺》）。豈謂鎧形，炫而玉潤（上）；將無垢集，怒而火攻（《梁冀別傳》）。勅從褒大（《漢書》），屬喜鮮明（李貞素）。增損有其制度（《宋〔書·范〕曄》），儉率本乎性情（《南史》）。遞爲出入（〔謝承〕《〔後〕漢書》③），互作送迎（《左》）。稱疾不妨于江湛（《吳書》④），往謁第任于儒衡（鄭餘慶）。試想疏勒見還之日（《耿恭傳》），義興得代之辰（《任昉傳》）。舊有需于謝晦（《王琨傳》），素有約于祭遵（《後漢》）。製可以葦⑤（《説苑》），懸且在鶉（《孫卿子》）。非新非故（《世説》），非悳非貧（《莊》）。王朗何爲，見辭于戴笠（〔謝承〕⑥《後漢》）；顧颺有意，卻謝以隱淪（郭文）。痛逞惡少之風，每從散製（李紳）；雅念會昌之績，日苦敝嗊（張仲武）。騎若謝于朱敞（北齊），首不易于壽春（夏侯端）。持巡方之斧（暴勝之），掛神武之門（《齊書》⑦）。誰是夜半挶門之早至（《宋書》），會見桃林傳舍之俱奔（李密）。加謗讟于冢臣，繇來傲坐（《漢書》）；盛帳供于使客，早已絶塵（楊行密）。愧怍無庸，窺作賊于女

---

① "漢"誤，見《舊唐書·柳公權傳》："上語及漢文恭儉，帝舉袂曰：'此浣濯者三矣。'"
② "《宋書》"誤，見《南齊書·虞願傳》。
③ 據《太平御覽》卷六九一補"謝承""後"三字。
④ "《吳書》"誤，見《宋書·江湛傳》。
⑤ 《説苑·善説》"葦"作"韋"。
⑥ 據《太平御覽》卷六八九補"謝承"二字。
⑦ "《齊書》"誤，見《南史·隱逸·陶弘景》。

子(《晉書》);涕泣不禁,感還①乳于上賓(明帝)。内苑作貧兒之村,假襤褸而行乞(《隋書》);京畿多鬼門之客,陷襟袖而愴神(文宣)。則夫改爲之魏武(易②),自煖之伊人(《郗傳》③)。解而推恩者何賴(《漢》),躍而伏死者何狗(豫讓)。無散幅爲不周之兆(《荆湖近事》),無偏裂爲用詛之因(《左》④)。無鳴玉曳組而襲先王之法(李綱),無耽歌嗜舞而喪少來之真(後魏)。水濺舟人,相望巫山雲雨(裴餘慶);簫吹羽客,伊憐洞府仙春(張昌宗)。有菊無酒之時,從何悵望(淵明);多愁多病之日,是否吟呻(王章)。中夜醉寢頻加,罪何并于典冠之子(《韓非》);濡時劍履得上,望且隆于司馬之臣(《漢書》)。歌曰:秋霜落兮歲已終,秋雁吟兮悲遠空。裋褐不完兮憂思充,庭〔樹〕⑤蕭蕭兮冷暮風。

冠

若有敝苴之戒(《六韜》),新沐之時乎(《〔韓詩〕外傳》)。昉諸髯胡之制(《輿服志》),遞有委貌之規(《禮〔記〕》)。斐玉彩而晶耀,鈿珠翠而陸離(趙良器賦)。盛服將朝,此爲大者;結髮從仕,曷莫繇之(王起《彈冠賦》)。説者曰:柔以虛中,剛而净外。綴香簪以半出,垂組纓而雙對(賦)⑥。文成五彩(《春秋含霧⑦》),製美一星(《唐書》)。上自元后,至于公卿,用則異數,製有同明(賦)。則自通天而下,於以核其名乎(《〔三〕⑧禮圖》)。進賢特著(《輿服志》),翼善通稽(《唐》)。爲

① "還"當作"懷",見《南史·褚彦回傳》。
② "易"未詳,疑即《搜神記》:"昔魏武軍中無故作白帢,此縞素凶喪之徵也。"
③ "郗傳"誤,見《北齊書·謝超宗傳》:"(超宗)詣東府門自通,其日風寒慘屬,太祖謂四座曰:'此客至,使人不衣自暖矣。'"
④ "《左》"誤,見《國語·晉語》。
⑤ 據周存《授衣賦》補"樹"字。
⑥ 趙良器《冠賦》"净外"作"勁外"、"組纓"作"寶纓"。
⑦ "含霧"當作"合誠",《春秋合誠圖》:"制御四方,冠有五彩。"
⑧ 據《太平御覽》卷六八五補"三"字。

鄒爲魯(《初學》)，曰楚曰齊(上)。封豕之雄，莫辨其等(《穀梁》)；南蠻之長，或異所聞(《淮》)。高山之有厎注(《三禮圖》)，柱後之有惠文(上)。飲露以爲清高，蟬加之異①(《百官志》)；聞風而相培擊，豸飾其儀(《漢官儀》)。則又有仙家之芙蓉(《神仙服〔食②〕經》)，王母之晨纓(《〔漢武帝〕內傳》)。聚鷸而高談天之秘(《六帖》)，載鶡而契道法之精(《真隱傳》)。比倖臣以一鷩(傳)，嘉宦者以四星(《輿服志》)。余意北斗之奇製(曹植《與陳琳書》)，南部之芳規(《後漢》③)。制相沿于緇布(《輿服》)，令且嚴於竹皮(《史》)。解金貂以佐興(《晉書》)，服瓊弁以稱時(《七略》④)。可以交讓(《東觀〔漢記〕》)，可以却非(《三禮圖》)。其或簡彝與慕(《國語》)，何必飾寶貼譏(《梁書》)。余笑白者之西秦以送(《荊軻傳》)，而悲黃者之故鄉以歸(《宋史》)。訛者步搖，因其好尚(《前燕録》)；大者長劍，副其指揮(《蓋寬饒傳》)。烏于何集(《古今注》)，蟬或以飛(《梁書》⑤)。沐猴而誚(項籍)，戾虎而悲(齊)。文雅風流，舉止有訝于欣泰(《梁書》⑥)；任恣放誕，情事有怪于王綸(《南史》)。汲黯前來，望風即以避帳(《鑑》)；莽新竊據，跼天乃以掛門(《東觀漢記》)。再仕儀同，諷鹿皮而成佳話(《宋史⑦》)；奪情故府，感烏泣以念深恩(《韓偓傳》)。叔孫之風節凜如，裂者已盡(《左》)；貢禹之霜威蕭爾，免者何狗(傳)。在位有王陽，彈必先于知己(《王〔吉〕⑧傳》)；登高自杜甫，正且倩于旁人(杜〔甫〕)。若乃無頭示勇(《新

---

① "異"當作"翼"，見《後漢書·百官志》注引應劭《漢官儀》。

② 據《太平御覽》卷六八四補"食"字。

③ "《後漢》"誤，疑即《北史·崔休傳》："(休)轉長史，兼給事黃門侍郎，參定禮儀。帝嘗閱故府，得舊冠，題曰'南部尚書崔逞制'。顧謂休曰：'此卿家舊事也。'"

④ "七略"誤，疑即成公綏《七唱》："瓊弁曜首，玉纓照目。"

⑤ "《梁書》"誤，見《南史·朱異傳》："後除中書郎，時秋日，始拜，有飛蟬正集異武冠上，時咸謂蟬珥之兆。遷太子右衛率。"

⑥ "《梁書》"誤，見《南史·張欣泰傳》。

⑦ "史"當作"書"，見《宋書·何尚之傳》。

⑧ 據《漢書·王吉傳》補"吉"字。

論》），結纓歸全（《左》）。排營而入（樊〔噲〕），怒髮而前（《趙世家》①）。敢截以角（《晉書》），急補以穿（《後漢》）。偏盲嫌其姓字（杜欽），奇士多于趙燕（江充）。成南部之故事（《漢紀》），感今日之平天（《〔荆湖〕②近事》）。表素而中紺，試看縱履杖藜之輩（《莊》）；子趨而孫列，那問燕居獨處之緣（《萬石傳》）。分夜光鎖子之奇，誠不能償其所直（《〔明皇〕雜録》）；按鸞樓鶴立之狀，又何從詰其繇然（《杜陽》）。《詩》不云乎"服之無斁"，吾以斯文之爲度焉。

裘

堯之王天下也，夏則葛絺，冬則鹿裘（《韓子》）。其有愛于輕煖，抑或象于首丘（《白虎通》）。神馬之類，入水不沉，入火不灼（《十洲記》）；諫珂之屬，文身而赤足，憎烏而愛狐（《説苑》）。自昔解驂左（《晏子》），焚雉頭（《起居注》），羽鱗曲阜（《田休③子》），色耀渠搜（《世説》④）。得一毛其若侈（《拾遺》），但有尾以何求（《韓子》）。而抑知學之者工以良冶（《〔禮〕記》），負之者説自文侯也乎（《新序》）？夫黑貂未敝（《策》），白狐欲偷（史）。興至不妨賈酒（《〔西京〕雜記》），笑諧乃至輸蒲（狄仁傑）。劉敬之便宜言事（本傳），楊厚之秘授成書（本傳）。每以感其至性（管寧），何得肆此狂疎（《〔會稽〕典〔録〕⑤》）。上下以語參軍，幾于施逆（〔王隱〕⑥《晉書》）；富貴而忘列士，是何見通（《漢書》）。涉雪徒行，望是神仙之侶（《晉書》）；高風自在，行看把釣之夫（嚴光）。五月而披，豈拾遺其有愛（《吳越〔春秋〕⑦》）；夙夜匪懈，或

---

① "《趙世家》"誤，見《史記·廉頗藺相如列傳》。
② 據《天中記》卷四七補"荆湖"二字。
③ "休"當作"俅"，見《墨子閒詁·田俅子佚文》。
④ "《世説》"誤，見《墨子閒詁·田俅子佚文》。
⑤ 據《太平御覽》卷六九四補"會稽""録"三字。
⑥ 據《太平御覽》卷六九四補"王隱"二字。
⑦ 據《太平御覽》卷六九四補"春秋"二字。

徐解以相需（《魏氏春秋》）。績昧胡亡，深有慮于醉後（《説林》）；金陵
見過，雅有異於棹呼（李白）。吳會之有蒿師，飾先叔向（《説〔苑〕》）；
幽州之有刺史，儉昉劉虞（〔謝承〕①《後漢》）。而不見輝映群僚，破曹
之武功有著（《吳志》）；價高良賈，佐齊之相業多殊（《晏子》）。彼藩第
之來朝，觸寒可念（《〔東觀〕漢記》）；如廷尉之正典，縱盜者詵（《晉
書》）。豪具有所不必（《語林》），飲況政以急須（唐）。温耶寒耶，雨雪
之有會（《晏子》）；無庾耶無郵耶，行旅之在途（《吕覽》）。駕駑馬而服
緇衣，所以引②君之賜（劉向）；子游襲而曾子裼，斯誠好友之俱
（《〔檀〕弓》）。余悲企生之害不旋踵（桓玄），昭侯之賞不别圖（《左》）。
而異重茵者之擅殺（《趙書》），布算者之偶符（步熊）。朝委兮不亂（《漢
書》），譚柄兮自如（謝萬）。有期共弊（《北齊》），勿變中孚（《説苑》）。
聚族而與狐謀，不堪失計（《符子》）；旁徨而爲犬計，益甚處愚（《繁
露》）。如是季秋之候也（《〔周〕禮》），試求舟人之子夫（《大東》）。地
卷朔風，庭流花雪（簡文帝《謝東宫賜表》）。自疑狐貉之珍（陶雍③賦），
載重車馬之飾（趙簡子）。茹古氏曰：衣褐可以備卒歲，挾纊足以禦寒
夜。何勞寶劍伴貲，而驪珠同價。

袍

豈曰無衣，與子同袍。作字迴文，從鳳雁鱗以表飾（《唐書》）；加襴
稱制，自緋紫緑以稱高（《身章撮要》）。説者曰：東周負宸之時，于爲事
始（《輿服志》）；載考仲尼逢掖之服，代有若曹（上）。緼以屬其介（《良
吏傳》），皂以居其清（〔華嶠〕④《後漢》）。吟詠而高，漱石枕流之思
（《蜀志》）；儒雅而恬，簞瓢陋巷之行（《晉書》）。上元夫人之降臨，色

---

① 據《太平御覽》卷六九四補“謝承”二字。
② 劉向《説苑·臣術》“引”作“隱”。
③ “陶雍”當作“雍陶”，見雍陶《千金裘賦》。
④ 據《太平御覽》卷六九三補“華嶠”二字。

莫可辨(《〔漢武帝〕內傳》);白馬軍中之立命,謠已先成(《梁書》)。
旁若無人,采石之興不淺(李白);幸而得偶,今生之緣幾盟(《本事
傳①》)。則又有幽州使出(《雞跖集》),洛水駕歸(盧志)②。秘書嫌于終
日(《魏書》),高風憶于往時(張駿)。向有先于披靡(《國史補》③陳慶
之),夜不戒乎拾遺(《唐史》)。深思逐吏之舉(《楊炎傳》),雅重故人之
思(史)。偶逢一少年而有意(《搜神》),冥合于婺女以傳奇(上)。其龐
疎乎,望之者反文綺以相顧(《東觀〔漢記〕》);若朱明耶,議之者視絳
紗以非宜(《唐》)。歌鬱輪之曲調(《韻府》),看都祿④之芬輝(漢)。讀
卞彬《蚤虱》之文,敗絮兮庸寢(《〔北〕齊書》);考祿山雞馬之目,刺
繡兮曷歸(《酉陽》)。而不見奪自東方,得才人與增聲價(《雞跖集》);
幸從北闕,念妃子雅共合歡(《韋傳》)。疇是賜緋,金字遴于仁傑
(傳);將無挾纊,玉勅及于舒翰(《唐史》)。濁世長羞,盈餘之未有事
(《後漢》);十年不易,儉薄之所日安(《唐書》)。兵交使在其間,本
懷斯奇(〔王隱〕⑤《晉書》);衛府將軍自與,歔涕多寒(《梁書》)。余
于袍也何哉。

帽

《史記》"薄太后以帽絮提文帝",其帽之始哉(《輿服志》)。裁兩段
非也(魏文帝《與劉曄》),引四角如斯。尊之以名,爲紗爲緘兮有制(《後
漢書》⑥);服之則雅,小朝公宴兮相推(《隋書》)。夫豈惡小者流,衣從

---

① "傳"當作"詩",即孟棨《本事詩》。
② "盧志"未詳,見《太平御覽》卷六九三引王隱《晉書》:"惠帝自鄴還洛陽,賜中
  書監盧士鶴綾袍一領。"
③ "《國史補》"誤,見《梁書·陳慶之傳》:"慶之麾下悉著白袍,所向披靡。"
④ 《東觀漢記》注"祿"作"紵"。
⑤ 據《太平御覽》卷六九三補"王隱"二字。
⑥ "《後漢書》"誤,見《北齊書·平秦王歸彥傳》:"齊制,宮內唯天子紗帽,臣下
  皆戎帽,特賜歸彥紗帽以寵之。"

散帙（《六帖》）；將無意氣與語，履有餘姿（《荆州記》）。風塵之所欲隔（《唐實録》），膩顔之所躭奇（《世説》）。博風所以入讖（《齊書》），高屋所以相推（《説文》《詩話》）。如是曰“鳳凰渡①橋”，“山鵲歸林”（《齊書》）。飛之以翠（《炙轂子》），縷之以金（《三十國春秋》）。飾以雜綵（《梁書》），陳以紫綸（《飛燕傳》）。濯船以爲郎，黄者處勝（《佞幸傳》）；泉石以終隱，白者情親（管寧）。放達若元孚，相謔無禮（後魏）；傲弄如陳暄，致苦長悲（《陳〔暄傳〕》）。偶爾赴局之袁耽，絶呼而擲地（《晉書》）；未幾曳袍之李巽，得志以乘時（《詩話》）。日暮馬馳，獨孤之側者奚效（後周）；倉皇客至，謝安之着者何遲（《晉》）。曹休已破（《吴書》），魏將已傾（上）。雅負司徒之望（後魏），時申孟達之情（上）。繡者自表，壯先聲以奪敵（《李晨②傳》）；碧者別識，揀精騎以長征（張巡）。別號蒼頭，餘威震乎群醜（《宋書》）；相期朱雀，壯氣比于臨刑（庚弘遠）。居廬之櫛沐無庸，至性者在（《後漢》③）；到門之冠服幾易，賓禮相成（《吕氏家塾》）。當璧何人，夢有先于一日（《梁書》）；勅書得代，寵故絶于平生（《齊書》④）。于以成風流之宴會（《〔孟〕嘉傳》），於以杜賓客之送迎（《南齊·褚尚書》），於以來老嫗之別識（《晉書》），於以謝權貴之持衡（《職官分紀》）。耳胡驚墅（唐），腦豈居危（《五代》）。身患于狐腋（《宋書》），家誚于鹿皮（何尚之）。驗之寶誌（《齊書》⑤），諱以瘤兒（《隋》）。其無風而墜也（宋），亦有雪而念之（《長編》）。若乃登彼銅臺，合金石而迭響（《齊書》⑥）；夢通仙籍，燦花卉以落英（《仇池〔筆記〕》）。忽然簪荷，了不覺其有異（《幽明》）；因之摘槿，如是邀以殊榮（《天寶遺事》）：其帽類之佳話也歟。

---

① 《南齊書·五行志》“渡”作“度”。
② “晨”當作“晟”，見新、舊唐書《李晟傳》。
③ “《後漢》”誤，見《魏書·辛紹先傳》。
④ “《齊書》”誤，見《南史》徐龍駒事。
⑤ “《齊書》”誤，見《南史·釋寶誌傳》。
⑥ “《齊書》”誤，見《南史·蕭巋傳》“銅臺”作“桐臺”。

帶

夫其爲帶也，鉈尾有取（《炙轂子》），綴綬以時（《撮要》）。貝從鷄鵜
（《佞幸傳》），博肇蟹雌（《北户録》）。爲婦爲男，象以佩繫（《説文》）；
乃文乃武，給以身隨（《唐實録》）。嘗試取武毅，重威儀（《會要》），相
見勿下（《禮〔記〕》），賦性有宜（韓）。重以金，重以玉，飾之魚，飾之
龜（《唐·車服》），則夫名鉤絡（《外國傳》），紀寶鈿（《突厥傳》）。望之
若月（《夢餘録》），通之在天（《唐》）。閿以十四稻①而異（《老學庵筆
記》），環以十二胯而傳（李靖）。而且百步舒其精彩（《唐敬宗録》），圓
鏡擬其形全（《九國志》）。又何疑開水而相驚山岸（傳贊②），因風而遠散
塵埃也哉（《本草》）。余求之北征珠澤，西征赤鳥之代（《穆天子傳》）；
并考之大秦赤石，海西青金之年（《魏略》）。受命淮西，對延英而語壯
（《裴晉公傳》）；奉公異域，屬鮮卑以凱旋（《〔東觀〕漢記·鄧遵》）。
夏月之講席無虛，求稱上旨（《杜陽編》）；香山之陰德有在，雅足家傳
（《摭言》）。寶先百騎（《五代》），秩晉平臺（王播）。捧白簡以待旦（《傅
玄傳》），長墨守以不迴（《魏·陳琳傳》）。其爲羊祜之從軍旅（傳），文
正之謝賈媒（《遺事》）。寬之步吏非急（晉③），束之督郵以來（《陶集》）；
橫之生死可念（《策》），索之音韻乃諧（《列》）。鎮自山門（《遯齋閒
覽》），詰可御筵（《雜録》）。何爲懸爵以償（《辛④·漢臣傳》），求貨惟
偏（《左》）。喝采不勝，漫聽長歌一曲（《南唐近事》）；黄金可掬，衹留
遺恨九泉（杜如晦）。怒殺氣于海商，照夜之光已没（《九國志》）；抱深思
于二卒，隱木之舉勿愆（莨從簡）。床上縈懷，時驚幽夢（《述異記》）；尊
前委頓，急謝佳篇（《名臣遺事》）。念歲荒民散之常，封付若擲（《開元遺

---

① 津逮本《老學菴筆記》"稻"作"掐"。
② 《天中記》卷四七"傳贊"作"僧贊"。
③ "晉"誤，見《南齊書·張融傳》："王敬則見融革帶垂寬，殆將至骼，謂之曰：
'革帶太急。'融曰：'既非步吏，急帶何爲？'"
④ "辛"當作"新"，見《新五代史·漢臣傳·蘇逢吉》。

事》）；占地下人間之語，狀奏多咽（《因話録》）。噫！瘦以苦吟，已減圍腰之載（沈約）；歡如舊識，不堪握手之忙（季札）。休偃無時，終日而坐政事（崔①元綜）；使命忽爾，正謝以赴都堂（《容齋隨筆》）。黄河可矢（《前·功臣表》），萱草與量（《韻府》）。香峰環而形似（《廬山記》），星像影而輝光（《夷堅續志》）。則不下而道存也（《孟》），亦伊垂而有常歟（《詩》）。

巾

按：《陶潜傳》："酒熟取頭上葛巾漉酒，畢，復著。"子美詩曰："謝氏尋山屐，陶公漉酒巾。"嗟嗟！此細事爾。拭唾何居，傲以華陰之狀（李白）；漉酒有意，傳可彭澤之神（《宋書》）。涕淚以沾，義或通于襟佩（杜詩）；脂膏與飾，名更借于車茵（《周禮》）。夫然班以帽，等于冠（古文），謹脩四教（《釋名》），比承露盤（《方言》）。資其具曰桐（《車服志》），壯其形以圓（上）。加簪而緌不施（後周），但束而幅有全（《後漢》）。而不見勒以回文，則天之多無度（《車服志》）；採從白野，高昌之別可傳（《肆傳》）。于綦聊樂（《詩》），彼岸非顛（《唐·宋璟傳》）。得膺殊封，快資心賞（《漢紀》）；相從軍事，雅任指麾（《蜀書》）。九列崇班，無唐突于宮掖（《後漢》）；二千賓侶，有趨候於郊畿（《東觀〔漢記〕》）。興發高陽，是否接羅倒着（《晉》本傳）；選尚門第，從教夾羅貽譏（《唐書》）。俗尚相高，明珠成其語讖（秦再思《紀異》）；新羅異獲，馬鬣隨以分飛（《酉陽》）。珍藏藩邸（《車服志》），入引華林（《梁書》）。聞變者倉皇靡及（李愿），起舞者汗漫與尋（《唐書》）。嘉武攸之不名不拜（《唐》），善華歆之是主是賓（《魏志》）。競效于僕射（《孔帖》），偶折于梁陳（《後漢》②）。王敦之所欲伐（〔鄧燦〕③《晉書》），稚圭之所申論（《北山移

① "崔"當作"薛"，見《新唐書·薛元綜傳》。
② "《後漢》"誤，見《周書·武帝紀下》。
③ 據《太平御覽》卷六八七補"鄧燦"二字。

文》)。益見尊榮烏角(《四皓傳》),何妨解脫白綸(《晉書》)。若夫執《周易》以壯遠遊,饒有其致(《竹樓記》);簪蓮花以脩淨業,代寫其真(李白)。清辨可聽,相憐寒夜(《列女》);列宴有在,何似遊塵(本事)。不次之尊,勿敦請于人事久絶之士(陳寔);崛起之業,試還遡以少孤子處之身(王僧孺)。從事中郎,萬石之作談客(《晉書》);拒師斜谷,司馬之似婦人(《魏志》)。袁紹崔鈞之徒,國容何似(《傅子》);鮑永馮欽之輩,素履無違(《東觀〔漢記〕》)。邊事已成,臥羊祜于洛水(《晉書》);東來有意,還王導於烏衣(上)。則又考六經,止言冠;《學齋佔畢》:古者有冠而無巾,蓋巾爲冪尊罍之用,至罪人加以黑幪,如靴反烏履之規,沿武靈配以胡服冠履兩事,至使今之道流得竊其似也,悲哉。

笏

以余觀於手板也,法天地,體陰陽。欲其表行見能,則外文而内質;取其前讓後敬,則上圓而下方(賦)。上自君王,下及庶士(《輿服雜志》)。魚鬐而表其章,球玉以申其理(《三禮圖》)。説者曰:間瓊弁兮雪白,對華陰兮冰靜。其在宗廟,即搢而請享;其在朝廷,即端而受命(王子充[1]賦)。試考義恭之《啓事》(本傳),孫樵之請銘(《文粹》)。架有紀于會昌(《常朝録》),囊有傳于九齡(本傳)。却揖唯唯(宋璟),叩額英英(宋申錫)。入大内而陳攻守(賈隱林),丐田里而佈血誠(褚遂良)。占奏惟頻,十事未嘗偶漏(王潘[2]);敷陳有據,一字寧或失真(余靖)。畫地者不恭,勝負之情形自失(王彦章);振衣者非教,崇卑之等級無循(《後漢》)。用以唾賊(《唐書》),用以捉奸(上),試想秀實少連之輩(句);于焉擊面(《天中》),于焉叩幘(《晉書》),可少温嶠張貴之行(句)。柱頰而看秋爽(王徽之),撫膺而慮人情(《宋書》)。狂襲少年之態(賈直言),詔邀明主之言(《五代》)。乃若謬爲帝賜(《六帖》),喜

---

① "充"當作"光",見王子先《笏賦》"華陰"作"華纓"。
② "潘"當作"播",見《新唐書·王播傳》。

自天成(《五代》)。出入宮掖之間,特與染指(《唐書》);涕泣聖政之舉,親自邀盟(《唐書》)。三世黃門,示敬恭于別榻(《〔唐〕語林》);一家赫奕,紀盛美于方亨(崔琳)。對此甘棠,應重先人之價(《本紀》①);記彼故物,殊誇世冑之榮(《文粹》)。舉之長短莫下(《江表傳》),執之吟詠相隨(宋遜)。去之仇讐何慮(《〔逸〕周〔書〕》),賚之親信以嬉(《宋書》)。誰留誰去(北齊),誰安誰危(《上裴相書》)。毋怨以忤(《宋書》),毋倒以持(《晉》)。少司空之用世(《唐》),信文宣之實癡(北齊)。白鼠從教于晉貳(《郡國志》),黃橘任覓于王嶷(《齊書》②)。舉往事于國初,相看賜玉(《洞冥記》);兆前定于後日,曾否借緋(《天中》)。薦剡與騰,京兆之姓名具在(韋貫之);推轂得當,尊前之好會以歸(《吳志》)。余又遡事始于前,刀劍匕首之遺意(《〔車服③〕雜志》);尋名義于內,啟白教命之精思(《什名》)。爲王侯,爲宰相,爲卿監,用者已足(《小說》);爲長年,爲高官,爲厚禄,相者前知(《南部〔新書〕》)。居士猶存,希出使不數于今代(《嘉話》);蕭何已矣,恨相法絕傳于來兹(《初學記》)。冠冕之貴,黼黻之飾,徒有備于朝儀,孰有兹于同德。

履

履者,禮也(《釋名》)。其義翼翼,其貌邕邕。曳踵則輪軌不斷,接武則塵迹相通④(賦)。其取進也,每迎前以啟路;其守謙也,常處下而翹容;其受用也,既虛中以待物;其順人也,亦應時而曲從(並趙良器賦)。所以豹斑耀色,見自春宵之宮(《列仙傳》);鳳舉儀文,睹可長生之殿(《漢武內傳》)。鵠化翼而常騫(《南康記》),鳧張翥而莫倦(《列仙

---

① “《本紀》”疑誤,見《新唐書·魏謨傳》。
② “《齊書》”疑誤,見《南史·豫章文獻王蕭嶷傳》。
③ 據《太平御覽》卷六九二補“車服”二字。
④ 趙良器《履賦》“通”作“重”。

傳》）。即雲霧以由升（《樵人直記①》），豈霜露而或盼（《曲禮》②）。余嘗抱納瓜之嫌（《禮》③），尤存苴冠之戒（《六韜》）。伊誰樂只之綏（《詩》），遮莫考祥之快（《易》）。周家侯業，傳清濟之餘封（《左》）；漢代官儀，瞻上公之自便（蕭何）。尋山陟嶺之時，幽峰巖嶂，或上下多與齒謀（《續韻》）；棄甲曳兵之後，旗捲旌搖，何出入不與蹻戰（《新書》）。中雪多穿（本傳），家風莫換（《清興④録》）。給以長安之學（《〔翟方進〕列傳》），假以陵寢之拜（《起居注》）。多墜車之畸行（齊），成軹道之佳話（崔戎）。欲徙越兮遲遲（《韓子》），將奔楚兮介介（《魏書》）。諱蹩于焉見嘲（《南史》），搏面將無事判（《蜀志》）。豈誠倨嫚計，有決于起行（崔彥昭）；或出險薄語，相嘲于浹汗（孫廉）。是耶，非耶，視隣人以何爲（《〔南〕史》）；自信耶，信度耶，走鄭市以永歎（《魏書》）。蹻則王符之在門（傳），屍則崔駰之候館（本傳）。織之高士，樂在其中（《高士〔傳〕》）；取之孺子，面非云謾（留侯）。曹瞞之痛訣，聊寄生死（《魏書》）；東海之繁刑，疇徵貴賤（《晏》）。故曰：伺南海之燕駕，異矣冲虛（《〔一〕⑤統志》）；仰樹上之鵶巢，杳乎得算（《僉載》）。少年好事，致毀新以爲奇（後魏）；太守風流，故先聲以鼓慢（《東觀〔漢記〕》）。長袂而躡，趙女鄭姬之作態，何弗取憐（《貨殖傳》）；曳杖而拖，敲金戛石之新聲，從教發焕（劉向《節士》）。若乃綦金而侈（《晏》），飾珠緣願（《春申君傳》）。加穀爲陰氣之已萌（《五行志》），綴寶爲同心之共券（《〔西京〕雜記》）。紛然而墮者何從（《〔楊〕妃傳》），西去而攜者莫按（《趙録》）。青⑥（《〔西京〕雜記》）紫（《齊書》）于以持書，草（朱桃椎）木（《南方草木狀》）可以參看。不借則用各有宜（《方言》），入夢則事有

---

① "記"當作"説"，見《雲仙雜記·飛雲履》。

② "《曲禮》"誤，見《禮記·祭義》："霜露既降，君子履之必有凄愴之心，非其寒之謂也。"

③ "《禮》"疑誤，見《樂府詩集·君子行》："瓜田不納履，李下不正冠。"

④ "興"當作"異"。

⑤ 據《天中記》卷四八補"一"字。

⑥ 《西京雜記》"青"作"輕"。

相貫(《夢書》)。甚勿令人以重寒(史),奈何足下而長怨(《南方草木傳①》)。噫嘻！刺史之度(《續〔晉〕陽秋》),尚書之聲(《鑑》),吾將從事焉,而爲之讚。

---

① "傳"當作"狀"。

第二十二卷

金

起于汝漢(《管子》)，美以華山(《爾雅》)。主清風之氣(上)，生麗水之間(《韓子》)。紀之者曰：百練①不輕，從革不違(《説文》)。賦之者曰：承土伏火，亦有謙卑之性；生水克木，豈無父母之儀(賦)。爾其于乾道，候入青女，光垂白陸，寒陰作而霜露濃，殺氣橫而風雨肅；于坤道，麥苗含秀，二粒同秄，既收成于萬物，復摇落于千株(賦)。巴丘牛躍(《幽明》)，林邑螢輝(《梁書》)；白鼠時出(《白澤圖》)，黃龍曷歸(《淮》)。迫就之如鳩鳥(《幽明》)，遥望之似神雞(《述異〔記〕》)。亂翡翠以屑墜(《歸田録》)，隨蜂蟬以分飛(《林邑志》)。吾不解其玄幻，戴以赤褲(《搜神》)，着以黃衣(上)；吾即求其形似，角從菱出(晏〔子〕②)，盤若鏡規(《地鏡圖》)。覽方壺員嶠之闕(《列》)，登屈露悉立之巍(王玄榮③《西國行傳》)。聽金石絲竹之響(《北史》)，睹雲雨烟霧之奇(至大寺碑)。核飛夜半(梁簡文論)，汁流水津(《齊書》)。章乙之家，美麗若婦(《玉堂閒話》)；蘇遏之宅，語笑猶人(《博異記④》)。碑中之生生不竭(〔王隱〕⑤《晉書》)，印子之往往

---

① "練"當作"鍊"。
② 據《天中記》卷五十補"子"字。
③ "榮"當作"策"。
④ "記"當作"志"。
⑤ 據《天中記》卷五十補"王隱"二字。

以存(《續博物志》)。青缾之所寄意(《録異〔傳〕》),赤光之所爛門(《郡國志》)。蛇何發于刺史(〔張瑤〕①《漢記》),牛或躍于漁村(《羅浮山記》)。天有時雨及(《述異〔記〕》),山無自空鳴(《拾遺》)。夢藉陽邁(《南史》),藥廣春陵(《抱朴》)。若乃覽鄉無取(《〔廬江〕②七賢傳》),客舍匪欺(《益都記》③)。埋可幕下(《唐書》),却可袖私(《魏略》)。即如栗不以色借(《續漢書》),縱至斗不以念移(張奐)。而尤有汝敦之婦(《列女》),樂羊之妻(上),同舟之弟(《天中》),夙慧之兒(《南史》)。揮鋤者瓦石不異(《世説》),厚葬者鳧鴈興悲(《秦始記》④)。太乙之縱觀劉向(傳),沙塲之久客王筍(傳)。清河之祥有驗(《晉書》),甘露之禍已殉(《〔補録〕⑤紀傳》)。考其事,政堪把手(《後漢》⑥);識其素,那問遺行(《南史》)。圖史可知,政切于驚異(史);彈丸相逐,安事乎傾城(《〔西京〕雜記》)。其爲季子之多,揣摩卒業(傳);試問公孫之償,刑法允明(記)。世有干戈,紀龍云何應瑞(唐);民多水旱,贖子寧是沽名(上)。報有當于瀨水(《吳越〔春秋〕》),少有貴于夜明(《〔嶺表〕録異》)。有如取旨以屬(元載),鑄像以生(郝玭)。鐵券之有孝子(《孝子傳》),冶塲之自德興(志)。計工間楚(《史》),交善伐秦(《韓》)。享以敝帛(《選》),顧以良駃(伯樂)。聚則以穴(傳),數則以斤(上)。一舸頻載(《白帖》),複洞多聞(王鏤⑦)。則又考神仙無術(淮子),黃河莫平(《漢書》)。杖策之老人但從所請(《劇談録》),溲溺之居士忽然而驚(《宣室志》)。損福足慮(張永德),喜奢胡成(《風俗通》)。制草可就(唐),國事四并(《宋書》)。牟尋之紀特詔(《唐書》),孫軌之

---

① 據《天中記》卷五十補"張瑤"二字。
② 據《太平御覽》卷八一一補"廬江"二字。
③ "《益都記》"誤,見《太平御覽》卷八一一引《益部耆舊傳》。
④ "《秦始記》"誤,見《漢書·楚元王傳》。
⑤ 據《天中記》卷五十補"補録"二字。
⑥ "《後漢》"誤,見《北史·公孫軌傳》。
⑦ "鏤"當作"鍔",見《新唐書·王鍔傳》。

美殊旌（《後漢》①）。彼照社者何來，應瑒以顯（《搜神》）；若乞骸者有
願，疏廣多榮（傳）。其爲至孝盛德之朝，應時而出（《齊書》）；抑亦家貧
力作之士，由是與爭（《拾遺》②）。遡西漢之賜予，豈鑿山披沙，神變者
卒不可測（《聖政録》）；如北方之估值，則神通明洽，貴賤者適與相衡
（後魏）。嗟夫！後承先德，先德留于後人（唐）；悲夫！君知故人，故人
猶不知君（楊〔震〕③）。余欲爲諛墓之詞，月旦莫假（韓愈）；金欲爲長
門之賦，風流幾聞（《漢書》）。一諾不如（《史》），三緘自守（《家語》）。
郭隗臺成（《新序》），阿嬌屋取（武帝）。斷之得于同心（《易》），鑠之由
于衆口（《獄中上〔梁王〕書》）。無矜市上之懸（《吕〔不韋列傳〕》），
休疑同舍之否（《史》）。躍冶料其不祥（《莊》），滿篋知其見醜（本傳）。
披抄④而得（《南蠻傳》），琢石而有（《孔帖》）。擲地之才（孫綽），作礪
之手（《書》），斯三品之惟宜（《書·禹貢》），而六齊之不偶（《〔周〕
禮·冬官》）。噫！至珍必見，朗鑒恒開（席夔）；良工何遠，善價圓⑤
來。客有希採掇于求寶之際，庶斯文之在哉（柳宗元）。

玉

　　《詩》云：“言念君子，温其如玉。”故君子貴之也。含温潤之麗色，
抱清越之奇聲（仲之玄⑥賦）。韞匵之資，忽雕鐫而有立；出藍之色，作
冶瑩而斯成（張餘慶《青玉案〔賦〕》）。有時亦以改步（《左》），無故不
可去身（《禮〔記〕》）。五瑞輯之朝會（《書》），六器表之明禋（《〔周〕

① “《後漢》”誤，見《北史·公孫軌傳》。
② “《拾遺》”誤，見《神異經》：“漢時，翁仲儒家貧力作，居渭川。一旦，天雨金
　　十斛於其家，於是與王侯爭富。今秦中有雨金翁，世世富。”
③ 據《後漢書·楊震傳》補“震”字。
④ 《新唐書·南蠻傳》“抄”作“沙”。
⑤ 柳宗元《披沙揀金賦》“圓”作“爰”。
⑥ “玄”當作“元”，見仲之元《玉賦》。

禮》）。堅而舉①蹙，磨而不磷。木有枝皆下（《雜俎》），甕不汲自盈（《瑞應圖》）。視月有得（《孔帖》），觀日逾明（《梁四公記》）。凉煖所以體異（《天寶〔遺事〕》），紅（《杜陽》）倉（《〔禮〕記》）所以色徵。其爲火也，積之可以燃鼎，冥之無復夾纊②（《杜陽》）；其爲軟也，屈之首尾相就，舒之勁直如繩（《遺事》）。燈影蟠螭，鱗甲于焉悉動（《西京雜記》）；香飄衣袂，芬馥直以遠騰（《六帖》）。序其名，琅玕琳球之美（《書》）；紀其出，龍首放皋之靈（《山海經》）。用取爲笛，吹之有車馬山林之狀（《西京雜記》）；鑑可以髮，較之有奔蜆伏獸之能（《杜陽》）。夜山火出（《漢武內傳》），丹水流膏（《山海經》）。流虹之所從現（《搜神》），積雪之所未消（《異苑》）。紫衣女之艷冶（《錄異傳》），白首翁之招搖（《吳氏本傳③》）。層城九重，封之爲樹（《淮》）；瀛洲十島，漬之爲醪（《十洲記》）。如是崇山變石（《隋書》），大樹拔株（錄）。苕華工其琰琬（《燉煌紀年》），楮葉陋乎婁輸（《韓》）。懷之者何罪（《老》④），禳之者奚虞（《異聞》）。玉京賞直（《尚書集》），夜光輪眠（《史·鄒陽書》）。疑廡而怪（《尹文》），披圖乃前（《穆天子傳》）。且以植之神屋（《漢武故事》），種之藍田（《搜神》）。釣之磻水（《尚書中候》），市之于闐（《前涼雜錄》⑤）。當入用之時，氣騰光禄（《續漢》）；及焚如之際，火烈昆岡（《書索》⑥）。未遇魏王，竊從照室之怪（《尹〔文子〕》）；時逢和氏，欣賞連城之良（《琴操》）。毋覺我之形穢（《晉》），毋譏貌之徒妍（陳平）。披李繪之雲霧（《北史》），比文康之豐年（《世說》）。詩人生芻取喻，賢則高矣（徐穉）；孔子佩環讓德，謙曷比焉（《禮》又賦）。若乃鏡臺作合（《世說》），如意縈私（《胡綜別傳》）。履見躡于虞卿（《史》），舌尚存乎張儀（《史》）。報可繡緞（《四愁詩》），係以朱絲（《左》）。靡惜其撞（《漢

---

① 《管子·水地》“舉”作“不”。

② 《杜陽雜編》“冥之”，作“寘之”，“夾纊”作“挾纊”。

③ 《太平御覽》卷八零五“傳”作“草”。

④ “老”誤，見《左傳·桓公十年》：“匹夫無罪，懷璧其罪。”

⑤ “《前涼雜錄》”誤，見《十六國春秋·後涼錄》。

⑥ “《書索》”誤，見《尚書·胤征》。

書》），從便以椎（王莽）。反無君命之逆（《左》），獻爲闕下之資（《漢書》）。現汾水而祥致（《趙書》），沉大川而利資（《左》）。寧有餘兮鵲抵（《鹽鐵》），不相涉乎鼠疑（《策》）。則又辨其鰓理（《説文》），見其瑕瑜（《〔禮〕記》）。無倚兼葭（魏），但戒斌玦（策①）。澮之者有法（後魏），執之者不趨（《左》②）。漫遊藪澤（《穆〔天子傳〕》），雅擅得符（《白虎通》）。斯揚州之美也（《書》），而他山之緣乎（《詩》）。于是有客感而歎曰：玉也者，固可取貴乎天下，今不售于人。猶獨高其價，必使反荆王之深惑，審田文之見詐。美玉器而髦士官，豈徒埋身而照夜。

珠

德至淵泉，明珠出焉（《白虎通》）。銜光芒于照乘（《史》），發晶熒于媚川（《文③賦》）。無脛而至，有感必通。垂輕簾而璀璨，綴珠網之玲瓏（王捧珪賦）。上摇星彩，遠迷月規（令狐楚賦）。質若纍纍，點綴于霄漢；色仍皎皎，炫耀于漣漪（《珠還合浦詩④》）。爾其出赤野（《管子》），産丹淵（《任子》）。映秋波而圓折（《尹⑤子》），候夜月而虧全（《吳都賦》）。夢入昆明，驚巨魚之托想（《三秦記》）；泛從河渚，探赤蟆之幽潠（《幽明録》）。指栢樹之羊，其鬚伊埒（上）；鳴瀛洲之鳥，其翼乃騫（《拾遺》）。曾城之上（《淮南》），開明之巔（《山海經》），色紀木難之碧（《廣異》），徑衷北荒之偏（《神異》）。菖蒲供其食味（唐），酸棗以其美妍（《廣志》）。積如紗縠之重沓（《南史》），規若明月之重圓（《古今注》）。蛉頭埋以午日（《博物》），鯨目躍而驚天（《廣州記》）。遡自闍賓，視之則有仙人玉女，雲鶴絳節之象（《〔雲仙〕雜記》）；貢從拘弭，驗之

---

① “策”未詳，見《太平御覽》卷四十九引《拾遺録》：“石虎爲俗臺，皆用瑜石斌玦爲隄岸。”
② “《左》”誤，見《禮記·曲禮》。
③ “文”當作“珠”，即吳淑《珠賦》。
④ “詩”當作“賦”，見陸復禮《珠還合浦賦》。
⑤ “尹”當作“尸”，見《尸子》：“凡水，其方折者有玉，其圓折者有珠。”

那弗舟人漁子，洪波巨浪之巔(《肆考》)。吾欲其記事每屬(唐)，如意果然(《孔帖》)。昐霏雨之往往(《五代史》)，聽涼風之戔戔(《肆考》)。驪龍適遭其睡(《莊》)，象罔或假以便(《莊》)。燉煌不求自至(《魏志》)，合浦去分復還(〔謝承〕①《後漢》)。龍步(唐)馬旋(《合璧》)，似傳神異之事(句)；隋蛇(《搜神》)噲鶴(上)，雅稱報德之專(句)。得幸如董偃(《漢書》)，被讒若馬援(上)。吾未見清聞者買自身後(《唐書》)，穢著者拜可御前(傳)。採之累富(《漢》)，販之成仙(《列仙》)。吾故聞麻姑擲米爲戲(《韻府》)，交甫解佩見憐(《列仙》)。有衛玠光輝映矣(《列傳》)，有定祖和澤炳焉(《蜀志》)。係臂以入秦關，情傷煢獨(《列女》)；無心而覆鼠穴，事紀佳緣(〔謝承〕《〔後〕漢書》②)。海內告灾，文襲③之貢以至(《東觀〔漢記〕》)；楚國非寶，奚恤之問乃先(《左》④)。若乃瘦骨輕軀之賞(《拾遺》)，清風苦節之宜(《湘山筆錄》)。長年衰老分相及(《蜀志》)，荷鋤理圃分從之(《遺事》)。無譏老蚌(《孔傳》⑤)，只羨靈蛇(曹〔植〕書)。競同輩以相誇，諱先一日(《鳴道集》)；較得雙以爲吉，撒紀四時(粧樓)。非是賣綃，將泣下而情多作別(《博物志》)；于焉市餅，豈懷慳而術有相師(《原化記》)。馮詡⑥之遊，偶然試投濁缶(《宣室志》)；丘開之識，未有指自水湄(《列》)。蓋但照魏王之乘(策⑦)，莫拾豫章之遺(〔謝承〕《〔後〕漢書》⑧)。毋竭池而憐魚之自及(《呂》)，毋剖腹而動燕之殺機(《策》)。乃其志慨于聘使(《蜀志》)，

---

① 據《太平御覽》卷八零二補"謝承"二字。
② 據《太平御覽》卷八零二補"謝承""後"三字。
③ 《東觀漢記》"襲"作"礜"。
④ "《左》"誤，見《新序·雜事一》。
⑤ "《孔傳》"誤，見《三國志·魏志》注引孔融《與康父端書》。
⑥ 《宣室志》"詡"作"翊"。
⑦ "策"誤，見《史記·田敬仲完世家》："(齊)威王二十三年，與趙王會平陸。二十四年，與魏王會田於郊。魏王問曰：'王亦有寶乎？'威王曰：'無有。'梁王曰：'若寡人國小也，尚有徑寸之珠照車前後各十二乘者十枚，奈何以萬乘之國而無寶乎？'"
⑧ 據《太平御覽》卷八零二補"謝承""後"三字。

屬賜于昭儀也。則珠之不韻者矣(唐)。

錢

錢，孔方法地，體圓象乾(《錢神論》)。用資撲滿(《合璧》)，義取布泉(《周禮》)。遡始于前，夏貝周石之運(《鹽鐵》)；定制于今，三官九府之傳(《漢書》)。鏤貫兮鵝眼(《宋略》①)，榆筴兮鯨文(《後漢》)。四銖(《漢書》)十品(《〔周〕禮注》)，半兩(《齊書》②)五分(《漢》)，則有青雲之氣(《地鏡圖》)，半月之形(《六帖》)。其仄曰赤(上)，其鼻以青(《搜神》)。象以面而更(《史》)，掐以甲而靈(《談賓録》)。幼么之所從辨(《漢書》)，肉好之所取精(上)。短(《筆談》)省(《侯鯖》)應制，契錯雜陳(《食〔貨〕志》)。又有錫鐵互用(《合璧》)，幣楮例遵(《財貨源流》)。當千(北朝)兮直百(後周)，厚郭兮大輪(《宋書》)。鑄以民間，有司糺繩不及(北齊)；播之蕃界，朝廷法禁乃申(《長編》)。其曰上清童子(《合璧》)，金甲神人(《逸史》)。銷可飛廉、銅馬之屬(《後漢》)，種以案頭、盎底之均(《幽閒鼓吹》)。青鴨文襦，駭帝座其忽置(《洞冥》)；黃牛白腹，知漢祚以將新(《〔後〕漢》)。觸黃氏之籬園③，風雨驟至(《幽明》)；掘弘農之孔穴，環堵前因(《魏書》)。挼成滿手(《大中遺事》)，摸出偏身(《神仙傳》)。飛從紫禁(唐)，雨自蒼旻(《幽冥》)。第資正甕(《稽神》)，勿厚生塵(《殷仲堪集》)。蛇胡爲人語(《雜俎》)，牛乃以類親(《六帖》)。貯壺而通泉路(《齊書》)，伐木而半石垠(《始興記》)。吾以嘲和嶠之癖(《語林》)，魯褒之神(《錢神論》)。龐儉將書其事(紀)，江緑有憶其人(紀)。趙勤之所不拜(《東觀〔漢記〕》)，景讓之所持論(唐)。塞屋子小措大之孔眼(《東軒〔筆録〕》)，掛杖頭任狂

---

① "《宋略》"未詳，見《宋書·顏峻傳》。
② "《齊書》"誤，見《漢書·武帝紀》及《漢書·食貨志下》。
③ "園"當作"援"。

士之搖脣(《晉書》)。院光陸宸(唐)，鑄督五倫(《後漢》)。三斗①嗤元
誕之濫(後魏)，一囊充趙壹之貧(賦)。郗愔何為，一日散施都盡(《世
說》)；孟嘗誰市，千秋名義相狥(《史》)。爭所質于陽城，清風可襲
(《續韻》)；急所投于郝子，趣味乃真(《韻府》)。少數以留，莫洗內史
之愧(梁)；大者入選，猶云太守之清(《續漢》)。飽死侏儒，伊憐形似
(東方朔)；頻呼仙子，特誦神明(葛仙翁)。主蕭何而作客(傳)，敵戴顒
以為兒(《宋〔書〕》)。無邴原之多故(《肆考》)，寧袁淑之相戲(《宋
〔書〕》)。視之瓦石匪異(宋②)，厭之阿堵如茲(晉)。倘得污名，莫如
一日賃傭(鄭均)；殊多臭氣，猶事三公顯榮(崔烈)。余異裂坐以千，憶
亭長相加舊識(《史》)；買隣以萬，剩僧珍熨③有芳聲(梁)。尤異輔國祈
求，陰陽之文隱見(唐)；宸書飛灑，行草之字崢嶸(《侯鯖》)。錢塘多致
(《〔錢塘〕④記》)，易水由分(蘇秦)。無愛潤筆(《隋書》)，何暇質文
(梁)。守則虜似(馬援)，專益愚名(《梁史》)。矜矜好官多得(《長
編》)，快快銓選不行(《僉載》)。則馬援鄉里之贈送(《合璧》)，安世父
子之持盈乎(《漢》)。則鄧通之長鼓鑄(《史》)，吳濞之滋縱橫乎(上)。
天有所短，錢有所長。雖有中人而無家兄，何異無足而欲行，無翼而欲
翔。才如顏子，空⑤如子張，空手掉臂，何所希望。不如早歸，役使孔
方，同塵和光，上下交接，名譽益彰。

錦

余讀《南窗記談》，中殿⑥大夫謂十樣錦，竊心儀之。昉之歐陽肯堂
而記在矣(本傳)，比之管仲登廟而醜如斯(《淮》)。灘矣渙矣(《陳留風

---

① 《北史·元誕傳》"斗"作"十"。
② "宋"誤，見《南史·隱逸傳·孔道徽》。
③ "熨"疑作"蔚"。
④ 據《太平御覽》卷八三六補"錢塘"二字。
⑤ 《錢神論》"空"作"容"。
⑥ "《南窗記談》"未詳，見《曲洧舊聞》"殿"作"散"。

俗傳》），斐兮爛兮（《詩》）。攢萬緒之茞茞，揉衆綵之綑緼（張仲素《迴文〔錦〕賦》）。絢霞光于陰火，綴縟藻于卿雲。舞鳳翔鸞，乍徘徊而撫翼；重葩疊葉，紛宛轉以成文（李君房《獻文景①》）。吾以窮其工巧，數其奇淫。辟邪兮天馬（唐詩），交龍兮畫麟（《唐書》）。似雲從山岳，似霞覆城闉。似貫珠以環珮，似列燭以光輪（《拾遺》）。大登高，小登高，坊開三署（《鄴中記》）；資以吳，市以魏，江且專城（《丹陽記》）。冰繭牽絲，任暑氣之侵逼（《唐樂府〔録〕②》）；魚油漬彩，看水面之分明（《天中》）。色以五而相間（《酉陽》），縛總一以如瑱（《〔左·〕昭〔二十〕六》）。載至二十，橐駝乃勝（《天中》）；造至千餘，機杼莫禁（《北史》）。鋪廣池底（《開城録》），遍覆山林（錢鏐）。紛沓施熟，便耀三冬之候（《鄴中》）；飄飃曳繡，要稱九曲之池（杜亞）。寶五岳之真容，一書橐飾（《〔漢武〕內傳》）；迎八公之至止，百合燔輝（《神仙》）。束之以止藩舍（《左》），懷之以詣幕圍（上）。賄荀偃加璧見少（上），饋左師先玉以幾（上）。寵邀太尉（東漢），聘遣解偰③（《〔新〕五代》）。歡不公帑之市（裴胄），獻每闕下之私（杜鴻〔漸〕④）。挽車未也（《江表傳》），維舟從之（《〔吳〕志》）。儉性有存，則憲英氏之反卧（《唐書》⑤）；至德可頌，則新羅子之懷歸（肆考）。若樗蒲⑥相角（後周），圭璧成儀（《穆天子傳》）。約以增市（《神仙》），賦以《載馳》（《左》）。陣前無妨表見（李晟），苫次庸許混施（《語林》）。表政其異數（《唐書》），決敵其先資（《諸葛亮集》）。憶戰塲之死（《説苑》），還夜半之遺（《華陽國志》）。慘切流沙，迴文者宛轉入思（《晉書》）；歡從私第，纏頭者艷麗占詞（《唐書》）。謂土木之有靈，從教靡俗（《貨殖傳》）；誠玫瑰之不韻，僅副蔽泥（《〔西

---

① “景”當作“錦”，即李君房《海人獻文錦賦》。
② 據《天中記》卷四九補“録”字。
③ 《新五代史·四夷附録》“偰”作“里”。
④ 據《新唐書·杜鴻漸傳》補“漸”字。
⑤ “《唐書》”誤，見《晉書·列女傳·羊耽妻辛氏》。
⑥ 《周書·王思政傳》“蒲”作“蒱”。

京〕雜記》)。花樣非同，顧舊坊而若失(《雜記》①)；地產斯暴，署某郡而皆宜(韋堅)。與錫上方，既有允于宮號(《天中》)；多爲中裂，似有速于師期(《南史》)。享宴群臣，試看鸞章之舞(《拾遺》)；狎私妃子，何多文綺之貽(《六韜》)。而不見公奕之素風自若(《吳志》)，德秀之澹志乃持(《天中》)。采石任其笑傲(李白)，奚囊剩其詩思(李賀)。茹古氏曰：代有文人，原非由景陽見寄(《南史》)；時官學士，將無更盤雕于兹(《金坡遺事》)。龍門之詩賦誰長，褫奪自好(武后)；封敖之詔書已就，特賜有奇(《天中》)。求諸負販②之人，苦無裁畫(《世說》)；遮莫學製之子，傷矣遏離(《左》)。第報美人之贈(《四愁》)，毋工譖者之知(《詩》)；如是爲晝服之遊(張士貴)，毋夜行之掩也(《漢書》)。噫嘻。

絲

厥篚脩貢(《書》)，其鈈③詠詩(《詩》)。《周官》有辨物之職(《〔周〕禮》)，時令著分繭之期(上)。屬以王言，出之誰堪擬論(《禮〔記〕》)；秉爲臣節，堅之何有離奇(詩)。吾欲朱藍之附(《〔東觀〕漢〔記〕》)，而勿菅蒯之遺(《左》)。夫誰五者之續命(《風俗》)，亂者之繁思(方儲)。累日功成，試看緝緘綴毯④(《〔西京〕雜記》)；因時色就，或聽丹蘗蘭泥(《正部》)。商弦未絕(《淮》)，日食以幾(《公羊》)。想淑人之帶(《詩》)，思初仕之衣(謝詩)。貢自扶桑，懸以爐兮餘力(《梁四公傳⑤》)；種兹香草，大如甕兮相持(《神仙》)。燃而爲鞘，試憶枝盤幹屈之象(《杜陽》)；因而脩職，再讀補衮繫桐之詩(陸龜蒙詩)。吉占幽邑(後魏)，凶兆水涯(《晉書》)。快牽紅之有願(《唐史》)，

① “《雜記》”疑誤，見《盧氏雜說》。
② 《世說新語·文學》“販”作“版”。
③ 《詩經·周頌·絲衣》“鈈”作“紑”。
④ 《西京雜記》“毯”作“毬”。
⑤ 《太平御覽》卷八一四“傳”作“記”。

看瑩碧之多披(唐)。素者日以糅雜，淚痕莫禁(《墨》)；紫者若諧佳耦，步障誰施(《晉書·王愷》)。印濕具存，考梁山之遺事(傳)；行乞匪愛，高蜀市之芳規(《雲仙散錄》)。把筆而題曹娥之碑，色驕黃絹(《韻府》)；拔①樹而嘔女子之物，路艷佳纚(《山海經》)。則夫暴宿有法(《周禮》)，貴賤每由(《士緯》)。焚之益亂(《左》)，貿之來謀(《詩》)。瑩如委露，晶比凝霜(杜牧《謝表》)。對彼鳳毛，久之而寡其色；植其鷺羽，雜之而奪其光(《五絲續命賦》)。斯婦人之業(《禮〔記〕》)，女子之忙乎(《詩》)；斯斷織之義(孟)，從繩之良乎(詩)。茹古氏曰：代若好五彩，我則大白以受質；代若厭群居，我則眾縷以爲匹(張良器《素絲賦》)。映羅袖而恒②麗，度金梭而轉明。當軒兮婀娜之織，弄杼兮軋軋之聲(喬賦)。不願充婺婦之緯，不願托寒女之絲；因停③杼而成韻，庶補衮以爲期。

絹

　　吾鄉故事，董永貧不遂葬，以身質錢，逢一女子求永爲妻，一旬而三百償足。我，天之織女也。今千餘年丘隴猶存，但莫考其派系耳(《孝子〔傳〕④》)。此身可傭，寧計償直之日；此名常在，分芳香火之人。並來而遊，故裂褲以失笑(《世說》)；一騎而就，乃舉袖以相狗(《〔晉〕陽秋》)。船欲委之道淵，政堪殊賞(《〔晉〕中興〔書〕》)；屯具創之裴邃，應爾微申(《梁書》)。而不見任昉登舟之日(梁)，李愚捐館之時(後唐)。累奏連章，其何愛于衣履(太和元年)；工詞博物，未足比其鼓吹(《梁書》)。販從廧隸(〔周〕⑤石珍)，代⑥向公家(《晉陽〔秋〕》)。沈

---

　① 《山海經·海外北經》"拔"作"據"。
　② 喬潭《素絲賦》"恒"作"增"。
　③ 張良器《素絲賦》"停"作"弄"。
　④ 據《太平御覽》卷八一七補"傳"字。
　⑤ 據《南史·周石珍傳》補"周"字。
　⑥ 《晉陽秋》"代"作"貸"。

老之夢已及(《宋書》)，阮倬之權猶賒(《宋書》)。事有謝于驄馬(《南史》)，侮有雪于南蠻(《梁書》)。鬻之第以償直(後魏)，掠之乃復愧還(《先賢行狀》)。其高會以取左藏(《隋書》)，其伺察而知賂遺(《唐書》)。其何必嫌一字三縑之償(《梁史》①)，其何必就我機我杼之奇(《北齊》)。若乃客舍幾時，渺不復識(《後漢》)；兵馬有司，匪便遠離(《世說》②)。十里遊騎，急索偷兒之態(後魏)；千車軹道，有懷古人之思(陸馥)。敗類貪人，作顛仆不起之狀(《北史》)；梁上君子，動習性與成之悲(陳寔)。河岸之任下挽(華喬③)，部曲之有奇贏(傅昭)。從天竺胡人以述異(《搜神》)，自青州女子以傳疑(《述異記》)。余且徵其奇乎：乘傳之名醫，無憂殄瘁(王子衍)；談天之日者，誤幾號呼(《晉陽秋》)。名着署于中書，猶煩上舍(《〔北夢〕瑣言》)；盜不聞于宰輔，忽責忽逋(王隱《晉書》)。乃如鬻妻賣子之情，弗堪薄減(孝武)；遣嫁陪門之制，未許居污(《唐》)。一日而盡虞鄉，從教潤筆(司空圖)；終朝而先謁者，但羨佳褕(杜)。如是曰斜封之相送也(盧仝)，抑亦曰清風之戒寒夫(《〔四民〕月令》)。

布

夫有"氓之蚩蚩"者哉(《詩》)，見黂而求矣(《説山》)，利幅安知之(《左》)。火裏穿鼠(《白氏帖》)，水際鳴羊(史)。色艷之有如鵝毳(《南史》)，率縮之得似羊腸(《魏書》)。烈焰橫生，産蕭丘而堪績(《抱》)；細纑從出，種殊草以承筐(《〔海録〕碎事》)。白越(《越絶》)兮黃潤(《蜀都賦》)，春蕪兮(《洞冥》)朝霞(《唐》)。其木堅而毛柔，辨從市上(《梁四公記》)；其從丹而用單，誣自史家(《拾遺》)。宴會酒行，佯失

---

① "《梁史》"誤，見《新唐書·皇甫湜傳》。

② "《世説》"未詳，疑即《北齊書·王晞傳》："百官嘗賜射，晞中的，當得絹，爲不書箭，有司不與。"

③ "喬"當作"嶠"，見《太平御覽》卷八一七引華嶠《後漢書》。

杯而作態(《傅子》);居嘗食供,故剖實以相加(《南史》)。或以求之留仇之國(《拾遺〔錄〕①》),身毒之涯(《張騫傳》)。花有資于玄菟(《玄中記》),脂何用于艾穀(〔謝承〕《〔後〕漢書》②)。其僵頓以懷歸,應先内赴(《燕書》);如須臾以還索,何弗見遐(王戎)。戒深厚積(後魏),誓不忍欺(《北史》)。輸在公家,風可比之卜式(《唐書》);趨無市儈,論且垂之公儀(《韓子》)。清望麻蒲,門下之交通悉絕(《陳書》);法屏紈綺,左右之獻進無違(馬太后詔)。帑藏勿殖(《晉書》),奇異與焚(《梁書》)。試觀縛蒿者之指賊(後魏),責梨者之敗群(《宋書》)。荆釵兮比質(《後漢》),白苧兮投分(子產)。其負而行歌于市(《三國志》),其覆而俘獲于軍(後魏)。蜀以張騫之遠使而見(本傳),越以陸宏③之丰度而聞(《後漢書》)。公孫約之為被(《史》),曹植市之作帷(曹植傳④)。有自給之王釧(《劉語傳》),遮莫服之照隣(本傳)。豈不積矣而置不問(王瀚),斷矣而帶以狗(《〔左·〕襄》)。噫!取妾相需,衛人之妻與祝(《韓子》);飯牛而隱,魯君之使莫反(《莊》)。詰以郡大夫之罪名,令尹安解(《列女》);慕以王彦方之高節,州閭見存(《先賢行傳⑤》)。吁嗟乎!而不見有餘于女子(《孟》),比縫于弟昆(《史》)。

---

① 《太平御覽》卷八二零引杜寶《大業拾遺録》。
② 據《天中記》卷五十補"謝承""後"三字。
③ 《後漢書·陸續傳》"宏"作"閎"。
④ "傳"誤,見曹植《望恩表》:"欲遣人到鄴,市上黨布五十疋,作車上小帳帷,謁者不聽。"
⑤ 《太平御覽》卷八二零"傳"作"狀"。

第二十三卷

酒

余讀《醉鄉記》，而知醉之鄉去中國不知其幾千里也。其土曠然無涯，無丘陵阪險；其氣和平一揆，無晦朔寒暑；其俗大同，無邑居聚落；其人甚清，無愛憎喜怒，吸風飲露，不食五穀；其寢于于，其行徐徐，與鳥獸魚鱉雜處，不知有舟車器械之用。吁嗟哉！酒之説乎，酌來飲取。偏樂少年，能誤老叟。對月不可無，看花必須數①（白樂天《一字至七字詩》）。破除萬事無過，斷送一生惟有（《坡集》）。空桑穢飯，醖以稷黍，成以醇醪，酒之始也；烏梅女麴，甜醨九酘，澄清百品，酒之終也（《〔酒〕經》）。醇儒無偽（《陸詡傳》），驪伯靡愁（《易林》）。宴醞禮在（《韓詩外傳》），賢聖名優（《魏志》）。説者以酒星（經）酒泉（圖），遡之事始（李白）；余更以酒山（南昌國）酒井（《羊頭山記》），列之論頭。爲狂花，爲病葉（《醉鄉日月》），爲從事，爲督郵（《世説》），但多憂戰（武宗），勿與亂酬（論）。醉鄉之無户税（《北夢瑣言》），春色之有浮漚（《蘇集》）。且無讀《酒誥》以重戒（《書》），而第頌《酒德》以揚休（劉伶）。焦革之經有法（《合璧》），杜康之譜以收（上）。溺兹窟室（《左》），營彼糟丘（《南史》）。如何得酒中之趣（《晉書》），奚自消酒畔之愁（詩）。緬想伊人，俾家釀之欲罄（劉尹云）；相逢坐客，快樽酒之多傾（《世説》）。不醉無歸，畢降尊前之禮（《詩》）；樂兹同夕，那知身後之名（《世説》）。夫然流連《大雅》（《漢》），沉醉東風（《詩餘》）。神有爽于處士（《杜陽》），狂

---

① 白居易《一字至七字詩》"能誤"作"能娛"、"數"作"有"。

無禁于次公(史)。三雅浮之季代(《典論》)，百錢掛之杖頭(《世説》)。經年而嗜甘上頓(宋明帝志)，停車而語洽三驕(謝幾卿)。形神較暢(《世説》)，壘塊幾澆(上)。倒可接䍦(上)，換可金貂(《三十六國春秋》①)。願畢陶家之壺(《晉書》②)，行荷世上之鍤(史)。設具而矢天日(《世説》)，痛飲而讀《離騷》(《世説》)。一石不醉(《魏略》)，三日乃醒(周伯仁)。益以儀容之温偉(《〔後〕漢》)，捷以政事之曉明(孔顗③)。而猶異混處田父(《新書》)，班坐野人(《漁樵叢話》)。步白楊而作偶(《南史》)，坐黃菊而來賓(王弘)。美麗當前，裸袒爲歡娛之宴(《典論》)；舊知幸遇，據鞍爲傾倒之謀(《宋書》)。飾態以幾，冠欲遺于殿上(晏)；無禮而入，帽或加于甕頭(《北史》)。更施朱粉(蜀王衍)，酌比紫酥(會昌元年)。伉聲之以美措(《開元記》)，通謁之以侏儒(《十洲記》)。納言而賜酴醾(《唐書》)，設色而寵醍醐(上)。于以賦内醞于春社(《賈氏談録》)，賜大酺于東都(《宋〔史〕》)。放卷席之故事(《資暇集》)，例整衣之成模(華嶠叔論)。其躋列于學士(《王績傳》)，並錯雜于麻姑(《李泌傳》④)。其憐書記之流離月夕(李元忠)，而嘉文君之放誕風流(《〔西京〕雜記》)。夫曲沼名園，乘犢車而攜妖妓(《天寶遺事》)；水光山色，弛局鑰而弄間勾(《唐書·〔元〕德秀》)。博訪蘭亭，辨才之款密特至(《法書要録》)；逍遥衡泌，韋夐之隱逸何求(後周)。世有使酒者，而儻如罵坐之知訓(《五代·吳世家》)，耻諛之灌夫(本傳)，吾未見狂藥之終可誣也(《〔裴〕楷傳》)；世有禁酤⑤者，而苟索無因之釀具(《蜀志》)，姑待未至之麥秋(《賀⑥志》)，吾未見天禄之不相謀也(《漢書》)。索其味，如釣藤兮(《〔孫公〕談圃》)椰子(上)，竹葉兮梨花

---

① “《三十六國春秋》”誤，見《晉書·阮孚傳》：“(阮孚)遷黃門侍郎、散騎常侍。嘗以金貂換酒，復爲所司彈劾，帝宥之。”

② “《晉書》”誤，見《三國志·吳志》裴松之注引《吳書》。

③ “顗”當作“覬”，見《宋書·孔覬傳》。

④ “《李泌傳》”誤，見《唐國史補》。

⑤ 《三國志·蜀志·簡雍傳》“酤”作“釀”。

⑥ “賀”當作“貨”，見《新唐書·食貨志》。

（《白集》）。築廣三臺（《劉賓客嘉話》），釀取百華（《〔嵩岳〕①嫁女記》）。走宜春之市（《安成記》），泊箬水之涯（《吳興〔摘〕②録》）。安期酌以玄碧（《列仙》），稚舒抱以橫斜（《語林》）。索其地：武平象洞（《圖經》），西蜀郫筲③（《成都〔記〕》）。取陂水飾稱女號（房千里《投荒〔雜〕④録》），投釀川浪醉他鄉（崔豹《古今注》）。鄙湖之多湛綠（《湘水⑤記》），鍊門之舉地黃（《天中》）。群有呼于“羌渴”⑥（《拾遺》），特以紀其仙漿（《物類相感志》）。若乃直糾有事（《南齊》），招手相程（《類說》）。韻以形逐（《摭言》），字以三橫（《伽藍》）。搖綠玉于木末（《釋氏會要》），捧白蓮于花城（《東軒筆記》）。須時其候頓熟（《清波別志》），貯瀉鐯⑦然有聲（《南墅閒居録》）。試想抱器索馬之狀（《乾饌子》），與夫長卧呼鸎之神（《五國故事》）。逾以成即席之美（《梁書》），或以高求乞之行（《北史》）。興致多于竹林，七賢誰續（《〔南〕史》）；幽懷飛于狗竇，八達從看（《晉》）。邈若山河，遥憶黃公之侶（《世説》）；對兹風月，憑從我輩之歡（謝諫⑧）。具有別腸，不堪下視（上）；信爲名士，長教生憐（《魏志》）。對不醉者而議事，無先可爲醉聖（《天寶遺事》）；非佞佛者而長齋，恐後尤足醉禪（杜詩）。有不避權貴之彈章，奏揚明旨（後魏）；有雅篤天倫之時望，舉止佳筵（《唐⑨氏雜説》）。遏以王式之地（《鑑》），仰以楊惲之天（史）。聞袁紹河朔之遊，當思追步（《典略》）；説山公高陽之會，亦重垂涎（傳）。況愁且聽之明日（羅隱詩），滴莫到乎九泉（詩）。誰入黨家之錦帳（《陶傳》），誰開烏孫之青田（《古今注》）。

---

① 據《天中記》卷四四補“嵩岳”二字。
② 據《天中記》卷四四補“摘”字。
③ 《天中記》卷四四引《成都記》“筲”作“筒”。
④ 據《天中記》卷四四補“雜”字。
⑤ 《天中記》卷四四“水”作“中”。
⑥ 《拾遺記》“羌渴”作“渴羌”。
⑦ 《天中記》卷四四“鐯”作“錚”。
⑧ “諫”當作“譓”，見《南史·謝譓傳》。
⑨ “唐”當作“盧”。

忌以酉日(《典論》)，什可兵權(《宋史》)。樂足蟹螯(傳)，笑取豚肩
(《史》)。述之者曰：染海棠之色于妃子(《遺事》)，健草聖之毫于張顛
(張旭又《酒鬼自述》)。狀之者曰：如玉山之將頹，如長鯨之吸川(歌)。
其何使疑于千里(《梁書》)，傳贋以三年(《博物》)。其何訝豖韻之偶脫
(《漢皋詩話》)，而經事之多牽(《侯鯖》)。于是飲者並醉，縱橫誼譁，
或揚袂屢舞，或扣劍清歌，或嚬嘁辭觴，或奮爵橫飛，或歎驪駒既駕，
或稱朝露未晞(曹植賦)。則又聞之醉鄉先生曰：凡醉有所宜，醉花宜
晝，襲其光也；醉雪宜夜，消①其潔也；醉得意宜唱，宣其和也；醉將
離宜擊鉢，狀其神也；醉文人宜謹節奏、〔慎〕章程，畏其侮也；醉俊
人宜〔益〕觥盃、加旗幟，助其烈也；②醉樓宜暑，資其清也；醉水宜
秋，汎其爽也。此皆審其宜，攻其景，反此則失飲之人矣。

茶

　　黃魯直賦，洶洶乎如澗松之發清吹，皓皓乎如春空之行白雪③。賓
主欲眠而同味，水茗相投而不渾。苦口利病，解渴滌昏，未嘗一日不放
箸而策茗椀之勳者也(本集)。是以味同露液(《宋錄》)，白況霜華(《茶
經·七事》)。擬梔子而散葉，比薔薇而放花(《〔茶〕經》)。樹異巴峽之
合抱，字從草木之交加(《總論》)。藏精封蒻(《〔茶〕譜》)，法取種瓜
(《總論》)。方嫩而比竹矣(《郡志》)，寢大而成旗耶(《塵史》)。蜀岡牛
阤(上)，洪雅烏程(上)。栢巖兮松嶺(《臆乘》)，鳩坑兮鳳亭(《〔茶〕
譜》並《〔茶〕經》)。嘉雀舌之纖好(《〔茶〕譜》)，玩蟬翼之輕盈(上)。
勿入以茅蘆竹箬之屬(《本草》)，勿點以果珍香草之名(《韻府》)。茶
焙④、茶籠、茶椎、茶鈐、茶碾、茶羅、茶盞、茶匙，此茶具之精好無

---

① 皇甫松《醉鄉日月》"消"作"樂"。
② 據皇甫松《醉鄉日月》補"慎""益"二字。
③ 黃庭堅《煎茶賦》"雪"作"雲"。
④ "焙"當作"焙"。

兩者也(蔡襄記)；蟾背、蝦目、龍舌、蟹眼，瑟瑟瀝、霏霏靄，鼓浪湧泉，琉璃眼、碧玉池，非茶事中之天然偶字者乎(《臆乘》)。夫冬芽早秀(《〔茶〕譜》)，麥顆先成(《録》①)。疾馳于春仲(《貢茶録》)，養火于清明(《茶譜》)。毛人之所指顧(《續搜神》)，白蛇之所蔓生(《舊誌》)。閟自山靈，委翳消腐(黃仙②《品茶〔要録〕》)；關非人力，敷闡薄瑩(《郡志》)。則求之毒蛇猛獸之處(經③)，斷巖缺石之間(丁謂云)。參中頂春雷之聲以俟(《茶譜》)，傳空筒烟霞之氣以還(《九華山志》)。啄木金沙，毋稽太守之斾(《〔茶〕譜》)；青牛瀑布，時供道士之顏(《神異》)。又考其輕颺沸水，浮雲出山(《茶經》)。試之雲脚乳面(《天中》)，置之餑去沫還(《〔茶〕經》)。蒸牙必熟，去膏必盡(《〔東溪〕試茶録》)。水痕須較，理潤須關(《譜》④)。服自丹丘，看羽翼之冲舉(《天台記》)；別求巴邑，輸渴睡之冥頑(《桐君録》)。説者曰：一日之利暫佳，消壅釋滯；終身之累則大，瘠氣侵精(《大唐新語》)。然試從滌煩破睡之功，爲之甲乙(黃賦)；損陽助陰之害，酌其重輕(蘇子瞻《雜記》)。丁謂《茶圖》，獨論採造之本(蔡襄《進茶録序》)；黃儒《茶要》，無紀淡泊之貞(東坡《書〈品茶要録〉後》)。貢之者研膏蠟面(《貢茶録》)，賜之者緑華紫英(《杜陽編》)。清風從事(《清異》)，活火妙烹(《因話録》)。無取霜苛⑤竹籜(《茶經》)，白术黃精(《茶述》)；何疑建康之足跡有限(《郡志》)，玉泉之掌痕分明(李白詩)。如是陟日鑄之嶺(《方輿勝覽》)，登月峽之橋(《桐君録》)。竊異牖中飛出(《廣陵〔耆〕⑥老傳》)，叢裹呼號(《續搜神》)。往往縷金之貴(《歸田録》)，漬銀之妖(《貢茶録》)。尤愛烏紗隨其供具(《〔唐〕語林》)，蓬席任以遊遨(《唐書》)。素業無損(《晉書》)，廣識見存(《玉泉子》)。敲溪冰以宴賓客(《遺事》)，舉瓦盂

---

① "録"未詳，見毛文錫《茶譜》。
② "仙"當作"儒"，見黃儒《品茶要録》。
③ "經"未詳，見毛文錫《茶譜》。
④ "譜"未詳，見蔡襄《茶録》。
⑤ 《茶經》"苛"作"荷"。
⑥ 據《茶經》補"耆"字。

以奉至尊(《四王啟①事》)。吳王之優韋曜(《吳志》),積師之辨漸生(《〔廣川〕②書跋》)。紈素之雨中躑躅(左思《嬌女詩》),樵青之竹裏逢迎(張志和)。犧甌之餘或假(《神異》),斛瘕之疾那成(《搜〔神後記〕》)。相鬭不堪小劣(《魏志》),作阤有當水橫(《世說》)。于幻或甚(《清異》),于魔已攖(上)。先驛宰之解事(《茶錄》),工胡生之唱賡(漢③)。其掌以御史之職(《異記》),其賜以學士之行(《金鑾志記》)。其通狎勝流者之以博士(《〔唐〕語林》),其駭驚巨浪者之以貴卿(《南部新書》)。呼酪奴而不加貶(《魏錄》④),命嘉瑞而不取榮(《貢茶錄》)。無失翳桑之報(《異苑》),共推甘草之名(《清異錄》)。勿冷面以相失(上),而苦口以頻迎(上)。若夫詔停其冬候(《唐史》),體屬于縣官(宋《江氏家傳》)。置邸則日中爲市(楚馬殷),採榷則天下叢奸(太和九年)。此東晉以前,未之前聞也(述);乃聘婦相傳,義固有取哉(《天中》)。所以不羨黃金罍,不羨白玉杯(《因話錄》);不羨朝入省,不羨暮入臺(上)。一曰陰採夜焙,非造也;二曰嚼味臭香,非別也;三曰膩⑤鼎腥甌,非器也;四曰膏薪庖炭,非火也;五曰飛湍壅⑥潦,非水也;六曰外熟內生,非炙也;七曰碧粉縹塵,非末也;八曰操艱攪遽,非煮也;九曰夏興冬廢,非飲也:斯《茶經》之彰著云。茹古氏曰:蓋聞之茶有《經》矣,茶名見《爾雅》,而神農《食經》、華陀《食論》、壺居士《食志》,桐君及陶弘景錄《魏王花木志》,胥載之。晉杜育《荈賦》、唐顧況《茶論》,其筆諸書而尊爲《經》,實自鴻漸始。溺其好者謂窮《春秋》、演《河圖》,不如載茗一車,稱引並于禹稷;而鄙其事者使與傭保雜作,不具賓主禮。悲夫!酒食禽魚,博塞樗蒲,諸名"經"者多矣,茶之有《經》也,奚怪焉。

---

① 《茶經》"啟"作"起"。
② 據《天中記》卷四四補"廣川"二字。
③ "漢"未詳,見《南部新書》。
④ "《魏錄》"未詳,見《洛陽伽藍記》。
⑤ 《茶經》"膩"作"膻"。
⑥ 《茶經》"壅"作"壅"。

麥

六道爲首(《氾勝之書》)，東方所宜(《范子計然》)。麥之爲象金也，于秋乘旺而滋陰(《説文》)；麥之爲言殖也，寢生觸凍而不息(《春秋説題辭》)。唉之旅①力(《博物》)，食之肌香(《吕覽》)。先時胕蚼蛆而多疾，後時穗蒼狼而美芒(《吕覽》)。調六腑，益元精(《拾遺》)。御風有香有色(《杜陽編》)，凌寒如醉如醒(《拾遺》)。回鶻之貢以白(《天中》)，吐番之嫁以青(上)。紀實于孚甲(《鄭注月令》)，表嘉于穟莖(《前涼録》)。或于宿以成種(《爾雅〔翼〕》)，或于習以加名(《佐助期》)。所宜墳脉(《孝經〔援〕神契》)，所應虛星(令②)。削木無疑其似(《博物》)，區③灰莫化其形(《搜神》)。吾以高羊續之居宦(《〔後〕漢書》)，五倫之免歸(《〔東觀〕漢記》)。推之隣里與共(《陳書》)，竊之孝念以幾(《秦子》)。事有還于代刈(〔王隱〕④《晉書》)，情有餉其密遺(《漢紀》⑤)。三輔軍行，每高輸義之節(《東觀漢記》)；單城遊食，何知禁穫之威(《家語》)。令嚴于士卒之紛馳，馬蹄何及(《曹瞞傳》)；乞行于長安之潰亂，龍首以非(《後周書》)。蝚蝗爲災，崗過孝甫之野(《陳留耆舊》)；雞鳥與咒，試聽巫者之詞(《唐書》)。作屬晉躬，尋桑田兮幾幸(《左》)；痛思殷舊，彼狡童兮何爲(史)。于以感悟偷兒，且慰且諭(《隋書》)；無已笑偕門客，非錢非泥(《典略》)。夢入火宮，載聽紅裳之詠(《小説》)；封題大内，忻承黃帕之禧(《東坡詩話》)。噫嘻！渡滹沱則帝業克濟(史)，守漁陽則民樂以嬉(《〔東觀〕漢記》)。索筆而賦成，佳矣宴饗盛事(《諸葛恪別傳》)；秉竿而習讀，美哉風雨來思(《東

---

① "旅"當作"觜"。
② "令"未詳，見《尚書大傳》。
③ 《搜神記》"區"作"漚"。
④ 據《太平御覽》卷八三八補"王隱"二字。
⑤ "《漢紀》"誤，見范曄《後漢書·范冉傳》李賢注引袁山松《後漢書》。

觀〔漢記〕》）。斯麥也，纖芒濯露，疑因黑壤之宜；香嫁①搖風，若吐黃金之色（崔融《賀表》）。鬖鬖者髮，老風雪之彫殘；皦皦者心，抱冰霜之潔白（《代關内侯來麥謝表》）。載行于野，斯饗我農（《進封年表》）。斯指星之候（《拾遺》），而搖風之期也乎（劉禹錫）。

粟

余讀《晁錯傳》，令天下入粟縣官，拜爵除罪，斯粟之不韻者矣。如來借其名字（《寺碑》），一粒杳其升沉（呂仙詩）。拜都尉之司事（《宋書》），比君子之芳歆（《管》）。右契執獻（《曲禮》），旅師專任（《周禮》）。雖有金城湯池，無之弗能守也（策②）；乃如背親捐舊，有之何以爲心哉（《潛夫論》）。因而長餓，自甘薇蕨（本傳）；于以罪凶，莫愛明珠（《說苑》）。驅游食之農民，田禁可議（後魏）；成習詐之世界，書券焉居（《淮》注）。方船而下（《漢書》），甬道而輸（上）。余未見侏儒之飽死（《東方朔傳》），亦何似燕丹之長吁（《風俗》）。乃若食之而厚力（鳳冠粟），而美姿（雲渠粟），而多壽不病（瓊脂粟），而歷月不饑（圓嶠山）。屈曲則猶龍之似（《選》③），長弱則無風之吹（搖枝粟），忽爾蟲化（《述異》），有自龍飛（《宣室》④）。瑞表閩國（荀），嘉紀漢時（《宋書》）。爲惠而從家給（《孔叢》），占候而幾人疑（〔謝承〕⑤《後漢》）。鞠⑥吏之持平，因而剕馬（晉史）；孤竹之利用，曾否質龜（《管》）。乞彼監侯，早索枯魚之肆（《莊》）；辱爲健步，忽驂兩騎之緋（《雜俎》）。飛輓多艱，率卅（音撒）鍾而致一石（史）；饑荒誠苦，空抑市而賤珠璣（《述異》）。遡

---

① 崔融《代皇太子賀嘉麥表》"嫁"作"稼"。
② "策"疑誤，見《意林》卷四引《風俗通》佚文："《孫子》云：'金城湯池而無粟者，太公、墨翟不能守之。'"
③ "《選》"誤，見《拾遺記》。
④ "《宣室》"誤，《天中記》卷四五："《宣宗紀》大中元年二月癸未停飛龍粟。"
⑤ 據《太平御覽》卷八四零補"謝承"二字。
⑥ 《舊五代史·晉高祖紀》"鞠"作"鞫"。

元狩之腐積（《漢書》），異江表之野生（《述異》）。益以大倉一粒（《唐書》），輸以所部多情（《後魏書》）。丏可見之孝子（劉三復），脱可怒之故人（《漢書》）。覆橋自責（《漢實録》），貸斗相狗（《史記》）。無防削籍（蕭復），雅足濟貧（蕭俶）。春或諧于介弟（謠），耀詎謝于西秦（《左》）。矯詔爲群生之全活（《汲黯傳》），興謡想太守之平均（李峴）。如滎陽之兵争，金玉失貴（《貨殖傳》）；非涼州之都督，縑練猶珍（郭元振）。辭少受多，子思之度義有當（《孔叢》）；遺我罪我，子陽之所見爲真（《〔新序·〕節士》）。則于以覿其蓬蓬（史）陳陳（上）者乎。賦曰：其蒻①也欲孤，其長也欲相與居，其熟也欲相扶（《吕氏春秋》）；何以小人蓄，大臣辱，而有德者不禄（《潛潭巴》）。

稻

秔，稻屬也，〔稻〕②亦秔之總③名也。道家方藥，有用稻米秔米，此則兩物耳（《養生要集》）。余考樂浪之國（《拾遺》），鄭都之城（《雜俎》），志以紫芒白漢（《廣志》），紀以虎掌（上）龍睛（《續仙》）。一歲再種（《異物志》），半夏先成（蔡邕《月令》）。相遺蟹種（《國語》），習聽蟬鳴（《廣志》）。則有肌膚之滋長，顔色之華軒（《養生要録》）。熱者食之而冷，寒者食之而温（和靈稻）。歷年未有饑色（清腸稻），延生享有遐齡（淶日稻）。香風吹于五里（魏文帝《與朝臣〔書〕》），瘧鬼逐于荒冥（《洛陽伽藍記》）。歷水旱頻加，占城布種（《爾雅翼》）；從草垓變化，交趾飛英（《江表傳》）。相畯于麇，快海陵之盛事（《博物》）；恣生于野，美郡邑之芳名（《吴志》）。如是求水陸之利（郭元振），辨先後之時（《吕覽》）。俗有所必易（任延），民勿可與知（《吕》）。歲入以萬（《隋書》），野熟有奇（《〔新〕唐·地理志》）。取勿行道（陶侃），乞自沙門（《梁

---

① 《吕氏春秋·辯土》“蒻”作“弱”。
② 據《天中記》卷四五補“稻”字。
③ 《天中記》卷四五“總”作“别”。

書》）。長史之章程乃爾（《吳志》），小兒之案牘攸存（《南史》）。曲環軍中，芒履可以事事（《唐書》）；睢陵野畔，劍佩乃以徐徐（《梁書》）。經年無主之家，既熟而誰爲識（《晉書》）；太倉與盜之子，自劾而恩有餘（後魏）。其草云何，對三日而語澀（《世説》）；此穄正快，謝終朝以晏居（《齊書》）。遊説爲西周之策（《戰國》），慷慨爲都尉之呼（《〔東觀〕漢記》）。鴻可長隙（江表詩），雀不任驅（《宋書》）。自謝爲糜，松滋之有逸致（《晉書》）；固請種秫，彭澤之有高風（上）。在鄅之文顯然，載讀麟傳（《唐史》）；如椽之筆得當，杳爾兔鋒（《〔北夢〕瑣言》）。故曰：稻之爲言藉也，天雨不及（《述異》），地利應修（杜預）。試滋孫于再抽之後（《天中》），而何索生于急湍之流也哉（《淮》）。

穀

黎民阻饑，播時百穀（《舜典》）。聎聎異稱（《方言》），金土相卜①（《春秋繁露》）。辨所明于八星（《異録》），擇所先于五木（師曠）。神明而壽，何如知惠之多靈（《〔大戴〕禮》）；癡笨而肥，何事導引之大蓄（楊泉《物理論》）。求諸邦國都鄙之宜（《周禮》），八政五行之屬（《史·曆書》）。十室之邑，必有千鍾之藏（杜〔甫〕）；游食之農，幾盡澤山之輯（晁錯論）。年登爲瑞，喜看雪荵紛飛（《唐書》②）；天司以和，竚聽鳩聲競逐（《淮》）。都廣之野，曾不假力以播琴（《山海經》）；淮陽之泉，乃載一歲而三熟（《荆州記》）。以余所聞春祈秋報之儀（《禮斗威儀》），豚蹄鮒魚之祝（《史》），無從事于禪封（《史》），無借厭于吏卒（《曹瞞傳》）。爲善者窮（〔王隱〕③《晉書》），治功者録（陳君賓）。封識宛具而巷口頻擔（《幽冥録》），雄據無成而眉④塢偏築（《後漢》）。則夫赤眉鼓亂

---

① 《春秋繁露·治亂五行》“卜”作“干”。
② “《唐書》”誤，見《唐會要》卷二八。
③ 據《太平御覽》卷八三七補“王隱”二字。
④ 《後漢書·董卓傳》“眉”作“郿”。

之餘(《漢紀》)，建武軍興之暴(《風俗》)；少時之賑貸尤勤(《北史》)，一日之寵綏尤渥(後魏)。俑①貴恐抑價以阻其來(盧坦)，借需則計畝以償其足(《〔羊祜〕②別傳》)。友愛情深(《〔東觀〕漢記》)，巧力習熟(《三國典略》)；吉夢相從(《夢書》)，殺機乃縮(《殷氏世傳》)。韋宙積其千堆(本傳)，王循蓄僅千斛③(《魏書》)。而不見漢宣之世魏地奏亡(《述異》)，吳桓之時貧家沾沐(上)。甚至禹餘猶存(《博物》)，旅生可目(《〔東觀〕漢記》)。教民者但以播種，而何紀怪如中山之屬(《孔叢》)；居夷者任以散飛，而固傳奇于暴風之屋(《論衡》)。如是佐地官而裕常平(史)，賤金玉而貴五穀(史)。正德惟和惟叙，舜厚其生；休徵用乂用成，禹敷其福(《代開國公穀實謝表》)。學深種植，仁熟培滋。為道之原，三代處農而教；司民之命，一日無食則饑。水火金木為修，斯誠萬世之利；歲月日時無易，載讀《洪範》之詞(《進封穀實制》)。幸免揠苗，勿正勿忘勿助；僅能維秬，實裒實發實堅。則吾所服力如斯焉。

豆

夫天雨豆之類，皆非中國人耳目所及也(《司天考》)。角謂之莢，葉謂之藿，莖謂之萁(《説文》)。烏頭別種(《〔魏王〕④花木志》)，靈植明師(《春秋佐助期》)。二七爲族(《拾遺》⑤)，八月有司(《〔陳留〕⑥耆舊》)。則求之韓地險惡之舊(張儀)，山戎北伐之時(《爾雅》)。如挾劍(句)，如繞明(句)，如見日而傾葉(《拾遺》)，如帶甲而長生(《氾勝之

---

① 《新唐書·盧坦傳》"俑"作"踊"。
② 據《太平御覽》卷八三七補"羊祜"二字。
③ 《三國志·魏書》"王循"作"王修"，"千斛"作"十斛"。
④ 據《太平御覽》卷八四一補"魏王"二字。
⑤ "《拾遺》"誤，見《吕氏春秋·審時》："得時之菽，長莖而短足，其莢二七以爲族。"
⑥ 據《太平御覽》卷八四一補"陳留"二字。

書》)。曰荁(夏侯端)曰豌(《奏議》),以黃以青(《廣志》)。紫草之所變化(《宋書》),玄鳥之所吐靈(《〔漢〕①名臣奏》)。唊一丸而香美(《杜陽》),取七粒而嘉歆(《雜五行書》)。則見旅生潁水(《東觀漢記》),而何價重黃金(《東觀〔漢記〕》)。若乃偵華陀之非贋(《魏志》),會朱倉之有心(《〔益部〕②耆舊》)。誤以霍兮若在(〔王隱〕③《晉書》),置以莝兮不禁(《范睢傳》)。烈士如何,無愛于庾釜(孔融《教高密令》);先民有說,況辨于裾襟(《蜀志》)。僟然自處之風,留連永日(《〔明皇〕④雜録》);硜然見信之約,驚歎還魂(《〔東觀〕漢記》)。則又求桓牧于都尉(《〔陳留〕⑤耆舊傳》),想仲叔于太原(《〔東觀〕漢記》)。黃巢叶其讖應(《五行志》),赤眉走其軍屯(《〔東觀〕漢記》)。事有閑于陸遜(《吳志》),詔有奉于黃門(《漢武記》⑥)。掌食之人自及罰杖(《北齊》),提戈之子綽有器根(曹彬)。南山之蕪穢不治,差可行樂(《漢書》);河東之榷酤未已,坐想聲吞(《唐書》)。德著齊庭,無充兕觶之口(《説苑》);職司補闕,寧辭仗馬之轅(李林甫)。其爲癡者之候(《左》),筭者之捫(《吳志》)。並舟而行,似若以經驗之方,成其夢幻(《宣城記》⑦);計屋而繞,那弗以欲除之祟,媾其佳婚(《晉書》)。豚肩不掩(《〔禮記・〕雜記》),牛口斯奔(竇建德)。畏壘之民因而有欲(《莊》),寢病之子聊復見存(《〔雜〕⑧五行書》)。噫嘻!冒譂以國(《鄴中記》),傷敗以群(《魏志》)。戀棧則駑馬無用(《晉書》),塞耳則雷霆不聞(《鶡冠》)。乃其令人腫(《養生論》),令人肌燥粗理也(《博物志》)。悲哉!

① 據《太平御覽》卷八四一補"漢"字。
② 據《太平御覽》卷八四一補"益部"二字。
③ 據《太平御覽》卷八四一補"王隱"二字。
④ 據《太平御覽》卷八四一補"明皇"二字。
⑤ 據《太平御覽》卷八四一補"陳留"二字。
⑥ "《漢武記》"誤,見《後漢書・馮異傳》。
⑦ 《天中記》卷四五"《宣城記》"作"《宣州志》"。
⑧ 據《太平御覽》卷八四一補"雜"字。

菜

余聞之：咬得菜根，則百事可做（《聞見録》）；第食老葉，則生意常含（《齊書》）。此菜之美者，不可使士大夫不知此味，可使天下之民有此色乎（黃〔庭堅〕）？夫耀彩以金，徐福頻來于海上（《金樓子》）；驚視以碧，王母屬饜于瑤池（《漢武内傳》）。五色因時，秋蒩而冬馥（《拾遺》）；餘芬竟體，止渴而療饑（上）。常性固然，無紀異于連沼①龍蛇之幻（《天中》）；中心有當，其並獻以佛土波稜之名（《唐書》）。則有曰鬼目（《吳志》），曰崇蹄（《吳書》），娘則以孟（《雜俎》），歡則勿攜（《雜記》）。白光照夜（《齊書》），紫色邊城（《魏王草②木志》）。遇瀦宮污室之墟，義士無色（《尚書本③傳》）；履中書門下之任，僚寀有聲（《唐書》）。若乃貧以守常，失城陽太守之貴（〔王隱〕④《晉書》）；辭不爲訴，尋故鄉軍旅之盟（《宋書》）。玄謨之事老傖，秋調已厭（《宋書》）；胡叟之歸田舍，褊局處盈（後魏）。前相所遺，云何染指（刁曜）；小人有母，曾否之生（《齊書》）。終始無踰，誰矯廉吏之素（吳隱之）；涕泣而請，相憐賊子之烹（《後漢》）。則夫居嘗蔬食之崔瑗，好賓客而膳餚每飾（《後漢》）；日在灌園之邵續，作糜因而穀帛邀榮（〔王隱〕⑤《晉書》）。南岸所餘，旋以付之園守（《宋書》）；冬藏有幾，寧或誤之農卿（《唐書》⑥）。兆割唐之半土（《聞見》⑦），念平陳之一人（《陳書》）。毋多媚事（《唐書》），毋第潤身（王界⑧）。噉禁官厨（厙狄士文），愧發盜心（《隱逸傳》）。急夜縋于渾城（傳），素志慕于甄琛（後魏）。有如荷清風以寵賜（《三國典略》），會

---

① 《天中記》卷四六"連沼"作"蓮花"。
② 《天中記》卷四六"草"作"花"。
③ "本"當作"大"。
④ 據《太平御覽》卷九七六補"王隱"二字。
⑤ 據《太平御覽》卷九七六補"王隱"二字。
⑥ "《唐書》"疑誤，見《隋唐嘉話》。
⑦ 《天中記》卷四六"聞見"作"九國志"。
⑧ "界"當作"昂"，見《舊唐書·王昂傳》。

比舍以遥禁(漢)。何似傳京兆之旨(《唐書》),而寓意力士之吟(《雜記①》)。蕪菁松芥(《天中》),薀藻蘋蘩(《左》)。侵之屋室(《尚書大傳》),踏以家園(《啓顔》)。西山長餓夫之蕨(史),南澗慕野人之芹(晉)。名以諸葛尤重(傳),事以元修特聞(《詩話》)。緊登第之與釋(《東齋遺事》),立學之有成也。歆與亨哉(《文王世子》)。

鹽

　　夫齘齭齤齦齞齝,鹽也(《釋名》)。皛皛幕幕,鍛圭椎璧(《晉問》)。山海之藏(《食貨》),軍國之利(《策》)。色以五殊(《博物》②),種以九異(後魏)。方印相蒙(《唐書》),細石可識(《廣志》)。則有如雨(《筆談》)如瀑(《雜記》),似玉(後魏)似晶(《金樓子》)。擬之絳雪(《思州記》),狀之春冰(《渠四公子記③》)。湧穴而出(《酉陽》④),累棋而生(《〔涼州〕⑤異物志》)。桃花爲隨月之候(鄭公虔云),霜草爲彌日之靈(《襄沔記》)。味過香鹵(《〔南州〕⑥異物志》),錯具鏤形(《〔涼州〕⑦異物志》)。方寸隆隆以起(《水經注》),扶疎冉冉而耕(《金樓子》)。田開鄯善(《酉陽》),井列瞿灘(《水經注》)。主之以尉府(《蜀志》),重之以典官(《魏土地記》)。稽異于瑞生廢井(胡昌堅⑧表),寶應靈慶(韓滉)。而譏夫榷始琦宴(唐),鬻自廟堂(張平叔)。毋困貲民,計口而持常額(盧商);毋弛弊法,課入而利平章(盧弘正)。徭車輸輓爲常,何如飛艇(杜

---

① "記"當作"録",即《明皇雜録》。
② "《博物》"誤,見《北户録》。
③ "《渠四公子記》"當作"《梁四公記》"。
④ "《酉陽》"誤,見《新唐書·南蠻傳·訶陵》。
⑤ 據《太平御覽》卷八六五補"涼州"二字。
⑥ 據《天中記》卷四六補"南州"二字。
⑦ 據《太平御覽》卷八六五補"涼州"二字。
⑧ 《太平御覽》卷八六五引《唐書》(未見於今本《新、舊唐書》)"胡昌堅"作"胡堅昌"。

中立）；屯流壅積已甚，曾幾開塲（姜師度）。憶昔圍城，俄忽而生辰有賴（《海録〔碎事〕》）；因思羈旅，信宿而名字以創（第五倫）。摇指莫息（《宋書》），搵腹多忙（《梁書》）。毋慳情而失笑（《笑林》），毋滅性以居喪（《齊書》）。宋繇之家，僅別圖書以千卷（《天中》）；郭文之業，聊稱裘葛以空囊（《晉書》）。繄中使之傳宣，饒池凤繕（王仲景）；顧李晟之不作，靈座留香（傳）。蓋以食記符朗（裴景春秋秦書①），味辨子揚（《玄晏春秋》）。夫豈蚩尤之懷仇莫解（吳郡關祠），玉女之痛毒以强（《郡志》）。余又聞之顆鹽則引池而化，末鹽則煮海煮井及煮鹼而成。引以名之畦户，煮以命之竈丁。熬波漉沙之狀（《海賦》），東斤西鹵之名（俱《合璧》）。皎皛池濱，皑峨嶙峋。髣髴珪璧，依稀硍珉。入澤遐窺，喜晴天之迷②曙；隔林斜望，訝瓊樹之驚春。餌之者若茹膏之客，捧之者疑獻玉之人。驛車既駕，羹鼎逾滋。有美玉之價，沉之而不污；有君子之德，涅之而不緇。君子謂鹽如是乎彌奇。

米

諺有云：的的白斛米射③，的的玄斛米千。余且疏米事，以爲知言乎。烏者作貢（《地理志》），紫者尊生（《杜陽》）。通腸持而高直（《南楚新聞》），長腰狀以麗形（《風土記》）。滋秀有時，介天中而有象（古詩）；芬香何似，錫大人以成名（《玄奘傳》）。取以論兵，即有山川之勢（馬援）；漬以爲種，不無霜雪之精（《唐書》又《聚米爲山賦》④）。吾不知義切輸公，有白骨如莽之歎（《後漢》）；情深救死（張萬福），有百錢自殖之行（《宋書》）。其藜藿之不斟，幾熟有願（《家語》）；豈雀鼠之誠壯，但笑相迎（《梁書》）。指之以困（《三國志》），榜之以門（《何思澄傳》）。生

① “裴景春秋秦書”誤，見裴景仁《秦記》。
② 閻伯興《鹽池賦》“迷”作“速”。
③ “射”疑作“百”，見《水經注》引諺云：“射的白，斛米百；射的玄，斛米千。”
④ “《唐書》又《聚米爲山賦》”誤，見庾信《謝趙王賚米启》。

計于馬處拙(《法帖》)，常例何弗平反(唐李審事)。操兹量鼓(《曲禮》)，炊可劍頭(《語林》)。寄載者或無驗實(《梁書》)，具還者了不相謀(《吳〔志〕·全琮傳》)。則夫奴子與易之候(《魏書》①)，季路强負之辰(陽城)②。太守之勵清風，不堪持餉(劉懷惠)；宗人之岸氣節，莫厭常貧(沈約)。月食無幾，付酒媼徐堪共醉(《杜陽》)；五斗可折，見里兒無愛微名(陶潛)。乃若索之而作佳傳(陳壽)，窖之而有常贏(《漢書》)。褒之有比于卜式(《宋書》)，賸之有愧于諸卿(唐李審③)。耕以白水，斫以青山，迹有憐于東野(《詩話》)；誰爲仁祖，誰爲胡奴，致有高于修齡(《世説》)。雅號盧郎，侈視魏收之詠(北齊)；長憐方朔，索空漢武之庭(《漢書》)。其進腴以自聖(《唐書》)，其供御以旦正(《韻府》)。脱之者若閑豐儉(《晏》)，種之者何關蠢靈(《劉子》)。相戾狼籍(《孟》)，致歎榆皮(史)吁。

肉

　　饗有體薦，宴有折俎(《左·宣》)。人知其味，對屠門而大嚼也(《新序④》)；士堅其志，不晚食以得當乎(《策》)。則有一臠自禁(謝琨⑤)，萬錢不勝(何曾)。紀之爲林(《漢書》)爲山(曹植《與吳季重書》)，如坻如陵(《左》)。無或兼于他味(本傳)，無設欺于性靈(《孟》)。充國相之庭，于以奉詔(《李泌傳》)；經宰夫之手，如是分均(《漢》)。侈不可爲，列坐而皆屬饜(王博)；慳不可事，封識而致生嗔(《〔北夢〕瑣言》)。其相顧而鼓勇，不堪飲況(《吕》)；其各累而佞佛，試語前因(《齊史》)。

① “《魏書》”誤，見《新唐書·陽城傳》：“(陽城)嘗絶糧，遣奴求米，奴以米易酒，醉卧於路。城怪其故，與弟迎之，奴未醒，乃負以歸。”
② “陽城”誤，見《説苑·建本》。
③ 崇禎本“審”字後有“諸”字。
④ “序”當作“論”，見《新論·袪蔽》：“關東鄙語曰：‘人聞長安樂，則出門西向而笑。知肉味美，則對屠門而大嚼。’”
⑤ “琨”當作“混”，見《晉書·謝混傳》。

喜楊收之登第(本傳)，多劉贊之博蒐(《五代》)。聽陶潛之偃臥(傳)，憨何胤之組修(《齊史》)。驚燕頷虎頭之相(班超)，高飲酒拔劍之風(樊噲)。躍馬而期相食(蔡澤)，痙鹿而忘在中(《唐史》)。訊鼠以傳爰書，相看老吏(《漢書》)；伺烏以通神察，曷隱在公(黃霸)。若其走狄山而形似(《山海》)，過月支而生供(《玄中記》)。怪有紀于司馬(《幽明録》)，夢有異于揚雄(《書録》)。死士得于秦繆(《呂》)，知己迎于茅容(《文選》①)。欲以倖恩，蒼頭分有愛(《鮑宣傳》)；于焉使虜，部帳耶何私(《唐史》)。語刺滑稽，細君之從自及(《〔東方朔〕傳》)；事因悔悟，里媼之所與規(韓)。當閉目凝思之時，僕從多噉(《隋史》)；疇赭衣畫地之慘，毋也相遺(《後漢》)。了不掩豆(晏子)，勿以登俎(《左》)。計出于口(《笑林》)，算精于厨(《吳志》)。與俗匪異(《高僧傳》)，繄我獨無(《左》)。其曹劇②之多鄙也(《左》)，抑崔瞻之予雄乎(《類聚》)？茹古氏曰：召自禁中，胡熟視而不下(周勃)；扶從亭長，故相念以與歸(史)。歎日月之如流，征鞍忽解(《蜀志》)；悲遭逢之不偶，彈鋏增悲(傳)。杯酒所以不事(後魏)，絲竹所以不如(《孟嘉傳》)。無蹈任永之學(《拾遺》)，雅善伯英之書(《晉·魏③瓘》)。糟糠勿厭(《孟嘗君傳》)，治平有逢(崔湜)。相憐杌④上(《魏志》)，取譬土封(《博物》)。則映之紅顏可矣(北)，如更之白骨何從(《策》)。余讀《魯史》，孫叔敖曰：戰而不捷，參之肉其足食乎。則未嘗不爲肉計拙工也。

飯

蓋聞之《呂覽》，飯之美者：玄山之禾，不周之粟，陽山之穄，南海

---

① "《文選》"誤，見《後漢書·茅容傳》。
② "劇"當作"劇"。
③ "魏"當作"衛"，見《晉書·衛瓘傳》："漢末張芝亦善草書，論者謂瓘得伯英筋，靖得伯英肉。"
④ "杌"當作"几"，見《三國志·魏志·文帝紀》裴松之注引《魏書》。

之秬。五變而蒸，遡化生于陽氣(《運斗〔樞〕》)；十取而淅，事被除于土宜(《風〔土〕①記》)。鮮如朝雪(〔孫敏〕《七〔誘〕》)，香若凝脂(《安成記》)。濡耶潤耶(《七誨》)，精之鑿之(《左》)。漿人所掌(記)，宰夫是司(《周禮》)。攤以午睡(李白②)，眠之春暉(周禮)。侈之者曰精瓊靡(《楚辭》)而屑瑶蓝(《思玄賦》)，神之者曰蛛幻化(《雜俎》)而蜂分飛(神仙)。就黄粱之炊，生平已足(神仙)；惕青雲之器，努力與從(岑參詩)。倒戈禦敵之恩，故是翳桑餓客(《左》)；鼓楫中流之勇，長憐栢谷老翁(史)。貧賤可安，謝主人其莫與(《吳志》)；慷慨忕甚，憋食客其何容(《孟嘗君傳》)。郭開之多尋仇，致嘲遺矢(史)；范丹之諱不德，已事發籠(本傳)。懷君之賜(張安道)，篤母之共(《南史·陳遺》)。有班荆之偶設(《左》)，毋吹竽之偶窮(本傳)。先齒年以作禮(《吳越〔春秋〕》)，勿睋眦以終凶(《范雎傳》)。騎射之力與及(《前秦録》)，清白之志每隆(第五倫)。解綬伊人，試問大儒之業(漢)；作溝何事，安從五父之閑(《韓》)。楊素高熲之流，噉者但足(《隋書》)；子輿子桑之輩，裹者相逢(《莊》)。于以訪之李固(漢)，問之左雄(漢)。告山令之往事，樹陳客之談鋒(《世説》)。豈必盤遊窖内(《仇池〔筆記〕》)，吐納頬中(郗鑒)。又何于彼壞屋(《家語》)，而在後聞鐘(王播)。夫獨眠孤館(《博異志》)，駐蹕南宫(《後漢》)。長安之菰未有(《風賦》)，彭城之橡無同(《載記》)。解旅舍之凶夢，相憐曰釜(《聞見録》)；充壽春之野殍，故取蝗蟲(《吳書》)。繩牀之道士從來，于取若寄(《雜俎》)；天台之客子已至，聊爾見供(《韻府》)。噴之其失笑(《偃竹記》)，索之其在躬(《東軒筆録》)。志可言于措大(《〔東坡〕志林》)，施何先于若公(李頻)。五里猶馥(杜)，七日忘饑(《異苑》)。衣即著，困即眠，道非在遠(禪語)；熱勿揚，飽勿搏，禮固如斯(《禮〔記〕》)。憂者弗能爲美(《淮》)，戲者各以其群(《韓》)。乃其忘辛苦于民業(詩)，憐不足于廣

---

① 據《太平御覽》卷八五零補“土”字。
② “李白”誤，陸游《春晚村居雜賦》詩之五：“澆書滿挹浮蛆甕，攤飯橫眠夢蝶床。”自注：“東坡先生謂晨飯爲澆書，李黄門謂午睡爲攤飯。”

文也，悲夫！

羹

五味之和，莫美于斯（《詩注》）。既戒且平，合醯醢以相濟（《晏》）；作霖作楫，並鹽梅以咸宜（《書》）。如是遡其風韻（《清異》），窮其珍奇（孫思王）。不録①有會（《〔嶺表〕録異》），骨董相持（《〔仇池〕筆記》）。在先人非以速客（本傳），豈今日乃至珍師（《左》）。學士借其名飾（《清異》），主人佐其款資（宋玉《風賦》）。寧負千鍾之償（《〔臨海〕②水物志》），莫縱一庖之欺（《新序》）。用以呈身，相席虛兮若待（《天問》）；用之饗帝，壽永多夫何長（上）。非盡壺飱之恩，不遍者憾（《策》）；恰直天中之令，與賜者芳（《武帝紀》）。何以反錦（《左》），何以污衣（蕭勷）。何不糝于旅次（《莊》），何志輳于賤微（史）。考叔有心，悟鄭莊而語切（《左》）；漁父既渡，視子胥以色饑（策③）。寵絶金鑾，幸調于御手（李白）；賜先甘露，驚看于班髩（《明皇雜録》）。既至而歡，雅善勾吳魯衛之語（《齊書》）；居嘗而設，誰爲林宗季偉之流（史）。卒以致辭之趙琰，有伺盜行（《魏書》）；振不自禁之彦節，那事逆謀（《天中》）。則夫千里下之吳會（《世説》），一脆爭之雷州（《北户録》）。指動于鄭竈（《左》），味喪于楚猴（《淮》）。聖有疑于西伯（《世説》④），神有謝于令公（《魏書》⑤）。陸續之徘徊于獄窟（〔謝承〕⑥《後漢》），張翰之躑躅于曹東（《世説》）。謗鑠重憐，垂首而看羅織之吏（《唐書》）；優游卒歲，撫心而感祭享之供（《晉書·王濬》）。大官有被（《宋書》），常食毋差（《内則》）。約費萬緡，雜沓以貝砂之汁（《獨異志》）；取憐懸磬，奔走

---

① 《嶺表録異》"録"作"乃"。
② 據《太平御覽》卷八六一補"臨海"二字。
③ "策"誤，見《吳越春秋》。
④ "《世説》"誤，見《帝王世紀》。
⑤ "《魏書》"疑誤，見《北齊書·彭城景思王元澥傳》。
⑥ 據《太平御覽》卷八六一補"謝承"二字。

以江海之涯(《晉書》)。殺景而訂乃翁之約(《史》),韻事而重月兒之思(柳公權)。嘗試求龍門之客(盧照隣),公超之私(《後〔漢〕①》)。察察然神不可掩(王攸②),介介然天若有知(《齊書》③)。乃如色香味而絕美(蘇〔軾〕),某斷割、某煎熬、某利劑而有詞(《新〔序〕》)。則此物此志也,余可得而言之。

餅

余讀《禮》,仲春之月,天子食麥而朝事之。《内則》諸饌不説餅,然則雖云食麥,而未有麨④也(賦)。昉古進自梁冀,嗜自齊高。謂煮爲水引,洵有誤矣;以麨爲食,具有通解乎(俱《湘素雜記》)。故曰細如華山玉屑,白似梁甫銀泥(注⑤)。既聞香而口挩,亦見色而心迷(吳均《餅説》)。殆彼玉英,七日而羽化(《廣異記》);縷兹花草,五色而文綺(《雜俎》)。非是紈綺乳臭之兒,澆俗見病(鄭澣);試憶風流坦腹之壻,神色乃怡(《世説》)。福如是惜(《〔次〕柳氏舊聞》),儉有所宜(《齊書》)。無侈何曾豪華之性(本傳),第是石虎幽廢之時(《齊書》⑥)。其何縮蔥必用(《僉載》),而故引水居奇(何戢)。又何必大珠見市(《原化記》),而遮莫薄緣棄之(《南部新書》)。余高者窮途以躭學(《晉陽〔秋〕》),清節以居官(王悦之);而憐者半背之飲泣(《魏紀》),袍袖之嗜甘(《隋唐嘉話》)。若其取浮土入屑(《天中》),柵山谷避難(黄巢)。而不見食尚京師,董卓稱兵之應(《續漢》);諱從胡物,石勒易名之觀(《後趙録》)。痛想良緣,恨朱顏之有誤(本傳);轉麤心計,聽歌調之常

---

① 據《太平御覽》卷八六一引謝承《後漢書》補"漢"字。

② "攸"疑作"澈",即《北齊書·彭城景思王元澈傳》。

③ "《齊書》"疑誤,見《南史·蕭叡明傳》。

④ 束晢《餅賦》"麨"作"餅"。

⑤ "注"未詳,見吳均《餅説》。

⑥ "《齊書》"誤,見《太平御覽》卷八六一引《趙録》:"石虎好食蒸餅,常以乾棗、胡桃瓤爲心,蒸之使坼裂方食。及爲冉閔所篡幽廢,思不裂者不可得。"

閟(劉伯芻)。仲華情私，故都尉之榮赫赫(《拾遺》)；五倫愚蔽，乃市掾之語漫漫(《東〔觀〕漢〔記〕》)。鮮不觸熱(《唐宋遺史》)，重勿踐①殘(《明皇雜録》)。偏提可會(《清異》)，封事可彈(《孔帖》)。畫者不可啖(盧敏②)，補者未有量(《〔荊楚〕歲時記》)。胡然兼金累紫(《抱》)，取譬《左氏》《公羊》(《魏志》)。則試誦殘牙與啖之句(《唐史》又徐寅詩)，詣長房並跳之行(《神仙》)。豈不拂拭快其多白(《孔帖》)，而蹲踞善其終藏(《五色史》③)；豈不還蔭悟其玄旨(《傳燈録》)，而往誘信其大常(《唐史·李師道》)。俊叨未知何物，餺飥傳自李唐(《歸田録》)。安乾粗粄之倫，糺耳狗后之屬。劍業案成，餚飪髓燭④。或名生于里巷，或法出乎殊俗(《餅賦》)。水澆湯瀹，蒸熟籠食，一物更有所長(《湘素〔雜〕記》)；饅頭薄持⑤，起溲牢丸，四時用各有目(賦)。重羅之麫，塵飛白雪。黏剸筋膈，溓液柔澤。薑株蔥本，峰縷切判。辛桂剉末，椒蘭是伴。和鹽漉豉，攪合樛亂。殊媮冽敕，薄而不綻。則餅之所以爲妙。

---

① 《明皇雜録》"踐"作"殘"。
② "敏"當作"毓"，見《三國志·盧毓傳》。
③ "《五色史》"誤，見《太平御覽》卷八六一引王隱《晉書》："王長文，州辟別駕，陽狂不詣。舉州追求，乃於成都市，見蹲地嚙胡餅。"
④ 束皙《餅賦》"糺耳狗后"作"豚耳狗舌"，"業"作"帶"，"飪"作"飪"。
⑤ 束皙《餅賦》"持"作"壯"。

第二十四卷

李

倚欹穠李，其實纍纍（《詩》）。玉衡是散（《運斗樞》），五沃攸宜（《管·地員》）。既乃長條四布，密葉重陰。夕景迴光，傍蔭蘭林（西晉傅玄）。余且盡徵其事，而徐考其行乎。有自起嫌，垂以正冠之戒（《古樂府》）；無煩置説，頌以成蹊之芳（古諺）。螬食何爲，似養廉之有待（《孟》）；瓊報已足，任投我之相望（《詩·木瓜》）。盡所薦之爲名臣，公門有待（《唐史》）；得所處之爲賢達，世論與揚（上）。胤胄相傳，自老子以作祖（《列仙》）；道旁非苦，走小兒以若狂（《世説》）。若夫崑崙偶到之會（《抱》），廬山其食之年（《列異傳》）。感殊祥于法會（《高僧傳》），競食味于丹仙（《〔真人王褒〕①内傳》）。計奇光之忽見（《漢武内傳》），快痼疾之多瘥（《高士傳》）。如李將軍之爲人，知與不知，皆爲流涕（傳）；如牛僧孺之有識，是父是子，似有相傳（傳）。則求之細小呼鼠（《述異〔記〕》），盤屈猶龍（《舊唐》）。連理則隔澗猶合（《唐書》），同心則登苑與共（《花木録》）。爲金（杜牧②李）爲玉（《洞冥記》），以碧（上）以紅（《漢武内傳》）。偃蓋忽成于春日（《舊唐》），華豔乃出于幽冬（《鄴中記》）。白楊之所忽變（《江南別録》），櫻桃之所遺封（《述異》）。品何資于玉文（《内傳》），字何睹于黄中（《集異記》）。過苦邑之林，二

---

① 據《太平御覽》卷九六八補"真人王褒"四字。
② "牧"疑作"陵"，見《述異記》："杜陵有金李，李大者謂夏李，尤小者呼爲鼠李。"

色不勝(《天中》)；讀李尤之賦，如拳幾逢(上)。摽以爲名，顏回借其姓字(《〔西京〕雜記》)；鮮以爲美，嘉慶熟其名通(《西京記》)。于以定直方之品第(《國史〔補〕》)，發右軍之緘封(帖)。培之都者有幾(《唐書》)，降于殿者何從(《述異》)。無核而覓所自(《琴庄美事》)，無種而生以叢(《好事錄》)。乃持斧先之王濟(《世說》)，事鑽約之安豐也(《世說》)。亦李事之不韻者矣。

梨

余讀《唐史》，賈至謂侍御史爲脆梨也。建業詫其味爲蜜父(《清〔異錄〕》)，《方言》悉其狀爲老人(揚〔雄〕)。幾合生于玄圃(《晉書》①)，抑供御于前村(《永嘉記》)。是以離離玉潤，落落珠圓(李遵《進梨表》)。關西扶風之界(《廣西②》)，滎南淮北之間(《漢書》)。金柯兮縹蒂(《〔西京〕雜記》)，碧色兮紫斑(《尹喜傳》)。記之者曰爲紫條，爲細葉，爲大谷(《〔西京〕雜記》)；擬之者曰脆若菱，甘若蜜，大若拳(魏文帝詔)。耐寒不凍(《〔西京〕雜記》)，一秀千年(《洞冥記》)。融雪匪白(孫楚《秋賦》)，化水忽然(《伽藍記》)。訪行道之仙丹，第看搖落(《括③聞記》)；重官司之典守，安問芳妍(《永嘉記》)。異色飛香，邈白鳳其至止(《紀異〔錄〕》)；奇形哀大，驚赤蛇以纏綿(《吳越諧記④》)。寓意同心(《涼州記》)，托迹高聰(《北史》)。樂遊不倦(《天中》)，御宿在公(《吳都賦》)。勿征多於玄謨(《宋書》)，第取小于孔融(《文士傳》)。從河上以拜賜(《李弘傳》⑤)，自西域以潛通(唐三藏)。老叟之妄

---

① “《晉書》”疑誤，王讚《梨樹頌》：“太康十年，梨樹四枝，其條與中枝合生於玄圃園。皇太子令侍臣作頌。”

② “西”當作“志”。

③ 《天中記》卷五二“括”作“洽”。

④ “諧記”誤，見《天中記》卷五二引《吳越備史》。

⑤ “《李弘傳》”未詳，王弘《謝賜河上梨表》：“奉賜河上梨一千，遠方味甘，每垂降及，仰被恩榮，俯增祗愧。”

作解事(《湘山野録》),小名之推事予雄(《南史》)。奉使事于桓南,蒸則有恨(《世説》);牽別緒于彭渚,臧未有同(《俗説》)。脆勝甘嘗,一檢壽春之表(《〔耳目〕①記》);紀遊聯句,相高擁鬣之風(《鄴侯家傳》)。崔遠文才,珍有比于席上(《唐書》);曾參至性,事有絶于庭中(《合璧》)。于以追石勒十人之騎(《三晉山險記》),覓介象一日之踪(《神仙》)。而不見種消有其讖應(《廣〔五〕②行志》),掘血傷其寢容(《曹瞞傳》)。恨荆棘之未掃(記),恐病魔之偶逢(《孫思邈傳》)。洞庭之上(《山海》),明光之宮(晉宮闕名),斯千户之侯(《食貨志》),而真定之雄乎(《宋書》③)。賦曰:素花開處,擅美春林;綠蒂懸時,回光秋浦(表)。有願還年,同靈棗而稱異;無因留核,向仙桃而誰語(庾肩吾啓)。

櫻桃

通條葉④潤,附節茸生(賦)。既離離而春豔,乍冉冉而夏迎(梁宣帝賦)。扶疎柔弱,暈豔分葩。藹綠含彩,攢紅吐霞(賦)。鷪鳥之所含食(《呈⑤覽》),蠟珠之所叢誇(楊⑥《膳夫録》)。月下賜群工,赤瑛比而若失(《拾遺記⑦》);口中承上旨,紫宸聚而彌奢(《摭言》)。則有美曲江以會宴(《摭言》),詔離宮以薦馨(《漢書》)。夢入瑤姬,枕畔之有宿物(《酉陽》);情通姨氏,蠟帛之有芳行(《杜樊川集》)。酌于奉尊賜卑之

---

① 據《天中記》卷五二補"耳目"二字。
② 據《太平御覽》卷九六九補"五"字。
③ "《宋書》"疑誤,見《廣志》:"常山真定梨、山陽鉅野梨、梁國睢陽梨、齊郡臨淄梨。"
④ 張苗《紫宸殿前櫻桃樹賦》"葉"作"液"。
⑤ "呈"當作"吕",見《吕覽·仲夏》:"天子以雛嘗黍,羞以含桃。"注:"爲鷪鳥所含,故曰含桃。"
⑥ "楊"誤,見鄭望之《膳夫録》。
⑦ 《太平御覽》卷九六九"記"作"録"。

間，可做巴陵故事（《舊唐》）；隆以杏酪酒醲之屬，試記儀殿深情（《景龍文館記》）。韓約之能作餲饠，味不少變（《酉陽》）；景思之養經褦襶，法不可幾（上）。政事交驊，胡作賦以成其刺謬（蕭穎士）；朝紳舊識，乃款語以喪其威儀（《續世說》）。噫！使發九霄，集繁星而有耀；味調六氣，承湛露而不晞（柳宗元《謝賜表》）。似得金丸，同秦人之逐彈；疑藏珠實，異合浦之懷歸（庾信①《謝啓》）。非關御苑，纔薦寢園（李商隱②詩）。試想秦中三月之候（唐），誠有味詩人只恐之言也（唐詩）。

桃

　　夫果類之有桃也乎。說者曰六果之下（《韓詩外傳》③），又曰五木之精（《典術》）。余想上林之作貢事（《西京〔雜記〕》），常山之廣栽成（《拾遺》）。哀衣應步者誰氏（《〔韓詩〕外傳》），紫雲陟半者多驚（《白玉蟾記》）。于以期擇于所樹（《隋書》），慎援于垂行（《呂》）。夫豈即事以忘戒（《後唐史》），于小以銳情（《列子》④）。若乃瀑泉頻酌（《野人閑話》），水石幽勝（《神仙感遇》）。傳蝦蟆于鄞苑（《洽聞記》），紀獼猴于雲亭（《海錄〔碎事〕》）。經三千年結實（《漢武故事》），亘三千里盤根（《十洲記》）。如半月而形狀（《北戶錄》），幾向日而消魂（《甄異錄》）。扳⑤緣得上之巖，指胡麻以宿福（《幽明錄》）；懸絕無依之谷，從雲臺以高騫（《郡國志》）。忽爾騎羊，盡王侯之追逐（《列仙》）；倉皇賣虎，駭高廟之吐存（《梅子》）。妖妄可知，王母猶煩于一顧（《〔漢武〕故事》）；呪術較勝，夫人乃鬭于交伸（《神仙傳》）。余悲夫杖以梧名，后羿之所見

---

① “庾信”誤，見庾肩吾《謝賚朱櫻啓》。
② “李商隱”誤，見王維《敕賜百官櫻桃》：“纔是寢園春薦後，非關御苑鳥銜殘。”
③ “《韓詩外傳》”誤，見《韓非子·外儲說左下》：“果蓏有六，而桃爲下。”
④ “《列子》”誤，見《劉子·觀量》：“智伯庖人亡炙一簀，而即知之，韓魏將反，而不能知；邯鄲子陽園亡一桃，而即覺之，其自亡也，而不能知。斯皆銳情於小，而忘大者也。”
⑤ 《幽明錄》“扳”作“攀”。

殺(《淮》)；而笑夫車以矯事，彌子之乃見嗔(《吕》)①。愚夫剖腹以求，趙覬有其私恨(《钟離靈劍傳》)②；而異夫挈領而反，冶子有其終殉(《晏》)。較其核，容可升(《酉陽》)斗(《墨莊漫録》)；美其狀，燦可玉(《神農〔經〕③》)金(《〔海録〕碎事》)。葉見于桑苧之翁，闊長如許(《北户》)；實衰于斯離之國，斤重相尋(《玄中記》)④。色有殊于青艷(《拾遺》)，候有熟于霜侵(《伽藍記》)。奴若梟而落未(《神農經》)，本既强而毛生(記⑤)。惟安陽敗北之時，大官了不事事(《四王啓⑥事》)；迨五原還家之日，家人故爾遲遲(《抱朴》)。走道士于玄都，劉郎去後(詩)；詰僧人于蘭若，史氏已非(《酉陽》)。顧公門以有在(《鑑》)，誤相林而有聲(《拾遺》)。其報瓊以何日(《詩》)，其懸葦以多靈(《〔荆楚〕歲時記》)。如是曰籬壁間物(《世説》)，土梗人名也哉(《説苑》)。

棗

纂纂離離(潘岳《笙賦》)，新之建⑦之(《禮〔記〕》)。芳園列幹，森梢繁羅；蕤餘莖少，葉暗芳⑧多(陳後主賦)。有如等可千户(《史》)，凋未四時(《鄴中記》)。劑以百益(《清異》)，賦以六奇(《異苑》)。其心赤不啻(《西京雜記》)，或齒黄如兹(《養生論》)。岐峰之陰枝，與莖而非實(《拾遺》)；波斯之域蕉，與藤而共珍(《酉陽》)。龍骨(《地生⑨志》)雞心，剩有牛頭羊矢(《廣志》)；太白單父，副以夏后夫人(上)。雙卷而

---

① "《吕》"誤，見《韓非子·説難》。
② 《太平御覽》卷九六七引《鍾離意別傳》"趙覬"作"趙凱"。
③ 據《太平御覽》卷九六七補"經"字。
④ "《玄中記》"誤，見《諸蕃記》。
⑤ "記"未詳，見譚峭《化書》。
⑥ 《茶經》"啓"作"起"。
⑦ "建"當作"見"，見《禮記·昏義》："婦執笲，棗、栗、段修以見。"
⑧ 陳後主《棗賦》"芳"作"枝"。
⑨ "志"當作"理"，見《新唐書·地理志》："河中府，土貢：龍骨棗、鳳栖梨。"

圓，擬之實如杯盌，葉如栟桐（《〔南方〕草木狀》）；敷深自①遠，何以疾風不能偃，雷電不能摧（《神異》）。則夫蘇氏之登仙，從教處子（《北夢〔瑣言〕》）；太原之避亂，指顧小兒（《幽明》）。果爾覆在轆轤，枯者有待（《括異〔志〕》）；忽然達于洲島，碧者相持（《杜陽》）。每自神其算術（《北史》），將無例此膏昏（和香方）。當樂毅破齊之會（《齊民要術》），紀文舉賦士之原（史）。秦穆之乘龍，對非所對（《晏子》）；漢武之叩檻，知有不知（《方朔傳》）。故國懷思，誠西向而偏引（《寰宇》）；玉門相設，約七日以爲期（《〔漢武〕内傳》）。則又因地名以韓邑（《水經》），因人名以仲思（《大業拾遺》）。並可以核（《伽藍》），弱且從枝（《閑居賦》）。邰老自見（史），還婦應時（王吉）。羸劣之情自及（蔡邕《奏事》），婆娑之兆以隨（《〔北夢〕瑣言》）。其介守于耕鑿（《風俗》），何毒甚于圍棋（《世説》）。蓋雨若從天而降（《水經》），含至十年猶勝（《後漢》）。其或燃膏以事（《洞陰②記》），曾否媚竈以徵（《杜氏新書》）。既歎其生于荆棘，亦傷其念我弟兄（傅玄）。乃約元旦之椎，恐其零落（《〔齊民〕要術》）；試問八月之剥，何許豐盈（《詩》）。于棗也，亦安能悉數其名哉？

荔枝

天下之美，有不可得而兼者多矣，梅花優于香，桃花優于色，至荔枝無美華，而牡丹無美實（論）。受氣震方，禀精火離。下合圍以擢本，傍蔭畞而抱規。紫文紺理，黛葉緗枝。翁茸霡霂，環合棼纚（張九齡賦）。暑雨初霽，晚日照烟。灼灼若朝霞之麗日，離離若繁星之在天（賦）。試遡尉佗之始獻（《〔西京〕雜記》），閩粤之初芳（《〔荔枝〕譜》）。無早

---

① “自”當作“枝”，見《神異經》：“北方荒中有棗林焉，其高五十丈，敷張枝條數里餘，疾風不能偃，雷電不能摧。”
② “陰”當作“冥”。

熟而薄其肌肉，無郵傳而軼其味香(《〔荔枝〕譜》)。如雲①之垂，如蓋之張(賦)。如剖朱苞，如出明璫(上)。爲牛心，爲蚶殼，爲玳瑁，爲硫黃(《〔荔枝〕譜》)。甘酸以細(《羅山記》)，瑩白如肪(《北戶録》)。信非葡萄之比(《〔西京〕雜記》)，恨少橙橘之行(論)。余又稽其名，用劙兮有自(《扶南記》)；核其字，從櫃兮非常(《北戶録》)。未採諸蟲若避(《本草》)，方熟百鳥來翔(《廣志》)。當置堠之秋，鳥驚風發(〔謝承〕《〔後〕漢書》②)；豈破越之會，馬敝車藏(《三輔黃圖》)。一騎紅塵，博妃子以長笑(新舊唐③)；上元麗錦，失宮嬪以爭狂(《開元遺事》)。小部歡呼，此日之新聲迭奏(《甘澤謠》)；大略如彼，一時之圖繪留芳(白居易記④)。試想王氏黃巢之後(《湖山集》)，東城孤塚之傍(《〔荔枝〕譜》)。燕赴軒西，漫題以嘉賓滿酌之句(《青瑣高議》)；夢留樹下，醉吟以南州却憶之章(《天中》)。括之日中(《廣記》)，解之蜜漿(《嶺表録〔異〕》)。蠲渴補髓稱最(《〔荔枝〕譜》)，通神益知有加(《本草》)。又何側生之見誚(《寰宇》)，而敦本之浪誇(張〔九齡〕賦)。則夫香氣清遠，色澤鮮紫；殼薄而平，瓤厚而瑩。膜如桃紅花，核如丁香母；剖之凝如水精，食之有如絳雪：此味之至，不可得而狀也(蔡君謨論興化荔枝)。或似龍牙，或類鳳爪。釵頭紅之可簪，綠珠子之旁綴。此形狀變態之不可以理求者也(洪景盧論)。宋香之後無宋香，所存者孫枝耳；陳紫之後無陳紫，過墙則爲小陳紫矣(《隨筆》)。一日而色變，二日而香變，三日而味變，四五日外色味香盡去矣(白居易《荔枝圖序》)。貴可薦宗廟，珍可羞王公。每被誚于凡品⑤，罕獲知于貴躬。奈何稱乎梁侯，梨何幸于張公；亦因地之所遇，孰能辨乎其中。

---

① 張九齡《荔枝賦》"雲"作"帷"。
② 據《天中記》卷五二補"謝承""後"三字。
③ "新舊唐"誤，見杜牧《過華清宮絕句》"一騎紅塵妃子笑，無人知是荔枝來。"
④ "記"當作"序"，即白居易《荔枝圖序》。
⑤ 張九齡《荔枝賦》"品"作"口"。

龍眼

用美益智(《廣雅》),亦説比目(《〔吴氏〕①本草》)。豈晚出之爲奴(《南方草木狀》),本蔓生之緣木(《廣志》)。

杏

美滋文杏(《〔西京〕雜記》),稟于歲星(《典術》)。結靈山之茂影(《山海》),布魏郡之繁英(盧毓《冀州論》)。色以紫異(《南岳夫人傳》),會以冬生(郭太儀賦)。移自蓬萊,五色繽而若絢(《〔西京〕雜記》);漫留海上,六出蜕而敷榮(《述異》)。擅美含章(《洛陽宮殿簿》),留譽顯揚(上)。貢西山于魏土(王逸《荔枝賦》),競文彩于上方(《〔西京〕雜記》)。豈無滋范蠡之宅(《地志》),經老子之鄉(《述異》)。豈無從仙人以稱號(上),自漢帝以孤芳(《酉陽》)。五月茂黄,食充于嵩嶺(《嵩山記》);濡時漿酪,渴解于裴郎(《神仙感遇傳》)。別三果之揉雜,識知已足(《玄晏春秋》);看隣家之搖落,具送靡遑(後周)。余第坐緇帷之素(《莊》),步廬山之陽(《潯陽記》)。記《月令》者曰:則之而耕土(《圯②勝之書》);賦長門者曰:飾之以爲梁(相如《長門賦》)。往少而來多,北嶺之虎隨至(《神仙傳》);分行而表俗,此日之蟲已亡(《師曠占術》)。斯所以冠郁棣而稱良也哉。

梅

《詩》曰"摽有梅"(《詩》),若作和羹(《書》),否則置藝(《詩〔義〕③疏》)。於以用之爲梁(《述異》),表之名溪(《蘇州記》)。檢綺

---

① 據《太平御覽》卷九七三補"吴氏"二字。
② "圯"當作"氾"。
③ 據《太平御覽》卷九七零補"義"字。

里之丹法(《抱》)，擅石湖之刀圭(《神異録》)。歷盼成都，夭矯可異
(《老學叢話》)；狂走姑邑，清艷多聞(《總龜》)。其味可嘗，酸不及于
累百(《淮》)；其望已極，渴竟止于三軍(《世説》)。則有柳惲之善射
(《南史》)，蕭儆之居貧(《舊唐》)。盈斛而嗜(《語林》)，漬蜜爲珍(《吳
志》)。植以題詩，情有感于往事(《倦游録》)；鏗然一嚼，竊有意乎伊人
(《六帖補》)。其爲錦心繡口之章，遥瞻廊廡(《常朝録》)；將無青虬赤
螭之客，笑入薄榛(《淮》)。析靈山兮攀上林，賞紫葉兮玩同心(《山海
經》)。視容何以未審(《禮〔記〕》)，黶額何以見侵(《雅五行志》)。茹
至味于彈子(《格物總論》)，弄逸韻于琴聲(詩)。五月之風表信(《風
俗》)，夏至之雨得名(《風土記》)。余于梅也何哉。

栗

　　果之美者，箕山之栗(《呂覽》)。余觀沈約侍宴，會豫州獻栗，問衆
栗事多少，各疏所知，余津津而口啓者也(《梁書》)。富珍産于五方(《詩
義疏》)，比素封于千室(《漢書》)。置在菹南(《儀禮》)，用可邊實(《周
禮》)。吾以紀其色，黃玉爲美(《魏略》)；吾以象其形，刺蝟匪真
(《〔格物〕①總論》)。錦里于焉取供(杜〔甫〕)，中山不謂無珍(《冀州
論》)。水渚時屯，俊彥多所遊薄(《水經注》)；田饒與語，宮嬪何幸絶塵
(《説〔苑〕》)。伏自南山，豺有稱于銅葛(《山〔海〕經》)；來從北燕，
并首薦于朔濱(王逸《荔枝賦》)。如是擬以柿(《詩義疏》)，象以梨
(《後‧四夷傳》)，似冠在鳳(《續仙傳》)，若子頓雞(《〔詩〕②義疏》)。
曹龍之所進獻(《〔西京〕雜記》)，伯喈之所品題(《齊民要術》)。漢武
園中，更十五枚而別計(《三秦記》)；東荒嶺上，高三十丈而與齊(《神異
記③》)。泛彼江流，相逢以玉冠霞帔之客(《續神仙傳》)；歡從廳事，忻

---

①　據《山堂肆考》卷二百五補“格物”二字。
②　據《天中記》卷五二補“詩”字。
③　“記”當作“經”。

擲以阮咸阮籍之倫(《世說》①)。敏悟出于群兒，多誇王泰(《梁書》)；恪恭貢于主上，會見嚴遵(《會稽先賢傳》)。醉伏御筵，矢可赤心之報(《〔南〕史》)；戲從粉黛，幔分蘭臭之均(《小說》)。賦之第以閔蔡(《肆考》)，發之聊以甦秦(《大業記》)。雕陵之有遊客(《莊》)，東門之有善人(《韓傳》②)。賦狙兮不足(《莊》)，集鵲兮有餘(上)。于以飾醉態(梁)，供軍需(《清異錄》)。誠巢居之利也(《莊》)，亦婦人之贅歟(《左》)。外刺同夫荆棘，內潔甚于冰霜。薦羞則枳榛並列，嘉④邉則菱芡同行。斯栗也，洶金盤兮麗色，而玉俎兮鮮光(陳陸瓊《栗賦》)。

柰

夫天下有不以僞亂真者乎，則日給之華與柰相似矣(杜恕《篤論》)。斯以于光有承(《洛陽〔伽藍〕記》)，匪聖則出(《洽聞記》)。英半綠而半紫(《〔西京〕雜記》)，色或丹而或白(《閒居賦》)。昉自黃河，時進于天朝玉府(《僉載》)；傳來白寺，驚視于內苑宮人(《洛陽伽藍記》)。作吊事于天公，兆先國難(《晉書》)；訝靈寶于禹會，啖絕九真(《真誥》)。當群兒之喙爭，了了不事(《典略》)；值母氏之嚴命，唯唯而遵(《孝子傳》)。其爲仙藥之次(《〔漢武〕內傳》)，福鄉之珍(《洞仙傳》)。陽氏之家園並株者異(《述異》)，魏家之靜室三異者神(《續仙傳》)。研入上林，無假湔浣之素(《舊唐》)；用須玉井，從教澆濯之頻(《拾遺》)。夫味以絕口爲厚，物以非時爲珍(曹植表)。則有如此虎丘之並峙(《虎丘山記》)，兔頭之共論者矣(《酉陽》)。

---

① "《世說》"誤，見《宋書·劉秀之傳》："先是，秀之從叔穆之爲丹陽，與子弟于廳事上飲宴，秀之亦與焉。廳事柱有一穿，穆之謂子弟及秀之曰：'汝等試以栗遙擲此柱，若能入穿，後必得此郡。'穆之諸子并不能中，唯秀之獨入焉。"
② 《太平御覽》卷九六四"韓傳"作"韓詩"。
③ "狙"當作"狙"，見《莊子·齊物論》。
④ 陸瓊《栗賦》"嘉"作"加"。

橘

以余觀于橘也，氣類從地(《〔周〕禮》)，精散以天(《〔春秋運〕斗樞》)。天漢之華星焜燿，閶風之珠樹燦然(賦)。直竦其形，蜀國所由稱讓(《江隣幾志》①)；馨香其味，南劍所以名欒(《格物叢話》)。其斯與虞荔、申根②、梅福、棗嵩乘傳而入(《陸吉傳》)，那弗同泥山之柑、雲夢之柚並序而前(《格物叢話》)。如是白花朱實(李元標③詩)，珠顆瓊漿(白〔居易〕)。價重溫成，須收藏之有法(《歸田錄》)；奇䚡光祿，或覆裹之有方(《吳錄·地理志》)。擬之彈丸，通歲而華實相繼(《〔魏王〕④花木志》)；求之吳楚，渡淮而丹碧殊芳(《列》)。夙昔芳菲，連枝兮若峙(《宋書》)；于茲瑞異，並蒂耶以將(《建武故事》)。則夫等侯封于千樹(史)，責秩守于一方(《異物志》)。稅之具有定籍(《述異》)，禁之未可先嘗(《唐書》)。交甫幸逢于漢皋，殊當解珮(《南都賦》⑤)；安國接談于廳事，有見衣黃(《三吳志》)。梧地深陰，勿空鬭于枝頭之蟻(《寰宇》)；洞庭波水，庸少耗于秋後之霜(《文昌雜錄》)。有客覆射(《南唐近事》)，似解合歡(《別傳》⑥)。擲東野而成佳話(《肆考》)，平百越而幾厭觀(《鹽鐵論》)。于高納直(《唐史》)，何假樹藩(〔謝承〕《〔後〕漢書》⑦)。欲有遺于公紀(《吳志》)，了不顧于虞愿(《南史》)。須待欲題，試考右軍之帖(《芝田錄序》)；並食不剖，竊愧晏嬰之知(《晏》又《一品集》)。分貢而馳，何以封山斷道(《唐記》⑧)；計歲已足，詎非業創統垂

---

① 此條誤，《江隣幾雜志》所記爲楠，而非橘，"楠樹直竦，枝葉不相妨，蜀人謂之讓木。"
② 蘇軾《黃甘陸吉傳》"根"作"栢"。
③ "標"當作"操"，見李元操《園中雜詠·橘樹詩》："白花如霰雪，朱實似懸金。布影臨丹地，飛香度玉岑。"
④ 據《太平御覽》卷九六六補"魏王"二字。
⑤ "《南都賦》"誤，見《列仙傳》。
⑥ "《別傳》"當作"《外傳》"，見《楊太真外傳》。
⑦ 據《太平御覽》卷九六六補"謝承""後"三字。
⑧ "《唐記》"未詳，見《新唐書·劉晏傳》。

（《襄陽記》①）。夫行藏有老翁，商山往矣（《幽怪録》）；神異若陳子，豐港從之（《〔江淮〕異人録》）。申赤牘于涇川，聲聞萬户（《異聞録》）；會瑶池于王母，光可陸離（《列仙》）。聽得俗談，醫士之藏有日（李太異書）；并成天寵，中使之命多芳（《一品集》）。吾不知凱歌已及之辰，異瑞遠臻，但有增于哽慰（《典略》）；隋兵欲舉之際，黄衣通夢，會有事于愴惶（《廣五行志》）。乘腰輿以任指麾，從何覓補（《齊書》）；縛緑林以恣諧謔，未幾病傷（《晏》）。貞蘂②凝碧，蔚湘岸之夕陰；華實變黄，勔江潭之秋色。盤映皎日，與赤瑛而共妍；樹隱方塘，比丹墀之効實（《一品集》）。賦曰：后皇嘉樹，橘徠服兮。受命不遷，生南國兮。深固難徙，更一志兮。緑叶素榮，紛其可喜兮。行比伯夷，置以爲像兮（《楚辭》）。

瓜

佳哉，瓜之爲德，邀衆果而莫賢。背芳春于初載，迎朱夏而自延。氣洪細而俱芬，體脩短而必圓（陸機賦）③。方翠羽而結葉，比碧石而爲莖。藥金光而絶色，藕冰拆而玉清（《廣文選》）。玄衣丹裏，呈素含紅；豐膚外偉，緑瓢内醴（張載《瓜賦》）④。蓋其爲羊骹虎掌，桂枝蜜筩（《廣志》）。而或附頭于貍，屬蹄于龍（上）。豔分五色（《述異》），種遍四時（《瀛涯勝覽》）。金箱⑤名異（傅玄賦），蜜房味滋（劉楨賦）。毒有嫌于並蒂（記），長有見于尋支（《經行記》）。四劫兮方實（《漢武内傳》），千歳兮猶飴（《洞冥》）。漢宫别掌（《漢官儀》），織女司權（《天文〔志〕》）。植以戊辰之日（《後漢》⑥），剥以八月之天（《詩》）。燕覆竹林，試問新羅

---

① 《天中記》卷五二“襄陽記”作“襄陽耆舊傳”。
② 《會昌一品集》“蘂”作“葉”。
③ 陸機《瓜賦》“邀衆果”作“邀衆果”，“迎朱夏”作“近朱夏”。
④ 張載《瓜賦》“玄衣”作“玄表”，“内醴”作“内釀”。
⑤ 傅玄《瓜賦》“箱”作“緗”。
⑥ “《後漢》”未詳，見《齊民要術》“種常以冬至後九十日、百日，得戊辰日種之”。

女子(《〔朝鮮〕志》);鵠飛雲表,那是富春少年(《幽明錄》)。從徵異術之奇,務期屬厭(《搜神》);夢到仙家之幻,忽爾流涎(《列仙》)。青蔓離披,誠巖石以偶獲(王薦);黃冠髯鬣,多香氣以芳妍(《孝子傳》)。召集生儒,方冬而實先鉏谷(史);追陪刺史,須臾而蔓引酒船(《續仙》)。乃其閑資半畝(《南史》①),與索百錢(《唐書》)。黃䝫少保之紀事(《後漢》②),白兔御史之往還(《舊唐》)。梁上仍懸,吾以高其清望(《北齊》);尊前與設,吾以想其撝謙(《南齊》)。無貧賤以相忘,依憐亭畔(《〔邵氏〕聞見錄》);那富貴而傲志,睥睨尊前(《吳志》)。種之聊以俗務(《蕭何世家》),離之或以外延(《續漢》)。還之而盜亦有道(《晉史》),搔之而灌可勿專(《韻府》)。其黃臺以入詠(《唐》),其綠沉以取憐(《梁書》③)。其愴然于靈座之客(《舊唐》),其交驊以邊令之賢(賈誼《新書》)。余爲之説曰:無典選若楊愔,貧兒入市(後魏);無出政同天后,小者慳緣(唐)。先事以悦婦人,詩譏供奉(《續韻》);異聞以傲坐客,識者疑然(《揮麈錄》)。副巾有制(《禮〔記〕》),納履無愆(延年)。狐藏不知所處(《元和志》),麝薰或有由傳(《雜錄》)。又何不紀其一歲一熟(《左》),而表其三蔓三連也乎(《唐書》)。遡其所始,胡嶠入虜至真珠寨,始得食瓜,移于中國(《東漢紀聞》④),則所云元世祖之征西域者誤也(《菓⑤木子序》),余得以詳考而訂之焉。

---

① “《南史》”疑誤,見《南齊書·韓靈敏傳》。
② “《後漢》”誤,見《魏書·郭祚傳》。
③ “《梁書》”疑誤,見《南史·任昉傳》。
④ “《東漢》”誤,見《松漠紀聞》。
⑤ “菓”當作“草”,見《草木子》:“西瓜,元世祖征西域,中國始有種。”

第二十五卷

花

　　杜詩云“感時花濺淚”，又云“且看欲盡花經眼”。其有賦于花哉：夫嬌而欲語(杜①)，笑且不言(《選》)。呼之以友，若芳(蘭)若清(梅)，若奇(臘梅)若殊(瑞香)，若净(蓮)若禪(詹蔔)，若佳(菊)若仙(桂)，若名(海棠)若韻(酴醾)，似别佳賓之奉(曾端伯)；錫之以命，如重頂帷障，如金錯剪刀，如甘泉浸，如玉缸貯，如雕文臺，如畫圖，如翻曲，如賞美醑，如詠新詩，伊誰直阿之緣(陶秀實)。風味相和，妙焚香之有候(《清異》)；珍重輕薄，看酒興之多偏(《玉堂别集》)。于以見小南强大北勝(《清異》)，其亦四照之經遠(《山海》)，三昧之從天(《清異》)。若乃翠筑(茆)歌于流水(江淹賦)，旱金紀于契丹(《五代》)。近鳳仙而須茢(《草木狀》)，凌鳥羽以飛翰(《古今注》)。或比大于拳握(《珍珠船》)，或疑似于彈丸(魏武帝食品)。穠麗莫名，情有私于僧舍(《韻語陽秋》)；緑緋相次，色幾弄于文官(卭州)。王家之節鎮有時，須臾爛熳(《珍珠船》)；張騫之遠使以至，萬里馳觀(漢)。具多香美(《李白詩注》)，視久白黄(《清異》)。玉玦交梢，訝真仙之至止(錢俶)；金縷獨立，屬使臣之獻將(孟昶時)。名洛如而文人輩出(《張賓就印録》)，遡别思而王子戎行(杜〔甫〕《遊何將軍山林》)。噫嘻！剪綵隋園，易歲寒而爲春色(隋)；催花唐苑，以人事而唤天工②(《開元遺事》)。元弼之吟幾

---

① “杜”誤，見李白《渌水曲》：“荷花嬌欲語，愁殺盪舟人。”
② “工”當作“公”。

陪仙宴(《仇池筆記》)，文通之夢雅擅孤踪(傳)。余有愛梁棟牕壁，柱拱階砌之間，榜洞天而若錦(〔李〕後〔主〕①)；尤異月朗風清，徵歌命酒之會，偕洛苑以留香(《博物志》)。其春秋以表信(《國史補》)，豈金石以皆狂(《東坡詩話》)。試讀張翊造《花經》，以九品九命升降次第之，斯花史之芳哉！

梅花

以余觀于梅也，識春獨早(梁簡文帝)，學圃必先(范至能序)。朱②離而玉綴，苞布而冰懸(梁賦)。求之氣條吳下，酴醾薔薇者不似(《梅譜·後序》)；再求之粉色村中，認桃辨杏者疑然(東坡評石曼卿賦)。無論月落參橫，冬半之黃昏已没(《容齋隨筆》)；有是清閨夢裏，梨花之曉色幾偏(東坡詞)。陰鏗云"花飛③雪尚飄，照日不俱銷"，蘇子卿云"祇言花是雪，不悟有香來"，崔道融云"香中別有韻，清極不知寒"，猗歟都哉(楊廷秀《和梅詩》)。助凍雲之欲結，委朔風其將吹。向玉階而結采，排④網户而低枝(賦)。四面亭開色豔，無妨于爛熳(《古今詩話》)；千村道直景物，具銜于陸離(記)。試憶隴頭之人，相逢驛使(《荆州記》)；再請揚州之任，忻賞神披(何遜)。素服淡粧，到酒家而作態(《龍〔城録〕》)；高髻大袖，倚東壁而長吟(《摭言》)。調入琴聲，三弄之餘音嫋嫋(譜)；望馳禁闥，餘光之照影參參(記)。點宮粧兮作額(《雜五行志》)，恣憨態兮累行(《南部烟花》)。愛此弄嬌(《老學叢談》)，恨不傾城(《桂林志》)。匪類鐵石，人作賦而清新⑤富豔(皮日休

---

① 據《清異録》補"李""主"二字。
② 蕭綱《梅花賦》"朱"作"珠"。
③ 陰鏗《雪裏梅花詩》"花飛"作"梅舒"。
④ 蕭綱《梅花賦》"排"作"拂"。
⑤ 皮日休《桃花賦序》"新"作"便"。

《桃花序》）；誠無千里，畏詠詩而物毳妖興（楊誠齋記）。則夫“疏影橫斜水清淺，暗香浮動月黃昏”，斯梅之形體，寫梅之真；“雪後園林纔半樹，水邊籬落忽橫枝”，斯梅之性情，傳梅之神（《梅花賦》）。獨吾楚騷人遠取于江蘺、杜若，而梅之高韻不存；即二南風詠間取于薺菲、茉苢，而梅之華豔已淪（楊序）。於是詠以六言，曰：夢斷笛悲風渚，更闌月淡烟村；空想暗香靚色，難招雪魄冰魂。

瓊花

偉赤社之都名，異茲壤之饒沃；萃溫潤之秀氣，發英華于地軸：是爲瓊花異于眾木（《合璧》）。枝珊瑚兮縷①冰雪，蕋珠璣兮爛金粟。儷豔質于茉莉，抗素馨于簷葡。笑玫瑰于塵凡，鄙荼蘼于淺俗。惟水仙可並其幽閒，江梅得似其清淑（賦）。聞之移于后土，盛自揚州（《總論》）。兵火相尋，或非玉蘂之舊；野燒堪惜，致誤八仙之由（《廣陵志》）。作亭以償（劉禹錫詩序），賦詩以求（《合璧》）。辨之大寧道士（壯游②記），紀以金華杜斿（事類）③。蓋豔冶爭妍者，眾之所同；蠲潔尚白者，我之所獨。是以移萬物④而復還，本已枯而再續。瑤林瑰豔之舊蕙，閬苑瑤英之耀煜。若錦而繡，似璧而縠。如黃琮瑚璉，璀璨乎禪壇；文佩環琚，玲瓏乎衣鞠（並張昌言賦）。獨怪其孤踪一跡，花神厭人境而不處；假令其再出也，亦豈容托根長樂，擢穎建章乎。唐觸重玉蘂，謂似瓊花耳。瑒花山礬復，津津溷玉蘂。花之處世，且有幸不幸，天閽隔九重，安得一見瓊花，顯太平之瑞哉？

---

① 張昌言《瓊花賦》“縷”作“鏤”。
② 曹璿《瓊花集》“壯游”作“杜斿”。
③ “事類”未詳，見曹璿《瓊花集》。
④ 張昌言《瓊花賦》“移萬物”作“根嘗移”。

牡丹

余讀舒元輿賦，我案花名①，此華第一；脱落群類，獨占春日。故其赤者如日，白者如月，淡者如赧，殷者如血。向日如迎，背者如誤。訴者②如語，含者如咽。俯者如愁，仰者如悦。裊者如舞，側者如跌。亞者如醉，曲者如折。密者如織，疎者如缺。鮮者如濯，慘者如别。而乃知天下真花，獨牡丹名著不假，曰牡丹而可知也。若夫正暈側③暈（《酉陽》），乃碧乃紅（《開元遺事》）。千朵則獲（《酉陽》），雙頭予雄（上官昭容詩）。宣華至以名院（《蜀〔總〕④志》），天彭别以名村（志）。惟獨以其姓著（《天中》），夫何靳以王稱（永叔《花木志》）。則夫快人間之老眼（《如皋志》），侈近臣之芳殘（《墨莊漫録》）。醒者以酒（《天寶遺事》），合者以歡（《酉陽》）。覆之異錦作幄（《劇談録》），飾之百寶憑欄（《遺事》）。豪家名族，梵宇道宫，競取賞花，似有輕雨流雲之候（《天中》）；七盤九折，懸險漫天，遞相植本，孰非窮奢極麗之觀（《王氏見聞》）。都城之奇賞何人，豈房琯悲其不與（《酉陽》）；一夕之彫謝有屬，彼李嵩快所得看（《如皋志》）。吾以想芙蓉之命乘，六宫頓滿（《南部新書》）；吾以想沉香之宣賜，樂府未闌（《太真外傳》）。詩誰爲好，酣酒染衣之句（《松窗雜録》）；藝誠處幻，神工鬼斧之權（《〔江淮〕異人録》）。比舍微嫌，訝司徒之洪飲（《洞微志》）；名坊偶集，異小兒之狂顛（《酉陽》）。而不見一撅新秔，附梨園兮作曲（《青瑣》）；太守大宴，極拱柱兮争妍（《墨莊漫録》）。致恨韓令之多斸（《國史補》），雅好李卿之工煎（《復齋漫録》）。即品題有工于異日（《蜀統⑤志》），豈幻化莫奪于先天（《廣記·韓湘子》）。然則作偈以成事應（法眼禪師），偶題以叶佳緣

---

① 舒元輿《牡丹賦》"名"作"品"。
② 舒元輿《牡丹賦》"如誤"作"如訣"，"訴者"作"坼者"。
③ 《酉陽雜俎》"側"作"倒"。
④ 據《天中記》卷五三補"總"字。
⑤ 《天中記》卷五三"統"作"總"。

（《墨莊漫録》）。釋氏之長獻遺，鹿來何處（《青瑣高議》）；客坐之歸前定，馬去多還（《合璧》）。爲游人乎，載舟以頻往（《邵氏聞見録》）；其國戚耶，開閣以登仙（楊國忠）。紀盛者推之洛陽，誰知武后所由貶（《事物紀原》）；格物者廣之越國，誰知景祐所獨偏（《冀王宮花品》）。藥載《本草》，于花中不爲高第；朵詠夢得，于佳品不爲芳妍。訪之丹延褒斜，與荆棘無異；考之元白沈宋，非詠吟相傳（並傳）。無已子華之筆，當屬何代（《劉賓客嘉話》）；康樂所載，是否疑然（《酉陽》）。又何杜撰以醉妃顛嬌之目（《海記》），謬遡以鹿韭鼠姑之篇（《本草〔綱目〕》）。匪時勿接，匪接不佳。白歛和種，蒻葉作菴。置棘以養其氣，打剥以全其函。忌以烏賊之首，治以硫黄之簪（歐陽永叔《風土記》）。語曰：天反時爲災，地反時爲妖。此亦草木之妖，而萬物之一恠也。

芍藥

夫芍藥也歟哉！《鄭詩》引芍藥以名土風，香草也。司馬長卿《子虛賦》"芍藥之和具而後御之"，芍藥之主和五臟，又辟毒氣也。《謝省中詩》"紅葉①當階翻"，草色紅者也，其義皆與今所謂芍藥者合矣（孔常父《維揚芍藥〔序〕》）。余考西京擅美，盧仝杜牧之流，模寫不及（孔常父序）；及見居人相尚，歸根理脈之法，習熟于茲（王觀《〔揚州芍藥〕譜序》）。綠葉青蔥，忽然有色；茬苒繁茂，曾不踰時（賦）。賦之者曰：豔芙蕖，映朝日。詠之者曰：以碧股，以黄絲（白詩）。花有紀于六出（《合璧》），候有應于三春（上）。征人寄其別恨（《詩話》），八品譜其佳珍（上）。豈宮彦②之愛君，相遲逓驛（《漁隱叢話》）；豈佳人之偶對，雅謔

---

① "葉"當作"藥"。
② "宮彦"疑作"宮妾"，見《苕溪漁隱叢話》引《花品序》："東坡云：'惟演爲西都留守，姑置驛貢洛花。識者鄙之，此宮妾愛君之意也，故于《荔支歎》亦云：洛陽相君忠孝家，可憐亦進姚黄花。蓋爲思公惜之也。'"

絶塵(詩)。金蕊繞腰，揚州之盛事不再(《後山叢話①》)；玉盂叢萼，東武之佳話有聲(《東坡詩集》)。自其地和人力天時參並而具美(劉序)，孰是廣陵姑蘇射陽飽玩而鍾情(序)。著于三代之際，風雅所流詠也；表于四院之中，拂旦有花市焉(劉序)。獨怪今人貴牡丹而賤芍藥，不知牡丹無名，依芍藥得名。其初曰木芍藥，亦如木芙蓉假以爲名也。牡丹晚出，唐始有聞，貴游競趨，使芍藥爲落譜衰宗也，悲夫。

海棠

李贊皇云：花木以海名者，悉從海上來，海棠是也。余未知所從始，至南朝時沈約始以詩詠之(《格物叢話》)。紫綿吐蕤，屈曲多枝(《〔海棠〕譜》)。其接以木瓜，堪驚異色(《長樂志》)；倘聘以梅韻，赦想同時(《金職②記》)。芳樹烟華，叢烟散馥。露冷則曉粧猶遲，日煖則春睡不足(《楊妃外傳》)。雨中有淚亦悽慘，月下無人亦③清淑(坡)。興致頻生，時勤巢上之賞(《詩注》)；灌培有法，特重庭前之移(《王禹偁傳》)。嗅之香氣杳如，無能什恨(詩賦)；賦之臨文重諱，其不爾思(《詩話》)。試以尋春宴之故事(《長寧志》)，首唱之妍思(沈立記)。睡恐深于蘇子(詩)，詩或及于李宜(《坡集》)。毋混棠梨(《李贊皇集》)，益重垂絲(《群書要錄》)。爛熳硃砂之色(《寰宇》)，馨香錦水之奇(譜)。偶成纈暈，染盡胭脂(《詩話》)。余將名友之不負(《詞話》)，而神仙之與隨乎(《花木錄》)。賦曰：逞鉛華而掩蓋，垂粉黛而臨粧。吸赤精以成質，織落霞以爲裳。婆娑畫橋之烟水，毻毸白下之鳳凰。得酒而暈生臉，迎等而笑欲狂。態動長門之露，鞏欺虢國之龐。向日帶嬌鶯之睍睆，沾泥來子燕之奔忙。著雨而濃脂透，臨風而朱鳥翔。對鸞鏡兮知紅顏之獻媚，

---

① "叢話"當作"談叢"。
② 《山堂肆考》卷一九九"職"作"城"。
③ 蘇軾《寓居定惠院有海棠一株土人不知貴也》"亦"作"更"。

照尊釀兮訝流霞之滿觴。紅相亞于軒檻，碧弄影于池塘。擬芙蓉之半面，羞蓮花之六郎。逸似仙兮擁宸遊之羅蓋，濃如醉兮惜春晚之韶光。蓋獨跨于深紅淺白，而何羡乎魏紫姚黃。

桃花

花品以少爲貴，多爲賤也。乃如桃花，不擇地而蕃，不就培而茂。漫山塡谷，容易成林；樵童牧子，厭觀熟玩，何若是之多與（《格物叢話》）。余讀日休賦，輕紅拖裳，動則凝①香，宛若鄭袖初見吳王；夜景皎潔，閴然秀發，又若嫦娥欲奔明月。蝶散蜂寂，當閨脉脉，又若妲己未聞裂帛。或開故楚，豔豔春曙，又若息嬀含情不語。或臨金塘，或交綺井，又若西子浣紗見影。玉露厭浥，妖紅墜濕，又若驪姬將譖而泣。或在水濱，或臨江浦，又若神女見鄭交甫。或臨廣筵，或當高會，又若韓娥將歌歛態。微動輕風，婆娑煖紅，又若飛燕舞于掌中。半霑斜吹，或動或止，又若文姬將賦而思。丰茸旖旎，互交遞倚，又若麗華侍燕②初醉。狂風猛雨，一陣紅去，又若褒姒初隨戎虜。滿地春色，階前砌側，又若戚姬死于鞠域。吁！有是哉！放浪武陵，紀漁舟之盛事（《桃〔花〕源記》）；從游都市，誇孟水之奇供（《麗情集》）。擲好事之曼卿，山頭掩映（《〔孫公〕談圃》）；更前度之道士，觀裏蒙茸（劉禹錫）。御苑生嬌，與妃子而一色（《遺事》）；芳亭賞宴，和百官以承風（《外史檮杌》）。踏歌遍花封之野（紀），悟頭了性地之通（《傳燈録》）。傷春風以絶艷（李白詩），勿流水以悠悠（杜）。無以滋河陽之保障（傳），唱公幹之酒籌（《博異記》）。丹葩承露，紫葉繞風（江淹頌）。日將明兮似喜，天將慘兮若悲。近榆錢兮粧翠靨，映楊柳兮顰愁眉。兹花之所以爲奇。

---

① 皮日休《桃花賦》"凝"作"裊"。
② 皮日休《桃花賦》"燕"作"宴"。

李花

桃李並詠久矣，評花者言桃必以及李，賦詩者何必有花不見桃惟見李之句哉（《韓文公集》）。余求之香雅細淡潔密，宜月夜，宜綠鬢，宜泛酒，無異名，皆實事也。是以葦綃萬朵之篇，香山時爲歎服（《高隱外書》）；碧落夜縞之賞，昌黎用是精研（誠齋詩）。染就綠裳，快芬香兮滿座（《遺事》）；飛分夜雨，把仙侶兮聯翩（《樞要錄》）。于以成蹊不訾（王①廣詩），種縣必先（潘岳）。詠之者曰：自明無月夜，强笑欲風天（李商隱詩）。余所以抖勝賞而鬭芳妍也哉。

榴花

春日盡去，榴花始然（陳元后詩）。揮光垂綠，擢幹曜鮮（張槪②賦）。遙而望之，煥若隋珠耀重川；詳而察之，灼若列宿出雲間（潘尼賦）。紅鬚內豔，頳牙外標（夏侯湛③賦）。瓣挼有象（《叢話》），琴軫象高（上）。爛熳衡麓，尋芳自祝融而來（《雜俎》）；迢逓河源，輸貢自安石而得（陸機書）。脩條密葉，感入態之芳姿（《格物叢話》）；萬綠一紅，羨動人之麗色（《王直方詩話》）。若作伴旛刹有加（《博物志》），迨後時春光靡測（《孔帖》）。情聯妃母，寓意祝男（《北史》）。醉索吳興，相堪題壁（四仙）。則何日爲之移榮（沈亞之詩），而幾年爲之封植④（柳宗元賦）。賦曰：夏景焞而開花，秋氣結而成實。剖之則珠彩輝掌，捧之則金光照日。其生也雖雜居幽逈之蘭，其用也亦閒居雕盤之栗。

---

① “王”當作“李”，見《史記·李將軍列傳》：“桃李不言，正自成蹊。”
② “槪”當作“載”，見張載《安石榴賦》。
③ “夏侯湛”誤，見范堅《安石榴賦》。
④ 柳宗元《始見白髮題所植海石榴樹》“殖”作“植”。

梨花

一枝帶雨(《長恨歌》)，千匹繞欄(歐陽公集)。見以百花開盡(《格物叢話》)，甘以靚豔粧寒(上)。何堪等至千戶(《漢書》)，多見壓于帽簷(《〔雲仙雜〕記》)。攜酒洗粧，幾爲洛陽之獨(《唐餘録》)；瞻旗顧影，信爲杭俗之僉(《長樂集》)。白雪飛來，香若啖于花底(禮)；清明時候，淡可啖于舌尖(坡)。蓋鬪以木華，造物變態，曾不知其何也(《叢話》)；若妍之秋月，仁風廣被，其如是以占乎(《唐史》)？

葵花

惟兹珍草，懷芬吐榮。豚耳雞①掌，紫蒂白莖(鮑昭《園〔葵〕賦》)。脩翹冉冉，園②葉青青(虞繁賦)。當春生葉(《格物叢話》)，徂夏開花(上)。承朝陽之麗景(《爾雅》③)，仰湛露之朝華(詩)。分地則楚蜀各異(《花木志》)，設色則綠紫交加(詩)。木槿兮疑似(《爾雅》)，牡丹兮叢誇(《本草》)。鮑莊之知足否(《左》)，公儀之廉未耶(《史》)。倚柱而悲，漆室之情思若寄(《列女傳》)；得戟而刈，六宮之勝事有差(《淮》)。共燕麥以搖春風，遊有紀于觀裏(劉〔禹錫〕)；遍草書而伺明旦，事有諂于王家(《古今注》)。蓴菜錫以佳名，觸之生諱(蔡郎)；羽蒲工其高致，慕之有佳(《晉書》)。詰次都之從來，日南有路(《列仙》)；占苻堅之遠出，城社紛挐(《異苑》)。朝種暮生，或疑爆咤之幻(《博物》)；徵貴徵賤，那信蟲齒之奢(《〔師曠〕④占》)。依依澤畔(鮑昭

① 鮑照《園葵賦》"雞"作"鴨"。
② 虞繁《蜀葵賦》"園"作"圓"。
③ "《爾雅》"誤，見鮑照《園葵賦》。
④ 據《太平御覽》卷九七九補"師曠"二字。

詩），泛泛水中（《馬融傳》），烹以七月之候（《詩》），推以百菜之雄（《爾雅》①）。詩曰：譬如後園葵，有葉待秋霜。又曰：無以肉食資，取笑葵與藿。斯葵之家風也，悲夫。

桂花

物之美者，招搖之桂。帶霧古標，連雲老翠（《古詩》）。肇錫以木犀，應攀以甲第（《古調》）。是以種落人間，利用吳剛之斧（《酉陽》）；香飄雲外，忽吐嫦娥之華（《玉潤》）。林棘荒蔓之間，欣榮而香鬱（《水經》）；剡溪採樵之客，移植而芳睞（敬善寺）。郊林第一（《晉史》），燕山五葩（五代）。鷟嶺之子搖落（東坡詩），皋塗之根屈盤（《地理》）。露承于左氏（《廬山志》），隱招于劉安（《楚辭注》）。憶徐鍇清閣之談，從恣考索（《〔楊文公〕談苑》）；數德裕平泉之景，恁可爛熳（本集）。若其因蠹而成疾（《金樓子》），從性以相成（雷公論）。凌長波而作柱（《洞冥》），直百尋以爲航（《拾遺》）。後天而老（《拾遺》），所至風揚（《洞冥》）。於以譬孔子之春風，一山厓厓（《〔翰林雜〕②事抄》）；於以想太丘之氣象，天下茫茫（《世說》）。又何盡青腰玉女之神，共爲典守（《天地運度經》）；其斯作袁高陸羽之客，雅稱名芳（《天中記》）。異矣哉，光雨露之新沐，拂香風以徐吹。故能使影氣③凌空，孤陰耀質。心既丹而不二，花又白而不一④。凝霜殞而色鮮，嚴景涸而葉密。若然與大椿而爭長，豈徒擬小山而間出。亂曰：托之根兮蟾兔，拾以子兮牽牛，若有人兮悲秋；天香亂墜，月露綢繆，攀桂枝兮聊須留。

---

① “《爾雅》”誤，見《天中記》卷四六引《本草》：“葵葉爲百菜主。”又見《王禎農書》：“葵爲百菜之主，備四時之饌。”
② 據《天中記》卷五一補“翰林雜”三字。
③ 崔琪《桂林一枝賦》“影氣”作“顥氣”。
④ 崔琪《桂林一枝賦》“不一”作“純一”。

菊花

茹古氏曰：人于牡丹獨曰花而不名，好事者于菊但曰黃花已耳。得色之正，品高中質（史正志譜）；候時之早，俗尚重陽（《風土記》）。珉枝金萼，翠莖①紅芒。其在夕也，若庭燎之晢晢；其向晨也，謂明星之煌煌（楊炯賦）。所以籬落畦圃之間，情生而韻至（史譜）；幽人逸士之棲，寂寞而荒涼（范譜）。列檻兮供其觴詠（范守②譜），好時兮用以書囊（終南五老〔洞碑〕③）。婆娑團圞，如車蓋重籠之雅飾（范譜）；離披搖落，曾風馳雨驟之徬徨（史正志序）。葉有分于鈴鐸（《格物總論》），種不外于白黃（上）。值清秋而花放（上），異春卉而英殂（史若唐）。余求事彙之考証，曰艾曰蒿，臭味香而迥異（范譜）；載求老圃之蕃殖，天耶人耶，資沃壤而奇觀（上）。爲馬藺，爲鳥喙（論），爲日精（《本草》），爲治墙④（《爾雅》）。如蜂之鈴，如麝之香。茹精龍腦，巧配鴛鴦。胭脂鬬色，紅粉留粧。玉毬較白，御衣比黃。則以啗銀杏，佩木香。斯茉莉酴醾兮美艷，金錢玉盞兮滋芳（並譜）。夫勿謂根無益，陸龜蒙之盃以傾（《杞菊賦序》）；勿謂花無用，康風子之仙以成（《神仙記⑤》）。晚節彌高，吾誦淡圃秋容之句（李彥平録）；歲華遞更，吾荷輔體延年之榮（《魏書》）。甘俗相從，遐享谷中之老（《〔十道〕⑥記》）；茱萸引避，徐斠九日之觩（《〔續〕齊諧記》）。蓋欲駢乘雲氣（《名山》），袪去風嬴（《仙傳》）。其何坐宅邊而悵望（《續晉陽秋》），尋廢圃而縱橫（《蘇集》）。貴之者曰苗可以菜，花可以藥，囊可以枕，釀可以飲（史正志《譜序》）；採之者曰春則玉英，夏則容成，秋則金精，冬則更⑦生（《玉函方》）。木葉下而草

---

① 楊炯《庭菊賦》“莖”作“葉”。
② “守”當作“村”，即范成大《范村菊譜》。
③ 據《天中記》卷五三補“洞碑”二字。
④ 《爾雅》“治墙”作“治薔”。
⑤ “記”當作“傳”。
⑥ 據《天中記》卷五三補“十道”二字。
⑦ 《天中記》卷五三“更”作“長”。

菱，霜露降而雁征。矍望若結伴而違俗，單玩則各立而獨行。推之不後，挽之不前。彼蒼厚爾以遲莫，又何辭乎末年？

芙蕖

彼澤之陂，有蒲與荷（《詩》）。紓綠葉，挺纖柯（潘岳賦）。上星光而倒影，下龍鱗而隱波（鮑照賦）。所以蔭曲池之清泚，漾波紋之奔①淪（歐陽公賦）。曉而望之，若霓裳宛轉朝玉京；夕而察之，若霞標灼爍散赤城（並宋之問《秋蓮賦》）。《七發》之賦芳苓，字考諸古（注）；二毛之想湖目，義有在今（《酉陽》）。未發菡萏，已發芙蕖。詩人之博物有據（《〔詩義〕②疏》），或用其母爲華名，或用根子爲母葉號，習俗之傳誤已深（《爾雅》）。則夫紅綠間明，妙漁船之掩映（《酉陽》）；芳香遠襲，看瀑布以流澌（記）。盛府元僚，景行入而增麗（《〔南〕史》）；檻前佳耦，容質狎而相期（《北夢〔瑣言〕》）。攬勝之在平泉，蘋洲敷列（《山居草堂賦》）；幻術之從公遠，月華炳離（《〔感遇〕③傳》）。勿謂里人無知，徘徊別墅（《尚書故實》）；試問貴妃解語，宴賞液池（《天寶遺事》）。比之車輪，汎河有會（《幽明錄》）；象之蛺蝶，從風自飛（《杜陽》）。如儀仗兆其終逆（《搜神》），或陸地明其始生（《關令內傳》）。遠人入款之應（《典略》），孝子修供之誠（吳均《齊春秋》）。共玉帳以高會（《拾遺》），值水草以纏縈（《宋書》）。恃才傲俗之謝公，蕭然入社（《廬山記》）；滑稽侮狎之馬監，莞爾更盟（後唐）。則又求六郎之形似（《唐》），潘后之窈輕（《南史》）。衣可剪于楚客（《楚辭》），帽胡着于鮮卑（《北〔史〕》）。水殿落成，雜列器缶之舊（《〔和氏談〕選》④）；大官偶誤，爭傳刀削之遺（《本草》）。善乎！敬容之言曰：欲持荷作鏡，荷暗本無光；欲持荷作

---

① 歐陽修《荷花賦》“奔”作“奫”。
② 據《天中記》卷五三補“詩義”二字。
③ 據《天中記》卷五三補“感遇”二字。
④ “選”疑作“撰”，《天中記》卷五三作《和氏談撰》。

柱，荷弱不勝梁（《隋書》）。劍脊爲雩山倒影（陽志），春日若葵藿傾陽（《益部方物志》）。夜舒晝卷（《拾遺》），晝出夜藏（《北户録》）。胡然徑尺開面（《廣記·靈異》），胡然如笠從房（《楊氏六帖補》）。胡然傲霜威而方茂（《舊唐》），胡然亘千歲而始芳（《選》）。竅過以九（《國史》），臺數以重（史）。其歡則合（《英華》），其心與同（《唐書》）。根雖剖而瑁徹，柯既餘①而絲縈。折水而珠似，積露而玉成（賦）。蓋其生也，春風盡蕩，爍日相煎，夭桃盡兮濃李滅，出大堤兮豔欲然；其謝也，秋灰度管，金氣騰天，宮槐棘兮井桐變，波搖寒兮風颯然（賦）。噫！墮虹梁，倚鳳臺（歐陽公《蓮花賦》），何秋日之可永②，託芙蓉以爲媒（《秋蓮賦》）。

蘭

《楚辭》所詠香草，曰蘭、曰蓀、曰茝、曰葯、曰蕙、曰芷、曰荃、曰蕙、曰薰、曰蘪蕪、曰江蘺、曰杜若、曰揭車、曰留夷，釋者一切謂之香草而已（陳正敏《遯齋閒覽》）。如蘭也者，盤根衆草，吐香翹林③（韓伯庸賦）。佩若消魂，吾聞之桃花水上（佛經）；坐亭開宴，吾走夫竹箭山陰（上巳又楊炯）。可以辟蠹，可以藏衣，著之者曾無遺種（詩賦）；君子不近，庶人不佩，願之必求所湛（《晏》）。于是指而言曰：漢時④舍汝何以對乃辟（《雜記》），楚人舍汝何以徵其祥（記）。鄭君舍汝何取七穆之瑞（《左傳》），屈原去汝何誇九畹之芳（《楚辭》又《止齋·責盜蘭賦⑤》）。蘭亦有言，與善人居（《家語》），爲王者香（《琴操》）。珮可幽士（《騷》），樹勿兒郎（《淮》）。才思岸高，偶摧于毛子（《世説》）；意氣閒雅，竟體于謝莊（《梁書》）。讀懷璧向楚之吟，悲生袁淑（《南史》）；

---

① 鮑照《芙蓉賦》"餘"作"解"。

② 宋之問《秋蓮賦》"永"作"哀"。

③ 韓伯庸《幽蘭賦》"吐香翹林"作"吐秀喬林"。

④ 《雜記》未詳，陳傅良《止齋集·責盜蘭説》"時"作"官"。

⑤ "賦"當作"説"。

竟海蠡酌紅之興，妖惑隋煬（《隋遺録》）。忽爾叢生，作佳祥于初服（《別傳》）；有如衆伍，誠寄唱于車傍（《〔琴〕操》）。竊之曲江春宴（《合璧》），賦之賢院班行（《孔帖》）。誰爲嵇康阮籍之好（《齊書》），何先朝隱行諶之良（《舊〔唐〕》）。則又尋其名，以石（《圖經》）以竹（《圖經》），曰鳳（上）曰燕（《本草》）；紀其地，梜溪層障（《圖經》），淳水都妍（《荆州記》）。鑒別春秋，無疑深淡之色（《本草》）；辨淆莎蕙，有驗五六之戔（《〔爾〕雅〔翼〕》）。勿受變以燥濕（紫陽《離騷辨証》），每高潔于風霜（《格物叢話》）。就問圃師，假穢而亂其性（楊夔《植蘭説》）；請從門客，經久而持其芳（志）。蘭膏獨耀，蘭麝氤氲。氣如蘭兮長不改，心若蘭兮永不移（賦）。一室之人，雖嘗執我之契；十年之臭，尚可攘公之瑜（喬彝賦）。紫莖緑葉，絕壑深林（李公進賦）。夫亦訝秘芬于十步，痛衰敗于秋砧①也乎（韓伯〔庸〕）。歌曰：蘭之幽兮〔芳〕②可折，幽無人兮芳不絕；伊哲人之素履，越江山而採拾。

① 韓伯庸《幽蘭賦》“秋砧”作“秋風”。
② 據李公進《幽蘭賦》補“芳”字。

第二十六卷

木

冒地而生，東方之行（《説文》），其爲木也歟。陰陽無用（《周禮》），曲直相陳（《書》）。結根而聳本，吐芳而揚榮（張平子《南都賦》）。火所生也（《陰符經》），工則度之（《左》）。廊廟之材，蓋非一枝之力（《慎子》）；厄茜之國，何殊千乘之資（《漢書》）。從繩則正（《書》），積小而升（《易·升卦》）。從譽合抱（《老》），有病尫瘦（《爾雅》）。夫其爲蘭橑，爲桂棟（《楚辭》），爲藻棁（《詩》①），爲文榱（曹植《七啓》）。赤實玄華，搴弱水兮百仞（《山海經》）；朝暾曉日，遇析木兮生奇（《楚辭》）。園美華林，經萬年而若動（晉宮闕名）；山高倪麓，更千歲而常持（《宜都山川記》）。屑米作食（《吳録》），甘酒如飴（《梁書》）。無患則邪氣頓逐（《古今注》），合歡則情語共披（《養生論》）。西海方石，笑動之生兒宛似（《周書》）；十洲聚窟，幽冥之返魄有期（《十洲記》）。在夕多迷，四照可以索解（《山海經》）；居嘗積怒，帝休不以相移（上）。撫兹日戰（《搜神》），索彼風聲（《舊②冥記》）。不灰而焰（《水經》），交讓靡爭（《潯陽記》）。嗜以甘辛，金刀之用利爲快（《神異經》）；嗅爾清馥，玉膏之灌溉多榮（《山海》）。如是品濟君子（晉宮闕名），壽紀長生（洛陽生）。築沙苑之武觀（後周），高闕里之兵聲（《漢書》）。銀實綴于平仲，

---

① "《詩》"誤，見《論語·公冶長》："子曰：'臧文仲居蔡，山節藻棁，何如其知也？'"
② "舊"當作"洞"，見《洞冥記》："太初二年，東方朔從西那汗國歸，得聲風木十枝獻帝。"

瓠子結于君遷(左思《吳都賦》)。倚梧兮聽鳳鳴而至止(顏延年詩),傾虹兮象龍體以蹁躚(《洞冥》)。駕茲辛夷之轍(《楚辭》),泛彼木蘭之船(《述異〔記〕》)。搖玉樹于赤水(《博物志》),列九棘于重顛(《周禮》)。田荊奚自而茂(本①),邵棠奚自而傳(《詩》)。何日無摧折之患(《淮南》),無時有枯朽之憐(《符子》)。勿盤根而錯節(後魏),幾枝并而理連(《唐書》)。于時也,其保此不才之福(《莊》),樹之無用之鄉焉(上)。天涯雨泣,塵外風吟。喬枝邈以架迥,墜葉槭以辭林。則夫擁玉砌以初聚,值金風而後②搖。浮于水中,似孤舟之遠泛;落于山際,若斷雲之已飄。何如動體物者之牢騷也乎。

松

問松材經幾冬(詩),不學春開之桃李,秋落之梧桐(李紳《寒木③賦》)。鬱鬱(左太冲詩)芃芃④(《詩·殷武》),亭亭(劉公幹詩)落落(《天台賦》)。其孤高也,則排烟而泣露;其堅貞也,則超代而越俗(《幽松賦》)。旁生兮抱木(《羅浮志》),水際兮康干(《唐書》)。寵以將軍(《陶朱新錄》),列在大夫(《史》)。謖謖元禮之勁(《世説》),巖巖叔夜之孤(《世説》)。柯不假枝,枝不假葉,有若龍攣虎跋,壯士困縛之狀(《怪松贊》);歷歲以百,歷歲以千,豈無牛形龜似,長生不老之供(《嵩山記》)。列自平泉,翠葉金貫者異(《英華》);種于水磴,兩鬣七鬣者收(《酉陽》)。吾以登之俎樽,佳味有屬(《〔南方〕草木狀》);吾以燃其艾納,香氣遠浮(《廣志》)。乃若風生庭院(《梁書》),脂繼昏燈(上)。一丘可以神往⑤(《符子》),偃蓋那弗馮陵(《抱朴子》)。老號尤徠,築樊

---

① "本"未詳,見《續齊諧記》。
② 朱鄴《落葉賦》"後"作"復"。
③ "木"當作"松"。
④ 《詩·商頌·殷武》"芃芃"作"丸丸"。
⑤ "往"當作"王"。

崇之堡(《水經注》);歷傳晉代,結秦系之庭(本傳)。裹行之主人,滋味
自足(《新唐》);隱巖之處士,致趣乃生(《南部新書》)。譬取朝茵,何
似發春華于寒木(《〔顏氏〕家訓》);如需大廈,從教施礩砢于棟甍
(《晉書》)。十八年爲公夢占蚤歲(《吳書》),三百株爲守事紀諸州(《金
陵志》)。志不折腰,自可酣情彭令(《晉》);功成佐領,將以結伴留侯
(《漢》)。幸遇聖君,較求于嵐勝(《譚賓〔錄〕》);何來遊妓,經悴于
山陬(《酉陽》)。結毬而成佳話(《毗陵〔志〕①》),代塵而竪談鋒(《陳
書》)。木醴兮餉雀(《建康實錄》),漂襚②兮象龍(始皇)。伐香巖而得句
(《淅川錄③志》),習劍術以渺躬(《羅浮志》)。周梓之所變化(《〔太
公〕④兵法》),華陰之所景從(《一行傳》)。潯水泛流,其爲繕脩有意
(《載記》);旱魃毒虐,都來靈感不空(《酉陽》)。長鍾輻之圍,朱衣非
幻(《摭言》);摩玄奘之頂,緇服始東(《大唐新語》)。種之夾道(《郡
志》),植可齋中(張湛)。寄生嫋嫋(《宋高僧傳》),倒置籠籠(《〔曲
洧〕舊聞》)。居下則其草不植⑤(《左》),在地則其土不肥(《說苑》)。
詠入詩人,卻步武而即就(後魏);誤深仙術,多服食以罹危(《〔顏氏〕
家訓》)。而不見琥珀之化(《博物志》),蔦蘿之施乎(詩)。倚層巒則梢
雲蔽景,據幽澗則蓄霧藏烟。窮石盤薄而埋根,凡經幾載;古藤聯綿而
抱節,莫記何年。于以叶幽人之雅趣,明君子之孤騫⑥。吾有快于歲寒
之論焉?

柏

　　夫受天地之正氣者,惟栢而已矣(李德裕賦)。春日自芳,霜下爲

① 據《天中記》卷五一補"志"字。
② 《拾遺記》"襚"作"襬"。
③ 《天中記》卷五一"錄"作"縣"。
④ 據《天中記》卷五一補"太公"二字。
⑤ 《左傳·襄公二十九年》"植"作"殖"。
⑥ 李紳《寒松賦》"孤騫"作"奇節"。

盛。衝風不能摧其枝，積雪不能改其性(王絳①《修栢賦》)。積翠婆娑，聯數人而合抱(《少林集録》)；籠陰熳爛，爵五品而名官(《河南志》)。登御史之臺，烏頭有象(《朱博傳》)；立未央之殿，鵲尾從看(方朔)。入貢得之楚俗(《書》)，上壽美自漢儀(《月令》)。魖象之所却走(《風俗》)，鐵藏之所經時(《異聞録》)。井底盤根，試過漢陽之野(《〔山川〕②紀異》)；霜皮溜雨，仰瞻諸葛之祠(杜詩)。忽一枝而在手(《寰宇》)，若五采而揚鬐(《南齊》)。谷以長傲(《述異》)，菴以滋疑(後周)。餉册簡于淄華(《傳載》)，托瘡斧于赤眉(《從征〔記〕》)。再宿栫生，雖冬日而更翠(《梁書》)；忽然掌合，直暮夜以無欹(《酉陽》)。狀似荷花，不爲王敦佳事(《南史》)；實如珠子，那稱德裕芳規(《〔賈氏〕③談録》)。重以孝思，則庾寒④(《晉書》)李充(《陳留耆舊》)之流，洵爲濟美；衡以大義，則掛劍(《史》)汎舟(《詩》)之事，何弗相師。則夫甘棠與比(《燕説》⑤)，文檉並資(《成都記》)。仲寶英材，早具棟梁之器(《齊書》)；王鋒素志，動把蘭蕙之悲(《南史》)。泱泱乎，堂堂乎，登寢臺而飲泣(《韓》)；水火耶，刀兵耶，過終里而競遺(《洛陽〔伽藍〕記》)。滋連理之有會(《南史》)，看點枝之多奇(《春渚紀聞》)。感山陵其變幻(《金樓》)，顧日影其參差(《〔玉堂〕閒話》)。食實則神仙與益(《内傳》⑥)，採葉則羽士所劑(《類説》)。經年已過夫漢晉(《宋書》)，延算不短于期頤(《漢武内傳》)。紀以左花右實，右花左實之異(志)；訂以東南回抱，西北漸指之期(《北史》)。月下笛聲，不堪窮之以怪(《〔遯齋〕閒覽》)；雲中文理，時或競償以奇(《本草》)。扶桑三枯，海水告竭之年，誰看鵞落(《洞冥》)；若羊非羊，若猪非猪之物，疇並虎犀(《宋·符瑞志》)。割削無餘俗傳，經千年而療心痛(《封氏見聞記》)；生理有別

① "王絳"誤，見蕭鋒《修栢賦》。
② 據《天中記》卷五一補"山川"二字。
③ 據《天中記》卷五一補"賈氏"二字。
④ "寒"當作"衮"，見《晉書·庾衮傳》。
⑤ "《燕説》"誤，見《澠水燕談録》。
⑥ "《内傳》"疑誤，見《天中記》卷五一引《列仙傳》："赤松子好食栢實，齒落更生。"

日後，撫舊趾而發所私(《異聞集》)。所以含輕烟于夕景，泫零露于朝曦。遠而象之，聳幹參差，疑翠旌之陸離；迫而玩之，布葉低垂，若孔蓋之葳蕤(李德裕賦)。《楚辭》云：山中人兮芳杜若，飲石泉兮飯①松栢。余如是其傲梁臺之上座(漢)，而誦新甫之鴻詞也哉(《詩》)。

槐

余讀《周禮》："朝士面槐，三公位焉。"槐者，歸也，情見歸實(《元命苞》)。槐者，懷也，言懷來人(《周禮》)。則試看兔目鼠耳之狀(《淮》)，晝聶宵阮②之倫(《爾雅》)。相傳以玉(《三輔〔黃圖〕》)，其應以星(《說題辭》)。于柳並衙(《中朝故事》)，與榆爲兄(《淮》)。作南河而燭有事(《本草》)，叶東方而火乃生(《莊》)。徘徊司馬之亭，每歎婆娑之盡(《晉書》)；坐憩新都之監，時羞行列之橫(《隋書》)。即廢法而出囚，情深所嗜(《晏》)；凡求援而或繫，欲故已盈(《晉語》)。雅念先皇，馳道之薪樵何賴(《唐書》③)；易從刺史，一路之土壥有成(後周)。墓側徵其鬱秀(《隋書》)，傲舍表其滋蕃(《聞談》④)。懷京兆之街樾(本傳)，觸大夫之寢門(《左》)。忽而通體上衝，秘藏不及(《玉堂閒話》)；未幾抽枝見過，抱恨有奇(《玉泉子》)。配以公，配以鬼，捷可獠面(《劉賓客嘉話》)；瘦以雄，瘦以雌，辨且揚眉(《盧氏雜記》)。乃若夜聞絲竹之響(《因話》)，曉如烟色之焚(《〔楊公〕筆錄》)。塔戴中其理解(《西陽》)，冷陶洽其新聞(杜詩注)。語次瑤芳，餘尊尚湛于東牖(淳于棼)；陪趨崔鳳，手板相憶于後時(《清異》)。西夏之有煩移牒(《西陽》)，酒泉之長恨賦詩(《晉》)。一日之間，三榮三悴(《玉箱雜記》)；同居之代，一本再枝(《唐書》)。仙方補腦(《抱朴》)，藥用明神

---

① "飯"當作"蔭"。
② 《爾雅》"阮"作"炕"。
③ "《唐書》"疑誤，見《唐國史補》。
④ "《聞談》"誤，見《幕府燕閒錄》。

(庾肩吾)。取以一陽上巳之日(《草木狀》),掌以烜氏司冬之人(《周禮》)。庾信曰"建始開華"(後周),曹植曰"文昌結根"(《魏書》)。其鼓柯而振葉(虞摯①賦),其市列(《淮》)而畝敦(傅選賦)。興後有在(《〔宋名臣〕言行錄》),累德如斯(《宋書》)。余索感袞衣之夢(《伽藍記》),而何滋棠寶之疑(顏師古)。

榆

夫玉衡之散而爲榆也乎(《運斗樞》)。結隣于柳,聯名于桑。蕪夷筴刺(《爾雅》),沃土條長(《管》)。其爲行人之至止(《風土記》),里社之徬徨(《漢記》②)。那不濟南利用(應璩書),而秋塞得當(庾信《謝啓》)。指彼無情,始信仙學多謬(《新論》);相偕語笑,從教賊子來同(《魏·〔元天穆〕傳》)。設色以白,種有成于天上(詩);閱歷以境,望有收于隅東(《馮異傳》)。若者爲錢,無當青鈇之選(《爾雅》);不教而令,長輸高臥之風(《養生論》)。延所舉之鵬,搶枝莫附(《莊》);中已成之蠹,敷幹幾重(《魏書》)。值群羌圍迫之秋,于鞭幾幸(《水經》);當民生處乏之日,似籬有封(《魏志》)。樹之爲寨③(《韓安國傳》),把之爲珠(占詞)。夢而得官,夢而薦福(《夢書》)。稱何以郎,稱何以姑(《廣志》)。則榆事亦歲窮歟。

柳

余過隋堤之故蹟(史),考尼拘之別名(《〔宋〕高僧〔傳〕》),而竊有賦于柳也。沃土斯茂(《管子》),正月始荑④(《大戴》)。絮或經宿

---

① "虞摯"當作"摯虞",見摯虞《槐賦》。
② "《漢記》"未詳,見《漢書·郊祀志》。
③ 《漢書·韓安國傳》"寨"作"塞"。
④ 《大戴禮記·夏小正》"荑"作"稊"。

（《瑣碎録》），花且從醨（南蠻）。歌東門之洋洋①，歎昔日之依依（《詩》）。其和尚之偏青，得幸無恙（《清異》）；其女兒之嬝娜，斷挽以幾（杜〔甫〕）。乃若展禽之家，傳其姓字（《淮南子注》）；陶潛之宅，挹彼芳踪（《南史》）。風流推之張緒（《南史》），濯茂擬之王恭（《世説》）。笑顧愷之癡絶（上），慕嵇康之煉工（《晉書》）。昔種虔中，比甘棠之遺愛（《南齊》）；出知彭邑，多補闕之名封（王仲甫）。一時顯要同朝，可憐摧折（《隋書》）；並宅意氣相許，具美芳隆（《齊書》）。離懷翠色（《〔雅言〕②系述》），想見高風（《南史》）。虞城因之頌作（《李集·去思頌》），省署對之愁共（韋維）。驚雷雨之驟至（《舊唐》），看車蓋之摩空（《隋書》）。多所值于振武（《舊唐》），異所遇于廬公（《宣室》）。全忠之殺機有萌，生憐游客（《縉紳舊聞》）；桓溫之感年已極，泣下在躬（劉義慶記）。乃若公孫之食棻（《漢書》），天錫之化松（本事）。期射于百步（《左》③），剩眠于朝終（《温④叟詩話》）。編簡以從，苦茹素志（《世説》⑤）；結帶以乞，妙絶冶容（《麗情集》）。望秋而零，曾何怪于弱質（《世説》）；登臺而詠，遮莫侈于花叢（韓翊）。想女手之菜黃，妙稱三絶（《〔墨客〕揮犀》）；顧子衣之爛熳，料匪長窮（《三峰集》）。其作賦而非非是是（《舊唐》），其入夢而吉吉凶凶（《因話録》）。無爲兵革苦辛之歎（王隱《晉書》），無爲金雞鳴祗之逢（《隋書》）。唱小蠻于樂府（《詩話》），刺有宛⑥于山宮（《詩》）。樫河旄澤（《爾雅》），鳳⑦伯真陵（《山海》）。合一則人官之巧（《暇日記》），將雨則地氣之靈（《天中》）。勿益樊圃以折（《詩》），誠向汶水而榮（《詩疏義》）。嗟哉！參剛柔以立體，

---

① “洋洋”當作“牂牂”，見《詩·陳風·東門之楊》：“東門之楊，其葉牂牂。”

② 據《天中記》卷五一補“雅言”二字。

③ “左”誤，見《戰國策》和《史記》。

④ “温”當作“漫”。

⑤ “《世説》”疑誤，見《天中記》卷五一引《楚國先賢傳》。

⑥ “宛”當作“菀”，見《詩·小雅·菀柳》。

⑦ 《山海經》“鳳”作“風”。

應中和以屈伸。長莖舒而增茂，柔條那而孛紳①（傅玄賦）。無土壤不植，雖尺斷逾滋（賦）。斯楊蒲之爲物，益民用之所宜（《三齊略記》）。

桐

　　莘莘萋萋，寔惟梧桐（《詩》）。濯靈滋于玄雨（魏明〔帝〕《猛虎行》），含奇律于黄鍾（《七命》）。葉閏餘而有數（《遁甲》），花清明而應風（《禮〔記〕》）。托險生危，每過玄谿之側（崔琦《七蠲》）；成音中律，相看孤嶂之峰（《書》）。毳毛淹漬（《廣志》），華采如絲（《〔華陽〕國志》）；淳氣獨禀（王逸），太冥乘時（張協《七命》）。吹臺累闉而獨聳（《游山石②志》），龍門百尺而非危（《七發》）。間赤色之映發（《南方草木狀》），多三葉之交垂（《古今注》）。白帊偕緣，驚渡江之未半（《志怪》）；緇衣立誓，故僻院之多知（《宋高僧傳》）。胡爾斗樣紛披，主人不利（《瑣碎〔録〕》）；將無雲烟鬱勃，物類九宜（《淮》）。而不見長滋沃土（《管》），堪取孫枝（《琴賦》）。其鳳雛之至止（《莊》），抑春鳥之巢斯（上）。再稽其事，種列土山，情懷于薇蕨（《南史》）；形入紫闥，意在于青雲（《衡陽王傳》）。吴平應兆而歸，何必嗔歌聲見伐（《異苑》）；慕容先謡而至，夫何植阿房相文（《秦記》）。吴宫秋怨（《述異》），楚使代争（《説苑》）。省院繼枯（《僉載》），僧舍忽榮（《高僧傳》）。看木囚之偃卧（《論衡》），聽石鼓之繁吹（《異苑》）。對佳樹兮酬直（王義方），宴芳林兮秘思（《北史》）。破之分義已悉（《新〔唐③書》），剪之戲謔何爲（史）。矯詔枯薪，洽比之情既屬（《吕》）；應聲焦尾，賞識之遇乃登（《蔡中郎傳》）。但詠悲風之詞，自當驚悟（《天中》）；豈失後凋之節，作彼咎徵（《南部新書》）。勿求作弩（《淮》），有蔭似廬（《十道志》）。其濡毳而空中者也（《易緯》），其乾輕而濕重者歟（《桐譜》）。履素至潔，

---

① 傅玄《柳賦》“柔條那而孛紳”作“密葉布而重陰”。
② 《太平御覽》卷九五六“山石”作“名山”。
③ 據《新唐書・李泌傳》補“唐”字。

體柔常存；花繁翼子，幹直謀孫(佳①鎮賦)。直不繩而特美②，圓匪規而天成。謂繁華兮國人服媚，吾獨後春而翠；謂搖落兮物情若棄，吾亦先秋而悴(《英華》)。噫嘻！所居然也，世不受摧拉之患(《韻府》)；代有王者，計惟堪任用之才(《瑞應圖》)。夫但乘茲火德矣(《禮斗威儀》)，緣何傷此鳳柯哉(《酉陽》)。

桑

扶桑何昉乎(《十洲》)，空桑地名耳(《列注》)。伯子者氏(《韻府》)，箕星之精(《格物論》)。伊水孕夢，從何幻化(《呂》)；草茅庭見，庸詎違陰(《説苑》③)。氾勝之種有法(本集)，陸機之賦爲淫(本集)。則試考近川之室(《禮〔記〕》)，而發南山之吟乎(《詩》)？綠葉興而盈尺，崇條蔓而增長④(陸機賦)。翔交交之黃鳥，集肅肅之鴇行(《詩》)。鵲巢灰汁，遞有其事(《廣異記》)；馬革蠶祀，試遡所由(《搜神》)。祭之者有菀窳婦人之號(上)，觀之者若范宮天子之儔(《穆天子傳》)。枝上拂乎十日(《淮》)，根下屈于三泉(《寰中》⑤)。丹(《〔漢武〕内傳》)紫(《拾遺》)或以相幻，秋(《異苑》)冬(《英華》)若以偕緣。名之曰帝女(《山海》)，變之自兒童(《典術》)。豈不後天而老(《拾遺》)，夫亦負翼以從(《括地圖》)。則夫八百利用(《蜀志》)，十五成岐(《齊書》)。儲之新鄭(《魏略》)，廣于江湄(《十六國春秋》)。駿馬奔還，期江東之左證(《世說》)；鷗鶏已革，見夷貊之懷音(《前涼録》又李嶠啓)。談人世之廢興，誰知德操(《〔荆州〕⑥先賢傳》)；察中牟之治行，具有仁心(《魯

---

① “佳”當作“崔”，見崔鎮《尚書省梧桐賦》。
② 王融《應竟陵王教桐樹賦》“美”作“秀”。
③ “《説苑》”誤，見《戰國策·趙策四》：“昔者堯見舜于草茅之中，席隴畝而蔭庇桑，陰移而授天下傳。”
④ 陸機《桑賦》“長”作“尋”。
⑤ “《寰中》”誤，見《玄中記》。
⑥ 據《天中記》卷五一補“荆州”二字。

恭傳》)。偶爾聞謀，既告之矣，殺何慘于姜氏(《左》)；縱然德報，誰禦者哉，免有詆于餓人(上)。羅敷有夫，使君有婦，一曲箏聲，猶逗邯鄲之響(《古今注》)；云何受教，云何不受教，移時宿瘤，頓揚東郭之塵(《列女》)。徵其祥，羽葆兮非妄(《三國志》)，車蓋兮有靈(《南史》)；占其屬，種有出于井幹(《〔益部〕①耆舊》)，椹且得于新亭(《異苑》《五行〔記〕②》)。採之爲神仙不死之藥(《〔漢武〕內傳》)，感之以純孝格天之忱(《風俗》)。永利先成于崇邑(張詠)，初政匪急于汝陰(《後漢》)。何以七日而拱(《白帖》)，數日而枯(《晉書》)；何以九日③而再華實(《異苑》)，六寸而坐跀跌(陸游《南唐書》)。千户與等(史)，三輔惟偏(《范子計然》)。葉葉相當(曹植《艷歌〔行〕》)，兩兩同憐(《十洲記》)。天風兮候應(《古詩》)，海屋兮爲田(《神仙》)。而不見元紀持斤，來晦明之風雨(《伽藍》)；契丹肆罵，逼虐焰于昊天(《五代史》)。余觀李德裕儉示子孫：吾性不好貨財，以至貧乏，然京城有賜桑若干根，可以充衣。茹古氏曰：賜以稱榮，畢竟之爲子孫謀不淺；儉可作法，他日之記平泉莊何居。吾不能爲桑索一解也。

竹

植類之中，有物曰竹，不剛不柔，非草非木(《竹譜》)。余視其節，凜然而孤也；視其貌，欣然而癯也；視其中，洞然而虛也(楊誠齋《此君軒》)。堅可配松栢，勁可凌霜雪，密可泊青烟，疏可漏宵月(劉寬夫《剝竹記》)。賦吳都者曰鐘籠(《南越志》)，賦閩中者曰篔簹(《異物志》)。西南考其生性(《齊民要術》)，左右引其班行(《羅浮山記》)。曰箊(《説文》)曰篧(《本草》)，曰个(《釋名》)曰庾(《吳地志》)。此君不俗(《世

---

① 據《天中記》卷五一補"益部"二字。
② 據《天中記》卷五一補"記"字。
③ 《天中記》五一引《異苑》"日"當作"月"。

説》），千户焉居（《青①史記》）。其妬母耶，其護孫歟（譜）。雞舌得似（《清異》），蚱狀相如（《清異》）。余極其形，作可舟楫（《〔南方〕草木狀》），任可棟梁（《南征八郡志》），而抑累寸以成象（《續竹譜》），受斛以彌量（《廣志》）；紀其用，聲諧鐘磬（《拾遺》），試利劍芒（《竹譜》），而抑局促兮生多卧土（《異物志》），搖曳兮老不耐狂（《杜詩注》）。如是玳瑁之班駁（《異物〔志〕》），霜雪之瑩芳（《竹譜》）。錯甲可爲，曾何比于頑鐵（《嶺表録異》）；齱齒有當，遮莫著夫錦章（《竹譜》）。節凸繞來，似點畫以成字（《陽谷漫録》）；中實象處，具頭足而爲人（《異苑》）。千百成株，縈結踰乎咫尺（《英華》）；十六名椽，聲響送于迢巡（《文士傳》）。鋭可刺虎（《山經》），狀或化蛇（《異苑》）。間月以出（嘉定），乘電而輝（《地理》）。則索之東海之畔（《述異》），南岳之巍（《天中》）。二箭葉異（《宋書》），四苦味宜（《〔齊民〕要術》）。實心殊好（《云南志②》），宗本莫離（唐）。照夜而茂（《南史》），迎冬更滋（《〔竹〕譜》）。疎節可矣（《北户録》），芒刺胡爲（《廣新川志》）。從爲之説曰：三稜叶吉（《天中記》），一符傳真（《瑣碎録》）。浣到水濱，知嬰兒之有種（《〔華陽〕國志》）；柱看雲氣，識仙侶之前因（《幽怪録》）。擇用良辰，日則有迷有醉（《異③苑雌黄》）；識先枝上，類則有雄有雌（《志林》）。交州之阻過曾墉，從看藩落（《〔竹〕譜》）；杖林之遍滿山谷，幾度佛疑（《〔大唐〕西域〔記〕》）。則請博稽竹事而無遺焉，溪號六逸（《唐史》），林稱七賢（《晉史》）。造其下主人莫問（《世説》），詣其所令尹誰先（《宋史》）。成茂林（王羲之），置修園（《漢書》）。隆暑赫曦，但有涼風徐至（《寰宇記》）；分流越澗，那無仙杖高騫（《游名山志》）。若其金姑發響（《海録〔碎事〕》），衛女懸竿（《詩》）。瓠子與塞（《漢》），慈母從看（《丹陽記》）。紀遊云何迷没（《葆光録》），綱維日報平安（《酉陽》）。甲或有需其户（《世説》），冠豈無藉于皮（《漢書》）。償簞珠于老

---

① "青"爲衍文，見《史記·貨殖列傳》："渭川千畝竹，……其人皆與千户侯等。"
② 《天中記》卷五三"志"作"記"。
③ "異"當作"藝"。

叟(《暌車志》)，嗟圓漆于沙彌(《桂苑叢話①》)。戶外净瑩，夜發比丘之夢(《清異》)；窻櫺聳翠，徒附義宣之悲(《渚宮故事》)。于以佐學人之攻苦(《晉書》)，賈隊將之威儀(《宋書》)。高張薦之行，惟言依苦(《永嘉郡記》)；表褚瑶之潔，第曰匪伊(傳)。擬王濬之討吳，迎刃以解(《晉書》)；進子路之好學，栝羽如斯(《家語》)。善哉善哉！不鏟而直，不規而圓，裁六律以協氣也，調八風而順常焉。余以擬蓬萊之璀璨，廣漢之嬋娟(賦)。實勝蜜甘，若爲兆荒年而形解，莫資鸞鳳(《駭②聞集》)；義從芸得，豈謂絕嶺石而破篋，有異番禺(《北戶》)。試問守官，何恃而不恐(《晏》)；諭從長吏，其況也永歎(《唐新語》)。奈何歲月滋久，蔓衍浸淫，日光雖③透，陰氣常凝。剝竹之説，安得緩于植竹之文也(並見《英華》)。

草

　夫輕塵接弱(《魏史》)，落花相依(《梁史》)，則草者乎。河畔青青(《古樂府》)，原上離離(《古詩》)。東門兮漚管④(《詩》)，南山兮採薇(上)。無風獨搖(《水經》)，望日⑤則舒(《〔西陽雜〕俎》)。如飛鶴而翅尾皆具(《拾遺》)，從化蝶而蟏蛸留餘(《肆考》)。則有海上餘糧(《博物》)，井邊扶老(《汝南先賢傳》)。指佞所需(《博物》)，懷風爲寶(《〔西京〕雜記》)；鹿韭宜男(《風土》)，黃精壽考(《博物》)。瑞應得之靈芝(上)，神明通之蘊藻(《左》)。解俚語而非誤(《肆考》)，駐餘顏而自早(上)。何道弗之難行(《國語》)，而墙茨之未掃(《詩》)。豈造閣之無須(《杜陽編》)，而植栅之非好(《六帖》)。若乃非涼非炎(《杜

---

① "話"當作"談"。
② "駭"當作"該"。
③ 劉寬夫《剝竹記》"雖"作"不"。
④ 《詩・陳風・東門之池》"管"作"菅"。
⑤ 《酉陽雜俎》"日"當作"月"。

陽》），之死之生(《十洲記》)。莫悉其昏晝(《杜陽》)，頓解其醉醒(《遺事》)。起可以鹿(《雜俎》)，息可以雞(《五代史》)。迎風有候(瓊州)，積雪不知(《雜俎》)。而不見睡寢時濃，若假嬾婦之便(《述異》)；餌丹已合，旋看帝女之英(《山海》)。東海之霸業方新，貢獻者至(《拾遺》)；輔氏之老人有意，報答者并(《左》)。所以浮山除吾屬氣(《山海》)，濟陰壯吾兵聲(《風俗》)。茂春江上之想(丘希範《與陳伯之書》)，涼風塞外之悲(李陵《與蘇武書》)。吉雲之以應運(《洞冥記》)，秋霜之以感時(《符子》)。合歡若待(《拾遺》)，叱夜何爲(《雜俎》)。屏風欲設(《博物》)，書帶莫移(《三齊略記》)。德云茂矣，且自蒿宮紀勝(史)；士而貧也，何妨藜杖稱奇(《家語》)。白羊之在午橋，從教裝點(《窮幽記》)；神龍之出崑嶺，是否游戲(《抱》)。勁矣若孤，蕭瑀之素履不替(傳)；青爲有間，昭君之抱恨逾時(史)。蔓生仲蔚之側(傳)，夢到惠連之池(傳)。余徵楚事之畦留夷、扈江蘺(《騷》)，茅無情而入供(《左》)，荃有識而多飴(《楚辭》)。勿棄蒯之有日(《左》)，故班荊之未遲(《左》)。又豈葵藿之無嘗(《詩》)，而蓳菲之相遺(《詩》)。揚列[1]吐芳(《上林賦》)，緣皋被岡(《西京記》)。斯草也，其喻小人之德(《論》)，而生君子之邦乎(《括地圖》)。

芝

客有問于余曰：其椹以木(《說文注》)，于草爲神(《說文》)。曾一年而三秀(《思玄賦》)，爲五臟之百精(《黃庭》)。以余所聞，滋生和氣(《論衡》)，專應休祺(《神農芝論》)。其色則珊瑚截肪(《抱》)，其形則樓閣車騎(《廣異》)。金色九莖，肇起芳[2]房之詠(《漢官儀》)；玉質三

---

[1] 《上林賦》“列”作“烈”。
[2] 《天中記》卷五三引《漢舊儀》“芳”作“芝”。

花，再誦靈芝之詞（《金①要》）。紅爲仙家之藥（《〔漢武〕②内傳》），紫爲聖世之蕘（《論衡》）。經一宿而生盈尺（《唐新書③》），別三幹而分九枝（《藝文》）。御榻叢生，四十二年之國祚有據（《〔邵氏〕聞見録》）；新第賜幸，一十七字之詩句何爲（《古今詩話》）。吾竊笑饑凍金闕之仙人，誕云鋤草（《抱朴》）；而不見吟詠高軒之賓客，頓作挽詩（《寶④政雜録》）。何以搖⑤光（《運斗樞》），何以療饑（《四皓歌》）。雞蘇味足（《坡詩注》），羊暗⑥夢期（《續仙傳》）。伴群仙之耕耨（《拾遺》），感王者之仁慈（《古瑞命記》）。荷在粉而色艷（《本草》），蕢在土而味飴（上）。徵事則苞符已叶（《紫芝記》），命字則草隸可知（晉人張芝）。倏爾齒髮再生，屬紀事異（《抱》）；未幾眉宇作別，增歎遇奇（元芝）。客如是，否否唯唯。

菖蒲

夫自玉衡星之散也（《運斗樞》），先衆草（《吕覽》），感百陰（《典術》）。無爲著倡優，遠雅頌（《運斗樞》）；豈不名堯韭（《〔吴氏〕⑦本草》），錫蘭蓀（《衍義》）。僻性自殊，適乎正味（《韓》）；饗禮有托，洽乎君恩（《左》）。紫餌以之得句（李詩），九花見之盈盆（《南齊》）。兆文濟之家禍（《南齊·〔五行〕志》），表張后之華軒（《梁書》）。試問安期可以忘老（《南越志》），忽登嵩嶺儘教長言（《内傳》）。甘冷異于長⑧流，

---

① “金”當作“會”，即《唐會要》。
② 據《天中記》卷五三補“漢武”二字。
③ “書”當作“語”，即《大唐新語》。
④ 《天中記》卷五三“寶”作“宣”。
⑤ 《春秋運斗樞》“搖”作“瑶”。
⑥ 《續仙傳》“暗”作“惛”。
⑦ 據《天中記》卷五三補“吴氏”二字。
⑧ 《天中記》卷五三“長”作“常”。

從看澗底(《廣州記》)；祥瑞表于重午，美頌德尊(《西吳〔記〕①》)。余取乎視萬言而默記(《抱》)，值重寒而處温(《抱朴》)。則益聰(《搜②神》)延年(《風俗》)之説，其亦有本原也夫。

萍

夫萍與菱之浮相似也，隨波是以(杜恕《篤論》)，觸水自居。體任適以應會，亦隨遇而靡拘(蘇彥賦)。于蘋則別以沉，別以大(《韻府》)；分種則類以紫，類以青(《格物總論》)。如楊花之飄零，相看變化(《韻府》)；繫仲③春之節候，乃始含靈(《月令》)。無萬物以滋擾(《酒德頌》)，肇九子以成名(《爾雅》)。擣以爲薑，誠呫嗟焉可辦(《晉·石崇》)；因而成享，其明信哉惟馨(《左》)。獻紀塗循，試走太湖之畔(《穆王傳》)；歌謠童子，曾憶楚江之濱(《家語》)。好事于浮光之池，茵褥有在(《雲林豐④景志》)；稱絶于田父之里，口腹幾狗(《列子》)。嗟乎！魚以名白(《古今注》)，劍以言青(李德裕贊)。愛官河之不相屬(劉〔商〕)，悲大海之未有因(白)，萍也哉。

---

① 據《天中記》卷五三補"記"字。
② "搜"當作"援"，見《孝經援神契》："椒姜御濕，菖蒲益聰，巨勝延年，威喜辟兵。"
③ 《禮記·月令》"仲"作"季"。
④ "豐"當作"異"，見《雲仙雜記》。

第二十七卷

鳳

丹穴之山，其上有鳥焉，其狀如雞，五采而文，名曰鳳凰（《南山經》）。晨遊紫霧，夕飲玄霜。資長風以翰翬，唳天衢而高翔（《舊唐》）。則夫覽九州，觀八極（天老對黄帝），高蹈太皇之野（《楚辭》），傳聞君子之國（《説文》）。求之砥柱弱水之間（《淮南》），非得之藩籬（《西京雜記》）郊藪（《禮〔記〕》）之側。斯羽蟲稱長（《家語》），而火精靡忒乎（《演孔圖》）。夫其羽翽翽，其聲鏘鏘（《詩》），備五文而歌七德，成六象而燦九章（《六帖》）。曰節節，曰足足，曰保章，曰歸昌（《韓詩》《説苑》）。不食生蟲，不履生草（《宋·〔符瑞〕志》），吾知梧桐竹實之迴絶（《詩義疏》）；天樞自得，鎮宿無愆，吾紀上林長樂之班行（《漢書》）。降或以德（書僧①），升中自王（《禮〔記〕》）。任群馬②之趨列（《宋書》），看雙鵠之徬徨（《宋·〔符瑞〕志》）。徵瑞則錫名里邑（《宋·〔符瑞〕志》），垂象則肯搆堂皇（《漢書》）。追王業之艱難而作賦（《舊唐》），名少暤之官爵而分司（《左》）。使之遊池，庶承恩于歲月（《晉·荀勗》）；用之唧詔，冀宣命于軒墀（《鄴中》又賦）。藥藉仙家，炫九色兮爲腦（《漢武内傳》）；薄言好合，鼓兩翼兮求雌（《本符經》）。彼車轄其何還，相逢羅網（《齊諧》）；乃屯區其有屬，具聽鼓吹（《癸辛〔雜〕

---

① "書僧"未詳，疑即《宋高僧傳·進高僧傳表》："仍降鳳書，令編僧史。"

② "馬"當作"鳥"，見《宋書·符瑞志》："漢宣帝甘露三年二月，鳳皇集新蔡，群鳥四面行列，皆向鳳皇立，以萬數。"

志①》）。兆文成之佳瑞（《唐書》），來僧綽之遊戲（《宋書》）。尾工江夏之學（《齊書》），毛美超宗之辭（《宋書》）。集庭除而徵貴（《異苑》），詣臺畔而諧吹（《列仙傳》）。育之苑不可作（《拾遺》），弔之山亦有知（李彤《四部》）。奚自款誠，莫償路人之雉（《六帖》）；試語好事，徒賨徼外之雞（《南唐書》）。非繩樞草舍之流，樓爲減色（《説②苑》）；緊並駟齊鑣之舉，門且邊離（《晉書·嵇康》）。余不解刻以公輸之手，鳩鵶鷯鷃，未稱其巧，先笑其拙（《列③》）；尤不解責以離珠之職，璆琳琅玕，高以積石，傍以水湄（逸篇）。焕質暄肌，匪可贖鍰之藉（《拾遺》）；絶絃斷刃，無堪膠合之資（《十洲記》）。猿狄不至之巔，巢之可矣（上）；鷙雞相爭之處，食有如斯（《抱》）。鳳兮鳳兮，曰惡殺，曰好文（《世説》）。上凌紫烟，擊九萬里而一息；旁應玄律，調十二管于餘分（賦）。無野鳥爲之形似（《九國志》），無絳雀得之虛聞（《蕤集》）。鷦鶉鷺鷥之倫，或亦從其類也（《禽經》）；役喪水旱之感，寧詎叶其瑞云（《樂什徵圖》④）。得鳳儀之一者鳳過之，上⑤者鳳下之，三者則春秋就之，四者則四時下之，五者則終身居之。嗚呼！盛哉（《韓詩外傳》）。

鶴

散幽經以驗物，偉胎化之仙禽（鮑昭《舞鶴賦》）。群鸞鳳兮遏鷙（《相鶴經》），薄雲漢兮高尋（上）。絡頸以成飾，頳首以表儀，羽凝素而雪映，尾舒玄而參差（賦）。漬髓可矣（《漢書》），獻血何哉（《穆天子傳》）。雲擁華山，王子喬一朝歸去（《列仙傳》）；月明華表，丁令威五夜

---

① "志"當作"識"。

② "説"當作"談"，見《楊文公談苑》："韓浦、韓洎，晉公滉之後，咸有辭學。浦善聲律，洎爲古文，意常輕浦，語人曰：'吾兄爲文，譬如繩樞草舍，聊庇風雨。予之爲文，是造五鳳樓手。'"

③ "《列》"當作"《劉》"，見《劉子·知人》。

④ "樂什徵圖"當作"樂叶圖徵"。

⑤ 《韓詩外傳》"上當作"二"。

歸來(《搜神〔後記〕》)。豈不掠蘇氏之舟(《〔後〕赤壁》),弔陶家之臺(陶侃)。豈不南①征多其變化(《抱朴》),西隱久其徘徊(《神境記》)。翔回紫蓋(《白帖》),字育青田(《永加②記》)。繞塔月夜(《河東記》),帶箭雲邊(《神異記》)。爾是仙禽,樊可蓄之庭下(《筆談》);縱爲國寶,軒豈乘之御前(《左》)。集句曲則丹還九轉(《茅君內傳》),俯崆峒則金璨絕巖(《〔墨客〕揮犀》)。以蒼(《古今注》)以白(《穆天子傳》),以丹(《拾遺》)以玄(《瑞應圖》)。似知音而乃下(《瑞應圖》),若戒露以勿愆(《風土記》)。胡然報以赤玉(《張氏家傳》),有自賜彼金錢(《漢書》)。則又求知異虛曠之境(《朝鮮志》),雷門潛伏之鄉(《臨海記》)。赴雌之雄,交頸頡頏,如鐘磬之成響(《渚宮故事》);朵巢之日,拔毛委擲,謝氂眊之多忙(《隋書‧五行志》)。情動少年,艷蘇瓊之麗質(《廣記》);臂宣老叟,快李靖之奇逢(《逸史》)。愧爾病魔,竚冲飛于庭畔(《孝義傳》);得偕仙夢,時引舞于洞中(《秘閣閑談》)。跨之揚州已上(《〔殷芸〕小說》),放之徐亭不空(徐州)。子野之舒清韻(《瑞應圖》),羊祜之教舞容(《方輿》③)。若乃嘹唳孝子之宅(《南史》),迴翔老氏之宮(《靈驗記》)。六翮已摧,雙心俱怨(《英華》);小者何似,騫躍與共(《述異記》)。盛載歌于唉喋(《〔西京〕雜記》),小失望于觳觫(《世說》)。嘉叔偉④之芳塵,眇然烟滅(《述異》);憶華亭之往事,恨絕終凶(《世說》)。悲夫!坐客千人,未當背腹之用(《韓詩外傳》);加已百仞,莫控江海之遊(《楚策》)。止園池而喙稻粱,從來者遠(史)⑤;飴潭粟而飲溶水,貢獻以脩(《拾遺》)。曲頸而息,壽有徵也(《養生要論》);隨時而逢,木可登也(《抱》)。先期有喜(《清異》),夜半多知(《詩疏》)。步斗之看履迹(《埤雅》),兵爪之任指麾(《酉陽》)。勿墮網羅而爲鶉爲

---

① 《抱朴子‧釋滯》"南"作"西"。

② "加"當作"嘉",見《永嘉郡記》。

③ "《方輿》"未詳,見《世說新語‧排調》。

④ 《述異記》"偉"作"瑋"。

⑤ "史"疑誤,見《韓詩外傳》"喙"作"啄"。

鶾(邴原)，盉因金氣而比驥比騏(《相鶴經》)。一擧知山川紆曲，再擧知天地圓方(《雜經》①)。鵠即是鶴音之轉，後人以鵠名頗著，謂鶴之外別有所謂鵠，故《埤雅》既有"鶴"，又有"鵠"。古之言鵠不日浴而白，白即鶴也。鵠名浩浩②，晧晧，鶴也。黿龍鴻鵠爲壽，鵠亦鶴也。漢昭時黃鶴下建章宮太液池而歌，則名黃鵠。《神異經》鶴國有海鵠，其餘諸書或爲"鶴"，或爲"鵠"，以此知鶴之外別無鵠也(《爾雅翼》)，則又不可不辨也。

鷹

以余考爽鳩氏之紀官，而竊有感于鷹也。指重十字，尾貴合盧，嘴同鉤利，脚等荊枯。亦有白如散花，赤如點血，大文若錦，細班若擷③。生於窟者則好眠，巢於木者則常立。雙骹長者則起遲，六翮短者則飛急(並魏彥琛《鷹賦》)。故曰：金氣之英，瑤光之精(蘇頲讚)；在南爲鷂(《晉書》)，與鷂爲兄(《古樂府》)。俊積怒未形，睡夢其少覺(《裴氏新書》)；儻得霜自命，俊捷以誰并(《斂載》)。天子按此奇禽，憚生樞密(《五代史》)；都督表茲名物，嗜絶萬乘(《唐史》)。余考夫取之時，或爲上，或爲次，或爲下(《天中》)；名之目，一爲黃，二爲撫，三爲青(《廣志》)。五色鉅未(《唐書④要》)，八封從庚(《抱》)。翅短尾長，與鷂争其形似(《酉陽》)；青冥金距，逐兔錫以佳名(《〔西京〕雜記》)。愛其神俊⑤(《建康實錄》)，賞其翬飛(《爾雅》)。逸氣翻翻，校獵而決勝事(《酉陽》)；愁思慣慣，出籠以送餘暉(馬融書)。固請而行，試憶風塵之會(《載記》)；自應見在，竚看軍旅之威(虞潭)。其將軍之虎眈，噬心

① "《雜經》"未詳，見賈誼《惜誓》。
② 《法言義疏》卷十八引"鵠名浩浩"作"鶴鳴晧晧"。
③ 魏彥琛《鷹賦》"若擷"作"似纈"。
④ "書"當作"會"。
⑤ "俊"當作"駿"。

屬厭(《魏志》);如舍人之狐假,挈事亡歸(《〔益部〕①耆舊》)。乃若懸巖自縋(劉幸),掛棘相殉(《舊唐》)。寧三日不食(《典略》),勿所使非人(《舊唐》)。則夫孟卿之善吏(《東觀漢記》),行父之事君(《左》)。向郅都而側目(《漢書》),同尚父以絕群(上)。東門增其感泣(《史記·李斯》),西市想其餘芬(《北史》)。曲有歌于沔水(《水經注》),語有攝于博陵(《崔洪傳》)。化鳩而識者,猶憎其眼(《世説》);刑兔而議者,莫必其生(《鑑戒録》)。轘條有在(記),羅網勿尋(《王制》)。聳翮而升,雲際之鵰頓落(《幽冥》);摩空而下,盱南之猴以擒(吕南公記)。秋吟托詠(魏文帝《與繁欽書》),霜至行誅(《漢書》)。萬雀不以與抵(《抱朴》),一虎何弗相如(《〔墨客〕揮犀》)。説者曰:飽則高颺(《載記》),饑則爲用(《魏書》)。余于鷹也,又何置其否臧也歟。

鴈

邕邕鳴鴈(《詩》),順時翶翔(《書》②)。夫婦典禮(《白虎通》),兄弟序行(杜)。沂長川,凌洪波(賦),行則接武,鳴則相和(羊祜賦)。《大易》稱其"鴻漸于陸",羽儀盛也;揚子曰"鴻飛冥冥",騫翥高也。《淮南子》曰"東歸碣石",違溽暑也乎;平子賦曰"南翔衡陽",避祁寒也。爾其雅步清音,遠心高韻(《鴻雁③賦》)。避戈④繳而蘆唧(《古今注》),愛氣力而風迅(《禽經》)。門應高柳(《山海》),塞逾梁州(《〔梁州〕誌》)。山雖高若宕(禮),水縱下長浮(《南康記》)。一壑可遊,颭同集于廣野;間關非苦,排聲勢于晨風(賦)。吾擬西戎之得士(《説苑》),北狄之來同(《伽藍記》)。千百緒之孤懷,于焉却寄(《〔梅磵〕⑤

---

① 據《天中記》卷五九補"益部"二字。
② "《書》"誤,見《白虎通·嫁娶》:"贊用鴈者,取其隨時南北,不失其節,明不奪女子之時也。"
③ "鴻雁"當作"孤鴻",見盧思道《孤鴻賦》。
④ "戈"當作"弋"。
⑤ 據《天中記》卷五八補"梅磵"二字。

詩話》）；十九年之勁節，早幸相逢（史）。夢者之子乃行，飾言伯説（《春秋〔左傳〕》）；不才之間將處，幾幸天終（《莊》）。于以飛隨虞固（《典略》），集偶季龍（《載記》）；附會卿執（《伽藍》），忻賞農功（《白帖》）。指看舉于畫一（《〔南〕齊·顧歡傳》），篆莫考其文通（《晉史》）。窮海纍臣，歸期在望（《〔南村〕輟耕錄》）；關門太守，名刺幾空（皇甫規）。其入夢而事有相及（《秘閣閑談》），豈逃餌而害有或蒙（《隱逸傳》）。婦禮與成，異代已無慝德（《舊唐》）；史編可入，五嶺具見高風（《會要》）。縱南面之有時，願期引滿（項羽）；顧驚心之未去，技捷引弓（《策》）。胡自八字位缺（《〔物類〕①相感志》），累石文工（《梅磵詩話》）；蓋其慨然多緒（《北史》），雜且殊翁（《漢書》）。衡陽有不到之處（志），平沙見類聚之同（詩）。江南河北之間，中分腠疠（《古今注》）；屏氣潛行之役，詫利樊籠（《玉堂閒話》）。囊其毛，江流可涉（《博物志》）；取其翅，暑雨無攻（《酉陽》）。急需題塔（《新書》②），停望回峰（《太平志》）。子憑來往（《伽藍記》），自叶雌雄（《幾説》）。又何不仲父見重（《管子》），而駭者取容（《新序》）。茹古氏曰：良人遠戍，賤妾孤居。憶紫塞之年盡，恐青樓之夜虛。莫不聞之者憤悗，聽之者漣如（賦）。霞侵天路，月映河津。婉③轉豈能無別意，千行何事只書人。吾羨爾兄弟取翩之勢，勞爾春秋往來之頻。其收拾以滿天之物色，而卑喧以比地之風塵也哉。

鵲

　　夫有鵲不爲鵲也哉（史），生無隱嘿，質有玄素（徐勉賦）。饑食苔華，渴飲清露（《魏德論》）。性何知避歲（《説文》），理所由向風（《淮

---

① 據《天中記》卷五八補“物類”二字。
② “《新書》”疑誤，見《唐摭言》卷三：“進士題名，自神龍之後，過關宴後，率皆期集于慈恩塔下題名。”
③ 袁宏道《雁字》其二“婉”作“萬”。

南》)。類集而尺①肉懸，聚散所由然也（上）；乾燥②而行人至，瑞應固相蒙乎（《西京雜記》）。則夫神女名似（《古今注》），飛駁③形通（《爾雅》）；先此陽氣（《通卦〔驗〕》），巢在季冬（《禮〔記〕》）。削竹以成其巧（《墨子》），飾鏡以美其容（《白帖》）。崑山之傍，玉璞有事（《鹽鐵〔論〕》）；清溪之上，金雌從供（《洞冥記》）。槐腦啄成鳴噪，胎卵兮俱廢（《天玄主物簿》）；枕石媚入金簪，瑙耳兮何庸（《投荒雜錄》）。玄衣出使（《僉載》），素影來同（《拾遺》）。則有省梧之上（《酉陽》），麥浪之東（《五代史》）。取其翅，雌耶雄耶（《淮》）；驗其尾，傍風背風（《東方朔〔別〕④傳》）。山絶園中採粟，群飛于湖際（《拾遺》）；功臣仙觀啣柴，雙效于雲封（《酉陽》）。若夫附權勢而道喜（《舊唐》），報太平而什疑（《宋高僧傳》）。神氣蕭然，自適王澄之興（《齊書》⑤）；憂懷相逐，誰共子景之悲（《南史》《宋書》）。巢之帆檣（《吳志》），巢之磽石（《舊唐》），非云吉兆；相思中酒（《淮〔南萬畢術〕⑥》），向夕生風（《北齊》），是否前知。東家訴訟之時，占從管輅（《魏志》）；雪山脩道之日，具報芻尼（《傳燈》）。而不見西軒之遊，徘徊而翔玉（《金坡遺事》）；雕陵之役，踴躍以褰裳（《莊》）。幻化有時，椎之而金作印（《搜神》）；繕葺忽爾，銜之而筆可梁（《酉陽》）。當循名責實之朝，斯與縱逸（《雜五行志》）；豈好生惡殺之主，不可頡頏（《孫卿子》）。如是橋邊月下（李詩），繞樹依枝（魏武帝詩）。縱昧知往之哲（《淮》），勿集高城之危（《莊》）。受卵傳于午日（《酉陽》），髡頭約于秋期（《爾雅〔翼〕》）。斯鵲也，賦爲巢者曰：俯仰求容，冀資拾芥之力；縱橫止止，顧就積薪之功（陳仲郎⑦賦）。賦背太歲者曰：不可巢南，如在離宮之內；無因逐北，如當子

---

① 《淮南子·說林訓》"尺"作"赤"。

② 《西京雜記》"燥"作"噪"。

③ "駁"當作"鷃"，見《爾雅注疏》"鸛鷃醜，其飛也鷃。"

④ 據《太平御覽》卷九二一補"別"字。

⑤ "《齊書》"誤，見《晉書·王澄傳》。

⑥ 據《太平御覽》卷九二一補"南萬畢術"四字。

⑦ "郎"當作"師"，見陳仲師《鵲始巢賦》"止止"作"居止"。

午之中(賦)。悲夫! 一朝完葺, 卒歲優游。曾無嫌于摧枯拉朽, 又何羡乎命侶引雛(並見《英華》)。

烏

烏之爲瑞久矣, 以其反哺識養, 故爲吉焉(《運斗樞》)。是以《周書》神其流變(《尚書中候》), 詩人瞻①其所集, 望室者瞻其爰止(《詩》), 愛屋者及其增歎(《六韜》), 兹蓋古人所以爲稱(成公綏《烏賦序》)。余考其種類, 燕耶養②耶, 頭俱白而群飛有翼(《水經》); 雅耶慈耶, 色既別而反哺無同(上)。什鸒斯以卑居③, 試訂訛于壁屋(《爾雅》)。求榮臺于姣好, 幾見捕于弁童(上)。昉諸天地之初, 三白始育(《三五曆》); 參諸陰陽之數, 三足俱奇(《抱朴》)。聲叶以呼, 似有取于助氣(《説文》); 秉精以日, 更有散于瑶輝(《運斗〔樞〕》)。則夫搆起靈臺, 相風鈴而雄壯麗(《述征記》); 蕭兹柏府, 共豸繡以飾威儀(《漢》)。凌西極以翱翔, 其王母之所使(《括地圖》); 借上林而栖息, 其聖主之所希(《世説》④)。説者曰: 至孝則出(《周書》), 敬宗廟可期(《齊書》)。亦有遠人懷惠而至(《魏書》), 人子躬行以幾(《孝子傳》)。卒大業而瑞臻, 火流王屋(《尚書緯》); 得神書而元改, 雀止龍門(《吳曆》)。桐丘來奔, 吾以瞻之楚幕(《左》); 平陰其遁, 吾以候之齊屯(上)。所憐者燕丹頭白(史), 顔烏口傷(《異苑》)。助蕭放而悲鳴鼓翼(《北齊》), 感聖俞而慷慨迴腸(《〔石林〕燕語》)。所嘖者集戟不再(《長安志》), 唧繳以靈(《世説》)。軍行隨有其象(《僉載》), 天台偶有其形(《唐書》)。坐看翅飛, 知天雨之候(《酉陽》); 相從行列, 快明旦之偏(《南史》)。册配之有良

---

① 成公綏《烏賦序》"瞻"作"尋"。
② 《水經注》"養"作"蒼"。
③ 《爾雅注疏》"卑居"作"鵯鶋"。
④ "《世説》"疑誤, 見《隋唐嘉話》: "李義府始召見, 太宗試令詠烏, 其末句云: '上林多許樹, 不借一枝栖。'帝曰: '吾將全樹借汝, 豈惟一枝。'"

緣，啼以村夜（志）；豢養之多平昔，乞可席前（《僉載》）。頓起沉痾，小過占之爻象（《洞林》）；誦言苦行，脩德差可回天（《〔晉〕[1]南京寺記》）。窖藏竊發之辰，飛聲而訝往事（《高僧傳》）；中夜寢處之際，啄口而問前冤（《陳書》[2]）。裴俠兒群，非咄咄而無語（西魏）；子猷兄弟，寧啞啞以文喧（《世説》）。若乃新豐肇漢（《世説》），武昌瑞吴（《吴志》）。望追騎而指伊樹（《高僧》），美驍射而繪新圖（《風俗》）。信宿城闉如故（貞元四年），應時臺望不孤（《拾遺》）。甘露同祥，無從比于叔和（《孝子傳》）；銅環具在，異所獲于潛之（《酉陽》）。馬圈失迷之時，相憐行使（《元和志》）；輦轂肅清之地，庸省捕兒（温璋）。攫肉之有知（《漢書》），投丸之與期（張勃《吴録》）。甲乙耶以辨（鴉語），八九子以宜（《樂府〔詩集〕》）。善避矰繳（《禽經》），從遊拘耆（《法苑〔珠林〕》）。又詎見其傳涎而孕（俗[3]），引脰以悲（《管》）。烏兮烏兮，來如雨集，去似雲散；哀鳴日夕，鼓翼昧旦（成公綏賦）。事將兆而獻忠，人反謂爾多凶；凶不本于爾，爾亦安能凶（梅聖俞《靈烏賦》）。譬[4]于未形，恐于未熾。知我者謂吉之先，不知我者謂凶之類（范希文賦）。吉可喜，凶可悲，感物之意有殊塗而同歸者矣。

燕

玄鳥氏，司分者也（《左》），齊曰燕，梁曰乙（《方言》）。布窠巢之列列，孕子鷇之嚶嚶。銓先後而均哺（盧湛賦），酌輕重以均衡（陸佃）。其入幕之遊，相忘後患之及（《左》）；其處堂之哺，寧知烈餤之悲（《孔

---

① 據《天中記》卷五九補“晉”字。

② “《陳書》”誤，見《南史・司馬申傳》。

③ “俗”未詳，見《天中記》卷五九引《禽經》“烏以傳涎而孕”。

④ 范仲淹《靈烏賦》“譬”作“警”。

叢》）。上下雲際，頡頏水湄（賦）。更巢而乳（顧①玄暐），差池而飛（《詩》）。比額入相（班超），于尾興謠（《漢》）。祥兆于素質（《宣城記》），諛貢于豎毛（《載記》）。于以徵之內向（《瑣碎錄》），覘其尺梁（上）。海渴江枯，投游波而立泛（《〔物類②〕相感志》）；庭虛門寂，剪桐葉以靡徨（《天中》）。聰敏博識之流，語從行道（《高僧》）；推移先覺之聖，事紀浮津（《十六國春秋》）。索師曠事晉之年，色有叶于金德（《拾遺》）；值郗鑒避亂之日，蟄有掘于虫氓（《晉中興書》）。躍入雲中之夜（《續異記》），同遊溪水之濱（《燕女墳記》）。長吁則音信與寄（《遺事》），馴狎則几案相親（《陳書》）。如以明其貞，遺殼有存，曾無疑于更偶（元貞二年）；所以肆其妒，嗉中有物，或亦驗其僵兒（《閑語》）。恨生羽翼之詩，回首雲軒，不堪再顧（《摭遺》）；雅慕黃老之術，爭看窀穸，頓爾加遺（《蘇州塚墓記》）。則又以驚吳宮之或失（《吳地志③》），訝春城之不歸（《澹山雅④識》）。鍾聲似未有樂（《左》），鼓角若重以悲（《中州集》）。其藍田之所深痛（《史記》），其茂陵之所加遺（《〔漢書⑤〕名臣奏》）。酒泉並列（《涼州記》），玉筐有司（《呂》）。依王謝兮不去（後魏），賀大廈兮以時（《淮》）。鼓鬭終朝，弱竹供其案牘（後魏）；過浸赤地，林木終以窮奇（元嘉年）。抑亦五百歲而生髭髯（《酉陽》），戊巳日而避塗泥（《博物》）也哉。嘲唽間關，倏忽瀏⑥溅；來如隼擊，去若鳧跐（盧賦）。逐仙羽以長生，馴主人而含識。霽光分曉，出虛竇以雙飛；微陰合暝，舞低簷而並入（樊晦《燕巢賦》）。殺氣澄秋，晴光滿曙。縱眷乎此巢可居，固難以久而不去。巢兮徒有，空思其所葺（侯喜《秋燕辭巢賦》）。

---

① "顧"當作"崔"，見《新唐書·崔玄暐傳》，"而乳"作"共乳"。
② 據《天中記》卷五九補"物類"二字。
③ 《太平御覽》"志"作"記"。
④ "雅"疑作"雜"。
⑤ 據《太平御覽》卷九二二補"漢書"二字。
⑥ 盧諶《燕賦》"瀏"作"瀏"。

雀

舊傳公冶長能辨雀語，喈喈嘖嘖："白蓮水邊，有車伏粟，車腳淪泥，犢牛折角，收之不盡，相呼共喙。"而余有感于雀也(《海録〔碎事〕》)。履武儀①文，班固《神爵》之頌；栖庭集牖，曹植《嘉雀》之論(隋許善心《頌序》)。時化蛤(《〔禮〕記·月令》)，間抵鷹(《抱》)。穿屋若有(《詩》)，賀厦每曾(《淮》)。變化聞于入水(《禮〔記〕》)，翔集見于依人(《説文》)。於以化丹書(《尚書中候》)而牽黄犬(漢)，稱憑霄而號佳賔(《古今注》)。采之崑丘(《漢武内傳》)，獻之條支(《白帖》)；入以任城(《異苑》)，集在不其(漢)。試看九齡之樹上(《合璧》)，知謇之庭幃(上)。頸可黥(周太祖)，翅可鼓(司馬彪詩)，懷可馴(《唐》)，肩可隨(《北齊》)。更以悉其舞態(《述異記》)，賞其躍私(《莊》)。奪何工于巢燕(白居易《詩話》)，驅每狎于背雞(《洞林》)。鳴叢棘以有兆(《〔陳留〕②耆舊》)，焚突棟以無知(史)。好蚙曼延，竍見長吏之素(《唐書》)；鷇雛徒探，無救主父之饑(《史》)。孝子精誠，感相知于入幕(《晉書》)；奚奴方術，任長嘯于空帷(《異苑》)。綴五彩而嚴上下(《孔叢》)，集萬餘而亂尊卑(《搜神》)。于以徵聖人之德(《晏》)，專貝多之奇(《述異》)。覆粟猶存，試過河内之野(《益部〔耆舊傳〕③》)；炳離有象，共占太史之靈(崔信明)。如此環矣，啖黄花而朝朝暮暮(《葆光》④)；謂非錢耶，憩春色而夢夢醒醒(《晉書》)。則夫夷中未有(《邵氏聞見》)，小人雜居(《燉煌雜居⑤》)。從者可慎(《家語》)，擇者無虞(《酉陽》)。爭巢而燕之不顧(《埤雅》)，同穴則鼠之與俱(《沙州記》)。瞀鼓颯來，夕昏其未有著(《感應經》)；脂鉼相引，雨露所不能濡(《埤

---

① 許善心《神雀頌序》"儀"作"戴"。
② 據《太平御覽》卷九二二補"陳留"二字。
③ 據《太平御覽》卷九二二補"耆舊傳"三字。
④ "《葆光》"誤，見《續齊諧記》。
⑤ "雜居"誤，見《敦煌實録》。

雅》）。却火名珍，浴沙塵而受卵（《杜陽》）；知更夙慧，應玉漏以長呼（《遺事》）。其爲王孫乎，彈于何挾（《莊辛對楚王辭》）；將爲廷尉乎，羅未以鋪（《鄭當時傳》）。則猶曰：鳳之黨莫及（《摭言》），而鵠之志安知乎（《史》）。

鵝

鵝鵝，曲項向天歌（唐詩），行有列（《埤雅》），飛有俄①（《字説》）。既能驚盜，亦能却蛇，何從悲阨（《志林》）；同類而拍翅，異類而差翅，是否性靈（《禽經》）。南道酉豪，多有挾繳之用（《〔嶺南〕②異物志》）；嬰兒驚癇，將無踐履之形（上）。若夫屠殺而饗靈祠，用堪祈雨（事）；鳴翔而出他事，日且聽經（《兩京記》）。驗象使巫，妙絶苑中之寂寂（《抱朴》《吳志注》）；尋聲覓影，憐深溪水之冥冥（《〔廣古今〕五行〔志〕》③）。金色而發九臯之響（《幽明録》），銀鑠而起元鼎之文（《酉陽》）。鬭者指其長技（德宗），鳴者想其驚聞（沈充賦序）。知味以別（《秦記》），引導以群（《異苑》）。則以紀駱家之幼慧（《〔唐詩〕紀事》），卜沈氏之中興（西京）。戲有先于一夜（《世説注》），稅何權于雙生（《聞見録》）。城角于飛，國諱若有其象（《晉書》）；帳裏頻入，戎索竚取其徵（《宋書》）。贖負擔于録事（《僉載》），題紙尾于江陵（《三國典略》）。作黃金以鼓鑄（《唐書》），表尺木以浮沉（《舊唐》④）。中書之詔文猝辦（江淹），東堂之凤恨已深（劉毅）。俎落宰夫，謝鸞刀之從事（劉璡）；禮私太守，訝斗酒之多盛（《南史》）。欣然而籠，山陰之書法固在（《仙傳拾遺》）；遽然而饗，官家之往意誰争（《世説》⑤）。蓋用之爲私覿

---

① "俄"疑作"儀"。

② 據《太平御覽》卷九一九補"嶺南"二字。

③ 據《天中記》卷五八補"廣古今""志"四字。

④ "《舊唐》"誤，見《隋書·堯君素傳》："時圍甚急，行李斷絶，君素乃爲木鵝，置表于頸，具論事勢，浮之黃河，沿流而下。"

⑤ "《世説》"疑誤，見《晉書·王羲之傳》。

（《禮》），養之以尊生（禪語）。余愛其翠尾有屬（《內則》），筆意相追（黃詩）。頑而傲者爲性（《禽獸決録》），貴而賤者猶婢（魯直者注）。對酒以有會（杜〔甫〕），惱隣以無知（杜〔甫〕）。後軍之作别京都，紀蒼色，紀龍頭，莫可賞直（《俗説》）；沈朝之述異天寶，始喙敗薦，既唧芻草，似有深情（《寰宇》）。乃如充庖聊足（《孔〔帖〕》），負籠不驚（《酉陽》）。頎①丘之師，視鸚而别有願（《左》）；淮西之夜，共鴨而擊有聲（《唐史》）。亦鵝事之亨哉。

鴨

　　覽兹班色（《金樓子》），異彼白縷（《太玄經》）。爭戲以水藻（《後室②》），入味以金羹（《蜀記》）。隨岸以呼，從異類之伏（《風俗》）；自海而得，悲亂世之違（《博物》）。向松間而息（《南越志》），望翠水而飛（《洞冥記》）。曾落霞與共（《滕王閣賦》），勿短脛興悲（《莊》）。放栖之以五日（《瑣碎録》），卵育之以冬時（《唐③志》）。雅會堪需，嗣徵于玄鶴（《唐〔子〕④》）；南園同惡，見異于野狸（《舊唐》）。余感夫青綺文襦，信宿三童子之化（《天中》）；訝夫宫階庭畔，倏忽白頭翁之期（《述異》）。糞金所由，累三世官高使府（《嶺南異物志》）；蒲鞭有在，自一夕法絶家婢（《僉載》）。池遊丁密（《廣州先賢傳》），廬狎頓琦（《〔廣州〕⑤先賢傳》）。諒陰而競物玩（《江表〔傳〕》），小巧而作欄私（《吴志》）。憑地飛遷，想庶人之脩贄（《周禮》）；于藻馳逐，擬士卒之和嬉（《後漢》）。僻所嗜以相遺，餉爲至厚（《語林》）；善爲謔而上進，橐且告垂（《葆光》）。偶一引弓，則歡然拜舞之聲，政堪圖繪（《唐書》⑥）；從驚入夢，

---

① 《左傳·昭公二十一年》"頎"作"赭"。
② "室"當作"漢"，見《後漢書·劉陶傳》。
③ "唐"當作"廣"，見《齊民要術》引《廣志》。
④ 據《天中記》卷五八補"子"字。
⑤ 據《天中記》卷五八補"廣州"二字。
⑥ "《唐書》"誤，見《周書·賀拔勝傳》。

則哀鳴請乞之狀，那弗大悲（《夢雋》）。如是迫之則隱，馴之則前。繞菰蒲而相逐，隔州渚而相先（李邕《鬭鴨賦》）。于以耻園雞之戀促，悲塞鴻之赴末，傷雲雁之嬰繳，懼泉魚之受餌（《江西①孤鳧賦》）。誰曰不然。

雞

雞之爲言佳也（《説題〔辭〕》），取巽之象（《易》），禀火之精（《説題辭》）。性惟司夜（《韓子》），職在鳴晨（《太玄經》）。候天星兮肆赦（北齊），儷金馬兮爲神（《漢書》）。賦之者曰：秀尾蒼距，丹頸玄膺（張文潛《鳴雞賦》）。膠膠風雨（《詩》），膒膒晨星（古詞）。傳在雒陽，祝祝所自起（《博物志》）；化從朱氏，冄冄所繇承（《風俗》）。第不知伯勞有其名字（《列仙傳》），工商具此聲稱（《周禮》）。三歲爲株，時塗膏以數勝（《莊》）；十日幾木，繇全德以徵應（《陳留風俗賦》）。隨鼓節而更不亂（《天中》），如吹角而潮可聽（《輿地志》）。終日映水（《博物》），濡時鑑形（《異苑》）。試過狼育之野（《天中》），馬韓之群（《四夷傳》）。水南之有石穴（《廬〔山〕記》），天翰之有錦文（《爾雅》）。金鉸胡髯兮，竊異并州之獻（西河②）；重翼四距兮，會識神龍之分（《白澤〔圖〕》）。或紅碧以舒角（《韻府》），或陰陽以和鳴（《相感志》）。或承露而有象（《江表傳》），或鑽籬以成名（僧）。若乃憚犧牲于廟祀（《〔左〕傳》），占戎馬之郊生（《淮》）。將尸作其氣（《策》），半露識其精（《晉書》）。未渡秦關，悵悵三千之客（《史》）；幸還燕塞，漫漫昧旦之聲（《本記》）。慁次徘徊，快縱談之有致（《幽冥記》）；夜中夢覺，勞起舞之惟頻（《晉書》）。把牒以申詞，官聯冥府（《僉載》）；長鳴以請命，情切市人（《西河〔記〕③》）。飛入陳倉，兆西戎之得霸（辛氏《三秦記》）；棲來渭水，作皇始之多奇（符秦書）。即鼓翅以衆多，差池其羽（後魏）；乃破卵以控

---

① "西"當作"曲"。

② "西河"未詳，見《廣志》。

③ 據《天中記》卷五八補"記"字。

地，恍忽有知(《高僧傳》)。響飛山澗(《異苑》)，而便以伴什氏之塚纍纍(《宋高僧傳》)；火縱軍營(《晉中興書》)，而並以嘘邑宰之治卑卑(傅琰)。了不鳴盤之怪(《甄異録》)，是否登背之禎(《洞林》)。邱伯之禍不旋踵(《淮》)，路人之利絕生平(《尹文子》)。烏衣有婦人相通夢寐(《斂載》)，太學有公子立正典刑(《御史臺記》)。豈曰素封，糞忘剔于里肆(《斂載》)；自多清論，卵曷賦于吳興(《南史》)。余謂棄肋可惜(《九州春秋》)，含舌自靈(《〔漢〕官儀》)。愛勿野鶩(《南史》)，聽匪蒼蠅(《詩》)。幾同抱罪之臣，展其後效(《吳志》)；試問平陰之役，應可相爭(《左》)。函牛而烹之乎，器不自勝(《後漢》)；張弓而祝之耶，理則安明(劉向)。魯所致謝于越(《莊》)，玉則不敵以金(《百官志》又記)。誠戒惟家之索(《書》)，寧甘處甕之深(《莊》)。余且向雞而言曰：嘿幽窻之紽紽，恍余夢之初驚。委更籌之雜亂，和城角之凝清。應雲外之鳴鴻，弔山顛之落星。歌三終而復寂，夜五分而既明。萬境皆作，車運馬行。先生杖屨而出，觀大明之東生。①

雉

以余聞少皞氏之官工正也(《〔左·〕昭》)，曾不處于下隰②(《肆考》)，聊見禀于機星(《運斗樞》)。彼雷在地中，若以感其至性(《五行志》)；如雨欺③木末，直以遂其孤汀(《博物志》)。則夫不再合而信(《化書》)，絕有力而趨(《説文》)。中旄旌其作貢(《書》)，美山龍其相披(《書》)。蓋飾形而日麗(《車服注》)，扇作尾而雲移(《古今注》)。于以爲后妃之服(《埤雅》)，士子之儀(《禮〔記〕》)。列粉堞以成障(《公羊》)，畫墳衍以分畿(《埤雅》)。朝飛兮作操(《公羊》④)，喝采兮與規

---

① 張文潛《鳴鷄賦》"紽紽"作"沈沈"，"凝清"作"淒清"，"既明"作"既更"。
② 《山堂肆考》卷二一二"隰"作"濕"。
③ 《博物志》"欺"作"棲"。
④ "《公羊》"誤，見揚雄《琴清音》。

（音劉毅）。所不解幻化其形，傳弓足於女子（《漢書》）；尤異張皇其語，假曲領于大人（《北史》）。明德之貢獻爲奇，試問南越相傳，白者有種（《抱》）；一時之飛射不偶，將無西方叶兆，罿者絕倫（《瑣語》）。儉德有成，已下焚裘之詔（《〔晉咸康〕①起居注》）；國瑞何似，竮供列俎之珍（《三國典略》）。馴飛于禁衛（《五行志》），朔集于咸通（《孔帖》）。聽經想其舊識（《什氏通典》），古驗快其英風（《舊唐》）。遡武庫于張華，無繇蛇作（《〔孔〕帖》）；問負担于楚子，將紀鳳蹤（《尹文子》）。酒置愁臺，對野人而泣性（《孔帖》）；情私庚邑，遇婦子而凶終（《左》）。將彼婦之一笑（呂），聽老嫗之相尤（《列異》）。早撤翳而亡客（《吳〔志〕》），任銘柱以承麻（《魏志》）。春秋之間，晨出而夜還，惟鈌奇于孫氏（《吳志》）；左右之屬，逐鷹而鬥大，試紀事于昏侯（《南史》）。當法會之與爭，念從長樂（《三國典略》）；若驕心之未警，快可豫遊（《南史》）。其爲陰晴之候（《中〔和〕②集》），疏趾之推（《曲禮》），艾如張也（《樂府》），媒以誘之（上）。十步一啄，百步一飲，信不樊中之畜（《莊》）；文彩而章多（《説文》），耿介而一志（劉禹錫《明贄論》），誠是擅澤所希（《抱》）。已矣乎！彼黿何辜？而腹將刳，乃願掉于泥塗；彼雞何知？方論其肥，乃自斷于郊犧（裴損③《雉尾扇賦》）。山梁雌雉，時哉時哉！下有以中牟紀異（魯恭），上無以肜日書災（《書》），又誰昧其從來。

總鳥

乃④之羽民，是生百鳥，則羽蒙也歟哉（《歸藏·啓筮》）。從教擇才（《左》），未久處籠（鸚）。非同凡者之卑卑，置同外厩（朱浮書）；不必

---

① 據《太平御覽》卷九一七補“咸康”二字。
② 據《天中記》卷五八補“和”字。
③ “損”當作“振”。
④ “乃”當作“占”。

高者之惜惜，並歎良弓（《史》）。大都因陽氣以滋育（《淮》），或亦掌晳
蕛以追從（《周禮》）。又何矜誩于遺卵（《詩》）衒書（東洲）之往事，而紀
其爲舞雲（《東觀〔漢記〕》），爲背風也哉（史）。夫其翼若比（《宋書》），
其心幾同（上）。言則以傳（《山海》），命則有共（什氏書）。遡帝江之妙
靡（王顯《詩序》），由木客之混濛（《述異》）。馮雲霄而吐色（《拾遺》），
傲雷電以凌空（經①）。其從來于弱水（《海録碎事》），其問直于海宮（《符
子》）。笙竽有聲，既奮翅以迪吉（《酉陽》）；虎狼具在，那肉翩以終凶
（《拾遺》）。爭顔色以取憐，金如何漱（《酉陽》）；入衣袖以蒙幸，玉未
有窮（《舊唐》）。若乃兵戈之象（《隋書》），水（《山海》）旱之期（《樂叶圖
徵》），可以禦疫（《山海》），可以已痢（遠翹）。可以速孕（《續博物》），
而且服之不眯（《山海》“鴒鶐”），佩之不惑（“灌〔灌〕②”），食之不饑
（“鸜鵒”）。綏任吐吞，曾何問于風雨（《述異》）；丹幾形似，又何輟于
晝昏（《酉陽》）。聞人語而索解（《拾遺》），候主霸而環屯（《説苑》）。狂
若以肆其穢（孔融《周歲論》），香若以資其薰（竺法集③疏）。或衒羽之有
事（《韓子》），勿反舌之相聞（《周禮》④）。豈王母之有長生，玉函以守
（《雜右⑤》）；料聖人之還再出，古鼎相尋（《拾遺》）。所不解鳴情未達，
終日歸飛，莫及計于十千萬里（《水經》）；又有異毛羽外形，顧影悲絶，
伊誰憐于石室黃金（《南康記》）。余想其聲，神仙卜筮之學，別工符咒
（《聽聲考詳録》）；察其性，冠勇帶仁之際，多且樂纓（《〔禽〕經》）。
啞啞（烏）、嗹嗹（鶯）、喈喈（鳳）、啾啾（鳳⑥）、嘒嘒（雉）、咿咿（雞）、
嚶嚶（鷺）、喳喳（鵲）、呷呷（鴨）、喈喈⑦（鵠）、嗅嗅（鵰），于以審其

----

① “經”未詳，見《幽明録》。
② 據《山海經·南山經》補“灌”字。
③ “集”疑作“真”，見《天中記》卷五九引竺法真《登羅山疏》。
④ “《周禮》”誤，見《禮記·月令》“反舌無聲”。
⑤ “右”當作“俎”，即《酉陽雜俎》。
⑥ 《禽經》“鳳”作“凰”。
⑦ 《禽經》“喈喈”作“喏喏”。

奇語；而以怨望(鶴)、以貪顧(鷗)，以嗔①視(雞)，以怒瞋(鴨)，以猜懼(雀)，以狂昐(燕)，以喜囀(鶯)，以悲啼(烏)，以潔唳(鶴)，以凶叫(烏②)，以愁嘯(鷗)，更以悉其視鳴(並《禽經》)。如是多識于鳥之名也乎。

---

① 《禽經》"嗔"作"睍"。
② 《禽經》"烏"作"梟"。

第二十八卷

麟

　　昔人未見麟，問嘗見者：麟何類乎？曰：麟如麟也。問者曰：若嘗見麟，則不問子矣；而云"麟如麟"，尚可解哉(牟子《理惑論》)。夫至仁則出(《詩義疏》)，共主乃生(《春秋感精符》)。食嘉禾之實，飲珠玉之英(《瑞應圖》)。其曰遊聖，曰歸和，曰美①綏，曰扶幼(《孔帖》)。而抑行中規，折中矩，不群居，不旅行(《宋·符瑞志》)。如是毛蟲推長(《大戴》)，歲星淪精(《保乾圖》)。百獸兮爲瑞(《晉書》)，四靈兮乃名(《禮〔記〕》)。于火得生，脩母而致子(〔蔡邕〕②《月令》)；于木相感，日蝕而月明(《春秋演孔圖》)。在苑(《宋書》)在囿(《中候》)，在田(唐詩③)在庭(《吳越〔春秋〕》)，有得于視明禮脩之教(〔蔡邕〕④《月令》)，無縱以刳胎破卵之刑(《感精符》)。竚想吾家，角已總于顧和(本傳)；相期天上，頂可摩于徐陵(《南史》)。衰周之素王者誰，空中秘授(《拾遺》)；開國之功臣非偶，閣上標題(《漢書》)。居天子之廏而名似(唐)，行麻姑之酒而味滋(《〔神〕仙傳》)。幾來猛獸當塗，恐惕倍至(《晉書》)；幸勿犬羊處室，豢養相欺(《騷》⑤)。語自終軍改元，有事于

---

　　① 《宋書·符瑞志》"美"作"養"。
　　② 據《天中記》卷六十補"蔡邕"二字。
　　③ "唐詩"未詳，見《尚書大傳》引《唐傳》："游田，堯時麒麟在郊藪。"
　　④ 據《天中記》卷六十補"蔡邕"二字。
　　⑤ "《騷》"誤，見賈誼《惜誓》。

漢武(《漢書》)；棄從車子非時，見泣于仲尼(《家語》)。元和之間，郡國上者接踵；季龍之會，司虞調以駕芝。蓋自晉以降，無代無有；而孟蜀之邦，至多于犬彘，不知果何物也(《路史》)。故曰“麟之爲靈，昭昭也”(韓〔愈〕)。

獅

有絶域之神獸，因重譯而來擾。其爲狀也，闊臆脩尾，勁毫柔毳，鈎爪鋸牙，藏鋒蓄鋭，弭耳宛足，俟①間借勢(《虞世南集》)；狀之者曰毛大如斗，目光如電，聲吼如雷(《東觀〔漢記〕》)。又曰虎見之而伏，熊見之而躍，豹見之而瞑(《天中》)。似麟無角(《後漢》)，類虎少青(《癸辛〔雜識〕》)，黄白易色(《南史》)，大小希聲(《華嚴》)。于以用之絶絃，用之拂蠅(《酉陽》)。明珠吐色(《冥報記》)，蘇合芬馨(《酉陽》)。邪魅者若何相避(《〔益州〕②名畫録》)，五百里曾不留行(《穆天子傳》)。屬厭以毛羽之倫，吹而脱落(《輟耕〔録〕》)；經過至洛陽之里，無敢吠鳴(《博物》)。試問天竺大嶺之間，哮哮檻檻者何以血若泉湧(宋炳《擊象圖序》)；而不見林邑象浦之國，紛紛錯錯者乃爾望之風奔(《宋書》)。偶縶郵亭，訝風雨之驟至(《雞跖集》)；相看畫壁，快血肉之淋漓(《〔歷朝〕③家怪録》)。稔鄴侯之誣，無從納賄(《高士傳》)；洩邵篪之氣，有誚殊倫(《詩話》)。毋自忙④然，吼有憐于陳慥(《傳燈》)；未幾禍至，殺有齘于俊臣(唐)。如是樂非朝會不作(《肆考》)，夢至大尉有奇(《齊書》)。故犴狴之相憐而稱救苦(《肆考》)，豈鷹犬之不畜而給厚資(《唐書》)。則吾以之賦吾獅也。

---

① 虞世南《獅子賦》“俟”作“伺”。
② 據《天中記》卷六十補“益州”二字。
③ 據《天中記》卷六十補“歷朝”二字。
④ 《景德傳燈録》“忙”作“茫”。

象

南方之美者，有梁山之象焉（《爾雅》）。身倍數牛，目不踰豕。鼻爲口役，望頭若尾（《〔南州〕①異物志》）。雖外魁梧，吞之且有先于蚖蚺（《博物志》②）；彼中豪族，蓄之曾何異于馬牛（《嶺表録異》）。立名字以相呼，似解人意（《〔虞衡〕③志》）；從箕杵以起見，那悉盈眸（《弘明集》）。則夫送諸伊水之野（《始興記》），歸爾林邑之隅（《漢書》④）。縱堪水上出没（《天中》），還思樵徑招呼（《酉陽》）。時在偓兵，豈嬰乎燧尾（《左》）；上惟賤賄，寧惜乎焚軀（《志》⑤又《〔放〕馴象賦》）。忽爾三頭，至來格殺之慘（《南史》）；相看拜舞，競誇貢獻之殊（《漢》）。乃若王敦問鼎之際（《晉書》），孫權祖道之餘（《吴書》）。而且小兒刻船之知（《江表傳》），夢者焚身之虞（《異苑》）。博識見之徐鉉（《類苑》），宏詞賞之獨孤（《杜陽編》）。感之以成忠憤（《〔明皇〕雜録》），用之以踐罪孥（《唐書》）。抱病銜恩，沙門（《西域記》）之與大客（《異苑》）；代耕負義，會稽之與蒼梧（《世説》⑥）。思聖人昭儉之心，無勞遠使（《唐書》）；備元會充庭之飾，非舛物宜（《舊唐》⑦）。五彩屏風，七寶坐床，廣哀數人之聚（《伽藍記》）；錦繡垂身，金羈絡首，遮莫列宴之奇（《〔嶺表〕⑧録異》）。帖耳伏罪（《癸辛雜志⑨》），束鼻與師（《典略》）。何自而鳴三匝（《寰宇》），應否以辨兩詞（《僉載》）。莊有傳于洛邑（《山川紀

---

① 據《天中記》卷六十補"南州"二字。
② "《博物志》"疑誤，見《山堂肆考》卷二一八引《格物論》："象雖魁梧而蚺蛇能吞之，三歲而出其骨。"
③ 據《山堂肆考》卷二一八補"虞衡"二字。
④ "《漢書》"誤，見獨孤授《放馴象賦》。
⑤ "《志》"未詳，疑即《左傳·襄公二十四年》"象有齒以焚其身，賄也"。
⑥ "《世説》"誤，見《帝王世紀》。
⑦ "《舊唐》"誤，見《晉諸公讚》。
⑧ 據《天中記》卷六十補"嶺表"二字。
⑨ "志"當作"識"。

異》），坑有掘于隋軍（《北史》）。吸水以怒（《安南志》），嗜酒而醨（《視聽録①》）。其爲覆草之舉乎，唾盂有象（上）；其爲懸竿之舉乎，烟火相聞（上）。夫三年字孕（《説文》），四時瞻憑（《埤雅》）。見皮而泣（《雜俎》），脱牙與争（《異物志》）。性殊雌妬（《山海》），時畏犬狺（《視聽抄》②）。以青（《北户》）以白（《瑞應》），以舞（《吳書》）以馴（《杜陽編》）。越童所以見制（《論衡》），子喬所以命乘（《豫章記》）。那負不死之藥（《瑞應圖》），從教至味之烹（《吕》）。則得之意想（《韓》），而散自瑶精（《運斗樞》），固有如斯也哉。

鹿

鹿其純善之獸哉（《瑞應》）。禀精瑶光，重江淮之典（《運斗樞》）；伺權道粗，廣王者之仁（《瑞應圖》）。登宗廟之堂，清净爲性（山谷）；作道家之脯，爻③卦非辰（陶氏書）。不任觸（《古今注》），每多驚（山谷），爲背食（《字説④》），爲旅行（《説文》）。飾藻繢以成享（史），代麋畯以爲耕（《博物〔記〕⑤》）。亘帶激流，倏爾超飛踰走（《白鹿山詩序》）；窮山絶谷，胡然跳躍呼鳴（《震澤事苑》）。吾不知姣好之姿容，紫襦青裾兮並炫（《搜神〔後記〕》）；幽深之道士，單衣黄練兮相迎（《抱》）。盡苑⑥荒涼，一旦而作人語（《金陵志》）；七星隱現，歷世而紀姓名（《異苑》）。舉老翁之杖（《幽明》），扣黄衣之門（《晉書》）。角以三異（《古今注》），頭以兩成（《雲南志》）。彈丸之珠，憑其膽出（《祥驗集》）；寶鼎之字，至以代更（《述異》）。若乃升從天際（《會昌解頤》），雨自宫前（《述異》）。特號以仁（《青瑣高議》），故識以仙（陸紹）。團寨于村驛之下

---

① 《天中記》卷六十"録"作"抄"。
② "《視聽抄》"疑誤，見《酉陽雜俎》。
③ 《天中記》卷五四"爻"作"八"。
④ 《天中記》卷五四"説"作"統"。
⑤ 據《天中記》卷五四補"記"字。
⑥ 《天中記》卷五四"盡苑"作"苑囿"。

（《夷堅志》），作市于頤慕之巔（《圖經》）。就講席以多馴（《三輔決録》），遠塋樹以無侵（《唐書》）。而不見積皮入夢（《南史》），挾轂有心（鄭弘）。天使相謝（《南史》），中州自任（《晉書》）。妬絶妃人，情憐于一矢（《魏本①傳》）；滑稽方朔，語刺于上林（《〔東方朔〕②別傳》）。小軸之兼乘，不堪曳入（《宋高僧傳》）；異香之索解，那事幽尋（《述異》）。日成服食之素（《〔晉〕中興書》），時看捨宅之誠（《梁京寺記》）。彼釋農其有事（《管子》），乃採薇其何驚（《楚辭》）。指馬之奸，肆荆國土人之辨（《爾雅〔翼〕》）；放麑之舉，看孟孫子傅之行（秦西巴）。蓋格于誰手（史），撞且從心（詞）。吾哀其胎多植草（《浙江志》），憐其死不擇音（《左》）。聊爾唐苑之蓄（唐），謬致楚人之擒（《管子》）。何不菹臺遂駕（《穆天子傳》），而金方莫禁（黃帝）。悲夫！或騰或倚（《楚辭》），掎之角之（《左》）。字之以仙③客（《宣室》），名之以伊尼（佛書）。揮之以麈尾（《名苑》），誘之以牝犖（《北夢〔瑣言〕》）。隱几從化（《獨異》），姑蘇與遊（《漢書》）。余意配鵝湖以名洞（李渤），先鴈塔以歌秋（記）。吁嗟乎！其食萍之詠（《詩》），而薦草之悠乎（《韓》）！

虎

虎哉虎哉（揚子），陽氣成形，躍雄威于伏草（通）；樞精嘯谷，韻清籟于驚蘋（《駱集》）。其必託幽與載（《管》），將無卑勢潛身（《吳越〔春秋〕》）。其威如乙（《北户》），其客以寅（《真誥》）。其衝破之有知（《博物志》），其墜石之非群（《北户》）。故曰眈眈其視（《易》），斑斑者文（《考異郵》）。文彩未成，已具食牛之氣（《尸子》）；爪牙未備，則全伏狗之威（《韓子》）。余不欲狐威之假（《〔春秋〕④後語》），更不欲羊質之

---

① “本”當作“末”，見《三國志·魏志》注引《魏末傳》。
② 據《天中記》卷五四補“東方朔”三字。
③ 《天中記》卷五四引《津陽門詩注》“仙”作“山”。
④ 據《天中記》卷六十補“春秋”二字。

披(《法言》)。有期大人之文炳(《易》)，莫中市上之讒疑(《韓》)。犬以供其一醉(《〔癸辛〕雜志①》)，蝟②以伺其偶伸(《酉陽》)。更千歲而角現(《類從》③)，第七月而孕因(《考異〔郵〕》)。伯都李父之稱，《方言》可據(《風俗》)；戲虩魁鼬之號，變態有歸(薈)。非是小兒之癡，或自勢而從乳(《癸辛〔雜識〕④》)；那復倀鬼之導，至脫履而解衣(上)。則夫厭可赤刀(《西京〔雜記〕》)，蒙自雩門(《左》)。南山之使徐至(《俗說》)，北平之獵將反(《漢書》)。如牛哀之搏以轉病(《淮》)，封邵之噬以後身(《述異》)，此虎而人者也；如燉煌之終非竊據(《異記》⑤)，甯菌⑥之會有叩門(《傳奇》)，此人而虎者也。赤幘大冠，亭長之文書具在(《搜神》)；金簡玉籙，道士之石穴猶存(將略⑦)。侍以二空，侍以二青，法術之所自及(志)；裂以眦，瞋以目，烈士之所消魂(傳)。噴嚏而聲以振，吾既想其醉況(《僉載》)；慷慨而負以去，吾又壯其精英(《原化記》)。執符而前，期三日以約信(《青瑣高議》)；行法有自，聽一者以長暝(《童恢傳》)。蚳介象于山中，從教高臥(《〔神仙〕傳》)；陁李后于宮內，却怪幽冥(《〔幽明〕錄》)。乃若除名與約(張四)，讐役相啼(馬拯)。黃童之所偶語(謝允)，太白之所留棲(《聞見錄》)。屢有負于書笥(鄭思遠)，急有請于故褌(天寶年)。少婦依然，看黑衣以從引(謝王)；老人徐至，旋角馱以幾希(王評事)。當清宵朗月之時，嘹唳有聲，似懊歎于假寐(唐天寶末)；彼孤館茅庵之會，嗅鼻以及，故取厭于少腥(柳開)。所不解建祠以媒，林木之間已及(張鎬)；相信以呪，疆界之內與清(丁嵒)。尤異夫置以娛賓，時撲跌其作戲(巴丘南)。因而佳耦頻解，

① "志"當作"識"，並據《天中記》卷六十補"癸辛"二字。
② 《酉陽雜俎》"蝟"作"猬"。
③ "《類從》"未詳，見《天中記》卷六十引《述異記》："漢中有虎生角。道家云：虎千歲，則牙蛻而角生。"
④ 據《天中記》卷六十補"雜識"二字。
⑤ "《異記》"未詳，見《太平御覽》卷一六五引《燉煌實錄》。
⑥ 《天中記》卷六十引《傳奇》"菌"作"茵"。
⑦ "將略"未詳，見《博異記·張竭忠》。

脱其滋生(袁雙)。逆旅之發疾誠狂，幾誤故人，從林藪而纍纍道舊(李微)；涪陵之舉措如醉，相驚慈嫗，候山谷而愴愴悲情(范端)。曾未銜恩，鹿若供其冥助(王孚《安城記》)；于斯決獄，鰐乃副其廷平(《異苑》)。窮谷奔趨，漫擬戰塲之赫赫(《北史》)；枝江環列，殊多宿衛之錚錚(《〔陳留〕①耆舊》)。政紀渡河，夫豈咤至之方，而絶域之地(《風俗》)；射還叢薄，何爲山石之盡裂，而弓矢之莫勝(《國史補》)。然則無苛政于上(《禮〔記〕》)，投有畀于間(《詩》)。不必李固之應募而至(《漢書》)，奚似信陵之投饊而還(傳)。馬氏之狗何類(《馬援傳》)，諸葛之龍勿先(《三國志》)。夫抑繡憑其七步(《玉箱雜記》)，艾事于經年(《〔荊楚〕歲時記》)。噫嘻！懸鼻則宜男之兆(《〔龍魚〕②河圖》)，點睛則列裔之名(《拾遺》)。其蹲宫兮有狀(《備要》③)，其放市兮多驚(《管》)。世有編以鬚(《莊》)，蹈以尾(《書》)，拔以舌(《周書》)；而亦有探以穴(《吳志》)，縛以餓(《英雄記》)，擒以生(東虞)。疑馮婦以女流，所不可解(《談藪》④)；通蠻夷以猾夏，義有相并(薈)。若其驗且在符(《漢舊儀》)，懸且在旌(《抱》)，孰是譚之而色變(《策》)，煉之而丹成也哉(張道陵)。

馬

以余讀翰如之象(《易》)，沃若之章(《詩》)，而有以知馬之爲馬也(《莊》)。象月而走(《説題辭》)，行地無疆(《易》)。八鑾節步(顔延年賦)，兩服上襄(《詩》)。所以增幽都之美，華厩之妍。既信且閑，軼其

---

① 據《太平御覽》卷八九二補“陳留”二字。
② 據《太平御覽》卷八九一補“龍魚”二字。
③ “《備要》”誤，見《吳越備史》。
④ “《談藪》”疑誤，見《孟子·盡心》：“晉人有馮婦者，善搏虎，卒爲善士。則之野，有衆逐虎。虎負嵎，莫之敢攖。望見馮婦，趨而迎之。馮婦攘臂下車。衆皆悅之，其爲士者笑之。”

群兮相望；視遠于邇，遵其路兮且千(王起《朔〔方獻〕千里馬賦》)①。夫然天駟之宿(《漢》)，河水之靈(《瑞應圖》)。慎原蠶而置禁(《周禮》)，宿石穴以名亭(《襄陽記》)。而且唊以甘草(《抱》)，佩以杜蘅(《山海》)。豈不壬申從忌(《説文》)，疋帛與成(《風俗説②》)。指其名，曰飛燕(《宋書》)，曰晨鳧(《古今注》)，紫騂(曹植表)之與白鵠(《拾遺》③)，玉獅(《小説》)之與朱龍(《晉書》)。紀其狀，龍鱗虺尾(柳宗元贊)，鳳膺麟身(《晉·載記》)，藏赭丹于腹内(《天中》)，壯炎火于幽冥(《抱朴》)。頓生頭角(《西河舊事》)，具立肉駿④(《百斛明珠》)。隨四時而色異(《洞冥記》)，炫五色而花叢(《名品⑤》)。紀其用，歷塊于國(師古注)，藏形于空(《洞冥》)，如躡雲(志)，如匝日(上)，如逐電(《〔古今〕注》)，如遺風(《吕》)。照夜兮(《〔明皇〕雜録》)絶景(《魏書》)，驚帆兮(曹真)飛蓬(《洞冥》)。一嘶群者聳耳(《杜陽》)，長鳴萬者掩聰(《玉海》)。紀其色，鮆眉(《鑑》)黃耳(《穆天子傳》)；分其地，越駿(《南蠻傳》)海驄(《舊唐》)。夫亦愛其神駿(《世説》)，寧曰教此聾蟲(《説文⑥》)。余不欲棧豆之戀(《晉紀》)，第想芝田之耕(《洞冥》)。或從大豆以習相法(《吕》)，能無笑尹子以泥相經(《僉載》)。鈎飾在前，錯綴在後，將來造父之泣(《韓非》)；連以羈罥，編以皂棧，逾失伯樂之真(《莊》)。金賁銀煌，品絶于爵次(《五代史》)；青廬黼帳，禮重於婚姻(《典略》)。取斗酒共酌(《梅澗詩話》)，調酥酪爲珍(《霏雪録》)。故曰某家嬌寵(《〔明皇〕雜録》)，又曰千里將軍(《清異》)。其難捕鼠無用(《東方朔傳》)，突�非群(《韓》)。則徵其事以爲文乎，走章臺(傳)，飲長城(《樂府》)，蟻封較勝(《晉書》)，蹇御何爭(《論衡》)。夢孫之宰

---

①　王起《朔方獻千里馬賦》"既信"作"既佶"，"相望"作"相萬"，"于邇"作"如邇"。

②　"説"當作"通"。

③　"《拾遺》"誤，見《獨異志》。

④　《天中記》卷五五"駿"作"骏"。

⑤　《天中記》卷五五"名品"作"名畫要録"。

⑥　"《説文》"誤，見《淮南子·脩務訓》。

天邑(南唐)，孔子之望吳門(《家語》①)。敬仲之徘徊孤竹(《國語》②)，子常之拘繫晉藩(《左》)。排空駭浪(《儆戒録》)，望遠馳奔(《後周書》)。迢臺畔而幾仆(《新唐》)，直虜地而若椎(《〔周〕③史》)。未幾精神沮爽(《南史》)，忽然意態驚疑(《續晉·安帝紀》)。不欲羈絏，聞鼓聲而越敵(《齊東野語》)；因之培④地，隨草偃以還疊(《吳書》)。操撾而前，調馭工于侍側(《通鑑》)；執稍而上，擊刺妙于折枝(《南史》)。逍遥以玉(《聞見録》)，品題以金(韓)。寧赤蛇之從鼻穴(《靈鬼志》)，羊鬚之拂地陰(《十六國春秋》)。事紀望驛(《〔北夢〕瑣言》)，語訛度繩(《風俗》)。抑志怪河神之屬厭(《志怪》)，廣埸之終靈(《〔三水〕小牘》)。由斯以談，伯樂未顧(《〔春秋〕⑤後語》)，子方未生(《淮》)。何不操東野之賞識(《列》⑥)，定九方之鑑衡(《列》)。燕臺未築(《史》)，屈産多非(《左》)。何徬徨塞翁之或失(《淮》)，奔走華元之不歸(《左》)。並彎都市(《天寶遺事》)，競約巡行(《竹林七賢傳》)。玉勒乍迴初噴沫(《杜陽》)，雲錐⑦若在日憁忙(《長慶集》)。此癖之所以成于王濟(《語林》)，技之所以工于曹彰也(杜詩)⑧。橫江以渡(《晉紀》)，共槽以驪(《晉書》)。赤岸閑其蕃息(《綱目》)，青絲睹其行游(《典略》)。則騋黄之談，何以若劇(《選》)；非白之説，乃不相侔也(《孔叢》)。噫嘻！求之新豐年既老，鍾乳猶孕(《斂載》)；求之司隷貌雖瘦，行步較工(《列異記》)。下厩之中，何怪于立骨(傅玄賦)；濟難之日，似慘于圖容(《載記》)。豈捶楚之頻加，亡憐故態(《明皇雜録》)；那飼秣之稍失，

---

① "《家語》"疑誤，見《天中記》卷五五引《韓詩外傳》佚文："顏回望吳門焉，見一疋練。孔子曰：'馬也。'然則馬之光景一疋長耳。故後人號馬爲'一疋'。"

② "《國語》"疑誤，見《韓非子·説林上》："管仲、隰朋從桓公伐孤竹，春往冬反，迷惑失道。管仲曰：'老馬之智可用也。'乃放老馬而隨之，遂得道。"

③ 《太平御覽》卷八九五"椎"作"箝"，並據補"周"字。

④ 《三國志·吳志》注引《吳書》"培"作"踣"。

⑤ 據《天中記》卷五五補"春秋"二字。

⑥ "《列》"誤，見《孔子家語·顏回》。

⑦ "錐"當作"雛"。

⑧ "杜詩"誤，見《獨異志》"技"作"妓"。

便爾噴蒙(《玉堂①清話》)。風清廣陌，香煖清閨，立就江淹之賦(《異聞〔錄〕》)；《禮》稱驪騵，《詩》頌駉駱，急賞張裕②之工(《張裕②傳》)。若乃命樂工以《疊曲》(《梁志》③)，顧神奴以希逢(《集異記》)。貌盡筆端，倏忽滿川已殂(《雲烟過眼錄》)；相先神外，果爾中道尋凶(《魏志》)。贖以束帛(《淮》)，埋可敝帷(《左》)。鹽車既泣(《策》)，白駒堪悲(《前漢》)。吉行師行，空騁千里之駕(《漢》)；式金式玉，從繪八駿之騎(《穆〔天子傳〕》)。勿相以形，試問權奇倜儻(《天馬歌》)；別賞以意，更爲牝牡黃驪(《列》)。取馭臨民，見憐于朽索(《書》)；譬諸對敵，慮切于長鞭(《左》)。于此據鞍，誇將軍之可用(《鑑》)；誠爲立仗，斥補闕之在前(《李林甫傳》)。然則常鳴向日，翹首臨風(王元之《汗血賦》)。舊皂以辭，步步風雲借色；長衢一去，行行珂珮凌空(賦)。伊六轡之在手(《詩》)，信天閑之可通(左)。寧泛駕而莫御(《漢書》)，豈伏櫪以常窮(《樂府〔詩集〕》)。

牛

余讀《下邳侯革華傳》："革者其先隴西人也，大司農以闢土有功，又知稼穡之艱難，遷輕車都尉，侍宴姑蘇臺，《詩》所謂'有覺德行'者也。"(韓〔愈〕)天地之數所自起(《説文》)，萬物之植所緜成(《史》)。紀其年，牭犓牻犅(《格物總論》)；辨其色，犖犉犝駁(《説文》)。駕之以臣胲(紀④)，耕之以叔均(《山海》)。紀之以郭椒丁櫟(《新論》)，相之以怒肉懸蹄(經)。盤辟之所從好(《世説》)，净梵之所品題(《耶舍法師傳》)。體有橫于八字(《佩觿》)，味獨稱其四脂(經)。角以三色而異(經)，額以萬字而成(《英華》)。眠則西向(經)，痾則夜鳴(《周官》)。

---

① "堂"當作"壺"。
② "裕"當作"率"，見《梁書·張率傳》。
③ "《梁志》"誤，見《新唐書·禮樂志》。
④ "紀"未詳，見《世本》："胲作服牛。注曰：胲，黃帝臣也. 能駕牛。"

比鹿似矣(《廣志》)，如蛟非耶(《異物志》)。夜光遠映(《郡國志》)，雪水流賒(志)。摩其頂以覆斗(上)，披其角以蓮花(《洞冥》)。金耀錢塘之色(《〔錢塘〕①記》)，鐵鎮陝水之涯(《傳奇》)。胡爾潭中隱現(《南越志》)，殊看石上縱橫(《洞冥》)。百里神于駃邁(《異物〔志〕②》)，萬歲老其妖精(《嵩山記》)。飲血而期不死(《歷國傳》)，割肉以幸再生(《玄中記》)。月夜扣關，緣處士而請謁(《傳奇》)；長沙假渡，誠田父以追隨(《湘中記》)。白鼻青烏，並集于陳舍(《南〔齊書〕》)；旄頭精騎，經走于怒祠(《錄異〔傳〕》)。而不見軍事之占，合蹄爲吉(《晉書》)；都尉之詔，耦犁有知(《食瑣③志》)。加以鞍韉之飾(《〔嶺表〕④錄異》)，屬以賽因之詞(《世史〔正綱〕》)⑤。其何魯廟之見憚(《左》)，東隣之少知乎(記⑥)。試稽其事焉，苟晞以之致遠(《志怪》)，倚頓繇是起家(《孔叢》)。毋飾偽于飯帛(少翁)，或致美于代麻(晉武帝)。乞生則隕涕若再⑦(《渚宮故事》)，從死則負義有差(《幽冥》)。即以狎阿旁無忌(《傳載》)，然何踵望蔡咨嗟(《家語》⑧)。別有函關過客(老子)，鳥鼠山槃(封君達)。望天邊之月(《世説》)，泛槎上之漢(《博物》)。竚值封禪之事事(《雜俎》)，行歌長夜之漫漫(《甯戚傳》)。頭曲于諸葛(本傳)，尾燒于田單(《鑑》)。致嘲飽乳(《僉載》)，從劆獨肝(《酉陽》)。富則翻其百利(《僉載》)，過則屬于一搏(傳)。劇睹相爭，據胡牀而語壯(《世説》)；感懷欲死，傷門守以生殘(張溫《自理表》)。吾又求其明決，傅昭之與包拯；窺其識量，管寧之與劉寬(《合璧》)。平乘樓觀，況之殺機以動(《世説》)；春林花宴，指之勝賞未闌(劉訓)。駕爾偏轅，頓見飛

---

① 據《太平御覽》卷九百補"錢塘"二字，即劉道真《錢塘記》。
② 據《天中記》卷五五補"記"字。
③ "瑣"當作"貨"，見《漢書·食貨志》。
④ 據《天中記》卷五五補"嶺表"二字。
⑤ 《天中記》卷五五"賽因"作"賽音"，並據補"正綱"二字。
⑥ "記"未詳，見《易·既濟》："九五，東鄰殺牛，不如西鄰之禴祭。"
⑦ "再"當作"雨"。
⑧ "《家語》"誤，見《顏氏家訓·歸心》。

禽之迅(《世說》);應時清夢,殊當集鵁之歡(蔣琰)。誰爲長柄塵尾之誚(《世說》),金龍竹杖之觀(《梁史》)。誰爲十九年之新發(《莊》),二三子之咏歎(《酉陽》)。衣之文繡,食之菽荳,悲乎太廟之饗(《莊》);蚊虻聲矣,孤犢鳴矣,異哉清角之彈(《牟子》)。一矢拂脊,一矢磨腹,巧智在附膚落毛之妙(《燕録》①);曾幾牽走,曾幾鞭靻,調伏在潙山露地之班(《傳燈》)。夫眠山叶吉(陶侃),蹊田受殃(《左》)。風焉知其不及(《左》),鼷鼠憂其見傷(《春秋》)。見全分未有(《莊》),爲後分相商(《策》)。蠕蠕遺虜(道武云),小小驚狂(《玉堂閒話》)。含智有性(《五經鉤沉》),療痾多方(《〔神農〕②本草》)。斯亦償豚與死(《左》),累犢終祥(《列子》)。又何誚執鼠無用(《莊》),逐兔匪當(《易林》)。余因是讀蘇子瞻《書牛賦後》而並有紀焉。嶺水俗病不飲藥,但殺牛以禱。地產沉水香,香必以牛易之。黎人得牛皆以祭鬼無脱者,中國以沉水香供佛燎帝求福,此皆燒牛肉也,何福之能得,哀哉。

犬

《易》曰"艮爲狗"(《説卦》),孔子曰"視犬之字如畫狗也"(《説文》)。食虎伏豹之威靈,于彼匪易(《周禮》③);刺牛屠豕之歡晏,惟斯則否(《洛④陽風土》)。應聲者曰爲是宋鵲,爲是韓盧(《徐之才傳》)。作賦者曰:搏飯引來,爰擺續貂之尾;索綯牽去,頻回顧兔之頭(《滕邁傳》)。牙如交戟(賈岱宗《大狗賦》),目若泉星(《走狗賦》),辭紀猖猖

---

① 《太平御覽》卷七四四"《燕録》"作"《燕書》"。
② 據《後漢書·吳佑傳》注補"神農"二字。
③ "《周禮》"誤,見《逸周書·王會解》。
④ 《天中記》卷五四"洛"作"辰",引《辰陽風土記》:"每歲七月二十五日,種類四集於廟,扶老攜幼,环宿其旁,凡五日,祠以牛犧酒鮓,椎歌歡飲即還,惟不用犬云。"

（《楚辭》），《詩》詠令令（《詩》）。懸蹄短尾之號（《廣雅》），青骹白望之名（紀①）。曳馬多其慧性（《通典》），花鴨愛其餘生（王鐸）。掘地于以善賈（《夏鼎志》），吠雲曾不留行（《天中》）。是否募頭，負帝女于石室（《後漢》）；有無棄卵，衍國派于徐庭（《偃王志》）。長安男子之家格擊，而或死或傷者何物（《漢·五行志》）；黃龍老嫗之輩引見，而若仰若伏者何形（《幽明錄》）。其狡獪以盲飼，生憐高義（《建寧志》）；其雌雄以池異，頗足豐亨（《搜神》）。智足與謀，圖親暱而事主，阿從所好（《韓信傳》）；功深學道，居山林而辟邪，錫之以靈（陶弘景）。夫神駿在側（《宣室》），波斯在扃（《北齊》），號之宛轉若訴（《南史》），祝之俯仰如聽（《江璘②幾〔雜〕志》）。橫臥妐媒，值食頓之有會（《續仙傳》）；痛思恩舊，喜鬥塲之偶迎（《南史》）。處簾幃窻牖之間，殊稱吉慶（《泊宅記③》）；懷麈鹿麇豕之志，那事不經（《呂》）。相期魚簞（《〔郡國〕④志》），急走蛇圍（《幽明》）。得七首若寄（《摭異記》），取家耗如飛（《述異》）。結信純之草（《搜神》），引諸葛之衣（《吳志》）。其作祟于軹道（《史》），其象形于壇墠（《魏晉俗語》）。其見夢于著錦（《集異傳》），其相識于衣緇（《列》）。未遑遣嫁（《隋書》），聊奉居官（南）。行避于晏子（本集），丹成于劉安（《述異》）。抱臥卒無廢業（《〔顏氏〕家訓》），驚吠第見忘家（《徐勉傳》）。著冠進賢（袁山松書），聽唱梅花（《述異〔記〕》）；呼若中解（《典略》），齋每分涯（《隋書》⑤）。暴亡兮若待（《風俗》），孝順耶有加（《廣異〔記〕》）。如斯以談，放可新豐（《白帖》），逐勿少康（《楚辭》）。馬氏之虎反類（《馬援傳》），漢王之兔已亡（《史》）。蒙蒙兮未視（《說苑》），縲縲兮若喪（《家語》）。敝帷與惜（《家

---

① "紀"當作"記"，見《西京雜記》"骹"作"曹"。
② "璘"當作"隣"。
③ "記"當作"編"。
④ 據《天中記》卷五四補"郡國"二字。"簞"當作"罩"。
⑤ "《隋書》"誤，見王劭《舍利感應記別錄》。

語》），鼓刀多忙（《樊噲傳》）。何紀成功于田父之後（《策》），而重取憐于尊客之傍（《禮〔記〕》）。而不見鹵簿見設（《古今詩話》），軒冕邀榮（《北齊》）。立祠以像（《福寧州志》），作誌以靈（《澠水燕談》）。康衢長者因之掩徑（《尸子》①），齊東瘐子何以啓扉（《尸子》）。指示發踪，從論功之自及（《漢書》）；吠日吠雪，故所見之多非（《柳集》）。過范蠡之門，聊且作狀（《列》②）；秉元發之筆，于以解圍（《侯鯖》）。有人如斯，朋黨與聚（《唐紀》），厓柴相爭（《魏略》）。信是孟嘗之客（本傳），應典上蔡之刑（《李斯傳》）。余如是生氂有以媲其美（岑熙），而豈吠景所能熒其聽（史）。

驢

余讀臧道文：聰敏寬詳，高音遠物③，其驪氏之名駒也（《弔驢文》）。青脊絳身，長頭廣額，備尾後垂，巨耳雙磔④（宋袁淑《九錫文》）。名之黔，寓言可讀（柳文）；名之衛，文字未見（《資暇集》）。無已衛玠之所喜乘（《爾雅翼》），衛地之所遍現（《資暇集》）。致歐入聽（《天中》），服駕自擅（《楚辭》）。故曰服重致遠，上山下谷之爲大常（《後·五行志》）；又曰技藝可知，精神極鈍之爲至賤（《國朝傳記》）。忽流蟲蛆，扣杖則凭地起行（《後漢》）；置在巾厢⑤，嗽水則元形迫現（《神仙傳》）。悲發孫楚之聲（《晉書》），笑題諸葛之面（《吳志》）。放之任可樵蘇（《晉陽秋》），乘之飾以寶鈿（《唐書》）。夢入鄞城（《冊濟⑥》），負從仙院（《管⑦子》）。果因有事于徵錢（《雜俎》），强弱或分于負絹（後

---

① 《天中記》卷五四"尸子"作"尹文子"。
② "《列》"誤，見《劉子·知人》。
③ 《弔驢文》"物"作"暢"。
④ 袁淑《驢山公九錫文》"絳身"作"隆身"，"長頭"作"長頰"，"備尾"作"修尾"。
⑤ "厢"疑作"箱"。
⑥ 《天中記》卷五五"濟"作"府"。
⑦ 《天中記》卷五五"管"作"符"。

魏)。較勝王葛，馬遞不前(《晉書》)；巧飾紫朱，麟楦何羨(《合璧》)。
則又有東平太守之赴官(《文士傳》)，都水使者之引薦(《舊唐》)。過京
兆知賈島之名流(本傳)，走華陰識李白之俊彥(《摭言》)。金榆山頂，喜
共樵者之聽(《雜俎》)；翠嵐亭中，驚看驛宰之唁(《墨客揮犀》)。幕下
皈依(《北夢瑣言》)，殿中想見(《世說》謝大傳)。劣性者之以類譏(《南
史》)，令才者之從時盼(《南史》)。蓋思以風雪之橋(《孟浩然傳》)，①
抑養自耀靈之殿(《宋書》)。于以鳴五夜之更籌(《雜俎》)，夫何縱名園
之偶戰(《驢吃牡丹賦》)。形與功著，知並能雄，是用遣中大夫閭丘騾，
加爾任銜勒大鴻臚，班脚大將軍宮亭侯，以揚州之廬江、江州之廬陵、
吳國之桐廬、合浦之朱廬，封爾爲廬山公也(《九錫文》)。奈何形之龐也
類有德，聲之弘也類有能。向不出其技，虎雖猛，疑畏卒不敢取也；今
若是焉，悲夫(柳宗元《黔之驢》)。

騾

驢非驢，馬非馬(《漢書》)，吾辨其爲驇乎，爲贏者(《古今注》)。
遡大武之遺體(《爾雅翼》)，讀高昌之歌詞(《漢書》)。雲氣繞來，想山
色赤斑之文，央央滑稽之子(《洞冥》)；泰峰陟上，看檟檀壘石之舉，嗟
嗟有司之儀(《開天傳信錄》)。舍舟以問睢陽，鶵②鴿快其從御(《揮
塵》)；款門而通謁者，胥渠譆其相欺(《呂》)。如是白可汴邑(《陳摶
傳》)，青可美城(唐)。來暮恣其謔笑(《揮塵》)，至味美其芳馨(《玉泉
子》)。脅力所在(《爾雅翼》)，甲仗皆明(《舊唐》)。乃其大骨若白，小
骨若杵。終其身以無滋生也，悲夫。

---

① 崇禎本此句作"蓋畜以匈奴之廬"(《漢·匈奴傳》)。
② 《揮塵錄》"鶵"作"鶵"。

豕

余讀《大蘭王册文》(袁淑)，而如豕也者，其號王耶(宋明帝)，其稱仙乎(燕昭王)。佩之以凌孔子，事爲不屬(《史》)；豪之而類伯封，語有相牽(《左·昭》)。黑面昉始(《承平舊纂》)，白蹢猺聞(《爾雅〔注疏〕》)。攢毛象其族望(《山海〔經圖〕①》)，長喙號以將②軍(《古今注》)。進涉波而雨降(《埤雅》)，仰奮鬣而風鳴③(《九錫文》)。不甌甌以擇食(《淮》)，自橧蓐以尊生(《爾雅〔注疏〕》)。余欲爲晏嬰之紀相業(《左》)，樊噲之謝鴻門(〔荀悅〕《漢紀》)。勿得色于遼境(《選》)，勿逐響于司原(《潛夫論》)。爲謀者曰：不如食之糟糠，而錯之牢筴也(《莊》)；作歌者曰：既定以婁，而盍歸吾艾哉(《左·定》)。口腹可甘，毋爲邑人滋累(閔仲叔)；素風自在，何來故舊縈迴(《後〔漢·吳祐〕傳》)。雖辟舉可以不就(《高士傳》)，詎登聞容以無冤(淳化年)。隨認亡而作謝(《董正別傳》)，幾售欺而徒反(《〔後〕④漢書》)。資其飲況(《晉書》)，肆其悖昏(《〔劉〕休仁傳》)。相乳以獾，似京兆之上理(後周)；並升以犬，俄宿衛之消魂(《五行志》)。語次阿耶，試詰渭南之宿客(《隋·五行志》)；聲聞里黨，會看歸覺之禪因(《伽藍》)。都末于闐，故英英而賈勇(張璠《漢記》)；城西別墅，乃喏喏而飼困(《南史》)。蘭橋之下(《白帖》)，貝丘之傍(《左》)，味有侈于王濟(《晉書》)，敬有偶于饒陽(《僉載》)。韄履分歡，月夜絲桐幾弄(《搜神》)；金鈴密納，阿塘雲雨相望(《志怪》)。河伯之娶婦，誠堪小相(《幽冥録》)；五臺之遊衲，雅託奚囊(《洞微志》)。從是傳留長孺之相法(《史》)，商丘子之養方(《博物》)。烏金利用(《僉載》)，紫衣得當(《仇池〔筆記〕》)，而不

---

① 據《太平御覽》卷九零三補"經圖"二字。
② 《古今注》"將"作"參"。
③ 袁淑《大蘭王九錫文》"風鳴"作"生風"。
④ 據《後漢書·方術傳·公沙穆》注引謝承《後漢書》補"後"字。

見少時老嫗之別識(郭子),五門兄弟之班行(《〔三輔〕①決録》)。四十餘年海上之踪跡(《漢書》),五千老子圖下之行藏(竇太后)。豈爲禄山沉醉(《禄山〔事迹〕②》),津伯感亡(《符子》)。無已圖出永巷(《五行志》),厠自中郎(邲都)。其同見愛而異見惡(《子華〔子③〕》),疇媪擇蟲而翁調糠(《天中》)。然則君而美乎,君而德乎,君而勇乎,斯袁淑《九錫》之章乎(《大蘭王册文》)。

羊

《詩》"羔羊之皮,素絲五紽",則羊之有足多也。説者曰:有角而不用,如好仁者;執之不鳴,投之不謗④,類死義者;羔飲其母必跪,類知禮者(《繁露》)。比勢于峭(史),取義于祥(《説文》)。闘云乃來(《天中》),祭比鬣剛(《曲禮》)。短其毛以似犬(《嬴洲》⑤),大其像以如驢(《酉陽》)。觟者㲋鳴不類(《太玄》),饕者脂液或殊(《天中》)。角自三至五(《漢書》並《述異》)而至六(《述異》),尾闊尺拖地(《〔瀛涯〕勝覽》)而盈車(《天中》)。群而不黨,禮以爲贄。《戴禮》之文,幾爲讚述(《天中》)。從大而美,以嬴爲病,膳夫之子,別有珍儲(上)。君考其性,極淫而極狠(《〔禽獸〕決録〔目⑥〕》);別其味,從臭而多羶(《膳夫録》)。千歲歷以老樹(《玄中記》),洛水滋以苦泉(《寰宇》)。看頂角而龍似(《白澤圖》),異文質而犀偏(《益州方物贊》)。牧自雨工,飲齕甚異(《合璧》);疑爲神怪,丹彩誠然(《續異記》)。恨土缶之相牽,驚傳季子(《家語》);任白石之衆立,叱起黄仙(黄初平)。夫監門隱處

---

① 據《太平御覽》卷九零三補"三輔"二字。
② 據《天中記》卷五四補"事迹"二字。
③ 據《天中記》卷五四補"子"字。
④ 《春秋繁露·執贄》"投之不謗"作"殺之不諦"。
⑤ "《嬴洲》"誤,見《瀛涯勝覽》。
⑥ 據《天中記》卷五四補"禽獸""目"三字。

(《漢書》)，屠肆徜徉(《高士傳》)。有在覓老子之迹(《尹喜內傳》)，無從識左慈之藏(《神仙》)。高陽城之封爵(《伽藍記》)，解東魯之兵傷(《説苑》)。見牧深器其品(《晉書》)，偶亡直償其良(王育)。而不見瘦羊博士(漢)，五殺大夫(策①)。江州使者之多舊識(栢②冲)，散騎常侍之爲名儒(《魏志》)。憾未快于贖馬(《左·宣》)，夢有紀于負魚(《高僧》)。倘都尉以見誚(《鑑》)，將玉人以延譽(衛玠)。博塞讀書，笑同亡于臧穀(《莊》)；褰帷止轄，從傾愛于嬙嬙(《后妃傳》)。遍滿山谷之間，不堪指顧(《中朝故事》)；張皇振武之際，頓爾嗟傷(《補録記》)。富非富，貧非貧，祇見牧數未足(《符子》)；東則東，西則西，從教箠荷有常(《列》)。夫然曾子之運大乎(《劉〔子〕》)，蘇武之忘歸乎(《史》)。王處存之輕兵布野(《李茂勳傳》)，薛昭緯之感舊相依乎(《南楚新聞》)。余且向羊而言曰：汝能格虎(《春秋後語》)，汝能將狼(《史》)，牧汝以卜式(上)，錫汝以鬚郎(《述異》)。羊且唯且否，維群自有(《詩》)，多岐勿亡(《列》)。有如冒以虎皮(《法言》)，無寧甘以秋霜(《後漢》)。噫噫！禱祀澗流，禁婦人之拍手(《水經》)；盟邀里社，視王國以迴腸(《墨子》)。生自拂林③，鳴畞音而驚絶(《舊唐》)；長從月氏，供食饌而芬香(宋膺《異物志》)。穴飛有翼(《天中》)，西走若狂(《瀟湘録》)。尋一鬙以幻妄(《續搜神》)，辨六指以荒唐(《北窻記異》)。縱其衣冠見告(《紀聞》)，拜跪與行(《顔氏家訓》)。就宛市而善賈(《搜神》)，從好事以登塲(《〔瀛涯〕勝覽》)。乃爲鼓鑄之用(《物類相感志》)，皁筴之當(《南史·陳〔本〕紀》)。闘而不解之微言，言可入聽(張説)；忍而勿嗜之至德，德可留芳(《宋史》)。斯羊之盛事也歟。

---

① “策”誤，見《史記·秦本紀》。
② “栢”當作“桓”，見《晉書·桓冲傳》。
③ 《舊唐書·西戎傳》“林”作“菻”。

猿

猿，黨屬也(《孝子傳》)。昔傅〔休〕①奕于猿猴〔賦〕，但説其變態似優，不言其二物殊性，予能無辨乎(李德裕賦序)。顧猿之貪婪而鮮讓也，燥②動而不忌也，猿然乎哉。動不履地，居常在林。霧嵐昏而共嘿，風雨霽而爭吟(吳筠賦)。或哀鳴于永夜，或清嘯于朝暾(李德裕賦)。緣岸則腸絶淒楚(《世説》)，透擲則聲號悲吞(《南史》)。屬引清遠，過三峽之巖障(《荆州〔記〕》)；取憐宛切，當一部之鼓吹(《北户》)。乃若共談月夜(《異聞〔集〕③》)，從事爨中(《廣異》)。向巴侯而私假寐(《宣室》)，醉翁曳而竪談鋒(《樹萱〔録〕》)。古木婆娑，憶紅綃其舊識(《王氏見聞》)；江流泛渡，共琴韻以凌風(《因話》)。商山之更漏幾何，因時有覺(《遺事》)；涪陵之車騎已至，傳創在躬(《華陽〔國〕志》)。則又求之精劍術(《吳越志》④)，曉梵聲(《宋高僧傳》)，伴有逐于別挈(《韻府》)，化有伺于南征(《抱》)。掩袂路隅，亦有箕山之志(《宣室》)；從呼庵側，伊誰茅草之屯(《清異》)。柘棘枳枸之間，將危行而側視(《莊》)；調弓矯矢之際，或擁樹而消魂(《幽通賦》⑤)。善緣兮較好(《孝子傳》)，導引兮長存(《玉⑥露》)。本南海之饋遺，無憂痼疾(《杜陽編》)；豈浴湯之偶具，頓爾爛糜(《北史》)。擒自狐狸(《淮》)，吾知其所窮矣(《晉書》⑦)；禍延林木(《鑑》)，獨不見夫騰乎(《莊》)。斯猿也，閑栖而聚，迥趨而分；連肱飲澗，嘯侣含薰(吳賦)。已矣哉，

---

① 據李德裕《白猿賦》補"休"字。
② "燥"當作"躁"。
③ 據《天中記》卷六十補"集"字。
④ "《吳越志》"當作"《吳越春秋》"。
⑤ "《幽通賦》"誤，見《吕氏春秋·博志》。
⑥ "玉"當作"繁"，見《春秋繁露·循天之道》。
⑦ "《晉書》"疑誤，見《華陽國志》："延熙十三年，大姓徐巨反，車騎將軍鄧芝討平之。見玄猿緣其山。芝性好弩，手自射猿，中之。猿(子)拔其箭，卷木葉塞其創。芝曰：'嘻！吾傷物之性，其將死矣！'"

樂鸚以鼓，載鼲以車，固不如深林之棲息，窮谷之虛徐。

猴

　　有王孫之狡獸，形陋規而醜儀。頑狀類乎老公，軀體似乎小兒。性獷猜而播疾，態鋒出而橫施。或群跳而電透，或瓜懸而瓠垂。(《王孫賦》)①余所聞呼從馬留(《古今詩話》)，冠自楚人(《史》)。伐巧以相傲(《莊》)，用智以申論(《列》)。何難于知味(《淮》)，而妙于塗脂(《異物志》)。觸不以網(《湘山野録》)，忘可以機(爪哇國)。如拳僅僅(《崇安志》)，老壽纍纍(《抱》)。言語可通，須蚤靈砂之餌(《野人閒話》)；滋味較好，任負石粟之期(《〔臨海〕②異物志》)。于以見擘鳶之智(《景契閒話》)，搏鼠之能(《論衡》)。守翁之義(《肆考》)，擊賊之行(《〔幕府〕燕閒録》)。胡然隣家火烈(《汀州志》)，非是洲上窮嬴(《南史》)。中國有聖人，近思歸附(《〔天監〕③起居注》)；山中有道術，那弗遄離(《神仙傳》)。刻自棘端，絶酒色之深情乃見(《備要》)④；忽來塵上，驚魂夢之遺恨于兹(《抱朴》)。故曰：掘尾狗子，山家小兒(《梁書》)。嘲形似于文樹(《傳信記⑤》)，比躁率于仲嗣(《僉載》)。應否賜緋，承君王之一笑(《〔幕府〕燕閒録》)；居嘗雅謔，偶路上之相期(《宋史》)。所謂八百歲爲猨，五百歲爲玃，又一⑥千歲爲蟾蜍者，皆黨屬也，余得並紀于斯。

① 王延壽《王孫賦》"陋規"作"陋觀"，"頑狀"作"顏狀"，"播疾"作"猵疾"，"鋒出"作"峰出"。
② 據《天中記》卷六十補"臨海"二字。
③ 據《天中記》卷六十補"天監"二字。
④ "《備要》"未詳，見《韓非子·外儲説左上》。
⑤ "記"當作"録"，即《開天傳信録》。
⑥ 《抱朴子·對俗》"一"作"三"。

狐

狐者微物也(白行簡賦)，赤(《詩》)玄(《山海》)色異，封(《楚辭》)妖(《説文》)種殊。遡始于阿紫(《名山記》)，像形于狗餘(《格物總論》)。死也首正(《檀〔弓〕》)，濟也尾濡(《易》)。六月應陰陽之變(《管子》)，三德美中和之餘(《説〔文〕》)。風嗥雨嘯，昏見晨趨(《孔帖》)。潛則上伏(《類伏①》)，捕每下舒(《淮》)。星流几案(《乾饌〔子〕》)，斗事髑髏(管輅)。于焉忌犬(《異苑》)，乃見似牛(《宣室》)。太平兮始出(《〔山海經〕注》)，千歲兮爲神(《玄中》)。不欲假爲上帝有命(《春秋後語》)，何必詐謂天命有真(陳勝)。美女神巫，智迷惑而若失(《玄中》)；丈夫眉宇，夢躑躅以何求(《〔西京〕雜記》)。芳草蔽形，似豔冶而悲鳴作態(《宋高僧傳》)；凈裝截髮，偕佳麗而睡夢好仇(《伽藍記》)。工詒事于他年，搖九尾而得幸(陳彭年)；貢諛情于今日，伸兩腳以承休(楊再思)。則以考羑里見拘之日(《〔尚書〕大傳》)，塗山未娶之秋(《吳越〔春秋〕》)。走秦關悵悵三千之客(《孟嘗君傳》)，田滲澤殷殷河伯之儔(《穆天子傳》)。迫欲通天，試問赤舌之黨(《牛羊日曆》)；急需攘火，寧事舞腰之遊(《管輅傳》)。教授書生，擁皋比于吳會(《搜神》)；邀同坐客，官校尉于玄丘(《宣室》)。馬得其變化(《搜神》)，鳳憑其混淪(《説苑》)。作休徵于李相(《宣室》)，從獵事于桓溫(《渚宮故事》)。攻之或以託稷(《説苑》)，無之不以名村(《僉載》)。擊鸮有事(《合璧》《晉紀》)，置犀無歸(《淮》)。然則爲狐計者曰平澤自在(《金樓子》)，重丘何之(《符子》)。渡河逾深其恨(《風俗通》)，涉冰第解于疑(《述征》)。若夫小失宋人之望(《廣異》)，莫從伯主之誣(《説苑》)。中其妖蠱(《瑞應圖》)，檢其鉤朱(《〔續〕搜神》)。又何醮符以入供(《酉陽》)，而絳繒以留餘也乎(《渚宮故事》)。聆遠吹之颺颺，謂波搖岸曲；聞殘錚之淅瀝，驚溜斷河湄(《狐聽冰賦》)。死不擇音，嗟逐

---

① 《天中記》卷六十“伏”作“從”。

鹿于往日；生而隱霧，歎玄豹于昔時：固兹獸之可奇（白行簡《狐死正丘首賦》）。

兔

兔之時義精矣哉，稟于明月（《典略》），散自衡星（《運斗樞》）。試詠其肅肅躍躍（《詩》），炮之燔之（上）。丈人則中山①錫號（《抱》），明際則宗廟成儀（《禮〔記〕》）。兔其大者，麤其狡，而（《總論》）雄曰扑朔，雌曰迷離（《天中》）。何以居身，看月腹之皎皎（《楚辭·天問》）；何以變色，更歲華而遲遲（《述異》）。其望月（《蒭志》②），其舐豪（《論衡》），詎見口中忽吐（《博物》）；曰積陰（《運斗樞》），曰在水（《論衡》），從教窟穴頻施（《春秋後語》）。以銀（《隋煬帝記》）以玄（謝莊），曰顧（《楚詞》）曰飛（《禰衡傳》）。搏之何策（《淮》），脱不可知（孫武）。余不欲解角以出（《述異》），夾毛以幾（《括地圖》）；何不爲甲兵有象（《述異》），盛德所歸（《瑞應〔圖〕③》）。獵所得于雲夢，良工絶賞（《異苑》）；生環走于北極，丹客依稀（《洞冥》）。一味西方，法象流而車馬渡（《傳燈》）；射朋三日，勝者角而負者畸（《燕北雜記》）。其作氣以先人，碑陰有在（後魏）；毋得巧以媚上，前事可師（《唐史》）。此日射馳，父老卒其幻妄（《前燕録》）；伊誰闌入，嬪嬪占以嗣徽（後魏）。若乃宴梁園而授簡（《雪賦》），從隣舍以指畦（《唐史》）。犬城中其所忌（史），狐獵偶爾相稽（《隋書》）。逐事青州，滋彼多之口（史）；同升政府，來在中之譏（《唐史》）。分定何嫌滿市（《淮》④），愚甚乃妄守株（《韓》）。獲偶田父（史），禁冒賈胡（〔張璠〕⑤《漢記》）。道士所以伺竈（《原化

---

① 《抱朴子·登涉》“中山”作“山中”。
② 《天中記》卷六十“《蒭志》”作“《博物志》”。
③ 據《太平御覽》卷九零七補“圖”字。
④ “《淮》”誤，見《慎子》《商君書》。
⑤ 據《天中記》卷六十補“張璠”二字。

記》），孝子所以居廬（《〔後〕漢》）。吾詡其逮月①追風之走（《淮》），悲其騰山環嶺之餘（《春秋後語》）。難脩真于生角（論），比得意于忘蹄（《莊》）。則夫靈帝之車，要諸利用（後漢）；吕布之馬，亦幾浪題（傳）。亡羊顧犬之談，楚爲得策（《莊辛論》）；敵國謀臣之喻，漢亦少恩（《漢書》）。財所從來，既貿趨于少弟（《越世家》）；書者絶妙，誠利益其子孫也哉（《寰宇》）。賦曰：隱霧而憂者其文蔚，反袂而嗟者其道屈。曷若保貞白以暉映，承聖靈之剪拂（蔣防《白兔賦》）。

猫

余讀《郊特牲》："迎猫，爲食田鼠也。"然則猫之食鼠，載在禮經，以其除害利人，雖微必録矣（崔祐甫《猫鼠記》②）。一名家③貴，一名烏圓。自非夏至之時，鼻端多冷；倘值日午之候，目睛如綫。蚤蝨之所不處，蛺蝶之所浪傳。吾又以卜其客至，怪其火燃（并《酉陽》）。僻其好者，製以佳名，退食自公，延頸曳尾以相戲（《南部新書》）；疏其事者，按諸典故，沉分夜半，濡毫吮墨以争奇（邵思《野説》）。其鬼有靈，厭之無術（《僉載》）；其浴有會，六以爲期（《天中》）。而不見月下酣飲之歡，雜男女以並坐（《稽神録》）；中巖升降之會，杳雞犬以覊遲（《山川紀異》）。指仙姑其舊識（《天中》），深阿武以怨咨（《舊唐》）。升中早定（《泊宅》），閫外專司（薛季昶）。曾傳觀之未遍（武則天），那介立之多思（《傳奇》）。豈曰作妖，捷音已至（《續墨〔客〕揮犀》）；將無判狀，諧笑相隨（《開天傳信録》）。互乳于王燧之家，從其習慣（《僉載》）；廢職于隴州之野，屬在生疑（《舊唐》）。則義甫之柔而害物（上），德柔之渺而寡學者（《南唐近事》），不可謂非猫事之所嗤也。

---

① 《淮南子·説林訓》"月"作"日"。
② "記"當作"議"，即《奏猫鼠議》。
③ 《酉陽雜俎》"家"作"蒙"。

鼠

夫玉衡星之爲鼠也。其爲狀也，懵悚咀吁，睢離睒睗，鬚如麥芒半垂，眼如豆角中劈（盧元明《劇鼠賦》）。遣去呼來，繇識謫仙姓字（《南齊・高逸・杜京産傳》）；晝伏夜動，緊看臧紇行藏（《〔左・〕襄》）。著得仙環，聽沙門以祝願（《西域記》①）；緣從庭樹，視施者以留芳（《葆光録》）。如是曰遊佃使者，馳道都尉，東垣執戟，西閣舍人（《河東記》）。有擅仲能之卜（《抱朴》），旋看甲子之因（《瑣碎〔録〕》）。掌銓選兮得當（《談藪》），銜宴藪其何狗（《漢書》）。求其大如牛盾（《雜俎》），焱若豹文（《竇氏家傳》）。曾猿猴之嗅夜（《天中》），不雞犬之升雲（《録異記》）。璞于何臘（《上清録》），腹于何捫（《雜俎》）。蜜唧稱乎至味（《僉載》），褥特愈乎瘡痕（《舊唐》）。而乃名先家鹿（《倦游録》），語判化龍（《〔北夢〕瑣言》）。卜雌雄兮以鐵（《述異》），轉晝夜兮以銅（《酉陽》）。申長者之微詞，侍從槐市（《河東〔記〕②》）；讀褚昌之啓事，通謁永豐（《天中》）。射覆已奇，檢發于匳内（袁天綱）；符咒何似，住伏于庭中（《〔許邁〕③別傳》）：如是判其爲吉爲凶者乎。豈擲轣而怒未甚（《闕史》），豈噬衣而難爲罶（《北齊》）。豈鼓足鳴歡，李氏之摧坦無恙（《宣室志》）；豈張口欲語，嘉夫之獲報有時（《異苑》）。入營以成胡象（《新唐》），出囊以釀禍基（《宣室志》）。載死者以喪車，庭前之塚忽爾（《廣異志④》）；勑酒吏以脯食，端門之舞常期（元鳳元年）。更冠者無從作怪（《幽明録》），擁杖者了不爲悲（《新唐》）。于以振衣屬災罰惡之美（《録異記》），將無銜軸登科予善之資（《聞奇録》）。豈入媚于冶姿，蕉

---

① 《天中記》卷五四“《西域記》”作“《西域諸國志》”。
② 據《天中記》卷五四補“記”字。
③ 據《太平御覽》卷九一一補“許邁”二字。
④ 《天中記》卷五四“志”作“記”。

花有色(《録略①》)；豈處肥于通體，芭菽多知(《淮》)。豈達旦以爲期，相供諧笑(《南史》)；豈抱死以爲恨，具仰師資(《抱》)。余意蒼舒之早慧(《魏志》)，張湯之獄詞(本史②)。入角屢將來之勢(《五代史》)，失窟爲未有之訾(《僉載》)。不肖有心，賢者自處(史)。毋徒首端之持(《漢·灌史③傳》)，毋來尾燒之語(《〔北夢〕瑣言》)。坐拂塵以何之(《世説》)，夢乘車而未許(《夢書》)。其縱市之猶人(《〔晉〕陽秋》)，馮社之餂汝乎(《韓子·外儲》)。嗟乎！在物最爲可賤，毛骨莫充于玩賞，脂膏不登于俎膳(盧元明賦)。碩肉以之貽譏(《詩·碩鼠》)，飲河因之自便(《莊》)。雖爲黠智，無足堪稱；雖有相體，更何得見(《詩》)。若其傷繡領之新，毀羅衣之練，騰踐茵席，掀覆箱奩(盧賦)，余幾擲筆而廢之傳。

總獸

夫"天禄"之題閣也(《晉④帝紀注》)，"舍利"之從佛也(《選》)，此獸之嘉名也。乃如"能"之借名于才士(史)，"嬾"之幻化于婦流(《南越》)。徵事者之多奇哉，伺其獨步(經)，像其比肩(《瑞應圖》)。或隻隻⑤而合一(《山海經》)，抑羅羅以幾全(上)。變星有神于周印(《宋書》)，嗽月故飲于金泉(《拾遺》)。積薪之所不死(《酉陽》)，寒絲之所莫牽(《洞冥》)。似有偏于惡逆(《神異》)，夫何解于人言(王會云⑥)。架以津梁，非脂膏而有枯朽之患(《癸辛雜志⑦》)；覆當舟次，寧利涉而稍號令之顛(《山海》)。忽而懼罪陳情，小杖指麾，甯泗之稱富有

---

① 《天中記》卷五四"略"作"異"，即《嶺表録異》。
② "史"當作"傳"，見《史記·張湯列傳》。
③ "史"當作"夫"。
④ "晉"當作"靈"，見《後漢書·靈帝紀注》。
⑤ 《山海經·大荒南經》"隻隻"作"雙雙"。
⑥ 《天中記》卷六十録《神異經》有似此獸者，"王會云"不詳。
⑦ "志"當作"識"。

（《南州異物記》又《鏡志》）；曾是羅鼎相攫，一牙形似，俚俗之乃贗傳（《圖經》）。速自白公，若鑒炎洲之梟，增憐傴伏（劉勰①《貪愛篇》）；辨多紅葉②，試驗天台之蜼（音位），何怪孤懸（《葆光録》）。若乃百靈與震（經），稟氣自然（總），負妒（類）抱憂（朏朏），還其至性，凶浸（益槐）火異（蜲），尋有佳緣。事筆墨以性靈，文則有史（檮杌）；和菊花以服食，壽可稱仙（《十洲記》）。狀若婦人，鬢髻簪耳兮悉具（《集微》）；役以獅子，風雲雨露兮非偏（《十洲記》）。嗟乎！謀及于士庶（六足），威震于四夷（《〔逸〕周書》"酋③耳"）。期幽遠之必照（白澤），無刑罰之少歊（銀鹿）。于以見金沙之粲粲（《拾遺》"嗅石"），天穰之禧禧（《山海》"當"）。治水之功已奏（昆蹏），適野之遇尤奇（《玄池子》《説林》）。有宜孫子（鹿），聊已座（天瘻）痹（讙）。又何多作階于河間（《晉書》），而大不祥于宮帷（《山海》"辣辣"）。嗟乎！困者尤鬭（《左》），象者有差（《唐書》）。豈大牢而在野之亨（《淮》），豈功人而發縱之非（《史》）。固多識于獸之名哉。

---

① "劉勰"誤，見劉書《劉子·貪愛篇》。

② 《葆光録》"紅葉"作"弘業"。

③ 《逸周書·王會解》"酋"作"尊"。

第二十九卷

龍

龍之噓氣成雲，雲固弗靈于龍也（韓〔愈〕）。飛在天，見在田（《易·乾》）。清風兮高舉（《通卦〔驗〕》），景雲兮孤騫（《淮》）。神變騁于三池（《後魏》），文彩備于五方（《唐書》）。尺木可階，試考博山疑似（《雜俎》）；戞銅逗響，請看雲氣回翔（《異怪錄》）。則夫應和氣而遊天外（《瑞應圖》），配五德而出河干（《元命苞》）。無魚腮之是暴（《三秦記》），非螻蟻之所難（《楚辭》）。稽其事，軒帝由其受籙（《河圖》），大昊以之紀官（史）。莫不詠游宮沼（《瑞應圖》），馴服輿鑾（《〔次〕柳氏舊聞》）。辰日隱見（《抱》），木德有無（《封禪〔書〕》）。莫不挾雲（《真龍對》）集霧（鄒陽對），銜燭（《楚詞注》）捧罏（《三秦記》）。大人利見之象（《晉書》），天使自然之靈（《管子》）。視若蝘蜓掉尾而去（《淮·精神》），化如蛝蠋披色不勝（《管》）。五老之相迎，縑帛有屬（晏殊《類要》）；九子之競鬬，絳綃每形（趙耕《龍公碑》）。司典守于阿羅，呼從奴子（外國事）；工繪事于秘府，禱以不興（《浙江志》）。胡爲戰于野（《易》），潛于陰（《〔管輅〕①別傳》）。食之五花（《括地圖》），吐之玄金（《舊唐》）。芮以名草（《起居》），膏以作燈（《拾遺》）。捕而就脯，黃冠之不了事（《戎幕閒談》）；射而斷舌，紫誥之有明徵（《宣室志》）。胡爲脫蛻如新蟬之殼（《春渚紀聞》），餌釣自白馬之蹄（《朝鮮志》）。曳尾

---

① 據《三國志·管輅傳》注補"管輅"二字。

何似(《博物》)，剔肝以幾(《僉載》)。嗜有甘于燒鶩(《南部新書》)，語有狎于別池(《法苑〔珠林〕》)。迎可七夕(《列仙·陶安公》)，朝可玉京(《傳奇》)。浸假而轉尾觸穴(《中朝故事》)，委積而堆骨崇甍(《感應經》)。伺其熟睡(《九國志》)，候其長鳴(《寰宇》)。長懶者脉線有在(《高僧》)，力鬭者繭箔猶仍(《唐年補錄》)。勿湫泊之厲孽(《玉泉子》)，可石渠之清凌(《玄怪錄》)。則夫辨雄劉氏(《東①異記》)，果報孫登(《山川紀異》)。走橛兒以應募(《山川紀異》)，勞牛賈以相憑(《法苑〔珠林〕》)。淵潭咒于方士(《抱》)，片石揭于山僧(《後漢》②)。杖從陂化(《後漢》)，梭自壁騰(《異苑》)。羊鬚三将(《幽明錄》)，駒齒別乘(《論衡》)。服食有書，就凌陽而把釣(《列仙》)；草廬伺養，指八月而呼朋(上)。過露井之旁，妬生宮寢(《南史》)；牽始興之棹，孝絕山陵(《南越志》)。風雨催殘，雙根之時阿護(《北史》)；雲霧四合，靈和之任謝矜(《晉·載記》)。義重隋師，色象俱備(《陳書》)；化成北地，岡嶺稱雄(《水經注》)。造次庭陰，指顧而語夫婦(《乘異記》)；遥映江水，會聚而泣老翁(《王僧澔③傳》)。懼護金鐵(《封氏見聞》)，屬厭錢銅(《西京記》)。爭匕箸而落石(《法苑〔珠林〕》)，撲蘆荻以迴風(《北夢〔瑣言〕》)。于以訊彈獨眼(《五代》)，借譽人中(《晉書》)。盤桓温之齋舍(上)，卧南陽之渚宮(《三國志》)。推華歆而爲首(《魏志》)，美高祖以稱隆(《史》)。假寢而醉(《陳書》)，所見非同(《晉書》)。孕以沉木(《後漢》)，負以飛蓬(豫章吳猛)。吾欲九色駿乘(《漢武内傳》)，五采負圖(《河圖》)。八見苟淑(《後漢》)，六美卜壺(《晉書》)。看劍氣于豐獄(《世説》)，美羹味于君厨(元和元年)。云何董史④之見擾(《左》)，泙漫之學屠(《莊》)。又何患以豫且之屬(《説苑》)，負以師皇之徒(《列

_____

① 《天中記》卷五六"東"作"乘"。
② "《後漢》"誤，見《新五代史·唐家人傳·莊宗敬皇后劉氏》。
③ "澔"當作"辯"，見《南史·王僧辯傳》。
④ 《左傳·昭公二十九年》"董史"作"董父"。

仙》)。茹古氏曰：頷有明珠，取之不易(《莊》)；喉有逆鱗，攖之甚難(《韓》)。追老氏之玄踪，而其不測(傳)；慕李膺之往哲，孰不云歡(傳)。蓋好龍而何期，真假無辨；好士如之何，賢愚攸宜(《新序》)。聖賢在上，將利益于物；天下無道，必亢悔于時。豈徒矯矯欄端，露威于葉公，而誇爪喙哉(盛均《真龍對》)。

蛟

蛟，龍屬也(《説文》)。《〔禮〕記·月令》"命漁人伐蛟"，爰爲螷毒(《方言》①)，能率魚飛(《説文》)。大以嬰頸(郭璞)，生以連眉(《述異》)。束帛而從湖畔(《獨異》)，靚粧而遊水濱(《北夢〔瑣言〕》)。求之茂草豐林，翅羽零亂者奚自(《玉堂②清話》)；求之深宮大内，冶容驕麗者何人(《述異》)。將子則逆從河瀆(《西京雜記》)，化身則出暴沱津(《輿地志》)。趁自黃牛，任江湖以出没(《許真君傳》)；乘兹赤鯉，迅雷電以交鳴(張《三吳志③》)。沔水隈潭，恨鄧遐之未遇(《襄陽耆舊》)；江流鼓浪，那佽飛之留行(《吕覽》)。惟是而投璧(《博物》)，而沉符(《潯陽記》)，而渭水之登俎(《拾遺》)，而幽壑之潛通(《赤壁賦》)。求漢武于潯陽，矜的中以奮臂(元封元年)。觀曹公于譙水，任浴事以從容(《新唐》)。飲馬神淵，就擊事于雷威，寧甘一渺④(《韓詩》)；泛舟雪水，聽傳呼于人語，卒致三公(《廣異記》)。痼疾猶存，試誦岑參之賦(《北夢〔瑣言〕》)；終事與害，疇追周處之踪(《志怪》)。吾又以題歐陽詢之墨妙(傳)，比孟學士之詞宗(《滕王閣序》)。吁嗟兮！安知一淵不兩有(《淮》)，而在池以非終也哉(《三國志》)！

① "《方言》"誤，見《方輿勝覽》卷五二。
② "堂"當作"壺"。
③ 《天中記》卷五六"志"作"記"。
④ 《韓詩外傳》"渺"作"眇"。

龜

龜之爲言舊①也(《家語》)。十朋之益(《易》)，五行之精(《龜語②》)。吾就其體與色兮實辨(《周禮》)，依其時與向兮兼名(柳莊《龜經》)。宜水火而昭山澤(《爾雅》)，承桂露而伴松聲(禮)。身分俯仰(《爾雅》)，壽別神靈(《述異》)。灼中而艾③外(《國語》)，離象而坎形(李韻④《龜賦》)。以卜吉凶，豈同藿⑤葦藁芼之屬(《論衡》)；以驗存亡，亦有蛇頭龍翅之經⑥(《説苑》)。則夫角以一現(《鼎録》)，首可兩成(《居中借⑦》)。通橫文之一級(《金華子》)，極妬生之無情(《北夢〔瑣言〕》)。胡以兩日並出(《寓簡》)，五雲下垂(《抱》)。僅七八寸而可寶(《〔史〕記》)，亙幾千里而不知(《寰宇》)。余異者千歲而解語言，縱遊蓮葉(《靈⑧瑞志》)；廿年而行導引，穩負床汀⑨(史)。若耶溪頭，倏爾歌聲間發(《五色線》)；掖庭池畔，胡然淫思深情(《隋〔·五行〕志》)。問答以元緒之徒，相憐禍及(《異苑》)；縱談如毛生之輩，乃事怪存(《異聞録⑩》)。宗祝致詞，玉靈夫子之在上(史)；主賓方洽，洞玄先生之候門(《宣室》)。隱玉石而幻化(《録異〔記〕》)，列科斗以成文(《述異》)。時越水，時踰山，俗敢莫犯(《金樓子》)；一者籍，八者導，聖亦有群(《雜俎》)。繞身未也(《嘉興志》)，負背從之(《九江志》)。通呼吸于泉澗(《博物志》)，警寤寐于淮泚(《載池⑪》)。旅館神明，果祛蛇

---

① 《孔子家語·好生》"舊"作"蔡"。
② 《天中記》卷五七"語"作"經"。
③ 《國語·魯語》"艾"作"文"。
④ "韻"當作"顥"。
⑤ 《論衡·卜筮》"藿"作"蘿"。
⑥ 《説苑·辨物》"經"作"精"。
⑦ "借"作"傳"，見《宋史·鄭居中傳》。
⑧ "靈"當作"符"，即《宋書·符瑞志》。
⑨ 《史記·龜策列傳》"汀"作"足"。
⑩ 《天中記》卷五七"録"作"集"。
⑪ "池"當作"記"，見《晉書·苻堅載記》。

冤之蘖(《録異〔記〕》);雪溪叶吉,旋符龍德之期(《寰宇》)。持刀披鎧之人,入水而恍然石上(《續捜神》);爵土侯封之子,佩印而緬想籠私(《〔會稽〕①後賢傳》)。咒指窮塗何似,情乖賈客(《捜神〔後記〕》);夢偕清夜將無,味損厨兒(《夢雋》)。于是常懷海畔(《述異》),有願泥塗(《莊》)。魯津之伯(《符子》),叢葦之浦(《九江志》)。見漁而剚腸,殊困神智(《莊》);捕蟬而緣木,屬罥脂腴(《南越志》)。所恨老樹之隈,見不達于天日(《北齊》);所笑瓷盎之下,術有傳于道師(《北夢〔瑣言〕》)。縶瓶内之多藏,誇稀世相憐海舶(《金華〔子〕②》);儻胯具之利用,更千載與歎舊耆(《戎幕閒談》)。則又考掌記之屬(《月令》),出處之宜(《寰宇》)。禱則事應(《萬畢術》),藏則亡靈(太史)。至人已審(《魏書》),嘉林不勝(《史》)。無道悲其空腹(《淮》),有德識其負胥(《宋〔·符瑞〕志》)。如是稱以時君(《抱朴》),名以督郵(《古今注》)。攻之以春,取之以秋(《周禮》)。若其解飲太白(本傳),博識踐猷(《韻府》),又何不利洴澼之用(《莊》),而第争楚蔡之由也乎(《寰宇》)。亂曰:稽大疑,決碩畫,罔檟中而致毁,咸著下以慎擇。既爨之而有徵,願保之而無斁(王起《寅月靈龜賦》)。

蛇

草澤③之中,實惟有蛇,用兵者取喻(《孫子》),脩政者麾加(賈誼書)。其乘氣而遊矣(《寰宇》),豈不交而貞耶(《抱》)。吾紀其老壽斷續(《窮神秘苑》),更考其騰蟄屈伸(《後漢》)。武邑湖邊,屬有擔生之子(《水經》);社中巳日,勿謂寡人之身(《抱》)。竟日尾見(《閒人野語》),百尺身長(天寶中)。炫五色于洛水(《水經》),負兩翼于柴桑(《山海》)。聲如風雨(《圖經》),體若幢幪(《馬援傳》)。求之磬而音似

---

① 據《天中記》卷五七補"會稽"二字。
② 據《天中記》卷五七補"子"字。
③ 《孫子兵法·九地》"草澤"作"常山"。

(《山海》)，索之巉而毫蒙(《山海》)。兩日相摩，夜光如晝，是爲何祟(《江湖紀聞》)；隱隱來垂，漸漸更逼，曾否相同(《博物》)。未市胡人，高舉夜光之直(《廣異記》)；如逢捕者，生憎川澤之窮(《〔嶺表〕①録異》)。試以求五丁之往事(《〔蜀王②〕本紀》)，九女之遺踪(《坤元録》)。其橫斜而絶客旅(《北夢〔瑣言〕》)，其變化而妙鬼工(《寓簡》)。其乘風噴雷，而存城郭樓櫓之舊(《益州記》)；其懸珠影翠，而紀草木水土之同(《北户》)。遺髮有存，數過黃鄉之野(《國史〔補〕》)；負形迥異，力争疆土之封(《搜神》)。俯仰生哀，若是草間有屬(《後漢》)；從臾請謁，豈謂庭際皆空(《殷芸小説》)。寶藏之阿麽，連環若係(《杜陽》)；青衣之童子，册卷幾逢(《廣陵志》)。則夫鬭于鄭野(《左》)，立以煬宮(《搜神》)；升之御座(漢)，見之省中(《搜神》)。抱傅繂之冤，聲諧彈指(後主末年)；恣李勢之妬，色美冶容(《獨異》)。憤惡逸于王倫，垂耳有象(《晉書》)；兆廢亡于處直，寶祠在躬(《五代》)。而不見醉卧低頭，刺史之幻化(《晉史·杜龍》)；皈誠懺禮，舍利之䎙供(《梁武讖序》)。從事居亭，何似屠殺之慘(《玉堂閒話》)；就語行道，會看符咒之庸(《豫章記》)。栢壁之整軍容，卒驚以鼠(《舊唐》)；武牢之多叛狀，雌亦名龍(《魏書》)。鴻卿獨以終吉(《風俗》)，薛濬不以履凶(《隋書》)。善隋侯而德報(《水經注》)，感馬援而靈通(《武陵記》)。血濺黃柑，相求木實(《北户》)；曲盤玄苑，屬厭錢銅(《南史》)。沙河之龜，約登于棠樹(建中二年)；黃津之鹿，繞伺于青蒽(《寰宇》)。于是辨兩頭于嬰兒之睿(賈了)，紀六足于泰華之峰(《山海》)。樵採以志其毒刺(《博物》)，躁嬈以辨其雌雄(《通典》)。吁嗟乎！當道可斬，吾狀神威于漢世(《〔高祖〕本紀》)；屬地可祀，吾隆廟貌于秦時(上)。勿叔虎而忘深山大澤之懼(《左》)，勿樂廣而滋角弓杯酒之疑(《晉書》)。大者行，小者從，或神君之我奉(《韓》)；解其腕，斷其隴，故壯士之多奇(《李③

---

① 據《天中記》卷五六補“嶺表”。
② 據《天中記》卷五六補“蜀王”。
③ “李”當作“索”，見《晉書·索靖傳》。

靖傳》)。悲夫！天形汝軀，絶翼去足，無以自扶，曲脊曲胸，惟行之
紆，而不聞涧澤之遊乎(《韓子》)。贊曰：夔稱一足，蛇有二首；少不如
無，多不覺有，夫然無異駢拇。

蟹

十二星宮有巨蟹焉，名之曰公子(《抱朴》)，字之曰長卿(《搜神》)。
其應月有候(羅氏)，其畏雷有情(杜牧之)。瀕海之家，列陣而填砌(傅
嘉祐)；筌筍之下，噢咮而引身(《蟹譜》)。何遜之詩，既不分于擁劍
(《顏氏家訓》)；蔡謨之學，乃未熟于令烹(《世説》)。故曰：外視多足，
内無寸腸。口裹雌黄，每失塗而相煦；胸中戈甲，常聚衆以橫行(江文
蔚《蟹賦》)。明瘦黑肥，吾以考其狀貌(《廣雅》)；鮾鱸博帶，吾以別其
雄雌(《廣雅》)。合體共生，蒯(《博物》)與蛣(《南越〔志〕①》)耶有辨；
持螯作壘，鸚與螺兮非奇(《北户》)。廣哀千里(《山海》)，大盈一車
(《〔逸〕周書》)。瓊海之涯，差能班虎(《山海》②)；罷羅之界，雅足捕
魚(《十二種論》)。藏海鏡以爲子(《嶺表録〔異〕》)，比榆莢以稱奴
(《北户》)。直行則澍雨之應(《建寧志》)，水化則長生之俱(《仙方》)。
約三日以燒除，鼠來若集(《仙方》)；隨八月以退縮，虎鬥不如(《酉
陽》)。倏爾毛生，嗔作斯人之毒(上)；依然芒刺，誇是海神之輸(《酉
陽》)。乃若林木洲生，維舟而得岸(《異物志》)；海峰水立，駕舶以懷珠
(《廣異》)。鳳花之鏤貼于江都，第以方貢(《清異録》)；驛馬之奔馳于
河間，幾事上腴(《酉陽》)。養資夏統(《晉書》)，口實錢昆(《閒③田
録》)。無費千錢于一箸(《梁書》)，斯覩三老以並尊(《張敞集》)。浮泊
酒池，聊足一生以樂(畢卓)；旋思枕畔，竚邀七子多恩(《春渚紀聞》)。
陶穀之使江南，漸次不及(《聖宋拾遺》)；杜相之成痼疾，屬厭有存

---

① 據《天中記》卷五七補"志"字。
② "《山海》"誤，見《嶺表録異》。
③ "閒"當作"歸"。

（《〔江隣幾〕雜志》）。力起隣兒，破覓頭中之石（《輟耕録》）；賂工王愷，競求帳下之殯（《什名》）。王倫之首誅夷，似波兄弟（《解系傳》）；嚴續之居僕射，賦就主臣（《湘山野録》）。則夫敗漆有用（《抱朴》），灼艾或任（《淮》）。是鳳喙而較勝（《洞冥》），非蟺穴以無尋（《荀》）。其爲癘鬼之用（《筆談》），介士之靈（《蟹譜》）。筐有比于績事（《檀弓》），眼有當于《茶經》（《茶譜》）。來從何來，朝魁有其事會（《蟹志》）；去從何去，禁火有其令新（《蟹譜》）。況乎不穴處而亂石從生，受之以解（《道鄉集》）；求遺種而人事未盡，需之以屯（《合璧》）。黃中通理，彼其韞者歟；雷雨作解，彼其名者歟。蓋海若之黔首，馮夷之黃丁者歟（楊廷秀《糟蟹賦》）。陸龜蒙曰：子雲譏其爲躁，《左氏》記其爲災。斯水族之微，其爲蟲也，有籍矣哉（序）。

魚

蓋聞之魚星，主理陰陽而知雲雨之期也（《天文〔録〕①》）。夜之不瞑（《芝田録》），蟄之時驚（《物類相感志》）。于以求旅行之性（陸），流淵之名（《〔漢武〕②内傳》）。擇日以丙（《本草》），治生以庚（《養魚經》）。恠謂之酉（《搜神》），枕謂之丁（《異物》）。撥剌揚鬐（《陶朱新録》），震海搖山（《莊》）。五雲赫灼（《拾遺》），三日爛斑（《大論》）。感星象其若映（《方輿勝覽》），載③斗氒其恒關（《埤雅翼》）。小兒音似（《北戶録》），青郎類繆（《肆考》）。語有訛于杜父（吐哺魚），事有類于娼侯（鯧魚）。其化之以益懶（《雜俎》），或佩之以禦凶（《山海》）。潮汐之所不入（《麈史》），朝暮之所影從（鰣魚）。若乃高幘長呼，探車甲以自奮（《搜神》）；紅裳雙袒，影沙際以冶容（《俎異志④》）。入詠溪流，奇異

---

① 據《天中記》卷五六補“録”字。
② 據《太平御覽》卷九四零補“漢武”二字。
③ 《天中記》卷五六“載”作“戴”。
④ “志”當作“記”。

覓浣沙之跡(《青田志》);躭閒明月,良緣偕覆草之踪(《三峽志①》)。變翻碧海(《玄中記》),浮戲湯中。夜飛有翼(左思《三都賦》),陸處混從(《山海》)。刻石似爲有候(《〔西京〕雜記》),緣木偏以在空(雅州)。與乞從其多少(《水經》),偶脫信其淡濃(《酉陽》)。空走車騎,莫歷蔥嶺之北(《北史》);生憐流水,試就桃花之峰(《一品集》)。沉泛相從,聲有嫺于金瑣(《冀州圖經》);飛鳴比寂,褫有異于衣襪(《宣室志》)。需時竹竿把釣(《後漢·左慈》),一日膏沸沉浮(曹植《辨道論》)。丹書暫煩于河伯(《汝南先賢》),坎水再反于蜀川(《神仙》)。靈沼池遊,冀明珠之有獲(《三秦記》);丹徒潮去,任竹戹之頻牽(《洽聞記》)。則以紀蠻府參軍之語(《世說》),邾莒小國之偏(《伽藍記》)。若教西湖,不堪使宅(《聞談錄》);別通橫瀆,恰紀從淵(《拾遺〔錄〕》)。訟可剖于曲直(《瀛洲②勝覽》),租有爭于後先(《食貨志》)。列在雕盤,便到馮驩食處(漢③);御斷銜索,纔從羊續懸來(《後漢》又徐演謝啓④)。競償千錢,試噉同趨之侶(《南齊⑤》);徵歡一醉,忻仰至尊之媒(《晉書》)。自東海以遡岸山,屏風多絶(《〔封氏〕見聞錄》);召崑崙而探窟宅,圖畫伊回(《〔嶺表〕⑥錄異》)。堂堂策策之聲,從教出躍(《化書》);若亡若存之餌,是否相催(《說苑》)。知味則嘉耶庸耶(《六韜》),取譬則身黄身蒼(《晏子》)。無深點額之歎(《博物》),無勞頳尾之忙(《詩》)。食之不盡,買之不售,誠有詞以請乞(《新序》);以盆爲沼,以池⑦爲島,故盡日以盤桓(《關尹》)。種亦有經,操守陶朱之業(傳);樂未有極,追隨濠上之觀(《莊》)。丹帛何事(史),刀槊何爲(《雜俎》)。半豚一魴(《孔叢》),泔之奧之(《荀子》)。即以邀從河伯(《酉陽》),通問謁人(《見聞

① 《天中記》卷五六"志"作"記"。

② "洲"當作"涯"。

③ "漢"誤,見《五代史補》。

④ "《後漢》又徐演謝啓"誤,見《五代史補》。

⑤ "齊"當作"史",見《南史·褚彦回傳》。

⑥ 據《天中記》卷五六補"嶺表"二字。

⑦ 《關尹子》"池"作"石"。

雜録》）；豈不决從唐律（《酉陽》），乳謝君仁（《唐書》①）。故曰戒竭澤
（《説苑》），惡用明（史），烹嫌于屢擾（《老子》），水忌于太清（東方朔
《答客傳》）。因爲加美（《吴地志②》），較可忘田（《〔臨海〕③異物志》）。
外須升斗之水（《莊》），中有尺素之箋（《古詩》）。涵浦風霽，在藻日徐
（李夷〔亮〕《魚在藻賦》）。相忘于江湖，悵望于泥塗（盧照隣《窮魚
賦》）。江潭舟子，海曲蘆人（王起《烹小鮮賦》）。望噞喁而注目，聆瀺灂
以勞神。漁人曰：子過矣，無端而窺其發發，無苟④而思其唯唯。斯言
富哉，感激而回，求詹公之術（《列》），盡任子之才（《莊》）。是以結網
而復來（王起《羨魚賦》）。

---

① “《唐書》”疑誤，見《酉陽雜俎》：“上嘗觀漁于西宫，見魚躍焉。問其故，漁者
　曰：‘此當乳也。’于是中網而止。”
② 《天中記》卷五六“志”作“記”。
③ 據《天中記》卷五六補“臨海”二字。
④ 王起《羨魚賦》“苟”作“笱”。

第三十卷

蟲

　　天道恍惚，是生萬物。化而爲鳥之舒形，化而爲蟲之聚族。育于腐草（《月令》），變以朽木（《爾雅》）。即衣書之裏而潛藏（上），豈糞土之中而渺畜（上）。夫試辨其紆行仄行（《周禮》），有足無足（《爾雅》）。鳴之以旁翼股胸（《周禮》），怒之以噬螫跌觸（《淮》）。引類處睫，渺爾何愛于焦螟（《列子》）；爭地伏尸，戰氣爭高于蠻觸（《莊》）。坏户有時（禮），語冰匪屬（上）。夢占坤德，從膚裏以分飛（《吕氏春秋》）；應叶侯封，自眉邊而躑躅（《齊書》）。胡自含沙射人（《博物》），云何吐絲自促（《爾雅》）。則又有時術言功（《初學記》），求伸不屈（《易》）。轉丸之智已工（《莊》），嗜帶之情可掬（《莊》）。百足扶僵（《博物》），五采奪目（《廣志》）。蚯蚓訝其無心（《淮》），蜂蠆畏其有毒（《左》）。附驥則千里之遊（《淮南子》），扣輪則大勇之狀（《莊》）。變珠莫從（《博物》），還錢轉覆（《搜神》）。或法之而結網（《世説》），或傷之以赴燭（《齊書》）。則何如夢蝶枕其栩栩（《莊》），映螢囊其郁郁（《續晉陽秋》）。蝗飛上苑，況爾利以弭灾（《唐書》）；蛭入盤厨，感至仁而蒙福（賈誼《新書》）。伏甕而處，應否醯雞之流（《莊》）；慕羶而來，孰是羝羊之續（《莊》）。余因是有感于秋焉，鳴因夜急，思以秋苦。始趑趄而緣堦，轉嘤嘤而入户。顧其展轉孤枕，偏驚故時。念懸鶉之正弊，恨躍馬之將遲。彼數蟲兮何知。

蝦蟆

余讀《衝波傳》：蝦蟆無腸，龍蛇屬也。黿鼉色青，似蝦蟆耳。《本草》分條載者近是，《御覽》諸書混而一者何哉。則夫名去甫，名苦蠪（《本草》）。戚施取譬（《〔韓詩〕外傳》），括蒼比隆（《游宦紀聞》）。擬割檳而形似（《雜俎》），妙塗玉而昉庸（《本草》）。覆盆無愧于天使（《酉陽》），狀鼎特紀乎神龍（《五行志》）。負水藎山，看活師之蕃育（《爾雅》①）；深溪巉洞，多石撞之混蒙（《宦遊紀聞》）。猵可療其狂噬（《宋書》），蛇忽逐其行程（《洽聞記》）。炫彼火光，草次爲明②堂之鬭（先天二年）；辟兹兵氣，畫地爲流水之聲（《抱》）。忽而夜半馳歸，憶千錢之往事（《儆戒録》）；因而深宮肆殺，怪別沼之相稱（《瀟湘録》）。齋沐以長辭，青城幾幸（《茅亭客話》）；潛形而邀庇，朱崖有徵（《北夢〔瑣言〕》）。毒自菜生，驚靈牀以入夢（《南史》）；病從水得，恨薦剡以乖情（《牛羊日曆》）。則又求之疥皮錦襖（《南楚新聞》），魚眼芋羹（上）。其蚊已去（淮〔南〕③），斯蟲伏陰（陸機賦）。應弦看其舞態（《神仙》），懷土若其夙心（《埤雅》）。夢入綠衣，已下御供之禁（《類聚》）；鬭于元鼎，行看軍旅之征（《漢書》）。作吾世之佳祥，背生芝草（《道書》）；極人間之壽考，角遁山精（《玄中記》）。噫嘻！翩翩歸妹，〔獨將〕④西行，逢天晦芒，毋驚毋恐，後且大昌（張衡《靈志⑤》）。《詩》取戚施之喻（《〔韓詩〕外傳》），壽盡五月之望（《説林》）。至于今紀乖政（《春秋運斗樞》），考亂亡（《河圖》），謂日⑥照天下，蝕于詹諸也，不亦傷哉（《淮》）。

---

① "《爾雅》"誤，見《山海經》"負水"作"湖水"。
② 《天中記》卷五七"明"作"朝"。
③ 據《天中記》卷五七補"南"字。
④ 據張衡《靈憲》補"獨將"二字。
⑤ "志"當作"憲"。
⑥ 《淮南子·説林訓》"日"作"月"。

蛙

　　蝈氏之所掌也歟。求之緑苔碧草，青泉白石(《艾子》)。跳梁號呼，意氣横逸(張文潛賦)。鋭頭皤腹，文身睆目。方將樂彼泥中與井底，安能出夫河長與海闊(賦)。流潦初溢，陰霖未晴。〔澠〕①洞雷殷，其②混萬籟而爲一；喧豗鼓弄，怛異類以那驚(賦)。精屬于蠻首(《南史》③)，夢通于玄陰(《宣室》)。幽賞與④闌，仍絲竹之成響(《南史》)；清踈風韻，恣鼓吹之繁音(《談藪》)。井幹耶，缺甃耶，相誇于東海(《莊·秋水》)；在官耶，在私耶，肆辨于華林(《晉中州記》)。偶折如故(《北户録注》)，取給莫禁(《東方朔傳》)。勿洒灰相制(《周禮》)，顧減膳何心(《霍禹傳》)。彼肉芝兮延年，可躭于覓穴(《續韻府》)；此金丸耶紓憂，無愛于臨深(《燕丹外傳》)。怒不勾踐之憑式(《韓·内傳⑤》)，鬬不元鼎之從征(《漢武記》⑥)。邊幅徒脩，井底子陽爲妄(《馬援傳》)；保障得當，竈邊尹鐸有聲(史)。賦自卞彬，比之令史(《南史》)。謎雄曹著，困自友生(《廬陵官下記》)。雌雄吐沫以成子，試看兩負(《天中》)；蝦蟆相似而非類，妄擬同盟(上)。此爲鳴蛙，若啼若訴、若歌若歡、若悲若喜，若怒而訴，若噦而嘔，若咽而嗽，瘖者之呼，吃者之闡。若羌絲〔野〕⑦鼓，雜亂無節兮；又似夫蠻歌獠語，詭怪之迭作也。爾其困于泥潦，失其所處而悲；又若夫旱暵既久，得其所處而樂也(張文潛賦)，蛙哉。

------

①　據東方虬《蟾蜍賦》補"澠"字。

②　"其"字爲衍文。

③　"《南史》"誤，見《天中記》卷五七引《嶺表録異》。

④　"與"當作"興"。

⑤　"傳"當作"儲"，見《韓非子·内儲説上七術》。

⑥　"《漢武記》"未詳，見《漢書·五行志》。

⑦　據張耒《鳴蛙賦》補"野"字。

蟬

　　應律初蟬，其翼翩翩。避曉①鶯于春後，伴鳴蛩于秋前(馬吉甫賦)。食不求粒，雖黍稷而非珍；棲不擇林，縱梧桐而何貴。繁音遞進，顧白雪而難酬；逸韻爭馳，對薰風而繼未(賦)。其爲聲也，不樂不哀，非宮非徵，胡然而鳴，胡然而止(歐陽脩《蟬鳴賦》)。如是曰螳螂公子(莊辛論)，疴瘻丈人(《莊》)。絶有需于驚癇(陶隱居)，亦何知夫秋春(《埤雅》)。圖我佳容，鬢舒于魏姬(《古今注》)；服兹首冕，貂餔于侍臣(《漢官儀》)。集朱異之冠，除書有在(《梁書》②)；畫何戢之扇，殊寵惟頻(《書紀》③)。鬻自青林，聲何角于勝負(《清異志④》)；噉從庭樹，恨有切于生平(《古今注》)。入隣舍之琴聲，殺機忽動(《白帖》)；看顧家之柳葉，癡絶以名(傳說⑤)。鳴不失時，妖言放逸之兆(《周禮》⑥)；振如有候，光輝照耀之英(禮)。乃其無知雪之遠識(《鹽鐵論》)，徒飲露以自資(曹大家賦)。曲跗⑦兮作狀(《說苑》)，儕偶兮行危(《論衡》)。蛣蜣瞻于朽木(《酉陽》)，蝍蟟喻于武丁(《詩》)。了天⑧垂天之翼(《莊》)，終不朝陽之鳴(史)，斯亦蟬之不韻者矣。噫嘻！因物造形，能變化者耶；出自糞壤，慕清虛者耶；凌風高飛，知所止者耶；嘉木茂樹，喜清陰者耶；呼吸風露，能尸解者耶；綽約雙髻，脩嬋娟者耶(賦)。吟遠樹于荒塘，思盈秋夜；噪寒花于別浦，韻繞晴墟(《英華》)⑨。前程而遠寄園林，如矜得路；下視而若遺枯朽，孰肯守株(上)。委蛻難留，冲虛已

---

① 馬吉甫《蟬賦》"曉"作"啼"。

② "《梁書》"疑誤，見《南史·朱異傳》。

③ "《書紀》"未詳，見《南史·何戢傳》。

④ "志"當作"録"。

⑤ "傳說"未詳，見《晉書·顧愷之傳》。

⑥ "《周禮》"誤，見《太平御覽》卷九四四："《易通卦驗》曰：《遘》上九，候蟬始鳴。不鳴，國多妖言。蟬應期鳴，言語之像。今失節不鳴，鳴則失時，故多妖言。"

⑦ 《說苑·正諫》"跗"作"附"。

⑧ "天"疑作"無"，見《莊子·逍遥游》"其翼若垂天之雲"。

⑨ 左牟《蟬蛻賦》"荒塘"作"荒郊"，"秋夜"作"秋野"，"晴墟"作"晴江"。

久。儻假一枝，願飛聲于不朽(李遠賦)。

蝶

　　余讀《滕王蛺蝶圖》，而有如江夏斑、大海眼、村裏來、菜花子，其肇錫余以嘉名也哉。韓憑之魂所不可曉(《肆考》)，周昉之筆似屬名流(《藝文志》)。香鬚賞其臭味(《埤雅》)，金眼想其根由(《雜俎》)。若乃色盡胭脂，更有分于燕尾(《北户》)；翠妍紺縷，並有紀于蝠頭(上)。蔓草春生，媚入越女之奩(《北史》①)；鈿花粧豔，爭回宮嬪之眸(《遺事》)。叶吉兆于長安禁苑，花明偏期雪夜(《瀟湘録》)；賞異味于南海孤嶼，帆迴事紀扁舟(《〔嶺表〕②異物志》)。朗朗而吟，名有專于謝逸(逸齋)；翩翩而逝，語有刺于魏收(《北齊》)。蘧蘧然，栩栩然，無分夢覺(《莊》)；爲今宵，爲昨夜，恰爾好仇(《六朝録》)。則夫葛仙之所變化(《舊志》③)，非熊之所景從(《酉陽》)。百合泥封，約以經宿(上)；諸饞絲縷，旋以乘風(《酉陽》)。求之烏足(《莊》)，像之鳳車(《古今注》)。乃其類交而粉退(《天中》)，花謝而時噓(詩)。又何憐無知于麥化(《搜神》)，異所生于蠹餘也哉(上)。

螢

　　余讀《螢賦》，光色孔嘉，明影暢遐，如丹陰之在④葩，若流金之在沙(賦)。點綴懸珠之網，隱映落星之樓。繞堂皇而影遍⑤，疑秉燭以嬉遊(駱〔賓王〕)。從微至著，出死入生(賦)。悲我愆期，故分形于夜

---

① “《北史》”誤，見《北户録》。
② 據《天中記》卷五七補“嶺表”二字。
③ “《舊志》”未詳，見《格致鏡原》卷九六引《羅浮山志》。
④ 潘岳《螢火賦》“在”作“照”。
⑤ 駱賓王《螢火賦》“遍”作“泛”。

朗；自他有耀，因異貌而宵行(陳〔廷〕章《腐草爲螢》)①。于時而寒，猶火之戴(傳)。不復爲腐，蓋離之明(《月令》)。其羞之以白鳥(《大戴禮》)，或却之以紫驒(《淮〔南萬畢術〕②》)灰。授務成子之方，矢下如雨(《神仙感應篇》③)；工車家兒之學，書亂以星(《晉陽秋》)。而不見陳留未還，逐露車而至止(《後漢》)；景華偶出，徧山④谷以飛停(《隋書》)。撲飛于扇(高觀國)，燼照于幃(朱熹)。每愛餘光相借(駱〔賓王〕)，何歎飄零無歸(杜〔甫〕)。嗟夫！暗不可以同德，明不可以並欺⑤(李子卿)。雖無補于日月(傅咸賦)，從數點于客衣(杜〔甫〕)。搶榆飛而控地，搏扶起而垂天。倘餘輝之可照，庶寒灰之重然。

蜂

葩葩華華，山中採花。雖無官職，一日兩衙(《玉壺清話》)。以余所聞，化從土木(《爾雅》)，禮重君臣(《化書》)。爲將爲相，七八月而有候(《肆考》)；分行分隊，千百處而適均(上)。則夫少探用罰(上)，兼採稱隆(《易注序》)。器塗蠟而期至(《博物》)，房納卵而不容(《淮》)。若壺呈狀(《楚辭》)，托稷潛踪(《爾雅》)。翅股之間，其拱手而獻于王者若貴(《近峰略》)；銳岐之屬，其仰綴以固其蒂者曷從(《埤雅》)。遡彼五原，狂走崑崙之野(《抱》)；寄來方物，看司烟火之功(《嶺表錄異》)。蓋其化旌旗以表瑞(《拾遺》)，爇胡蘇以自封(《拾遺》)。毒矣而思有備(《左》)，芒矣未其偶逢(《援神契》)。聲有聞于我似(穎⑥)，莽有中于予雄(《周頌》)。果爾誅夷，雖討逆以何效(〔謝承〕⑦《後漢》)；旋

---

① 陳廷章《腐草爲螢賦》“悲”作“匪”，“異貌”作“易貌”。
② 據《太平御覽》卷九四五補“南萬畢術”四字。
③ “《感應篇》”當作“《感遇傳》”。
④ 《隋書·煬帝紀》“山”作“巖”。
⑤ 李子卿《水螢賦》“欺”作“時”。
⑥ “穎”未詳，疑即《酉陽雜俎》：“一年中，桐始華，有異蜂，聲如人吟詠。”
⑦ 據《太平御覽》卷九五零補“謝承”二字。

聞滅没，庸守官以尋凶（〔王隱〕①《晉書》）。掇手興讒，吾既憐于吉甫（〔劉向〕《〔列女〕傳》）；吐口作戲，吾奚慕于仙翁（《神仙》）。然則爲蜂計者，可集蓬山兮如常（《山海經》），毋食田苗兮作祟（《洪範五行》）。不然懷袖兮相驚（《晉書》），何如處巖兮寓意（《合璧》）。鸞鳳諧聲，竚候兒童若一（《杜陽》）；琅玕款語，將無仙伯與同（《酉陽》）。憶皇甫之相遭，善價而行箕歛（《闕史》）；彼建安之有幸，狂噬而走兇鋒（《宣室②記》）。藥有金房，蠆搆玉質。咀嚼耐于露華，招徵速乎羽檄（賦）。《記》有云：予愛其王之無毒，似有德而王者；又愛其王之子復盡爲王，似一姓一君，上下有定分者；又愛其王之所在，蜂不敢螫，似法令之明也；又愛其取之得中，似什一而稅也。至于刺王之臺，使絕其息，不仁之甚矣噫。

蟻

以余紀于蟻也：一拳之宮與衆處之，一隅之臺與衆臨之，一粒之食與衆蓄之，一蟲之肉與衆師③之，一罪無疑與衆罰之，有是哉。六七隊行，疑相呼召（《雜俎》）；千餘萬騎，旋動往還（《古今注》）。戴粒而遊，若巨鰲之冠神嶽（《符子》）；體④磨而行，若日月之麗清天（《論衡》又李德裕賦）。城則雉堞逶迤（《酉陽》），宮則欄櫓通連（《兩京記》）。其居有凌雲候雨（《纂異記》），其官有蠆飛知玄（上）。赤幘紫衣，競逐以觀魚之樂（《纂異》）；被鎧持槊，縱橫以攖肉之偏（《異苑》）。余嘉夫編竹橋邊，篤陰行而問渡（《長編》）；冒蘆江岸，第左顧以周旋（《齊諧記》）。娛意空城，寧寄思于烏雀（應璩《與曹昭伯箋》）；達觀天壤，毋偏視于烏鳶（《莊》）。彼仲堪之聞聲，鬭牛從似（《世說》）；若嶺南之食味，脫蝦焉

---

① 據《太平御覽》卷九五零補“王隱”二字。

② 《太平御覽》卷九五零“室”作“驗”。

③ 《化書》“師”作“咂”。

④ 李德裕《蚍蜉賦》“體”作“繞”。

傳（《倦遊録》）。則夫濟桓師之泛（《管子》），慕嫣德之羶（《盧史》①）。相兼弱之微識（《抱》），資時術以萬全（《初學》）。臨封穴而已早（《易林》），乃泛齊而每先（《爾雅》）。火攻非策（《古今注》），水患時牽（《易占》）。千金②之堤何潰（《韓子》），四隅之車以懸（《禮〔記〕》）。則又以辨其蚼蝼（《方玄》③），分此蠅虻馬（《爾雅》），斯向蟻而言曰：爾爲蚍蜉，爾爲玄駒（《古今注》），勿聚袵席，勿入盤盂（《蚍蜉賦序》）。不乏淳于屈守之夢（《異聞録》），寧少馬緒跨耀之餘（《續博物志》）。蟻且不言，但宣以意。吾值温晏兮出遊，當祁寒兮入隙。迅雷作而不駭，微雨灑而自適。生雖瑣細，亦有行藏。止若群羊之聚，進如旅鴈之翔。乘其便也，雖鱣鯨之可制；無其執也，雖蛭蟥而不傷。

蠅

夫物類之有蠅也，天運地軸④，融融蚩蚩，何物不有，何生不滋（張復之《駡青蠅文》）。爾形至渺，爾欲易盈（歐賦）。吾以辨蒼青負金之色（《合璧》），審雄狀清聒之聲（上）。或因腐聚（《易林》），或自灰生（《淮》）。何以絶群，曾騏驥之見附（張傳⑤）；何以集畏，惟鷹鸇之可憑（袁楚客《規魏元忠書》）。嗜汁而溺（班固《客難》），遇凍而癡（《僉載》）。刺之者曰：衣服有時遭點染，盃盤無處不追隨（《後山集》）。解之者曰：海上弔喪知義重（《〔虞翻〕⑥別傳》），筆端窺赦豈才遲（《六帖》又曹文昭詩）。以余所聞，段成式之讀書，觸睫以隱字（《六帖》）；郭代公之登第，俯躬以申詞（《青陽記》）。筆無妨于偶誤（《畫譜》），劍可怒于移時（《北史》）。罪在厨人雅度之密置（昭明太子），過非門者褊性之

① “《盧史》”未詳，見李德裕《蚍蜉賦序》。
② 《韓非子·喻老》“金”作“丈”。
③ “蝼”疑作“蟓”，“玄”當作“言”。揚雄《方言》：“蚍蜉，齊魯之間謂之蚼蟓。”
④ “軸”當作“施”。
⑤ 《天中記》卷五七“張傳”作“張敞集”。
⑥ 據《三國志·虞翻傳》注補“虞翻”二字。

横施(《北史》)。必欲謝此聲名，過耳何似(傳)；無從躭此高爵，集鼻有期(《廣五行志》)。則又爲之説曰：適從何來，元禎①之知制誥(《舊唐》)；丁時有象，方慶之愧鼎彝(《僉載》)。有自塗餳奔逐，争看于十步(《金溪記》)；忽爾聽漏倦勒，起視乎丹墀(詩)。試想君側之議(志②)，讒人之詩(《詩·齊·青蠅》)，則纘紙貽恨(《酉陽》)，而擲豆傳奇(《酉陽》)也乎？於是連呼童奴，疾致如意，當案徹食，對客攘臂。指西風而罵曰：未斷爾祖，終惡爾類。營營乎，青蠅止于藩。

蚊

有物于此，孕于丹顛③，氏于白鳥(《大戴禮》)。育于朱陵，殷于豐草。翾翾以作狀，薨薨以成象；昭昭以相避，冥冥以相向(賦)。謂爾有睫，奚誰攘兮(《列子》)；謂爾有臂，奚誰恍兮(《莊》)。黍民有號(《古今注》)，血國已開(相④子)。吾竊笑其負山(上⑤)，更懼其成雷(《中山靖王傳》)。滋生嶺表(《嶺海志》⑥)，飛吐鶒青(《〔嶺表〕⑦録異》)。煮鱉爲用(《壺⑧山録》)，驅鱟何靈(《埤雅》)。約之以幬帳(梁孫謙)，處之以高甍(《合璧》)。女自有貞，過高郵兮常恨(上)；君臣憂國，坐栢寢耶多驚(《金樓》)。何事矯情，任往來以爲窠(《孝子傳》)；于焉射覆，侈辨博以相争(《方朔傳》)。所以不自門入，附我垣墻；遊戲中庭，上入殿堂；擊之桓桓，死者攘攘；格鬥而死，主人披創(《東方朔傳》)。嗟

---

① "禎"當作"稹"。
② "志"未詳，見《新唐書·魏元忠傳》袁楚客《規魏元忠書》。
③ 楊慎《蚊賦》"顛"作"鬙"。
④ "相"疑作"揚"，見揚雄《法言·淵騫》："〔或問〕'貨殖。'曰：'蚊。'曰：'血國三千，使捋疏，飲水，褐博，没齒無愁也。'"
⑤ "上"當作"莊子"，見《莊子·應帝王》："猶涉海鑿河而使蚊負山也。"
⑥ 《天中記》卷五七"嶺海志"作"嶺南異物"。
⑦ 據《天中記》卷五七補"嶺表"二字。
⑧ 《天中記》卷五七"壺"作"燕"。

乎！飽類櫻桃，妄擬炎官之色；饞方柳絮，妄學阿香之聲。捷實茸茸，擅處閻閻要地；胃系孑孑，敢偷郁郁佳名。妬文苑之思，便便奚用；擾仙遊之夢，栩栩難成。如花越女嚬娥，撩亂錦愢；似柳張郎挫精，爆直露①殿。余如是出火攻之策，而看汝待旦之戰。

虱

　　夫求諸物類之虱，其不足齒歟。鴻若有丹，既以傳其名字(《類函》)。蠟如聚族，更以利其子孫(《說文》)。曾玄素之相移，莫定以質(《抱》)；故湯沐之與弔，匪樂以生(《淮》)。吾欲捫以談當世之務(《晉記》②)，聽以期射者之神(《合璧》)。多任擇于月旦(《語錄》③)，忽對覓于佳賓(邢子才)。其爲江泌之至性(《北堂書抄》)，士蔚之居貧(《合璧》)。事纍囚之生活(《北史》)，拜佛子之前因(《傳記》)。三有不堪，試憶章服趨蹌之會(嵇康《與山濤書》)；小有告急，載聽阿房詠吟之辰(《清志》)。徵夢吾儕，刺客之操劍以從事(《禁殺錄》)；取喻賊子，黃門之抱額以相狗(《東〔觀〕漢〔記〕》)。後飪飩而先冷淘，從教屬厭(《〔蘇〕長公外紀》)；游相鬚而經御覽，曾否逡巡(《墨客揮犀》)。乃若肥瘠相商，毋若供其聚嘬(《韓》)；朋黨共角，父且快于解紛(《符子》)。于焉大圍，于焉曲隈，何必知鼓臂屠兒居室誰已(《莊》)；自爲叶吉，自爲中繩，了不意焦頭炎上褌處皆君(《大人先生傳》)。于是從病者以卜其向背(《酉陽》)，從忌者以徵其事文(上)。無俟邀龍圖以誇德報(《國老閒談》)，何似廣蚤賦以斥升聞(《合璧》)。噫嘻！職惟司囓而不

---

① 楊慎《戲作破蚊陣露布》"露"作"靈"。
② "《晉記》"未詳，見《晉書·王猛傳》。
③ "《語錄》"未詳，見《世說新語·雅量》："顧和始爲揚州從事，月旦當朝，未入，頃停車州門外。周侯詣丞相，歷和車邊，和覓虱，夷然不動。周既過，反還，指顧心曰：'此中何所有？'顧搏虱如故，徐應曰：'此中最是難測地。'周侯既入，語丞相曰：'卿州吏中有一令僕才。'"

善囓，回臭而多妒①香而絶，斯亦余體物以及也哉。

蜘蛛

　　夫太昊之所有師乎，獨星②懸于浮處（賦），固南北以巡行（《易》，《井》之《遯》）。布網引綱（賦），既如嘗而伺其右繞（《論衡》）；就地絡草，亦踦長而倍其所横（《格物〔總〕論》）。蠾蟍蟱蛛，于以考其方語（《方言》）；斑文毛刺，載以别其體形（《格物〔總論〕》）。彼蠅蚋之偶遭，于籬幾幸（《廣志》）；即松栢之相值，且痒以生（上）。若乃客至而作逢迎，相呼喜母（郭璞）；鬼蛱而無尋覓，戲語顚當（《爾雅》）。帝王之瑞應有徵，何疑鵲噪（《西京〔雜記〕》）；仕宦之浮名政爾，莫誤蟲僵（《金樓子》）。如紀仇讐，一日而房幃晝寝（《原化記》），一夕而樓觀震驚（《玉堂閒話》），則夙冤之未了；若紀幻妄，突狂走而望都巖（《酉陽》），便燕爾而親枕席（《異苑》），則異聞之相傳。感念伊人，或執殳之從事（《符子》）；多因吉兆，同囓鼠之知前（《斂載》）。寒食會其變化（《酉陽》），車輪妙有往還（上）。嗟乎！蒼蚊夕起，青蠅晚歸。營營群聚，薨薨亂飛。聽翼繞足，鞘絲置圍。衝突必救，犯者無遺（成公綏賦）。乃柱杖相攜，不少貸于洛陽之肆（《勝非録》）；指絹與償，且半憇于善歌之兒（《洛陽舊聞》）。毋作妖以爲娟③（《江夏志》），其囓芋以有知（《筆談》），都哉。

蜻蜓

　　余讀古詩，舞風愁過雨，點水喜初晴，斯蜻蜓也耶。栩交雲母（韓

---

① 李商隱《虱賦》“妒”作“跖”。
② 成公綏《蜘蛛賦》“星”作“高”。
③ 《天中記》卷五七“娟”作“媚”。

傳①），眼眩琉璃(《王振鵬傳》)。瘥而爲珠，從午日之幻化(《博物志》)；點而有子，憑水上之斯須(《本草會編》)。信宿俛啄空中，豈終遠患(《楚策》)；明日馳驅海上，聊甫忘機(《吕》)。蓋六足四翼(《埤雅》)，乃玄乃青(韓)。其名之以紺幗②，以赤卒(《古今注》)，以負勞(《爾雅》)，以胡離；求諸水薑(《淮》)，呼可江雞(《〔爾〕雅翼》)。胡自而稱使者(《海録〔碎事〕》)，胡自而稱丈人(《淮》③)，斯亦七月群飛之候(《〔古今〕注》)，亭午命字之因也夫(《埤雅》)。

蠶

歲云單矣，世婦卒蠶，揆厥所自，肇于西陵氏所養哉(《雲笈》云)。儳儳其狀，呻呻非倫。於珍有異，與暴不隣。功成而身廢，事了而家貧。占之五泰，曰：此夫身女好而頭馬首者歟。處室而温，考之腐刑所忌(《漢書》)；吐絲而縛，聞之釋氏相傳(《傳燈》)。精氣相追，禁有事于周禮(《〔周〕禮》)；婚姻好合，法有丐夫于闐(唐)。則夫青州之四熟(尹思貞)，益部之三眠(《遺事》李白詩)。白石多攀，吾以涉皋塗之嶺(《山海》)；清霜異角，吾以摩員嶠之顛(《拾遺》)。池耀石箔，自威公以發響(《趙岐傳》)；香濃五色，偕女子以良緣(《列仙》)。是則九春三卧，時雖易老；一歲百育，利則何窮。挾可繖矣，送寒暄于四塞(《左》)；絲可組矣，賦機杼于二東(詩)。及牛以誇，祇增月氏之惑(《玄中》)；濯龍有在，時看馬氏之功(《東觀漢記》)。吁嗟乎！東郭之奇女(《列女傳》)，陌上之羅敷(《古今注》)。何國有烘椹之歎，於俗有濮桑之期也，悲夫！

---

① "傳"疑作"偓"，見韓偓《蜻蜓》："碧玉眼睛雲母翅，輕於粉蝶瘦於蜂。"
② 《古今注》"幗"作"幡"。
③ "《淮》"疑誤，見《古今注》。

茹古略集三十卷，浙江巡撫採進本

明程良孺撰。良孺有《讀書攷定》，已著録。是書三十卷，凡三百九十四篇，每篇皆采撷藻麗之詞，聯爲偶語。其體全同事類賦，自序稱"不奇不已，不幽不已，不僻不已，不合其奇者、幽者、僻者以成一家言不已"，然觀所徵引，實了不異人也。